Rapport final de la trente-quatrième Réunion consultative du Traité sur l'Antarctique

RÉUNION CONSULTATIVE
DU TRAITÉ SUR L'ANTARCTIQUE

Rapport final
de la trente-quatrième
Réunion consultative
du Traité sur l'Antarctique

Buenos Aires, Argentine
20 juin – 1er juillet 2011

Secrétariat du Traité sur l'Antarctique
Buenos Aires
2011

Réunion consultative du Traité sur l'Antarctique (34ᵉ : 2011 : Buenos Aires)
  Rapport final de la trente-quatrième Réunion consultative du Traité sur
  l'Antarctique, Argentine, 20 juin – 1ᵉʳ juillet 2011.
Buenos Aires : Secrétariat du Traité sur l'Antarctique, 2011.
380 p.

ISBN 978-987-1515-29-5

1. Droit international – Questions liées à l'environnement. 2. Système du
Traité sur l'Antarctique. 3. Droit environnemental – Antarctique. 4. Protection
de l'environnement – Antarctique

ISBN 978-987-1515-29-5

Contenu

VOLUME 1 (en format papier et CD)

VOLUME 2 (en CD et dans les exemplaires achetés en ligne uniquement)

DEUXIÈME PARTIE – MESURES, DÉCISIONS ET RÉSOLUTIONS (suite)

4. Plans de gestion

TROISIÈME PARTIE – DISCOURS D'OUVERTURE ET DE CLÔTURE ET RAPPORTS

1. Déclarations faites lors de la séance pour la commémoration du cinquantenaire de l'entrée en vigueur du Traité sur l'Antarctique

QUATRIÈME PARTIE – DOCUMENTS ADDITIONNELS DE LA XXXIVe RCTA

Sigles et abréviations

ACAP	Accord sur la conservation des albatros et des pétrels
API	Année polaire internationale
API-BIP	Bureau international des programmes de l'API
ASOC	Antarctic and Southern Ocean Coalition
CAML	Recensement de la vie marine en Antarctique
CCAMLR	Convention sur la conservation de la faune et de la flore marines de l'Antarctique et/ou Commission pour la conservation de la faune et de la flore marines de l'Antarctique
CCAS	Convention pour la protection des phoques de l'Antarctique
CCNUCC	Convention-cadre des Nations Unies sur les changements climatiques
CHA	Comité hydrographique sur l'Antarctique
CIUS	Conseil international pour la science
COI	Commission océanographique intergouvernementale
COMNAP	Conseil des directeurs des programmes antarctiques nationaux
CPE	Comité pour la protection de l'environnement
CS-CCAMLR	Comité scientifique de la CCAMLR
EGIE	Évaluation globale d'impact sur l'environnement
EIE	Évaluation d'impact sur l'environnement
EPIE	Évaluation préliminaire d'impact sur l'environnement
GCI	Groupe de contact intersessions
GIEC	Groupe d'experts intergouvernemental sur l'évolution du climat
GT	Groupe de travail
IAATO	Association internationale des organisateurs de voyages dans l'Antarctique
IP	Document d'information
OHI	Organisation hydrographique internationale
OMI	Organisation maritime internationale
OMM	Organisation météorologique mondiale
OMT	Organisation mondiale du tourisme
ORPG	Organisation régionale de gestion des pêches
PCTA	Partie consultative au Traité sur l'Antarctique
PNUE	Programme des Nations Unies pour l'environnement
RCETA	Réunion consultative extraordinaire du Traité sur l'Antarctique

RCTA	Réunion consultative du Traité sur l'Antarctique
SCALOP	Comité permanent pour la logistique et les opérations en Antarctique
SCAR	Comité scientifique pour la recherche en Antarctique
SMH	Site et monument historiques
SP	Document du Secrétariat
STA	Système du Traité sur l'Antarctique ou Secrétariat du Traité sur l'Antarctique
UICN	Union mondiale pour la nature
WP	Document de travail
ZGSA	Zone gérée spéciale de l'Antarctique
ZSP	Zone spécialement protégée
ZSPA	Zone spécialement protégée de l'Antarctique

PREMIÈRE PARTIE
Rapport final

1. Rapport final de la XXXIVe RCTA

Rapport final de la trente-quatrième Réunion consultative du Traité sur l'Antarctique

Buenos Aires, 20 juin – 1er juillet 2011

1. Conformément aux dispositions de l'article IX du Traité sur l'Antarctique, les représentants des Parties consultatives au Traité sur l'Antarctique (Afrique du Sud, Allemagne, Argentine, Australie, Belgique, Brésil, Bulgarie, Chili, Chine, Équateur, Espagne, États-Unis d'Amérique, Fédération de Russie, Finlande, France, Inde, Italie, Japon, Norvège, Nouvelle-Zélande, Pays-Bas, Pérou, Pologne, République de Corée, Royaume-Uni de Grande Bretagne et d'Irlande du Nord, Suède, Ukraine et Uruguay) se sont réunies du 20 juin au 1er juillet 2011 à Buenos Aires en vue d'échanger des informations, de se consulter, d'étudier et de recommander à leurs Gouvernements des mesures destinées à assurer le respect des principes et la poursuite des objectifs du Traité.

2. Ont également assisté à la réunion des délégations des Parties contractantes au Traité sur l'Antarctique, qui n'en sont pas des Parties consultatives, nommément : Colombie, Cuba, Grèce, Monaco, République tchèque, Roumanie, Suisse et Venezuela. Une délégation de la Malaisie était, à l'invitation de la XXXIIIe RCTA, présente en qualité d'observateur.

3. En application des articles 2 et 31 du règlement intérieur, des observateurs de la Commission pour la conservation de la faune et de la flore marines de l'Antarctique (CCAMLR), du Comité scientifique pour la recherche en Antarctique (SCAR) et du Conseil des directeurs des programmes antarctiques nationaux (COMNAP) ont assisté à la réunion.

4. Conformément à l'article 39 du règlement intérieur, des experts d'organisations internationales et non gouvernementales suivantes ont été invités à assister à la réunion : Antarctic and Southern Ocean Coalition (ASOC); Association internationale des organisateurs de voyages en Antarctique (IAATO); Organisation hydrographique internationale (OHI); et le Programme des Nations Unies pour l'environnement (PNUE).

5.   Le Gouvernement hôte, l'Argentine, s'est acquitté de ses obligations d'information à l'égard des Parties contractantes, des observateurs et des experts au moyen de circulaires du Secrétariat, de lettres et d'un site Internet, qui comprenait des zones d'accès publique et restreint.

Point 1 – Ouverture de la réunion

6.   La réunion a été officiellement ouverte le 20 juin 2011. Au nom du Gouvernement hôte et conformément aux articles 5 et 6 du règlement intérieur, le Secrétaire exécutif du Secrétariat du Gouvernement hôte M. Jorge Roballo a ouvert la réunion et a proposé que S. E. le juriste et ambassadeur distingué M. Ariel Mansi soit porté à la présidence de la XXXIVe RCTA. Sa proposition a été acceptée.

7.   Le Président a souhaité une chaleureuse bienvenue à toutes les Parties, observateurs et experts à Buenos Aires. Il a rappelé aux délégués que cette année 2011 marque plusieurs évènements d'importance tels le 50e anniversaire de l'entrée en vigueur du Traité sur l'Antarctique ainsi que le 20e anniversaire du Protocole du Traité sur l'Antarctique relatif à la Protection de l'environnement. En outre, sur une échelle temporelle plus étendue, l'année 2011 marque aussi le centenaire de l'arrivée du premier être humain au pôle Sud, quand Roald Amundsen réussit cet exploit au nom de la Norvège en 1911. Ces anniversaires, l'a noté le Président, présentent des étapes clés de l'histoire qui ne pourraient qu'encourager la communauté de l'Antarctique à se pencher encore plus sur l'avenir et le destin du continent.

8.   Dr Lino Barañao, Ministre de la recherche scientifique, de la technologie et de l'innovation industrielle de l'Argentine, a officiellement souhaité aux délégués la bienvenue. Cette réunion est de caractère historique, a déclaré le ministre, car l'année 2011 est en effet celle du 50e anniversaire de l'entrée en vigueur du Traité sur l'Antarctique. Il a rappelé comment l'Antarctique présente des défis majeurs et continus pour les chercheurs scientifiques du monde entier et comment le principe du consensus qui régit les réunions du Traité a porté des fruits et amené un esprit de coopération parmi les états qui s'intéressent à la région. Il a également rappelé que l'Argentine a établi sa première station pour la recherche scientifique – Orcadas – en Antarctique en 1904, et n'a cessé dès lors d'y poursuivre des recherches scientifiques. Il y a maintenant 60 ans que fut créé l'Instituto Antártico Argentino, qui a récemment été couronné par le Ministère de la recherche scientifique, de la technologie et de l'innovation industrielle de l'Argentine, et déclaré l'une

des institutions les plus importantes de l'Argentine en matière de recherches scientifiques et technologiques.

9. Le Président a remercié le ministre pour avoir reconnu au nom de l'Argentine l'importance scientifique de l'Antarctique, en ajoutant que suivant l'ordre du jour de la réunion toute une gamme de thèmes serait abordée au cours de la réunion tels la gouvernance de l'Antarctique, la gestion de son environnement, son caractère scientifique, les conséquences du changement climatique, de même que des questions opérationnelles et la prospection biologique.

10. L'Argentine a noté que les décès récents de l'Ambassadeur Jorge Berguño du Chili ainsi que de Dr T. H. Negoita de la Roumanie privent désormais la communauté de l'Antarctique de compétences et de connaissances considérables. Rappelant qu'en plus de sa présence remarquée dans d'autres instances internationales, l'Ambassadeur Berguño avait assisté à 19 Réunions Consultatives du Traité de l'Antarctique où il avait fidèlement représenté le Chili, l'Argentine a rendu hommage à sa contribution unique au développement du Traité pendant plusieurs décennies. Ses vastes et judicieuses connaissances en matière du droit à appliquer à l'Antarctique auront marqué beaucoup de ses collègues et de ses amis à travers le monde. Le Chili a remercié l'Argentine pour son hommage à l'Ambassadeur Berguño dont l'expérience et le savoir juridique ne seront que difficilement remplacés. La Roumanie a rappelé la contribution importante de Dr Negoita dans le domaine de la recherche scientifique sur l'Antarctique. La réunion a observé une minute de silence en leur mémoire.

Point 2 – Élection des membres du bureau et création de groupes de travail

11. M. Richard Rowe, représentant de l'Australie (Gouvernement hôte de la XXXVe RCTA) a été élu vice-Président. Conformément à l'article 7 du règlement intérieur, M. Manfred Reinke, Secrétaire exécutif du Secrétariat du Traité sur l'Antarctique, a fait fonction de secrétaire de la réunion. M. Jorge Roballo, directeur du Secrétariat du Gouvernement hôte, a fait fonction de secrétaire adjoint. Dr Yves Frenot, représentant de la France, a été élu Président du Comité pour la protection de l'environnement à la réunion du CPE XIII.

12. Trois groupes de travail ont été constitués comme suit :
   • Groupe de travail sur les questions juridiques et institutionnelles ;
   • Groupe de travail sur le tourisme et les activités non gouvernementales ;
   • Groupe de travail sur les questions opérationnelles.

13.   Ont été élus présidents des groupes de travail les représentants suivants:

- Pour le groupe de travail sur les questions juridiques et institutionnelles : M. Richard Rowe représentant de l'Australie ;
- Pour le groupe de travail sur le tourisme et les activités non gouvernementales : S. E. l'Ambassadeur Donald Mackay de la Nouvelle-Zélande ;
- Pour le Groupe de travail sur les questions opérationnelles : M. José Retamales représentant du Chili.

Point 3 – Adoption de l'ordre du jour et répartition des points qui y sont inscrits

14.   L'ordre du jour suivant a été proposé :

1. Ouverture de la réunion
2. Élection des membres du bureau et création de groupes de travail
3. Adoption de l'ordre du jour et répartition des points qui y sont inscrits
4. Fonctionnement du système du Traité sur l'Antarctique : rapports des Parties, observateurs et experts
5. Fonctionnement du système du Traité sur l'Antarctique : questions de caractère général
6. Fonctionnement du système du Traité sur l'Antarctique : examen de la situation du Secrétariat
7. Rapport du Comité pour la protection de l'environnement
8. Responsabilité découlant de situations critiques pour l'environnement : application de la décision 4 (2010)
9. Sécurité et opérations dans l'Antarctique
10. Tourisme et activités non gouvernementales dans la zone du Traité sur l'Antarctique
11. Inspections effectuées en vertu du Traité sur l'Antarctique et du Protocole relatif à la protection de l'environnement
12. Questions scientifiques, recherche sur le climat, coopération et facilitation scientifiques, en particulier la préservation de l'héritage de l'Année polaire internationale 2007-2008
13. Conséquences des changements climatiques pour la zone du Traité sur l'Antarctique

14. Questions opérationnelles

15. Questions éducatives

16. Échange d'informations

17. Prospection biologique en Antarctique

18. Élaboration d'un plan de travail stratégique pluriannuel

19. Commémoration du cinquantenaire de l'entrée en vigueur du Traité sur l'Antarctique

20. Préparatifs de la XXXVe réunion

21. Divers

22. Adoption du rapport final

15. Le Secrétaire adjoint M. Jorge Roballo a décrit les activités prévues au titre du point 19 de l'ordre du jour, à savoir des visites organisées à la corvette historique *Uruguay*, une réunion de hauts représentants et une réception de commémoration organisée par le Ministère des affaires étrangères de l'Argentine. Plusieurs Parties ont fait remarquer qu'il serait nécessaire, au vu du temps limité dont elles pouvaient disposer, de bien assurer et planifier le déroulement des travaux afin de permettre à toutes les délégations de faire leurs déclarations.

16. La réunion a adopté la répartition suivante des points de l'ordre du jour :

Plénière : points 1, 2, 3, 4, 7, 18, 19, 20, 21 et 22 ;

Groupe de travail sur les questions juridiques et institutionnelles : points 5, 6, 8, 17 et 18 et le projet de révision de mesures qui débouche du rapport du CPE, point 7 ;

Groupe de travail sur le tourisme : points 9 et 11 ;

Groupe de travail sur les questions opérationnelles : points 9, 10, 11, 12, 13, 14, 15 et 16.

En outre, il a été prévu qu'un nombre de documents portant sur les points 9 et 10 seront abordés en une réunion conjointe du groupe de travail sur le tourisme et du groupe de travail sur les questions opérationnelles.

17. Les Parties ont également décidé de confier tout projet d'instrument juridique découlant des travaux du Comité pour la protection de l'environnement, et aussi des groupes de travail sur les questions opérationnelles et sur le tourisme, au groupe de travail sur les questions juridiques et institutionnelles afin que ce dernier puisse examiner les aspects juridiques et institutionnels du projet en question.

Point 4 – Fonctionnement du système du Traité sur l'Antarctique : rapports des Parties, observateurs et experts

18.　M. Michel Rocard (ancien Premier ministre de France) a déclaré que lui-même, M. Robert Hawke (ancien Premier ministre d'Australie) et M. Felipe González (ancien Président du Gouvernement espagnol), ont été de proches collaborateurs œuvrant pour que la Convention pour la réglementation des activités relatives aux ressources minières de l'Antarctique (la « CRAMRA ») soit abandonnée et donne lieu au développement du Protocole du Traité sur l'Antarctique relatif à la protection de l'environnement (le « Protocole »), dont l'année 2011 marque le 20e anniversaire. M. Rocard, en revenant sur l'histoire des négociations qui ont abouti au développement du Protocole après l'abandon de la CRAMRA, a souligné la nécessité d'élargir le champ d'application des mesures de protection de l'environnement de l'Antarctique. Il a lancé un appel pour qu'il y ait un plus grand nombre de pays signataires du Protocole, et a rappelé que 14 des États qui sont des Parties non consultatives au Traité sur l'Antarctique n'ont pas encore adhéré au Protocole. La France, l'Australie et l'Espagne estiment que le moment est venu pour faire pression sur ces 14 Parties non consultatives, par voie d'une résolution, pour qu'elles adhèrent au Protocole. L'Italie et le Chili se sont déclarés être d'un accord commun avec la prise de cette initiative, qui vise à augmenter l'efficacité du régime de protection de l'environnement de l'Antarctique.

19.　L'Australie a vivement remercié M. Rocard pour son intervention et a rappelé le rôle clé qu'ont joué Messieurs Rocard, Hawke et González dans le développement du Protocole. L'Australie a regretté que M. Hawke n'ait pu venir assister en personne à la réunion pour cause de maladie, et a transmis à la réunion un message de M. Hawke en son nom personnel. Ce message souligne l'importance du Protocole, qui a pour la première fois porté aux yeux du monde entier la question primordiale de la protection de l'environnement de l'Antarctique. M. Hawke a également noté le succès remarquable qu'a obtenu le Protocole pour gérer et protéger les valeurs naturelles de l'Antarctique. De ce fait M. Hawke considère qu'il est impératif pour les États qui sont Parties non consultatives au Traité sur l'Antarctique et qui n'ont pas encore adhéré au Protocole de procéder à sa ratification le plus rapidement possible. L'Australie a confirmé son engagement ferme quant aux dispositions du Protocole, et avec la France et l'Espagne elle a présenté une résolution conjointe qu'elle demande à la réunion de bienveillamment adopter afin d'appeler les États étant Parties non consultatives et n'étant pas encore Parties au Protocole de s'engager à y adhérer. L'Australie a recommandé la résolution à la réunion à des fins d'adoption.

20.   Conformément à la Recommandation XIII-2, les Parties ont été saisies des rapports suivants : rapport des États-Unis d'Amérique, en sa qualité de dépositaire du Traité sur l'Antarctique et du Protocole ; rapport du Royaume-Uni, en sa qualité de dépositaire de la CCAS ou Convention pour la protection des phoques de l'Antarctique ; rapports de l'Australie, en sa qualité de dépositaire de la Convention pour la conservation de la faune et de la flore marines de l'Antarctique (CCAMLR) et de dépositaire de l'Accord sur la conservation des albatros et des pétrels (ACAP) ; rapport de la Commission pour la conservation de la faune et de la flore marines de l'Antarctique (CCAMLR) ; rapport du Comité scientifique pour la recherche en Antarctique (SCAR) ; et rapport du Conseil des directeurs des programmes antarctiques nationaux (COMNAP).

21.   Les États-Unis d'Amérique, en leur qualité de Gouvernement dépositaire, ont présenté leur rapport sur le statut du Traité sur l'Antarctique et du Protocole relatif à la protection de l'environnement (IP 22).

22.   Aucun nouvel état n'a accédé au Traité sur l'Antarctique pendant l'année, et il existe actuellement 48 Parties au Traité et 34 Parties au Protocole pour la protection de l'environnement (voir la section 2).

23.   Le Royaume-Uni, en sa qualité de dépositaire de la Convention pour la protection des phoques de l'Antarctique (CCAS), a annoncé qu'il n'y avait eu aucune nouvelle adhésion à la Convention depuis la XXXIIIe RCTA. Aucun phoque n'a été tué pendant la période allant de mars 2009 à février 2010. Le Royaume-Uni a remercié les Parties à la CCAS d'avoir respecté la date butoir annuelle du 30 juin pour faire rapport au SCAR et aux Parties contractantes sur les informations indiquées au paragraphe 6 des Annexes de la Convention (voir Vol. 2, Partie III, section 3).

24.   L'Australie, en sa qualité de dépositaire de la Convention pour la conservation de la faune et de la flore marines de l'Antarctique a indiqué qu'il n'y avait pas eu de nouvelle adhésion à la Convention depuis la XXXIIIe RCTA et qu'il existe actuellement 34 Parties à la Convention (IP 67).

25.   L'Australie, en sa qualité de dépositaire de l'Accord sur la conservation des albatros et des pétrels a indiqué qu'il n'y avait pas eu de nouvelle adhésion à l'Accord depuis la XXXIIIe RCTA et qu'il existe actuellement 13 Parties à l'Accord (IP 66).

26.   L'observateur de la CCAMLR a présenté le document IP 80 *Rapport de l'observateur de la CCAMLR à la trente-quatrième Réunion consultative du Traité sur l'Antarctique* qui fait état des résultats de la XXIXe réunion de la CCAMLR tenue à Hobart, Australie, en octobre-novembre 2010. Il a rapporté que six membres de la CCAMLR ont effectué des prises de 211 974 tonnes de krill en 2009/2010, amenant la fermeture de la sous-zone 48.1 selon la règle où il faut procéder à la fermeture d'une sous-zone dès que 99% du seuil de déclenchement pour la capture totale de la sous-zone a été atteint. Les prises de légine australe pendant la saison 2009/2010 se sont élevées à 14 518 tonnes, celles de poissons de glace à 363 tonnes. Il a présenté un résumé des priorités du Comité scientifique de la CCAMLR pour les deux ou trois années à venir, à savoir la gestion de la surveillance des pêcheries de krill, l'évaluation des pêcheries de légine, les aires marines protégées et le changement climatique. Il a également noté les plans déjà mis en place par la CCAMLR pour la tenue de l'atelier sur les Aires Marines Protégées (AMP) à Brest en France en août 2011, et il a informé la réunion que la CCAMLR travaille actuellement à la création d'une bourse scientifique CCAMLR. Il a aussi avisé la réunion que la Norvège a été nommée à la présidence de la Commission, et il a souligné le fait que le 7 avril 2012 est une date à noter, cette date marquant le 30e anniversaire de l'entrée en vigueur de la Convention pour la conservation de la faune et de la flore marines de l'Antarctique.

27.   Le Président du Comité scientifique pour la recherche en Antarctique a présenté le rapport du SCAR (IP 81) qui donne une vue d'ensemble des principales activités du SCAR depuis 2010 dont plusieurs sont également pertinentes au titre d'autres points de l'ordre du jour. Parmi ces activités, il est à noter qu'en 2009 le SCAR a été soumis à un examen externe, que le SCAR a récemment adopté un plan stratégique qui s'échelonnera sur les six prochaines années, et qu'un processus de mise à jour de son programme scientifique a été entamé. Le prochain Congrès des sciences de la terre appliquées à l'Antarctique se tiendra à Édimbourg en 2011. La dernière conférence scientifique libre du SCAR s'est tenue à Buenos Aires en 2010, et la prochaine conférence scientifique libre du SCAR se tiendra à Portland, Oregon aux États-Unis d'Amérique. Le SCAR a aussi annoncé le deuxième gagnant du Prix Martha Muse, sur la politique gestionnaire à mettre en œuvre quant à des questions scientifiques. Il s'agit du Professeur Helen Fricker des États-Unis d'Amérique. Autre élément clé du rapport du SCAR : la Principauté de Monaco est devenue membre du SCAR, ce qui porte désormais le nombre de ses membres à 36. Avec ses divers partenaires le

SCAR s'est également occupé à développer le Plan de système d'observation de l'océan Austral. Un nouveau plan scientifique a été publié conjointement avec l'IASC, sur l'équilibre des masses de glace des deux pôles. De plus le SCAR a récemment tenu un atelier de travail sur les nouvelles initiatives à envisager pour assurer la conservation des ressources de l'Antarctique au 21ᵉ siècle.

28. Le Secrétaire exécutif du Conseil des directeurs des programmes antarctiques nationaux a présenté le Rapport du COMNAP (IP 10), en soulignant plusieurs de ses éléments dont : la création de la nouvelle bourse de recherche COMNAP, la tenue très réussie d'un symposium intitulé « Comment répondre aux changements qui nous entourent : nouvelles approches », l'organisation de plusieurs ateliers notamment sur les meilleures pratiques dans la gestion énergétique et également sur les conséquences à tirer des résultats du projet de l'API sur les espèces non indigènes.

29. Conformément à l'Article III-2 du Traité sur l'Antarctique, les Parties ont reçu les rapports de l'Organisation hydrographique internationale (OHI), de l'Antarctic and Southern Ocean Coalition (ASOC), de l'Association internationale des organisateurs de voyages en Antarctique (IAATO) et du Programme des Nations Unies pour l'environnement (PNUE). Ces rapports figurent dans le Vol. 2.

30. L'Organisation hydrographique internationale a présenté le document IP 114 *Rapport de l'Organisation Hydrographique Internationale (OHI) sur la « Coopération en matière de levés hydrographiques et de cartographie dans les eaux Antarctiques »*. Ce rapport a souligné l'intention de l'OHI de continuer d'organiser des séminaires à destination d'un auditoire général et varié sur l'hydrographie, qui pourraient attirer l'attention de tout contributeur potentiel et l'inviter à se pencher sur les travaux hydrographiques en cours. L'OHI reste préoccupée par la lenteur des levés hydrographiques et en conséquence du manque de données hydrographiques en Antarctique, ce qui retarde la progression des travaux futurs. Toutefois l'OHI reste également consciente du coût élevé de ces levés en Antarctique. L'OHI a remercié l'IAATO pour le soutien accordé par les navires des opérateurs membres de l'IAATO dans les levés, et a ajouté que la collecte occasionnelle de données hydrographiques par des navires en visite ponctuelle en Antarctique serait bienvenue. Le développement par l'OHI des cartes de navigation électroniques pour l'océan Austral est aussi en voie.

31. Le représentant de l'Antarctic and Southern Ocean Coalition a présenté le rapport de l'ASOC (IP 129) et a mentionné plusieurs documents

additionnels soumis par l'ASOC qui touchent des thèmes clés de l'ordre du jour, tels l'acidification des océans et le changement climatique. En outre, d'autres documents préparés par l'ASOC traitent du bilan à tirer des deux premières décennies de l'application du Protocole pour la protection de l'environnement, de la création d'aires marines protégées , de la situation en mer de Ross ainsi que des développements récents dans le domaine du tourisme.

32. L'Association internationale des organisateurs de voyages en Antarctique a présenté son rapport annuel, le document IP 108. L'IAATO s'est réjouie de pouvoir participer avec les Parties au développement des politiques nationales de gestion de tourisme. Pour l'IAATO ces politiques nationales se justifient pleinement au vu des préoccupations sécuritaires et environnementales des Parties, aussi bien au niveau bilatéral que multilatéral, et en plus elles visent à régler des questions concrètes et d'ordre pratique. Pour la saison 2010-2011, les activités touristiques ont continué à diminuer en nombre en raison de la crise économique mondiale. L'IAATO reste plus ferme que jamais dans son engagement pour garantir un tourisme sûr et respectueux de l'environnement de l'Antarctique, et de ce fait l'IAATO poursuivra sa politique de transparence et d'ouverture à l'égard de toute action prise par ses membres. Ceci permettra à tout un chacun de tirer un maximum de leçons à partir de chaque incident. À cet égard l'IAATO a réaffirmé le soutien logistique qu'elle accorde à la communauté scientifique de l'Antarctique ainsi que le soutien financier qu'elle accorde à certaines des organisations chargées de la conservation des ressources de l'Antarctique. Les représentants des Parties consultatives ont été invités à la réunion annuelle de l'IAATO qui se tiendra à Providence, Rhode Island (États-Unis d'Amérique) du 1er au 4 mai 2012.

33. Le représentant du PNUE a attiré l'attention de la réunion sur le document préparé conjointement par le PNUE et l'ASOC (IP 113) qui a pour but d'examiner la régularité et la fréquence des rapports annuels des Parties comme outil de renforcement du soutien au Protocole.

Point 5 – Fonctionnement du système du Traité sur l'Antarctique : questions de caractère général

34. L'Argentine a présenté le document WP 24 *Rapport intérimaire du Groupe de contact intersessions sur l'examen des recommandations de la RCTA*. Le groupe de contact intersessions (GCI) a été chargé par la XXXIIIe RCTA

d'examiner et de réviser le statut des recommandations de la RCTA sur les zones protégées et les monuments ; sur les questions opérationnelles, ainsi que sur d'autres questions de caractère environnemental autres que la protection et la gestion des zones. Le document WP 24 consiste en un rapport initial qui présente une liste de recommandations susceptibles d'être désignées comme n'étant plus d'actualité. Les résultats de l'examen du GCI sont résumés dans l'annexe 1 du document WP 24, Liste des Recommandations susceptibles d'être désignées comme caduques, et dans l'annexe 2, Liste des Recommandations nécessitant des avis ultérieurs.

35.   Il a été noté que le CPE a été lui aussi chargé d'examiner le document WP 24. La réunion a convenu de référer l'annexe 2 du document WP 24 au CPE et au SCAR à des fins d'examen.

36.   Sur la question comment traiter des recommandations désignées comme caduques, la réunion a convenu que ces recommandations devront être mises aux archives par le Secrétariat et qu'elles devront être clairement désignées par ce dernier comme n'étant plus d'actualité.

37.   Une discussion a eu lieu sur comment traiter de certaines recommandations relatives aux phoques de l'Antarctique, en particulier les recommandations adoptées avant la signature de la Convention pour la protection des phoques de l'Antarctique (CCAS). La discussion a touché surtout les états qui actuellement ne sont pas Parties à la CCAS. Suite à ses consultations avec d'autres délégations, l'Argentine a proposé que pour éviter toute confusion les quatre recommandations au titre du point 3 de l'annexe 2 devraient être reconnues non-caduques et comme étant d'actualité.

38.   La Suède a demandé que la situation soit clarifiée en ce qui concerne le point 8 de l'annexe 1, qui traite des mesures adoptées avant l'entrée en vigueur du Protocole au Traité sur l'Antarctique relatif à la protection de l'environnement (le Protocole). L'Argentine a noté que cette question n'a pas été soulevée par le groupe de contact intersessions et qu'il convenait d'en étudier la portée en plus de détail. Le Royaume-Uni a clarifié que toutes les Parties consultatives au Traité sont des membres signataires du Protocole et qu'en vertu de l'article 22 du Protocole ce point restera sans doute inchangé.

39.   En conséquence, et après avoir vérifié qu'il n'existait aucune Partie non consultative qui aurait approuvé ces quatre recommandations au titre du point 8 de l'annexe 1, la réunion a convenu que ces recommandations pouvaient désormais être désignées comme caduques et n'étant plus d'actualité.

40. L'Argentine a fait rapport des consultations informelles qui ont eu lieu autour des propositions émanant du GCI chargé de l'examen des recommandations de la RCTA, et a noté qu'à cet égard le CPE a examiné lesdites recommandations et a avisé que les recommandations III-8, III-10, IV-22, X-4, X-7, XII-3 et XIII-4 devraient être désignées comme n'étant plus d'actualité.

41. La Suède a cependant rappelé qu'une discussion antérieure s'était tenue sur le statut de la recommandation IV-22, qui traite de la chasse aux phoques, et que cette recommandation date d'avant la signature de la Convention pour la protection des phoques de l'Antarctique (CCAS). La réunion a été d'avis que pour éviter toute confusion quant aux obligations des Parties consultatives au Traité, la recommandation IV-22 sur la chasse aux phoques devra être reconnue non-caduque et comme étant d'actualité.

42. La réunion a adopté la décision 1 (2011), qui indique clairement quelles sont les mesures qui sont désignées comme caduques et n'étant plus d'actualité.

43. L'Argentine a noté que le GCI chargé de l'examen des recommandations de la RCTA ne s'était pas complètement acquitté de tous les éléments à sa charge en ce qui concerne les recommandations mentionnées dans le document SP 6 (2010), surtout celles qui traitent des questions opérationnelles. La réunion a remercié l'Argentine pour le travail qu'elle a mené en tant que responsable du GCI. La réunion a convenu qu'il était important de poursuivre ce travail, et suite à de plus amples délibérations la réunion a chaleureusement accepté l'offre du Secrétaire exécutif pour que le Secrétariat entreprenne l'examen des recommandations traitant des questions opérationnelles pendant la période intersessions. Le Secrétariat a été chargé de former un GCI à cette fin, et d'en présenter le rapport à la XXXVe RCTA.

44. Les Pays-Bas et l'Allemagne ont conjointement présenté le document WP 22 *Procédure complémentaire pour les consultations intersessions entre les RCTA,* et ont attiré l'attention de la réunion sur les demandes d'informations venant d'organisations externes, en particulier les demandes venant de certaines sections du Secrétariat des Nations-unies qui souhaitent obtenir des informations précises du Secrétariat du Traité sur l'Antarctique. Or, il s'avère que le Secrétariat ne dispose d'aucun mandat de réponse ni de mécanisme pour organiser et mener des consultations sur les réponses à donner au nom de la RCTA pendant la période intersessions. Les Pays-Bas ont souligné l'importance que représentait le Traité sur l'Antarctique pour des organisations internationales, d'où le besoin de fournir à la communauté

internationale des réponses pertinentes et actualisées dans des délais convenables. Les Pays-Bas ont estimé que l'article 46 du règlement intérieur ne s'applique pas directement à ce genre de situation et qu'il n'est appliqué que rarement. Les Pays-Bas ont proposé que le point de contact national de tout futur Gouvernement hôte soit désigné pour répondre aux demandes reçues, suite à des consultations de fond avec les Parties consultatives.

45. Tout en louant l'objectif général du document WP 22, qui vise à l'amélioration de l'efficacité des travaux pendant les périodes intersessions de la RCTA, plusieurs Parties ont souligné le nécessité de respecter le principe du consensus qui reste au cœur de la pratique de la RCTA. Le besoin s'impose donc selon ces Parties de leur accorder un laps de temps raisonnable pour considérer et examiner les projets de réponse qui seraient préparés au nom de la RCTA. La Norvège a noté l'absence de clarté dans les relations Nations-Unies/RCTA en ce qui concerne la demande d'informations des Nations-Unies dont il est question dans le document WP 22, ce qui peut soulever des questions sur l'article IV du Traité sur l'Antarctique. La Chine a déclaré qu'il est important de s'assurer que les Parties soient saisies de toute demande d'informations, et elle a proposé que le Secrétariat soit requis de demander aux Parties de prendre lecture de tout projet de réponse et d'en demander comme preuve un accusé de réception.

46. Après de plus amples délibérations les Pays-Bas ont résumé les quatre volets qui ont animé le débat, à savoir l'importance de respecter le principe du consensus, le besoin d'accorder un laps de temps raisonnable aux délégations pour examiner les projets de réponse, la nécessité de clarifier le caractère exact et la pertinence des informations requises par des organisations internationales appropriées, et le besoin de définir plus exactement le rôle que pourrait jouer le Gouvernement hôte pour épauler le Secrétaire exécutif. Suite à des consultations informelles menées par l'Allemagne et les Pays-Bas, la réunion a convenu de réviser le règlement intérieur de la RCTA.

47. La réunion a souhaité examiner en même temps et à des fins de synthèse les deux documents de travail WP 25 *Soumission de documents dans les délais avant les RCTA* et WP 36 *Une nouvelle approche proposée pour le traitement des Documents d'information.* La réunion a pris note de l'intérêt qui s'est manifesté pour ces deux documents au sein du Comité pour la protection de l'environnement.

48. Au cours de leur présentation conjointe du document WP 25 *Soumission de documents dans les délais avant les RCTA,* l'Allemagne et les États-Unis d'Amérique ont exprimé le besoin d'encourager les Parties à travers divers

mécanismes à soumettre leurs documents dans des délais bien prescrits et selon une date butoir fixe. Une procédure composée de trois étapes différentes peut être envisagée : la révision du règlement intérieur de la RCTA ; la révision du règlement intérieur du CPE ; et le remplacement des lignes directrices actuelles pour la soumission de documents par de nouvelles procédures, y compris de nouveaux mécanismes.

49. Au nom de l'Australie et de la Nouvelle-Zélande qui sont les deux autres auteurs du document WP 36 *Une nouvelle approche proposée pour le traitement des Documents d'information,* la France a été d'avis qu'en effet une synthèse des idées contenues dans les deux documents WP 25 et WP 36 amènerait l'application d'un système plus efficace de préparation et de soumission des documents. L'augmentation du nombre de documents d'information d'année en année fait que des difficultés commencent déjà à surgir au niveau des dépenses encourues pour leur diffusion, sans compter le volume toujours croissant d'informations à gérer chaque année. Une nouvelle classification des documents d'information actuels (IP) en termes de trois catégories distinctes – document d'information, document d'expert et document de contexte – serait un des moyens les plus directs de faciliter leur utilisation par les groupes de travail. L'Australie s'est déclarée sensible au besoin de reclassifier en ces trois catégories les documents d'information, afin d'assurer le bon déroulement des réunions, et elle a souligné le fait que le document WP 36 ne prévoit aucun changement pour les documents WP et les documents SP.

50. Plusieurs Parties se sont déclarées être, sans aucune réserve, en faveur de limiter le nombre de documents d'information, et en faveur aussi d'exiger des dates butoirs fixes et fermes pour la soumission de documents. La Norvège et le Japon ont d'une même voix exprimé leur inquiétude de ce que les deux documents WP 25 et WP 36 soient examinés ensemble, car ils sont d'avis que ces deux documents ont des objectifs différents. La Norvège et le Japon ont souligné la nécessité de simplifier les procédures de soumission de documents. La Chine a noté l'importance de définir de manière claire en quoi consiste un document d'information. Tout en se ralliant aux objectifs cités dans les deux documents, la Suède s'est déclarée préoccupée par le paragraphe 2 du document WP 25, qui traite de la traduction de documents reçus après les délais prescrits par la RCTA.

51. L'Allemagne a proposé qu'une discussion de fond ait lieu sur si oui ou non la réunion ou son président pouvait accepter un document même si ce document avait été reçu après les délais prescrits. L'Allemagne a souligné

que dans ce cas les dérogations aux délais prescrits ne devraient être permises qu'en fonction de règles très claires et établies à l'avance. Des discussions informelles sur cette question ont eu lieu au niveau du groupe de contact, et l'Allemagne a rapporté que de l'avis général des participants il faudrait modifier la procédure, mais qu'aucun consensus n'avait pu être atteint sur une proposition concrète.

52.   Suite à une réunion du groupe de contact avec des membres de la RCTA et du CPE, la Nouvelle-Zélande a noté la différence profonde d'entre l'approche employée actuellement quant à la désignation et la présentation des documents de la réunion, et celle qui est proposée par le document WP 36. En outre de la désignation actuelle - documents du Secrétariat, documents de travail et documents d'information - le groupe de contact a aussi proposé une nouvelle désignation pour certains documents, à savoir des documents de contexte (documents « BG »). Ces derniers, si avalisés par la réunion, permettraient à des participants de disposer d'un canal formel pour les échanges d'information, ils seraient ainsi inclus dans la liste de documents qui figure dans le Rapport final et seraient également archivés sur le site Internet du Secrétariat. La Nouvelle-Zélande a avisé que le Groupe de contact a consulté le CPE et qu'il existait bien des domaines où des documents désignés comme des documents de contexte pourraient être utiles.

53.   Les discussions de la réunion ont abouti sur une nouvelle approche qui a été finalisée dans une nouvelle version du document WP 36, en y intégrant certains des éléments du document WP 25 jugés appropriés. Les promoteurs des deux documents ont convenu de travailler à l'élaboration d'un seul projet de décision, en révisant en premier lieu le règlement intérieur de la RCTA et en deuxième lieu le règlement intérieur du CPE, et puis en remplaçant les lignes directrices actuelles pour la soumission, traduction et diffusion de documents par de nouvelles procédures. Les Pays-Bas ont souligné l'importance d'intégrer à cette révision les amendements désormais rendus nécessaires en fonction de l'adoption du document WP 22 par la réunion. La réunion a adopté la décision 2 (2011) qui contient le « Règlement intérieur révisé de la RCTA (2011) » et le « Règlement intérieur révisé du CPE (2011) ».

54.   Au cours de sa présentation du document WP 40 *Renforcement du soutien au Protocole de Madrid* la France a souligné toute l'importance qu'il y a de marquer de manière solennelle le 20ᵉ anniversaire du Protocole pour la protection de l'environnement. La France a relevé le caractère personnel et historique de l'intervention de M. Rocard. Elle a déclaré son intention de poursuivre conjointement avec l'Australie et l'Espagne un effort de

coordination et d'action diplomatique dans le but d'encourager les 14 États étant Parties au Traité sur l'Antarctique mais n'étant pas encore Parties au Protocole de s'engager à adhérer au Protocole. Les deux Parties co-auteurs du document WP 40, l'Espagne et l'Australie, ont rejoint la France dans ses propos. Elles ont également noté l'importance de commémorer et de renforcer les principes fondamentaux du Protocole en demandant aux États étant Parties au Traité sur l'Antarctique mais n'étant pas encore Parties au Protocole de s'engager à adhérer le plus rapidement possible au Protocole. Les trois Parties ont présenté un projet de résolution à cet effet en annexe du document WP 40.

55.   Les États-Unis d'Amérique ont attiré l'attention de la réunion sur les contributions majeures de beaucoup des Parties consultatives au développement du Protocole, en indiquant que tout effort et tout message pour convaincre un État étant Partie au Traité sur l'Antarctique mais n'étant pas encore Partie au Protocole d'adhérer au Protocole devrait venir de la collectivité des Parties consultatives.

56.   La Norvège a remercié les auteurs du document WP 40, et a fait sienne les propos des États-Unis d'Amérique en ce qui concerne une formulation commune et collective du message à l'adresse des États étant Parties au Traité sur l'Antarctique mais n'étant pas encore Parties au Protocole. La Norvège a proposé que pour faire avancer le dossier, le Président pourrait se charger d'écrire aux Parties qui n'ont pas encore ratifié le Protocole.

57.   La réunion a noté qu'il existe une grande variété de mécanismes disponibles pour promouvoir de nouvelles adhésions au Protocole, dont une prise de contact individuel au niveau des Parties, une lettre officielle du Président de la RCTA, une circulaire du Secrétaire exécutif au nom des Parties, des amendements au texte du projet de résolution tel qu'annexé au document WP 40, un ajout si convenu d'un paragraphe au texte de la Déclaration sur la coopération en Antarctique à l'occasion du 50e anniversaire du Traité sur l'Antarctique, en plus de mentions diverses du 20e anniversaire du Protocole qui seraient accompagnées d'une requête adressée aux États n'étant pas encore Parties au Protocole. Du fait que l'objectif du document WP 40 ait été appuyé par un grand nombre de délégations, un groupe de contact à composition non-limitée a été créé pour faire avancer la question.

58.   La France, l'Australie et l'Espagne ont offert au nom des Parties consultatives de mener les travaux de coordination et d'organisation pour inviter les 14 États étant Parties au Traité sur l'Antarctique mais n'étant pas encore Parties au Protocole à adhérer au Protocole. Elles ont signifié leur intention

d'organiser des démarches dans plusieurs des capitales des pays concernés, auxquelles toute Partie consultative serait invitée à se joindre. À chacune de ces occasions, les représentants des Parties consultatives participant à la démarche diffuseraient une copie de la résolution qui a trait au soutien du Protocole, une copie aussi de la Déclaration sur la coopération en Antarctique en plus d'un aide-mémoire présentant tous les arguments pour les États d'adhérer au Protocole. Les trois auteurs du document WP 40 ont précisé que la rédaction de cet aide-mémoire se fera avec l'aide et les avis des Parties consultatives, et qu'il sera présenté aux ambassades des Parties concernées bien avant sa diffusion, de sorte que les diverses Parties présentant le dossier auront disposé du temps nécessaire pour se familiariser avec le document et pour l'avaliser. La Norvège a ajouté qu'il serait approprié d'aligner le texte de l'aide-mémoire avec celui du projet de résolution.

59. La réunion a chaleureusement accepté l'offre de la France, de l'Australie et de l'Espagne et elle a convenu que les procédures envisagées par les trois Parties seront mises en place. La réunion a adopté la résolution 1 (2011).

60. Suite à l'adoption de cette résolution le Royaume-Uni a déclaré que la procédure qui y est employée, c'est à dire la mention textuelle de trois Parties consultatives dans les paragraphes opérationnels d'une résolution, ne doit pas être perçue comme un précédent.

61. La Fédération de Russie a présenté le document WP 55 *À propos de la stratégie pour le développement des activités de la Fédération de Russie dans l'Antarctique pour l'horizon 2020 et à plus long terme* où il est fait état des activités projetées de la Fédération de Russie en Antarctique. Ces activités ont pour but, entre autres, de renforcer la capacité économique de la Russie grâce à son utilisation de ressources biologiques marines disponibles dans l'océan Austral et grâce aussi à ses investigations complexes sur les ressources minérales, les hydrocarbures et d'autres ressources naturelles de l'Antarctique. Ces investigations seront purement scientifiques et seront conformes à la déclaration de la Fédération de Russie sur la recherche exploratoire faite à la XXVᵉ RCTA (Varsovie). En plus elles seront conformes à l'article 7 du Protocole pour la protection de l'environnement.

62. La Fédération de Russie a noté que suivant l'évolution de ces activités, il serait possible d'entreprendre des recherches de grande envergure, notamment sur le rôle et la place de l'Antarctique dans le changement climatique mondial ; qu'il serait possible aussi d'aligner la conduite de ces activités sur le système de navigation GLONASS ; d'assurer le rééquipement et la modernisation des stations de la Fédération de Russie ; d'entreprendre

la construction de deux navires de recherche de gros tonnage et équipés pour la glace, pour effectuer des études intégrant océanographie et pêche ; et de procéder à la construction d'un nouveau navire de recherche pour des études géologiques et géophysiques dans l'océan Austral.

63. La réunion a pris note des propositions de la Fédération de Russie. Le Royaume-Uni a remercié la Russie pour avoir clarifié que les références faites dans le document WP 55 aux ressources minérales et aux hydrocarbures sont conformes au document IP 14 de la XXVe RCTA (Russie) ainsi qu'au paragraphe 125 du rapport final de la XXVe RCTA.

64. L'ASOC a présenté le document IP 89 rev.1 intitulé *The Antarctic Environmental Protocol, 1991-2011* qui examine les progrès accomplis au cours de ces deux dernières décennies sur le fondement du Protocole, tels l'élargissement du champ d'application du Protocole par certaines des Parties ; le développement du CPE comme un organe solide de protection de l'environnement ; l'adoption de l'annexe II révisée, et l'accord pour une annexe portant sur la responsabilité.

65. L'ASOC a cependant identifié plusieurs domaines qui peuvent donner lieu à des préoccupations, dont les suivantes : l'identification et la protection des espèces sauvages de l'Antarctique ; la prolifération des stations nationales ; l'application peu uniforme des évaluations de l'impact sur l'environnement ; l'utilisation aléatoire du système électronique d'échange d'informations ; l'évaluation des impacts cumulatifs des activités humaines, et le développement d'une matrice efficace pour les zones protégées. L'ASOC a également noté la nécessité de développer à un degré plus élevé les synergies entre la RCTA/CPE et la CCAMLR afin d'aboutir à la création de zones et d'aires marines protégées (ZSPA/AMP) dans l'océan Austral. L'ASOC a proposé que le document IP 89 rev.1 pourrait servir de document de base pour un examen détaillé des progrès de l'application du Protocole à l'occasion du 25e anniversaire de sa signature en 2016.

66. En présentant le document IP 95 intitulé *Paying for Ecosystem Services (PES) of Antarctica?* les Pays-Bas ont déclaré que les paiements pour les services des écosystèmes (PSE) représentent en quelque sorte un dividende que la société reçoit du capital investi dans la nature. Certes, les activités humaines sont limitées en Antarctique, néanmoins les Pays-Bas sont d'avis que l'Antarctique est un écosystème dont le potentiel pour l'avenir est important. Les options pour la mise en place d'un mécanisme de PSE pour l'Antarctique devraient répondre en premier lieu à des questions telles : qui seraient les vendeurs autorisés pour les services de l'écosystème de

l'Antarctique, comment définir en quoi consisterait de tels services, qui en seraient les acheteurs, quels seraient les coûts de transaction du lancement de tels mécanismes de paiement.

67. Les Pays-Bas ont espéré que ce document IP 95, qui est le premier du genre à considérer les possibilités d'un PSE en Antarctique, pourrait servir à débattre de la question et à échanger des idées dans le but de développer le sujet au cours des années suivantes. La réunion a noté l'utilité du document pour des considérations futures de la question d'un PSE en Antarctique.

Point 6 – Fonctionnement du système du Traité sur l'Antarctique : examen de la situation du Secrétariat

68. Le Président a ouvert les délibérations au titre de ce point de l'ordre du jour en demandant au groupe de travail de se référer aux documents SP 2 rev. 2, *Rapport du Secrétariat 2010/11* ; SP 3, *Programme du Secrétariat 2011/12*, et SP 4, *Contributions reçues en 2008-12 par le Secrétariat du Traité sur l'Antarctique*.

69. Le Secrétaire exécutif a remercié les Parties pour leur soutien et a exprimé sa reconnaissance à l'Argentine, en tant que Gouvernement hôte, pour ses excellents efforts déployés tout au long des préparatifs de la XXXIVe RCTA et pour son soutien des activités du Secrétariat.

70. Le Secrétaire exécutif a noté que plusieurs améliorations ont été apportées au site Internet du STA. Elles consistent principalement en la publication sur le site de toutes les mesures et procédures adoptées à la XXXIIIe RCTA et au CPE XIII, en une meilleure orientation et navigation vers les différentes sections du site à partir de la page d'accueil, ainsi qu'en une réorganisation des modalités de téléchargement qui permet désormais à l'utilisateur de télécharger tous les documents de la réunion en une seule étape.

71. Le Secrétaire exécutif a également indiqué que le Secrétariat a pu réduire de manière significative les coûts inscrits au budget pour les travaux d'édition, d'imprimerie et de distribution des documents de la réunion. Le rapport final de la XXXIIIe RCTA a été distribué à travers les représentants des Parties à Buenos Aires. D'autres exemplaires prêts à imprimer sont disponibles en ligne (http://www.amazon.com/). Le Manuel du CPE a été mis à jour, et une *Compilation de documents clés du Système du Traité sur l'Antarctique* en deux volumes a été publiée. Le Secrétaire exécutif a noté qu'au vu du nombre élevé de pages requises pour inclure tous les documents relatifs au

Traité sur l'Antarctique, en plus des documents relatifs au Protocole pour la protection de l'environnement, et des documents relatifs à la CCAMLR, au CCAS et au Secrétariat, il n'a pas été possible de publier ladite compilation en version livre-de-poche. Ainsi le règlement intérieur tout comme le règlement administratif ont été imprimés séparément dans le volume 2, plus petit, ce qui permettra au Secrétariat de réviser, d'amender et d'éditer ce petit volume quand nécessaire sans pour autant amender et rééditer le premier volume. Des exemplaires supplémentaires des deux volumes sont disponibles en ligne chez Amazon.

72. Le Secrétaire exécutif a aussi indiqué que le Secrétariat s'est engagé pour un contrat de deux ans avec le fournisseur ONCALL Conference Interpreters and Translators pour des services d'interprétation et de traduction aux XXXIVe et XXXVe RCTA. Ce contrat représente une économie d'environ US$168 000 à US$303 000 comparée au devis du fournisseur des mêmes services dispensés aux XXXIIe et XXXIIIe RCTA. ONCALL est une agence d'interprètes et de traducteurs qui assure les services linguistiques de la CCAMLR à Hobart depuis 2002. L'agence ONCALL est certifiée par les normes internationales ISO.

73. Le Secrétaire exécutif a informé la réunion que le Secrétariat s'est installé dans ses nouveaux locaux fournis par l'Argentine, au Maipú 757 à Buenos Aires. Il a souligné la qualité de ces nouveaux locaux, en expliquant qu'ils sont plus spacieux et qu'ils offrent de meilleures conditions de travail pour le Secrétariat. Il a aussi noté le soutien considérable qu'a prodigué l'Argentine au Secrétariat pour l'emménagement. Il s'est réjoui de l'étroite collaboration du Gouvernement hôte avec le Secrétariat pour finaliser en temps voulu les nouveaux arrangements. L'Argentine a informé la réunion qu'elle a pris en charge tous les coûts associés au déménagement du Secrétariat. La réunion a remercié et félicité l'Argentine pour son soutien au Secrétariat et pour sa générosité quant aux coûts de réaménagement.

74. Le Secrétaire exécutif s'est penché sur des questions relevant du personnel pour indiquer une reclassification du poste de responsable financier au niveau G-2 comme convenu à la XXXIIIe RCTA. Le Secrétaire exécutif a aussi informé la réunion de la prolongation du contrat du Secrétaire exécutif adjoint jusqu'en 2014, et aussi de l'accident de travail subi par un membre du personnel du Secrétariat. Le Secrétaire exécutif a avisé la réunion que les accidents de travail ne sont pas couverts par le règlement administratif du Secrétariat. Le Secrétariat a consulté ses conseillers juridiques en la matière, ainsi que les autorités de l'Argentine.

75.   Le Secrétaire exécutif a noté que le rapport du vérificateur des comptes en date du 31 mars 2011 indique que les comptes du Secrétariat ont été audités et présentés conformément aux règles et aux normes de vérification en quelque aspect qui soit.

76.   Le Secrétaire exécutif a informé la réunion qu'il a été avisé par courrier par son prédécesseur au poste de Secrétaire exécutif, M. Jan Huber, que M. Huber est en droit de recevoir une pension de retraite du Ministère des affaires étrangères des Pays-Bas. De ce fait M. Huber s'est désisté de toute solde de fin d'emploi et de fonds de pension qui lui serait redevable du Secrétariat selon les dispositions de l'article 10.4 du règlement administratif relatif au personnel.

77.   En présentant le document SP 3 *Programme du Secrétariat 2011/12* le Secrétaire exécutif a noté son besoin de voyager afin d'assister aux réunions du COMNAP et de la CCAMLR. Le Secrétaire exécutif est aussi tenu de publier et de diffuser les rapports et les décisions de la XXXIVᵉ RCTA, de soutenir les groupes de contact intersessions convoqués par la RCTA et le CPE, de même que d'encourager au sein des Parties l'expansion et l'utilisation des moyens technologiques modernes de communication. Au vu de cette charge de travail le Secrétariat serait reconnaissant aux Parties du Traité de fournir au plus vite possible tous leurs rapports passés si elles ne l'ont pas encore fait, ainsi que tout autre document qui devrait figurer aux archives de la RCTA, surtout si ce document est rédigé dans une langue autre que l'anglais.

78.   Le Secrétaire exécutif a déclaré qu'il s'attache à maintenir son objectif d'une croissance nominale de zéro pour le budget 2012/2013. Il a indiqué que le budget devrait rester stable pour la période 2013-2015, et que dès lors, selon ses estimations, le budget devrait croître d'environ 2% par an.

79.   Le Japon a demandé que soit clarifiée la base de calcul du fonds de roulement qui figure à l'annexe 1 du document SP 3. Le Secrétaire exécutif a expliqué que d'après la réglementation financière le fonds de roulement de la RCTA représente 1/6 des contributions des Parties.

80.   Le Japon s'est déclaré satisfait des prévisions budgétaires pour l'année 2012/2013 qui montrent une croissance budgétaire zéro, et a ajouté que les prévisions figurant au document SP 3 pour la période après 2013 n'engagent à ce stade aucune des Parties.

81.   L'Allemagne a remercié le Secrétariat pour le bon cheminement de ses activités en général et aussi pour le projet de budget pour l'année financière

2011/2012, en notant que toute augmentation dans les salaires du personnel sera calculée selon la même méthodologie qui a été employée au cours des deux dernières années.

82. La réunion a chaleureusement remercié le Secrétaire exécutif pour son travail jugé excellent à plusieurs égards, en particulier pour le maintien des dépenses du Secrétariat en deçà du budget, et aussi pour la réduction sensible du coût des services de traduction et d'interprétation. La réunion a convenu que la croissance du budget devrait être maintenue à zéro.

83. Le Secrétaire exécutif a présenté le document SP 4 *Contributions reçues en 2008-12 par le Secrétariat du Traité sur l'Antarctique*. Il a noté que la majorité des contributions prévues pour l'exercice financier 2010/2011 a été reçue par le Secrétariat, et il a confirmé qu'il n'y avait pas d'arriérés de contribution dus à partir des cotisations des années précédentes. Il a instamment prié les Parties qui n'ont pas encore versé leurs contributions pour 2010/2011 de le faire au plus tôt.

84. Le Pérou a avisé la réunion que le versement de sa contribution a été récemment avalisé par son Gouvernement et que le virement bancaire sera effectué au Secrétariat dans quelques semaines au plus.

85. La réunion a remercié le Secrétaire exécutif pour sa présentation claire et complète des documents SP 2 rev.2, SP 3 et SP 4, et aussi pour ses efforts continus et ses idées innovatrices visant à réduire les coûts d'exploitation. La réunion a approuvé le rapport financier 2009/2010 tel qu'audité par le vérificateur de comptes et tel que présenté dans le document SP 2 rev. 2. La réunion a pris note du profil du budget quinquennal pour la période 2011-2016, et elle a également approuvé les autres composantes budgétaires relevant du Programme du Secrétariat (document SP 3. y compris le budget 2011/2012 et le budget prévisionnel 2012/2013. La réunion a adopté la décision 3 (2011).

86. Le Secrétaire exécutif a noté le rôle utile que peut jouer le Système électronique d'échange d'informations (SEEI. dans des opérations de recherche et de sauvetage en Antarctique, et il a recommandé aux Parties d'en faire un plus grand usage selon leurs besoins. Il a indiqué que seulement 17 Parties ont contribué des informations au SEEI pendant l'année écoulée, et il a par ailleurs noté que le CPE s'est préoccupé du degré de difficulté qui semble toucher certaines Parties lorsqu'il s'agit d'utiliser le système. Pour le Secrétaire exécutif des améliorations au système seraient certes à être envisagées, mais en même temps les Parties devraient être encouragées à

mettre à jour régulièrement les informations qu'elles ont enregistrées dans le système afin de rendre le SEEI plus efficace.

87.   Au vu de la discussion sur les causes qui pourraient freiner une utilisation plus répandue du SEEI parmi les Parties, et suite à une demande du Royaume-Uni, le Secrétariat a distribué à la réunion la liste des Parties qui ont utilisé le SEEI pendant ces trois dernières années. Plusieurs Parties ont noté que dans sa forme actuelle le système n'était pas difficile à utiliser, et elles ont proposé que toutes les Parties s'engagent à augmenter leur fréquence d'utilisation du SEEI en temps réel.

88.   La Nouvelle-Zélande a fait remarquer que si le navire norvégien le *Berserk* avait été délivré un permis de visite et si cette information avait été disponible immédiatement à la lecture du SEEI, les opérations de recherche et de sauvetage à l'occasion du naufrage de ce navire auraient été menées d'une manière beaucoup plus efficace. La Nouvelle-Zélande a encouragé toutes les Parties à enregistrer au SEEI des informations importantes, telles leur délivrance de permis de visite.

89.   La France a noté que comme seulement un petit nombre de Parties utilise actuellement le SEEI elle souhaite attirer l'attention de la réunion sur le document WP 11 *Suites données à la présence non autorisée de voiliers français dans la zone du Traité et aux dégradations commises dans la cabane dite de Wordie House. Observations sur les conséquences de l'affaire.*

90.   Les États-Unis d'Amérique ont recommandé l'utilisation assidue du SEEI notamment aux Parties qui soumettent des rapports sur des activités liées à des expéditions ou au tourisme. Toutefois, les États-Unis d'Amérique ont déclaré qu'ils partagent la préoccupation du CPE sur le degré de difficulté qui peut sévir pour plusieurs Parties quant à l'utilisation du SEEI. Ces difficultés s'appliquent surtout aux Parties qui ont à traiter d'un grand nombre d'expéditions qui comprennent de multiples débarquements. La Suède a suggéré que si une Partie, au cours d'une année particulière, n'aurait entrepris aucune activité non-gouvernementale ou liée au tourisme, cette Partie devrait néanmoins continuer d'utiliser le SEEI et d'y enregistrer l'absence d'activités.

Point 7 – Rapport du Comité pour la protection de l'environnement

91.   Le Président du Comité pour la protection de l'environnement (CPE) Dr Yves Frenot a présenté le rapport du CPE XIV. Le Comité a examiné 46 documents

de travail, 68 documents d'information et 4 documents du Secrétariat ((la liste complète des documents figure dans l'annexe I du rapport du CPE XIV).

Débat stratégique sur les travaux futurs du CPE (Point 3 de l'ordre du jour du CPE)

92. Le Comité a révisé et a mis à jour son plan de travail quinquennal. Il s'est penché de manière détaillée sur la question du traitement des déchets et du nettoyage des sites suite à des activités humaines, et il a décidé d'accorder une priorité plus élevée à de telles questions dans ses travaux futurs. En outre, et pour faire suite à la demande de la RCTA dans la décision 4 (2010), le Comité a ajouté à son plan de travail une rubrique spéciale hautement prioritaire pour examiner la nécessité d'entreprendre des travaux de réparation ou de réhabilitation des dégâts environnementaux sur des sites particuliers.

Fonctionnement du CPE (Point 4 de l'ordre du jour du CPE)

93. Le Comité a noté le fait que même douze ans après sa ratification, le degré de conformité au Protocole en matière de la soumission en bonne et due forme par les Parties de leurs rapports annuels, restait faible. Plusieurs membres du Comité, dans le but d'améliorer la fréquence et la régularité des rapports annuels, ont fait remarquer que la plateforme du SEEI (Système électronique d'échange d'informations) pourrait être rendue plus facile à utiliser.

94. Le Secrétariat a été chargé de former un groupe de contact informel qui, au travers du forum de discussions du CPE, discuterait des propositions avancées par les membres pour améliorer le SEEI.

Conséquences des changements climatiques pour l'environnement (Point 5 de l'ordre du jour du CPE)

95.   Le Comité a examiné avec attention une proposition conjointe du Royaume-Uni et de la Norvège sur l'évolution et le suivi des actions à initier pour faire suite aux 30 recommandations de la réunion d'experts du Traité sur l'Antarctique (RETA) sur le changement climatique, tenue en 2010. Le Comité a convenu que le Secrétariat devrait continuer de tenir un registre de ces actions et de les actualiser au fur et à mesure qu'elles sont discutées et décidées par le CPE et la RCTA, ce procédé s'appliquant à chacune des recommandations proposées par la RETA.

96.   Le Comité a été saisi d'une proposition conjointe du Royaume-Uni et de la Norvège pour considerer une méthodologie permettant d'évaluer la vulnérabilité des ZSPA au changement climatique. Le Comité a noté l'intérêt que les membres ont manifesté à l'égard de cette approche, et il a encouragé tout membre intéressé à poursuivre les travaux nécessaires pour développer et peaufiner cette méthodologie.

Évaluation d'impact sur l'environnement (Point 6 de l'ordre du jour du CPE)

Projets d'évaluation globale d'impact sur l'environnement (EGIE)

97.   Deux projets d'évaluation globale d'impact sur l'environnement (EGIE) ont été distribués aux membres avant la tenue du CPE XIV pour examen par le Comité :

1. Projet d'évaluation globale d'impact sur l'environnement (EGIE) de l'exploration proposée du lac sous-glaciaire Ellsworth en Antarctique (Royaume-Uni)

98.   Le Comité a examiné en détail ce projet d'EGIE et a aussi examiné le rapport préparé par la Norvège au nom du GCI chargé d'examiner ce projet d'EGIE selon les procédures établies par le CPE pour l'examen intersessions des projets d'EGIE. Le Comité a noté dans ses délibérations les informations supplémentaires apportées par le Royaume-Uni en réponse à certaines des questions soulevées par le GCI, et le Comité a avisé la RCTA comme suit :

99.   Le projet d'EGIE et la procédure mise en place par le Royaume-Uni sont généralement conformes avec les dispositions de l'article 3 de l'annexe 1 du Protocole du Traité sur l'Antarctique relatif à la protection de l'environnement.

100.   L'information contenue dans l'EGIE soutient les conclusions que l'activité envisagée n'aura vraisemblablement pas plus qu'un impact mineur ou transitoire sur l'environnement de l'Antarctique, compte tenu des mesures d'atténuation et de prévention rigoureuses qui ont été proposées et adoptées par le promoteur. En outre, l'activité proposée est justifiée au vu de la contribution scientifique importante qui vraisemblablement résulterait de l'exploration du lac sous-glaciaire Ellsworth.

101.   Dans la préparation finale de l'EGIE le promoteur devra prendre soigneusement en considération les observations des membres et en tenir compte selon qu'il conviendra. En particulier, le Comité attire l'attention de la RCTA sur les

suggestions suivantes pour que l'EGIE présente de plus amples détails, notamment sur les éléments suivants : l'évaluation des activités du sous-traitant ; la documentation quant à la possibilité de mélange de fluide au moment de la percée ; les méthodes à employer pour réduire au minimum la perturbation de la colonne d'eau due à la présence des équipements scientifiques ; l'évaluation du risque de la perte d'équipement dans le lac ; le nombre des effectifs à envoyer sur la glace au vu des critères de sécurité ; ainsi que des dispositions à prendre pour assurer la coopération internationale.

102. Le projet d'EGIE est clair et bien structuré, bien rédigé et le texte est accompagné de tableaux et de graphiques de bonne qualité.

103. Le CPE a recommandé à la RCTA d'adopter les avis ci-dessus et la réunion a convenu d'accepter les avis du CPE.

2. Projet d'évaluation globale d'impact sur l'environnement (EGIE) de la construction et l'opération de la station de recherche Jang Bogo, Baie Terra Nova, en Antarctique (République de Corée)

104. Le Comité a examiné en détail ce projet d'EGIE et a aussi examiné le rapport préparé par l'Australie au nom du GCI chargé d'examiner ce projet d'EGIE selon les procédures établies par le CPE pour l'examen intersessions des projets d'EGIE. Le Comité a noté dans ses délibérations les informations supplémentaires apportées par la République de Corée en réponse à certaines des questions soulevées par le GCI, et le Comité a avisé la RCTA comme suit :

105. Le projet d'EGIE est en général conforme aux dispositions de l'article 3 de l'annexe 1 du Protocole au Traité sur l'Antarctique relatif à la protection de l'environnement.

106. L'information contenue dans l'EGIE soutient les conclusions du promoteur que la construction et l'opération de la nouvelle station Jang Bogo auront vraisemblablement plus qu'un impact mineur ou transitoire sur l'environnement. L'information contenue dans l'EGIE soutient également les conclusions du promoteur à l'effet que cet impact sera compensé par les informations et les connaissances scientifiques obtenues au travers des activités de recherche qui seront soutenues par la station Jang Bogo.

107. Dans la préparation finale de l'EGIE le promoteur devra prendre soigneusement en considération les observations des membres et en tenir compte selon qu'il conviendra. En particulier, le Comité attire l'attention de la RCTA sur des suggestions précises visant à ce que l'EGIE présente de plus amples détails, notamment sur les éléments suivants : les impacts cumulatifs

possibles des activités menées par de multiples opérateurs dans la région de la baie Terra Nova ; l'infrastructure secondaire de la station ; le système de traitement des eaux usées ; la gestion des boues et des déchets alimentaires ; la prévention du déversement d'hydrocarbures ; les mesures à prendre pour atténuer tout impact sur la colonie de goélands ; les mesures pour prévenir l'introduction des espèces non indigènes ; et les plans à développer pour l'éventuelle mise en arrêt et puis le démantèlement de la station.

108. Le projet d'EGIE est clair et bien structuré et bien présenté.

109. Le CPE a recommandé à la RCTA d'adopter les avis ci-dessus et la réunion a convenu d'accepter les avis du CPE.

Autres questions relatives aux évaluations d'impact sur l'environnement

110. Pour faire suite à l'intérêt qu'a porté la RCTA à la proposition du CPE d'examiner l'impact du tourisme et d'autres activités non-gouvernementales sur l'environnement de l'Antarctique, la Nouvelle-Zélande a informé le Comité de l'évolution de l'étude du CPE sur le tourisme. Suite à la présentation de la Nouvelle-Zélande, les travaux de cette étude ont été identifiés comme hautement prioritaires par le Comité. Le rapport sur cette étude sera complété au cours de l'année 2011 et sera présenté au CPE XV.

111. Le Comité a aussi été saisi de la finalisation de deux autres EGIE, notamment :

   • Le document intitulé *Final Comprehensive Environmental Evaluation (CEE) of New Indian Research Station at Larsemann Hills* (Inde) ; et

   • Le document intitulé Final Comprehensive Environmental Evaluation of the "Water Sampling of the Subglacial Lake Vostok" (Fédération de Russie)

112. La Fédération de Russie a présenté des informations sur le dispositif technologique pour enquêter sur les strates d'eau sous-glaciaire du lac Vostok.

Gestion et protection des zones (Point 7 de l'ordre du jour du CPE)

Plans de gestion pour les zones gérées et protégées

113. Le Comité a examiné 12 plans de gestion révisés pour 11 ZSPA et une ZGSA. Un de ces plans a été soumis pour examen au groupe subsidiaire des plans de gestion (GSPG) alors que les 11 autres plans de gestion révisés ont été soumis directement au CPE XIV.

114. La réunion a accepté les avis du CPE et a adopté les mesures suivantes concernant les zones gérées et protégées qui y sont mentionnées:

- Mesure 1 (2011): Zone Gérée Spéciale de l'Antarctique 116 (Valleé New College, Plage Caughley, Cap Bird, Ile de Ross): Plan de gestion révisé

- Mesure 2 (2011): Zone Spécialement Protégée de l'Antarctique 120 (Archipel de Pointe-Géologie, Terre Adélie): Plan de gestion révisé

- Mesure 3 (2011): Zone Spécialement Protégée de l'Antarctique 122 (Hauteurs Arrival, Péninsule de Hut Point, Ile de Ross): Plan de gestion révisé

- Mesure 4 (2011): Zone Spécialement Protégée de l'Antarctique 126 (Péninsule de Byers, Ile de Livingston, Shetland du Sud): Plan de gestion révisé

- Mesure 5 (2011): Zone Spécialement Protégée de l'Antarctique 127 (Ile Haswell): Plan de gestion révisé

- Mesure 6 (2011): Zone Spécialement Protégée de l'Antarctique 131 (Glacier Canada, Lac Fryxell, Vallée Taylor, Terre Victoria) : Plan de gestion révisé

- Mesure 7 (2011): Zone Spécialement Protégée de l'Antarctique 149 (Cap Shirreff et Ile San Telmo, Ile Livingston, Shetland du Sud): Plan de gestion révisé

- Mesure 8 (2011): Zone Spécialement Protégée de l'Antarctique 165 (Pointe Edmonson, Baie Wood, Mer de Ross): Plan de gestion révisé

- Mesure 9 (2011): Zone Spécialement Protégée de l'Antarctique 167: (Ile Hawker, Terre Princesse Elizabeth, Côte Ingrid Christensen, Antarctique Orientale): Plan de gestion révisé

- Mesure 10 (2011): Zone Spécialement Protégée de l'Antarctique 2: (Vallées sèches McMurdo, Terre Southern Victoria): Plan de gestion révisé

115. Au vu des modifications majeures proposées au plan de gestion révisé de la ZSPA 140 (sections de l'Ile de Déception, Shetland du Sud), le Comité a décidé de référer ce plan de gestion révisé au GSPG pour examen pendant la période intersessions.

Groupe subsidiaire des plans de gestions du CPE

116. Le Comité a examiné le rapport du groupe subsidiaire des plans de gestions du CPE (GSPG) présenté par l'Australie. Durant la période intersessions, le GSPG a examiné et révisé le *Guide pour l'élaboration des plans de gestion*

pour les zones spécialement protégées de l'Antarctique (adopté conformément à la résolution 2 (1988), et le GSPG a aussi travaillé à l'adoption de formules standard et du modèle type de plan de gestion des ZSPA.

117.   Le Comité a convenu des actions suivantes :

- d'approuver le Guide révisé pour la préparation des plans de gestion des zones spécialement protégées de l'Antarctique et d'incorporer les propositions d'adoption de formules standard et du modèle type de plan de gestion des zones spécialement protégées de l'Antarctique ; et
- d'encourager les Parties promouvant des plans de gestion de ZSPA qui n'ont pas encore fourni d'informations sur le statut de ces plans de gestion de fournir ces informations le plus tôt possible, en attendant que les plans soient examinés.

118.   Le Comité a aussi adopté un plan de travail pour les activités du GSPG pendant la période intersessions 2011/12.

119.   La réunion a adopté la résolution 2 (2011) *Guide révisé pour la préparation des Plans de gestion des zones spécialement protégées en Antarctique.*

120.   D'autres questions ont été débattues au sein du Comité au titre de ce point de l'ordre du jour. Ces questions ont porté notamment sur les activités de surveillance qui ont été proposées pour la zone spécialement protégée de l'Antarctique (ZSPA) n°107 Ile Empereur, îles Dion, Baie Marguerite, Péninsule Antarctique. Le Secrétariat sera chargé d'envoyer un rappel aux membres tenus de réviser des plans de gestion de ZSPA et de ZGSA dans le courant de l'année.

Sites et monuments historiques

121.   Le Comité a été informé par l'Argentine des résultats des discussions informelles qu'elle a coordonnées sur les sites et monuments historiques (SMH) pendant la période intersessions. Ces discussions ont porté sur deux axes principaux : a) les différentes définitions et applications du concept de « patrimoine historique » par les Parties et les définitions de ce concept tel qu'il est avancé actuellement dans le contexte de l'Antarctique, et b) la pertinence des mécanismes existants dans le système du Traité sur l'Antarctique quant à la protection des sites historiques. Étant donné la diversité des concepts et des points de vue sur ces deux questions, le Comité a été d'avis que la discussion sur les sites et monuments historiques est fort utile et qu'elle devrait se poursuivre.

122. Le Comité a été saisi d'une proposition pour un nouveau SMH ainsi qu'un projet de révision du SMH 82 existant. La RCTA a accepté les recommandations du CPE et a adopté les mesures suivantes sur les deux sites et monuments historiques en question :

  • Mesure 11 (2011): Sites et monuments historiques de l'Antarctique : Monument du Traité sur l'Antarctique et plaque
  • Mesure 12 (2011): Sites et monuments historiques de l'Antarctique : Bâtiment n°1 à la station de la Grande Muraille

123. Tout en acceptant la mesure 11 (2011) le Royaume-Uni a réitéré ses réserves sur l'utilisation d'une double désignation pour certains sites dans la liste des sites et monuments historiques.

124. Le Comité a noté que la nouvelle liste des SMH était obsolète et a suggéré que la RCTA en confie la mise à jour annuelle au Secrétariat.

125. La réunion a accepté la recommandation du CPE et a confié au Secrétariat la tâche d'actualiser la liste des sites et monuments historiques publiée sur le site Internet du Secrétariat.

Lignes directrices pour les visites de sites

126. Le Comité a entendu l'Australie en tant que responsable du groupe de contact intersessions à composition non limitée sur la révision des éléments environnementaux de la recommandation XVIII-1. Le GCI a élaboré une mise à jour des lignes directrices générales pour les visiteurs à partir de la recommandation XVIII-1(1994), mais dans un format qui peut être utilisé comme page de couverture générique pour toutes les lignes directrices pour les visites de sites spécifiques.

127. La réunion a examiné et a approuvé les Lignes directrices générales pour les visiteurs en Antarctique par voie de la résolution 3 (2011).

128. Le Comité s'est penché sur les propositions spécifiques présentées pour la révision de lignes directrices de deux sites, et pour de nouvelles lignes directrices pour trois sites. Le Comité a soutenu les projets de révision des lignes directrices pour la Baie Whalers et pour la Pointe Hannah, ainsi que les nouvelles lignes directrices pour la Vallée Taylor, la Péninsule Ardley et la cabane Mawson.

129. La réunion a examiné et approuvé les lignes directrices révisées et les nouvelles lignes directrices proposées au paragraphe ci-dessus par voie de la résolution 4 (2011).

Empreinte humaine et valeurs de la nature à l'état sauvage

130. Le Comité a noté avec intérêt l'utilité des concepts de l'empreinte humaine et des valeurs de la nature à l'état sauvage pour développer la protection de l'environnement de l'Antarctique. Le Comité a encouragé le développement de la terminologie appropriée à cet égard, en particulier le concept de « zones inviolées » qui pourrait s'appliquer à des sites de référence.

Gestion et protection marines territoriales

131. Le Comité a félicité le Secrétariat pour avoir dressé un excellent sommaire des travaux du CPE sur les aires marines protégées (AMP). Le Comité a approuvé une demande pour que le Secrétariat actualise régulièrement le rapport sur les AMP sur le site Internet du STA.

132. Le Comité a été informé de la tenue du prochain atelier de la CCAMLR sur les AMP à Brest, en France, du 29 août au 2 septembre 2011. Le Comité a rappelé son engagement antérieur et ferme à travailler de façon constructive avec la CCAMLR. Il a vivement remercié la CCAMLR de l'avoir invité à participer à cet atelier et attendra avec intérêt le rapport de ses travaux. Le Comité a désigné Mme Polly Penhale des États-Unis comme la représentante du CPE à Brest.

Autres questions relevant de l'annexe V

133. Le Comité a examiné les propositions de l'Australie pour améliorer la base de données des zones protégées de l'Antarctique et a convenu de ce qui suit :

   • d'élargir la base de données des zones protégées de l'Antarctique afin d'inclure les champs suivants : 1) raison primaire de la désignation, et 2) principal domaine environnemental représenté ;

   • d'encourager les promoteurs à décrire les lignes de délimitation des ZSPA et des ZGSA selon un format numérique et si possible en utilisant un SIG, et de fournir ces informations de telle manière qu'elles puissent être facilement centralisées et disséminées au travers de la base de données du Secrétariat sur les zones protégées de l'Antarctique;

   • de demander au Secrétariat de modifier la base de données des zones protégées de l'Antarctique pour intégrer ces modifications selon que le besoin est ressenti; et

- de recommander à la RCTA qu'elle approuve la modification nécessaire de la page de couverture des documents de travail proposant des ZSPA et des ZGSA et qui est annexée à la résolution 1 (2008), ce qui permettra au Secrétariat de rassembler des informations pertinentes aux deux champs décrits ci-dessus, pour les intégrer dans la base de données.

134. La réunion a adopté la résolution 5 (2011) *Guide révisé de la présentation des documents de travail* contenant des propositions de désignation pour des ZSPA, des ZGSA ou des SMH de l'Antarctique.

135. Le Comité a aussi examiné le rapport de l'atelier du CPE sur les zones marines territoriales gérées et protégées spéciales de l'Antarctique qui s'est tenu à Montevideo en Uruguay, du 16 au 17 juin dernier. Le Comité a félicité l'Australie et l'Uruguay en tant que coorganisateurs de l'atelier et a vivement remercié l'Uruguay d'en avoir été le Gouvernement hôte.

136. Le Comité a appuyé les quatre recommandations émanant de l'atelier, et a convenu de :

1. demander au Secrétariat de créer des liens entre le site Internet du STA et des sites web des ZGSA si disponibles ;

2. promouvoir des échanges d'informations sur les bonnes pratiques de gestion des ZGSA. Les groupes de coordination de la gestion des ZGSA pourraient notamment être encouragés à diffuser de manière plus élargie leurs informations concernant des initiatives d'un intérêt général qui seraient susceptibles d'être appliquées à d'autres ZGSA ;

3. travailler à identifier les occasions où le Comité pourrait faire appel à l'expérience plus vaste du COMNAP afin de favoriser le maximum de coopération et de coordination dans le travail d'élaboration, de mise en œuvre et de gestion des ZGSA. D'autre part, le CPE pourrait faire appel au Comité scientifique pour la recherche en Antarctique (SCAR) pour les activités scientifiques, à l'IAATO pour les activités touristiques, et au CS-CCAMLR pour les bonnes pratiques concernant l'identification, la gestion et la surveillance des zones marines ; et

4. encourager tout membre intéressé à examiner les plans de gestion des ZGSA actuels, dans le but de préparer un plan de travail et de développer des documents de soutien aux travaux futurs du GSPG, qui viseraient à mieux orienter les procédures de désignation des ZGSA ainsi que la préparation et la révision de leurs plans de gestion.

Conservation de la faune et de la flore de l'Antarctique (Point 8 de l'ordre du jour du CPE)

Quarantaine et espèces non indigènes

137. La question de l'introduction des espèces non indigènes en Antarctique est une des hautes priorités du CPE. Le Comité s'est informé des travaux du GCI convoqué par le CPE XXII sur l'introduction des espèces non indigènes en Antarctique et coordonné par la Nouvelle-Zélande. Les principales réussites du GCI au cours de sa deuxième année de travail ont été examinées, lesquelles incluent la finalisation de l'objectif global des travaux et le développement de principes directeurs clés sur l'introduction des espèces non indigènes. Ce travail servira à orienter toute action prise par des Parties pour résoudre les risques posés par l'introduction des espèces non indigènes. Le Manuel sur les espèces non indigènes a aussi été achevé.

138. Le Comité a soutenu les recommandations du GCI et a approuvé les actions suivantes :

    1) prendre acte de l'objectif global tel que finalisé et des principes directeurs clés tels que développés, dans le but d'orienter toute action qui serait prise par une Partie pour résoudre les risques posés par l'introduction des espèces non indigènes ;

    2) encourager la diffusion et l'utilisation du Manuel;

    3) continuer à développer le Manuel sur les espèces non indigènes en tenant compte des contributions respectives que peuvent apporter le SCAR et le COMNAP sur les questions scientifiques et pratiques relatives à l'introduction des espèces non indigènes ; et

    4) charger le Secrétariat de publier le Manuel sur les espèces non indigènes sur le site Internet du STA, dans les quatre langues officielles du Traité sur l'Antarctique.

139. La réunion a adopté la résolution 2 (2011) *Espèces non indigènes*.

140. Le Comité a examiné les listes de vérification préparées conjointement par le COMNAP et le SCAR à l'adresse des gestionnaires de chaînes d'approvisionnement. Le Comité a approuvé ces listes de vérifications qui visent à réduire le risque d'introduction d'espèces non indigènes, y compris la recommandation de les inclure dans le Manuel sur les espèces non indigènes.

141. Le Comité s'est aussi penché sur les propositions du SCAR pour réduire les risques d'introduction d'espèces non indigènes en Antarctique à partir de l'utilisation de produits alimentaires frais. Le Comité a accepté l'offre du SCAR d'animer une discussion informelle sur cette question lors de la période intersessions, avec comme objectif de présenter un document révisé au CPE XV.

Autres questions liées à l'annexe II

142. Le Comité a été informé que l'Allemagne souhaite tenir un deuxième atelier du « forum de discussion des autorités compétentes » pour analyser l'impact des sons anthropogéniques sous-marins sur l'environnement de l'Antarctique. Le Comité a confirmé son intérêt pour que cette question soit approfondie, et a favorablement accueilli l'offre conjointe du SCAR et de l'ASOC de présenter un résumé des nouvelles informations sur cette question au CPE XV en vue de faciliter ses délibérations.

143. Le Comité a pris note du développement par le SCAR de deux nouveaux codes de conduite:

- Code de conduite du SCAR pour l'exploration et la recherche dans des environnements aquatiques sous-glaciaires, et
- Code de conduite du SCAR pour l'utilisation de la faune antarctique à des fins scientifiques.

Présentation des rapports environnementaux (Point 9 de l'ordre du jour du CPE)

144. Le Comité a examiné les avantages potentiels à utiliser des techniques de télédétection pour obtenir une surveillance améliorée des changements climatiques en Antarctique. La discussion a eu pour base le document WP 15 rev. 1 présenté par le Royaume-Uni, qui a suggéré au CPE de :

1. recommander le projet d'utilisation de techniques de télédétection comme une contribution importante pour faire avancer les futurs programmes de surveillance de l'environnement, notamment dans les domaines de la gestion des zones protégées et du suivi de l'impact du changement climatique ;
2. proposer d'autres utilisations des données de télédétection qui pourraient servir et renforcer les travaux du CPE et de la RCTA ; et
3. continuer d'explorer les possibilités d'élargir l'utilisation de nouvelles techniques de surveillance.

145. Le Comité a adopté les recommandations du document WP 15 rev. 1 et a encouragé les échanges d'informations. Ces échanges profiteront à toutes les Parties travaillant dans la région et leur éviteraient la duplication des efforts.

Rapports d'inspection (Point 10 de l'Ordre du jour du CPE)

146. Le Comité a examiné le rapport d'inspection soumis par le Japon (documents WP 1 et IP 4). Ce rapport traite particulièrement de la gestion et de l'élimination des déchets ainsi que du traitement des boues et des eaux usées dans plusieurs stations de l'Antarctique. Le Japon a recommandé que dans ces stations des améliorations soient effectuées notamment dans le traitement des eaux résiduaires et dans les installations de réservoirs de carburants.

147. Le Comité a aussi examiné le rapport d'inspection soumis par l'Australie (documents WP 51, IP 39 et IP 40). L'Australie a soulevé plusieurs questions de caractère environnemental et a orienté le CPE vers des recommandations demandant aux Parties de :

  • s'assurer que les installations existantes fonctionnent dans le respect du Protocole ;
  • maintenir et évaluer régulièrement les installations temporairement inoccupées en vue d'éviter toute dégradation environnementale ;
  • accorder toute l'attention nécessaire au démantèlement des installations et des équipements qui ne sont plus en service, et porter leur attention aussi sur l'élimination des déchets matériels accumulés ;
  • s'efforcer de partager des informations avec toute autre Partie qui serait concernée par les installations inoccupées ; et
  • partager leurs connaissances et leurs expériences entre elles pour résoudre les difficultés liées à la gestion des résidus et des déchets provenant d'activités passées.

148. Au vu des observations faites sur la nécessité d'adopter des mesures plus strictes pour la gestion des eaux usées, en particulier dans les stations terrestres intérieures, le Comité a appelé le COMNAP à soumettre des informations sur les meilleures pratiques de gestion des eaux usées au CPE XV. En ce qui concerne les stations inspectées, le Comité s'est félicité des informations reçues de la Fédération de Russie en réponse aux observations faites par l'Australie dans son rapport d'inspection de 2010. Le Comité a noté avec satisfaction l'intention de la Russie de faire rapport au CPE lors d'une occasion future des actions spécifiques prises par elle pour résoudre certaines questions soulevées par l'Australie.

Coopération avec les organisations (Point 11 de l'ordre du jour du CPE)

149. Le Comité a pris note des rapports annuels du COMNAP, du SCAR, de la CCAMLR, et aussi du rapport de l'observateur du CPE au groupe de travail sur la gestion et la surveillance des écosystèmes (EMM) du Comité scientifique de la CCAMLR (CS-CCAMLR).

Questions générales (Point 12 de l'ordre du jour du CPE)

Aspects pratiques de la réparation ou réhabilitation des dégâts environnementaux

150. Le Comité a fait suite à la demande de la XXXIIIe RCTA de mettre à l'étude la question de l'impact lié aux pratiques de réparation et de réhabilitation des dégâts environnementaux. A cet effet l'Australie a présenté un document de travail (WP 28) visant à stimuler la discussion et à aider le CPE à fournir une réponse utile sur la décision 4 (2010). L'Australie a identifié huit points qui devraient être utilisés par le CPE pour préparer ses avis à la RCTA.

151. Le Comité a encouragé les membres à présenter des documents et des propositions sur cette question au CPE XV, dans l'objectif d'établir un GCI sur la réparation ou réhabilitation des dégâts environnementaux.

Révision des recommandations de la RCTA

152. Le CPE a noté que la RCTA a examiné le document WP 24 *Rapport intérimaire du Groupe de contact intersessions sur l'examen des recommandations de la RCTA* (Argentine), et qu'elle a demandé l'avis du Comité sur plusieurs recommandations qui traitent de questions environnementales autres que relatives à la protection et à la gestion des zones et dont certains éléments sont jusqu'à l'heure demeurés sans réponse.

153. Le Comité a avisé la RCTA que les recommandations suivantes, soumises par la RCTA à son examen, pouvaient être désignées comme n'étant plus d'actualité.

- Recommandation III-8
- Recommandation III-10
- Recommandation IV-22
- Recommandation X-7
- Recommandation XII-3
- Recommandation XIII-4

154. Le Comité a en outre avisé la RCTA que certains éléments des lignes directrices sur le forage scientifique dans les zones du Traité sur l'Antarctique, tels qu'ils figurent dans la recommandation XIV-3, n'ont pas été remplacés ou rendus inopérants. Le Comité est d'avis qu'il convient de conserver et de maintenir ces lignes directrices.

155. La réunion a accepté l'avis du CPE.

Élection du Bureau du CPE (Point 13 de l'ordre du jour du CPE)

156. Le Comité a reconduit Mme Verónica Vallejos, représentante du Chili, pour un nouveau mandat de deux ans comme vice-Présidente du CPE.

Préparatifs de la réunion du XVe CPE (Point 14 de l'ordre du jour du CPE)

157. Le Comité a adopté l'ordre du jour prévisionnel du CPE XV qui figure en annexe dans le rapport du CPE. Le Comité a également soutenu la proposition de l'Australie, au titre du document WP 8, de maintenir la durée du CPE XV en 2011 à cinq jours.

158. Suite à la présentation du rapport du CPE, la RCTA a demandé qu'un nouveau point soit ajouté à l'ordre du jour du CPE XV, pour aviser sur l'impact lié aux pratiques de réparation et de réhabilitation des dégâts environnementaux – décision 4 (2010).

159. La RCTA a chaleureusement remercié Dr Yves Frenot pour avoir été un excellent président du CPE et pour avoir assuré le bon déroulement des travaux du Comité. La réunion s'est réjouie de la qualité du rapport du Comité.

160. En ce qui concerne le SEEI, plusieurs Parties ont indiqué que cette plateforme d'échanges d'informations en ligne pourrait être rendue plus facile à utiliser. Elles ont été très favorables à l'idée que le Secrétariat pourrait y amener des améliorations techniques. Ces Parties ont rappelé à la réunion que l'échange d'informations reste une exigence formelle requise par le Protocole.

161. Plusieurs Parties ont réitéré leur appui au CPE dans son avis à la RCTA d'accepter les projets d'EGIE présentés par le Royaume-Uni et la République de Corée. Elles se sont réjouies d'avance de la finalisation de ces deux projets d'EGIE.

162. La Nouvelle-Zélande a souligné combien il est important pour le CPE de continuer d'adopter une approche stratégique pour ses travaux, et elle

a suggéré que ce point devrait être pris en compte par la RCTA dans ses délibérations concernant le développement du plan de travail stratégique pluriannuel. La Nouvelle-Zélande s'est déclarée très favorable à l'élaboration finale par le CPE de lignes directrices générales pour les visites de sites en Antarctique. Elle s'est prononcée favorable aussi au développement du Manuel des espèces non indigènes, et elle s'est félicitée de l'interaction étroite qui continue d'exister entre le CPE et la RCTA.

163. En faisant sien le rapport du CPE, le Royaume-Uni a souligné plusieurs points qui en découlent. En premier lieu, pour le Royaume-Uni l'échange d'informations est une exigence formelle requise par le Protocole et les informations provenant du SEEI contribuent de manière significative aux autres travaux de la RCTA, en particulier les travaux du groupe de travail sur le tourisme. De plus, le Royaume-Uni a noté que la révision des Lignes directrices générales pour les visites de sites basée sur la recommandation XVIII-1 a pour but d'améliorer cette dernière et de la renforcer, non pas de la remplacer. La seule Partie qui tarde à adopter la Recommandation XVIII-1 a été encouragée à l'adopter dès que possible, afin que la recommandation puisse rapidement entrer en vigueur.

164. Les États-Unis d'Amérique ont remercié le Secrétariat pour son approche proactive quant à organiser un groupe de discussions informelles sur les solutions techniques à apporter au SEEI. Ces efforts devraient certainement aboutir à une meilleure utilisation du système électronique d'échanges d'informations. En ce qui concerne les projets d'EGIE présentés par le Royaume-Uni et la République de Corée, les États-Unis d'Amérique ont souligné la qualité technique dont ont fait preuve les promoteurs tout au long du processus d'évaluation d'impact sur l'environnement (EIE) et leur ont adressé des félicitations sur leurs réponses aux questions et aux recommandations du CPE. Les Lignes directrices générales pour les visites de sites en Antarctique représentent pour les États-Unis d'Amérique un aspect important des efforts de réduction de l'impact du tourisme sur l'environnement de l'Antarctique. Cette contribution majeure de la part du CPE rejoint et renforce les travaux du Groupe de travail de la RCTA sur le tourisme. Les États-Unis d'Amérique se réjouissent de la collaboration continue entre le CPE et le Comité Scientifique de la CCAMLR (CS-CCAMLR) dans le domaine surtout de la gestion marine territoriale, et les États-Unis d'Amérique attendent avec intérêt les résultats de l'atelier de la CCAMLR sur les aires marines protégées (AMP).

Point 8 – Responsabilité : Application de la Décision 1 (2005)

165. La réunion a pris note du fait que cinq Parties (l'Espagne, la Finlande, le Pérou, la Pologne et la Suède) ont déjà adopté la mesure 1 (2005), conformément à la décision 4 (2010) qui a remplacé la décision 1 (2005). D'autres Parties ont fait part à la réunion des progrès qu'ils ont accomplis depuis la XXXIII⁰ RCTA pour adopter l'annexe VI du Protocole, qui traite de la responsabilité se rattachant à des situations critiques pour l'environnement.

166. Les Parties dans leur majorité ont été d'avis que la ratification de l'annexe VI n'est pas en doute, mais que néanmoins leurs Gouvernements dans certains cas se trouvent à des stades divers en termes de leurs préparatifs pour approuver et assurer l'entrée en vigueur des mesures nécessaires.

167. L'Australie, les Pays-Bas, Le Royaume-Uni et la Nouvelle-Zélande ont informé le groupe de travail que leurs Gouvernements ont fait le nécessaire pour assurer l'avancement des travaux et la ratification de l'annexe VI du Protocole. Le Royaume-Uni et l'Australie ont fait savoir à la réunion que leurs projets de ratification de l'annexe VI sont disponibles sur Internet. Les États-Unis d'Amérique ont informé la réunion que le Président des États-Unis a présenté l'annexe VI au Sénat américain pour avis et notice de ratification et que l'instrument législatif est en passe d'être présenté au Congrès américain dans un proche avenir.

168. L'ASOC a remercié les Parties pour leur avancement des travaux visant la ratification de l'annexe VI. Elle a suggéré que les instruments juridiques qui ont été développés par des Parties se trouvant dans un état avancé des travaux pourraient être utiles à d'autres Parties et servir à aider ces dernières à avancer dans le même sens. Les Pays-Bas ont soutenu la suggestion de l'ASOC et se sont déclarés préoccupés par la lenteur des progrès en ce qui concerne la ratification de l'annexe VI.

169. La réunion a discuté de l'utilité de faire avancer les débats sur cette question en publiant les textes législatifs appropriés, ou les projets de textes législatifs, sur un forum de discussion sur le site Internet. Le Secrétariat s'est chargé d'organiser ce forum.

170. La Finlande a présenté le document d'information IP 34 intitulé *Implementation of Annex II and VI of the Protocol on Environmental Protection to Antarctic Treaty and Measure 4 (2004)*. La réunion a remercié la Finlande pour sa mise à jour de la question.

Point 9 – Sécurité et opérations dans l'Antarctique

171. En présentant le document de travail WP 2 rev.1 *Système d'Alerte Précoce aux Tsunamis pour l'Antarctique,* l'Argentine a noté que des évènements sismiques de grande magnitude, y compris des tremblements de terre au Chili et au Japon, ont récemment résulté en des tsunamis qui ont traversé les océans sur des milliers de kilomètres et ont atteint les côtes de continents lointains. Certes l'Antarctique n'est pas considéré comme un continent sujet à des évènements sismiques de grande magnitude, cependant de gros tremblements de terre y ont été enregistrés avec des épicentres localisés au dessous du fond marin dans la région soit de l'Antarctique (les Orcades du sud en 2007) soit tout près de l'Antarctique (les Îles Sandwich du Sud en 2011) d'où la possibilité de tsunamis en Antarctique.

172. Au vu du fait que la plupart des stations de l'Antarctique sont situées sur le littoral du continent et qu'un nombre important d'activités touristiques, scientifiques et logistiques sont organisées dans ou à partir des zones côtières, l'Argentine a souligné l'importance pour la RCTA de se munir autant qu'il se peut des informations nécessaires sur les arrivées possibles de tsunamis au long du littoral de l'Antarctique.

173. L'Argentine a noté à cet égard qu'il existe actuellement des dispositifs de bouées qui servent à des alertes précoces de tsunamis, et que des institutions scientifiques telles le Bureau national des États-Unis d'Amérique pour l'étude des océans et de l'atmosphère (la NOAA) produisent et publient des modèles numériques pour calculer et estimer l'ampleur et l'heure d'arrivée d'un tsunami sur un emplacement donné. Toutefois, ces modèles ne tiennent pas compte des zones côtières de l'Antarctique.

174. L'Argentine a proposé que le Secrétariat du Traité sur l'Antarctique se mette en contact avec ces institutions pour leur demander d'élargir leur champ d'étude pour inclure les zones côtières de l'Antarctique. L'Argentine a aussi proposé que la demande soit adressée au SCAR de présenter à la RCTA un rapport sur les risques associés à des tremblements de terre et à des tsunamis le long des zones côtières de l'Antarctique. De plus l'Argentine a encore proposé que le COMNAP soit chargé par la RCTA d'analyser les risques de tsunami encourus par des stations implantées en Antarctique qui y effectuent des opérations. Pour l'Argentine, il est important d'étudier la possibilité de créer un système d'alerte précoce de tsunamis pour les zones côtières de l'Antarctique.

175. La réunion a remercié l'Argentine et lui a exprimé son soutien sans équivoque quant à ses propositions. Plusieurs Parties ainsi que de nombreuses organisations ont manifesté leur volonté de contribuer à la création d'un système d'alerte précoce aux tsunamis pour les zones côtières de l'Antarctique. La réunion a noté les améliorations importantes qui ont été amenées au domaine de la cartographie bathymétrique, ce qui résulterait en des données plus fiables dans les estimations de l'ampleur et de l'heure d'arrivée d'un tsunami.

176. Les États-Unis d'Amérique se sont déclarés favorables aux propositions de l'Argentine et ont indiqué leur bon vouloir de présenter à la RCTA leur système d'alerte de tsunamis, notant toutefois que le processus était susceptible de requérir du temps. Les États-Unis d'Amérique ont prié instamment d'autres pays à se joindre au PTWS (Système d'alerte de tsunamis pour le Pacifique) ainsi qu'au CARIBE-EWS (Groupe de coordination intergouvernemental d'alerte de tsunamis et d'autres catastrophes côtières pour les Caraïbes et leur région).

177. L'Allemagne a fait ressortir que suite au tsunami d'Indonésie elle a développé un système d'alerte précoce pour la région. L'Inde a ajouté que pour sa part elle aussi a créé un système d'alerte précoce pour les pays du pourtour de l'océan Indien. L'Inde a noté que son système fonctionne de manière efficace, avec des données sismiques et de positionnement obtenues à partir de son laboratoire basé à l'OMM. La Fédération de Russie a ajouté que son Gouvernement a pour projet de créer son propre système d'alerte précoce aux tsunamis pour la région de la Russie d'Extrême-Orient.

178. L'Allemagne a souligné l'importance, pour le calcul de l'ampleur d'un tsunami, de la cartographie bathymétrique, surtout dans le cas des « zones blanches » qu'on trouve parfois dans les cartes. L'Allemagne a fait sienne la proposition de demande au SCAR et au COMNAP de travailler à l'installation d'un système d'alerte précoce de tsunamis en Antarctique, et elle s'est déclarée prête à se joindre à ces travaux.

179. La Nouvelle-Zélande a indiqué que des marégraphes ont été installés dans la mer de Ross au Cap Roberts depuis maintenant longtemps déjà, et donc que la Nouvelle-Zélande dispose de quantités de données sur l'ampleur des houles de cette région de l'Antarctique. A titre d'exemple, 24 heures après le tremblement de terre du Japon en avril dernier ces capteurs de la mer Ross ont enregistré des vagues provenant du séisme.

180. Le COMNAP a indiqué à la réunion qu'il a déjà démarré une étude des risques posés par les tsunamis aux infrastructures et aux membres du personnel des stations de l'Antarctique, et qu'un document de travail sur cette question sera présenté à l'assemblée du COMNAP en août prochain. La réunion a convenu que ce rapport du COMNAP serait fort utile et a demandé au COMNAP de se faire aider par le SCAR et de s'assurer de l'acheminement du document à la XXXVe RCTA, afin de permettre un débat plus incisif sur la question.

181. Le Royaume-Uni a suggéré que les États-Unis d'Amérique pourraient utilement inclure dans leur délégation à la XXXVe RCTA un représentant de la NOAA, dans le but de fournir à la réunion de plus amples informations sur leur système global d'alerte précoce aux tsunamis. Le Royaume-Uni a fait ressortir que le système d'alerte précoce de la NOAA a été d'une grande utilité pour la campagne du British Antarctic Survey, et que ce système pourrait aussi être adapté pour permettre l'obtention de prévisions sur les situations futures en Antarctique. Le Royaume-Uni a d'ailleurs utilisé le système de la NOAA, et les prévisions dont il est capable, pour évacuer son personnel de la station Rothera pendant le dernier tremblement de terre du Chili.

182. Le Royaume-Uni a noté que le SCAR et le COMNAP sont tous deux en possession d'informations non seulement scientifiques mais aussi opérationnelles, qui peuvent être très utiles. Le Royaume-Uni a souligné l'importance pour la réunion de contacter la Commission Hydrographique de l'Antarctique (qui fait partie de l'OHI) pour se familiariser avec les techniques de pointe de la cartographie bathymétrique. Le Président a offert d'écrire à l'OHI pour lui expliquer l'intérêt que portent les Parties à cette question, et pour inviter l'OHI à présenter des informations sur les derniers développements de la cartographie bathymétrique à la XXXVe RCTA.

183. Le SCAR est intervenu pour se déclarer en faveur d'une amélioration des éléments bathymétriques, et a annoncé qu'il a déjà formé un groupe d'action chargé de la « cartographie bathymétrique internationale de l'océan Austral ».

184. Le Chili a lui aussi manifesté son soutien pour ce projet d'un système d'alerte précoce aux tsunamis pour l'Antarctique, qu'il considère être de la plus haute importance. Le Chili se réjouit de pouvoir partager ses connaissances et ses expériences sur cette question avec d'autres Parties, et aussi avec des groupes de travail.

185. L'Équateur a indiqué que dans les îles Galapagos un centre d'alerte précoce aux tsunamis a été installé qui est capable de fournir des données sur demande.

L'Équateur est aussi d'avis qu'il conviendrait de développer dès maintenant un système de communication global en Antarctique, qui servirait à encadrer le système d'alerte précoce aux tsunamis pour les zones côtières.

186. La France a fait part à la réunion des difficultés qu'elle a notées pour la faune de ses îles subantarctiques de se reproduire suite au passage du tsunami de 2004 à Sumatra. La France a aussi noté d'autres impacts néfastes du tsunami sur le comportement reproductif des colonies de manchots. La France est tout a fait disposée à intégrer ses données obtenues de ses observatoires de l'océan Indien à un système d'alerte précoce plus élargi.

187. L'Argentine a chaleureusement remercié les Parties pour leur soutien et a informé la réunion que désormais le réseau des cinq stations appartenant au Réseau Sismique Hydrographique Argentine/Italie (ASAIN) est en ligne et opérationnel. De plus, le service argentin d'hydrographie s'occupe actuellement de cartographie bathymétrique et utilise le navire *Puerto Desaedo* à cette fin. L'Argentine a proposé au Secrétariat la création de liens avec tous les sites de l'Internet où l'on trouve un système d'alerte précoce aux tsunamis.

188. La Fédération de Russie a présenté le document WP 56 *Adoption de propositions pour assurer la sécurité de la navigation dans les eaux antarctiques*. Ce document a été développé par la Russie au vu des inquiétudes qui de plus en plus frappent la communauté internationale quant à la fréquence d'accidents dans l'océan Austral où des navires sont impliqués. Ces accidents de navires mènent parfois à des situations d'urgence majeure.

189. La Fédération de Russie a déclaré qu'elle est présente de manière active dans l'océan Austral depuis son expédition baleinière de l'été 1946-47. Les navires de la Fédération ont depuis ce temps navigué en grand nombre dans les eaux de l'Antarctique et les ont sillonnées de fond en comble, ainsi ils ont acquis une expérience approfondie des conditions antarctiques.

190. En outre, des navires battant pavillon russe sont souvent affrétés au complet avec leur capitaine et équipage par d'autres pays pour soutenir et mener à bien leurs programmes de recherche nationaux. Ainsi l'expérience acquise par ces navires de la Fédération de Russie a été mise à profit par des navires chinois et coréens lors de leurs opérations en Antarctique, et ces navires ont été très appréciés par ces derniers. Pour sa part l'Argentine a loué le professionnalisme dont ont fait preuve les équipages des navires russes qu'elle a affrétés dans le passé.

191.   En tant que Partie naviguant régulièrement dans les eaux de l'Antarctique, la Fédération de Russie souhaite partager activement avec d'autres Parties les expériences et les actions qu'elle a pu prendre pour assurer la sécurité de ses équipages en Antarctique. La Fédération de Russie a mis en place des programmes spécifiques de formation destinés à des capitaines, des ingénieurs et des pilotes de navires polaires et de brise-glaces. Les éléments les plus saillants de ces programmes de formation et de certification des équipages russes sont détaillés dans le document WP 56.

192.   La Fédération de Russie a aussi attiré l'attention de la réunion sur un fascicule peu connu mais très utile publié par l'Organisation Météorologique Mondiale (OMM). Cet ouvrage traite de la navigation dans des conditions de glace. Il s'agit de la monographie n° 783 (dans la série OMM/TD de 1996) qui présente un rapport de l'OMM 35 sur ses activités relatives à la météorologie marine et océanographique.

193.   La réunion a manifesté sa gratitude à la Fédération de Russie pour sa présentation du document WP 56, et pour avoir souligné dans son intervention l'importance de la formation du personnel naviguant. Au vu des conditions spécifiques que les marins et les équipages doivent affronter dans les eaux de l'Antarctique, l'Allemagne a suggéré qu'il est important de s'assurer, autant que possible, que les programmes nationaux utilisent des équipages expérimentés pour affronter les conditions de l'Antarctique. L'Argentine a noté la valeur ajoutée de former au mieux possible tous les équipages de tous les navires effectuant des opérations en Antarctique, mais elle a souligné en plus le problème épineux des petits opérateurs de voyages non-membres de l'IAATO. L'Argentine a aussi fait rapport de son cours annuel sur la navigation dans les eaux de l'Antarctique.

194.   La Nouvelle-Zélande a souligné le rôle important du système de notification des mouvements des navires développé par le COMNAP, qui permet d'assurer la sécurité des navires menant des opérations organisées par des programmes nationaux.

195.   Le Chili a informé la réunion que tous les capitaines de navires chiliens en opération dans l'Antarctique doivent, selon les dispositions de la législation nationale chilienne, obligatoirement passer et réussir le cours sur la navigation et les opérations dans les eaux de l'Antarctique. Ce cours a été développé par le Centre de formation et d'enseignement maritime chilien, le CIMAR. Toute Partie intéressée peut consulter le site *www.cimar.cl*.

196. Le Chili a présenté le document IP 134 intitulé, *Situacion SAR en los ultimos 5 anos en el area de la Antarctica de responsabilidad de Chile* qui analyse le nombre d'arrivages de navire sur les quais des ports et des stations désignées comme points de la collecte d'informations de navigation. Le document indique également le nombre d'évacuations médicales effectuées à partir de navires touristiques. Le Chili a entrepris tous les efforts nécessaires pour s'assurer, à chaque fois que cela peut s'avérer utile, de la présence d'un navire de la patrouille navale conjointe de l'Argentine et du Chili dans toutes les zones de l'Antarctique où le Chili exerce des responsabilités de recherche et de sauvetage. Le Chili a noté que les informations actuellement disponibles sur la position des navires sont souvent insuffisantes pour leur venir en aide si besoin était. Cependant des informations précises sont requises afin de parvenir à des repérages, des sauvetages et opérations de protection de l'environnement. La résolution 6 (2010) demande aux navires se trouvant dans une zone spécifique d'indiquer au besoin leur position et leur trajectoire. Le Chili se fait fier de fournir de telles informations à la réunion et prie instamment les autres Parties à faire de même.

197. La Chine a présenté le document IP 6 intitulé *Report on the Evacuation of an Altitude Sickness – Suffered Expeditioner at the Kunlun Station* in *Dome A*. En ce faisant la Chine a remercié les Parties de leur aide pour l'évacuation, et elle a rappelé la contribution de William Colston à la mémoire de la RCTA.

198. La Norvège a informé la réunion d'une évacuation de personnel réussie le 22 juin dernier à partir de la station Troll avec un avion de type Gulfstream G 550. L'appareil n'a pas eu à effectuer d'arrêt d'approvisionnement sur tout son trajet aller-retour. Il s'agit d'un petit avion capable de voler directement du Cap en Afrique du Sud à la station, et puis de retourner au Cap, le tout en 12 heures de vol au total.

199. La Norvège a présenté le document d'information IP 59 intitulé *The grounding of the Polar Star,* et a indiqué que l'échouage du *Polar Star* (en heurtant un rocher) ne constituait pas un incident majeur et que le naufrage n'avait eu pour conséquence aucun dégât matériel à l'égard des passagers ou de l'environnement. Cet incident, bien que mineur, a cependant bel et bien illustré l'importance pour toute Partie d'aviser la moindre anomalie survenue dans la navigation, afin de que la base de données compilées pour évaluer les risques et pour élaborer de nouvelles procédures reste à jour et complète.

200. La Norvège a aussi présenté le document d'information IP 60 intitulé *Working Group on the development of a mandatory code for ships operating in polar waters, IMO,* qui relève du travail du sous-comité de l'OMI sur

les caractéristiques des navires naviguant dans les eaux polaires et sur leurs équipements. Tenant compte du besoin de rendre ce code obligatoire, il a été proposé qu'à son stade initial le document ne devrait s'appliquer qu'à des navires cargo et qu'à des navires de passagers SOLAS. Suite à la réunion tenue en Norvège en mars (dont un compte-rendu a été annexé au document IP 60) plusieurs éléments d'information sur le projet de code sont déjà disponibles et font état du statut actuel des discussions à l'OMI. D'autres éléments d'information dans le document se rapportent à des discussions encore plus récentes et à des documents de contexte qui traitent surtout de voiliers et de chalutiers de pêche.

201. L'ASOC a remercié le Chili et la Norvège pour leur présentation respectivement des documents IP 134 et IP 59, et a exhorté toutes les Parties dont les navires ont été sujets à des incidents d'en signaler les détails le plus rapidement possible à la RCTA.

202. L'ASOC a présenté le document d'information IP 85 intitulé *Developing a Mandatory Polar Code – Progress and Gaps*. L'ASOC a appelé la RCTA à adopter une résolution sur la nécessité d'une approche collaborative d'entre les Parties, pour assurer la sécurité de la navigation et la protection de l'environnement en Antarctique et également pour œuvrer ensemble à ce que le Code polaire obligatoire repose sur des assises adéquates en termes des normes de navigation à appliquer aux navires en opération dans les eaux de l'Antarctique.

203. L'ASOC a présenté le document d'information IP 91 intitulé *Vessel Protection and Routing – Options Available to Reduce Risk and Provide Enhanced Environmental Protection*. L'ASOC a recommandé à la RCTA d'adopter une résolution sur la nécessité de réviser les mesures à appliquer en cas de collisions, d'échouages et de protection de zones vulnérables.

204. Plusieurs Parties ont félicité la Norvège pour son travail de coordination du groupe de contact sur l'OMI visant à développer le Code polaire obligatoire.

205. La réunion a entendu et appuyé l'appel lancé par la Nouvelle-Zélande pour demander aux Parties de suivre de près le programme de travail de l'OMI sur le Code polaire obligatoire et d'y participer activement, étant donné que le développement de ce code est une des priorités de la RCTA. Le suivi et le soutien apporté par les Parties aux travaux de l'OMI pourrait résulter en un meilleur alignement du code aux aléas et conditions de l'Antarctique. La Nouvelle-Zélande a rappelé que l'action qu'elle recommande à la réunion d'adopter est conforme à la résolution 5 (2010), qui exhorte les Parties

à travailler ensemble pour que la RCTA arrive à présenter un front uni à l'occasion des délibérations de l'OMI.

206. Le Royaume-Uni a souligné l'importance pour les Parties d'envoyer des délégués au Groupe de travail de l'OMI afin de s'assurer que l'OMI soit saisi des conditions d'opération de navigation en Antarctique. Le Royaume-Uni a informé la RCTA qu'il avait déjà organisé pour son délégué permanent à l'OMI de se rendre en Antarctique à bord du navire *HMS Scott*, ce qui lui a permis d'obtenir une expérience directe des conditions de glace particulières a cette région.

207. L'Argentine a encouragé les Parties à travailler en étroite collaboration avec le COMNAP sur des questions clés telles la navigation, les opérations de recherche et de sauvetage, et aussi l'élaboration du Code polaire obligatoire.

208. Le COMNAP a informé la RCTA qu'il s'attache particulièrement à suivre l'élaboration du Code polaire obligatoire, et il a invité tous les programmes nationaux à participer pleinement dans son groupe d'experts sur la navigation.

209. Tout en faisant remarquer qu'il appartient en dernier recours à l'OMI de prendre des décisions sur les critères à exiger des navires en opération en Antarctique, la Norvège s'est félicitée du soutien accordé au Code polaire obligatoire par la réunion.

210. Le Chili a présenté le document d'information IP 135 intitulé *Patrulla de rescate terrestre Argentina-Chilena PARACACH (Bases Antárticas "Esperanza" y "O'Higgins")*.

211. Un autre document présenté à cette session de la réunion a été le suivant:

- IP 44 intitulé *Exploration, Search and Rescue Training Activities in Support of the Scientific, Technical and Logistical Operational Tasks* (Uruguay)

Point 10 – Tourisme et activités non gouvernementales dans la zone du Traité sur l'Antarctique

Aperçu de l'activité touristique en Antarctique pendant la saison 2010/2011

212. L'IAATO a présenté le document d'information IP 106 rev. 1 intitulé *Overview of Antarctic Tourism*. Ce document démontre qu'en Antarctique le nombre total de visiteurs pour la saison 2010-2011 pour les membres de l'IAATO s'est chiffré à 33 824 personnes environ et que ce chiffre était

inférieur de 8% comparé à la saison 2009-2010. L'IAATO a informé la RCTA de ses prévisions pour la saison de 2011-2012, à l'effet que le nombre total de visiteurs continuerait à la baisse, soit par 25% pour se chiffrer à environ 25 319 visiteurs. Cette baisse considérable de visiteurs est due en partie au retrait du marché de plusieurs membres de l'IAATO affectés par la nouvelle réglementation de l'OMI sur l'interdiction de fuel lourd en Antarctique. Malgré cette baisse dans le volume total de visiteurs, l'IAATO a noté une tendance à la hausse dans quelques segments plus petits de tourisme : les survols, les séjours à terre et les expéditions en voilier. L'IAATO s'est dite préoccupée par certaines activités irrégulières menées par des voiliers non-membres de l'IAATO, ce qui démontre l'importance de la présence d'une autorité compétente et l'importance aussi de sanctions prises à l'égard des opérateurs de voyages qui ne se soumettent pas aux dispositions du Traité sur l'Antarctique.

213. L'Argentine a présenté le document d'information IP 20 intitulé *Report on Antarctic tourist flows and cruise ships operating in Ushuaia during the 2010/2011 austral summer season*, qui fait état d'un total de 33 656 visiteurs se rendant en Antarctique par Ushuaia. L'Argentine a noté la singularité particulière de ce document qui présente des informations venant de source autre que celle de l'industrie du tourisme.

214. La réunion a remercié l'Argentine et l'IAATO pour leurs présentations, et a noté que la gestion efficace des activités de tourisme en Antarctique dépend de données fiables et exhaustives sur ces activités.

Règles et réglementation du tourisme

215. Les États-Unis d'Amérique ont présenté le document de travail WP 26 *Révision de la RCTA des règles et réglementations en matière de tourisme* préparé conjointement avec l'Allemagne, la France, la Nouvelle-Zélande et les Pays-Bas. Ces Parties sont d'avis que la RCTA devrait passer en revue et réviser si nécessaire toutes les règles internationales actuelles relatives au tourisme en Antarctique afin d'en identifier les faiblesses. Ces Parties ont d'ailleurs noté que les RCTA précédentes avaient déjà reconnu la nécessité de traiter de la question de la réglementation. Les États-Unis d'Amérique ont souligné les avantages pour la RCTA de pouvoir déterminer au plus tôt quels aspects du tourisme en Antarctique devraient être examinés comme étant hautement prioritaires afin de leur accorder une attention toute particulière au cours des années à venir.

216.   La réunion a remercié les États-Unis d'Amérique et les auteurs du document, et a affirmé qu'en principe elle soutenait le développement d'une approche stratégique en ce qui concerne la gestion des activités touristiques en Antarctique.

217.   L'Inde, appuyée par plusieurs Parties, a suggéré que la RCTA devrait se pencher non seulement sur l'efficacité des mesures existantes, mais aussi sur leur application par des autorités nationales.

218.   La Norvège est revenue sur l'un des points du document WP 26, pour faire remarquer que certains aspects de la discussion sur la réglementation du tourisme en Antarctique relevait plus de la compétence d'organisations internationales telles l'OMI ou l'OHI. La Norvège a également tenu à rappeler l'importance du Code polaire obligatoire, du moment qu'il sera adopté par l'OMI, pour toute analyse de l'impact des activités touristiques en Antarctique.

219.   L'ASOC a remercié les États-Unis d'Amérique et les auteurs du document WP 26, et a noté que la question du tourisme devrait être abordée de manière stratégique, ce qui veut dire que les développements futurs devraient être anticipés. Les tendances actuelles du tourisme démontrent que malgré la baisse dans le nombre de touristes suite au pic des années passées, des changements importants ont eu lieu récemment, par exemple en termes des activités qui sont organisées dans le profond intérieur de l'Antarctique et aussi en termes du nombre croissant de campements semi-permanents. L'ASOC a fait sienne le document WP 26, surtout le besoin qui y est exprimé d'adopter une approche de précaution.

220.   Les Pays-Bas ont présenté le document WP 21 préparé conjointement avec le Royaume-Uni *Tourisme en Antarctique : Viser une approche stratégique et proactive par un inventaire sur les questions en suspens*. L'approche préconisée dans le document consiste en une identification précise des questions jugées les plus importantes pour la RCTA, aussi en une proposition de mesures spécifiques et appropriées pour répondre à ces questions, et enfin en une formulation exacte des questions qu'il convient de mettre au premier plan pour les débats de la XXXVᵉ RCTA.

221.   En sa capacité de co-auteur du document WP 21 le Royaume-Uni a rappelé à la réunion que déjà en 2008 il avait présenté à la XXXIᵉ RCTA une proposition pour développer une vision stratégique de l'évolution du tourisme en Antarctique au cours de la prochaine décennie. Malgré les actions menées depuis cette date, le Royaume-Uni a noté que des questions

fondamentales perdurent pour la RCTA. Les 16 questions figurant dans le document WP 21 représentent un outillage clair de la situation qui permet de faciliter la discussion et la hiérarchisation des priorités.

222. Plusieurs Parties ont déclaré qu'il leur serait plus bénéfique d'examiner ensemble les deux documents WP 21 et WP 26.

223. Tout en soutenant le document WP 21 l'Argentine et la Suède ont suggéré que le document pourrait tirer profit de quelques éclaircissements, notamment en ce qui concerne ses objectifs. La Suède a proposé qu'un des objectifs majeurs du document pourrait consister en l'élaboration d'un aperçu ou d'un inventaire de la réglementation existante telle qu'elle est appliquée par les autorités nationales.

224. La France a noté que le document WP 21 soulève des questions importantes. Ces questions indiquent toute la nécessité pour le groupe de travail sur le tourisme d'adopter une approche, en ce qui concerne la réglementation des activités touristiques en Antarctique, qui s'étendrait sur le long terme. La France a aussi noté l'importance primordiale de la question de la sécurité.

225. La Belgique a souhaité accorder une priorité égale à, d'une part, l'application des mesures déjà adoptées par la RCTA lors de ses réunions précédentes, et d'autre part au besoin de continuer de développer et d'améliorer la réglementation. Plusieurs Parties ont demandé que soit clarifiée la question si les 16 questions figurant dans le document WP 21 constituaient des points de l'ordre du jour d'une réunion éventuelle. Par ailleurs ces mêmes Parties ont déclaré leur accord pour ce que d'autres instances internationales puissent aborder la question du tourisme en Antarctique. D'autres Parties ont aussi souligné l'importance d'inclure les effets du changement climatique dans tout examen futur de la réglementation du tourisme.

226. La Chine a été favorable à la possibilité d'une discussion sur la question du tourisme au cours de la prochaine RCTA, ce qui rendrait nécessaire la prise en compte des 16 questions du document WP 21 ainsi que toute autre question jugée utile par les Parties consultatives.

227. Le Brésil a avisé la réunion que son Gouvernement a récemment approuvé un projet de loi national sur la réglementation des activités touristiques en Antarctique.

228. Les États-Unis d'Amérique ont noté l'importance d'inclure dans la discussion les questions relatives à la sécurité maritime en plus des questions découlant de la résolution 7 (2009).

229. L'Australie a noté que l'étude du CPE sur le tourisme serait passible d'être finalisée l'année prochaine, ce qui rendrait plus facile toute discussion sur le sujet à l'avenir.

230. L'IAATO s'est félicitée de la discussion générée par les documents WP 21 et WP 26 et a proposé que toute discussion future sur l'efficacité de la gestion des activités touristiques tienne en compte non seulement la baisse du nombre total de touristes au cours de ces dernières années, mais aussi le fait que la nature du tourisme en Antarctique est actuellement lui-même en pleine transformation.

231. L'ASOC a remercié les co-auteurs du document WP 21 pour avoir montré la voie de manière pratique et pour avoir produit une liste de 16 questions pertinentes jetant beaucoup de lumière sur la question du tourisme en Antarctique. En particulier l'ASOC a soutenu toutes les questions s'adressant au principe II de la résolution 7 (2009), qui déclare que toute forme de tourisme contribuant à la dégradation à long terme de l'environnement de l'Antarctique ou à ses valeurs devrait être interdite.

232. La réunion a convenu de l'adoption d'une approche stratégique pour tout examen futur de la politique de la RCTA sur le tourisme. La réunion a également convenu de l'identification de toute lacune à l'égard de la mise en place de cette politique à long terme, et aussi de la nécessité de hiérarchiser les priorités en tenant compte des instruments de réglementation existants tels les lignes directrices déjà établies. La réunion a aussi convenu de porter à l'attention de la XXXVe RCTA la question de tous les travaux futurs relatifs au tourisme, dans le but de finaliser les plus hautes priorités de cette question en termes des éléments suivants:

    • Le rapport du groupe de contact intersessions dont il est question au paragraphe 261 ;
    • Les questions pour lesquelles il peut être plus approprié de développer de nouveaux instruments internationaux de réglementation ou des directives, telles des mesures ou des résolutions ;
    • Les résultats de l'étude du CPE relatif à l'impact du tourisme sur l'environnement de la zone du Traité sur l'Antarctique, et si possible une analyse de la pertinence de cette étude pour tout travail éventuel portant sur l'élaboration d'une politique de tourisme.

233. La réunion a chargé le Secrétariat de rappeler aux Parties consultatives leur accord sur les actions décrites au paragraphe ci-dessus, par voie d'une circulaire qui sera diffusée à toutes les Parties trois mois avant la tenue de la XXXVe RCTA.

234. La réunion a convoqué un groupe de contact intersessions (GCI) à composition non-limitée pour assurer la continuité des travaux de préparation à la révision des politiques de la RCTA sur le tourisme. Ce GCI est mandaté jusqu'à la tenue de la XXXVe RCTA, et les Parties ont convenu de ses attributions pour identifier :

    • les questions de la politique à suivre quant à la gestion et la réglementation du tourisme en Antarctique, y compris les questions qui figurent dans le document WP 21 de la XXXIVe RCTA ;

    • les questions pour lesquelles il peut être plus approprié de développer de nouveaux instruments internationaux de réglementation ou des directives, telles des mesures ou des résolutions ; et

    • une liste des questions auxquelles la RCTA conviendrait d'accorder une plus haute priorité dans ses délibérations futures, qui incluraient mais ne seraient pas limitées à la sécurité et à la protection de l'environnement.

235. En outre la réunion a convenu que :

    • les observateurs et les experts qui ont participé à la XXXIVe RCTA seront invités à participer au GCI ;

    • le Secrétariat sera chargé de développer un forum interactif de discussion en ligne et de fournir l'assistance requise au GCI ; et

    • les Pays-Bas seront d'office pour organiser le GCI et feront rapport de ses délibérations et ses conclusions à la XXXVe RCTA.

236. La France a présenté le document WP 46 *Limitation des activités touristiques et non-gouvernementales aux seuls sites soumis à des Lignes directrices pour les visites de sites,* qui vise à encourager les opérateurs et voyagistes à limiter leurs visites seulement à des sites soumis à des lignes directrices de visites de sites. La résolution présentée dans le document a pour but d'améliorer l'analyse de l'impact des débarquements, d'assurer une meilleure sécurité pour les visiteurs, et de limiter les risques et les accidents.

237. Plusieurs Parties ont fait leur le sentiment exprimé dans cette proposition, mais ont cependant suggéré une modification du texte. La France a expliqué qu'il y avait eu un problème de traduction vers l'anglais, et que le projet de résolution ne se voulait pas être obligatoire. La France a suggéré que le terme d'« inviter » qui est employé dans le texte français était plus conforme à l'esprit de la résolution que celui d'« exhorter » utilisé en anglais.

238. Tout en remerciant la France d'avoir soumis ce document et en soulignant le besoin de continuer à élaborer des lignes directrices pour les visites de

site, certaines Parties ont fait part d'un nombre de préoccupations quant à la proposition présentée dans le document.

239. L'Argentine a noté que des visites limitées aux seuls sites soumis à des lignes directrices pourraient accroître la pression exercée sur ces sites, et pourraient au final être contre-productifs, surtout si l'on tient compte du fait que les sites soumis à des lignes directrices sont généralement les sites les plus vulnérables, ou bien ceux accueillant déjà le plus grand nombre de visiteurs. L'Argentine a aussi prié les Parties de continuer leurs travaux sur les lignes directrices de visites de site.

240. Pour faire suite à l'intervention de l'Argentine, plusieurs Parties ont exprimé leur inquiétude à propos des impacts néfastes sur l'environnement que pourraient entraîner des activités de tourisme confinées à des sites spécifiques.

241. L'Uruguay a proposé que le CPE exhorte ses membres à élaborer des lignes directrices pour les sites qui en sont dépourvus, et qu'ils les mettent à la disposition des voyagistes.

242. Concernant le document WP 26, l'Ukraine a rappelé aux Parties les recommandations approuvées préalablement (paragraphes 242 à 248 du rapport final de la XXXIIIᵉ RCTA) encourageant les Parties à élaborer des directives claires pour les visiteurs se rendant dans les stations de recherche. Dans cette perspective, les directives sur les visites de touristes de la station Vernadsky, que l'Ukraine a présentées sous format de lignes directrices pour gérer les visites de site touristiques, pourrait apporter une contribution positive à ce débat.

243. Les Pays-Bas ont souligné le fait qu'en vertu du changement climatique il existait maintenant davantage de sites convenant aux visites, et que des lignes directrices plus strictes comme on l'envisage pourraient encourager les voyagistes à organiser des débarquements sur des sites non soumis à des lignes directrices.

244. Plusieurs Parties ont attiré l'attention de la réunion sur le Protocole pour la protection de l'environnement ainsi que sur d'autres mesures et résolutions concernant la gestion des activités de tourisme. Elles ont déclaré que même si les visiteurs débarquaient à des sites dépourvus de lignes directrices, ces sites restent néanmoins soumis à la réglementation générale. Le Royaume-Uni a fait ressortir que les lignes directrices pour les visites de site ne font aucun cas pour une exception quand il s'agit de leur application sur un site quelconque.

245. Dans ce sens, l'IAATO a suggéré qu'il conviendrait non pas de limiter les visites aux seuls sites soumis à des lignes directrices mais plutôt d'examiner la gestion de toutes les activités humaines au niveau des régions antarctiques.

246. L'Australie a noté que les sites soumis à des lignes directrices n'avaient pas été choisis comme seuls lieux propices au tourisme, et que la concentration des activités de tourisme à ces sites pourrait effectivement poser problème.

247. Les États-Unis d'Amérique ont fait leurs les sentiments relatifs à la protection de l'environnement qui ont été exprimés dans le document WP 46, et ont partagé les inquiétudes de certaines Parties quant aux conséquences imprévues qui pourraient résulter d'un tourisme concentré seulement sur des sites soumis à des lignes directrices. Pour les États-Unis d'Amérique la proposition de limiter la réglementation du tourisme à des sites soumis à des lignes directrices ne semble pas tenir compte du fait que les activités de tourisme terrestre ne sont pas réglementées par des lignes directrices.

248. L'attention des Parties a été attirée sur les documents d'information IP 30 intitulé *Areas of tourist interest in the Antártica Peninsula (Antarctic Peninsula) and Orcadas del Sur Islands (South Orkney Islands) region. 2010/2011 austral summer season,* et IP 105 intitulé *Report on IAATO Operator use of Antarctic Peninsula Landing Sites and ATCM Visitor Guidelines 2009-2010 and 2010-11seasons,* soumis par l'IAATO et jugés pertinents par rapport aux problèmes examinés.

249. L'ASOC a remercié la France pour son document WP 46, et a relevé dans ce document plusieurs concepts utiles et importants pour la gestion des activités de tourisme. Elle a indiqué que certains plans de gestion encourageaient déjà les visites de certains sites de préférence à d'autres, dans le cas notamment de la ZGSA de l'île de la Déception et de la ZGSA des vallées sèches. Elle a aussi noté qu'il est important d'obtenir une vue d'ensemble des problèmes de la dispersion ou de la concentration du tourisme en Antarctique, et que cette optique globale serait plus facilement acquise en regroupant les sites de zones spécifiques où l'on peut débarquer plutôt que par des regroupements régionaux de l'Antarctique, qui seraient isolés les uns des autres.

250. La plupart des Parties ont convenu que la proposition soumise par la France soulève des questions importantes qui continueront à être débattues à l'avenir.

251. La Norvège a présenté le document d'information IP 75 intitulé *The legal aspects of the Berserk Expedition,* et a déclaré que même si l'expédition en

question n'avait pas reçu l'autorisation requise des autorités norvégiennes, cette affaire concernait néanmoins le Gouvernement norvégien dans la mesure où il s'agissait d'un voilier enregistré en Norvège et de quatre ressortissants norvégiens.

252. Les Parties ont reconnu le soin et la transparence dont a fait preuve la Norvège, ainsi que la rapidité de l'intervention de recherche et sauvetage mise en œuvre par la Nouvelle-Zélande.

253. De nombreuses Parties ont souligné la nécessité d'échanger les informations de manière appropriée, adéquate et en temps opportun.

254. À cet égard, et étant donné que l'un des membres de l'équipage du *Berserk* était de double nationalité britannique, le Royaume-Uni a rappelé la résolution 3 (2004) qui recommande à des Parties étant informées d'une expédition par un navire ou un ressortissant d'une autre Partie de consulter sans délai la Partie concernée.

255. La Nouvelle-Zélande a suggéré dans ce contexte qu'il convient mieux d'examiner les contrôles mis en place par l'État portuaire.

256. L'IAATO a noté l'importance des communications qui ont eu lieu entre la Norvège, les autres Parties et l'IAATO elle-même avant le départ de l'expédition du *Berserk*, et elle a loué les efforts de la Norvège pour entreprendre des poursuites judiciaires à l'issue de l'incident. L'IAATO a noté que l'aboutissement de ces poursuites pourrait s'avérer utile pour éviter de futurs incidents.

257. L'ASOC a présenté le document d'information IP 84 intitulé *Antarctic Tourism – What Next? Key Issues to Address with Binding Rules,* en notant qu'à son avis les tendances actuelles semblent indiquer qu'en l'absence de contraintes réglementaires le tourisme continuera à se développer et à se diversifier, se transformant en de nouvelles formes et en pénétrant plus profondément à l'intérieur du territoire antarctique et dans ses zones côtières. Ceci pourrait avoir des conséquences, entre autres, sur l'environnement, la conduite des recherches scientifiques, la sécurité des touristes, ainsi que sur d'autres valeurs de la région antarctique reconnues par le Traité sur l'Antarctique et le Protocole relatif à la protection de l'environnement. Il est donc important que les Parties et leurs Gouvernements prennent des mesures proactives pour que la croissance du tourisme reste dans des limites écologiques durables appropriées pour l'Antarctique. A cette fin, l'application des mécanismes en vigueur serait un premier pas dans la bonne direction.

258. L'ASOC a présenté le document d'information IP 87 intitulé *Land-Based Tourism in Antarctica,* qui examine l'interface entre le tourisme terrestre et l'utilisation des infrastructures des programmes nationaux, ainsi que les nouvelles formes de tourisme terrestre. Ces activités dépendent de subventions, directes ou indirectes, notamment pour l'obtention des permis, l'utilisation des pistes d'atterrissage et l'accès aux installations des stations de recherche et de la zone adjacente. Le large éventail d'activités terrestres qui s'offre maintenant aux touristes témoigne de l'essor du tourisme terrestre. L'ASOC est d'avis que si les Parties ne prennent pas bientôt des mesures à l'encontre du tourisme terrestre ce dernier pourrait rapidement devenir une des activités principales du tourisme en Antarctique.

259. Les États-Unis d'Amérique ont indiqué leur désaccord avec la conclusion de l'ASOC que les opérations de l'opérateur-voyagiste Antarctic Logistics and Expeditions au camp du glacier Union avaient eu un impact plus que mineur ou transitoire sur l'environnement. Ils ont aussi noté que cette activité correspondait par sa taille et ses opérations à d'autres camps estivals du programme antarctique des États-Unis d'Amérique qui n'ont pas plus qu'un impact mineur ou transitoire. Ils ont avisé que les EPIE des opérateurs non-gouvernementaux pouvaient être obtenus auprès de l'Agence pour la protection de l'environnement des États-Unis.

260. En réponse aux observations des États-Unis, l'ASOC a noté que l'EIE du camp du glacier Union n'était pas disponible sur le site Internet du Secrétariat lors de la rédaction du document IP 87. De plus, l'ASOC a expliqué que ses remarques sur l'impact de ces installations se rapportent à toute l'étendue de la zone à partir du camp, allant donc jusqu'aux Monts Ellsworth, aux Collines Patriot et au Pôle Sud. L'ASOC avait présumé qu'une telle activité, menée sur plus de deux décennies, ne manquerait pas d'avoir un impact plus que transitoire sur l'environnement.

Surveillance et gestion du tourisme

261. L'Argentine a présenté le document de travail WP 48 *Rapport du Groupe de contact intersessions sur la surveillance du tourisme en Antarctique*, et a résumé les délibérations du GCI, en soulignant que ce document représentait l'ensemble des opinions des Parties participant au groupe. L'Argentine a noté que six Parties, ainsi que l'IAATO et l'ASOC, ont activement participé aux débats du GCI. Au cours de ces débats les participants ont examiné les systèmes actuellement disponibles au sein du système du Traité sur l'Antarctique susceptibles d'amener une surveillance plus appropriée du

tourisme qui y organisé au moyen de navires de croisières, de petits bateaux et de voiliers en Antarctique.

262.   La réunion a remercié l'Argentine d'avoir organisé le GCI, en reconnaissant la valeur du travail accompli par ce groupe.

263.   Les Parties dans la majorité ont déclaré que les listes de vérification existantes pour les inspections restaient utiles. Certaines Parties ont noté cependant que la portée de ces listes de vérification pourrait être élargie, afin d'inclure des types d'activités de tourisme qu'elles ne recouvrent pas actuellement.

264.   De nombreuses Parties ont signalé que les inspections sont particulièrement utiles puisqu'elle peuvent être un outil pour renforcer la réglementation des activités touristiques en Antarctique. Le Brésil a suggéré que les opérateurs de tourisme pourraient participer au financement de ces inspections. L'Uruguay et l'Équateur ont noté que les stations scientifiques situées près des sites où se rendent les touristes jouent aussi un rôle important dans l'inspection des activités de tourisme.

265.   Les Pays-Bas, en notant que les activités de tourisme devraient faire l'objet d'inspections plus fréquentes, ont encouragé les Parties à inclure des inspections d'activités de tourisme dans leurs programmes d'inspection nationaux.

266.   En réponse à ce commentaire, l'Allemagne a indiqué que les programmes d'inspection nationaux en Antarctique pouvaient certes apporter un appui aux procédures d'inspection de la RCTA, mais qu'en fin de compte la responsabilité des inspections est du ressort des autorités nationales compétentes délivrant les permis pour des activités.

267.   L'ASOC a remercié l'Argentine pour son document WP 48, et a déclaré qu'en effet les inspections sont un mécanisme utile pour vérifier ce qui est survenu sur le terrain, mais que ce mécanisme n'est pas suffisamment appliqué ou développé en ce qui concerne les activités de tourisme en Antarctique. Selon l'ASOC toutes les activités devraient faire l'objet d'inspections et leur impact devrait être évalué s'il y a lieu, mais, toujours aux yeux de l'ASOC, il serait inapproprié de se concentrer seulement sur les activitées liées au tourisme. L'ASOC a souligné qu'il est important aussi de déterminer l'empreinte exacte du tourisme commercial, et que les inspections étaient un outil approprié pour arriver à cette fin.

268.   Les Parties ont convenu de l'importance des inspections et des programmes d'observation, tout comme du besoin d'améliorer les mécanismes

d'inspection. L'Argentine a été sollicitée pour organiser le groupe de contact sur la surveillance du tourisme en Antarctique pendant la prochaine période intersessions.

269. Les objectifs suivants ont été arrêtés pour le GCI :

- Poursuivre le développement d'une liste de vérification incluant les activités des visiteurs sur les sites de débarquement et se calquant sur le projet de liste de vérification préparé par le GCI pendant la période intersessions 2010-11, qui vise à appuyer les inspections menées en vertu de l'article VII du Traité sur l'Antarctique et de l'article 14 du Protocole pour la protection de l'environnement.
- Envisager l'élaboration d'autres listes de vérification visant les autres types d'activités menées par des visiteurs en Antarctique.
- Soumettre un rapport à la XXXVe RCTA (Hobart, 2012).

270. Il a également été convenu que :

- les observateurs et les experts présents à la XXXIVe RCTA seront invités à participer au GCI ;
- le Secrétariat établira un forum de discussion électronique interactif et fournira une assistance au groupe de contact ; et que
- l'Argentine assurera la coordination des travaux et rendrait compte à la XXXVe RCTA des progrès accomplis.

271. L'IAATO a attiré l'attention de la réunion sur le travail qu'elle a entrepris pour améliorer son régime d'observation des opérateurs de voyages, travail qu'elle a présenté dans le document d'information IP 107 intitulé *Towards an IAATO Enhanced Observer Scheme*. L'IAATO a noté que cette initiative fait partie d'une série d'efforts visant à assurer la fiabilité générale des systèmes d'observation mis en place par l'organisation. Le régime amélioré d'observation de l'IAATO consiste en un processus à trois temps, comportant deux études-documentaires (examens interne et externe) et une série d'observations de terrain. Le régime passera à la phase pilote pendant la prochaine saison touristique. L'IAATO a soumis à la RCTA les listes de vérification utilisées au cours de ces processus, à titre d'information et également pour contribuer au débat.

272. Lors de la présentation du document d'information IP 105 intitulé *Report on IAATO operator use of Antarctic Peninsula Landing Sites and ATCM Visitor Site Guidelines, 2009-2010 and 2010-11 Seasons,* l'IAATO a confirmé son intention de continuer à soumettre annuellement des informations concernant les activités de ses membres. Le document propose que les Parties prennent

en considération deux sites supplémentaires pour des lignes directrices de visite de sites, et qu'elles notent qu'à chaque saison des opérateurs membres de l'IAATO sont témoins de visites effectuées sur ces deux sites par des visiteurs non-membres de l'IAATO.

273. Les Parties ont remercié l'IAATO des travaux qu'elle a présentés dans son document IP 107. L'Australie et l'Argentine ont attiré l'attention sur la rigueur des approches et des systèmes que l'IAATO a mis en place pour évaluer les activités de ses membres.

274. L'Équateur a présenté le document d'information IP 126 intitulé *Manejo turístico para la isla Barrientos* et a remercié l'IAATO pour son soutien des efforts de surveillance de l'Équateur concernant les activités touristiques menées dans les îles Barrientos.

275. L'Argentine et l'Uruguay ont déclaré leur appui à l'Équateur.

276. Les autres documents soumis au titre de ce point de l'ordre du jour sont les suivants:

   • IP 9 *Antarctic Site Inventory: 1994-2011* (États-Unis d'Amérique)
   • IP 23 *Antarctic Peninsula Compendium, 3rd Edition* (États-Unis d'Amérique et Royaume-Uni)

277. La Nouvelle-Zélande et l'IAATO ont remercié les États-Unis et le Royaume-Uni pour leurs documents d'information, en soulignant à cette occasion le rôle important que jouent la recherche et la surveillance dans les décisions de la RCTA.

Activités de voiliers dans l'Antarctique

278. Le Président a noté que les documents de travail WP 37 *Lignes directrices relatives aux yachts pour compléter les normes de sécurité du trafic maritime autour de l'Antarctique* et WP 20 *Collecte de données et établissement de rapports sur les activités de navigation en Antarctique pour 2010/2011* sont dans une certaine mesure complémentaires. Il a proposé qu'ils soient examinés parallèlement.

279. La Chine a suggéré qu'une première étape à envisager serait de réglementer les activités de voiliers dans les eaux antarctiques qui relèvent de la compétence directe de la RCTA ; des règlements connexes pourraient ensuite être proposés à l'OMI dans le cadre de son élaboration du Code polaire obligatoire.

280   Lors de la présentation du document WP 37 l'Allemagne a noté que si les voiliers n'avaient pas été inclus dans les négociations de la première tranche du Code polaire de l'OMI, cette première tranche sera néanmoins pertinente pour des activités maritimes menées à l'intérieur de la zone du Traité une fois qu'elle sera finalisée. Le document WP 37 propose une liste de vérification à l'intention des opérateurs qui projettent d'organiser des voyages en voilier en Antarctique.

281.   Le Royaume-Uni a présenté le document de travail WP 20 intitulé *Collecte de données et établissement de rapports sur les activités de navigation en Antarctique pour 2010/2011,* qui informe les Parties du nombre de voiliers observés autour de la Péninsule antarctique durant la saison 2010/11. L'IAATO a indiqué que ses membres continueront volontiers de contribuer de manière fructueuse à cette liste avec leurs observations sur le mouvement des voiliers non-membres de l'IAATO, lesquels sont nombreux à ne pas avoir reçu de permis d'une autorité compétente. L'importance des échanges d'informations permanents en ce domaine a été soulignée.

282.   De nombreuses Parties ont remercié les auteurs des deux documents pour leurs informations. Elles ont indiqué que la liste de vérification du document WP 37, tout comme les données rapportées dans le document WP 20, étaient fort utiles et constituaient une bonne base pour la poursuite des débats du sujet. Certaines Parties ont cependant noté que la liste de vérification n'est pas exhaustive, et qu'il faudra la peaufiner.

283.   Plusieurs Parties ont aussi suggéré que la RCTA devrait formellement aviser l'OMI du souhait des Parties consultatives de voir les activités de voiliers incluses et discutées dans la deuxième tranche du Code polaire obligatoire.

284.   L'IAATO a noté que les opérateurs de voiliers affiliés à l'IAATO étaient minoritaires parmi les yachts observés dans la zone du Traité. Elle est d'avis qu'au vu des défis de navigation que pose l'environnement antarctique l'expérience et la formation des équipages de voiliers sont des éléments indispensables pour minimiser les risques d'incident.

285.   L'Australie a approuvé les propositions présentées dans les deux documents, et a noté que dans le document WP 20 mention est faite d'un voilier non-membre de l'IAATO battant pavillon australien. L'Australie a indiqué que ce voilier avait été dûment autorisé par l'autorité australienne.

286.   La France a ajouté que certains des termes utilisés dans la liste de vérification du document WP 37 soient clarifiés. Quant au document WP 20, elle a

souhaité savoir pourquoi ce document ne fournissait sur les voiliers que leurs noms, sans préciser les états où ils avaient été enregistrés.

287. À ce point soulevé par la France, le Royaume-Uni a répondu que le document WP 20 n'incluait pas d'informations spécifiques sur l'État de pavillon car il était difficile d'être sûr à 100% des procédures d'enregistrement. Le document WP 20 n'indique pas non plus si les navires ont reçu une autorisation, puisque chaque état dispose de sa propre législation et applique des normes différentes pour les autorisations. Sur cette question, le Royaume-Uni a souligné le besoin d'une meilleure coordination entre les Parties.

288. Le Chili a noté en relation au document WP 37 que chaque état possède son propre système législatif imposant ses propres règles de sécurité aux navires, et il a souligné l'importance pour les Parties de partager ces informations.

289. L'Argentine a soutenu le projet de planification d'initiatives intersessions pour développer des lignes directrices applicables aux voiliers. Elle a aussi noté à propos du document WP 37 que la liste de vérification qui y est présentée contient des termes suggérant des degrés de conformité différents, ce qui semble inapproprié pour une liste de vérification.

290. Il a été convenu qu'un groupe de contact intersessions serait convoqué pour développer des lignes directrices applicables aux voiliers et pour partager les données qui s'avèrent pertinentes, compte tenu des objectifs spécifiés dans le paragraphe ci-dessous.

291. Afin de promouvoir les bonnes pratiques, de protéger l'environnement et d'améliorer les normes de sécurité des voiliers visitant l'Antarctique, et dans l'attente de mesures appropriées à être décidées par l'OMI, il a été décidé que le GCI viserait les objectifs suivants pendant la période intersessions :

- L'évaluation de l'ensemble de la réglementation établie par la RCTA ainsi que des réglementations nationale et internationale existantes, afin de déterminer quels seraient les changements nécessaires pour assurer une meilleure sécurisation des voiliers en expédition dans la zone du Traité sur l'Antarctique ;
- La poursuite du travail de développement de la liste de vérification proposée par le document WP 37 et l'examen de toute option permettant une application élargie de ladite liste ;
- Le développement de lignes directrices spécifiques applicables aux voiliers à partir de la liste de vérification susmentionnée et des autres lignes directrices en vigueur, et le développement de moyens de diffuser ces nouvelles lignes directrices à tous les opérateurs et les autres personnes concernées ;

- La création d'un système d'échange d'informations visant à permettre aux Parties de partager des données d'observation sur les voiliers ; et

- La préparation d'un rapport destiné à la XXXVe RCTA sur les progrès accomplis.

292.   Il a été convenu d'autre part que :

- les observateurs et les experts participant à la XXXIVe RCTA seront invités à faire partie du GCI ;

- le Secrétariat établira un forum de discussion électronique interactif et fournira une assistance au Groupe de contact ; et que

- l'Allemagne assurera la coordination des travaux du GCI et rendra compte à la XXXVe RCTA des progrès accomplis.

293.   L'Argentine a présenté le document d'information IP 21 rev 1 intitulé *Non-commercial pleasure and/or sport vessels which travelled to Antarctica through Ushuaia during the 2010/2011 season.*

294.   Le Royaume-Uni, tout en présumant que les Parties avaient pris lecture du document IP 15 intitulé *Training Course for Yachts intending to visit Antarctica,* a indiqué que les cours de formation dont il y est question ont donné de très bons résultats. Le Royaume-Uni s'est proposé pour coopérer volontiers avec toute autre Partie désireuse d'offrir de tels cours de formation.

295.   L'IAATO a présenté le document d'information IP 14 intitulé *IAATO Yacht Outreach Campaign.* Se référant ensuite au document IP 15, l'IAATO a confirmé que plusieurs de ses membres avaient en effet participé à ces cours de formation dispensés par le Royaume-Uni, avec pour résultat une plus grande sensibilisation des navigateurs aux conditions de l'Antarctique. En rapport avec le document IP 14, l'IAATO a présenté sa campagne d'information sur les conditions de navigation en Antarctique qui vise à sensibiliser les opérateurs non-membres de l'IAATO.

296.   L'attention des Parties a été attirée sur le document d'information IP 28 intitulé *Technical safety standards and international law affecting yachts with destination Antarctica* soumis par l'Allemagne, en raison de sa pertinence pour les travaux du GCI concernant les lignes directrices pour les voiliers.

297.   La Norvège a présenté le document d'information IP 94 intitulé *Use of dogs in the context of a commemorative centennial expedition,* et l'Argentine a présenté le document IP 122 intitulé *Perceptions of Antarctica from the modern travellers' perspective.*

Autres questions

298. L'Argentine a fait la déclaration suivante : « Concernant les références erronées relatives au statut territorial des Îles Malouines, l'Île Géorgie du Sud et les Îles Sandwich du Sud faites dans les documents disponibles lors de la Réunion consultative du Traité sur l'Antarctique, l'Argentine rejette toute référence à ces îles comme entités séparées du territoire national, ce qui leur donnerait un statut international qu'elles n'ont pas. De plus, elle rejette le registre maritime utilisé par les autorités britanniques qui en auraient prétendument la responsabilité et toute autre action unilatérale entreprise par de telles autorités coloniales qui ne sont pas reconnues par l'Argentine. Les Malouines, l'Île Géorgie du Sud, l'Île Sandwich du Sud et les zones maritimes correspondantes font partie intégrante du territoire national argentin, sont sous occupation britannique illégale et font l'objet d'un conflit concernant la souveraineté entre la République d'Argentine et le Royaume-Uni de Grande-Bretagne et de l'Irlande du Nord. »

299. En réponse, le Royaume-Uni a déclaré n'avoir aucun doute quant à sa souveraineté sur les îles Falkland, l'île Géorgie du Sud, l'île Sandwich du Sud et leurs zones maritimes environnantes, comme le savent tous les délégués présents. À cet égard, le Royaume-Uni n'a aucun doute quant au droit du gouvernement des Îles Falkland d'utiliser un registre maritime pour les navires battant pavillon du Royaume-Uni.

300. L'Argentine a rejeté la déclaration du Royaume-Uni et a réaffirmé sa position juridique.

301. Suite aux discussions concluant les points de l'ordre du jour du groupe de travail sur le tourisme, le Président de la réunion a invité les Parties à faire des observations d'ordre général sur les questions examinées par le groupe de travail.

302. La France a ouvert le débat en exprimant sa profonde préoccupation de ce que le groupe de travail ne se soit pas livré à un examen approfondi des questions essentielles concernant le développement du tourisme. La France a noté l'importance que prennent d'ores et déjà de nouvelles formes de tourisme en Antarctique, notamment le tourisme d'aventure. Elle a aussi attiré l'attention des Parties sur les questions de la protection de l'environnement, de la sécurité et de la sûreté. Aux yeux de la France, la recherche de solutions aux problèmes à moyen et à long terme ne devrait pas exclure la prise d'actions concrètes dans le court terme.

303. Plusieurs Parties ont souscrit aux principaux points soulevés par la France, en soulignant le besoin pour la RCTA de réévaluer ses priorités et de travailler sur des problèmes de fond, qui nécessiteraient un nombre accru de documents de travail. Elles ont suggéré que les documents WP 21 et WP 26 pourraient servir de point de départ pour les débats de la prochaine RCTA sur la question du tourisme. Les Parties ont noté les avantages considérables qu'apportaient des travaux menés conjointement dans ce domaine avec le groupe de travail sur les questions opérationnelles et le groupe de travail sur les questions juridiques et institutionnels.

304. La réunion a souligné l'importance d'une collaboration plus serrée entre les Parties consultatives dans ce contexte. En reconnaissant que les échanges d'informations et la poursuite et l'élargissement du dialogue sont essentiels, la réunion a convenu qu'une collaboration des plus étroites entre les Parties serait un atout incontournable pour l'avancement des travaux de la RCTA sur le tourisme. Des documents de travail contenant davantage de données, des examens plus pointus du contexte du tourisme et présentant une meilleure analyse de son évolution sont indispensables à ces travaux. Plutôt que de se concentrer sur des questions de procédure, les Parties devraient participer à la RCTA suffisamment bien informées pour pouvoir cerner et travailler sur les questions de fond.

305. L'Australie a déclaré qu'en tant que Gouvernement hôte de la XXXVe RCTA elle attend avec impatience une discussion ciblée concernant les problèmes du tourisme lors de la prochaine réunion à Hobart. L'Australie a indiqué qu'elle appuyait avec vigueur l'adoption d'une approche stratégique par la RCTA pour examiner les questions liées à la gestion du tourisme. Cette approche devrait également structurer les travaux du GCI prévus pour la période intersessions. L'Australie s'est fortement ralliée aux remarques d'autres Parties concernant le besoin de documents sur le tourisme contenant des données fiables et visant clairement à identifier un problème et/ou à présenter une proposition.

306. Les États-Unis d'Amérique ont déclaré que la RCTA se devrait d'adopter une meilleure approche par rapport aux problèmes du tourisme, et que pour ce faire une implication et une participation plus fortes de la part de toutes les Parties sont indispensables, que ce soit pendant les réunions ou en période intersessions. Les États-Unis d'Amérique ont ajouté qu'il est essentiel pour la RCTA d'établir des priorités pour l'avenir.

307. Plusieurs Parties ont noté la valeur des GCI en tant que forums de discussion, permettant à la RCTA de se caler sur des positions solides en avance de

la réunion. Elles ont ainsi encouragé toute Partie à participer à des GCI. Plusieurs Parties ont également souligné l'importance primordiale du groupe de travail sur le tourisme comme principale plateforme de discussion sur cette question.

308. L'Inde, appuyée par plusieurs autres Parties, a évoqué le besoin d'examiner les problèmes concernant le tourisme en Antarctique dans un contexte plus élargi et global, et a souligné l'importance qu'il y avait à développer des liens avec d'autres instances et organismes internationaux compétents. Le Brésil a suggéré que cette approche pourrait être développée avant la tenue de la prochaine RCTA, par le biais d'un atelier qui viserait à développer un cadre stratégique pour les questions les plus générales relevant du tourisme.

309. La Belgique a suggéré que les travaux de la RCTA sur le tourisme devraient évoluer sur le modèle du CPE, par exemple en établissant un roulement dans le programme annuel de travail. Elle a proposé que l'examen des questions concernant le tourisme soit précédé par une discussion stratégique lors des réunions.

310. L'IAATO a noté le défi que pose l'application parfois apparemment arbitraire du Protocole pour la protection de l'environnement, ainsi que la variation dans les méthodes utilisées pour contrôler les activités non autorisées. Ses propos ont été repris par l'Allemagne, qui a suggéré qu'il est parfois difficile d'interdire certaines activités vu leur réglementation par le Protocole, qui sous-entend qu'elles peuvent être autorisées.

311. Les Pays-Bas ont indiqué qu'il est important de mettre frein dès maintenant au développement de certaines formes d'activités de tourisme extrême en Antarctique. Pour les Pays-Bas, il serait regrettable si la RCTA, n'ayant pas pu décider de ses orientations sur le tourisme et se voyant quelque peu dépassée par l'évolution de l'industrie, ne se sente alors contrainte de prendre des décisions de caractère purement ponctuel sur des bases floues et infondées. Les Pays-Bas ont indiqué que les Parties devraient se sentir dans leur plein droit de refuser de délivrer des permis pour des activités qu'elles jugent incompatibles avec les valeurs de l'Antarctique, même si au prime abord ces activités ne semblent pas porter de préjudice majeur à l'environnement. Pour les Pays-Bas, toute action conjointe ou individuelle menée par les Parties serait appropriée si elle sert à empêcher que l'Antarctique ne se transforme en un simple terrain de jeux pour des activités extrêmes, des activités que d'ailleurs les Parties n'hésiteraient aucunement à interdire dans leurs propres réserves naturelles et leurs propres parcs nationaux.

312. La Nouvelle-Zélande a noté que l'approche qu'elle a adoptée sur le tourisme et les activités non-gouvernementales en Antarctique est en partie due à la vaste étendue de sa zone de recherche et de sauvetage. La dernière saison a vu des pertes humaines causées par un naufrage de voilier et celui d'un navire de pêche. La Nouvelle-Zélande a encouragé les Parties à travailler activement pour que des éléments spécifiques à l'Antarctique soient intégrés dans le Code polaire obligatoire de l'OMI.

313. L'ASOC a noté qu'il existe un manque considérable d'informations sur le tourisme terrestre, et que cette insuffisance est un exemple aussi des difficultés de la RCTA à aborder parfois des questions de fond, comme le démontre le débat actuel sur le tourisme en général. L'ASOC a porté l'attention de la réunion sur la nécessité d'aligner toute décision prise en termes d'une politique d'orientation sur le tourisme en Antarctique avec la résolution 7 (2009). L'ASOC a aussi suggéré que les documents WP 21 et WP 26 pourraient ultérieurement servir de documents de base pour une discussion stratégique sur le tourisme.

Groupe de travail conjoint sur le tourisme et sur les questions opérationnelles

314. La France a présenté le document de travail WP 11, *Suites données à la présence non autorisée de voiliers français dans la zone du Traité et aux dégradations commises dans la cabane dite de Wordie House*, qui traite des actions prises par la France par rapport à cet incident et qui vise à encourager une plus ample discussion de fond entre les Parties à ce sujet.

315. La France a informé la réunion qu'aucun des deux voiliers impliqués dans cet incident n'avait reçu d'autorisation de la part de la France. De ce fait les autorités françaises sont en droit, aux termes de la législation française, de poursuivre les deux capitaines en question. La France a confirmé qu'une action en justice a été entamée par le Préfet des Terres Australes et Antarctiques pour saisir le tribunal de Paris de ce cas.

316. Au vu de cet incident, la France a souligné l'importance pour la RCTA d'établir une procédure claire pour souligner la nature du dossier que les voiliers et navires doivent présenter aux autorités portuaires sur leurs dispositifs de sécurité. La France a fait remarquer que ce dossier soumis aux autorités portuaires ne touche que les dispositifs de sécurité du navire ou voilier, et ne constitue en aucun cas une autorisation de pénétrer dans les eaux de l'Antarctique.

317. La France a demandé si le Système électronique d'échange d'informations (SEEI) pourrait être exploité pour inclure un filtre de recherche à partir des noms des voiliers ou navires. La réunion a pris note de la demande de la France et a prié le Secrétariat d'obtenir des informations techniques utiles à cet égard.

318. La France s'est aussi interrogée sur la capacité des législations nationales des Parties à traiter d'incidents de nature similaire. De tels incidents pourraient en effet se produire à l'avenir, et la France est d'avis qu'un travail plus approfondi sur cette question est nécessaire. Elle a indiqué que ce travail serait en conformité avec l'article 9 du Traité sur l'Antarctique. La France a proposé de soumettre un document de travail sur ce thème à la XXXVe RCTA.

319. La France a exprimé le besoin d'encourager une collaboration plus étroite entre les Parties et le Secrétariat pour faciliter la discussion sur ces problèmes, et dans ce but elle a exhorté les Parties à utiliser le site Internet de la STA pour procéder à des échanges d'informations.

320. L'informaticien du Secrétariat a confirmé qu'il est possible d'inclure un filtre de recherche « par nom de navire » sur le SEEI. Mais il a noté qu'il incombe aux Parties d'en décider, puisqu'il pourrait s'avérer inapproprié de communiquer des demandes d'autorisation refusées sur le SEEI. Par contre, sauf obstacle majeur, il n'y aurait aucune difficulté à intégrer les suggestions des Parties pour améliorer la section du SEEI sur les résumés des rapports.

321. Le Chili a lui aussi relevé le fait que les autorisations portuaires délivrées par une autorité maritime compétente se rapportent aux dispositifs de sécurité du navire. Ces dispositifs sont certainement susceptibles de réduire le risque d'un incident qui pourrait provoquer des opérations de repérage et de sauvetage, mais ils ne consistent en rien en une autorisation de pénétrer dans les eaux de l'Antarctique. Le Chili a ajouté que seule une injonction ayant force de loi et issue par un tribunal saisi pour examiner la question spécifique du départ d'un navire, ou bien un document spécifique d'interdiction délivré par une autorité maritime compétente, peut entraîner une levée de l'autorisation de départ.

322. Le Royaume-Uni a appuyé la demande de la France pour procéder à des recherches sur le SEEI par un filtre « nom de navire ». Il a aussi noté qu'à la suite de son expérience concernant des voiliers britanniques non autorisés, une liste complète de tous les voiliers britanniques autorisés à pénétrer dans les eaux de l'Antarctique est maintenant transmise régulièrement au

Chili. Aux yeux du Royaume-Uni, l'incident de la cabane dite de Wordie House souligne l'importance pour les autorités compétentes de poursuivre et d'accentuer les échanges d'informations qui permettent d'examiner rapidement si une autorisation a été délivrée ou s'il y a infraction. Le Royaume-Uni a remercié la France pour les efforts considérables qu'elle a déployés pour enquêter sur cet incident, et pour poursuivre en justice les personnes impliquées.

323. La Fédération de Russie a noté que seules quelques Parties délivrent des autorisations permettant de pénétrer dans les eaux de l'Antarctique, et que dans la plupart des cas il n'existe aucune procédure pour entériner ou infirmer ces autorisations. La Russie a souligné le besoin d'appliquer les procédures nationales des Parties consultatives conformément à l'article 1 de l'Annexe 1, et a noté la difficulté de mettre en application l'Annexe VI.

324. La Fédération de Russie a proposé dans ce contexte d'élargir la responsabilité de l'État du dernier port d'escale des voiliers ou navires qui sont en route pour l'Antarctique. Elle a suggéré un plus gros effort de coordination et des échanges d'informations plus efficaces entre les autorités nationales compétentes, le Secrétariat, et l'État du dernier port d'escale.

325. La République de Corée a exprimé sa préoccupation de ce que la protection de la confidentialité des informations d'ordre privé reste inviolée. Au sujet de la recommandation 2, qui porte sur le refus d'autorisation, la République de Corée a exprimé de sérieuses réserves quant à son pouvoir juridique de communiquer sur le SEEI de tels refus d'autorisation.

326. Eu égard aux refus d'autorisation, la Norvège a noté que si un navire ne figure pas sur la liste des autorisations du SEEI cela devrait signifier aux Parties que ce navire n'a pas obtenu d'autorisation. La Norvège a ajouté qu'il incombe aux États de veiller à ce que les navires battant leur pavillon agissent conformément au droit international. Donc il appartient à ces États de pavillon de prendre les mesures nécessaires à l'encontre de leurs navires le cas échéant. La Norvège a noté que la collecte de témoignages dans le cas d'un incident en Antarctique représente un problème d'ordre juridique pour toutes les Parties, et qu'il faudrait ainsi envisager cette question dans le contexte plus large de la jurisprudence internationale.

327. Le Japon a aussi exprimé des réserves quant à la communication sur le SEEI des refus d'autorisations, en plus d'autres réserves en ce qui concerne l'ajout de nouveaux filtres au SEEI qui n'auraient pas fait explicitement l'objet d'une demande par les Parties.

328. Les États-Unis d'Amérique ont offert de partager avec les Parties leur expérience en matière de l'application de leur législation nationale pour des infractions et des délits commis en Antarctique. Les États-Unis d'Amérique ont confirmé qu'ils disposent d'instruments législatifs nationaux précis s'appliquant à ces cas d'infractions.

329. L'IAATO a indiqué qu'elle se sert principalement du SEEI pour se renseigner sur les autorisations, et qu'un manque d'informations à cet égard pourrait bien lui causer des difficultés. L'IAATO a noté toute l'importance que peut assumer une poursuite judiciaire dans le cas d'incidents tels celui de la cabane dite de Wordie House. L'IAATO est d'avis que toute démarche prise dans le sens d'une action judiciaire sert à appuyer très fortement les efforts des Parties pour assurer la protection de l'environnement et la sécurité.

330. Le Chili et l'Argentine ont résumé les procédures qu'ils ont mises en place pour la délivrance de permis et d'autorisations relatives à la conduite d'activités privées ou nationales.

331. Le Président a indiqué qu'il revient à toutes les Parties de contribuer des informations utiles au SEEI conformément aux décisions antérieures de la RCTA. La France a indiqué qu'elle soumettrait dans une échéance future une proposition plus précise couvrant les problèmes de juridiction et de poursuites judiciaires, y compris le recours aux preuves et aux témoignages.

332. Le Chili a noté que les catégories du SEEI se divisent en « informations pré-saison » et « rapports post-saison ». Il a suggéré que le SEEI soit modifié de telle manière que le système puisse intégrer les mises à jour des données en temps réel.

333. La Norvège a commenté que la résolution 3 (2004) n'avait pas été entièrement appliquée, et qu'aux termes de la recommandation 1 chacune des Parties devaient désigner un point de contact chargé uniquement de la diffusion d'informations concernant le tourisme. La réunion a noté les avantages d'avoir un point de contact en matière de tourisme au niveau de chaque Partie.

334. Plusieurs Parties ont conseillé d'avancer avec prudence en ce qu'il s'agit des changements techniques proposés pour le SEEI. Elles ont fait remarquer que ces changements méritaient d'être débattus de manière plus approfondie.

335. Le Secrétariat a confirmé que les refus d'autorisation peuvent être gérés indépendamment du SEEI.

336. Le Royaume-Uni a présenté le document de travail WP 19 *Évaluation des activités terrestres en Antarctique* qui propose une liste de vérification pour aider à l'évaluation des activités terrestres selon les dispositions du Protocole pour la protection de l'environnement et d'autres instruments du Traité sur l'Antarctique. Cette liste de vérification a été élaborée conformément aux procédures établies par le Royaume-Uni pour délivrer des autorisations d'activités terrestres. Le Royaume-Uni s'est dit désireux de collaborer avec d'autres Parties afin d'établir une liste de vérification plus complète et mieux adaptée pour les activités terrestres.

337. De nombreuses Parties ont remercié le Royaume-Uni d'avoir présenté ce document, et ont approuvé la liste de vérification.

338. En réponse à une question de la Chine, le Royaume-Uni a répondu que la liste de vérification portait uniquement sur les activités non-gouvernementales, et non sur les activités scientifiques nationales.

339. L'Allemagne a informé la réunion qu'elle avait développé un questionnaire pour l'autorisation des activités terrestres semblable à la liste de vérification proposée, et elle a encouragé le Royaume-Uni à en prendre connaissance. L'Allemagne a soulevé plusieurs questions concernant la liste de vérification proposée par le Royaume-Uni. Ces questions ont porté notamment sur les méthodes d'accès et de sortie des zones intérieures, sur les visites terrestres effectuées dans les ZGSA et les ZSPA, sur l'introduction de matériaux et sur le besoin de définir plus précisément le terme « véhicule ».

340. Le Japon a fait remarquer que deux termes similaires sont employés dans le document pour identifier les activités terrestres. Il a proposé qu'une seule expression soit utilisée, soit « activités terrestres non-gouvernementales ».

341. La France et l'Argentine ont suggéré que le problème de l'introduction d'espèces non indigènes pourrait être ajouté à la liste de vérification.

342. L'Argentine a fait savoir que d'autres éléments devraient être ajoutés à la liste de vérification, et que ce sujet appelait des discussions ultérieures.

343. La Russie a noté que le système de délivrance des autorisations pour des activités terrestres lui posait problème, et elle s'est jointe à l'Allemagne pour exprimer ses préoccupations sur les points d'accès des activités terrestres. La Russie a aussi signalé que si ces activités terrestres se déroulaient dans des zones où se trouvent des installations de programmes antarctiques nationaux, elles devraient avoir préalablement obtenu l'accord de ces programmes nationaux.

344. Les États-Unis d'Amérique ont fait valoir leur expérience en matière des activités terrestres et ont déclaré que la liste de vérification telle que proposée par le Royaume-Uni correspond dans une large mesure à leur pratique. Les États-Unis d'Amérique se réjouissent de pouvoir collaborer avec le Royaume-Uni pendant la période intersessions et de contribuer au développement de la liste de vérification.

345. Les Pays-Bas ont exprimé leur inquiétude à ce que des lignes directrices puissent être développées pour autoriser des activités terrestres car la liste de vérification telle que proposée contient des références formelles faites à l'utilisation de véhicules et de tracteurs. Les Pays-Bas ont demandé qu'une prudence extrême soit exercée en cette matière. Pour les Pays-Bas, de telles références dans des lignes directrices futures pourrait de façon implicite permettre et même encourager des activités terrestres en Antarctique où des véhicules et des tracteurs seraient utilisés. Cela pourrait avoir des retombées importantes et réduire l'impact du contrôle exercé sur des activités terrestres au niveau national.

346. De nombreuses Parties ont soutenu la liste de vérification, tout en suggérant quelques modifications et améliorations. Plusieurs Parties ainsi que l'IAATO ont proposé leur collaboration au Royaume-Uni pour entreprendre des travaux pendant la période intersessions. Ces travaux seront organisés par l'intermédiaire du forum de la STA.

347. Les Pays-Bas ont reconnu l'utilité de la liste de vérification, mais restent d'avis que des discussions stratégiques préalables devraient être tenues au sein de la réunion afin de déterminer quelles seraient les activités terrestres et touristiques passibles d'être acceptées par la RCTA.

348. L'ASOC a remercié le Royaume-Uni pour sa proposition d'une liste de vérification. L'ASOC a noté au fil du débat le manque de clarté concernant le tourisme terrestre, qui est dans une certaine mesure dû à des carences et à des déséquilibres dans les échanges d'informations et dans les discussions actuelles. Par exemple, alors que les installations dans les nouvelles stations de recherche sont pleinement et profondément analysées quant à leur impact sur l'environnement, ni la RCTA ni le CPE n'ont abordé à ce stade et d'une manière approfondie la question de l'impact sur l'environnement des installations de tourisme terrestre.

349. La Nouvelle-Zélande a présenté le document d'information IP 18 intitulé *The Berserk Incident, Ross Sea, February 2011*, soumis conjointement avec la Norvège et les États-Unis d'Amérique. Le document examine le

rôle qu'ont joué les opérations de recherche et de sauvetage au cours du déroulement du naufrage. En outre il examine la part que pourraient jouer les processus d'autorisation des EIE pour mieux assurer, en plus de la protection de l'environnement, la sécurité en mer et l'efficacité des opérations de recherche et de sauvetage. La Nouvelle-Zélande a informé la réunion que l'organisateur de l'expédition du *Berserk* pourrait à nouveau se préparer à organiser une nouvelle expédition non autorisée dans la zone du Traité sur l'Antarctique, ce qui démontre combien il est difficile d'interdire ou d'arrêter des expéditions non autorisées.

350. Les deux autres co-auteurs du document ont remercié la Nouvelle-Zélande pour sa présentation et ont souligné l'importance pour les Parties de partager ce genre d'informations afin d'en tirer des enseignements précis et de parvenir à formuler de meilleures politiques d'orientation.

351. Le Chili a proposé qu'il serait utile pour les Parties d'avoir un ordre du jour annoté lors des prochaines réunions. Cet ordre du jour annoté serait organisé en points spécifiques et serait diffusé en avance de la réunion du groupe de travail sur le tourisme et de la réunion conjointe des groupes de travail sur le tourisme et sur les questions opérationnelles. Le Chili a proposé au Secrétariat de prendre cette suggestion en compte lors des préparatifs de la prochaine réunion.

352. Un autre document a été soumis au titre de ce point de l'ordre du jour :

- IP 28 *Technical safety standards and international law affecting yachts with destination Antarctica* (Allemagne)

Point 11 – Inspections effectuées en vertu du Traité sur l'Antarctique et du Protocole relatif à la protection de l'environnement

353. Le Japon a présenté le document de travail WP 1 *Inspection effectuée par le Japon en application de l'Article VII du Traité sur l'Antarctique et l'Article XIV du Protocole au Traité sur l'Antarctique relatif à la protection de l'environnement* qui propose des recommandations sur : i) les activités des ONG, ii) la logistique du réseau DROMLAN, iii) la gestion et l'évacuation des déchets, iv) le traitement des eaux usées et des déchets liquides domestiques, v) les énergies renouvelables, vi) la coopération pour une utilisation efficace des installations et des équipements, et vii) la collaboration scientifique internationale.

354. La RCTA a remercié le Japon pour le professionnalisme et la minutie dont il a fait preuve lors de ses inspections de stations, ainsi que pour son importante contribution au mécanisme d'inspection du Traité sur l'Antarctique.

355. La Fédération de Russie a indiqué qu'elle présenterait un rapport à la prochaine RCTA sur les commentaires faits par le Japon et l'Australie à l'issue de leur inspection des stations russes. Elle présentera aussi un rapport sur le réseau DROMLAN à la réunion du COMNAP en Suède en 2011.

356. La Nouvelle-Zélande a félicité le Japon d'avoir inclus les espèces non indigènes dans ses inspections, reflétant de ce fait les priorités arrêtées par le CPE. La Nouvelle-Zélande a ajouté que le champ d'inspection pourrait être élargi afin d'inclure les impacts potentiels sur la zone marine.

357. Le Royaume-Uni a félicité le Japon de son inspection, la première qu'il a menée en Antarctique. Le Royaume-Uni a appuyé les recommandations du rapport d'inspection.

358. La République de Corée a appuyé les recommandations du Japon concernant la gestion des déchets et l'approvisionnement en énergies renouvelables.

359. L'Afrique du Sud a remercié le Japon pour son rapport détaillé et positif à l'occasion de l'inspection de la station SANAE IV.

360. L'Inde, tout en remerciant le Japon pour son inspection détaillée de la station Maitri, a souligné le fait que les eaux usées de la station étaient traitées dans une station de traitement biologique avant d'être éliminées.

361. La Belgique a remercié le Japon d'avoir inspecté sa station, et s'est réjouie des recommandations qui en ont résulté. La Belgique a aussi fait part de sa volonté de partager ses expériences et ses informations concernant les énergies renouvelables avec les Parties intéressées.

362. Plusieurs Parties ont noté qu'en vue de l'état actuel de la technologie, les stations n'étaient pas en mesure de fonctionner uniquement à partir d'énergies renouvelables pendant l'hiver. Elles ont indiqué que des formes d'énergies renouvelables pourraient servir d'appoint aux autres sources d'énergie. Quelques Parties ont fait savoir qu'elles avaient rencontré des problèmes techniques avec leurs turbines éoliennes suite à des conditions météorologiques extrêmes.

363. L'Allemagne a déclaré que, nonobstant le besoin d'utiliser de nouvelles sources d'énergie, la sécurité de la station et de ses résidents devait être en permanence au cœur des préoccupations. L'Allemagne continue à être convaincue qu'une dépendance totale sur les énergies renouvelables

comporte encore des risques au niveau de la sécurité. Elle a proposé que les rapports d'inspection devraient inclure toute information sur des défaillances dans les systèmes d'énergie renouvelable, afin de permettre une évaluation de leur fiabilité avant qu'ils ne soient installés en permanence.

364. L'Équateur a confirmé que l'énergie renouvelable sera une priorité pour sa station et qu'à ses yeux l'utilisation d'énergies renouvelables devrait être une priorité pour tous.

365. La Norvège a signalé qu'elle n'a pas encore exploité les énergies renouvelables autant qu'elle aurait pu le faire. Cependant elle a finalisé un projet visant à évaluer le potentiel qui existe pour l'utilisation de l'énergie éolienne dans sa station, projet qu'elle a présenté dans le document IP 74 intitulé *Assessment of Wind Energy Potential at the Norwegian Research Station Troll* (point 13 de l'ordre du jour).

366. La Norvège a rappelé que ses activités dans la station Troll résultent en des données satellitaires téléchargeables qui sont à la disposition de la communauté des Parties. Ces dernières peuvent tirer profit particulièrement des prévisions météorologiques, des données sur la pollution et des données sur le changement climatique qui proviennent de la station. Plusieurs Parties ont encouragé les échanges d'informations et les efforts de collaboration en ce qui concerne l'évacuation des déchets et des résidus provenant de stations anciennes.

367. Le Japon a noté que sa première inspection avait été une fructueuse expérience et a fait savoir qu'il avait l'intention de continuer à contribuer ainsi aux travaux de la RCTA.

368. L'Australie a présenté le document de travail WP 51 *Inspections effectuées en vertu du Traité sur l'Antarctique et du Protocole sur l'environnement par l'Australie : Janvier 2010 et janvier 2011.* Lorsque l'Australie a inspecté une station occupée, l'équipe d'inspection comprenait pour la plupart du temps une personne parlant couramment la langue employée dans ladite station. L'Australie a noté que les recommandations principales issues de ses inspections ont trait à l'environnement. Ces recommandations ont donc été examinées en détail par le Comité pour la protection de l'environnement. Les inspecteurs ont été favorablement impressionnés par l'engagement à l'égard de la recherche scientifique dont ils ont été témoins dans les installations inspectées, et ils ont estimé que le projet de forage du Lac Vostok se déroule largement en conformité avec la dernière EGIE présentée par la Fédération de Russie. Les inspecteurs n'ont observé aucune instance de non conformité aux dispositions du Traité sur l'Antarctique.

369. Le Royaume-Uni a remercié l'Australie pour ses deux rapports d'inspections. Le Royaume-Uni a noté que l'équipe d'inspection australienne s'est rendue dans des zones très reculées et difficiles d'accès en Antarctique Orientale. Le Royaume-Uni a aussi noté que l'équipe d'inspection s'est rendue à la station Vostok (Fédération de Russie) et qu'elle a observé que le projet de forage visant à pénétrer la couche d'eau sous-glaciaire du lac Vostok se déroulait largement en conformité avec le dernier EGIE. Le Royaume-Uni a appuyé les recommandations présentées dans ces deux rapports d'inspection.

370. L'Allemagne a fait part de son regret que l'inspection interne de sa station Gondwana n'ait pu avoir lieu en raison de circonstances imprévues. L'Allemagne a également noté que toute collaboration parmi les Parties pour effectuer conjointement le nettoyage d'anciennes stations permet de réaliser des économies importantes.

371. Le Japon a accueilli favorablement le rapport d'inspection de la station Syowa. Ce rapport a permis au Japon d'adopter une autre perspective sur sa station vue des yeux d'autres Parties, ce qui l'aidera dans sa gestion de la station.

Point 12 – Questions scientifiques, coopération et facilitation scientifiques, en particulier la préservation de l'héritage de l'Année polaire internationale 2007-2008

372. L'Argentine a présenté les documents d'information IP 5 intitulé *60th Anniversary of the Argentine Antarctic Institute* et IP 17 intitulé *Bioremediation of Antarctic Soils Contaminated with Hydrocarbons. Rational Design of Bioremediation Strategies.* Le document IP 17 indique qu'une gamme de stratégies de bioremédiation différentes font actuellement l'objet de recherches de pointe, dans le but de réduire le taux d'hydrocarbures dans les sols antarctiques. Les techniques de biostimulation se sont avérées efficaces pour la décomposition chimique de ces substances nocives, qui suscitent bien des inquiétudes au niveau environnemental.

373. Le Japon a présenté le document IP 41 intitulé *Japan's Antarctic Research Highlights in 2010-2011 including Those Related to Climate Change.* Le sujet principal en est l'installation et puis les premières observations d'un grand système de radar atmosphérique (PANSY).

374. Le SCAR a présenté les documents IP 51 intitulé *The Southern Ocean Observing System (SOOS): An Update* et IP 55 intitulé *Summary Report on IPY 2007-2008 by the ICSU-WMO Joint Committee.*

375. La Norvège et la Russie ont fait part de leurs observations sur la question de la préservation de l'héritage de l'API respectivement dans les documents IP 58 intitulé *IPY Legacy Workshop,* et IP 101 rev. 1, intitulé *Russian Proposals for an International Polar Decade.*

376. La Norvège a fait rapport sur l'atelier de l'héritage antarctique de l'API, qui s'est tenu en même temps que le colloque scientifique de l'API en Norvège en juin 2010. L'organisation de cet atelier avait fait l'objet d'une discussion et avait été avalisée lors de la XXXIIe RCTA. L'atelier a accueilli soixante personnes représentant de nombreux états et organisations. Le rapport de l'atelier figure en appendice au document IP 58. Les recommandations émanant de l'atelier concernant la Décennie polaire internationale (DPI) ont été développées récemment lors d'un atelier conjoint de l'OMM et de l'HydroMet visant à mettre sur pied l'initiative de la DPI. Ce dernier atelier a poursuivi son travail a Saint-Pétersbourg en avril 2011 ainsi qu'au congrès de l'OMM en mai 2011.

377. La Russie a noté que l'atelier de Saint-Pétersbourg avait assumé la forme d'un échange informel d'informations scientifiques. Des résolutions avaient néanmoins été adoptées en mai 2011 lors du 16e congrès hydrologique ainsi qu'à la septième réunion ministérielle du Conseil de l'Arctique, deux organisations qui souhaitent faire avancer la DPI. Le SCAR et le COMNAP seront invités à apporter leur soutien à la DPI qui est pour démarrer en 2014.

378. La République de Corée a présenté le document d'information IP 77 intitulé *Scientific and Science-related Collaborations with Other Parties during 2010-11.* Les collaborations en question incluent notamment une expédition scientifique menée conjointement par l'Institut polaire coréen (KOPRI) et les États-Unis d'Amérique dans la mer d'Admunsen à bord du navire de recherche *Aaron*. L'expédition menée conjointement entre le KOPRI et l'Institut polaire italien (PNRA) pour rechercher des météorites en Antarctique a récupéré 113 météorites, et sera prolongée. Le KOPRI et les États-Unis d'Amérique ont collaboré sur un projet géoscientifique marin du Quaternaire portant sur des changements environnementaux abrupts survenus dans le système de la plateforme de glace de Larsen. Le KOPRI a entrepris un petit relevé de la chaîne Antarctique en début 2011 avec la collaboration de chercheurs des États-Unis d'Amérique. La Corée a également apporté son soutien à l'étude de collaboration internationale menée par le Japon sur l'île du roi Georges. Finalement, le KOPRI et l'Italie ont mené ensemble une étude initiale sur les hydrates de gaz en Antarctique. La Corée espère se joindre à d'autres Parties à des fins de collaboration future.

379. La Nouvelle-Zélande a félicité la République de Corée pour tous ses travaux, notamment son étude de haute technicité sur les hydrates de gaz. Elle a aussi félicité la Corée pour les travaux qu'elle a entrepris à bord de son nouveau brise-glace.

380. La Fédération de Russie a fait rapport de ses travaux tels que décrits dans le document d'information IP 97 intitulé *Current status of the Russian drilling project at Vostok station.* La Fédération de Russie avait prévu de percer la glace jusqu'à la couche d'eau sous-glaciaire du lac Vostok, mais des problèmes techniques liés à la fraise de forage et à la présence de monocristaux de glace à la base du puits de forage ont fait que le forage a dû être interrompu à une profondeur de 3 720 mètres. Le forage des derniers 20 à 30 mètres reprendra dès décembre 2011, et il sera alors possible de mesurer l'épaisseur exacte du glacier recouvrant le lac.

381. La Fédération de Russie a souligné que le forage du lac a été autorisé par un permis délivré par le Gouvernement russe, et que les opérations de forage sont en conformité avec le dernier EIE soumis au CPE. L'EIE exige que toutes les précautions nécessaires soient prises pour empêcher toute contamination du lac, donc que le forage cesse automatiquement une fois que la couche d'eau sous-glaciaire est atteinte. Tout liquide présent dans le puits de forage sera évacué. La Russie présentera les conclusions de ses travaux au lac Vostok dès qu'elle aura terminé ses opérations de forage.

382. L'Allemagne a remercié la Fédération de Russie pour la transparence dont elle a fait preuve au cours de sa présentation du projet et aussi au cours des discussions qui se sont ensuivies. L'Allemagne a souhaité que ce projet puisse un jour servir d'exemple à tous, car il illustre bien comment la communauté peut être tenue informée de tous les détails et de l'évolution d'un projet, y compris les difficultés techniques rencontrées au fur et à mesure qu'il avance. L'Allemagne a noté que la Fédération de Russie a mené ses travaux dans des conditions très difficiles, et que les monocristaux récupérés à la base du puits de forage pourraient peut-être aider à mieux comprendre la structure de la glace terrestre.

383. Le Chili a informé les Parties que ses activités scientifiques menées en 2010/11 sont présentées dans le document d'information IP 118 intitulé *Contribuciones Chilenas al conocimiento cientifico de la Antartica: Expedicion 2010/11.*

384. L'Équateur a présenté le document d'information IP 125 intitulé *Cooperacion en investigacion cientifica entre Ecuador y Venezuela.* L'Équateur a noté

que trois projets bilatéraux ont été menés au Venezuela en 2011. Le premier projet consiste en une mise à jour des chartes nautiques des îles Shetland du Sud; ces travaux cartographiques se poursuivront en une deuxième phase en 2012. Le deuxième projet est une étude de la paléontologie de l'île Dee, et le troisième est une étude de prospection biologique sur certains organismes de l'Antarctique. L'Équateur a remercié le Brésil, l'Argentine et le Chili, entres autres, pour leur soutien logistique de ces trois projets.

385. Lors de la présentation du document d'information IP 119 intitulé *Programa Chileno de ciencia Antartica PROCIEN: Un Programa Abierto al Mundo,* le Chili a observé qu'il est primordial pour la RCTA de partager les résultats scientifiques que les Parties ont obtenus dans leurs travaux scientifiques avec le reste de la planète. C'est seulement ainsi qu'on peut s'assurer des progrès de la science, une fois ces résultats reconnus et approuvés par des pairs. Le Chili a exhorté les Parties à une plus grande collaboration scientifique pour que de nouveaux chercheurs puissent participer à leurs travaux, et pour que les coûts de la recherche soient sensiblement réduits.

386. Plusieurs autres documents ont été soumis lors de cette session :

- IP 7 *Brief Introduction of the Fourth Chinese National Arctic Expedition* (Chine)
- IP 36 *ERICON AB Icebreaker FP7 Project. A New Era in Polar Research* (Roumanie)
- IP 37 *Law-Racovita Base. An Example of Co-operation in Antarctica.*(Roumanie)
- IP 42 *Legacy of IPY 2007-2008 for Japan* (Japon)
- IP 61 *The SCAR Antarctic Climate Evolution (ACE) Programme* (SCAR)
- IP 70 *The Dutch Science Facility at the UK's Rothera Research Station* (Pays-Bas & Royaume-Uni)
- IP 96 *Scientific Workshop on Antarctic Krill in the Netherlands* (Pays-Bas)
- IP 100 *Preliminary Results of the Russian Scientific Studies in the Antarctic in 2010* (Fédération de Russie)
- IP 112 *Ukrainian Research in Antarctica 2002-2012* (Ukraine)
- IP 132 *Report on the Research Activities: Czech Research Station J.G.Mendel, James Ross Island and the Antarctic Peninsula, Season 2010/11* (République tchèque)
- IP 133 *Report on All-Terrain Vehicles Impact on Deglaciated Area of James Ross Island, Antarctica* (République tchèque)

Point 13 – Conséquences des changements climatiques pour la zone du Traité sur l'Antarctique

387. Le Royaume-Uni a présenté le document WP 44 *Rapport d'avancement sur la RETA sur le changement climatique.* Il a indiqué que la Norvège et le Royaume-Uni ont soumis ce document à la réunion afin de faciliter l'examen par la RCTA des recommandations issues de la réunion d'experts du Traité sur l'Antarctique (RETA) sur le changement climatique qui s'est tenue en 2010. Le tableau récapitulatif en annexe A documente les mesures prises par le CPE et la RCTA à ce jour, en fonction de chacune des 30 recommandations proposées par la RETA.

388. Le Royaume-Uni et la Norvège ont proposé que la RCTA charge le Secrétariat de tenir le tableau récapitulatif à jour et d'y fournir des actualisations régulières afin d'éclairer toute discussion future sur les recommandations de la RETA. Ce procédé pourrait être maintenu jusqu'à l'adoption de la dernière recommandation. La réunion a convenu que le Secrétariat tiendra le tableau récapitulatif à jour et qu'il y fournira des actualisations régulières pour les besoins des futures réunions du CPE et de la RCTA.

389. La Nouvelle-Zélande et l'Australie ont félicité la RETA de son travail et ont appuyé ses recommandations. La Nouvelle-Zélande a aussi reconnu le travail de fond accompli par le SCAR. L'Australie a demandé que les discussions et les avis auxquels sont parvenus la RCTA et le CPE depuis la RETA sur le changement climatique soient incluses dans le rapport du Royaume-Uni sur l'avancement des travaux.

390. L'Argentine a déclaré qu'elle n'avait aucune objection concernant les propositions de recommandations du document WP 44, mais elle a cependant fait remarquer que ces propositions n'entraînaient pas pour autant l'adoption par la RCTA des recommandations présentées dans le document.

391. La Norvège a noté que certaines des recommandations de la RETA sont issues directement des travaux du SCAR sur le changement climatique, notamment du rapport publié par le SCAR intitulé *Antarctic Climate Change and the Environment* (ACCE). La Norvège a aussi attiré l'attention de la réunion sur le document d'information de l'ASOC, IP 83, intitulé *An Antarctic climate change communication plan*. Ce document vise à satisfaire la recommandation 2 (2010) de la RETA sur le changement climatique. La Norvège a annoncé que le Royaume-Uni, la Norvège et l'ASOC se sont regroupés pour fournir des appuis financiers en vue de faciliter la diffusion des futures mises à jour du rapport ACCE et d'autres publications pertinentes.

La Norvège a noté que ces futures mises à jour incluraient des sujets tels que « Changements dans l'océan Austral », « L'Antarctique en 2100 », « Plateformes glaciaires et montée du niveau de la mer » et « Résorption du trou d'ozone ».

392.	Le SCAR a remercié le Royaume-Uni, la Norvège et l'ASOC de leur aide financière, puis il a présenté le document d'information IP 52 intitulé *Antarctic Climate Change and the Environment – 2011 Update.* Ce document consiste en une deuxième actualisation du sujet depuis la publication initiale du rapport ACCE du SCAR. La Russie et la Chine se sont jointes au groupe d'action du SCAR s'occupant de promouvoir le rapport de l'ACCE ; le SCAR espère élargir encore plus la composition de ce groupe d'action et d'y inclure d'autres États à l'avenir.

393.	Le Royaume-Uni a remercié le SCAR pour sa mise à jour du rapport *Antarctic Climate Change and the Environment* (ACCE). Le Royaume-Uni a souligné l'importance d'effectuer des actualisations régulières du rapport en vue de l'évolution rapide de la science sur le changement climatique. À titre d'exemple des chercheurs scientifiques des États-Unis et du Royaume-Uni ont récemment publié les résultats de leurs travaux dans le journal *Nature*, démontrant que le glacier de l'île Pine en Antarctique Occidentale est en train de fondre 50% plus rapidement qu'il y a 15 ans. Le Royaume-Uni a réitéré qu'il était important de communiquer le rapport de l'ACCE aux décideurs politiques et au grand public. Le Royaume-Uni s'est réjoui de pouvoir fournir un appui financier au SCAR, en association avec la Norvège et l'ASOC, pour faciliter la diffusion des informations concernant le changement climatique en Antarctique.

394.	La Bulgarie a présenté le document d'information IP 11 intitulé *Permafrost and Climate Change in the Maritime Antarctic: 5 Years of Permafrost Research at the St Kliment Ohridksi Station in Livingston Island,* et a fait part de ses travaux menés en collaboration avec l'Espagne et le Portugal.

395.	Le COMNAP a présenté le document d'information IP 8 intitulé *COMNAP Energy Management Workshop.* Cet atelier est un bel exemple des efforts déployés par le COMNAP pour assurer le partage des connaissances dans le domaine de l'efficacité énergétique et de l'utilisation d'énergies alternatives. Ce travail, tout comme d'autres activités du COMNAP notamment le Symposium de 2010, répond de manière spécifique au point 2 de la recommandation 4 de la RETA sur le changement climatique.

396.	La Norvège a présenté le document d'information IP 74 intitulé *Assessment of Wind Energy Potential at the Norwegian Research Station Troll.* La

Norvège a recueilli des données sur les opérations du complexe éolien de la station en 2008, 2009 et 2010, en consultation avec deux sociétés privées. Les vents qui soufflent sur la station Troll alternent entre de courtes périodes de vents forts et des périodes plus longues de vents faibles. La production d'énergie éolienne pourrait éventuellement pourvoir à 10-15% des besoins énergétiques de la station, mais, bien que prometteuse, elle comporte des limites. En deuxième phase, la Norvège envisagera l'utilisation d'autres sources d'énergie renouvelable, notamment l'énergie solaire.

397. L'Australie s'est déclarée favorable aux propos de la Norvège sur les besoins énergétiques des stations et l'utilisation des énergies renouvelables, des propos qui sont en rapport direct avec la recommandation 6 de la RETA sur le changement climatique. L'Australie est aussi revenue sur le document IP 48 de la XXXe RCTA, qui rendait compte des expériences de l'Australie touchant le complexe éolien de la station Mawson. Ce dernier document est particulièrement pertinent pour la recommandation 6 car il nous renseigne sur le génie et la conception du parc éolien, et il nous apporte aussi des renseignements très utiles pour l'exploitation de l'énergie éolienne dans des zones reculées comme les stations antarctiques.

398. La Fédération de Russie a présenté le document d'information IP 98 intitulé *New Approach to Study of Climate Change based on Global Albedo Monitoring*. La Russie a indiqué que la surveillance mondiale de l'albédo fournit un paramètre supplémentaire à la surveillance de l'atmosphère, et elle a noté l'application de l'albédo par la NOAA aux États-Unis. La Russie a fortement encouragé son utilisation en Antarctique pour compléter les méthodes existantes.

399. Le SCAR a commenté que la méthode de calcul de l'albédo global présentée par la Russie était une technique intéressante qui justifiait des études plus approfondies.

400. L'ASOC a remercié le COMNAP et la Norvège pour leurs documents IP 8 et IP 74 respectivement, qui visent à faire suite aux recommandations de la RETA sur le changement climatique. Dans le même état d'esprit l'ASOC a aussi présenté le document d'information IP 92 intitulé *The Ross Sea: A Valuable Reference Area to Assess the Effects of Climate Change*, qui explique les prévisions du GIEC indiquant que la mer de Ross sera la dernière région de l'océan Austral à posséder de la glace de mer toute l'année. La protection de la mer de Ross permettra ainsi de préserver une zone de référence, zone que les chercheurs pourront alors comparer aux changements survenant dans le reste de l'océan Austral.

401. Les autres documents soumis lors de cette session sont les suivants :

- IP 88 *Ocean Acidification and the Southern Ocean* (ASOC)
- IP 103 *IAATO Climate Change Working Group: Report of Progress.* (IAATO)
- IP 111 *Installation of new meteorological equipment at Vernadsky Station* (Ukraine)

Point 14 – Questions opérationnelles

402. La République de Corée a présenté le document d'information IP 19 intitulé *The Draft Comprehensive Environmental Evaluation for the Construction and Operation of the Jang Bogo Antarctic Research Station, Terra Nova Bay, Antarctica,* discuté précédemment par le CPE.

403. Plusieurs Parties ont félicité la Corée pour sa contribution à la recherche scientifique en Antarctique Occidentale et ont réitéré les remarques qu'elles avaient faites au CPE. La France a demandé à ce que les informations sur les systèmes de gestion des eaux usées et de recyclage de l'eau de la nouvelle station soient partagées avec d'autres Parties, car elles pourraient être utiles à d'autres stations antarctiques. La Corée a indiqué qu'elle serait ravie de le faire.

404. L'Australie a présenté le document IP 49 intitulé *Renewable Energy and Energy Efficiency Initiatives at Australia's Antarctic Stations.* Ce document répond à la recommandation 4 de la RETA sur le changement climatique, et présente un ensemble d'exemples de plusieurs pratiques de gestion énergétique mises en œuvre par l'Australie en Antarctique. L'Australie a indiqué qu'elle se ferait un plaisir de fournir plus d'informations aux Parties intéressées.

405. La République de Corée a présenté le document IP 78 intitulé *The First Antarctic Expedition of Araon (2010/2011).*

406. L'Inde a demandé à savoir quelle était la plus grande épaisseur de glace que l'*Aaron* avait franchie ainsi que l'épaisseur maximale qu'il pouvait briser. La Corée a répondu que le navire a été conçu et a été mis à l'essai pour briser des glaces de 1,5 m d'épaisseur à une vitesse de 3 nœuds, mais qu'il pourrait être capable de briser une plus grande épaisseur de glace en avançant plus lentement.

407. L'ASOC a présenté le document IP 82 intitulé *An Antarctic Vessel Traffic Monitoring and Information System.* L'ASOC a invité la RCTA à adopter

une résolution ou une décision visant à mettre en place un tel système d'information et de surveillance du trafic maritime (VTMIS).

408. L'IAATO a noté dans ce contexte que tous les membres de son organisation qui utilisent des navires de passagers SOLAS sont suivis et surveillés en fonction du système de surveillance de navires propre à l'IAATO.

409. Les États-Unis d'Amérique ont noté que l'élaboration d'un système obligatoire de surveillance ou de rapport sur la position des navires relève de l'Organisation maritime internationale (OMI) en tant qu'organisme international compétent, et non de la RCTA. La RCTA ou un Gouvernement contractant pourrait toutefois soumettre une proposition à l'OMI. Les États-Unis d'Amérique ont réaffirmé leur appui à la possibilité d'une plus grande participation de la RCTA aux systèmes volontaires de surveillance de navires mis en place par le COMNAP et l'IAATO.

410. L'Argentine a présenté le document IP 121 *Rapport d'évacuation médicale effectuée par la Patrouille Antarctique Navale Combinée.* La Suède a remercié le Chili et l'Argentine d'avoir porté assistance aux ressortissants suédois en détresse en temps voulu.

411. Le Brésil a remercié le Chili pour le soutien que lui a fourni son navire *Lautaro* en décembre 2010 en transportant ses équipements et ses chercheurs depuis la station chilienne Président Frei jusqu'à la station brésilienne Comandante Ferraz.

412. La Bulgarie a remercié le Brésil de son soutien et pour le prêt de son navire pour l'ouverture de la station bulgare St. Kliment Ohridski.

413. Autre document soumis lors de cette session :

    • IP 63 *Renovación del Parque de Tanques de combustible de la Base Científica Antártica Artigas* (Uruguay)

Point 15 – Questions éducatives

414. Dans le cadre de sa présentation du document IP 124 *I Concurso Intercolegial sobre Temas Antárticos (CITA, 2010)* l'Équateur a noté que le concours éducatif qui y est mentionné constitue un moyen important de susciter l'intérêt de jeunes adultes dans l'Antarctique. L'Équateur a remercié l'Institut antarctique du Chili pour sa collaboration.

415. La Bulgarie a présenté le document IP 128 intitulé *The Excitement "Antarctic" Distance In Itself Invisible,* et a présenté le matériel vidéographique associé à son exposition.

416. Les autres documents soumis au titre de ce point de l'ordre du jour sont :

    • IP 45 *Publication of the book "The Elephant Island. The Adventure of the Uruguayan Pioneers in Antarctica"* (Uruguay)

    • IP 46 *Publication of the book "Antarctic Verses" in occasion of the 25th anniversary of* "Uruguay Consultative Member of the Antarctic Treaty" (Uruguay)

    • IP 47 *Commemorative postage stamp issue: "25th anniversary of Uruguay consultative member of the Antarctic Treaty"* (Uruguay)

Point 16 – Échange d'informations

417. L'ASOC a présenté le document IP 113 intitulé *Review of the implementation of the Madrid Protocol: Annual Report by Parties (Article 17)* (présenté précédemment au CPE).

Point 17 – Prospection biologique en Antarctique

418. L'Argentine et les Pays-Bas ont présenté des documents traitant de la prospection biologique en Antarctique, respectivement les documents IP 16 intitulé *Report on the recent bioprospecting activities carried out by Argentina during the period 2010-2011* et IP 62 intitulé *A case of Biological Prospecting*. Le groupe de travail a pris note de ces deux documents.

419. Les Pays-Bas ont fait rapport verbalement de développements internationaux récents dans le domaine de la prospection biologique depuis la XXXIIIe RCTA. Un des développements les plus importants a été la mise en œuvre du *Protocole de la Convention sur la diversité biologique à Nagoya* le 30 octobre 2010.

420. La réunion a largement soutenu le point de vue selon lequel le Protocole de Nagoya ne s'applique pas à la prospection biologique en Antarctique. Plusieurs Parties ont convenu qu'il fallait éviter toute ambigüité à ce sujet et ont noté que le système du Traité sur l'Antarctique était le seul forum approprié pour discuter de la prospection biologique en Antarctique.

421. Un deuxième développement dans le domaine de la prospection biologique émane d'une réunion d'un groupe de travail ad hoc de l'Assemblée Générale des Nations Unies sur la conservation et l'utilisation durable de la diversité biologique marine à l'extérieur des zones de juridiction nationale. Dans ses recommandations à l'Assemble générale des Nations Unies, le groupe

de travail ad hoc s'est proposé comme un forum approprié pour traiter de cette question, notamment en ce qui concerne les ressources génétiques marines.

422. Les Pays-Bas ont prié la réunion de prendre note des implications juridiques et politiques du Protocole de Nagoya comme du processus entamé par les Nations Unies.

423. Le Japon a déclaré qu'il fallait aussi tenir compte des futures négociations intergouvernementales sur le Protocole de Nagoya. Ces négociations discuteront de la nécessité si besoin de mettre en place un mécanisme global multilatéral pour le partage des bénéfices.

424. Plusieurs Parties ont noté les propositions soumises à la XXXIIIe RCTA, notamment celles des Pays-Bas et du Chili, aux fins d'attirer l'attention de la réunion sur la prospection biologique en Antarctique. Elles ont indiqué qu'en vue de l'avancement de la question au cours de ces dernières années, comme le démontrent la Convention sur la diversité biologique et la démarche lancée par l'Assemblée Générale des Nations Unies, il existe dès maintenant au niveau de la RCTA un sentiment d'urgence lié à l'étude de cette question. La Suède a de ce fait proposé la mise en place par la réunion d'un groupe de contact intersessions sur la prospection biologique.

425. Les Pays-Bas ont été chargés de mener une consultation informelle sur l'élaboration des objectifs d'un éventuel groupe de contact intersessions. Plusieurs Parties ont appuyé cette initiative, mais il est devenu clair au cours de la consultation informelle qu'à défaut de document de travail sur la question, il fallait parvenir à une meilleure compréhension de l'approche à adopter et du processus à mettre en place avant de pouvoir avancer avec l'élaboration des objectifs. Suite à la consultation informelle les Pays-Bas ont fait savoir qu'il n'avait pas été possible d'organiser un groupe de contact intersessions sur la prospection biologique. Plusieurs Parties ont exhorté les Parties intéressées à poursuivre leurs contacts informels.

426. La Fédération de Russie a présenté le document de travail WP 99 intitulé *Microbiological monitoring of coastal Antarctic stations and bases as a factor of study of anthropogenic impact on the Antarctic environment and the human organism*. La Fédération de Russie a fait part de ses découvertes de champignons pathogènes dans la neige, la glace, l'air, les espaces ouverts et clos, et dans le sol. Ces champignons peuvent être dangereux pour l'être humain. Ils ont été prélevés dans des zones où pratiquement personne ne s'est rendu depuis nombre d'années. La Fédération de Russie a invité d'autres

Parties à collaborer à ces travaux et a noté que ses découvertes pourraient aider à combattre la propagation des maladies.

Point 18 – Élaboration d'un plan de travail stratégique pluriannuel

427. La Nouvelle-Zélande a ouvert le débat, en notant qu'un plan de travail stratégique pluriannuel avait été un outil utile pour le CPE. Tout en sachant que l'élaboration d'un plan de travail stratégique pluriannuel représentait une tâche difficile, la Nouvelle-Zélande est d'avis qu'un tel plan serait bénéfique à la RCTA. Chaque année, un tel plan donnerait à la réunion l'opportunité d'explorer la vision commune et partagée que nous entretenons sur l'Antarctique, tout en nous aidant à guider nos travaux d'une année à l'autre. Ce plan devrait être suffisamment souple pour pouvoir intégrer des problèmes émergents à tous les autres sujets de débat qui figurent actuellement à l'ordre du jour de la RCTA. Pour la Nouvelle-Zélande, l'élaboration d'un plan de travail stratégique pluriannuel devrait faire partie de toute discussion usuelle et normale qui touche la structuration des travaux de la réunion.

428. L'Australie a reconnu l'importance de convenir des questions les plus importantes qui doivent mobiliser l'attention de toutes les Parties, et de définir une approche structurée pour les résoudre. Elle a indiqué que toute discussion autour de l'élaboration d'un plan de travail stratégique pluriannuel devrait être appuyée et cadrée par des propositions claires et réfléchies. L'Australie a souligné le fait qu'un des avantages notables qui découlerait d'un plan de travail stratégique pluriannuel serait la possibilité de prévoir à l'avance, et d'appeler, des débats de fond consacrés à des questions particulières. Ceci permettrait aussi aux Parties de bien se préparer, assurant ainsi des débats constructifs. De plus l'Australie a fait ressortir qu'il serait utile de définir des principes ou des critères permettant aux Parties de réfléchir ensemble aux priorités de la RCTA et d'en convenir. Le plan de travail stratégique pluriannuel se devait aussi d'être souple et dynamique afin de pouvoir intégrer au besoin toute question émergente.

429. La Belgique a estimé qu'un plan stratégique pourrait pallier à l'une des faiblesses actuelles de la RCTA, soit le manque de mémoire collective, institutionnelle et de continuité qui souvent freine les discussions. La Belgique a été aussi d'avis qu'il fallait élaborer des objectifs clairement définis pour arriver à un véritable plan de travail stratégique. À ses yeux, les priorités de ce plan de travail serait le changement climatique, l'énergie renouvelable, la prospection biologique et les zones marines protégées. La

Belgique a suggéré que la réunion pourrait resserrer ses liens de collaboration avec d'autres organisations ainsi qu'avec les Gouvernements des Parties, et que le CPE était un bon exemple à suivre pour élaborer une stratégie se voulant à la fois souple et concise.

430. Bien qu'étant favorable à l'idée d'un plan de travail stratégique, le Royaume-Uni a déclaré qu'il était important de garder en vue les objectifs du Traité sur l'Antarctique aux termes de l'article IX. Le Royaume-Uni a suggéré que des experts pourraient être invités à contribuer sur des questions spécifiques, et a souligné que l'élaboration des orientations devait se fonder sur les données et les connaissances scientifiques, en s'inspirant, par exemple, des avis du CPE pour chaque point de l'ordre du jour, plutôt que du rapport du CPE dans son ensemble.

431. L'Argentine a noté qu'un plan de travail stratégique aiderait la RCTA à définir une orientation précise, avec des priorités bien définies et des réunions plus efficaces. L'Argentine a également souligné l'importance des GCI et a encouragé les Parties à y participer en plus grand nombre.

432. Pour l'Allemagne, un des objectif essentiels du plan serait l'élaboration d'une vision commune à toutes les Parties, tels que l'envisage l'article IX du Traité sur l'Antarctique. L'Allemagne a aussi noté qu'il était important de réévaluer l'ordre du jour de la RCTA de manière fréquente si l'on voulait pouvoir réagir aux nouveaux problèmes émergents. Elle a suggéré que la Partie accueillant la réunion propose une ou deux questions ou thèmes prioritaires a être examinés en détail par les Parties, les experts et les observateurs lors de chaque réunion. L'examen de ces questions ou thèmes prioritaires donnerait lieu à des actions spécifiques de la part de la RCTA qui serviraient également à resserrer les liens de la RCTA avec la communauté internationale. L'Allemagne a demandé à savoir comment on pourrait traduire en action spécifique de la RCTA les résultats principaux des recherches scientifiques en cours, et comment on pourrait communiquer au grand public les actions de la RCTA prises en conséquence de ces recherches et de leurs résultats.

433. Les Pays-Bas ont approuvé l'idée d'une vision stratégique et le principe selon lequel une journée de la réunion pourrait être consacrée à l'examen d'un thème spécifique. Ils ont affirmé que le Protocole pour la protection de l'environnement conserve aujourd'hui toute son importance et son actualité, et ils ont attiré l'attention de la réunion sur l'impact croissant de l'empreinte humaine en Antarctique. Pour les Pays-Bas, cette empreinte humaine prend de plus en plus d'ampleur au vu de la possibilité de l'établissement éventuel

de l'être humain en Antarctique, et au vu aussi de l'accroissement plus que probable du nombre de stations construites sur le continent. Les Pays-Bas ont suggéré que Ny Alesund pourrait être un modèle utile pour l'atténuation des impacts futurs et pourrait être utilisé pour une meilleure coopération scientifique dans l'Antarctique. Les Pays-Bas ont noté que l'incident de la cabane dite de Wordie House a renforcé le besoin de développer un mécanisme conjoint des Parties pour la surveillance des sites.

434. Le Japon a été d'avis qu'il fallait améliorer l'efficacité des réunions, tout en notant que le rôle des documents de travail était de fournir un cadre incitant les Parties à la discussion, et non tout simplement de fournir des informations. Le Japon a proposé que sauf urgence, normalement les documents de travail devraient présenter à la réunion des propositions de décisions ou de résolutions pour encourager les débats.

435. L'Équateur a été d'avis que les travaux menés pendant la période intersessions devraient être renforcés, que le SEEI devrait être mieux exploité, et que la participation de spécialistes représentant diverses disciplines pouvait enrichir les débats de la réunion.

436. Les États-Unis d'Amérique ont noté qu'il était important de privilégier certains thèmes, et d'identifier les questions connexes à examiner. Ils ont appuyé l'idée de consacrer une partie de la RCTA à un thème spécifique, mais ont noté que dans ce cas il est absolument nécessaire de préserver le consensus sur le choix des questions à discuter.

437. La Suède a proposé que les questions émergentes soient ajoutées aux autres questions figurant actuellement dans le plan stratégique. Elle a convenu avec les autres Parties de l'utilité des travaux intersessions, rendus possibles et efficaces grâce aux outils électroniques disponibles sur le site Internet du Secrétariat. Elle a noté qu'une discussion s'imposait sur la liaison entre la RCTA et la CCAMLR concernant les AMP. La Suède a ajouté que la RCTA devrait mieux se servir des compétences du SCAR et du COMNAP, et que leur pleine communication et participation aux travaux collectifs de la RCTA serait bénéfique.

438. Le Brésil a fait siennes toutes ces observations, en particulier les suggestions des Pays-Bas et également la proposition de thèmes prioritaires venant de la Belgique. Le Brésil a souligné que la RCTA devait à tout prix éviter la duplication des efforts et tenir donc compte des travaux effectués dans d'autres forums. Le Brésil a appuyé le choix d'un thème annuel pour chaque réunion ainsi que la décision d'écourter la réunion. Il a noté que dans cette

optique il s'avérait encore plus important que les Parties soumettent leurs documents dans les délais prescrits.

439. L'Uruguay a noté qu'il fallait s'arrêter d'abord sur des objectifs précis pour développer un plan de travail stratégique pluriannuel, et il a déclaré qu'il ne fallait pas compenser le raccourcissement de la réunion à huit jours de travail par une augmentation du nombre de délégués, des groupes de travail ou des coûts. En conclusion l'Uruguay a proposé que les réunions intersessions et celles des experts se déroulent par voie électronique, et que le thème central de chaque réunion annuelle soit choisi par consensus.

440. L'Inde a été d'avis qu'un plan de travail stratégique pluriannuel donnerait à la RCTA une orientation claire et lui permettrait d'identifier les questions prioritaires. Elle a aussi souligné le besoin de présenter un document de travail à ce sujet à la prochaine RCTA.

441. La Chine a déclaré que le plan de travail stratégique devrait s'ériger à partir d'une vision claire et inspirée des principes du Traité sur l'Antarctique, et qu'il devrait donner priorité à la recherche scientifique. Elle a reconnu que le défi posé par l'intensification des activités humaines en Antarctique est particulièrement préoccupant. La Chine a noté que la recherche scientifique est une activité clé qui devrait faire l'objet d'un débat plus approfondi de la part de la RCTA, afin qu'il soit clair que toutes ses orientations et ses actions menées dans tout domaine sont fondées sur des faits et des preuves scientifiques.

442. L'ASOC a estimé que l'objectif et les principes du Protocole pour la protection de l'environnement offraient une vision claire pour l'avenir. L'ASOC a fait part des ses préoccupations quant à l'émergence de pressions venant de partout et mettant en péril le statut de l'Antarctique comme une réserve naturelle mondiale. L'ASOC a soutenu les diverses suggestions faites par les Parties pour qu'une meilleure planification stratégique des travaux de la RCTA permette à la réunion d'aboutir à des conclusions plus claires. L'ASOC a encouragé les Parties à présenter à chaque occasion possible aux membres du grand public le rôle vital que joue la RCTA sans relâche pour que l'environnement naturel en Antarctique soit l'objet d'une protection unique, pour que les pressions extérieures sur son environnement sont minimisées et pour que toute action prise à l'égard de son environnement soit basé sur des faits scientifiques et/ou l'approche de précaution.

Point 19 – Commémoration du cinquantenaire de l'entrée en vigueur du Traité sur l'Antarctique

443. Le Président a indiqué que le texte de la Déclaration sur la coopération antarctique à l'occasion du cinquantenaire de l'entrée en vigueur du Traité sur l'Antarctique a été examiné et longuement débattu par les Parties. Toutes les contributions des Parties au texte ont été intégrées à celui-ci et un consensus a été obtenu sur le texte anglais. La traduction du texte dans les autres langues officielles se fera à l'image du texte anglais tel qu'approuvé. La Déclaration se trouve en annexe de ce rapport à l'appendice XX.

444. Le Président a soumis le texte à l'approbation de la réunion, a pris note du consensus de la réunion et a annoncé la Déclaration adoptée.

445. Le Président a noté avec grand plaisir la présence à la réunion de M. Hector Timerman, ministre des Relations Extérieures, du Commerce International et des Cultes de l'Argentine, de M. Alfredo Moreno Charme, ministre chilien des Affaires étrangères et de M. Luis Almagro Lemes, ministre des Affaires étrangères de l'Uruguay, ainsi que de S.E. l'Ambassadeur et Représentant spécial du Brésil Luiz Alberto Figueiredo Machado, Sous- secrétaire d'État pour l'environnement, l'énergie, les sciences et technologies au Ministère des Relations Extérieures du Brésil, et de M. Michel Rocard, Représentant spécial de la France, venus présenter leurs Déclarations au nom de leurs Gouvernements à l'occasion de ce moment historique du Traité sur l'Antarctique. Les déclarations de ces hauts représentants figurent dans leur intégralité au volume 2, Partie III, section 1, de même que les déclarations des Parties consultatives.

Point 20 – Préparatifs de la XXXVe réunion

a. Date et lieu

446. La réunion a remercié le Gouvernement de l'Australie de son aimable invitation à accueillir la XXXVe RCTA du 4 au 13 juin 2012 à Hobart.

447. À toutes fins de planification, la réunion a pris note du calendrier probable ci-après des prochaines RCTA : - 2013 Belgique- 2014 Brésil

448. La réunion a salué l'intention du Gouvernement du Royaume de Belgique d'accueillir la XXXVIe RCTA à Bruxelles.

449. L'Australie a présenté le document de travail WP 8 *Calendrier proposé pour la 35e Réunion Consultative du Traité sur l'Antarctique, Hobart, 2012*, en

notant que la réduction de la durée de la réunion de dix à huit jours devait néanmoins permettre au CPE, à la RCTA et aux groupes de travail établis d'avoir suffisamment de temps pour mener leurs tâches à bout. L'Australie a noté que le document prévoit la création éventuelle de nouveaux groupes de travail, tout en ayant conscience qu'il est important de maintenir la continuité et la priorité des travaux de la RCTA sur la protection de l'environnement. Le Comité pour la protection de l'environnement examinera l'ordre du jour proposé pour la réunion de Hobart précisément dans cette optique.

450. La Norvège a présenté le document WP 60 *Proposition pour raccourcir les réunions consultatives du Traité sur l'Antarctique.* La Norvège a noté qu'elle avait proposé de réduire la réunion à six jours et demi de travail pour une plus grande efficacité des discussions et des méthodes de travail employées, et ce par plusieurs moyens tels la fusion de plusieurs points de l'ordre du jour, davantage de réunions d'experts intersessions, des réunions plus courtes, et une révision de la structure des groupes de travail. La Norvège a noté que la RCTA pourrait délibérer de sa proposition après la réunion de Hobart en 2012.

451. Les Parties ont accueilli avec satisfaction le calendrier proposé pour la XXXVᵉ RCTA présenté dans le document WP 8.

452. La réunion a noté que les deux documents précités avaient des points en commun. Plusieurs Parties ont souligné le besoin de redéfinir les priorités de travail en vue de la réduction du temps de réunion de la XXXVᵉ RCTA, et éventuellement de restructurer les groupes de travail. Le Royaume-Uni a souligné l'importance pour les Parties d'envoyer à la réunion des experts dans tous les domaines afin que les décisions ne soient pas prises de façon isolée. Il a proposé que soit établi un groupe de travail plus élargi sur l'impact de l'empreinte humaine. La réunion a estimé qu'il fallait maintenir les groupes de travail tels quels pour la prochaine réunion.

453. Plusieurs Parties ont fait part de leur inquiétude qu'une réunion de six jours et demi risquait d'être trop courte, en ajoutant que si elle était davantage abrégée ce pourrait être au risque d'y perdre en efficacité. Elles ont aussi suggéré que la durée de la réunion soit réexaminée après la XXXVᵉ RCTA. Il a également été signalé que toute économie effectuée en fonction du raccourcissement des réunions à moins de huit jours pourrait se perdre par le fait que des réunions d'experts intersessions supplémentaires seraient nécessaires. Plusieurs des Parties ont estimé qu'il fallait penser à organiser les réunions d'experts simultanément aux RCTA afin de ne pas y passer plus de temps et afin d'éviter les frais de voyage supplémentaires, ceci permettant aussi à toutes les Parties de participer à ces réunions. Le Chili et l'Allemagne ont tous deux relevé les

avantages à inclure comme point spécifique de l'ordre du jour de la réunion la rubrique « Développements dans l'Arctique et l'Antarctique ». Le Japon a en revanche demandé pourquoi il fallait inclure cette question. Les États-Unis d'Amérique ont noté que les réunions d'experts s'avèrent nécessaires indépendamment de la durée des RCTA.

454. Tout en étant en faveur du calendrier proposé pour les travaux de la XXXVe RCTA, l'Argentine a noté que l'écourtement de la RCTA ne devait pas entraîner un plus grand nombre de réunions d'experts puisque la limite du budget et des frais de voyage restait inchangée, et que l'absence de services de traduction et d'interprétation lors de ces réunions en circonscrivait la participation.

455. Plusieurs Parties ont demandé si la réunion du CPE requérait cinq jours entiers, tandis que d'autres Parties ont remarqué qu'il était essentiel que le CPE ait suffisamment de temps pour examiner les questions qui lui sont confiées. D'autres Parties ont proposé de tenir les réunions de groupes de contact informels le samedi, pendant le week-end intermédiaire de la réunion. Plusieurs Parties ont avisé que les soirées et les week-ends devraient rester libres de tout engagement pour permettre à tous les participants de se reposer.

456. Une autre suggestion a été de tenir la RCTA biannuellement, proposition déjà faite lors des années précédentes. Plusieurs Parties ont exprimé leur préférence pour des réunions annuelles. Il a aussi été proposé que la réunion des chefs de délégation prenne place le lundi, avant la première séance plénière.

457. Les Parties ont noté qu'il serait utile d'évaluer l'efficacité d'une réunion tenue sur huit jours après la XXXVe RCTA. En tant que Gouvernement hôte de la XXXVe RCTA, l'Australie a fait savoir qu'elle se chargerait de le faire. La Belgique a noté qu'en préparation à la XXXVIe RCTA qu'elle accueillera en 2013, elle examinera avec soin les propositions présentées dans ces deux documents de travail.

b. Invitation aux organisations internationales et non gouvernementales

458. Comme le veut l'usage, les Parties consultatives ont convenu que les organisations ci-après ayant des intérêts techniques ou scientifiques dans l'Antarctique seront invitées à envoyer des experts à la XXXVe RCTA : le Secrétariat de l'ACAP, l'ASOC, l'IAATO, l'OHI, l'OMI, la CIO, le Groupe d'experts intergouvernemental sur l'évolution du climat (GIEC), l'UICN, le PNUE, l'OMM et l'OMC.

c. Invitation à la Malaisie

459.   Le Président a fait rapport sur le contact informel avec la délégation de la Malaisie. Rappelant que la Malaisie avait été invitée à participer à la RCTA comme observateur à plusieurs occasions, le Gouvernement hôte de la RCTA observera la procédure appliquée les années précédentes dans le cas où la Malaisie n'aurait pas souscrit au système du Traité sur l'Antarctique avant la XXXVe RCTA, si celle-ci le souhaite.

d. Préparation de l'ordre du jour de la XXXVe RCTA

460.   La réunion a adopté l'ordre du jour provisoire de la XXXVe RCTA.

e. Organisation de la XXXVe RCTA

461.   Conformément à l'article 11, la réunion a convenu, comme mesure provisoire, de proposer les mêmes groupes de travail qu'à la XXXVIVe RCTA.

f. Conférence du SCAR

462.   Eu égard aux séries enrichissantes de conférences dispensées par le SCAR à un certain nombre de RCTA, la réunion a décidé d'inviter le SCAR à dispenser une nouvelle conférence sur une question d'intérêt scientifique majeur pour la XXXVe RCTA.

Point 21 – Divers

463.   Aucun point n'a été soulevé au titre des questions diverses.

Point 22 – Adoption du rapport final

464.   La réunion a adopté le rapport final de la XXXIVe Réunion Consultative du Traité sur l'Antarctique.

465.   Le Président de la réunion, S. E. l'Ambassadeur Ariel Mansi a conclu la réunion.

466.   La réunion a été levée le vendredi 1er juillet 2011 à 13h40.

2. Rapport du CPE XIV

Rapport du Comité pour la protection de l'environnement (CPE XIV)

Buenos Aires, 20-24 juin 2011

Point 1 - Ouverture de la réunion

1. Le Président du CPE, Dr Yves Frenot a ouvert la réunion le lundi 20 juin 2011 et a remercié l'Argentine pour l'avoir organisée à Buenos Aires.

2. Le Président a rappelé les anniversaires historiques qui seront commémorés à l'occasion de la XXXIVe RCTA, y compris le 20e anniversaire de l'accord sur le Protocole de Madrid, signé en 1991. Au nom du comité le Président a également offert ses condoléances suivant les décès de l'Ambassadeur Jorge Berguño (Chili) et du Dr Teodor Negoiță (Roumanie). Ils étaient tous deux des membres actifs et appréciés de la communauté de l'Antarctique.

3. Le Président a résumé les travaux effectués pendant la période intersessions. Ces travaux incluaient notamment quatre groupes de contact (dont deux chargés de l'évaluation des projets d'évaluation globale d'impact sur l'environnement soumis pendant la période), en plus d'un atelier et de plusieurs autres études qui ont donné lieu aux documents présentés au CPE XIV. Les travaux décidés et planifiés à la réunion du CPE XIII pour la période intersessions ont été, dans leur globalité, complétés.

Point 2 - Adoption de l'ordre du jour

4. Le Comité a adopté l'ordre du jour ci-après et a confirmé, selon ses divers points, la répartition des documents à examiner. Le Comité a examiné 46 documents de travail, 68 documents d'information et 4 documents du Secrétariat :

    1. Ouverture de la réunion

    2. Adoption de l'ordre du jour

    3. Débat stratégique sur les travaux futurs du CPE

    4. Fonctionnement du CPE

5. Conséquences des changements climatiques pour l'environnement: Approche stratégique

6. Évaluation d'impact sur l'environnement (EIE)

   a. Projets d'évaluations globales d'impact sur l'environnement

   b. Autres questions relatives aux évaluations d'impact sur l'environnement

7. Plans de gestion et de protection des zones

   a. Plans de gestion

   b. Sites et monuments historiques

   c. Lignes directrices pour les visites de sites

   d. Empreinte humaine et valeurs de la nature à l'état sauvage

   e. Gestion et protection marines territoriales

   f. Autres questions relevant de l'annexe

8. Conservation de la flore et la faune de l'Antarctique

   a. Quarantaine et espèces non indigènes

   b. Espèces spécialement protégées

   c. Autres questions relevant de l'annexe II

9. Surveillance de l'environnement et rapports

10. Rapports d'inspection

11. Coopération avec d'autres organisations

12. Questions de caractère général

13. Élection du Bureau

14. Préparatifs de la prochaine réunion

15. Adoption du rapport

16. Clôture de la réunion

5. Le Président a attiré l'attention du Comité sur le champ croissant des travaux du CPE, qui résulte d'année en année en des rapports des réunions du CPE toujours plus volumineux. Il a proposé de réduire le volume de ce rapport-ci, en traitant surtout des questions essentielles soulevées au cours

des discussions, et aussi en s'arrêtant sur les décisions prises par le Comité ainsi que ses avis à la RCTA et son programme de travaux futurs.

Point 3 - Débat stratégique sur les travaux futurs du CPE

6.   L'ASOC a présenté le document d'information IP 89 Rev1 intitulé *The Antarctic Environmental Protocol, 1991-2011*. Tout en notant les nombreuses réussites du Protocole, l'ASOC s'est déclarée préoccupée du fait que le Protocole n'est pas appliqué de manière uniforme par toutes les Parties. L'ASOC a ajouté que certains des aspects les plus novateurs du Protocole dans le domaine de la gestion de l'environnement, tels les efforts de coopération internationale, les EIE de toutes les activités, et l'étude d'écosystèmes associés et interdépendants, restent souvent inexploités. L'ASOC a recommandé que l'application du texte du Protocole, considéré à la lettre comme dans l'esprit qui l'anime, devrait se faire de manière plus cohérente, avec un engagement ferme de la part des Parties pour promouvoir la transparence au niveau national et pour renforcer le caractère international de la gestion de l'Antarctique.

7.   Le Comité a noté la valeur à accorder aux évaluations indépendantes et a remercié l'ASOC pour le document. Ce document d'information peut s'avérer utile pour les membres, en termes des possibilités qu'ils souhaitent entretenir pour les travaux futurs du CPE, surtout dans le cadre du plan de travail quinquennal. Plusieurs membres ont été d'avis que le document IP 89 Rev1 pourrait servir de document de base pour une révision éventuelle du Protocole à l'occasion de son 25ᵉ anniversaire, en 2016. Il a été aussi suggéré que le document pourrait s'avérer utile pour toute Partie qui déciderait d'effectuer une évaluation interne de sa performance à l'égard des objectifs du Protocole.

8.   Au cours de la discussion, la Fédération de Russie a rappelé aux membres l'importance d'appliquer les EIE de manière uniforme et cohérente, et elle s'est offerte pour travailler avec toute Partie qui s'intéresserait à poursuivre cet objectif.

9.   Le Comité a révisé et mis à jour son plan de travail quinquennal (Appendice 3).

Point 4 - Fonctionnement du CPE

10.   Le Président a noté que les deux documents de travail présentés au Comité au titre de ce point de l'ordre du jour seront également présentés au Groupe

de travail sur les questions juridiques et institutionnelles à des fins de discussion.

11. Les États-Unis d'Amérique ont présenté le document WP 25 *Soumission de documents dans les délais avant les RCTA* préparé conjointement avec l'Allemagne, qui avait pour objectif d'améliorer le déroulement et l'efficacité des travaux de la RCTA et du CPE, en proposant la création dans le règlement intérieur de règles claires sur la soumission de documents avant les RCTA.

12. L'Australie a présenté le document WP 36 *Une nouvelle approche proposée pour le traitement des Documents d'information* préparé conjointement avec la France et la Nouvelle-Zélande. Ce document a pour but d'améliorer l'efficacité des réunions, en proposant une modification des procédures relatives à la présentation des documents d'information. Le document propose notamment que tout document d'information qui ne porte pas directement sur un point de l'ordre du jour des RCTA et du CPE soit seulement affiché sur le site Web du STA, et non distribué ni discuté au cours des réunions.

13. Les documents WP 25 et WP 36 n'ont pas été discutés en détail par le Comité et ont été référés au Groupe de travail sur les questions juridiques et institutionnelles à des fins de discussion.

14. Le Programme des Nations Unies pour l'Environnement (PNUE) a présenté le document IP 113 intitulé *Review of the Implementation of the* Madrid *Protocol: Annual Report by Parties (Article 17),* préparé conjointement avec l'ASOC. Le PNUE a souligné le fait que même douze ans après sa ratification le degré de conformité au Protocole, en matière de la production par les Parties de leurs rapports annuels, restait faible.

15. De nombreux membres sont convenus que leur performance est à améliorer à l'égard des dispositions du Protocole sur la soumission de rapports annuels, et ils ont fait ressortir que toutes les Parties devraient soumettre leurs rapports annuels en bonne et due forme. Plusieurs membres ont indiqué que la plateforme de soumission des documents en ligne, le SEEI (Système Électronique des Échanges d'Information), pourrait être rendu plus facile à utiliser.

16. Le Secrétariat a été chargé de former un groupe de contact informel qui, au travers du forum de discussion du CPE, discuterait des propositions techniques qui pourraient émaner des membres sur cette question.

17. D'autres documents ont été soumis au titre de ce point de l'ordre du jour, à savoir :

- IP 71 (Italie): *Annual Report pursuant to Article 17 of the Protocol on Environmental Protection to the Antarctic Treaty. 2009-2010*

- IP 93 (Ukraine): *Annual Report Pursuant to Article 17 of the Protocol on Environmental Protection to the Antarctic Treaty*

Point 5 - Conséquences des changements climatiques pour l'environnement : Approche stratégique

18. Le Royaume-Uni a présenté le document WP 44 *Rapport d'avancement sur la RETA sur le changement climatique* préparé conjointement avec la Norvège, qui traite de l'évolution des actions menées à partir des conclusions et des recommandations de la réunion d'experts du Traité de l'Antarctique (RETA) sur le changement climatique, tenu en 2010.

19. Le SCAR a informé le Comité qu'il avait déjà intégré à ses programmes de recherche la *recommandation 17* de la RETA, qui porte sur l'identification des régions, des habitats et des espèces les plus vulnérables aux effets du changement climatique.

20. L'Afrique du Sud a noté que l'impact du changement climatique sur la biodiversité, un aspect clé de ses programmes de recherche actuels, pose un défi scientifique tout particulier.

21. Selon l'Australie il serait plus efficace d'intégrer les recommandations de la RETA directement au programme de travail du CPE, y compris le plan de travail quinquennal, selon leur pertinence pour chaque aspect du programme. Pour l'Australie le regroupement de ces recommandations selon des thèmes précis qui figurent au programme du CPE, tels par exemple les espèces non indigènes ou la protection des zones, pourrait faciliter cette approche.

22. Plusieurs membres ont déclaré que le document WP 44 offrait l'avantage d'une vue d'ensemble des actions menées, et peut s'avérer un outil utile pour encadrer les activités de gestion du CPE au travers de son plan de travail quinquennal.

23. L'IAATO s'est référée au document IP 103 intitulé *IAATO's Climate Change Working Group: Report on Progress* et s'est déclarée disposée, au vu de sa collaboration réussie avec le SCAR au cours de cette année, à fournir de plus amples informations au CPE sur ce volet de ses activités quant au changement climatique, dans le but de sensibiliser des tierces parties à toute la question de l'impact du changement climatique sur l'Antarctique.

24. La CCAMLR a indiqué que son comité scientifique avait examiné les recommandations de la réunion d'experts numérotées 19, 26, 28 et 1, 2, 4, 5, 6, et que ses Groupes de travail futurs vont continuer à se concentrer sur la gestion des écosystèmes. La CCAMLR a souligné sa participation active et continue aux travaux du CPE, et a porté à l'attention du Comité son document d'information IP 31 *Rapport de l'observateur du SC-CAMLR à la quatorzième réunion du Comité pour la protection de l'environnement.*

25. Le COMNAP a précisé que les recommandations 4 et 5 de la réunion d'experts, qui concernent directement le COMNAP, avaient été traitées au titre du document d'information IP 8 intitulé *COMNAP Energy Management Workshop*. Ce document, qui présente une mise à jour du COMNAP quant aux recommandations 4 et 5 de la réunion d'experts, sera discuté au point 13 de l'ordre du jour de la RCTA.

26. Le Comité a demandé au Secrétariat de mettre à jour, sur une base régulière, le tableau récapitulatif figurant à l'annexe A du document WP 44, prenant acte des actions du CPE et de la RCTA relatives à chacune des recommandations de la RETA

27. Le Royaume-Uni a introduit les premières étapes de développement d'une évaluation rapide et simple de la vulnérabilité de 12 ZSPA au changement climatique (WP 43 *Développement d'une méthodologie simple pour classer les Zones spécialement protégées de l'Antarctique selon leur vulnérabilité au changement climatique,* préparé conjointement avec la Norvège). Le Royaume-Uni a expliqué que le document procède à l'évaluation de cet impact en termes de deux composantes : la vulnérabilité des valeurs clés d'une zone, et son degré d'exposition au changement climatique au niveau de la région où elle se situe. Le Royaume-Uni a attiré l'attention du Comité sur les deux ZSPA qui sont les plus vulnérables au changement climatique selon cette procédure, à savoir les ZSPA 107 *Dion Islands* et 151 *Lions Rump.*

28.   L'Inde a félicité le Royaume-Uni pour ce document qui est fort utile, mais a ajouté qu'au niveau de l'évaluation le document examine l'impact du changement climatique seulement en fonction des aspects biologiques et de la végétation, aux dépens d'une approche plus généralisée sur la biodiversité. L'Inde a suggéré que l'évaluation de l'impact devrait englober plus d'éléments, par exemple les espèces minérales et la rupture des glaces.

29.   Les États-Unis d'Amérique ont déclaré que la méthodologie prônée par le document est prometteuse, mais qu'elle pourrait tirer profit de l'application d'une approche plus générale sur l'écosystème de la ZSPA au lieu de se pencher sur une seule espèce ou une seule caractéristique de la zone pour l'inclure dans la matrice. Les États-Unis d'Amérique ont suggéré que cette étude pourrait s'intégrer au plan de travail quinquennal du CPE.

30.   L'Argentine a appuyé les États-Unis d'Amérique sur ce point, et a ajouté que deux des variables préliminaires de l'étude (la région, la ZSPA) étaient d'une si grande différence, en termes de leurs caractéristiques respectives et de leur échelle territoriale, qu'il était difficile de les rendre comparables pour l'étude. Pour l'Argentine il convient donc d'en étayer et d'en peaufiner la matrice.

31.   L'Australie a proposé que la méthodologie employée par le Royaume-Uni et la Norvège pourrait être combinée avec des études de l'impact du changement climatique sur les activités locales. Ceci pourrait mener à une meilleure compréhension des risques frappant les zones protégées et frappant aussi les valeurs que ces zones visent à protéger. Pour l'Australie, ainsi cette méthodologie serait particulièrement utile pour mieux identifier et mieux protéger les zones qui sont d'une grande valeur scientifique et à haut risque quant au changement climatique. Ces zones seraient alors considérées comme zones de référence pour le changement climatique, ou comme zones d'observation et de surveillance du changement climatique.

32.   L'Argentine, le Chili, l'Allemagne, l'Afrique du Sud, la France et l'ASOC ont déclaré nécessaires le développement de la gamme et la comparabilité des variables de cette méthodologie, et ont appelé à la poursuite de travaux dans ce sens.

33.   La Nouvelle-Zélande a remercié le Royaume-Uni et la Norvège pour ce document fort utile, au vu du rôle important que joueront les zones protégées dans le développement de la résilience au changement climatique.

L'approche du document, basée sur l'analyse des risques, a été très appréciée par la Nouvelle-Zélande, et avec une gamme améliorée des paramètres on pourrait s'attendre à des analyses plus complètes de la vulnérabilité des zones et de leurs risques dus au changement climatique.

34.   Le Président a noté l'intérêt que porte le Comité à cette approche, qui peut déjà s'avérer utile comme outil important pour l'élaboration des plans de gestion des zones protégées. Il a repris les propos des membres à l'effet que l'étude aurait encore plus de potentiel avec le développement des paramètres, et il a encouragé le Royaume-Uni, la Norvège et toute autre Partie intéressée à poursuivre les travaux nécessaires.

35.   Le SCAR a brièvement présenté le document d'information IP 52 intitulé *Antarctic Climate Change and the Environment – 2011 Update*, et a déclaré que le groupe d'experts du SCAR étudiant le changement climatique en Antarctique et son impact sur l'environnement, appelé le Groupe d'experts ACCE (Antarctic Climate Change and the Environment) avait été élargi, pour inclure des experts venus de la Fédération de Russie, de la Chine et d'autres pays. Le SCAR nourrit l'intention d'attirer encore plus d'experts dans ce groupe afin d'assurer sa plus grande représentativité. En plus le SCAR vise à publier une série de rapports ciblés sur le changement climatique en Antarctique qui étoffera le rapport actuel du Groupe d'experts ACCE.

36.   L'ASOC a présenté les documents d'information IP 83 intitulé *An Antarctic Climate Change Communication Plan* et IP 88 *Ocean Acidification and the Southern Ocean*.

37.   Le Royaume-Uni a remercié l'ASOC pour ces deux documents, en notant qu'il importait peu qui, du CPE ou de la RCTA ou même des Parties individuelles, s'emploierait à diffuser ces informations, tant il est vital de développer des campagnes de sensibilisation sur ces questions. Le Comité a encouragé les Parties à effectuer des recherches dans ces domaines.

38.   Le SCAR a informé le Comité que son groupe d'action sur l'acidification des océans a l'intention de produire un rapport exhaustif dans deux ans, qui se penchera particulièrement sur l'impact de l'acidification sur les écosystèmes et les espèces.

39.   D'autres documents ont été soumis au titre de ce point de l'ordre du jour, à savoir :

- IP 8 *COMNAP Energy Management Workshop* (COMNAP)

- IP 56 *Marine Spatial Protection and Management under the Antarctic Treaty System: New Opportunities for Implementation and Coordination* (IUCN)

- IP 65 *Frontiers in understanding Climate Change and Polar Ecosystems Workshop Report* (États-Unis d'Amérique)

Point 6 - Évaluation d'impact sur l'environnement (EIE)

6a) Projets d'évaluations globales d'impact sur l'environnement

40. Le Royaume-Uni a présenté le document de travail WP16 *Projet d'évaluation globale d'impact sur l'environnement (EIE) de l'Exploration proposée du lac subglaciaire Ellsworth en Antarctique* au nom du Consortium du Lac Ellsworth. Le Royaume-Uni a exprimé sa reconnaissance à la Norvège pour avoir mené les travaux du groupe de contact intersessions (GCI) ainsi qu'aux participants du GCI pour leurs commentaires constructifs quant au projet d'évaluation globale d'impact sur l'environnement (EGIE). Le Royaume-Uni a noté qu'une réponse préliminaire aux observations du GCI se trouve dans le document IP13 intitulé *The Draft Comprehensive Environmental Evaluation (CEE) for the Proposed Exploration of Subglacial Lake Ellsworth, Antarctica.*

41. La Norvège a présenté le document de travail WP 14 *Rapport du Groupe de contact intersessions sur le projet d'EGIE de l'Exploration proposée du lac subglaciaire Ellsworth en Antarctique.*

42. La Norvège a déclaré que le groupe de contact intersessions, en conformité avec la procédure établie dans le document *Procédures d'examen des projets d'évaluation globale d'impact sur l'environnement*, a examiné la proposition du Royaume-Uni présentée dans le document *Projet d'évaluation globale d'impact sur l'environnement (EGIE) de l'Exploration du lac subglaciaire Ellsworth en Antarctique.* Suite à cet examen, le GCI avise le Comité de ses conclusions, comme suit:

1) Le projet d'évaluation globale d'impact sur l'environnement (EGIE) et la procédure mise en place par le Royaume-Uni sont généralement conformes avec les dispositions de l'article 3 de l'annexe 1 du Protocole du Traité sur l'Antarctique relatif à la protection de l'environnement.

2) L'information contenue dans l'EGIE soutient les conclusions que l'activité envisagée n'aura vraisemblablement pas plus qu'un impact mineur ou transitoire, compte tenu des mesures d'atténuation et de prévention rigoureuses qui ont été proposées et adoptées par le promoteur. Ces mesures ont sensiblement réduit les risques qui avaient justifié la préparation initiale d'un projet d'évaluation globale d'impact sur l'environnement. En outre, l'activité proposée est justifiée au vu de la contribution scientifique importante qui vraisemblablement résulterait de l'exploration du lac subglaciaire Ellsworth.

3) Le projet d'évaluation globale d'impact sur l'environnement est clair, et bien structuré.

4) Pour la finalisation de l'EGIE le promoteur devrait, selon qu'il conviendra, prendre en considération les observations des participants au GCI qui figurent à l'annexe A du document WP 14.

5) La finalisation de l'EGIE pourrait aussi tenir compte des propositions des participants au GCI qui sont de nature rédactionnelle, et qui figurent à l'annexe B du document WP 14.

43. De nombreux membres ont souligné l'importance capitale d'une évaluation globale d'impact sur l'environnement pour ce projet d'exploration, et ont remercié la Norvège pour avoir mené à bien le GCI. La France a noté que pendant la période intersessions plusieurs des participants au GCI étaient d'avis que le projet d'évaluation globale d'impact sur l'environnement n'avait pas présenté suffisamment de détails importants sur les aspects logistiques.

44. L'Allemagne a remercié le Royaume-Uni pour le document d'information IP 13. L'Allemagne a souligné la capacité des techniques de forage de faible impact à limiter l'impact sur l'environnement, et attend avec intérêt la finalisation de l'EGIE.

45. Les Pays-Bas ont demandé un éclaircissement sur la prochaine étape au vu de la consultation actuelle sur le projet d'évaluation globale d'impact sur l'environnement. En particulier les Pays-Bas ont souhaité savoir si le Royaume-Uni était requis de prendre en considération les points soulevés par le GCI et le Comité avant de finaliser l'EGIE et de la présenter à la RCTA pour son approbation.

46. Le Président a clarifié la procédure en réponse aux Pays-Bas. Il a expliqué que selon les *Procédures d'examen des projets d'évaluation globale d'impact*

sur l'environnement l'annexe 1 du Protocole demande au promoteur de tenir compte des observations reçues d'autres Parties sur tout projet d'évaluation globale d'impact sur l'environnement. De ce fait, le CPE donnera des avis techniques à la RCTA sur ce projet d'évaluation globale d'impact sur l'environnement, comme requis par le Protocole.

47. La Fédération de Russie a pris la parole pour s'aligner sur l'explication du Président, et a ajouté que le Royaume-Uni devrait prendre en compte les avis du CPE sur l'EGIE et devrait se mettre en conformité avec ses procédures nationales établies. La Russie a exhorté le Royaume-Uni à pallier à tous les problèmes qui pourraient surgir, et à fournir des explications détaillées sur le choix de la méthodologie qui a été employée.

48. L'ASOC a rappelé ses commentaires faits sur le projet de l'EGIE pendant la tenue du GCI, et a ajouté que l'impact de l'exploration proposée sur l'environnement et sa conformité avec le Protocole du Traité sur l'Antarctique relatif à la Protection de l'Environnement pourraient être mieux cernés si le Royaume-Uni convenait à la possibilité de réaliser un projet d'audit indépendant pour le forage, comme la Nouvelle-Zélande l'avait fait pour l'EGIE du projet ANDrill. De plus, l'ASOC a suggéré que suite à la pénétration d'un lac subglaciaire d'une valeur de nature à l'état sauvage, ce lac pouvait être perçu comme ayant été altéré de manière permanente et donc n'étant plus d'une valeur de nature à l'état sauvage.

49. Le Royaume-Uni a vivement remercié les membres du Comité pour leurs observations, et a déclaré que tous les efforts possibles seront faits pour les prendre en compte lors de la phase de finalisation de l'EGIE. Le Royaume-Uni a vivement remercié la Norvège en tant que responsable du GCI.

Avis du CPE à la RCTA

50. Le Comité a examiné en détail le projet d'évaluation globale d'impact sur l'environnement (EGIE) préparé par le Royaume-Uni pour "l'exploration du lac subglaciaire du Lac Ellsworth en Antarctique" (WP 16 et IP 13). Il a également examiné le rapport présenté par la Norvège du GCI créé pour examiner le projet d'EGIE conformément aux procédures d'examen intersessions par le CPE des projets d'EGIE (WP 14) ainsi que les informations additionnelles fournies par le Royaume-Uni en réponse aux questions soulevées au GCI (IP 13). On en trouvera un résumé dans les paragraphes 40 à 50 ci-dessus.

51.   Après avoir examiné en détail le projet d'EGIE, le Comité informe la XXXIVe RCTA que :

1) Le projet d'EGIE et la procédure suivie par le Royaume-Uni sont en général conformes aux dispositions de l'article 3 de l'annexe 1 du Protocole au Traité sur l'Antarctique relatif à la protection de l'environnement.

2) L'information contenue dans l'EGIE soutient les conclusions que l'activité envisagée n'aura vraisemblablement pas plus qu'un impact mineur ou transitoire, compte tenu des mesures d'atténuation et de prévention rigoureuses qui ont été proposées et adoptées par le promoteur. En outre, l'activité proposée est justifiée au vu de la contribution scientifique importante qui vraisemblablement résulterait de l'exploration du lac subglaciaire Ellsworth.

Dans la préparation finale de l'EGIE le promoteur devra prendre soigneusement en considération les observations des membres et en tenir compte selon qu'il conviendra. En particulier, le Comité attire l'attention de la RCTA sur les suggestions suivantes pour que l'EGIE présente de plus amples détails sur: l'évaluation des activités du sous-traitant d'apport, la documentation quant à la possibilité de mélange de fluide au moment de la percée, les méthodes à employer pour réduire au minimum la perturbation de la colonne d'eau due à la présence des équipements scientifiques, l'évaluation du risque de la perte d'équipement dans le lac, la mise en considération de l'effectif à envoyer sur la glace au vu des critères de sécurité, ainsi que des dispositions à prendre pour assurer la coopération internationale.

3) Le projet d'EGIE est clair et bien structuré, bien rédigé et le texte est accompagné de tableaux et de figures de bonne qualité

52.   Le CPE recommande à la RCTA d'adopter l'avis ci-dessus

53.   La République de Corée a présenté le document de travail WP 42 *Projet d'évaluation globale d'impact sur l'environnement de la construction et l'opération de la station de recherche Jang Bogo, Baie Terra Nova, en Antarctique* ainsi que le document d'information IP 19 où figure le projet de l'évaluation globale d'impact sur l'environnement (EGIE) en son intégralité. En soulignant le caractère scientifique des objectifs du projet, dont le lancement d'études à long terme relève du changement climatique, des océans et des écosystèmes, la Corée a noté que le projet de l'évaluation globale d'impact sur l'environnement avait pour but de démontrer clairement comment l'impact sur l'environnement de l'Antarctique sera réduit au

minimum, et aussi de faire valoir les avantages importants qui sont passibles d'être obtenus, au niveau de la communauté internationale, du partage des connaissances dans la construction de la station et dans ses opérations de recherche, et sa promotion de la coopération scientifique internationale.

54. La République de Corée est reconnaissante au GCI pour son examen détaillé du projet de l'évaluation globale d'impact sur l'environnement. Elle remercie particulièrement la Norvège pour lui avoir suggéré la recherche d'une solution alternative à l'incinération de déchets, ce qui désormais résultera en une économie projetée de 50 tonnes de carburant par an.

55. L'Australie a présenté le document de travail WP 7 *Rapport du groupe de contact intersessions sur le projet d'EGIE pour la construction et l'opération de la station Jang Bogo, Baie Terra Nova, Antarctique.* L'Australie a noté que le GCI a exprimé un fort soutien aux plans du promoteur pour assurer la minimisation et la prévention de l'impact environnemental du projet, et que le GCI a reconnu que des considérations d'ordre environnemental avaient joué un rôle clé dans la planification du projet. Conformément aux procédures d'examen intersessions des EGIES selon les dispositions de l'annexe 1 du Protocole, l'Australie a ensuite fourni un bref aperçu des conclusions du GCI, en soulignant les points que les participants au GCI avaient relevés pour améliorer l'évaluation globale dans sa phase finale.

56. De nombreux membres ont soutenu les plans de la Corée, au vu de la poussée importante que le projet pourrait amener pour de futures collaborations internationales, notamment dans le domaine de la recherche en Antarctique orientale. D'autres membres se sont réjouis de l'utilisation d'énergies alternatives pour assurer les opérations de la nouvelle station.

57. La Chine a soutenu et félicité la République de Corée pour le projet de construction de sa nouvelle station de recherche en Antarctique, exprimant sa conviction que cette station contribuera aux fins du Traité sur l'Antarctique. La Chine était en accord avec les conclusions du GCI sur le projet d'EGIE de la station Jang Bogo et était convaincue que l'EGIE finale tiendrait compte des observations reçues d'autres Parties.

58. La station telle que proposée sera située à 10 km seulement de la station italienne Mario Zucchelli et sera également non loin de la station Gondwana de l'Allemagne. La France et l'Allemagne ont indiqué que suite à la préparation de son projet d'EGIE la Corée avait visité leurs centres de

recherche sur l'Antarctique, afin de discuter des observations techniques qui avaient été faites. Pour sa part, l'Italie a proposé à la Corée de collaborer en vue de créer une zone marine protégée dans la baie Terra Nova. Les États-Unis d'Amérique ont félicité la Corée pour avoir tenu compte des commentaires et des questions posées dans le document de travail WP 7, et pour y avoir répondu promptement avec la soumission du document d'information IP 76 et aussi avec d'autres éléments d'information fournis dans la présentation du projet au CPE. Les États-Unis d'Amérique ont offert de partager leurs expériences avec la Corée, sur la construction de jetées à la station McMurdo.

59.   La Belgique est intervenue pour faire ressortir combien la collaboration d'entre la nouvelle station coréenne et les autres stations avoisinantes est nécessaire et bienvenue, afin de réduire les impacts cumulatifs sur l'environnement. La Belgique s'est déclarée prête à collaborer avec la Corée pour mener une surveillance à long terme des écosystèmes terrestres et marins de la région, y compris dans la mer Amundsen où peu d'études ont été menées jusqu'à l'heure. La Belgique a aussi fait ressortir que la nouvelle station sera construite à proximité de la démarcation de la mer de Ross, et donc que la Corée serait sujette à des responsabilités accrues si la mer de Ross ou un de ses secteurs devenait une zone protégée.

60.   L'ASOC a déclaré que comme la nouvelle station sera opérationnelle toute l'année, son impact global sur l'environnement sera considérable. Cependant l'ASOC a exprimé son appréciation des actions que la Corée avait entreprises, depuis la diffusion du projet initial d'EGIE, pour minimiser l'impact de la station sur l'environnement, notant la décision qu'avait prise la Corée de supprimer l'incinérateur et de bâtir des fondations préfabriquées en béton. L'ASOC a aussi exprimé son souhait que puisque la Corée sera active désormais dans cette région de l'Antarctique, elle pourra coopérer avec l'Italie et œuvrer pour la protection marine dans la mer de Ross.

61.   La Corée a vivement remercié le Comité, se déclarant fort appréciative du soutien obtenu pour son projet d'évaluation globale d'impact sur l'environnement.

Avis du CPE à la RCTA

62.   Le Comité a examiné en détail le projet d'évaluation globale d'impact sur l'environnement (EGIE) préparé par la République de Corée pour "la

construction et l'opération de la station Jang Bogo, dans la baie Terra Nova en Antarctique" (WP 42 et IP 19). Il a également examiné le rapport présenté par l'Australie du GCI créé pour examiner le projet d'EGIE conformément aux *Procédures d'examen intersessions par le CPE des projets d'EGIE (WP 7)* ainsi que les informations additionnelles fournies par la République de Corée en réponse aux questions soulevées au GCI (IP 76). On en trouvera un résumé dans les paragraphes 56 et 57 ci-dessus.

63. Après avoir examiné en détail le projet d'EGIE, le Comité informe la XXXIVᵉ RCTA que :

1) le projet d'EGIE est en général conforme aux dispositions de l'article 3 de l'annexe 1 du Protocole au Traité sur l'Antarctique relatif à la protection de l'environnement.

2) Le Comité est convenu que l'information contenue dans l'EGIE soutient les conclusions du promoteur que la construction et l'opération de la nouvelle station Jang Bogo auront vraisemblablement plus qu'un impact mineur ou transitoire sur l'environnement. Le Comité est également convenu que l'information contenue dans l'EGIE soutient les conclusions du promoteur à l'effet que cet impact sera compensée par les informations et les connaissances scientifiques obtenues au travers des activités de recherche qui seront soutenues par la station.

3) Dans la préparation finale de l'EGIE le promoteur devra prendre soigneusement en considération les observations des membres et en tenir compte selon qu'il conviendra. En particulier, le Comité attire l'attention de la RCTA sur les suggestions suivantes pour que l'EGIE présente de plus amples détails sur : les impacts cumulatifs possibles des activités menées par de multiples opérateurs dans la région de la baie Terra Nova ; l'infrastructure secondaire de la station ; le système de traitement des eaux usées ; la gestion des déchets provenant de l'alimentation et des systèmes d'évacuation ; la prévention du déversement d'hydrocarbures ; les mesures pour prévenir l'impact sur la colonie de goélands ; les mesures pour prévenir l'introduction des espèces non indigènes ; et les plans pour la mise en arrêt et le démantèlement de la station.

4) Le projet d'EGIE est clair et bien structuré et bien présenté.

64. Le CPE recommande à la RCTA d'adopter l'avis ci-dessus

6b) Autres questions relatives aux évaluations d'impact sur l'environnement

65.   La Fédération de Russie a présenté le document de travail WP 54 *Dispositif technologique pour enquêter sur les strates d'eau subglaciaire du lac Vostok*.

66.   La Chine a remercié la Fédération de Russie et a souhaité vivement encourager les échanges d'information sur les technologies employées en Antarctique. Les États-Unis d'Amérique ont également adressé leurs remerciements à la Russie pour avoir informé le CPE de tout changement et de toute mise à jour du projet.

67.   La Belgique a demandé si des mesures de précaution avaient été prévues et envisagées dans l'éventualité d'une défaillance technique, par exemple si l'unité de forage était coincé ou si le lac était contaminé. La Fédération de Russie a répondu que toutes les questions relatives aux risques seraient prises en considération dans l'évaluation d'impact sur l'environnement.

68.   La Nouvelle-Zélande a informé le Comité de l'évolution des travaux pour l'étude du CPE sur le tourisme. A ce titre elle a rappelé aux membres l'intérêt que porte la RCTA à la proposition du CPE d'examiner les aspects et l'impact du tourisme et d'autres activités non-gouvernementales sur l'environnement de l'Antarctique. Les travaux de cette étude se déroulent selon le calendrier, mais l'étude n'a pas pu être complétée à temps pour cette réunion. La Nouvelle-Zélande a indiqué que le projet de rapport sur l'étude est désormais affiché sur le forum de discussions en ligne, et qu'avec l'appui du groupe de gestion on a tout lieu de penser que les travaux seront complétés l'année prochaine.

69.   Le Comité a remercié la Nouvelle-Zélande pour ces éléments d'information et l'a encouragée à poursuivre les travaux qui, le Comité l'a rappelé, sont une des priorités du CPE. Le Comité a aussi encouragé les membres à participer au groupe de gestion.

70.   L'ASOC a présenté les documents d'information IP 84 intitulé *Antarctic Tourism – What Next? Key Issues to Address with Binding Rules*, et IP 87 *Land-Based Tourism in Antarctica*.

71.   Le Chili a souhaité apporter un rectificatif au document IP 87, en indiquant au Comité que le Chili ne s'occupait pas de promouvoir le tourisme commercial dans la péninsule de l'Antarctique ni de gérer un hôtel pour des touristes

dans la région. Le Chili offre cependant l'accueil à des participants d'autres programmes nationaux quand ces derniers doivent transiter en route vers d'autres régions de l'Antarctique. Le Chili est tout à fait disposé, si l'ASOC le désire, de fournir des réponses détaillées au questionnaire de l'ASOC quant à son infrastructure terrestre en Antarctique.

72. Au sujet du campement ALE situé à Union Glacier, les États-Unis d'Amérique se sont déclarés en désaccord avec la supposition de l'ASOC que ce campement aurait un impact plus que mineur ou transitoire sur l'environnement des alentours. Les États-Unis d'Amérique ont précisé que l'ASOC ne devrait pas se hâter d'arriver à cette conclusion, puisqu'une compréhension approfondie de l'impact tout entier du campement ne sera obtenue qu'à partir d'un examen de l'EIE qui se penchera sur tous les aspects de l'activité proposée y compris toute mesure d'atténuation.

73. L'Uruguay a informé le Comité de sa non-participation dans toute activité liée au tourisme terrestre depuis 2008, et a exprimé son désir de remplir le questionnaire de l'ASOC.

74. Le Royaume-Uni a indiqué au Comité que deux sociétés basées au Royaume-Uni et qui sont mentionnées dans le document de l'ASOC se soumettent à un processus de délivrance de permis rigoureux afin d'être conformes aux dispositions du Protocole du Traité sur l'Antarctique relatif à protection de l'environnement.

75. En réponse au Chili, l'ASOC a indiqué que l'information quant au soutien supposé du Chili au tourisme commercial dont il est fait mention dans le document IP 87 provenait non pas de l'ASOC mais d'une autre Partie répondant au questionnaire.

76. En réponse aux États-Unis d'Amérique, l'ASOC a déclaré que pour arriver à ses conclusions le rapport s'est appuyé sur les meilleures informations disponibles, mais a ajouté que l'EIE dans son intégralité n'était pas disponible sur la base de données EIE de la STA.

77. L'Inde a présenté le document IP 64 intitulé *Final Comprehensive Environmental Evaluation (CEE) of New Indian Research Station at Larsemann Hills, Antarctica and Update on Construction Activity.*

78. La Fédération de Russie a exprimé son soutien à ce projet.

79. La Belgique s'est offerte pour collaborer avec l'Inde pour évaluer l'impact de la nouvelle station sur les lacs situés près de la zone, la Belgique étant le mieux placée pour cela avec ses études de la biodiversité de ces lacs.

80. D'autres documents ont été présentés au titre de ce point de l'ordre du jour, notamment :

   - SP 5 rev1 *Liste annuelle des évaluations préliminaires (EPIE) et globales (EGIE) d'impact sur l'environnement établies entre le 1er avril 2010 et le 31 mars 2011.*

   - IP 72 (États-Unis d'Amérique) *Methodology for Clean Access to the Subglacial Environment Associated with the Whillans Ice Stream*

   - IP 123 (Équateur) *Estudio de Impacto Ambiental Ex-post de la Estacion Científica Ecuatoriana "Pedro Vicente Maldonado". Isla Greenwich-Shetland del Sur-Antártida, 2010-2011.*

Point 7 - Plans de gestion et de protection des zones

7a) Plans de gestion

   i) Projets de plan de gestion examinés par le groupe subsidiaire des plans de gestion (GSPG)

81. En tant que responsable du Groupe subsidiaire sur les plans de gestion (GSPG), l'Australie a présenté le document de travail WP 47 *Groupe subsidiaire sur les Plans de gestion – Rapport sur les Mandats n°1 à n°3: Revue des projets de Plans de gestion* où il est fait état de l'examen par le GSPG du plan pour la ZSPA 126. En plus de certains éclaircissements que le GSPG a souhaités obtenir, le GSPG a recommandé que les promoteurs effectuent certains ajustements de nature structurelle au plan de gestion et qu'ils apportent des améliorations aux cartes. Le GSPG est d'avis que le plan a été révisé de manière adéquate en fonction de ces observations, et recommande au CPE d'approuver le plan de gestion révisé pour la ZSPA 126 soumis par le Royaume-Uni, le Chili et l'Espagne.

82. Suite à la recommandation du GSPG, le Comité est convenu de présenter le plan de gestion révisé pour la ZSPA 126 à la RCTA à des fins d'adoption.

ii) Projets de plan de gestion révisés non-examinés par le groupe subsidiaire des plans de gestion

83. Au titre des projets de plan de gestion non-examinés par le GSPG, le Comité a examiné les plans de gestion révisés des ZSPA (Zones spécialement protégées de l'Antarctique) et des ZGSA (Zones gérées spéciales de l'Antarctique) suivantes:

    - WP 3 *Plan de gestion révisé pour la ZSPA 120, Archipel de Pointe-Géologie, Terre Adélie* (France)

    - WP 4 *Plan de gestion pour la ZSPA 166, Port-Martin, Terre Adélie. Proposition de prorogation du plan existant* (France)

    - WP 6 *Plan de gestion révisé pour la zone spécialement protégée de l'Antarctique 149 Cap Shirreff et Ile San Telmo, Ile Livingston, Shetland du Sud* (États-Unis d'Amérique et Chili)

    - WP 9 *Plan de gestion révisé pour la zone spécialement protégée de l'Antarctique 122 Arrival Heights, péninsule de Hut Point, île de Ross* (États-Unis d'Amérique)

    - WP 23 *Plan de gestion révisé pour la zone spécialement protégée (ZSPA) 140 Parties de l'île de la Déception, Iles Shetland du Sud* (Royaume-Uni)

    - WP 29 *Plan de gestion révisé pour la zone spécialement protégée de l'Antarctique 167, Ile Hawker, Terre Princesse Elizabeth* (Australie)

    - WP 31 *Révision du plan de gestion de la zone spécialement protégée de l'Antarctique nº 116 Vallée New College, plage Caughley, cap Bird, île de Ross* (Nouvelle-Zélande)

    - WP 33 *Révision du Plan de gestion pour la Zone spécialement protégée de l'antarctique 131 : Glacier Canada, lac Fryxell, Vallée Taylor, Terre Victoria* (Nouvelle-Zélande)

    - WP 39 *Plan de gestion révisé pour la zone gérée spéciale de l'Antarctique 2 McMurdo Dry Valleys, Terre Southern Victoria* (États-Unis d'Amérique et Nouvelle-Zélande)

    - WP 50 *Plan de gestion révisé pour la zone spécialement protégée de l'Antarctique (ZSPA) 165 Edmonson Point, Ross Sea* (Italie)

- WP 58 *Plan de gestion révisé pour la zone spécialement protégée de l'Antarctique 127 ILE HASWELL (Ile Haswell et colonie adjacente de manchots empereurs sur des glaces deformation rapide)* (Fédération de Russie)

84. La France est intervenue pour présenter les documents WP 3 et WP 4 et pour informer le Comité qu'elle avait effectué sa révision quinquennale des plans de gestion relatifs aux ZSPA 120 et 166. Compte tenu de cette révision la France a proposé que le plan de gestion révisé de la ZSPA 120 soit approuvé par le Comité avec des changements d'ordre mineur, et que le plan de gestion de la ZSPA 166 soit approuvé par le Comité sans changements, pour une période de cinq ans. Le Comité a pris fait de l'observation de la France à savoir que le plan de gestion pour la ZSPA 166 avait été examiné et n'avait pas besoin d'être révisé.

85. En présentant le document WP 6 les États-Unis d'Amérique ont déclaré que seulement des changements mineurs avaient été apportés au plan de gestion de la ZSPA 149.

86. En réponse à une question de l'ASOC, les États-Unis d'Amérique et le Chili ont fourni de plus amples détails quant aux valeurs historiques et éducatives de la ZSPA 149, et ont fait état de la présence de structures archéologiques l'intérieur de cette ZSPA.

87. En rapport avec le document WP 9, les États-Unis d'Amérique ont expliqué que des changements d'ordre majeur avaient été apportés au plan de gestion de la ZSPA 122. Ces changements consistent en plusieurs révisions des lignes de démarcation de la zone, en l'introduction de nouvelles valeurs, en des amendements aux cartes et aux sites d'accès à la zone. Cependant les États-Unis d'Amérique ont aussi fait remarquer que si les changements au niveau du texte du plan de gestion sont significatifs, les changements au niveau de l'application du plan et des valeurs à protéger restent pour leur part d'ordre mineur.

88. Au cours de son intervention relative au document WP 23, le Royaume-Uni a déclaré que des changements majeurs sont proposés pour la ZSPA 140. Le Royaume-Uni a ainsi demandé au Comité de charger le groupe GSPG d'examiner le nouveau plan pendant la période intersessions. Le Comité a accédé à cette demande et a référé le plan de gestion révisé au GSPG pour examen pendant la période intersessions.

89. L'Australie a présenté le document WP 29 et a informé le Comité que seules des révisions mineures avaient besoin d'être effectuées au plan de gestion de la ZSPA 167. Ces révisions portent sur la modification des sites d'accès à la Zone afin d'augmenter la fréquence des recensements de la colonie de pétrels géants du sud, qui s'effectuent de manière appropriée, par exemple au moyen d'appareil photos automatiques et numériques. Ces recensements mèneront à une meilleure compréhension de l'évolution et du statut de la population des pétrels, en conformité avec les dispositions de la Résolution 5 (2009).

90. Au cours de son intervention relative aux documents WP 31 et WP 33, la Nouvelle-Zélande a indiqué que les révisions des plans de gestion des ZSPA 116 et 131 ne consistent qu'en modifications mineures telles les mises jour, les corrections rédactionnelles et de plus amples informations sur la biodiversité.

91. En rapport avec le document WP 39, les États-Unis d'Amérique ont fait part au Comité de plusieurs modifications importantes apportées au plan de gestion de la ZGSA 2 suite à un processus de révision qui a duré trois ans. Ces modifications portent sur les lignes de démarcation de la zone, l'identification de nouvelles valeurs pour la zone, une mise à jour des cartes et des photos de la zone ainsi que l'actualisation et le remaniement des appendices. En outre, le plan de gestion a introduit des zones scientifiques et des zones d'accès restreint pour remplacer la catégorie précédente de zone avec des caractéristiques spéciales ; et les zones pour touristes ont été reclassées zones pour visiteurs, ce terme étant jugé plus inclusif.

92. L'IAATO a fait sienne l'intention des promoteurs d'augmenter le nombre de zones pour visiteurs. Sans aller à l'encontre de l'importance qu'il faut accorder à la ZGSA pour la recherche scientifique, l'IAATO est d'avis que l'accès à la zone est actuellement trop restrictif. L'IAATO a souligné le fait que la ZGSA couvre une superficie de 17 500 km^2 mais qu'actuellement les zones pour visiteurs se limitent à 0,1 km^2. L'IAATO a fait remarquer que des visites de gamme, où la sécurité des visiteurs ainsi que le maintien de l'environnement sont assurés, ne peuvent donner lieu qu'à des expériences de valorisation pour la recherche et la protection de l'Antarctique.

93. L'Italie a présenté le document WP 50 *Plan de gestion révisé pour la zone spécialement protégée de l'Antarctique (ZSPA) 165 Edmonson Point, Ross Sea*. Aucun changement n'ayant été apporté au plan de gestion le comité a approuvé le plan de gestion révisé de la ZSPA 165.

94. La Fédération de Russie a présenté le document WP 58, *Plan de gestion révisé pour la zone spécialement protégée de l'Antarctique 127 ILE HASWELL (Ile Haswell et colonie adjacente de manchots empereurs sur des glaces de formation rapide)*. Des modifications mineures ont été apportées au plan, à savoir l'ajout d'informations quant à la recherche menée au cours de ces cinq dernières années, dans la section 6 (1) du plan, et aussi la mise à jour de la bibliographie dans la section finale (8) du plan.

95. Le Comité a approuvé tous les plans de gestion révisés sauf celui de la ZSPA 140, qui sera considéré au sein du GSPG pendant la période intersessions.

Avis à la RCTA

96. Après avoir examiné les avis du groupe subsidiaire sur les plans de gestion et évalué les plans, le Comité a décidé de transmettre les plans suivants à la RCTA, lui recommandant leur adoption :

#	Nom
ZGSA 2	*Zone gérée spéciale de l'Antarctique n°2 McMurdo Dry Valleys, Terre Southern Victoria*
ZSPA 116	*Vallée New College, Plage Caughley, Cap Bird, Ile de Ross*
ZSPA 120	*Archipel de Pointe-Géologie, Terre Adélie*
ZSPA 122	*Hauteurs Arrival, Péninsule Hut Point, Ile de Ross*
ZSPA 126	*Péninsule Byers, Ile Livingston, Shetland du Sud*
ZSPA 127	*ILE HASWELL (Ile Haswell et colonie adjacente de manchots empereurs sur des glaces de formation rapide) Plan de gestion révisé*
ZSPA 131	*Glacier Canada, Lac Fryxell, Vallée Taylor, Terre Victoria*
ZSPA 149	*Cap Shirreff et Ile San Telmo, Ile Livingston, Shetland du Sud*
ZSPA 165	*Pointe Edmonson, Mer de Ross*
ZSPA 167	*Ile Hawker, Terre Princesse Elizabeth*

97. Les États-Unis d'Amérique ont introduit le document WP 10 *Elaboration d'un plan pour la protection spéciale du Glacier Taylor et des Blood Falls, Vallée Taylor, Vallées sèches McMurdo, Terre Victoria*. Les États-Unis d'Amérique ont proposé d'établir un Groupe de travail international pour discuter de la protection de la zone du glacier Taylor et des Blood Falls et pour élaborer un projet de plan de gestion de ZSPA afin de le soumettre au CPE en 2012. Les États-Unis d'Amérique ont offert de coordonner ce groupe, et la Norvège et le SCAR ont signalé qu'ils aimeraient participer

aux débats. La Norvège a aussi souligné l'utilité d'une telle ouverture dans le processus d'élaboration des nouvelles ZSPA.

98.   L'Australie a introduit le document WP 13 *Groupe subsidiaire sur les plans de gestion - Rapport sur les objectifs #4 et #5 : amélioration des plans de gestion et procédure d'examen intersessions au nom du Groupe subsidiaire sur les plans de gestion.* Le groupe subsidiaire sur les plans de gestion (GSPG) a invité le CPE à examiner les résultats de ses travaux intersessions, menés en accord avec le plan de travail adopté par le CPE XIII.

99.   Durant la période intersessions, le GSPG a examiné et révisé le *Guide pour l'élaboration des plans de gestion des Zones spécialement protégées de l'Antarctique* (adopté conformément à la Résolution 2 (1988)), y compris les formulations standard et le modèle de plan de gestion des ZSPA. Ces modifications ont, entre autres, fourni la réponse à une série de questions que le CPE XIII avait demandé au GSPG d'examiner. Le GSPG a consulté les membres concernés pour examiner le statut des plans de gestion qui auraient déjà dû faire l'objet d'un réexamen quinquennal.

100.   Les États-Unis d'Amérique ont souligné que le GSPG devait être considéré comme une ressource très utile par les membres ayant besoin d'aide pour la rédaction ou l'examen des plans de gestion. L'Australie a exhorté d'autres membres à participer au GSPG pour qu'il puisse gagner en expertise et en valeur.

101.   L'Argentine et le Chili ont pris note que ce modèle de plan ne devait pas être prescriptif, et devait permettre aux promoteurs de faire preuve d'innovation dans l'élaboration des plans de gestion de ZSPA.

102.   L'Australie a réitéré que les propositions de formules standard et le modèle de plan de gestion des ZSPA et la version révisée du guide élaboré par le GSPG étaient conçus comme des outils pour une meilleure cohérence entre les plans de gestion. Ils n'étaient pas censés être prescriptifs et leur but n'était pas de dissuader les Parties de développer ou d'appliquer des approches spécifiques aux sites ou créatives et innovantes par rapport à la protection et à la gestion des zones.

103.   Le Comité a remercié le GSPG de son travail et est convenu :

        •   d'approuver le Guide révisé pour la préparation des plans de gestion des zones spécialement protégées de l'Antarctique et d'incorporer les propositions de formules standard et le modèle de plan de gestion des zones spécialement protégées de l'Antarctique présentés en pièce jointe A au document de travail WP 13 et

- d'encourager les Parties promouvant des plans de gestion qui n'ont pas encore fourni d'informations sur le statut des plans de gestion de ZSPA attendant d'être examinés de les fournir.

104. La réunion a aussi pris acte d'un plan de travail pour les activités du GSPG pendant la période intersessions 2011/12.

Avis du CPE à la RCTA

105. Le Comité recommande que la RCTA adopte une résolution pour approuver le nouveau *Guide pour la préparation des plans de gestion des zones spécialement protégées en Antarctique.*

106. Le Royaume-Uni a présenté le document WP 18 *Activités de surveillance proposées au sein de la zone spécialement protégée de l'Antarctique (ZSPA) N° 107 Ile Emperor, îles Dion, baie Marguerite, péninsule antarctique.* Le Royaume-Uni a noté que l'existence continue de la colonie de manchots Empereur de cette ZSPA est maintenant incertaine, et que d'autres recherches sont requises pour évaluer le statut de cette colonie. Sa présence représente la seule valeur méritant d'être protégée et était la raison de la désignation originale de cette ZSPA.

107. Les États-Unis d'Amérique et l'Australie ont commenté qu'une surveillance supplémentaire de la ZSPA Iles Dion serait une façon raisonnable de procéder. L'Australie a noté qu'en règle générale les zones bien documentées, par exemple les ZSPA particulièrement vulnérables au changement climatique, pourraient être utiles aux chercheurs en leur permettant d'observer et de suivre les impacts des changements de climat, et l'existence possible de ces valeurs nouvelles ou émergentes devrait être examinée en détail lors de l'évaluation des bénéfices qu'apporterait le prolongement de la désignation d'une zone.

108. Le Comité a appuyé l'approche prévue par le Royaume-Uni et attendait avec intérêt de recevoir plus d'informations sur le statut des valeurs de la ZSPA 107.

109. Le Secrétariat a présenté le document SP 7 *Registre de l'état des plans de gestion pour les Zones Spécialement Protégées de l'Antarctique et les Zones*

Gérées Spéciales de l'Antarctique. Le CPE a demandé si ce registre était encore nécessaire, puisque ces informations sont maintenant disponibles sur la base de données des ZSPA et des ZGSA du site Web du Secrétariat.

110. Le Chili et l'Allemagne ont demandé à ce que ce registre soit maintenu et amélioré. L'Allemagne a demandé ce qui se produit lorsque la date de l'examen est dépassée avant que les plans de gestion n'aient été examinés.

111. Le Président a remercié l'Allemagne et noté que cette question a été soulevée par le GCI. Le Président a signalé que le Secrétariat a besoin de rappeler aux membres du Comité le statut de leurs plans de gestion de ZSPA et de ZGSA ainsi que leurs responsabilités par rapport aux examens à effectuer.

112. La Norvège a noté que la procédure d'examen ne nécessitait pas toujours la soumission de plans de gestion de ZSPA ou de ZGSA révisés. L'Allemagne a demandé si la colonne « prochain examen » ne pourrait pas être utilisée de façon plus proactive.

113. L'Australie a suggéré que le Secrétariat pourrait envoyer un rappel aux Parties devant examiner un plan de gestion de ZSPA ou de ZGSA au cours de l'année suivante, tout en attirant leur attention sur le *Guide révisé pour la préparation des plans de gestion des zones spécialement protégées de l'Antarctique* (WP 13) afin de faciliter cet examen.

114. Le Royaume-Uni a commenté qu'il avait commencé ou terminé les travaux de terrain liés à l'examen de six ZSPA, lui permettant ainsi d'être à jour par rapport aux examens prévus pour les plans de gestion correspondants.

115. Le Chili a noté qu'il serait en mesure de présenter trois plans de gestion de ZSPA qui n'ont pas encore été examinés l'année prochaine.

116. Le document d'information IP 79 (Australie, China, India, Romania, Fédération de Russie) *Report of the Larsemann Hills Antarctic Specially Managed Area (ASMA) Management Group* a aussi été soumis au titre de ce point de l'ordre du jour.

117. Les États-Unis d'Amérique ont présenté le document IP 73, et noté que le nombre annuel croissant de visiteurs posait un défi à l'harmonie existant entre activités touristiques et activités de recherche. Le document IP 73 n'a pas été présenté comme document de travail parce que les États-Unis d'Amérique voulaient s'assurer que les modifications effectuées à ce jour allaient être efficaces (par

exemple l'emplacement d'un site de campement pour les touristes plus éloigné de la station de recherche principale). Les États-Unis d'Amérique ont mentionné l'excellente collaboration qu'ils ont établie avec l'IAATO.

118. Le Royaume-Uni a suggéré que le processus d'élaboration des lignes directrices pour les ZGSA aurait pu être amorcé plus tôt, et que le manque de procédure formelle ou les modifications apportées au plan de gestion pourraient créer des problèmes en ce qui concerne les nouveaux règlements ou lignes directrices dont sont informés les visiteurs. Les États-Unis d'Amérique ont noté qu'ils prévoient de faire la révision de leurs lignes directrices durant l'année à venir, et apprécieraient toute l'aide que pourraient leur apporter les autres membres intéressés. Leur intention est de présenter un ensemble de lignes directrices plus formel l'année prochaine.

119. L'Inde a présenté le document d'information IP 79 intitulé *Report of the Larsemann Hills Antarctic Specially Managed Area (ASMA) Management Group* au nom du groupe de coordination de la gestion de la ZGSA 6 (Australie, Chine, Inde, Roumanie, Fédération de Russie), et a souligné l'importance de l'établissement d'une ZSPA dans cette région. La Belgique et la Roumanie ont soutenu cette proposition et ont offert leur coopération.

120. En rapport avec le document IP 131 intitulé *Deception Island Specially Managed Area (ASMA) Management Group Report*, l'Espagne a informé la réunion qu'elle présenterait un nouveau plan de gestion révisé de la ZGSA 4 l'année prochaine.

121. La Corée a présenté le document IP 115 intitulé *Fauna Survey of the ASPA 171 Narębski Point, ASPA 150 Ardley Island and ASPA 132 Potter Peninsula in 2010-11*, ainsi que le document IP 109 intitulé *Cooperation Management Activities at ASPAs in 25 de Mayo (King George) Island, South Shetland Islands*, préparé conjointement avec l'Argentine. Ces deux documents ont trait aux efforts de la Corée pour améliorer le plan de gestion environnemental de la ZSPA 171.

7b) Sites et monuments historiques

122. L'Argentine a noté que lors de la 13e réunion du CPE elle avait proposé de coordonner une discussion informelle sur les sites et monuments historiques pendant la période intersessions. L'Argentine a remercié plusieurs membres pour les contributions importantes qu'ils ont apportées au débat, et dont les

résultats sont résumés dans le document de travail WP 27 *Rapport sur les discussions informelles concernant les sites et monuments historiques.*

123. Au cours de ces discussions, les travaux ont porté sur deux axes principaux : a) les différentes définitions et applications du concept d' « héritage historique » par les Parties et les définitions existantes convenues dans le contexte de l'Antarctique, et b) la pertinence des mécanismes existant dans le système du Traité sur l'Antarctique aux fins de protection des sites historiques. Par rapport au premier axe, le groupe informel de discussion a conclu qu'il existe un large éventail de définitions de ce que représente un SMH, tandis que pour le deuxième, certains des participants étaient d'avis que les critères existants sont d'un caractère suffisamment général pour inclure différents points de vue, alors que d'autres considéraient que cette flexibilité pouvait circonscrire la définition du caractère historique d'un site.

124. Etant donne la diversité des concepts et des points de vue sur ces questions, le groupe a conclu qu'il serait utile de continuer cette discussion sur le forum du CPE.

125. Tout en remerciant l'Argentine pour son travail, la Chine a noté qu'il fallait faire preuve de prudence, et que des définitions rigides pourraient s'avérer problématiques en vue de la diversité culturelle existant au sein de la communauté antarctique. La Chine a fait savoir qu'elle aimerait poursuivre ces discussions.

126. Plusieurs membres ont fait part de leur gratitude pour le travail de l'Argentine et ont encouragé la poursuite des discussions sur cette question. La Norvège a noté qu'un certain nombre de questions pertinentes demandent des discussions supplémentaires afin d'aboutir à une conception commune de la classification des sites et monuments historiques. Les États-Unis d'Amérique ont déclaré que les listes devaient être plus transparentes et accessibles à un public plus large. Le Royaume-Uni a souligné qu'il serait sans doute impossible, et probablement pas nécessaire vu la diversité de la communauté antarctique, d'arriver à une définition rigide des monuments historiques.

127. Le Comité est convenu que les discussions informelles sur les sites et monuments historiques ont été utiles et mériteraient d'être poursuivies.

128. L'Argentine a conclu que le but principal de ces discussions n'étaient pas de parvenir à un accord sur des définitions spécifiques, mais d'échanger des

points de vue différents sur une question complexe, d'autant plus qu'elle relève des sciences sociales et que les différences culturelles peuvent amener à des interprétations diverses de l'héritage historique. L'Argentine a exprimé sa gratitude pour la confiance que le Comité a montré dans le travail de ce groupe.

129. La Chine a présenté le document WP 5 *Proposition d'inscription du Bâtiment n°1, commémorant l'expédition antarctique chinoise à la station de la Grande Muraille, à la Liste des sites et monuments historiques*, soulignant la valeur du Bâtiment n°1 et suggérant que son inclusion sur la liste serait un atout.

130. Le Japon a appelé l'attention sur la taille du Bâtiment n°1 et fait part de ses inquiétudes sur l'impact qu'il pourrait avoir sur l'environnement immédiat, tout en souhaitant appuyer la désignation de cet important bâtiment.

131. Le Royaume-Uni a appelé l'attention sur les commentaires qu'il a faits dans son Rapport d'inspection 2005, lequel soulignait le besoin d'effectuer des réparations pour éviter toute détérioration supplémentaire, et a demandé si ces réparations ont été effectuées. Plusieurs membres soutenant cette proposition ont néanmoins demandé des informations additionnelles concernant l'entretien et la conservation du bâtiment.

132. La Chine a remercié les membres de leur soutien et a assuré le Comité que le plan d'entretien et de conservation est en cours, et que davantage d'informations pertinentes seraient fournies ultérieurement.

133. Le Comité a approuvé les propositions présentées dans le document WP 5 et les a transmises à la RCTA pour qu'elle puisse les examiner.

134. Le Chili a présenté le document WP 59 *Proposition de modification du monument historique n° 82. Installation de plaques commémoratives sur le monument au Traité sur l'Antarctique.* Le Chili a informé le Comité que, conformément à la mesure 3 (2007), quatre plaques commémorant l'Année polaire internationale dans chacune des langues officielles ont été installées sur le Monument du Traité sur l'Antarctique près des stations Frei, Bellingshausen et Escudero, sur l'île King George. La modification proposée concerne un changement mineur au texte du SMH n°82.

135. Le Comité a approuvé la demande du Chili et sa soumission à la RCTA.

Avis à la RCTA

136. Le Comité recommande que la RCTA approuve l'inscription du nouveau site suivant à la liste de Sites et monuments historiques figurant dans la Mesure 3 (2003) :

   • Bâtiment n°1 commémorant l'expédition antarctique chinoise à la station de la Grande Muraille

137. Le Comité recommande aussi que la RCTA approuve la proposition de modification du monument historique n° 82 Monument au Traité sur l'Antarctique.

138. Le Secrétariat a noté que la nouvelle liste des sites historiques était obsolète et a suggéré que la RCTA en confie la mise à jour annuelle au Secrétariat. Le Royaume-Uni et la France ont fait part de leur soutien pour la proposition du Secrétariat et le Comité est convenu de demander à la RCTA qu'elle prenne la décision de confier la mise à jour de la liste des sites et monuments historiques au Secrétariat.

Avis à la RCTA

139. Le Comité recommande que la RCTA demande au Secrétariat de tenir à jour les listes officielles des ZSPA, des ZGSA et des SMH conformément aux mesures adoptées par la RCTA.

140. L'Argentine a fait référence au document IP 130 intitulé *Update on enhancement activities for HSM 38 "Snow Hill"*, notant que ce document est dans la continuation de la série de documents que l'Argentine a présentés au CPE au cours des années sur les activités de gestion et de conservation relatives au SMH n°38.

141. Autre document soumis au titre de ce point de l'ordre du jour :

   • IP 117 (Chili): *Inauguración de la instalación de Placas Conmemorativas en el Monumento al Tratado Antártico*

7c) Lignes directrices pour les visites de sites

142. En tant que responsable, l'Australie a présenté le document WP 45 *Rapport du groupe de contact intersessions à composition non limitée sur la révision*

des éléments environnementaux de la Recommandation XVIII-1. L'Australie a informé le Comité que le GCI a élaboré une mise à jour des lignes directrices pour les visiteurs à partir de la recommandation XVIII-1 (1994), mais dans un format qui peut être utilisé comme couverture générique pour toutes les lignes directrices pour les visites de sites spécifiques.

143.   L'Australie a indiqué que plusieurs questions n'avaient pas été réglées lors des débats du GCI, comme par exemple l'inclusion de distances minimum d'approche de la faune sauvage spécifiques.

144.   Le GCI a recommandé que le CPE :

1.   avalise les lignes directrices annexées, et les transmettent à la RCTA pour qu'elles puissent être adoptées par voie d'une résolution ;

2.   décide de convoquer un GCI afin d'examiner les nouvelles lignes directrices pour les visites de site nécessitant une discussion approfondie ;

3.   décide que, de manière générale, les lignes directrices des sites doivent être examinées au minimum tous les cinq ans ;

4.   demande que le Secrétariat prépare un programme d'examen des lignes directrices des sites reposant sur une période de révision de cinq ans, qui sera examiné par le CPE XV ; et

5.   encourage les Membres mettant à jour des lignes directrices de sites de tenir compte des lignes directrices génériques, et de se concentrer sur les aspects spécifiques aux circonstances de chaque site.

145.   La Nouvelle-Zélande et le Chili ont exprimé leur soutien pour les lignes directrices et pour les recommandations du GCI. L'Équateur a fait part de son intérêt à participer aux futurs travaux du GCI, compte tenu de son expérience en matière de gestion des visiteurs dans les îles Galapagos.

146.   Plusieurs membres ont manifesté leur soutien de principe aux recommandations du GCI, tout en exprimant certaines inquiétudes spécifiques. Les États-Unis d'Amérique n'étaient pas sûrs de la relation qui existait entre les lignes directrices révisées et la recommandation XVIII-1 (1994), et étaient d'avis qu'une discussion plus approfondie devrait être confiée au groupe de travail sur les questions juridiques et institutionnelles. L'Allemagne a fait part de son avis que les lignes directrices devaient spécifier les distances minimum d'approche de la faune sauvage, préconisant ainsi le principe de précaution.

147. En réponse à l'Allemagne, le Président a attiré l'attention sur les avis de SCAR les plus récents, présentés en 2008 dans le document WP 12 de la XXXIe RCTA *Perturbations humaines causées à la faune sauvage dans la grande région antarctique : une analyse des résultats.* Compte tenu du nombre de variables pouvant avoir une influence sur la vulnérabilité aux perturbations, le SCAR avait indiqué qu'il était difficile de spécifier des distances d'approche de la faune sauvage.

148. Le Royaume-Uni a indiqué son soutien global pour le travail réalisé jusqu'à présent sur la mise à jour des lignes directrices génériques pour les visites de sites, tout en faisant savoir qu'elle craignait que les lignes directrices des sites dans leur état actuel ne fussent pas prêtes à être soumises à la RCTA. Le Royaume-Uni a souligné que les dispositions de la recommandation XVIII-1 (1994), qui ne sont pas encore entrées en vigueur, auraient un caractère d'obligation, tandis que les lignes directrices élaborées par le GCI resteraient volontaires. Le Royaume-Uni a fortement encouragé la ratification de la recommandation XVIII-1 (1994) par tous les membres afin qu'elle puisse être appliquée. Le Royaume-Uni n'est pas d'accord avec la proposition pour un examen formel obligatoire et automatique des lignes directrices pour les visites de sites spécifiques proposé par ses promoteurs. Les lignes directrices des sites devraient plutôt être examinées et révisées en fonction des besoins et par l'une quelconque des Parties.

149. Après avoir rappelé au Comité que la recommandation XVIII-1 (1994) comporte deux parties, l'IAATO a fait la suggestion que les lignes directrices élaborées par le GCI pourrait remplacer la deuxième partie de la recommandation XVIII-1 (1994). L'IAATO a aussi exprimé son souhait de voir la recommandation XVIII-1 (1994) ratifiée au plus tôt.

150. Le CPE a examiné le document WP 45 et est convenu que des conseils généraux en matière d'environnement fournis aux visiteurs, fondés sur les connaissances actuelles du CPE, compléteraient les lignes directrices spécifiques des sites. Le CPE a noté une nouvelle fois qu'il serait désirable que la recommandation XVIII-1 (1994) entre en vigueur.

151. Après avoir tenu compte des observations de certains membres, l'Australie a organisé les travaux par voie d'un groupe de contact, et le CPE a par la suite finalisé les *Lignes directrices pour les visiteurs dans l'Antarctique.*

152.   En considérant les autres recommandations faites par le GCI, le CPE a décidé que sa pratique actuelle d'examiner les nouvelles lignes directrices ainsi que les lignes directrices existantes lors de leur présentation serait adéquate.

Avis du CPE à la RCTA

153.   Le CPE a finalisé ses conseils aux visiteurs en matière d'environnement sous forme de lignes directrices pour les visiteurs en Antarctique, qui peuvent servir de page de couverture aux lignes directrices spécifiques aux sites. Le CPE recommande à la RCTA qu'elle les approuve par voie d'une résolution, et que le Secrétariat les diffuse en même temps que les lignes directrices spécifiques aux sites.

154.   Le CPE a aussi encouragé les membres à examiner les lignes directrices génériques lorsqu'ils présentent des nouvelles lignes directrices pour les visites de sites, et à se concentrer sur les questions spécifiques aux circonstances de chaque site.

155.   Le Royaume-Uni a introduit le document WP 17 *Révision des lignes directrices du site pour la baie Whalers, l'île de la Déception, les îles Shetland du Sud* au nom du groupe de coordination de la gestion de la ZGSA Ile de la Déception. Le document propose des changements d'ordre mineur aux lignes directrices pour les visites de sites existantes, y compris la correction d'erreurs typographiques mineures, la clarification de l'emplacement du site d'atterrissage et la révision des cartes.

156.   La Nouvelle-Zélande a présenté le document WP 30 *Lignes directrices de sites pour l'aire réservée aux visiteurs de Vallée Taylor en Terre Southern Victoria*, préparé conjointement avec les États-Unis d'Amérique.

157.   Dans le cadre de l'examen de la ZGSA des vallées sèches de McMurdo, le groupe de coordination de la gestion est convenu de remanier les dispositions du plan de gestion concernant le tourisme et de les mettre dans le format des lignes directrices pour les visites de sites. Ces lignes directrices reflètent les dispositions de gestion actuelles. La Nouvelle-Zélande a noté que des changements d'ordre mineur ont été effectués à l'une des lignes de démarcation de la zone après que des chercheurs scientifiques aient fait part de leurs inquiétudes concernant la vulnérabilité du site.

158. Le Royaume-Uni a remercié la Nouvelle-Zélande et les États-Unis d'Amérique pour leurs travaux, et s'est enquis de la surveillance du site ainsi que de la taille de la zone par rapport au nombre de visites.

159. La Nouvelle-Zélande a pris note que le site faisait l'objet d'une surveillance à long terme de l'impact des visiteurs à travers son programme de surveillance VISTA ainsi qu'à l'aide d'autres travaux de recherche dans la zone, et que le site était accessible uniquement par hélicoptère, limitant ainsi le nombre de visiteurs sur place à tout moment donné.

160. L'IAATO a exprimé sa préoccupation quant à la révision des limites, et a accepté l'opportunité de discuter d'autres zones possibles réservées aux visiteurs dans la ZGSA des vallées sèches à l'avenir.

161. L'ASOC a noté que les évaluations d'impacts sur l'environnement sont nécessaires à l'établissement de toutes les nouvelles zones réservées aux visiteurs proposées.

162. Le Chili a présenté le document WP 49 *Lignes directrices portant sur la plage nord-ouest de la péninsule Ardley, île Ardley (île du roi Georges ou Isla 25 de mayo), îles Shetland du Sud*, préparé conjointement avec l'Argentine.

163. Plusieurs membres ont exprimé leur soutien pour cette proposition, alors que d'autres membres ont demandé plus de clarifications quant aux lignes directrices. La Chine a suggéré l'inclusion d'une définition précise du terme « visiteur » dans les lignes directrices. En réponse à la question soulevée par la Chine, le Chili a précisé que le terme « visiteur » désigne toute personne qui débarque sur la plage et qui n'est pas tenue de mener des activités scientifiques dans la zone.

164. L'Australie a introduit le document WP 52 Rev1 *Guide du visiteur des cabanes Mawson et du cap Denison, Antarctique de l'Est.* L'Australie a noté que le cap Denison est l'un des six sites restants de « l'époque héroïque » de l'exploration de l'Antarctique, et qu'il est désigné site et monument historique n° 77 et ZGSA 3. Au sein de la ZGSA, les quatre cabanes en bois de l'expédition australienne en Antarctique et leur environnement immédiat sont désignés comme ZSPA 162. Les valeurs du site sont importantes, et le site est vulnérable aux impacts potentiels liés aux visites. L'Australie considère donc qu'un guide du site pour les visiteurs est un complément utile aux dispositions de gestion actuelles. Le guide du site pour les visiteurs

proposé ne remplace ni n'élargit les dispositions des plans de gestion de la ZSPA et de la ZGSA.

165. L'IAATO s'est réjouie des nouvelles lignes directrices pour les visites de sites proposées.

166. L'IAATO a présenté le document IP 104 intitulé *Proposed Amendment to Antarctic Treaty Site Guidelines for Hannah Point,* en informant la réunion qu'après un incident au cours duquel un éléphant de mer du sud est tombé du haut d'une falaise, peut-être après avoir été perturbé par un visiteur, l'IAATO a élargi l'aire fermée B inclue dans les lignes directrices pour les visites de sites de la pointe Hannah par mesure de précaution, au cas où des éléphants de mer du sud seraient échoués dans cette aire lors d'une visite. L'IAATO a informé qu'immédiatement après l'incident, elle a diffusé un message à tous les navires de l'IAATO opérant encore dans cette zone pour attirer leur attention sur cet incident et pour leur demander de ne pas s'approcher de la zone avoisinant la falaise si des éléphants de mer du sud s'y trouvaient. Cet incident a fait l'objet de discussions à la réunion de l'IAATO de 2011, lors de laquelle ses membres ont approuvé une mesure de précaution supplémentaire à l'application des lignes directrices des sites de la pointe Hannah. L'IAATO a proposé que le Comité examine et approuve cet amendement. Après une discussion générale, le Comité est convenu d'effectuer des amendements aux lignes directrices pour les visites de site de la pointe Hannah dans le sens des modifications proposées par l'IAATO.

167. Le Comité a approuvé les lignes directrices révisées pour Whalers Bay et pour la pointe Hannah et les nouvelles lignes directrices pour la vallée Taylor, la péninsule Ardley et la cabane Mawson.

Avis à la RCTA

168. Le Comité a approuvé les lignes directrices révisées pour Whalers Bay et pour la pointe Hannah et les nouvelles lignes directrices pour la vallée Taylor, la péninsule Ardley et la cabane Mawson, et a décidé de les transmettre a la RCTA, lui recommandant de les approuver par voie d'une résolution.

169. L'Ukraine a fait une courte présentation de son document IP 110 intitulé *Ukraine policy regarding visits by tourists to Vernadsky Station* et invité les membres intéressés à soumettre leurs commentaires durant les travaux.

170. Les États-Unis d'Amérique ont présenté le document IP 23 intitulé *Antarctic Peninsula Compendium, 3rd Edition* (États-Unis d'Amérique et Royaume-Uni) et ont annoncé que la troisième édition de l'Antarctic Peninsula Compendium est disponible, contenant les données et les informations descriptives de 142 sites visités par l'Antarctic Site Inventory recueillies au cours de 17 campagnes, de novembre 1994 à février 2011. Le Compendium est disponible sur disque ainsi que sur le site Web d'Oceanites (*http://www.oceanites.org*).

171. La Bulgarie a brièvement présenté son document IP 12 *Guidelines of environmental behavior of the expedition participants and visitors to the Bulgarian Base in Antarctica,* et espère que ces lignes directrices pourront être utiles à d'autres stations antarctiques.

172. D'autres documents ont été soumis au titre de ce point de l'ordre du jour, à savoir :

   • IP 9 (États-Unis d'Amérique): *Antarctic Site Inventory: 1994-2011*

   • IP 105 (IAATO): *Report on IAATO Operator use of Antarctic Peninsula Landing Sites and ATCM Visitor Site Guidelines, 2009-10 & 2010-11 Seasons*

   • IP 126 (Équateur): *Manejo turístico para la isla Barrientos*

7d) Empreinte humaine et valeurs de la nature à l'état sauvage

173. La Nouvelle-Zélande a introduit le document WP 35 *Comprendre les concepts d'empreinte et de nature sauvage par rapport à la protection de l'environnement en Antarctique.* La Nouvelle-Zélande a recommandé au CPE XIV qu'il cherche à obtenir un accord entre les membres sur des définitions pratiques des concepts d'empreinte et de nature sauvage dans le contexte de l'Antarctique. Elle a suggéré au CPE qu'il devrait considérer des objectifs à moyen terme pour améliorer la planification et les évaluations des impacts sur l'environnement afin de minimiser l'empreinte et accorder une plus grande protection aux zones inviolées et aux valeurs de la nature sauvage à travers les mesures de l'annexe V.

174. L'Australie a souligné que toute définition des concepts d'empreinte et de nature sauvage devait pouvoir être mise en pratique. Elle a rappelé, par

exemple, que la plupart des références à l'empreinte lors des discussions du CPE antérieures avaient trait à l'étendue spatiale de perturbation physique, qui serait utile d'un point de vue environnemental, notamment pour donner la priorité aux actions visant à minimiser les impacts sur des zones libres de glace rares et écologiquement vulnérables. L'Australie a fait part de sa volonté de continuer des discussions informelles avec la Nouvelle-Zélande pendant la période intersessions.

175. Le Royaume-Uni a en principe fait sienne la définition proposée, mais a noté que la nature sauvage n'excluait pas nécessairement la science. Il a noté que le concept de planification de zones jusqu'alors jamais visitées comme zones de référence et de nature sauvage inviolées a été réclamé depuis plus de 40 ans et qu'il devait être proposé.

176. Les États-Unis d'Amérique et la Belgique ont aussi soutenu ces travaux, en étant convenus qu'il pourrait être important de mettre de côté des zones de référence inviolées.

177. L'Argentine a mentionné qu'elle préférerait une approche plus générale plutôt qu'une définition spécifique des concepts d'empreinte et de nature sauvage, puisqu'elle est souvent utilisée cas par cas. L'Argentine a aussi noté que la coopération internationale a favorisé le maintien des valeurs de la nature sauvage en Antarctique en évitant la duplication de l'effort, réduisant de ce fait l'empreinte de ces activités.

178. Le Président a noté l'intérêt que porte le Comité à l'élaboration de la terminologie et l'appui apporté au concept de zones inviolées.

179. L'ASOC a présenté le document IP 86 intitulé *"Evolution of Footprint: Spatial and Temporal Dimensions of Human Activities"*. L'ASOC a encouragé le CPE à rechercher un consensus sur les définitions d'empreinte et de nature sauvage, et à les approuver.

180. D'autres documents ont été soumis au titre de ce point de l'ordre du jour, à savoir :

      - IP 1 (États-Unis d'Amérique) *Temporal and spatial patterns of anthropogenic disturbance at McMurdo Station, Antarctica*

      - IP 2 (États-Unis d'Amérique) *The Historical Development of McMurdo Station, Antarctica, An Environment Perspective*

- IP 43 (Uruguay) *Discovery of human activity remains, pre-1958 in the north coast of the King George Island (Isla 25 de Mayo)*

- IP 133 (République tchèque) *Report on all-terrain vehicles impact on deglaciated area of James Ross Island, Antarctica*

7e) Gestion et protection marines territoriales

181. Le Secrétariat a présenté le document SP 6 *Sommaire des travaux du CPE sur les zones marines protégées.*

182. Plusieurs membres ont favorablement accueilli cet excellent rapport, et noté qu'il aurait été très utile s'il avait été disponible lors de l'atelier conjoint du CPE/CCAMLR en 2009.

183. Quelques membres ont fait référence à la décision du CPE à la réunion RCTA/CPE de Baltimore de 2009, selon laquelle le CPE s'était engagé à promouvoir une approche harmonisée pour la protection de l'environnement marin en Antarctique par la création de zones marines protégées (ZMP) au sein, mais pas exclusivement, de 11 zones prioritaires avant 2012.

184. Le Comité a demandé au Secrétariat qu'il fasse des mises à jour régulières de ce rapport sur son site Internet, afin que les Parties puissent rester à jour sur cette question.

185. Le Secrétariat a confirmé qu'il pouvait donner suite à cette demande.

186. Le Comité a noté que plusieurs chercheurs parmi ses membres seront présents à l'atelier de la CCMLAR sur les ZMP qui se tiendra à Brest, en France, du 29 août au 2 septembre 2011.

187. La Belgique a pleinement appuyé la création d'un réseau représentatif de ZMP. La Belgique a indiqué qu'elle accueille et coordonne la base de données SCAR-MARBIN qu'utilise la communauté antarctique.

188. Le Comité a rappelé son engagement ultérieur à travailler de façon constructive avec la CCAMLR sur ces questions, et a noté qu'il attend avec intérêt le rapport du prochain atelier de la CCAMLR sur les ZMP à Brest, en France. Le Comité a remercié la CCAMLR de l'avoir invité à participer à cet atelier. Polly Penhale, des États-Unis, représentera le CPE.

189. L'ASOC a introduit au nom de l'UICN le document d'information IP 56 intitulé *Marine Spatial Protection and Management under the Antarctic Treaty System: New Opportunities for Implementation and Coordination.*

190. L'ASOC a présenté les documents IP 90 intitulé *The Southern Ocean MPA Agenda – Matching Words and Spirit with Action* et IP 92 intitulé *The Ross Sea: A Valuable Reference Area to Assess the Effects of Climate Change.*

191. Tout en remerciant le Secrétariat pour son document sur les ZMP, l'ASOC a noté que lors de l'atelier conjoint du CPE et de la CS-CAMLR en 2009 ces deux organismes étaient convenus de collaborer afin d'établir un réseau représentatif de ZMP dans l'océan Austral. La CCAMLR est convenue d'un plan de travail pour la création d'un réseau de ZMP avant la date cible 2012. Ce programme est reflété dans le plan de travail quinquennal du CPE. La première étape du plan de travail proposé invite les Membres à rassembler des données pertinentes sur les 11 zones prioritaires et sur d'autres zones au besoin et à caractériser chacune d'elles en termes de patrons de biodiversité, de processus d'écosystème et de caractéristiques physiques de l'environnement. Il semble néanmoins qu'il y ait eu peu de progrès par rapport à cette étape jusqu'à présent. La deuxième étape est l'atelier spécial sur les ZMP en août prochain à Brest, en France. L'ASOC a exhorté les membres des Parties consultatives au Traité sur l'Antarctique et de la CCAMLR de faire bon usage de cette opportunité afin de conclure la première étape et de présenter des propositions solides de ZMP.

192. Concernant IP 92, l'ASOC a noté qu'elle a présenté plusieurs documents faisant valoir les raisons scientifiques appuyant la protection intégrale du talus et du plateau de la mer de Ross, établissant ainsi une importante composante du réseau représentatif de ZMP dans l'océan Austral. Ce document traite spécifiquement du potentiel de la mer de Ross en tant que zone de référence pour le climat. Le Groupe d'experts intergouvernemental sur l'évolution du climat prévoyant que la mer de Ross sera la dernière partie de l'océan Austral à posséder de la glace de mer toute l'année, la mer de Ross sera un refuge permettant l'étude des processus normaux liés à la glace et au biote associé, et pourra servir de zone de référence importante pour la compréhension de la magnitude et de l'importance écologique et économique des changements se produisant dans le reste de l'océan Austral.

7f) Autres questions relevant de l'annexe V

193. L'Australie a introduit le document WP 32 *Améliorer la base de données des zones protégées de l'Antarctique pour faciliter l'évaluation et le développement du système des zones protégées* pour appuyer l'évaluation et le développement du système des zones protégées. L'Australie a proposé que le CPE soit convenu que la base de données des zones protégées doit être élargie afin d'inclure plus d'informations pertinentes (que fourniront les promoteurs lors de la soumission de leurs plans de gestion), d'encourager les promoteurs à fournir les limites des zones en format numérique susceptible d'être utilisé par un système d'information géographique (SIG) si possible, et de demander au Secrétariat qu'il fasse en sorte que ces changements puissent être intégrés.

194. Le Comité a appuyé les recommandations présentées dans le document WP 32, et est convenu :

   - que la base de données des zones protégées de l'Antarctique doit être élargie afin d'inclure les champs suivants : 1) raison primaire de la désignation ; et 2) principal domaine environnemental représenté ;

   - de recommander à la RCTA qu'elle approuve la modification de la page de couverture des documents de travail proposant des ZSPA et des ZGSA en annexe à la résolution 1 (2008), permettant ainsi au Secrétariat de recueillir les informations pertinentes aux fins de les insérer dans la base de données ;

   - d'encourager les promoteurs à fournir les limites de ZSPA et de ZGSA en format numérique pouvant être utilisé par un SIG si possible, et de fournir ces informations au Secrétariat pour qu'elles soient centralisées et disséminées au travers de la base de données des zones protégées de l'Antarctique ; et

   - de demander au Secrétariat qu'il modifie la base de données des zones protégées de l'Antarctique selon que de besoin pour intégrer ces modifications.

195. Plusieurs membres ont noté qu'en raison de contraintes techniques et de l'insuffisance de leurs ressources, tous les membres n'étaient pas en mesure de mettre en œuvre toutes ces recommandations à ce moment.

196. En réponse à ces préoccupations, l'Australie a souligné le caractère volontaire de cet aspect de la proposition. Elle a encouragé les membres étant en

mesure de mettre en œuvre toutes les recommandations de le faire, tout en offrant leur aide et leur soutien aux membres qui n'ont pas cette capacité. L'Australie a aussi rassuré le Comité que les problèmes de compatibilité et d'échange des données pourront être résolus et qu'elle conférera avec le Secrétariat afin de trouver des solutions pratiques à ces difficultés.

197. La Norvège a noté la possibilité qui existe de problèmes liés aux standards de format d'échange, etc., qui devront être examinés dans le futur.

198. L'Australie a annoncé qu'elle était en négociations avec une société privée qui avait préparé un ensemble de données complet des informations spatiales représentant les limites de toutes les ZSPA et ZGSA existantes. L'Australie a prévu d'acheter cet ensemble de données et de le communiquer au Secrétariat pour que ces données soient largement accessibles. A cet effet, l'Australie travaillera de pair avec le Secrétariat pendant la période intersessions.

199. Afin de permettre au Secrétariat de recueillir les informations pertinentes devant être incluses dans la base de données, le Comité a préparé les modifications à la couverture de page des documents de travail proposant des ZSPA et des ZGSA en annexe à la résolution 1 (2008) sous forme de résolution.

Avis du CPE à la RCTA

200. Le Comité recommande à la RCTA qu'elle approuve le Guide révisé de la présentation des documents de travail contenant des propositions de désignation de ZSPA, de ZGSA ou de SMH par voie d'une résolution.

201. L'Allemagne a introduit le document WP 41 *Quatrième rapport intérimaire sur les délibérations du groupe de travail international relatives aux possibilités de gestion de l'environnement de la péninsule Fildes et de l'île Ardley.*

202. Les co-auteurs ont proposé que soit organisée une réunion du groupe de travail international (GTI) pendant le CPE XIV à Buenos Aires pour des discussions supplémentaires, et ont encouragé les membres intéressés à poursuivre l'examen et la révision du document, ainsi qu'à ajouter des informations et des commentaires aux travaux en cours du GTI.

203. L'Uruguay a encouragé les Parties actives dans la péninsule Fildes à participer à la discussion concernant le GTI pour maintenir la protection de cette région.

204. La Chine est convenue de continuer sa participation, et a informé le Comité qu'elle a envoyé ses commentaires au GTI. La Chine a approuvé la version courante de l'annexe 3 du document WP 41.

205. Le Président a noté que le CPE continuerait à discuter des travaux du GTI à la prochaine réunion du CPE à Hobart.

206. La Fédération de Russie a introduit le document WP 57 *De la nécessité constante d'un système de suivi pour assurer le maintien des valeurs des zones spécialement protégées et des zones gérées spéciales de l'Antarctique.*

207. Plusieurs membres ont appuyé ce document de travail, mais d'autres ont noté que prudence est requise si l'on affirme que la surveillance doit devenir obligatoire, étant donné que les visites du site aux fins de surveillance peuvent être nuisibles aux valeurs que les ZSPA ou ZGSA protègent.

208. La Fédération de Russie a répondu que la surveillance se devait d'être obligatoire, sans pour autant requérir une visite de site, la télésurveillance étant très importante pour l'examen des plans de gestion des ZSPA ou des ZGSA.

209. La France a noté que les valeurs des sites ont été révisées dans la plupart des plans de gestion soumis cette année.

210. Le Comité est convenu de reprendre la discussion de ce sujet à la prochaine réunion du CPE.

211. L'Australie a présenté le document WP 61 rev.1 *Report of the CEP Workshop on Marine and Terrestrial Antarctic Specially Managed Areas. Montevideo, Uruguay, 16-17 June 2011.*

   L'Australie a noté que le CPE XIII avait avalisé une proposition faite par le GSPG visant à organiser un atelier sur les ZGSA aux fins d'échanger les bonnes pratiques et de préparer les lignes directrices pour l'élaboration des plans de gestion des ZGSA.

212. Les coorganisateurs de l'atelier, Juan Abdala (Uruguay) et Ewan McIvor (Australie), ont remercié les participants d'avoir pris part et ont exprimé leur regret quant à l'absence de plusieurs de leurs collègues qui n'ont pu assister à l'atelier en raison de l'annulation de leurs vols. Les documents WP 61 rev. 1 et IP 136 ont présenté les recommandations émanant de l'atelier et

les points essentiels soulevés dans le cadre des quatre termes de référence de l'atelier, notamment :

1. Partager les meilleures pratiques en examinant les problèmes communs qui se posent et les leçons qui peuvent être tirées des différentes approches appliquées à la gestion des sites en Antarctique, et se servir des approches pertinentes à la gestion des zones à usages multiples appliquées dans d'autres régions ;

2. Développer des lignes directrices pour l'élaboration des plans de gestion des ZGSA ;

3. Identifier les caractéristiques des nouvelles ZGSA potentielles ; et

4. Préparer un rapport pour le CPE XIV.

213. Le Comité a félicité les organisateurs de l'atelier, ainsi que l'Uruguay d'avoir accueilli l'atelier, et a fortement souligné qu'il était important de poursuivre ce travail.

214. L'Uruguay a informé le Comité que l'objectif le plus important de cet atelier était de renforcer un système permettant la création de plans de gestion pour les ZGSA marines et terrestres. L'Uruguay a indiqué que l'échange des informations entre les opérateurs et les administrateurs devait être facilité de manière pratique pour éviter des attentes irréalistes quant à l'application des mesures de protection nécessaires dans la région.

215. Le Comité a appuyé les quatre recommandations émanant de l'atelier, et est convenu de :

1. Demander au Secrétariat de créer des liens entre le site Web du STA et les sites Web des ZGSA, le cas échéant ;

2. Promouvoir plus d'échanges d'informations sur les bonnes pratiques de gestion des ZGSA. Les groupes de coordination de la gestion des ZGSA pourraient notamment être encouragés à partager des informations concernant des initiatives qui pourraient être d'un intérêt plus général et pouvant être appliquées dans le cas d'autres ZGSA ;

3. Chercher à identifier les occasions où il peut faire appel à l'expérience plus vaste et aux responsabilités du COMNAP pour favoriser la coopération et la coordination de l'élaboration, la mise en œuvre et la gestion des ZGSA. D'autre part, le CPE est convenu de faire appel au

Comité scientifique pour la recherche en Antarctique (SCAR) pour les activités scientifiques, à l'IAATO pour les activités touristiques, et au SC-CAMLR pour les bonnes pratiques concernant l'identification, la gestion et la surveillance des zones marines ; et

4. Encourager les membres intéressés à examiner les dispositions des plans de gestion de ZGSA actuels, afin de préparer une proposition de plan de travail ainsi que les documents annexes appuyant les travaux du GSPG visant à développer les orientations pour l'établissement des ZGSA ainsi que l'élaboration et l'examen des plans de gestion des ZGSA.

216. Le COMNAP a aussi félicité les organisateurs et s'est réjoui d'avoir participé à l'atelier. Il a aussi noté qu'il se réjouissait de constater l'inclusion de la troisième recommandation dans le document WP 61.

217. L'ASOC a remercié l'Australie et l'Uruguay d'avoir organisé et coordonné l'atelier sur les ZGSA. L'ASOC a noté qu'à son avis la diversité des ZGSA actuelles souligne la souplesse de la désignation de ZGSA comme instrument de protection de zone, ainsi qu'un potentiel d'application plus élargi que son application actuelle grâce à l'établissement de nouvelles ZGSA marines et terrestres.

218. Autres documents d'information soumis au titre de ce point de l'ordre du jour :

- IP 24 (Allemagne*) Progress Report on the Research Project "Current Environmental Situation and Management Proposals for the Fildes Region (Antarctic)"*

- IP 69 (Australie) *Summary of Key Features of Antarctic Specially Managed Areas*

- IP 102 (Fédération de Russie) *Present Zoological Study at Mirny Station Area at ASPA No.127 "Haswell Island*

219. Le Président a noté que le document IP 109 (République de Corée et Argentine) intitulé *Cooperation Management Activities at ASPAs in King George Island (Isla 25 de Mayo), South Shetland Islands* avait été introduit plus tôt dans la semaine au titre du point de l'ordre du jour 7(a).

Point 8 - Conservation de la faune et de la flore de l'Antarctique

8a) *Quarantaine et espèces non indigènes*

220. En sa qualité de coordonnateur, la Nouvelle-Zélande a présenté le document WP 34 *Rapport du groupe de contact intersessions sur les espèces non indigènes 2010-2011*. Elle a résumé les principaux résultats de la deuxième année de travail du GCI, lesquels incluent la finalisation de l'objectif global, des principes directeurs clés des actions menées par les Parties pour résoudre les risques posés par les espèces non indigènes, ainsi que du manuel sur les espèces non indigènes.

221. Le Comité a félicité la Nouvelle-Zélande et les participants du GCI pour leurs travaux, et pris acte de la complexité qu'il y a à discuter des questions relatives aux espèces non indigènes. De nombreux membres ont remercié le GCI pour la production de ces résultats exhaustifs et pratiques.

222. Plusieurs membres ont convenu que le manuel devrait être affiché sur le site Web du STA et rester modulable pour des mises à jour régulières et nécessaires.

223. Le Chili et l'Uruguay ont souligné qu'il était nécessaire que le manuel et les documents qui lui sont liés soient disponibles dans les quatre langues officielles du Traité pour en faciliter l'utilisation.

224. À la lumière des discussions sur le document WP 34, l'Allemagne a attiré l'attention du Comité sur le document IP 26 intitulé *Progress Report on the Research Project "The role of human activities in the introduction of non-native species into Antarctica and in the distribution of organisms within the Antarctic"*. L'Allemagne a informé le Comité qu'elle portera les résultats de ce projet de recherche à l'attention du prochain CPE.

225. En réponse à une suggestion de l'Inde, le COMNAP est convenu de faciliter la diffusion du manuel auprès des directeurs des programmes antarctiques nationaux.

226. L'IAATO a informé le Comité qu'elle insérerait un lien vers le manuel dans le manuel de l'IAATO sur les opérations de terrain.

227. Les Pays-Bas ont encouragé l'inclusion des exemples et des études de cas sur le site Web du STA, aux côtés du manuel.

228. Suite aux délibérations sur le document WP 34, le Comité est convenu de soutenir les recommandations du GCI pour :

    1. Prendre acte de l'objectif global et des principes directeurs clés applicables aux actions menées par les Parties pour résoudre les risques posés par les espèces non indigènes ;

    2. Encourager la diffusion et l'utilisation du manuel ;

    3. Poursuivre la préparation du manuel sur les espèces non indigènes en tenant compte des contributions respectives du SCAR et du COMNAP sur les questions scientifiques et pratiques ; et

    4. Charger le Secrétariat d'afficher le manuel sur le site Web du STA dans les quatre langues officielles du Traité.

229. Le Comité a examiné et avalisé la résolution préparée par les participants du GCI, laquelle encourage l'utilisation et l'approfondissement du manuel.

Avis du CPE à la RCTA

230. Le Comité recommande à la RCTA d'adopter le manuel sur les espèces non indigènes en Antarctique par voie d'une résolution.

---

231. Le COMNAP a présenté le document WP 12 *Sensibilisation à l'introduction des espèces non indigènes* : *Résultats de l'atelier et liste de vérification pour les gestionnaires de la chaîne d'approvisionnement*, lequel a été soumis conjointement avec le SCAR. Le document de travail a fait deux recommandations au CPE, l'une d'elles étant que le CPE envisage l'inclusion dans le manuel proposé de la liste de vérification, qui vise à réduire le risque d'introduction d'espèces non indigènes.

232. La plupart des membres ont souligné l'aspect pratique du classement des actions et du style de la liste de vérification.

233. La Chine a exprimé sa préoccupation quant à l'applicabilité de certains des points proposés dans la liste de vérification. Elle a en particulier fait remarquer que certains aspects de la liste de vérification sont trop stricts pour être mis en œuvre, et qu'ils gagneraient probablement à être révisés en vue d'être plus pratiques.

234. Le COMNAP a remercié la Chine et souligné que, si certaines des normes proposées dans la liste de vérification étaient difficiles à respecter, leur adoption serait volontaire.

235. L'Argentine remarqué que ces listes de vérification ont été élaborées au terme de consultations approfondies entre les membres du COMNAP.

236. L'IAATO et certains membres du COMNAP prévoient de les utiliser au cours de la prochaine saison estivale.

237. La Réunion a adressé ses félicitations au COMNAP et au SCAR pour le travail accompli par rapport au document WP 12. Le Président a rappelé à la Réunion que cette liste cherche à conseiller et faciliter le travail des opérateurs, mais que son adoption ne revêt aucun caractère d'obligation.

238. Le CPE a approuvé les recommandations, lesquelles incluent l'insertion des listes de vérification dans le manuel sur les espèces non indigènes, et recommandé l'inclusion des remarques formulées par la Chine.

239. Le SCAR a présenté le document WP 53 *Mesures pour réduire le risque d'introduction d'espèces non indigènes dans la région antarctique par les aliments frais.* Le SCAR a recommandé que le CPE délibère sur l'adoption de ces mesures.

240. La Chine a exprimé son inquiétude envers la section 3b) qui recommandait que les aliments frais, en transit aérien ou maritime vers l'Antarctique, soient accompagnés de pulvérisateurs insecticides pour éliminer les insectes. La Chine a fait remarquer que les insecticides sont des substances interdites à bord des aéronefs du fait de leur nature inflammable, ce qui implique que cette recommandation pourrait compromettre la sécurité en vol. Le Chili a indiqué que les pulvérisateurs insecticides inflammables pourraient être remplacés par des produits réduisant la préoccupation quant à la sécurité en vol.

241. Le Royaume-Uni a soutenu l'adoption des trois principales recommandations du rapport, ainsi que son annexe A, tout en notant que ces mesures ne sont pas proposées à des fins d'obligation.

242. L'Argentine s'est inquiétée du fait que le rapport utilisait les expressions « bannir » et « interdire » pour le transport des fruits ou aliments frais dans la région de l'Antarctique. Elle a indiqué qu'une clarification était nécessaire au sujet de la section 2c) dont le terme « produits saisonniers » prête à

confusion du fait que les Parties reçoivent des aliments en provenance des deux hémisphères. Elle a également souligné que l'irradiation des aliments par un rayonnement UV réduit leur durabilité et qu'elle s'opposait fermement à toute irradiation gamma des produits. Elle a proposé que le groupe médical du SCAR/COMNAP soit consulté sur cette question.

243. Les États-Unis d'Amérique ont fait remarquer que l'adoption de ces mesures nécessiterait, pendant la présente Réunion, de trop longues délibérations et clarifications pour permettre à tous les Membres d'exprimer leurs inquiétudes. Les États-Unis d'Amérique ont indiqué que l'examen intersessions de ces mesures constituerait un bon moyen d'assurer la continuité des travaux du GCI sur les espèces non indigènes, et proposé d'inviter le COMNAP à participer à l'étude de questions pratiques telles que la sécurité alimentaire, la sécurité des transports et l'alimentation des personnes.

244. L'Afrique du Sud a exprimé son inquiétude quant aux questions de biosécurité en indiquant que des mesures pratiques et rentables seraient les mieux à même de réussir.

245. La Nouvelle-Zélande a remercié le SCAR pour son travail et indiqué que ces lignes directrices pourraient être inclues dans l'annexe du manuel, en tant que ressource, et mises en application, lorsque nécessaire, pour aider les Parties à remplir leurs obligations prévues à l'annexe II.

246. Le COMNAP a accepté l'invitation de participer aux délibérations et demandé un délai supplémentaire pour étudier les conséquences pratiques de ces mesures.

247. Le SCAR a remercié l'ensemble des membres pour leurs remarques et ajouté plusieurs éclaircissements. Ces mesures ne sont qu'au stade de l'élaboration et nécessiteront, avant leur adoption officielle, plusieurs consultations sur leur contenu et le développement des appellations. Il n'est pas prévu que l'interdiction des produits frais s'inscrive dans cette approche, étant donné que ces lignes directrices ne sont conçues que pour atténuer l'introduction des espèces non indigènes.

248. Le Comité a accepté l'offre émanant du SCAR d'animer une discussion informelle sur le document WP 53 lors de la période intersessions, dans l'objectif de présenter un document révisé au CPE XV.

249.	L'Australie a présenté, conjointement avec le SCAR, le document IP 68 *Base de données sur les espèces non indigènes*, en rappelant l'engagement pris précédemment par le Comité pour encourager l'utilisation de la base de données sur les espèces non indigènes du Centre australien des données antarctiques (AADC), lequel est le dépositaire central des archives sur les espèces non indigènes de l'Antarctique. Tous deux ont également fait état du travail mené par l'AADC pour améliorer cette base de données en vue de fournir un formulaire standard en ligne sur l'insertion des documents d'archives, et d'assurer le téléchargement des images. L'Australie a indiqué que le manuel sur les espèces non indigènes réitérait les engagements pris précédemment par le Comité, et encouragé les Membres à transmettre à la base de données leurs informations sur les espèces non indigènes.

250.	En réponse à une demande formulée par le Chili, l'Australie a assuré le Comité que cette base de données pouvait être modifiée pour accueillir continûment les archives des évènements liés aux espèces non indigènes.

251.	Le Royaume-Uni a suggéré l'insertion des informations contenues au document IP 50 *État de colonisation des espèces non indigènes connues dans l'environnement terrestre antarctique (mis à jour en 2011)* dans la base de données.

252.	Autres documents soumis au titre de ce point de l'ordre du jour :

- IP 32 *Rapport sur la session de la conférence scientifique de l'API à Oslo sur les espèces non indigènes* (France)

- IP 26 *Rapport intérimaire sur le projet de recherche « Rôle des activités humaines dans l'introduction des espèces non indigènes en Antarctique et la distribution des organismes à l'intérieur de l'Antarctique »* (Allemagne).

8b) Espèces spécialement protégées

253.	Aucun document n'a été soumis au titre de ce point de l'ordre du jour.

8c) Autres questions liées à l'annexe II

254.	L'Allemagne a présenté le document WP 38 *Forum de discussion des autorités compétentes de l'Antarctique (DFCA) - Impacts des bruits sous-marins sur les eaux de l'Antarctique*. L'Allemagne a proposé d'accueillir, à l'automne 2011, le 2ᵉ atelier du DFCA sur les impacts des bruits sous-marins anthropiques sur l'environnement antarctique. Cet atelier ferait suite au 1ᵉʳ atelier tenu en 2006 dont le rapport figure au document IP 43 de la XXIXᵉ RCTA.

255. Le Comité a remercié l'Allemagne pour son document et indiqué son intérêt pour l'approfondissement de sa compréhension de cette question.

256. Certains membres ont exprimé leur volonté d'assister à l'atelier proposé. D'autres membres ont déclaré que, vu la nature hautement technique de l'acoustique sous-marine, le DCFA n'était pas, en ce moment, le forum le plus approprié par lequel le CPE devrait explorer cette question.

257. Le Royaume-Uni a établi une distinction claire entre les preuves scientifiques, qui ont servi de base aux travaux du Comité, et les activités des autorités compétentes, qui n'étaient pas nécessairement pertinentes. Le Royaume-Uni a toutefois pris note de l'intérêt qu'il y avait à organiser ce type d'atelier pour couvrir un éventail de questions, lesquelles incluent certains points qui doivent être discutés par d'autres groupes de travail. La Russie a indiqué que cette question avait été pleinement explorée lors de réunions précédentes. Les États-Unis d'Amérique ont fait remarquer que les autorités compétentes ne relèvent pas de la juridiction du CPE, qui, de ce fait, ne devrait pas aborder cette question. Les États-Unis d'Amérique ont en revanche proposé qu'un avis soit sollicité auprès du SCAR, et noté l'importance de comprendre quel type de bruits sous-marins bénéficieraient d'une surveillance. L'ASOC a rappelé au Comité qu'elle avait fourni cinq document IP sur ce sujet lors de réunions précédentes, et qu'elle serait heureuse d'informer régulièrement le Comité sur cette question.

258. Le Comité a favorablement accueilli l'offre émanant du SCAR et de l'ASOC de présenter un résumé des nouvelles informations sur cette question au CPE XV en vue de faciliter les prochaines délibérations.

259. Le SCAR a présenté le document IP 33 *Code de conduite du SCAR pour l'exploration et la recherche sur les environnements aquatiques sous-glaciaires*, ainsi que le document IP 53 *Code de conduite du SCAR pour l'utilisation des animaux à des fins scientifiques en Antarctique*.

260. Le Royaume-Uni a pris note du fait que le document IP 33 avait servi à la rédaction de son EGIE sur l'exploration du lac subglaciaire Ellsworth.

261. En référence au document IP 53, le Royaume-Uni a été d'avis que les chercheurs ne devraient pas attendre la fin d'une expérience pour tuer, de manière indolore, les animaux utilisés à des fins scientifiques, lesquels souffriraient sinon de douleurs permanentes, d'anxiété, d'inconfort ou de handicap impossibles à soulager.

262. Autres documents soumis au titre de ce point de l'ordre du jour :

    - IP 27 *Rapport intérimaire sur le projet de recherche « Surveillance des baleines en Antarctique »* (Allemagne)

    - IP 29 *Potentiel des mesures techniques de réduction des effets acoustiques de la carabine* (Allemagne)

    - IP 94 *Utilisation des chiens dans le contexte de l'expédition commémorative du centenaire* (Norvège)

Point 9 - Présentation des rapports environnementaux

263. Le Royaume-Uni a présenté le document WP 15 rev.1 *Techniques de télédétection pour une surveillance améliorée de l'environnement et des changements climatiques en Antarctique*.

264. Le Royaume-Uni a recommandé au CPE de :

    1. Prendre note et avaliser le projet de télédétection en tant que contribution importante aux futurs programmes de surveillance environnementale, y compris dans le contexte de la gestion des zones protégées et du suivi des impacts des changements climatiques ;

    2. Envisager les autres moyens par lesquels l'utilisation des données de télédétection peut appuyer le travail du CPE et celui de la RCTA ; et

    3. Continuer à explorer les possibilités d'utilisation et d'analyse des nouvelles applications relatives à la surveillance.

265. De nombreux membres ont exprimé leur reconnaissance au Royaume-Uni pour la préparation du document W P15 rev.1 et manifesté leur soutien en faveur des recommandations énumérées.

266. Certains de ces membres ont également souligné que le document WP 15 ne couvre pas d'exemples alternatifs de télédétection, ni les techniques qui

pourraient servir à recueillir des données ou assurer un suivi, à distance, parallèlement aux données provenant de satellites. La Norvège a proposé que des travaux soient menés pour examiner les ensembles de données et les projets de surveillance mis en oeuvre par d'autres initiatives internationales de télédétection, et que ces informations soient retournées au CPE pour référence. Elle a indiqué qu'elle serait heureuse de travailler avec d'autres membres sur cette question.

267. Certains membres ont également fait part de leurs inquiétudes sur les difficultés que posait l'utilisation de la télédétection dans la surveillance. La Fédération de Russie a annoncé qu'elle a présenté le document IP 98 (point 13 de l'ordre du jour de la RCTA) sur l'utilisation des différentes techniques de surveillance, lequel compare les avantages et les limites de diverses techniques.

268. L'Allemagne a précisé que l'utilisation de la surveillance par satellites pourrait être très utile à la définition des tendances marquant les changements climatiques.

269. L'Australie a recommandé qu'un échange d'informations soit assuré sur les activités de télédétection existantes et prévues par l'ensemble des membres dans la région antarctique, afin de partager les expériences, les données et les résultats, et d'éviter toute duplication entre les études en cours de réalisation. Le Chili et l'Équateur ont apporté leur soutien à cette recommandation. L'Équateur a mentionné le fait qu'il apprécierait toute collaboration sur le partage des bases de données, en particulier pour les données de séries chronologiques qui ne sont pas actuellement disponibles pour l'ensemble des membres.

270. Plusieurs membres ont informé le Comité de l'utilisation, à chaque saison, de techniques de télédétection axées sur la surveillance environnementale, qui ne sont pas nécessairement reliées à des satellites en raison des coûts élevés. L'Argentine a informé le Comité du récent lancement d'un nouveau satellite qui permettra une surveillance plus efficace des régions antarctique et subantarctique. L'Inde a informé le Comité de son lancement de satellites polaires.

271. Le Comité est convenu d'accepter les recommandations du document WP 15 rev.1, ainsi qu'une autre recommandation proposée par l'Australie qui encourage l'échange d'informations qui profitera à toutes les Parties qui travaillent dans la région antarctique, et évitera la duplication des efforts. Le Président a souligné que les autres techniques de collecte des données et de

surveillance à distance, qui ne relèvent pas de la télédétection par satellites, revêtent également une certaine importance, et devraient être prises en compte lors de la planification de la surveillance.

272. La Roumanie a présenté le document IP 35 *Surveillance environnementale et activités écologiques en Antarctique, 2010-2012.*

273. Le SCAR a présenté le document IP 51 *Système d'observation de l'océan Austral (SOOS) : Actualisation*, lequel a été soumis conjointement avec l'Australie. L'Australie a noté qu'en dépit de l'importance de l'océan Austral, cette zone marine figurait parmi les moins étudiées au monde. Reconnaissant le fait que plusieurs Parties sont d'ores et déjà étroitement engagées dans ce programme, l'Australie a encouragé toutes les Parties à soutenir et contribuer au programme SOOS. Elle a annoncé qu'elle accueillerait le secrétariat pour ce programme. Les États-Unis d'Amérique ont exprimé leur soutien pour ce programme et déclaré qu'ils participeront à cette initiative.

Point 10 - Rapports d'inspection

274. Le Japon a présenté le document WP 1 *Inspection effectuée par le Japon en application de l'article VII du Traité sur l'Antarctique et de l'article XIV du Protocole relatif à la protection de l'environnement*, ainsi que le document IP 4 contenant l'intégralité du rapport d'inspection. Lors de son inspection menée en janvier et février 2010, le Japon a visité six stations : la station de Maitri (Inde), la station Princesse-Elisabeth (Belgique), la station Neumayer III (Allemagne), la base SANAE IV (Afrique du Sud), la station Troll (Norvège) et la station Novolazarevskaya (Fédération de Russie).

275. Le Japon a présenté les résultats de cette inspection qui a notamment examiné la gestion et l'élimination des déchets, le traitement des eaux usées et des déchets domestiques liquides. Après avoir présenté ces résultats, le Japon a recommandé que, dans certaines stations, le traitement des eaux usées, les installations des réservoirs de carburants, etc. soient améliorés.

276. L'Australie a présenté le document WP 51 *Inspections effectuées en vertu du Traité sur l'Antarctique et du Protocole sur l'environnement par l'Australie : janvier 2010 et janvier 2011*, ainsi que les documents IP 39 et IP 40 contenant l'intégralité des rapports d'inspection. En janvier 2010 un groupe d'observateurs australiens a mené des inspections dans la station Syowa (Japon), les stations Druzhnaya IV et Soyuz (Fédération de Russie), la

zone spécialement protégée de l'Antarctique (ZSPA) 168 du mont Harding, et mené une observation aérienne de la station Molodezhnaya (Fédération de Russie). En janvier 2011, des observateurs australiens ont conduit des inspections sur le terrain dans les stations Gondwana (Allemagne) et Vostok (Fédération de Russie), ainsi qu'une observation aérienne de la station Leningradskaya (Fédération de Russie).

277. L'Australie a fait remarquer que les équipes d'inspection ont été impressionnées par l'engagement manifeste, dans un certain nombre de stations, pour la science et les activités d'enlèvement des déchets accumulés. Elle a indiqué que ses inspections avaient soulevé plusieurs types de préoccupations environnementales et a orienté la Réunion vers ses recommandations qui stipulent que les Parties devraient : s'assurer que les installations existantes opèrent dans le respect du Protocole ; maintenir et évaluer régulièrement les installations temporairement inoccupées en vue d'éviter tout dommage environnemental ; accorder l'attention nécessaire à l'enlèvement des installations et équipements qui ne servent plus ainsi qu'à l'élimination des déchets matériels accumulés ; s'efforcer de partager l'information avec la Partie concernée par les installations inoccupées ; partager les connaissances et les expériences sur la résolution des difficultés liées à la gestion des résidus d'activités passées.

278. Les Parties dont les stations ont été inspectées ont remercié le Japon et l'Australie de leurs visites et de leur retour d'information constructif.

279. La Fédération de Russie s'est félicitée des résultats des rapports qu'elle considère utiles et constructifs, et a noté que leurs conclusions aideront la Russie à prendre des mesures spécifiques. La Russie a informé la Réunion qu'en réponse aux observations de l'équipe d'inspection australienne en 2010, elle avait envoyé une équipe dans la station Soyuz pour effectuer des réparations lors de la saison 2010-2011. La Russie a proposé de présenter, lors d'une prochaine réunion, les mesures supplémentaires qu'elle aura prise au sujet des questions identifiées. Elle s'est rapportée au document WP 55 sur la stratégie d'élaboration des activités de la Fédération de Russie dans l'Antarctique pour la période s'achevant en 2020 et les perspectives à plus long terme, lequel a fourni de plus amples détails sur ses plans visant à résoudre certaines questions identifiées dans les stations inspectées.

280. Le Comité a reconnu que les inspections sont très précieuses, tout en notant qu'elles facilitent la mise en œuvre efficace du Protocole.

281.	L'ASOC a remercié l'Australie et le Japon pour leurs inspections. Comme indiqué au document IP 118 rev.1 de la RCTA XXVI, produit par l'ASOC et le PNUE, certains sites et installations n'ont fait l'objet d'aucune inspection tandis que les inspections menées par le Japon et l'Australie contribuent à combler cette lacune. Selon l'ASOC, les rapports d'inspection confirment plus avant certaines des conclusions du document IP 89 rev.1 de la XXXIVᵉ RCTA selon lequel il existe des déficits dans l'application des normes du Protocole. L'ASOC a recommandé que les conclusions de ces inspections soient étudiées par les Parties qui ont été inspectées, et pris en compte dans les travaux que ménera le CPE.

282.	La Russie a favorablement accueilli les conclusions des rapports et suggéré que les prochaines inspections tiennent compte des aspects nationaux et culturels, soulignant que les échanges de courriels consacrés à la préparation de l'inspection de l'Australie dans la station Vostok avaient coïncidé avec le Noël orthodoxe.

283.	En ce qui concerne les observations indiquant la nécessité de mesures plus fermes pour la gestion des eaux usées, en particulier dans les stations terrestres, le Comité à appelé le COMNAP à soumettre des informations sur les meilleures pratiques de la gestion des eaux usées au CPE XV. Il a également été noté que le Comité avait précédemment reconnu les difficultés pratiques qui font obstacle à la réalisation des exigences du Protocole sur cette question.

284.	En réponse à l'observation du Japon sur l'utilisation d'énergies alternatives dans les stations, la Norvège a attiré l'attention du Comité sur le document IP 74 *Évaluation du potentiel de l'énergie éolienne dans la station de recherche norvégienne Troll*, lequel note le potentiel de mise en valeur des énergies éolienne et solaire dans les stations de l'Antarctique.

285.	Vu que le Comité n'a opté pour aucune politique spécifique sur l'utilisation de l'hydroponie dans les stations de l'Antarctique, l'Argentine a proposé que le CPE entame des discussions informelles sur ce sujet.

286.	Certains membres ont remarqué que, s'ils se sont efforcés de remplir leurs obligations à l'égard du Protocole, il était toutefois difficile et coûteux de maintenir et d'évaluer régulièrement les installations temporairement inoccupées, et de gérer les déchets et les structures en voie de détérioration.

287. Les États-Unis d'Amérique ont noté à cet égard qu'ils avaient acquis une certaine expérience dans l'enlèvement des matériels présents sur les sites ayant accueilli des activités, et annoncé qu'ils présenteront un document d'information sur ce sujet au CPE XV.

288. Le Comité a approuvé la recommandation de l'Australie sur les modalités éventuelles du traitement par les Parties des reliquats d'activités passées et l'entretien des installations de longue date. Il a également accepté d'insérer cette recommandation dans le plan de travail quinquennal.

289. Le Japon a exprimé à toutes les Parties inspectées son espoir quant au fait que le rapport sera pleinement utilisé pour améliorer leurs installations dans les stations de l'Antarctique pour assurer la protection environnementale et mettre rapidement en œuvre le Protocole de Madrid.

Point 11 - Coopération avec les organisations

290. Documents soumis au titre de ce point de l'ordre du jour :

- IP 10 *Rapport annuel 2010 du Conseil des directeurs des programmes antarctiques nationaux* (COMNAP)

- IP 31 *Rapport de l'observateur du SC-CAMLR à la quatorzième réunion du Comité pour la protection de l'environnement* (CCAMLR)

- IP 54 *Résumé du Plan stratégique du SCAR 2011-2016* (SCAR)

- IP 57 *Rapport de l'observateur du CPE au Groupe de travail sur le contrôle et la gestion de l'écosystème du SC-CAMLR* (WG-EMM) (CCAMLR)

Point 12 - Questions générales

291. En réponse à une demande de la XXXIIIe RCTA en faveur d'un avis sur les questions environnementales liées à l'aspect pratique de la réparation et de la remédiation de l'environnement, l'Australie a présenté le document WP 28 *Problèmes environnementaux liés à l'aspect pratique de la réparation ou de la remédiation de l'environnement.* Ce document visait à stimuler la discussion et aider le CPE à fournir une réponse utile et opportune à la décision 4 (2010), et a identifié huit points qui ont été considérés par l'Australie comme devant être utilisés par le CPE pour préparer cette réponse.

292. Le Comité a remercié l'Australie d'avoir entamé des travaux sur cette question difficile et importante, et exprimé son intérêt pour des discussions sur cette question par le CPE.

293. Les Pays-Bas ont suggéré d'introduire la question sur la réparation ou la remédiation de l'environnement dans le Plan de travail quinquennal du CPE. Les Pays-Bas et l'ASOC ont également exprimé des inquiétudes quant au fait que certaines approches pourraient autoriser un retard considérable de la réponse à un problème donné.

294. L'ASOC a également noté les pratiques insuffisantes qui entourent les installations abandonnées et la gestion des déchets et sont signalées dans les documents WP 1, WP 51 et IP 24 de la présente RCTA.

295. L'Argentine a exprimé son soutien à tous les points présentés dans le document WP 28 et a fait référence au document IP 17, présenté à la XXXIVᵉ RCTA, lequel décrit brièvement les études sur l'élaboration d'une procédure de bioremédiation applicable aux sols contaminés par des hydrocarbures qui ont produit des résultats positifs. L'Argentine a également ajouté que les procédures de bioremédiation ont été inclues dans le plan d'action contre les déversements de carburants pour la station Jubany.

296. En réponse à une demande émanant du Comité, le SCAR est convenu d'adresser un avis au CPE sur les questions techniques qui ont trait à la réparation et à la remédiation de l'environnement.

297. Le Comité a encouragé les membres à présenter des documents et des propositions sur cette question au CPE XV, dans l'objectif d'établir un GCI sur la réparation ou la remédiation de l'environnement lors de cette réunion.

298. Autres documents soumis au titre de ce point de l'ordre du jour :

- IP 48 *Élimination des déchets dans la vallée Thala* (Australie)

- IP 49 *Initiatives sur l'énergie renouvelable et l'efficience énergétique dans les stations antarctiques de l'Australie* (Australie)

- IP 61 *Programme du SCAR sur l'évolution du climat antarctique (ACE)* (SCAR)

- IP 95 *Payer des services écosystémiques pour l'Antarctique ?* (Pays-Bas)

- IP 127 *Construction d'une chapelle orthodoxe dans la station Vernadsky* (Ukraine)

299. Le CPE a noté que la RCTA avait examiné le document WP 24 *Rapport intérimaire sur le Groupe de contact intersessions sur l'examen des recommandations de la RCTA* (Argentine), et qu'elle avait sollicité un avis sur les éléments demeurés sans réponse des recommandations suivantes qui traitent des questions environnementales extérieures à la protection et à la gestion des zones.

- Recommandation III-8

- Recommandation III-10

- Recommandation IV-22

- Recommandation X-7

- Recommandation XII-3

- Recommandation XIII-4

- Recommandation XIV-3

300. Un groupe de contact a été réuni par l'Australie pour examiner si, aux yeux du Comité, ces recommandations pourraient être considérées comme n'étant plus d'actualité.

301. Le Comité a approuvé l'avis du groupe de contact. Il a noté que les éléments demeurés sans réponse des recommandations III-10, IV-22, X-7, XII-3 et XIII-4 visaient à encourager le SCAR à soumettre des avis pour nourrir les délibérations des Parties sur : la conservation de la faune et de la flore en Antarctique, les questions relatives à la chasse pélagique aux phoques dans l'Antarctique, la surveillance des hydrocarbures dans l'environnement marin, les impacts environnementaux des activités scientifiques et logistiques, et la gestion des déchets.

302. Le Comité est convenu que ces recommandations étaient dépassées, et pouvaient être considérées comme n'étant plus d'actualité, mais a pris note du rôle continu et précieux du SCAR dans la présentation d'avis scientifiques à la RCTA et au CPE, comme stipulé aux articles 10.2 et 12 du Protocole relatif la protection de l'environnement.

303. En ce qui concerne la recommandation XIII-4, le Comité a noté que le COMNAP serait le mieux placé pour fournir un avis sur les procédures applicables à la gestion des déchets.

304. Le Comité a pris acte du fait que les lignes directrices sur le forage scientifique, présentées dans la recommandation XIV-3, n'avaient pas ét remplacées ou annulées. Il est convenu que, conformément à l'article 8 et à l'annexe 1 du Protocole, ces activités feraient l'objet d'une évaluation préalable d'impact sur l'environnement, mais qu'il pourrait être intéressant de conserver les informations pour orienter la planification, la conduite et l'évaluation environnementale des activités de forage. Le Comité a accepté d'accorder une attention accrue à cette question, tout en tenant dûment compte des expériences tirées de plusieurs activités de forage existantes et prévues.

305. Le Comité a pris acte du fait que les dispositions du Protocole relatif à la protection de l'environnement et de ses annexes avaient, en termes pratiques, remplacé les dispositions des mesures convenues pour la conservation de la faune et de la flore de l'Antarctique, lesquelles sont annexées à la recommandation III-8.

Avis exprimé par le CPE à la RCTA

306. Le Comité a exprimé l'avis que les recommandations suivantes, soumises par la RCTA pour son examen, pouvaient être considérées comme n'étant plus d'actualité.

- Recommandation III-8
- Recommandation III-10
- Recommandation IV-22
- Recommandation X-7
- Recommandation XII-3
- Recommandation XIII-4

307. Le Comité a en outre exprimé l'avis que les éléments des lignes directrices sur le forage scientifique dans les zones du Traité sur l'Antarctique, présentés à la recommandation XIV-3, ne soient pas remplacés ou annulés, étant donné

qu'il pourrait être intéressant de conserver ces lignes directrices. Le Comité accordera une attention accrue à cette question, et ce, en tenant dûment compte des expériences tirées de plusieurs activités de forage existantes et prévues.

Point 13 - Élection du Bureau

308.   Le Comité a félicité Verónica Vallejos, de nationalité chilienne, pour sa réélection en qualité de Vice-Présidente, pour un nouveau mandat de deux ans.

Point 14 - Préparatifs de la prochaine réunion

309.   L'Australie a présenté le document WP 8 *Calendrier proposé pour la 35e Réunion consultative du Traité sur l'Antarctique, à Hobart, en 2012.*

310.   Si la XXXVᵉ RCTA aura lieu sur une période de huit jours, l'Australie a pris acte du fait que la durée de la réunion du CPE n'a pas été réduite.

311.   Le Comité a adopté l'ordre du jour prévisionnel du CPE XV (Appendice 2).

Point 15 - Adoption du rapport

312.   Le Comité a adopté le rapport.

Point 16 - Clôture de la réunion

313.   Le Président a clôturé la réunion le vendredi 24 juin 2011.

Annexe 1

CPE XIV Ordre du jour et récapitulatifs des documents

1. OUVERTURE DE LA RÉUNION	
2. ADOPTION DE L'ORDRE DU JOUR	
SP1	**XXXIVᵉ RCTA - CPE XIV Ordre du jour et calendrier des travaux**
3. DÉBAT STRATÉGIQUE SUR LES TRAVAUX FUTURS DU CPE	
IP 89 ASOC	**The Antarctic Environmental Protocol, 1991-2011.** Ce document fait état de la protection de l'environnement dans l'Antarctique depuis la signature du Protocole relatif à la protection de l'environnement, relevant les succès, les problèmes, les faits marquants, et les défis.
4. FONCTIONNEMENT DU CPE	
WP 25 Allemagne et États-Unis d'Amérique	**Soumission de documents dans les délais avant les RCTA.** Ce document examine comment la RCTA et le CPE peuvent améliorer l'efficacité de leurs travaux en incluant dans leur Règlement intérieur des règles claires concernant la soumission de documents avant les RCTA. Il propose l'introduction de délais de soumission fermes des documents de travail conjointement avec des incitations encourageant le respect de ces délais, et le remplacement des lignes directrices en vigueur en vertu de la décision 3 (2009) par de nouvelles procédures à suivre.
WP 36 Australie, France et Nouvelle-Zélande	**Une nouvelle approche proposée pour le traitement des documents d'information.** Ce document propose de modifier les catégories de documents officiels présentés à la RCTA et au CPE pour leur permettre de se focaliser sur des documents de travail traitant de questions essentielles qui ont besoin d'être discutées ou décidées, mais de maintenir un système officiel permettant aux parties et aux autres participants aux réunions de partager des informations importantes. Un projet de décision et une révision suggérée des Lignes directrices pour la soumission, la traduction et la distribution de documents pour la RCTA et le CPE sont présentés.
IP 71 Italie	**Annual Report pursuant to Article 17 of the Protocol on Environmental Protection to the Antarctic Treaty. 2009-2010.**
IP 93 Ukraine	**Annual Report Pursuant to Article 17 of the Protocol on Environmental Protection to the Antarctic Treaty**

IP 113 PNUE et ASOC	**Review of the Implementation of the Madrid Protocol: Annual report by Parties (Article 17).** Ce document traite de l'obligation de fournir des rapports annuels conformément à l'article 17 du Protocole de Madrid, et analyse le niveau de conformité des Parties par rapport à cette obligation depuis l'entrée en vigueur du Protocole de Madrid.

5. *Conséquences des changements climatiques pour l'environnement : approche stratégique*	
WP 43 Royaume-Uni et Norvège	**Développement d'une méthodologie simple pour classer les Zones spécialement protégées de l'Antarctique selon leur vulnérabilité au changement climatique.** Vu que le système des zones protégées est un outil important pour gérer les implications du changement climatique, le Royaume-Uni et la Norvège présentent leur première tentative de développement d'une méthodologie pour la classification des zones protégées existantes selon leur vulnérabilité au changement climatique.
WP 44 Royaume-Uni et Norvège	**Rapport d'avancement sur la RETA sur le changement climatique.** Le Royaume-Uni et la Norvège ont développé ce document pour faciliter la considération continue de la RCTA sur les conclusions et les recommandations découlant de la RETA sur les changements climatiques en 2010. Le tableau récapitulatif en annexe A documente les mesures prises par le CPE et la RCTA à ce jour par rapport à chacune des 30 recommandations de la RETA. Le Royaume-Uni et la Norvège proposent que la RCTA charge le Secrétariat de tenir et de mettre ce tableau à jour pour informer des discussions futures sur les recommandations de la RETA, jusqu'à ce qu'elles aient toutes été closes.
IP 52 SCAR	**Antarctic Climate Change and the Environment – 2011 Update.** Ce document est la deuxième mise à jour soumise à la RCTA depuis la publication initiale du rapport Antarctic Climate Change and the Environment du SCAR, et fait état du changement climatique et des impacts sur l'environnement qui lui sont associés dans l'Antarctique.
IP 56 UICN	**Marine spatial protection and management under the Antarctic Treaty System: new opportunities for implementation and coordination.** L'UICN demande aux Parties de travailler étroitement avec la CCAMLR afin de définir les domaines généraux qui concernent et intéressent les deux organisations.

IP 65 États-Unis d'Amérique	**Frontiers in Understanding Climate Change and Polar Ecosystems Workshop Report.** Ce document fait rapport d'un atelier auquel ont participé des chercheurs polaires et non-polaires pour voir s'il existe de nouvelles modalités dans l'étude des écosystèmes qui permettraient de mieux comprendre le mouvement des espèces, les changements de saisonnalité, les feedbacks et comment les changements en cours dans ces régimes sont liés au changement climatique.
IP 83 ASOC	**An Antarctic Climate Change Communication Plan.** Dans ce document, l'ASOC présente un projet de plan de communication visant à mettre en œuvre la recommandation 2 issue de la RETA sur les changements climatiques.
IP 88 ASOC	**Ocean Acidification and the Southern Ocean**. L'ASOC fait état de l'impact de l'acidification sur la chimie et les organismes de l'océan Austral. Elle préconise plus de recherches sur l'absorption et la distribution du CO_2 dans l'océan Austral, ainsi que la création d'un réseau d'AMP et de réserves marines pour réduire les autres facteurs de stress afin de développer la résilience des écosystèmes.
IP 103 IAATO	**IAATO's Climate Change Working Group: Report of Progress.** Ce document fait état des objectifs et des activités du groupe de travail sur les changements climatiques de l'IAATO, des questions discutées à la dernière assemblée générale de l'IAATO, et de ses futurs projets.

6. *ÉVALUATION D'IMPACT SUR L'ENVIRONNEMENT*

a) Projets d'évaluations globales d'impact sur l'environnement

WP 7 Australie	**Rapport du groupe de contact intersessions ouvert afin de considérer le projet d'EGIE pour la « Construction et l'opération de la station Jang Bogo, baie Terra Nova, Antarctique »** Ce document présente les résultats de l'examen intersessions du projet d'EGIE de la nouvelle station coréenne par un groupe de contact intersessions coordonné par l'Australie, conformément aux procédures du CPE.
WP 14 Norvège	**Rapport du Groupe de contact intersessions ouvert afin de considérer le projet d'EGIE pour l'« Exploration proposée du lac Ellsworth sous-glaciaire en Antarctique ».** Ce document présente les conclusions de l'examen intersessions du projet d'EGIE de l'exploration proposée du lac sous-glaciaire Ellsworth par un groupe de contact intersessions coordonné par la Norvège, conformément aux procédures du CPE.
WP 16 Royaume-Uni	**Projet d'évaluation environnementale complète (EGIE) pour l'exploration proposée du lac sous-glaciaire Ellsworth en Antarctique.** Ce document décrit les origines et les objectifs de l'exploration du lac sous-glaciaire Ellsworth et l'élaboration, la distribution et les conclusions du projet d'EGIE.

WP 42 République de Corée	**Le projet d'évaluation globale d'impact sur l'environnement pour la construction et l'opération de la station de recherche d'Antarctique Jang Bogo, Baie de Terra Nova, en Antarctique.** Ce document renseigne sur l'élaboration et la distribution du projet d'EGIE, ainsi que son contenu, et comprend un sommaire non-technique en pièce jointe.
IP 13 Royaume-Uni	**The Draft Comprehensive Environmental Evaluation (CEE) for the Proposed Exploration of Subglacial Lake Ellsworth, Antarctica.** Ce document présente le projet d'EGIE dans son intégralité.
IP 19 République de Corée	**The Draft Comprehensive Environmental Evaluation for the construction and operation of the Jang Bogo Antarctic Research Station, Terra Nova Bay, Antarctica.** Ce document présente le projet d'EGIE dans son intégralité.
IP 76 République de Corée	**The Initial Responses to the Comments on the Draft Comprehensive Environmental Evaluation for Construction and Operation of the Jang Bogo Antarctic Research Station, Terra Nova Bay, Antarctica**. Ce document présente les réponses préliminaires à plusieurs observations faites par les Parties sur le projet d'EGIE.

b) Autres questions relatives aux évaluations d'impact sur l'environnement	
WP 54 Fédération de Russie	**Dispositif technologique pour enquêter sur les strates d'eau sous-glaciaire du lac Vostok.** Ce document fait savoir que le trou de forage de la station Vostok est parvenu à proximité de l'interface entre la glace et l'eau en février 2011, et que la percée, qui sera réalisée à l'aide de technologies conçues par la Fédération de Russie, aurait sans doute lieu pendant la saison estivale 2011-12, et en conformité avec l'EGIE finale approuvée en 2010.
SP 5 rev 1 Secrétariat	**Liste annuelle des évaluations préliminaires (EPIE) et globales (EGIE) d'impact sur l'environnement établies entre le 1er avril 2010 et le 31 mars 2011.** Le Secrétariat fera un rapport sur la liste d'EPIE et d'EGIE pour la période faisant l'objet du dernier rapport.
IP 64 Inde	**Final Comprehensive Environmental Evaluation (CEE) of New Indian Research Station at Larsemann Hills, Antarctica and Update on Construction Activity.** L'Inde indique que les suggestions qu'elle a reçues ont été intégrées à la version finale de l'EGIE et de la distribution aux Parties, ainsi que des progrès accomplis dans la construction de la station.
IP 72 États-Unis d'Amérique	**Methodology for clean access to the subglacial environment associated with the Whillans Ice Stream.** Ce document comporte des informations sur un projet étudiant l'importance que pourrait avoir la contribution de la calotte glaciaire de l'Antarctique de l'ouest à l'élévation du niveau de mer global dans les années à venir, et sur la présence de microorganismes et d'habitats microbiens dans les environnements sombres et froids des eaux sous-glaciaires.

IP 84 ASOC	**Antarctic Tourism – What Next? Key Issues to Address with Binding Rules.** Dans ce document, l'ASOC examine trois questions qui selon elle demandent l'intervention des entités réglementaires : le tourisme dans l'Antarctique comme activité dynamique menée à plusieurs échelles ; les pressions du tourisme sur l'environnement ; et l'application des instruments existants.
IP 87 ASOC	**Land-Based Tourism in Antarctica.** Ce document analyse l'interface entre le tourisme terrestre commercial et l'utilisation des infrastructures des programmes nationaux, ainsi que les évolutions récentes du tourisme terrestre.
IP 123 Équateur	**Estudio de Impacto Ambiental Ex-post de la Estación Científica Ecuatoriana "Pedro Vicente Maldonado". Isla Greenwich-Shetland del Sur-Antártida, 2010-2011.** Ce document présente l'évaluation d'impact sur l'environnement des 14ᶜ et 15ᶜ expéditions de l'Équateur, ainsi qu'un plan de gestion pour les activités menées par l'Équateur dans l'Antarctique.

7. PROTECTION ET GESTION DES ZONES

a) Plans de gestion

i. Projets de plan de gestion examinés par le groupe subsidiaire sur les plans de gestion

WP 47 Australie	**Groupe subsidiaire sur les Plans de gestion – Rapport sur les Mandats n°1 à n°3: Revue des projets de Plans de gestion** Le GSPG a examiné le projet de plan de gestion d'une zone spécialement protégée de l'Antarctique (ZSPA) soumise pour un examen intersessions par le CPE. Le GSPG recommande que le CPE approuve le plan de gestion révisé préparé par le Royaume-Uni, le Chili et l'Espagne pour la ZSPA 126 de la péninsule Byers.

ii. Projets de plan de gestion non-examinés par le groupe subsidiaire sur les plans de gestion

WP 3 France	**Plan de gestion révisé pour la ZSPA n°120, Archipel de Pointe-Géologie, Terre Adélie.** La France fait part de son examen quinquennal du plan de gestion pour la ZSPA 120, notant que seules des modifications mineures ont été effectuées afin de rendre le texte plus clair et lever certaines ambigüités présentes dans la version précédente. Il est recommandé que le CPE approuve le plan de gestion révisé pour cette zone, qui figure en pièce jointe au document.
WP 4 France	**Plan de gestion pour la ZSPA n°166, Port-Martin, Terre Adélie. Proposition de prorogation du plan existant.** La France a effectué l'examen quinquennal du plan de gestion pour la ZSPA n°166, Port-Martin, Terre Adélie, et au vu de cet examen, il est suggéré de reconduire le plan de gestion sans modification pour une période de 5 ans.

WP 6 États-Unis d'Amérique et Chine	**Plan de gestion révisé pour la zone spécialement protégée de l'Antarctique n°149 Cap Shirreff et Ile San Telmo, Ile Livingston, Shetland du Sud.** Ce document informe que seules des modifications mineures ont été effectuées au plan de gestion révisé, notamment l'ajout d'une brève introduction, l'actualisation des dispositions convenues par accord avec la CCAMLR, exigée de tous les programmes nationaux opérant dans la zone, et des modifications d'ordre rédactionnel.
WP 9 États-Unis d'Amérique	**Plan de gestion révisé pour la zone spécialement protégée de l'Antarctique n°122 Arrival Heights, péninsule de Hut Point, île de Ross.** Des modifications importantes ont été apportées à ce plan de gestion, notamment plusieurs révisions des ligne de démarcation de la zone, l'ajout d'une brève introduction et de nouvelles valeurs, une mise à jour des cartes, des modifications aux descriptions de la zone et des conditions d'accès, ainsi que des modifications d'ordre rédactionnel.
WP 23 Royaume-Uni	**Plan de gestion révisé pour la zone spécialement protégée (ZSPA) n°140 Parties de l'île de la Déception, Iles Shetland du Sud.** Les modifications proposées pour ce plan de gestion révisé sont une introduction, la révision des lignes de démarcation, l'accès à la zone, les cartes, et l'insertion de photos. En vue des modifications importantes apportées à cette version révisée, le Royaume-Uni a demandé au CPE d'inviter le GSPG à soumettre le plan à un examen intersessions.
WP 29 Australie	**Plan de gestion révisé pour la zone spécialement protégée de l'Antarctique n°167, Ile Hawker, Terre Princesse Elizabeth**. L'Australie a conclu que seules des modifications mineures sont nécessaires à apporter au plan, notamment l'insertion d'une introduction, des dispositions supplémentaires pour les visiteurs, une amélioration des cartes, une référence à l'analyse des domaines environnementaux, et une mise à jour des références. L'Australie recommande que le CPE approuve le plan de gestion révisé pour cette zone.
WP 31 Nouvelle- Zélande	**Révision du plan de gestion de la zone spécialement protégée de l'Antarctique n°116 Vallée New College, plage Caughley, cap Bird, île de Ross.** La Nouvelle-Zélande indique que la version révisée du plan de gestion comprend une mise à jour des informations concernant le couvert végétal, les invertébrés et les limites du glacier, et propose que le CPE approuve le plan de gestion révisé.

WP 33 Nouvelle- Zélande	**Révision du Plan de gestion pour la Zone spécialement protégée de l'antarctique n°131 : Glacier Canada, lac Fryxell, Vallée Taylor, Terre Victoria.** La Nouvelle-Zélande indique qu'elle a évalué l'emplacement de la limite du glacier, le bord du lac et les cours d'eau de fonte relativement à des changements potentiels liés au changement climatique, et qu'elle a fait une étude de la végétation pour assurer la caractérisation appropriée de la biodiversité des algues de la zone. La Nouvelle-Zélande propose que le CPE approuve le plan de gestion révisé.
WP 39 Royaume-Uni et Nouvelle- Zélande	**Plan de gestion révisé pour la zone gérée spéciale de l'Antarctique n°2 McMurdo Dry Valleys, Terre Southern Victoria.** Ce document présente d'importantes modifications apportées au plan de gestion de la ZGSA 2 au cours de la révision. Des modifications ont été apportées aux lignes de démarcation de la zone, à la description des valeurs qu'il faut protéger, aux dispositions réglementant les activités dans la zone, aux cartes et aux photos.
WP 50 Italie	**Plan de gestion révisé pour la zone spécialement protégée de l'Antarctique (ZSPA) n°165 Edmonson Point, Ross Sea**. L'Italie fait savoir que les lignes de démarcation, les cartes et les descriptions de la zone restent inchangées, et que seules des modifications mineures ont été apportées au plan de gestion révisé, se rapportant principalement aux activités menées dans la zone, à la mise à jour du nombre d'oiseaux en phase de reproduction recensés et aux dispositions des permis délivrés ; ont aussi été inclus les problèmes de gestion clés concernant la protection de caractéristiques potentiellement vulnérables.
WP 58 Fédération de Russie	**Plan de gestion révisé pour la zone spécialement protégée de l'Antarctique n°127 ILE HASWELL (Ile Haswell et colonie adjacente de manchots empereurs sur des glaces de formation rapide).** La Russie indique que seules des modifications mineures ont été apportées au plan révisé de la ZSPA 127.

iii. Nouveaux projets de plan de gestion pour des zones protégées ou gérées

iv. Questions diverses concernant les plans de gestion pour les zones gérées ou protégées

WP 10 États-Unis d'Amérique	**Élaboration d'un plan de protection spéciale du Glacier Taylor et des Blood Falls, Vallée Taylor, Vallées Sèches McMurdo, Terre Victoria**. Les États-Unis d'Amérique proposent la mise en place d'un groupe de travail international qui se consacrera à la protection de la zone du Glacier Taylor et des Blood Falls et élaborera un plan de gestion de ZSPA qui sera soumis à la CPE XV en 2012.

WP 13 Australie	**Groupe subsidiaire sur les plans de gestion – Rapport sur les objectifs #4 et #5 : amélioration des plans de gestion et procédure d'examen intersessions.** Ce document fait rapport des travaux du GSPG pendant la période intersessions. Il rend compte notamment de la révision du *Guide pour la préparation des plans de gestion des zones spécialement protégées en Antarctique*, de la finalisation d'un modèle de plan de gestion des ZSPA, avec des formulations standard, et des progrès faits sur l'avant-projet pour l'atelier du CPE sur les ZGSA marines et terrestres.
WP 18 Royaume-Uni	**Activités de surveillance proposées au sein de la zone spécialement protégée de l'Antarctique (ZSPA) n°107 île Emperor, îles Dion, baie Marguerite, péninsule antarctique.** Notant que l'existence continue de la colonie de manchots empereurs dans la ZSPA est maintenant incertaine, le Royaume-Uni propose de reporter la révision du plan de gestion actuel de la ZSPA pour 5 ans afin de permettre de confirmer le statut de la colonie, après quoi une mesure de gestion appropriée sera envisagée.
SP 7 Secrétariat	**Registre de l'état des plans de gestion pour les Zones Spécialement Protégées de l'Antarctique et les Zones Gérées Spéciales de l'Antarctique.** Informations sur l'état des plans de gestion par rapport à l'application des dispositions de l'annexe V au Protocole concernant l'examen desdits plans.
IP 73 États-Unis d'Amérique	**Amundsen-Scott South Pole Station, South Pole Antarctica Specially Managed Area (ASMA n°5) 2011 Management Report.** Ce document résume les défis continus posés par la gestion d'activités diverses dans la ZGSA, notamment par rapport à l'augmentation attendue des activités non-gouvernementales associées au 100e anniversaire de l'arrivée au pôle Sud d'Amundsen et de Scott.
IP 79 Australie, Chine, Inde, Roumanie, Fédération de Russie	**Report of the Larsemann Hills Antarctic Specially Managed Area (ASMA) Management Group.** Les Parties menant des activités dans les collines Larsemann ont établi un groupe de coordination de la gestion pour surveiller la mise en œuvre du plan de gestion de la ZGSA. Ce document présente un bref rapport des activités de ce groupe en 2010-11.
IP 109 République de Corée et Argentine	**Cooperation Management Activities at ASPAs in 25 de Mayo (King George) Island, South Shetland Islands.** Ce document renseigne sur les activités menées par la République de Corée et l'Argentine pour commencer l'examen de la gestion de l'environnement de deux des ZSPA de l'île du roi Georges, îles Shetland du Sud, les ZSPA 132 et 171.

IP 115 République de Corée	**Fauna Survey of the ASPA 171 Narębski Point, ASPA 150 Ardley Island and ASPA 132 Potter Peninsula in 2010-11.** Ce document donne des informations sur l'enquête menée pour aider à établir un plan de gestion complet de la ZSPA 171.
IP131 Argentine, Chili, Norvège, Espagne, Royaume-Uni, États-Unis d'Amérique	**Deception Island Specially Managed Area (ASMA) Management Group Report.**

b) Sites et monuments historiques

WP 5 Chine	**Bâtiment n°1 commémorant l'expédition antarctique chinoise à la station de la Grande Muraille.** Ce document propose d'inscrire le premier bâtiment construit par la Chine en Antarctique à la liste des sites ou monuments historiques.
WP 27 Argentine	**Rapport sur les discussions informelles concernant les sites et monuments historiques.** Ce document contient le rapport des discussions informelles concernant les sites et monuments historiques, qui ont notamment examiné ce que l'on entend par « historique » ainsi que l'utilisation du concept plus holistique de « mise en valeur » dans le cadre des SMH de l'Antarctique.
WP 59 Chili	**Proposition de modification du monument historique n° 82. Installation de plaques commémoratives sur le monument au Traité sur l'Antarctique.** Le Chili annonce l'installation d'une plaque commémorative des Années polaires internationales sur le « monument au Traité sur l'Antarctique » érigé à proximité des bases Frei, Bellingshausen et Escudero, sur l'île du roi Georges, Antarctique, conformément aux dispositions de la mesure 3 (2007).
IP 117 Chili	**Inauguración de la instalación de Placas Conmemorativas en el Monumento al Tratado Antártico.** Ce document présente le discours de l'ambassadeur Fernando Schmidt, Sous-secrétaire du Ministère des affaires étrangères du Chili lors du dévoilement des plaques commémorant les Années polaires internationales. Les plaques ont été inaugurées le 1ᵉʳ février 2011 au monument du Traité sur l'Antarctique situé sur l'île du roi Georges.
IP 130 Argentine	**Update on enhancement activities for HSM 38 "Snow Hill".**

c) Lignes directrices pour les visites de sites	
WP 17 Royaume-Uni, Argentine, Chili, Norvège, Espagne et États- Unis d'Amérique	**Révision des lignes directrices du site pour la baie Whalers, île de la Déception, îles Shetland du Sud.** Ce document présente les modifications proposées aux lignes directrices révisées, notamment la clarification de l'emplacement du site de débarquement, des révisions de la carte et des mises en garde, et la correction d'erreurs typographiques mineures.
WP 30 Nouvelle- Zélande et États- Unis d'Amérique	**Lignes directrices de sites pour l'aire réservée aux visiteurs de la vallée Taylor, Terre Southern Victoria.** Ce document propose que soient adoptées les lignes directrices de visites de site pour cette zone située dans les vallées sèches de McMurdo, qui visent à réduire au minimum les risques de pression présentés par les visiteurs de ce site d'une valeur naturelle et paysagère exceptionnelle, et doivent être utilisées conjointement avec le plan de gestion de la ZGSA 2.
WP 45 Australie	**Rapport du groupe de contact intersessions à composition non limitée sur la révision des éléments environnementaux de la Recommandation XVIII-1.** Ce document fait part des conclusions du GCI réuni par l'Australie pour : examiner les avis environnementaux existants destinés aux visiteurs ; élaborer des orientations révisées et mises à jour ; et étudier de quelle manière le CPE pourrait évaluer au mieux les nouvelles lignes directrices pour les sites et examiner périodiquement les lignes directrices existantes. Ce GCI a élaboré les lignes directrices pour les visiteurs mises à jour, en se fondant sur la recommandation XVIII-1 (1994), qui sont présentées pour examen par le CPE, aux côtés d'un projet de résolution pour adoption par la RCTA. Les recommandations sur la manière dont le CPE pourrait envisager efficacement de nouvelles lignes directrices, et examiner celles qui ont cours, sont également présentées.
WP 49 Chili et Argentine	**Lignes directrices portant sur la plage nord-ouest de la péninsule Ardley, île Ardley (île du roi Georges ou Isla 25 de mayo), îles Shetland du Sud.** Le Chili et l'Argentine, ayant reçu et pris en compte les commentaires formulés par les parties concernées au cours de la dernière période intersessions, proposent ces lignes directrices révisées afin de gérer le nombre croissant de visites de ce site.
WP 52 Australie	**Guide du visiteur des cabanes Mawson et du cap Denison, Antarctique de l'Est.** Ce document propose l'adoption des lignes directrices de visites du site, qui visent à faciliter la gestion des visites de ces lieux d'une valeur historique, archéologique, technique, sociale et esthétique exceptionnelle.

IP 9 États-Unis d'Amérique	**Antarctic Site Inventory: 1994-2011.** Ce document présente la mise à jour des informations sur l'Inventaire des sites de l'Antarctique, qui poursuit sa collecte de données biologiques et d'informations relatives à la description de sites dans la péninsule Antarctique depuis 1994.
IP 12 Bulgarie	**Guidelines of environmental behavior of the expedition participants and visitors to the Bulgarian Base in Antarctica.** Ce document présente des lignes directrices détaillées à l'intention du personnel et des visiteurs de la base St. Kliment Ohridski.
IP 23 États-Unis d'Amérique et Royaume-Uni	**The Antarctic Peninsula Compendium 3rd Edition.** Ce compendium contient des informations sur les 142 sites auxquels se rendent régulièrement les touristes et autres visiteurs, sur les sites figurant au recensement historique, les stations de recherche nationales, les sites comprenant des ZGSA, et quelques ZSPA.
IP 104 IAATO	**Proposed Amendment to Antarctic Treaty Site Guidelines for Hannah Point.** Ce document propose une modification des lignes directrices pour les visites de sites à la suite d'un incident lors duquel un éléphant de mer du Sud est tombé du haut d'une falaise, sans doute après avoir été perturbé par des visiteurs.
IP 105 IAATO	**Report on IAATO operator use of Antarctic Peninsula Landing Sites and ATCM Visitor Site Guidelines, 2009-10 & 2010-11 Season.** L'IAATO indique que la plupart des sites de débarquement sont soumis à des lignes directrices de visites de sites ou sont sous la gestion de programmes nationaux en vue de leur proximité des stations. L'IAATO propose que deux sites adoptent des lignes directrices pour les visites de sites à l'avenir.
IP 110 Ukraine	**Ukraine policy regarding visits by tourists to Vernadsky station.** Ce document informe des orientations pour les visiteurs de la station, préparées sous forme de lignes directrices pour les visites de site, visant à une meilleure compréhension et mise en œuvre de ces lignes directrices par les équipages de navires d'expéditions touristiques.
IP 126 Équateur	**Manejo turístico para la isla Barrientos.** Ce document fait rapport des observations concernant les activités de tourisme à proximité de la station Pedro Vicente Maldonado, et d'un programme de surveillance visant à améliorer les lignes directrices pour les touristes de la région.

d) Empreinte humaine et valeurs de la nature à l'état sauvage	
WP 35 La Nouvelle-Zélande	**Comprendre les concepts d'empreinte et de nature sauvage par rapport à la protection de l'environnement en Antarctique.** Ce document définit les termes d' « empreinte » et de « nature sauvage de l'Antarctique » et propose de préciser les moyens par lesquels le CPE pourrait considérer une gestion plus active de la nature conformément aux principes environnementaux définis au paragraphe (2b) de l'article 3 du Protocole sur l'environnement.
IP 1 États-Unis d'Amérique	**Temporal and spatial patterns of anthropogenic disturbance at McMurdo Station, Antarctica.** Ce document explique que la Fondation scientifique nationale a apporté son appui financier à un programme de surveillance à long terme sur les impacts de la science et de la logistique à la station McMurdo, qui est la plus grande station de recherche en Antarctique.
IP 2 États-Unis d'Amérique	**The historical development of McMurdo Station, Antarctica, an environmental perspective.** Rapport basé sur un article scientifique concernant un programme de surveillance à long terme sur les impacts de la science et de la logistique à la station McMurdo.
IP 43 Uruguay	**Discovery of human activity remains, pre-1958 in the north coast of the King George Island / 25 de Mayo.** Des vestiges d'activités humaines datant d'avant 1958 ont été trouvés sur une plage de la côte nord de l'île du Roi Georges, et font maintenant l'objet d'études.
IP 86 ASOC	**Evolution of Footprint: Spatial and Temporal Dimensions of Human Activities.** Sur la base de plusieurs exemples d'études de l'empreinte humaine en Antarctique, l'ASOC conclut que les activités humaines ont non seulement une dimension spatiale mais aussi une dimension temporelle, et qu'à elles deux ces dimensions définissent l'évolution de l'empreinte dans le temps, qui peut devenir plus ou moins importante, et perdurer plus ou moins selon le cas.

e) Gestion et protection marines territoriales	
SP 6 Secrétariat	**Sommaire des travaux du CPE sur les zones marines protégées.** Ce document résume les délibérations du CPE sur les aires marines protégées, et examine la collaboration qui existe entre le CPE et la CCAMLR en faisant la revue des rapports et des ateliers associés aux réunions du CPE ainsi que la documentation présentée à ces réunions.
IP 56 UICN	**Marine spatial protection and management under the Antarctic Treaty System: new opportunities for implementation and coordination.** L'UICN encourage les Parties à travailler en étroite collaboration avec la CCAMLR afin d'identifier les domaines communs aux deux organisations.

IP 90 ASOC	**The Southern Ocean MPA Agenda – Matching words and spirit with action.** Dans ce document, l'ASOC demande à ce que les Parties consultatives au Traité et les membres de la CCAMLR fassent bon usage du prochain atelier de la CCAMLR sur les aires marines protégées prévu en août 2011 à Brest, France, afin de réaliser des progrès dans les travaux préfaçant l'établissement d'un réseau représentatif d'AMP d'ici 2012.
IP 92 ASOC	**The Ross Sea: A Valuable Reference Area to Assess the Effects of Climate Change.** Ce document propose d'inclure le plateau continental et le talus de la mer de Ross au réseau des aires marines protégées qui est en cours d'établissement dans l'océan Austral ; le réseau trophique et les processus écologiques de la mer de Ross doivent aussi être protégés contre la menace d'une surexploitation qui mettrait en péril sa valeur en tant que zone de référence.

f) Autres questions relevant de l'annexe V

WP 32 Australie	**Améliorer la base de données des zones protégées de l'Antarctique pour faciliter l'évaluation et le développement du système des zones protégées**. Suite à la proposition qu'elle a soumise au CPE XIII, l'Australie propose que le CPE : reconnaisse que la base de données des zones protégées devrait être élargie pour inclure d'autres informations pertinentes, lesquelles seront fournies par les promoteurs lorsqu'ils soumettront leurs plans de gestion ; encourage ces promoteurs à fournir les données sur les lignes de démarcation des zones sous un format numérique convenant, autant que possible, à une utilisation par le système d'information géographique (SIG) ; et demande au Secrétariat de prendre les mesures nécessaires pour mettre ces changements en œuvre.
WP 41 Chili et Allemagne	**Quatrième rapport intérimaire sur les délibérations du groupe de travail international relatives aux possibilités de gestion de l'environnement de la péninsule Fildes et de l'île Ardley**. Ce document fait part des travaux du groupe de travail intermédiaire sur la gestion de la péninsule Fildes et des tâches qu'il lui reste à faire pour les terminer. Les responsables du groupe de travail international proposent en outre de tenir une réunion du groupe lors du CPE XIV, à Buenos Aires, en vue de continuer les discussions sur les aspects liés à la nature, la portée et les caractéristiques du mécanisme de gestion pour la région de la péninsule Fildes.

WP 57 Fédération de Russie	**De la nécessité constante d'un système de suivi pour assurer le maintien des valeurs des zones spécialement protégées et des zones gérées spéciales de l'Antarctique.** Ce document propose que pour évaluer les mesures prises pour protéger les valeurs naturelles faisant l'objet de protection dans les ZSPA ou les ZGSA, l'examen des plans de gestion devrait prendre en compte les décisions gestionnaires relatives aux données sur l'état des valeurs naturelles obtenues à partir de programmes de surveillance efficaces.
IP 24 Allemagne	**Progress Report on the Research Project "Current Environmental Situation and Management Proposals for the Fildes Region (Antarctic)".** Ce document décrit les origines de ce projet de recherche et ses orientations futures.
IP 69 Australie	**Summary of key features of Antarctic Specially Managed Areas.** Ce document présente le résumé des principales caractéristiques des sept zones spécialement gérées de l'Antarctique, à partir des informations tirées des plans de gestion.
IP 102 Fédération de Russie	**Present zoological study at Mirny station area and at ASPA No 127 "Haswell Island".** Ce document présente les études zoologiques et les programmes de surveillance qui ont été menés dans la zone depuis 1955, et relève le fait que les mammifères et les oiseaux marins sont des indicateurs sensibles des changements environnementaux, notamment des changements prenant place dans l'écosystème océanique.
IP 109 République de Corée	**Cooperation Management Activities at ASPAs in 25 de Mayo (King George) Island, South Shetland Islands.** Ce document présente des informations sur les activités conjointes de la République de Corée et de l'Argentine relatives à l'initiation de la revue des plans de gestion des deux ZSPA de l'île du Roi Georges, îles Shetland du Sud, les ZSPA 132 et 171.

8. CONSERVATION DE LA FAUNE ET DE LA FLORE DE L'ANTARCTIQUE

a) Quarantaine et espèces non indigènes

WP 12 COMNAP et SCAR	**Accroître la sensibilisation sur l'introduction des espèces non indigènes : Résultats de l'atelier et listes de vérification pour les gestionnaires de la chaîne d'approvisionnement.** Ce document présente les résultats de l'atelier qui s'est tenu en 2010 afin de discuter les résultats préliminaires du projet API « Aliens in Antarctica ». Le COMNAP et le SCAR ont encouragé le CPE à envisager d'inclure les listes de vérification qu'elles ont élaborées dans le projet de « Manuel des espèces non indigènes » qui est actuellement en discussion.

WP 34 Nouvelle-Zélande	**Rapport 2010-2011 du Groupe de contact intersessions sur les espèces exotiques**. La Nouvelle-Zélande fait part du travail accompli pendant la deuxième année de travail du groupe de contact intersessions sur les espèces exotiques. Ce document informe des conclusions du groupe relatives à l'objectif directeur et aux principes directeurs clés concernant les mesures prises par les Parties pour traiter les risques posés par les espèces exotiques. Il présente un manuel sur les espèces exotiques contenant des lignes directrices de portée générale et des ressources pour soutenir la prévention, la surveillance et l'intervention par rapport aux introductions d'espèces exotiques.
WP 53 SCAR	**Mesures pour réduire le risque d'introduction d'espèces non indigènes dans la région de l'Antarctique par les aliments frais.** Le SCAR présente les progrès accomplis concernant l'élaboration de mesures simples et pratiques pour réduire le risque d'introduction d'espèces non indigènes dans la zone du Traité sur l'Antarctique par les aliments frais, et demande à recevoir des observations portées à ces lignes directrices (figurant à l'annexe A du document) car elles serviront de base pour l'élaboration et l'éventuelle adoption de lignes directrices officielles du CPE par le groupe de contact intersessions sur les espèces non indigènes.
IP 26 Allemagne	**Progress Report on the Research Project "Current Environmental Situation and Management Proposals for the Fildes Region (Antarctic)".** Ce document détaille les résultats préliminaires de ce projet de recherche.
IP 32 France	**Report on IPY Oslo Science Conference Session on Non-Native Species.** Ce document d'information contient les résumés des communications scientifiques de la conférence scientifique d'Oslo sur l'Année Polaire Internationale portant sur les espèces exotiques dans les régions polaires, dans le but d'informer les discussions du Comité sur ce problème.
IP 50 Royaume-Uni et Uruguay	**Colonisation status of known non-native species in the Antarctic terrestrial environment (updated 2011).** Ce document fait part des nouvelles connaissances acquises dans le domaine des espèces exotiques terrestres et fournit des données sur les nouveaux sites colonisés ainsi que les efforts faits pour les éradiquer.
IP 68 Australie et SCAR	**Alien Species Database.** L'Australie fait savoir que l'Antarctic Data Centre a ajouté à sa base de données un formulaire en ligne pour soumettre des données ainsi que la possibilité de télécharger des images d'observation ou provenant de collections.

b) Espèces spécialement protégées

c) Autres questions relevant de l'annexe II	
WP 38 Allemagne	**Forum de discussion des autorités compétentes sur l'Antarctique (DFCA) – Impacts des sons émis sous les eaux de l'Antarctique.** En vue de l'importance que posent les sons anthropogéniques émis sous l'eau pour les écosystèmes marins, l'Allemagne propose de donner un nouvel élan au DFCA en organisant un atelier pour considérer les avis des autorités compétentes en la matière, et de présenter les résultats de cet atelier lors du CPE XV.
IP 27 Allemagne	**Progress Report on the Research Project 'Whale Monitoring Antarctica'.** Ce projet vise à une meilleure compréhension de la distribution et de l'abondance des baleines dans l'Antarctique, et à fournir des données plus fiables permettant d'évaluer l'impact du bruit sur les baleines.
IP 29 Allemagne	**Potential of Technical Measures to Reduce the Acoustical Effects of Airguns.** Ce document présente des informations récentes concernant la réduction du bruit causé par les systèmes de canon à air, ainsi que les autres méthodes et équipements acoustiques qui pourraient leur être substitués.
IP 33 SCAR	**SCAR's code of conduct for the exploration and research of subglacial aquatic environments.** Le SCAR fournit des orientations aux chercheurs impliqués dans des travaux d'exploration et de recherche sur et dans les environnements aquatiques sous-glaciaires de l'Antarctique.
IP 53 SCAR	**SCAR's Code of Conduct for the Use of Animals for Scientific Purposes in Antarctica.** Le SCAR propose un code de conduite qui fournit des principes directeurs aux chercheurs participant à des travaux scientifiques impliquant des animaux.
IP 94 Norvège	**Use of dogs in the context of a commemorative centennial expedition.** Ce document annonce que les autorités norvégiennes ont reçu et ont examiné une notification d'expédition en Antarctique impliquant l'utilisation de chiens. Cette activité est interdite en vertu de l'annexe II et de la législation norvégienne, et une dérogation n'a pas été accordée.

9. Surveillance de l'environnement et rapports	
WP 15 rev. 1 Royaume-Uni	**Techniques de télédétection pour une surveillance améliorée de l'environnement et des changements climatiques en Antarctique.** Le Royaume-Uni présente les avantages de la télédétection par rapport à d'autres techniques dans la surveillance de l'environnement antarctique et l'étude des effets du changement climatique sur la région. Il recommande que le CPE approuve le potentiel de la télédétection et continue l'étude de nouvelles applications de surveillance.

IP 8 COMNAP	**COMNAP Energy Management Workshop.** Ce document résume les conclusions de l'atelier sur la gestion énergétique qui s'est tenu à Buenos Aires en 2010 lors de la réunion annuelle du COMNAP.
IP 35 Roumanie	**Environmental Monitoring and Ecological Activities in Antarctica, 2010-2012**. Ce document présente les travaux de recherche concernant les effets du changement climatique sur les écosystèmes et les systèmes biologiques des deux pôles.
IP 51 SCAR et Australie	**The Southern Ocean Observing System (SOOS): An update.** Ce document est la mise à jour d'un document d'information qui avait été présenté l'année dernière ; il résume les progrès accomplis pendant l'année en termes de conception et de mise en œuvre du Système d'observation de l'océan Austral (SOOS).

10. RAPPORTS D'INSPECTION ÉTAT D'AVANCEMENT DE L'ANNÉE POLAIRE INTERNATIONALE

WP 1 Japon	**Inspection effectuée par le Japon en application de l'article VII du Traité sur l'Antarctique et de l'article XIV du Protocole au Traité sur l'Antarctique relatif à la protection de l'environnement.** Ce document présente les résultats des inspections de six stations antarctiques menées par le Japon du 29 janvier au 10 février 2010.
WP 51 Australie	**Inspections effectuées en vertu du Traité sur l'Antarctique et du Protocole sur l'environnement par l'Australie : Janvier 2010 et janvier 2011.** Ce document présente les résultats des inspections de trois stations antarctiques et d'une zone spécialement protégée menées par l'Australie en 2010, ainsi qu'une observation aérienne ; le document contient aussi les résultats des inspections de trois stations en 2011.
IP 4 Japon	**Japanese Inspection Report 2010.** Rapport intégral des inspections menées par le Japon. (voir aussi WP 51)
IP 39 Australie	**Australian Antarctic Treaty and Environmental Protocol inspections January 2010**. Rapport intégral des inspections. (voir aussi WP 51)
IP 40 Australie	**Australian Antarctic Treaty and Environmental Protocol inspections January 2011**. Rapport intégral des inspections. (voir aussi WP 51)

11. COOPÉRATION AVEC D'AUTRES ORGANISATIONS

IP 10 COMNAP	**Rapport annuel 2010 du Conseil des directeurs des programmes antarctiques nationaux (COMNAP)**
IP 31 CCAMLR	**Rapport de l'observateur du SC-CAMLR à la quatorzième réunion du Comité pour la protection de l'environnement.** Ce document rend compte des sujets d'intérêt commun au CS-CAMLR et au CPE qui ont été débattus lors de la dernière réunion du CS-CAMLR.

IP 54 SCAR	**Summary of SCAR'S Strategic Plan 2011-2016.** Le SCAR décrit son rôle, qui est d'être le principal organisme non gouvernemental chargé de faciliter et d'encourager la recherche dans et depuis l'Antarctique, d'émettre des avis scientifiques objectifs et fondés à l'intention du Traité sur l'Antarctique ainsi qu'à d'autres organisations, et d'attirer l'attention des décideurs sur les problèmes émergents.
IP 57 CCAMLR	**Rapport de l'observateur du CPE au Groupe de travail sur le contrôle et la gestion de l'écosystème du CS-CAMLR (WG-EMM).** Ce document rend compte des questions d'intérêt commun au CS-CAMLR (WG-EMM) et au CPE qui avaient été discutées lors de la dernière réunion.

12. QUESTIONS DE CARACTÈRE GÉNÉRAL

WP 28 Australie	**Problèmes environnementaux liés à l'aspect pratique de la réparation des dégâts causés à l'environnement ou de la réhabilitation de l'environnement**. Dans la décision 4 (2010), la RCTA a demandé au CPE de tenir compte des problèmes environnementaux liés à l'aspect pratique de la réparation des dégâts causés à l'environnement ou de la réhabilitation de l'environnement dans le contexte de l'Antarctique. Ce document revoit brièvement les discussions associées antérieures et identifie plusieurs suggestions d'inclusion de points dans la réponse du Comité à la RCTA.
IP 48 Australie	**Thala Valley Waste Removal.** Ce document présente le rapport concernant l'avancement de l'évacuation des déchets de l'ancien site d'élimination des déchets de la vallée Thala, près de la station Casey.
IP 49 Australie	**Renewable Energy and Energy Efficiency Initiatives at Australia's Antarctic Stations.** En réponse à la quatrième recommandation de la RETA sur les changements climatiques de 2010, ce document fournit un aperçu de quelques exemples de gestion énergétique mis en place par l'Australie à ce jour.
IP 61 SCAR	**The SCAR Antarctic Climate Evolution (ACE) Programme.** Le programme SCAR ACE représente les intérêts d'une importante communauté scientifique travaillant dans les domaines de la géoscience terrestre et marine et qui cherche à comprendre l'origine des calottes glaciaires de l'Antarctique et leurs réponses aux changements climatiques passés par rapport un large éventail de périodes en étudiant les données acquises. Le programme coordonne l'intégration des données géophysiques et géologiques concernant le comportement de la calotte aux modèles couplés climat-océan-calotte glaciaire.

IP 95 Pays-Bas	**Paying for Ecosystem Services of Antarctica?** Ce document rend compte des divers systèmes de paiement pour les écosystèmes qui pourraient être introduits en Antarctique, dans le contexte des notions de services d'écosystème et de paiement des services rendus par les écosystèmes (PSE), et présente quelques exemples.
IP 127 Ukraine	**The Construction of an Orthodox Chapel at Vernadsky Station.** L'Ukraine annonce à l'avance la construction de la chapelle et les procédures environnementales qui seront appliquées lors de la construction.

13. ÉLECTION DU BUREAU

14. PRÉPARATIFS DE LA PROCHAINE RÉUNION

WP 8 Australie	**Calendrier proposé pour la 35ᵉ Réunion Consultative du Traité sur l'Antarctique, Hobart, 2012**. Ce document demande au Comité de considérer le calendrier de travail proposé pour la réunion du CPE XV.

15. ADOPTION DU RAPPORT

16. CLÔTURE DE LA RÉUNION

Appendice 1

Projet de plan de travail du GSGP pour 2011/12

Objectifs	Tâches proposées
Objectifs 1 à 3	Examiner les projets de plans de gestion soumis par le CPE pour examen intersessions et donner des avis à leurs promoteurs
Objectifs 4 et 5*	Travailler avec les Parties concernées pour permettre d'avancer dans l'examen des plans de gestion qui auraient déjà dû faire l'objet d'un réexamen quinquennal*
	Envisager les mesures à prendre découlant de l'atelier sur les ZGSA*
	Revoir et actualiser le plan de travail du GSPG
Documents de travail	Établir à l'intention du CPE XV un rapport en fonction des objectifs 1 à 3 du mandat du GSPG
	Établir à l'intention du CPE XV un rapport en fonction des objectifs 4 et 5 du mandat du GSPG

Appendice 2

Ordre du jour prévisionnel pour le CPE XV

1. Ouverture de la Réunion
2. Adoption de l'ordre du jour
3. Débats stratégiques sur les travaux futurs du CPE
4. Fonctionnement du CPE
5. Conséquences des changements climatiques pour l'environnement: Approche stratégique
6. Évaluation d'impact sur l'environnement (EIE)

   a. Projets d'évaluations globales d'impact sur l'environnement

   b. Autres questions relatives aux évaluations d'impact sur l'environnement

7. Protection des zones et plans de gestion

   a. Plans de gestion

   b. Sites et monuments historiques

   c. Lignes directrices pour les visites de sites

   d. Empreinte humaine et valeurs de la nature à l'état sauvage

   e. Gestion et protection marine territoriales

   f. Autres questions relevant de l'annexe

8. Conservation de la flore et de la faune de l'Antarctique

   a. Quarantaine et espèces non indigènes

   b. Espèces spécialement protégées

   c. Autres questions relevant de l'annexe II

9. Surveillance de l'environnement et rapports
10. Rapports d'inspection
11. Coopération avec d'autres organisations
12. Réparation et remédiation des dommages sur l'environnement
13. Questions de caractère général
14. Élection des responsables
15. Préparatifs de la prochaine réunion
16. Adoption du rapport
17. Clôture de la réunion

Appendice 3

Plan de travail quinquennal du CPE

Question/ Pression environnementale Actions	Priorité pour le CPE	Période inter-sessions	CPE XV 2012	Période in-tersessions	CPE XVI 2013	Période interses-sions	CPE XVII 2014	Période interses-sions	CPE XVIII 2015	Période interses-sions	CPE XIX 2016
Introduction d'espèces non indigènes	1										
Actions : 1. Continuer l'élaboration des lignes directrices pratiques et des ressources destinées à tous les opérateurs atlantiques 2. Continuer l'élaboration des recommandations sur les changements climatiques émanant de la RETA		Manuel NNS mis en réseau sur les sites Web. Le SCAR dirige les activités du groupe informel pour le projet de lignes directrices sur les aliments frais Le COMNAP fournit des avis	Analyse des mesures de prévention supplémentaires à inclure dans le manuel NNS, y compris les lignes directrices revisées du SCAR	Les membres intéressés, les experts, et les NAP procèdent aux travaux concernant les mesures de sur-veillance	Analyse des mesures de surveillance supplémentaires à inclure dans le manuel NNS	Les membres intéressés, les experts, et les NAP procèdent aux travaux concernant les mesures de sur-veillance	Analyse des mesures de réponse sup-plémentaires à inclure dans le manuel NNS	Préparation de l'examen du manuel - envisager un groupe de discussion informel	Examen du manuel sur les es-pèces non indigènes		
Tourisme et activités non gouver-nementales	1										
Actions : 1. Donner selon que de besoin des avis à la RCTA 2. Promouvoir la mise en œuvre des recommanda-tions de la RETA sur le tourisme maritime		La Nouvel-le-Zélande prépare les commen-taires et le projet final du rapport	Examen du rapport du CPE et des autres résultats fournis par la RETA								
Pression planétaire : changements climatiques	1										
Actions : 1. Examiner les implications des changements climatiques pour la gestion de l'environnement antarctique 2. Promouvoir les recommandations de la RETA sur les changements climatiques		Le Royaume-Uni et la Nor-vège dirigent les activités concernant la méthodologie visant à la classification de la vulné-rabilité des ZSPA et de leurs risques, le SCAR y prend part	1) Discuter les ré-sultats des travaux intersessions sur la méthodologie afin de présenter un projet de classi-fication des ZSPA ; 2) promouvoir les travaux sur les recommandations de la RETA		Point perma-nent. Mises à jour annuelles par le SCAR		Point perma-nent. Mises à jour annuelles par le SCAR.		Point permanent. Mises à jour annuelles par le SCAR.		Point perma-nent. Mises à jour annuelles par le SCAR.

Question/ Pression environnemmentale Actions	Priorité pour le CPE	Période inter-sessions	CPE XV 2012	Période in-tersessions	CPE XVI 2013	Période interses-sions	CPE XVII 2014	Période interses-sions	CPE XVIII 2015	Période interses-sions	CPE XIX 2016
Instruction des plans de gestion nouveaux et révisés des zones protégées et gérées	1	Poursuite par le GSPG de ses travaux en fonction du plan de travail révisé.		Poursuite par le GSPG de ses travaux en fonction du plan de travail révisé		Poursuite par le GSPG de ses travaux en fonction du plan de travail révisé		Poursuite par le GSPG de ses travaux en fonction du plan de travail révisé		Poursuite par le GSPG de ses travaux en fonction du plan de travail révisé	
Actions : 1. Peaufiner la procédure d'examen des plans de gestion nouveaux et révisés. 2. Actualiser les lignes directrices existantes 3. Promouvoir la mise en œuvre des recommandations de la réunion d'experts sur les changements climatiques		Examen par les membres et avis des experts sur les dispositions et les pratiques directrices des plans de gestion des ZGSA. Création des liens entre les sites Web par le Secrétariat.	Elaboration des orientations pour la création des ZGSA Examen du rapport du GSPG		Examen du rapport du GSPG		Examen du rapport du GSPG		Examen du rapport du GSPG		Examen du rapport du GSPG
Gestion et protection marines territoriales	1	1. Envoyer les documents pertinents à l'atelier de la SC-CAMLR (août 2011) 2. Participation d'un Observateur du CPE à l'atelier et au groupe de travail EMM	Examiner les rapports de l'Observateur du CPE émanant du groupe de travail EMM, de l'atelier sur les ZMP, et avis au CS-CAMLR		Examiner le résultat des décisions de l'atelier sur les ZMP du CCAMLR et examiner le plan de travail du CS-CAMLR pour la coordination future						
Actions : 1. Coopérer avec la CCAMLR à la biorégionalisation de l'océan Austral et aux autres intérêts communs et principes approuvés. 2. Identifier et appliquer les processus de protection de l'espace marin. Promouvoir la mise en œuvre des recommandations de la RETA sur les changements climatiques.											
Fonctionnement du CPE et planification stratégique	1	Thème permanent	Thème permanent		Thème permanent		Thème permanent		Thème permanent		Cinquantenaire du Protocole. Examen et révision du plan de travail selon que de besoin
Actions : 1. Tenir à jour le plan quinquennal en fonction de l'évolution de la situation et des exigences de la RCTA 2. Recenser les possibilités d'améliorer l'efficacité du CPE 3. Examiner les objectifs à long terme pour l'Antarctique (50-100 ans)			Examen et révision du plan de travail selon que de besoin		Examen et révision du plan de travail selon que de besoin		Examen et révision du plan de travail que de besoin		Examen et révision du plan de travail selon que de besoin		

Question/ Pression environnementale Actions	Priorité pour le CPE	Période intersessions	CPE XV 2012	Période intersessions	CPE XVI 2013	Période intersessions	CPE XVII 2014	Période intersessions	CPE XVIII 2015	Période intersessions	CPE XIX 2016
Réparation ou remédiation des dégâts environnementaux **Actions :** 1. Préparer des avis en réponse à la requête formulée dans la Décision 4 (2010) de la RCTA. 2. Dresser un inventaire à l'échelle antarctique des sites ayant fait l'objet d'activités dans le passé 3. Examiner les lignes directrices pour la réparation et la remédiation	1	Elaboration des documents sur l'héritage des activités passées par les membres. Préparation par le SCAR de ses avis. Rapport du COMNAP relatif à son expérience	Discussions sur le contenu des avis à la RCTA sur les risques environnementaux, la réparation et la remédiation	Mise en place possible d'un GCI pour élaborer des avis. Préparation d'autres documents par les membres	Examen de la 1e année du GCI éventuel.	Préparation des avis par le GCI éventuel	Donner des avis à la RCTA		Le Secrétariat est invité à élaborer et à tenir à jour un inventaire		
Empreinte humaine et gestion de la nature à l'état sauvage **Actions :** 1. Convenir de la définition des termes "empreinte" et "nature à l'état sauvage" 2. Préparer des méthodes pour une meilleure protection de la nature sauvage en vertu des annexes I et V	2	Examen par les Parties intéressées	Examen des actions futures en fonction de documents incluant les mesures des annexes I et 5.	Synthèse par le Secrétariat des informations échangées sur l'inventaire des activités passées, avec contributions de la COMNAP ?	Poursuite des discussions sur les concepts et termes d'empreinte et de nature sauvage						
Tenir à jour la liste des sites et monuments historiques **Actions :** 1. Tenir à jour la liste et examiner les éventuelles propositions nouvelles 2. Examiner les questions stratégiques si besoin est.	2	Tenir à jour la liste des SMH	Thème permanent. Promouvoir des discussions informelles sur les SMH	Actualisation des listes de SMH par le Secrétariat	Thème permanent	Actualisation des listes de SMH par le Secrétariat	Thème permanent	Actualisation des listes de SMH par le Secrétariat	Thème permanent		

Question/ Pression environnementale Actions	Priorité pour le CPE	Période inter-sessions	CPE XV 2012	Période in-tersessions	CPE XVI 2013	Période interses-sions	CPE XVII 2014	Période interses-sions	CPE XVIII 2015	Période interses-sions	CPE XIX 2016
Rapports sur la surveillance continue et l'état de l'environnement	2										
Actions : 1. Recenser les principaux indicateurs environ-nementaux 2. Mettre en place une procédure d'établissement de rapports à la RCTA 3. Promouvoir la mise en œuvre des recommanda-tions de la RETA sur les changements climatiques		Examen du SCAR	Rapport du SCAR sur le soutien du SC-ADM pour les travaux du CPE								
Échange d'informations	2										
Actions : 1. Attribuer au Secrétariat. 2. Suivre et favoriser une utilisation aisée du SEEI		Échange d'informa-tions sous la direction du Secrétariat	Rapport du Secrétariat		Rapport du Secrétariat		Rapport du Secrétariat		Rapport du Secrétariat		Rapport du Secrétariat
Connaissances de la diversité biologique	2										
Actions : 1. Maintenir la sensibilisation aux menaces qui pèsent sur la biodiversité. 2. Promouvoir la mise en œuvre des recommanda-tions de la RETA sur les changements climatiques		Préparation d'une revue de la science existant depuis 2004 sur les effets biologiques des bruits sous-marins	Examen de la mise à jour par le SCAR sur les bruits sous-marins								
Lignes directrices spécifiques pour les visites touristiques de sites	2										
Actions : 1. Revoir selon que de besoin les lignes directrices propres aux sites 2. Donner s'il y a lieu des avis à la RCTA			Point permanent; rapport des Parties de leur examen des lignes directrices pour les visites de sites		Point perma-nent; rapport des Parties de leur examen des lignes directrices pour les visites de sites		Point perma-nent; rapport des Parties de leur examen des lignes directrices pour les visites de sites		Point permanent; rapport des Parties de leur examen des lignes directrices pour les visites de sites		Point perma-nent; rapport des Parties de leur examen des lignes directrices pour les visites de sites

Question/ Pression environnementale Actions	Priorité pour le CPE	Période inter-sessions	CPE XV 2012	Période in-tersessions	CPE XVI 2013	Période interses-sions	CPE XVII 2014	Période interses-sions	CPE XVIII 2015	Période interses-sions	CPE XIX 2016
Mise en œuvre et amélioration des dispositions de l'annexe I relatives à l'EIE	3										
Actions : 1. Affiner la procédure d'examen des EGIE et donner à la RCTA des avis en conséquence 2. Élaborer des lignes directrices pour l'évaluation des impacts cumulatifs 3. Réexaminer périodiquement ces lignes directrices 4. Envisager l'application d'une évaluation stratégique de l'environnement en Antarctique 5. Promouvoir la mise en œuvre des recommandations de la RETA sur les changements climatiques		Créer un GCI chargé d'examiner les projets de EGIE selon que de besoin	Examen du rapport du GCI sur les projets d'EGIE selon que de besoin	Créer un GCI chargé d'examiner les projets de EGIE selon que de besoin	Examen du rapport du GCI sur les projets d'EGIE selon que de besoin	Créer un GCI chargé d'examiner les projets de EGIE selon que de besoin	Examen du rapport du GCI sur les projets d'EGIE selon que de besoin	Créer un GCI chargé d'examiner les projets de EGIE selon que de besoin	Examen du rapport du GCI sur les projets d'EGIE selon que de besoin	Créer un GCI chargé d'examiner les projets de EGIE selon que de besoin	Examen du rapport du GCI sur les projets d'EGIE selon que de besoin
Espèces spécialement protégées	3										
Actions : Examiner selon que de besoin les propositions d'inscription et de retrait											
Aperçu du système des zones pro-tégées/ADE	3	Modifications de la base de données par le Secrétariat en accord avec la Résolution XX/WP32. Les membres commencent leurs travaux visant à élargir la base de données par l'ajout de données spatiales ; le Secrétariat la tient à jour.									
Actions : 1. Appliquer l'analyse des domaines environne-mentaux (ADE) afin d'améliorer le système des zones protégées 2. Promouvoir la mise en œuvre des recommanda-tions de la RETA sur les changements climatiques 3. Tenir à jour et développer la base de données des zones protégées							Examen des incidences possibles d'une analyse actuali-sée des lacunes sur la base de l'ADE				

Question/ Pression environnementale / Actions	Priorité pour le CPE	Période intersessions	CPE XV 2012	Période intersessions	CPE XVI 2013	Période intersessions	CPE XVII 2014	Période intersessions	CPE XVIII 2015	Période intersessions	CPE XIX 2016
Actions à prendre en cas d'urgence et plans d'urgence à établir	3										
Actions : 1. Promouvoir la mise en oeuvre des recommandations de la RETA sur le tourisme maritime 2. Élaborer des avis en réponse à la requête faite en vertu de la Décision 4 (2010) de la RCTA		Examen par les membres de l'expérience et des documents pouvant éclairer les avis à la RCTA	Examen des travaux et de la pertinence de la question de la réparation et de la remédiation suite à une demande de la RCTA	Examen des travaux							
Mise à jour du Protocole et examen des annexes	3				GCI	Examen	GCI	Examen	GCI	Recommandations finales à la RCTA	
Actions : 1. Établir un calendrier de l'examen par ordre de priorité des annexes restantes					Le CPE doit étudier la nécessité de réviser les annexes du Protocole et en déterminer les objectifs						
Inspections (Article 14 du Protocole)	3		Thème permanent		Thème permanent		Thème permanent		Thème permanent		
Actions : 1. Examiner les rapports d'inspection selon que de besoin											
Déchets	3		Informations fournies par le COMNAP pour assurer une meilleure gestion des déchets				Examen par le COMNAP des informations émanant de l'atelier sur la gestion des déchets en 2006				
Actions : 1. Élaborer des lignes directrices pour l'élimination la plus efficace possible des déchets, y compris les déchets humains											

Question/ Pression environnementale Actions	Priorité pour le CPE	Période inter-sessions	CPE XV 2012	Période in-tersessions	CPE XVI 2013	Période interses-sions	CPE XVII 2014	Période interses-sions	CPE XVIII 2015	Période interses-sions	CPE XIX 2016
Gestion de l'énergie	4										
Actions : Élaborer des lignes directrices de bonne pratique pour la maîtrise de l'énergie aux bases et stations			[attendre les résultats des délibérations de la RCTA 34]								
Communication et éducation	4										
Actions : 1. Examiner des exemples actuels et recenser les possibilités d'offrir une meilleure éducation et une plus grande vulgarisation							Temps réservé à un examen				

3. Appendices

Déclaration sur la coopération antarctique à l'occasion du cinquantenaire de l'entrée en vigueur du Traité sur l'Antarctique

A l'occasion du cinquantenaire de l'entrée en vigueur du Traité sur l'Antarctique le 23 juin 1961, les Parties consultatives au Traité sur l'Antarctique,

Notant que l'année 2011 est aussi l'année du cinquantenaire de la première Réunion consultative du Traité sur l'Antarctique et du 20ᵉ anniversaire de l'ouverture à la signature du Protocole relatif à la protection de l'environnement du Traité sur l'Antarctique,

Réaffirmant la Déclaration ministérielle de Washington du 6 avril 2009 à l'occasion du cinquantenaire de la signature du Traité sur l'Antarctique (RCTA XXXII),

Soulignant le fait que les Parties consultatives et non consultatives ont appliqué les dispositions du Traité sur l'Antarctique de façon cohérente, y compris celles de l'article IV, à la fois individuellement et collectivement, œuvrant ainsi à la consolidation de la culture de coopération internationale en Antarctique dans la paix et l'harmonie consacrée par le Traité,

Affirmant que le Protocole au Traité sur l'Antarctique relatif à la protection de l'environnement et ses annexes jouent un rôle important pour la protection de l'environnement antarctique et des écosystèmes dépendants et associés,

Appréciant l'évolution dynamique et pragmatique du système du Traité sur l'Antarctique qui vise à obtenir des résultats concrets, en particulier dans les domaines de la recherche scientifique et de la protection de l'environnement,

Notant que la coopération internationale susmentionnée a contribué à la promotion des principes et des objectifs de la Charte des Nations Unies,

Reconnaissant que cette coopération a contribué à maintenir la paix et à prévenir les conflits dans la région,

Reconnaissant qu'au cours des 50 dernières années le Traité sur l'Antarctique a atteint son objectif de veiller à ce que l'Antarctique soit « réservée aux seules activités pacifiques et ne devienne ni le théâtre ni l'enjeu de différends internationaux »,

Par la présente :

Réaffirment la poursuite de leur engagement à respecter le Traité sur l'Antarctique et tous les autres éléments du système du Traité sur l'Antarctique qui ont été développés depuis l'entrée en vigueur du Traité,

Réaffirment aussi leur intention de poursuivre leur coopération forte et efficace au titre du Traité sur l'Antarctique et de tous les autres éléments du système du Traité sur l'Antarctique par :

- L'amélioration continuelle de la recherche scientifique et l'échange et la libre diffusion des observations et des données scientifiques sur l'Antarctique, comme le prévoit l'article III du Traité sur l'Antarctique ;

- Le renforcement de la coopération logistique et scientifique entre les programmes nationaux de l'Antarctique, tout en minimisant l'impact sur l'environnement ;

- L'approbation, en temps opportun, de toutes les mesures adoptées par la Réunion consultative du Traité sur l'Antarctique conformément au Traité ;

- Une réponse proactive aux défis environnementaux, scientifiques, de gestion et opérationnels, y compris, le cas échéant, par le renforcement du cadre réglementaire du système du Traité ;

- La poursuite d'une approche cohérente au sein du système du Traité sur l'Antarctique ;

- La poursuite de l'identification et de la réponse aux défis environnementaux émergents et le renforcement de la protection de l'environnement antarctique et des écosystèmes dépendants et associés, en particulier par rapport au changement climatique global et aux activités humaines menées dans la région, notamment le tourisme ;

- L'affinement et l'amélioration de l'échange d'informations entre les Parties ;

- L'interaction avec les organisations gouvernementales et non gouvernementales ayant un intérêt dans la zone du Traité sur l'Antarctique ;

- Une meilleure compréhension par la communauté - notamment les universitaires, les décideurs et le grand public - de l'importance de la coopération internationale au titre du système du Traité sur l'Antarctique, de son opération et de l'importance globale de la recherche scientifique en Antarctique ; et

Appellent les Etats étant Parties au Traité sur l'Antarctique mais pas encore Parties au Protocole au Traité sur l'Antarctique relatif à la protection de l'environnement de s'engager à accéder au Protocole.

Buenos Aires, le 23 juin 2011

Ordre du jour provisoire pour la XXXVᵉ RCTA

1. Ouverture de la réunion

2. Élection des membres du Bureau et création de groupes de travail

3. Adoption de l'ordre du jour et répartition des points qui y sont inscrits

4. Fonctionnement du système du Traité sur l'Antarctique : rapports des Parties, observateurs et experts

5. Fonctionnement du système du Traité sur l'Antarctique : questions de caractère général

6. Fonctionnement du système du Traité sur l'Antarctique : examen de la situation du Secrétariat

7. Élaboration d'un plan de travail stratégique pluriannuel

8. Rapport du Comité pour la protection de l'environnement

9. Responsabilité découlant de situations critiques pour l'environnement : application de la décision 4 (2010)

10. Sécurité et opérations dans l'Antarctique

11. Tourisme et activités non gouvernementales dans la zone du Traité sur l'Antarctique

12. Inspections effectuées en vertu du Traité sur l'Antarctique et du Protocole relatif à la protection de l'environnement

13. Questions scientifiques, coopération et facilitation scientifiques, en particulier la préservation de l'héritage de l'Année polaire internationale 2007-2008

14. Conséquences des changements climatiques pour la zone du Traité sur l'Antarctique

15. Questions opérationnelles

16. Questions éducatives

17. Échange d'informations

18. Prospection biologique en Antarctique

19. Préparatifs de la XXVIᵉ réunion

20. Divers

21. Adoption du rapport final

DEUXIÈME PARTIE
Mesures, décisions et résolutions

1. Mesures

Zone spécialement protégée de l'Antarctique n° 116
(Vallée New College, Plage Caughley, Cap Bird, île de Ross) : Plan de gestion révisé

Les représentants,

Rappelant les articles 3, 5 et 6 de l'annexe V du Protocole au Traité sur l'Antarctique relatif à la protection de l'environnement qui prévoient la désignation de zones spécialement protégées de l'Antarctique (« ZSPA ») et l'approbation des plans de gestion pour ces zones,

Rappelant

- La recommandation XIII-8 (1985) qui désignait la plage Caughley comme site présentant un intérêt scientifique particulier (« SISP ») n° 10 et annexait un plan de gestion pour ce site,

- La recommandation XIII-12 (1985) qui désignait la vallée New College comme zone spécialement protégée (« ZSP ») n° 20,

- La recommandation XVI-7 (1991) qui prorogeait la date d'expiration du SISP n° 10 au 31 décembre 2001,

- La recommandation XVII-2 (1992) à laquelle était annexé un plan de gestion pour la ZSP n° 20,

- La mesure 1 (2000), qui élargissait la ZSP n° 20 pour y inclure la plage Caughley, annexait un plan de gestion révisé pour la zone et prévoyait que le SISP n° 10 cesserait donc d'exister,

- La décision 1 (2002) qui rebaptisait et renumérotait la ZSP 20 comme ZSPA 116,

- La mesure 1 (2006) qui adoptait un plan de gestion révisé pour la ZSPA 116,

Rappelant que la recommandation XVI-7 (1991) et la mesure 1 (2000) ne sont pas entrées en vigueur et que la recommandation XVII-2 (1992) a été retirée par la mesure 1 (2010),

Rappelant que la recommandation XIII-12 (1985) et la recommandation XVI-7 (1991) sont désignées comme caduques par la décision 1 (2011),

Notant que le Comité pour la protection de l'environnement a approuvé un plan de gestion révisé pour la ZSPA 116, et

Désireux de remplacer le plan de gestion de la ZSPA 116 actuel par le plan de gestion révisé,

Recommandent pour approbation à leurs Gouvernements la mesure ci-après conformément au paragraphe 1 de l'article 6 de l'annexe V du Protocole au Traité sur l'Antarctique relatif à la protection de l'environnement,

Que :

1. Soit adopté le plan de gestion révisé pour la zone spécialement protégée de l'Antarctique n° 116 (Vallée New College, plage Caughley, Cap Bird, île de Ross), qui figure en annexe à la présente mesure ; et

2. Cessent d'avoir effet tous les plans de gestion antérieurs de la ZSPA 116, c'est-à-dire ceux qui figurent en annexe à la recommandation XIII-8 (1985), à la mesure 1 (2000) et à la mesure 1 (2006).

Zone spécialement protégée de l'Antarctique n° 120
(Archipel de Pointe-Géologie, Terre Adélie) :
Plan de gestion révisé

Les Représentants,

Rappelant les articles 3, 5 et 6 de l'annexe V du Protocole au Traité sur l'Antarctique relatif à la protection de l'environnement qui prévoient la désignation des zones spécialement protégées de l'Antarctique (« ZSPA ») et l'approbation des plans de gestion pour ces zones,

Rappelant

- La mesure 3 (1995) qui désignait l'archipel de Pointe-Géologie comme une zone spécialement protégée (« ZSP ») n° 24 et à laquelle figurait en annexe un plan de gestion pour cette zone,

- La décision 1 (2002) qui rebaptisait et renumérotait la ZSP 24 comme ZSPA 120,

- La mesure 2 (2005) qui adoptait un plan de gestion révisé pour la ZSPA 120,

Rappelant que la mesure 3 (1995) n'est pas entrée en vigueur,

Notant que le Comité pour la protection de l'environnement a approuvé un plan de gestion révisé pour la ZSPA 120,

Désireux de remplacer le plan de gestion de la ZSPA 120 actuel par le plan de gestion révisé,

Recommandent pour approbation à leurs Gouvernements la mesure ci-après conformément au paragraphe 1 de l'article 6 de l'annexe V du Protocole au Traité sur l'Antarctique relatif à la protection de l'environnement,

Que :

1. Soit adopté le plan de gestion révisé pour la zone spécialement protégée de l'Antarctique nº 120 (archipel de Pointe-géologie, Terre Adélie)**,** qui figure en annexe à la présente mesure,

2. Cesse d'avoir effet le plan de gestion pour la ZSPA 120 qui figure en annexe à la Mesure 2 (2005) ; et

3. Soit retirée la mesure 3 (1995) qui n'est pas entrée en vigueur.

Zone spécialement protégée de l'Antarctique n° 122
(Hauteurs Arrival, péninsule Hut Point, île de Ross) : Plan de gestion révisé

Les Représentants,

Rappelant les articles 3, 5 et 6 de l'annexe V du Protocole au Traité sur l'Antarctique relatif à la protection de l'environnement qui prévoient la désignation des zones spécialement protégées de l'Antarctique (« ZSPA ») et l'approbation des plans de gestion pour ces zones,

Rappelant

- La recommandation VIII-4 (1975) qui désignait les hauteurs Arrival, péninsule Hut Point, île de Ross comme site présentant un intérêt scientifique particulier (« SISP ») n° 2 et à laquelle était annexé un plan de gestion pour ce site,

- La recommandation X-6 (1979) qui prorogeait la date d'expiration du SISP n° 2 du 30 juin 1981 au 30 juin 1985,

- La recommandation XII-5 (1983) qui prorogeait la date d'expiration du SISP n° 2 du 30 juin 1985 au 31 décembre 1985,

- La recommandation XIII-7 (1985) qui prorogeait la date d'expiration du SISP n° 2 du 31 décembre 1985 au 31 décembre 1987,

- La recommandation XIV-4 (1987) qui prorogeait la date d'expiration du SISP n° 2 du 31 décembre 1987 au 31 décembre 1997,

- La résolution 3 (1996), qui prorogeait la date d'expiration du SISP n° 2 du 31 décembre 1997 au 31 décembre 2000,

- La mesure 2 (2000), qui prorogeait la date d'expiration du SISP n° 2 du 31 décembre 2000 au 31 décembre 2005,

- La décision 1 (2002) qui rebaptisait et renumérotait la ZSP 2 comme ZSPA 122,

- La mesure 2 (2004) qui adoptait un plan de gestion révisé pour la ZSPA 122,

Rappelant que la mesure 2 (2000) a été abrogée par la mesure 5 (2009),

Rappelant que la recommandation VIII-4 (1975), la recommandation X-6 (1979), la recommandation XII-5 (1983), la recommandation XIII-7 (1985), la recommandation XIV-4 (1987) et la résolution 3 (1996) sont désignées comme caduques par la décision 1 (2011),

Notant que le Comité pour la protection de l'environnement a approuvé un plan de gestion révisé pour la ZSPA 122,

Désireux de remplacer le plan de gestion de la ZSPA 122 actuel par le plan de gestion révisé,

Recommandent pour approbation à leurs Gouvernements la mesure ci-après conformément au paragraphe 1 de l'article 6 de l'annexe V du Protocole au Traité sur l'Antarctique relatif à la protection de l'environnement, à savoir

Que :

1. Soit approuvé le plan de gestion révisé pour la zone spécialement protégée de l'Antarctique n° 122 (Hauteurs Arrival, péninsule Hut Point, île de Ross) qui figure en annexe à la présente mesure ; et

2. Cesse d'avoir effet le plan de gestion de la ZSPA 122 qui figure en annexe à la mesure 2 (2004).

Mesure 4 (2011)

Zone spécialement protégée de l'Antarctique n° 126 :
(Péninsule Byers, île Livingston, îles Shetland du Sud) : Plan de gestion révisé

Les Représentants,

Rappelant les articles 3, 5 et 6 de l'annexe V du Protocole au Traité sur l'Antarctique relatif à la protection de l'environnement qui prévoient la désignation de zones spécialement protégées de l'Antarctique (« ZSPA ») et l'approbation des plans de gestion pour ces zones,

Rappelant

- La recommandation IV-10 (1996) qui désignait la péninsule Byers, île Livingstone, îles Shetland du Sud comme zone spécialement protégée (« ZSP ») n° 10,

- La recommandation VIII-2 (1975) qui abrogeait la ZSP 10 et la recommandation VIII-4 (1975) qui redésignait la zone comme site présentant un intérêt scientifique particulier (SISP) n° 6 et à laquelle était annexé le premier plan de gestion pour ce site,

- La recommandation X-6 (1979) qui prorogeait la date d'expiration du SISP 6 du 30 juin 1981 au 30 juin 1985,

- La recommandation XII-5 (1983) qui prorogeait la date d'expiration du SISP n° 6 du 30 juin 1985 au 31 décembre 1985,

- La recommandation XIII-7 (1985) qui prorogeait la date d'expiration du SISP n° 6 du 31 décembre 1985 au 31 décembre 1995,

- La Recommandation XVI-5 (1991) qui adoptait un plan de gestion révisé pour le SISP n° 6,

- La mesure 3 (2001), qui prorogeait la date d'expiration du SISP n° 6 du 31 décembre 1995 au 31 décembre 2005,

- La décision 1 (2002) qui rebaptisait et renumérotait le SISP 6 comme ZSPA 126,

- La mesure 1 (2002) qui adoptait un plan de gestion révisé pour le SISP 6,

Rappelant que la recommandation XVI-5 (1991) et la mesure 3 (2001) ne sont pas entrées en vigueur,

Rappelant que la recommandation VIII-2 (1975), la recommandation X-6 (1979), la recommandation XII-5 (1983), la recommandation XIII-7 (1985), et la recommandation XVI-5 (1991) sont désignées comme caduques par la décision 1 (1991),

Notant que le Comité pour la protection de l'environnement a approuvé un plan de gestion révisé pour la ZSPA 122,

Désireux de remplacer le plan de gestion de la ZSPA 126 actuel par le plan de gestion révisé,

Recommandent pour approbation à leurs Gouvernements la mesure ci-après conformément au paragraphe 1 de l'article 6 de l'annexe V du Protocole au Traité sur l'Antarctique relatif à la protection de l'environnement,

Que :

1. Soit approuvé le plan de gestion révisé pour la zone spécialement protégée de l'Antarctique n° 126 (péninsule Byers, île Livingstone, îles Shetland du Sud) qui figure en annexe à la présente mesure,

2. Cessent d'avoir effet les précédents plans de gestion pour la ZSPA 126, y compris le plan annexé à la mesure 1 (2002), et

3. Soient retirées la recommandation XVI-5 (1991) et la mesure 3 (2001) qui ne sont pas entrées en vigueur.

Zone spécialement protégée de l'Antarctique n° 127
(Île Haswell) : Plan de gestion révisé

Les Représentants,

Rappelant les articles 3, 5 et 6 de l'annexe V du Protocole au Traité sur l'Antarctique relatif à la protection de l'environnement qui prévoient la désignation de zones spécialement protégées de l'Antarctique (« ZSPA ») et l'approbation des plans de gestion pour ces zones,

Rappelant

- La recommandation VIII-4 (1975) qui désignait l'île Haswell comme site présentant un intérêt scientifique particulier (« SISP ») n° 7 et à laquelle était annexé un plan de gestion pour ce site,

- La recommandation X-6 (1979) qui prorogeait la date d'expiration du SISP n° 7 du 30 juin 1981 au 30 juin 1983,

- La recommandation XII-5 (1983) qui prorogeait la date d'expiration du SISP n° 7 du 30 juin 1983 au 31 décembre 1985,

- La recommandation XIII-7 (1985) qui prorogeait la date d'expiration du SISP n° 7 du 31 décembre 1985 au 31 décembre 1991,

- La recommandation XVI-7 (1987) qui prorogeait la date d'expiration du SISP n° 7 du 31 décembre 1991 au 31 décembre 2001,

- La mesure 3 (2001), qui prorogeait la date d'expiration du SISP n° 7 du 31 décembre 2001 au 31 décembre 2005,

- La décision 1 (2002) qui rebaptisait et renumérotait le SISP 7 comme ZSPA 127,

- La mesure 4 (2005) qui prorogeait la date d'expiration du plan de gestion de la ZSPA n° 127 du 31 décembre 2005 au 31 décembre 2010,

- La mesure 1 (2006) qui adoptait un plan de gestion révisé pour la ZSPA 127,

Rappelant que la recommandation VIII-4 (1975), la recommandation X-6 (1979), la recommandation XII-5 (1983), la recommandation XIII-7 (1985) et la recommandation XVI-7 (1987) sont désignées comme caduques par la décision 1 (2011),

Notant que le Comité pour la protection de l'environnement a approuvé un plan de gestion révisé pour la ZSPA 127,

Désireux de remplacer le plan de gestion de la ZSPA 127 actuel par le plan de gestion révisé,

Recommandent pour approbation à leurs Gouvernements la mesure ci-après conformément au paragraphe 1 de l'article 6 de l'annexe V du Protocole au Traité sur l'Antarctique relatif à la protection de l'environnement,

Que :

1. Soit approuvé le plan de gestion pour la zone spécialement protégée de l'Antarctique n° 127 (île Haswell) qui figure en annexe à la présente mesure ; et

2. Cessent d'avoir effet les plans de gestion précédents de la ZSPA 127, c'est-à-dire ceux qui sont annexés à la recommandation VIII-4 (1975) et à la mesure 1 (2006).

Zone spécialement protégée de l'Antarctique n° 131
(Glacier Canada, lac Fryxell, vallée Taylor, Terre Victoria) : Plan de gestion révisé

Les Représentants,

Rappelant les articles 3, 5 et 6 de l'annexe V du Protocole au Traité sur l'Antarctique relatif à la protection de l'environnement qui prévoient la désignation de zones spécialement protégées de l'Antarctique (« ZSPA ») et l'approbation des plans de gestion pour ces zones,

Rappelant

- La recommandation XIII-8 (1985) qui désignait le glacier Canada, lac Fryxell, vallée Taylor, Terre Victoria comme site présentant un intérêt scientifique particulier (« SISP ») n° 12 et à laquelle était annexé un plan de gestion pour ce site ;

- La recommandation XVI-7 (1987) qui prorogeait la date d'expiration du SISP n° 12 au 31 décembre 2001 ;

- La mesure 3 (1997) qui adoptait un plan de gestion révisé pour le SISP 12 ;

- La décision 1 (2002) qui rebaptisait et renumérotait le SISP 12 comme ZSPA 131 ;

- La mesure 1 (2006) qui adoptait un plan de gestion révisé pour la ZSPA 131,

Rappelant que la mesure 3 (1997) n'est pas entrée en vigueur,

Rappelant que la recommandation XVI-7 (1987) n'est pas entrée en vigueur et est désignées comme caduque par la décision 1 (2011),

Notant que le Comité pour la protection de l'environnement a approuvé un plan de gestion révisé pour la ZSPA 131,

Désireux de remplacer le plan de gestion de la ZSPA 131 actuel par le plan de gestion révisé,

Recommandent pour approbation à leurs Gouvernements la mesure ci-après conformément au paragraphe 1 de l'article 6 de l'annexe V du Protocole au Traité sur l'Antarctique relatif à la protection de l'environnement,

Que :

1. Soit approuvé le plan de gestion révisé pour la zone spécialement protégée de l'Antarctique n° 131 (glacier Canada, lac Fryxell, vallée Taylor, Terre Victoria) qui figure en annexe à la présente mesure,

2. Cessent d'avoir effet les précédents plans de gestion pour la ZSPA 131, y compris le plan annexé à la mesure 1 (2006), et

3. Soit retirée la mesure 3 (1997) qui n'est pas entrée en vigueur.

Zone spécialement protégée de l'Antarctique n° 149
(Cap Shirreff et île San Telmo, île Livingston, îles Shetland du Sud) : Plan de gestion révisé

Les Représentants,

Rappelant les articles 3, 5 et 6 de l'annexe V du Protocole au Traité sur l'Antarctique relatif à la protection de l'environnement qui prévoient la désignation de zones spécialement protégées de l'Antarctique (« ZSPA ») et l'approbation des plans de gestion pour ces zones,

Rappelant

- La recommandation IV-11 (1966) qui désignait le cap Shirreff et l'île San Telmo, île Livingstone, îles Shetland du Sud comme zone spécialement protégée (« ZSP ») n° 11,

- La recommandation XV-7 (1989) qui abrogeait la ZSP 11 et redésignait la zone comme site présentant un intérêt scientifique particulier (« SISP ») n° 32 et à laquelle était annexé un plan de gestion pour ce site,

- La résolution 3 (1996), qui prorogeait la date d'expiration du SISP n° 32 du 31 décembre 1999 au 31 décembre 2000,

- La mesure 2 (2000), qui prorogeait la date d'expiration du SISP n° 32 du 31 décembre 2000 au 31 décembre 2005,

- La décision 1 (2002) qui rebaptisait et renumérotait la ZSP 11 comme ZSPA 149,

- La mesure 2 (2005) qui adoptait un plan de gestion révisé pour la ZSPA 149,

Rappelant que la recommandation XV-7 (1989) et la mesure 2 (2000) ne sont pas encore entrées en vigueur et que la mesure 2 (2000) a été retirée par la mesure 5 (2009),

Rappelant que la recommandation XV-7 (1989) et la résolution 3 (1996) sont désignées comme caduques par la décision 1 (2011),

Notant que le Comité pour la protection de l'environnement a soutenu un plan de gestion révisé pour la ZSPA 149,

Désireux de remplacer le plan de gestion de la ZSPA 149 actuel par le plan de gestion révisé,

Recommandent pour approbation à leurs Gouvernements la mesure ci-après conformément au paragraphe 1 de l'article 6 de l'annexe V du Protocole au Traité sur l'Antarctique relatif à la protection de l'environnement,

Que :

1. Soit approuvé le plan de gestion révisé pour la zone spécialement protégée de l'Antarctique n° 149 (cap Shirreff et l'île San Telmo, île Livingstone, îles Shetland du Sud) qui figure en annexe à la présente mesure, et

2. Cesse d'avoir effet le plan de gestion pour la ZSPA 149 qui figure en annexe à la mesure 2 (2005).

Zone spécialement protégée de l'Antarctique n° 165
(Pointe Edmonson, baie Wood, mer de Ross) :
Plan de gestion révisé

Les Représentants,

Rappelant les articles 3, 5 et 6 de l'annexe V du Protocole au Traité sur l'Antarctique relatif à la protection de l'environnement qui prévoient la désignation des zones spécialement protégées de l'Antarctique (« ZSPA ») et l'approbation des plans de gestion pour ces zones,

Rappelant la mesure 1 (2006) qui désignait la Pointe Edmonson, baie Wood, mer de Ross comme ZSPA n° 165 et annexait un plan de gestion pour cette zone,

Notant que le Comité pour la protection de l'environnement a approuvé un plan de gestion révisé pour la ZSPA 165,

Désireux de remplacer le plan de gestion de la ZSPA 165 actuel par le plan de gestion révisé,

Recommandent pour approbation à leurs Gouvernements la mesure ci-après conformément au paragraphe 1 de l'article 6 de l'annexe V du Protocole au Traité sur l'Antarctique relatif à la protection de l'environnement,

Que :

1. Soit approuvé le plan de gestion révisé pour la zone spécialement protégée de l'Antarctique n° 165 (Pointe Edmonson, baie Wood, mer de Ross) qui figure en annexe à la présente mesure , et

2. Cesse d'avoir effet le plan de gestion pour la ZSPA 165 qui figure en annexe à la mesure 1 (2006).

Zone spécialement protégée de l'Antarctique n° 167
(Île Hawker, collines Vestfold, côte Ingrid Christensen, Terre princesse Elisabeth, Antarctique orientale) : Plan de gestion révisé

Les Représentants,

Rappelant les articles 3, 5 et 6 de l'annexe V du Protocole au Traité sur l'Antarctique relatif à la protection de l'environnement qui prévoient la désignation de zones spécialement protégées de l'Antarctique (« ZSPA ») et l'approbation des plans de gestion pour ces zones,

Rappelant la mesure 1 (2006) qui désignait l'île Hawker, collines Vestfold, côte Ingrid Christensen, Terre princesse Elisabeth, Antarctique orientale comme ZSPA n° 167 et à laquelle était annexé un plan de gestion pour cette zone,

Notant que le Comité pour la protection de l'environnement a approuvé un plan de gestion révisé pour la ZSPA 167,

Désireux de remplacer le plan de gestion de la ZSPA 167 actuel par le plan de gestion révisé,

Recommandent pour approbation à leurs Gouvernements la mesure ci-après conformément au paragraphe 1 de l'article 6 de l'annexe V du Protocole au Traité sur l'Antarctique relatif à la protection de l'environnement,

Que :

1. Soit approuvé le plan de gestion pour la zone spécialement protégée de l'Antarctique n° 167 (île Hawker, collines Vestfold, côte Ingrid Christensen, Terre princesse Elisabeth, Antarctique orientale) qui figure en annexe à la présente mesure, et

2. Cesse d'avoir effet le plan de gestion pour la ZSPA 167 qui figure en annexe à la mesure 1 (2006).

Zone gérée spéciale de l'Antarctique n° 2
(McMurdo Dry Valleys, Terre Southern Victoria) : Plan de gestion révisé

Les Représentants,

Rappelant les articles 4, 5 et 6 de l'annexe V du Protocole au Traité sur l'Antarctique relatif à la protection de l'environnement qui prévoient la désignation de zones gérées spéciales de l'Antarctique (« ZGSA ») et l'approbation des plans de gestion pour ces zones,

Rappelant la mesure 1 (2004) qui désignait McMurdo Dry Valleys, Terre Southern Victoria comme ZGSA n° 2 et à laquelle était annexé un plan de gestion pour cette zone,

Notant que le Comité pour la protection de l'environnement a approuvé un plan de gestion révisé pour la ZGSA 2,

Désireux de remplacer le plan de gestion de la ZGSA 2 actuel par le plan de gestion révisé,

Recommandent pour approbation à leurs Gouvernements la mesure ci-après conformément au paragraphe 1 de l'article 6 de l'annexe V du Protocole au Traité sur l'Antarctique relatif à la protection de l'environnement,

Que :

1. Soit approuvé le plan de gestion pour la zone gérée spéciale de l'Antarctique n° 2 (McMurdo Dry Valleys, Terre Southern Victoria) qui figure en annexe à la présente mesure ; et

2. Cesse d'avoir effet le plan de gestion pour la ZGSA 2 qui figure en annexe à la mesure 1 (2004).

Sites et monuments historiques de l'Antarctique :
Monument au Traité sur l'Antarctique et plaque

Les Représentants,

Rappelant les exigences de l'article 8 de l'annexe V du Protocole au Traité sur l'Antarctique relatif à la protection de l'environnement qui sont de tenir à jour la liste des sites et monuments historiques et de veiller à ce que ces sites et monuments ne soient ni détériorés, ni enlevés ni détruits,

Rappelant

La mesure 3 (2003) qui révisait et mettait à jour la « Liste des sites et monuments historiques »,

La mesure 3 (2007) qui ajoutait le monument au Traité sur l'Antarctique et plaque à la liste des sites et monuments historiques annexée à la mesure 3 (2003),

Désireux de modifier la description d'un site et monument historique,

Recommandent pour approbation à leurs Gouvernements la mesure ci-après conformément au paragraphe 2 de l'article 8 de l'annexe V du Protocole au Traité sur l'Antarctique relatif à la protection de l'environnement, à savoir :

Que la description du site et monument historique n° 82 (mesure 3 (2007)) soit modifiée comme suit :

« N° 82 : Monument au Traité sur l'Antarctique et plaque

Ce monument est situé à proximité des bases Frei, Bellingshausen et Escudero, à la péninsule Fildes, île du Roi Georges (île du 25 Mai). La plaque placée au pied du monument rend hommage aux signataires du Traité sur l'Antarctique. Ce monument comprend 4 plaques rédigées dans les langues officielles du Traité sur l'Antarctique. Lesdites plaques ont été installées en février 2011 et portent l'inscription suivante : « Ce monument historique dédié à la mémoire des signataires du Traité sur l'Antarctique, Washington, D.C. 1959, est aussi un rappel de l'héritage de la première et de la deuxième Années polaires internationales (1882-1883 et 1932-1933) et de l'Année géophysique internationale (1957-1958) antérieure au Traité sur l'Antarctique et rappelle l'héritage que constitue la coopération internationale qui a rendu possible l'Année polaire internationale 2007-2008. » Ce monument a été conçu et construit par l'Américain Joseph W. Pearson qui en a fait don au Chili. Le monument a été inauguré en 1999 à l'occasion du quarantième anniversaire de la signature du Traité sur l'Antarctique. »

Sites et monuments historiques de l'Antarctique :
Bâtiment n° 1 à la station Great Wall

Les Représentants,

Rappelant les dispositions de l'article 8 de l'annexe V du Protocole au Traité sur l'Antarctique relatif à la protection de l'environnement qui sont de tenir à jour la liste des sites et monuments historiques et de veiller à ce que ces sites et monuments ne soient ni détériorés, ni enlevés ni détruits,

Rappelant la mesure 3 (2003) qui révisait et mettait à jour la « Liste des sites et monuments historiques »,

Désireux d'ajouter un nouveau monument historique à la « Liste des sites et monuments historiques »,

Recommandent pour approbation à leurs Gouvernements la mesure ci-après conformément au paragraphe 2 de l'article 8 de l'annexe V du Protocole au Traité sur l'Antarctique relatif à la protection de l'environnement :

Que le site suivant soit ajouté à la « Liste des sites et monuments historiques » qui figure en annexe de la mesure 3 (2003) :

« N° 86 : Bâtiment n° 1 à la station Great Wall

Le bâtiment n° 1, construit en 1985 avec une surface au sol de 175 mètres carrés, est situé au centre de la station chinoise antarctique Great Wall qui se trouve sur la péninsule Fildes, île du Roi Georges, Shetlands du Sud, Antarctique occidentale. Ce bâtiment marque le début de l'implication chinoise dans la recherche antarctique dans les années 1980, et par conséquent, il est d'une grande importance pour commémorer l'expédition antarctique chinoise. »

Emplacement géographique : 62°13′4″ S, 58°57′44″ O

Partie qui la première a fait la proposition : CHINE

Partie qui se charge de la gestion : CHINE

2. Décisions

Mesures désignées comme caduques

Les Représentants,

Rappelant la décision 3 (2002) et la décision 1 (2007) qui dressent une liste de mesures* désignées comme dépassées ou caduques ;

Ayant examiné certaines mesures relatives aux zones protégées et aux questions environnementales d'ordre général ;

Reconnaissant que les mesures dont la liste figure dans l'annexe à cette décision sont caduques et

Notant que le Comité pour la protection de l'environnement a fourni des orientations lorsqu'il a été consulté,

Décident :

1. que les mesures dont la liste est annexée à cette décision ne demandent pas de nouvelles actions de la part des Parties, et

2. de demander au Secrétariat du Traité sur l'Antarctique d'afficher sur son site internet le texte des mesures dont la liste est annexée à cette décision, en indiquant clairement que ces mesures sont caduques et que les Parties ne sont pas tenues de mener d'autres actions en relation auxdites mesures.

---

*Note : les mesures préalablement adoptées en vertu de l'article IX du Traité sur l'Antarctique ont été décrites comme des recommandations jusqu'à la RCTA XIX (1995) et divisées en mesures, décisions et résolutions en vertu de la décision 1 (1995).

1. Plans de gestion

- Recommandation IV-1
- Recommandation IV-2
- Recommandation IV-3
- Recommandation IV-8
- Recommandation IV-9
- Recommandation IV-13
- Recommandation VIII-2
- Recommandation VIII-4
- Recommandation X-5
- Recommandation XIII-9
- Recommandation XIII-10
- Recommandation XIII-12
- Recommandation XIII-14
- Recommandation XV-6
- Recommandation XV-7
- Recommandation XVI-4
- Recommandation XVI-5
- Recommandation XVI-8
- Mesure 2 (1995)

2. Prorogation des dates d'expiration des plans de gestion

- Recommandation X-6
- Recommandation XII-5
- Recommandation XIII-7
- Recommandation XIV-4
- Recommandation XVI-7
- Résolution 7 (1995)
- Résolution 3 (1996)

3. Zones protégées en général

- Recommandation VI-8
- Recommandation VII-9
- Résolution 5 (1996)

4. Évaluation d'impact sur l'environnement

- Recommandation XII-3
- Recommandation XIV-2
- Résolution 6 (1995)
- Résolution 1 (1999)

5. Conservation de la faune et de la flore de l'Antarctique

- Recommandation I-VIII
- Recommandation II-II
- Recommandation III-8
- Recommandation III-10
- Recommandation VI-9
- Recommandation IV-16
- Recommandation IV-17
- Recommandation IV-19
- Recommandation VII- 5

6. Élimination et gestion des déchets

- Recommandation XII-4
- Recommandation XIII-4
- Recommandation XV-3

7. Prévention de la pollution marine

- Recommandation IX-6
- Recommandation X-7
- Recommandation XV-4

8. Mesures à l'origine du Protocole relatif à l'environnement

- Recommandation VIII-11
- Recommandation VIII-13
- Recommandation IX-5
- Recommandation XV-1

9. Recommandations du SCAR sur des questions environnementales

- Recommandation VI-4
- Recommandation VII-1
- Recommandation X-4

10. Problèmes de responsabilité

- Décision 3 (1998)
- Décision 3 (2001)

11. Autres problématiques environnementales

- Résolution 4 (1995)
- Résolution 4 (1999)

Règlement intérieur révisé de la Réunion consultative du Traité sur l'Antarctique (2011) ; Règlement intérieur révisé du Comité pour la protection de l'environnement (2011) ; Lignes directrices pour la soumission, la traduction et la distribution de documents pour la RCTA et le CPE

Les Représentants,

Reconnaissant la valeur des informations échangées dans les documents officiels diffusés entre les participants à la Réunion consultative du Traité sur l'Antarctique (« RCTA ») et au Comité pour la protection de l'environnement (« CPE ») ;

Rappelant

- La décision 1 (2008) contenant le règlement intérieur révisé de la RCTA ;

- La décision 3 (2009) contenant les Lignes directrices pour la soumission et le traitement de documents pour la RCTA et le CPE adoptées dans la Décision 3 (2009) ;

- La décision 3 (2010) contenant le règlement intérieur révisé du CPE ;

Considérant que l'efficacité des réunions pourrait être renforcée par l'établissement d'une nouvelle catégorie de documents officiels pour permettre l'échange d'informations formel qui ne nécessite pas de présentation ou de discussion au cours des réunions ;

Considérant que la soumission en temps voulu des documents de réunion peut renforcer l'efficacité de la RCTA et du CPE en permettant aux Parties d'avoir suffisamment de temps pour développer leurs positions à la réunion ;

Considérant également que les Parties consultatives devraient être en mesure de fournir aux organisations internationales ayant un intérêt scientifique ou technique en Antarctique des informations exactes, en temps voulu, substantielles et actuelles concernant leur collaboration, et concernant les réalisations et le fonctionnement du système du Traité sur l'Antarctique ;

Notant la nécessité de mettre à jour les règlements intérieurs de la RCTA et du CPE et les Lignes directrices pour refléter les changements apportés à la soumission et au traitement de documents officiels,

Décident :

1. que les règlements intérieurs révisés de la Réunion consultative du Traité sur l'Antarctique (2011) figurant en annexe à la présente décision (Annexe 1) remplacera le règlement intérieur révisé (2008) qui figure en annexe à la décision 1 (2008) ;

2. que les règlements intérieurs révisés du Comité pour la protection de l'environnement (2011) figurant en annexe à la présente décision (Annexe 2) remplacera le règlement intérieur révisé du Comité pour la protection de l'environnement (2010) qui figure en annexe à la décision 3 (2010) ;

3. que les Lignes directrices révisées pour la soumission, la traduction et la distribution de documents pour la RCTA et le CPE jointes à la Décision 3 (2009) ne sont plus d'actualité.

4. que la décision 1 (2008) et la décision 3 (2010) ne sont plus d'actualité.

Règlement intérieur révisé (2011)

1. Les réunions organisées en conformité avec l'article IX du Traité sur l'Antarctique sont appelées « Réunions consultatives du Traité sur l'Antarctique ». Les Parties contractantes habilitées à participer à ces réunions sont appelées « Parties consultatives » ; les autres Parties contractantes qui ont été invitées à participer à ces réunions sont appelées « Parties non consultatives ». Le Secrétaire exécutif du secrétariat du Traité sur l'Antarctique est appelé « secrétaire exécutif ».

2. Les représentants de la Commission pour la conservation de la faune et de la flore marines de l'Antarctique et du Comité scientifique pour la recherche en Antarctique, invités à participer à ces réunions en application de l'article 32, sont désignés sous le nom d' « observateurs ».

Représentation

3. Chaque Partie consultative est représentée par une délégation qui se composera d'un représentant, de représentants suppléants, de conseillers et d'autres personnes que chaque État peut juger nécessaires. Chaque Partie non consultative, invitée à participer à une Réunion consultative, est représentée par une délégation qui se composera d'un représentant et d'autres personnes considérées comme nécessaires, en respectant la limite numérique qui peut être, de temps en temps, déterminée par le pays hôte après consultation avec les Parties consultatives. La Commission pour la conservation de la faune et de la flore marines de l'Antarctique, le Comité scientifique pour la recherche en Antarctique et le Conseil des directeurs des programmes antarctiques nationaux sont représentés par leurs présidents respectifs ou par d'autres personnes qui auront été désignées à cette fin. Les noms des membres des délégations et des observateurs seront communiqués au Gouvernement hôte avant l'ouverture de la réunion.

4. L'ordre de préséance des délégations suivra l'ordre alphabétique arrêté dans la langue du pays hôte, toutes les délégations des Parties non consultatives suivant les délégations des Parties consultatives, et toutes les délégations d'observateurs suivant celles des Parties non consultatives.

Membres du bureau

5. Un représentant du Gouvernement hôte assurera à titre temporaire la présidence de la réunion et il présidera la réunion jusqu'à l'élection du président.

6. Au cours de la séance d'ouverture, un président issu d'une des Parties consultatives, sera élu. Les autres représentants des Parties consultatives agiront en qualité de vice-présidents de la réunion dans l'ordrc dc préséance. Le Président doit normalement présider toutes les séances plénières. En son absence à l'une des séances ou partie de séance, le vice-président, désigné par roulement sur la base de l'ordre de préséance arrêté à l'article 4, présidera la séance.

Secrétariat

7. Le Secrétaire exécutif agira en qualité de secrétaire de la Réunion. Avec le concours du Gouvernement hôte, il sera chargé, conformément à l'article 2 de la mesure 1 (2003) tel qu'il est provisoirement appliqué par la décision 2 (2003) jusqu'à ce que la mesure 1 entre en vigueur, de fournir des services de secrétariat pour la réunion.

Séances

8. La séance plénière d'ouverture sera ouverte au public alors que les autres séances se tiendront à huis clos, à moins que les Parties n'en décident autrement.

Comités et groupes de travail

9. La Réunion peut, afin de faciliter son travail, créer les comités qu'elle juge nécessaires à l'exécution de ses fonctions, et elle en a établira les mandats.

10. Les comités travaillent sur la base du règlement intérieur de la réunion, sauf lorsque celui- ci ne peut être appliqué.

11. Des groupes de travail peuvent être créés par la Réunion ou par ses comités pour traiter de différents points inscrits à l'ordre du jour. Le ou les présidents du ou des groupes de travail seront nommés au début de la réunion consultative ou de la réunion des comités. sauf décision contraire, le ou les présidents ne siégeront pas plus de quatre Réunions ou réunions de comités consécutives. À l'issue de chaque Réunion, les Parties peuvent décider à titre préliminaire du ou des groupes de travail dont la création a été proposée pour la Réunion suivante.

Conduite des travaux

12. Le quorum est constitué par les deux tiers des représentants des Parties consultatives qui participent aux réunions.

13. Le Président exerce ses pouvoirs comme le veut l'usage. Il veille à ce que le règlement intérieur soit observé et à ce que l'ordre soit maintenu. Dans l'exercice de ses fonctions, le Président demeure sous l'autorité de la réunion.

14. Conformément à l'article 29, aucun représentant ne peut s'adresser à la réunion sans avoir, au préalable, obtenu l'autorisation du Président ; celui-ci donnera la parole aux représentants dans l'ordre dans lequel ils ont fait part de leur intention d'intervenir. Le Président peut rappeler à l'ordre un intervenant s'il juge que ses remarques ne s'appliquent pas au sujet à l'étude.

15. Au cours de l'examen d'une question, le représentant d'une Partie consultative peut soulever une motion d'ordre, laquelle fera immédiatement l'objet d'une décision par le Président et ce, conformément au règlement intérieur. Le représentant d'une Partie consultative peut faire appel de la décision du Président. L'appel est mis immédiatement aux voix et la décision du Président demeurera en son état sauf si elle est annulée par la majorité des représentants des Parties consultatives, présents et votants. Le représentant

d'une Partie consultative qui soulève une motion d'ordre ne peut pas intervenir sur le fond de la question en cours de discussion.

16. La Réunion peut limiter le temps de parole accordé à chaque intervenant ainsi que le nombre d'interventions que celui-ci peut faire sur une question. Lorsque le débat est ainsi limité et qu'un représentant a épuisé les délais qui lui ont été impartis, le président le rappellera immédiatement à l'ordre.

17. Pendant un débat sur une question, le représentant d'une Partie consultative peut demander le report du débat sur le sujet à l'étude. En dehors du représentant qui a proposé la motion, deux représentants peuvent se prononcer en faveur de cette motion et deux contre, après quoi la motion doit être immédiatement mise aux voix. Le Président peut, au titre du présent article, limiter le temps de parole accordé aux intervenants.

18. Le représentant d'une Partie consultative peut, à tout moment, proposer la clôture du débat sur le sujet à l'étude, indépendamment du fait qu'un autre représentant a fait part de son intention de prendre la parole. L'autorisation de prendre la parole sur la clôture du débat ne sera accordée qu'aux représentants de deux Parties consultatives qui s'opposent à la clôture, après quoi la motion doit être mise immédiatement aux voix. Si la Réunion se prononce en faveur de la clôture, le Président déclarera le débat clos. Le Président peut, en vertu du présent article, limiter le temps de parole accordé aux intervenants. (Cet article ne s'applique pas aux débats en comité).

19. Pendant l'examen d'une question, le représentant d'une Partie consultative peut proposer la suspension ou le report de la réunion. Ces motions ne font pas l'objet d'un débat mais elles seront immédiatement mises aux voix. Le Président peut limiter le temps de parole accordé au représentant qui propose la suspension ou le renvoi de la réunion.

20. Conformément à l'article 15, les motions ci-après ont, dans l'ordre arrêté ci-dessous, la priorité sur toutes les autres propositions ou motions présentées à la réunion :

    a)   suspension de la réunion ;

    b)   report de la réunion ;

    c)   report du débat sur le sujet à l'étude ; et

    d)   clôture du débat sur le sujet à l'étude.

21. Les décisions de la réunion sur toutes les questions de procédure sont prises à la majorité des représentants des Parties consultatives qui participent à la réunion, chacun d'eux disposant d'une voix.

Langues

22. L'anglais, l'espagnol, le français et le russe sont les langues officielles de la réunion.

23. Les représentants peuvent, s'ils le souhaitent, s'exprimer dans une autre langue que les langues officielles mais, dans ce cas là, ils devront assurer eux-mêmes l'interprétation dans une de ces langues officielles.

Mesures, décisions, résolutions et rapport final

24. Sans préjudice de l'article 21, les mesures, décisions et résolutions dont il est fait mention dans la décision 1 (1995) sont adoptées par les représentants de toutes les Parties consultatives présentes et elles seront par la suite sujettes aux dispositions de la décision 1 (1995).

25. Le rapport final comprendra un bref compte rendu des actes de la réunion. Il sera approuvé par la majorité des représentants des Parties consultatives présentes et transmis par le Secrétaire exécutif aux Gouvernements de toutes les Parties consultatives et non consultatives ayant été invités à participer à la réunion, afin qu'ils en prennent connaissance.

26. Nonobstant l'article 25, le Secrétaire exécutif notifiera, immédiatement après la clôture de la Réunion consultative, à toutes les Parties consultatives toutes les mesures, décisions et résolutions prises et il leur enverra des copies authentifiées des textes définitifs dans une des langues officielles du Traité sur l'Antarctique. Dans le cas d'une mesure adoptée en application des procédures visées à l'article 6 ou 8 de l'annexe V du Protocole, la notification respective doit également inclure le délai d'approbation de cette mesure.

Parties non consultatives

27. Les représentants des Parties non consultatives invités à participer à la Réunion consultative peuvent assister :

   a)   à toutes les séances plénières de la réunion ; et

   b)   à toutes les réunions des comités ou groupes de travail formels auxquels participent toutes les Parties consultatives, à moins que le représentant d'une Partie consultative demande qu'il en soit autrement dans un cas particulier.

28. Le Président peut inviter le représentant d'une Partie non consultative à s'adresser à la Réunion, au comité ou au groupe de travail auquel il assiste, à moins que le représentant d'une Partie consultative demande qu'il en soit autrement. Le Président doit, à tout moment, donner la priorité aux représentants des Parties consultatives qui signalent leur intention de prendre la parole, et il peut, lorsqu'il invite les représentants des Parties non consultatives à parler, limiter le temps de parole accordé à chaque intervenant ainsi que le nombre de ses interventions sur un sujet.

29. Les Parties non consultatives ne sont pas autorisées à participer à la prise de décisions.

30.

   a)   Les Parties non consultatives peuvent soumettre au secrétariat des documents afin qu'ils soient distribués à la réunion comme documents d'information. Ces documents se rapporteront aux questions examinées à la réunion.

   b)   À moins qu'un représentant d'une Partie consultative n'en fasse la demande, lesdits documents ne seront disponibles que dans la langue ou les langues dans lesquelles ils ont été soumis.

Observateurs du système du Traité sur l'Antarctique

31. Les observateurs dont il est fait mention à l'article 2 participeront aux réunions dans le but spécifique de faire rapport :

    a) dans le cas de la Commission pour la conservation de la faune et de la flore marines de l'Antarctique, sur les faits nouveaux survenus dans son domaine de compétence ;

    b)   dans le cas du Comité scientifique pour la recherche en Antarctique, sur :

        i)   les travaux en général du SCAR ;

        ii)   les questions qui relèvent de la compétence du SCAR en vertu de la Convention pour la protection des phoques de l'Antarctique ;

        iii)   les publications et les rapports qui peuvent avoir été publiés ou établis en conformité avec les recommandations IV-19 et VI-9.

    c)   dans le cas du Conseil des directeurs des programmes antarctiques nationaux, sur les activités qui sont de son domaine de compétence.

32. Les observateurs peuvent assister :

    a)   à toutes les séances plénières de la réunion auxquelles leur rapport examiné ;

    b)   à toutes les réunions des comités et groupes de travail formels auxquels participent toutes les Parties consultatives et où leur rapport est examiné, à moins que le représentant d'une Partie consultative n'en fasse autrement la demande dans un cas particulier.

33. Après la présentation de chaque rapport, le Président peut inviter l'observateur à s'adresser à la réunion à laquelle le rapport est de nouveau examiné, à moins que le représentant d'une Partie consultative n'en fasse autrement la demande. Le Président peut, dans le cas de ces interventions, limiter le temps de parole.

34. Les observateurs ne sont pas autorisés à participer à la prise de décisions.

35. Les observateurs peuvent présenter leur rapport et/ou documents ayant trait aux questions abordées au Secrétariat afin qu'ils soient distribués à la réunion en tant que documents de travail.

Ordre du jour des réunions consultatives

36. À la fin de chaque Réunion consultative, le Gouvernement hôte arrête l'ordre du jour provisoire de la Réunion consultative suivante. S'il est approuvé par la réunion, cet ordre du jour provisoire sera annexé au rapport final de la réunion.

37. Toute Partie contractante peut proposer que des points supplémentaires soient inscrits à l'ordre du jour provisoire et en informer le Gouvernement hôte de la prochaine Réunion consultative au plus tard 180 jours avant le début de la Réunion, chaque proposition devant être accompagnée d'une note explicative. Le Gouvernement hôte appellera

l'attention de toutes les Parties contractantes sur le présent article au plus tard 210 jours avant la réunion.

38. Le Gouvernement hôte doit préparer un ordre du jour provisoire pour la Réunion consultative. Cet ordre du jour doit contenir :

    a) tous les points inscrits à l'ordre du jour provisoire conformément à l'article 36 ; et

    b) tous les points dont l'inclusion a été sollicitée par une Partie contractante en conformité avec l'article 37.

Au plus tard 120 jours avant la réunion, le Gouvernement hôte transmettra à toutes les Parties contractantes l'ordre du jour provisoire, y compris les notes explicatives et autres documents y relatifs.

Experts d'organisations internationales

39. À la fin de chaque Réunion consultative, les Parties décideront des organisations internationales ayant un intérêt scientifique ou technique en Antarctique qui seront invitées à désigner un expert pour participer à la prochaine réunion afin de les aider dans leurs principaux travaux.

40. Toute Partie contractante peut, ultérieurement, proposer que l'invitation soit étendue à d'autres organisations internationales ayant un intérêt scientifique ou technique en Antarctique afin que celles-ci puissent apporter leur concours aux travaux de la réunion ; chacune de ces propositions sera soumise au Gouvernement hôte de la réunion, au plus tard 180 jours avant le début de la Réunion, et elle sera accompagnée d'une note décrivant la raison d'être de la proposition.

41. Le Gouvernement hôte transmettra, en vertu de l'article 38, ces propositions à toutes les parties contractantes. Toute Partie consultative qui souhaite peut faire objection à une proposition, devra le faire au plus tard 90 jours avant la réunion.

42. À moins qu'il n'ait été saisi d'une telle objection, le Gouvernement hôte enverra une invitation aux organisations internationales identifiées conformément aux articles 39 et 40 et il leur demandera de lui communiquer avant l'ouverture de la réunion le nom de l'expert qu'elles auront désigné. Tous ces experts peuvent assister à la réunion pendant l'examen de tous les points de l'ordre du jour, à l'exception des points relatifs au fonctionnement du système du Traité sur l'Antarctique qui ont été retenus par la réunion précédente ou lors de l'adoption de l'ordre du jour.

43. Le Président peut, avec le consentement de toutes les Parties consultatives, inviter un expert à prendre la parole au cours de la réunion à laquelle celui-ci participe. Il donnera toujours la priorité aux représentants des Parties consultatives ou non consultatives ou aux observateurs dont il est fait mention à l'article 31, qui signalent leur intention de prendre la parole, et il peut, lorsqu'il invite un expert à prendre la parole, limiter le temps qui lui est imparti et le nombre d'interventions qu'il peut faire sur chaque sujet.

44. Les experts ne sont pas autorisés à participer à la prise de décisions.

45.

    a) Les experts peuvent, lorsqu'il s'agit d'un point de l'ordre du jour approprié, soumettre au secrétariat des documents pour qu'ils soient distribués à la réunion comme documents d'information.

    b) À moins qu'un représentant d'une Partie consultative n'en fasse autrement la demande, ces documents seront uniquement disponibles dans la langue ou les langues dans lesquelles ils ont été soumis.

Consultations intersessions

46. Durant la période intersessions et dans la mesure des compétences qui lui sont conférées en vertu de la mesure 1 (2008) et des instruments connexes régissant le fonctionnement du secrétariat, le Secrétaire exécutif devra consulter les Parties consultatives lorsqu'il est légalement tenu de le faire aux termes des instruments pertinents de la RCTA et lorsque les circonstances ne permettent pas d'attendre l'ouverture de la prochaine Réunion consultative, en suivant la procédure suivante :

    a) Le Secrétaire exécutif transmet les informations pertinentes et toute proposition d'intervention à l'ensemble des Parties consultatives par le truchement des points de contact qu'elles auront désignées, en indiquant une date opportune pour la présentation des réponses ;

    b) Le Secrétaire exécutif veille à ce que toutes les Parties consultatives accusent réception des informations transmises, et s'assure en outre que la liste d'envoi des points de contact est à jour ;

    c) Chaque Partie consultative examinera la question et informera le Secrétaire exécutif de sa réponse, le cas échéant, par le truchement de sa personne de contact dans le délai imparti ;

    d) Le Secrétaire exécutif peut, après avoir informé les Parties consultatives du résultat des consultations, prendre la mesure proposée si aucune des Parties ne s'y oppose ; et,

    e) Le Secrétaire exécutif conservera un relevé des consultations intersessions, y compris leurs résultats et les mesures qu'il a prises, et il en fera mention dans son rapport à la Réunion consultative.

47. Durant la période intersessions, lorsqu'une organisation internationale ayant un intérêt scientifique ou technique en Antarctique demande des renseignements sur les activités de la RCTA, le Secrétaire exécutif est tenu de coordonner la réponse suivant la procédure suivante :

    a) Le Secrétaire exécutif transmet la demande ainsi qu'un premier projet de réponse à toutes les Parties consultatives par le truchement de points de contact qu'elles auront désignées, il propose de répondre à la demande et fixe un délai adéquat pour que les Parties (1) annoncent qu'elles estiment qu'il ne convient pas de répondre à la demande *ou* (2) fassent part de leurs commentaires sur le premier projet de réponse.

Le délai imparti doit être suffisant pour permettre aux Parties de faire des commentaires et doit tenir compte des échéances fixées par les demandes de renseignements initiales.

Si une Partie consultative estime qu'il ne convient pas de répondre à la demande, le Secrétaire exécutif enverra uniquement une réponse d'ordre formel remerciant la demande, mais n'entrant pas en matière.

b) En l'absence d'objections à la procédure et si les Parties fournissent des commentaires avant la date évoquée dans le paragraphe (a) ci-dessus, le Secrétaire exécutif révise la réponse à la lumière des commentaires reçus, transmet à toutes les Parties consultatives la version révisée et fixe un délai raisonnable pour la soumission de commentaires,

c) S'il reçoit des commentaires avant la date précisée dans l'envoi auquel fait référence le paragraphe (b) ci-dessus, le Secrétaire exécutif suit à nouveau la procédure décrite au paragraphe (b) ci-dessus jusqu'à ce qu'il ne reçoive plus de commentaires,

d) En l'absence de commentaires avant la date précisée lors de l'envoi décrit aux paragraphes (a), (b) ou (c) ci-dessus, le Secrétaire exécutif remet une version définitive et demande un accusé de réception ainsi qu'une confirmation d'approbation par voie électronique à chaque Partie consultative, en fixant un délai pour la réception de l'approbation. Le Secrétaire exécutif doit informer les Parties consultatives des confirmations reçues.

Après réception des confirmations d'approbation des Parties consultatives, le Secrétaire exécutif signe, au nom de toutes les Parties consultatives, la réponse et l'envoie à l'organisation internationale concernée. Il envoie également une copie de la réponse signée à l'ensemble des Parties consultatives.

e) Toute Partie consultative peut, à tout moment de ce processus, demander un délai supplémentaire.

f) Toute Partie consultative peut, à tout moment de ce processus, annoncer qu'elle estime qu'il ne convient pas de répondre à la demande. Le cas échéant, le Secrétaire exécutif est tenu d'envoyer une réponse d'ordre formel en prenant acte de la demande, mais sans entrer en matière.

Documents des réunions

48. Les « documents de travail » désignent les documents soumis par les Parties consultatives, qui appellent des discussions et des décisions lors d'une réunion, et les documents soumis par les observateurs auxquels il est fait référence à l'article 2.

49. Les « documents du Secrétariat » désignent les documents préparés par le Secrétariat selon un mandat établi lors d'une réunion ou qui, selon le Secrétaire exécutif,

pourraient fournir des informations à la réunion ou contribuer au bon déroulement de son travail.

50. Les « documents d'information » désignent :

- Les documents soumis par les Parties consultatives ou les observateurs qui fournissent des informations à l'appui d'un document de travail ou des documents utiles aux discussions d'une réunion ;

- Les documents remis par les Parties non-consultatives utiles aux discussions d'une réunion ; et

- Les documents remis par les experts utiles aux discussions d'une réunion.

51. Les « documents de contexte » désignent les documents qui peuvent être soumis par tout participant à une réunion, qui ne seront pas présentés en séance, et dont le but est de soumettre des informations de manière officielle.

52. Les procédures de soumission, de traduction et de distribution des documents sont annexées au présent règlement intérieur.

Amendements

53. Le présent règlement intérieur peut être modifié à la majorité des deux tiers des représentants des Parties consultatives qui participent à la réunion. Cette disposition ne s'applique pas aux articles 24, 27, 29, 34, 39-42, 44, et 46 dont l'amendement nécessite l'approbation des représentants de toutes les Parties consultatives présentes à la réunion.

Annexe

Procédures relatives à la soumission, la traduction et la distribution des documents de la RCTA et du CPE

1. Ces procédures s'appliquent à la distribution et à la traduction des documents officiels de la Réunion consultative du Traité sur l'Antarctique (RCTA) et du Comité pour la protection de l'environnement (CPE) telles que définies dans leur Règlements intérieurs respectifs. Ces documents sont les documents de travail, les documents du Secrétariat, les documents d'information et les documents de contexte.

2. Les documents devant faire l'objet d'une traduction sont les documents de travail, les documents du Secrétariat, les rapports soumis à la RCTA par les Observateurs de la RCTA et les Experts invités conformément aux instructions de la Recommandation XIII-2, les rapports soumis à la RCTA sur le fondement du paragraphe 2 de l'article III du Traité sur l'Antarctique, et les documents d'information dont la traduction a été demandée par une Partie consultative. Les documents de contexte ne feront pas l'objet d'une traduction.

3. Les documents devant faire l'objet d'une traduction, à l'exception des rapports des Groupes de contact intersessions (GCI) convoqués par la RCTA ou le CPE, des rapports des présidents des Réunions d'experts du Traité sur l'Antarctique, et du rapport et du programme du Secrétariat, ne doivent pas excéder 1500 mots. Le calcul de la longueur d'un document n'inclut pas les propositions de mesures, de décisions et de résolutions, ainsi que les pièces jointes.

4. Les documents devant faire l'objet d'une traduction doivent être reçus par le Secrétariat au plus tard 45 jours avant la Réunion consultative. Dans le cas où de tels documents seraient soumis après la limite de 45 jours avant la Réunion consultative, ils ne seront pris en compte que si aucune Partie consultative ne s'y oppose.

5. Le Secrétariat doit recevoir les documents d'information pour lesquels aucune traduction n'a été demandée ainsi que les documents de contexte que les participants souhaitent voir inscrits dans la liste incluse au Rapport final au plus tard 30 jours avant la Réunion.

6. Le Secrétariat indique sur chaque document soumis par une Partie contractante, un observateur ou un expert, la date à laquelle il a été soumis.

7. Lorsqu'une version révisée d'un document faite après sa soumission initiale est à nouveau soumise au Secrétariat pour traduction, le texte révisé doit indiquer clairement les modifications qui y ont été apportées.

8. Les documents doivent être transmis au Secrétariat par voie électronique et sont téléchargés sur la page d'accueil de la RCTA établie par le Secrétariat. Les documents de travail reçus avant le délai de 45 jours sont téléchargés dès que possible et, en tout cas, 30 jours au plus tard avant la Réunion. Les documents sont téléchargés initialement vers la section du site protégée par mot de passe, puis sont redirigés vers la partie non protégée du site après la fin de la Réunion.

9. Au cours de la Réunion les Parties peuvent accepter de présenter au Secrétariat pour traduction un document pour lequel aucune traduction n'avait été demandée.

10. Aucun document soumis à la RCTA ne peut être utilisé comme base de discussion à la RCTA ou au CPE s'il n'a pas été traduit dans les quatre langues officielles.

11. Dans les six mois suivant la fin de la Réunion consultative, le Secrétariat diffusera le Rapport final de cette Réunion dans les quatre langues officielles par voie diplomatique et le téléchargera également sur la page d'accueil de la RCTA.

Règlement intérieur révisé du Comité pour la protection de l'environnement (2011)

Article 1

Sauf indication contraire, le règlement intérieur des Réunions consultatives du Traité sur l'Antarctique est applicable.

Article 2

Aux fins du présent règlement intérieur, on entend par :

a) le terme « Protocole » désigne : le Protocole au Traité sur l'Antarctique relatif à la protection de l'environnement signé à Madrid le 4 octobre 1991;

b) le terme « Parties » désigne : les Parties au Protocole;

c) le terme « Comité » désigne : le Comité pour la protection de l'environnement tel qu'il est défini à l'article 11 du Protocole;

d) le terme « Secrétariat » le Secrétariat du Traité sur l'Antarctique

PARTIE I - REPRÉSENTANTS ET EXPERTS

Article 3

Chaque Partie au Protocole a le droit d'être membre du Comité pour la protection de l'environnement et de nommer un représentant qui peut être accompagné d'experts et de conseillers dotés des compétences scientifiques, environnementales ou techniques appropriées.

Avant chaque réunion du Comité, chaque membre du Comité notifie, aussi rapidement que possible avant chaque réunion, au Gouvernement hôte de la Réunion du Comité, les noms et qualités de son représentant et, avant la réunion ou au début de celle-ci, les noms et qualités de chaque expert et conseiller.

PARTIE II - OBSERVATEURS ET CONSULTATIONS

Article 4

Sont admis au statut d'observateur auprès du Comité :

a) Toute Partie contractante au Traité sur l'Antarctique qui n'est pas Partie au Protocole;

b) Le président du Comité scientifique pour la recherche en Antarctique, le président du Comité scientifique pour la conservation de la faune et de la flore marines de l'Antarctique et le président du Conseil des directeurs des programmes antarctiques nationaux ou des représentants qu'ils peuvent désigner ;

c) Sous réserve de l'approbation spécifique de la Réunion consultative du Traité sur l'Antarctique, les autres organisations scientifiques, environnementales et techniques compétentes qui peuvent contribuer aux travaux du Comité.

Article 5

Avant chaque réunion du comité, les observateurs notifient au Gouvernement hôte de la réunion, aussitôt que possible avant chaque réunion, les noms et qualités de leur représentant désigné pour assister à la réunion.

Article 6

Les observateurs peuvent participer aux débats mais pas à la prise des décisions.

Article 7

Dans l'accomplissement de ses fonctions, le Comité consulte selon que de besoin le Comité scientifique pour la recherche en Antarctique, le Comité scientifique pour la conservation de la faune et de la flore marines de l'Antarctique, le Conseil des directeurs des programmes antarctiques nationaux, et d'autres organisations scientifiques, environnementales et techniques compétentes.

Article 8

Le Comité peut demander l'avis d'experts lorsqu'il le juge opportun, au cas par cas.

PARTIE III - RÉUNIONS

Article 9

Le Comité se réunit une fois par an, en général et de préférence, à l'occasion de la Réunion consultative du Traité sur l'Antarctique et au même endroit. Avec l'accord de la Réunion consultative du Traité sur l'Antarctique, le Comité peut également se réunir entre deux réunions annuelles afin d'accomplir ses tâches.

Le Comité peut créer des groupes de contact informels à composition non limitée, chargés d'examiner des questions spécifiques et de faire rapport à la Réunion.

Les groupes de contact à composition non limitée constitués pour conduire des travaux pendant les périodes intersessions fonctionnent comme suit :

a) s'il y a lieu, le coordonnateur du groupe de contact est désigné par le Comité durant sa réunion et son nom apparaît dans le rapport final ;

b) s'il y a lieu, le mandat du groupe de contact est établi par le Comité et inclus dans son rapport final ;

c) s'il y a lieu, les modes de communication comme le courrier électronique, le forum de discussion en ligne géré par le Secrétariat et les réunions informelles sont arrêtés par le Comité et inclus dans son rapport final ;

d) les représentants qui souhaitent prendre part à un groupe de contact en font part au coordonnateur par le biais du forum de discussion, par courrier électronique ou par d'autres moyens appropriés ;

e) le coordonnateur utilise des moyens appropriés pour informer tous les membres du groupe de la composition du groupe de contact ;

f) toute la correspondance est mise en temps opportun à la disposition de tous les membres du groupe de contact ; et

g) lorsqu'ils font des observations, les membres du groupe de contact indiquent au nom desquels ils parlent.

Le Comité peut également décider de créer d'autres sous-groupes informels ou d'envisager d'autres méthodes de travail, sous forme d'ateliers et de vidéoconférences notamment.

Article 10

Le Comité peut, avec l'approbation de la Réunion consultative du Traité sur l'Antarctique, créer des organes subsidiaires selon que de besoin.

Ces organes subsidiaires fonctionnent selon les dispositions du règlement intérieur du Comité qui peuvent leur être applicables.

Article 11

Le règlement intérieur qui régit l'élaboration de l'ordre du jour de la Réunion consultative du Traité sur l'Antarctique s'applique, avec les adaptations nécessaires, aux réunions du Comité.

Avant chaque réunion d'un organe subsidiaire, le Secrétariat, après avoir consulté les Présidents du Comité et de l'organe subsidiaire, élabore et diffuse un ordre du jour provisoire annoté.

PARTIE IV - SOUMISSION DES DOCUMENTS

Article 12

1. Les « documents de travail » désignent les documents soumis par les membres du Comité, qui appellent des discussions et des décisions lors d'une réunion, et les documents soumis par les observateurs auxquels il est fait référence à l'alinéa b) de l'article 4.

2. Les « documents du Secrétariat » désignent les documents préparés par le Secrétariat selon un mandat établi lors d'une réunion, ou qui, selon le Secrétaire exécutif, pourraient fournir des informations à la réunion ou contribuer au bon déroulement de son travail.

3. Les « documents d'information » désignent :

- Les documents soumis par les membres du Comité ou par les observateurs auxquels il est fait référence à l'alinéa b) de l'article 4 qui fournissent des informations à l'appui d'un document de travail ou des documents utiles aux discussions d'une réunion ;
- Les documents soumis par les observateurs auxquels il est fait référence à l'alinéa a) de l'article 4 qui sont utiles aux discussions d'une réunion ;
- Les documents soumis par les observateurs auxquels il est fait référence à l'alinéa c) de l'article 4 qui sont utiles aux discussions d'une réunion.

4. Les « documents de contexte » désignent les documents qui peuvent être soumis par tout participant à une réunion, qui ne sont pas présentés en séance, et dont le but est de soumettre des informations de manière officielle.

5. Les procédures de soumission, de traduction et de distribution des documents sont annexées au présent règlement intérieur.

PARTIE V - AVIS ET RECOMMANDATIONS

Article 13

Le Comité s'efforce de parvenir à un consensus au sujet des recommandations et avis qu'il est appelé à formuler conformément aux dispositions du Protocole. Lorsque le Comité ne peut parvenir à un consensus, il inclut dans son rapport toutes les vues formulées sur la question à l'examen.

PARTIE VI - DÉCISIONS

Article 14

Lorsque le Comité doit prendre une décision, il se prononce sur les questions de fond par consensus des membres du Comité participant à la réunion. Les décisions sur les questions de procédure sont tranchées à la majorité simple des membres du Comité présents et votants. Chaque membre du Comité dispose d'une voix. Le consensus décide si une question est de nature procédurale ou non.

PARTIE VII - PRÉSIDENT ET VICE-PRÉSIDENTS

Article 15

Le Comité élit parmi les représentants des Parties consultatives un Président et deux vice-présidents. Le Président et les vice-présidents sont élus pour un mandat de deux ans et, dans la mesure du possible, leurs mandats seront décalés.

Le Président et les vice-présidents ne peuvent faire plus de deux mandats consécutifs. Le Président et les vice-présidents ne peuvent être des représentants de la même Partie.

Le vice-président le plus ancien (en tenant compte, dans le calcul, de l'ensemble de ses précédents mandats) est nommé premier vice-président.

Au cas où les deux vice-présidents sont nommés pour la première fois lors de la même réunion, le Comité détermine celui des deux qui est nommé premier vice-président.

Article 16

Entre autres attributions, le Président a les pouvoirs et responsabilités suivants :

a)   Convoquer, ouvrir, présider et clôturer chaque réunion du Comité ;

b)   Statuer sur les motions d'ordre soulevées à chacune des réunions du Comité, sous réserve du droit de chaque Représentant de demander que ces décisions soient soumises à l'approbation du Comité ;

c)   Approuver l'ordre du jour provisoire de la réunion après consultation des représentants ;

d)   Signer au nom du Comité le rapport de chaque réunion ;

e)   Présenter le rapport dont mention est faite à l'article 22 sur chaque réunion du Comité à la Réunion consultative du Traité sur l'Antarctique ;

f)   selon que de besoin, entreprendre des travaux intersessions ; et

g)   comme convenu par le Comité, représenter le Comité dans d'autres instances.

Article 17

Lorsque le Président est dans l'impossibilité d'exercer ses fonctions, le premier vice-président assume les pouvoirs et responsabilités du Président.

Lorsque le président et le premier vice-président sont dans l'impossibilité d'exercer leurs fonctions, le deuxième vice-président assume les pouvoirs et responsabilités du président.

Article 18

En cas de vacance de la présidence entre deux réunions, le premier vice-président assume les pouvoirs et responsabilités de la présidence jusqu'à ce qu'un nouveau Président soit élu.

Si les fonctions de président et de premier vice-président deviennent vacantes entre des réunions, le vice-président assume le rôle de président et exerce les pouvoirs et responsabilités du président jusqu'à ce qu'un nouveau président soit élu.

Article 19

Le Président et les vice-présidents entrent en fonctions à la fin de la réunion du Comité au cours de laquelle ils ont été élus.

PARTIE VIII - MOYENS ADMINISTRATIFS

Article 20

En règle générale, le Comité et ses organes subsidiaires utilisent, durant leurs réunions les moyens administratifs mis à disposition par le Gouvernement hôte.

PARTIE IX - LANGUES

Article 21

Les langues officielles du Comité et, s'il y a lieu, des organes subsidiaires mentionnés à l'article 10 sont l'anglais, l'espagnol, le français et le russe.

PARTIE X - COMPTES RENDUS ET RAPPORTS

Article 22

Le Comité présente un rapport sur chacune de ses réunions à la Réunion consultative du Traité sur l'Antarctique. Le rapport traite de toutes les questions examinées au cours de la réunion du Comité, y compris aux réunions intersessions, et celles abordées le cas échéant par les organes subsidiaires, et il reflète les vues exprimées. Le rapport comprend également une liste complète des documents de travail, des documents d'information et des documents de référence officiellement diffusés. Le rapport est présenté à la Réunion consultative du Traité sur l'Antarctique dans ses langues officielles. Il est diffusé aux Parties et aux observateurs assistant à la réunion, puis il est rendu public.

PARTIE XI - AMENDEMENTS

Article 23

Le Comité peut adopter des amendements au présent règlement intérieur, sous réserve de l'approbation de la Réunion consultative du Traité sur l'Antarctique.

Rapports, programme et budgets du Secrétariat

Les Représentants,

Rappelant la Mesure 1 (2003) portant creátion du Secrétariat du Traité sur l'Antarctique (le « Secrétariat »),

Tenant compte du Règlement financier du Secrétariat, qui figure en annexe de la décision 4 (2003),

Décident :

1. d'approuver le rapport financier certifié pour l'exercice 2009-10 qui figure en annexe à la présente décision (annexe 1) ;

2. de prendre note du Rapport du Secrétariat pour 2010-11 (SP 2 rév.2) qui comprend l'estimation des recettes et des dépenses pour l'exercice 2010-11 et qui figure en annexe à la présente décision (annexe 2) ; et

3. de prendre note du budget prévisionnel quinquennal pour 2011 à 2016 et d'approuver toutes les autres composantes du Programme du Secrétariat (SP 3), notamment le budget pour 2011-12 et le budget prévisionnel pour 2012-13, qui figurent en annexe à la présente décision (annexe 3).

RAPPORT D'AUDIT

XXXIVe Réunion consultative du Traité sur l'Antarctique, 2001, Buenos Aires, Argentine

1. *Rapport sur les états financiers*

Nous avons audité les états financiers du Secrétariat du Traité sur l'Antarctique joints au présent rapport, lesquels comprennent : État des ressources et dépenses, État de position financière, État d'évolution de l'actif net, État de la provenance et l'utilisation des fonds et Notes explicatives pour la période commençant au 1er avril 2009 et terminant au 31 mars 2010.

2. *Responsabilité de la Direction pour les États financiers*

Le Secrétariat du Traité sur l'Antarctique est responsable de l'élaboration et la présentation raisonnable de ces États financiers conformément aux Normes internationales de comptabilités et aux normes spécifiques aux Réunions consultatives du Traité sur l'Antarctique. Cette responsabilité inclut : conception, mise en œuvre et maintenance d'un contrôle interne relatif à l'élaboration et le présentation des états financiers de manière à ce que ceux-ci ne soient pas sujet à caution, que ce soit pour cause de fraude ou d'erreur ; sélection et mise en œuvre de politiques comptables adaptées, et élaboration d'estimations comptables raisonnables par rapport aux circonstances.

3. *Responsabilité de l'Auditeur*

Notre responsabilité consiste à exprimer une opinion relative aux États financiers fondée sur l'audit effectué. L'audit a été mené conformément aux Normes internationales d'audit et à l'annexe de la Décision 3 (2008) de la XXXIe Réunion consultative du Traité sur l'Antarctique, laquelle décrit les tâches à effectuer pour l'audit externe.

Ces normes exigent de respecter des règles éthiques ainsi qu'une planification et une exécution de l'audit de sorte qu'il existe une certitude raisonnable quant à l'absence de déclarations inexactes contenues dans les États financiers.

Un audit inclut le suivi de procédures afin d'obtenir des preuves des montants et données contenus dans les États financiers. Les procédures choisies dépendent du jugement de l'auditeur, celles-ci comprenant l'évaluation des risques d'affirmation matérielle inexacte dans les états financiers, que ce soit pour cause de fraude ou d'erreur. Lorsqu'il effectue ladite évaluation des risques, l'auditeur examine le contrôle interne relatif à l'élaboration et la présentation raisonnable pour l'organisation des états financiers afin de sélectionner les procédures adaptées aux circonstances.

Un audit comprend également l'évaluation de la conformité des principes comptables utilisés, du caractère raisonnable des estimations comptables effectuées par la direction, ainsi que de la présentation générales des États financiers.

Nous estimons que les preuves d'audit que nous avons obtenues sont suffisantes et appropriées pour fournir une base à notre opinion en tant qu'auditeurs.

4. Opinion

Notre jugement est que les États financiers audités présentent raisonnablement, dans tous ses aspects matériels, la situation financière du Secrétariat du Traité sur l'Antarctique au 31 mars 2010 et son comportement financier pour la période conclue alors, conformément aux Normes internationales de comptabilité et aux normes spécifiques aux Réunion consultatives du Traité sur l'Antarctique.

Dr Edgardo de Rose
Auditeur-comptable public
T°182 F°195 CPCECABA

À Buenos Aires, le 25 avril 2011

Sindicatura General de la Nación 381
av. Corrientes, Buenos Aires
République Argentine

Annexe A – *États financiers 2009/10*

1. État des ressources et dépenses pour tous les fonds pour la période du 1er avril 2009 au 31 mars 2010

RESSOURCES	Estimation	Rapport prévisionnel	Réel
Contributions années précédentes (Notes 1.10 & 8)	32 613 $	32 613 $	32 613 $
Contributions année courante (Notes 1.10 & 8)	808 124 $	808 124 $	808 127 $
Autres ressources (Note 2)	1 400 $	1 292 $	(3 753) $
RESSOURCES TOTALES	**842 137 $**	**842 029 $**	**836 987 $**
DÉPENSES			
Salaires			
Personnel cadre	232 425 $	232 425 $	232 425 $
Personnel employé	161 905 $	167 876 $	167 876 $
Salaires totaux	**394 330 $**	**400 301 $**	**400 301 $**
Biens et services			
Audit	7 185 $	7 813 $	9 248 $
Saisie de données	2 000 $	0 $	0 $
Services de documentation	2 000 $	3 062 $	3 062 $
Conseil juridique	5 900 $	3 600 $	3 600 $
Divers	8 000 $	9 344 $	9 950 $
Frais de fonctionnement	15 200 $	10 604 $	10 950 $
Frais d'expédition	7 700 $	1 798 $	1 483 $
Impressions	23 100 $	13 981 $	13 581 $
Représentation	3 300 $	2 927 $	2 802 $
Télécommunications	10 700 $	11 479 $	11 720 $
Formation professionnelle	1 400 $	4 100 $	5 504 $
Traduction	248 500 $	233 376 $	232 876 $
Déplacements	43 000 $	58 538 $	56 843 $
Biens et services totaux	**377 985 $**	**360 622 $**	**361 619 $**
Équipement			
Documentation	1 100 $	1 633 $	1 762 $
Mobilier	4 400 $	8 805 $	6 643 $
Matériel informatique	21 400 $	20 878 $	23 729 $
Développement	15 000 $	12 390 $	11 794 $
Équipement total	**41 900 $**	**43 706 $**	**43 928 $**
Provisions			
Fonds pour réunion future (Note 1.9)	13 001 $	13 001 $	13 001 $
Fonds pour indemnités de départ (Note 1.6)	7 900 $	7 900 $	15 662 $
Fonds de roulement (Note 1.8)	2 475 $	2 475 $	2 475 $
Provisions totales	**23 376 $**	**23 376 $**	**31 138 $**
DÉPENSES TOTALES	**837 591 $**	**828 005 $**	**836 987 $**
(Déficit) / Bénéfice	**4 546 $**	**14 024 $**	**0 $**

Cet état doit être examiné en conjonction avec les NOTES 1 à 9 incluses.

2. État de position financière au 31 mars 2010

ACTIFS	Année précédente	Année courante
Actif circulant		
Espèces et quasi-espèces (Note 3)	959 231 $	876 024 $
Contributions dues (Note 8)	0 $	70 159 $
Autres débiteurs (Note 4)	48 421 $	34 818 $
Autres actifs circulants (Note 5)	0 $	12 779 $
Total	**1 007 652 $**	**993 781 $**
Actif fixe		
Mobilier et équipement (Notes 1.5 & 6)	62 196 $	66 297 $
Actif fixe total	**62 196 $**	**66 297 $**
Actif total	**1 069 848 $**	**1 060 078 $**
PASSIF		
Passif exigible		
Paiements à acquitter (Note 7)	91 630 $	31 357 $
Ressources non perçues (Notes 1.2 & 8)	379 605 $	407 572 $
Salaires à acquitter	4 103 $	22 080 $
Total	**475 339 $**	**461 008 $**
Passif à long terme		
Fonds pour indemnités de départ (Note 1.6)	23 119 $	38 781 $
Fonds pour relocalisation du personnel (Note 1.7)	50 000 $	23 421 $
Passif à long terme total	**$73 119 $**	**62 203 $**
Passif total	**548 458 $**	**523 211 $**
ACTIF NET	**521 390 $**	**536 867 $**

Cet état doit être examiné en conjonction avec les NOTES 1 à 9 incluses.

3. État d'évolution de l'actif net au 31 mars 2010

Représenté par des fonds	Actif net au 01-04-2009	Financement	Affectation	Actif net au 31-03-2010
Fonds général	35 051 $	836 987 $	(836 987 $)	35 051 $
Fonds de roulement (Note 1.8)	126 917 $		(2 475 $)	129 392 $
Fonds pour réunion future (Note 1.9)	359 423 $		(13 001 $)	372 424 $
Actif net	**521 391 $**	**(836 987 $)**	**852 463 $**	**536 867 $**

Cet état doit être examiné en conjonction avec les NOTES 1 à 9 incluses.

4. État de la provenance et l'utilisation des fonds pour la période du 1ᵉʳ avril 2009 au 31 mars 2010

Variations d'espèces et quasi-espèces

- Espèces et quasi-espèces à l'ouverture de la période comptable   959 231 $
- Espèces et quasi-espèces à la clôture de la période comptable   876 024 $

     Baisse nettes des espèces et quasi-espèces   (83 207 $)

Causes des variations d'espèces et quasi-espèces

Activités opérationnelles

- Encaissement des contributions   612 973 $
- Règlement des salaires   (400 301 $)
- Règlement des services de traduction   (586 809 $)
- Frais de déplacement   (32 171 $)
- Règlement des frais d'impression, édition et copie   (13 581 $)
- Frais de déménagement   (21 412 $)
- Autres paiements   (132 325 $)

Espèces et quasi-espèces nettes provenant des activités opérationnelles   (573 626 $)

Activités d'investissement

- Achat d'actif fixe   (12 969 $)
- Autre   120 $

Espèces et quasi-espèces nettes provenant des activités d'investissement   (12 849 $)

Activités de financement

- Contributions perçues par avance   407 572 $
- Avance sur services de traduction   131 933 $
- Paiement point 5.6 du Règlement du personnel   (12 779 $)
- Frais prépayés XXXIIIᵉ RCTA   (18 360 $)

Espèces et quasi-espèces nettes provenant des activités de financement   508 366 $

Activités liées aux devises

- Change devises net   (5 098 $)

Espèces et quasi-espèces nettes provenant des activités liées aux devises   (5 098 $)

Baisse nettes des espèces et quasi-espèces   (83 207 $)

Cet état doit être examiné en conjonction avec les NOTES 1 à 9 incluses.

NOTES INCLUSES DANS LES ÉTATS FINANCIERS
31 MARS 2010

NOTE 1 : RÉSUMÉ DES PRINCIPES ET POLITIQUES DE COMPTABILITÉS MAJEURS

1.1 Coût historique
Les comptes sont présentés conformément à la convention des coûts historiques, sauf si indiqué différemment, et par conséquent ne reflètent pas les variations dans le pouvoir d'achat de la monnaie ou l'évaluation actuelle des actifs non monétaires.

1.2 Comptabilité d'exercice
Les États des ressources et dépenses, État de position financière et État d'évolution de l'actif net du Secrétariat sont élaborés selon une méthode de comptabilité d'exercice conformément aux Normes internationales de comptabilité. Voir le point 1.9.

1.3 Devise
Toutes les transactions dans les états financiers sont présentées en dollars américains.

1.4 Locaux
L'usage des bureaux du Secrétariat est fourni à titre gratuit par le Ministère des affaires étrangères, du commerce extérieur et des cultes de la République Argentine, de même que les frais de services et charges communes de l'immeuble.

1.5 Mobilier et équipement
Tous les éléments sont présentés au coût d'achat imputé de la dépréciation cumulée et de toute moins-value reconnue.
La dépréciation de ces actifs est calculée selon une méthode linéaire à des taux adaptés à leur durée de vie estimée.
Un inventaire complet et un calcul de la durée de vie estimée ont été réalisés conformément aux instructions du SIGEN.

1.6 Fonds pour indemnités de départ
Le Secrétariat est passé d'une interprétation restrictive à une interprétation inclusive du point 10.4 du Règlement du personnel : « … les membres du personnel cadre doivent être indemnisés à hauteur d'un mois de rémunération par année de service, à partir de la seconde année de service… ». Le fonds au 31 mars 2010 est sous-provisionné à hauteur de 11 531 $; ceci n'inclut aucune somme due au précédent Secrétaire exécutif ayant quitté ses fonctions au 31 août 2009.

1.7 Fonds pour relocalisation du personnel
Ce fonds est utilisé lorsque des dépenses surviennent liées à la relocalisation du Secrétaire exécutif.

1.8 Fonds de roulement
Conformément au point 6.2 (a) du Règlement comptable, ce fonds a été ajusté à un sixième (1/6) du budget de l'année comptable.

1.9 Fonds pour réunion future
Conformément à la Décision 4 (2009), ce fonds a été augmenté.

1.10   Reconnaissance des ressources

À partir de la période 2009/2010, les ressources provenant des contributions annuelles des Membres sont passés en écriture au début de chaque année lorsque les contributions au budget sont dues. Les contributions spéciales et intérêts perçus sont passés en écriture à la réception.

NOTES INCLUSES DANS LES ÉTATS FINANCIERS
31 MARS 2010

	Année précédente	Année courante
Note 2 Autres revenus		
Intérêts perçus	2 082 $	1 135 $
Ajustement des taux de change	11 254 $	(5 098 $)
Autre	181 $	210 $
	13 517 $	(3 753 $)
Note 3 Espèces et quasi-espèces		
Espèces en dollar US	589 $	2 731 $
Espèces en pesos argentins	552 $	680 $
Compte BNA en dollars US	922 491 $	868 933 $
Compte BNA en pesos argentins	35 599 $	3 679 $
Total	959 231 $	876 024 $
Note 4 Autres débiteurs		
Paiements anticipés fournisseurs	35 972 $	28 480 $
Crédit de TVA à percevoir	11 930 $	6 338 $
Avance sur salaire	500 $	0 $
Crédit d'impôt sur les bénéfices à percevoir	19 $	0 $
Total	48 421 $	34 819 $
Note 5 Autres actifs circulants		
Refinancement point 5.6 Règlement du personnel	0 $	12 779 $
	0 $	12 779 $
Note 6 Mobilier et équipement		
Livres et abonnements	3 240 $	2 877 $
Fournitures de bureau	12 133 $	28 307 $
Mobilier	22 129 $	24 374 $
Matériel informatique et logiciels	32 071 $	39 747 $
Coût original total	69 573 $	95 305 $
Dépréciation cumulée	(7 377 $)	(29 008 $)
Coût net total	62 196	66 297 $
Note 7 Paiements à acquitter		
Provision point 5.6 Règlement du personnel	67 800 $	0 $
Comptes à solder	9 120 $	4 160 $
Accroissement des dépenses	14 710 $	27 197 $
	91 630 $	31 357 $

273

**NOTES INCLUSES DANS LES ÉTATS FINANCIERS
31 MARS 2010**

Note 8 Contributions

Le décompte des contributions dues et perçues par avance est comme suit :

Année comptable	2008/09	2009/10		2009/10	
Perçu	Dû	Prévu	Perçu	Non perçu	Non réalisé
Afrique du Sud		27 859 $	27 859 $	0 $	31 024 $
Allemagne		31 521 $	31 491 $	30 $	35 070 $
Argentine		36 404 $	36 404 $	0 $	
Australie		36 404 $	36 404 $	0 $	
Belgique		24 197 $	24 180 $	18 $	
Brésil		24 197 $	14 640 $	9 557 $	
Bulgarie		20 534 $	20 534 $	0 $	22 868 $
Chili	14 320 $	27 859 $	24 320 $	17 859 $	
Chine		27 859 $	27 859 $	0 $	
Corée		24 197 $	24 197 $	0 $	26 946 $
Équateur		20 534 $	20 534 $	0 $	
Espagne		27 859 $	27 744 $	115 $	
États Unis		36 404 $	36 404 $	0 $	40 540 $
Finlande		24 197 $	24 197 $	0 $	
France		36 404 $	36 404 $	0 $	40 540 $
Inde		27 859 $	27 797 $	62 $	
Italie		31 521 $	31 521 $	0 $	
Japon		36 404 $	36 405 $	(1) $	
Norvège		36 404 $	36 374 $	30 $	40 510 $
Nouvelle Zélande		36 404 $	36 404 $	0 $	40 540 $
Pays-Bas		27 859 $	27 859 $	0 $	
Pérou		20 534 $	20 534 $	0 $	
Pologne		24 197 $	24 197 $	0 $	26 946 $
Royaume Uni		36 404 $	36 404 $	0 $	40 540 $
Russie		27 859 $	27 859 $	0 $	31 024 $
Suède		27 859 $	27 859 $	0 $	31 024 $
Ukraine	18 293 $	24 197 $	0 $	42 490 $	
Uruguay		24 197 $	24 197 $	0 $	
TOTAL	**32 613 $**	**808 127 $**	**770 581 $**	**70 159 $**	**407 572 $**

NOTES INCLUSES DANS LES ÉTATS FINANCIERS
31 MARS 2010

Note 9 Nouvel état des ressources et dépenses pour tous les fonds pour la période du 1er avril 2009 au 31 mars 2010
Voici le format que le Secrétariat adoptera dorénavant pour la présentation des ressources et dépenses.

RESSOURCES	Année précédente	Estimation	Année courante
Contributions années précédentes	138 317 $	32 613 $	32 613 $
Contributions année courante	404 118 $	808 124 $	808 127 $
Autres ressources	2 263 $	1 400 $	1 364 $
Ressources totales	**544 698 $**	**842 137 $**	**842 104 $**
DÉPENSES			
Salaires	371 637 $	399 530 $	403 363 $
Services de traduction	232 554 $	248 500 $	232 876 $
Déplacements	59 653 $	43 000 $	56 843 $
Technologie de l'information	41 296 $	36 400 $	35 523 $
Impression, édition et copie	37 249 $	23 100 $	13 581 $
Services généraux	34 449 $	30 685 $	33 147 $
Communications	14 288 $	16 000 $	10 708 $
Frais de fonctionnement	12 644 $	10 000 $	12 220 $
Administration générale	3 808 $	3 700 $	4 786 $
Représentation	3 172 $	3 300 $	2 802 $
Financement	(11 473 $)	0 $	5 117 $
Dépenses totales	**799 277 $**	**814 215 $**	**810 966 $**
PROVISIONS			
Fonds pour réunion future	0 $	13 001 $	13 001 $
Fonds pour indemnités de départ	9 415 $	7 900 $	15 662 $
Fonds de roulement	(6 866 $)	2 475 $	2 475 $
Provisions totales	**2 549 $**	**23 376 $**	**31 138 $**
Dépenses et provisions totales	**801 826 $**	**837 591 $**	**842 104 $**
(Déficit) / Bénéfice pour la période	**(257 128 $)**	**(4 546 $)**	**0 $**

Dr Manfred Reinke   Roberto A. Fennell
Secrétaire exécutif   Expert-comptable certifié

Estimation pour la période des revenus et dépenses tous fonds confondus
Du 1er avril 2010 au 31 mars 2011

	Relevé 2009/10	Budget 2010/11	Relevé prov. 2010/11
REVENU			
Contributions pour l'exercice financier précédent	$ 32 613	$ 0	
Contributions pour l'exercice financier actuel	$ 808 127	$ 899 942	$ 899 942
Autre	-$ 3 753	$ 1 000	-$ 1 510
TOTAL	**$ 836 987**	**$ 900 942**	**$ 898 432**
DÉPENSES			
SALAIRES			
Personnel dirigeant	$ 232 425	$ 247 974	$ 250 104
Personnel général	$ 167 876	$ 193 543	$ 194 102
Heures supplémentaires	$ 0	$ 8 038	$ 7 365
Personnel auxiliaire	$ 0	$ 16 864	$ 18 378
Total des salaires	**$ 400 301**	**$ 466 419**	**$ 469 948**
BIENS ET SERVICES			
Audit	$ 9 248	$ 9 360	$ 9 299
Saisie de données	$ 0	$ 0	$ 0
Services de doc.	$ 3 062	$ 0	$ 0
Conseil juridique	$ 3 600	$ 4 200	$ 4 360
Divers	$ 9 950	$ 8 500	$ 9 976
Dépenses de bureau	$ 10 950	$ 11 700	$ 12 141
Frais de port	$ 1 483	$ 2 500	$ 1 870
Frais d'impression	$ 13 581	$ 11 500	$ 15 964
Représentation	$ 2 802	$ 2 000	$ 3 143
Télécommunications	$ 11 720	$ 13 000	$ 12 393
Formation	$ 5 504	$ 4 100	$ 8 131
Traduction & interprétation	$ 232 876	$ 585 093	$ 531 693
Voyage	$ 56 843	$ 68 800	$ 60 583
Relocalisation	$ 0	$ 0	$ 0
Total biens & services	**$ 361 619**	**$ 720 753**	**$ 669 554**
EQUIPEMENT			
Documentation	$ 1 762	$ 1 900	$ 1 137
Ameublement	$ 6 643	$ 5 000	$ 4 179
Matériel informatique	$ 23 729	$ 23 600	$ 21 497
Développement	$ 11 795	$ 15 100	$ 15 820
Total de l'équipement	**$ 43 929**	**$ 45 600**	**$ 42 632**
Total des appropriations	**$ 805 849**	**$ 1 232**	**$ 1 182**
Caisse de prévoyance pour la traduction			
(Caisse pour les réunions futures)	$ 13 001	$ 0	$ 0
Caisse pour le remplacement de personnel	$ 0	$ 8 333	$ 8 333
Caisse pour la résiliation du contrat d'emploi de per:	$ 15 662	$ 25 974	$ 25 974
Fond de capital d'exploitation	$ 2 475	$ 62 260	$ 62 260
Financement total	**$ 31 138**	**$ 96 567**	**$ 96 567**
DÉPENSES	**$ 836 987**	**$ 1 329 339**	**$ 1 278 702**
		$ 0	
Surplus / (déficit)	$ 0	-$ 428 397	-$ 380 269
FINANCEMENT		*$ 0*	
Fond général	$ 0	$ 49 076	$ 7 845
Caisse de prévoyance pour la traduction			
(Caisse pour les réunions futures)	$ 0	$ 372 424	$ 372 424
Fond de capital d'exploitation	$ 0	$ 6 898	$ 0
	$ 0	**$ 428 398**	**$ 380 269**

Synthèse des fonds	31/03/2010	31/03/2011	31/03/2011
Fond général	$ 35 051	$ 0	$ 27 206
Caisse de prévoyance pour la traduction			
(Caisse pour les réunions futures)	$ 372 424	$ 0	$ 0
Caisse pour le remplacement de personnel	$ 23 421	$ 31 754	$ 31 754
Caisse pour la résiliation du contrat d'emploi de per:	$ 38 781	$ 64 755	$ 64 755
Fond de capital d'exploitation	$ 129 392	$ 184 754	$ 191 652

Programme du Secrétariat 2011/12

Introduction

Ce programme de travail définit les activités proposées pour le Secrétariat au cours de l'exercice 2011/12 (du 1er avril 2011 au 31 mars 2012). Les principaux domaines d'activité du Secrétariat sont traités dans les trois premiers chapitres, qui sont suivis d'une section sur la gestion et d'une prévision du programme pour l'exercice 2011/12.

Le projet de budget pour 2011/12, le budget prévisionnel pour 2012/13 et les échelles des contributions et des salaires qui les accompagnent sont inclus dans les appendices.

Le Secrétariat a développé un profil de budget quinquennal à la demande de la RCTA XXXIII (para. (113) du rapport final). Le programme et les chiffres du budget qui l'accompagnent pour 2011/12 s'appuient sur le budget prévisionnel pour 2011/12 (Décision 4 (2010), Appendice 1).

Le programme se concentre sur les activités régulières, comme la préparation de la RCTA XXXIV et de la RCTA XXXV, la publication des rapports finaux et les diverses tâches spécifiques assignées au Secrétariat en vertu de la mesure 1 (2003).

Table des matières :

1. Soutien de la RCTA/du CPE
2. Échange d'informations
3. Documentation
4. Informations publiques
5. Gestion
6. Programme prévisionnel 2011/12

   - Appendice 1 : Rapport provisoire 2010/11, Budget 2011/12, Budget prévisionnel 2012/13
   - Appendice 2 : Profil du budget quinquennal prévisionnel de 2011 à 2016
   - Appendice 3 : Échelle des contributions 2012/13
   - Appendice 4 : Échelle des salaires

1. Soutien de la RCTA/du CPE

RCTA XXXIV

Le Secrétariat soutiendra la RCTA XXXIV en rassemblant et en comparant les documents pour la réunion et en les publiant dans une section restreinte du site Web du Secrétariat.

La section des délégués prévoira également une inscription en ligne pour les délégués et une liste à jour téléchargeable des délégués.

Le Secrétariat soutiendra le fonctionnement de la RCTA à travers la production de documents du Secrétariat, d'un Manuel pour les délégués et d'ordres du jour annotés pour la RCTA, le CPE et les groupes de travail de la RCTA.

Le Secrétariat reste en contact avec le Gouvernement australien relativement à la préparation de la RCTA XXXV en 2012 et il restera en contact avec le Gouvernement belge concernant la préparation de la RCTA XXXVI.

Revue des recommandations de la RCTA

Le Secrétariat continuera de soutenir la « Revue des recommandations de la RCTA » du Groupe de contact intersessions.

Coordination et contact

En dehors du maintien d'un contact constant par courriel, par téléphone et d'autres moyens avec les parties et les institutions nationales du Système du Traité du l'Antarctique, la participation aux réunions est un outil important pour maintenir la coordination et le contact.

Le COMNAP XXIV se tiendra à Stockholm du 1er au 5 août 2011. La participation à la réunion sera l'occasion de renforcer les relations et l'interaction avec le COMNAP et d'informer les programmes antarctiques nationaux sur les problèmes à affronter dans la phase opérationnelle du SEEI. Un autre problème pour lequel un contact avec le COMNAP peut s'avérer nécessaire est la revue du statut des recommandations sur les questions opérationnelles.

Le personnel du Secrétariat est déjà en coopération rapprochée avec les autorités australiennes en tant que secrétariat du gouvernement hôte de la RCTA XXXV. Le personnel sera renforcé au cours de la réunion avec des employés engagés sur une base *ad hoc*.

Le voyage à entreprendre est le suivant :

- *COMNAP, du 1er au 5 août 2011.*
- *CCAMLR, Hobart en Australie, du 24 octobre au 4 novembre 2011. La réunion de la CCAMLR, qui se* déroule approximativement à mi-chemin entre les RCTA successives, offre au Secrétariat une excellente opportunité d'informer les représentants de la RCTA, dont beaucoup participent à la réunion de la CCAMLR, sur les développements du travail du Secrétariat. La liaison avec le Secrétariat de la CCAMLR est également importante pour le Secrétariat du Traité sur l'Antarctique, car beaucoup de ses réglementations se basent sur celles du Secrétariat de la CCAMLR.

Développement du site Web du Secrétariat. Le nouveau site Web inclura des petites mises à jour pour en améliorer la concision et la simplicité d'utilisation et pour augmenter la visibilité des sections et informations les plus pertinentes. Les fonctions d'établissement de rapport des bases de données du site Web, particulièrement la base de données du Traité sur l'Antarctique, seront développées plus en détails. Le Secrétariat continuera d'incorporer les documents des réunions issus des RCTA, des RCETA et des réunions d'experts précédentes. Du fait que beaucoup de ces documents ne sont pas disponibles sous forme numérique, cela implique de numériser, de relire et d'entrer les données des documents imprimés. La base de données des zones protégées sera améliorée à travers l'inclusion de nouvelles informations sur les sites et géographiques.

Soutien des activités intersessions

Ces dernières années, le CPE et la RCTA ont produit une grande quantité de travaux intersessions, principalement à travers les groupes de contact intersessions (GCI). Le Secrétariat fournira une assistance technique pour l'établissement en ligne des GCI convenus lors de la RCTA XXXIV et du CPE XIV et en produisant des documents spécifiques éventuellement requis par la RCTA ou le CPE.

Le Secrétariat mettra le site Web à jour avec les mesures adoptées par la RCTA et les informations produites par le CPE et la RCTA.

Impression

Le Secrétariat publiera et distribuera le rapport final et ses Annexes de la RCTA XXXIV dans les quatre langues du Traité, au plus tard six mois après la fin de la réunion. Le texte du rapport final sera imprimé, tandis que les annexes seront publiées sur un support CD joint au rapport imprimé. Le texte complet du rapport final sera disponible sous forme de livre auprès de la société Amazon.com (http://www.amazon.com).

2. Échange d'informations

Généralités

Le Secrétariat continuera d'assister les parties dans la publication de leurs éléments d'échange d'informations et dans l'intégration des informations sur les EIE dans la base de données d'EIE.

Système électronique d'échange d'informations

Au cours de la prochaine saison opérationnelle et selon les décisions de la RCTA XXXIV, le Secrétariat effectuera les ajustements nécessaires pour faciliter l'utilisation du système électronique par toutes les parties et il développera des outils pour compiler et présenter des récapitulatifs de rapports.

3. Enregistrements et documents

Documents de la RCTA

Le Secrétariat continuera à s'efforcer de compléter son archive de rapports finaux et autres documents de la RCTA et des autres réunions du Système du Traité sur l'Antarctique dans les quatre langues du Traité. L'assistance de la part des parties dans la recherche de leurs activités sera essentielle à l'obtention d'une archive complète.

Base de données du Traité sur l'Antarctique

La base de données des recommandations, mesures, décisions et résolutions de la RCTA est actuellement complète en anglais et elle l'est presque en espagnol et en français, bien qu'il manque encore au Secrétariat diverses copies de rapports finaux dans ces langues. En russe, plus de rapports finaux manquent et les éléments qui ont été reçus sont en cours de relecture et de conversion au format électronique.

4. Informations publiques

Le Secrétariat et son site Web continueront à fonctionner en tant que centre d'information pour les informations sur les activités des parties et les développements associés en Antarctique.

5. Gestion

Re-localisation du Secrétariat

Le Secrétariat re-localisera son bureau de Av Leandro N. Alem 844 piso 4 à Maipú 757 piso 4 en mai 2011. Le 19 mars 2011, le Gouvernement argentin a signé un contrat pour un nouvel espace de bureaux qui répond aux exigences pour les archives et les employés du Secrétariat et offre des conditions de travail améliorées.

Le Secrétariat est reconnaissant envers le Gouvernement argentin pour son offre qui permettra à l'avenir de préserver la qualité des services fournis aux parties.

Personnel

Le 1er avril 2011, le personnel du Secrétariat se composait des employés suivants :

Personnel de direction

Nom	Poste	Depuis	Rang
Manfred Reinke	Secrétaire de direction	1-09-2009	E1
José María Acero	Assistant du secrétaire de direction	1-01-2005	E3

Personnel général

José Luis Agraz	Agent d'information	1-11-2004	G1
Diego Wydler	Agent des technologies de l'information	1-02-2006	G1
Roberto Alan Fennell	Comptable (temps partiel)	1-12-2008	G2
Pablo Wainschenker	Éditeur	1-02-2006	G3
Melle Violeta Antinarelli	Bibliothécaire (temps partiel)	1-04-2007	G3
Melle Gloria Fontan	Chef de bureau	1-12-2004	G5
Melle Karina Gil (malade depuis le 15-03-2010)	Assistante à la saisie de données (temps partiel)	1-04-2007	G6
Melle Anna Balok Remplacement pour Melle Karina Gil (contrat à durée déterminée jusqu'au 31-07-2011)	Assistante à la saisie de données (temps partiel)	1-10-2010	G6

Questions financières

Traduction et interprétariat

En coopération avec l'Argentine et l'Australie, qui accueilleront les deux prochaines réunions, le Secrétariat a préparé un appel d'offres international pour des services de traduction et d'interprétariat pour les 34ᵉ et 35ᵉ RCTA. Le 22 septembre 2010, le Secrétariat a envoyé cet appel à trois sociétés internationales qui sont toutes expérimentées dans la traduction et l'interprétariat des RCTA ou dans les questions liées aux RCTA.

L'appel demandait que les soumissionnaires remettent une proposition technique et un bordereau de prix, ce qui a permis de procéder à des évaluations indépendantes de leurs qualités et de leurs prix. La proposition technique demandait des échantillons de traductions, une proposition de plan de travail et une description des ressources en personnel. Le Secrétariat a décidé d'émettre un appel d'offres sur deux ans afin de garantir une haute qualité constante de la traduction et de l'interprétariat lors de ces réunions. Les conditions générales de ce contrat contiennent une clause stipulant que si les parties sont d'avis que les services fournis sont insuffisants, le contrat doit être résilié après la première réunion. Le Secrétariat savait que des services d'interprétariat et de traduction de haute qualité étaient essentiels pour la réussite des RCTA.

Le vérificateur SIGEN du Secrétariat a accepté d'être présent à l'ouverture des soumissions le 1er novembre 2010. Le Secrétariat a reçu trois propositions de sociétés au Japon, en Argentine et en Australie. Les offres présentaient une variation considérable des prix. Pour la traduction de 1 000 mots, les sociétés ont demandé entre 110 $ US et 220 $ US. Pour l'interprétariat lors des réunions, ils ont demandé entre 222 920 $ US et 420 575 $ US pour la RCTA à Buenos Aires 2011 et entre 292 771 $ US et 489 066 $ US pour la RCTA à Hobart 2012.

En fonction des propositions soumises, et en coordination avec l'Australie et l'Argentine, le Secrétariat a décidé de placer ONCALL Conference Interpreters & Translators en première position. ONCALL organise les services linguistiques pour la CCAMLR à Hobart depuis 2002. Il s'agit du seul soumissionnaire dont la charge de travail a été certifiée en vertu des normes de gestion de qualité ISO 9001. L'évaluation de la compétence et de la fiabilité de ces trois sociétés démontre qu'ONCALL est le seul soumissionnaire à avoir présenté une vue d'ensemble claire et précise de ses capacités financières et organisationnelles. Dans les cas des deux autres soumissionnaires, leurs services dépendent totalement des propriétaires, ce qui présente un risque potentiel pour les réunions en cas d'indisponibilité d'un employé quelle qu'en soit la raison.

Les frais pour la traduction et l'interprétariat sont estimés pour la RCTA XXXIV à 365 825 $ US et, pour la RCTA XXXV, à 358 002 $ US. Les frais de la RCTA XXXII à Baltimore se sont montés à 668 800 $ US et ceux de la RCTA XXXIII à Punta del Este, à 533 949 $ US.

Salaires

Le coût de la vie a considérablement augmenté en Argentine au cours de l'année 2010. Les salaires pour le personnel du Secrétariat ont été recalculés en tenant compte de l'augmentation de l'IVS (indice de variation des salaires fourni par l'Office national de statistiques et de recensement de l'Argentine) ajustée pour la dévaluation du peso argentin par rapport au dollar US au cours de la même période pour compenser les effets de l'inflation. Cette méthode a été expliquée par l'ES et acceptée lors de la RCTA XXXII (p. 238 du rapport final).

En 2010, l'IVS a exceptionnellement augmenté de 26,3% contre 16,7% l'année précédente. Le rapport entre le peso argentin et le dollar US est passé de 0,264 à 0,252 $. Ceci a entraîné une hausse du coût de la vie de 19,9% pour l'année 2011/12 en dollars US.

La réglementation 5.10 des réglementations relatives au personnel exige de compenser les membres du personnel dans la catégorie générale lorsqu'ils doivent travailler plus de 40 heures par semaine. Les heures supplémentaires sont demandées pendant les réunions de la RCTA.

Fonds

Fonds de roulement

D'après la réglementation financière 6.2 (a), le fonds de roulement doit être maintenu à 1/6 du budget du Secrétariat de 223 600 $ US au cours des prochaines années. Les cotisations des parties forment la base de calcul du niveau du fonds de roulement.

Fonds de cessation de service du personnel

Le fonds de cessation de service du personnel a été réapprovisionné suite aux résultats des discussions de la RCTA qui se sont reflétés dans le rapport final (para. 100).

Lignes de crédit

La RCTA XXXIII a convenu que le budget devrait être présenté avec un nouvel ensemble de lignes budgétaires développées en coopération avec le vérificateur externe SIGEN pour mieux démontrer comment le Secrétariat a dépensé les contributions.

À l'heure actuelle, les lignes de crédit reflètent les éléments sur lesquels le Secrétariat dépense de l'argent, mais sans information exacte sur sa façon de dépenser les contributions. L'idée consiste à classer les dépenses du Secrétariat par catégorie de valeur en dollars, par programme de travail et par dépense spécifique. Les dépenses totales se monteront à la même somme en dollars qu'avant la modification, mais elles seront présentées de façon différente.

Les nouvelles lignes de crédit sont les suivantes :

- *Salaires :* ceci inclurait non seulement les salaires approuvés dans le budget dédié au personnel direct du STA, mais aussi à ceux qui nous assistent dans les réunions et les heures supplémentaires pour le personnel général au cours de la RCTA

- *Traduction* : toutes les sommes allouées aux frais de traduction avant, pendant et après la réunion annuelle de la RCTA (y compris les billets d'avion, les frais d'hébergement et divers)

- *Technologie de l'information* : tous les investissements en équipements, logiciels, développement et entretien et sécurité informatique

- *Impression, édition et copie* : pour le rapport final imprimé et le support électronique

- *Services généraux :* tous les services d'assistance locaux, notamment dans les domaines juridique, de vérification, bancaires, de formations

- *Communications* : inclut le téléphone, Internet, l'hébergement en ligne, les frais d'affranchissement

- *Bureau :* papeterie, livres, assurance, entretien

- *Administration :* transport local, fournitures

- *Financement :* gain net ou perte nette en dépenses en traduction

Le Secrétariat demande si oui ou non il faut mettre ces nouvelles lignes de crédit en œuvre pour les prochains exercices.

Le Rapport de l'exercice 2010/11 et le budget de l'exercice 2011/12 ainsi que le budget prévisionnel de l'exercice 2012/13 sont présentés dans les deux plans (Appendices 1 et 2).

Détails supplémentaires sur le projet de budget 2011/12

L'allocation des lignes de crédit a été ajustée en fonction des dépenses prévues pour l'exercice 2011/2012.

- *Catégorie de biens et services* : Le budget total pour cette catégorie est égal au budget total dans le budget prévisionnel 2010/11, mais il était nécessaire d'ajuster les lignes de crédit. Les frais de « *Déplacements* » pour la RCTA XXXIV de Buenos

Aires incluent des frais pour le personnel assistant (3 personnes) et les frais d'hôtel d'une partie du personnel du Secrétariat au cours de la Réunion. Des déplacements au COMNAP XVI de Stockholm (du 31 juillet au 4 août 2011) et à la CCAMLR (octobre 2011) et un déplacement vers le pays d'origine pour l'ES et son épouse en vertu de la Réglementation 7.6 relative au personnel (décembre 2011) sont prévus. Les frais de traduction et d'interprétariat sont considérablement inférieurs en raison des résultats du processus d'appel d'offres. Le re-localisation du Secrétariat dans un nouvel espace de bureaux à Buenos Aires engagera un coût d'environ 50 000 $ US. Le Gouvernement argentin est en train de considérer si oui ou non il supportera les frais de re-localisation associés à travers une contribution financière supplémentaire.

- *Catégorie de salaires :* Les salaries sont calculés à des montants plus élevés pour compenser l'effet imprévisible de la hausse du coût de la vie en Argentine.

L'appendice 2 présente le projet de budget dans les lignes de crédit nouvelles et existantes. L'échelle des salaires figure dans l'appendice 4.

Profil du budget quinquennal

La réunion a demandé « au Secrétariat de produire pour la RCTA XXXIV un profil de budget prévisionnel pluriannuel qui visait à aplanir les éléments prévisibles dans le budget sur une période de cinq ans » (para. 113 du rapport final).

Grâce aux économies en traduction et interprétariat, le budget total ne présentera pas d'augmentation réelle pour l'exercice 2012/13, mais il existe encore plusieurs risques majeurs pour le budget. Le risque le plus important est l'effet de l'inflation. Les autres risques sont les coûts variables pour les dépenses en déplacements pour la RCTA et les nouveaux contrats de services de traduction et d'interprétariat. Le Secrétariat négociera de nouveaux contrats pour les exercices 2013/14 à 2016/17 en 2012.

Le Secrétariat a anticipé un ajustement dû à l'inflation de 10% au cours de l'exercice 2012/13 et de 5% pour les années suivantes. Les frais de déplacements seront élevés pour la RCTA XXXV en Australie et la RCTA XXXVI en Belgique. Ils seront peut-être inférieurs pour la RCTA XXXVII et la RCTA XXXVIII au Brésil et en Bulgarie.

Le fonds de roulement joue un rôle primordial. En raison de la réglementation financière 6.2 (a), il doit être maintenu à 1/6 du budget du Secrétariat. Le Secrétariat suggère de remplir le fonds de roulement au-dessus de ce rapport et d'utiliser cette somme pour équilibrer les frais de déplacements variables et pour compenser les coûts liés à un taux d'inflation local élevé.

Pour les années 2013/14, 2014/15 et 2015/16, le Secrétariat a calculé un ajustement de 3% des contributions pour compenser une partie de l'inflation anticipée.

Contribution pour l'exercice 2012/13

Les contributions pour l'exercice 2012/13 seront identiques à celles de l'exercice 2011/12. L'appendice 3 présente les contributions des parties.

6. Programme prévisionnel 2012/13 et 2013/14

Il est prévu que la plupart des activités du Secrétariat en cours se poursuivront en 2012/13 et ainsi, à moins que le programme ne subisse des modifications majeures, aucun changement des postes du personnel n'est prévu pour les années suivantes.

Les contributions pour l'exercice 2012/13 n'augmenteront pas. Pour l'exercice 2013/14, le Secrétariat prévoit une augmentation des contributions de 3%, jusqu'à 1 379 788 $ US (Appendice 2).

Appendice 1

Rapport prévisionnel 2010/11, Budget 2011/12 et prévision 2012/13

	État financier provisionnel 2010/11	Prévisions 2011/12	Budget 2011/12	Prévisions 2012/13
REVENU				
Contributions de l'exercice en cours	$ 899 942	$ 1 339 600	$ 1 339 600	$ 1 339 600
Autre	-$ 1 510	$ 1 000	$ 1 000	$ 1 000
TOTAL	**$ 898 432**	**$ 1 340 600**	**$ 1 340 600**	**$ 1 340 600**
DÉPENSES				
SALAIRES				
Personnel de direction	$ 250 104	$ 270 291	$ 305 654	$ 342 332
Personnel général	$ 194 102	$ 210 962	$ 241 159	$ 277 333
Heures supplémentaires	$ 7 365	$ 8 761	$ 14 926	$ 11 565
Personnel auxiliaire	$ 18 378	$ 16 864	$ 16 361	$ 16 939
Total salaires	**$ 469 948**	**$ 506 878**	**$ 578 100**	**$ 648 169**
BIENS ET SERVICES				
Vérification	$ 9 299	$ 9 360	$ 9 360	$ 10 764
Saisie de données	$ 0	$ 0	$ 0	$ 0
Services doc.	$ 0	$ 0	$ 0	$ 0
Conseils juridiques	$ 4 360	$ 4 490	$ 9 000	$ 9 900
Divers	$ 9 976	$ 8 500	$ 9 500	$ 10 450
Dépenses de bureau	$ 12 141	$ 12 520	$ 14 000	$ 15 400
Frais postaux	$ 1 870	$ 2 680	$ 2 680	$ 2 814
Impression	$ 15 964	$ 12 310	$ 14 000	$ 15 400
Représentation	$ 3 143	$ 2 000	$ 4 500	$ 3 500
Télécommunications	$ 12 393	$ 13 910	$ 15 000	$ 16 500
Formations	$ 8 131	$ 4 100	$ 8 000	$ 8 400
Traductions et interprétariat	$ 531 693	$ 585 093	$ 365 825	$ 358 002
Déplacements	$ 60 583	$ 42 508	$ 52 815	$ 110 380
Re-localisation	$ 0	$ 0	$ 50 000	$ 0
Total biens et services	**$ 669 554**	**$ 697 471**	**$ 554 680**	**$ 561 510**

ÉQUIPEMENT

Documentation	$ 1 137	$ 1 500	$ 1 500	$ 1 650
Mobilier	$ 4 179	$ 5 000	$ 5 000	$ 5 500
Équipement informatique	$ 21 497	$ 25 000	$ 27 500	$ 28 875
Développement	$ 15 820	$ 16 000	$ 16 000	$ 17 600
Total équipement	**$ 42 632**	**$ 47 500**	**$ 50 000**	**$ 53 625**
Total affectations	**$ 1 182 135**	**$ 1 251 849**	**$ 1 182 780**	**$ 1 263 304**
Fonds pour imprévus traduction (fonds des réunions futures)	$ 0	$ 0	$ 30 000	$ 0
Fonds de remplacement du personnel	$ 8 333	$16 667	$18 246	$ 0
Fonds de cessation d'emploi du personnel	$ 25 974	$27 084	$42 502	$32 778
Fonds de roulement	$ 62 260	$45 000	$67 072	$44 518
Total fonds	$ 96 567	$ 88 751	$ 157 820	$ 77 296
DÉPENSES	**$ 1 278 702**	**$ 1 340 600**	**$ 1 340 600**	**$ 1 340 600**
Surplus / (déficit)	-$ 380 269	$ 0	$ 0	$ 0

FINANCEMENT

Fonds d'administration générale	$ 7 845	$ 0	$ 0	$ 0
Fonds pour imprévus traduction (fonds des réunions futures)	$ 372 424	$ 0	$ 0	$ 0
Fonds de roulement	$ 0	$ 0	$ 0	$ 0
	$ 380 269	$ 0	$ 0	$ 0

Récapitulatif des fonds	**31/03/2011**	**31/03/2012**	**31/03/2012**	**31/03/2013**
Fonds d'administration générale	$ 27 206	$ 0	$ 0	$ 0
Fonds pour imprévus traduction (fonds des réunions futures)	$ 0	$ 0	$ 30 000	$ 30 000
Fonds de remplacement du personnel	$ 31 754	$ 48 421	$ 50 000	$ 50 000
Fonds de cessation d'emploi du personnel	$ 64 755	$ 62 343	$ 107 257	$ 140 035
Fonds de roulement	$ 191 652	$ 263 858	$ 285 930	$ 330 448

Appendice 2

Profil du budget prévisionnel quinquennal 2011 à 2016

	Relevé prov. 2010/11	Budget 2011/12	Prévision 2012/13	Estimation 2013/14	Estimation 2014/15	Estimation 2015/16
Nom du compte						
CONTRIBUTIONS (* 1)	-$ 899 942	-$ 1 339 600	-$ 1 339 600	-$ 1 379 788	-$ 1 421 182	-$ 1 463 817
AUTRES REVENUS						
Issus du fonds des futures réunions	-$ 380 269					
Issus du fonds de roulement	$ 0	$ 0	$ 0	-$ 23 369	-$ 30 797	-$ 77 207
Intérêts banque	-$ 27	$ 0	$ 0	$ 0	$ 0	$ 0
Intérêts placements	-$ 163	$ 0	$ 0	$ 0	$ 0	$ 0
Intérêts T.V.A.	-$ 65	-$ 70	-$ 70	-$ 70	-$ 70	-$ 70
Gains sur la vente d'immobilisations	$ 0	$ 0	$ 0	$ 0	$ 0	$ 0
Ristournes obtenues	-$ 69	$ 0	$ 0	$ 0	$ 0	$ 0
RESSOURCES	-$ 380 592	-$ 70	-$ 70	-$ 23 439	-$ 30 867	-$ 77 277
SALAIRES (* 2)						
Direction	$ 250 104	$ 305 654	$ 342 332	$ 366 296	$ 391 936	$ 419 372
Personnel général	$ 194 102	$ 241 159	$ 277 333	$ 305 066	$ 335 573	$ 369 130
Personnel d'assistance de la RCTA	$ 13 577	$ 11 561	$ 12 139	$ 12 503	$ 12 878	$ 13 265
Apprentis	$ 4 800	$ 4 800	$ 4 800	$ 4 800	$ 4 800	$ 4 800
Heures supplémentaires	$ 7 365	$ 14 926	$ 11 565	$ 12 722	$ 13 358	$ 14 025
	$ 469 948	$ 578 100	$ 648 169	$ 701 387	$ 758 545	$ 820 592
TRADUCTION ET INTERPRÉTARIAT						
Traduction et interprétariat	$ 531 693	$ 365 825	$ 358 002	$ 391 433	$ 403 176	$ 415 271
DÉPLACEMENTS						
Déplacements	$ 60 583	$ 52 815	$ 110 380	$ 121 418	$ 90 000	$ 90 000
TECHNOLOGIE DE L'INFORMATION (* 2)						
Matériel	$ 11 856	$ 12 000	$ 13 000	$ 12 000	$ 12 000	$ 12 000
Logiciels	$ 2 322	$ 3 500	$ 3 500	$ 3 500	$ 3 850	$ 4 235
Développement	$ 15 820	$ 16 000	$ 18 400	$ 20 240	$ 20 240	$ 22 264
Assistance	$ 7 318	$ 11 000	$ 10 000	$ 11 000	$ 12 100	$ 13 310
	$ 37 316	$ 42 500	$ 44 900	$ 46 740	$ 48 190	$ 51 809
IMPRESSIONS, ÉDITIONS ET COPIES (* 2)						
Rapport final	$ 15 964	$ 14 000	$ 15 400	$ 16 170	$ 16 979	$ 17 827
Lignes directrices du site	$ 0	$ 0	$ 0	$ 0	$ 0	$ 0
Brochure	$ 0	$ 0	$ 0	$ 0	$ 0	$ 0
	$ 15 964	$ 14 000	$ 15 400	$ 16 170	$ 16 979	$ 17 827

SERVICES GÉNÉRAUX (* 2)

Conseils juridiques	$ 4 360	$ 9 000	$ 9 900	$ 10 395	$ 10 915	$ 11 460
Vérification externe	$ 9 299	$ 9 360	$ 10 764	$ 11 840	$ 13 024	$ 14 327
Nettoyage, entretien et sécurité	$ 9 240	$ 9 900	$ 11 385	$ 11 954	$ 12 552	$ 13 180
Formation	$ 8 131	$ 8 000	$ 8 000	$ 8 000	$ 8 000	$ 8 000
Opérations bancaires	$ 5 394	$ 5 400	$ 5 940	$ 6 534	$ 7 187	$ 7 906
Location des équipements	$ 2 353	$ 2 400	$ 2 550	$ 2 600	$ 2 600	$ 2 600
	$ 38 778	$ 44 060	$ 48 539	$ 51 324	$ 54 279	$ 57 473

RELOCALISATION (* 3)

Relocalisation Av. Leandro Alem 884 - Maipú 757		$ 50 000				
		$ 50 000				

COMMUNICATION (* 2)

Téléphone	$ 2 656	$ 3 055	$ 3 360	$ 2 800	$ 2 900	$ 3 190
Internet	$ 1 204	$ 1 565	$ 1 879	$ 2 066	$ 2 273	$ 2 500
Hébergement Internet	$ 5 779	$ 6 068	$ 6 675	$ 7 342	$ 8 077	$ 8 884
Frais postaux	$ 1 870	$ 2 680	$ 2 814	$ 1 950	$ 1 950	$ 2 145
	$ 11 509	$ 13 368	$ 14 728	$ 14 159	$ 15 200	$ 16 720

BUREAU (* 2)

Papetterie et fournitures	$ 1 576	$ 2 000	$ 2 200	$ 2 420	$ 2 662	$ 2 928
Livres et abonnements	$ 1 492	$ 1 500	$ 1 650	$ 1 700	$ 1 700	$ 1 700
Assurance	$ 1 325	$ 1 900	$ 2 280	$ 2 622	$ 3 015	$ 3 468
Mobilier	$ 107	$ 800	$ 800	$ 1 000	$ 1 000	$ 1 000
Matériel de bureau	$ 2 586	$ 4 000	$ 4 610	$ 5 071	$ 5 071	$ 5 071
Entretien	$ 1 486	$ 1 783	$ 1 961	$ 2 158	$ 2 373	$ 2 611
	$ 8 572	$ 11 983	$ 13 501	$ 14 971	$ 15 822	$ 16 777
Arrondissement	$ 6	$ 0	$ 0	$ 0	$ 0	$ 0
	$ 2 043	$ 0	$ 0	$ 0	$ 0	$ 0

Crédits ouverts	**$ 1 183 967**	**$ 1 181 850**	**$ 1 262 374**	**$ 1 365 700**	**$ 1 410 509**	**$ 1 495 192**

Funds Appropriations

Fonds de roulement (* 4)	$ 62 260	$ 67 072	$ 44 518	$ 0	$ 0	$ 0
Fonds de cessation d'emploi	$ 25 974	$ 42 502	$ 32 778	$ 37 526	$ 41 539	$ 45 903
Fonds de remplacement du personnel	$ 8 333	$ 18 246	$ 0	$ 0	$ 0	$ 0
Fonds de prévoyance traductions (fonds des futures réunions)	$ 0	$ 30 000	$ 0	$ 0	$ 0	$ 0
SUMA	$ 96 567	$ 157 820	$ 77 296	$ 37 526	$ 41 539	$ 45 903

Profit / (déficit)	$ 0	$ 0	$ 0	$ 0	$ 0	($ 0)

Récapitulatif des fonds

Fonds d'administration	$ 27 206	$ 0	$ 0	$ 0	$ 0	$ 0
Fonds de prévoyance traductions (fonds des futures réunions)	$ 0	$ 30 000	$ 30 000	$ 30 000	$ 30 000	$ 30 000
Fonds de remplacement du personnel	$ 31 754	$ 50 000	$ 50 000	$ 50 000	$ 50 000	$ 50 000
Fonds de cessation d'emploi	$ 64 755	$ 107 257	$ 140 035	$ 177 561	$ 219 101	$ 265 004
Fonds de roulement (* 4)	$ 191 652	$ 285 930	$ 330 448	$ 307 079	$ 276 282	$ 199 075

Commentaires :

1. Contributions : augmentation des contributions en %

2012/13 : 0%

2013/14 : 3%

2014/15 : 3%

2015/16 : 3%

2. Estimation de l'augmentation des frais des lignes de crédit avec main-d'oeuvre élevée

2011/12 : 19,9%

2012/13 : 10%

2013/14 : 5%

2014/15 : 5%

2015/16 : 5%

3. Relocalisation :

Le Gouvernement d'Argentine envisage une contribution supplémentaire pour couvrir une partie des frais de relocalisation

4. Fonds de roulement : montant dû à la réglementation financière 6.2

2011/12 :	$ 223 267
2012/13 :	$ 223 267
2013/14 :	$ 229 965
2014/15 :	$ 236 864
2015/16 :	$ 243 970

Appendice 3

Échelle des contributions 2012/13

2012/13	Cat.	Mult.	Variable	Fixe	Total
Argentine	A	3,6	$36 424,17	$23 921,43	$60 346
Australie	A	3,6	$36 424,17	$23 921,43	$60 346
Belgique	D	1,6	$16 188,52	$23 921,43	$40 110
Brésil	D	1,6	$16 188,52	$23 921,43	$40 110
Bulgarie	E	1	$10 117,82	$23 921,43	$34 039
Chili	C	2,2	$22 259,21	$23 921,43	$46 181
Chine	C	2,2	$22 259,21	$23 921,43	$46 181
Équateur	E	1	$10 117,82	$23 921,43	$34 039
Finlande	D	1,6	$16 188,52	$23 921,43	$40 110
France	A	3,6	$36 424,17	$23 921,43	$60 346
Allemagne	B	2,8	$28 329,91	$23 921,43	$52 251
Inde	C	2,2	$22 259,21	$23 921,43	$46 181
Italie	B	2,8	$28 329,91	$23 921,43	$52 251
Japon	A	3,6	$36 424,17	$23 921,43	$60 346
Corée	D	1,6	$16 188,52	$23 921,43	$40 110
Pays-Bas	C	2,2	$22 259,21	$23 921,43	$46 181
Nouvelle-Zélande	A	3,6	$36 424,17	$23 921,43	$60 346
Norvège	A	3,6	$36 424,17	$23 921,43	$60 346
Pérou	E	1	$10 117,82	$23 921,43	$34 039
Pologne	D	1,6	$16 188,52	$23 921,43	$40 110
Russie	C	2,2	$22 259,21	$23 921,43	$46 181
Afrique du Sud	C	2,2	$22 259,21	$23 921,43	$46 181
Espagne	C	2,2	$22 259,21	$23 921,43	$46 181
Suède	C	2,2	$22 259,21	$23 921,43	$46 181
Ukraine	D	1,6	$16 188,52	$23 921,43	$40 110
Royaume-Uni	A	3,6	$36 424,17	$23 921,43	$60 346
États-Unis	A	3,6	$36 424,17	$23 921,43	$60 346
Uruguay	D	1,6	$16 188,52	$23 921,43	$40 110
		66,2	$669 800,00	$669 800,00	$1 339 600

Montant du budget	$1 339 600
Taux de base	$10 118

Appendice 4

Échelle des salaires 2011/12

ÉTAPES

2010/11 Niveau		I	II	III	IV	V	VI	VII	VIII	IX	X	XI	XII	XIII	XIV	XV
1	A	$133 830	$136 320	$138 810	$141 301	$143 791	$146 281	$148 771	$151 262							
1	B	$167 287	$170 400	$173 512	$176 626	$179 739	$182 851	$185 964	$189 078							
2	A	$112 692	$114 812	$116 931	$119 050	$121 168	$123 286	$125 404	$127 524	$129 643	$131 761	$133 880	$134 120	$136 210		
2	B	$140 865	$143 515	$146 164	$148 812	$151 460	$154 107	$156 755	$159 405	$162 054	$164 702	$167 349	$167 650	$170 263		
3	A	$93 973	$96 016	$98 061	$100 106	$102 151	$104 195	$106 240	$108 285	$110 328	$112 372	$114 417	$114 852	$116 869	$118 886	$120 901
3	B	$117 466	$120 020	$122 577	$125 133	$127 689	$130 243	$132 800	$135 356	$137 910	$140 465	$143 021	$143 565	$146 086	$148 607	$151 126
4	A	$77 922	$79 815	$81 710	$83 599	$85 494	$87 386	$89 275	$91 171	$93 065	$94 955	$96 849	$97 377	$99 244	$101 110	$102 977
4	B	$97 403	$99 768	$102 138	$104 498	$106 868	$109 232	$111 594	$113 964	$116 332	$118 694	$121 062	$121 722	$124 055	$126 388	$128 721
5	A	$64 604	$66 299	$67 992	$69 685	$71 377	$73 070	$74 763	$76 452	$78 147	$79 841	$81 530	$82 078			
5	B	$80 755	$82 874	$84 989	$87 106	$89 222	$91 337	$93 454	$95 565	$97 684	$99 801	$101 913	$102 597			
6	A	$51 143	$52 771	$54 396	$56 025	$57 650	$59 276	$60 905	$62 531	$64 156	$65 146	$65 784				
6	B	$63 929	$65 963	$67 994	$70 031	$72 062	$74 095	$76 131	$78 164	$80 195	$81 432	$82 230				

ÉTAPES

Niveau	I	II	III	IV	V	VI	VII	VIII	IX	X	XI	XII	XIII	XIV	XV
1	$53 015	$55 488	$57 962	$60 435	$63 013	$65 700									
2	$44 179	$46 240	$48 302	$50 362	$52 510	$54 750									
3	$36 815	$38 532	$40 250	$41 968	$43 759	$45 627									
4	$30 680	$32 111	$33 543	$34 974	$36 466	$38 022									
5	$25 344	$26 528	$27 710	$28 893	$30 128	$31 415									
6	$20 775	$21 743	$22 712	$23 682	$24 693	$25 747									
7															
8															

3. Résolutions

Renforcement du soutien au Protocole au Traité sur l'Antarctique relatif à la protection de l'environnement

Les Représentants,

Rappelant le Protocole au Traité sur l'Antarctique relatif à la protection de l'environnement en Antarctique adopté le 4 octobre 1991 (« le Protocole ») ;

Convaincus de la constante nécessité d'une protection globale de l'environnement antarctique et des écosystèmes dépendants et associés ;

Réaffirmant leur volonté de protéger l'environnement antarctique, dans l'intérêt de l'humanité toute entière et de préserver la valeur de l'Antarctique en tant que zone dédiée à la conduite de la recherche scientifique ;

Réaffirmant les objectifs et principes contenus dans le Traité sur l'Antarctique et son Protocole, la Convention sur la conservation de la faune et de la flore marines de l'Antarctique et la Convention pour la protection des phoques de l'Antarctique ;

Convaincus que, depuis son entrée en vigueur, le Protocole a contribué à assurer un haut niveau de protection de l'environnement antarctique ;

Saluant le travail du Comité pour la protection de l'environnement (« le Comité »), et notant que tous les États parties au Protocole de Madrid ont le droit de participer à ce Comité ;

Convaincus que la réalisation des objectifs et des principes du Protocole ne sera que mieux assurée si le Protocole est soutenu par un plus grand nombre d'États,

Recommandent que leurs Gouvernements :

- appellent les États qui sont Parties au Traité sur l'Antarctique mais pas encore Parties au Protocole au Traité sur l'Antarctique relatif à la protection de l'environnement à adhérer au Protocole ;

- acceptent l'offre de la France, l'Australie et l'Espagne de coordonner les démarches dans ces États avec d'autres Parties consultatives ; et

- invitent la France, l'Australie et l'Espagne à faire rapport des résultats de ces démarches à la XXXVe Réunion consultative du Traité sur l'Antarctique.

Guide révisé pour la préparation des plans de gestion des zones spécialement protégées de l'Antarctique

Les Représentants,

Rappelant les dispositions de l'article 5 de l'annexe V du Protocole au Traité sur l'Antarctique relatif à la protection de l'environnement (le Protocole) qui prévoient l'élaboration et la révision de plans de gestion des zones spécialement protégées de l'Antarctique ;

Notant qu'en vertu de la résolution 2 (1998) la Réunion consultative du Traité sur l'Antarctique (« RCTA ») a adopté un Guide pour l'élaboration des plans de gestion des zones spécialement protégées de l'Antarctique ;

Désireux d'actualiser ce guide afin de refléter les meilleures pratiques actuelles dans l'élaboration des plans de gestion des zones spécialement protégées de l'Antarctique ;

Prenant en considération la révision du guide par le Comité pour la protection de l'environnement et par son Groupe subsidiaire sur les plans de gestion ;

Recommandent que :

1. le Guide pour l'élaboration des plans de gestion des zones spécialement protégées de l'Antarctique qui figure en annexe de la présente résolution remplace le Guide adopté par la résolution 2 (1998) et qu'il soit utilisé par les personnes impliquées dans l'élaboration ou la révision des plans de gestion ; et

2. le Secrétariat du Traité sur l'Antarctique indique sur son site internet que la résolution 2 (1998) n'est plus d'actualité.

Guide pour l'élaboration des plans de gestion des zones spécialement protégées de l'Antarctique

Contexte

But du guide

En 1991, les Parties consultatives du Traité sur l'Antarctique ont adopté le Protocole au Traité sur l'Antarctique relatif à la protection de l'environnement pour assurer la protection complète de l'environnement en Antarctique. Cet instrument désigne l'Antarctique tout entier comme «une réserve naturelle consacrée à la paix et à la science».

Adoptée plus tard à la XVIᵉ Réunion consultative du Traité sur l'Antarctique en vertu de la recommandation XVI-10, l'annexe V du Protocole fournit un cadre législatif permettant d'établir des zones spécialement protégées et des zones gérées spéciales au sein de la « réserve naturelle ». Le texte de l'annexe V peut être consulté sur le site du STA à *http://www.ats.aq/documents/recatt/Att004_f.pdf.*

L'annexe V stipule que toute région, y compris toute région maritime, peut être désignée comme « zone spécialement protégée de l'Antarctique » en vue de protéger des valeurs environnementales, scientifiques, historiques ou esthétiques exceptionnelles, ou l'état sauvage de la nature, ou toute combinaison de ces valeurs, ainsi que toute recherche scientifique en cours ou programmée (Article 3, Annexe V).

L'annexe précise en outre que toute Partie, le Comité pour la protection de l'environnement (CPE), le Comité scientifique pour la recherche en Antarctique (SCAR) ou la Commission pour la conservation de la faune et de la flore marines de l'Antarctique (CCAMLR), *peut proposer qu'une région soit désignée « Zone spécialement protégée de l'Antarctique » ou « Zone gérée spéciale de l'Antarctique» en soumettant une proposition de plan de gestion à la Conférence consultative du Traité sur l'Antarctique* (Article 5, Annexe V).

Ce guide est la révision de la version originale adoptée par les Parties comme appendice à la Résolution 2 (1998). Il a été élaboré afin d'assister tout promoteur proposant d'établir une zone spécialement protégée de l'Antarctique à l'aide des objectifs suivants :

- assister les parties dans leur travail d'élaboration des plans de gestion des zones spécialement protégées de l'Antarctique (ZSPA) comme le requiert le Protocole (Article 5, Annexe V)

- établir un cadre permettant au plan de gestion de satisfaire les exigences du protocole ; et

- produire des plans au contenu précis, clair, cohérent (par rapport aux autres plans de gestion) et effectif afin que leur révision, leur adoption et leur mise en œuvre soient rapides.

Il est important de noter que le présent guide n'a d'autre objet que d'être un aide-mémoire pour l'élaboration de plans de gestion des zones spécialement protégées de l'Antarctique. Il n'a pas de statut légal. Tous ceux qui ont l'intention d'élaborer un plan de gestion doivent examiner avec soin les dispositions de l'annexe V du Protocole et demander sans tarder l'avis de leurs autorités nationales.

Le réseau des zones protégées

L'annexe V stipule que les Parties s'efforcent d'identifier, dans un *cadre environnemental et géographique systématisé*, et d'inclure au nombre des « Zones spécialement protégées de l'Antarctique » :

- les zones encore vierges de toute intrusion humaine, pour pouvoir ultérieurement effectuer des comparaisons avec des régions qui ont été altérées par les activités humaines ;
- des exemples représentatifs des principaux écosystèmes terrestres, notamment glaciaires et aquatiques, ainsi que des écosystèmes marins ;
- les régions dotées de rassemblements d'espèces inhabituels ou importants, notamment de grandes colonies d'oiseaux ou de mammifères se reproduisant sur place ;
- la localité type ou le seul habitat connu de toute espèce ;
- les régions présentant un intérêt particulier pour des travaux de recherche scientifique en cours ou programmés ;
- des exemples de caractéristiques géologiques, glaciologiques ou géomorphologiques exceptionnelles ;
- les régions dont les paysages et la nature à l'état sauvage ont une valeur exceptionnelle ;
- les sites ou monuments ayant une valeur historique reconnue ; et
- toute autre région dont il conviendrait de protéger les valeurs environnementales, scientifiques, historiques ou esthétiques exceptionnelles, ou l'état sauvage de la nature, ou toute combinaison de ces valeurs, ainsi que toute recherche scientifique en cours ou programmée.

Cette disposition du Protocole relatif à la protection de l'environnement établit le cadre nécessaire pour établir un réseau des zones protégées de l'Antarctique. La mise en œuvre des implications de ce cadre a néanmoins fait l'objet de discussions depuis l'adoption de l'annexe V.

Diverses analyses et évaluations de la représentation des neuf catégories énumérées dans l'article 3(2) de Annexe V ont été menées depuis l'adoption de l'annexe V. Initialement lors d'un atelier SCAR/UICN sur les zones protégées de l'Antarctique en 1992, puis durant deux ateliers sur les zones protégées tenues durant CPE I et II in 1998 et 1999. Dans l'analyse présentée à CPE VIII en 2005 (XXVIIIe Réunion consultative du Traité sur l'Antarctique WP 11) il était à noter que :

- il existe un répartition inégale des zones spécialement protégées de l'Antarctique entre les catégories décrites au paragraphe 2 de l'article 3 de l'annexe V, qui est un simple accident historique : elle résulte d'une série de désignations ad hoc élaborées au cours des années, plutôt que d'un choix systématique de sites fait dans le cadre d'une stratégie de caractère fondamental.

- En l'absence d'un tel cadre, il n'existe aucun moyen pour déterminer si la présente répartition est appropriée ou non.

- En l'absence d'une méthode holistique de gestion du système des zones protégées (dans l'esprit d'un cadre environnemental et géographique systématisé comme le prévoit l'article 3(2) de l'annexe V), il faut se contenter de prendre note et pas davantage de la répartition des sites.

Le terme de cadre environnemental et géographique systématisé a évolué avec le temps. La version finale de l'analyse des domaines environnementaux du continent antarctique préparée et présentée au Comité pour la protection de l'environnement par la Nouvelle-Zélande en 2005 forme la base de l'interprétation du concept actuellement acceptée. L'analyse des domaines environnementaux fournit une classification des zones établissant une démarcation des variables environnementales de l'Antarctique fondée sur les données et explicite dans l'espace, et permettant entre autres d'identifier les sites prioritaires par rapport à la protection. L'analyse des domaines est un instrument privilégiant une désignation holistique et stratégique des zones spécialement protégées de l'Antarctique plutôt qu'une évaluation des sites selon leur mérite individuel sans tenir compte d'autres facteurs.

La Réunion consultative du Traité sur l'Antarctique a consenti à ce que l'analyse des domaines environnementaux pour le continent antarctique soit utilisée de façon cohérente et conjointement avec d'autres instruments mis au point au sein du système du Traité sur l'Antarctique en temps que modèle dynamique servant à identifier les zones qui pourraient être désignées comme zones spécialement protégées de l'Antarctique dans le Cadre environnemental et géographique systématisé auquel se réfère l'article 33 de l'annexe V du protocole (Résolution 3 (2008)).

L'analyse des domaines environnementaux fournit une mesure utile et importante de la variation environnementale de l'Antarctique qui peut être considérée, en termes de domaines libres de glace, comme une évaluation de premier ordre essentielle de la variation systématique probable de la biodiversité. Pour faire une analyse pertinente au niveau de l'échelle spatiale fine généralement utilisée pour désigner les zones protégées, l'analyse des domaines environnementaux doit être supplémentée par des données sur la biodiversité reflétant non seulement les conditions actuelles, mais surtout des processus historiques que les données environnementales recueillies actuellement ne relèvent que rarement.

Identification des zones de protection

La désignation d'un site comme zone protégée confère à cette zone un degré de protection plus élevé que celui conféré par toute autre mesure de planification ou de gestion en vertu du Protocole, permettant de réaliser des buts et des objectifs de protection spécifiques.

Lorsqu'il s'agit d'évaluer si un site nécessite vraiment cette protection, il est nécessaire d'être précis en ce qui concerne les valeurs qui seraient protégées par cette zone et le besoin de protéger ces valeurs au-delà du degré de protection général assuré par le Protocole relatif à l'environnement. Le Comité pour la protection de l'environnement a adopté des lignes directrices pour l'application de l'article 3 de l'annexe V du Protocole au Traité sur l'Antarctique relatif à la protection de l'environnement qui assisteront les promoteurs au cours d'une telle évaluation. Lors d'un tel processus, il devrait aussi considérer comment la désignation d'une zone spécialement protégée de l'Antarctique pourrait complémenter le réseau de zones protégées existant dans le cadre environnemental et géographique systématisé fourni par l'analyse des domaines environnementaux et autres données pertinentes. Une analyse détaillée et approfondie ainsi menée indiquera au promoteur s'il est nécessaire d'accorder au site la désignation de zone protégée.

Ce n'est que lorsqu'une zone candidate a été soumise à cette procédure d'évaluation qu'il convient de commencer le processus d'élaboration d'un plan de gestion pour la zone, en accord avec les orientations présentées dans ce document.

Documents d'orientation pertinents

Annexe V du Protocole au Traité sur l'Antarctique relatif à la protection de l'environnement (*http://www.ats.aq/documents/recatt/Att004_f.pdf*)

Lignes directrices pour l'application de l'article 3 de l'annexe V du Protocole au Traité sur l'Antarctique relatif à la protection de l'environnement - zones spécialement protégées de l'Antarctique (*http://www.ats.aq/documents/recatt/Att081_f.pdf*)

Analyse des domaines environnementaux (*http://www.ats.aq/documents/recatt/Att408_f.pdf*)

Format des plans de gestion pour les zones spécialement protégées de l'Antarctique

L'article 5 de l'annexe V stipule les dispositions qui doivent être examinées dans chaque plan de gestion. Les parties du guide qui suivent donnent les orientations nécessaires pour répondre à ces dispositions (résumées dans le tableau 1).

Le Comité pour la protection de l'environnement a souligné les avantages que confèrent des plans de gestion de zones protégés cohérents. Le modèle de plan de gestion pour les zones spécialement protégées de l'Antarctique présenté dans l'appendice 3 est conçu pour être un cadre type dans lequel les promoteurs peuvent insérer un contenu spécifique à la zone en question lors de la préparation ou de la révision d'un plan de gestion de zone spécialement protégée de l'Antarctique.

Le modèle renvoie aux parties du guide susceptibles de s'appliquer. Les références au présent guide sont fournies *en texte italique*, et ne devraient pas être inclues dans le plan de gestion.

Le format du modèle est en accord avec le *Manuel pour la soumission de documents à la Réunion consultative du Traité sur l'Antarctique et au Comité pour la protection de l'environnement* préparé par le Secrétariat du Traité sur l'Antarctique. Les promoteurs devraient consulter le manuel pour s'orienter sur des questions spécifiques de formatage, comme les tableaux et les figures à inclure dans un plan de gestion.

Tableau 1. Les titres utilisés dans le guide font l'objet de renvois internes à l'article 5 de l'annexe V

Section du plan de gestion / section du guide	Référence à l'article 5
Introduction	
1. Description des valeurs à protéger	3a
2. Buts et objectifs	3b
3. Activités de gestion	3c
4. Durée de désignation	3d
5. Cartes	3g
6. Description de la zone	3 e (i - iv)
6(v) Zones spéciales au sein de la zone	3f
7. Conditions pour obtenir un permis d'accès	3 i (i - x)
8. Support documentaire	3h

Orientation pour le contenu des plans de gestion

Comme le développement des plans de gestion des zones spécialement protégées de l'Antarctique est un processus en évolution, les auteurs de plans de gestion devraient être informés des meilleures pratiques actuelles et sont vivement conseillés de consulter les exemples approuvés lors de Réunions consultatives du Traité sur l'Antarctique antérieures. Les plans de gestion en vigueur pour chaque zone spécialement protégée de l'Antarctique peuvent être consultés à partir de la base de données des zones protégées sur le site du Secrétariat du Traité sur l'Antarctique, à *http://www.ats.aq/devPH/apa/ep_protected.aspx*.

Certaines parties du modèle de l'appendice 3 comportent des suggestions de formulation standard. Les suggestions de formulation standard ne sont pas pour dissuader les promoteurs d'élaborer et de mettre en œuvre des approches créatives et innovantes pour la protection et la gestion des zones spécifiques au site. Les formules standard se référant directement aux dispositions issues du Protocole relatif à l'environnement sont marquées par un astérisque (*). Les suggestions de formulation standard devraient être utilisées, modifiées, ou remplacées, le cas échéant, par un texte alternatif reflétant adéquatement les considérations spécifiques au site pour la zone en question.

Un plan de gestion doit fournir suffisamment de détails sur les caractéristiques du site et les dispositions relatives à l'accès et à la gestion pour s'assurer que les individus ayant l'intention de visiter le site et les autorités nationales responsables de la délivrance de permis sont suffisamment au courant des caractéristiques spéciales de la zone. Il devrait clairement identifier les raisons pour lesquelles le site est désigné, et les mesures additionnelles (en sus de la protection générale accordée par le Protocole relatif à la protection de l'environnement et ses Annexes) qui sont conséquemment requises pour cette zone. Les sections suivantes donnent les orientations nécessaires aux promoteurs sur le contenu de chaque titre standard du plan de gestion.

Introduction

Une introduction au plan de gestion n'est pas une disposition exigée en vertu de l'article 5 de l'annexe V, mais elle donne un aperçu utile. Les informations fournies peuvent inclure un résumé des caractéristiques importantes du site, son histoire (par exemple sa désignation initiale, les modifications, les plans de gestion antérieurs), la recherche scientifique et autre activités qui y ont été menées.

Les raisons pour laquelle une protection spéciale serait nécessaire ou désirable devraient aussi être décrites dans le plan de gestion, de préférence dans l'introduction. De ce point de vue, les *Lignes directrices pour l'application de l'article 3 de l'Annexe V du Protocole au Traité sur l'Antarctique relatif à la protection de l'environnement - zones spécialement protégées de l'Antarctique* en appendice à la résolution 1 (2000) (*http://www.ats.aq/ documents/recatt/Att081_f.pdf*) sont une référence utile.

Le Comité pour la protection de l'environnement a convenu que chaque plan de gestion devrait inclure un énoncé clair et précis de la principale raison de la désignation du site[1]. Il est utile d'inclure cet énoncé dans l'introduction du plan de gestion, qui sert de sommaire au plan de gestion, ainsi que dans la partie suivante décrivant les valeurs à protéger.

Le Comité pour la protection de l'environnement a aussi encouragé les promoteurs à inclure dans le plan des explications sur la complémentarité existant entre ce site et l'ensemble du système des Zones Protégées[2]. À cette fin, il devrait faire référence entre autres à l'Analyse des domaines environnementaux du continent antarctique (*http://www.ats.aq/documents/recatt/Att408_f.pdf*), à la résolution 3 (2008) en appendice et à la série existante des zones spécialement protégées de l'Antarctique. Le cas échéant, il serait utile que l'introduction décrive aussi la complémentarité existant entre ce site et les zones avoisinantes ou situées dans la région.

1. Description des valeurs à protéger

L'article 3 de l'annexe V du Protocole relatif à la protection de l'environnement stipule que toute région, y compris toute région maritime, peut être désignée comme « zone spécialement protégée de l'Antarctique » en vue de protéger des valeurs environnementales, scientifiques, historiques ou esthétiques exceptionnelles, ou l'état sauvage de la nature, et il décrit une série de ces valeurs que les Parties consultatives du Traité sur l'Antarctique chercheront à incorporer dans les zones spécialement protégées de l'Antarctique.

Lorsqu'une nouvelle proposition de zone spécialement protégée de l'Antarctique est examinée, il faut se demander comment le régime de zone protégée couvrirait les valeurs identifiées dans l'article 3 de l'annexe V et si ces valeurs sont déjà bien représentées par des zones protégées dans l'Antarctique.

La présente section devrait inclure un énoncé de la principale raison de la désignation de la zone, mais aussi des explications sur l'ensemble des raisons pour lesquelles le site est désigné. La description de la valeur ou des valeurs du site devrait donner, de façon claire et détaillée, les raisons pour lesquelles le site mérite une protection spéciale et la manière

---

[1] CPE VIII Rapport final, paragraphe 187.
[2] CPE VIII Rapport final, paragraphe 187.

dont la désignation de zone spécialement protégée de l'Antarctique du site renforcera les mesures de protection. Ceci peut inclure une description des risques actuels ou potentiels menaçant les valeurs à protéger. C'est ainsi par exemple que, si la désignation du site a pour objet d'empêcher une interférence avec des études scientifiques en cours ou planifiées, cette section devrait alors décrire la nature et la valeur de ces travaux de recherche.

L'environnement antarctique est sujet non seulement à la variabilité naturelle par rapport au climat, à l'étendue de la glace et à la densité et à la répartition dans l'espace des populations biologiques, mais aussi aux effets d'un réchauffement climatique régional rapide (notamment dans la région de la péninsule antarctique). La présente section pourrait donc aussi, si elle est susceptible de s'appliquer, faire la description des changements environnementaux potentiels menaçant le site en vue de la rapidité de ce réchauffement (fonte potentielle des glaciers ; retraite rapide des plates-formes glaciaires et nouvelles zones de sols libres de glace ; impacts du réchauffement de l'océan et de la diminution de l'extension des glaces de mer sur les espèces de manchots qui en dépendent ; probabilité/ risque d'établissement d'espèces non indigènes ou de colonisateurs naturels provenant de latitudes plus nordiques (et donc de régimes climatiques moins sévères)).

Dans les cas où l'objet est de protéger la valeur de sites comme zones de référence ou zones témoins pour des programmes de surveillance continue de l'environnement, il faudrait décrire les caractéristiques particulières de la zone à laquelle s'applique une surveillance continue de longue durée. Dans les cas où la désignation de zone spécialement protégée de l'Antarctique est accordée pour protéger des valeurs historiques, géologiques et esthétiques, l'état de la nature sauvage ou d'autres valeurs, ces valeurs doivent être décrites dans la présente section.

Dans tous les cas, la description doit donner suffisamment de détails pour permettre aux lecteurs de comprendre exactement ce que la désignation de zone spécialement protégée de l'Antarctique a pour but de protéger. Elle ne devrait pas faire une description exhaustive du site, qui est présentée dans la section 6.

2. Buts et objectifs

La présente section doit arrêter les buts à réaliser par le plan de gestion et établir la manière dont ce plan traitera la protection des valeurs décrites ci-dessus. Par exemple, les buts du plan pourraient signaler l'intention de:

éviter que le site ne fasse l'objet de certains changements particuliers ;

- empêcher que le site ne souffre de perturbations du fait de certaines caractéristiques ou activités humaines particulières dans la zone ;
- permettre exclusivement certaines catégories de recherche qui ne contrediraient pas la raison pour laquelle les sites ont été désignés ; ou
- minimiser au maximum possible l'introduction d'espèces non indigènes qui pourraient compromettre les valeurs environnementales et scientifiques d'une zone.

Il importe de noter que la description des valeurs et des objectifs peut être utilisée par l'autorité nationale appropriée pour aider à statuer sur les activités dont elle peut ou non autoriser la réalisation dans la zone. En conséquence, les valeurs à protéger et les objectifs du plan doivent être décrits en termes spécifiques et non pas généraux.

3. Activités de gestion

Les activités de gestion ébauchées dans la présente section devraient être en rapport avec les buts du plan de gestion et avec les objectifs pour lesquels le site a été désigné.

Le plan devrait clairement indiquer les activités interdites, les activités à éviter ou les activités à empêcher ainsi que les activités autorisées. Il devrait par ailleurs clairement indiquer les périodes pendant lesquelles les activités autorisées peuvent avoir lieu. Par exemple, quelques activités ne peuvent être autorisées qu'en dehors de la saison de reproduction d'espèces vulnérables.

La présente section devrait décrire les mesures à prendre pour protéger les valeurs particulières de la zone (par exemple, installation et entretien d'instruments scientifiques, mise en place d'itinéraires signalés ou de sites d'atterrissage, ou panneaux indiquant que le site est une zone spécialement protégée de l'Antarctique et qu'il est interdit d'y accéder sauf avec un permis délivré par une autorité nationale appropriée, dégagement d'équipements ou de matériaux abandonnés). Si les activités de gestion nécessitent la coopération de deux ou plusieurs Parties conduisant des travaux de recherche dans la zone ou y donnant leur soutien, les mécanismes à utiliser pour mener à bien les activités requises devraient être mis au point conjointement et décrits dans le plan de gestion.

Il est important de se souvenir et de noter dans le plan de gestion qu'une gestion active peut exiger une évaluation d'impact sur l'environnement à réaliser conformément aux dispositions de l'annexe 1 du Protocole relatif à la protection de l'environnement.

Si aucune activité de gestion ne s'avère nécessaire, la présente section du plan devrait dire: « Aucune n'est nécessaire ».

4. Durée de désignation

La désignation d'une zone spécialement protégée de l'Antarctique vaut pour une durée indéterminée sauf disposition contraire du plan de gestion. Le paragraphe 3 de l'article 6 de l'annexe V stipule que le plan de gestion doit être réexaminé au moins tous les cinq ans et mis à jour le cas échéant.

Si l'objet recherché est d'assurer la protection de la zone pendant une durée indéterminée, cependant qu'une étude particulière ou une autre activité y a lieu, une date d'expiration devrait être mentionnée dans la présente section.

5. Cartes

Les cartes sont un élément essentiel des plans de gestion et elles devraient être claires et suffisamment détaillées. Plusieurs cartes peuvent être nécessaires pour un plan donné mais il est vraisemblable que le minimum sera de deux. La première montrera la zone générale dans laquelle se trouve le site ainsi que la position de toutes les zones protégées situées à proximité. La seconde illustrera les détails du site lui-même.

Il est essentiel que les cartes indiquent clairement les limites de la zone protégée telle qu'elle est décrite à la section 6.1 plus bas.

Les lignes directrices pour les cartes sont décrites à l'appendice 1 qui contient également une liste de vérification des caractéristiques à inclure.

6. Description de la zone

La présente section requiert une description précise du site et de ses environs pour s'assurer que les individus ayant l'intention de visiter le site et les autorités nationales responsables de la délivrance de permis sont suffisamment au courant des caractéristiques spéciales de la zone.

Il est important que la section décrive de manière adéquate les caractéristiques de la zone qui sont protégées, tenant ainsi les utilisateurs du plan de gestion au courant des caractéristiques particulièrement vulnérables de cette zone. Il serait préférable que cette section ne reproduise pas la description des valeurs de la zone.

La présente section se divise en cinq sous-sections:

6(i) Coordonnées géographiques, bornage et particularités naturelles

Les limites du site devraient être démarquées sans ambigüité et ses caractéristiques les plus importantes clairement décrites car la démarcation de ces limites constituera la base de leur application juridique. Les limites du site devraient être soigneusement choisies et décrites. Il est préférable de décrire une limite qu'il est possible d'identifier en tout temps durant l'année. Cette tâche est souvent rendue difficile par la couverture de neige en hiver mais, en été au moins, il devrait être possible pour les visiteurs de déterminer les limites de la zone. Pour les zones proches de sites fréquentées par des touristes, cela revêt une grande importance. Il vaut mieux choisir pour le site des bornes statiques comme des roches exposées. Des bornes qui pourraient changer d'emplacement pendant l'année ou pendant les cinq ans du plan de gestion, telles que les bords de champs de neige ou les colonies d'espèces sauvages, ne sont probablement pas appropriés. Dans certains cas, il peut s'avérer souhaitable de poser des bornes là où les particularités naturelles ne sont pas suffisantes.

Il faudrait tenir compte des conséquences futures probables des changements climatiques lorsque les limites de la zone protégée sont déterminées ou révisées. Il faudrait réfléchir soigneusement aux limites sélectionnées en fonction de particularités autres que les sols libres de glace. C'est ainsi par exemple que la retraite des glaciers liée aux changements climatiques futurs, l'effondrement de la plate-forme glaciaire et les changements de niveau des lacs auront un impact sur les zones spécialement protégées de l'Antarctique dont les limites sont démarquées par rapport à ces caractéristiques.

Les coordonnées géographiques devraient être aussi exactes que faire se peut. Elles devraient être définies en latitude et longitude et être précises à la minute et à la seconde près. Dans la mesure du possible, mention devrait être faite de cartes ou graphiques publiés pour permettre la démarcation sur la carte des limites de la zone. Les méthodes topographiques et cartographiques employées devraient être dans toute la mesure du possible mentionnées avec le nom de l'organisme qui produit les cartes ou graphiques auxquels il est fait référence.

On ne saurait sous-estimer l'importance que revêt le système mondial de localisation pour déterminer les positions. Ces dernières années, il est apparu clairement que la localisation originelle de quelques sites protégés est extrêmement suspecte. La possibilité de réviser le plan de chaque zone spécialement protégée de l'Antarctique offre l'occasion d'utiliser le système mondial de localisation et, partant, de fournir des informations claires sur les limites de la zone. Il est vivement recommandé que les plans ne soient pas soumis sans ces informations.

Lorsqu'on décrit les caractéristiques physiques de la zone, seuls les noms de lieux ayant reçu l'approbation officielle d'une Partie consultative et inclus dans le journal officiel du Comité scientifique pour la recherche en Antarctique devraient être utilisés (*http://data. aad.gov.au/aadc/gaz/scar/*). Tous les noms dont il est fait mention dans le texte du plan devraient être indiqués sur les cartes. Si un nouveau nom de lieu est nécessaire, le comité national approprié devra donner son approbation et le nom de lieu devra être soumis pour être inclus dans le journal officiel du Comité scientifique pour la recherche en Antarctique avant d'utiliser le nouveau nom sur une carte et avant de soumettre le plan.

La description des particularités naturelles de la zone devrait inclure des descriptions de la topographie locale, notamment les champs permanents de neige et de glace, la présence de formations aquatiques éventuelles (lacs, cours d'eau, mares) et un bref résumé de la géologie et la géomorphologie locales. Une description succincte et précise des particularités biologiques du site est également utile, y compris des notes sur les principales communautés végétales, les colonies d'oiseaux et de phoques ainsi que le nombre d'oiseaux ou paires d'oiseaux se reproduisant sur place.

Si la zone contient un élément marin, le plan de gestion peut devoir être soumis à la Commission pour la conservation de la faune et la flore marines de l'Antarctique afin d'être examiné - voir section ci-dessous intitulée 'Procédure d'approbation des plans de gestion des zones spécialement protégées de l'Antarctique'.

6(ii) Accès à la zone

Cette sous-section devrait inclure la description des routes d'accès au site préférées par terre, par mer ou par air. Ces routes devraient être clairement définies pour éviter toute confusion tandis que d'autres options appropriées devraient être offertes si la route préférée n'est pas praticable.

Toutes les routes d'accès ainsi que les zones de mouillage des navires et d'atterrissage des hélicoptères devraient être décrites et clairement indiquées sur la carte jointe du site. Les zones d'atterrissage des hélicoptères devraient normalement être placées bien en dehors

314

des limites de la zone spécialement protégée pour veiller à ce que l'intégrité de la zone souffre d'un minimum de perturbations.

Cette sous-section devrait également décrire les voies préférées pour l'accès à pied à l'intérieur de la zone et pour l'accès des véhicules, lorsque celui-ci est autorisé.

6(iii) Emplacement des structures à l'intérieur et à proximité du site

Il est nécessaire de décrire et de placer avec exactitude toutes les structures à l'intérieur comme à proximité d'une zone désignée. Ces structures comprennent les bornes, les panneaux, les cairns, les cabanes de campement, les dépôts et les installations de recherche. Dans la mesure où cela s'avère possible, la date à laquelle les structures ont été érigées et le pays auquel elles appartiennent devraient être enregistrés comme d'ailleurs les détails des sites et monuments historiques situés dans la zone. Le cas échéant, la date prévue pour l'enlèvement de toute structure devrait être notée (par exemple dans le cas d'installations temporaires pour les activités scientifiques ou autres).

6(iv) Emplacement d'autres zones protégées à proximité

Il n'existe pas de rayon spécifique à utiliser lorsqu'on décrit d'autres sites « à proximité », mais une distance d'un maximum de 50 kilomètres a été utilisée dans les plans adoptés jusqu'ici. Toutes ces zones protégées (zones spécialement protégées de l'Antarctique, zones gérées spéciales de l'Antarctique, sites et monuments historiques, réserves de phoques de la Convention pour la conservation des phoques de l'Antarctique, sites du Programme de contrôle de l'écosystème de la Commission pour la conservation de la faune et la flore marines de l'Antarctique, etc.) à proximité du site devraient recevoir un nom et, selon que de besoin, un chiffre. Les coordonnées ainsi que la distance et la direction approximatives par rapport à la zone en question devraient aussi être fournis.

6(v) Zones spéciales à l'intérieur de la zone

L'article 5.3(f) de l'annexe V permet d'identifier des secteurs à l'intérieur des zones spécialement protégées et des zones gérées spéciales *« dans lesquels les activités doivent être interdites, limitées ou gérées en vue d'atteindre les buts et objectifs... »* du plan de gestion.

Les participants à la préparation des plans de gestion devraient considérer si les objectifs du plan pourraient être atteints plus efficacement en désignant une zone ou plus. Des zones clairement délimitées permettent d'impartir aux visiteurs du site des informations précises sur le lieu, la période et la raison pour lesquelles les conditions spéciales de gestion sont appliquées. Elles peuvent servir à communiquer les objectifs et les dispositions de la gestion d'une façon claire et simple. Par exemple, ces zones pourraient inclure des colonies d'oiseaux auxquelles l'accès est limité durant la saison de reproduction ou encore des sections où il ne faudrait pas perturber les expériences scientifiques.

Pour parvenir à une plus grande cohérence concernant l'application de l'instrument de zonage dans l'Antarctique, les zones couramment utilisées ont été identifiées et définies ; cette liste devrait répondre aux besoins de gestion dans la plupart des situations (Table 2).

Comme avec toutes lignes directrices, il peut y avoir des cas où les exceptions sont à la fois nécessaires et désirables. Lorsque c'est le cas, les participants à la préparation des plans de gestion pourraient envisager d'utiliser des zones alternatives. Il faut cependant garder à l'esprit que les plans de gestion devraient essayer d'utiliser des zones qui soient aussi simples et cohérentes que possible pour tous les sites de l'Antarctique. Cela aidera à ce que les conditions des plans de gestion soient compréhensibles et faciles à suivre, facilitant ainsi la protection dans la pratique et la gestion de ces zones spécialement protégées.

Si aucune zone spéciale n'est désignée à l'intérieur de la zone, ceci devrait être explicite dans le plan de gestion.

Tableau 2. Lignes directrices de zonage pour les zones spécialement protégées de l'Antarctique

Zone	Objectifs spécifiques de la zone
Zone des installations	Pour veiller à ce que les installations scientifiques dans la zone et les activités humaines qui y sont liées soient contenues et gérées à l'intérieur de zones désignées.
Zone d'accès	Pour fournir une orientation à l'approche ou l'atterrissage des aéronefs et des navires, des véhicules ou des piétons ayant accès à la zone et ce faisant protéger les zones dotées de rassemblements d'espèces vulnérables ou de matériel scientifique etc. et/ou pour assurer la sécurité.
Zone historique	Pour veiller à ce que les personnes pénétrant dans la zone soient informées des secteurs ou des caractéristiques de la zone, notamment les sites, les bâtiments et / ou les objets revêtant une importance historique et pour les gérer de manière appropriée.
Zone scientifique	Pour veiller à ce que les personnes pénétrant dans la zone soient informées des secteurs de la zone qui sont des sites d'études scientifiques en cours ou de longue date ou bien contiennent des installations scientifiques vulnérables.
Zone restreinte	Pour restreindre l'accès à un certain secteur de la zone et/ou restreindre les activités dans la zone pour diverses raisons de gestion ou scientifiques, par exemple en raison de valeurs spéciales scientifiques ou écologiques, de la vulnérabilité, de la présence de dangers, ou pour limiter les émissions ou les constructions à un site particulier. L'accès aux zones restreintes devrait normalement se faire pour des raisons impérieuses qui ne peuvent être satisfaites autre part à l'intérieur de la zone.
Zone interdite	Pour interdire l'accès à un certain secteur d'une zone spécialement protégée jusqu'à ce que la Réunion consultative du Traité sur l'Antarctique (et non les Parties individuelles) décide que le plan de gestion doit être changé pour permettre l'accès.

7. Conditions pour obtenir un permis d'accès

7(i) Conditions générales pour l'obtention d'un permis

Le paragraphe 4 de l'article 3 du Protocole stipule que l'accès à une « zone spécialement protégée de l'Antarctique » est interdit à toute personne non munie d'un permis délivré par l'autorité nationale appropriée.

Le plan de gestion devrait arrêter les conditions dans lesquelles un permis pourrait être délivré. Dans l'élaboration de plans de gestion, les auteurs devraient noter que les autorités désignées pour délivrer des permis d'accès aux zones spécialement protégées de l'Antarctique utiliseront le contenu de la présente section pour déterminer si et dans quelles conditions un permis peut être délivré.

Le paragraphe 3 de l'article 7 de l'annexe V du Protocole demande aux Parties qu'elles exigent que tout détenteur d'un permis porte sur lui une copie dudit permis lorsqu'il se trouve dans la zone spécialement protégée de l'Antarctique concernée. Cette section du plan de gestion devrait noter que tous les permis devraient exiger du détenteur d'un permis qu'il porte sur lui une copie dudit permis durant son séjour dans la zone spécialement protégée de l'Antarctique.

L'article 5 de l'annexe V énumère dix questions qui doivent être prises en considération lorsque sont examinées les conditions susceptibles d'être appliquées pour la délivrance d'un permis. Ce sont :

7(ii) Accès à la zone et déplacements à l'intérieur de celle-ci

La présente section du plan de gestion devrait arrêter les restrictions à imposer aux moyens de transport, aux points d'accès, aux routes et aux déplacements à l'intérieur de la zone. Il devrait également couvrir la direction que suivent les aéronefs pour leur approche de la zone ainsi que la hauteur minimum des survols de la zone. Ces informations devraient préciser le type d'aéronef (à aile fixe ou à voilure tournante) sur lequel reposent les restrictions, qui devraient être incluses comme conditions à remplir pour la délivrance de permis.

Le cas échéant, les plans de gestion devraient mentionner les lignes directrices appropriées adoptées par le Comité pour la protection de l'environnement, telle que les Directives pour l'exploitation d'aéronefs à proximité de concentrations d'oiseaux dans l'Antarctique (*http:// www.ats.aq/documents/recatt/Att224_f.pdf*) en appendice à la résolution 2 (2004).

7(iii) Activités pouvant être menées dans la zone

Des détails devraient être donnés sur ce qui peut être fait à l'intérieur de la zone protégée et sur les conditions dans lesquelles de telles activités sont autorisées. Par exemple, pour éviter une interférence nuisible avec la faune et la flore sauvages, certains types d'activités seulement pourraient être autorisés.

Si le plan de gestion propose qu'une gestion active à l'intérieur de la zone puisse s'avérer nécessaire dans l'avenir, il faudrait qu'il en soit fait mention ici.

7(iv) Installation, modification ou enlèvement de structures

Il est utile d'enregistrer quelles structures, s'il en est, sont autorisées à l'intérieur de la zone. Par exemple, l'installation de certains équipements de recherche scientifique, de bornes ou autres structures pourrait être autorisée à l'intérieur de la zone.

Afin de suivre l'évolution de la fonction de ces structures, le plan de gestion devrait indiquer comment ces structures seront identifiables. Des orientations générales et/ou spécifiques concernant les facteurs limitant les effets nuisibles des installations sur les valeurs de la zone seraient aussi utiles.

Si des structures existantes sont présentes (refuges par exemple), le plan de gestion devrait également indiquer les mesures susceptibles d'être autorisées pour modifier ou enlever les structures. En revanche, si aucune structure ne sera autorisée à l'intérieur du site, le plan de gestion doit l'indiquer clairement.

7(v) Emplacement des camps

Généralement, les campements dans les limites de la zone ne seront normalement pas autorisés. Mais, dans certaines conditions comme des raisons de sécurité impérieuses, le contraire sera vrai. Dans ce cas-là, les conditions dans lesquelles l'installation de campements peut être autorisée devraient être décrites. Il est possible que les campements soient acceptables seulement dans certaines parties de la zone. Ces campements devraient être identifiés et enregistrés sur les cartes complémentaires.

7(vi) Restrictions sur les matériaux et les organismes pouvant être introduits dans la zone

La présente section devrait arrêter les interdictions et donner des orientations sur la gestion des matériaux qui doivent être utilisés ou stockés dans la zone.

L'article 4 de l'annexe II du Protocole interdit complètement l'introduction d'espèces non indigènes, de parasites et de maladies, sauf avec un permis distinct délivré par l'autorité nationale appropriée en application des dispositions de l'annexe II. L'article 4 stipule aussi que (i) des précautions sont prises dans la zone du Traité pour éviter les introductions accidentelles de micro-organismes, (ii) des efforts appropriés sont faits pour veiller à ce que les produits ayant trait à la volaille et autres oiseaux sont exempts de contamination par les maladies, (iii) l'introduction de terre non stérile est interdite et (iv) l'importation non intentionnelle de terre non stérile est limitée à un minimum dans la plus grande mesure du possible. Conséquemment, les mesures recommandées pour diminuer le risque d'introductions d'espèces non indigènes en vigueur dans l'ensemble de l'Antarctique doivent aussi s'appliquer à la zone spécialement protégée. La gestion devrait, le cas échéant, inclure des dispositions relatives au nettoyage du matériel de camping, du matériel scientifique, des véhicules et des chaussures et des vêtements pour enlever les propagules avant d'entrer dans la zone spécialement protégée de l'Antarctique. Le code de conduite du Comité scientifique pour la recherche en Antarctique peut fournir des recommandations biosécuritaires utiles.

Il faudrait prêter particulièrement attention au risque d'introduction d'espèces non indigènes dans la zone spécialement protégée sur ou par des aliments ou par leurs contenants ou emballages. La terre non stérile, les propagules de plantes, les œufs et les insectes vivants pourraient être introduits avec les fruits et légumes frais, tandis que les pathogènes aviaires ou associés aux mammifères marins peuvent être introduits avec les produits de volaille. Le plan de gestion peut stipuler que ces produits ne sont pas permis dans la zone ou spécifier les mesures requises pour limiter au minimum le risque de libération de pathogènes dans l'environnement.

Dans quelques cas, des précautions spéciales peuvent devoir être prises pour empêcher l'introduction d'espèces non indigènes. Si, par exemple, la zone a été désignée pour ses communautés microbiennes particulières, il peut être nécessaire d'exiger des précautions de biosécurité plus strictes pour limiter la diffusion de microorganismes humains commensaux et la redistribution d'autres microorganismes venus de l'environnement à l'extérieur de la zone. Le port de combinaisons de travail stériles et de chaussures parfaitement nettoyées peut être approprié.

Il peut par exemple s'avérer nécessaire d'introduire des produits chimiques dans la zone à fins de travaux de recherche ou de gestion. Dans ce cas là, des orientations devraient être données sur la manière dont ces produits doivent être stockés, manipulés et enlevés. Il peut en outre s'avérer nécessaire d'introduire des aliments et des combustibles dans la zone et des orientations sur l'utilisation, le stockage et l'enlèvement de ces produits devraient être donnés. Les radioisotopes et/ou les isotopes stables ne devraient être libérés dans l'environnement à l'intérieur d'une zone spécialement protégée de l'Antarctique qu'après un examen approfondi des impacts à longue durée liés à ces activités sur les valeurs environnementales et scientifiques de la zone.

7(vii) Prise ou interférence nuisible avec la faune et la flore indigènes

Ces activités sont interdites en vertu des dispositions de l'article 3 de l'annexe II du Protocole sauf si un permis a été délivré à ces fins au titre des dispositions de l'annexe II; tous les permis autorisant une activité dans la zone doivent en faire mention. Les dispositions de l'article 3 de l'annexe II doivent être suivies, et les lignes directrices couramment appliquées comme le Code de conduite du SCAR pour l'utilisation d'animaux à des fins scientifiques dans l'Antarctique peut être donné comme la norme minimale.

7(viii) Prélèvement ou enlèvement de matériaux non importés par le détenteur d'un permis

Il peut être acceptable d'enlever de la zone des matériaux tels que des détritus abandonnés sur une plage, des plantes ou des animaux morts ou malades, ou des reliques et objets laissés sur place après des activités antérieures. Les objets ou échantillons qui peuvent ou non être enlevés par le détenteur d'un permis devraient être clairement indiqués.

7(ix) Élimination des déchets

L'annexe III du Protocole traite de la gestion des déchets dans l'Antarctique. La section correspondante du plan devrait préciser les conditions à remplir pour éliminer les déchets, conditions qui devraient être incluses comme conditions de délivrance de permis. Les dispositions relatives doivent être utilisées comme des normes minima pour l'élimination des déchets dans une zone spécialement protégée de l'Antarctique.

Tous les déchets doivent être évacués de la zone, y compris les déchets d'origine humaine provenant des visiteurs d'une zone spécialement protégée de l'Antarctique. Les exceptions prévues par les dispositions du Protocole doivent être identifiées en tant que telles dans le plan de gestion. En particulier, il faut prendre compte des impacts probables de l'élimination des eaux usées et des déchets sur les oiseaux et les mammifères marins à l'intérieur de la zone.

7(x) Mesures qui peuvent être nécessaires pour continuer de réaliser les buts du plan de gestion

Le cas échéant, la présente section devrait arrêter les conditions dans lesquelles la délivrance d'un permis peut être nécessaire pour assurer la protection continue de la zone. C'est ainsi par exemple qu'il peut s'avérer nécessaire de permettre une surveillance continue de ce site, de permettre des réparations ou le remplacement de bornes et signaux, ou de permettre une gestion active comme le stipule la section 3 ci-dessus.

Dans le cas où un plan de gestion permet, pour des raisons exceptionnelles, l'introduction d'espèces non indigènes avec un permis distinct, la présente section du plan devrait inclure les mesures à mettre en place pour contenir les espèces non indigènes et les procédures d'urgence à suivre au cas où les espèces non indigènes seraient libérées involontairement dans l'environnement. Par exemple, il pourrait spécifier que des matériaux de biosécurité adéquats doivent accompagner le travail sur le terrain conformément aux disposition du plan de biosécurité, et que le personnel faisant ce travail doit être formé à leur utilisation.

Dans les zones protégées où l'on sait que des espèces non indigènes se sont établies, le plan de gestion peut décrire les mesures visant à réduire au minimum la propagation de ces espèces ou de leurs propagules vers d'autres emplacements.

7(xi) Rapports de visite

La présente section devrait décrire les rapports qu'il faut adresser sur les visites effectuées pour obtenir de l'autorité nationale appropriée les permis qu'elle délivre. Elle devrait également préciser selon que de besoin l'information à inclure dans ces rapports. On trouvera à l'appendice 2 du présent guide un formulaire de rapport de visite de zone spécialement protégée de l'Antarctique, que l'on peut aussi télécharger au site du Secrétariat du Traité sur l'Antarctique à *www.ats.aq*.

Il peut être utile de fixer un délai dans lequel les rapports sur la visite effectuée de cette zone devront être rédigés (par ex. six mois). Dans les cas où des groupes autorisés par les Parties autres qu'une Partie ayant proposé le plan de gestion visitent la zone, il serait utile d'indiquer que les rapports de visite devraient être échangés, afin d'aider à la gestion de la zone et la révision du plan de gestion.

Un grand nombre de dispositions relevant des rapports seront généralement applicables, mais dans certains cas il serait approprié de spécifier l'information plus particulièrement pertinente à la gestion de la zone. Par exemple, dans les zones désignées pour la protection de colonies d'oiseaux, il serait approprié d'enjoindre les groupes de visiteurs faisant des relevés d'inclure des informations détaillées dans les données de recensement, et de rendre compte des emplacements de nouvelles colonies ou de nids pas encore enregistrés.

8. Support documentaire

La présente section devrait se référer à tous les documents additionnels susceptibles de s'appliquer. Au nombre de ces documents peuvent figurer les rapports ou documents scientifiques éventuels qui décrivent en détail les valeurs de la zone bien que, en règle générale, les diverses composantes de la zone et les activités de gestion visées devraient être expliquées dans les différentes sections du plan de gestion lui-même. Ces documents ou documents d'appui devraient être cités dans leur totalité.

Procédure d'approbation des plans de gestion des zones spécialement protégées de l'Antarctique

En vertu des dispositions de l'article 5 de l'annexe V, toute Partie, le Comité pour la protection de l'environnement, le Comité scientifique pour la recherche en Antarctique ou la Commission pour la conservation de la faune et la flore marines de l'Antarctique, peut soumettre un projet de plan de gestion pour adoption par la Réunion consultative du Traité sur l'Antarctique. En pratique, les projets de plan de gestion sont généralement soumis par une ou plusieurs des Parties au Comité pour la protection de l'environnement pour être examinés.

On trouvera à la figure 1 le mécanisme par lequel les plans de gestion sont instruits de leur phase de rédaction jusqu'à leur phase d'acceptation. Il repose sur les dispositions de l'article 6 de l'annexe V, les *Lignes directrices pour l'examen par le CPE de projets de plans de gestion nouveaux et révisés pour des zones spécialement protégées et gérées spéciales de l'Antarctique* (Annexe 1 de l'appendice 3 du rapport final CPE XI), ainsi que d'autres lignes directrices connexes.

Le processus d'approbation du plan de gestion d'une zone spécialement protégée de l'Antarctique passe par de nombreuses phases critiques, ce qui peut prendre beaucoup de temps. Néanmoins, ces phases sont nécessaires puisqu'un plan de gestion d'une zone spécialement protégée de l'Antarctique requiert l'accord à une Réunion consultative du Traité sur l'Antarctique de toutes les Parties consultatives.

Élaboration du projet de plan de gestion

Durant la phase initiale de rédaction du plan de gestion, il est recommandé que de larges consultations, tant à l'échelle nationale qu'internationale, soient entreprises sur les éléments scientifiques, environnementaux et logistiques du plan selon que de besoin. Elles faciliteront l'adoption du plan par le biais de la procédure plus formelle à la Réunion consultative du Traité sur l'Antarctique.

Il est vivement recommandé aux promoteurs des nouvelles zones d'examiner les lignes directrices et les références susceptibles de s'appliquer qui pourront assister l'évaluation, la sélection, la définition et la proposition des zones qui pourraient nécessiter une plus grande protection par la désignation de zone spécialement protégée de l'Antarctique, y compris:

Lignes directrices pour l'application de l'article 3 de l'Annexe V du Protocole au Traité sur l'Antarctique relatif à la protection de l'environnement - zones spécialement protégées de l'Antarctique – Résolution 1 (2000).

Analyse des domaines environnementaux du continent antarctique – Résolution 3 (2008).

Lorsque la désignation d'une nouvelle zone spécialement protégée de l'Antarctique est examinée, il est conseillé aux promoteurs d'informer le Comité pour la protection de l'environnement à un stade précoce (avant même d'avoir détaillé le plan de gestion de la zone) afin que les propositions puissent être discutées dans le contexte du système des zones protégées dans leur ensemble.

Lorsqu'un plan de gestion existant est révisé, il serait informatif de se servir de la *Liste de vérification pour faciliter l'inspection des zones spécialement protégées et gérées spéciales de l'Antarctique* (Résolution 4 (2008)) comme instrument servant à identifier les modifications et les améliorations nécessaires.

Soumission du projet de plan de gestion pour examen

Le projet de plan de gestion devrait être soumis au Comité pour la protection de l'environnement comme pièce jointe à un document de travail préparé conformément au *Guide pour la présentation de documents de travail contenant des propositions de désignation de zones spécialement protégées de l'Antarctique, de zones spécialement gérées de l'Antarctique ou de sites et monuments historiques* – Résolution 1 (2008).

Si la zone contient un élément marin satisfaisant les critères décrits dans la décision 9 (2005) - *Zones marines protégées et autres zones présentant un intérêt pour la CCAMLR*, le projet de plan de gestion devrait être soumis pour être examiné par la Commission pour la conservation de la faune et la flore marines de l'Antarctique. Les promoteurs devraient prendre les dispositions nécessaires pour veiller à ce que les commentaires de la Commission pour la conservation de la faune et la flore marines de l'Antarctique (qui se réunit annuellement en octobre/novembre) soient disponibles avant que le Comité pour la protection de l'environnement n'examine la proposition.

Examen par le Comité pour la protection de l'environnement et la Réunion consultative du Traité sur l'Antarctique

Le Comité pour la protection de l'environnement examinera ensuite le plan de gestion ainsi que les commentaires relatifs faits par le Comité scientifique pour la recherche en

Antarctique et, le cas échéant, par la Commission pour la conservation de la faune et de la flore marines en Antarctique. Le Comité pour la protection de l'environnement peut soumettre le plan de gestion à la Réunion consultative du Traité sur l'Antarctique pour examen et adoption, ou au groupe subsidiaire sur les plans de gestion (GSPG) pour révision durant les périodes intersessions.

Conformément à ses termes de référence (voir l'appendice 1 du rapport final du Comité pour la protection de l'environnement CPE XIII), le groupe subsidiaire sur les plans de gestion examinera chaque projet de plan de gestion reçu, conseillera le(s) promoteur(s) sur les modifications à effectuer, examinera les versions révisées du plan de gestion préparées durant la période intersessions, et fera un rapport au Comité pour la protection de l'environnement sur la révision dudit plan de gestion. Le plan de gestion révisé et le rapport du Comité pour la protection de l'environnement seraient alors examinés lors de la réunion du Comité pour la protection de l'environnement et, s'ils sont acceptés, soumis à la Réunion consultative du Traité sur l'Antarctique pour examen et adoption.

Si la Réunion consultative du Traité sur l'Antarctique approuve le plan de gestion, une mesure est adoptée conformément au paragraphe 1 de l'article IX du Traité sur l'Antarctique. Sauf indication contraire dans la mesure, le plan est considéré comme approuvé 90 jours après la clôture de la Réunion consultative du Traité sur l'Antarctique à laquelle il a été adopté à moins qu'une ou plusieurs Parties consultatives ne notifient au dépositaire durant cette période de temps qu'elles souhaitent une prorogation de cette période ou qu'elles sont dans l'impossibilité d'approuver la mesure.

Revue et révision des plans de gestion

Le plan de gestion sera révisé tous les cinq ans, et ce, en application du paragraphe 3 de l'article 6 de l'annexe V du Protocole. Il sera mis à jour s'il y a lieu. Les plans de gestion mis à jour suivent ensuite la même procédure d'approbation que les plans initiaux.

Lors de la révision des plans de gestion, il faudrait inclure dans la réflexion une augmentation ou une extension de la protection du site pour les espèces dont l'abondance ou l'aire a considérablement augmenté. Par contre, la protection d'un site peut être jugée inutile dans une zone d'où a disparu une espèce protégée et dont les valeurs environnementales et scientifiques qui lui ont valu la désignation ne s'appliquent plus.

Figure 1. Mécanisme de la procédure d'approbation des plans de gestion des zones spécialement protégées de l'Antarctique

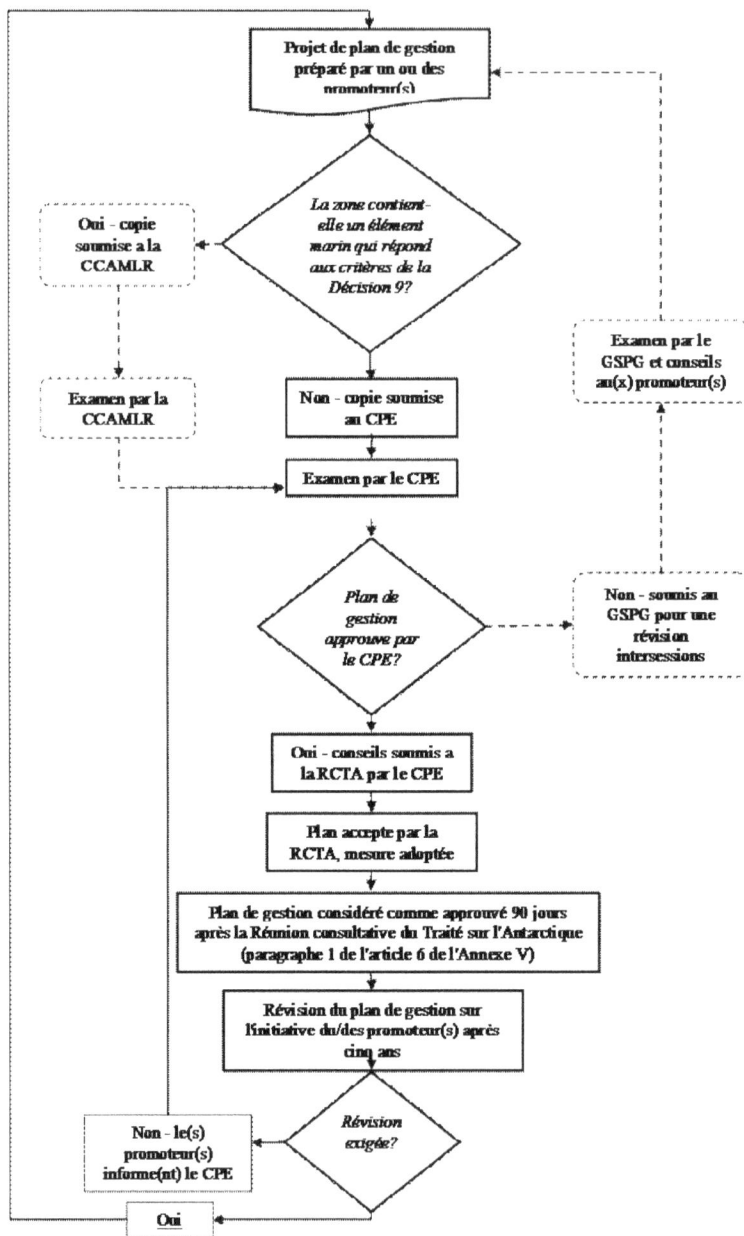

Appendice 1

Notes d'orientation pour l'élaboration de cartes à inclure dans les plans de gestion

Les plans de gestion devraient inclure une carte montrant l'emplacement de la zone et celui de toutes les autres zones protégées à proximité, de même qu'une carte détaillée, au moins, du site indiquant les caractéristiques indispensables pour la réalisation des objectifs du plan de gestion.

1. Chaque carte devrait inclure la latitude et la longitude ainsi qu'une barre à échelle. Il faut éviter les échelles (ex. 1/50000) car leur élargissement ou leur réduction les rend inutiles. La projection cartographique, ainsi que les données horizontales et verticales utilisées, doivent être indiquées.

2. Il est important d'utiliser des données à jour sur les zones côtières comme les plates-formes glaciaires, les langues glaciaires et les glaciers. Le recul et la progression de la glace continuent d'affecter de nombreuses régions dont les limites des zones changent en conséquence. Si une caractéristique glaciaire est utilisée comme limite, la date de la source dont proviennent les données (ex. topographie ou image satellite) devrait être indiquée.

3. Les cartes devraient montrer les caractéristiques suivantes : toutes les routes indiquées ; toutes les zones soumises à restriction ; les sites d'atterrissage et points d'accès des hélicoptères et/ou navires ; les sites des camps, installations et cabanes ; les principales concentrations d'animaux et les lieux de reproduction ; toutes les vastes superficies de végétation. Elles devraient également faire une démarcation nette entre la neige/la glace et le sol libre de glace. Dans bon nombre de cas, il est utile d'inclure une carte géologique de la zone. Il est suggéré d'avoir à des intervalles appropriés des courbes de niveau sur toutes les cartes de la zone. Mais ces courbes ne devraient pas être trop proches l'une de l'autre de manière à indiquer d'autres caractéristiques ou symboles sur la carte.

4. Les courbes devraient être incluses sur les cartes à des intervalles adaptés à l'échelle de ces cartes.

5. N'oubliez pas que la carte en cours d'élaboration sera réduite et ramenée à des dimensions de 150 x 200 mm pour qu'on puisse la placer dans le rapport officiel de la Réunion consultative du Traité sur l'Antarctique. Cela revêt de l'importance lorsque sont choisis la taille des symboles, la proximité des courbes de niveau et le recours à l'estompage. La reproduction des cartes est toujours monochrome. En conséquence, n'utilisez pas des couleurs pour distinguer les caractéristiques dans l'original. Il peut certes y avoir d'autres versions disponibles de la carte de la zone mais, pour ce qui est du régime juridique du plan de gestion, c'est la

version publiée dans le Rapport final de la Réunion consultative du Traité sur l'Antarctique qui est la version définitive à inclure dans la législation nationale.

6. Si la zone doit faire l'objet d'une évaluation par la CCAMLR, l'emplacement des sites relevant du Programme de surveillance de l'écosystème devrait être indiqué. La CCAMLR a demandé que l'emplacement des colonies d'oiseaux et de phoques, de même que les voies d'accès à partir de la mer, soient, dans toute la mesure du possible, indiqués sur la carte.

7. D'autres caractéristiques peuvent faciliter l'utilisation du plan de gestion sur le terrain :

    •   Pour les photographies, les épreuves offrant un bon contraste sont essentielles pour obtenir une reproduction adéquate. La sélection ou la numérisation des photographies améliorera la reproduction lorsque le plan est photocopié. Si une image (photographie aérienne ou image satellite) est utilisée dans la carte, sa source et sa date d'acquisition devraient être indiquées.

    •   Quelques plans ont déjà utilisé des modèles de terrain à trois dimensions qui peuvent fournir d'importantes informations sur l'emplacement d'une zone lorsqu'on l'aborde, en particulier par hélicoptère. Ces dessins doivent être soigneusement établis si l'on veut éviter qu'ils ne créent une confusion lorsqu'ils sont réduits.

Liste de vérification des caractéristiques à prendre en considération à des fins d'inclusion sur les cartes

1. **Caractéristiques essentielles**

   1.1   Titre

   1.2   Latitude et longitude

   1.3   Barre à échelle numérique

   1.4   Légende détaillée

   1.5   Noms adéquats et approuvés

   1.6.   Projection cartographique et modification sphéroïde

   1.7.   Flèche nord

   1.8.   Intervalles entre les courbes de niveau

   1.9.   Si des données sur les images sont incluses, date de la collecte de ces images

2. **Caractéristiques topographiques essentielles**

   2.1   Lignes intercotidales, roches et glace

   2.2   Crêtes et dorsales

   2.3   Bords de glace et autres caractéristiques glaciaires

   2.4   Courbes de niveau (marquées le cas échéant), points levés et points côtés

3. **Particularités naturelles**

   3.1   Lacs, étangs, cours d'eau

   3.2   Moraines, falaises, plages

   3.3   Aires de plage

   3.4   Végétation

   3.5   Colonies d'oiseaux et de phoques

4. **Caractéristiques anthropiques**

   4.1.   Station

   4.2   Cabanes, refuges

   4.3   Campements

   4.4   Routes et pistes pour véhicules, sentiers sans chevauchements de caractéristiques

4.5 Zones d'atterrissage pour aéronefs à voilure tournante et hélicoptères

4.6 Quais, jetées

4.7 Approvisionnement en énergie, câbles

4.8 Photographies aériennes, antennes

4.9 Aires de stockage du carburant

4.10 Réservoirs et canalisations d'eau

4.11 Dépôts d'urgence

4.12 Bornes, signaux

4.13 Sites ou objets historiques, sites archéologiques

4.14 Installations scientifiques ou aires d'échantillonnage

4.15 Contamination ou modification du site

5. Limites

5.1 Limites de la zone

5.2 Limites des superficies zonées subsidiaires. Limites de la zone protégée

5.3 Signaux et bornes (y compris les cairns)

5.4 Voies d'approche des navires et aéronefs

5.5 Balises et bornes de navigation

5.6 Points et bornes cartographiques

La même approche est bien entendu requise pour les cartes dans des encadrés.

Une fois terminée la carte, il faudrait en vérifier la qualité pour assurer :

- Un équilibre entre les éléments.

- Un estompage approprié, pour mettre en relief les caractéristiques, qui ne créera aucune confusion lorsque la carte est photocopiée, le degré devant refléter l'importance.

- Un texte correct et approprié sans chevauchement de caractéristiques.

- L'utilisation, dans toute la mesure possible, de symboles cartographiques approuvés par le Comité scientifique pour la recherche en Antarctique.

- Un texte en blanc, estompé de manière appropriée, sur toutes les données des images.

Appendice 2

Formulaire pour le rapport de visite sur les zones spécialement protégées de l'Antarctique

1) Numéro de la zone spécialement protégée de l'Antarctique :
2) Nom de la zone spécialement protégée de l'Antarctique :
3) Numéro du permis :
4) Durée du permis :   De :   A :
5) Autorité nationale délivrant le permis :
6) Date à laquelle le rapport a été déposé :
7) Coordonnées du principal détenteur du permis :   Nom :   Titre ou fonction :   Numéro de téléphone :   Courriel :
8) Nombre de personnes   Étant autorisées à avoir accès à la zone :   Ayant pénétré sur la zone :
9) Liste de toutes les personnes qui ont eu accès à la zone avec le permis actuel :
10) Objectifs de la visite dans la zone avec le permis actuel :
11) Date(s) et durée de la (des) visite(s) avec le permis actuel :
12) Mode de transport à destination et en provenance de la zone :
13) Résumé des activités réalisées dans la zone :
14) Descriptions et emplacement des échantillons prélevés (type, quantité et détails de tous les permis obtenus pour le prélèvement d'échantillons) :
15) Descriptions et emplacement des bornes, instruments ou matériels installés ou retirés, ou de tous les matériels déployés dans l'environnement (avec indication de la durée pendant laquelle ces nouvelles installations devraient rester dans la zone) :
16) Mesures prises durant la visite pour assurer la conformité au plan de gestion :

17) Sur une photocopie de la carte de la zone jointe, prière de montrer (le cas échéant) : l'emplacement des camps, les déplacements ou voies par terre/mer/air, les sites d'échantillonnage, les installations, le déploiement intentionnel des matériels, les impacts, les caractéristiques revêtant une importance particulière qui n'ont pas été enregistrées auparavant. Les coordonnées GPS doivent être, dans la mesure du possible, indiquées pour ces emplacements :

18) Commentaires ou informations incluant :

- Observations des effets humains sur la zone, une distinction devant être faite entre les effets résultant de la visite et ceux imputables aux visites antérieures
- Évaluation de la question de savoir si les valeurs pour lesquelles la zone a été désignée sont bien protégées
- Caractéristiques présentant une importance particulière qui n'ont pas été enregistrées auparavant pour la zone
- Recommandations sur les mesures de gestion complémentaires à prendre pour protéger les valeurs de la zone, y compris l'emplacement et l'évaluation de l'état des structures, des bornes, etc.
- Dérogations aux dispositions du plan de gestion durant la visite présente, y compris leurs dates, leur ampleur et leur emplacement

Appendice 3

Modèle de plan de gestion des zones spécialement protégées de l'Antarctique

Plan de gestion des zones spécialement protégées de l'Antarctique n° [XXX]

[INSERER LE NOM DE LA ZONE PROTEGEE]

Introduction

Le guide pour l'élaboration des plans de gestion des zones spécialement protégées de l'Antarctique (ou guide) fournit des orientations pour cette section des plans de gestion. Aucune formulation standard n'est ici proposée du fait que le contenu de cette section sera spécifique à la zone en question.

[Le contenu spécifique au site devrait être inséré ici]

1. Description des valeurs à protéger

La Section 1 du Guide fournit des orientations pour cette section des plans de gestion. Aucune formulation standard n'est ici proposée du fait que le contenu de cette section sera spécifique à la zone en question.

[Le contenu spécifique au site devrait être inséré ici]

2. Buts et objectifs

De nombreux plans de gestion existants partagent des buts et objectifs similaires. Une série de suggestions de formulation standard a été élaborée et peut être utilisée, modifiée ou supprimée le cas échéant pour la zone en question (voir ci-dessous). Les promoteurs sont encouragés à identifier les buts et objectifs spécifiques au site et doivent tenir compte des orientations applicables à cette section des plans de gestion qui sont données à la Section 2 du présent guide.

La gestion de [insérer le nom de la zone] vise à :

- éviter la dégradation, ou le risque élevé de dégradation, des valeurs de la zone, en empêchant que cette zone souffre de perturbations inutiles du fait de l'homme ;
- éviter la dégradation, ou le risque élevé de dégradation, des valeurs de la zone, en empêchant que cette zone, ses caractéristiques et ses objets ne souffrent de perturbations inutiles du fait de l'homme par l'accès réglementé à [insérer la cabane concernée ici] ;
- permettre la recherche scientifique dans la zone, sous réserve qu'elle obéisse à des raisons impérieuses qui ne prévalent pas ailleurs, et qu'elle ne mette en péril le système écologique naturel de cette zone ;
- empêcher ou réduire au minimum l'introduction dans la zone de microbes et d'espèces végétales et animales exogènes ;
- réduire au minimum la possibilité d'introduire des agents pathogènes qui pourraient provoquer des maladies parmi les populations de la faune présentes dans la zone ;
- préserver [une partie de] l'écosystème naturel de la zone comme zone de référence pour des études comparatives ultérieures ;
- maintenir les valeurs historiques de la zone par une conservation planifiée et des programmes de travail archéologiques ;
- [le contenu complémentaire spécifique au site doit être inséré ici]

Dans le cas des zones où les visites éducatives et informatives sont permises, le texte suivant pourrait être envisagé :

- permettre les activités à des fins éducatives et informatives dans la zone, sous réserve qu'elles obéissent à des raisons impérieuses qui ne prévalent pas ailleurs, et qu'elles ne mettent pas en péril le système écologique naturel de cette zone ;
- [le contenu complémentaire spécifique au site doit être inséré ici]

3. Activités de gestion

De nombreux plans de gestion existants partagent la même formulation dans cette section. Une série de suggestions de formulation standard a été élaborée et peut être utilisée, modifiée ou supprimée le cas échéant pour la zone en question (voir ci-dessous). Les promoteurs sont encouragés à identifier les activités de gestion spécifiques au site et doivent suivre les orientations, relatives à cette section des plans de gestion, qui figurent à la section 3 du guide.

Aucune n'est nécessaire.

[Insérer le type d'information] sur l'emplacement de la zone [en indiquant les restrictions particulières qui s'appliquent] seront présentées de manière visible, et un exemplaire de ce plan de gestion sera mis à disposition à [insérer l'emplacement de l'information].

Des exemplaires de ce plan de gestion [et des documents informatifs] seront mis à la disposition des bateaux [et des aéronefs] [insérer : voyage/visite prévue/visite effectuée/ opérations réalisées à] proximité de la zone.

Les signaux indiquant l'emplacement et ses limites, qui comprendront un énoncé clair sur les restrictions d'accès, seront placés en des endroits appropriés, le long des limites de la zone [et de la zone soumise à restriction] afin d'éviter toute entrée inopinée.

Les bornes, les signaux et les autres structures (ex. clôtures, cairns) érigés sur la zone aux fins de travaux de recherche ou de gestion seront sécurisés, maintenus dans de bonnes conditions et enlevés lorsqu'ils ne sont plus nécessaires.

Conformément aux dispositions de l'annexe III du Protocole au Traité sur l'Antarctique relatif à la protection de l'environnement, les équipements ou matériels abandonnés seront enlevés dans toute la mesure du possible, à condition que leur enlèvement n'ait un impact préjudiciable sur l'environnement et les valeurs de la zone.*

Des visites seront organisées dans la zone s'il y a lieu [au moins une fois tous les cinq ans] pour évaluer si elle continue à servir les fins pour lesquelles elle a été désignée et s'assurer que les activités de gestion [et d'entretien] sont pertinentes.

Les visites seront si nécessaire autorisées afin de faciliter l'étude et la surveillance des changements anthropiques qui pourraient affecter les valeurs protégées de la zone, en particulier [insérer l'activité concernée]. L'étude d'impact et la surveillance doivent être conduites, dans toute la mesure du possible, selon des méthodes non invasives.

Les programmes antarctiques nationaux opérant dans la zone se consulteront en vue de s'assurer que les activités de gestion ci-dessus sont mises en œuvre.

Le plan de gestion sera réexaminé au moins tous les cinq ans et mis à jour le cas échéant.*

Le personnel [celui des programmes nationaux, les expéditions sur le terrain, les touristes et les pilotes] qui se rendront à proximité, auront accès ou survoleront la zone, seront spécifiquement informés par leur programme national [ou une autorité nationale appropriée] des dispositions et contenus du plan de gestion.

Tous les pilotes opérant dans la région seront informés de l'emplacement, des limites et des restrictions applicables à l'accès et au survol de la zone.

[Le contenu complémentaire spécifique au site doit être inséré ici]

4. Durée de désignation

De nombreux plans de gestion existants partagent la même formulation dans cette section. Des suggestions de formulation ont été établies et peuvent être utilisées le cas échéant (voir ci-dessous). La section 4 du guide fournit des orientations sur cette section des plans de gestion.

Désigné pour une période indéterminée. / Désigné pour une période de [x] année(s).

5. Cartes

La section 5 du guide fournit des orientations pour cette section du plan de gestion. Les orientations sur la production des cartes elles-mêmes figurent à l'appendice 1 du guide. Aucune suggestion de formulation n'est fournie ici du fait que le contenu de cette section sera spécifique à la zone en question. Toutefois, les promoteurs peuvent utiliser le format suggéré suivant :

- [Carte X, intitulé de la carte X
- Carte Y, intitulé de la carte Y
- Carte Z, intitulé de la carte Z]

6. Description de la zone

La section 6 du guide fournit des orientations générales pour cette section des plans de gestion. Le contenu doit être inséré sous les titres des sous-sections suivantes.

6(i) Coordonnées géographiques, bornage et particularités naturelles

La section 6(i) du guide fournit des orientations pour cette section des plans de gestion. Aucune suggestion de formulation standard n'est fournie ici du fait que le contenu de cette section sera spécifique à la zone en question.

[Le contenu spécifique au site doit être inséré ici]

6(ii) Accès la zone

La section 6(ii) du guide fournit des orientations pour cette section des plans de gestion. Aucune suggestion de formulation standard n'est fournie ici du fait que le contenu de cette section sera spécifique à la zone en question.

[Le contenu spécifique au site doit être inséré ici]

6(iii) Emplacement des structures à l'intérieur et à proximité de la zone

La section 6(iii) du guide fournit des orientations pour cette section des plans de gestion. Aucune suggestion de formulation standard n'est fournie ici du fait que le contenu de cette section sera spécifique à la zone en question.

[Le contenu spécifique au site doit être inséré ici]

6(iv) Emplacement d'autres zones protégées à proximité

La section 6(iii) du guide fournit des orientations pour cette section des plans de gestion. Aucune suggestion de formulation standard n'est fournie ici du fait que le contenu de cette section sera spécifique à la zone en question. Toutefois, les promoteurs peuvent utiliser le format suggéré suivant (ex. ZSPA 167, île Hawker, 68°35'S, 77°50'E, 22 kilomètres au Nord-Est) :

[Les autres zones protégées à proximité incluent (voir carte XX) :

- ZSPA XXX, nom de la zone protégée, latitude, longitude, XX km au [direction]
- ZSPA XXX, nom de la zone protégée, latitude, longitude, XX km au [direction]

etc.]

6(v) Zones spéciales à l'intérieur de la zone

La section 6 (v) du guide fournit des orientations pour cette section des plans de gestion, pour les cas où de telles zones sont présentes. S'il n'y a pas de zone spéciale, les formulations standards suivantes peuvent être utilisées. Aucune autre suggestion de formulation standard n'est fournie ici du fait que le contenu de cette section sera spécifique à la zone en question.

Il n'y a pas de zones spéciales à l'intérieur de la zone. / [Le contenu spécifique au site doit être inséré ici]

7. Conditions pour l'obtention d'un permis d'accès au site

7(i) Conditions générales pour l'obtention d'un permis

De nombreux plans de gestion existants partagent la même formulation dans cette section. Une série de suggestions de formulation standard a été établie et peut être utilisée, modifiée ou supprimée le cas échéant pour la zone en question (voir ci-dessous). Les promoteurs sont encouragés à identifier les conditions pour l'obtention d'un permis spécifique au site et doivent suivre les orientations relatives à cette section des plans de gestion qui figurent à la section 7(i) du guide.

L'accès à la zone est interdit à toute personne non munie d'un permis délivré par une autorité nationale appropriée. Les conditions pour la délivrance d'un permis d'accès au site sont les suivantes :*

- il est délivré pour des raisons scientifiques impérieuses qui ne peuvent prévaloir ailleurs, ou pour des raisons essentielles à la gestion de la zone ;
- les actions permises sont conformes à ce plan de gestion ;*
- les activités autorisées tiendront dûment compte, via le processus d'évaluation de l'impact sur l'environnement, de la protection continue des valeurs [environnementales, scientifiques, historiques, esthétiques ou liées à l'état sauvage de la nature] de la zone ;
- le permis sera délivré pour une période déterminée ;
- le détenteur du permis doit le porter sur lui lorsqu'il se trouve dans la zone ;
- [Le contenu spécifique au site doit être inséré ici]

Dans le cas des zones où les visites éducatives et informatives sont autorisées, le texte suivant peut être envisagé :

- il est délivré pour des raisons scientifiques, éducatives ou informatives impérieuses qui ne prévalent pas ailleurs, ou pour des raisons essentielles à la gestion de la zone ;

- [Le contenu complémentaire spécifique au site doit être inséré ici]

7(ii) Accès à la zone et déplacements à l'intérieur de celle-ci

De nombreux plans de gestion existants partagent la même formulation dans cette section. Une série de suggestions de formulation standard a été établie et peut être utilisée, modifiée ou supprimée le cas échéant pour la zone en question (voir ci-dessous). Les promoteurs sont encouragés à identifier le contenu spécifique au site et doivent tenir compte des orientations applicables à cette section des plans de gestion qui sont données à la Section 7(ii) du guide.

A l'intérieur de la zone, les véhicules sont interdits et tout déplacement doit s'effectuer à pied.

Le nombre des véhicules utilisés dans la zone doit être réduit au minimum.

Le survol de la zone par un aéronef doit avoir lieu, selon la prescription minimale, dans le respect des « Lignes directrices pour les aéronefs à proximité des concentrations d'oiseaux » contenues dans la résolution 2 (2004).

La circulation pédestre doit être réduite au minimum nécessaire pour entreprendre les activités autorisées, et tous les efforts raisonnables doivent être déployés pour minimiser les effets dus au piétinement.

Les déplacements à pied à l'intérieur de la zone doivent uniquement avoir lieu sur les pistes indiquées.

Lorsqu'aucune route n'a été identifiée, la circulation pédestre doit être réduite au minimum nécessaire pour entreprendre les activités autorisées, et tous les efforts raisonnables doivent être déployés pour minimiser les effets dus au piétinement.

Les visiteurs doivent éviter les zones à végétation apparente et la prudence s'impose lors de la marche à pied sur les sols humides, en particulier sur les rives des cours d'eau où la circulation pédestre peut aisément endommager les sols sensibles et les communautés de plantes et d'algues, et dégrader la qualité de l'eau.

[Le contenu complémentaire spécifique au site doit être inséré ici]

7(iii) Activités pouvant être menées dans la zone

De nombreux plans de gestion existants partagent la même formulation dans cette section. Une série de suggestions de formulation standard a été établie et peut être utilisée, modifiée ou supprimée le cas échéant pour la zone en question (voir ci-dessous). Les promoteurs sont encouragés à identifier le contenu spécifique au site et doivent tenir compte des orientations applicables à cette section des plans de gestion qui sont données à la Section 7(iii) du guide.

Les activités pouvant être menées dans la zone incluent :

- les recherches scientifiques impérieuses qui ne peuvent être menées ailleurs ;
- l'échantillonnage, qui doit se limiter au minimum requis pour les programmes de recherche approuvés ;
- la conservation et l'entretien ;
- les activités de gestion essentielles, comme la surveillance ;
- les activités opérationnelles de soutien à la recherche ou à la gestion scientifiques à l'intérieur ou à l'extérieur de la zone, y compris les visites visant l'évaluation de l'efficacité du plan de gestion et des activités de gestion ;
- [le contenu complémentaire spécifique au site, y compris toute disposition régissant la gestion active à l'intérieur du site qui peut s'avérer nécessaire dans l'avenir, doit être inséré ici]

Dans le cas des zones où les visites touristiques sont autorisées (ex. les sites et monuments historiques désignés comme « zones spécialement protégées de l'Antarctique »), de même que pour les visites éducatives et informatives, le texte suivant peut être envisagé :

- visites touristiques ;
- activités à des fins éducatives et informatives;
- [Le contenu complémentaire spécifique au site doit être inséré ici]

7(iv) Installation, modification ou enlèvement de structures

De nombreux plans de gestion existants partagent la même formulation dans cette section. Une série de suggestions de formulation standard a été établie et peut être utilisée, modifiée ou supprimée le cas échéant pour la zone en question (voir ci-dessous). Les promoteurs sont encouragés à identifier le contenu spécifique au site et doivent tenir compte des orientations applicables à cette section des plans de gestion qui sont données à la Section 7(iv) du guide.

Aucune [nouvelle] structure ne doit être érigée à l'intérieur de la zone, et aucun matériel scientifique ne doit être installé, sauf en cas de raisons impérieuses scientifiques ou de gestion, et pour une période prédéfinie, comme indiqué dans le permis.

Les structures ou installations permanentes sont interdites [à l'exception des bornes de surveillance permanentes et des signaux].

Aucune [nouvelle] structure ne doit être érigée à l'intérieur de la zone et aucun matériel scientifique ne doit être installé.

Les bornes, structures et matériel scientifique installés dans la zone doivent être tous clairement identifiés par l'indication du pays, du nom des principaux chercheurs ou agences, de l'année de l'installation et de la date prévue de l'enlèvement.

Ces éléments doivent être libres de tout organisme, propagule (ex. semences, œufs) et terre non stérile, et être composés de matériaux résistant aux conditions environnementales et présentant un risque minimal de contamination pour la zone.

L'installation (incluant le choix de sites), l'entretien, la modification ou l'enlèvement des structures et matériels doivent avoir lieu selon des modalités réduisant au minimum la perturbation des valeurs de la zone.

Les structures existantes ne doivent pas être enlevées, sauf en application d'un permis.

Les structures et installations doivent être enlevées lorsqu'elles ne sont plus nécessaires, ou à l'expiration du permis, et à la première de ces deux dates.

L'enlèvement des structures ou matériels spécifiques dont le permis a expiré sera [placé sous la responsabilité de l'autorité ayant délivré le permis original et sera] une condition de délivrance du permis.

[Le contenu complémentaire spécifique au site doit être inséré ici]

7(v) Emplacement des camps

Dans la plupart des cas, le contenu de cette section sera spécifique à la zone en question. Les promoteurs sont encouragés à identifier le contenu spécifique au site et doivent tenir compte des orientations applicables à cette section des plans de gestion qui sont données à la Section 7(v) du guide. Dans le cas des zones où les camps sont interdits, ou dans celui où il existe des campements, le texte suivant peut être envisagé :

Le camping est interdit à l'intérieur de la zone.

Les campements existants doivent être utilisés lorsque cela est possible.

[Le contenu complémentaire spécifique au site doit être inséré ici]

7(vi) Restrictions sur les matériaux et les organismes pouvant être introduits dans la zone

De nombreux plans de gestion existants partagent la même formulation dans cette section. Une série de suggestions de formulation standard a été établie et peut être utilisée, modifiée ou supprimée le cas échéant pour la zone en question (voir ci-dessous). Les promoteurs sont encouragés à identifier le contenu spécifique au site et doivent tenir compte des orientations applicables à cette section des plans de gestion qui sont données à la Section 7(vi) du guide.

Parallèlement aux dispositions du Protocole au Traité sur l'Antarctique relatif à la protection de l'environnement, les restrictions sur les matériaux et les organismes pouvant être introduits dans la zone sont :

- l'introduction délibérée d'animaux, de matières végétales, de micro-organismes et de terre non stérile, dans la zone, ne sera pas autorisée. Des précautions seront prises pour empêcher l'introduction accidentelle d'animaux, de matières végétales, de micro-organismes et de terre non stérile en provenance de régions biologiquement distinctes (à l'intérieur ou à l'extérieur de la zone du Traité sur l'Antarctique).* Les mesures de biosécurité spécifiques au site sont énumérées ci-dessous :

- [les mesures spécifiques au site doivent être insérées ici] ;
- les carburants et autres produits chimiques ne seront pas stockés dans la zone, sauf autorisation spécifique mentionnée par une condition du permis Ils seront stockés et manipulés d'une manière qui minimise le risque d'introduction accidentelle dans l'environnement ;
- les matériaux introduits dans la zone ne pourront y demeurer que pour une période fixée et ils seront enlevés à la fin de ladite période ;
- [les conditions complémentaires spécifiques au site doivent être insérées ici]

7(vii) Prise ou interférence nuisible avec la flore et la faune indigènes

De nombreux plans de gestion existants partagent la même formulation dans cette section. Une série de suggestions de formulation standard a été établie et peut être utilisée, modifiée ou supprimée le cas échéant pour la zone en question (voir ci-dessous). Les promoteurs sont encouragés à identifier le contenu spécifique au site et doivent tenir compte des orientations applicables à cette section des plans de gestion qui sont données à la Section 7(vii) du guide.

La prise ou l'interférence nuisible avec la flore et la faune indigènes est interdite, sauf si un permis a été délivré à cette fin au titre de l'annexe II du Protocole au Traité sur l'Antarctique relatif à la protection de l'environnement.*

Lorsque la prise ou l'interférence nuisible avec les animaux a lieu, elle doit se conformer, en tant que norme minimale, au Code de conduite du SCAR pour l'utilisation d'animaux à des fins scientifiques dans l'Antarctique.

[Le contenu complémentaire spécifique au site doit être inséré ici]

7(viii) Prélèvement ou enlèvement de matériaux non introduits dans la zone par le détenteur d'un permis

De nombreux plans de gestion existants partagent la même formulation dans cette section. Une série de suggestions de formulation standard a été établie et peut être utilisée, modifiée ou supprimée le cas échéant pour la zone en question (voir ci-dessous). Les promoteurs sont encouragés à identifier le contenu spécifique au site et doivent tenir compte des orientations applicables à cette section des plans de gestion qui sont données à la Section 7(viii) du guide.

Sauf autorisation spécifique mentionnée par le permis, les visiteurs ne sont pas autorisés à interférer dans les actions visant à, ou à manipuler, prendre ou endommager tout site ou monument historique désignés, ou tout matériel anthropique satisfaisant les critères de la résolution 5 (2001). De même, la délocalisation ou l'enlèvement d'objets aux fins de la conservation, de la protection ou du rétablissement d'une conformité antérieure n'est permise que sur permis. Tout matériau anthropique, nouveau ou nouvellement identifié, trouvé doit être notifié auprès de l'autorité nationale appropriée.

Tout autre matériau d'origine humaine à même de compromettre les valeurs de la zone, et qui n'a pas été introduit dans la zone par le détenteur du permis ou autorisé par un autre moyen, peut être enlevé de la zone, à moins que l'impact environnemental de l'enlèvement ne soit potentiellement supérieur à sa présence in situ : si tel est le cas, l'autorité nationale appropriée doit en être notifiée et une approbation doit être obtenue.

[Le contenu complémentaire spécifique au site doit être inséré ici]

7(ix) Élimination des déchets

De nombreux plans de gestion existants partagent la même formulation dans cette section. Une série de suggestions de formulation standard a été établie et peut être utilisée, modifiée ou supprimée le cas échéant pour la zone en question (voir ci-dessous). Les promoteurs sont encouragés à identifier le contenu spécifique au site et doivent tenir compte des orientations applicables à cette section des plans de gestion qui sont données à la Section 7(ix) du guide.

Tous les déchets, y compris les déchets d'origine humaine, seront évacués de la zone.

Tous les déchets, autres que les déchets d'origine humaine, seront évacués de la zone. [Bien que l'enlèvement de la zone soit préférable, les déchets d'origine humaine peuvent être déversés dans la mer]

Les déchets générés suite aux activités menées dans la zone seront temporairement stockés (insérer les détails de l'emplacement spécifique du site) de manière à empêcher leur dispersion dans l'environnement, et enlevés lorsque les activités auront pris fin.

[Le contenu complémentaire spécifique au site doit être inséré ici]

7(x) Mesures qui peuvent être nécessaires pour continuer de réaliser les buts du plan de gestion

De nombreux plans de gestion existants partagent la même formulation dans cette section. Une série de suggestions de formulation standard a été établie et peut être utilisée, modifiée ou supprimée le cas échéant pour la zone en question (voir ci-dessous). Les promoteurs sont encouragés à identifier le contenu spécifique au site et doivent tenir compte des orientations applicables à cette section des plans de gestion qui sont données à la Section 7(x) du guide.

Des permis peuvent être délivrés pour avoir accès à la zone aux fins de :

* mener des activités de surveillance et d'inspection de la zone, lesquelles peuvent comprendre le prélèvement d'un petit nombre d'échantillons ou de données pour analyse ou examen ;
* ériger ou maintenir des poteaux indicateurs, des structures ou du matériel scientifique ;
* mener à bien des mesures de protection ;
* [le contenu complémentaire spécifique au site doit être inséré ici]

Tout site spécifique faisant l'objet d'une surveillance à long terme sera signalé de manière appropriée in situ et sur les cartes de la zone. Une position GPS doit être obtenue pour inclusion dans l'Annuaire des données antarctiques par l'autorité nationale appropriée.

Pour aider au maintien des valeurs écologiques et scientifiques de la zone, les visiteurs prendront des précautions spéciales contre les introductions. Les introductions microbiennes, animales ou végétales en provenance de sols d'autres sites antarctiques, y compris de stations, ou d'autres régions extérieures à l'Antarctique, suscitent une inquiétude particulière. Dans la mesure du possible, les visiteurs veilleront à ce que leurs chaussures, leurs vêtements et tout matériel – en particulier le matériel de camping et d'échantillonnage – soient parfaitement nettoyés avant d'accéder au site.

Pour éviter toute interférence avec les activités de recherche et de surveillance à long terme, ou toute duplication des efforts, les personnes envisageant de nouveaux projets à l'intérieur de la zone doivent consulter les programmes établis et/ou les autorités nationales appropriées.

[Le contenu complémentaire spécifique au site doit être inséré ici]

7(xi) Rapports de visite

De nombreux plans de gestion existants partagent la même formulation dans cette section. Une série de suggestions de formulation standard a été établie et peut être utilisée, modifiée ou supprimée le cas échéant pour la zone en question (voir ci-dessous). Les promoteurs sont encouragés à identifier le contenu spécifique au site et doivent tenir compte des orientations applicables à cette section des plans de gestion qui sont données à la Section 7(xi) du guide.

Le principal détenteur du permis soumettra, pour chaque visite dans la zone, un rapport à l'autorité nationale appropriée, dès que cela lui sera possible, et au plus tard six mois après la fin de ladite visite.*

Ces rapports doivent, le cas échéant, inclure les informations identifiées dans le Guide pour l'élaboration des plans de gestion des zones spécialement protégées de l'Antarctique.

Le cas échéant, l'autorité nationale doit également adresser un exemplaire du rapport de visite à la Partie qui a proposé le plan de gestion, afin d'aider à la gestion de la zone et à la révision du plan de gestion.

Les Parties doivent, lorsque cela est possible, déposer les originaux ou des exemplaires de ces rapports de visite auprès d'archives accessibles au public, afin de garder une trace de leur utilisation, aux fins de toute révision du plan de gestion et pour toute organisation liée à l'utilisation scientifique de la zone.

[Le contenu complémentaire spécifique au site doit être inséré ici]

8. Support documentaire

La section 8 du Guide fournit des orientations pour cette section des plans de gestion. Aucune formulation standard n'est ici proposée du fait que le contenu de cette section sera spécifique à la zone en question.

[Le contenu spécifique au site devrait être inséré ici]

Lignes directrices générales pour les visiteurs de l'Antarctique

Les Représentants,

Rappelant la résolution 5 (2005), la résolution 2 (2006), la résolution 1 (2007), la résolution 2 (2008), la résolution 4 (2009) et la résolution 1 (2010) par lesquelles ont été adoptées les listes des sites assujettis aux lignes directrices des sites ;

Reconnaissant l'intérêt d'accorder une place centrale aux informations spécifiques aux sites dans les lignes directrices des sites ;

Rappelant la recommandation XVIII-1 (1994) intitulée *Orientations pour les personnes organisant et conduisant des activités touristiques et non-gouvernementales en Antarctique ;*

Notant que la recommandation XVIII-1 (1994) prévoit des orientations sur des sujets à la fois environnementaux et d'organisation,

Affirmant l'intérêt de fournir des conseils généraux sur l'environnement aux visiteurs pour compléter les informations spécifiques aux sites ;

Reconnaissant le travail mené par le Comité pour la protection de l'environnement depuis 1998 pour améliorer la compréhension à l'égard des impacts environnementaux liés aux visites en Antarctique ;

Notant l'utilité de fournir des conseils actualisés aux visiteurs de l'Antarctique en vue de les éclairer sur les moyens de réduire au maximum leurs impacts sur tous les sites ;

Convaincus que les *Lignes directrices générales pour les visiteurs de l'Antarctique* doivent être réexaminées et révisées à mesure que de nouvelles informations deviennent disponibles ; et

Confirmant que le terme « visiteurs » n'inclut pas les scientifiques qui conduisent des recherches dans ces sites, ni les personnes engagées dans des activités gouvernementales officielles ;

Recommandent que :

1. leurs Gouvernements adoptent les *Lignes directrices générales pour les visiteurs de l'Antarctique* qui figurent en annexe à la présente résolution ;

2. ces lignes directrices soient publiées sur le site internet du Secrétariat du Traité sur l'Antarctique ;

3. leurs Gouvernements encouragent toutes les personnes prévoyant de visiter des sites en Antarctique à être pleinement au fait des conseils émis dans ces *Lignes directrices générales pour les visiteurs de l'Antarctique*, et à s'y conformer ; et que

4. les Parties au Traité sur l'Antarctique entreprennent les efforts nécessaires pour mettre en vigueur la recommandation XVIII-1 (1994) dès que possible.

Lignes directrices générales pour les visiteurs de l'Antarctique

Toutes les visites dans l'Antarctique doivent être conduites en conformité avec le Traité sur l'Antarctique, son Protocole relatif à la protection de l'environnement et les Mesures et Résolutions pertinentes adoptées lors des Réunions consultatives du Traité sur l'Antarctique (RCTA). Les visites ne peuvent avoir lieu que sur approbation préalable d'une autorité nationale compétente ou avoir satisfait toutes les exigences de cette autorité nationale.

Les présentes lignes directrices fournissent des conseils généraux pour tous les sites visités, l'objectif étant de s'assurer que ces visites n'ont pas d'impacts négatifs sur l'environnement de l'Antarctique ou sur ses valeurs scientifiques et esthétiques. Les Lignes directrices de site pour les visiteurs, adoptées par la RCTA, offrent des avis complémentaires qui sont spécifiques à certains lieux.

Lisez ces lignes directrices avant de vous rendre en Antarctique et étudiez les moyens permettant de minimiser votre impact.

Si vous faites partie d'un groupe de visite guidée, respectez ces lignes directrices, soyez attentifs aux instructions de vos guides et suivez-les.

Si vous avez organisé vous-même votre visite, vous êtes tenus responsable du respect de ces lignes directrices. Vous êtes également tenus d'identifier les caractéristiques des sites que vous visitez, susceptibles d'être vulnérables aux impacts dus à la présence de visiteurs, et de vous conformer à toutes prescriptions spécifiques aux sites visités, et notamment les Lignes directrices de sites, les plans des gestion des zones spécialement protégées de l'Antarctique (ZSPA) et des zones spéciales gérées de l'Antarctique (ZSPA) et les lignes directrices pour les visites de station. Les lignes directrices pour les activités ou risques particuliers (comme l'utilisation d'aéronefs ou la prévention contre l'introduction d'espèces non-indigènes) peuvent également s'appliquer. Les plans de gestion, la liste des sites et monuments historiques et les autres informations utiles sont consultables sur *www.ats.aq/e/ep_protected.htm*. Les Lignes directrices de site sont consultables sur *www.ats.aq/e/ats_other_siteguidelines.htm*.

PROTÉGEZ LES ESPECES SAUVAGES DE L'ANTARCTIQUE

Il est interdit de prélever ou de perturber les espèces sauvages de l'Antarctique, sauf en conformité avec un permis spécifique.

ESPECES SAUVAGES

- Marchez lentement et avec précaution, et faites le moins de bruit possible lorsque vous vous trouvez à proximité d'animaux sauvages.

- Restez à une distance appropriée de la faune sauvage. Si, dans beaucoup de cas, une distance plus grande est plus appropriée, en général ne vous approchez pas à moins de 5 m. Respectez toutes les orientations relatives aux distances dans les lignes directrices spécifiques aux sites que vous visitez.

- Observez le comportement des animaux sauvages. Si leur comportement change, arrêtez de bouger ou éloignez vous lentement d'eux.

- Les animaux sont particulièrement sensibles aux perturbations en période de reproduction (y compris de nidification) ou de mue. Restez en dehors des colonies et observez-les à distance.

- Chaque situation est différente. Prenez en compte la topographie du site ainsi que ses caractéristiques spécifiques, car elles pourraient avoir un impact sur la sensibilité aux perturbations des espèces sauvages qui y résident.

345

- Accordez toujours la priorité de passage aux animaux et ne bloquez par leurs voies d'accès à la mer.

- Ne nourrissez pas les espèces sauvages, ne laissez pas d'aliments ou de déchets derrière vous.

- N'utilisez pas d'arme à feu ou d'explosif.

VÉGÉTATION
- La végétation, y compris les mousses et les lichens, est fragile et a une croissance très lente. N'endommagez pas la végétation en marchant, en conduisant un véhicule ou en débarquant sur des lits de mousse ou des pierres recouvertes de lichen.

- Lors de vos déplacements à pied, suivez autant que possible les pistes établies afin de réduire au minimum les perturbations ou les dommages causés au sol et aux surfaces recouvertes de végétation. En l'absence de pistes, suivez le chemin le plus direct et évitez la végétation, les sols fragiles, les éboulis pierriers et les espèces sauvages.

INTRODUCTION D'ESPÈCES NON INDIGÈNES
- N'introduisez aucune plante ni aucun animal en Antarctique.

- Afin d'empêcher l'introduction d'espèces non indigènes et de maladies, lavez soigneusement vos bottes et nettoyez tous vos équipements, en incluant les vêtements, les sacs, les trépieds, les tentes et les cannes avant de les amener en Antarctique. Accordez une attention prioritaire aux semelles de vos bottes, aux fermetures velcro et aux poches pouvant contenir de la terre ou des graines. Les véhicules et les aéronefs devront également être nettoyés.

- Le transfert d'espèces et la transmission de maladies entre les sites antarctiques est également source de préoccupations. Assurez-vous que tous vos vêtements et équipements soient néttoyés avant de vous déplacer d'un site à un autre.

RESPECTEZ LES ZONES PROTÉGÉES

Les activités menées dans les zones spécialement protégées de l'Antarctique (ZSPA) ou dans les zones gérées spéciales de l'Antarctique (ZGSA) doivent se conformer aux dispositions des plans de gestion afférents.

De nombreux sites et monuments historiques (SMH) ont été officiellement désignés et sont formellement protégés.

ZONES GÉRÉES SPÉCIALES ET ZONES SPÉCIALEMENT PROTÉGÉES
- L'entrée dans une ZSPA n'est autorisée qu'avec un permis délivré par une autorité nationale compétente. Ayez ce permis sur vous et obéissez à toutes les conditions qu'il formule lors de votre visite dans une ZSPA.

- Vérifiez à l'avance l'emplacement et les délimitations des ZSPA et ZGSA. Étudiez les dispositions du plan de gestion et conformez-vous à toutes les restrictions applicables à la conduite d'activités dans ces zones ou dans leurs environs.

SITES ET MONUMENTS HISTORIQUES ET AUTRES STRUCTURES
- Les cabanes et structures historiques peuvent être utilisées, dans certains cas, pour des visites touristiques, récréatives ou éducatives. Les visiteurs ne doivent pas les utiliser pour d'autres raisons, sauf en cas d'urgence.

- Ne portez pas atteinte, ne dégradez pas et ne vandalisez pas les sites historiques, les monuments, les objets de patrimoine, les bâtiments ou les refuges d'urgence (qu'ils soient occupés ou non).

- Si vous voyez un élément pouvant présenter une valeur historique ignorée des autorités, veuillez ne pas y toucher. Signalez-le à votre chef d'expédition ou à vos autorités nationales.

- Avant d'entrer dans une structure historique, ôtez la neige et le gravier de vos bottes et enlevez la neige et l'eau de vos vêtements car ils peuvent endommager des structures ou des objets de patrimoine.
- Veillez à ne pas marcher sur des éléments de patrimoine qui pourraient être dissimulés par la neige lors de vos déplacements autour des sites historiques.

RESPECTEZ LA RECHERCHE SCIENTIFIQUE

Ne perturbez pas les recherches, les installations ou les équipements scientifiques.

- Les stations antarctiques ne peuvent être visitées que sur autorisation délivrée préalablement.
- Confirmez par deux fois les dates de votre visite au plus tard 24-72 heures avant votre arrivée.
- Respectez toutes les règles spécifiques aux sites lorsque vous visitez des stations antarctiques.
- Ne perturbez pas et n'enlevez pas les équipements ou les bornes scientifiques et ne dérangez pas les sites d'études expérimentales, ni les camps de terrain, ni les fournitures stockées.

MAINTENEZ L'ANTARCTIQUE PRESERVE

L'Antarctique est resté relativement préservé. Il constitue la plus grande zone de nature à l'état sauvage sur terre. Merci de ne laisser aucune trace de votre visite.

DÉCHETS

- Ne laissez aucun détritus ou déchet sur le sol et ne les déversez pas dans la mer.
- Dans les stations et les camps ne fumez que dans les zones désignées afin d'éviter tout déchet ou risque d'incendie des structures. Recueillez la cendre et les déchets pour vous en séparer une fois à l'extérieur de l'Antarctique.
- Veillez à ce que les déchets soient gérés conformément aux annexes III et IV du Protocole au Traité sur l'Antarctique relatif à la protection de l'environnement.
- Veillez à ce que les équipements et les déchets soient, à tout moment, sécurisés afin d'éviter leur dispersion dans l'environnement par des vents forts ou l'intervention d'animaux.

VALEURS
NATURELLES

- Ne perturbez pas et ne polluez pas les lacs, les ruisseaux, les rivières ou les autres cours d'eau (par ex. en marchant dans l'eau, en vous lavant ou en nettoyant votre équipement, en lançant des cailloux, etc.).
- Ne peignez pas et ne gravez pas de noms ou de graffitis sur les surfaces naturelles, ou d'origine humaine, présentes en Antarctique.
- N'emportez pas de souvenirs d'origine humaine, biologique ou géologique, incluant les plumes, les os, les œufs, la végétation, la terre, les pierres, les météorites ou les fossiles.
- Installez autant que possible vos tentes et vos équipements sur la neige ou sur des zones de camping déjà utilisées.

ASSUREZ VOTRE SÉCURITÉ

Soyez prêt(s) à affronter des conditions climatiques rigoureuses et évolutives. Assurez-vous que votre équipement et vos vêtements soient conformes aux normes antarctiques. Rappelez-vous que l'environnement antarctique est hostile, imprévisible et potentiellement dangereux.

PRÉCAUTIONS / PRÉPARATIFS DE SÉCURITÉ

- Connaissez vos limites et les dangers posés par l'environnement antarctique et agissez en conséquence. Programmez vos activités en tenant compte, à tout moment, de votre sécurité.

- Maintenez une distance de sécurité avec les animaux sauvages, comme les phoques à fourrure, tant à terre qu'en mer. Restez, autant que possible, à une distance d'au moins 15 mètres.

- Si vous voyagez en groupe, agissez selon les conseils et les instructions de vos responsables. Ne vous éloignez pas de votre groupe.

- Ne marchez pas sur les glaciers ni sur les névés sans avoir l'équipement et l'expérience requis. Il existe un fort risque de tomber dans des crevasses invisibles.

- Il n'existe pas de service d'urgence et de sauvetage en Antarctique. Une préparation rigoureuse, des équipements de qualité et du personnel qualifié accroîtront votre autonomie et réduiront les risques.

- N'entrez pas dans les refuges d'urgence (sauf en cas d'urgence). Si vous utilisez des équipements ou des denrées alimentaires provenant d'un refuge, informez la station de recherche la plus proche ou l'autorité nationale compétente, dès que la situation d'urgence a pris fin.

- Respectez toutes les restrictions liées à l'usage du tabac. Il est strictement interdit d'utiliser des lanternes à combustion et de recourir à des flammes nues à l'intérieur et à proximité des structures historiques. Veillez à vous protéger de tout risque d'incendie. Le danger est réel du fait de l'environnement très sec de l'Antarctique.

EXIGENCES LIEES AU DEBARQUEMENT ET AU TRANSPORT

Lors de votre visite en Antarctique, agissez de manière à réduire au minimum les impacts potentiels sur l'environnement, la nature à l'état sauvage, les écosystèmes afférents et la conduite des recherches scientifiques.

TRANSPORT

- N'utilisez pas d'aéronefs, de navires, de bateaux de petite taille, d'aéroglisseurs ou d'autres moyens de transport de manières susceptibles de perturber les espèces sauvages, à terre comme en mer.

- Évitez de survoler les concentrations d'oiseaux et de mammifères. Suivez les conseils contenus dans la résolution 2 (2004) intitulée *Lignes directrices pour les aéronefs à proximité des concentrations d'oiseaux en Antarctique*, consultable sur : *www.ats.aq/devAS/info_measures_list.aspx?lang=e*.

- Le ravitaillement des réservoirs de carburant destinés aux bateaux de petite taille doit avoir lieu de manière à éviter tout déversement de carburant, par exemple à bord du bateau.

- Les bateaux de petite taille ne doivent accueillir aucun élément du sol, des plantes ou des animaux, et doivent faire l'objet d'un contrôle en ce sens avant tout début d'opération effectuée depuis un navire vers la terre.

- Les bateaux de petite taille doivent contrôler, en permanence, leur trajectoire et leur vitesse afin de réduire au maximum les perturbations causées aux espèces sauvages et éviter toute collision avec ces animaux.

NAVIRES*

- Un site ne peut être visité par plus d'un seul un bateau à la fois.

- Les navires embarquant plus de 500 passagers n'effectueront pas de débarquement en Antarctique.

DÉBARQUE-MENT DES PASSAGERS DES NAVIRES

- Le nombre maximum de passagers d'un navire autorisés à descendre à terre est fixé, en toutes circonstances, à 100, sauf si un avis spécifique au site visité prévoit un nombre plus limité de personnes débarquées.

- Lors des débarquements depuis des navires, le ratio doit demeurer, pour tous les sites, d'un guide pour 20 passagers, sauf si un avis spécifique au site visité exige un plus grand nombre de guides.

* Par navire, on entend une embarcation qui transporte plus de 12 passagers.

Lignes directrices pour les visites de sites

Les Représentants,

Rappelant la résolution 5 (2005), la résolution 2 (2006), la résolution 1 (2007), la résolution 2 (2008), la résolution 4 (2009) et la résolution 1 (2010), qui adoptaient des listes de sites soumis à des Lignes directrices pour les visites de site;

Rappelant la résolution 1 (2010), qui stipulait que toute modification des Lignes directrices pour les visites de sites soit débattue par le Comité pour la protection de l'environnement (« CPE »), lequel devrait donner à la Réunion consultative du Traité sur l'Antarctique (« RCTA ») des avis en conséquence, et que si ces avis sont approuvés par la RCTA, le Secrétariat du Traité sur l'Antarctique (« STA ») devra alors reporter sur le site internet les modifications nécessaires aux textes de ces lignes directrices ;

Convaincus que les Lignes directrices pour les visites de sites renforcent les dispositions énoncées dans la recommandation XVIII-1 (1994) (*Orientations pour les personnes organisant et conduisant des activités touristiques et non-gouvernementales en Antarctique*) ;

Confirmant que le terme « visiteurs » n'inclut pas les scientifiques qui conduisent des recherches dans ces sites, ni les personnes engagées dans des activités gouvernementales officielles ;

Notant que les Lignes directrices pour les visites de sites ont été élaborées sur la base des volumes et types actuels de visites dans chaque site spécifique, et conscients que les Lignes directrices pour les visites de sites devraient être revues en cas de changements significatifs dans les volumes ou types de visite ;

Convaincus que les Lignes directrices pour chaque site visité doivent être revues et révisées sans tarder en cas de changements dans le volume et les types de visites ou dans les impacts démontrables ou probables sur l'environnement ;

Désireux d'accroître le nombre de Lignes directrices pour les visites de sites et de maintenir à jour les Lignes directrices qui existent ;

Recommandent que :

1. la liste des sites soumis à des Lignes directrices pour les visites de sites, qui ont été adoptées par la Réunion consultative du Traité sur l'Antarctique, soit élargie pour inclure trois nouveaux sites (Aire réservée aux visiteurs de la vallée Taylor, Terre Southern Victoria Land; Plage nord-est de l'île Ardley; Cabanes Mawson et le Cap Denison, Antarctique de l'Est), et que la liste complète des sites soumis à des lignes directrices pour les visites de sites soit remplacée par celle qui figure en annexe de la présente résolution ;

2. les Lignes directrices pour les visites de sites pour les sites Baie des baleiniers, îles Shetland du Sud et Pointe Hannah soient remplacées par les Lignes directrices modifiées qui figurent en annexe de la présente résolution ;

3. le Secrétariat du Traité sur l'Antarctique (le Secrétariat) publie sur son site internet la liste complète et les Lignes directrices modifiées, telles qu'elles ont été adoptées par la RCTA ;

4. leurs Gouvernements exhortent ceux qui ont l'intention de visiter ces sites à veiller à ce qu'ils soient pleinement conscients des avis contenus dans les Lignes directrices publiées par le Secrétariat et qu'ils les respectent ;

5. toute modification des Lignes directrices pour les visites de sites soit débattue par le Comité pour la protection de l'environnement, lequel doit donner à la RCTA des avis en conséquence, et que si ces avis sont approuvés par la RCTA, le Secrétariat doit alors reporter sur le site internet les modifications nécessaires aux textes de ces Lignes directrices ; et

6. le Secrétariat indique sur son site internet que la résolution 1 (2010) n'est plus d'actualité.

Liste des sites soumis aux Lignes directrices pour les visites de sites

1. Île du Pingouin (Latitude 62° 06' S; Longitude 57° 54' O) ;

2. Île Barrientos, îles Aitcho (Latitude 62° 24' S; Longitude 59° 47' O) ;

3. Île Cuverville (Latitude 64° 41' S; Longitude 62° 38' O) ;

4. Pointe Jougla (Latitude 64° 49' S; Longitude 63° 30' O) ;

5. Île Goudier, Port Lockroy (Latitude 64° 49' S; Longitude 63° 29' O) ;

6. Pointe Hannah (Latitude 62° 39' S; Longitude 60° 37' O) ;

7. Port Neko (Latitude 64° 50' S; Longitude 62° 33' O) ;

8. Île Paulet (Latitude 63° 35' S; Longitude 55° 47' O) ;

9. Île Petermann (Latitude 65° 10' S; Longitude 64° 10' O) ;

10. Île Pleneau (Latitude 65° 06' S ; Longitude 64° 04' O) ;

11. Pointe Turret (Latitude 62° 05' S; Longitude 57° 55' O) ;

12. Port Yankee (Latitude 62° 32' S; Longitude 59° 47' O) ;

13. Brown Bluff, Péninsule Tabarin (Latitude 63° 32' S; Longitude 56° 55' O) ;

14. Snow Hill (Latitude 64° 22' S; Longitude 56° 59' O) ;

15. Anse Shingle, île Coronation (Latitude 60° 39' S; Longitude 45° 34'O) ;

16. Île du Diable, île Vega (Latitude 63° 48' S; Longitude 57° 16.7' O) ;

17. Baie des baleiniers, île Déception, îles Shetland du Sud (Latitude 62° 59' S; Longitude 60° 34' O) ;

18. Île Half Moon, îles Shetland du Sud (Latitude 60° 36' S; Longitude 59° 55' O)

19. Baily Head, île Déception, îles Shetland du Sud (Latitude 62° 58' S, Longitude 60° 30' O)

20. Baie Telefon, île Déception, îles Shetland du Sud (Latitude 62° 55' S, Longitude 60° 40' O)

21. Cap Royds, île Ross (Latitude 77° 33' 10,7 S, Longitude 166° 10' 6,5 E)

22. Wordie House, île Winter, îles Argentine (Latitude 65° 15' S, Longitude 64° 16' O)

23. Île Stonington, baie Marguerite, Péninsule antarctique (Latitude 68° 11' S, Longitude 67° 00' O)

24. Île Horseshoe, Péninsule antarctique (Latitude 67° 49' S, Longitude 67° 18' O)

25. Île Detaille, Péninsule antarctique (Latitude 66° 52' S, Longitude 66° 48' O)

26. Île Torgersen, Port Arthur, île Southwest Anvers (Latitude 64° 46' S, Longitude 64° 05' O)

27. Île Danco, canal Errera, Péninsule antarctique (Latitude 64° 43' S, Longitude 62° 36' O)

28. Seabee Hook, cap Hallett, Terre Northern Victoria, mer de Ross, site pour visiteurs A et site pour visiteurs B (Latitude 72° 19' S, Longitude 170° 13' E)

29. Pointe Damoy, île Wiencke, péninsule Antarctique (Latitude 64° 49' S, Longitude 63° 31' O)

30. L'aire réservée aux visiteurs de la vallée Taylor, Terre Southern Victoria (Latitutde 77° 37.59' S, Longitude 163° 03.42' E);

31. Plage nord-est de l'île Ardley (Latitude 62° 13' S; Longitude 58° 54' O) ;

32. Cabanes Mawson et cap Denison, Antarctique de l'Est (Latitude 67° 01' S; Longitude 142 ° 40' E).

Guide révisé pour la présentation de documents de travail contenant des propositions de désignation de zones spécialement protégées de l'Antarctique, de zones gérées spéciales de l'Antarctique ou de sites et monuments historiques

Les Représentants,

Notant que l'annexe V du Protocole au Traité sur l'Antarctique relatif à la protection de l'environnement (« le Protocole ») prévoit l'adoption par la Réunion consultative du Traité sur l'Antarctique (« RCTA ») de propositions pour désigner une zone spécialement protégée de l'Antarctique (« ZSPA ») ou une zone gérée spéciale de l'Antarctique (« ZGSA »), pour adopter ou modifier un plan de gestion pour une telle zone, ou pour désigner un site ou monument historique (« SMH ») par une mesure, conformément aux dispositions du paragraphe 1 de l'article IX du Traité sur l'Antarctique,

Conscients de la nécessité d'assurer la clarté du statut actuel de chaque ZSPA et ZGSA et de leurs plans de gestion, ainsi que de chaque SMH,

Rappelant la résolution 3 (2008), qui recommande que l'« Analyse des domaines environnementaux pour le continent Antarctique », en annexe de cette résolution, soit utilisée de manière systématique et de concert avec d'autres outils acceptés dans le système du Traité sur l'Antarctique en tant que modèle dynamique pour l'identification de zones susceptibles d'être désignées comme zones spécialement protégées de l'Antarctique dans le cadre environnemental et géographique systématisé dont il est fait mention au paragraphe 2 de l'article 3 de l'annexe V du Protocole,

Rappelant aussi la résolution 1 (2008), qui recommande que le Guide pour la présentation de documents de travail contenant des propositions de désignation de zones spécialement protégées de l'Antarctique, de zones gérées spéciales de l'Antarctique ou des sites et monuments historiques, en annexe de cette résolution, soit utilisé par les personnes chargées d'établir lesdits documents de travail,

Désireux de mettre à jour le guide annexé à la résolution 1 (2008) afin de favoriser la collecte d'informations servant à l'évaluation ainsi qu'au développement futur du système de zones protégées de l'Antarctique, en demandant notamment la mention de la raison principale de la désignation de chaque ZSPA et, lorsqu'il est connu, du principal domaine environnemental représenté par chaque ZSPA et ZGSA

Recommandent que :

1. le « *Guide pour la présentation de documents de travail contenant des propositions de désignation de zones spécialement protégées de l'Antarctique, de zones gérées spéciales de l'Antarctique ou de sites et monuments historiques* », qui figure en annexe à la présente résolution remplace la version annexée à la résolution 1 (2008) et que le guide révisé soit utilisé par les personnes chargées d'établir lesdits documents de travail, et que

2. le Secrétariat du Traité sur l'Antarctique indique sur son site internet que la résolution 1 (2008) n'est plus d'actualité.

Annexe - Guide pour la présentation de documents de travail contenant des propositions de désignation de zones spécialement protégées de l'Antarctique, de zones spécialement gérées de l'Antarctique ou de sites et monuments historiques

A. Documents de travail sur les ZSPA ou les ZGSA

Il est recommandé que le document de travail soit composé de deux parties :

i) Une **PAGE DE COUVERTURE** expliquant le but recherché de la proposition et l'historique de la ZSPA ou ZGSA, en utilisant comme guide le gabarit A. **Cette page de couverture NE fera PAS partie de la mesure** adoptée par la RCTA et elle ne sera donc publiée ni dans le rapport final ni sur le site Web du STA. Son seul objectif est de faciliter l'examen de la proposition et la rédaction des mesures par la RCTA;

et

ii) Un **PLAN DE GESTION,** rédigé en version finale à des fins de publication. **Ce plan sera annexé à la mesure et publié** dans le rapport final et affiché sur le site Web du STA.

Il serait souhaitable que le plan soit rédigé en version *finale*, prêt à être publié. Il va de soi que, lorsqu'il est soumis pour la première fois au CPE, il l'est sous la forme d'un projet qui peut être modifié par le CPE ou la RCTA. Cependant, la version adoptée par la RCTA doit être soumise en version finale pour publication et ne devrait pas faire l'objet d'une révision additionnelle par le Secrétariat, exception faite de l'insertion de renvois à d'autres instruments adoptés lors de la même réunion.

Par exemple, dans sa version finale, le plan ne devrait pas contenir d'expressions telles que :

- "cette zone *proposée"* ;
- "ce *projet* de plan" ;
- "ce plan, s'il est adopté, ..." ;
- un compte rendu des délibérations au CPE ou à la RCTA ou les détails de travaux intersessions (à moins que cela ne couvre d'importantes informations comme par exemple la procédure de consultation ou des activités qui ont eu lieu dans la zone depuis la dernière révision) ;
- les opinions des délégations sur le projet de texte ou des versions intermédiaires ;
- des références à d'autres zones protégées en utilisant leur désignation précédant l'adoption de l'annexe V.

Prière d'utiliser le "Guide pour l'élaboration des plans de gestion des zones spécialement protégées de l'Antarctique" lorsque la proposition concerne une ZSPA. (La version actuelle de ce Guide figure en annexe à la résolution 2 (1998) et se trouve dans le Manuel du CPE).

Il y a plusieurs plans de gestion d'excellente qualité, y compris un plan de gestion pour la ZSPA n° 109 : île Moe, qui pourraient être utilisés comme un modèle d'élaboration de plans nouveaux et révisés.

B. Documents de travail sur les sites et monuments historiques (SMH)

Il n'existe pas de plans de gestion pour les SMH à moins qu'ils aient également été désignés comme ZSPA ou ZGSA. L'ensemble des informations essentielles sur les SMH figure dans le texte de la mesure. Le reste du document de travail ne sera pas annexé à la mesure ; si l'on souhaite conserver d'autres informations de base dans le dossier, on peut les annexer au rapport du CPE pour leur incorporation dans le rapport final de la RCTA.

Pour s'assurer que toutes les informations requises sont bien incorporées dans la mesure, il est recommandé d'utiliser le gabarit B ci-dessous comme modèle de rédaction du document de travail.

C. Soumission de projets de mesures sur les ZSPA, ZGSA et SMH à la RCTA

Lorsqu'un projet de mesure destiné à donner effet aux avis du CPE sur une ZSPA, une ZGSA ou un SMH est soumis au Secrétariat pour présentation à la RCTA, celui-ci est également prié de fournir à la RCTA des exemplaires de la page de couverture du document de travail original formulant la proposition, sujette aux éventuelles révisions faites par le CPE.

La séquence des activités est la suivante :

- un document de travail comportant un projet de plan de gestion et une page d'accompagnement explicative est établi et soumis par le promoteur du plan ;
- le Secrétariat prépare un projet de mesure avant la RCTA ;
- le projet de plan de gestion est examiné par le CPE et les révisions éventuelles y sont apportées (par le promoteur en liaison avec le Secrétariat) ;
- si le CPE en recommande l'adoption, le plan de gestion (tel qu'il a été accepté) et la page d'accompagnement (telle qu'elle a été acceptée) sont transmis au président du CPE et au président du groupe de travail sur les questions juridiques et institutionnelles ;
- le groupe de travail sur les questions juridiques et institutionnelles examine le projet de mesure ;
- le Secrétariat soumet officiellement le projet de mesure ainsi que la page d'accompagnement acceptée ; et
- la RCTA examine une décision et la prend.

GABARIT A : PAGE DE COUVERTURE D'UN DOCUMENT DE TRAVAIL SUR UNE ZSPA OU UNE ZGSA

Prière de s'assurer que les informations suivantes figurent sur la page de couverture :

1) La désignation d'une nouvelle ZSPA est-elle proposée ? Oui/non

2) La désignation d'une nouvelle ZGSA est-elle proposée ? Oui/non

3) La proposition est-elle en rapport avec une ZSPA ou une ZGSA existante ?

Dans l'affirmative, veuillez énumérer toutes les recommandations, mesures, résolutions et décisions concernant cette ZSPA ou ZGSA, y compris toutes les désignations antérieures de cette zone en tant que ZSP, SISP ou autre catégorie de zone protégée :

Précisez en particulier la date et la recommandation ou la mesure pertinente pour :

- La première désignation :
- L'adoption pour la première fois du plan de gestion :
- Les éventuelles révisions apportées au plan de gestion :
- Le plan de gestion actuel :
- Toute prorogation des dates d'expiration du plan de gestion :
- Le nouveau nom et numéro de la zone ………..... en vertu de la décision 1 (2002).

(Note : Ces informations sont disponibles sur le site Internet du STA dans la base de données des documents en cherchant le nom de la zone. Malgré les efforts faits par le STA pour garantir l'exactitude et la complétude des informations qui figurent dans la base de données, il se peut que surviennent de temps à autre des erreurs ou des omissions. Les promoteurs d'une révision apportée à une zone protégée étant les mieux placés pour connaître l'historique de cette zone, ils sont priés de contacter le Secrétariat s'ils relèvent une différence manifeste entre l'historique réglementaire tel qu'ils le comprennent et les informations affichées dans la base de données du STA.)

1) Lorsque la proposition contient une révision d'un plan de gestion existant, prière d'indiquer les types de modifications qui ont été apportés :

    i) S'agit-il d'une modification d'ordre majeur ou mineur ?

    ii) Les lignes de démarcation ou les coordonnées ont-elles été modifiées ?

    iii) Les cartes ont-elles été modifiées ? Dans l'affirmative, les modifications portent-elles exclusivement sur les légendes ou sur les graphiques également ?

    iv) S'agit-il de modifications apportées à la description de la zone qui contribuent à en identifier l'emplacement ou les limites ?

    v) S'agit-il de modifications ayant un impact sur d'autres ZSPA, ZGSA ou SMH à l'intérieur de cette zone ou adjacentes à elle ? Veuillez préciser en particulier toute fusion avec une zone ou un site existant, toute incorporation ou toute abolition d'une telle zone ou d'un tel site.

vi)   Autre - bref résumé d'autres types de modifications, en indiquant les paragraphes du plan de gestion où elles se trouvent (ce qui est particulièrement utile si le plan est long).

2)   Si une nouvelle ZSPA ou ZGSA est proposée, contient-elle une aire marine ? Oui/non

3)   Dans l'affirmative, la proposition nécessite-t-elle l'approbation au préalable de la CCAMLR conformément à la décision 9 (2005) ? Oui/non

4)   Dans l'affirmative, l'approbation au préalable de la CCAMLR a-t-elle été obtenue ? Oui/non (Dans l'affirmative, il convient de préciser la référence au paragraphe correspondant du rapport final pertinent de la CCAMLR).

5)   Si la proposition porte sur une ZSPA, quelle est la raison principale de la désignation (i.e. quel point de l'article 3.2 de l'annexe V) ?

6)   Le domaine environnemental principal représenté par la ZSPA/ZGSA a-t-il été identifié ? (se référer à l'« Analyse des domaines environnementaux du continent Antarctique » annexée à la Résolution 3 (2008)) ? Oui/non (Dans l'affirmative, le domaine environnemental principal doit être noté ici).

Le format ci-dessus peut être utilisé comme gabarit ou comme liste de pointage pour la page de couverture afin de s'assurer que l'ensemble des informations nécessaires y figure.

GABARIT B - PAGE DE COUVERTURE D'UN DOCUMENT DE TRAVAIL PORTANT SUR UN SITE OU UN MONUMENT HISTORIQUE

Prière de s'assurer que la page de couverture contient les informations suivantes :

1)   Ce site ou monument a-t-il été désigné par une RCTA antérieure comme site ou monument historique? Oui/Non (Dans l'affirmative, prière d'indiquer les recommandations et mesures pertinentes).

2)   S'il s'agit d'une proposition portant sur la désignation d'un nouveau site ou monument historique, prière d'inclure les informations ci-dessous, formulées pour inclusion dans la mesure :

i)   Nom du SMH proposé, pour inclusion dans la liste annexée à la mesure 2 (2003) ;

ii)   Description du SMH à inclure dans la mesure, y compris une description suffisante pour en permettre l'identification par les visiteurs de la zone ;

iii) Coordonnées, exprimées en degrés, minutes et secondes ;

iv)   Partie auteur de la proposition originale ;

v)   Partie chargée de la gestion.

3)   Si la proposition porte sur la révision d'une désignation existante d'un SMH, prière de donner la liste des recommandations et mesures antérieures pertinentes.

Le format ci-dessus peut être utilisé comme gabarit ou comme liste de pointage pour la page de couverture afin de s'assurer que toutes les informations sollicitées sont fournies.

Espèces non indigènes

Les Représentants,

Reconnaissant que l'introduction d'espèces non indigènes dans la zone du Traité sur l'Antarctique, y compris le transfert d'espèces entre des sites de l'Antarctique, menace gravement la biodiversité et les valeurs intrinsèques de l'Antarctique,

Rappelant les importantes discussions tenues en 2006 lors de l'atelier sur les espèces non indigènes en Nouvelle-Zélande et l'accord pris en conséquence par le Comité pour la protection de l'environnement (« CPE ») IX établissant que :

- la question des espèces non indigènes dans l'Antarctique devrait recevoir la priorité la plus élevée en accord avec les normes environnementales strictes définies dans le Protocole au Traité sur l'Antarctique relatif à la protection de l'environnement (« le Protocole ») et

- une série d'orientations et/ou de procédures globales et uniformisées devrait être élaborée pour tous les opérateurs en Antarctique ;

Rappelant aussi la réunion d'experts du Traité sur l'Antarctique de 2010 sur les conséquences des changements climatiques pour la gestion et la gouvernance en Antarctique, qui a :

- Reconnu que les principaux efforts devraient viser à prévenir l'introduction d'espèces non indigènes et à minimiser le risque d'introduction de ces espèces par voie humaine ;

- Recommandé que les Parties soient encouragées à mettre en œuvre, concrètement et intégralement, des mesures pour répondre aux conséquences du changement climatique sur l'environnement, en particulier des mesures pour éviter l'introduction et le transfert d'espèces non indigènes, et à produire des rapports sur leur efficacité,

Se félicitant de l'élaboration par le CPE d'un Manuel sur les espèces non indigènes, que les Parties peuvent appliquer et utiliser, selon que de besoin, comme aide pour remplir leurs obligations issues de l'annexe II du Protocole ;

Se félicitant aussi de l'engagement du CPE à continuer de développer et améliorer le Manuel afin que celui-ci reflète les nouvelles connaissances sur les risques liés aux espèces non indigènes et les meilleures pratiques en matière de mesures de prévention, de surveillance et de réaction ;

Recommandent que les Parties :

1. diffusent et, le cas échéant, encouragent l'utilisation du Manuel sur les espèces non indigènes qui figurent en annexe à cette résolution ; et

2. encouragent le Comité pour la protection de l'environnement à continuer de développer le Manuel sur les espèces non indigènes avec le soutien du Comité scientifique pour la recherche en Antarctique et du Conseil des directeurs des programmes antarctiques nationaux respectivement sur les questions scientifiques et pratiques.

Manuel sur les espèces non indigènes
Juillet 2011

1. Introduction

a. Objectif

L'objectif d'ensemble des mesures prises par les parties pour traiter les risques posés par des espèces non indigènes est le suivant :

Préserver la biodiversité et les valeurs intrinsèques de l'Antarctique en empêchant une introduction involontaire dans la région antarctique d'espèces non indigènes à cette région et le mouvement d'espèces dans l'Antarctique d'une zone biogéographique à l'autre.

Empêcher des introductions involontaires constitue un objectif ambitieux conforme aux principes du Protocole. Dans la pratique, les mesures doivent être mises en place pour minimiser les impacts issus d'espèces non indigènes dans l'Antarctique, en prenant toutes les dispositions possibles pour la prévention.

b. Objectif et contexte

Le but de ce manuel consiste à fournir des conseils aux parties au Traité sur l'Antarctique afin d'atteindre l'objectif (ci-dessus) et de minimiser le risque d'introduction accidentelle ou involontaire d'espèces non indigènes. Ce manuel inclut des principes directeurs clés et des liens vers des directives d'ordre pratique et des ressources recommandées que les opérateurs peuvent appliquer et utiliser selon les besoins pour leur permettre d'assumer leurs responsabilités en vertu de l'annexe II au Protocole. Les lignes directrices sont des recommandations, toutes ne s'appliquent pas aux opérations de toutes les parties et il s'agit d'un document 'vivant' qui sera mis à jour et complété à mesure que de nouveaux travaux et de nouvelles recherches et pratiques d'excellence se développent pour appuyer plus de conseils. Ces mesures sont recommandées comme appropriées afin d'aider les parties dans leurs efforts pour empêcher ces introductions accidentelles ou involontaires et elles ne doivent pas être considérées comme obligatoires.

Ce travail se concentre sur l'introduction involontaire ou accidentelle d'espèces non indigènes. L'introduction d'espèces non indigènes en vertu d'un permis (conformément à l'article 4 de l'annexe II au Protocole sur l'environnement) n'est pas incluse. Toutefois, les lignes directrices concernant les interventions en cas d'introductions involontaires peuvent s'appliquer pour intervenir en cas de dispersion d'espèces délibérément introduites en vertu d'un permis. La considération des voies naturelles d'introduction, des « écosystèmes » humains (par ex. flore stomacale) et du transfert de pathogènes (par ex. maladie) entre humains est également en dehors de l'étendue de ce travail.

La compréhension des risques liés aux introductions d'espèces non indigènes et de leurs impacts sur les écosystèmes est limitée. Un autre objectif de ce travail consiste à soutenir et à encourager un travail plus approfondi pour combler les lacunes dans nos connaissances.

c. Contexte[3]

Les invasions biologiques sont parmi les plus grandes menaces à la biodiversité dans le monde, compromettant la survie des espèces et entraînant des changements majeurs sur la structure et le fonctionnement des écosystèmes. Malgré l'isolement de l'Antarctique et la rudesse de ses conditions climatiques, il est maintenant reconnu que les invasions représentent un risque grave pour la région : les zones libres de glace en Antarctique et dans les îles subantarctiques environnantes subviennent aux besoins d'une grande partie des espèces d'oiseaux dans le monde et leurs biotes terrestres, bien qu'elles soient pauvres en espèces, incluent une proportion élevée de taxons endémiques et bien adaptés. La richesse des espèces dans l'océan Antarctique est supérieure à celle qui se trouve dans l'environnement terrestre antarctique et le niveau d'endémisme est élevé. Avec le changement climatique rapide qui se produit dans certaines parties de l'Antarctique, la hausse du nombre d'introductions et l'amélioration du succès de la colonisation par des espèces non indigènes sont probables, avec des augmentations conséquentes des impacts sur les écosystèmes, comme on peut déjà l'observer dans les îles subantarctiques. En plus de l'introduction d'espèces étrangères à l'Antarctique, la contamination croisée entre des zones libres de glace, notamment les nunataks isolés ou entre différentes zones marines, menace également la diversité génétique des zones biogéographiques et le risque ne peut être ignoré. Le développement croissant de l'activité humaine dans ces régions (notamment la science, la logistique, le tourisme, les pêcheries et les loisirs) augmentera le risque d'introductions involontaires d'organismes qui ont une suite de caractéristiques de cycles évolutifs qui les avantage pendant les phases de transport, d'établissement et d'expansion de l'invasion et qui est susceptible d'être favorisée par des conditions climatiques plus chaudes.

La vaste majorité des espèces non indigènes dans le monde ne deviennent pas envahissantes, mais celles qui le deviennent constituent l'une des principales menaces à la biodiversité. Il est plus simple de lutter contre le pouvoir envahissant si la découverte d'espèces non indigènes est précoce. Par ailleurs, la présence d'espèces non indigènes qui ne sont que « transitoires » ou « persistantes » mais pas encore « envahissantes » est également très indésirable en termes de protection des valeurs environnementales et scientifiques de l'Antarctique, particulièrement du fait que ces espèces peuvent devenir envahissantes. Ainsi, la prévention est primordiale. En l'absence de prévention, une détection précoce et une intervention rapide seront alors très importantes.

Les changements environnementaux qui se produisent actuellement dans l'Antarctique, comme dans d'autres parties du monde, seront très probablement responsables d'une altération naturelle de la biodiversité locale au cours des prochaines décennies ou siècles.

---

[3] Cette section a été rédigée avec la contribution de plusieurs scientifiques impliqués dans le projet « Aliens in Antarctica » (espèces étrangères en Antarctique) de l'année polaire internationale (D. Bergstrom, S. Chown, P. Convey, Y. Frenot, N. Gremmen, A. Huiskes, K. Hughes, S. Imura, M. Lebouvier, J. Lee, F. Steenhuisen, M.Tsujimoto, B. van de Vijver et J. Whinam) et a été adaptée conformément aux commentaires des membres du GCI.

Les parties et autres actifs dans la région sont tenus de minimiser les risques où les humains constituent un vecteur direct de changement à travers l'introduction d'espèces non indigènes et/ou la propagation de maladies dans les écosystèmes terrestres et marins de la zone du Traité sur l'Antarctique.

La réunion 2010 d'experts du Traité sur l'Antarctique concernant les implications du changement climatique pour la gestion de l'Antarctique soulignait l'importance d'empêcher des introductions, d'identifier les espèces et les environnements à risques et de développer des mesures pour gérer le problème. La réunion :

- Reconnaissait que le plus gros effort devrait être dédié à la prévention de l'introduction d'espèces non indigènes et à la minimisation du risque d'introductions par des humains à travers des programmes régionaux et des activités touristiques. Elle soulignait l'importance d'assurer une mise en œuvre complète de nouvelles mesures pour traiter ce risque (Para. 111 du rapport du co-président).

- Recommandait que le CPE envisage d'utiliser des méthodes établies pour identifier a) les environnements de l'Antarctique particulièrement vulnérables à l'établissement d'espèces non indigènes et b) les espèces non indigènes qui présentent un risque élevé d'établissement en Antarctique (Recommandation 22).

- Recommandait d'encourager les parties à mettre en œuvre, de façon exhaustive et cohérente, des mesures de gestion pour intervenir face aux implications environnementales du changement climatique, en particulier des mesures pour éviter l'introduction et la translocation d'espèces non indigènes, et d'établir des rapports sur leur efficacité (Recommandation 23).

d. Glossaire

La terminologie pour les espèces non indigènes et envahissantes n'a pas été standardisée à l'échelle internationale et certains des termes ci-dessous sont définis dans le contexte spécifique de l'Antarctique.

- *Espèces non indigènes / étrangères :* organisme se développant en dehors de son aire naturelle passée ou présente et de son potentiel de propagation, dont la présence et la propagation dans une zone biogéographique de la zone du Traité sur l'Antarctique est due à une action humaine involontaire.

- *Introduction /introduit(e) :* mouvement direct ou indirect par une organisation humaine, d'un organisme en dehors de son aire naturelle. Ce terme peut s'appliquer à un mouvement intercontinental ou intracontinental d'espèces.

- *Transitoire :* espèces non indigènes qui ont survécu par petites populations pendant une brève période en Antarctique, mais qui sont naturellement mortes ou qui ont été retirées par une intervention humaine.

- *Persistant(e) / établi(e) :* espèces non indigènes qui ont survécu, se sont établies et se sont reproduites pendant de nombreuses années dans une localité restreinte de l'Antarctique, mais qui n'ont pas étendu leur aire à partir d'un lieu spécifique.

- **Envahissant(e) / invasion :** espèces non indigènes qui étendent leur aire dans la région colonisée de l'Antarctique, délocalisant les espèces indigènes et ayant un impact considérablement néfaste sur la diversité biologique ou le fonctionnement de l'écosystème.

- **Endémique :** espèces indigènes restreintes dans une région ou localité spécifiée en Antarctique.

2. Lignes directrices clés

Pour mettre un accent plus prononcé sur le risque environnemental lié à l'introduction involontaire d'espèces non indigènes en Antarctique et pour guider les actions des parties conformément à l'objectif d'ensemble, 11 principes directeurs clés sont proposés. Ils sont classés selon les trois principaux composants d'un cadre de travail de gestion des espèces non indigènes : prévention, surveillance et intervention.

Prévention

La prévention est le moyen le plus efficace de minimiser les risques associés à l'introduction d'espèces non indigènes et à leurs impacts.

Sensibilisation

1) Sensibiliser à plusieurs niveaux pour différents publics est une composante essentielle de la gestion. Toutes les personnes qui se rendent en Antarctique doivent prendre les mesures appropriées pour empêcher l'introduction d'espèces non indigènes.

Procédures opérationnelles

2) Les risque d'introductions d'espèces non indigènes doit être identifié et considéré dans la planification de toutes les activités, notamment à travers le processus d'évaluation de l'impact sur l'environnement (EIE) en vertu de l'article 8 et de l'annexe I du Protocole.

3) En l'absence de données de base scientifiques solides, une approche sécuritaire doit s'appliquer pour minimiser le risque de l'introduction par l'homme d'espèces non indigènes, ainsi que le risque de transfert intrarégional et local de propagules dans des régions immaculées.

4) Les mesures préventives seront plus probablement mises en œuvre et efficaces si elles sont :

   - concentrées sur la considération des activités et des zones à haut risque ;
   - développées de manière adéquate par rapport aux circonstances spécifiques de l'activité ou de la zone en question et à l'échelle appropriée ;
   - simples sur les plans technique et logistique ;

- facilement applicables ;
- rentables et pas nécessairement longues.

5) La prévention doit se concentrer sur les mesures avant le départ aux niveaux logistique et de la chaîne d'approvisionnement,

- au point d'origine hors de l'Antarctique (par ex. marchandises, effets personnels, paquets),
- au niveau des points d'accès à l'Antarctique (ports, aéroports),
- sur les moyens de transport (navires, aéronefs),
- aux niveaux des stations et des campements en Antarctique qui sont des points de départ pour des activités sur le continent.

6) En particulier, une attention spécifique devrait être accordée pour assurer la propreté des éléments précédemment utilisés dans des climats froids (par ex. Arctique, Subantarctique, régions montagneuses) qui peuvent représenter un moyen de transport d'espèces « pré-adaptées » à l'environnement de l'Antarctique.

Surveillance

La surveillance peut être une observation passive (c.à.d. attendre l'apparition d'espèces non indigènes) ou ciblée (c.à.d. un programme actif d'identification d'espèces non indigènes potentielles). Il est important de disposer de bonnes informations de base sur la faune et la flore indigènes pour soutenir la surveillance des espèces non indigènes.

7) Une surveillance régulière/périodique des sites à haut risque (par ex. : notamment la zone autour des stations de recherche) doit être encouragée.

8) Les mesures préventives doivent être périodiquement revues et révisées.

9) Les informations et les pratiques d'excellence liées aux espèces non indigènes doivent être échangées entre les parties et les autres parties prenantes.

Intervention

Le facteur clé consistera à intervenir rapidement et à évaluer la faisabilité et les avantages de l'éradication d'espèces non indigènes. Si une éradication n'est pas faisable ou si c'est une option indésirable, alors des mesures de contrôle et/ou de confinement doivent être envisagées.

10) Pour être efficaces, les interventions suite à des introductions doivent être entreprises en priorité, pour empêcher une augmentation de l'aire de répartition des espèces, pour que l'éradication soit plus simple et plus rentable et pour en maximiser les chances de réussite.

11) L'efficacité des programmes de contrôle ou d'éradication doit être régulièrement évaluée, notamment par des études de suivi.

3. Lignes directrices et ressources pour soutenir la prévention de l'introduction d'espèces non indigènes, notamment le transfert d'espèces entre sites dans l'Antarctique

Conformément à l'objectif des actions des parties qui consiste à traiter les risques posés par des espèces non indigènes et aux principes directeurs clé (sections 1 et 2), les lignes directrices et les ressources facultatives qui suivent ont été développées pour permettre aux opérateurs de les appliquer et de les utiliser selon les besoins afin qu'ils puissent assumer leurs responsabilités en vertu de l'Annexe II au Protocole.

Prévention

1. Développer et fournir des programmes de sensibilisation pour toutes les personnes qui se rendent en Antarctique et qui y travaillent sur les risques de mouvements intercontinentaux et intracontinentaux d'espèces non indigènes et sur les mesures requises pour empêcher leur introduction, notamment un ensemble standard de messages clé pour les programmes de sensibilisation. Les programmes pédagogiques et de formation doivent être conçus pour les activités et les risques associés au public ciblé, notamment :

- les directeurs des programmes nationaux
- les logisticiens / équipes / entrepreneurs
- les organisateurs de voyages
- les scientifiques
- les touristes
- le personnel sur les navires de pêche
- le personnel des fournisseurs / vendeurs / entrepôts
- les autres visiteurs

Lignes directrices :

Listes de vérification pour les responsables de la gestion de chaînes d'approvisionnement (COMNAP, ACAR 2010).

Lien : *https://www.comnap.aq/nnsenvironment/*
Le code de conduite environnementale pour les recherches scientifiques terrestres sur le terrain en Antarctique (SCAR, 2009).
Lien : *http://www.ats.aq/documents/ATCM32/ip/ATCM32_ip004_e.doc*

Ressources :

Résultats préliminaires du programme de l'année polaire internationale : espèces étrangères en Antarctique (SCAR, 2010).
Lien : *http://www.ats.aq/documents/ATCM33/wp/ATCM33_wp004_e.doc*

Vidéo éducative sur le nettoyage (projet Aliens in Antarctica, 2010).
Lien : *\\aad.gov.au\files\ftproot\Public\Aliens_in_antarctica* or *http://academic.sun.ac.za/cib/video/Aliens_cleaning_video%202010.wmv*

Brochure 'Don't pack a pest' (n'emportez pas d'organisme nuisible) (États-Unis).
Lien : *http://www.usap.gov/usapgov/travelAndDeployment/documents/PackaPest_brochure_Final.pdf*

Brochure 'Don't pack a pest' (IAATO).
Lien : *http://www.iaato.org/do_not_pack_a_pest.html*

Déclaration relative à la biosécurité préalable à l'arrivée en Antarctique (IAATO) – disponible auprès de l'IAATO.
Lignes directrices relatives au lavage des bottes (IAATO).
Lien : *http://www.iaato.org/docs/Boot_Washing07.pdf*

Brochure 'Know before you go' (informez-vous avant de partir) (ASOC).
Lien : *http://www.asoc.org/storage/documents/tourism/ASOC_Know_Before_You_Go_tourist_pamphlet_2009_editionv2.pdf*

2. Inclure la prise en compte des espèces non indigènes dans les Plans de gestion des futures ZSPA et ZGSA.

Lignes directrices :

Guide pour la préparation des Plans de gestion.
Lien : *http://www.ats.aq/documents/ATCM34/att/ATCM34_att004_e.doc*

3. Gérer l'eau de lest conformément aux Directives d'ordre pratique pour l'échange d'eau de lest dans la Résolution 3 relative à la zone du Traité sur l'Antarctique (2006).

Lignes directrices :

Directives d'ordre pratique pour l'échange d'eau de lest dans la Résolution 3 relative à la zone du Traité sur l'Antarctique (2006).
Lien : *http://www.ats.aq/documents/recatt/Att345_e.pdf*

4. Nettoyer les véhicules afin d'empêcher un transfert d'espèces non indigènes en Antarctique et aux alentours.

Lignes directrices :

Procédures de nettoyage des véhicules pour empêcher le transfert d'espèces non indigènes en Antarctique et aux alentours (Royaume-Uni 2010).
Lien : *http://www.ats.aq/documents/ATCM33/wp/ATCM33_wp008_e.doc*

Surveillance

5. Documenter les introductions d'espèces non indigènes et soumettre les documents à la base de données sur les espèces étrangères administrée par l'Australian Antarctic Data Centre, comme approuvé par le CPE.

Base de données pour l'entrée de documents :
Lien : *http://data.aad.gov.au/aadc/biodiversity*

Ressource :

État de colonisation des espèces non indigènes connues dans l'environnement terrestre antarctique (Royaume-Uni 2010).
Lien : *http://www.ats.aq/documents/ATCM33/ip/ATCM33_ip042_e.doc*

Intervention
6. Développer ou employer des mesures d'évaluation pour permettre de déterminer si oui ou non une espèce nouvellement découverte est susceptible d'être arrivée à travers des voies de colonisation naturelles ou par des moyens humains.
Lignes directrices :
Conseils aux visiteurs et aux responsables environnementaux suite à la découverte d'une espèce non indigène suspectée dans les environnements terrestre et dulcicole en Antarctique (Royaume-Uni 2010).   Liens : *http://www.ats.aq/documents/ATCM33/att/ATCM33_att010_e.doc http://www.ats.aq/documents/ATCM33/att/ATCM33_att011_e.doc*
Suggestions de cadre de travail et de considérations pour les scientifiques qui tentent de déterminer l'état de colonisation d'espèces terrestres et dulcicoles nouvellement découvertes dans la zone du Traité sur l'Antarctique (Royaume-Uni, 2010).   Lien : *http://www.ats.aq/documents/ATCM33/ip/ATCM33_ip044_e.doc*

Annexe

Lignes directrices et ressources nécessitant plus d'attention ou de développement

En plus des mesures, lignes directrices et ressources qui ont été développées (section 3), les directives suivantes ont été identifiées comme appropriées pour assister le travail des parties sur les espèces non indigènes. Leur utilisation et le développement de conseils plus détaillés relativement aux éléments à inclure dans le Manuel sont encouragés.

Prévention
1. Revoir les lignes directrices de l'EIE pour inclure une section spéciale sur les espèces non indigènes.
2. Améliorer la compréhension des risques et développer plus de lignes directrices spécifiques pour empêcher des introductions dans l'environnement marin en Antarctique.
3. Réduire les risques d'espèces non indigènes en Antarctique, notamment en identifiant les régions / activités / vecteurs / voies de risque maximal pour l'introduction d'espèces non indigènes, en fournissant des conseils sur ce qui constituera un point d'entrée entre les zones biogéographiques en Antarctique (selon les types d'organismes) et en développant des mesures pratiques pour traiter les risques associés au transport de personnel et d'équipement entre différents lieux en Antarctique. De façon plus générale, encourager les parties à développer des études de base. *Ressources :* Connaissances actuelles pour réduire les risques posés par les espèces non indigènes terrestres : vers une approche fondée sur les éléments de preuve (SCAR, Australie, 2010). Lien : *http://www.ats.aq/documents/ATCM33/wp/ATCM33_wp006_e.doc* A Framework for Analysing and Managing Non-native Species Risks in Antarctica [Un cadre de travail pour analyser et gérer les risques posés par les espèces non indigènes en Antarctique] (Nouvelle-Zélande, 2009). Lien : *http://www.ats.aq/documents/ATCM32/ip/ATCM32_ip036_e.doc*
4. Fournir une liste comprenant des descriptions adaptées des espèces non indigènes potentielles en fonction de l'expérience acquise dans les îles subantarctiques (ou autres environnements associés), des caractéristiques biologiques et de l'adaptabilité des colonisateurs « efficaces ». *Ressources :* Document d'information : Colonisation status of known non-native species in the Antarctic terrestrial environment [État de colonisation des espèces non indigènes connues dans l'environnement terrestre antarctique] (Royaume-Uni 2010). Lien : *http://www.ats.aq/documents/ATCM33/ip/ATCM33_ip042_e.doc*
5. Les aliments frais et les déchets alimentaires sont gérés de façon stricte pour les empêcher de pénétrer dans l'environnement (isolés de la nature sauvage et retirés de l'Antarctique ou incinérés).

6. Sauf s'ils sont neufs, les vêtements fournis pour être utilisés en Antarctique sont nettoyés à travers des procédures de lavage normales avant d'être envoyés en Antarctique. Les chaussures déjà portées sont soigneusement nettoyées avant l'arrivée en Antarctique ou entre différents sites de l'Antarctique. Des exigences spécifiques relatives au nettoyage peuvent être requises s'il y a lieu de penser que les personnes, les vêtements, les équipements ou les véhicules ont été en contact avec des animaux malades ou des agents phytopathogènes ou s'ils ont été dans une zone à risque de maladie connu.

7. Équiper les stations de recherche de moyens de nettoyage et d'entretien des vêtements et des équipements qui seront utilisés sur le terrain, particulièrement dans des lieux distincts ou multiples.

8. Contrôler les marchandises pour s'assurer qu'elles sont exemptes de contamination visuelle avant de les charger à bord des aéronefs ou des navires.

9. Confirmer que les navires sont exempts de rongeurs avant le départ pour l'Antarctique.

10. Emballer, stocker et charger les marchandises dans une zone à la surface propre et scellée (par ex. bitume, béton exempt de végétation, sol, rongeurs et zones de terrain vague). Ces zones doivent être régulièrement nettoyées et inspectées.

11. Les conteneurs, y compris les conteneurs ISO et boîtes/caisses, ne sont pas déplacés d'un site en Antarctique à l'autre, sauf s'ils sont nettoyés avant leur arrivée à leur nouvelle destination.

12. Les aéronefs intercontinentaux sont contrôlés et traités selon les besoins, le cas échéant, pour assurer qu'ils sont exempts d'insectes avant leur départ pour l'Antarctique.

13. Les mesures préventives pour réduire les risques d'introduction de maladies dans la nature sauvage de l'Antarctique pourraient par exemple inclure des conseils spécifiques pour manipuler les déchets sur le terrain et dans les stations afin de minimiser l'introduction d'espèces non indigènes.

Surveillance

14. Développer des lignes directrices généralement applicables relativement à la surveillance, en s'appuyant sur plusieurs ateliers sur la surveillance qui se sont déroulés dans les années 1990 et en 2005, reconnaissant la nécessité éventuelle d'une surveillance plus détaillée ou spécifique aux sites pour des lieux particuliers ; identifier qui entreprendra la surveillance. Un rapport d'état sur la surveillance établie à soumettre régulièrement au CPE.

Ressources :
Document d'information : Summary of Environmental Monitoring and Reporting Discussions [Récapitulatif de la surveillance de l'environnement et des discussions sur les rapports] (Australie, 2008).
Lien : *http://www.ats.aq/documents/ATCM31/ip/ATCM31_ip007_e.doc*

15. Des études de base sur la biodiversité et une compilation des données existantes sur la biodiversité (terrestre, aquatique et marine) devraient être entreprises pour permettre d'identifier l'échelle et l'étendue des introductions actuelles et futures. Parce qu'il n'est pas pratique de mener des études partout, la priorité devrait être donnée aux sites d'activité humaine intensive (stations, sites scientifiques les plus fréquemment visités et sites touristiques), de haute valeur et/ou de haute sensibilité.

Ressources :
Expérience allemande par rapport à la réalisation d'une étude terrestre sur les organismes de la faune au sol dans des sites de visiteurs très fréquentés (Document d'information allemand au CPE XIV).

Méthodes existantes provenant d'autres environnements, par ex. études de ports.

372

Intervention

16. Il faut consulter des experts dès que possible en cas de détection d'une espèce non indigène (y compris des maladies dans la nature sauvage). Un réseau d'experts (les taxinomistes et les spécialistes de l'éradication ou du contrôle des espèces non indigènes) doit être identifié, notamment une liste de noms, des coordonnées et des adresses électroniques disponibles sur le site Web du STA, afin de réagir dès que possible en cas de découverte d'une espèce non indigène ou d'une maladie. Ce réseau doit principalement 1) fournir des conseils et 2) faciliter l'action des parties.

17. Envisager une 'ligne directrice d'intervention rapide', notamment un guide éventuel avec des outils / moyens d'éradication pratiques.

Ressources :
Eradication of a vascular plant species recently introduced to Whaler's Bay, Deception Island [Éradication d'un espèce de plante vasculaire récemment introduite dans la baie Whaler sur l'île de la Déception] (Royaume-Uni, Espagne 2010).
Lien : *http://www.ats.aq/documents/ATCM33/ip/ATCM33_ip043_e.doc*

Plan d'intervention en cas de mortalité animale en masse (British Antarctic Survey) – Disponible auprès de la BAS.

Plan d'intervention en cas de mortalité inhabituelle (Australie).
Lien : mentionné dans : *http://www.ats.aq/documents/ATCM27/ip/ATCM27_ip071_e.doc*

Procédures de signalement d'un événement de haute mortalité (IAATO) – Disponible auprès de l'IAATO.

18. Développer des conseils (ou formellement adopter des conseils existants) sur les interventions en cas de maladie.

Ressources :
Rapport du groupe ouvert intersession de contacts sur les maladies de la faune antarctique. Rapport 2 - Mesures pratiques a diminuer les risques (avant-projet) (Australie, 2001).
Lien : *http://www.ats.aq/documents/ATCM24/wp/ATCM24_wp011_f.pdf*
Health of Antarctic wildlife : A challenge for science and policy [Santé de la nature sauvage de l'Antarctique : un défi pour la science et la politique] (Kerry and Riddle, 2009).

Références

1. ATCM XXII - IP 4 (Australie) 1998 - Introduction of Diseases to Antarctic Wildlife: Proposed Workshop.

2. ATCM XXIII - WP 32 (Australie) 1999 - Rapport à la XXIIIᵉ Réunion consultative du Traité sur l'Antarctique sur les résultats de l'atelier consacré aux maladies de la faune et de la flore de l'Antarctique.

3. ATCM XII - WP 6 (Australie) 2000 - Diseases of Antarctic Wildlife.

4. ATCM XXIV - WP 10 (Australie) 2001 - Compte-rendu du groupe ouvert intersession de contacts sur les maladies de la faune antarctique. Rapport 1 - examen et évaluation de risques.

5. ATCM XXIV - WP 11 (Australie) 2001 - Rapport du groupe ouvert intersession de contacts sur les maladies de la faune antarctique. Rapport 2 - mesures pratiques à diminuer les risques (avant-projet).

6. ATCM XXV - IP 62 (Australie) 2002 - Draft Response Plan in the Event that Unusual Animal Deaths are Discovered.

7. ATCM XXVII - IP 71 (Australie) 2004 - *Australia's Antarctic quarantine practices*.

8. ATCM XXVIII - WP 28 (Australie) 2005 - Mesures à prendre pour combattre l'introduction et la propagation involontaires de biotes non indigènes et de maladies dans la zone du Traité sur l'Antarctique.

9. ATCM XXVIII - IP 97 (IAATO) 2005 - Update on Boot and Clothing Decontamination Guidelines and the Introduction and Detection of Diseases in Antarctic Wildlife: IAATO's Perspective.

10. ATCM XXIX - WP 5 Rev. 1 (Royaume-Uni) 2006 - Lignes directrices pratiques pour le renouvellement des eaux de ballast dans la zone du Traité sur l'Antarctique.

11. ATCM XXIX - IP 44 (Australie) 2006 - Principles underpinning Australia's approach to Antarctic quarantine management.

12. ATCM XXX - IP 49 (Australie, SCAR) 2007 - Aliens in Antarctica.

13. ATCM XXXI - WP 16 (Australie) - Base de données sur les espèces exotiques de l'Antarctique.

14. ATCM XXXI - IP 7 (Australie) 2008 - Summary of Environmental Monitoring and Reporting Discussions.

15. ATCM XXXI - IP 17 (Australie, Chine, Inde, Roumanie, Fédération de Russie) 2008 - Measures to protect the Larsemann Hills, East Antarctica, from the introduction of non-native species.

16. ATCM XXXI - IP 98 (COMNAP) - Survey on existing procedures concerning introduction of non native species in Antarctica.

17 ATCM XXXII - IP 4 (SCAR) 2009 - SCAR's environmental code of conduct for terrestrial scientific field research in Antarctica.

18. ATCM XXXII - IP 12 (Royaume-Uni) 2009 - ASPA and ASMA management plans: review of provisions relating to non-native species introductions.

19. ATCM XXXII - SP 11 (STA) 2009 - Résumé des débats du CPE sur la question des espèces non indigènes en Antarctique.

20. ATCM XXXII - WP 5 (Australie, France, Nouvelle-Zélande) 2009 - Un programme de travail pour l'action du CPE relative aux espèces non indigènes.

21. ATCM XXXII - WP 32 (Royaume-Uni) 2009 - Procédures de nettoyage des véhicules pour éviter le transfert d'espèces non indigènes dans et autour de l'Antarctique.

22. ATCM XXXII - WP 33 (Royaume-Uni) 2009 - Examen des dispositions relatives à l'introduction d'espèces non indigènes dans les plans de gestion des ZSPA et ZGSA.

23. ATCM XXXII - WP 23 (Afrique du Sud) 2009 - Transport de propagules associé aux opérations logistiques. Évaluation sud-africaine d'une question régionale.

24. ATCM XXXIII - WP 4 (SCAR) 2010 - Résultats préliminaires du programme "Aliens in Antarctica" de l'Année polaire internationale.

25. ATCM XXXIII - WP 6 (SCAR, Australie) 2010 - Connaissances actuelles pour réduire les risques posés par les espèces non indigènes terrestres. Vers une approche fondée sur les éléments de preuve.

26. ATCM XXXIII - WP 8 (Royaume-Uni) 2010 - Procédures de nettoyage des véhicules pour éviter le transfert d'espèces non indigènes dans et autour de l'Antarctique.

27. ATCM XXXIII - WP 9 (France) 2010 - Groupe de contact intersessions à composition non limitée sur les « Espèces non indigènes » - Rapport 2009-2010.

28. ATCM XXXIII - WP 14 (Royaume-Uni) 2010 - Transfert intrarégional d'espèces dans la partie terrestre de l'Antarctique.

29. ATCM XXXIII - WP 15 (Royaume-Uni) 2010 - Lignes directrices à l'adresse des visiteurs et des gestionnaires de l'environnement suite à la découverte d'une espèce non indigène suspecte dans l'environnement terrestre et d'eau douce en Antarctique.

30. ATCM XXXIII - IP 14 (Allemagne) 2010 - Research Project "The role of human activities in the introduction of non-native species into Antarctica and in the distribution of organisms within the Antarctic".

31. ATCM XXXIII - IP 42 (Royaume-Uni) 2010 - Colonisation status of known non-native species in the Antarctic terrestrial environment.

32. ATCM XXXIII - IP 43 (Royaume-Uni, Espagne) 2010 - Eradication of a vascular plant species recently introduced to Whaler's Bay, Deception Island.

33. ATCM XXXIII - IP 44 (Royaume-Uni) 2010 - Suggested framework and considerations for scientists attempting to determine the colonisation status of newly discovered terrestrial or freshwater species within the Antarctic Treaty Area.

34. Chown S.L., Convey P. 2007 - Spatial and temporal variability across life's hierarchies in the terrestrial Antarctic. *Phil. Trans. R. Soc. B*, **362**, 2307-2331.

35. Convey, P., Frenot, Y., Gremmen, N. & Bergstrom, D.M. 2006 - Biological Invasions. In Convey P., Huiskes A. & Bergstrom D.M. (eds) *Trends in Antarctic Terrestrial and Limnetic Ecosystems*. Springer, Dordrecht pp. 193-220.

36. De Poorter M., Gilbert N., Storey B., Rogan-Finnemore M. Rapport final 2006 de l'atelier sur les « espèces non indigènes en Antarctique », Christchurch, Nouvelle-Zélande, 10-12 avril 2006.

37. Falk-Petersen J., Bohn T. & Sandlund O.T. 2006. On the numerous concepts in invasion biology. *Biological Invasions*, 8, 1409-1424.

38. Frenot, Y., Chown S.L., Whinam, J., Selkirk P.M., Convey, P, Skotnicki, M., Bergstrom D.M. 2005 - Biological invasions in the Antarctic: extent, impacts and implications. *Biological Reviews*, **80**, 45-72.

39. Hughes, K.A., and Worland, M.R. 2009 - Spatial distribution, habitat preference and colonisation status of two alien terrestrial invertebrate species in Antarctica. *Antarctic Science*, in press.

40. Hughes, K.A., and Convey, P. 2009 - The protection of Antarctic terrestrial ecosystems from inter- and intra-continental transfer of non-indigenous species by human activities: a review of current systems and practices. *Global Environmental Change*. DOI:10.1016/j.gloenvcha.2009.09.005

41. Hughes, K.A., Convey, P., Maslen, N.R., Smith, R.I.L. 2009 - Accidental transfer of non-native soil organisms into Antarctica on construction vehicles. *Biological Invasions*. DOI: 10.1007/s10530-009-9508-2.

42. Kerry, K.R. and Riddle, M. (Eds.) 2009 - *Health of Antarctic Wildlife: A Challenge for Science and Policy*, Springer Verlag, ISBN-13: 9783540939221.

43. Potter S. 2006 - The Quarantine Management of Australia's Antarctic Program. Australasian. *Journal of Environmental Management*, **13**, 185-195.

44. Potter S. 2009 - Protecting Antarctica from Non-Native Species: The Imperatives and the Impediments. In G. Alfredsson and T. Koivurova (eds), D. Leary sp. ed. *The Yearbook of Polar Law*, vol. 1, pp. 383-400.

45. Tin T., Fleming Z.L., Hughes K.A., Ainley D.G., Convey P., Moreno C.A., Pfeiffer S., Scott J., Snape I. 2009 - Impacts of local human activities on the Antarctic environment. *Antarctic Sciences*, **21**, 3-33.

46. Walther G.-R., Roques A., Hulme P.E., Sykes M.T., Pysek P., Kühn I. & Zobel M. 2009. Alien species in a warmer world: risks and opportunities. *Trends in Ecology and Evolution* 26 août 2009. DOI:10.1016/j.tree.2009.06.008

47. Whinam J. 2009 - Aliens in the Sub-Antarctic - Biosecurity and climate change. *Papers and Proceedings of the Royal Society of Tasmania.*

RCTA XXXIV ATCM
BUENOS AIRES JUNE 20TH. – JULY 1ST. 2011

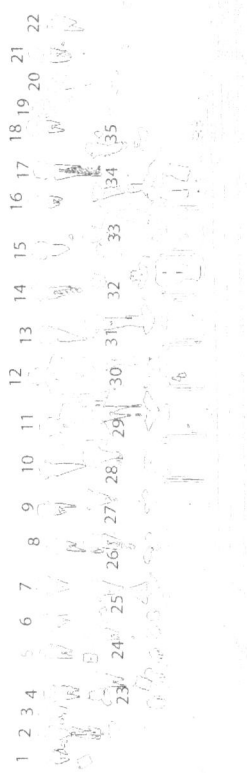

1 Christo Pimpirev (Bulgaria)
2 Jane Rumble (United Kingdom)
3 Steve Wellmeier (IAATO)
4 Fávio Vaz Pitaluga (Brazil)
5 Fausto López Crozet (Argentina)
6 Zhou Jian (China)
7 Karsten Klepsvic (Norway)
8 Serge Segura (France)
9 Ora Meres-Wuori (Finland)
10 Key Cheol Lee (Rep. of Korea)
11 Evan Bloom (United States)
12 Martin Ney (Germany)
13 Oleksandr Taranenko (Ukraine)
14 Manfred Reinke (ATS)
15 Jakub Wolski (Poland)
16 Alexandre de Lichtervelde (Belgium)
17 James Barnes (ASOC)
18 Kirill Gevorgian (Russian Fed.)

19 Jesús Ortega Hernández (Venezuela)
20 Luis Sandiga Cabrera (Peru)
21 Manuel Burgos (Uruguay)
22 Jorge Roballo (HCS)
23 Juan Antonio Martínez-Cattaneo (Spain)
24 Richard Rowe (Australia)
25 Suginaka Atsushi (Japan)
26 Henry Valentine (South Africa)
27 Vincent Van Zeijst (Netherlands)
28 Helena Odmark (Sweden)
29 Ariel Mansi (ATCM Chair)
30 Mercy Borbor (Ecuador)
31 Andrzej Misztal (Poland)
32 Patrizia Vigni (Italy)
33 Camilo Sanhueza (Chile)
34 Rasik Ravindra (India)
35 Carolyn Schwalger (New Zealand)

VOLUME 2

(en CD et dans les exemplaires achetés en ligne uniquement)

DEUXIÈME PARTIE

Mesures, Décisions et Résolutions (Suite)

Plan de gestion pour
la zone spécialement protégée de l'Antarctique n° 116
VALLEE NEW COLLEGE, PLAGE CAUGHLEY, CAP BIRD,
ILE DE ROSS

1. Description des valeurs à protéger

En 1985, deux zones du cap Bird, île de Ross, avaient été désignées en tant que SISP n° 10, Plage Caughley (Recommandation XIII-8 (1985) et ZSP n° 20, Vallée New College (Recommandation XIII-12 (1985)), sur proposition de la Nouvelle-Zélande qui estimait que ces zones devaient être protégées parce qu'elles contiennent certains des peuplements les plus riches de mousse et de microflore et faune associées dans la région antarctique de la mer de Ross. C'est la seule zone sur l'île de Ross où une protection est spécifiquement conférée à des assemblages de plantes et aux écosystèmes qui leurs sont associés.

A l'époque, la ZSPA n° 20 faisait partie du site présentant un intérêt scientifique particulier (SISP) n° 10 afin d'imposer des conditions d'accès plus rigoureuses à cette partie de la zone. En 2000, le SISP n° 10 et la ZSP n° 20 avaient été fusionnés en vertu de la Mesure 1 (2000), la zone précédemment couverte par la ZSP 20 devenant une zone à accès limite au sein de la ZSP révisée n° 20. Les limites de la zone établies dans les recommandations initiales avaient été révisées afin d'améliorer la cartographie et suivre plus étroitement les crêtes délimitant le bassin versant de la vallée New College. La plage Caughley était adjacente à la zone d'origine sans en avoir jamais fait partie ; la zone toute entière avait donc été rebaptisée « vallée New College », laquelle était située à l'intérieur des deux sites d'origine.

Cette zone a été redésignée par la Décision 1 (2002) en tant que zone spécialement protégée de l'Antarctique (ZSPA) n° 116 et un plan de gestion révisé adopté par l'application de la Mesure 1 (2006).

Les limites de la zone suivent étroitement les crêtes délimitant le bassin versant de la vallée New College et recouvrent une superficie d'environ 0,33 km^2. Les mousses de cette zone sont limitées à des superficies localisées de sol gorgé d'eau, avec des coussins et des tapis de mousse pouvant atteindre 20 m^2. Les cours d'eau de la zone abritent diverses espèces d'algues et l'on y trouve en abondance, en surface et sous les roches, des collemboles, des acariens et des nématodes. Du fait de l'absence de lichens, la cohabitation de ces espèces est un phénomène unique en son genre sur l'île de Ross.

La sensibilité des mousses aux perturbations causées par les piétinements, les prélèvements d'échantillons, la pollution ou l'introduction d'espèces non indigènes est telle que la zone nécessite une protection spéciale à long terme. La désignation de cette zone a pour objet d'assurer la protection adéquate de quelques exemples de ce type d'habitat contre les visiteurs et contre leur usage excessif à des fins de recherche scientifique. L'écosystème de ce site continue à avoir une valeur scientifique exceptionnelle pour des enquêtes écologiques et la zone à accès limité est utile comme site de référence pour des futures études comparatives.

2. Buts et objectifs

Les buts de la gestion de la vallée New College, de la plage Caughley et du Cap Bird sont les suivants :

- Prévenir toute détérioration, ou le risque élevé de dégradation, des valeurs de la zone en y évitant les perturbations inutiles ;
- Préserver une partie de l'écosystème naturel de la zone en tant que zone de référence aux fins de futures études comparatives ;
- Permettre la réalisation dans la zone de travaux de recherche scientifique sur l'écosystème, en particulier sur les mousses, les algues et les invertébrés tout en évitant tout prélèvement excessif d'échantillons ;
- Permettre d'autres travaux de recherche scientifique dans la zone sous réserve que ces travaux aient lieu pour des raisons indispensables qu'il n'est pas possible de mettre en œuvre ailleurs ;
- Empêcher ou réduire au minimum l'introduction dans la zone de plantes, d'animaux et de microbes exotiques ;
- Permettre des visites pour des raisons de gestion à l'appui des buts du plan de gestion.

3. Activités de gestion

Les activités de gestion suivantes seront entreprises pour protéger les valeurs de la zone :

- Des copies du présent plan de gestion, y compris les cartes de la zone, seront disponibles dans toutes les stations de recherche opérationnelles avoisinantes.
- Des cairns ou des panneaux indiquant l'emplacement et les limites de la zone et précisant clairement les restrictions d'accès devront être placés en des endroits appropriés aux limites de la zone en question et de la zone d'accès limité afin d'éviter tout accès par inadvertance.
- Les repères, panneaux ou structures érigés dans la zone à des fins scientifiques ou de gestion devront être fixés solidement et maintenus en bon état, et enlevés lorsqu'ils ne sont plus nécessaires.
- Des visites devront être effectuées selon que de besoin (de préférence au moins une fois tous les cinq ans) afin de déterminer si la zone continue de répondre aux objectifs pour lesquels elle a été désignée et veiller à ce que les mesures d'entretien et de gestion soient adéquates.
- Les programmes antarctiques nationaux opérant dans la région devront se consulter pour faire en sorte que les mesures de gestion mentionnées soient effectivement mises en œuvre.

4. Durée de désignation

La zone est désignée pour une durée indéterminée.

5. Cartes

Carte A : Vallée New College, plage Caughley, cap Bird, île de Ross, carte topographique régionale. Spécifications de la carte : projection conique conforme de Lambert. Parallèles de référence : 1er 76° 40' 00"S ; 2e 79° 20' 00"S. Méridien central : 166° 30' 00" E. Latitude d'origine – 78° 01' 16. 211" S. Sphéroïde – WGS84.

Carte B : Vallée New College, plage Caughley, cap Bird, île de Ross, carte du couvert végétal. Spécifications de la carte : projection conique conforme de Lambert. Parallèles de référence : 1er 76.6° S ; 2e 79.3° S. Sphéroïde – WGS84. La carte inclut un mappage du couvert végétal et des cours d'eaux.

6. Description de la zone

6(i) Coordonnées géographiques, bornage et caractéristiques du milieu naturel
Le cap Bird se trouve à l'extrémité nord-ouest du mont Bird (1 800 m), un cône volcanique inactif qui est probablement le plus ancien de l'île de Ross. La vallée New College est située au sud du cap Bird sur des pentes libres de glace au-dessus de la plage Caughley, et se trouve entre deux colonies de manchots Adélie connues sous le nom de cap Bird Northern et Middle Rookeries (carte A). La zone, qui comprend des moraines glaciaires plaquées au bord antérieur de la calotte glaciaire du cap Bird, se compose de basaltes à olivine et augite plongeant en direction de la mer avec un revêtement scoriacé provenant d'une éruption du cône principal du mont Bird.

L'angle nord-ouest de la limite nord de la zone se trouve à environ 100 m au sud de la cabane du cap Bird (Nouvelle-Zélande), signalé par un panneau indiquant une ZSPA (latitude 77° 13.128'S, longitude 166° 26.147'E) (carte B). La limite nord de la zone grimpe vers l'est en direction d'une crête morainique proéminente située à environ 20 m de la calotte glaciaire du cap Bird, signalée par un cairn (latitude 77° 13.158'S, longitude 166° 26.702'E).

La limite suit cette crête terminale morainique en direction sud-est a partir du cairn (latitude 77° 13.158'S, longitude 166° 26.702'E) jusqu'à sa disparition au point de jonction avec la calotte glaciaire du cap Bird. La limite se poursuit au-delà en direction du sud-est le long de la bordure du glacier jusqu'à la limite sud.

La limite sud est constituée par une ligne droite qui traverse le large flanc sud de la vallée New College. Elle est marquée par des cairns dans l'angle sud-ouest de la zone (latitude 77° 13.471'S, longitude 166° 25.832'E) et dans l'angle sud-est de la zone au sommet d'une hauteur à 100 m du liséré du glacier du cap Bird (latitude 77° 13.571'S, longitude 166° 27.122'E).

La limite ouest de la zone suit les sommets des falaises côtières de la plage Caughley depuis le cairn de l'angle sud-ouest (77° 13.471'S, 166° 25.832'E) sur une distance de 650 m jusqu'a l'angle nord-ouest de la zone (77° 13.128'S, 166° 26.147'E) ou se situe la borne de marquage de la ZSPA.

Selon l'Analyse des domaines environnementaux du continent antarctique (Résolution 3 (2008)), la vallée New College, plage Caughley, est située dans le domaine environnemental S Géologique de McMurdo – Terre South Victoria.

Pendant l'été, le flanc de la vallée de New College qui fait face au nord-ouest permet le drainage des eaux de fonte de la calotte glaciaire du cap Bird. Les cours d'eau de la zone, alimentés par la fonte de congères persistantes d'été, ont creusé des ravins et chenaux de faible profondeur. Le sol est pour l'essentiel recouvert de pierres et de rochers d'origine volcanique remodelés par l'action des glaces.

La zone contient, sur le tracé des cours d'eau saisonniers, les plus vastes étendues de mousse *Hennediella heimii* de l'île de Ross. Des études ont révélé que cette mousse, ainsi que deux autres espèces de présence plus rare – *Bryum subrotundifolium* et *Bryum pseudotriquetrum* —, sont presque exclusivement limitées aux cours d'eau parcourant les moraines et les pentes couvertes des scories (carte B). Ces dernières sont en général associées à des peuplements d'algues formant de riches velds oscillatoires rouge-brun et, à l'occasion, quelques peuplements rouges et noirs de *Nostoc commune*. La zone comprend trois réseaux hydrographiques contenant chacun des peuplements d'algues et de mousses importants.

La zone abrite une communauté d'invertébrés terrestres comprenant des populations de collemboles *Gomphiocephalus hodgsonii* (Collembola : Hypogastruridae), d'acariens *Nanorchestes antarcticus* et *Stereotydeus mollis* (Acari : Prostigmata) et de nématodes (*Panagrolaimus davidi, Plectus antarcticus, Plectus frigophilus, Scottnema lindsayae and Eudorylaimus antarcticus*) ainsi que des rotifères, des tardigrades et des protozoaires ciliés et flagellés. La répartition des invertébrés terrestres de ce site dépend de l'environnement biotique, la plupart des espèces d'arthropodes étant liées à la végétation macroscopique ou a la biomasse algale dans le sol, mais cette relation ne s'applique pas à la répartition de tous les taxons.

Les labbes (*Catharacta maccormicki*) se reposent fréquemment sur la plage Caughley et survolent la zone, y atterrissent et y nichent. Les manchots Adélie (*Pygoscelis adeliae*) des roqueries avoisinantes ne nichent pas dans la zone mais on les a vu traverser à l'occasion la vallée New College.

6(ii) Zones spéciales à l'intérieur de la zone
Une partie de la vallée New College est désignée en tant que zone à accès limité afin de préserver une partie de la zone comme site de référence pour de futures études comparatives, cependant que le reste de la zone (dont la biologie, les caractéristiques et le caractère sont similaires) est plus généralement disponible pour l'exécution de programmes de recherche et le prélèvement d'échantillons. La zone à accès limité contient des pentes libres de glace à l'intérieur de la vallée New College au-dessus de la plage Caughley, dont certaines font face au nord et présentent des congères qui fournissent une grande quantité d'eau de fonte favorisant la croissance de mousses et d'algues.

L'angle nord-ouest (latitude 77° 13.164'S, longitude 166° 26.073'E) de la zone à accès limité se trouve à 60 m au sud et à travers un petit ravin partant de l'angle nord-ouest de la zone. La limite nord de la zone à accès limité s'étend sur 500 m en amont de l'angle nord-ouest jusqu'a un cairn (latitude 77° 13.261'S, longitude 166° 26.619'E), puis suit une crête peu marquée, qui devient proéminente vers le sud-est jusqu'à un point de la partie supérieure du bassin versant de la vallée New College. Ce point est marqué par un cairn situé à environ 60 m de l'extrémité de la calotte glaciaire du cap Bird (latitude 77° 13.368'S, longitude 166° 26.976'E). La limite de la zone à accès limité s'étend à travers la vallée sur 110 m vers le sud-ouest, jusqu'à un cairn marquant l'angle sud-est de la zone à accès limité (latitude 77° 13.435'S, longitude 166° 26.865'E). La limite sud de la zone à accès limité s'étend en ligne droite depuis ce cairn (latitude 77° 13.435'S, longitude 166° 26.865'E) sur 440 m en direction nord-ouest, en descendant une large pente présentant relativement peu de reliefs, jusqu'à l'angle sud-ouest de la zone (latitude 77° 13.328'S, longitude 166° 26.006'E). Un cairn, placé à l'angle sud-ouest de la zone, marque le point le plus bas de la limite sud (latitude 77° 13.226'S, longitude 166° 25.983'E).

Les limites d'accès à la zone ne sont autorisées qu'à des fins scientifiques et de gestion indispensables qui ne peuvent pas être réalisées par des visites ailleurs dans la zone.

6(iii) Emplacement des structures à l'intérieur de la zone et à proximité
Au nombre des structures qui existent à l'intérieur de la zone figure un repère Astrofix de la marine américaine, des cairns indiquant les limites de la zone et de la zone à accès limité, un panneau situé à l'angle nord-ouest de la zone et un cadre en bois d'environ un mètre carré indiquant le site d'un déversement expérimental d'hydrocarbures datant de 1982.

Une cabane (Nouvelle-Zélande), des installations sanitaires et des aires d'entreposage se situent au nord de l'angle nord-ouest de la zone (carte B).

6(iv) Emplacement d'autres zones protégées à proximité
Les zones protégées les plus proches sont les suivantes :
- la baie Lewis, mont Erebus, île de Ross (ZSPA n° 156), à environ 25 km au sud-est ;
- la crête Tramway, mont Erebus, île de Ross (ZSPA n° 130) à 30 km au sud sud-est ;
- le cap Crozier, île de Ross (ZSPA n° 124) à 75 km au sud-est ;
- le cap Royds, île de Ross (ZSPA n° 121 et n° 157) et le cap Evans, île de Ross (ZSPA n° 155) à 35 km et 45 km au sud de l'île de Ross respectivement ; et
- l'île Beaufort, détroit de McMurdo, mer de Ross (ZSPA n° 105) à 40 km au nord.

7. Conditions pour obtenir un permis d'accès

L'accès à la zone est interdit sauf si un permis a été délivré à cet effet par les autorités nationales compétentes. Les critères de délivrance des permis d'accès à la zone sont les suivants :

- A l'extérieur de la zone à accès limité, le permis est délivré uniquement pour l'étude scientifique de l'écosystème ou pour des raisons scientifiques indispensables qui ne peuvent être mises en œuvre ailleurs, ou encore pour des raisons de gestion essentielles conformes aux objectifs du plan de gestion tels que l'inspection ou l'audit ;
- L'accès à la zone à accès limité est autorisé uniquement pour des raisons scientifiques indispensables pour des raisons de gestion qui ne peuvent pas être mises en œuvre ailleurs dans la zone ;
- Les actions autorisées ne devront pas risquer de mettre en péril les valeurs écologiques ou scientifiques de la zone ou d'autres activités autorisées ;
- toutes les activités de gestion visent la réalisation des buts et objectifs de ce plan de gestion ;
- Les actions autorisées le seront conformément au plan de gestion ;
- Le permis ou une copie devront être en possession du détenteur pendant sa présence à l'intérieur de la zone ;

- Un rapport de visite devra être transmis à l'autorité nommée dans le permis ;
- Le permis sera accordé pour une durée déterminée.

Accès à la zone et déplacements à l'intérieur ou au-dessus de celle-ci
L'atterrissage d'hélicoptères est interdit à l'intérieur de la zone. Deux sites désignés à cet effet se trouvent à l'extérieur de la zone. Entre octobre et février, le site d'atterrissage recommande est situé au pied des falaises sur la plage Caughley, à 100 m à l'ouest de la limite occidentale de la zone (cartes A et B). Entre mars et septembre, une autre aire d'atterrissage se trouve à proximité de la cabane du cap Bird (Nouvelle-Zélande), au-dessus de la plage Caughley (carte B).

Entre octobre et février, il est recommandé que les hélicoptères approchent le site par le sud en amont de Middle Rookery (carte A). Dans certaines conditions de vent, si des vols au nord de l'héliport se révèlent nécessaires, ils devront suivre les voies d'approche et de déproche recommandées, et devront se conformer aux Directives pour l'exploitation d'aéronefs à proximité de concentrations d'oiseaux dans l'Antarctique (Résolution 2 (2004)) dans la plus grande mesure du possible. Voir la carte A pour les voies d'approche et de déproche recommandées pour le cap Bird.

Il est interdit de survoler la zone à moins de 50 m (~150 pieds) au-dessus du sol. Le vol stationnaire est interdit au-dessus de la zone à moins de 100 m (~300 pieds) du sol. L'usage de grenades fumigènes pour hélicoptères est interdit à l'intérieur de la zone.

A l'intérieur de la zone, les véhicules sont interdits et tout déplacement doit s'effectuer à pied. L'accès à la zone devra se faire de préférence par la piste venant de la cabane du cap Bird (Nouvelle-Zélande). Les visiteurs devront éviter les zones de végétation visibles et marcher avec soin sur les sols humides, en particulier les lits de cours d'eau où la circulation à pied peut facilement endommager les sols, les plantes et les populations d'algues délicates, et porter atteinte à la qualité de l'eau. Ils éviteront de marcher sur ces secteurs et marcheront sur la glace ou sur des sols rocheux. La circulation à pied devra être réduite au minimum requis pour la réalisation des objectifs de toutes les activités autorisées et tout devra être mis en œuvre pour réduire au minimum les impacts, et ce dans toute la mesure du possible.

L'accès aux régions situées au sud de la cabane du cap Bird devra se faire suivant un trajet situé en dessous des falaises le long de la plage Caughley.

7 (ii)Activités pouvant être menées dans la zone
- Les travaux de recherche scientifique indispensables qui ne peuvent être réalisés ailleurs et ne sont pas susceptibles de mettre en péril l'écosystème ou les valeurs de la zone ou de perturber des études scientifiques en cours ;
- Les activités de gestion essentielles, y compris la surveillance et l'inspection.

7(iii) Installation, modification ou enlèvement d'ouvrages
Aucune structure ne doit être érigée à l'intérieur de la zone, et aucun matériel scientifique ne doit être installé, sauf en cas de raisons impérieuses scientifiques ou de gestion, comme indiqué dans le permis. Les bornes, structures et matériel scientifique installés dans la zone doivent être tous autorisés par un permis et clairement identifiés par l'indication du pays, du nom des principaux chercheurs ou agences, de l'année de l'installation et de la date prévue de l'enlèvement. Ces éléments doivent être libres de tout organisme, propagule (ex. semences, œufs) et terre non stérile, et être composés de matériaux qui posent un risque minimal de

contamination dans la zone. L'enlèvement de matériels ou de structures précis pour lesquels le permis est arrivé à expiration sera l'un des critères de délivrance du permis.

7(iv) Emplacement des camps
Il est interdit d'installer des camps dans la zone. Une cabane (Nouvelle-Zélande), des installations sanitaires et des aires d'entreposage se situent au nord de l'angle nord-ouest de la zone (carte B).

7 v) Restrictions sur les matériaux et organismes pouvant être introduits dans la zone
Aucun animal vivant, aucune forme de végétation et aucun micro-organisme ne pourra être introduit délibérément dans la zone et les mesures de précaution mentionnées dans la section 7(ix) devront être prises pour éviter toute introduction accidentelle. Aucun produit alimentaire à base de volaille ne sera emmené dans la zone. L'introduction d'herbicides ou de pesticides dans la zone est strictement interdite. Tout autre produit ou substance chimique, notamment les radionucléides ou les isotopes stables, qui seront éventuellement introduits pour des raisons scientifiques ou à des fins de gestion visées dans le permis, devront être retirés de la zone au plus tard à la fin de l'activité pour laquelle le permis a été délivré. Aucun combustible ou autre produit chimique ne doit être stocké à l'intérieur de la zone, sauf pour des raisons indispensables liées à l'activité pour laquelle le permis a été délivré ; ils doivent être contenu dans un dépôt d'urgence approuvé par une autorité compétente. Tous les matériaux ne devront être introduits dans la zone que pour une durée déterminée ; ils devront être enlevés au plus tard à la fin de la période autorisée et devront être stockés et gérés de manière à réduire au minimum les risques d'une introduction dans l'environnement.

7 vi) Prélèvement de végétaux et capture d'animaux ou perturbations nuisible à la faune et la flore
Le prélèvement de végétaux et la capture d'animaux ou les perturbations nuisibles à la flore ou à la faune sont interdits, sauf avec un permis délivré conformément aux dispositions de l'annexe II du Protocole au Traité sur l'Antarctique relatif à la protection de l'environnement. Dans le cas du prélèvement ou de perturbations nuisibles aux animaux, le Code de conduite du SCAR pour l'utilisation d'animaux à des fins scientifiques dans l'Antarctique devrait être utilisé comme une norme minimale.

7(vii) Prélèvement ou enlèvement de matériaux non importés par le détenteur d'un permis11
Les objets et matières se trouvant dans la zone ne peuvent être ramassés ou enlevés qu'aux termes d'un permis et ces opérations doivent être limitées au minimum nécessaire pour répondre à des besoins scientifiques ou de gestion. L'échantillonnage doit également être réalisé avec des techniques limitant les perturbations de la zone, et réduisant au minimum la duplication. Les objets et matériaux d'origine humaine qui risquent de mettre en péril les valeurs de la zone et qui n'ont pas été apportés dans la zone par le détenteur du permis ou avec l'autorisation requise, et qui n'est pas un objet historique ou une relique laissée sur place, peuvent être enlevés de n'importe quelle partie de la zone, y compris la zone à accès limité, sauf si l'impact de leur retrait présente plus de risques que leur abandon sur place, auquel cas l'autorité compétente doit être notifiée. Si l'impact environnemental de l'enlèvement est potentiellement supérieur à sa présence *in situ*, l'autorité nationale appropriée doit en être notifiée et une approbation doit être obtenue.

7 viii) Elimination des déchets
Tous les déchets, y compris les déchets humains, devront être enlevés de la zone.

7 (x)Mesures qui peuvent être nécessaires pour continuer de réaliser les buts et objectifs du plan de gestion

Des permis peuvent être délivrés pour pénétrer dans la zone pour :

- s'y livrer à des activités de surveillance biologique et procéder à des inspections de la zone qui peuvent exiger la collecte d'un petit nombre d'échantillons à des fins d'analyse ou d'audit ;
- ériger ou maintenir des panneaux d'avis, des structures ou du matériel scientifique ; ou
- réaliser des activités de gestion.

Tous les sites spécifiques qui feront l'objet d'une surveillance de longue durée doivent être délimités de manière appropriée, sur le site même et sur les cartes de la zone. Il convient de se procurer les données GPS pour les sites spécifiques faisant l'objet d'un suivi de long terme pour l'enregistrement sur le Registre maître Antarctique par l'entremise de l'Autorité nationale pertinente. Le cas échéant, les méta-données devront aussi être enregistrées sur le Registre maître Antarctique par l'entremise de l'Autorité nationale pertinente.

Pour aider à préserver les valeurs écologiques et scientifiques que constituent l'isolement de la zone et le niveau relativement faible d'impact humain, les visiteurs devront prendre des mesures de précaution spéciales contre toute introduction. On veillera en particulier à prévenir l'introduction de microbes ou de végétation provenant de sols d'autres sites antarctiques, y compris les stations, ou de régions extérieures à l'Antarctique. Pour réduire au minimum les risques d'introduction, les visiteurs devront, avant de pénétrer à l'intérieur de la zone, nettoyer à fond leurs chaussures et tous les matériaux à utiliser dans la zone, en particulier le matériel d'échantillonnage et les repères.

7 x) Rapports de visite

Le principal détenteur du permis soumettra, pour chaque visite dans la zone, un rapport à l'autorité nationale appropriée, dès que cela lui sera possible, et au plus tard six mois après la fin de ladite visite. Ces rapports doivent, le cas échéant, inclure les informations identifiées dans le Guide pour l'élaboration des plans de gestion des zones spécialement protégées de l'Antarctique.

Le cas échéant, l'autorité nationale doit également adresser un exemplaire du rapport de visite à la Partie qui a proposé le plan de gestion, afin d'aider à la gestion de la zone et à la révision du plan de gestion. Les Parties devront conserver une archive de ces activités et les inclure lors de l'échange annuel d'informations. Les Parties devront, dans la mesure du possible, déposer les originaux ou les copies de ces rapports dans des archives accessibles au public, afin de conserver un registre de fréquentation qui servira à l'examen du plan de gestion et à l'organisation de l'utilisation scientifique de la zone.

8. Bibliographie

Ainley, D.G., Ballard, G., Barton, K.J., Karl, B.J., Rau, G.H., Ribic, C.A. and Wilson, P.R. 2003 : Spatial and temporal variation of diet within a presumed metapopulation of Adelie penguins. Condor 105: 95-106.

Ainley, D.G., Ribic, C.A., Ballard, G., Heath, S., Gaffney, I., Karl, B.J., Barton, K.J., Wilson, P.R. and Webb, S. 2004 : Geographic structure of Adelie penguin populations: overlap in colony-specific foraging areas. Ecological monographs 74(1): 159- 178.

Block, W. 1985 : Ecological and physiological studies of terrestrial arthropods in the Ross Dependency 1984-85. British Antarctic Survey Bulletin 68: 115-122.

Broady, P.A. 1981 : Non-marine algae of Cape Bird, Ross Island and Taylor Valley, Victoria Land, Antarctica. Report of the Melbourne University Programme in Antarctic Studies No. 37.

Broady, P.A. 1983 : Botanical studies at Ross Island, Antarctica, in 1982-83; preliminary report. Report of the Melbourne University Programme in Antarctic Studies.

Broady, P.A. 1985 : The vegetation of Cape Bird, Ross Island, Antarctica. Melbourne University Programme in Antarctic Studies, No. 62.

Broady, P.A. 1985 : A preliminary report of phycological studies in northern Victoria Land and on Ross Island during 1984-85. Report of the Melbourne University Programme in Antarctic Studies, Report No. 66.

Broady, P.A. 1989 : Broadscale patterns in the distribution of aquatic and terrestrial vegetation at three ice-free regions on Ross Island, Antarctica. Hydrobiologia 172: 77-95.

Butler, E.R.T. 2001 : Beaches in McMurdo Sound, Antarctica. Unpublished PhD, Victoria University of Wellington, New Zealand. (pg 219)

Cole, J.W. and Ewart, A. 1968 : Contributions to the volcanic geology of the Black Island, Brown Peninsula, and Cape Bird areas, McMurdo Sound, Antarctica. New Zealand Journal of Geology and Geophysics 11(4): 793-823.

Dochat, T.M., Marchant, D.R. and Denton, G.H. 2000 : Glacial geology of Cape Bird, Ross Island, Antarctica. Geografiska Annaler 82A (2-3): 237-247.

Duncan, K.W. 1979 : A note on the distribution and abundance of the endemic collembolan *Gomphiocephalus hodgsonii* Carpenter 1908 at Cape Bird, Antarctica. Mauri Ora 7: 19-24.

Hall, B.L., Denton, G.H. and Hendy, C.H. 2000 : Evidence from Taylor Valley for a Grounded Ice Sheet in the Ross Sea, Antarctica. Geografiska annaler 82A(2-3): 275-304.

Konlechner, J.C. 1985 : An investigation of the fate and effects of a paraffin-based crude oil in an Antarctic terrestrial ecosystem. New Zealand Antarctic Record 6(3): 40-46.

Lambert, D.M., Ritchie, P.A., Millar, C.D., Holland, B., Drummond, A.J. and Baroni, C. 2002 : Rates of evolution in ancient DNA from Adélie penguins. Science 295: 2270-2273.

McGaughran, A., Hogg, I.D. and Stevens, M.I. 2008 : Patterns of population genetic structure for springtails and mites in southern Victoria Land, Antarctica. Molecular phylogenetics and evolution 46: 606-618.

McGaughran, A., Redding, G.P., Stevens, M.I. and Convey, P. 2009. Temporal metabolic rate variation in a continental Antarctica springtail. Journal of Insect Physiology 55: 130-135.

Nakagawa, S., Möstl, E. and Waas, J.R. 2003 : Validation of an enzyme immunoassay to measure faecal glucocorticoid metabolites from Adelie penguins (*Pygoscelis adeliae*): a non-invasive tool for estimating stress? Polar biology 26: 491-493.

Peterson, A.J. 1971 : Population studies on the Antarctic Collembolan *Gomphiocephalus hodgsonii* Carpenter. Pacific Insects Monograph 25: 75-98.

Ritchie, P.A., Millar, C.D., Gibb, G.C., Baroni, C., Lambert, D.M. 2004 : Ancient DNA enables timing of the Pleistocene origin and Holocene expansion of two Adelie penguin lineages in Antarctica. Molecular biology and evolution 21(2): 240-248.

Roeder, A.D., Marshall, R.K., Mitchelson, A.J., Visagathilagar, T., Ritchie, P.A., Love, D.R., Pakai, T.J., McPartlan, H.C., Murray, N.D., Robinson, N.A., Kerry, K.R. and Lambert, D.M. 2001 : Gene flow on the ice: genetic differentiation among Adélie penguin colonies around Antarctica. Molecular Ecology 10: 1645-1656.

Seppelt, R.D. and Green, T.G.A. 1998 : A bryophyte flora for Southern Victoria Land, Antarctica. New Zealand Journal of Botany 36: 617-635.

Sinclair, B.J. 2000 : The ecology and physiology of New Zealand Alpine and Antarctic arthropods. Unpublished PhD, University of Otago, New Zealand. (pg 231)

Sinclair, B. J. 2001 : On the distribution of terrestrial invertebrates at Cape Bird, Ross Island, Antarctica. Polar Biology 24(6): 394-400.

Sinclair, B. J. and Sjursen, H. 2001 : Cold tolerance of the Antarctic springtail *Gomphiocephalus hodgsonii* (Collembola, Hypogastruridae). Antarctic Science 13(3): 271-279.

Sinclair, B.J. and Sjursen, H. 2001 : Terrestrial invertebrate abundance across a habitat transect in Keble Valley, Ross Island, Antarctica. Pedobiologia 45: 134-145.

Smith, D.J. 1970 : The ecology of *Gomphiocephalus hodgsonii* Carpenter (Collembola, Hypogastuidae) at Cape Bird, Antarctica. Unpublished MSc Thesis, University of Canterbury, Christchurch, New Zealand.

Stevens, M.I. and Hogg, I.D. 2003 : Long-term isolation and recent expansion from glacial refugia revealed for the endemic springtail *Gomphiocephalus hodgsonii* from Victoria Land, Antarctica. Molecular ecology 12: 2357-2369.

Wilson, P.R., Ainley, D.G., Nur, N., Jacobs, S.S., Barton, K.J., Ballard, G. and Comisco, J.C. 2001 : Adélie penguin population change in the Pacific sector of Antarctica: relation to sea-ice extent and the Antarctic Circumpolar Current. Marine ecology progress series 213: 301-309.

Wharton, D.A. and Brown, I.M. 1989 : A survey of terrestrial nematodes from the McMurdo Sound region, Antarctica. New Zealand Journal of Zoology 16: 467-470.

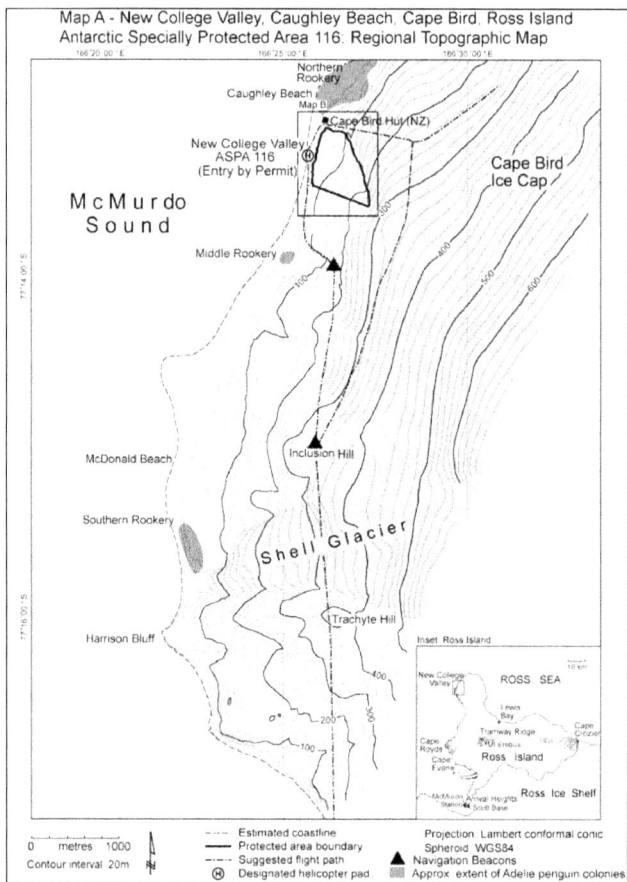

Map A - New College Valley, Caughley Beach, Cape Bird, Ross Island
Antarctic Specially Protected Area 116: Regional Topographic Map

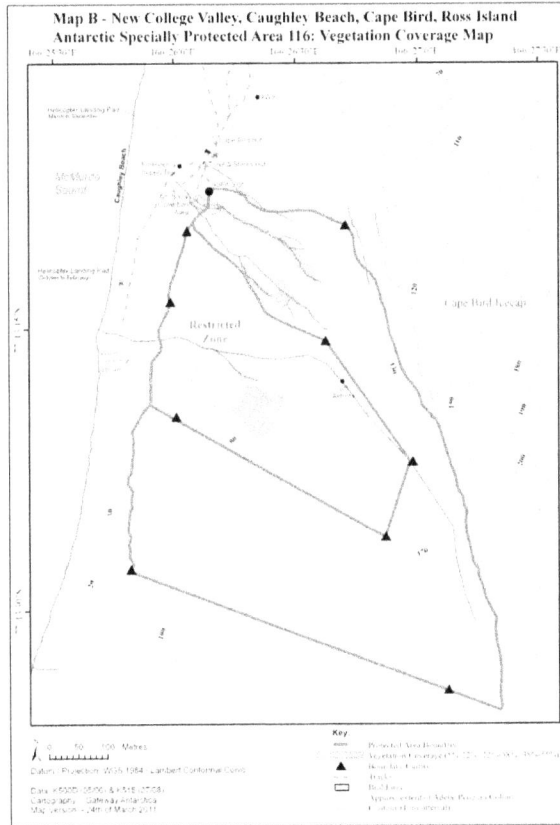

Map B - New College Valley, Caughley Beach, Cape Bird, Ross Island
Antarctic Specially Protected Area 116: Vegetation Coverage Map

Plan de gestion pour
la zone spécialement protégée n° 120

ARCHIPEL DE POINTE-GÉOLOGIE, TERRE ADÉLIE

Iles Jean Rostand, Le Mauguen (ex-Alexis Carrel), Lamarck et Claude Bernard, nunatak du Bon Docteur et site de reproduction des manchots empereurs

1. Description des valeurs à protéger

Quatre îles, un nunatak et le site de reproduction des manchots empereurs ont été classés en 1995 (Mesure 3 – XIX$_e$ RCTA –Séoul) en aire spécialement protégée de l'Antarctique en ce qu'ils constituaient un exemple représentatif des écosystèmes antarctiques terrestres sur les plans biologique, géologique et esthétique. Une espèce de mammifères marins, le phoque de Weddell (*Leptonychotes weddellii*) *et* diverses espèces d'oiseaux s'y reproduisent : manchot empereur *(Aptenodytes forsteri)* ; skua antarctique *(Catharacta maccormicki)* ; manchot Adélie *(Pygoscelis adeliae)* ; pétrel de Wilson *(Oceanites oceanicus)* ; pétrel géant *(Macronectes giganteus)* ; pétrel des neiges *(Pagodroma nivea),* damier du Cap *(Daption capense).*

Des escarpements bien marqués offrent des profils transversaux asymétriques, en pente douce au nord, plus raide au sud. De nombreuses failles et fractures rendent le terrain très accidenté. Les roches du socle, principalement constituées de gneiss riches en sillimanite, en cordiérite et en grenats, sont recoupées par un réseau dense de filons d'anatextite rose. Les parties les plus déprimées des îles sont couvertes de moraines dont la granulométrie est hétérogène (avec des blocs variant en diamètre de quelques centimètres à plus d'un mètre).

Des programmes de recherche et de surveillance continue des oiseaux et mammifères marins sont en cours depuis de nombreuses années (à partir de 1952 ou de 1964 selon les espèces), actuellement soutenus par l'Institut Polaire Français *Paul-Emile Victor* (IPEV) et le Centre National de la Recherche scientifique (CNRS). Une base de données démographiques d'une valeur exceptionnelle, par la durée des observations, a ainsi pu être constituée. Elle est maintenue et exploitée par le Centre d'Etudes Biologiques de Chizé (CEBC-CNRS). Dans ce contexte, la présence humaine scientifique dans la zone protégée est estimée actuellement à quatre personnes pour quelques heures trois fois par mois entre le 1er novembre et le 15 février et, dans la colonie de manchot empereur uniquement, à deux personnes pour quelques heures tous les deux jours entre le 1er avril et le 1er novembre.

Parmi la trentaine de sites de reproduction de manchots empereurs répertoriés, celui de Pointe-Géologie est le seul à se situer à proximité immédiate d'une base permanente. Ce site est donc privilégié pour l'étude de cette espèce et de son environnement.

2. Buts et objectifs

La gestion de l'aire spécialement protégée de Pointe-Géologie a pour buts :

* d'éviter une perturbation de la zone liée à la présence proche de la base Dumont d'Urville ;
* d'éviter toute modification substantielle de la faune et de la flore dans leur structure et leur composition ainsi que de l'association des différentes espèces de vertébrés abrités dans la zone, laquelle constitue l'une des plus représentatives des côtes de terre Adélie en vertu de son intérêt faunistique et scientifique ;
* de permettre des recherches scientifiques qui ne peuvent être réalisées ailleurs, notamment dans les sciences du vivant: éthologie, écologie, physiologie et biochimie, études démographiques des oiseaux et mammifères marins, évaluation de l'impact des activités humaines sur l'environnement.

- de permettre des programmes de recherche scientifique ou technologique dans d'autres domaines que ceux précédemment cités (e.g. géologie) ou des programmes de gestion, avec une vigilance particulière quant à la programmation des visites afin de minimiser les impacts sur la faune et la flore
- d'encadrer les opérations logistiques afférentes à l'activité de la base voisine de Dumont d'Urville qui pourrait nécessiter un accès temporaire à la ZSPA

3. Activités de gestion

Les activités de gestion suivantes seront réalisées pour protéger les valeurs de la zone :

Le présent plan de gestion est régulièrement revu afin de s'assurer du suivi des mesures de protection des valeurs de la ZSPA. Toute activité dans la zone fait l'objet d'une évaluation préalable de l'impact sur l'environnement.

Tous les personnels séjournant ou transitant sur la base de Dumont d'Urville seront dûment informés de l'existence de la ZSPA, de ses limites géographiques, des conditions d'accès réglementés et, plus généralement, du présent plan de gestion. A cette fin, un panneau contenant une carte de la zone énonçant les restrictions et mesures de gestion particulières qui s'y appliquent est affiché en vue sur la station Dumont d'Urville.

Des copies du présent plan de gestion sont en outre disponibles dans les quatre langues du Traité à la station Dumont d'Urville.

Les informations relatives à chaque incursion dans la ZSPA, à savoir a minima : activité entreprise ou raison de la présence, nombre de personnes concernées, durée du séjour, sont consignée par le chef de station de Dumont d'Urville.

4. Période de désignation

La zone est désignée zone spécialement protégée de l'Antarctique (ZSPA) pour une période indéterminée.

5. Cartes

La carte 1 montre la situation géographique de la Terre Adélie dans l'Antarctique et la localisation de l'archipel de Pointe-Géologie sur la côte de Terre Adélie.

Sur la carte 2 de l'archipel de Pointe-Géologie, les pointillés indiquent la délimitation de la zone spécialement protégée de l'Antarctique 120 au sein de cet archipel.

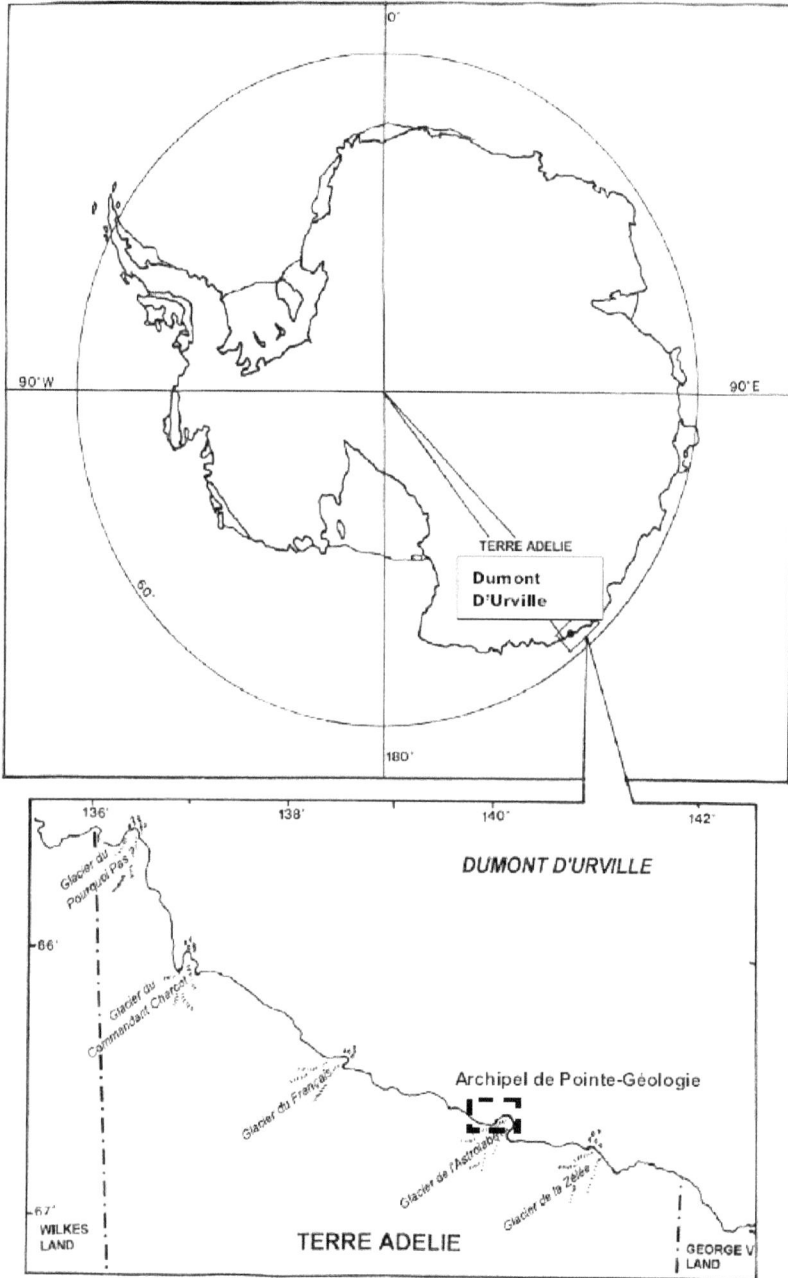

Carte 1 – Localisation de l'archipel de Pointe Géologie, en terre Adélie (Antarctique)

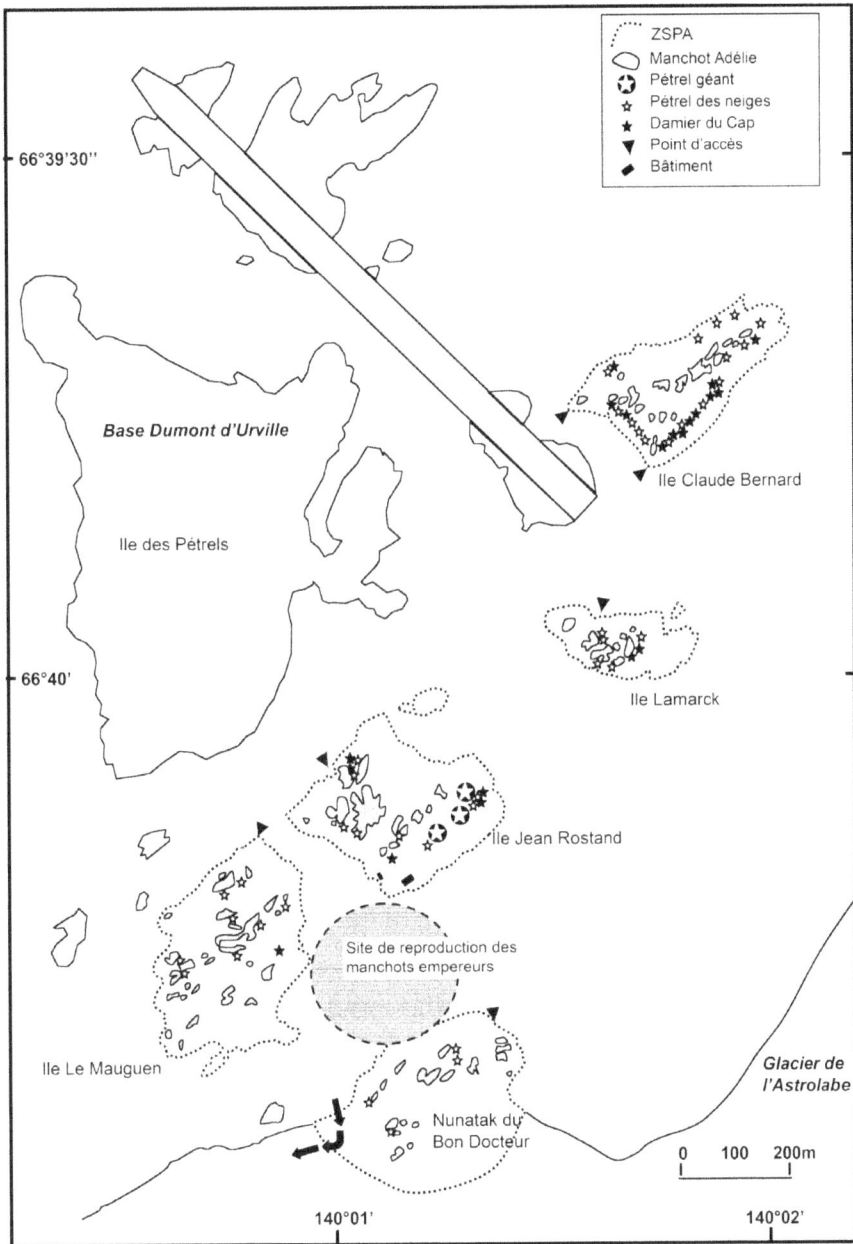

Carte 2 – Localisation des colonies d'oiseaux (excepté les territoires des skuas et les nids de Pétrel de Wilson) au sein de la ZSPA de l'Archipel de Pointe Géologie. Les lignes pointillées marquent les limites de la ZSPA. L'éventuel accès des véhicules terrestres au continent par le Nunatak du Bon Docteur est indiqué par des flèches.

6. Description de la zone et identification des secteurs

6 (i) Coordonnées géographiques, frontières et traits naturels

La ZSPA 120 est située en bordure de la côte de Terre Adélie, au coeur de l'archipel de Pointe-Géologie (140° à 140°02'E ; 66°39'30'' à 66°40'30'' S). Elle est constituée des territoires suivants :

- l'île Jean Rostand,
- l'île Le Maguen (ex-île Alexis Carrel),
- l'île Lamarck,
- l'île Claude Bernard,
- le Nunatak du Bon Docteur,
- le site de reproduction des manchots empereurs, sur la banquise qui enserre ces îles en hiver.

Au total, la surface des rochers affleurant n'excède pas 2 km². Les points culminants sont distribués le long d'une ride NE-SO (île Claude Bernard : 47,60 m ; île Jean Rostand : 36,39 m ; île Le Maguen (ex-Alexis Carrel) : 28,24 m, Nunatak : 28,50 m).

Durant l'été, la banquise entre les îles disparaît et seuls les versants sud des îles sont encore couverts par des névés. La zone est alors bien délimitée par ses traits naturels (contour des îles et affleurements rocheux).

Il n'existe aucune route ni chemin à l'intérieur de la zone.

6 (ii) Identification de zones d'accès restreint ou prohibé

L'accès à tout endroit de la zone est interdit sauf dans les conditions établies par un permis.

Les conditions d'accès aux différents sites de la ZSPA sont déterminées en fonction de la répartition des espèces d'oiseaux (tableau 1), des périodes de leur présence sur les sites de reproduction (tableau 2) et en fonction de leur sensibilité spécifique (tableau 3). La situation des colonies nicheuses est indiquée sur la carte. Les oiseaux sont principalement présents pendant l'été austral, sauf les manchots empereurs qui se reproduisent en hiver.

Parmi les espèces d'oiseaux présentes dans l'archipel de Pointe-Géologie, le Manchot empereur et le Pétrel géant se reproduisent uniquement à l'intérieur de la ZSPA. Depuis sa mise en place en 1995, les populations de ces deux espèces sont désormais stables ou en légère augmentation (tableau 3). Les projections à long terme rendent toutefois nécessaire le maintien d'un statut de protection élevé à travers le présent plan de gestion.

Cas de l'Ile Rostand

L'implantation de la station Dumont d'Urville a résulté en une diminution importante de la population de pétrels géants dans l'archipel de Pointe-Géologie. La colonie de reproduction située sur l'île des Pétrels a totalement disparu au cours des premières années de l'installation de la base à proximité immédiate de cette colonie (extension de bâtiments, intensification des vols d'hélicoptères, installation et remplacement de cuves à fioul). Actuellement 100% de la population se reproduit dans la ZSPA, dans la partie sud-est de l'île Rostand. Les oiseaux y sont présents dans une aire limitée par la crête Nord-Est Sud-Ouest passant par les repères 33,10 m et 36,39 m au nord ouest de la colonie, signalée au sol par des piquets. Les accès à cette aire de reproduction sont strictement interdits, excepté pour les ornithologues munis d'un permis pour une visite unique au moment du baguage des poussins de pétrels géants. L'accès au reste de l'Ile Rostand est autorisé durant toute l'année aux personnes titulaires d'un permis.

Cas de la colonie de manchots empereurs

La diminution importante des manchots empereurs à la fin des années 1970 semble être due à une anomalie climatique prolongée entre 1976 et 1982 ayant entraîné une diminution importante de l'étendue de la banquise. Depuis une quinzaine d'année la population reproductrice de manchots empereurs est en légère augmentation parallèlement à une augmentation de l'étendue de la banquise dans le secteur de Terre Adélie. Personne, hormis les titulaires de permis, ne peut approcher ou déranger les manchots empereurs d'aucune façon pendant la période de leur présence sur le site de reproduction de mars à mi-décembre, lorsque les poussins partent en mer. Une distance minimale de 20 m entre les observateurs autorisés et la colonie est préconisée.

La colonie de manchot empereur n'est pas toujours localisée au même endroit et est itinérante sur la banquise pendant l'hiver. La zone de protection de ces animaux est donc déterminée par les sites de présence des oiseaux (colonie ou groupes d'individus) augmentés d'une zone tampon de 40 m.

6 (iii) Installations à l'intérieur de la zone

L'abri historique de Prévost et un refuge sont situés sur l'île Rostand, à l'exclusion de toute autre structure dans l'ensemble de la zone.

Il n'y a aucune zone protégée à moins de 50 km de la ZSPA 120 de Pointe-Géologie.

Tableau 1 . Nombre de couples d'oiseaux de mer se reproduisant dans la ZSPA 120 (dénombrement lors du cycle de reproduction 2010/2011). La proportion de la population se reproduisant à l'intérieur de cette ZSPA par rapport à celle de l'archipel de Pointe-Géologie dans son ensemble (PG) est également mentionnée (Source : données non publiées CEBC-CNRS sur le cycle reproducteur 2010/2011 sauf pour les Pétrels de Wilson, données Micol & Jouventin 2001[1])

Site	Manchot empereur	Manchot Adélie	Skua antarctique	Pétrel des neiges	Damier du Cap	Pétrel de Wilson *	Pétrel géant
I .C. Bernard	--	3360	7	214	238	178	--
I. Lamarck	--	1160	1	38	36	45	--
I. J. Rostand	--	3994	7	61	46	35	15-18
I. Le Mauguen (ex-Alexis Carrel)	--	3478	15	21	2	72	
Nunatak	---	1831	1	5	--	41	--
Banquise hivernale entre les îles	2838	--	--	--	--	--	--
TOTAL ZSPA	2838	13823	31	369	322	371	15-18
TOTAL PG	2838	32746	67	1066	516	1200	15-18
% ZSPA/PG	100	42	46	32	62	31	100

[1] Micol T et Jouventin P 2001, Long-term population trends in seven Antarctic seabirds at Pointe Géologie (Terre Adélie) *Polar Biology* **24** :175-185.

Tableau 2. Présence des oiseaux sur les sites de reproduction

	Manchot empereur	Manchot Adélie	Skua antarctique	Pétrel des neiges	Damier du Cap	Pétrel de Wilson *	Pétrel géant
Première arrivée	Mars	Octobre	Octobre	Septembre	Octobre	Novembre	Juillet
Première ponte	Mai	Novembre	Novembre	Novembre	Novembre	Décembre	Octobre
Dernier départ	mi-Décembre	Mars	Mars	Mars	Mars	Mars	Avril

Tableau 3. Sensibilité aux perturbations causées par l'homme et évolution des populations d'oiseaux de l'archipel de Pointe Géologie (Sources : données non publiées CEBC-CNRS, Thomas 1986[2], et Micol & Jouventin 2001 pour les données sur les Pétrels de Wilson)

	Manchot empereur	Manchot Adélie	Skua antarctique	Pétrel des neiges	Damier du Cap	Pétrel de Wilson *	Pétrel géant
Sensibilité [2]	élevée	moyenne	moyenne	moyenne	élevée	Elevée	élevée
Tendance 1952-1984	diminution	stable	stable	?	?	?	diminution
Tendance 1984-2000	stable	augmentation	augmentation	stable	stable	?	stable
Tendance 2000-2011	légère augmentation	augmentation	augmentation	augmentation	Stable	?	Stable
Tendance 1952-2011	diminution	augmentation	augmentation	stable	stable	?	diminution

7. Conditions de délivrance des permis

- L'entrée dans la zone est soumise à l'obtention d'un permis établi par une autorité nationale compétente.

- Des permis peuvent être délivrés pour des activités de recherche scientifique, de surveillance, d'inspection des sites ou d'opérations logistiques ponctuelles. Les permis précisent pour chaque visite la teneur des travaux, leur durée ainsi que le nombre maximum de personnes pouvant entrer dans la zone (titulaires du permis et les éventuels accompagnateurs rendus nécessaires pour des raisons professionnelles ou de sécurité).

7 (i) Accès et mouvements à l'intérieur de la zone

- Aucun hélicoptère, ni aucun véhicule terrestre ne peut accéder à la zone, ni se déplacer à l'intérieur. Les survols sont interdits, que ce soit par hélicoptère ou par tout autre aéronef. L'accès à la zone est en conséquence autorisé uniquement à pied ou en embarcation légère (en été).

- Les transits de véhicules terrestres entre la station Dumont d'Urville, sur l'Ile des Pétrels, et la station de Cap Prudhomme, sur le continent, s'effectuent normalement en hiver en ligne directe, sur la banquise. Lorsqu'à de très rares occasions l'état de la glace de mer ne permet pas d'effectuer ces transits en sécurité, un cheminement via la bordure ouest du Nunatak du Bon Docteur peut être exceptionnellement autorisé, comme indiqué sur la carte 2, Les véhicules suivront dans ce cas les consignes de distance vis-à-vis des manchots empereurs telles que mentionnées à la section 6(ii).

- Le déplacement des personnes autorisées à l'intérieur de la zone doivent se faire avec une particulière vigilance pour éviter la perturbation des oiseaux et la détérioration des zones de nidification et de leurs accès.

---

[2] Thomas T., 1986 L'effectif des oiseaux nicheurs de l'archipel de Pointe Géologie (Terre Adélie) et son évolution au cours des trente dernières années. *L'oiseau RFO* **56** :349-368.

7 (ii) Activités conduites ou pouvant être conduites à l'intérieur de la zone avec des restrictions de temps et de place

- Activités ayant pour but de servir des objectifs scientifiques essentiels et qui ne peuvent pas être réalisées ailleurs.
- Activités de gestion et de logistique indispensables
- Activités à finalité pédagogique ou de vulgarisation scientifique (prises de vue cinématographiques, photographiques, prises de son…)

7 (iii) Installation, modification ou démantèlement des structures

- Aucune structure ni équipement scientifique ne peuvent être mis en place dans la zone sauf pour des motifs scientifiques essentiels ou pour des activités de gestion autorisées par une autorité nationale compétente.
- L'éventuelle modification ou le démantèlement des seules installations actuellement présentes sur l'Ile Rostand ne pourront être conduits qu'avec une autorisation.

7 (iv) Localisation de bivouacs

Des campements peuvent être mis en place dans les seuls cas où la sécurité l'exige à condition de prendre toutes les précautions pour ne pas créer de dommage et ne pas perturber la faune.

7 (v) Restriction d'importation de matériels ou d'organismes dans la zone

- Conformément aux dispositions de l'annexe II du Protocole de Madrid, les introductions d'animaux vivants ou de végétaux, les produits issus de la volaille et ses dérivés, y compris la poudre d'oeuf, ne peuvent être importés dans la zone.
- Les produits chimiques sont interdits dans la zone à l'exception de ceux qui sont introduits pour les activités scientifiques dans les conditions indiquées dans les permis délivrés. Tout produit chimique doit être évacué de la zone au plus tard à la fin des activités pour lesquelles des permis ont été délivrés.
- Le dépôt de carburants, de produits alimentaires ou de tout autre matériel est interdit sauf impératif lié à des activités pour lesquelles des permis sont délivrés. Tous ces matériels introduits sont retirés dès qu'ils ne sont plus utiles. Les stockages permanents sont interdits.

7 (vi) Prélèvements et interventions sur la faune et la flore indigènes

- Tout prélèvement ou intervention sur la faune et la flore indigènes est interdit sauf pour les titulaires d'un permis le spécifiant. En cas de prélèvements ou d'interférence autorisés les dispositions de l'article 3 de l'annexe II du Protocole devront être utilisées comme norme minimale.

7 (vii) Collecte ou enlèvement à l'intérieur de la zone d'objets ou de matériels qui n'ont pas été apportés par le titulaire d'un permis

- La collecte ou l'enlèvement d'objets ou de matériels qui n'ont pas été apportés dans la zone par le titulaire d'un permis sont interdits sauf spécification mentionnée dans ce permis.
- Les débris d'origine humaine peuvent être retirés de la zone et des spécimens de faune et de flore morts ou malades ne peuvent être emportés que si cela est expressément mentionné dans le permis.

7 (viii) Elimination des déchets

- Tous les déchets produits doivent être évacués de la zone à l'issue de chaque visite.

7 (ix) Mesures nécessaires pour répondre aux buts et objectifs du plan de gestion

- Les visites dans la zone sont strictement limitées aux activités scientifiques, logistiques ou de gestion autorisées.

7 (x) Rapports de visite

Les Parties doivent s'assurer que le principal titulaire de chaque permis délivré, soumette à l'autorité compétente un rapport des activités menées dans la zone. Ces rapports doivent, le cas échéant, inclure les informations identifiées dans le Guide pour l'élaboration des plans de gestion des zones spécialement protégées de l'Antarctique.

Les Parties doivent conserver une archive de ces activités et, dans l'échange annuel d'informations, fournir une description synoptique des activités menées par des personnes relevant de leur juridiction, avec suffisamment de détails pour permettre une évaluation de l'efficacité du plan de gestion. Les Parties doivent, dans la mesure du possible, déposer les originaux ou les copies de ces rapports dans une archive à laquelle le public peut avoir accès en vue de préserver une archive d'usage utilisée dans l'examen du plan de gestion et dans l'organisation de l'emploi scientifique de la zone.

Plan de gestion pour la Zone spécialement protégée de l'antarctique N° 122

ARRIVAL HEIGHTS, PÉNINSULE HUT POINT, ÎLE ROSS

Introduction

La zone spécialement protégée de l'Antarctique (ZSPA) à Arrival Heights se trouve près de l'extrémité sud-ouest de la péninsule Hut Point, de l'île Ross, à 77° 49' 41,2" S, 166° 40' 2,8" E, avec une surface approximative de 0,73 km². La principale raison pour la désignation de la Zone est sa valeur en tant que site peu perturbé au niveau électromagnétique pour l'étude de la haute atmosphère et sa proximité rapprochée du support logistique. La Zone est utilisée pour un certain nombre d'autres études scientifiques, y compris la surveillance des gaz présents à l'état de trace, les études aurorales et géomagnétiques et les études sur la qualité de l'air. En exemple, la longévité et la qualité des nombreux jeux de données d'informations atmosphériques confèrent à la Zone une haute valeur scientifique. Depuis sa désignation en 1975, de nombreux projets ont eu lieu dans la Zone ou à proximité avec un potentiel pour dégrader les conditions de faibles perturbations électromagnétiques à Arrival Heights. L'interférence générée par ces activités semble avoir un niveau de faiblesse d'impact acceptable sur les expériences scientifiques, bien qu'une revue détaillée du niveau d'interférence soit actuellement en cours. L'utilisation continue de la Zone est favorisée par ses caractéristiques géographiques, sa proximité au support logistique et par les frais importants associés à sa relocalisation. La Zone a été proposée par les États-Unis et adoptée à travers la Recommandation VIII-4 [1975, Site présentant un intérêt scientifique particulier (SISP) N° 2] ; la date d'expiration a été prorogée à travers les Recommandations X-6 (1979), XII-5 (1983), XIII-7 (1985) et XIV-4 (1987) et la Résolution 3 (1996). La Zone a été rebaptisée et renumérotée en vertu de la Décision 1 (2002) ; un plan de gestion révisé a été fourni en vertu de la Mesure 2 (2004). La dégradation des conditions de faibles perturbations électromagnétiques dans la Zone a été reconnue par la Recommandation XXIII-6 (1994) du SCAR. Des corrections mineures au niveau des limites de la Zone ont été apportées pour assurer une cohérence entre le texte et les cartes mises à jour et plus exactes fournies dans le Plan de gestion actuel.

1. Description des valeurs à protéger

À l'origine, une zone à Arrival Heights avait été désignée dans la Recommandation VIII-4 (1975, SISP N° 2), suite à une proposition des États-Unis motivée par le fait « qu'il s'agit d'un site naturel peu perturbé au niveau électromagnétique qui offre des conditions idéales pour l'installation d'instruments sensibles afin d'enregistrer des signaux infimes associés aux programmes sur la haute atmosphère ». Par exemple, des enregistrements électromagnétiques ont été réalisés à Arrival Heights dans le cadre d'études scientifiques à long terme, recueillant des données de qualité exceptionnelle grâce aux caractéristiques uniques du lieu géographique relativement au champ géomagnétique, en combinaison avec des niveaux relativement faibles de perturbations électromagnétiques. Les conditions de faibles perturbations électromagnétiques et la durée considérable de la collecte de données à Arrival Heights confèrent aux données obtenues une valeur scientifique particulièrement élevée.

Au cours des dernières années, l'augmentation des opérations scientifiques et de soutien associées à la base Scott et à la station McMurdo ont accentué les niveaux de bruits électromagnétiques générés localement à Arrival Heights et il a été reconnu que les conditions de faibles perturbations électromagnétiques avaient été quelque peu dégradées par ces activités, comme l'identifie la Recommandation XXIII-6 (1994) du SCAR.

Les recherches scientifiques dans la Zone semblent opérer à des niveaux de faiblesse d'interférences électromagnétiques (IEM) acceptables issues des autres activités dans le voisinage et les buts et objectifs définis dans le Plan de gestion pour Arrival Heights restent donc cohérents. Toutefois, des visites et un déploiement récents de nouveaux instruments ont démontré qu'il y avait un bruit élevé de très basses fréquences (TBF) dans une plage de 50 Hz à 12 kHz, issu de sources se trouvant hors de la Zone (provenant probablement des éoliennes installées à environ 1 km de la Zone). Il y a également des preuves d'augmentation du bruit à TBF dans une plage de fréquences de 12 à 50 KHz qui se produit probablement dans la Zone, par exemple dû à la configuration et de la mise à la terre du réseau électrique maillé et à la prolifération des unités comme les systèmes d'alimentation sans coupure (ASC). Les communautés scientifiques américaines et néo-zélandaises qui mènent les projets à Arrival Heights sont actuellement en train d'analyser en détails les éventuelles causes d'IEM, en vue de fournir des recommandations pratiques pour mitiger les effets potentiels.

Nonobstant ces observations, les caractéristiques géographiques d'origine du site, comme sa position élevée et donc son horizon de grande envergure, la morphologie du cratère volcanique et la proximité rapprochée du support logistique complet de la station McMurdo (américaine) voisine à 1,5 km au sud et de la base Scott (néo-zélandaise) à 2,7 km au SE, continuent de conférer à la Zone une grande valeur pour les études sur la haute atmosphère et les études de prélèvement d'air de la couche limite. En outre, il existe des contraintes scientifiques, financières et pratiques dans le cadre d'une re-localisation proposée de la Zone et des installations associées. Ainsi, l'option qui serait actuellement préférable pour la gestion consiste à minimiser les sources d'IEM dans la mesure du possible et à surveiller régulièrement ces niveaux pour pouvoir identifier et corriger toute menace significative sur les valeurs du site selon les besoins.

Depuis la désignation originale, le site a été utilisé pour plusieurs autres programmes scientifiques qui bénéficient des restrictions sur l'accès en place dans la Zone. En particulier, l'horizon de grande envergure et l'isolement relatif des activités (par ex. : mouvements de véhicules, échappements de moteurs) ont constitué des éléments de valeur pour la mesure des gaz présents à l'état de trace, principalement l'ozone, les études spectroscopiques et particulaires de l'air, les relevés de la pollution et les études aurorales et géomagnétiques. Par ailleurs, l'état protégé d'Arrival Heights a également eu pour effet de limiter l'étendue et la magnitude des perturbations physiques dans la Zone. En conséquence, les sols et les caractéristiques du paysage sont bien moins perturbés que dans le cas des zones environnantes de Hut Point, où les développements de la station ont eu lieu. En particulier, les polygones à coins sableux sont bien plus étendus qu'ailleurs dans le voisinage de Hut Point, couvrant une superficie d'environ 0,5 km². La nature relativement intacte de l'environnement à Arrival Heights confère à la Zone une valeur pour des études comparatives des impacts associés aux développements des stations et en tant que référence pour considérer des modifications. Ces valeurs supplémentaires représentent également des raisons importantes pour la protection spéciale d'Arrival Heights.

La Zone continue de représenter une valeur scientifique élevée pour une variété de jeux de données d'informations atmosphériques de haute qualité à long terme qui ont été recueillies sur ce site. Malgré le potentiel reconnu d'interférences issues de sources locales et environnantes, la série de données à long terme, l'accessibilité du site pour des observations à l'année, ses caractéristiques géographiques et les frais élevés de re-localisation garantissent au site une protection continue et renforcée. La vulnérabilité de ces recherches sur la perturbation à travers une pollution chimique et acoustique, en particulier les interférences électromagnétiques, est telle que cette Zone requiert une protection spéciale continue.

2. Buts et objectifs

La gestion à Arrival Heights vise à :

- prévenir la dégradation des valeurs de la Zone ou les risques substantiels qui la menacent en empêchant une perturbation humaine inutile ;
- permettre des recherches scientifiques dans la Zone, en particulier des recherches sur l'atmosphère, tout en assurant la protection contre des utilisations incompatibles et des installations d'équipements incontrôlées susceptibles de compromettre ces recherches ;
- minimiser la possibilité de génération d'interférences excessives de bruit électromagnétique dans la Zone à travers la régulation des types, de la quantité et de l'utilisation des équipements qu'il est possible d'installer et d'opérer dans la Zone ;
- encourager la prise en compte des valeurs de la Zone dans la gestion des activités environnantes et des utilisations du terrain, en particulier pour surveiller les niveaux et encourager la minimisation des sources de rayonnement électromagnétique susceptibles de compromettre potentiellement les valeurs de la Zone ;
- permettre un accès pour l'entretien, la mise à niveau et la gestion des équipements de communications et scientifiques situés dans la Zone ;
- permettre des visites pour des besoins de gestion en soutien aux objectifs du Plan de gestion et
- permettre des visites pour des besoins pédagogiques ou de sensibilisation publique avec les études scientifiques menées dans la Zone qui ne peuvent pas être réalisées ailleurs.

3. Activités de gestion

Les activités de gestion qui suivent doivent être entreprises pour protéger les valeurs de la Zone :

- Des panneaux indiquant l'emplacement et les limites de la Zone avec des déclarations claires sur les restrictions d'accès devront être placés dans des lieux appropriés au niveau des limites de la Zone pour permettre d'éviter un accès accidentel.
- Des panneaux indiquant l'emplacement de la Zone (avec les restrictions spéciales en vigueur) devront être placés en évidence et un exemplaire de ce Plan de gestion devra être mis à disposition dans les installations des quartiers de recherche principaux de la Zone et à la station McMurdo et à la base Scott.
- Les balises, panneaux ou structures érigés dans la Zone ou à proximité pour des besoins de recherche scientifique ou de gestion devront être solidement fixés et maintenus en bon état et ils devront être retirés lorsqu'ils ne seront plus nécessaires.

- Des visites devront être organisées (pas moins d'une fois tous les cinq ans) pour évaluer si oui ou non la Zone continue de servir les besoins pour lesquels elle a été désignée et pour assurer l'adéquation des mesures de gestion et d'entretien.

- Des relevés de bruits électromagnétiques devront être entrepris deux fois par an dans la Zone pour détecter les défauts d'équipement et surveiller les niveaux d'interférence qui pourraient potentiellement compromettre les valeurs de la Zone de façon inacceptable, pour les besoins d'identification et de mitigation de leurs sources.

- Les activités potentiellement perturbatrices dont la réalisation est prévue en dehors de la Zone, mais à proximité, comme l'abattage à l'explosif ou le carottage, ou le fonctionnement d'émetteurs ou d'autres appareils ayant le potentiel de générer des interférences électromagnétiques considérables dans la Zone, doivent être notifiées à l'avance au(x) représentant(s) compétent(s) des autorités nationales qui opèrent dans la région, en vue de coordonner des activités et/ou d'entreprendre des actions de mitigation pour éviter ou minimiser la perturbation des programmes scientifiques.

- Les programmes antarctiques nationaux opérant dans la région devront nommer un Coordinateur des activités qui sera responsable de la consultation inter-programmes concernant toutes les activités dans la Zone.

- Les programmes antarctiques nationaux opérant dans la région devront s'accorder pour assurer la mise en œuvre des conditions de ce Plan de gestion et pour prendre les mesures appropriées afin de détecter et de faire appliquer la conformité où les conditions ne sont pas suivies.

4. Durée de désignation

La Zone est désignée pour une période indéterminée.

5. Cartes et photographies

Carte 1 : Arrival Heights, ZSPA N° 122 relativement à la péninsule Hut Point, indiquant l'emplacement des stations voisines (station McMurdo, américaine, et base Scott, néo-zélandaise), des installations (SuperDARN, récepteurs satellite et éoliennes) et des voies (routes et pistes d'excursion). Projection conique conforme Lambert : Parallèles de référence : 1er 77° 40' S ; 2è 78° 00' S ; méridien central : 166° 45' E ; latitude de l'origine : 77° 50' S ; sphéroïde WGS84 ; plan de niveau McMurdo Sound Geodetic Control Network. Sources de données : Topographie : courbes de niveau (intervalle de 10 m) dérivés de l'orthophotographie numérique et du MAN issu d'imagerie aérienne (Nov. 1993) ; étendue de glace pérenne numérisée à partir d'une image satellite Quickbird à redressement différentiel (15 octobre 05) (Imagery © 2005 Digital Globe, fourni à travers le programme d'imagerie commercial de la NGA) ; infrastructure : Données CAO de disposition de la station USAP (Fév. 09 / Mar. 11), étude sur le terrain de l'ERA (Nov. 09) et de l'USAP (Jan. 11) ; étude sur le terrain du PGC sur les pistes d'excursion (Jan. 09 / Jan. 11).

Encart 1 : L'emplacement de l'île Ross dans la mer de Ross. ***Encart 2 :*** L'emplacement de la Carte 1 sur l'île Ross et principales caractéristiques topographiques.

Carte 2 : Arrival Heights, carte topographique de la ZSPA N° 122, indiquant les limites de la zone protégée, les installations du site, les installations voisines (SuperDARN, récepteurs satellite et éoliennes) et les voies (routes d'accès et pistes d'excursion). Les détails de projection et les sources de données sont les mêmes que pour la Carte 1.

6. Description de la Zone

6(i) Coordonnées géographiques, balises de délimitation et éléments naturels

Limites et coordonnées

Arrival Heights (77° 49' 41.2" S, 166° 40' 2.8" E ; superficie : 0,73 km²) est une petite chaîne de collines basses située à proximité de l'extrémité sud-est de la péninsule Hut Point sur l'île Ross. La péninsule Hut Point se compose d'une série de cratères volcaniques qui s'étend du Mont Erebus, dont deux, à savoir le First Crater et le Second Crater, font respectivement partie des limites sud et nord de la Zone. La Zone est principalement libre de glace et les élévations vont de 150 m à 280 m au Second Crater. Arrival Heights se trouve approximativement à 1,5 km au nord de la station McMurdo et à 2,7 km au nord-ouest de la base Scott. La Zone offre un horizon de grande envergure et elle est comparativement isolée des activités de la station McMurdo et de la base Scott, avec la majorité de la station McMurdo masquée de la vue.

La pointe au sud-est de la Zone est définie par la Trig T510 N°2, dont le centre se trouve à 77° 50' 08,4" S, 166° 40' 16.4" E, à une élévation de 157,3 m. La Trig T510 N° 2 se trouve à 0,7 m de l'ancienne balise de délimitation (T510) qui n'existe plus et qu'elle remplace. La balise T510 N° 2 de remplacement est une tige de fer (peinte en orange) plantée dans le sol à environ 7,3 m à l'ouest de la route d'accès à Arrival Heights et elle est entourée d'un petit cercle de rochers. La limite de la Zone s'étend entre la Trig T510 N° 2 en ligne droite à 656,0 m au nord-ouest par-dessus le First Crater jusqu'à un point situé à 77° 49' 53,8" S, 166° 39' 03,9" E à 150 m d'élévation. La limite suit donc la courbe de niveau de 150 m vers le nord sur 1 186 m jusqu'à un point (77° 49' 18,6" S, 166° 39' 56,1" E) à l'ouest de la couronne nord du Second Crater. La limite s'étend donc sur 398 m à l'est du Second Crater et autour de la couronne du cratère jusqu'à une balise de relevé hydrographique américaine (un disque de laiton estampillé) qui est installée proche du niveau du sol à 77° 49' 23,4" S, 166° 40' 59,0" E et à une élévation de 282 m, formant la limite nord-est de la Zone. La limite s'étend donc entre la balise de relevé hydrographique américaine au sud sur 1 423 m en ligne droite, directement jusqu'à Trig T510 N° 2.

Géologie, géomorphologie et sols

La péninsule Hut Point fait 20 km de long et se compose d'une ligne de cratères qui s'étend au sud entre les flancs du mont Erebus (Kyle 1981). Les roches basaltiques de la péninsule Hut Point font partie de la province volcanique d'Erebus et les types de roches dominantes sont les laves de basanite alcaline et les pyroclastites, avec de petites quantités de phonolite et d'occasionnels affleurements de laves intermédiaires (Kyle 1981). Les données aéromagnétiques et les modèles magnétiques indiquent que les roches volcaniques magnétiques sous la péninsule Hut Point sont probablement d'une épaisseur de <2 km (Behrendt *et al*. 1996) et les études de datation suggèrent que la majorité des roches basaltiques ont moins de ~ 750 000 ans (Tauxe *et al*. 2004).

Les sols à Arrival Heights se composent principalement de scorie volcanique déposée suite aux éruptions du Mont Erebus, avec un taille de particule entre des limons et des blocs rocheux. L'épaisseur des dépôt de surface varie de quelques centimètres à plusieurs dizaines de mètres, avec un pergélisol sous la couche active (Stefano, 1992). Le matériau en surface à Arrival Heights inclut également les flux de magma issus du Mont Erebus, qui ont été abîmés par les intempéries et retravaillés au fil du temps. Les polygones à coins sableux couvrent une superficie d'environ 0,5 km^2 à Arrival Heights et, en raison de la perturbation physique limitée grâce à l'état protégé de la Zone, ils sont bien plus étendus qu'ailleurs dans le voisinage du sud de la péninsule Hut Point (Klein *et al*. 2004).

Climat

Arrival Heights est exposé à des vents forts et fréquents et les conditions sont généralement plus froides et venteuses qu'à la station McMurdo et la base Scott Base à proximité (Mazzera *et al*. 2001). Au cours de la période de février à avril 2009, la température maximale enregistrée dans la Zone était de 7,1°C (30 décembre 2001) et la température minimale, de –49,8°C (21 juillet 2004). Au cours de cette période, décembre est le mois le plus chaud, avec des températures ambiantes moyennes de –5,1°C, et août est le mois le plus froid, avec une moyenne de –28,8°C (données recueillies auprès du National Institute of Water and Atmospheric Research de Nouvelle-Zélande, http://www.niwa.cri.nz, 21 mai 2009).

La vitesse moyenne annuelle du vent enregistrée à Arrival Heights entre 1999 et 2009 était de 6,96 m/s, avec juin et septembre étant les mois les plus venteux (données recueillies auprès du National Institute of Water and Atmospheric Research de Nouvelle-Zélande, http://www.niwa.cri.nz, 21 mai 2009). La rafale la plus importante enregistrée à Arrival Heights entre 1999 et 2011 avait une vitesse de 51 m/s (~184 km/h) le 16 mai 2004. La direction du vent dominant à Arrival Heights est le nord-est, car les masses d'air du sud sont déviées par la topographie environnante (Sinclair 1988). La péninsule Hut Point se trouve à la confluence de trois masses d'air dissimilaires, prédisposant la Zone à un début rapide d'intempéries rigoureuses (Monaghan *et al*. 2005).

Recherches scientifiques

De nombreuses études scientifiques à long terme sont menées à Arrival Heights, avec la majorité des recherches se concentrant sur l'atmosphère et la magnétosphère terrestres. Les zones de recherche incluent des fréquences radio extrêmement faibles et très faibles, des événements auroraux, des tempêtes géomagnétiques, des phénomènes météorologiques et des variations des niveaux de gaz présents à l'état de trace, particulièrement l'ozone. La Zone offre un bon accès et un support logistique depuis la station McMurdo et la base Scott à proximité, ce qui permet de faciliter les recherches dans la Zone.

Les données à extrême basse fréquence et très basse fréquence (EBF/TBF) sont continuellement recueillies à Arrival Heights depuis l'été austral de 1984-1985 (Fraser-Smith *et al*. 1991). Les données sur le bruit EBF/TBF sont uniques, à la fois dans leur longueur et dans leur continuité pour l'Antarctique, et elles ont été enregistrées en parallèle avec les données EBF/TBF à l'université Stanford, permettant de comparer les chronogrammes polaires et de latitude moyenne. La faiblesse des interférences électromagnétiques et la position reculée d'Arrival Heights permettent aux chercheurs de mesurer les spectres de bruit de fond à EBF/TBF et les signaux faibles à EBF, comme les résonances de Schumann, qui sont associées aux changements de la magnétosphère et de l'ionosphère (Füllekrug & Fraser-Smith 1996). Les données EBF/TBF et de résonance de Schumann recueillies dans la Zone ont été étudiées relativement aux fluctuations des taches solaires, aux événements de précipitation de particules solaires et aux phénomènes météorologiques à l'échelle planétaire (Anyamba *et al*. 2000 ; Schlegel & Füllekrug 1999 ; Fraser-Smith & Turtle 1993). En outre, les données EBF ont été utilisées en tant que variable substitutive de l'activité mondiale des éclairs nuage-sol et de l'activité orageuse (Füllekrug *et al*. 1999) et les données TBF fournissent des informations sur les réseaux mondiaux qui surveillent l'activité des éclairs et des conditions dans l'ionosphère (Clilverd *et al*. 2009 ; Rodger *et al*. 2009). Les données électromagnétiques de haute qualité issues d'Arrival Heights ont permis de déterminer une limite supérieure pour la masse propre des photons de ~10^{-52} kg (Füllerkrug 2004) en fonction de la détection des mesures de la hauteur de réflexion ionosphérique infime mondiale (Füllerkrug *et al.* 2002) et elles ont également fourni un lien essentiel entre les éclairs à des latitudes moyennes et tropicales et les variations de température de surface dans des climats modérés et tropicaux (Füllerkrug & Fraser-Smith 1997). Des recherches récentes ont développé des technologies de mesure innovantes avec une sensibilité en µV/m sur la large plage de fréquences de ~4 Hz à ~400 kHz (Füllerkrug 2010), qui représente un potentiel scientifique prometteur exigeant des conditions d'inactivité électromagnétique comme celles qui sont présentes à Arrival Heights.

La localisation au sud d'Arrival Heights signifie plusieurs semaines d'obscurité totale au cours de l'hiver austral, permettant d'observer les événements auroraux de faible intensité et les émissions du secteur diurne (Wright *et al.* 1998). Les données enregistrées à Arrival Heights ont été utilisées pour suivre le mouvement des arcs de la calotte polaire, une forme d'aurore polaire, et les résultats ont été associés aux conditions de vent solaire et des champs magnétiques interplanétaires. Les observations aurorales effectuées à Arrival Heights par les chercheurs de l'université de Washington ont été utilisées pour calculer la vélocité et la température des vents de haute altitude en analysant l'effet Doppler des émissions de lumière aurorale. En plus des recherches aurorales, les données optiques recueillies dans la Zone ont été utilisées pour surveiller la réponse de la thermosphère aux tempêtes géomagnétiques (Hernandez & Roble 2003) et un radar à moyenne fréquence a permis de mesurer les vélocités des vents dans l'atmosphère moyenne (70 à 100 km) (McDonald *et al.* 2007).

Une série d'espèces de gaz présents à l'état de trace est mesurée à Arrival Heights, y compris l'ozone, le brome, le méthane, les oxydes d'azote, le chlorure d'hydrogène et le monoxyde de carbone, avec des enregistrements remontant jusqu'à 1982 (Connor *et al.* 2005). Arrival Heights constitue un site clé dans le Network of the Detection of Atmospheric Composition (réseau d'observation de la composition de l'atmosphère - NDACC), avec des données utilisées pour surveiller les changements dans la stratosphère, y compris l'évolution à long terme de la couche d'ozone et les modifications de la composition générale de l'atmosphère. Les niveaux d'ozone sont enregistrés à Arrival Heights depuis 1988 et ils servent à surveiller les variations à long terme et saisonnières de l'ozone (Oltmans *et al.* 2008 ; Nichol *et al.* 1991), ainsi qu'à estimer la perte en ozone dans l'Antarctique (Kuttippurath *et al.* 2010). En plus des tendances à long terme, des événements de réduction soudaine et substantielle de l'ozone ont été enregistrés au printemps à Arrival Heights, qui se déroulent en quelques heures et il est présumé qu'ils résultent de l'émission de composés bromiques du sel marin (Riedel *et al.* 2006 ; Hay *et al.* 2007). Les niveaux de brome troposphérique sont continuellement enregistrés depuis 1995 dans la Zone et ils ont été étudiés relativement à la réduction de l'ozone, du réchauffement stratosphérique et des changements du tourbillon circumpolaire, ainsi que pour valider les mesures des satellites (Schofield *et al.* 2006). Les données sur l'oxyde d'azote (NO_2) recueillies à Arrival Heights ont également été utilisées pour étudier les variations des niveaux d'ozone et les résultats indiquent des variations substantielles de NO_2 à des échelles de temps journalières à inter-annuelles, résultant potentiellement de changements de la circulation atmosphérique, de la température et du forçage chimique (Struthers *et* al. 2004 ; Wood et al., 2004). Par ailleurs, la spectroscopie par transformée de Fourier au sol a été utilisée à Arrival Heights pour surveiller les niveaux de sulfure de carbonyle dans l'atmosphère et pour enregistrer les flux de HCl depuis le Mont Erebus (Deutscher *et al.* 2006 ; Keys *et al.* 1998).

Végétation

Les lichens à Arrival Heights ont été étudiés en 1957 par C.W. Dodge et G.E. Baker, avec des espèces enregistrées qui incluent : *Buellia alboradians, B. frigida, B. grisea, B. pernigra, Caloplaca citrine, Candelariella flava, Lecanora expectans, L. fuscobrunnea, Lecidella siplei, Parmelia griseola, P. leucoblephara* et *Physcia caesia*. Les espèces de mousses enregistrées à Arrival Heights incluent *Sarconeurum glaciale* et *Syntrichia sarconeurum* (base de données sur les plantes du BAS, 2009), avec *S. glaciale* documentée dans les canaux de drainage et les pistes de véhicules désaffectées (Skotnicki *et al.* 1999).

Activités humaines et impact

Les installations à Arrival Heights sont utilisées toute l'année par le personnel de la station McMurdo (américaine) et de la base Scott (néo-zélandaise). En plus de deux bâtiments de laboratoires, beaucoup de réseaux de radars, d'antennes, d'équipements de communications et d'instruments scientifiques se trouvent à travers la Zone, avec les câblages associés.

Les instruments scientifiques utilisés pour les recherches sur l'atmosphère dans la Zone sont sensibles au bruit et aux interférences électromagnétiques, avec des sources de bruit locales potentielles, y compris des transmissions radio TBF, des lignes de courant, des systèmes d'émission de véhicules ainsi que les équipements de laboratoire. Les sources de bruit générées en dehors de la Zone qui peuvent également affecter les conditions électromagnétiques à Arrival Heights incluent les communications radio, les systèmes de diffusion de divertissements, les navires, les aéronefs ou les transmissions radio satellite ou radars de surveillance d'aéronefs. Un rapport de visite du site datant de 2006 suggérait que la faiblesse des niveaux d'interférences à l'époque était acceptable, malgré les activités opérant à la station McMurdo et à la base Scott. Pour fournir un certain degré de protection contre les transmissions radio locales et les bruits de la station, certaines des antennes TBF à Arrival Heights se trouvent à l'intérieur du Second Crater.

Il est présumé que les accès non autorisés dans la Zone, à la fois par des véhicules et à pieds, sont responsables de dommages aux câblages et aux instruments scientifiques, bien que l'étendue des dommages et l'impact sur les résultats scientifiques soient inconnus. Un appareil photo a été installé au bâtiment de l'USAP au début de l'année 2010 pour surveiller le trafic pénétrant dans la Zone par la route qui mène aux laboratoires.

Les installations récentes dans la Zone et à proximité incluent un FE-Boltzmann LiDAR dans le laboratoire de recherche néo-zélandais d'Arrival Heights en 2010, le réseau d'antennes Super Dual Auroral RADAR Network (SuperDARN) (2009-10) et deux récepteurs de station terrienne de communications par satellite (Carte 2). Le réseau d'antennes SuperDARN transmet à des fréquences basses (8 à 20 MHz), avec la transmission principale orientée vers le sud-est de la Zone, et son emplacement a été sélectionné en partie pour minimiser les interférences avec les expériences d'Arrival Heights. Deux récepteurs de station terrienne de communications par satellite (Joint Polar Satellite System (JPSS) et MG2) se trouvent à proximité. L'un des récepteurs est capable de transmettre (plage de fréquences de 2025 à 2120 Hz) et des mesures ont été prises pour assurer que les irradiations dans la Zone sont minimes.

Trois éoliennes ont été bâties à environ 1,5 km à l'est de la Zone et à proximité de Crater Hill au cours de l'été austral 2009-10 (Carte 1). Les émissions d'IEM depuis les éoliennes doivent être conformes aux normes acceptées pour la machinerie électrique et les services d'utilité. Toutefois, des IEM provenant des nouvelles éoliennes ont été détectées dans des jeux de données de fréquence très basse à Arrival Heights, avec des sources potentielles d'IEM, y compris les transformateurs des éoliennes, les générateurs et les lignes de courant.

Une analyse détaillée des IEM est actuellement en cours, avec une attention particulière sur la détermination des éventuels impacts découlant de l'opération des éoliennes à proximité et des systèmes LiDAR et électriques installés dans les laboratoires au sein de la Zone. Les résultats devraient être publiés fin 2011.

La surveillance de la qualité de l'air est régulière à Arrival Heights depuis 1992 et des études récentes suggèrent que la qualité de l'air a été réduite, probablement en raison des émissions provenant de la station McMurdo ou de la base Scott (Mazzera *et al.* 2001), par exemple des opérations de construction et des véhicules. Les études ont révélé que les échantillons d'air contenaient des concentrations plus importantes d'espèces dérivées de la pollution (EC, SO_2, Pb, Zn) et d'aérosols PM10 (particules aux diamètres aérodynamiques de moins de 10 µm) que d'autres sites côtiers et dans l'Antarctique.

6(ii) Accès à la zone

L'accès à la Zone peut se faire à terre, par véhicule ou à pieds. La route d'accès à la Zone passe par le sud-est et s'étend jusqu'aux laboratoires de recherche. Plusieurs pistes pour les véhicules sont présentes dans la Zone, entre la station terrienne de communications par satellite dans le First Crater et le pied du Second Crater. L'accès à pieds peut se faire depuis la route d'accès.

L'accès aérien et le survol de la Zone sont interdits, sauf lorsqu'ils sont spécifiquement autorisés par un permis, auquel cas l'autorité compétente soutenant les programmes de recherches dans la Zone doit être informée préalablement à l'accès.

6(iii) Zones restreintes et administrées dans la Zone

Aucune.

6(iv) Structures dans la Zone et à proximité

Les programmes néo-zélandais et américains ont des installations de recherche et d'hébergement dans la Zone. La Nouvelle-Zélande a ouvert un nouveau laboratoire de recherche à Arrival Heights le 20 janvier 2007, en remplacement d'un ancien bâtiment qui a été retiré de la Zone. Les États-Unis tiennent un laboratoire dans la Zone. Une série de réseaux de radars et d'antennes conçue pour répondre aux besoins scientifiques se trouve à travers la Zone (Carte 2) et une nouvelle antenne TBF a été installée à Arrival Heights en décembre 2008. Une station terrienne de communications par satellite est située à quelques mètres à l'intérieur de la limite de la Zone sur le First Crater (Carte 2).

Le réseau d'antennes SuperDARN se trouve à environ 270 m au SO de la Zone, tandis que deux récepteurs de station terrienne de communications par satellite sont installés à environ 150 m au SO de la Zone (Carte 2).

6(v) Emplacement des autres zones protégées à proximité de la Zone

Les zones protégées les plus proches d'Arrival Heights sont sur l'île Ross : Cape Evans (ZSPA N° 155) est la plus proche, à 22 km au nord ; la baie Backdoor (ZSPA N° 157) est à 32 km au nord ; Cape Royds (ZSPA N° 121) est à 35 km au NNO ; Tramway Ridge (ZSPA N° 130) proche du sommet du Mont Erebus est à 40 km au nord ; la baie Lewis (ZSPA N° 156) le site du crash de l'aéronef de passagers 1979 DC-10 est à 50 km au NE ; New College Valley (ZSPA N° 116) est à 65 km au nord, à Cape Bird, et Cape Crozier (ZSPA N° 124) est à 70 km au NE. Au NO, l'île White (ZSPA N° 137) est à 35 km au sud à travers la falaise de glace Ross. La Zone gérée spéciale de l'Antarctique N° 2, McMurdo Dry Valleys, est à environ 50 km à l'ouest de la Zone.

7. Conditions du permis

L'accès à la Zone est interdit, sauf conformément à un permis délivré par une autorité nationale compétente. Les conditions de délivrance d'un permis pour accéder à la Zone sont les suivantes :

- il est délivré uniquement pour des études scientifiques de l'atmosphère et de la magnétosphère ou pour d'autres objectifs scientifiques qui ne peuvent pas être servis ailleurs ;
- il est délivré pour l'opération, la gestion et l'entretien des installations de soutien scientifique (y compris les opérations de sécurité), à la condition que les mouvements à l'intérieur de la Zone se limitent aux besoins nécessaires pour accéder à ces installations ;
- il est délivré pour des activités pédagogiques ou de sensibilisation publique qu'il n'est pas possible de réaliser ailleurs et qui sont associées aux études scientifiques menées dans la Zone, à la condition que les visiteurs soient accompagnés par du personnel autorisé responsable des installations visitées ;
- il est délivré pour des besoins de gestion essentiels correspondant aux objectifs du Plan, comme l'inspection ou le contrôle ;
- les actions autorisées ne compromettront pas les valeurs scientifiques ou pédagogiques de la Zone ;
- toutes les activités de gestion soutiennent les objectifs du Plan de gestion ;
- les actions autorisées sont conformes au Plan de gestion ;
- le permis ou une copie devra être porté dans la Zone ;
- un rapport sur la visite devra être fourni à l'autorité ou aux autorités mentionnées dans le permis ;
- les permis devront être délivrés pour une période donnée.

7(i) Accès à la Zone et mouvements à l'intérieur de la Zone

L'accès à la Zone est autorisé en véhicule ou à pieds. L'atterrissage d'un aéronef au sein de la Zone ou le survol de la Zone est interdit, sauf autorisation spéciale par un permis. Un avis écrit préalable doit être remis à l'autorité ou aux autorités compétentes qui soutiennent les recherches scientifiques menées dans la Zone au moment de l'activité en aéronef proposée. L'emplacement et la durée de l'activité en aéronef doivent être coordonnés selon les besoins afin d'éviter ou de minimiser la perturbation des programmes scientifiques.

Le trafic des véhicules et pédestre doit être maintenu à un minimum correspondant aux objectifs des activités autorisées et tous les efforts raisonnables seront mis en œuvre pour minimiser les impacts potentiels sur les recherches scientifiques : par ex. : le personnel accédant à la Zone par véhicule doit coordonner le déplacement de manière à ce que l'utilisation des véhicules soit maintenue à un minimum.

Les véhicules devront rester sur les pistes établies pour les véhicules comme l'indique la Carte 2, sauf autorisation spéciale par un permis. Les piétons doivent également suivre les pistes établies dans la mesure du possible. Il faut veiller à éviter les câbles et les autres instruments lors d'un déplacement autour de la Zone, car ils sont susceptibles d'être endommagés par le trafic à pieds et des véhicules. Pendant les heures d'obscurité, les phares de véhicules doivent être éteints à l'approche des installations pour empêcher d'endommager les instruments photosensibles au sein de la Zone.

7(ii) Activités qui sont ou peuvent être menées dans la Zone, notamment les restrictions de temps et de lieu

Les activités pouvant être menées dans la Zone incluent :

- les recherches scientifiques qui ne compromettront pas les valeurs scientifiques de la Zone ;
- les activités de gestion essentielles, notamment l'installation de nouvelles installations pour soutenir les recherches scientifiques ;
- les activités à objectif pédagogique (comme des rapports documentaires (photographiques, audio ou écrits) ou la production de ressources ou de services pédagogiques) qu'il n'est pas possible de servir ailleurs ;
- l'utilisation de radios à main et de voitures radio par des visiteurs qui pénètrent dans la Zone est autorisée ; toutefois, leur utilisation doit être minimisée et devra se limiter aux communications pour des besoins scientifiques, de gestion ou de sécurité ;
- les études du bruit électromagnétique pour permettre d'assurer que les recherches scientifiques ne sont pas compromises de manière importante.

7(iii) Installation, modification ou retrait des structures

- Aucune structure ne doit être érigée dans la Zone, sauf spécification dans le permis.
- L'ensemble des structures, des équipements scientifiques ou des balises installés dans la Zone, en dehors des installations des quartiers de recherche, doivent être autorisés par un permis et clairement identifier le pays, le nom

du responsable de l'équipe de recherche et l'année d'installation. Le retrait de ces structures, équipements ou balises à l'expiration du permis devra incomber à l'autorité qui a accordé le permis original et devra être une condition du permis.

-
- L'installation (y compris la sélection du site), l'entretien, la modification ou le retrait de structures devront être entrepris de sorte à minimiser la perturbation de l'environnement et les installations ne doivent pas compromettre les valeurs de la Zone, particulièrement les conditions de faible interférence électromagnétique. Les installations doivent être en matériaux posant un risque minime de contamination environnementale de la Zone. La période de retrait de l'équipement devra être spécifiée dans le permis.
- Aucun nouvel équipement de transmission radioélectrique (RF) autre que des émetteurs-transmetteurs de faible puissance pour les communications locales essentielles ne peut être installé dans la Zone. Le rayonnement électromagnétique produit par l'équipement introduit dans la Zone ne devra avoir aucun effet indésirable sur les études en cours, sauf autorisation spéciale. Des précautions doivent être prises pour assurer que l'équipement électrique utilisé dans la Zone est correctement blindé afin de maintenir le bruit électromagnétique à un minimum.
- L'installation ou la modification de structures ou d'équipements dans la Zone est sous réserve d'une évaluation des impacts probables des installations ou modifications proposées sur les valeurs de la Zone, conformément aux procédures nationales. En plus de toutes les autres procédures qui peuvent être exigées par les autorités compétentes, les responsables des équipes de recherche devront soumettre les détails des propositions et l'évaluation sur les impacts qui les accompagne au coordinateur de l'activité pour son programme national, qui échangera les documents reçus avec d'autres coordinateurs d'activités pour la Zone. Les coordinateurs d'activités évalueront les propositions en consultation avec les responsables des programmes nationaux et les responsables des équipes de recherche appropriés par rapport aux impacts potentiels sur les valeurs scientifiques ou sur l'environnement naturel de la Zone. Les coordinateurs d'activités devront s'accorder et émettre des recommandations (de procéder selon la proposition, de procéder avec des révisions, de faire des essais pour une nouvelle évaluation ou de ne pas procéder) à leur programme national au plus tard 60 jours après réception d'une proposition. Les programmes nationaux devront être chargés d'informer les responsables des équipes de recherche si oui ou non ils peuvent procéder avec leurs propositions et dans quelles conditions.
- La planification, l'installation ou la modification des structures ou des équipements proches qui se trouvent en dehors de la Zone et émettent des rayonnements électromagnétiques doivent tenir compte de leurs effets potentiels sur les valeurs de la Zone.

7(iv) Emplacement des camps

Il est interdit de camper dans la Zone. Les visites de nuit sont autorisées dans les bâtiments équipés à ces fins.

7(v) Restrictions sur les matériaux et organismes qu'il est possible d'introduire dans la Zone

Il n'y a pas de restriction spécifique sur les matériaux et organismes qu'il est possible d'introduire dans la Zone.

7(vi) Collecte ou perturbation néfaste de la flore ou de la faune indigène

La collecte ou la perturbation néfaste de la flore ou de la faune indigène est interdite, sauf dans le cadre d'un permis délivré par l'autorité nationale compétente spécifiquement à cette fin en vertu de l'Article 3 de l'Annexe II du Protocole.

7(vii) Collecte ou retrait d'éléments non introduits dans la Zone par le titulaire du permis

- Des matériaux ne peuvent être recueillis ou retirés de la Zone que conformément à un permis et ce en se limitant au minimum nécessaire pour répondre aux besoins scientifiques ou de gestion.
- Les matériaux d'origine humaine susceptibles de compromettre les valeurs de la Zone et qui n'ont pas été introduits dans la Zone par le titulaire d'un permis ou autrement autorisés, peuvent être retirés de n'importe quelle partie de la Zone, à moins que l'impact du retrait soit susceptible d'être plus important que de laisser le matériau sur place. Dans ce cas, l'autorité compétente doit être informée.
- L'autorité compétente doit être informée de tout élément retiré de la Zone qui n'a pas été introduit par le détenteur du permis.

7(viii) Élimination des déchets

Tous les déchets, y compris les déchets humains, devront être retirés de la Zone.

7(ix) Mesures nécessaires pour assurer la poursuite de l'atteinte des buts et objectifs du Plan de gestion

1) Les permis peuvent être accordés pour accéder à la Zone afin d'effectuer des activités de surveillance scientifique et d'inspection du site, ce qui peut impliquer la collecte de données pour analyse ou revue ou pour des mesures de protection.

2) Tout site spécifique de surveillance à long terme devra être balisé de façon appropriée.

3) Les bandes électromagnétiques d'intérêt scientifique particulier et qui garantissent une protection spéciale contre les interférences doivent être identifiées par les parties actives dans la Zone. Dans la mesure du possible, la génération de bruit électromagnétique doit se limiter aux fréquences hors de ces bandes.

4) Il est interdit de générer délibérément du bruit électromagnétique dans la Zone, sauf dans les bandes fréquence et aux niveaux de puissance convenus ou conformément à un permis.

7(x) Conditions relatives aux rapports

- Les parties doivent assurer que le détenteur principal de chaque permis délivré soumet à l'autorité compétente un rapport décrivant les activités entreprises. Ces rapports doivent, le cas échéant, inclure les informations identifiées dans le Guide pour l'élaboration des plans de gestion des zones spécialement protégées de l'Antarctique.

- Les parties doivent tenir un enregistrement à jour sur ces activités et, au cours de l'échange annuel d'informations, elles doivent fournir des récapitulatifs des descriptions des activités menées par les personnes soumises à leur juridiction, descriptions qui doivent être suffisamment détaillées pour évaluer l'efficacité du Plan de gestion. Dans la mesure du possible, les parties doivent déposer des originaux ou des copies de ces rapports originaux dans une archive accessible au public pour tenir à jour un enregistrement de l'utilisation, à utiliser pour la revue du Plan de gestion et pour organiser l'utilisation scientifique de la Zone.

- L'autorité compétente doit être informée des activités/mesures entreprises et/ou des matériaux introduits et non retirés qui n'ont pas été inclus dans le permis agréé. Tous les déversements devront être signalés à l'autorité compétente.

Références

Anyamba, E., Williams, E., Susskind, J., Fraser-Smith, A. & Fullerkrug, M. 2000. The Manifestation of the Madden-Julian Oscillation in Global Deep Convection and in the Schumann Resonance Intensity. *American Meteorology Society* 57(8) : 1029–44.

Behrendt, J. C., Saltus, R., Damaske, D., McCafferty, A., Finn, C., Blankenship, D. D. & Bell, R. E. 1996. Patterns of Late Cenozoic volcanic tectonic activity in the West Antarctic rift system revealed by aeromagnetic surveys. *Tectonics* 15 : 660–76.

Clilverd, M. A., C. J. Rodger, N. R. Thomson, J. B. Brundell, Th. Ulich, J. Lichtenberger, N. Cobbett, A. B. Collier, F. W. Menk, A. Seppl, P. T. Verronen, and E. Turunen. 2009. Remote sensing space weather events: the AARDDVARK network. *Space Weather* 7 (S04001). DOI : 10.1029/2008SW000412.

Connor, B. J., Bodeker, G., Johnston, P. V., Kreher, K., Liley, J. B., Matthews, W. A., McKenzie, R. L., Struthers, H. & Wood, S. W. 2005. Overview of long-term stratospheric measurements at Lauder, New Zealand, and Arrival Heights, Antarctica. *American Geophysical Union, réunion de printemps 2005.*

Deutscher, N. M., Jones, N. B., Griffith, D. W. T., Wood, S. W. and Murcray, F. J. 2006. Atmospheric carbonyl sulfide (OCS) variation from 1992-2004 by ground-based solar FTIR spectrometry. *Discussions sur la chimie et la physique atmosphériques* 6 : 1619–36.

Fraser-Smith, A. C., McGill, P. R., Bernardi, A., Helliwell, R. A. & Ladd, M. E. 1991. Global Measurements of Low-Frequency Radio Noise *in* Environmental and Space Electromagnetics (Ed. H. Kikuchi). Springer-Verlad, Tokyo.

Fraser-Smith, A. C. & Turtle, J. P.1993. ELF/VLF Radio Noise Measurements at High Latitudes during Solar Particle Events. Document présenté lors de la 51è reunion des spécialistes de l'AGARD-EPP sur les *Aspects de la propagation et de systèmes de radio à EBF/TLF/BF.* Bruxelles, Belgique ; 28 Sept. – 2 Oct. 1992.

M. Füllekrug, M. 2004. Probing the speed of light with radio waves at extremely low frequencies. *Lettres de revue physique* 93(4), 043901 : 1-3.

Füllekrug, M. 2010. Wideband digital low-frequency radio receiver. *Science et technologie de mesure,* 21, 015901 : 1-9. doi : 10.1088/0957-0233/21/1/015901.

Füllekrug , M. & Fraser-Smith, A. C.1996. Further evidence for a global correlation of the Earth-ionosphere cavity resonances. *Assemblée générale de l'International Union of Geodesy and Geophysics N° 21, Boulder, Colorado, États-Unis.*

Füllekrug, M. & Fraser-Smith, A.C. 1997. Global lightning and climate variability inferred from ELF magnetic field variations. *Lettres de recherches géophysiques* **24**(19), 2411

Füllekrug, M., Fraser-Smith, A. C., Bering, E. A. & Few, A. A. 1999. On the hourly contribution of global cloud-to-ground lightning activity to the atmospheric electric field in the Antarctic during December 1992. *Journal of Atmospheric and Solar-Terrestrial Physics* **61** : 745-50.

Füllekrug, M., Fraser-Smith, A.C. & Schlegel, K. 2002. Global ionospheric D-layer height monitoring. *Lettres d'euro physique* **59**(4) : 626.

Hay, T., Kreher, K., Riedel, K., Johnston, P., Thomas, A. & McDonald, A. 2007. Investigation of Bromine Explosion Events in McMurdo Sound, Antarctica. *Extraits de recherches géophysiques.* Vol. 7.

Hernandez, G. & Roble, R. G. 2003. Simultaneous thermospheric observations during the geomagnetic storm of April 2002 from South Pole and Arrival Heights, Antarctica. *Lettres de recherches géophysiques* **30** (10) : 1511.

Keys, J. G., Wood, S. W., Jones, N. B. & Murcray. 1998. Spectral Measurements of HCl in the Plume of the Antarctic Volcano Mount Erebus. *Lettres de recherches géophysiques* **25**(13) : 2421–24.

Klein, A. G., Kennicutt, M. C., Wolff, G. A., Sweet, S. T., Gielstra, D. A. & Bloxom, T. 2004. Disruption of Sand-Wedge Polygons at McMurdo Station Antarctica : An Indication of Physical Disturbance. *61ᵉ Eastern Snow Conference*, Portland, Maine, États-Unis.

Kyle, P. 1981. Mineralogy and Geochemistry of a Basanite to Phonolite Sequence at Hut Point Peninsula, Antarctica, based on Core from Dry Valley Drilling Project Drillholes 1,2 and 3. *Journal of Petrology.* **22** (4) : 451 – 500.

Kuttippurath, J., Goutail, F., Pommereau, J.-P., Lefèvre, F., Roscoe, H. K., Pazmiˉno A., Feng, W., Chipperfield, M. P., & Godin-Beekmann, S. 2010. Estimation of Antarctic ozone loss from ground-based total column measurements. *Chimie et physique de l'atmosphère* **10** : 6569–81.

Mazzera, D. M., Lowenthal, D. H., Chow, J, C. & Watson, J. G. 2001. Sources of PM_{10} and sulfate aerosol at McMurdo station, Antarctica. *Chimosphère* **45** : 347–56.

McDonald, A. J., Baumgaertner, A. J. G., Fraser, G. J., George, S. E. & Marsh, S. 2007. Empirical Mode Decomposition of the atmospheric wave field. *Annales de géophysique* **25** : 375–84.

Monaghan, A. J. & Bromwich, D. H. 2005. The Climate of the McMurdo, Antarctica, Region as Represented by One Year Forecasts from the Antarctic Mesoscale Prediction System. *Journal of Climate.* 18, pp. 1174–89.

Nichol, S. E., Coulmann, S. & Clarkson, T. S. 1991. Relationship of springtime ozone depletion at Arrival Heights, Antarctica, to the 70 HPA temperatures. *Lettres de recherches géophysiques* **18** (10) : 1865–68.

Oltmans, S. J., Johnson, B. J. & Helmig, D. 2008. Episodes of high surface-ozone amounts at South Pole during summer and their impact on the long-term surface-ozone variation. *Environnement atmosphérique* **42** : 2804–16.

Riedel, K., Kreher, K., Nichol, S. & Oltmans, S. J. 2006. Air mass origin during tropospheric ozone depletion events at Arrival Heights, Antarctica. *Extraits de recherches géophysiques* **8**.

Rodger, C. J., J. B. Brundell, R. H. Holzworth, and E. H. Lay. 2009. Growing detection efficiency of the World Wide Lightning Location Network. American Institute of Physics Conference Proceedings **1118** : 15-20. DOI:10.1063/1.3137706.
Schlegel, K. & Fullekrug, M. 1999. Schumann resonance parameter changes during high-energy particle precipitation. *Journal of Geophysical Research* **104** (A5) : 10111-18.

Schofield, R., Johnston, P. V., Thomas, A., Kreher, K., Connor, B. J., Wood, S., Shooter, D., Chipperfield, M. P., Richter, A., von Glasow, R. & Rodgers, C. D. 2006. Tropospheric and stratospheric BrO columns over Arrival Heights, Antarctica, 2002. *Journal de recherches géophysiques* **111** : 1–14.

Sinclair, M. R. 1988. Local topographic influence on low-level wind at Scott Base, Antarctica. *New Zealand Journal of Geology and Geophysics.* **31**: 237–45.

Skotnicki, M. L., Ninham, J. A. & Selkirk P. M. 1999. Genetic diversity and dispersal of the moss Sarconeurum glaciale on Ross Island, East Antarctica. *Écologie moléculaire* **8** : 753-62.

Stefano, J. E. 1992. Application of Ground-Penetrating Radar at McMurdo Station, Antarctica. Présenté lors de la conférence Hazardous Materials Control Research Institute federal environmental restoration à Vienne, États-Unis, 15-17 avril 1992.

Struthers, H., Kreher, K., Austin, J., Schofield, R., Bodeker, G., Johnston, P., Shiona, H. & Thomas, A. 2004. Past and future simulations of NO_2 from a coupled chemistry-climate model in comparison with observations. *Discussions sur la chimie et la physique atmosphériques* **4** : 4545–79.

Tauxe, L., Gans, P. B. & Mankinen, E. A. 2004. Paleomagnetic and 40Ar/39Ar ages from Matuyama/Brunhes aged volcanics near McMurdo Sound, Antarctica. *Géosystèmes géophysiques et géochimiques* **5** (10) : 1029.

Wood, S. W., Batchelor, R. L., Goldman, A., Rinsland, C. P., Connor, B. J., Murcray, F. J., Stephan, T. M. & Heuff, D. N. 2004. Ground-based nitric acid measurements at Arrival Heights, Antarctica, using solar and lunar Fourier transform infrared observations. *Journal of Geophysical Research* **109** : D18307.

Wright, I. M., Fraser, B. J., & Menk F.W. 1998. Observations of polar cap arc drift motion from Scott Base S-RAMP Proceedings of the AIP Congress, Perth, Septembre 1998.

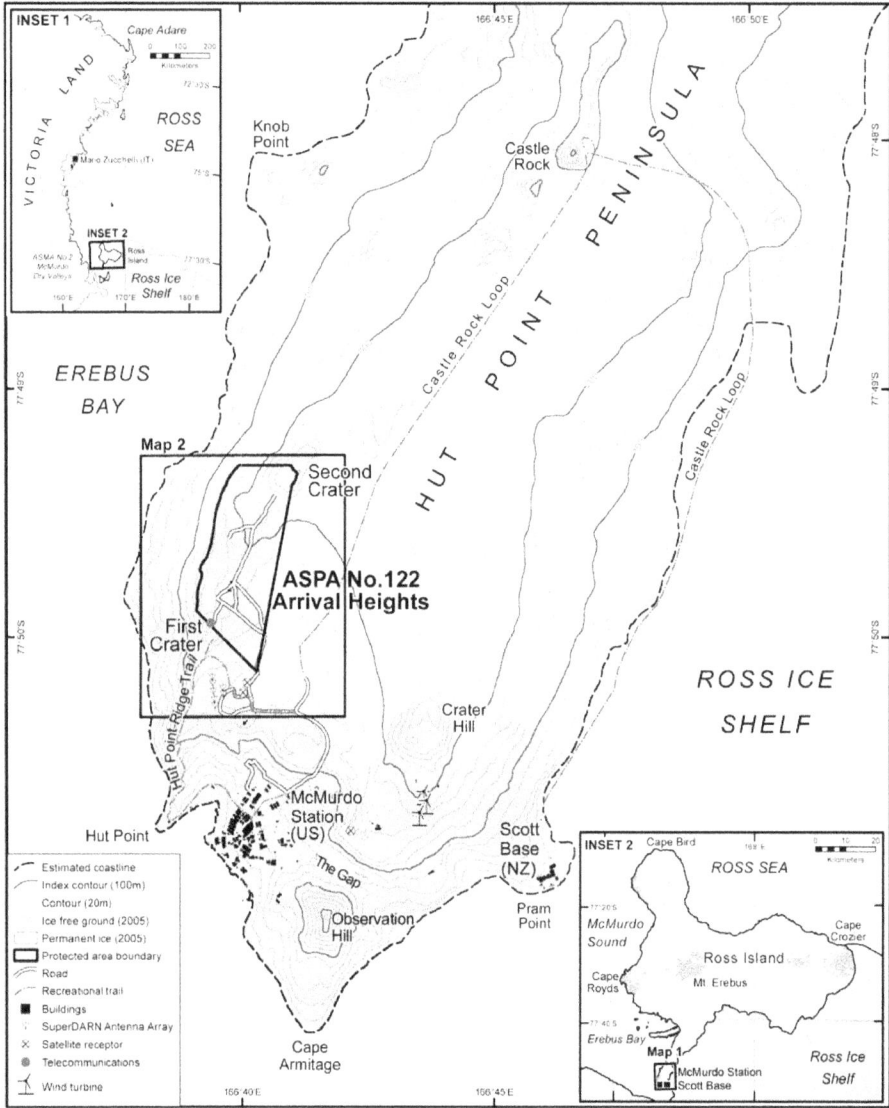

ASPA No. 122 - Arrival Heights
Map 1: Regional overview

Second
Crater

US Hydrographic
Survey

Estimated coastline
Index contour (50m)
Contour (10m)
Ice free ground (2005)
Permanent ice (2005)
Protected area boundary
Road
Recreational trail
Research laboratory
Scientific instruments
Single antenna
Antenna array
Antenna vault
Disused antenna post
Satellite receptor
Other telecommunications
Meteorological station
'No Entry' signpost
Signpost
Survey control (monumented)
Survey control (not monumented)

DUBOIS
(USGS)

Rometers

ELF

NZ

ASPA No.122: Arrival Heights
(ENTRY BY PERMIT)

AMENT
(USGS)

ULF

US

NZ

LANDING OF AIRCRAFT AND
OVERFLIGHT OF THE AREA
IS PROHIBITED UNLESS
AUTHORIZED BY PERMIT

Castle Rock Loop

First
Crater

Satellite Earth
Station (NZ)

Hut Point Ridge Trail

T510 No 2

Vehicle
Turnaround

MG2

JPSS

SuperDARN
Antenna Array

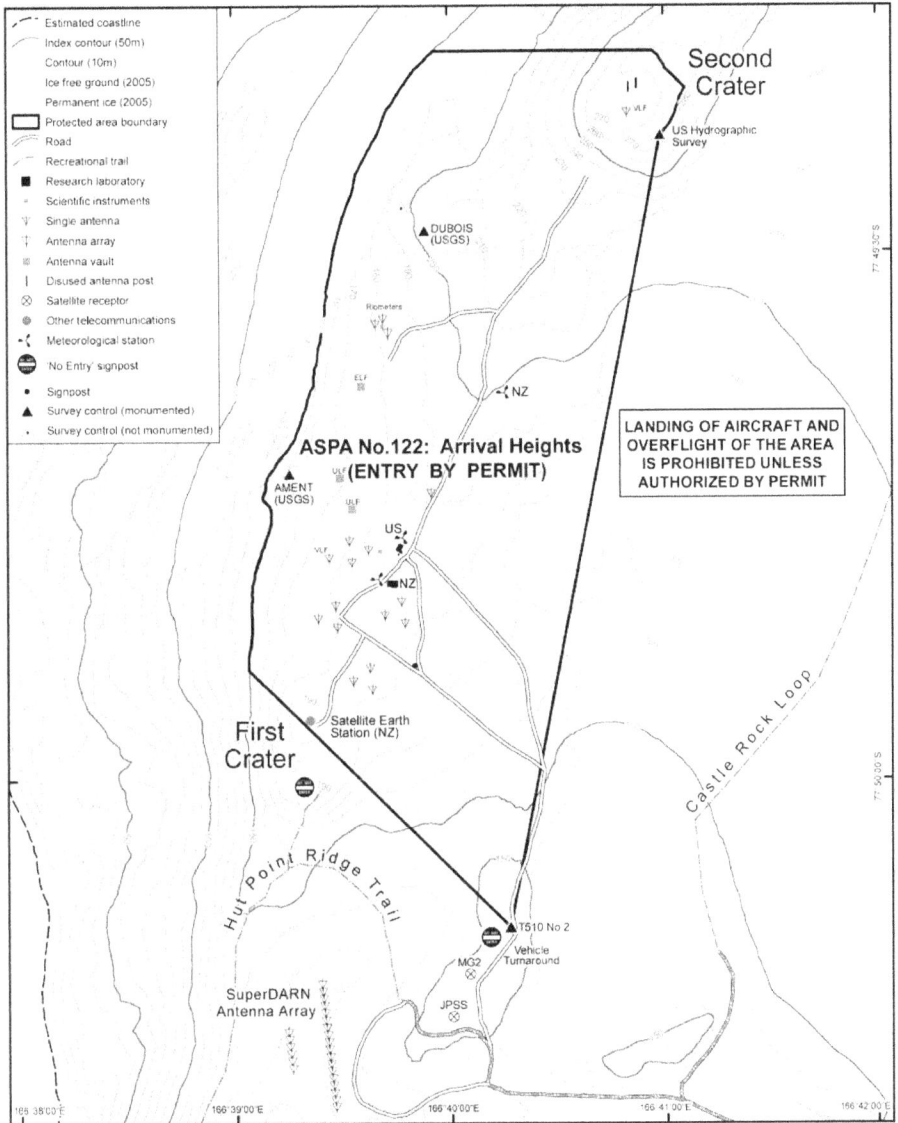

Projection Lambert Conformal Conic
CM 166 45. SP1 -77 40. SP2 -78 00. LO -77 50.
Spheroid WGS84. Data sources: Contours. Derived from
2m DEM. contour interval 10m. Features. Derived from
USAP (Feb 2009) & ERA (Nov 2009) field surveys.
Recreational trails. PGC field survey 2009. Permanent ice
digitised from orthorectified Quickbird image (15 Oct 05).
(Imagery © Digital Globe, NGA Commercial Imagery Program)
ASPA boundary based on Management Plan (2011)

ASPA No. 122 - Arrival Heights
Map 2: ASPA Boundary & topography

Note: Overground cables are present throughout
Arrival Heights and are not shown on this map.
Care should be taken to avoid disturbing these cables

N

0   100   200

Meters

Plan de gestion pour
la zone spécialement protégée de l'Antarctique N° 126
PÉNINSULE DE BYERS, ÎLE LIVINGSTON,
ÎLES SHETLAND DU SUD

Introduction

La principale raison pour laquelle la péninsule Byers (latitude sud 62°34'35", longitude ouest 61°13'07"), l'île Livingston et les îles Shetland du Sud ont été désignées en tant que Zone spécialement protégée de l'Antarctique (ZSPA) est l'objectif de protection des habitats terrestres et lacustres dans la Zone.

À l'origine, la péninsule Byers avait été désignée en tant que Zone spécialement protégée (ZSP) N° 10 en vertu de la Recommandation IV-10 en 1966. Cette zone incluait le terrain libre de glace à l'ouest de la bordure occidentale de la calotte glaciaire permanente sur l'île Livingston, sous le dôme de Rotch, ainsi que l'île Window à environ 500 m au large de la côte nord-ouest et cinq petites zones libres de glace sur la côte sud, immédiatement à l'est de la péninsule Byers. Les valeurs protégées dans le cadre de la désignation initiale incluaient la diversité de la vie végétale et animale, beaucoup d'invertébrés, une population considérable d'éléphants de mer du sud (*Mirounga leonina*), de petites colonies d'otaries à fourrure de l'Antarctique (*Arctocephalus gazella*) et les valeurs scientifiques exceptionnelles associées à une si grande variété de plantes et d'animaux sur une zone relativement petite.

La désignation d'une ZSP a été arrêtée en vertu de la Recommandation VIII-2 et la nouvelle désignation en tant que Site d'intérêt scientifique particulier (SISP) a eu lieu en vertu de la Recommandation VIII-4 (1975, SSSI N° 6). La nouvelle désignation en tant que SISP visait plus précisément à protéger quatre sites libres de glace plus petits sur la péninsule de la strate jurassique et crétacée sédimentaire et fossilifère, considérés être d'une valeur scientifique exceptionnelle pour l'étude de l'ancienne relation entre l'Antarctique et d'autres continents du sud. Suite à une proposition du Chili et du Royaume-Uni, le SISP a ensuite été étendu en vertu de la Recommandation XVI-5 (1991) pour inclure des limites similaires à celles de la ZSP : c'est-à-dire l'ensemble du terrain libre de glace de la péninsule Byers à l'ouest de la bordure de la calotte glaciaire permanente de l'île Livingston, y compris la zone littorale, mais à l'exclusion de l'île Window et des cinq sites côtiers du sud initialement inclus, et excluant également tous les îlots et rochers au large. La Recommandation XVI-5 notait que, en plus de sa valeur géologique particulière, la Zone avait également une importance biologique et archéologique considérable.

Tandis que le statut particulier de la désignation et que les limites ont changé de temps en temps, la péninsule Byers a en réalité été sous une protection spéciale pour la plus grande partie de l'ère moderne d'activités scientifiques dans la région. Les récentes activités dans la Zone ont été presque exclusivement dédiées à des recherches scientifiques. La plupart des visites et des prélèvements d'échantillons dans la zone depuis la désignation initiale en 1996 ont été sous réserve de conditions d'autorisations et certaines zones (par ex. le promontoire Ray) ont été rarement visitées. Au cours de l'Année polaire internationale, la péninsule Byers a été établie en tant que 'Site antarctique international de référence pour les écosystèmes terrestres, dulcicoles et côtiers' (Quesada et al 2009). Pendant cette période, des données de base liées aux écosystèmes terrestres, limniques et côtiers ont été établies, y compris les caractéristiques du pergélisol, la géomorphologie, l'étendue de la végétation, la diversité et le fonctionnement limnique, la diversité des mammifères marins et des oiseaux, la microbiologie et la diversité des invertébrés marins côtiers. Les valeurs archéologiques de la péninsule Byers ont été décrites comme uniques du fait qu'elle possède la plus grande concentration de sites historiques de l'Antarctique, à savoir des vestiges de refuges ainsi que des artéfacts contemporains et des épaves de navires datant des expéditions de chasse aux phoques du début du dix-neuvième siècle (consultez la Carte 2).

La péninsule Byers offre une contribution substantielle aux régions protégées de l'Antarctique, car elle (a) contient une diversité particulièrement étendue d'espèces, (b) se distingue des autres régions de par ses nombreux lacs et étangs et cours d'eau douce, (c) est d'une grande importance écologique et représente le site limnologique le plus significatif dans la région, (d) est vulnérable à l'interférence humaine, en particulier à cause de la nature oligotrophe des lacs qui sont extrêmement sensibles à la pollution et (e) représente un immense intérêt scientifique à travers un éventail de disciplines. Tandis que certains de ces critères de qualité sont représentés dans d'autres ZSPA de la région, la péninsule Byers est unique en ce qu'elle possède un grand nombre de critères différents au sein d'une seule zone. Tandis que la péninsule Byers est principalement protégée pour ses valeurs environnementales exceptionnelles (spécifiquement sa diversité biologique et les écosystèmes de ses terrains et lacs), la Zone présente une combinaison d'autres valeurs, notamment associées à la science (c'est-à-dire pour la biologie terrestre, la limnologie, l'ornithologie, la paléolimnologie, la géomorphologie et la géologie), l'histoire (artéfacts et restes de refuge des premiers chasseurs de phoques) et la nature sauvage (par ex. Promontoire Ray) et des valeurs scientifiques en cours qui peuvent bénéficier de la protection de la Zone.

Le terrain libre de glace de la péninsule Byers est entouré sur trois côtés par l'océan et par le glacier du dôme de Rotch à l'est. La Zone a été désignée pour protéger des valeurs trouvées dans le terrain libre de glace sur la péninsule Byers. Pour atteindre cet objectif, une partie du dôme de Rotch a été incluse dans la ZSPA afin d'assurer que le terrain libre de glace nouvellement exposé (suite à un retrait du dôme de Rotch) restera dans les limites de la ZSPA. Par ailleurs, la partie nord-ouest du dôme de Rotch, notamment le terrain déglacé et le promontoire Ray, a été désignée comme une zone restreinte pour permettre des études en microbiologie qui nécessitaient des normes de quarantaine plus rigoureuses qu'il n'était considéré nécessaire dans le reste de la Zone. La Zone (84,7 km^2) est considérée suffisamment vaste pour fournir une protection adéquate des valeurs décrites ci-dessous.

1. Description des valeurs à protéger

Le Plan de gestion joint à la Mesure 1 (2002) soulignait la justification d'une protection spéciale de la Zone par des valeurs considérées importantes. Les valeurs enregistrées dans les Plans de gestion initiaux sont réaffirmées. Ces valeurs sont exposées comme suit :

- La flore et la faune terrestres décrites sont d'une diversité exceptionnelle, avec l'une des plus larges représentations d'espèces connues dans l'Antarctique maritime. Par exemple, la flore rare mais diversifiée de plantes calcicoles et calcifuges et les cyanobactéries sont associées respectivement aux laves et basaltes et plusieurs cryptogames rares et les deux plantes vasculaires natives (*Deschampsia antarctica* et *Colobanthus quitensis*) sont présents sur plusieurs sites.

- Avec plus de 60 lacs, de nombreux bassins d'eau douce et une grande variété de cours d'eau souvent longs, il s'agit du site limnologique le plus important dans les îles Shetland du Sud – et peut-être dans la région de la péninsule Antarctique – et c'est également un site qui n'a pas été soumis à d'importants niveaux de perturbation humaine.

- La répartition de *Parochlus steinenii* (le seul insecte alifère natif de l'Antarctique) est limitée dans les îles Shetland du Sud. La répartition du seul autre diptère natif, le chironomide sans ailes *Belgica antarctica,* est très restreinte sur la péninsule Antarctique. Les deux espèces abondent sur plusieurs des lacs et bassins de la péninsule Byers.

- Les mattes de cyanobactéries exceptionnellement extensives dominées par des *Phormidium* sp. et d'autres espèces, particulièrement sur les niveaux supérieurs du plateau central de la péninsule Byers, sont les meilleurs exemples décrits jusqu'ici dans l'Antarctique maritime.

- L'avifaune qui se reproduit dans la zone est diverse, y compris deux espèces de manchots [manchot à jugulaire (*Pygoscelis antarctica)* et manchot papou (*P. papua*)], la sterne couronnée (*Sterna vittata*), l'océanite de Wilson (*Oceanites oceanicus*), le damier du Cap (*Daption capense*), le goéland dominicain (*Larus dominicanus*), le pétrel géant (*Macronectes giganteus*), l'océanite à ventre noir (*Fregetta tropica*), le cormoran impérial (*Phalacrocorax atriceps*), le grand labbe (*Catharacta loennbergi*) et le bec-en-fourreau (*Chionis alba*).

- Les lacs et leurs sédiments constituent l'une des archives les plus importantes pour étudier le paléoenvironnement holocène dans la région de la péninsule Antarctique et pour établir une tephrachronologie holocène régionale.

- Des ossements de baleine subfossiles bien préservés sont présents sur des plages surélevées, qui sont importantes pour la datation au carbone 14 des dépôts de rivage.

- Les sites libres de glace sur la péninsule avec une strate jurassique et crétacée sédimentaire et fossilifère exposée sont considérés d'une valeur scientifique exceptionnelle pour l'étude de l'ancienne relation entre l'Antarctique et d'autres continents du sud.

2. Buts et objectifs

La gestion dans la péninsule Byers vise à :

- prévenir la dégradation des valeurs de la Zone ou les risques substantiels qui la menacent en empêchant une perturbation humaine inutile ;
- permettre des recherches scientifiques sur les écosystèmes terrestres et lacustres, les mammifères marins, l'avifaune, les écosystèmes côtiers et la géologie ;
- permettre d'autres recherches scientifiques dans la Zone, à condition qu'elles soient justifiées par des raisons impérieuses qui ne peuvent pas être servies ailleurs ;
- permettre des recherches archéologiques et adopter des mesures pour la protection des artéfacts, tout en préservant les artéfacts historiques présents dans la Zone contre une destruction, une perturbation ou un retrait inutile ;
- empêcher ou minimiser l'introduction de plantes, d'animaux et de microbes étrangers dans la Zone ;
- minimiser les risques d'introduction de pathogènes susceptibles d'entraîner des maladies pour la faune dans la Zone et
- permettre des visites pour des besoins de gestion en soutien aux objectifs du Plan de gestion.

3.   Activités de gestion

Les activités de gestion qui suivent devront être entreprises pour protéger les valeurs de la Zone :

- Une carte indiquant l'emplacement de la Zone et les restrictions spéciales qui s'appliquent devra être affichée bien en vue à la Base Juan Carlos I (Espagne) et à la Station St. Kliment Ochridski (Bulgarie) sur la péninsule Hurd, où des exemplaires de ce Plan de gestion devront être mis à disposition.
- Les balises, panneaux, clôtures ou autres structures érigés dans la Zone pour des besoins de recherche scientifique ou de gestion devront être solidement fixés et maintenus en bon état.
- Des visites seront effectuées selon les besoins pour évaluer si oui ou non la Zone continue de servir les besoins pour lesquels elle a été désignée et pour assurer l'adéquation des mesures de gestion et d'entretien.

La péninsule Byers a été décrite comme extrêmement sensible à l'impact humain (Tejedo et al 2009). La Zone a été désignée en tant que ZSPA pour protéger une grande variété de valeurs qui y sont présentes. En conséquence, elle attire les scientifiques (qui représentent un vaste éventail de disciplines) et les archéologues provenant d'un certain nombre de nations membres du Traité. Le grand nombre de personnes présentes dans la Zone aux périodes les plus affluentes (milieu de l'été) signifie que les valeurs de la Zone peuvent être potentiellement négativement affectées par les activités humaines, par exemple par l'augmentation potentielle (i) de la taille et du nombre de campements, (ii) des dommages à la végétation causés par le piétinement, (iii) des perturbations des animaux sauvages natifs, (iv) de la génération de déchets et (v) du besoin de stockage en combustible. En conséquence, lors de l'élaboration de plans pour le travail de terrain dans la Zone, les parties sont **fortement encouragées** à assurer la liaison avec les autres nations susceptibles d'opérer dans la Zone qui apprêtent et coordonnent les activités pour maintenir les impacts environnementaux, y compris les impacts cumulatifs, à un minimum absolu (par ex. moins d'une douzaine de personnes à la fois dans le Campement international).

Toutes les parties sont fortement encouragées à utiliser le campement international établi (situé sur les plages du sud, 62°39'49,7" S, 61°05'59,8' O), afin de réduire la création de nouveaux sites de campement qui augmenteraient les niveaux des impacts humains dans la Zone. Deux abris aux formes arrondies se trouvent dans le campement (l'un installé pour les recherches scientifiques, l'autre, pour les activités domestiques ; tous deux sont administrés par l'Espagne). Ces abris sont à la disposition de toutes les parties au Traité si elles souhaitent les utiliser. Les parties doivent assurer une liaison avec l'Espagne pour coordonner l'accès aux abris.

4.   Durée de désignation

La Zone est désignée pour une période indéterminée.

5. Cartes et photographies

Carte 1 : ZSPA n° 126 de la péninsule Byers relativement aux îles Shetland du Sud, indiquant l'emplacement de la Base Juan Carlos I (Espagne) et de la Station St. Kliment Ochridski (Bulgarie), ainsi que l'emplacement des zones protégées dans un rayon de 75 km autour de la Zone. Encart : emplacement de l'île Livingston le long de la péninsule Antarctique.

Carte 2 : Carte topographique de la ZSPA n° 126 de la péninsule Byers. Spécifications de la carte : projection UTM fuseau 20 ; sphéroïde : WGS 1984 ; plan de niveau : niveau moyen de la mer. Précision horizontale de contrôle : ±0,05 m. Intervalle de contour vertical : 50 m.

6. Description de la zone

6(i) Coordonnées géographiques, balises de délimitation et éléments naturels

LIGNES DE DÉMARCATION

La Zone englobe :

- la péninsule Byers et tout le terrain libre de glace et la calotte glaciaire à l'ouest de la longitude 60°53'45'' O, y compris Clark Nunatak et le Point de Rowe ;
- le milieu marin littoral qui s'étend à 10 m au large depuis la ligne de basse mer et
- l'île du Démon et l'île Sprite, adjacentes au littoral sud de la Pointe du Diable, mais excluant tous les autres îlots au large, notamment l'île Rugged et les rochers (Carte 2).

La ligne de démarcation linéaire à l'est suit la longitude 60°53'45'' O pour assurer que le terrain libre de glace nouvellement exposé suite à un retrait du dôme de Rotch, qui peut contenir des opportunités utiles au niveau scientifique et de nouveaux habitats pour des études sur la colonisation, restera dans les limites de la ZSPA.

Aucune balise de délimitation n'est en place.

DESCRIPTION GÉNÉRALE

La péninsule Byers (entre les latitudes sud 62°34'35" et 62°40'35" et les longitudes ouest 60°53'45''" et 61°13'07", 84,7 km^2) se situe à l'extrémité ouest de l'île Livingston, la deuxième plus grande île des îles Shetland du Sud (Carte 1). La zone libre de glace sur la péninsule compte une extension centrale ouest-est d'environ 9 km et une extension NO-SE de 18,2 km et il s'agit de la plus vaste zone libre de glace dans les îles Shetland du Sud. La péninsule présente généralement un relief bas et ondulant, bien qu'il y ait un certain nombre de collines proéminentes dont l'altitude varie de 80 à 265 m (Carte 2). L'intérieur est dominé par une série de longues plate-formes à des altitudes atteignant 105 m, interrompues par des culots volcaniques isolés comme le Chester Cone (188 m) et le Negro Hill (143 m) (Thomson et López-Martínez, 1996). Les modelés arrondis et plats abondent suite à des processus d'érosion marins, glaciaires et périglaciaires. Le terrain le plus accidenté se trouve sur le Promontoire Ray, une crête formant l'axe d'orientation nord-ouest de la péninsule plus ou moins en forme de 'Y'. Des falaises abruptes entourent le littoral à l'extrémité nord du Promontoire Ray avec la colline Start (265 m) à l'extrémité NO étant le point le plus élevé de la péninsule.

La côte de la péninsule Byers s'étend sur un total de 71 km (Carte 2). Malgré un relief généralement bas, la côte est irrégulière et souvent abrupte, avec bon nombre de promontoires, falaises, îlots au large, rochers et haut-fonds. La péninsule Byers est également réputée pour ses plages vastes, ses éléments proéminents sur les trois côtes (plages de Robbery au nord, plages President à l'ouest et les plages du sud). Les plages du sud sont les plus vastes, s'étendant sur 12 km le long de la côte et d'une largeur atteignant près de 0,9 km. Ce sont les plus grandes des îles Shetland du Sud (Thomson et López-Martínez, 1996). Pour une description détaillée de la géologie et de la biologie de la Zone, consultez l'Annexe 1.

La Résolution 3 (2008) recommandait que l'« Analyse environnementale des domaines pour le continent Antarctique » serve de modèle dynamique pour l'identification des zones spécialement protégées de l'Antarctique dans le cadre de travail systématique environnemental et géographique visé à l'Article 3(2) de l'Annexe V du Protocole. À l'aide de ce modèle, la péninsule Byers est principalement le domaine environnemental G (géologique des îles au large de la péninsule Antarctique), qui est décrit comme « *un environnement terrestre très petit concentré autour de la péninsule Antarctique et associé aux îles au large, comme l'île de la Déception. Avec une surface de 966 km², il s'agit de loin de l'environnement le plus restreint dans la classification. L'environnement se compose exclusivement de terrain libre de glace et contient une combinaison de trois unités géologiques - sédimentaire (2 %), intrusive (24 %) et volcanique (28 %). Au niveau climatique, l'environnement est le plus chaud dans la classification, avec une température ambiante moyenne de seulement –3,29°C. Il connaît la plus petite plage saisonnière à –8,82°C et il reçoit le plus haut niveau de rayonnement solaire à 10,64 MJ/m²/jour. La vitesse moyenne du vent dans l'environnement est modérée, à 13,86 m/s. L'environnement est peu incliné, avec une pente moyenne de 13,41°. Les emplacements bien connus que l'environnement couvre incluent des parties de zones libres de glace sur les îles Shetland du Sud, comme la péninsule de Fildes sur l'île du Roi-George et de petits points sur la péninsule Antarctique le long de la Côte Davis ».* La rareté de l'environnement G par rapport aux autres zones de domaine environnemental signifie que des efforts substantiels ont été faits pour conserver les valeurs trouvées dans ce type d'environnement ailleurs : d'autres zones protégées contenant le domaine G incluent les ZSPA 109, 111, 112, 114, 125, 128, 140, 145, 149, 150 et 152 et les ZSGA 1 et 4.

La glace pérenne du dôme de Rotch appartient au domaine environnemental E, qui est décrit comme *« un environnement de calotte glaciaire de taille modérée concentré autour de la péninsule Antarctique jusqu'au point sud de latitude sud 73°. La taille de l'environnement (173 130 km²) est modérée par rapport à d'autres environnements. L'environnement se compose exclusivement d'une calotte glaciaire et ne contient aucune géologie cartographique. Au niveau climatique, l'environnement est chaud par rapport au reste du continent et il est le plus chaud des environnements contenant uniquement une calotte glaciaire. L'environnement E occupe la neuvième position en matière de température ambiante moyenne la plus chaude (-14,06°C), la quatrième position pour la plage saisonnière la plus faible (-15,04°C) et la septième pour la quantité de rayonnement solaire (9,85 MJ/m²/jour). La vitesse moyenne du vent dans l'environnement occupe une position faible, 17e sur 21 environnements (10,28 m/s). L'inclinaison de l'environnement est modérée avec une pente moyenne de 15,01°.* Les emplacements bien connus que l'environnement couvre incluent des parties englacées des îles Orcades du Sud, Shetland du Sud (y compris Déception), Snow Hill, Brabant, Anvers, Adélaïde et Alexander, ainsi que la péninsule Antarctique au nord de la latitude sud 73°'. D'autres zones protégées comprenant le Domaine E incluent les ZSPA 113, 114, 117, 126, 128, 129, 133, 134, 139, 147, 149 et 152 et les ZSGA 1 et 4.

6(ii) Accès à la zone

- L'accès se fera par hélicoptère ou petit bateau.

- Il n'y a aucune restriction particulière sur les débarquements de bateaux depuis la mer ou qui s'appliquent aux routes maritimes empruntées pour accéder à la Zone et en repartir. En raison de l'étendue considérable de plages accessibles autour de la Zone, de nombreux lieux sont possibles font un débarquement. Dans la mesure du possible, le débarquement de cargaisons et d'équipements scientifiques doit néanmoins être proche du campement international situé sur les plages du sud (62°39'49.7" S, 61°05'59.8' O ; consultez la section 6(*iii*) pour plus de détails).

- Une aire d'atterrissage pour les hélicoptères a été désignée au 62°39'36.4" S, 61°05'48.5' O, à l'est du campement international.

- Dans des circonstances exceptionnelles nécessaires pour les besoins correspondant aux objectifs du Plan de gestion, les hélicoptères peuvent atterrir ailleurs dans la Zone, bien que les atterrissages se fassent sur la crête et les crêtes de plages surélevées, dans la mesure du possible.

- Aucun hélicoptère ne devra atterrir dans les zones restreintes [consultez la section 6(*v*)].

- Les hélicoptères doivent éviter les sites où les oiseaux se concentrent (par ex. Pointe du Diable, Pointe de Lair et plages de Robbery) ou les sites où la végétation abonde (par ex. de grands peuplements de mousses près des plages President et des plages du sud).

- Pour minimiser la perturbation de la faune sauvage, les aéronefs doivent éviter d'atterrir sur une zone de restriction des survols s'étendant à ¼ mille nautique (environ 460 m) à l'intérieur des terres depuis la côte au cours de la période entre le 1er octobre et le 30 avril inclus (consultez la Carte 2). L'unique exception à cette règle est le site d'atterrissage désigné pour les hélicoptères à la latitude sud 62°39'36,4", longitude ouest 61°05'48,5'.

- Dans la zone de restrictions des survols, l'exploitation des aéronefs doit être au moins effectuée conformément aux 'Lignes directrices pour l'exploitation des aéronefs à proximité de concentrations d'oiseaux' prévues dans la Résolution 2 (2004). En particulier, les aéronefs doivent maintenir une hauteur verticale de 2 000 pi. (~ 610 m) au-dessus du sol et traverser la ligne de côte à des angles droits lorsque c'est possible. Lorsque les conditions requièrent que les aéronefs volent à des altitudes inférieures à celles qui sont recommandées dans les lignes directrices, les aéronefs doivent maintenir l'élévation maximale possible et minimiser le temps nécessaire pour travers la zone côtière.

- L'utilisation de grenades fumigènes par les hélicoptères est interdite dans la Zone, sauf en cas de nécessité absolue pour des raisons de sécurité. Si elles sont utilisées, toutes les grenades fumigènes doivent être récupérées.

6(iii) Emplacement des structures à l'intérieur et à proximité du site

Un campement international se trouve sur les plages du sud à la latitude sud 62°39'49,7", longitude ouest 61°05'59,8'. Il comprend deux abris aux formes arrondies en fibre de verre. Il est entretenu par le programme polaire espagnol, qui le met à la disposition de toutes les parties. Les emplacements des vestiges des chasseurs de phoques du 19ᵉ siècle, y compris les refuges et grottes utilisés, sont indiqués dans Smith et Simpson (1987) (consultez la Carte 2). Plusieurs signaux en pierre marquant les sites utilisés pour des études topographiques sont également présents dans la zone, principalement sur les points élevés.

Les stations de recherche scientifique les plus proches sont à 30 km à l'est de la péninsule Hurd, de l'île Livingston [Base Juan Carlos I (Espagne) et de St Kliment Ochridski (Bulgarie)].

6(iv) Emplacement des autres zones protégées à proximité de la Zone

Les zones protégées les plus proches de la péninsule Byers sont les suivantes : Cap Shirreff (ZSPA N° 149), à environ 20 km au nord-est, île de la Déception (ZSGA N° 4), Port Foster et d'autres parties de l'île de la Déception (ZSPA N° 140, 145), approximativement à 40 km au SSE et la 'Baie du Chili' (baie Discovery) (ZSPA N° 144), à environ 70 km à l'est de l'île de Greenwich (Carte 1).

6(v) Zones restreintes et administrées dans la Zone

Il est probable que certaines zones sur la péninsule Byers n'aient été visitées que très rarement, voire jamais. De nouvelles techniques métagénomiques sont prévues permettre une identification future de la biodiversité microbienne (bactéries, champignons et virus) à un niveau inégalé, permettant de répondre à beaucoup de questions fondamentales sur la dispersion et la répartition microbiennes. Des zones restreintes ont été désignées qui revêtent une importance scientifique à la microbiologie de l'Antarctique et une restriction plus importante est placée sur l'accès dans le but d'empêcher une contamination microbienne ou autre par l'activité humaine :

- Afin de maintenir cet objectif, des survêtements de protection stériles devront être portés dans les zones restreintes. Les vêtements de protection devront être revêtus immédiatement avant de pénétrer dans les zones restreintes. Les bottes de rechange, préalablement nettoyées à l'aide d'un biocide puis scellées dans des sacs en plastique, devront être déballées et chaussées juste avant de pénétrer dans les zones restreintes. Si l'accès aux zones restreintes se fait par bateau, les vêtements de protection devront être endossés immédiatement avant le débarquement.

- Dans la mesure du possible, tous les équipements de prélèvement d'échantillons, les appareils scientifiques et les balises apportés dans les zones restreintes devront être stérilisés et maintenus dans des conditions stériles avant leur utilisation dans la Zone. La stérilisation doit être effectuée par une méthode acceptée, notamment par rayonnement UV ou par stérilisation en autoclave ou superficielle à l'aide d'éthanol à 70 % ou d'un biocide en vente dans le commerce (par ex. Virkon®).

- Les équipements généraux incluent des harnais, crampons, équipements d'escalade, piolets, cannes de marche, équipement de ski, balises temporaires, traîneaux, luges, équipement d'appareils photo et caméras, sacs à dos, boîtes à patins et tout autre équipement personnel. Dans la mesure du possible, tous les équipements utilisés ou apportés dans les zones restreintes devront être soigneusement nettoyés et stérilisés à la station Antarctique ou sur le bateau d'origine. Les équipements devront avoir été maintenus dans cette condition avant de pénétrer dans les zones restreintes, de préférence par scellement dans des sacs en plastique stériles ou autres conteneurs propres.

- Les scientifiques aux disciplines autres que la microbiologie sont autorisés à pénétrer dans les zones restreintes, mais ils devront adhérer aux mesures de quarantaine détaillées ci-dessus.

- Il est interdit de camper dans les zones restreintes.

- Il est interdit aux hélicoptères d'atterrir dans les zones restreintes.
- Si un accès aux zones restreintes est nécessaire pour des besoins de recherche ou d'urgence, un enregistrement détaillé sur l'emplacement où la visite a eu lieu (de préférence à l'aide d'une technologie GPS) et sur les activités spécifiques devra être soumis à l'autorité nationale compétente et inclus dans le rapport annuel sur l'échange d'informations, de préférence à travers le système électronique d'échange d'informations (SEEI).

Les zones restreintes sont les suivantes :

1. Nord-ouest du Dôme de Rotch et à côté du terrain déglacé. La zone restreinte inclut tout le terrain et la calotte glaciaire sur une zone limitée à l'est par la longitude ouest 60°53'45", à l'ouest par la longitude ouest 60°58'48", au sud par la latitude sud 62°38'30", et la limite nord longe la ligne de côte (consultez la Carte 2).

2. Le Promontoire Ray. La zone restreinte inclut tout le terrain et la glace pérenne au nord-ouest d'une ligne droite traversant le Promontoire entre la latitude sud 62°37', la longitude ouest 61°08' (marqué par un petit lac côtier) et la latitude sud 62°36', la longitude ouest 61°06'. Dans la zone restreinte du Promontoire Ray, l'accès à des vestiges archéologiques situés sur la côte est autorisé sans nécessité de précautions de quarantaine requises ailleurs dans la zone restreinte. L'accès aux zones à l'intérieur des terres au-delà des restes archéologiques côtiers n'est pas autorisé sans les mesures de quarantaine en place, détaillées dans la présente section. De préférence, l'accès aux vestiges archéologiques devra se faire depuis la mer à l'aide de petits bateaux. L'accès à pieds aux vestiges archéologiques est également autorisé sans nécessité de mesures de quarantaine supplémentaires, en suivant la ligne de côte depuis la zone non restreinte de la ZSPA de la péninsule Byers jusqu'au sud-est. L'accès aux vestiges archéologiques devra se faire uniquement pour des études archéologiques, autorisées par l'autorité nationale compétente.

7. Conditions pour obtenir un permis d'accès

L'entrée dans la zone est interdite, sauf conformément à un permis délivré par une autorité nationale compétente.

7(i) Conditions générales pour l'obtention d'un permis

Les conditions de délivrance d'un permis pour entrer dans la zone sont les suivantes :

- il est délivré uniquement pour des études scientifiques de l'écosystème, de la géologie, de la paléontologie ou de l'archéologie de la zone ou pour des raisons scientifiques impérieuses qui ne peuvent pas être servies ailleurs ou
- il est délivré pour des besoins de gestion essentiels correspondant aux objectifs du Plan de gestion, comme l'inspection, l'entretien ou le contrôle ;
- les actions autorisées ne compromettront pas les valeurs écologiques, géologiques, historiques ou scientifiques de la Zone ;
- les échantillonnages proposés n'impliqueront pas le ramassage, le prélèvement ou des dommages à des quantités de sol, de roche ou de flore ou de faune indigènes telles que leur répartition ou leur abondance sur la péninsule Byers s'en trouverait considérablement affectée ;
- toutes les activités de gestion soutiennent les objectifs du Plan de gestion ;
- les actions autorisées sont conformes au Plan de gestion ;
- le permis ou une copie agréée devra être porté dans la Zone ;
- un rapport sur la visite devra être fourni à l'autorité mentionnée dans le permis ;
- les permis devront être délivrés pour une période donnée et
- l'autorité compétente doit être informée des activités/mesures entreprises qui n'ont pas été incluses dans le permis agréé.

7(ii) Accès à la Zone et mouvements à l'intérieur ou au-dessus de la Zone

- Les véhicules terrestres sont interdits dans la Zone.

- Les mouvements dans la Zone devront se faire à pied, sauf circonstances exceptionnelles lorsqu'un hélicoptère peut être utilisé.

- Tous les mouvements devront être entrepris avec prudence de façon à minimiser les perturbations des vestiges archéologiques, des animaux, des sols, des éléments géomorphologiques et des surfaces végétales, en marchant sur les terrains rocailleux ou les crêtes si cela est possible pour éviter d'endommager les plantes sensibles, les terrains réticulés et les terres ennoyées.

- Le trafic pédestre doit être maintenu à un minimum correspondant aux objectifs des activités autorisées et tous les efforts raisonnables seront faits pour minimiser les effets de piétinement. Lorsque c'est possible, les pistes existantes doivent être empruntées pour traverser la Zone (Carte 2). En l'absence de pistes, il faut s'assurer d'éviter de créer de nouvelles pistes. Les recherches ont démontré que la végétation sur la péninsule Byers peut se rétablir si moins de 200 traversées ont lieu lors d'une saison (Tejedo et al 2009). Les routes pédestres couvrant des terrains végétalisés doivent donc être choisies en fonction du nombre prévu de traversées (c'est-à-dire le nombre de personnes × traversées par jour × nombre de jours). Lorsque le nombre de traversées sur une même piste est prévu être inférieur à 200 lors d'une saison, la piste doit être clairement identifiée et les traversées doivent toujours suivre la piste. Lorsque le nombre est prévu dépasser 200 lors d'une saison, alors l'itinéraire ne doit pas être défini le long d'une seule piste, mais les traversées doivent se faire à travers une ceinture étendue (c'est-à-dire plusieurs pistes, chacune avec moins de 200 traversées), afin de mitiger l'impact et de permettre un rétablissement plus rapide de la végétation piétinée.

- Les conditions pour l'utilisation d'hélicoptères dans la Zone sont décrites dans la section 6(*ii*)

- Les pilotes et les équipages des aéronefs et des embarcations ou les autres personnes à bord n'ont pas le droit de se déplacer à pied au-delà du voisinage immédiat de leur site d'atterrissage ou de débarquement, sauf autorisation spécifique dans le permis.

- Les restrictions sur l'accès et les mouvements dans les zones restreintes sont décrites dans la section 6(*v*).

7(iii) Activités pouvant être menées dans la zone

- Les recherches scientifiques impérieuses qui ne peuvent pas être entreprises ailleurs et qui ne compromettront pas l'écosystème ou les valeurs de la zone et ne perturberont pas les études scientifiques existantes.

- Les recherches archéologiques.

- Les activités de gestion essentielles, notamment la surveillance.

7(iv) Installation, modification ou retrait des structures

Aucune structure nouvelle ne doit être érigée dans la Zone et aucun équipement ne doit y être installé, sauf pour des raisons scientifiques ou de gestion impérieuses et pour une période pré-établie, selon les spécifications contenues dans un permis. L'installation (y compris la sélection du site), l'entretien, la modification ou le retrait de structures et d'équipements devront être entrepris de sorte à minimiser la perturbation des valeurs de la Zone. Toutes les structures ou les équipements scientifiques installés dans la Zone devront clairement identifier le pays, le nom du responsable de l'équipe de recherche et l'année d'installation. Tous ces éléments doivent être exempts d'organismes, de ramets (par ex. graines, œufs) et de sol non stérile et doivent être en matériaux capables de supporter les conditions environnementales et poser un risque de contamination minimal à la Zone. Le retrait de structures ou d'équipements spécifiques pour lesquels le permis a expiré devra être une condition du permis. Les structures ou installations permanentes sont interdites.

7(v) Emplacement des camps

Afin de minimiser la zone de terrain dans la ZSPA affectée par les activités de campement, les camps doivent se trouver dans le voisinage immédiat du campement international (latitude sud 62°39'49,7", longitude ouest 61°05'59,8"). Lorsque les objectifs spécifiés dans le permis le requièrent, un campement temporaire au-delà du campement international est autorisé dans la Zone. Les camps doivent se trouver sur des sites non végétalisés, comme sur des portions plus arides des plages surélevées ou, dans la mesure du possible, sur un terrain recouvert d'une couche de neige supérieure à 0,5 m et doivent éviter des concentrations d'oiseaux ou de mammifères en phase de reproduction. Il est interdit de camper à moins de 50 m d'un refuge ou d'un abri de chasseurs de phoques. Les campements précédemment utilisés doivent être réutilisés dans la mesure du possible, sauf si les directives ci-dessus suggèrent qu'ils n'étaient pas positionnés de manière appropriée. Il est interdit de camper dans les zones restreintes.

7(vi) Restrictions sur les matériaux et organismes qu'il est possible d'introduire dans la Zone

Il est formellement interdit d'introduire délibérément des animaux, des plantes, des microorganismes et des sols non stériles dans la Zone. Les précautions devront être prises pour empêcher l'introduction accidentelle d'animaux, de plantes, de microorganismes et de sols non stériles issus de régions biologiquement distinctes (dans la zone du Traité sur l'Antarctique ou au-delà). Compte-tenu de la présence de colonies d'oiseaux en phase de reproduction sur la péninsule Byers, aucun produit avicole, y compris des déchets provenant de tels produits et des produits contenant des œufs crus en poudre, ne devra être introduit dans la Zone ou dans la mer adjacente.

Aucun herbicide ou pesticide ne devra être introduit dans la Zone. Tout autre produit chimique, y compris des radionucléides ou des isotopes stables, susceptibles d'être introduits pour des besoins scientifiques ou de gestion spécifiés dans le permis, devra être retiré de la Zone au plus tard à la fin de l'activité pour laquelle le permis a été accordé. Il faut éviter d'introduire des radionucléides ou des isotopes stables directement dans l'environnement d'une façon qui les rend irrécupérables. Les combustibles ou autres substances chimiques ne devront pas être entreposés dans la Zone, sauf autorisation spécifique dans les conditions du permis. Ils devront être entreposés et manipulés de façon à minimiser les risques d'introduction accidentelle dans l'environnement. L'introduction de matériaux dans la Zone devra être pour une période spécifique uniquement et ces matériaux devront être retirés à la fin de cette période spécifique. En cas d'introduction susceptible de compromettre les valeurs de la Zone, le retrait est conseillé uniquement si son impact n'est pas susceptible d'être plus important que si le matériau était laissé sur place. L'autorité compétente doit être informée de tout ce qui est introduit et non retiré et qui ne figurait pas dans le permis agréé.

7(vii) Collecte ou perturbation néfaste de la flore ou de la faune indigène

La collecte ou la perturbation néfaste de la flore ou de la faune indigène est interdite, sauf dans le cadre d'un permis délivré conformément à l'Annexe II du Protocole au Traité sur l'Antarctique relativement à la protection de l'environnement. En cas de collecte ou de perturbation néfaste des animaux, le *SCAR Code of Conduct for the Use of Animals for Scientific Purposes in Antarctica* (Code de conduite du SCAR pour l'utilisation d'animaux à des fins scientifiques dans l'Antarctique) doit être utilisé à titre de norme minimale.

7(viii) Collecte ou retrait de matériaux non introduits dans la Zone par le titulaire du permis

La collecte ou le retrait de tout ce qui n'a pas été introduit dans la Zone par le titulaire du permis devra uniquement être conforme à un permis et doit se limiter au minimum requis pour satisfaire des besoins scientifiques, archéologiques ou de gestion.

Sauf autorisation spécifique d'un permis, les visiteurs dans la Zone n'ont pas le droit de perturber ou de manipuler, collecter ou endommager des matériaux anthropogéniques historiques correspondant aux critères visés dans la Résolution 5 (2001). De même, la re-localisation ou le retrait d'artéfacts pour les besoins de conservation ou de protection ou pour ré-établir une exactitude historique n'est autorisé que dans le cadre d'un permis. L'autorité nationale compétente devra être informée de l'emplacement et de la nature de tout matériau anthropogénique nouvellement identifié.

Les autres matériaux d'origine humaine susceptibles de compromettre les valeurs de la Zone et qui n'ont pas été introduits dans la Zone par le titulaire d'un permis ou autrement autorisés, peuvent être retirés de la Zone, à moins que l'impact environnemental du retrait soit susceptible d'être plus important que de laisser le matériau sur place ; si tel est le cas, l'autorité compétente doit en être informée et une approbation doit être obtenue.

7(ix) Élimination des déchets

À titre de norme minimale, tous les déchets devront être éliminés conformément à l'Annexe III du Protocole au Traité sur l'Antarctique relativement à la protection environnementale. Par ailleurs, tous les déchets, y compris tous les déchets humains solides, devront être éliminés de la Zone. Les déchets humains liquides peuvent être évacués dans la mer. Comme les récifs côtiers en empêcheraient la dispersion, les déchets humains solides ne doivent pas être éliminés dans la mer, mais ils devront être retirés de la Zone. Aucun déchet humain ne devra être éliminé à l'intérieur des terres, car même une petite quantité de déchets humains, y compris l'urine, pourrait compromettre les caractéristiques oligotrophes des lacs et autres plans d'eau sur le plateau.

7(x) Mesures nécessaires pour assurer l'atteinte des buts et objectifs du Plan de gestion

Des permis d'accès à la Zone peuvent être accordés pour :

- effectuer des activités de surveillance et d'inspection de sites, ce qui peut impliquer la collecte de données et/ou d'un petit nombre d'échantillons pour analyse ou contrôle ;
- ériger ou entretenir des poteaux indicateurs, structures ou équipements scientifiques ou
- prendre des mesures de protection.

Tout site spécifique de surveillance à long terme devra être balisé de façon appropriée sur le site et sur les cartes de la Zone. Une position GPS doit être obtenue pour un dépôt auprès du Système de répertoire sur l'Antarctique à travers l'autorité nationale compétente.

Pour permettre de maintenir les valeurs écologiques et scientifiques de la Zone, les visiteurs devront prendre des précautions particulières contre des introductions. L'introduction d'espèces microbiennes, animales ou végétales provenant de sols issus d'autres sites de l'Antarctique, notamment des stations ou régions en dehors de l'Antarctique, est tout particulièrement inquiétante. Dans la mesure du possible, les visiteurs devront veiller à soigneusement nettoyer les souliers, vêtements et équipements – en particulier les équipements de camping et d'échantillonnage – avant de pénétrer dans la Zone. Les produits avicoles et autres produits aviaires introduits, qui peuvent être un vecteur de maladies aviaires, ne devront pas être introduits dans la Zone.

7(xi) Conditions relatives aux rapports

Pour chaque visite dans la Zone, le titulaire principal d'un permis devra soumettre un rapport à l'autorité nationale compétente dès que possible et au plus tard six mois après la fin de la visite. Ces rapports doivent, le cas échéant, inclure les informations identifiées dans le Guide pour l'élaboration des plans de gestion des zones spécialement protégées de l'Antarctique. Le cas échéant, l'autorité nationale doit également transmettre une copie du rapport de visite à la partie qui a proposé le Plan de gestion, afin d'assister dans la gestion de la Zone et le contrôle du Plan de gestion. Dans la mesure du possible, les parties doivent déposer des originaux ou des copies des rapports de visite originaux dans une archive accessible au public pour maintenir un enregistrement de l'utilisation, pour les besoins d'un contrôle du Plan de gestion et d'organisation de l'utilisation scientifique de la Zone.

8. Support documentaire

Bañón, M., Justel M. A., Quesada, A. 2006. Análisis del microclima de la península Byers, isla Livingston, Antártida, en el marco del proyecto LIMNOPOLAR. Dans : *Aplicaciones meteorológicas*. Asociación Meteorológica Española.

Birnie, R.V., Gordon, J.E. 1980. Drainage systems associated with snow melt, South Shetland Islands, Antarctica. *Geografiska Annaler* **62A** : 57-62.

Björck, S., Hakansson, H, Zale, R., Karlén, W., Jönsson, B.L. 1991. A late Holocene lake sediment sequence from Livingston Island, South Shetland Islands, with palaeoclimatic implications. *Antarctic Science* **3** : 61-72.

Björck, S., Sandgren, P., Zale, R. 1991. Late Holocene tephrochronology of the Northern Antarctic Peninsula. *Quaternary Research* **36** : 322-28.

Björck, S., Hjort, C, Ingólfsson, O., Skog, G. 1991. Radiocarbon dates from the Antarctic Peninsula - problems and potential. Dans : Lowe, J.J. (ed.), *Radiocarbon dating: recent applications and future potential. Quaternary Proceedings* 1, Quaternary Research Association, Cambridge. pp 55-65.

Björck, S., Håkansson, H., Olsson, S., Barnekow, L., Janssens, J. 1993. Palaeoclimatic studies in South Shetland Islands, Antarctica, based on numerous stratigraphic variables in lake sediments. *Journal of Paleolimnology* **8** : 233-72.

Björck, S., Zale, R. 1996. Late Holocene tephrochronology and palaeoclimate, based on lake sediment studies. Dans : López-Martínez, J., Thomson, M. R. A., Thomson, J.W. (eds.) *Geomorphological map of Byers Peninsula, Livingston Island*. Série BAS GEOMAP feuille 5-A, 43-48. British Antarctic Survey, Cambridge.

Björck, S., Hjort, C., Ingólfsson, O., Zale, R., Ising, J. 1996. Holocene deglaciation chronology from lake sediments. Dans : López-Martínez, J., Thomson, M. R. A., Thomson, J.W. (eds.) *Geomorphological map of Byers Peninsula, Livingston Island*. Série BAS GEOMAP feuille 5-A, 49-51. British Antarctic Survey, Cambridge.

Block, W., Starý, J. 1996. Oribatid mites (Acari : Oribatida) of the maritime Antarctic and Antarctic Peninsula. *Journal of Natural History* **30** : 1059-67.

Bonner, W.N., Smith, R.I.L. (Eds) 1985. *Conservation areas in the Antarctic*. SCAR, Cambridge : 147-56.

Booth, R.G., Edwards, M., Usher, M.B. 1985. Mites of the genus Eupodes (Acari, Prostigmata) from maritime Antarctica: a biometrical and taxonomic study. *Journal of the Zoological Society of London (A)* **207** : 381-406.

Carlini, A.R., Coria, N.R., Santos, M.M., Negrete, J., Juares, M.A., Daneri, G.A. 2009. Responses of *Pygoscelis adeliae* and *P. papua* populations to environmental changes at Isla 25 de Mayo (King George Island). *Polar Biology* **32** : 1427-1433.

Convey, P., Greenslade, P. Richard, K.J., Block, W. 1996. The terrestrial arthropod fauna of the Byers Peninsula, Livingston Island, South Shetland Islands - Collembola. *Polar Biology* **16** : 257-59.

Covacevich, V.C. 1976. Fauna valanginiana de Peninsula Byers, Isla Livingston, Antartica. *Revista Geologica de Chile* **3** : 25-56.

Crame, J.A. 1984. Preliminary bivalve zonation of the Jurassic-Cretaceous boundary in Antarctica. Dans : Perrilliat, M. de C. (Ed.) *Memoria, III Congreso Latinamerico de Paleontologia, Mexico, 1984. Mexico City*, Universidad Nacional Autonoma de Mexico, Instituto de Geologia. pp 242-54.

Crame, J.A. 1985. Preliminary bivalve zonation of the Jurassic-Cretaceous boundary in Antarctica. *British Antarctic Survey Bulletin* **69** : 35-55.

Crame, J.A. 1995. Occurrence of the bivalve genus Manticula in the Early Cretaceous of Antarctica. *Palaeontology* **38** Pt. 2 : 299-312.

Crame, J.A. 1995. A new Oxytomid bivalve from the Upper Jurassic–Lower Cretaceous of Antarctica. *Palaeontology* **39** Pt. 3 : 615-28.

Crame, J.A. 1996. Early Cretaceous bivalves from the South Shetland Islands, Antarctica. *Mitt. Geol-Palaont. Inst. Univ. Hamburg* **77**: 125-127.

Crame, J.A., Kelly, S.R.A. 1995. Composition and distribution of the Inoceramid bivalve genus *Anopaea*. *Palaeontology* **38** Pt. 1 : 87-103.

Crame, J.A., Pirrie, D., Crampton, J.S., Duane, A.M. 1993. Stratigraphy and regional significance of the Upper Jurassic - Lower Cretaceous Byers Group, Livingston Island, Antarctica. *Journal of the Geological Society* **150** Pt. 6 : 1075-87.

Croxall, J.P., Kirkwood, E.D. 1979. *The distribution of penguins on the Antarctic Peninsula and the islands of the Scotia Sea*. British Antarctic Survey, Cambridge.

Davey, M.C. 1993. Carbon and nitrogen dynamics in a maritime Antarctic stream. *Freshwater Biology* **30** : 319-30.

Davey, M.C. 1993. Carbon and nitrogen dynamics in a small pond in the maritime Antarctic. *Hydrobiologia* **257** : 165-75.

Duane, A.M. 1994. Preliminary palynological investigation of the Byers Group (Late Jurassic-Early Cretaceous), Livingston Island, Antarctic Peninsula. *Review of Palaeobotany and Palynology* **84** : 113-120.

Duane, A.M. 1996. Palynology of the Byers Group (Late Jurassic-Early Cretaceous) Livingston and Snow Islands, Antarctic Peninsula: its biostratigraphical and palaeoenvironmental significance. *Review of Palaeobotany and Palynology* **91** : 241-81.

Duane, A.M. 1997. Taxonomic investigations of Palynomorphs from the Byers Group (Upper Jurassic-Lower Cretaceous), Livingston and Snow Islands, Antarctic Peninsula. *Palynology* **21** : 123-144.

Ellis-Evans, J.C. 1996. Biological and chemical features of lakes and streams. Dans : López-Martínez, J., Thomson, M. R. A., Thomson, J.W. (eds.) *Geomorphological map of Byers Peninsula, Livingston Island*. Série BAS GEOMAP feuille 5-A, 20-22. British Antarctic Survey, Cambridge.

Fernández-Valiente, E., Camacho, A., Rochera, C., Rico, E., Vincent, W. F., Quesada, A. 2007 Community structure and physiological characterization of microbial mats in Byers Peninsula, Livingston Island (South Shetland islands, Antarctica). *FEMS Microbiology Ecology* **59** : 377- 385

Gil-Delgado, J.A., Villaescusa, J.A., Diazmacip, M.E., Velazquez, D., Rico, E., Toro, M., Quesada, A., Camacho, A. Is the southern elephant seal *mirounga leonina* population on the Byers Peninsula (Livingston Island, South Shetland Islands) increasing? *Polar Biology* (soumis)

Gil-Delgado, J.A., González-Solis, J., Barbosa, A. 2010. Breeding birds populations in Byers Peninsula (Livingston Is., South Shetlands Islands. 18th International Conference of the European Bird Census Council. 22-26 mars. Caceres. Espagne.

González-Ferrán, O., Katsui, Y., Tavera, J. 1970. Contribución al conocimiento geológico de la Península Byers, Isla Livingston, Islas Shetland del Sur, Antártica. *Publ. INACH Serie. Cientifica* **1** : 41-54.

Gray, N.F., Smith, R.I. L. 1984. The distribution of nematophagous fungi in the maritime Antarctic. *Mycopathologia* **85** : 81-92.

Harris, C.M. 2001. *Revision of management plans for Antarctic protected areas originally proposed by the United States of America and the United Kingdom: Field visit report*. Internal report for the National Science Foundation, US, and the Foreign and Commonwealth Office, UK. Environmental Research and Assessment, Cambridge.

Hansom, J.D. 1979. Radiocarbon dating of a raised beach at 10 m in the South Shetland Islands. *British Antarctic Survey Bulletin* **49** : 287-288.

Hathway, B. 1997. Non-marine sedimentation in an Early Cretaceous extensional continental-margin arc, Byers Peninsula, Livingston Island, South Shetland Islands. *Journal of Geophysical Research* **67** : 686-697.

Hathway, B., Lomas, S.A. 1998. The Upper Jurassic-Lower cretaceous Byers Group, South Shetland Islands, Antarctica: revised stratigraphy and regional correlations. *Quaternary Research* **19** : 43-67.

Hernandez, P.J., Azcarate, V. 1971. Estudio paleobotanico preliminar sobre restos de una tafoflora de la Peninsula Byers (Cerro Negro), Isla Livingston, Islas Shetland del Sur, Antartica. *Publ. INACH Serie. Cientifica* **2** : 15-50.

Hjort, C., Ingólfsson, O., Björck, S. 1992. The last major deglaciation in the Antarctic Peninsula region - a review of recent Swedish Quaternary research. Dans : Y. Yoshida *et al.* (eds.) *Recent Progress in Antarctic Science*. Terra Scientific Publishing Company (TERRAPUB), Tokyo: 741-743.

Hjort, C., Björck, S., Ingólfsson, Ó., Möller, P. 1998. Holocene deglaciation and climate history of the northern Antarctic Peninsula region: a discussion of correlations between the Southern and Northern Hemispheres. *Annals of Glaciology* **27** : 110-112.

Hodgson, D.A., Dyson, C.L., Jones, V.J., Smellie, J.L. 1998. Tephra analysis of sediments from Midge Lake (South Shetland Islands) and Sombre Lake (South Orkney Islands), Antarctica. *Antarctic Science* **10** : 13-20.

John, B.S., Sugden, D.E. 1971. Raised marine features and phases of glaciation in the South Shetland Islands. *British Antarctic Survey Bulletin* **24** : 45-111.

Jones, V.J., Juggins, S., Ellis-Evans, J.C. 1993. The relationship between water chemistry and surface sediment diatom assemblages in maritime Antarctic lakes. *Antarctic Science* **5** : 339-48.

Kelly, S.R.A. 1995. New Trigonioid bivalves from the Early Jurassic to Earliest Cretaceous of the Antarctic Peninsula region: systematics and austral paleobiogeography. *Journal of Paleontology* **69** : 66-84.

Lindsay, D.C. 1971. Vegetation of the South Shetland Islands. *British Antarctic Survey Bulletin* **25** : 59-83.

López-Bueno, A., Tamames, J. Velazquez, D., Moya, A., Quesada, A., Alcami, A. 2009. Viral Metagenome of an Antarctic lake: high diversity and seasonal variations. *Science* **326** : 858-861.

Lopez-Martinez, J., Serrano, E., Martinez de Pison, E. 1996. Geomorphological features of the drainage system. Dans : López-Martínez, J., Thomson, M. R. A., Thomson, J.W. (eds.) *Geomorphological map of Byers Peninsula, Livingston Island*. Série BAS GEOMAP feuille 5-A, 15-19. British Antarctic Survey, Cambridge.

Lopez-Martínez, J., Martínez de Pisón, E., Serrano, E., Arche, A. 1996 *Geomorphological map of Byers Peninsula, Livingston Island*. Série BAS GEOMAP feuille 5-A, échelle 1:25 000. Cambridge, British Antarctic Survey.

Martínez De Pisón, E., Serrano, E., Arche, A., Lopez-Martínez, J. 1996. Glacial geomorphology. Dans : López-Martínez, J., Thomson, M. R. A., Thomson, J.W. (eds.) *Geomorphological map of Byers Peninsula, Livingston Island*. Série BAS GEOMAP feuille 5-A, 23-27. British Antarctic Survey, Cambridge.

Pankhurst, R.J., Weaver, S.D., Brook, M., Saunders, A.D. 1979. K-Ar chronology of Byers Peninsula, Livingston Island, South Shetland Islands. *British Antarctic Survey Bulletin* **49** : 277-282.

Petz, W., Valbonesi, A., Schiftner, U., Quesada, A., Ellis-Evans, C.J. 2007. Ciliate biogeography in Antarctic and Arctic freshwater ecosystems: endemism or global distribution of species? *FEMS Microbiology Ecology* **59** : 396-408.

Quesada, A., Fernández Valiente, E., Hawes, I., Howard.Williams, C. 2008. Benthic primary production in polar lakes and rivers. Dans : Vincent, W., Leybourn-Parry J. (eds). *Polar Lakes and Rivers – Arctic and Antarctic Aquatic Ecosystems.* Springer. pp 179-196.

Quesada, A., Camacho, A. Rochera, C., Velazquez, D. 2009. Byers Peninsula: a reference site for coastal, terrestrial and limnetic ecosystems studies in maritime Antarctica . *Polar Science* **3** : 181-187.

Richard, K.J., Convey, P., Block, W. 1994. The terrestrial arthropod fauna of the Byers Peninsula, Livingston Island, South Shetland Islands. *Polar Biology* **14** : 371-79.

Rodríguez, P., Rico, E. 2008. A new freshwater oligochaete species (Clitellata: Enchytraeidae) from Livingston Island, Antarctica. *Polar Biology* **31** : 1267-1279.

SGE, WAM and BAS. 1993. *Byers Peninsula, Livingston Island.* Carte topographique, échelle 1:25 000. Cartografia Antartica. Madrid, Servicio Geografia del Ejercito.

Serrano, E., Martínez De Pisón, E., Lopez-Martínez, J. 1996. Periglacial and nival landforms and deposits. Dans : López-Martínez, J., Thomson, M. R. A., Thomson, J.W. (eds.) *Geomorphological map of Byers Peninsula, Livingston Island*. Série BAS GEOMAP feuille 5-A, 28-34. British Antarctic Survey, Cambridge.

Smellie J.L., Davies, R.E.S., Thomson, M.R.A. 1980. Geology of a Mesozoic intra-arc sequence on Byers Peninsula, Livingston Island, South Shetland Islands. *British Antarctic Survey Bulletin* **50** : 55-76.

Smith, R.I.L., Simpson, H.W. 1987. Early Nineteeth Century sealers' refuges on Livingston Island, South Shetland Islands. *British Antarctic Survey Bulletin* **74** : 49-72.

Starý, J., Block, W. 1998. Distribution and biogeography of oribatid mites (Acari: Oribatida) in Antarctica, the sub-Antarctic and nearby land areas. *Journal of Natural History* **32** : 861-94.

Sugden, D.E., John, B.S. 1973. The ages of glacier fluctuations in the South Shetland Islands, Antarctica. Dans : van Zinderen Bakker, E.M. (ed.) *Paleoecology of Africa and of the surrounding islands and Antarctica* . Balkema, Cape Town, pp. 141-159.

Tejedo, P., Justel, A., Benayas, J., Rico, E., Convey, P., Quesada, A. 2009. Soil trampling in an Antarctic Specially Protected Area: tools to assess levels of human impact. *Antarctic Science* **21** : 229-236.

Thom, G. 1978. Disruption of bedrock by the growth and collapse of ice lenses. *Journal of Glaciology* **20** : 571-75.

Thomson, M.R.A., López-Martínez, J. 1996. Introduction. Dans : López-Martínez, J., Thomson, M. R. A., Thomson, J.W. (eds.) *Geomorphological map of Byers Peninsula, Livingston Island*. Série BAS GEOMAP feuille 5-A, 1-4. British Antarctic Survey, Cambridge.

Toro, M., Camacho, A., Rochera, C., Rico, E., Bañón, M., Fernández, E., Marco, E., Avendaño, C., Ariosa, Y., Quesada, A. 2007. Limnology of freshwater ecosystems of Byers Peninsula (Livingston Island, South Shetland Islands, Antarctica. *Polar Biology* **30** : 635-649.

Torres, D., Cattan, P., Yanez, J. 1981. Post-breeding preferences of the Southern Elephant seal *Mirounga leonina* in Livingston Island (South Shetlands). *Publ. INACH Serie. Cientifica* **27** : 13-18.

Torres, D., Jorquera, D. 1994. Marine debris analysis collected at cape Shirreff, Livingston Island, South Shetland, Antarctica. *Ser. Cient. INACH* **44**: 81-86.

Usher, M.B., Edwards, M. 1986. The selection of conservation areas in Antarctica: an example using the arthropod fauna of Antarctic islands. *Environmental Conservation* **13** : 115-22.

Van der Vijver, J., Agius, T., Gibson, J., Quesada, A. 2009. An unusual spine-bearing Pinnularia species from the Antarctic Livingston Island. *Diatom Research* **24** : 431-441.

White, M.G. Preliminary report on field studies in the South Shetland Islands 1965/66. Unpublished field report in BAS Archives AD6/2H1966/N6.

Woehler, E.J. (Ed.) 1993. *The distribution and abundance of Antarctic and sub-Antarctic penguins*. SCAR, Cambridge.

Zidarova, E., Van de Vijver, B., Quesada, A., de Haan, M. 2010. Revision of the genus Hantzschia (Bacillariophyceae) on Livingston Island (South Shetland Islands, Southern Atlantic Ocean). *Plant Ecology and Evolution*. Sous presse.

Annexe 1

Faits à l'appui

CLIMAT

Aucune donnée d'archive détaillée sur la météorologie antérieure à 2001 n'est disponible pour la péninsule Byers, mais le climat est considéré semblable à celui de la Base Juan Carlos I dans la péninsule Hurd (enregistré depuis 1988). Les conditions de la péninsule indiquent une température moyenne annuelle inférieure à 0 °C, avec des températures de moins de 0 °C pendant au moins plusieurs mois chaque été et un taux de précipitation relativement élevé à environ 800 mm par an, dont la plus grande partie intervient sous forme de pluie en été (Ellis-Evans 1996). La péninsule est enneigée pour la plus grande partie de l'année, mais la neige a généralement fondu à la fin de l'été. La péninsule est exposée aux intempéries du Passage de Drake dans le nord et le nord-ouest, les directions depuis lesquelles le vent prédomine, et du Détroit de Bransfield au sud. Le climat est polaire maritime, avec une humidité relative constamment élevée (environ 90 %), des cieux couverts pour la plupart du temps, des brumes fréquentes et des précipitations régulières. La température moyenne en été est de 1,1 ° C, mais elle dépasse occasionnellement 5 °C. Il est arrivé exceptionnellement que la température estivale atteigne 9 °C. La température minimale moyenne est proche de 0°C. En hiver, les températures peuvent descendre à moins de -26 °C, bien que la valeur moyenne soit de - 6 °C et que les températures maximales en hiver puissent s'approcher de 0 °C. Le rayonnement moyen en été est de 14 000 KJ/m, et atteint 30 000 KJ/m les jours ensoleillés proches du solstice. Les vents sont élevés et la vitesse moyenne est de 24 km/h, avec des tempêtes fréquentes et des vents de plus de 140 Km/h. Les vents prédominants sont ceux du SO et du NE.

GÉOLOGIE

Le lit rocheux de la péninsule Byers se compose de roches sédimentaires marines, volcaniques et volcaniclastiques datées entre le Jurassique supérieur et le Crétacé inférieur, pénétrées par des corps ignés (consultez Smellie *et al* 1980 ; Crame *et al* 1993, Hathway et Lomas 1998). Les roches représentent une partie d'un complexe d'arc magmatique Mésozoïque-Cénozoïque qui est exposé à travers l'ensemble de la région de la péninsule antarctique, bien qu'il le soit plus principalement sur la péninsule Byers (Hathway et Lomas 1998). La région intérieure surélevée de la moitié est de la péninsule – entourée au nord et au sud de dépôts de rivage de l'Holocène – est dominée par des tufs terrestres datant du Crétacé inférieur, des brèches volcaniques, des conglomérats, du grès et des schistes boueux, avec des intrusions dans plusieurs lieux par des culots et des seuils volcaniques. La moitié ouest de la péninsule et s'étendant au NO à mi-chemin le long du Promontoire Ray, compte principalement des mudstones marins datant du Jurassique supérieur-Crétacé inférieur, avec du grès et des conglomérats et de fréquente intrusions de seuils volcaniques et autres corps ignés. La moitié NO du Promontoire Ray inclut principalement des brèches volcaniques du même âge. Les schistes boueux, grès, conglomérats et roches pyroclastiques sont les lithologies les plus répandues dans la péninsule. Des étendues de graviers de plage et d'alluvions du Holocène se trouvent dans les zones côtières, particulièrement sur les plages du sud et dans la moitié est des plages de Robbery, avec des dépôts moins importants sur les plages President.

La zone représente une valeur géologique importante, car « les roches sédimentaires et ignées exposées dans la péninsule Byers constituent le témoignage le plus complet de la période entre le Jurassique et le début du Crétacé dans la portion nord du flanc pacifique du complexe d'arc magmatique et elles se sont avérées être une succession capitale pour l'étude des faunes malacologiques marines (par ex. Crame 1984, 1995, Crame et Kelly 1995) et les flores terrestres (par ex. Hernandez et Azcárte 1971, Philippe *et al* 1995) » (Hathway et Lomas 1998).

GÉOMORPHOLOGIE ET SOLS

Une grande partie du terrain se compose de lithosols, par essence une couche de roche broyée, avec du pergélisol généralisé en dessous d'une couche active de 30 à 70 cm de profondeur (Thom 1978, Ellis-Evans 1996, Serrano *et al* 1996). Des champs de pierres (composées de fines boueuses avec des blocs rocheux et fragments surfaciaux dispersés), des poches issues de la gélifluxion, un terrain polygonal (à la fois dans des zones inondées et sèches), des bandes et cercles de pierres et autres formes de terrain périglaciaires dominent la morphologie en surface des plate-formes supérieures où le gratton est absent (Serrano et al 1996). Des débris et coulées boueuses sont observés dans plusieurs localités. En dessous de certaines des populations de mousses et d'herbes se trouve une couche de matière organique de 10 à 20 cm de profondeur, bien qu'il n'y ait pas d'accumulations profondes de tourbe puisque la végétation est clairsemée sur la plus grand partie de la péninsule Byers (Bonner et Smith 1985). Les sols ornithogéniques sont particulièrement présents dans le voisinage de la Pointe du Diable et sur un certain nombre de pinacles le long des plages President (Ellis-Evans 1996).

Des parties de l'intérieur de la péninsule ont été façonnées par les processus côtiers avec une série de plages surélevées de 3 à 54 m d'altitude, dont certaines font plus d'un kilomètre de large. Une datation au carbone 14 pour les dépôts de rivage les plus élevés suggère que la péninsule Byers était largement exempte de glace pérenne vers 9 700 ans B.P., tandis que la dépôts de rivage les plus bas sont datés à 300 ans B.P (John et Sugden 1971, Sugden et John, 1973). Toutefois, les analyses des sédiments lacustres suggèrent une déglaciation générale plus récente de la région centrale de la péninsule Byers d'environ 4 000 à 5 000 ans B.P. et les datations au carbone 14 à cet endroit doivent être interprétées avec prudence (Björck *et al* 1991 a, b). Dans plusieurs endroits, des ossements de baleine subfossiles sont incorporés dans les plages surélevées, occasionnellement sous forme de squelettes entiers. Les datations au carbone 14 des éléments de squelettes à partir d'environ 10 m au-dessus du niveau de la mer sur les plages du sud suggèrent un âge entre 2 000 et 2 400 ans B.P. (Hansom, 1979). Les surfaces antérieures à l'Holocène dans la péninsule Byers montrent clairement la présence d'un paysage glaciaire, malgré les formes de terrain peu accidenté. Aujourd'hui, seuls trois petits glaciers résiduels (de moins de 0,5 km^2) subsistent sur le Promontoire Ray. Les formes de terrain pré-existantes modifiées par les glaciers ont été par la suite marquées par des processus fluviaux et périglaciaires et les moraines et autres dépôts glaciaires sont rares (Martinez de Pison *et al*, 1996).

COURS D'EAU ET LACS

La péninsule Byers est sans doute le site limnologique le plus important dans la région des îles Shetland du Sud et de la péninsule antarctique, avec plus de 60 lacs, de nombreux bassins d'eau douce (qui, contrairement aux lacs, gèlent sur toute leur profondeur en hiver) et un réseau hydrographique dense et varié. Le terrain peu accidenté favorise la rétention d'eau et les terres ennoyées sont courantes en été. La capacité en eau des sols minces est toutefois limitée et beaucoup parmi les chenaux sont fréquemment secs, avec un écoulement souvent intermittent, sauf pendant les périodes de fonte de neige substantielle ou lorsqu'ils canalisent l'eau des glaciers (Lopez-Martinez *et al*, 1996). La plupart des cours d'eau canalisent l'eau les champs de neige saisonniers et ne font souvent pas plus de 5 à 10 cm de profondeur (Ellis-Evans, 1996), bien que l'accumulation de neige dans certaines gorges étroites puisse atteindre plus de 2 m de hauteur et générer des barrières de glace qui bloquent l'effluent des lacs. Les cours d'eau plus importants font jusqu'à 4,5 km de longueur, 20 m de largeur et 30 à 50 cm de profondeur dans les tronçons inférieurs au cours des périodes d'écoulement. Les cours d'eau qui canalisent les eaux vers l'ouest comptent souvent des gorges assez importantes (Lopez-Martinez *et al*, 1996) et des ravines atteignant 30 m de profondeur ont été découpées dans les plate-formes marines surélevées les plus hautes et les plus larges (Ellis-Evans, 1996). Au-dessus des plages surélevées datant du Holocène, les vallées sont peu accidentées, avec des largeurs atteignant plusieurs centaines de mètres.

Les lacs sont particulièrement abondants sur les plate-formes supérieures (c'est-à-dire au niveau des têtes des bassins) et sur les plages surélevées datant du Holocène près de la côte. Le lac Midge est le plus vaste, avec une superficie de 587 × 112 m, et le plus profond, avec une profondeur maximale de 9,0 m. Les plans d'eau intérieurs sont tous pauvres en nutriments et très transparents, avec beaucoup de sédiments dans les eaux plus profondes recouverts d'un tapis dense de mousse aquatique [*Drepanocladus longifolius (=D. aduncus)*]. Dans certains lacs, comme le lac Chester Cone environ 500 m au sud du lac Midge ou du lac Limnopolar, se trouvent des peuplements de mousse aquatique qui poussent à un à plusieurs mètres de profondeur et qui recouvrent le fond du lac, ce qui constitue l'habitat des larves *Parochlus* (Bonner et Smith 1985). De grandes masses de cette mousse sont parfois emportées par la mer le long du littoral. Les lacs sont généralement gelés jusqu'à 1,0 à 1,5 m de profondeur pendant 9 à 11 mois de l'année et recouverts de neige, bien que les surfaces de certains des lacs les plus élevés restent gelées tout au long de l'année (Ellis-Evans, 1996, Lopez-Martinez *et al*, 1996). Sur les hauteurs du plateau central, beaucoup de petits cours d'eau peu profonds coulent lentement entre les lacs et se déversent sur de vastes zones planes de sol squelettique saturé recouvert de tapis épais de cyanobactéries de *Phormidium* sp. Ces tapis sont les plus étalés parmi tous les autres sites maritimes de l'Antarctique décrits à ce jour et ils reflètent la géomorphologie unique et les précipitations annuelles relativement importantes de la zone. Avec la fonte des glaces au printemps, il se produit beaucoup de déversements dans la plupart des lacs, mais les écoulements depuis de nombreux lacs peuvent cesser vers la fin de la saison tandis que la fonte saisonnière des glaces décroît. La plupart des lacs contiennent des crustacés comme les copépodes *Boeckella poppei* et le chirocéphale *Branchinecta gainii*. Certains des cours d'eau contiennent également d'importantes colonies d'algues vertes filamenteuses de cyanobactéries, ainsi que des diatomées et des copépodes. Un certain nombre de lacs relativement salins d'origine lagunaire sont situés près de la côte, particulièrement sur les plages President. Les lacs très riches en matières organiques servent de motureaux aux éléphants de mer du sud (*Mirounga leonina*). Ces lacs et bassins côtiers peu profonds situés derrière la première plage surélevée comptent souvent des tapis d'algues et des crustacés, y compris les copépodes *B. poppei* et *Parabroteas sorsi*, et occasionnellement le chirocéphale *Br. gainii*. Certains de ces plans d'eau ont une diversité biologique élevée, avec des espèces de diatomées (van der Vijver, 2010), d'oligochètes (Rodriguez et Rico, 2009) et de protozoaires ciliés (Petz et al, 2008) nouvellement décrites.

VÉGÉTATION

Bien qu'une grande partie de la péninsule Byers manque de végétation abondante, particulièrement à l'intérieur des terres (consultez Lindsay, 1971), les quelques peuplements contiennent une flore diverse, avec au moins 56 espèces de lichen, 29 de mousses, 5 d'hépatiques et 2 de phanérogames identifiées à ce jour dans la Zone. De nombreux lichens et mousses non identifiés ont également été collectés. Cela suggère que la Zone contient l'une des représentations de flore terrestre les plus diverses connues dans l'Antarctique maritime. Un certain nombre d'espèces sont rares dans cette partie de l'Antarctique maritime. C'est par exemple le cas des bryophytes suivantes : *Anthelia juratzkana, Brachythecium austroglareosum, Chorisodontium aciphyllum, Ditrichum hyalinum, Herzogobryum teres, Hypnum revolutum, Notoligotrichum trichodon, Pachyglossa dissitifolia, Platydictya jungermannioides, Sanionia* cf. *plicata, Schistidium occultum, Syntrichia filaris* et *Syntrichia saxicola*. La concentration la plus au sud de *A. juratzkana, D. hyalinum, N. trichodon* et *S. plicata* se trouve dans la péninsule Byers. Parmi la flore de lichens, *Himantormia lugubris, Ochrolechia parella, Peltigera didactyla* et *Pleopsidium chlorophanum* sont considérés comme rares.

Le développement de la végétation est bien plus important sur la côte sud que sur la côte nord. Communément présente sur les plages surélevées plus hautes et plus sèches dans le sud se trouve un peuplement ouvert dominé par le *Polytrichastrum alpinum* (=*Polytrichum alpinum*), *Polytrichum piliferum* (=*Polytrichum antarcticum*), *P. juniperinum, Ceratodon purpureus* et la mousse *Pohlia nutans* en abondance et plusieurs lichens crustacés sont fréquents. De grands peuplements de mousses sont présents à proximité des plages President et du sud, où des congères s'accumulent fréquemment à la base des pentes qui s'élèvent derrière les plages surélevées, fournissant une importante source d'eau de fonte des glaces en été. Les peuplements de mousses sont principalement dominés par *Sanionia uncinata* (=*Drepanocladus uncinatus*), qui forme localement des tapis continus de plusieurs hectares. La composition de la végétation est plus diverse que sur les zones plus élevées et plus sèches. À l'intérieur des terres, les lits humides des vallées abritent des peuplements de *Brachythecium austro-salebrosum, Campylium polygamum, Sanionia uncinata, Warnstorfia laculosa* (=*Calliergidium austro-stramineum*), et *W. sarmentosa* (=*Calliergon sarmentosum*). À l'inverse, les tapis de mousses sont quasi inexistants sur une distance de 250 m à partir de la côte nord, remplacés par des colonies de *Sanionia* de faible dimension dans les creux entre les plages surélevées jusqu'à 12 m d'altitude. Des lichens, principalement du type *Acarospora, Buellia, Caloplaca, Verrucaria* et *Xanthoria*, sont présents sur les crêtes inférieures des plages surélevées (2 à 5 m), avec *Sphaerophorus, Stereocaulon* et *Usnea* devenant les lichens les plus dominants à mesure que l'altitude croît (Lindsay, 1971).

Sur des pentes de cendre où l'eau est mieux évacuée, *Bryum* spp., *Dicranoweisia* spp., *Ditrichum* spp., *Pohlia* spp., *Schistidium* spp. et *Tortula* spp. sont courants sous forme de coussins et tourbes isolés avec divers hépatites, lichens (notamment le *Placopsis contortuplicata* rose et le *Leptogium puberulum* foliacé noir) et la cyanobactérie *Nostoc commune*. *P. contortuplicata* est présente à l'intérieur des terres et dans les habitats des hauteurs où l'azote est rare et elle est typique du substrat avec un certain degré de perturbation comme la solifluxion ; elle est souvent la seule plante à coloniser les petits fragments rocheux de bandes de pierres et les polygones gonflés par le gel (Lindsay, 1971). On la trouve généralement isolée et très occasionnellement avec des espèces d'*Andreaea* et d'*Usnea*. *N. commune*, elle couvre de vastes zones saturées planes ou légèrement inclinées de blocs d'argile graveleuse depuis des altitudes entre 60 à 150 m, formant des rosettes discrètes d'environ 5 cm de diamètre espacées de 10 à 20 cm (Lindsay, 1971). Des coussins épars quasi sphériques d'*Andreaea, Dicranoweisia* et *Ditrichum* se trouvent sur les sols les plus secs. Dans les zones humides influencées par les oiseaux et les phoques, l'algue verte foliacée *Prasiola crispa* est parfois abondante.

Les surfaces rocheuses sur la péninsule Byers sont principalement friables, mais localement colonisées par des lichens, particulièrement près de la côte. Les culots volcaniques se composent de roche plus dure et plus stable et sont couverts de lichens denses et de mousses occasionnelles. Le culot d'usnée est remarquable par sa croissance luxuriante de *Himantormia lugubris* et d'*Usnea aurantiaco-atra* (=*U. fasciata*). De manière plus générale, le *H. lugubris* et l'*U. aurantiaco-atra* sont les espèces dominantes de lichens sur le relief exposé de l'intérieur des terres, poussant avec la mousse *Andreaea gainii* par-dessus la plus grande partie de la roche exposée, couvrant jusqu'à 80 % du substratum (Lindsay, 1971). Dans les poches non exposées qui abritent de petites accumulations de sol minéral, les hépatites *Barbilophozia hatcheri* et *Cephaloziella varians* (= *C. exiliflora*) sont fréquentes, mais plus souvent mêlées à des coussins de *Bryum*, de *Ceratodon*, de *Dicranoweisia*, de *Pohlia*, de *Saniona*, de *Schistidium* et de *Tortula*. La *Saniona* et la *Warnstorfia* forment de petits peuplements, éventuellement liés à l'absence de vastes étendues de neige et associés aux écoulements de la fonte des glaces. Le *Polytrichastrum alpinum* forme de petits coussins discrets dans des creux, mais dans des conditions favorables, il peut fusionner avec les coussins d'*Andreaea gainii* (Lindsay, 1971).

Les lichens crustacés sont principalement représentés par les espèces de *Buellia*, *Lecanora*, *Lecedella*, *Lecidea*, *Placopsis* et *Rhizocarpon* qui poussent sur la roche, avec les espèces de *Cladonia* et de *Stereocaulon* poussant sur les mousses, particulièrement l'*Andreaea* (Lindsay, 1971). Sur la côte sud, les tapis de mousse sont communément colonisés par des lichens épiphytes, comme le *Leptogium puberulum*, le *Peltigera rufescens*, le *Psoroma* spp., ainsi que le *Coclocaulon aculeata* et le *C. epiphorella*. Sur les falaises maritimes, le *Caloplaca* et le *Verrucaria* spp. dominent sur les surfaces inférieures exposées à l'embrun salé jusqu'à environ 5 m, avec des espèces nitrophiles comme le *Caloplaca regalis*, l'*Haematomma erythromma* et le *Xanthoria elegans* souvent dominantes à des altitudes supérieures où les oiseaux de mer établissent fréquemment leurs nids. Ailleurs sur les surfaces de falaises sèches, un peuplement de lichens crustacés *Ramalina terebrata* est courant. Une variété de lichens ornithocoprophiles, comme le *Catillaria corymbosa*, le *Lecania brialmontii* et les espèces de *Buellia*, de *Haematomma*, de *Lecanora* et de *Physcia* est présente sur les roches à proximité de concentration d'oiseaux en phase de reproduction, ainsi que les lichens foliacés *Mastodia tessellata*, *Xanthoria elegans* et *X. candelaria* qui sont généralement dominants sur les blocs rocheux secs.

L'agrostis scabre de l'Antarctique (*Deschampsia antarctica*) est commune à plusieurs endroits, principalement sur la côte sud, et forme occasionnellement des peuplements de graminées fermés (par ex. sur la colline de Sealer) ; la Sagine antarctique (*Colobanthus quitensis*) est parfois associée. Les deux plantes sont relativement abondantes dans les ravines du sud avec une pente raide exposée au nord, formant de vastes peuplements occasionnellement purs d'épais tapis de *Brachythecium* et de *Saniona*, bien qu'on les trouve rarement au-dessus de 50 m d'altitude (Lindsay, 1971). Un peuplement ouvert se composant principalement de *Deschampsia* et de *Polytrichum piliferum* s'étend sur plusieurs kilomètres sur les plages surélevées sablonneuses sèches et plates du sud. Une herbe dont la croissance est unique, formant des buttes isolées de 25 cm de haut et jusqu'à 2 m d'envergure, est présente sur la plage près de la colline Sealer. Le *Deschampsia* a été trouvé uniquement à un endroit de la côte nord (Pointe Lair), où il forme de petites mèches rabougries (Lindsay, 1971).

INVERTÉBRÉS

La faune micro-invertébrée sur la péninsule Byers qui a été décrite à ce jour comprend 25 taxons (Usher et Edwards 1986, Richard *et al* 1994, Block et Stary 1996, Convey *et al* 1996, Rodriguez et Rico, 2008) : six collemboles (*Cryptopygus antarcticus*, *Cryptopygus badasa*, *Friesea grisea*, *Friesea woyciechowskii*, *Isotoma* (*Folsomotoma*) *octooculata* (=*Parisotoma octooculata*) et *Tullbergia mixta* ; un mesostigmata (*Gamasellus racovitzai*), cinq cryptostigmata (*Alaskozetes antarcticus*, *Edwardzetes dentifer*, *Globoppia loxolineata* (=*Oppia loxolineata*), *Halozetes belgicae* et *Magellozetes antarcticus*) ; neuf prostigmata (*Bakerdania antarcticus*, *Ereynetes macquariensis*, *Eupodes minutus*, *Eupodes parvus grahamensis*, *Nanorchestes berryi*, *Nanorchestes nivalis*, *Pretriophtydeus tilbrooki*, *Rhagidia gerlachei*, *Rhagidia leechi*, et *Stereotydeus villosus*) ; deux diptères (*Belgica antarctica* et *Parochlus steinenii*) et deux oligochètes (*Lumbricillus healyae* et *Lumbricillus sp.*).

Des larves de chironomide sans ailes *Belgica antarctica* sont présentes en nombre limité dans la mousse humide, particulièrement sur les tapis de *Saniona*, bien que leur répartition soit très restreinte sur la péninsule Byers (elles se trouvent surtout près de Cerro Negro) et peut-être proche de sa limite nord géographique. Le chironomide ailé *Parochlus steinenii* et ses larves résident sur les bords des lacs et bassins à l'intérieur, notamment le lac Midge et un autre près du culot d'usnée, et se trouvent également parmi les pierres de nombreux lits de cours d'eau (Bonner et Smith, 1985, Richard *et al*, 1994, Ellis-Evans, commentaire personnel, 1999). Par temps calme et chaud, il est possible de voir des essaims d'adultes au-dessus des bords de lacs.

La diversité du peuplement d'arthropodes décrite dans la péninsule Byers est plus importante que dans tout autre site antarctique documenté (Convey *et al*, 1996). Diverses études (Usher et Edwards, 1986, Richard *et al*, 1994, Convey *et al*, 1996) ont démontré que la composition de la population d'arthropodes sur la péninsule Byers varie considérablement avec l'habitat sur une petite zone. Le *Tullbergia mixta* a été observé en nombres relativement importants ; sa répartition dans l'Antarctique semble limitée aux îles Shetland du Sud (Usher et Edwards, 1986). Localement, la plus grande diversité est sans doute observée dans les communautés dominées par des coussins de mousses comme l'*Andreaea* spp. (Usher et Edwards, 1986). D'autres prélèvements sont nécessaires pour établir les populations et les diversités avec une plus grande fiabilité. Tandis que de nouveaux prélèvements sur d'autres sites peuvent encore révéler que les communautés décrites sur la péninsule Byers sont propres à des habitats similaires dans la région, les données disponibles sur la microfaune confirment l'importance biologique de la Zone.

MICROORGANISMES

Une analyse d'échantillons de sol recueillis depuis la péninsule Byers a révélé la présence de plusieurs champignons nématophages : dans le sol colonisé par le *Deschampsia*, l'*Acrostalagmus goniodes*, l'*A. obovatus*, le *Cephalosporium balanoides* et le *Dactylaria gracilis* ont été trouvés, tandis que des *Cephalosporium balanoides* et du *Dactylella gephyropaga* ont été trouvés dans le sol dominé par le *Colobanthus* (Gray et Smith, 1984). Le basidiomycète *Omphalina antarctica* est souvent abondant sur les peuplements humides de la mousse *Sanionia uncinata* (Bonner et Smith, 1985).

Certains des plans d'eau ont une biodiversité microbienne qui inclut la plus grande diversité génétique virale trouvée dans les lacs antarctiques (López-Bueno et al, 2009)

OISEAUX EN PHASE DE REPRODUCTION

L'avifaune de la péninsule Byers est diverse, bien que les colonies en phase de reproduction ne soient généralement pas importantes. Deux espèces de manchots, le manchot à jugulaire (*Pygoscelis antarctica*) et le manchot papou (*P. papua*), se reproduisent dans la Zone.

La reproduction des manchots d'Adélie (*P. adeliae*) n'a pas été observée sur la péninsule Byers ou sur ses îlots au large. Dans les îles Shetlands du Sud, les manchots d'Adélie ne se reproduisent que sur l'île du Roi-George, où les populations sont en déclin (Carlini et al., 2009).

La principale colonie de manchots à jugulaire se trouve à la Pointe du Diable, où elle a été estimée à environ 3 000 couples en 1987 ; un décompte plus exact a été effectué en 1965, indiquant environ 5 300 couples répartis en quatre colonies discrètes, dont presque 95 % établissaient leurs nids sur l'île Demon, à 100 m au sud de la Pointe du Diable (Croxall et Kirkwood, 1979 ; Woehler, 1993). Deux colonies d'environ 25 couples de manchots à jugulaire entourées par une colonie de manchots papou se trouvent sur les plages President à proximité de la Pointe du Diable. De petites colonies de manchots à jugulaire ont été observées sur la côte nord, par ex. sur les plages Robbery (50 couples en 1958 ; Woehler, 1993), mais aucun couple en phase de reproduction n'a été signalé lors d'une étude datant de 1987. Dans d'autres emplacements, la Pointe Lair contenait 156 couples en 1966, déclinant à 25 couples en 1987 (Woehler, 1993). Lors d'une récente visite dans la région (janvier 2009), 20 couples ont été comptés (Barbosa, commentaire personnel).

Les manchots papous se reproduisent sur plusieurs colonies sur la Pointe du Diable, avec approximativement 750 couples enregistrés en 1965 (Croxall et Kirkwood, 1979, Woehler, 1993). Actuellement, trois colonies d'un total d'environ 3 000 couples s'y trouvent (Barbosa, commentaire personnel). Sur la côte nord, une roquerie de trois colonies avec un total de 900 couples se trouve sur les plages Robbery (Woehler, 1993). Lors d'une visite sur la Pointe Lair en janvier 2009, environ 1 200 couples ont été recensés. Woehler (1993) ne donne aucune donnée sur les manchots papous à cet endroit.

Des estimations récentes de la taille de la population pour certaines espèces d'oiseaux volants ont été obtenues suite à une étude menée en décembre 2008 et en janvier 2009 (Gil-Delgado et al., 2010). La population de sternes couronnées (*Sterna vittata*) a été estimée à 1 873 couples en phase de reproduction.

Deux cent trente-huit couples de pétrels géants *(Macronectes giganticus)* et 15 couples de grands labbes *(Catharacta lonnbergi)* établissement leurs nids localement. Une étude détaillée d'autres oiseaux en phase de reproduction a été menée en 1965 (White, 1965). L'espèce en phase de reproduction la plus présente qui a été enregistrée à l'époque, avec environ 1 760 couples, était la sterne couronnée *(Sterna vittata)*, suivie de 1 315 couples d'océanites de Wilson *(Oceanites oceanicus)*, approximativement 570 couples de damiers du Cap *(Daption capense)*, 449 couples de goélands dominicains *(Larus dominicanus)*, 216 couples de pétrels géants, 95 couples d'océanites à ventre noir *(Fregetta tropica)*, 47 couples de cormorans impériaux *(Phalacrocorax atriceps)* (y compris sur les îlots côtiers), 39 couples de grands labbes et 3 couples de becs-en-fourreaux *(Chionis alba)*. Par ailleurs, des petits prions *(Pachytilla sp.)* et des pétrels des neiges *(Pagodroma nivea)* ont été aperçus sur la péninsule, mais leur reproduction n'y a pas été confirmée. Le recensement d'oiseaux fouisseurs et d'oiseaux qui établissent leurs nids dans les pierriers est considéré sous-estimé (White, commentaire personnel, 1999). La majorité des oiseaux établissent leurs nids à proximité de la côte, principalement à l'ouest et au sud.

Récemment, des échassiers errants, probablement des bécasseaux à croupion blanc *(Calidris fuscicollis)* ont été fréquemment aperçus paissant dans certains cours d'eau des plages du sud (Quesada, commentaire personnel, 2009).

MAMMIFÈRES EN PHASE DE REPRODUCTION

De grands groupes d'éléphants de mer du sud *(Mirounga leonina)* se reproduisent sur la côte de la péninsule Byers, avec un total de plus de 2 500 individus observés sur les plages du sud (Torres *et al.*, 1981), ce qui en fait l'une des plus grandes populations de cette espèce enregistrées dans les îles Shetland du Sud. Une estimation effectuée en 2008-2009 a indiqué une population entre 4 700 et 6 300 individus (Gil-Delgado et al., 2010). De grands nombres se réunissent dans les mottureaux et le long des plages en été. Des phoques de Weddell *(Leptonychotes weddellii)*, des phoques crabiers *(Lobodon carcinophagous)* et des léopards de mer *(Hydrurga leptonyx)* sont parfois observés aux alentours du littoral. Autrefois, les otaries à fourrure de l'Antarctique *(Arctocephalus gazella)* étaient très représentées sur la péninsule Byers (voir ci-dessous), mais elles n'ont pas considérablement re-colonisé la Zone en grands nombres malgré la récente expansion rapide de la population dans d'autres parties de l'Antarctique maritime.

PARTICULARITÉS HISTORIQUES

Suite à la découverte des îles Shetland du Sud en 1819, une campagne intensive de chasse aux phoques dans la péninsule Byers entre 1820 et 1824 a exterminé presque toutes les otaries à fourrure de l'Antarctique locales et les éléphants de mer du sud (Smith et Simpson, 1987). Au cours de cette période, la population en été atteignait jusqu'à 200 chasseurs de phoques américains et britanniques qui vivaient sur la côte dans des refuges et grottes en pierre sèche autour de la péninsule Byers (Smith et Simpson, 1987). Des témoignages de leur occupation subsistent dans leurs nombreux refuges, dont certains contiennent encore des artéfacts (vêtements, outils, matériaux structurels, etc.). Plusieurs navires phoquiers se sont échoués près de la péninsule Byers et on retrouve les bois de ces navires le long des rives. La péninsule Byers rassemble la plus grande concentration de refuges de chasseurs de phoques du début du 19e siècle et de reliques associés dans l'Antarctique et ces éléments sont vulnérables aux perturbations et/ou au retrait.

Le nombre d'éléphants de mer et, dans une certaine mesure, le nombre d'otaries à fourrure, a connu une nouvelle croissance après 1860, mais ces animaux ont encore été décimés par une deuxième campagne de chasse qui s'est prolongée jusque vers 1910.

IMPACTS DES ACTIVITÉS HUMAINES

L'ère moderne des activités humaines dans la péninsule Byers a été largement limitée à la science. Les impacts de ces activités n'ont pas été décrits, mais ils sont relativement mineurs et limités aux éléments comme les campements, traces de pas, balises de types divers, déchets provenant des bateaux rejetés sur les plages (par ex. des bateaux de pêche) et déchets humains et prélèvements scientifiques. Plusieurs piquets de balisage en bois et un flotteur de pêche en plastique ont été trouvés au sud-ouest de la Zone lors d'une courte visite en février 2001 (Harris, 2001). Pendant l'été 2009-2010, une étude des déchets sur les plages a été entreprise (Rodriguez-Pertierra, commentaire personnel). La proportion de déchets la plus élevée sur les plages (proportion moyenne sur la longueur de plage) a été trouvée sur la plage Robbery (64 %), suivie de la plage President (28 %) et des plages au sud-ouest de la Zone (8 %). Il est probable que ce soit lié à leur exposition au Passage Drake (Torres et Jorquera, 1994). La majorité des déchets trouvés sur les trois plages étaient en bois (78 % par nombre d'éléments) et en plastique (19 %), tandis que les déchets en métal, en verre et en tissus étaient plus rares (moins de 1 %). Plusieurs morceaux de bois ont été trouvés, dont certains étaient relativement grands (plusieurs mètres de long). Les éléments en plastique étaient très divers, comptant des bouteilles, des cordages et des bandes parmi les plus nombreux. Des flotteurs et bouteilles en verre ont également été trouvés sur les plages.

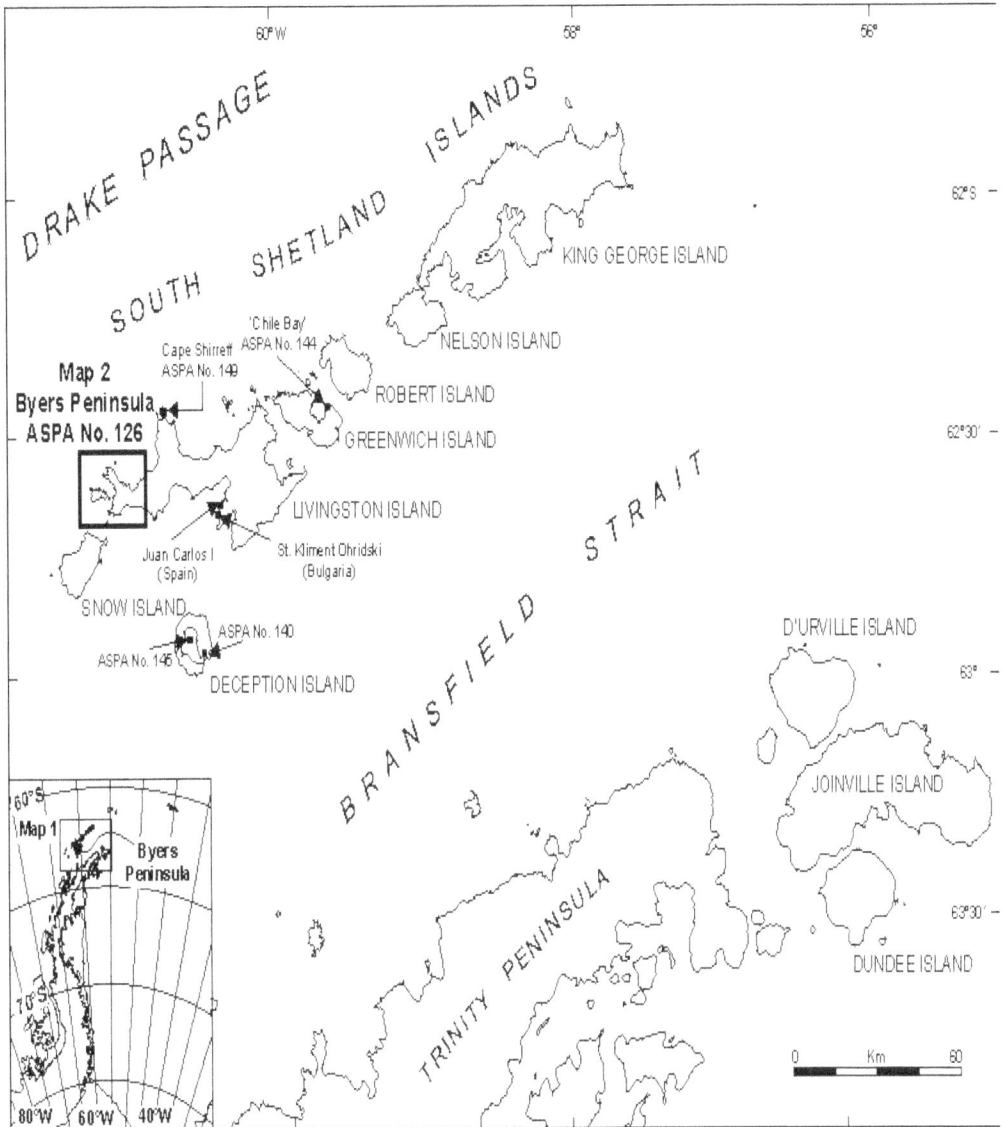

Map 1. Byers Peninsula, ASPA No. 126, Livingston Island, South Shetland Islands, location map.
Inset: location of Byers Peninsula on the Antarctic Peninsula

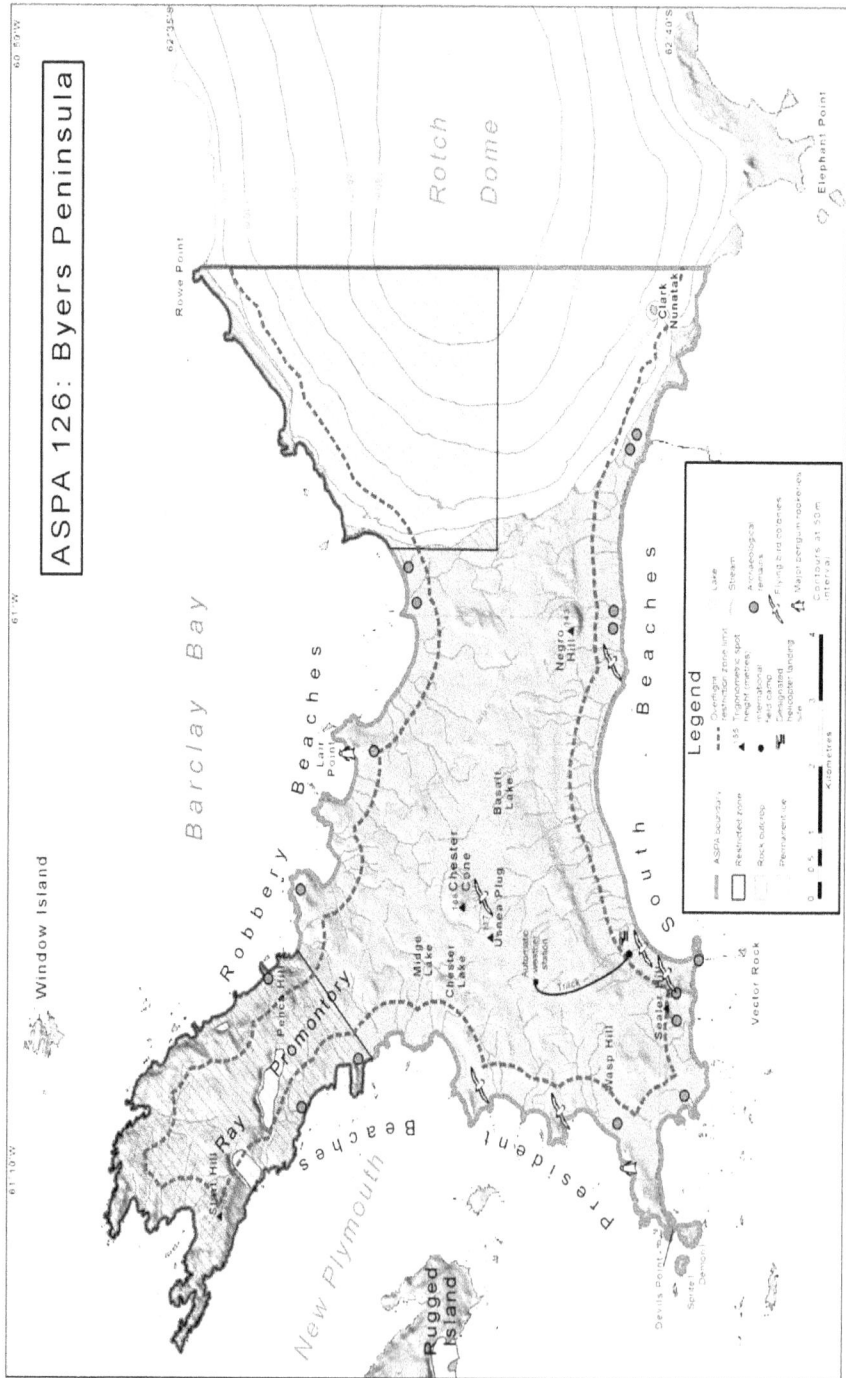

ASPA 126 : Byers Peninsula

Carte 2 : ZSPA 126 : Carte topographique de la péninsule Byers.

Plan de gestion pour

la zone spécialement protégée de l'Antarctique n° 127

ILE HASWELL

(Ile Haswell et colonie adjacente de manchots empereurs sur des glaces de formation rapide)

Plan de gestion révisé

1. Description des valeurs à protéger

L'île Haswell est un site de reproduction unique pour la quasi-totalité des espèces aviaires de l'Antarctique orientale, notamment : le pétrel antarctique (*Talassoica antarctica*) ; le fulmar argenté (*Fulmarus glacioloides*) ; le damier du Cap (*Daption capense*) ; le pétrel des neiges (*Pagodroma nivea*) ; l'océanite de Wilson (*Oceanites oceanicus*) ; le labbe antarctique (*Catharacta maccormicki*) et le manchot Adélie (*Pygoscelis adeliae*). La zone abrite cinq espèces de pinnipèdes, dont le phoque de Ross (*Ommatophoca rossii*) qui est une espèce spécialement protégée.

Au sud-est de l'île, une grande colonie de manchots empereurs (*Aptenodytes forsteri*) occupe les glaces de formation rapide.

La zone de l'île Haswell (66°31' de latitude sud et 93°00' de longitude est) dont la superficie s'étend sur 1 km² environ, est la plus grande d'un groupe d'îles situées à proximité de la station Mirny, ensemble avec son littoral et la zone de glaces de formation rapide. A leur VIIIᵉ Réunion tenue à Oslo en 1975, les Parties Consultatives au Traité sur l'Antarctique ont approuvé sa désignation en tant que SISS n° 7 pour les motifs susmentionnés, suite à une proposition faite dans ce sens par l'URSS. La carte 1 montre l'emplacement de l'île Haswell et des îles environnantes (à l'exception de l'île Vkhodnoy), la station Mirny et les sites où se déroulent des activités logistiques. Ce site a été rebaptisé et renuméroté ZSPA n° 127 par la mesure 1 (2002).

A l'heure actuelle, il est proposé de définir en détail les lignes de démarcation de la zone spécialement protégée de l'Antarctique, île Haswell (66°31' de latitude sud et 93°00' de longitude est, d'une superficie d'environ 1 km²) ainsi que la section adjacente de glaces de formation rapide de la mer Davis, d'une superficie d'environ 5 km² (lorsqu'elles sont présentes) où vit une colonie de manchots empereurs (Carte 2). C'est l'une des rares colonies de manchots empereurs vivant à proximité d'une station antarctique permanente, ce qui présente des avantages pour l'étude de cette espèce et de son habitat.

Initialement décrite par des biologistes durant les premières expéditions soviétiques, la zone a été étudiée dans les années 70 et plus récemment, fournissant des informations précieuses pour faire des études comparatives et assurer le suivi de l'impact environnemental à long terme d'une grande station antarctique.

2. Buts et objectifs

Les recherches engagées dans la ZSPA visent à mieux comprendre comment les changements naturels et anthropiques de l'environnement influent sur l'état et la dynamique des populations locales de faune et de flore et comment ces changements influent sur l'interaction entre les principales espèces de l'écosystème antarctique.

La gestion de l'île Haswell vise à :

- éviter tout impact direct des activités logistiques sur la zone ;

- réglementer l'accès à la zone ;

- éviter les changements d'origine anthropique de la structure et de l'abondance des populations locales de flore et de la faune ;

- permettre des recherches scientifiques, sous réserve que ces travaux répondent à des buts scientifiques indispensables qui ne peuvent être satisfaits ailleurs ;

- faciliter la recherche scientifique sur l'environnement dans le cadre de la surveillance et de l'évaluation de l'impact des activités humaines sur les populations ;

- encourager l'éducation en matière environnementale et la sensibilisation à l'importance de l'environnement.

3. Activités de gestion

Les mesures de gestion suivantes sont appliquées pour protéger les valeurs de la zone :

- Lorsqu'un navire s'approche de la station Mirny et lorsqu'il y arrive, toutes les personnes à bord doivent être informées de l'existence et de l'emplacement de la ZSPA ainsi que des dispositions pertinentes du plan de gestion.

- Des copies du plan de gestion et des cartes de la zone indiquant son emplacement doivent être mises à la disposition de toutes les unités qui se livrent à des travaux logistiques et scientifiques sur les îles Haswell.

- Un panneau indiquant l'emplacement et les limites de la zone et mentionnant clairement les restrictions d'accès (« Entrée interdite — Zone spécialement protégée de l'Antarctique ») sera installé à l'intersection des lignes tirées entre l'île Gorev et l'île Fulmar, et Pointe Mabus et l'extrémité orientale de l'île Haswell, afin d'éviter toute entrée inopportune dans la zone après la formation des glaces rapides sur lesquelles des déplacements peuvent être entrepris à pied et en véhicule. Des panneaux d'information seront installés en haut de la pente de Pointe Mabus ainsi que sur les sites d'activités de la station au voisinage immédiat de la zone.

- Les bornes et les panneaux mis en place dans la zone devront être solidement fixés, et soigneusement entretenus et seront sans effet sur l'environnement.

- Les survols de la zone ne sont autorisés que dans les conditions arrêtées dans la section 7 intitulée 'Critères de délivrance des permis'.

Le plan de gestion sera périodiquement révisé afin de veiller à la bonne protection des valeurs de la zone spécialement protégée de l'Antarctique. Toute activité envisagée dans la zone fera l'objet au préalable d'une évaluation d'impact sur l'environnement.

4. Durée de la désignation

La zone est désignée pour une durée indéterminée.

5. Cartes

- Carte 1 : Emplacement des îles Haswell, station Mirny, et sites d'activité logistique.

- Carte 2 : Lignes de démarcation de la zone spécialement protégée de l'Antarctique n° 127, île Haswell.

- Carte 3 : Emplacement des colonies d'oiseaux de mer en phase de reproduction.

- Carte 4 : Carte topographique de l'île Haswell.

6. Description de la zone

6 i) Coordonnées géographiques, lignes de démarcation de la zone et caractéristiques du milieu naturel

La zone occupe un territoire inscrit dans le polygone ABFEDC (66° 31'10" de latitude sud, 92° 59'20" de longitude est ; 66° 31'10" de latitude sud, 93° 03' de longitude est ; 66° 32'30" de latitude sud, 93° 03' de longitude est ; 66° 32'30" de latitude sud, 93° 01' de longitude est ; 66° 31'45" de latitude sud, 93° 01' de longitude est ; 66° 31'45" de latitude sud, 92° 59'20'' de longitude est) (Carte 2). La zone de glaces de formation rapide indiquée sur la mer Davis englobe l'ensemble des voies probablement empruntées par les manchots empereurs durant la période de reproduction.

Topographie

Les lignes de démarcation de la zone sur les glaces de formation rapide situées à proximité de la station peuvent être grossièrement identifiées à vue sur le terrain comme étant l'axe EF (île Vkhodnoy – île Fulmar) et l'axe ED (Pointe Mabus – extrémité orientale de l'île Haswell). Un panneau indiquant les limites de la zone et mentionnant clairement les restrictions d'accès (« Entrée interdite — Zone spécialement protégée de l'Antarctique ») sera installé au point E. Des panneaux d'information indiquant la distance jusqu'aux limites de la zone seront installés sur les sites d'activités de la station au voisinage direct de la zone (au sommet de la pente de Pointe Mabus, ainsi que sur les îles Buromsky, Zykov, Fulmar et Tokarev).

Il est très peu probable que les limites maritimes de la zone seront passées par inadvertance car aucune activité n'est actuellement menée à cette distance de la station. Les lignes de démarcation ne reposent sur aucun repère visuel et seront identifiées sur carte.

Il n'existe ni route ni chemin à l'intérieur de la zone.

Conditions des glaces

La zone comprend l'île Haswell (la plus grande de l'archipel), son littoral et la zone adjacente de glaces de formation rapide sur la mer Davis. L'observatoire russe Mirny, construit sur des nunataks côtiers de la péninsule Mirny au sud de la ZSPA, est exploité depuis 1956.

Pendant la majeure partie de l'année, les zones de mer situées à l'intérieur de la zone sont recouvertes de glaces de formation rapide qui atteignent 30 à 40 km de large à la fin de l'hiver. Leur rupture intervient entre le 17 décembre et le 9 mars (le 3 février en moyenne), et elles se forment de nouveau entre le 18 mars et le 5 mai (le 6 avril en moyenne). La probabilité que la zone au large de Mirny soit libérée des glaces pendant plus d'un mois est de 85 %, pendant plus de deux mois de 45 % et pendant plus de trois mois de 25 %. La zone est toujours pleine d'icebergs pris dans la glace. En été, lorsque les glaces de formation rapide disparaissent, les icebergs dérivent vers l'ouest le long de la côte. La température de l'eau est toujours inférieure à zéro. Les marées ont un rythme journalier irrégulier.

Analyse des domaines environnementaux

Basée sur l'analyse des domaines environnementaux pour l'Antarctique (résolution 3 (2008)) l'île Haswell est située dans un environnement de type L soit une *calotte de glace de la zone côtière du continent*.

Caractéristiques biologiques

Les eaux côtières abritent une abondante faune benthique. La faune marine de la zone est dominée par différentes espèces de poissons des glaces, tandis que la légine antarctique (*Dissostichus mawsoni*) et la calandre antarctique (*Pleuragramma antarcticum*) sont moins abondantes. L'existence d'une bonne base alimentaire et de sites de nidification adaptés crée un environnement favorable pour de nombreux oiseaux de mer. Selon de précédentes observations, 14 espèces d'oiseaux vivent à proximité de Mirny (Tableau 1).

Tableau 1 : La faune aviaire de l'île Haswell (ZSPA n° 127).

1	Manchot empereur (*Aptenodytes forsteri*)	B, M
2	Manchot Adélie (*Pygoscelis adeliae*)	B, M
3	Manchot à jugulaire (*Pygoscelis antarctica*)	V
4	Manchot macaroni (*Eudyptes chrysolophus*)	V
5	Fulmar argenté (*Fulmarus glacioloides*)	B
6	Pétrel antarctique (*Thalassoica antarctica*)	B
7	Pétrel du Cap (*Daption capense*)	B
8	Pétrel des neiges (*Pagodroma nivea*)	B

9	Pétrel géant du sud (*Macronectes giganteus*)	V
10	Océanite de Wilson (*Oceanites oceanicus*)	B
11	Labbe pomarin (*Stercorarius pomarinus*)	V
12	Labbe antarctique (*Catharacta maccormicki*)	B
13	Labbe de Lonnberg (*Antarctica lonnbergi*)	V
14	Goéland dominicain (*Larus dominicanus*)	V

Note : B – Espèces en phase de reproduction ; M – Sites de mue à proximité de la station ; V – Espèces de passage.

La faune côtière est principalement constituée de pinnipèdes, les phoques de Weddell (*Leptonychotes weddelli*) étant l'espèce la plus abondante. D'autres espèces de phoques de l'Antarctique peuvent être observées de temps à autre, en très petits nombres. Des petits rorquals (*Balaenoptera acutorostrata*) et des épaulards (*Orcinus orca*) ont fréquemment été observés à proximité de Mirny.

A l'heure actuelle, des oiseaux de mer nichent sur six des 17 îles de l'archipel. Sept espèces se reproduisent directement sur les îles, et l'une d'elles, le manchot empereur (*Aptenodytes forsteri*), sur les glaces de formation rapide. Quelques espèces de passage ont également été observées dans la zone. En général, la composition des espèces principales de la faune aviaire est restée stable pendant ces 60 dernières années et reste caractéristique des zones côtières de l'Antarctique oriental. La mise à jour de la liste des espèces (Tableau 1) a amené l'ajout du pétrel géant du sud (*Macronectes giganteus*) et du labbe de lonnberg (*Antarctica lonnbergi*) suite à des observations ornithologiques plus étendues qui ont eu lieu à la station de Mirny au cours de la dernière décennie. Toutes les nouvelles espèces sont enregistrées comme étant uniquement de passage dans la zone. Cependant, le pétrel géant du sud observé en 2006 pour la première fois à Mirny, semble être devenu un visiteur rare mais régulier dans la zone.

Le manchot empereur *(Aptenodytes forsteri)*

La colonie de manchots empereurs des îles Haswell occupe les glaces de formation rapide de la mer Davis, à 2 ou 3 km au nord-est de l'observatoire Mirny, et séjourne généralement à 1 km de l'île Haswell. La colonie a été découverte et décrite par des membres de la section occidentale de l'expédition antarctique australasienne, le 25 novembre 1912. Toutefois, ce n'est qu'après la création de l'observatoire Mirny qu'elle a fait l'objet d'études approfondies. Depuis sa création en 1956, l'observatoire a réalisé des travaux périodiques de suivi de la taille de la colonie en phase de reproduction. La première observation à l'année a été effectuée par E.S. Korotkevich en 1956 (Korotkevich, 1958), poursuivie jusqu'en 1962 (Makushok, 1959 ; Korotkevich, 1960 ; Prior, 1968), et reprise par V.M. Kamenev à la fin des années 60 et au début des années 70 (Kamenev, 1977). Après une longue interruption, les observations de la faune aviaire ont été reprises dans la zone entre 1999 et 2011 (Gavrilo, Mizin, 2007, Gavrilo, Mizin, 2011, Neelov et al., 2007).

Le Tableau 2 présente un calendrier des différents épisodes phénologiques survenus dans la colonie de manchots empereurs des îles Haswell.

Tableau 2 : Dates des épisodes phénologiques survenus dans la colonie de manchots empereurs, îles Haswell.

Arrivée des manchots sur le site de la colonie	10 derniers jours de mars
Pic de la période d'accouplement	Fin avril – 10 premiers jours de mai
Commencement de la ponte	Cinq premiers jours de mai
Début de l'éclosion	5 – 15 juillet
Les oisillons commencent à quitter les poches à couvée	10 derniers jours d'août
Les oisillons se rassemblent en crèches	10 premiers jours de septembre
Les oisillons commencent à muer	Fin octobre – début novembre
Les adultes commencent à muer	10 derniers jours de novembre – cinq premiers jours de décembre
La colonie commence à se démanteler	10 derniers jours de novembre – mi-décembre
Les oiseaux quittent le site de la colonie	Cinq derniers jours de décembre – 10 premiers jours de janvier

Les données les plus récentes sur l'état de la colonie remontent à 2010-2011. La colonie comptait initialement deux sous-colonies vivant à une distance de 400 mètres l'une de l'autre, et les adultes isolés tout comme ceux qui ont des œufs et des oisillons passent du temps indistinctement dans les deux sous-colonies. Éventuellement une troisième sous-colonie s'est également formée. Comme ce fut le cas pour les années précédentes, ces sous-colonies se sont toutes installées et se déplacent uniquement à l'intérieur de la zone, c'est à dire à l'est et au sud-est de l'île Haswell.

On peut estimer que la colonie des manchots empereurs de l'île Haswell, au cours de la dernière décennie, s'est stabilisée et qu'elle se trouve dans une situation favorable.

Durant la ponte de 2010-2011, la population locale a été estimée à environ 13 000 oiseaux, soit le chiffre le plus élevé de tous les relevés effectués lors des douze années précédentes (EAR, données inédites). Selon les estimations et les recensement réalisés entre 1956 et 1966, la population totale a varié entre 14 000 et 20 000 oiseaux (Korotkevich, 1958, Makushok, 1959, Prior, 1964, Kamenev, 1977). Pendant les années 1970 et 1980, la population a subi une baisse d'environ 30% mais par la suite elle s'est rétablie.

Pour les deux colonies de manchots empereurs qui sont situées dans cette même écorégion (80°E - 140°E), c'est-à-dire dans l'île Haswell et à Pointe Géologie, une analyse comparative révèle une évolution semblable au cours des 60 dernières années (Barbraud et al., 2011). Avant les années 70, la population de manchots empereurs dans l'archipel de Pointe Géologie en Terre Adélie (ZSPA 120) était stable elle aussi, ou peut-être légèrement en déclin, comme l'était la population de manchots de l'île Haswell. Par la suite, pendant les années 70 et 80, la population a diminué sensiblement dans les deux colonies, à cause du changement du régime climatique qui est survenu pendant cette période. L'ampleur de la chute dans les deux populations correspond également au quantum de réduction dans le nombre d'oiseaux reproducteurs. On pourrait ainsi suggérer que des changements climatiques à grande échelle accompagnés de changements profonds au niveau des écosystèmes, tels que l'on a observé au-dessus de l'océan Austral, peuvent affecter la population de manchots. Plusieurs facteurs exercent ainsi une influence sur les deux populations. Par exemple, la formation rapide des glaces, qui est connue pour avoir un impact sur le maintien de la population des manchots empereurs, mène à penser qu'une telle corrélation est possible. En particulier, la rupture des glaces, et leur formation rapide, sont toutes deux des facteurs qui peuvent affecter de manière négative la survie des manchots et leur capacité de reproduction, car ces deux phénomènes ont une incidence nette sur la disponibilité des aliments comme l'ont illustré plusieurs auteurs (Barbraud, Weimerskirch, 2001, Jenouvrier et al., 2009). Pendant ces 20 dernières années les deux populations ont été dynamiques quant à leur stabilité et leur capacité de reproduction, dans des conditions d'une couverture étendue de glace ainsi qu'un calendrier plus serré de la rupture de la glace en comparaison avec les années précédentes.

Tableau 3 : Facteurs ayant une incidence sur la population de manchots empereurs des îles Haswell et mesures d'atténuation requises.

		Actions visant à atténuer l'impact des facteurs d'origine anthropique
Facteurs d'origine anthropique	Perturbations par des visiteurs	Les visites de la colonie doivent être strictement réglementées.
	Prélèvement d'œufs	La collecte d'œufs est interdite sauf si un permis de recherche a été délivré par une autorité nationale.
	Perturbations dues aux survols	La trajectoire et l'altitude des vols doivent être sélectionnées conformément aux prescriptions du présent plan de gestion.
Facteurs naturels	Changements climatiques et variabilité des ressources en aliments	
	Les changements saisonniers de l'état de la glace affectent la disponibilité des aliments et, partant, peuvent influer sur le taux de survie des adultes et des oisillons (une diminution de l'étendue de la glace en avril-juin amène un déclin dans la croissance de la population, alors qu'une fonte précoce des glaces de formation rapide augmente la mortalité des oisillons).	

Les données sur l'évolution de la taille des autres populations ne sont pas aussi complètes (Tableau

4). Les modifications à long terme peuvent faire état d'une tendance negative. Cependant il n'est pas possible de tirer des conclusions solides sur la base uniquement des trois relevés effectués à plusieurs décennies d'intervalle et où la recensement de la population reste incomplèt.

Tableau 4 : Évolution à long terme de la taille des populations d'oiseaux des îles Haswell. Tendance : 0 = incertaine. -1 = négative. ? = supposée

Espèces	Années 60 et 70	1999/2001	2009/10 adultes	Tendance
Manchot Adélie	41 000-44 500	Ca. 31 000 adultes	Ca. 27 000	- 1
Pétrel antarctique	900-1050	150-200 nids contenant des oeufs	Ca. 500	- 1
Pétrel du Cap	750	150 nids contenant des oeufs	Ca. 300	- 1
Pétrel des neiges	600-700	60-75 nids contenant des oeufs	Pas de données	- 1 ?
Océanite de Wilson	400-500	Min 30 nids occupés	Plus de 80	- 1 ?
Labbe antarctique	48 (24 couples)	Min 38 (19 couples)	134 (62 couples)	1

Les données collectées dans la zone de l'île Haswell font état de tendances négatives à long terme pour différentes espèces d'oiseaux de mer, y compris les manchots et les oiseaux volants. Il est possible que les changements climatiques à grande échelle soient responsables de la dynamique négative des populations dans la zone l'île Haswell, non seulement dans la population de manchots empereurs mais aussi dans d'autres populations d'oiseaux de mer, sauf le Labbe antarctique.

Il est nécessaire de se livrer à des travaux de recherche supplémentaires et d'assurer un suivi plus poussé afin d'établir les tendances dans les populations des oiseaux de l'île Haswell et d'en comprendre les causes.

6 ii) Définition des saisons ; zones réglementées ou interdites dans la zone

Seules les personnes titulaires d'un permis délivré par une autorité nationale appropriée peuvent entrer dans la zone.

Toute activité menée dans la zone fera l'objet de restrictions spéciales durant la saison de reproduction des oiseaux :

- de la mi-avril à décembre, à proximité de la colonie de manchots empereurs ; et
- d'octobre à mars, à proximité des sites de nidification de l'île Haswell.

L'emplacement des colonies en phase de reproduction fait l'objet la Carte 4. Les manchots empereurs, qui sont particulièrement sensibles aux perturbations, sont également protégés à l'extérieur du site de reproduction désigné, étant donné que son emplacement peut varier.

6 iii) Structures situées dans la zone

Un repère – un poteau métallique dont la base est fixée par des pierres – a été posé sur l'île Haswell. Il n'existe aucune autre structure sur l'île.

Il pourrait y avoir un local chauffé contenant des rations alimentaires d'urgence sur l'une des îles voisines (mais pas sur l'île Haswell).

6 iv) Emplacement d'autres zones protégées situées à proximité de la zone

Le cimetière de l'île Buromskiy (HSM No. 9) est situé à 200 mètres de la ligne de démarcation de la zone.

7. Critères de délivrance des permis

7 i) Critères de délivrance des permis

L'accès à la zone est interdit sauf si un permis a été délivré par les autorités nationales compétentes. Les critères de délivrance des permis d'accès à la zone sont les suivants :

- les permis ne peuvent être délivrés que pour les motifs spécifiés au paragraphe 2 du plan de gestion ;
- tout permis sera délivré pour une durée donnée ;
- les actions autorisées ne viendront pas mettre en péril les écosystèmes de la zone ou perturber les recherches scientifiques en cours ;
- les visites effectuées dans la zone conformément à un permis sont autorisées pour des groupes organisés accompagnés par une personne autorisée. Les informations pertinentes seront enregistrées dans le journal de visite, en particulier la date, l'objet de la visite et le nombre de visiteurs ; le chef de la station Mirny tient le journal de visite à jour tandis que la personne autorisée est désignée en conformité avec la procédure nationale ; et,
- un rapport de visite devra être soumis à l'autorité nommée dans le permis chaque année ou lorsque la validité du permis arrive à expiration.

Les permis sont délivrés en vue de recherches scientifiques, d'études de suivi et d'inspections n'exigeant pas le prélèvement de matériel biologique ou d'échantillons de faune, ou limitant ces prélèvements à de petites quantités. Les permis délivrés en vue d'une visite ou d'un séjour dans la zone précisent la portée des tâches à réaliser, la période d'exécution et le nombre maximum de personnes autorisées à pénétrer dans la zone.

7 ii) Accès à la zone et déplacements à l'intérieur de celle-ci

Les motoneiges sont les seuls véhicules autorisés dans la zone.

À l'abord de la zone ou durant les déplacements à l'intérieur de celle-ci, il convient de ne pas perturber les phoques et les oiseaux, notamment durant la saison de reproduction. Il est strictement interdit de détériorer les sites de nidification des oiseaux, les échoueries des phoques ou les voies qui y mènent.

Ile Haswell. Les voies d'accès les plus propices se trouvent sur les pentes situées à l'ouest et au sud-ouest (Carte 4). Les déplacements se feront uniquement à pied.

Zone de glaces de formation rapide. Lorsque les glaces rapides nécessaires à la sécurité des déplacements à pied et en motoneige sont présentes, l'accès à cette zone peut se faire à partir de tout endroit propice depuis l'observatoire Mirny. L'utilisation de tout véhicule est interdite dans la zone durant la période de couvaison des nids (mai-juillet). Les visiteurs qui utilisent des motoneiges ne peuvent approcher la colonie de manchots empereurs à moins de 500 mètres, quel que soit l'emplacement de la colonie.

Le survol de la zone est interdit pendant la période la plus sensible du cycle de reproduction des manchots empereurs, à savoir du 15 avril au 31 août.

Pendant le reste de l'année, les survols de la zone sont soumis aux restrictions ci-dessous (Tableau 5). Les survols directs des colonies de reproduction d'oiseaux de mer devraient être évités dans toute la mesure du possible.

Tableau 5 : Altitudes minimales de survol dans la zone selon le type d'aéronef.

Type d'aéronef	Nombre de moteurs	Altitude minimale	
		Pieds	Mètres
Hélicoptère	1	2 460	750
Hélicoptère	2	3 300	1 000
Voilure fixe	1 ou 2	2 460	750
Voilure fixe	4	3 300	1 000

7 iii) Activités qui sont ou peuvent être menées dans la zone, y compris les restrictions de temps et de lieu

- Recherches sur la faune aviaire et autres études environnementales qui ne peuvent être réalisées ailleurs ;
- Activités de gestion, y compris la surveillance ; et
- Visites pédagogiques de la colonie de manchots empereurs sauf au début de la période de nidification (mai-juillet).

7 iv) Installation, modification ou démantèlement de structures

Des structures et équipements scientifiques ne peuvent être installés dans la zone qu'aux fins de la gestion ou de recherches scientifiques indispensables approuvées par les autorités compétentes conformément à la réglementation en vigueur.

7 v) Emplacement des camps

Les camps ne sont autorisés que pour des raisons de sécurité, et toutes les précautions seront mises en œuvre pour éviter d'endommager l'écosystème local ou de perturber la faune locale.

7 vi) Restrictions sur les matériaux et organismes pouvant être introduits dans la zone

Aucun organisme vivant ou produit chimique autre que les produits chimiques nécessaires aux travaux scientifiques spécifiés dans le permis ne sera introduit dans la zone (les produits chimiques introduits à des fins scientifiques seront retirés de la zone avant la date d'expiration du permis).

Aucun combustible ne sera entreposé dans la zone sauf en cas d'absolue nécessité liée aux activités autorisées par le permis. Tous les matériaux seront introduits dans la zone pour une période déterminée, manipulés de manière à minimiser les risques pour l'écosystème et enlevés à l'issue de la période prévue. Aucune installation de stockage permanent n'est autorisée dans la zone.

7 vii) Prélèvement de végétaux et d'animaux ou perturbations nuisibles à la faune et la flore

Toute capture ou perturbation nuisible à la faune et la flore est interdite sauf dans les conditions autorisées par un permis. Si l'activité prévue a un impact moins que mineur ou transitoire, elle devra être conduite conformément aux dispositions du *Code de conduite du SCAR pour l'utilisation d'animaux à des fins scientifiques dans l'Antarctique* qui devra être utilisé comme norme minimale.

7 viii) Prélèvement ou enlèvement de toute chose n'ayant pas été introduite dans la zone par le détenteur du permis

Le ramassage ou l'enlèvement de toute chose n'ayant pas été introduite dans la zone par le titulaire du permis n'est autorisé qu'à raison des objectifs de gestion ou de recherche scientifique spécifiés au permis.

Toutefois, les déchets humains peuvent être enlevés, de même que les échantillons de faune et de flore morts ou malades peuvent être emportés en vue d'analyses biologiques.

7 ix) Élimination des déchets

Tous les déchets doivent être enlevés de la zone.

7 x) Mesures nécessaires pour faire en sorte que les buts et objectifs du plan de gestion continuent à être atteints

Des permis d'accès à la zone peuvent être accordés en vue de la réalisation d'observations scientifiques, d'activités de suivi et d'inspection des sites pouvant comporter une collecte limitée d'échantillons de faune, d'œufs et autres matériaux biologiques à des fins scientifiques. Pour favoriser la préservation des valeurs environnementales et scientifiques de la zone, les visiteurs doivent prendre toutes les précautions nécessaires contre l'introduction de matériaux et organismes exotiques.

Les sites faisant l'objet d'un suivi de longue durée seront clairement indiqués sur la carte et sur le terrain. Une carte montrant les lignes de démarcation de la ZSPA sera affichée à la station Mirny tout comme le sera une copie du plan de gestion à cette même station où il sera possible de s'en procurer une gratuitement.

Les visites dans la zone seront strictement limitées aux activités scientifiques et de gestion.

7 xi) Rapports de visite

Les Parties doivent s'assurer que le principal titulaire de chaque permis délivré soumettra à l'autorité compétente un rapport des activités menées dans la zone. Ces rapports doivent, le cas échéant, inclure les informations identifiées dans le Guide pour l'élaboration des plans de gestion des zones spécialement protégées de l'Antarctique. Les Parties doivent conserver une archive de ces activités et, dans l'échange annuel d'informations, fournir une description synoptique des activités menées par des personnes relevant de leur juridiction, avec suffisamment de détails pour permettre une évaluation de l'efficacité du plan de gestion. Les Parties doivent, dans la mesure du possible, déposer les originaux ou les copies de ces rapports dans une archive à laquelle le public peut avoir accès en vue de préserver une archive d'usage utilisée dans l'examen du plan de gestion et dans l'organisation de l'emploi scientifique de la zone.

8. Bibliographie

Androsova, E.I. Antarctic and Subantarctic bryozoans // Soviet Antarctic Expedition Newsletter.-1973.-No. 87.-P.65-69. (en russe)

Averintsev, V.G.. Ecology of sublittoral polychaetes in the Davis Sea // Animal Morphology, Systematics and Evolution.-L.,1978.-P.41-42. (en russe)

Averintsev, V.G.. Seasonal variations of sublittoral polychaetes in the Davis Sea // Marine Fauna Studies.-L.,1982.-Vol.. 28(36).-P.4-70. (en russe)

Barbroud C. & Weimerskirch H. 2001. Emperor Penguins and climate change. Nature, 411: 183 – 185.

Barbroud C., Gavrilo M., Mizin Yu., Weimerskirch H. Comparison of emperor penguin declines between Pointe Géologie and Haswell Island over the past 50 years. Antarctic Science. 2011. (accepté)

Budylenko, G.A., and Pervushin, A.S. The migration of finwhales, sei whales and Minke whales in the Southern Hemisphere // Marine Mammals: Proceedings of VI All-Union Meeting.-Kiev, 1975.-Part.1.-P.57-59. (en russe)

Bushueva, I.V. A new Acanthonotozommella species in the Davis Sea (East Antarctica) // Zool. Zhurn.-1978.-Vol.57, issue 3.-P.450-453. (en russe)

Bushueva, I.V. A new Pseudharpinia (Amphipoda) species in the Davis Sea (Antarctica) // Zool. Zhurn.-1982.-Vol.61, issue.8.-P.1262-1265.

Bushueva, I.V. Some peculiarities of off-shore amphipod (Gammaridea) distribution in the Davis Sea (East Antarctica) // Hydrobiology and Biogeography of Cold and Moderate World Ocean Waters in the Off-shore Zone: Report Abstracts.-L.,1974.-P.48-49. (en russe)

Bushueva, I.V. Some peculiarities of Paramola walkeri ecology in the Davis Sea (East Antarctica) / / Off-shore Biology: Abstracts of Reports Presented at the All-Union Conference. - Vladivostok,1975.-P.21-22. (en russe)

Chernov, A., Mizin, Yu. 2001. Avifauna observations at Mirny Station during RAE 44 (1999-2000)

— The State of the Antarctic Environment as Shown by Real-time Data from Russia's Antarctic Stations. — SPb: AARI. (en russe)

Doroshenko, N.V. The distribution of Minke whales (Balaenoptera acutorostrata Lac) in the Southern Hemisphere // V All-Union Meeting on Marine Mammal Research: Report Abstracts. - Makhachkala, 1972.-Part1.-P.181-185. (en russe)

Egorova, E.N. Biogeographic composition and possible development of gastropods and bivalves in the Davis Sea, // Soviet Antarctic Expedition Newsletter.-1972.-No. 83.-P.70-76. (en russe)

Egorova, E.N. Mollusks of the Davis Sea (East Antarctica).- L.:Nauka, 1982.-144 pp. - (Marine Fauna Research; No. 26(34). (en russe)

Egorova, E.N. Zoogeographic composition of the mollusk fauna in the Davis Sea (East Antarctica) // Mollusks. Major Results of the Study: VI All-Union Mollusk Research Meeting.- L.,1979.-Vol.6.-P..78-79. (en russe)

Gavrilo, M.V., Chupin, I.I., Mizin, Yu.A., and Chernov A.S. 2002. Study of the Biological Diversity of Antarctic Seabirds and Mammals. – Report on Antarctic Studies and Research under the World Ocean Federal Targeted Program. SPb: AARI (unpublished). (en russe)

Gavrilo M., Mizin Yu. 2007. Penguin population dynamics in Haswell Archipelago area, ASPA № 127, East Antarctica. – p. 92 in Wohler E.j. (ed.) 2007. Abstracts of oral and poster presentations, 6th International Penguin Conference. Hobart, Australia, 3-7 September 2007

Gavrilo M., Mizin I. Current zoological researches in the area of Mirny station.Russian Polar Researches. Iss. 3. AARI, 2011.

Gruzov, E.N. Echinoderms in coastal biocenoses of the Davis Sea (Antarctica) // Systematics, Evolution, Biology, and Distribution of Modern and Extinct Echinoderms.-L.,1977.-P.21-23. (en russe)

Kamenev, V.M. Adaptive peculiarities of the reproduction cycle of some Antarctic birds. - Body Adaptation to Far North Conditions: Abstracts of Reports Presented at the All-Union Meeting. Tallinn, 1984. P. 72-76. (en russe)

Kamenev, V.M. Antarctic petrels of Haswell Island // Soviet Antarctic Expedition Newsletter.-1979.-No. 99.-P.78-84. (en russe)

Kamenev, V.M. Ecology of Adelie penguins of the Haswell Islands // Soviet Antarctic Expedition Newsletter. 1971. No. 82. P. 67-71. (en russe)

Kamenev, V.M. Ecology of Cape and snow petrels. - Soviet Antarctic Expedition Newsletter. 1988. No. 110. P. 117-129. (en russe)

Kamenev, V.M. Ecology of Emperor penguins of the Haswell Islands. – The Adaptation of Penguins. M., 1977. P. 141-156. (en russe)

Kamenev, V.M. Ecology of Wilson's storm petrels (Oceanites oceanicus Kuhl) on the Haswell Islands // Soviet Antarctic Expedition Newsletter. 1977. No. 94. P. 49-57. (en russe)

Kamenev, V.M. Protected Antarctica. – Lecturer's Aid. L.: Znanie RSFSR, 1986. P. 1-17. (en russe)

Kamenev, V.M. The Antarctic fulmar (Fulmarus glacialoides) of the Haswell Islands // Soviet Antarctic Expedition Newsletter. - 1978. No. 98. P. 76-82. (en russe)

Korotkevish, E.P. 1959. The bids of East Antarctica. – Arctic and Antarctic Issues. – No. 1. (en russe)

Korotkevish, E.P. 1960. By radio from Antarctica. — Soviet Antarctic Expedition Newsletter. - [1] 20-24. (en russe)

Krylov, V.I., Medvedev, L.P. The distribution of the Ceteans in the Atlantic and South Oceans // Soviet Antarctic Expedition Newsletter.-1971.-No. 82.-P.64-66. (en russe)

Makushok, V.M. 1959. Biological takings and observations at the Mirny Observatory in 1958. — Soviet Antarctic Expedition Newsletter. – No. 6. (en russe)

Minichev, Yu.R. Opisthobranchia (Gastropoda, Opisthobranchia) of the Davis Sea // Marine Fauna Research.-L.,1972.-Vol.11(19).-P.358-382. (en russe)

Mizin, Yu.V. 2004. Report on the Ecological and Environmental Research Program Conducted by RAE 48 at the Mirny Observatory – SPb: AARI, unpublished. (en russe)

Neelov A.V., Smirnov I.S., Gavrilo M.V. 2007 50 years of the Russian studies of antarctic ecosystems. – Problemy Arktiki I Antarktiki. – № 76. – Pp. 113 – 130

Popov, L.A., Studenetskaya, I.R. Ice-based Antarctic seals // The Use of the World Ocean Resources for Fishery Needs. An overview by the Central Research Institute of Fishery Information and Technical Studies. Series. 1.- M., 1971. Issue 5.-P.3-42. (en russe)

Prior, M.E. 1964. Observations of Emperor penguins (Aptenodytes forsteri Gray) in the Mirny area in 1962. Soviet Antarctic Expedition Newsletter. – No. 47. (en russe)

Pushkin, A.F. Some ecological and zoogeographic peculiarities of the Pantopoda fauna in the Davis Sea // Hydrobiology and Biogeography of Cold and Moderate World Ocean Waters in the Off-shore Zone: Report Abstracts.- L.,1974.-P.43-45. (en russe)

Splettstoesser J.F., Maria Gavrilo, Carmen Field, Conrad Field, Peter Harrison, M. Messicl, P. Oxford, F. Todd 2000. Notes on Antarctic wildlife: Ross seals Ommatophoca rossii and Emperor penguins Aptenodytes forsteri. New Zealand Journal of Zoology, 27: 137-142.

Stepaniants, R.D. Coastal hydrozoans of the Davis Sea (materials of the 11th Soviet Antarctic Expedition, 1965/66) // Marine Fauna Research.- L.,1972.-Vol.11(19).-P.56-79. (en russe)

Final Report of the Twenty Second Antarctic Treaty Consultative Meeting (Tromsö, Norway, May 25 – June 5, 1998). [Oslo, Royal Ministry of Foreign Affairs], P. – 93 – 130. (en russe)

Carte 1 : Emplacement de l'île Haswell, de la station Mirny et des sites d'activité logistique

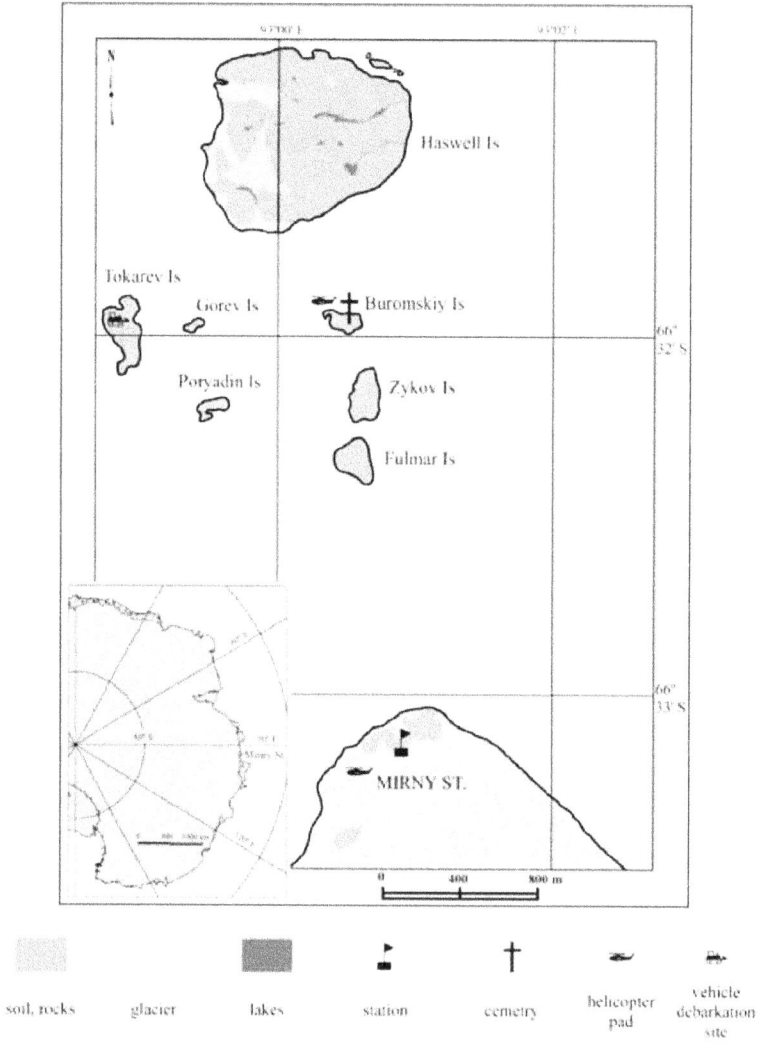

Carte 2 : Limites de la zone spécialement protégée de l'Antarctique n° 127, île Haswell

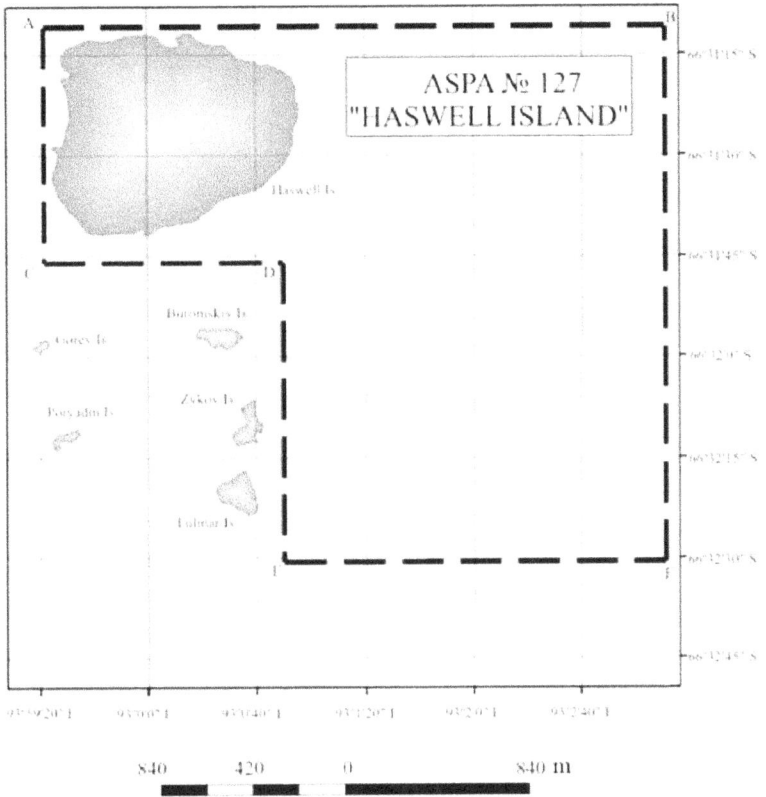

Carte 3 : Emplacement des colonies d'oiseaux de mer en phase de reproduction

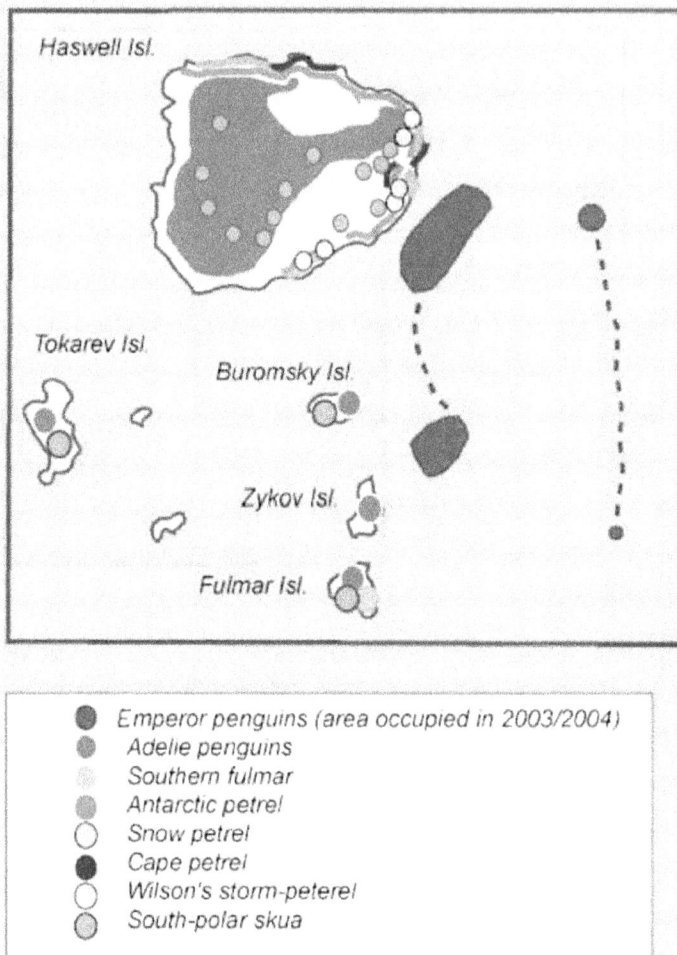

Emperor penguins (area occupied in 2003/2004)
Adelie penguins
Southern fulmar
Antarctic petrel
Snow petrel
Cape petrel
Wilson's storm-peterel
South-polar skua

Carte 4 : Carte topographique de l'île

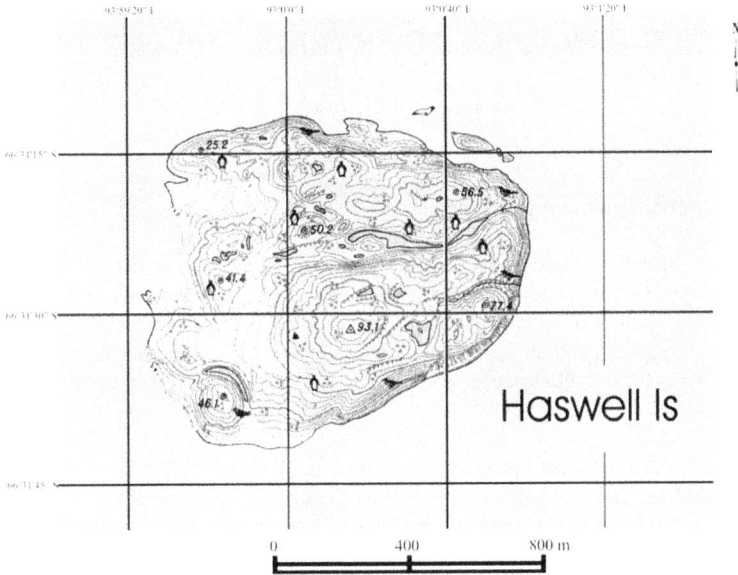

Plan de gestion pour

la Zone spécialement protégée de l'Antarctique N°131

GLACIER CANADA, LAC FRYXELL, VALLÉE TAYLOR,

TERRE VICTORIA

1. Description des valeurs à protéger

En 1985, une zone d'une surface d'environ 1 km^2 entre la face est du Glacier Canada et le lac Fryxell a été désignée dans la Recommandation XIII-8 (1985) en tant que SISP N°12, suite à une proposition de la Nouvelle-Zélande du fait qu'elle contenait une partie des croissances végétales (bryophytes et algues) les plus riches dans les Vallées sèches de McMurdo. La Zone est principalement désignée pour protéger les valeurs scientifiques et écologiques du site.

Les limites de la Zone ont été étendues en vertu de la Mesure 3 (1997) pour inclure des zones biologiquement riches qui étaient précédemment exclues. La Zone a été re-désignée par la Décision 1 (2002) en tant que Zone spécialement protégée de l'Antarctique (ZSPA) N°131 et un Plan de gestion révisé a été adopté en vertu de la Mesure 1 (2006).

La Zone comprend un terrain en pente libre de glace avec des étangs estivaux et de petits cours d'eau de fonte entre le Glacier Canada et le lac Fryxell. La plus grande partie de la croissance végétale se trouve dans une zone humide (appelée 'le déversement') à proximité du glacier dans la partie centrale de la Zone. La composition et la répartition des communautés de mousse, de lichen, de cyanobactéries, de bactéries et d'algues dans la Zone sont étroitement liées au régime des eaux. Ainsi, l'hydrologie et la qualité de l'eau sont importantes pour les valeurs du site.

La Zone a largement été étudiée et documentée, ce qui accroît sa valeur scientifique. Les communautés végétales, en particulier les bryophytes, sont vulnérables aux perturbations causées par les piétinements et les prélèvements. Les zones endommagées peuvent être lentes à se remettre. Les sites endommagés à certaines périodes passées connues ont été identifiés et sont de valeur du fait qu'il fournissent l'une des rares zones dans les Vallées sèches de McMurdo où il est possible de mesurer les effets à long terme des perturbations et les vitesses de récupération.

La Zone a une signification régionale et demeure d'une valeur scientifique exceptionnelle pour les études écologiques. L'augmentation de la pression des activités scientifiques, logistiques et touristiques dans la région, en combinaison avec la vulnérabilité de la Zone aux perturbations par les piétinements, les prélèvements, la pollution ou l'introduction d'espèces non indigènes, signifie que les valeurs de la Zone continuent de nécessiter une protection continue.

2. Buts et objectifs

La gestion du Glacier Canada vise à :

- prévenir la dégradation des valeurs de la Zone ou les risques substantiels qui la menacent en empêchant une perturbation humaine inutile ;
- permettre des recherches scientifiques sur l'écosystème et ses éléments tout en assurant une protection contre des prélèvements excessifs ;
- permettre d'autres recherches scientifiques dans la Zone, à condition qu'elles soient justifiées par des raisons impérieuses qui ne peuvent pas être servies ailleurs ;
- empêcher ou minimiser l'introduction de plantes, d'animaux et de microbes étrangers dans la Zone et
- permettre des visites pour des besoins de gestion en soutien aux objectifs du Plan de gestion.

3. Activités de gestion

Les activités de gestion qui suivent doivent être entreprises pour protéger les valeurs de la Zone :

- Des copies de ce Plan de gestion, y compris des cartes de la Zone, seront mises à disposition dans les stations de recherche opérationnelles adjacentes et dans toutes les installations des quartiers de recherche situées dans la Vallée Taylor, à une distance maximale de 20 km de la Zone.
- Des panneaux indiquant l'emplacement et les limites de la Zone avec des déclarations claires sur les restrictions d'accès devront être placés dans des lieux appropriés au niveau des limites de la Zone pour permettre d'éviter un accès accidentel.
- Les balises, panneaux ou autres structures érigés dans la Zone pour des besoins de recherche scientifique ou de gestion devront être solidement fixés, maintenus en bon état et retirés lorsqu'ils ne seront plus requis.
- La Zone devra être visitée selon les besoins et ce pas moins d'une fois tous les cinq ans pour évaluer si oui ou non elle continue de servir les besoins pour lesquels elle a été désignée et pour assurer l'adéquation des activités de gestion.
- Les programmes antarctiques nationaux opérant dans la Zone devront s'accorder afin d'assurer la mise en œuvre des activités de gestion ci-dessus.

4. Durée de désignation

La Zone est désignée pour une période indéterminée.

5. Cartes

- Carte A : Carte topographique régionale du Glacier Canada, du lac Fryxell, de la Vallée Taylor. Spécifications de la carte : Projection conique conforme Lambert : Parallèles de référence – 1er 79° 18' 00" S ; 2ème 76° 42' 00"S. Méridien central - 162° 30' 00" E. Latitude de l'origine - 78° 01' 16,2106" S. Sphéroïde - WGS84.

- Carte B : Carte de la densité de la végétation du Glacier Canada, du lac Fryxell, de la Vallée Taylor. Les spécifications de la carte sont identiques à celles de la Carte A. Les courbes de niveau sont dérivées d'une combinaison d'images orthophotographiques et de Landsat. Les zones précises au terrain humide associé au déversement sont soumises à des variations saisonnières et interannuelles.

6. Description de la Zone

6(i) Coordonnées géographiques, balises de délimitation et éléments naturels
Le Glacier Canada se trouve dans la Vallée Taylor, dans les Vallées sèches de McMurdo. La Zone désignée englobe la plus grande partie de la zone frontale du glacier à l'est du Glacier Canada, sur la rive nord du lac Fryxell (77° 37' S, 163° 03' E : Carte A). Elle comprend un terrain en pente douce libre de glace à une élévation de 20 à 220 m avec des étangs et cours saisonniers d'eau de fonte partant du Glacier Canada et arrivant au lac Fryxell.

La limite au sud de la Zone est définie comme la rive du lac Fryxell, au bord de l'eau. Cette limite s'étend au nord-est sur environ 1 km le long du littoral, entre le point où le Glacier Canada rejoint le lac Fryxell (77° 37,20' S, 163° 3,64' E) et le coin au sud-est de la limite qui est marqué par un signal en pierre (77° 36,83' S, 163° 4,88' E) adjacent à une petite île du lac Fryxell. Celle-ci faisait autrefois parte d'une petite péninsule qui s'étendait jusqu'au lac Fryxell, mais une montée récente du niveau du lac l'a transformée en île (Carte B). La péninsule était jadis marquée par un gros rocher fendu entouré d'un cercle de rochers qui constituait un repère pour l'étude 1985 NZ du SISP original, mais il n'est plus visible. Un poteau en bois indiquant le Site 7 du projet de forage dans la Vallée sèche (1973) est encore visible sur l'île.

Une crête morainique s'étendant en pente vers le nord depuis le coin au sud-est de la limite définit la limite à l'est de la Zone. Un signal en pierre (77° 36,68' S, 163° 4,40' E) se trouve sur un pinacle sur cette crête à 450 m depuis le coin au sud-est de la limite. La crête s'enfonce nettement avant de rejoindre la pente sans relief du versant principal de la Vallée Taylor. Le coin de la limite au nord-est de la Zone se trouve dans cette dépression et il est marqué par un signal de pierre (77° 36,43' S, 163° 3,73' E).

À partir du signal de pierre au nord-est de la limite, la limite au nord remonte en pente douce à l'ouest sur 1,7 km jusqu'au Glacier Canada, au point où le cours d'eau s'écoule depuis le glacier et le champ de neige, à travers un espace ostensiblement étroit dans la moraine (77° 36,42' S, 162° 59,69' E).

La limite à l'ouest suit le bord du glacier sur environ 1 km, le long d'une pente de moraine latérale de gradient relativement homogène jusqu'au coin au sud-est de la limite où le glacier rejoint la rive du lac (77° 37,20' S, 163° 3,64' E).

Il est probable que la zone d'écoulement au niveau du Glacier Canada soit la plus vaste zone de haute densité végétale dans les Vallées sèches de McMurdo (Carte B). L'écoulement d'eau estival, en conjonction avec la microtopographie, a la plus grande influence sur la détermination des points de croissance de mousses, lichens, cyanobactéries, bactéries et algues. La face du glacier offre également une protection contre les vents destructeurs qui peuvent emporter les mousses dans leur état lyophilisé et contre l'abrasion des poussières éoliennes.

Le déversement se trouve à proximité du bord du glacier. Il y a deux zones végétalisées principales, séparées au nord et au sud par un petit étang peu profond (Carte B). La zone de déversement est en pente douce et très humide en été, avec des zones de terrain humide, de nombreux petits étangs et des ruisselets. Les pentes au-dessus de cette zone sont plus sèches, mais la végétation colonise plusieurs petits chenaux de cours d'eau qui s'étendent parallèlement au glacier depuis la limite supérieur de la Zone jusqu'au point de déversement. Les moraines ondulantes permettent l'accumulation de bancs de neige persistante sur cette pente, qui peuvent également fournir l'humidité nécessaire à la croissance végétale. Les chenaux de cours d'eau et la végétation associée deviennent moins évidents à mesure que l'on s'éloigne du glacier (Carte B). Ces pentes et le déversement central sont drainés vers le sud-est par le ruisseau Canada. Les données hydrologiques recueillies depuis ce ruisseau mesuraient la vitesse d'écoulement moyenne du ruisseau Canada lorsqu'il s'écoulait à 26,41 l/s [mini. = 0,0 l/s et maxi. = 190,4 l/s] de novembre 2009 à février 2010. La température moyenne de l'eau au cours de cette période était de 3,96 °C [mini. = -0,1 °C et maxi. = 11,73 °C] (http://www.mcmlter.org/).

Quatre espèces de mousses ont été identifiées dans la zone de déversement : La *Bryum argenteum* (précédemment désignée *Bryum subrotundifolium*) et la *Hennediella heimii* (précédemment désignée *Pottia heimii*) dominent, avec de rares occurrences de *Bryum pseudotriquetrum* et de *Syntrichia sarconeurum* (anciennement appelée *Sarconeurum glaciale*). La *B. argenteum* est principalement présente dans les zones d'écoulement d'eau et de suintement. Lorsque l'eau s'écoule, une grande partie de cette mousse compte des communautés de *Nostoc* épiphytes qui y sont associées. Aux abords des zones d'écoulement d'eau ou sur des terrains plus élevés, la *Hennediella heimii* domine. Des sporophytes de *Hennediella heimii* se trouvent à ce point et il se peut que ce soit le lieu de fructification documenté le plus au sud pour une mousse.

La croissance de lichen dans la Zone est ostensible, mais les lichens épilithiques, *Carbonea vorticosa*, *Sarcogyne privigna*, *Lecanora expectans*, *Rhizoplaca melanophthalma* et *Caloplaca citrina* se trouvent dans une petite zone proche du chenal d'écoulement de l'étang à proximité du Glacier Canada. Des lichens chasmoendolithiques se développent dans de nombreux blocs rocheux à travers la zone de déversement.

Plus de 37 espèces d'algues d'eau douce et de cyanobactéries ont été décrites sur le site. La portion supérieure du ruisseau Canada semble artificiellement clairsemée mais des communautés incrustantes dominées par une cyanobactérie poussent sur les surfaces latérales et inférieures de pierres et de blocs rocheux. L'algue verte *Prasiola calophylla* et la cyanobactérie *Chamaesiphon subglobosus* n'ont été observées que dans cette portion supérieure du ruisseau. La *Prasiola calophylla*, qui pousse en rubans verts denses sous des pierres dans le ruisseau, n'est généralement visible que lorsque les pierres sont retournées. Des tapis de cyanobactéries, comprenant un assemblage d'espèces diverses (y compris *Oscillatoria, Pseudanabaena, Leptolyngbya, Phormidium, Gloeocapsa, Calothrix* et *Nostoc*), sont fortement présents dans les portions centrale et inférieure du ruisseau et plus variés que ceux qui se trouvent dans la portion supérieure du ruisseau. Des colonies mucilagineuses de *Nostoc commune* dominent dans l'eau stagnante du déversement central et poussent en épiphytes sur des mousses dans les marges humides des cours d'eau, tandis que des tapis de cyanobactéries recouvrent une grande partie des fines particules minérales et des graviers dans les sections d'écoulement. L'algue verte filamenteuse *Binuclearia* se trouve transportée dans l'écoulement au centre du ruisseau. Le ruisseau inférieur est similaire au ruisseau supérieur dans sa composition florale, bien que l'abondance des algues *Tribonema elegans* et *Binuclearia* ait été signalée, mais la *Prasiola calophylla* est absente. La *Tribonema elegans* est rare dans cette région de l'Antarctique.

Des invertébrés issus de six embranchements ont été décrits dans la Zone : les trois principaux groupes sont les rotifères, les nématodes et les tardigrades, avec des protozoaires, des plathelminthes et des arthropodes également présents.

La végétation se développant dans le déversement du Canada a été décrite comme abondante, mais manquant de diversité par rapport à d'autres sites riches sur le plan botanique en Antarctique. Ceci peut être attribué au moins en partie à la nature oligotrophique du site. L'eau qui s'écoule à travers le ruisseau est similaire à de l'eau de fonte glaciaire, avec une conductivité en décembre 2010 de près de 30 µS/cm entre le point où elle a quitté le glacier et le delta où elle rejoint le lac. La prévalence de bactéries des nodules (espèces *Nostoc* et *Calothrix*) renforce l'avis d'un état faible en éléments nutritifs.

Selon l'analyse du domaine environnemental pour l'Antarctique (Résolution 3 (2008)), le Glacier Canada se trouve dans *l'environnement S McMurdo South Victoria Land geologic (géologique du sud de la Terre Victoria, McMurdo)*.

Des témoignages d'activité humaine passée sont présents dans la Zone. Dans la zone de déversement, les dégâts causés à la végétation, notamment les sentiers et empreintes de pas et les sites de retrait expérimental de carottes et de cépées plus importantes issues de tourbes de mousse, sont visibles. Un certain nombre de balises anciennes sont également présentes dans la zone de déversement.

Une serre en plastique a été érigée dans la Zone entre 1979 et 1983, à proximité de l'écoulement, pour des recherches et la culture expérimentale de potagers. La structure a été retirée à la fin de chaque saison. En 1983, elle a été détruite par une tempête d'hiver. Les vestiges de la serre qui se trouvent dans la Zone ont été retirés depuis.

Près de la zone de déversement, le premier site des quartiers de la Nouvelle-Zélande au Glacier Canada se composait de sentiers marqués par des lignes de rochers, de zones défrichées pour des campements, d'une ancienne aire d'atterrissage d'hélicoptère et de plusieurs structures rocheuses basses. Une série d'au moins quatre gouffres peu profonds (~1 m de profondeur) ont également été creusés à proximité du site. Ce site a été re-localisé sur un deuxième site en 1989 et le site des premiers quartiers a été réhabilité. Le site des deuxièmes quartiers comprenait deux petites constructions, plusieurs campements nouveaux et une aire d'atterrissage d'hélicoptère. Les constructions ont été totalement retirées au cours de la saison 1995-96. Toutefois, l'aire d'atterrissage d'hélicoptère est restée et il s'agit du seul site d'atterrissage d'hélicoptère dans la Zone. Cette aire de campement est encore le site de campement favori dans la Zone (Carte B).

Un barrage est présent sur le ruisseau Canada (consulter la Section 6(iii)). Un sentier partant de la zone de campement au lac Fryxell se trouve entre la rive du lac et le barrage du ruisseau Canada (Carte B). Il existe un autre sentier entre le campement désigné et le bord du Glacier Canada, qui traverse une zone humide de croissance végétale, mais il n'est pas indiqué sur la carte. Une route d'accès se trouve également entre la zone de campement au lac Hoare et celle du lac Fryxell, juste au-dessus de la limite nord (Cartes A et B).

6(ii) Zones spéciales à l'intérieur de la Zone
Aucune.

6(iii) Emplacement des structures à l'intérieur et à proximité de la Zone

Un barrage de rochers a été construit dans l'étranglement du ruisseau Canada pendant la saison 1981/1982 et il a été totalement retiré à la fin de la saison. En 1990, un barrage plus substantiel et un canal Parshall de 9 pouces ont été installés à proximité (Carte B). Le canal est en fibre de verre noire. Le barrage se compose de sacs de sable en polyester remplis d'alluvion provenant du chenal de cours d'eau. Les zones perturbées pendant la construction ont été réhabilitées et elles n'étaient plus évidentes après une saison. La face en amont du barrage est revêtue de nylon enduit de vinyle. Une échancrure a été construite dans le barrage pour un déversement en cas d'écoulement important. Il a fallu dégager la neige saisonnière du chenal pour empêcher l'eau de s'accumuler au niveau du barrage. Les instruments d'acquisition de données et les batteries sont stockés dans une caisse en contreplaqué située à proximité de la face nord du ruisseau. Le barrage est entretenu par le projet de recherche écologique à long terme dans les Vallées sèches de McMurdo.

Trois signaux de pierre marquent les limites de la Zone.

La zone de campement au lac Fryxell (États-Unis) se trouve à 1,5 km à l'est de la Zone (20 m asl), à mi-chemin le long du lac Fryxell, sur la face nord du lac. La zone de campement F6 se trouve à environ 10 km à l'est de la Zone sur la face sud du lac Fryxell. La zone de campement au lac Hoare (États-Unis) se trouve à 3 km à l'ouest de la Zone (65 m asl), du côté ouest du Glacier Canada, à la base du glacier sur la face nord du lac Hoare. La zone des visiteurs de la Vallée Taylor se trouve au sud de la Zone au niveau du front du Glacier Canada (Carte A).

6(iv) Emplacement d'autres zones protégées à proximité

Les zones protégées les plus proches du Glacier Canada sont les suivantes :

- Linnaeus Terrace, Asgard Range (ZSPA N°138) à 47 km à l'ouest de la Vallée Wright et
- Vallées Barwick et Balham, Sud de la Terre Victoria (ZSPA N°123) à 50 km au nord-ouest (Carte A, encart).

7. Conditions pour obtenir un permis d'accès

L'entrée dans la Zone est interdite, sauf conformément à un permis délivré par une autorité nationale compétente. Les conditions de délivrance d'un permis pour entrer dans la Zone sont les suivantes :

- il est délivré pour des raisons scientifiques impérieuses qui ne peuvent pas être servies ailleurs ou pour des raisons essentielles à la gestion de la Zone ;
- les actions autorisées ne compromettront pas les valeurs écologiques ou scientifiques de la Zone ;
- l'accès à une zone marquée comme possédant une densité végétale moyenne ou supérieure (Carte B) doit faire l'objet d'une considération prudente et les conditions spéciales pour accéder à ces zones doivent être jointes au permis ;
- toutes les activités de gestion soutiennent les objectifs du Plan de gestion ;
- les actions autorisées sont conformes au Plan de gestion ;
- le permis ou une copie agréée devra être porté dans la Zone ;
- un rapport sur la visite devra être fourni à l'autorité mentionnée dans le permis et

- le permis devra être délivré pour une période donnée.

7(i) Accès à la Zone et mouvements à l'intérieur ou au-dessus de la Zone
L'accès à la Zone se fera à pieds ou par hélicoptère. Les véhicules sont interdits dans la Zone et tous les déplacements dans la Zone doivent se faire à pieds.

Les piétons qui traversent la vallée ne doivent pas pénétrer dans la Zone sans permis. Les visiteurs autorisés à pénétrer dans la Zone sont encouragés à suivre les sentiers établis dans la mesure du possible. Les visiteurs doivent éviter de marcher sur la végétation visible ou à travers les lits de cours d'eau. Il faut être prudent en marchant dans des zones au terrain humide, où le trafic à pieds peut facilement endommager les sols, plantes, algues et communautés de bactéries sensibles et dégrader la qualité de l'eau : contourner ces zones, sur un terrain de glace ou rocailleux, et marcher sur les plus grosses pierres lorsqu'il n'est pas possible d'éviter de traverser un cours d'eau. Il faut également être prudent autour d'une végétation recouverte d'une croûte de sel dans des zones plus sèches qui peuvent être discrètes. Le trafic pédestre doit être maintenu à un minimum correspondant aux objectifs des activités autorisées et tous les efforts raisonnables seront faits pour minimiser les effets de piétinement.

Dans la mesure du possible, les hélicoptères doivent atterrir sur les sites d'atterrissage existants dans les zones d'installation et la zone des visiteurs à proximité. L'accès des hélicoptères à la Zone doit être abordé par le sud de la ligne indiquée sur la Carte B. Les hélicoptères n'atterriront qu'au site d'atterrissage désigné (163° 02,88' E, 77° 36,97' S : Carte B). Il faut généralement éviter de survoler la Zone. Dans la Zone, des survols à moins de 100 m au-dessus du niveau du sol (AGL) au nord de la ligne indiquée sur la Carte B sont interdits. Des exceptions à ces restrictions sur les vols ne seront accordées que pour un objectif exceptionnel soit scientifique ou de gestion et doivent être spécifiquement autorisées par le permis. L'utilisation de grenades fumigènes par les hélicoptères est interdite dans la Zone, sauf en cas de nécessité absolue pour des raisons de sécurité et les grenades doivent ensuite être récupérées. Les visiteurs, les pilotes, les équipages ou les passagers en déplacement ailleurs par hélicoptères n'ont pas le droit de se déplacer à pieds au-delà du voisinage immédiat des sites d'atterrissage et de campement désignés, sauf autorisation spécifique dans un permis.

7(ii) Activités pouvant être menées dans la Zone
- les recherches scientifiques qui ne compromettront pas l'écosystème de la Zone ;
- les activités de gestion essentielles, notamment la surveillance et l'inspection.

Compte-tenu de l'importance du régime des eaux pour l'écosystème, les activités doivent être menées de façon à minimiser la perturbation des cours d'eau et de la qualité de l'eau. Les activités en dehors de la Zone (par ex. : sur le Glacier Canada) qui sont susceptibles d'affecter la quantité et la qualité de l'eau doivent être planifiées et menées en tenant compte des effets en aval. Ceux qui mènent les activités dans la Zone doivent également être attentifs aux effets en aval dans la Zone et sur le lac Fryxell endoréique.

7(iii) Installation, modification ou retrait des structures

Aucune structure ne doit être érigée dans la Zone ou aucun équipement scientifique ne doit y être installé, sauf pour des raisons scientifiques impérieuses ou de gestion selon les spécifications contenues dans un permis. L'ensemble des balises, des structures ou des équipements scientifiques installés dans la Zone doivent être autorisés par un permis et clairement identifier le pays, le nom du responsable de l'équipe de recherche, l'année d'installation et la date de retrait prévu. Tous ces éléments doivent être exempts d'organismes, de ramets (par ex. graines, œufs) et de sol non stérile et doivent être en matériaux capables de poser un risque de contamination minime à la Zone. Le retrait de structures ou d'équipements spécifiques pour lesquels le permis a expiré devra être une condition du permis. Les structures ou installations permanentes sont interdites.

7(iv) Emplacement des camps
Les zones d'installation à proximité en dehors de la Zone doivent être utilisées comme base de travail dans la Zone (Carte A). Il peut être autorisé de camper au campement désigné (Carte B) pour répondre à des besoins essentiels scientifiques spécifiques ou de gestion.

7(v) Restrictions sur les matériaux et les organismes pouvant être introduits dans la Zone
Aucun animal vivant, matériau végétal ou microorganisme ne devra être délibérément introduit dans la Zone et les précautions énumérées au paragraphe 7(ix) ci-dessous devront être prises pour éviter des introductions accidentelles. Aucun herbicide ou pesticide ne devra être introduit dans la Zone. Tout autre produit chimique, y compris des radionucléides ou des isotopes stables, susceptibles d'être introduits pour des besoins scientifiques ou de gestion spécifiés dans le permis, devra être retiré de la Zone au plus tard à la fin de l'activité pour laquelle le permis a été accordé. Le carburant ou autre substance chimique ne devra pas être stocké dans la Zone, à moins que cela soit requis pour les besoins essentiels liés à l'activité pour laquelle le permis a été accordé, et doit être contenu dans un dépôt d'urgence agréé par une autorité compétente. Tous les matériaux devront être introduits pour une période donnée seulement, être retirés au plus tard à la conclusion de cette période donnée et être stockés et manipulés de façon à minimiser le risque de leur introduction dans l'environnement.

7(vi) Collecte ou perturbation néfaste de la flore ou de la faune indigène
La collecte ou la perturbation néfaste de la faune et de la flore indigènes est interdite, sauf conformément à un permis séparé délivré conformément à l'Annexe II du Protocole au Traité sur l'Antarctique relativement à la protection de l'environnement. En cas de collecte ou de perturbation néfaste des animaux, le SCAR Code of Conduct for the Use of Animals for Scientific Purposes in Antarctica (Code de conduite du SCAR pour l'utilisation d'animaux à des fins scientifiques dans l'Antarctique) doit être utilisé à titre de norme minimale.

7(vii) Collecte ou retrait de matériaux non introduits dans la Zone par le titulaire du permis
Des matériaux ne peuvent être recueillis ou retirés de la Zone que conformément à un permis et ce en se limitant au minimum nécessaire pour répondre aux besoins scientifiques ou de gestion. De même, les prélèvements doivent être effectués à l'aide de techniques qui minimisent la perturbation de la Zone et duplication. Les matériaux d'origine humaine susceptibles de compromettre les valeurs de la Zone et qui n'ont pas été introduits dans la Zone par le titulaire d'un permis ou autrement autorisés peuvent être retirés, à moins que l'impact du retrait soit susceptible d'être plus important que de laisser le matériau sur place : si l'impact du retrait est susceptible d'être plus important que de laisser le matériau sur place, l'autorité compétente doit être informée et une approbation doit être obtenue.

7(viii) Élimination des déchets
Tous les déchets, y compris les déchets humains, devront être retirés de la Zone.

7(ix) Mesures qui peuvent être nécessaires pour continuer d'atteindre les buts et objectifs du Plan de gestion
Des permis d'accès à la Zone peuvent être accordés pour :
- effectuer des activités de surveillance biologique et d'inspection de la Zone, ce qui peut impliquer la collecte d'un petit nombre d'échantillons ou de données pour analyse ou contrôle ;
- ériger ou entretenir des poteaux indicateurs, structures ou équipements scientifiques ;
- prendre des mesures de protection.

Tout site spécifique de surveillance à long terme devra être balisé de façon appropriée sur le site et sur les cartes de la Zone. Une position GPS doit être obtenue pour les sites de surveillance à long terme et de prélèvements scientifiques pour un dépôt auprès du Système de répertoire sur l'Antarctique à travers l'autorité nationale compétente. Si nécessaire, des métadonnées doivent également être fournies pour le Système de répertoire sur l'Antarctique à travers l'autorité nationale compétente.

Pour permettre de maintenir les valeurs écologiques et scientifiques des communautés végétales qui se trouvent dans la Zone, les visiteurs devront prendre des précautions particulières contre des introductions. L'introduction d'espèces microbiennes ou végétales provenant de sols issus d'autres sites de l'Antarctique, notamment des stations ou régions en dehors de l'Antarctique, est tout particulièrement inquiétante. Afin de minimiser le risque d'introductions, les visiteurs devront veiller à soigneusement nettoyer les souliers, vêtements et équipements qui seront utilisés dans la zone, en particulier les équipements de camping et d'échantillonnage et les balises, avant de pénétrer dans la Zone.

7(x) Conditions relatives aux rapports
Pour chaque visite dans la Zone, le titulaire principal d'un permis devra soumettre un rapport à l'autorité nationale compétente dès que possible et au plus tard six mois après la fin de la visite. Ces rapports doivent, le cas échéant, inclure les informations identifiées dans le Guide pour l'élaboration des plans de gestion des zones spécialement protégées de l'Antarctique.

Le cas échéant, l'autorité nationale doit également transmettre une copie du rapport de visite à la partie qui a proposé le Plan de gestion, afin d'assister dans la gestion de la Zone et le contrôle du Plan de gestion. Les parties doivent tenir à jour un enregistrement de ces activités et les leur signaler dans l'Échange annuel d'informations. Dans la mesure du possible, les parties doivent déposer des originaux ou des copies des rapports de visite originaux dans une archive accessible au public pour tenir à jour un enregistrement de l'utilisation, pour les besoins d'un contrôle du Plan de gestion et d'organisation de l'utilisation scientifique de la Zone.

8. Bibliographie

Broady, P.A. 1982. Taxonomy and ecology of algae in a freshwater stream in Taylor Valley, Victoria Land, Antarctica. Archivs fur Hydrobiologia 32 (Supplement 63 (3), Algological Studies) : 331-349.

Conovitz, P.A., McKnight, D.M., MacDonald, L.H., Fountain, A.G. and House, H.R. 1998. Hydrologic processes influencing stream flow variation in Fryxell Basin, Antarctica. Ecosystem Processes in a Polar Desert : The McMurdo Dry Valleys, Antarctica. Antarctic Research Series 72 : 93-108.

Green, T.G.A., Seppelt, R.D. and Schwarz, A-M.J. 1992. Epilithic lichens on the floor of the Taylor Valley, Ross Dependency, Antarctica. Lichenologist 24(1) : 57-61.

Lewis, K.J., Fountain, A.G. and Dana, G.L. 1999. How important is terminus cliff melt? A study of the Canada Glacier terminus, Taylor Valley, Antarctica. Global and Planetary Change 22(1-4) : 105-115.

Lewis, K.J., Fountain, A.G. and Dana, G.L. 1998. Surface energy balance and meltwater production for a Dry Valley glacier, Taylor Valley, Antarctica. International Symposium on Antarctica and Global Change: Interactions and Impacts, Hobart, Tasmania, Australia, 13-18 juillet, 1997. Papers. Edited by W.F. Budd, et al; Annals of glaciology, Vol.27, p.603-609. Royaume-Uni.

McKnight, D.M. and Tate, C.M. 1997. Canada Stream: A glacial meltwater stream in Taylor Valley, South Victoria Land, Antarctica. Journal of the North American Benthological Society 16(1) : 14-17.

Pannewitz, S., Green, T.G.A., Scheiddegger, C., Schlensog, M. and Schroeter, B. 2003. Activity pattern of the moss *Hennediella heimii* (Hedw.) Zand. in the Dry Valleys, Southern Victoria Land, Antarctica during the mid-austral summer. Polar Biology 26(8) : 545-551.

Seppelt, R.D. and Green, T.G.A. 1998. A bryophyte flora for Southern Victoria Land, Antarctica. New Zealand Journal of Botany 36 : 617-635.

Seppelt, R.D., Green, T.G.A., Schwarz, A-M.J. and Frost, A. 1992. Extreme southern locations for moss sporophytes in Antarctica. Antarctic Science 4 : 37-39.

Seppelt, R.D., Turk, R., Green, T.G.A., Moser, G., Pannewitz, S., Sancho, L.G. and Schroeter, B. 2010. Lichen and moss communities of Botany Bay, Granite Harbour, Ross Sea, Antarctica. Antarctic Science 22(6) : 691-702.

Schwarz, A.-M. J., Green, J.D., Green, T.G.A. and Seppelt, R.D. 1993. Invertebrates associated with moss communities at Canada Glacier, southern Victoria Land, Antarctica. Polar Biology 13(3) : 157-162.

Schwarz, A-M. J., Green, T.G.A. and Seppelt, R.D. 1992. Terrestrial vegetation at Canada Glacier, South Victoria Land, Antarctica. Polar Biology 12 : 397-404.

Sjoling, S. and Cowan, D.A. 2000. Detecting human bacterial contamination in Antarctic soils. Polar Biology 23(9) : 644-650.

Skotnicki, M.L., Ninham, J.A. and Selkirk, P.M. 1999. Genetic diversity and dispersal of the moss *Sarconeurum glaciale* on Ross Island, East Antarctica. Molecular Ecology 8(5) : 753-762.

Strandtmann, R.W. and George, J.E. 1973. Distribution of the Antarctic mite *Stereotydeus mollis* Womersley and Strandtmann in South Victoria Land. Antarctic Journal of the USA 8:209-211.

Vandal, G.M., Mason, R.P., McKnight, D.M. and Fitzgerald, W. 1998. Mercury speciation and distribution in a polar desert lake (Lake Hoare, Antarctica) and two glacial meltwater streams. Science of the Total Environment 213(1-3) : 229-237.

Rapport Final de la RCTA XXXIV

Map A - Canada Glacier, Lake Fryxell, Taylor Valley, Antarctic Specially Protected Area 131: Regional Topographic Map

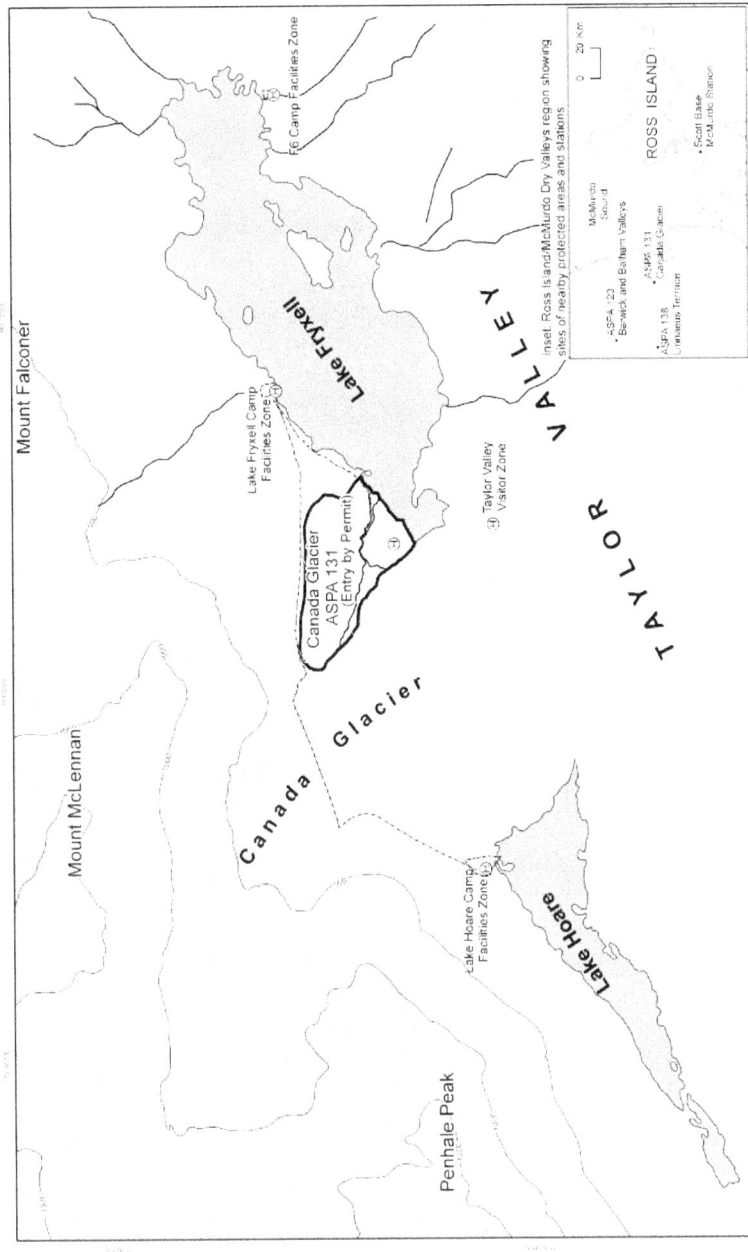

Mount Falconer

Mount McLennan

Penhale Peak

F6 Camp Facilities Zone

Lake Fryxell

Lake Fryxell Camp Facilities Zone

Canada Glacier
ASPA 131
(Entry by Permit)

Canada Glacier

Lake Hoare Camp Facilities Zone

Lake Hoare

TAYLOR VALLEY

Taylor Valley Visitor Zone

Inset: Ross Island/McMurdo Dry Valleys region showing sites of nearby protected areas and stations

McMurdo Sound

ASPA 123
Barwick and Balham Valleys

ASPA 131
Canada Glacier

ASPA 138
Linnaeus Terrace

ROSS ISLAND

Scott Base
McMurdo Station

0   20 Km

Protected area boundary
Helicopter landing site
Established walking tracks
Facilities Zone Boundary
Visitor Zone Boundary

N

Lakes
Glaciers
Streams

0   1   2 Kilometres

Contour Interval 100m

Projection: Lambert Conformal Conic SCAR/IMW ST57-60
Ellipsoid: WGS84
Facility Zones and Visitor Zone boundaries by ERA
Cartography by Gateway Antarctica

Map B - Canada Glacier, Lake Fryxell, Taylor Valley, Antarctic Specially Protected Area 131: Vegetation Density Map

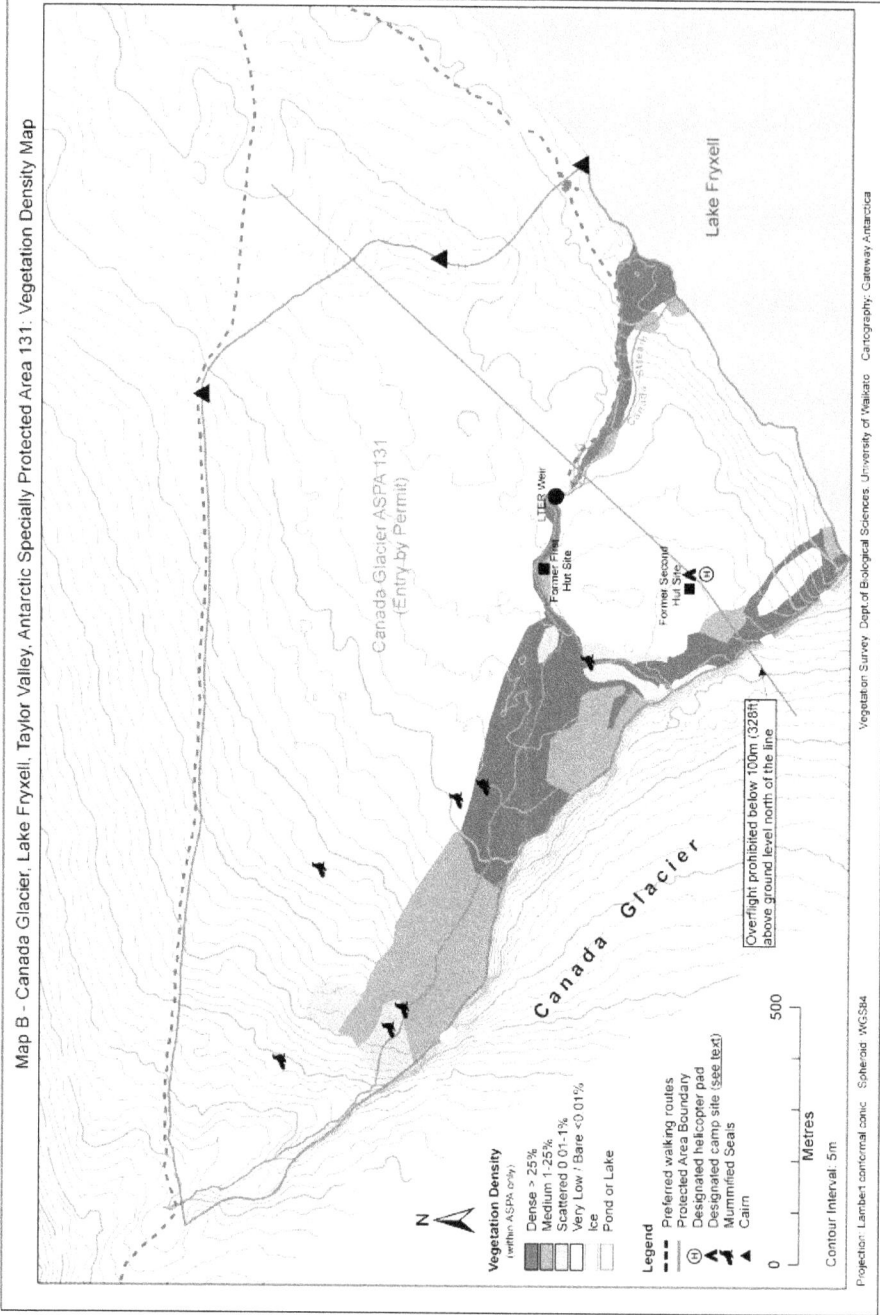

Lake Fryxell

Canada Glacier ASPA 131
(Entry by Permit)

LTER Weir

Former First
Hut Site

Former Second
Hut Site

Overflight prohibited below 100m (328ft
above ground level north of the line

Canada Glacier

N

Vegetation Density
(within ASPA only)

Dense > 25%
Medium 1-25%
Scattered 0.01-1%
Very Low / Bare <0.01%
Ice
Pond or Lake

Legend

- - - Preferred walking routes
Protected Area Boundary
Ⓗ Designated helicopter pad
Designated camp site (see text)
Mummified Seals
▲ Cairn

0   500

Metres

Contour Interval: 5m

Projection: Lambert conformal conic. Spheroid: WGS84

Vegetation Survey: Dept. of Biological Sciences, University of Waikato. Cartography: Gateway Antarctica

Plan de gestion pour la Zone Spécialement Protégée de l'Antarctique (ZSPA) N° 149

CAP SHIRREFF ET ILE SAN TELMO, ILE LIVINGSTON, SHETLAND DU SUD

Introduction

La zone spécialement protégée de l'Antarctique (ZSPA) du cap Shirreff se situe sur la côte nord de l'île Livingston, Shetland du Sud, à 62°27'30"de latitude sud et 60°47'17" de longitude ouest, avec une superficie d'environ 9,7 km². Cette zone a été désignée principalement pour protéger la biote présente dans la zone, en particulier des populations importantes et diverses d'oiseaux de mer et de pinnipèdes qui font l'objet d'un suivi scientifique à long terme. Il existe des pêcheries de krill dans les aires d'alimentation de ces espèces. Le cap Shirreff est donc un site essentiel pour la surveillance de l'écosystème, et répond ainsi aux objectifs de la Convention pour la conservation des ressources marines vivantes de l'Antarctique (CCALMR). La zone comprend la plus grande colonie d'otaries à fourrure qui se reproduise (*Arctocephalus gazella*) de la péninsule antarctique, et elle est celle la plus au sud dont on peut suivre les paramètres de reproduction, de démographie et d'alimentation. La palynoflore qui a été découverte dans la zone représente un intérêt scientifique majeur. La zone comprend de nombreux sites ayant une valeur archéologique et historique, associés principalement aux activités des chasseurs de phoques du 19ᵉ siècle. La zone avait à l'origine été désignée suite à des propositions faites par le Chili et les Etats-Unis d'Amérique et adoptée en vertu de la recommandation IV-11 [1966, Zone spécialement protégée (ZPA) No. 11]. La zone a été été redésignée en tant que site présentant un intérêt scientifique particulier (SISP) n° 32 par le biais de la recommandation XV-7 (1989) La zone a été désignée comme site n° 2 du programme de contrôle de l'écosystème de la CCAMLR au moyen de la mesure de conservation 82/XIII (1994) de la CCAMLR, et ses lignes de démarcation ont été élargies au moyen de la Mesure 2 (2005) afin d'inclure un élément marin plus important ainsi que des sites de plantes fossiles. La mesure de conservation 91-02 a expiré en novembre 2009, et la protection du cap Shirreff continue à être assurée par le plan de gestion ZSPA n 149 (SC-CCAMLR-XXVIII, paragraphe 5.29 de l'Annexe 4,).

1.   Description des valeurs à protéger

Le cap Shirreff (62°27'30" de latitude sud, 60°47'17" de longitude ouest), péninsule d'une superficie de quelque 3,1 km², île Livingston, Shetland du Sud, avait à l'origine été désigné en vertu de la recommandation IV-11 (1966) comme une zone spécialement protégée (ZSP n° 11). A l'appui des résultats du premier recensement de pinnipèdes effectué dans les Shetland du Sud (Aguayo et Torres, 1966), le Chili a estimé que le site nécessitait une protection spéciale. Ce sont cependant les Etats-Unis d'Amérique (USA) qui ont eux officiellement proposé que cette zone soit désignée comme une zone spécialement protégée. La zone comprenait la portion de terre ferme libre de glace de la péninsule à cap Shirreff au nord du bord de la calotte glaciaire de l'île Livingston. Les valeurs à protéger lorsque la zone avait été désignée initialement couvraient une grande variété de plantes et d'animaux, de nombreux invertébrés, une importante population d'éléphants de mer (*Mirounga leonina*) et une petite colonie d'otaries à fourrure (*Arctocephalus gazella*).

Après la désignation de la zone, la taille de la colonie d'otaries à fourrure au cap Shirreff a augmenté à un point tel qu'il est devenu possible d'entreprendre des travaux de recherche biologique sans empêcher pour autant la colonie de s'agrandir. Une étude des Shetland du Sud et de la péninsule antarctique a permis d'identifier le cap Shirreff et l'île San Telmo comme étant le site le plus approprié pour surveiller les colonies d'otaries à fourrure susceptibles d'être touchées par les opérations de pêche autour des Shetland du Sud. Pour tenir compte du programme de surveillance, la ZSP a été redésignée en tant que site présentant un intérêt scientifique particulier (SISP) n° 32 par le biais de la recommandation XV-7 (1989) suite à une proposition faite conjointement par le Chili, les Etats-Unis d'Amérique et le Royaume-Uni. Cette décision procédait des arguments que « la présence de colonies de manchots et d'otaries à fourrure ainsi que de pêcheries de krill dans les aires d'alimentation de ces espèces, font de cette zone un site idéal à inclure dans le réseau de contrôle des écosystèmes en cours de création pour aider à répondre aux objectifs de la Convention sur la conservation de la faune et de la flore marines de l'Antarctique (CCAMLR). Le but de cette désignation est de permettre l'exécution de travaux de recherche et de surveillance tout en évitant ou en réduisant, dans toute la mesure du possible d'autres activités qui risqueraient de nuire aux résultats de ce programme de recherche et de surveillance ou encore d'altérer les caractéristiques naturelles du site ». Les lignes de démarcation ont été élargies pour inclure l'île San Telmo et des îles proches apparentées. Suite à une proposition élaborée par le Chili et les Etats-Unis d'Amérique, la zone a été ultérieurement désignée comme site n° 2 du programme de contrôle de l'écosystème de la CCAMLR au moyen de la mesure de conservation 82/XIII (1994) de la CCAMLR, ses lignes de démarcation étant identiques à celles du SISP n° 32. La protection du Cap Shirreff en tant que (SITE DE) programme de contrôle de l'écosystème de la CCAMLR a continué en vertu de la mesure de conservation (MC) 91/02 (2004).

Les lignes de démarcation de la zone ont été à nouveau élargies au moyen de la Mesure 2 (2005) afin d'inclure un élément marin plus important et pour incorporer deux nouveaux sites où l'on a fait la découverte de plantes fossiles en 2001 (cartes 1 et 2). La zone désignée (9.7 km^2) comprend la péninsule toute entière du Cap Shirreff au nord de la calotte glaciaire de l'île Livingston, la partie adjacente de la calotte glaciaire de l'île Livingston où l'on a découvert les fossiles en 2001, le groupe d'îles San Telmo, ainsi que la zone marine environnante et intermédiaire qui s'étend sur 100 m à partir du littoral extérieur de la péninsule du cap Shirreff et du groupe d'îles San Telmo. La limite s'étend du groupe d'îles San Telmo jusqu'au sud de Mercury Bluff.

La mesure de conservation 91-02 a expiré en novembre 2009, et la protection du cap Shirreff continue avec l'application du plan de gestion ZSPA n 149 (SC-CCAMLR-XXVIII, paragraphe 5.29 de l'Annexe 4,). Cette modification a été effectuée en vue d'harmoniser les mesures de protection de la CCAMLR et du Protocole au Traité sur l'Antarctique relatif à la protection de l'environnement (le Protocole) et d'éviter la possibilité de duplication dans les exigences et les procédures de gestion.

Le plan de gestion actuel réaffirme les valeurs scientifiques et les valeurs de surveillance exceptionnelles associées aux grandes populations très diverses d'oiseaux de mer et de pinnipèdes qui se reproduisent dans la zone et, en particulier, celles de la colonie d'otaries à fourrure. Cette colonie est en effet la plus grande que l'on trouve dans la région de la péninsule antarctique et elle est celle la plus au sud qui est suffisamment grande que pour en étudier la croissance, la survie, l'alimentation et les paramètres de reproduction. En 2002, elle totalisait quelque 21 000 exemplaires(Huke-Gaete *et al.* 2004). La surveillance de la colonie d'otaries à fourrure a commencé en 1965 (Aguayo et Torres 1966, 1967) et des données saisonnières sont disponibles depuis 1991, ce qui en fait l'un des programmes de surveillance continue le plus long des otaries à fourrure dans l'Antarctique. Partie intégrante du programme de contrôle de l'écosystème de la CCAMLR, les travaux de surveillance ont été institués pour détecter et éviter les effets négatifs que pourraient avoir la pêcheries sur des espèces dépendantes telles que les pinnipèdes et les oiseaux de mer ainsi que sur des espèces cibles telles le krill de l'Antarctique (*Euphausia superba*). Des études de long terme ont pour but l'évaluation et la surveillance de la survie, de l'écologie d'alimentation, de la croissance, de l'état, de la reproduction, du comportement, des taux démographiques ainsi que de l'abondance des pinnipèdes et des oiseaux de mer qui se reproduisent dans la zone. Les données émanant des ces études seront évaluées en fonction des données environnementales et autres données ainsi que des statistiques de pêche afin d'aider à identifier les relations de cause à effet qui pourraient exister entre les pêcheries et les populations de pinnipèdes et d'oiseaux de mer.

En 2001-02, on a découvert des empreintes de mégaflore dans des rochers incorporés à des moraines du glacier de l'île Livingston (Palma-Heldt *et al.* 2004, 2007) (carte 2). Les rochers fossilifères contiennent deux assemblages palynologiques distincts indiquant des époques et des conditions climatiques différentes, et ont contribué à une étude de l'histoire géologique de l'Antarctique et du Gondwana. Des études microbiologiques ont été menées dans la zone en 2009-10 afin d'évaluer l'influence qu'ont les microhabitats sur la diversité microbiologique et la capacité métabolique (INACH 2010).

Il n'est pas possible de confirmer que les valeurs originales de la zone protégée associées aux communautés des plantes et des invertébrés sont les principales raisons pour lesquelles il est proposé que la zone bénéficie d'une protection spéciale. En effet, on manque de données pour décrire ces communautés.

La zone contient divers objets d'origine humaine datant d'avant 1958. Le site et monument historique n° 59, un cairn commémorant ceux qui avaient perdu leur vie lors du naufrage du vaisseau espagnol San Telmo dans le passage de Drake en 1819, se trouve dans la zone. On peut aussi y trouver les vestiges d'une communauté de chasseurs de phoques.

2. Buts et objectifs

La gestion au cap Shirreff vise à :

- éviter toute détérioration ou tout risque de détérioration des valeurs de la zone en empêchant toute perturbation humaine inutile ;
- éviter des activités qui porteraient atteinte ou nuiraient aux travaux de recherche et de surveillance du programme de contrôle de l'écosystème de la CCAMLR ;
- permettre des recherches scientifiques sur l'écosystème et l'environnement physique dans la zone, qui sont associées au programme de contrôle de l'écosystème de la CCAMLR ;
- permettre d'autres recherches scientifiques dans la zone sous réserve qu'elles soient faites pour des buts et objectifs impérieux auxquels il n'est pas possible de répondre ailleurs et qu'elles ne portent aucun préjudice aux valeurs pour lesquelles la zone est protégée ;
- permettre des travaux de recherche archéologique et historique et prendre des mesures de protection des objets tout en protégeant les objets historiques présents dans la zone d'une destruction, d'une perturbation ou d'un enlèvement inutile ;
- minimiser les risques d'introduction de plantes, d'animaux ou de microbes exotiques dans la zone ;
- permettre des visites à des fins de gestion à l'appui des buts et objectifs du plan.

3. Activités de gestion

Les activités de gestion ci-après seront réalisées pour protéger les valeurs de la zone :

- Des copies de ce plan de gestion, y compris les cartes de la zone, seront mises à la disposition des intéressés aux endroits suivants :

    1. Installations d'hébergement au cap Shirreff ;

    2. Station Kliment Ohridski (Bulgarie), péninsule Hurd, île Livingston ;

    3. Station Arturo Prat (Chili), baie Discovery/baie du Chili, île Greenwich ; et

    4. Base Juan Carlos I (Espagne), péninsule Hurd, île Livingston.

- Un panneau indiquant l'emplacement et les lignes de démarcation de la zone et donnant des explications claires et précises sur les restrictions imposées à l'entrée dans cette zone doit être placé à la plage El Módulo, Cap Shirreff, pour éviter un accès fortuit ;
- Les dispositifs de bornages, les panneaux et autres structures mis en place dans la zone à des fins scientifiques ou à des fins de gestion devront être solidement fixés et soigneusement entretenus ;
- Les programmes nationaux antarctiques mis en place dans la zone devront tenir un registre de tous les nouveaux signes, bornes et structures érigés dans la zone ;

- Des visites seront organisées en fonction des besoins (au moins une fois tous les 5 ans) afin de déterminer si la zone répond toujours aux objectifs pour lesquels elle a été désignée et de s'assurer que les mesures de gestion et d'entretien sont adéquates ;

- Les programmes nationaux antarctiques mis en place dans la région se consulteront dans le but d'assurer la mise en œuvre des dispositions susmentionnées.

4. Durée de la désignation

La zone est désignée pour une durée indéterminée.

5. Cartes et photographies

Carte 1 : Le cap Shirreff et l'île San Telmo, ZSPA n° 149, par rapport à l'île Livingston, indiquant l'emplacement de la base Juan Carlos I (Espagne) et de la station Saint Kliment Ohridski (Bulgarie), ainsi que l'emplacement de la zone protégée la plus proche, péninsule Byers (ZSPA n° 126), également sur l'île Livingston. Spécifications de la carte : Projection : conique conforme de Lambert ; Parallèles types : 1er 60°00' S; 2e 64°00' S ; Méridien central : 60°45' O ; Latitude d'origine : 62°00' S ; Sphéroïde : WGS84 ; Précision horizontale : < ±200 m. L'intervalle des contours bathymétriques est de 50 m et de 500 m. La précision verticale est inconnue. Sources des données : caractéristiques des sols de la base de données antarctiques du SCAR v. 4.1 (2007) ; bathymétrie fournie par le programme des ressources marines vivantes de l'Antarctique (AMLR), NOAA (Etats-Unis d'Amérique) (2002).

Encart : emplacement de la carte 1 par rapport aux Shetland du Sud et à la péninsule antarctique.

Carte 2 : Le cap Shirreff et l'île San Telmo, ZSPA n° 149, lignes de démarcation de la zone protégée et lignes directrices pour l'accès. Les spécifications de la carte sont identiques à celles de la carte 1, à l'exception de l'équidistance des courbes de niveau verticales qui est de 10 m. La précision horizontale devrait être supérieure à ±5 m. Source de données : données numériques fournies par l'Instituto Antártico Chileno (INACH) (2002) (Torres *et al.* 2001).

Carte 3 : Le cap Shirreff, ZSPA n° 149 : faune et flore en phase de reproduction et caractéristiques humaines. Les spécifications et la source de données sont les mêmes que celles de la carte 2 à l'exception de l'équidistance des courbes de niveau verticales, qui est de 5 m.

6. Description de la zone

6(i) Coordonnées géographiques, bornage et caractéristiques du milieu naturel

Lignes de démarcation et coordonnées géographiques

Le cap Shirreff (62°27'30" de latitude sud, 60°47'17" de longitude ouest) est situé sur la côte nord de l'île Livingston, la deuxième île la plus grande des Shetland du Sud, entre la baie Barclay et la baie Hero (carte 1). Il se trouve à l'extrémité nord d'une péninsule libre de glace au relief vallonné de faible altitude. A l'ouest de cette péninsule, on trouve l'anse Shirreff, à l'est de pointe Black, tandis qu'au sud on trouve la calotte de glace permanente de l'île Livingston. La péninsule a une superficie de quelque 3,1 km^2, s'étendant sur 2,6 km de nord en sud et sur 0,5 à 1,5 km d'est en ouest. L'intérieur de la péninsule comprend une série de plages surélevées ainsi que de collines arrondies et abruptes dont la plus élevée est Toqui (82 m) dans la partie centre-nord de la péninsule. La côte ouest est formée de falaises quasiment continues dont la hauteur varie entre 10 et 15 m tandis que la côte est comprend, elle, de vastes plages de sable et de gravier.

Un petit groupe d'îlots rocheux de faible altitude se trouve à environ 1 200 m à l'ouest de la péninsule du cap Shirreff, et constitue l'enveloppe occidentale de l'anse Shirreff. L'île San Telmo, la plus grande du groupe, est longue de 950 m et large de pas moins 200 m, sa superficie atteignant quelque 0,1 km^2. Il y a sur la côte sud-est de cette île une plage de sable et de galets, séparée qu'elle est d'une plage de sable au nord par deux falaises irrégulières et plages de cailloux étroites.

La zone désignée comprend la péninsule tout entière du cap Shirreff au nord de la calotte de glace de l'île Livingston, le groupe d'îles San Telmo, ainsi que la zone marine environnante et intermédiaire (carte 2). Les lignes de démarcation renferment une zone qui s'étend sur 100 m à partir du littoral extérieur de la péninsule du cap Shirreff et du groupe d'îles San Telmo. Dans le nord, elles s'étendent de l'extrémité nord-ouest de la péninsule vers le sud-ouest sur 1,4 km jusqu'au groupe d'îles San Telmo, englobant la mer des environs immédiats dans l'anse Shirreff. La ligne de démarcation ouest s'étend vers le sud sur 1,8 km du 62°28' de latitude sud jusqu'à une petite île située à proximité du 62°29' de latitude sud, contournant la rive orientale de cette petite île et continuant sur 1,2 km de plus au sud-est du littoral de l'île Livingston au 62°29'30" de latitude sud, soit quelque 300 m au sud de l'à-pic Mercury. De ce point sur la côte, la ligne de démarcation sud s'étend sur environ 300 m plein est vers le 60°49' de longitude ouest où elle prend une direction nord-est parallèle à la côte sur environ 2 km jusqu'au bord de la calotte de glace au 60°47' de longitude ouest. La ligne de démarcation sud s'étend ensuite plein est sur 600 m jusqu'à la côte est. La ligne de démarcation est marine, suivant le littoral est sur 100 m à partir de la rive. Elle comprend une superficie de 9,7 km^2 (carte 2).

Climat

Des scientifiques chiliens et américains ont collecté pendant plusieurs années des données météorologiques pour le cap Shirreff ; elles sont actuellement enregistrées à l'aide d'instruments montés sur les bâtiments de la station de Cap Shirreff. Au cours des récentes saisons estivales (de novembre à février inclus, de 2005-06 à 2009-10)) la température de l'air maximale enregistrée à Cap Shirrreff a été de 19,9°C et la minimale a été de -8,1°C. La vitesse de vent moyenne a été de 5,36 m/s et la vitesse de vent maximale enregistrée a été de 20,1 m/s. La direction prédominante du vent pendant la période de collecte des données a été l'ouest, suivi par l'ouest-nord-ouest et l'est-nord-est. On dispose de données météorologiques pour les deux derniers hivers, faisant état d'une température quotidienne moyenne de l'air pour juin-août 2007 de -6,7°C avec une minimale de -20,6°C et une maximale de +0,9°C, et d'une température quotidienne moyenne de l'air pour juin-septembre 2009 de -5,8°C avec une minimale de -15,2°C et une maximale de +1,9°C.

Les précipitations enregistrées durant les saisons d'été (21 décembre – 24 février, 1998-2001) ont varié entre 56 mm (sur 36 jours en 2000-01) et 59,6 mm (sur 43 jours en 1998-1999) (Goebel *et al.* 2000; 2001). La péninsule est couverte de neige durant la majeure partie de l'année mais elle est d'ordinaire sans neige vers la fin de l'été.

Géologie, géomorphologie et sols

Le cap Shirreff se compose de laves porphyritiques basaltiques et d'intercalations mineures de brèche volcanique d'une épaisseur d'environ 450 m (Smellie *et al.* 1996). Les roches de Cap Shirreff ont été déformées en plis ouverts de direction NO-SE, dont les surfaces axiales verticales sont pénétrées par de nombreux dykes. Un échantillon rocheux provenant de la partie sud du cap Shirreff a été identifié comme étant une roche fraîche de basalte à olivine composée d'environ 4% d'olivine et de 10% de phénocristaux de plagioclase dans une pâte contenant du plagioclase, du clinopyroxène et de l'oxyde opaque. Les échantillons rocheux du cap Shirreff ont été datés par K-Ar au Crétacé supérieur indiquant un âge minimum de 90,2±5,6 millions d'années (Smellie *et al.* 1996). Les séquences volcaniques de Cap Shirreff font partie d'un groupe plus large de laves basaltiques et andésitiques relativement fraîches recouvrant la partie est-centre de l'île Livingston similaires aux basaltes que l'on trouve sur la péninsule Byers.

La péninsule du cap Shirreff consiste essentiellement en une plate-forme marine surélevée (de 46 à 53 m au-dessus du niveau de la mer) (Bonner et Smith 1985). Le socle rocheux est largement couvert de roches érodées et de dépôts de glace. Deux plates-formes inférieures, couvertes de cailloux roulés, apparaissent à des hauteurs d'environ 7 à 9 m et 12 à 15 m au-dessus du niveau de la mer moyen (MSL) (Hobbs, 1968).

On ne dispose guère d'informations sur les sols du cap Shirreff. Très poreux, ils se composent principalement de fines cendres et de scories. Les sols entretiennent une végétation éparse et ils sont enrichis par les colonies d'oiseaux et de phoques qui habitent la zone.

Paléontologie

Un spécimen en bois fossilisé appartenant à la famille des Araucariacées (*Araucarioxylon* sp.) a été découvert à cap Shirreff (Torres, 1993). Il est similaire aux fossiles qui ont été découverts sur la péninsule Byers (ZSPA nº 126), un site riche en flore et faune fossiles à 20 km au sud-ouest. Plusieurs spécimens fossiles ont également été découverts à l'extrémité nord de la péninsule du cap Shirreff. En 2001-2002, des roches fossilifères de deux époques différentes ont été découvertes dans des moraines frontales et latérales de la calotte de glace permanente de l'île Livingston (carte 2). Une étude des palynomorphes retrouvés dans les moraines ont identifié deux assemblages palynologiques distincts, arbitrairement surnommés ' Type A ' et ' Type B ' (Palma-Heldt *et al.* 2004, 2007). L'association de ' Type A ' était dominée par des ptéridophytes, principalement des Cyatheaceae et des Gleicheniaceae, et par *Podocarpidites* spp.. Elle contenait aussi *Myrtaceidites eugenioides* et des spores fongiques épiphylles. Cet assemblage semble être indicatif des conditions chaudes et humides régnant au Crétacé inférieur (Palma-Heldt et al. 2007). L'assemblage de ' Type B ' était caractérisé par une flore sub-antarctique contenant notamment *Nothofagidites, Araucariacites australis, Podocarpidites otagoensis, P. marwickii, Proteacidites parvus* et des spores fongiques épiphylles, indiquant un climat tempéré froid et humide (Palma-Heldt *et al.* 2007). On estime que cet assemblage peut être daté au Crétacé supérieur-Paléogène (Palma-Heldt *et al.* 2004; Leppe *et al.* 2003). Des travaux de recherche palynologique furent entrepris à Cap Shirreff pour étudier l'évolution de la marge sud pacifique de Gondwana et pour développer un modèle de l'évolution de la péninsule antarctique au Mésozoïque-Cénozoïque. On constate aussi qu'une nouvelle retraite de la calotte glaciaire de l'île de Livingston pourrait révéler d'autres fossiles (D. Torres, A. Aguayo and J. Acevedo, Communication personnelle 2010).

Cours d'eau et lacs

Il y a un lac permanent au cap Shirreff. Il se trouve au nord et au pied de la colline Hill (carte 3). Le lac est profond d'environ 2 à 3 m et long de 12 m lorsqu'il est plein, sa taille diminuant après février (Torres, 1995). Des bancs de mousse poussent sur les pentes environnantes. Il y a également sur la péninsule plusieurs étangs et cours d'eau éphémères, alimentés qu'ils sont par de la neige fondue, surtout en janvier et en février. Le plus grand de ces cours d'eau baignent les versants sud-ouest en direction de la côte à la plage Yamana.

Végétation et invertébrés

Bien qu'aucune étude approfondie des communautés végétales n'y ait été faite, il semblerait qu'il y ait moins de végétation au cap Shirreff qu'en de nombreux autres endroits des Shetland du Sud. Les observations faites à ce jour ont permis de répertorier une espèce d'herbe, cinq de mousse, six de lichen, une de champignon et une de macroalgues nitrophiles (Torres 1995).

Des nappes de canche antarctique (*Deschampsia antarctica*) se retrouvent dans certaines vallées, souvent en conjonction avec des mousses. Les mousses sont principalement situées à l'intérieur des terres. Une vallée orientée nord-ouest à partir de Half Moon Beach abrite un tapis humide très développé de mousse *Warnstorfia laculosa* (=*Calliergidium austro-stramineum*, aussi =*Calliergon sarmentosum*) (Bonner 1989, in Heap 1994). Dans les zones où l'écoulement est plus fluide, se trouvent *Sanionia uncinata* (=*Drepanocladus uncinatus*) et *Polytrichastrum alpinum* (=*Polytrichum alpinum*). Les zones de plage surélevées et certains plateaux plus hauts abritent d'importantes concentrations de la macroalgue verte nitrophile *Prasiola crispa*, qui est caractéristique des zones enrichies par les excréments d'animaux et remplace, selon les observations effectuées, les associations mousse-lichen endommagées par les otaries à fourrure de l'Antarctique (Bonner 1989, in Heap 1994).

Les six espèces de lichen décrites jusqu'ici au cap Shirreff sont *Caloplaca spp, Umbilicaria antarctica, Usnea antarctica, U. fasciata, Xanthoria candelaria* et *X. elegans*. Les espèces fruticuleuses *Umbilicaria antarctica, Usnea antarctica* et *U. fasciata* forment des concentrations de sur les flancs de falaise et sur les rochers abrupts (Bonner 1989, in Heap 1994). On trouve des lichens crustacés jaune-orange clair *Caloplaca spp, Xanthoria candelaria* et *X. elegans*, couramment derrière les colonies d'oiseaux et avec les espèces fruticuleuses. On ignore l'identité de la seule espèce fongique répertoriée.

La faune invertébrée au cap Shirreff n'a pas été décrite.

Ecologie microbienne

Des études de terrain sur l'écologie microbienne du cap Shirreff ont été réalisées sur la période du 11 au 21 janvier 2010 ; les résultats obtenus ont été comparés aux communautés bactériennes que l'on trouve sur la péninsule Fildes, île du Roi-George. Le but de l'étude était d'évaluer l'influence des divers microhabitats sur la biodiversité et sur les capacités métaboliques des communautés bactériennes du cap Shirreff et de la péninsule Fildes (INACH, 2010).

Oiseaux en phase de reproduction

La faune avienne du cap Shirreff est très diverse, dix espèces étant connues pour se reproduire à l'intérieur de la zone et plusieurs espèces qui elles ne se reproduisent pas y étant également présentes. Les manchots à jugulaire (*Pygoscelis antarctica*) et les manchots papou (*P. papua*) se reproduisent dans la zone ; on n'a pas vu de manchots Adélie (*P. adeliae*) se reproduire au cap Shirreff ou sur l'île San Telmo bien qu'on en trouve un peu partout dans la région. Il y a de petites colonies de manchots à jugulaire et de manchots papou sur les côtes nord-est et nord-ouest de la péninsule du cap Shirreff (carte 3). Des données sur les colonies de manchots à jugulaire et de manchots papou ont été recueillies dans le courant de chaque saison estivale depuis 1996-97 ; ces données se rapportent notamment au succès de reproduction, à la démographie, à l'alimentation, au comportement de plongée et au comportement de recherche alimentaire (par ex. Hinke *et al.* 2007; Pietrzak *et al.* 2009). Pendant la saison estivale de 2009-10, les manchots à jugulaire et les manchots papou du cap Shirreff ont été munis d'émetteurs satellites afin de pouvoir étudier leur comportement hivernal.

En 2008-09, il y avait 19 sous-colonies en phase de reproduction active au cap Shirreff, soit un total de 879 nids de manchots papou et de 4026 nids de manchots à jugulaire (Pietrzak *et al.* 2009), encore que le nombre des sous-colonies et leur composition varient quelque peu d'une année sur l'autre. Entre la fin des années 90 et 2004, le nombre de manchots à jugulaire a considérablement diminué, alors qu'il n'y a eu aucune tendance perceptible chez les manchots papou (Hinke et al. 2007). La tendance à la baisse des manchots à jugulaire a persisté, et en 2007-08 le dénombrement de nids des deux espèces de manchots étaient les plus faibles obtenus depuis 11 ans, en raison des mauvaises conditions météorologiques (Chisholm *et al.* 2008; Miller and Trivelpiece 2008). En 2008-09 la population et le succès de reproduction des manchots papou et des manchots à jugulaire du cap Shirreff ont subi une augmentation importante par rapport à l'année antérieure, mais le nombre de nids de manchots à jugulaire était encore inférieur de 30% à la moyenne du site (Pietrzak *et al.* 2009). On attribue la différence entre les tendances marquant les populations de manchots à jugulaire et de manchots papou au taux de mortalité juvénile hivernal plus élevé chez les manchots à jugulaire (Hinke *et al.* 2007) et à une plus grande adaptabilité des manchots papou dans leur régime alimentaire (Miller *et al.* 2009).

En général, les manchots à jugulaire font leur nid sur des escarpements plus élevés du cap Shirreff, mais on en trouve également qui se reproduisent sur de petits promontoires à proximité du littoral. Quant aux manchots papou, ils tendent à se reproduire sur des pentes plus douces et des promontoires arrondis. Pendant la période d'élevage des poussins, la recherche alimentaire chez les deux espèces de manchot se cantonne aux eaux du plateau continental, une zone offshore d'environ 20 à 30 km au large des côtes du cap Shirreff (Miller and Trivelpiece 2007). On trouvera au tableau 1 les données disponibles sur le nombre des manchots.

Plusieurs autres espèces se reproduisent à l'intérieur de la zone (carte 3) encore que les données obtenues sur leur nombre soient inégales. Les goélands dominicains (*Larus dominicanus*) et les labbes bruns (*Catharacta loennbergi*) nichent en abondance le long du littoral tout entier de la zone. En 2000, il y en avait 25 et 22 couples en phase de reproduction respectivement (AMLR, communication personnelle 2000). En 2007-08, 24 couples de labbes ont été enregistrés au cap Shirreff et à Punta Oeste, dont 23 étaient des labbes bruns (*Catharacta loennbergi*) ; l'autre couple était un hybride de labbe brun-labbe de l'Antarctique (*C. maccormicki*). Cinquante-six nids de goélands dominicains ont été relevés au cap Shirreff pendant la saison 2006-07. Au cours des dernières saisons estivales, le succès de reproduction des labbes et des goélands dominicains a fait l'objet d'une surveillance régulière aux sites de nidification du cap Shirreff (Chisholm *et al.* 2008; Pietrzak *et al.* 2009).

Les chionis blancs (*Chionis alba*) nichent en deux endroits : un couple a été observé nichant sur la côte ouest de la péninsule du cap Shirreff ; un second couple a été observé se reproduisant parmi des rochers sur la plage nord de l'île San Telmo, à proximité d'un site de reproduction d'otaries à fourrure (Daniel Torres, Instituto Antartico Chileno, communication personnelle 2002). Des sternes antarctiques (*Sterna vittata*) se reproduisent en plusieurs endroits, qui, selon les observations, varient d'une année sur l'autre. Depuis 1990-91, une petite colonie d'environ 11 couples de cormorans antarctiques (*Phalacrocorax* [atriceps] *bransfieldensis*) a été observée qui se reproduisait sur Yeco Rocks, sur la côte ouest de la péninsule (Torres, 1995). Des damiers du cap (*Daption capense*) se reproduisent sur des falaises sur la côte ouest de la zone ; 14 couples y ont été recensés en janvier 1993, neuf en janvier 1994, trois en janvier 1995 et huit en 1999. Des océanites de Wilson (*Oceanites oceanicus*) se reproduisent également sur la côte ouest de la zone. Des pétrels à ventre noir (*Fregetta tropica*) ont été observés en phase de reproduction près du camp sur la côte est. Un grand nombre de pétrels géants (*Macronectes giganteus*) fréquentent la zone en été, et le repérage d'une colonie en phase de reproduction sur la péninsule (Bonner 1989, in Heap 1994) est une erreur (Daniel Torres, communication personnelle 2002). D'autres espèces d'oiseaux recensés mais ne se reproduisant pas dans la zone comprennent les manchots macaroni (*Eudyptes chrysolophus*), les manchots royaux (*Aptenodytes patagonicus*), les manchots empereur (*Aptenodytes forsteri*), les pétrels des neiges (*Pagadroma nivea*), les bécasseaux à croupion blanc (*Calidris fuscicollis*), les cygnes à cou noir (*Cygnus melanocorypha*) et le héron *Bubulcus ibis* (Torres, 1995 ; Olavarría *et al.*, 1999). Les autres espèces d'oiseaux recensés alors qu'ils étaient à la recherche de nourriture près du cap Shirreff étaient les albatros à sourcils noirs (*Thalassarche melanophris*) et les albatros à tête grise (*T. chrysostoma*), alors que ces espèces n'avaient pas encore été recensées dans la zone (Cox *et al.* 2009).

Table 1: Nombre de manchots à jugulaire (*Pygoscelis antarctica)* et papou (*P. papua*) au cap Shirreff.

Année	A jugulaire (couples)	Papou (couples)	Source
1958	2000 (N3[1])	200-500 (N1[1])	Croxall et Kirkwood, 1979
1981	2164 (A4)	843 (A4)	Sallaberry et Schlatter, 1983 [2]
1987	5200 (A3)	300 (N4)	Woehler, 1993
1997	6907 (N1)	682 (N1)	Hucke-Gaete *et al.* 1997a
1999-00	7744 (N1)	922 (N1)	AMLR data, Carten *et al.* 2001
2000-01	7212 (N1)	1043 (N1)	AMLR data, Taft *et al.* 2001
2001-02	6606	907	AMLR data, Saxer *et al.* 2003
2002-03	5868 (A3)	778 (A3)	AMLR data, Shill *et al.* 2003
2003-04	5636 (N1)	751 (N1)	AMLR data, Antolos *et al.* 2004
2004-05	4907 (N1)	818 (N1)	AMLR data, Miller *et al.* 2005
2005-06	4849 (N1)	807 (N1)	AMLR data, Leung *et al.* 2006
2006-07	4544 (N1)	781 (N1)	AMLR data, Orben *et al.* 2007
2007-08	3032 (N1)	610 (N1)	AMLR data, Chisholm *et al.* 2008
2008-09	4026 (N1)	879 (N1)	AMLR data, Pietrzak *et al.* 2009

1. Le code alphanumérique s'entend du type de recensement, comme dans Woehler (1993).
2. Les données déclarées ne précisaient pas l'espèce. On a supposé que le nombre plus élevé se référait aux manchots à jugulaire. Les données portaient sur des individus dont le total a été divisé en deux pour obtenir les « couples » dans le tableau.

Animaux en phase de reproduction

Le cap Shirreff (y compris l'île San Telmo) est de nos jours le site de la colonie en phase de reproduction la plus grande que l'on connaisse des otaries à fourrure *(Arctocephalus gazella)* dans la région de la péninsule antarctique. Jadis, ces otaries étaient nombreuses partout dans les Shetland du Sud mais, entre 1820 et 1824, les chasseurs en ont provoqué une extinction sur le plan local. C'est le 14 janvier 1958 que des otaries à fourrure ont à nouveau été aperçues au cap Shirreff, 27 exemplaires en étant répertoriés, y compris sept jeunes (Tufft, 1958). L'année suivante, le 31 janvier 1959, un groupe de sept adultes mâles, une femelle et un bébé mâle ont été répertoriés avec un bébé mâle sans vie (O'Gorman, 1961). Une deuxième femelle est arrivée trois jours plus tard et, à la mi-mars, 32 otaries à fourrure étaient présentes. En 2002, la population d'otaries à fourrure au cap Shirreff (à l'exclusion de l'île San Telmo) est estimée avoir atteint 14 842 individus (dont 6 453 bébés), alors que la population totale (y compris celle de l'île San Telmo) s'élevait à 21 190 otaries (dont 8 577 bébés) (Hucke-Gaete *et al.* 2004). Des données de recensement plus récentes sur les otaries à fourrure n'ont pas encore été publiées. Il est cependant clair que le nombre d'otaries à fourrure recensé actuellement au cap Shirreff est d'un ordre de grandeur inférieur à celui des populations présentes avant leur exploitation, et on ignore encore si la population retrouvera son niveau antérieur (Hucke-Gaete *et al.* 2004).

Les sites de reproduction des otaries à fourrure au cap Shirreff sont concentrés autour du littoral de la moitié nord de la péninsule (carte 3). A l'île San Telmo, la reproduction est concentrée aux deux extrémités, les jeunes se trouvant normalement près du milieu de l'île (Torres, 1995). Un programme de surveillance à long terme a été mis en place au cap Shirreff depuis 1991, avec pour objectif principal l'étude du succès de reproduction par rapport à la disponibilité des proies, à la variabilité de l'environnement et aux impacts d'origine humaine (Osman *et al.* 2004). Des chercheurs ont étudié divers aspects de la colonie d'otaries à fourrure, notamment la reproduction, la prédation et la croissance, les soins maternels, l'alimentation des phoques, la plongée et l'aire alimentaire. Pendant la saison estivale de 2009-10, les chercheurs ont marqué des otaries à fourrure, ainsi que des phoques de Weddell et des léopards de mer, pour surveiller leur comportement pendant l'hiver.

Pendant la saison 2008-09, le programme AMLR a relevé une diminution du taux de reproduction de 13,3% par rapport à la saison estivale précédente (Goebel *et al.* 2009). Le taux de reproduction au cap Shirreff était particulièrement faible pour les deux saisons 2007-08 et 2008-09, très probablement en raison des conditions hivernales peu propices (Goebel *et al.* 2008; 2009). Durant les dernières saisons, des études ont été menées dans la zone sur le taux de croissance des otaries à fourrure par rapport au sexe, à la saison de reproduction, à l'aire alimentaire et aux soins maternels (Vargas *et al.* 2009) et des variations de couleurs extrêmement rares ont été observées dans la zone. Des otaries à fourrure pies ou de couleur claire ont été recensées pour la première fois, et un phoque de Wedell a été le premier cas confirmé d'albinisme chez les phoques de Weddel, les léopards de mer, les phoques de Ross ou les phoques mangeurs de crabes (Acevedo *et al.* 2009a, 2009b).

Un petit nombre d'éléphants de mer se reproduisent en octobre sur plusieurs des plages de la côte est (AMLR, communication personnelle 2000 ; Daniel Torres, communication personnelle 2002). Le 2 novembre 1999, 34 bébés ont été dénombrés sur des plages situées au sud de la colline Condor (AMLR, données non publiées). Pendant la saison 2008-09, quelques 34 bébés éléphants de mer sont nés au cap Shirreff, et six autres sont nés sur une petite pointe sablonneuse située entre le cap Shirreff et Punta Oeste (Goebel *et al.* 2009). On trouve également sur l'île des groupes d'éléphants de mer qui ne se reproduisent pas ainsi que des animaux isolés, principalement des jeunes, sur diverses plages. Le comportement de recherche alimentaire des éléphants de mer a été étudié grâce au repérage par satellite des animaux marqués au cap Shirreff, et a été analysé par rapport aux caractéristiques physiques de la colonne d'eau (Huckstadt *et al.* 2006; Goebel *et al.* 2009). On a découvert que les phoques vont rechercher leur nourriture jusque dans la mer d'Amundsen ; un phoque solitaire a été observé à 4700km à l'ouest de la péninsule antarctique.

Des phoques de Weddell et des phoques mangeurs de crabes ont été aperçus sur la péninsule du cap Shirreff et font l'objet de programmes de surveillance (O'Gorman 1961; Bengtson *et al.* 1990 ; Oliva *et al,* 1988 ; Torres 1995 ; Goebel, communication personnelle 2010). La surveillance des effets prédateurs des léopards de mer sur la population de bébés otaries à fourrure a commencé en 2001-2002 et elle a été enregistrée durant la campagne arctique 2003-04 (Vera *et al.* 2004). Alors qu'ils étaient sur leurs sites d'échouerie du cap Shirreff, on a muni les léopards de mer d'émetteurs satellites permettant de surveiller leur aire alimentaire et leur dispersion. D'après les observations existant sur le comportement des léopards de mer et selon des études sur la survie des bébés otaries, il semble que chaque année ils consomment près de la moitie des bébés otaries à fourrure nés dans la zone (Goebel *et al.* 2008, 2009,). Des baleines à bosse (*Megaptera novaeangliae*) ont été aperçues dans la région côtière située juste au nord-est de la zone (Cox *et al.* 2009).

Milieu et écosystème marin

Les fonds marins qui entourent la péninsule du cap Shirreff affichent une inclinaison progressive à partir de la côte pour atteindre des profondeurs de 50 m à environ 2 à 3 km de la rive et de 100 m à quelque 6 à 11 km (carte 1). Cette crête sous-marine relativement peu profonde et large s'étend vers le nord-ouest sur environ 24 km avant de plonger plus profondément au bord du plateau continental. La crête est large d'environ 20 km et flanquée, des deux côtés, de canyons qui atteignent des profondeurs allant de 300 à 400 m. Une abondance de macroalgues est présente dans la zone intercotidale. La patelle *Nacella concinna* y est courante comme ailleurs dans les Shetland du Sud.

Les eaux côtières du cap Shirreff ont été identifiées comme l'une des trois zones de la région des îles Shetland du Sud où la densité de biomasse du krill est toujours élevée, en dépit de variations importantes dans le temps des populations absolues de krill (Hewitt *et al.* 2004; Reiss *et al.* 2008). Des études sur la distribution spatiale, la démographie, la densité et la taille du krill et des essaims de krill ont été menées dans la région côtière du cap Shirreff, se servant principalement de relevés acoustiques mais aussi de véhicules sous-marins autonomes (AUV) (Reiss *et al.* 2008; Warren *et al.* 2005). Les relevés acoustiques des eaux côtières indiquent que l'abondance du krill la plus élevée se trouve dans la zone située au sud et au sud-est du cap Shirreff et en bordure des deux canyons sous-marins, qui sont apparemment une source d'eaux riches en nutriments, augmentant à leur tour la productivité des zones côtières entourant le cap Shirreff (Warren *et al.* 2006, 2007).Des traits de filets effectués dans les eaux côtières indiquent que les organismes identifiés par les relevés acoustiques consistaient principalement des euphausides *Euphausia superba*, *Thysanoessa macrura* et *Euphausia frigida*, et qu'il pouvait aussi y avoir des chaetognathes, des salpes, des siphonophores, des larves de poisson, des myctophidés et des amphipodes (Warren *et al.* 2007). Il a été établi que les eaux proches de la côte du cap Shirreff représentent l'aire d'alimentation principale des otaries résidentes, surtout lors de la saison de reproduction, durant laquelle le besoin d'approvisionner les poussins impose un rayon de prospection alimentaire limité (Cox *et al.* 2009). Les otaries à fourrure et les phoques du cap Shirreff dépendent en grande partie du krill, surtout au stade juvénile. On sait qu'il existe un chevauchement entre les aires d'alimentation des prédateurs et les zones de pêche commerciale du krill, et les changements d'abondance des prédateurs et du krill ont été liés aux changements de climat. Le programme de recherche du cap Shirreff a donc pour but la surveillance à la fois de l'abondance du krill et des populations de prédateurs et de leur succès de reproduction, aux fins d'évaluer les effets potentiels de la pêche commerciale, ainsi que les effets de la variabilité environnementale et des changements de climat sur l'écosystème.

De nombreuses études sur l'environnement marin ont été effectuées dans les eaux côtières du cap Shirreff dans le cadre des recherches menées dans la grille d'échantillonnage de l'AMLR. Ces études interrogent divers aspects de l'environnement marin, notamment l'océanographie physique, les conditions environnementales, la répartition et la productivité du phytoplancton, la répartition et la biomasse du krill ainsi que la répartition et la densité des oiseaux de mer et des mammifères marins (AMLR 2008, 2009).

Caractéristiques historiques

Après la découverte en 1819 des Shetland du Sud, de grandes expéditions de chasse au phoque entre 1820 et 1824 au cap Shirreff ont entraîné l'extermination de la quasi-totalité des otaries à fourrure et des éléphants de mer (Smith et Simpson, 1987). En janvier 1821, de 60 à 75 chasseurs de phoque britanniques auraient vécu à terre au cap Shirreff et 95 000 peaux auraient été prises durant la campagne 1821-22 (O'Gorman 1963). Il existe encore des preuves de l'occupation de ces chasseurs comme en témoignent les vestiges d'une cabane au moins dans le nord-ouest de la péninsule et les vestiges de colonies de chasseurs de phoques retrouvés sur plusieurs plages (D. Torres, A. Aquayo and J. Acevedo, communication personnelle 2010). Le littoral de plusieurs baies est aussi jonché de bois et de sections d'épaves des bateaux utilisés pour la chasse au phoque. Au nombre des autres éléments qui prouvent qu'ont eu lieu des activités de chasse au phoque figurent les restes de fourneaux, des morceaux de bouteilles en verre, un harpon en bois et une figure en os sculptée à la main. (Torres et Aguayo 1993). Fildes (1821) a relaté que des chasseurs au phoque avaient découvert sur Half Moon Beach un jas d'ancre et un gréement du navire espagnol San Telmo à l'époque environ où le navire avait fait naufrage. C'est le 4 septembre 1819 qu'il a coulé dans le passage Drake à environ 62° de latitude sud, avec 644 personnes à bord (Headland 1989; Pinochet de la Barra 1991). Ce sont vraisemblablement les premières personnes qui ont péri dans l'Antarctique et ce naufrage demeure la plus grande perte de vies humaines qui ait jamais eu lieu au sud du 60° de latitude sud. Un cairn a été érigé sur la côte nord-ouest de la péninsule du cap Shirreff pour commémorer cette perte, cairn qui a été désigné comme le monument historique n° 59 (carte 3).

Les vestiges d'un camp ont été découverts à proximité de l'emplacement actuel du campement (Torres et Aguayo, 1993). Si l'on en croit le script sur les articles découverts sur place, le camp serait d'origine russe et daterait des années 1940-50 encore qu'il faille en déterminer les dates exactes. Au nombre des articles découverts figurent des parties d'une antenne, des fils électriques, des outils, des bottes, des clous, des piles, des aliments en conserve et une boîte en bois couverte d'une pyramide de pierres. Plusieurs notes en russe, qui datent de visites ultérieures, ont été découvertes dans cette boîte.

En janvier 1985, on a découvert à la plage Yamana (Torres 1992) un crâne qui serait celui d'une jeune femme (Constantinescu et Torres 1995). En janvier 1987, on a découvert à la surface du sol tout près de cet endroit, à l'intérieur de terres, un fragment de fémur. Après un examen minutieux des lieux, aucun autre reste n'a été découvert à l'époque. En janvier 1991 cependant, une autre partie de fémur a été découvert à proximité du site de la découverte antérieure (1987). En janvier 1993, une étude archéologique a été réalisée dans la zone mais aucun reste humain additionnel n'a été découvert. Les premiers échantillons remonteraient selon les analyses de datation à quelque 175 ans, et on a supposé qu'ils appartenaient à un seul et même individu (Torres 1999).

Activités et impacts humains

L'époque moderne des activités humaines au cap Shirreff s'est dans une large mesure limitée à la science. Durant ces trente dernières années, la population d'otaries à fourrure de l'Antarctique dans les Shetland du Sud est passée à un niveau tel que les travaux de marquage et autres travaux de recherche ont pu être effectués sans mettre en péril l'existence et la croissance de la population locale. Les études chiliennes sur le cap Shirreff ont commencé en 1965 (Aguayo et Torres 1966, 1967), un programme plus intensif ayant été entrepris en 1982 par des scientifiques chiliens, y compris un programme en cours de marquage des otaries à fourrure de l'Antarctique (Cattan *et al.* 1982 ; Torres, 1984 ; Oliva *et al.* 1987). Des chercheurs américains se livrent depuis 1986-87 à des études sur les pinnipèdes et les oiseaux au cap Shirreff et à l'île San Telmo (Bengtson *et al.* 1990).

Les études du programme de contrôle de l'écosystème au cap Shirreff ont commencé au milieu des années 80, lancées qu'elles ont été par des scientifiques chiliens et américains. Le cap Shirreff a été désigné en 1994 comme un site de ce programme afin de le protéger des dommages ou des perturbations qui risqueraient d'avoir des effets négatifs à long terme sur le suivi dudit programme. Dans le cadre du programme de contrôle de l'écosystème de la CCAMLR, des études de long terme ont pour but d'évaluer et de surveiller l'écologie d'alimentation, la croissance et l'état, le succès en matière de reproduction, le comportement, les taux démographiques et l'abondance des pinnipèdes et des oiseaux de mer qui se reproduisent dans la zone. Les résultats de ces études seront évalués en fonction des données environnementales, des données d'échantillonnage offshore et des données statistiques sur la pêche en vue d'identifier la possible relation de cause à effet entre les pêcheries de krill et les populations de pinnipèdes et d'oiseaux de mer.

Des anticorps de *Brucella* et d'herpès virus ont été détectés dans des spécimens de tissu prélevés durant les saisons estivales 1998-2001 au cap Shirreff sur des otaries à fourrure de l'Antarctique et des anticorps de *Brucella* ont également été détectés dans des tissus de phoques de Weddell (Blank *et al*, 1999 ; Blank *et al*., 2001a et b). Des études sur la mortalité de bébés d'otaries à fourrure imputable à des maladies ont commencé durant la campagne antarctique 2003-2004 (Torres et Valdenegro, 2004). La bactérie entérophathogène *Escherichia coli* (EPEC) a été identifiée dans des frottis prélevés sur des otaries à fourrure du cap Shirreff, et deux des 33 bébés échantillonnés ont testé positif pour ce pathogène. Ces résultats représentent les premiers cas d'EPEC relevés dans la faune antarctique et chez les pinnipèdes, et l'on ignore encore les effets que pourraient avoir ce pathogène sur la faune de l'Antarctique. (Hernandez *et al*. 2007).

Des déchets en plastique ont été pour la première fois signalés au cap Shirreff par Torres et Gajardo (1985) tandis que des études de surveillance des débris marins ont été faites à intervalles réguliers depuis 1992 (Torres et Jorquera 1995). Le problème des débris persiste sur ce site, et les chercheurs chiliens ont jusqu'à maintenant évacué plus de 1,5 tonne de matériel ramassé dans la zone (D. Torres, A. Aquayo and J. Acevedo, communication personnelle, 2010). De récentes études ont fait état de la présence dans la zone d'un grand nombre d'articles, la plupart en plastique, mais aussi de déchets végétaux provenant de navires, de tambours à huile en métal, de cartouches de fusil et d'une antenne trouvés sur la plage. C'est ainsi par exemple qu'ont été ramassés pendant la campagne 2000-2001 quelque 1 774 articles pour un poids total de 124,5 kg dont près de 98 % étaient des articles en matière plastique et le reste des articles en verre, en métal et en papier. Ces quantités sont comparables à celles de la campagne 1996-1997 (Torres *et al*. 1997). Il est intéressant de noter que 34 % des objets en matière plastique trouvés en 2000-2001 étaient des sangles d'emballage pour un total d'environ 589 dont 40 n'avaient pas été coupées et 48 avaient été nouées sous la forme d'une boucle en violation de la mesure de conservation 63/XV de la CCAMLR et de l'annexe IV du Protocole de Madrid. Plusieurs des articles trouvés étaient huilés et quelques articles en matière plastique étaient partiellement brûlés. L'enchevêtrement d'otaries à fourrure dans des débris marins a fréquemment été signalé au cap Shirreff (Torres 1990 ; Hucke-Gaete *et al*. 1997c; Goebel *et al*. 2008, 2009)), principalement dans du matériel de pêche tel que des cordes en nylon, des fragments de filet de pêche et des sangles d'emballage. Entre 1987 et 1997, un total de 20 otaries à fourrure de l'Antarctique portant des colliers de débris ont été recensées. On a également trouvé des fibres en matière plastique dans des nids de goélands dominicains et de manchots à jugulaire (Torres et Jorquera 1992) ainsi que dans ceux de chionis (Torres et Jorquera 1994).

Les eaux baignant le cap Shirreff représentent une zone importante pour la pêche commerciale du krill. Il n'existe pas encore de données disponibles sur l'effort de pêche spécifiques au cap Shirreff, mais il existe des statistiques de pêche publiées pour la sous-zone statistique 48.1 de la CCAMLR, dont fait partie la zone. En 2008-09, 33 970 tonnes de krill antarctique (*Euphausia superba*) ont été pêchées dans la sous-zone 48.1, comparé à une moyenne annuelle de 32 993 tonnes durant la période allant de 1999-00 à 2008-09 (CCAMLE 2010). Le 10 octobre 2010, la pêcherie de krill de la sous-zone 48.1 fut fermée pour le reste de la saison de pêche 2009-10 (1er décembre 2009-30 novembre 2010), parce que le niveau des captures avait atteint 99,9% de la limite annuelle établie pour la sous-zone (155 000 tonnes). Les nations pêcheuses de krill récemment enregistrées dans la sous-zone comprennent le Japon, la Corée, la Norvège, la Pologne, l'Ukraine, l'Uruguay, les États-Unis d'Amérique et le Vanuatu. La pêche du krill a généralement lieu de décembre à août, les niveaux de captures les plus élevés étant normalement entre mars et mai. Le niveau de capture des autres espèces a été bien plus faible, notamment pour *Champsocephalus gunnari*, *Champsocephalus gunnari*, *Nototheniops nybelini*, *Notothenia coriiceps*, *Notolepis* spp, *Notothenia gibberifrons*, *Notothenia neglecta*, *Notothenia rossii*, *Pseudochaenichthys georgianus* et *Chaenocephalus aceratus* (CCAMLR 2010).

6(ii) Accès à la zone

L'accès à la zone peut se faire au moyen d'une petite embarcation, d'un aéronef, d'un véhicule sur la glace de mer ou à pied. Historiquement, le cycle saisonnier de formation de glace de mer dans la zone des îles Shetland Sud commence au début du mois d'avril, et la glace de mer persiste jusqu'au début du mois de décembre, quoique plus récemment les îles Shetland du Sud restent parfois libres de glace toute l'année en raison du réchauffement régional.

Des restrictions à l'accès des aéronefs s'appliquent du 1er novembre au 31 mars inclus. Pendant cette période, les hélicoptères peuvent atterrir à l'un des deux sites désignés (carte 2), mais l'aire A est le site de débarquement préféré pour la plupart des activités. L'aire d'atterrissage A se situe à environ 150 m au nord-ouest du sommet de la colline Condor sur la façade est de la péninsule (62°46'27" de latitude sud, 60°28'17" de longitude ouest). L'aire d'atterrissage B se situe dans une vaste aire plate du col Ancho, à environ 300 m à l'est de la colline Selknam (62°46'48" de latitude sud, 60°28'16" de longitude ouest). Dans la mesure du possible, l'accès à la zone doit se faire par l'aire d'accès, et la trajectoire d'approche se fait du sud au-dessus de la calotte de glace de l'île Livingston. L'accès par aéronef est interdit à la zone à accès limité, à moins qu'un permis l'autorise. La zone à accès limité se situe au nord du 62°28' de latitude sud (carte 2), ou au nord du 62°29' de latitude sud et à l'ouest du 60°48' de longitude ouest et doit sa désignation à ce qu'on y trouve la concentration de faune et de flore sauvage la plus importante de la zone. En raison de la présence de la faune, il est vivement recommandé aux aéronefs de se maintenir à une distance horizontale aussi bien que verticale de 2000 pieds (~610 m) de la limite de démarcation de la zone protégée, à moins qu'ils n'accèdent aux aires d'atterrissage désignées ou qu'un permis l'autorise.

Lorsque l'accès à la zone se fait par la mer, les petites embarcations doivent mouiller à l'un des endroits suivants : la côte orientale de la péninsule sur la plage El Módulo, où un profond canal rend l'accès plus ou moins facile ; l'extrémité nord de Half Moon Beach ; l'extrémité nord de la plage Yamana, sur la côte occidentale (à marée haute uniquement) ou, l'extrémité sud de la plage nord sur l'île San Telmo. L'accès en petite embarcation à d'autres endroits sur la côte est autorisé sous réserve qu'il soit conforme aux objectifs pour lesquels un permis a été délivré, et les visiteurs doivent, dans la mesure du possible, éviter de débarquer là où se trouvent des colonies. Deux postes de mouillage ont été identifiés à proximité de la zone, le premier à 1 600 m au nord-est des principales installations de campement et le second à environ 800 m au nord de l'île San Telmo. L'état de la mer est généralement entre 1 et 4 m, diminuant en direction de la côte et sous le vent du cap Shirreff (Warren *et al.* 2006, 2007).

Dans la mesure où les conditions de la glace de mer le permettent, l'accès à la zone doit se faire à pied ou au moyen d'un véhicule. Les véhicules peuvent être utilisés à terre uniquement dans la zone côtière entre la plage El Módulo et les installations de campement américaines et chiliennes. Les personnes pénétrant dans la zone doivent rester dans la zone immédiate de leur aire d'atterrissage, à moins qu'un permis l'autorise.

6(iii) Aires à accès limité et aires gérées à l'intérieur de la zone

Une zone dans le nord et l'ouest de la zone protégée a été désignée comme aire à accès limité, en raison de la grande concentration de faune et de flore sauvage qu'on y trouve. Les restrictions d'accès s'appliquent uniquement à l'accès par aéronef et interdisent les survols à moins de 2000 pieds (~610m), à moins qu'un permis l'autorise spécifiquement. L'aire à accès limité est définie comme la zone au nord du 62°28' de latitude sud (carte 2), et au nord du 62°29' de latitude sud et à l'ouest de 60°48' de latitude ouest.

Une aire d'accès à la zone par hélicoptère a été retenue qui s'applique aux aéronefs accédant aux sites d'atterrissage désignés à l'intérieur de la zone. Cette aire d'accès s'étend vers le nord de la calotte glaciaire de l'île Livingston suivant la principale ligne de crête de la péninsule sur 1 200 m vers la colline Selknam. L'aire d'accès à la zone par hélicoptère s'étend ensuite à l'est sur 300 m (~0.15 Mn) jusqu'à l'aire d'atterrissage B au col d'Ancho et se prolonge encore sur 400 m (~0.23 Nm) à l'est jusqu'au sommet de la colline Condor, à proximité de l'aire d'atterrissage. La limite sud de l'aire d'accès à la zone par hélicoptère coïncide avec la ligne de démarcation sud de la zone.

6(iv) Structures à l'intérieur et à proximité de la zone

Un camp de recherche semi-permanent mais ouvert l'été seulement a été installé sur la côte est de la péninsule du cap Shirreff ; il se trouve au pied de la colline Condor (62°28'12" de latitude sud, 60°46'17" de longitude ouest) (carte 3). Les bâtiments du camp demeurent sur place toute l'année. En 2010, le camp appelé « Cape Shirreff Field Station » (Etats-Unis d'Amérique).se composait de quatre petites construction et de latrines. Le camp « Dr Guillermo Mann-Fischer » (Chili) est situé à environ 50 m de la station américaine et comprend une cabine principale, un laboratoire, une construction pour le stockage, un igloo en fibre de verre, des latrines et une génératrice éolienne (Goebel, communication personnelle 2010, D. Torres, A. Aquayo and J. Acevedo, communication personnelle 2010)). L'igloo en fibre de verre chilien a été installé à l'origine en 1990-1991 tandis que le camp américain l'a été en 1996-1997. On y trouve également des aires de stockage. De plus, des tentes sont, selon que de besoin, érigées chaque saison à proximité. Durant la saison 2009-10, un hangar pour les véhicules tous terrains (VTT) a été construit dans le camp américain, servant de conteneur d'appoint pendant l'été et d'entreposage d'hiver pour les VTT. Le site a été choisi de sorte qu'il soit contenu dans le tracé actuel de la station, évitant ainsi la perturbation des mouvements de phoques. Une structure de toile « Weatherport » est entreposée au cap Shirreff pouvant servir d'hébergement aux chercheurs visitant la zone ; elle est dressée selon que de besoin à moins de 10 m au sud de la station américaine.

Deux postes d'observation météorologique automatiques sont installés à l'extérieur des bâtiments du cap Shirreff. Une station de réception pour le suivi télémétrique des phoques se trouve dans une boîte (90x60x100cm) située sur une petite crête au sud-est de la baie Mansa.

Une borne de marquage est située sur la plage El Módulo, près des stations chilienne et américaine. La borne indique que la zone est protégée et qu'elle est interdite d'accès. Durant la saison 2009-10, la borne était dégradée par les intempéries mais lisible (Goebel, communication personnelle 2010).Les lignes de démarcation de la zone ne sont pas marquées par ailleurs.

Les vestiges d'un camp, vraisemblablement d'origine russe, sont présents près des camps chilien et américain. On peut trouver dans d'autres parties de la péninsule quelques traces des camps qu'avaient installé au XIXe siècle des chasseurs de phoque (Smith et Simpson 1987 ; Torres 1993 ; Stehberg et Lucero 1996). Un cairn (monument historique n° 59) a été érigé au sommet de la colline Gaviota sur la côte nord-ouest afin de commémorer la perte en 1819 des passagers du *San Telmo* (carte 3). En 1998-1999, un point d'observation ornithologique / refuge d'urgence de 5 x 7 m (62°27'41" de latitude sud, 60°47'28" de longitude ouest) a été installé par des scientifiques américains sur les pentes nord de la colline Enrique au-dessus de la plage Bahamonde, à proximité des colonies de manchots (carte 3).

6(v)   Emplacement d'autres zones protégées à proximité directe de la zone

Les zones protégées les plus proches du cap Shirreff sont la péninsule Byers (ZSPA n° 126), qui se trouve à environ 20 km au sud-ouest, port Foster (ZSPA n° 145, île Déception) et d'autres parties de l'île Déception (ZSPA n° 140), qui sont situées à quelque 30 km au sud, et la baie du Chili (baie Discovery) (ZSPA n° 144), qui elle se trouve à environ 30 km à l'est à l'île Greenwich (carte 1).

7.   Critères de délivrance des permis

L'accès à la zone est interdit sauf si un permis a été délivré par une autorité nationale compétente. Les critères de délivrance d'un permis pour entrer dans la zone sont les suivants :
- un permis est délivré uniquement pour une étude scientifique associée au Programme de contrôle de l'écosystème ou pour des raisons scientifiques, éducatives, archéologiques ou historiques impérieuses qu'il n'est pas possible de satisfaire ailleurs, ou
- un permis est délivré pour des buts de gestion essentiels qui sont conformes aux objectifs du plan telles que des activités d'inspection, d'entretien ou de révision ;
- les actions autorisées ne porteront pas atteinte aux valeurs écologiques, scientifiques, éducatives, archéologiques ou historiques de la zone ;
- toutes les activités de gestion visent la réalisation des buts et objectifs du plan de gestion.Les actions autorisées sont conformes au plan de gestion ;
- la détention du permis ou d'une copie certifiée conforme est impérative dans la zone ;

- un rapport de visite devra être soumis à l'autorité nommée dans le permis ;
- tout permis sera délivré pour une durée donnée. sur la plage El Módulo.

7(i) Accès à la zone et déplacements à l'intérieur de la zone

L'accès à la zone sera autorisé au moyen d'une petite embarcation, par hélicoptère, à pied ou avec un véhicule.

Accès par embarcation

L'accès à la zone au moyen d'une petite embarcation doit se faire à l'un des endroits suivants (carte 2) :

1. La côte orientale de la péninsule sur la plage El Módulo, à 300 m au nord des installations du camp où profond canal rend l'accès plus ou moins facile ;

2. L'extrémité nord de Half Moon Beach, sur la côte orientale de la péninsule ;

3. L'extrémité nord de la plage Yamana, sur la côte occidentale (à marée haute uniquement) ; et

4. L'extrémité sud de la plage nord sur l'île San Telmo.

L'accès en petite embarcation à d'autres endroits sur la côte est autorisé sous réserve qu'il soit conforme aux objectifs pour lesquels un permis a été délivré. Deux postes de mouillage ont été identifiés à proximité de la zone, le premier à 1 600 m au nord-est des principales installations de campement et le second à environ 800 m au nord de l'île San Telmo. Les visiteurs doivent, dans la mesure du possible, éviter de débarquer là où se trouvent sur la côte ou à proximité d'elle des colonies de pinnipèdes ou d'oiseaux de mer.

Accès en aéronef et survol

En raison de la présence de toutes parts pendant la saison de reproduction (1er novembre - 31 mars) de pinnipèdes et d'oiseaux de mer dans la péninsule du cap Shirreff, il est vivement déconseillé d'accéder à la zone en aéronef. Dans la mesure du possible et de préférence, l'accès doit se faire au moyen d'une petite embarcation. Toutes les restrictions imposées à l'accès en aéronef et au survol de la zone que renferme ce plan s'appliqueront durant la période qui va du 1er novembre au 31 mars inclus, lorsque le mouvement et l'atterrissage d'aéronefs dans la zone sont autorisés sous réserve que les conditions suivantes soient strictement réunies :

1) Il est recommandé que les aéronefs se maintiennent à une distance horizontale aussi bien que verticale de 2000 pieds (~610 m) de la limite de démarcation de la zone protégée (carte 2), à moins qu'ils n'accèdent aux aires d'atterrissage désignées ou qu'un permis l'autorise ;

2) Tous les survols de la zone à accès limité sont interdits à moins de 2000 pieds, à moins qu'un permis l'autorise. La zone à accès limité est définie comme étant la zone située au nord du 62°28' de latitude sud (carte 2) ou au nord du 62°29' latitude sud et à l'ouest de 60°48' de longitude ouest (carte 2), et comprend les aires où l'on trouve les plus grandes concentrations de faune et de flore sauvages ;

3) L'atterrissage d'hélicoptères est autorisé à deux endroits spécifiques (carte 2). Les aires d'atterrissage et leurs coordonnées sont décrites ci-dessous :

   (A) sur une petite aire plate, à environ 150 m au nord-ouest du sommet de la colline Condor (50 m, ou ~150 pieds) (62°46'27"de latitude sud, 60°28'17" de longitude ouest), qui est le site de débarquement préféré pour la plupart des activités ; et

   (B) sur la vaste aire plate du col Ancho (25 m), située entre la colline Condor et la colline Selknam Hill (62°46'48"de latitude sud, 60°28'16" de longitude ouest).

4) Les aéronefs accédant à la zone le feront par l'aire d'accès à la zone par hélicoptère dans toute la mesure du possible. L'aire d'accès permet d'approcher du sud au-dessus de la calotte de glace

permanente de l'île Livingston, et s'étend le long de la principale ligne de crête de la péninsule sur 1 200 m (~ 0.65 Nm) vers la colline Selknam (altitude = 50 m, or ~150 pieds). L'aire d'accès par hélicoptère continue ensuite à l'est sur 300 m (~ 0.15 Nm) au col d'Ancho, où se situe l'aire d'atterrissage B, et sur 400 m (~0.23 Nm) de plus à l'est jusqu'au sommet de la colline Condor (altitude = 50 m, or ~150 pieds), près de l'aire d'atterrissage A. Les aéronefs doivent éviter de survoler les aires où se trouvent la cabane et la plage du côté est de la colline Condor.

5. Les approches à l'aire d'accès privilégiées sont celles du sud au-dessus de la calotte de glace permanente de l'île Livingston, du sud-ouest en venant de la baie Barclay, et du sud-est en venant de la baie Hero (cartes 1 et 2).

6. Il arrive fréquemment que le temps soit nuageux avec un plafond bas au cap Shirreff, en particulier dans les environs de la calotte de glace permanente, qui peut rendre difficile l'évaluation des conditions de neige/glace à terre depuis le aéronef. Le personnel sur le terrain qui est chargé s'il y a lieu d'informer les pilotes des conditions météorologiques locales avant l'approche doit ne jamais oublier que la base de nuage minimale de 150 m au-dessus du niveau moyen de la mer dans la zone d'approche de l'île Livingston est nécessaire pour que les lignes directrices régissant l'accès puissent être suivies ; et

7) L'utilisation de grenades fumigènes pour déterminer la direction des vents est interdite dans la zone sauf pour des raisons impérieuses de sécurité et toutes les grenades utilisées doivent être récupérées.

Accès en véhicule et utilisation de véhicules dans la zone

L'accès en véhicule à terre est autorisé jusqu'aux lignes de démarcation de la zone. L'accès en véhicule sur la glace de mer est autorisé jusqu'au littoral à l'intérieur de la zone. Les véhicules peuvent être utilisés à terre uniquement dans la zone côtière entre la plage El Módulo et les installations de campement américaines et chiliennes (carte 3). Il est interdit d'utiliser des véhicules ailleurs dans la zone.

Accès à pied et déplacements dans la zone

A l'exception de l'utilisation limitée de véhicules décrite ci-dessus, les déplacements à terre dans la zone se feront à pied. Il est interdit aux pilotes, aux membres d'équipage des aéronefs, des embarcations ou des véhicules ainsi qu'à quiconque se trouve dans ces aéronefs, embarcations et véhicules de se déplacer à pied en dehors des environs immédiats de leurs sites de débarquement ou des cabanes sauf autorisation contraire prévue par le permis. Les visiteurs doivent se déplacer avec le plus grand soin afin de minimiser les perturbations de la flore, de la faune et des sols. Ils doivent, dans la mesure du possible, rester sur les sections enneigées ou rocheuses tout en veillant à ne pas endommager les lichens. Les déplacements à pied doivent être réduits au maximum en fonction des objectifs de toute activité autorisée et tout doit être mis en œuvre pour en minimiser les effets.

7(ii) Activités qui sont ou peuvent être menées dans la zone, y compris les restrictions à la durée et à l'endroit

- Travaux de recherche scientifique qui ne portent pas atteinte aux valeurs scientifiques, en particulier à celles qui sont associées au programme de contrôle de l'écosystème de la CCAMLR ;

- Activités de gestion essentielles, y compris la surveillance ;

- Activités ayant des buts éducatifs (telles que le reportage documentaire (photographique, audio ou écrit) ou la production de matériel ou de services éducatifs) auxquels il n'est pas possible de répondre ailleurs ;

- Activités ayant pour but la préservation ou la protection des ressources historiques existant dans la zone ;

- Recherches archéologiques qui ne menacent pas les valeurs de la zone.

7(iii) Installation, modification ou enlèvement de structures

- Aucune structure ne peut être installée dans la zone sauf autorisation stipulée dans le permis ;

- Les principales installations de campement sont limitées à l'aire qui se trouve dans un rayon de 200 m des camps chilien et américain existants (carte 3). De petits abris ou postes d'observation temporaires peuvent être construits en vue de faciliter l'étude scientifique de la faune ;

- Toutes les structures ainsi que tout le matériel scientifique et les balises installés dans la zone devront être autorisés par un permis et identifier clairement le pays, le nom du chercheur responsable de l'équipe de recherche et l'année de l'installation. Tout l'équipement doit être fabriqué avec des matériaux qui posent un risque minimum de perturbation de la faune et de pollution de la zone.

- Toute activité liée à l'installation (y compris le choix du site), à l'entretien, à la modification ou à l'enlèvement de structures sera menée à bien de manière à minimiser les perturbations de la faune et de la flore ; à cet égard, il est recommandé d'éviter autant que faire se peut la principale saison de reproduction (1er novembre - 31 mars).

- L'enlèvement de structures, de matériels, de postes d'observation ou de balises pour lesquels le permis est arrivé à expiration sera la responsabilité de l'autorité ayant délivré le permis original, et sera l'une des conditions de la délivrance de ce permis.

7(iv) Emplacement des camps

Les campements sont autorisés dans un rayon de 200 m des installations des camps chiliens et américains, sur la côte nord de la péninsule du cap Shirreff (carte 3). Les campements temporaires sont permis à l'extrémité nord de la plage Yamana pour pourvoir aux besoins des travaux sur le terrain sur les îles San Telmo (carte 3). La cabane américaine d'observation des oiseaux sur les pentes nord de la colline Enrique (62°27'41"de latitude sud, 60°47'28" de longitude ouest) peut être utilisée comme abri de nuit temporaire à des fins de recherche mais il ne doit pas être utilisé comme un camp semi-permanent. Les campements sont autorisés sur l'île San Telmo lorsque cela s'avère nécessaire pour répondre aux buts et objectifs du plan. L'endroit à privilégier pour installer un camp se trouve à l'extrémité sud de la plage nord de l'île. Les campements sont interdits ailleurs dans la zone.

7(v) Restrictions sur les matériaux et organismes pouvant être introduits dans la zone

- L'introduction délibérée d'animaux, de végétaux, de micro-organismes ou de sols est interdite et les précautions visées ci-dessous seront prises en cas d'introductions accidentelles.

- Les visiteurs devront prendre des précautions spéciales contre toute introduction afin de préserver les valeurs écologiques et scientifiques du cap Shirreff et de l'île San Telmo. Les introductions particulièrement préoccupantes sont celles concernant les agents pathogènes, les microbes, les invertébrés ou les plantes issus d'autres sites antarctiques, y compris de stations, ou provenant d'autres régions hors de l'Antarctique. Les visiteurs devront veiller à ce que tout le matériel d'échantillonnage et de balisage introduit dans la zone soit propre. Les chaussures et autres équipements à utiliser dans la zone (sacs à dos, sacs à provision et tentes) devront aussi, dans toute la mesure du possible, être soigneusement nettoyés avant de pénétrer dans la zone.

- La volaille préparée doit être libre de maladies ou d'infections avant d'être expédiée dans la zone et, si elle y est introduite à des fins alimentaires, toutes ses parties et tous ses déchets seront enlevés dans leur intégralité et incinérés ou bouillis suffisamment longtemps pour éliminer toutes les bactéries ou tous les virus potentiellement infectieux.

- Aucun herbicide ni pesticide ne doit être introduit dans la zone.

- Tout autre produit chimique, y compris les radionucléides ou isotopes stables, susceptibles d'être introduits à des fins scientifiques ou de gestion en vertu du permis, seront retirés de la zone au plus tard dès que prendront fin les activités prévues par le permis.

- Aucun combustible, produit alimentaire, ou autre matériel ne sera entreposé dans la zone à moins d'être essentiel aux activités prévues par le permis. Tous les matériaux seront introduits dans la zone pour une période déterminée. Ils seront retirés de ladite zone au plus tard à la fin de cette période, puis ils seront gérés et entreposés de manière à minimiser les risques pour l'environnement.

- En cas de déversement susceptible de porter préjudice aux valeurs de la zone, les matériaux seront retirés dans la mesure où ce retrait n'entraînera pas de conséquences plus graves que de les laisser *in situ*.

7(vi) Prélèvement de végétaux et capture d'animaux ou perturbations nuisibles à la faune et la flore

Toute capture ou perturbation nuisible à la faune et la flore est interdite sauf avec un permis distinct délivré conformément à l'article 3 de l'annexe II du Protocole par l'autorité nationale compétente à cette fin spécifiquement... Les programmes de recherche du Programme de contrôle de l'écosystème en cours dans la zone doivent être consultés avant que d'autres permis pour la capture ou la perturbation nuisible d'animaux ne soient délivrés.

7(vii) Ramassage ou enlèvement de toute chose qui n'a pas été apportée dans la zone par le détenteur du permis

- La collecte ou l'enlèvement d'objets et de matériels de la zone par le détenteur du permis ne peut se faire qu'en conformité avec le permis, mais il doit se limiter au minimum requis pour les activités menées à des fins scientifiques ou de gestion.

- Tout matériau d'origine humaine qui est susceptible d'avoir un impact sur les valeurs de la zone et n'a pas été introduit par le titulaire du permis ou toute autre personne autorisée, et qui n'a pas de valeur historique, doit être enlevé dans la mesure où cet enlèvement n'entraînera pas de conséquences plus graves que de le laisser *in situ*. Dans ce cas, les autorités compétentes devront en être informées.

- Tout matériau susceptible d'avoir des valeurs archéologiques, historiques ou d'héritage importantes ne devra pas être perturbé, endommagé, enlevé ou détruit. Ces objets devront être catalogués et soumis à une décision par l'autorité compétente quant à leur conservation ou leur transfert. La relocation ou le transfert d'objets afin qu'ils soient préservés, protégés ou pour faire des vérifications historiques sont des activités qui doivent être autorisées par un permis ;

- L'autorité nationale compétente devra être notifiée de l'enlèvement de toute chose qui n'a pas été apportée dans la zone par le détenteur du permis.

7(viii) Elimination des déchets

Tous les déchets seront retirés de la zone, à l'exception des déchets humains et des effluents domestiques liquides qui peuvent être enlevés de la zone ou déversés dans la mer.

7(ix) Mesures nécessaires pour faire en sorte que les buts et objectifs du plan de gestion continuent à être atteints

1) Des permis peuvent être délivrés pour entrer dans la zone afin d'y réaliser des activités de suivi de l'évolution biologique et d'inspection du site pouvant impliquer le prélèvement de petits échantillons à des fins d'analyse, de révision ou de protection.

2) Tous les sites spécifiques dont la surveillance sera de longue durée seront correctement balisés.

3) Pour éviter toute interférence avec les travaux de recherche et de surveillance ou tout double emploi éventuel, les personnes qui ont l'intention d'entreprendre de nouveaux projets dans la zone doivent,

avant d'entamer les travaux, consulter les responsables de programmes en cours d'exécution au cap Shirreff comme ceux du Chili et des Etats-Unis d'Amérique.

4) Etant donné que l'échantillonnage géologique a un impact à la fois permanent et cumulatif, les visiteurs qui enlèvent des échantillons géologiques de la zone doivent remplir un formulaire décrivant le type géologique, la quantité et l'emplacement des échantillons pris, qui devra au minimum être déposé auprès de leur Centre national de données antarctiques ou du Répertoire maître de l'Antarctique.

7(x) Rapports de visite

- Les Parties doivent s'assurer que le principal détenteur de chaque permis délivré soumet aux autorités compétentes un rapport décrivant les activités menées dans la zone. Ces rapports doivent, le cas échéant, inclure les informations identifiées dans le Guide pour l'élaboration des plans de gestion des zones spécialement protégées de l'Antarctique.

- Les Parties doivent conserver une archive de ces activités et, lors de l'échange annuel d'informations, fournir une description synoptique des activités menées par les personnes relevant de leur juridiction, avec suffisamment de détails pour permettre une évaluation de l'efficacité du plan de gestion. Les Parties doivent, dans la mesure du possible, déposer les originaux ou les copies de ces rapports dans une archive à laquelle le public pourra avoir accès, et ce, afin de conserver une archive d'usage qui sera utilisée et dans l'examen du plan de gestion et dans l'organisation de l'utilisation scientifique de la zone.

- L'autorité compétente doit être informée de toutes les activités ou mesures entreprises, et / ou des matériaux rejetés et non-enlevés, qui n'avaient pas été prévus par le permis.

Bibliographie

Acevedo, J., Vallejos, V., Vargas, R., Torres, J.P. & Torres, D. 2002. Informe científico. ECA XXXVIII (2001/2002). Proyecto INACH 018 "Estuios ecológicos sobre el lobo fino antásrtico, Arctocephalus gazella", cabo Shirreff, isla Livingston, Shetland del Sur, Antártica. Ministerio de Relaciones Exteriores, Instituto Antártico Chileno. N° Ingreso 642/710, 11.ABR.2002.

Acevedo, J., Aguayo-Lobo, A. & Torres, D. 2009a. Albino Weddell seal at Cape ShirreV, Livingston Island, Antarctica. *Polar Biology* **32** (8):1239–43.

Acevedo, J., Aguayo-Lobo, A. & Torres, D. 2009b. Rare piebald and partially leucistic Antarctic fur seals, Arctocephalus gazella, at Cape Shirreff, Livingston Island, Antarctica. *Polar Biology* **32** (1): 41–45.

Agnew, A.J. 1997. Review: the CCAMLR Ecosystem Monitoring Programme. *Antarctic Science* **9** (3): 235-242.

Aguayo, A. 1978. The present status of the Antarctic fur seal *Arctocephalus gazella* at the South Shetland Islands. *Polar Record* **19**: 167-176.

Aguayo, A. & Torres, D. 1966. A first census of Pinnipedia in the South Shetland Islands and other observations on marine mammals. In: SCAR / SCOR / IAPO / IUBS Symposium on Antarctic Oceanography, Santiago, Chile, 13-16 September 1966, Section 4: Coastal Waters: 166-168.

Aguayo, A. & Torres, D. 1967. Observaciones sobre mamiferos marinos durante la Vigésima Comisión Antártica Chilena. Primer censo de pinípedos en las Islas Shetland del Sur. Revta. Biol. Mar., **13**(1): 1-57.

Aguayo, A. & Torres, D. 1993. Análisis de los censos de *Arctocephalus gazella* efectuados en el Sitio de Especial Interés Científico No. 32, isla Livingston, Antártica. *Serie Científica Instituto Antártico Chileno* **43**: 87-91.

AMLR 2008. AMLR 2007-2008 field season report. Objectives, Accomplishments and Tentative Conclusions. Southwest Fisheries Science Center Antarctic Ecosystem Research Group. October 2008.

AMLR 2009. AMLR 2008-2009 field season report. Objectives, Accomplishments and Tentative Conclusions. Southwest Fisheries Science Center Antarctic Ecosystem Research Group. May 2009.

Antolos, M.,Miller, A.K. & Trivelpiece, W.Z. 2004. Seabird research at Cape Shirreff, Livingston Island, Antarctica 2003-2004. In Lipsky, J. (ed) AMLR (Antarctic Marine Living Resources) 2003-2004 Field Season Report, Ch. 7. Antarctic Ecosystem Research Division, Southwest Fisheries Science Center, La Jolla, California.

Bengston, J.L., Ferm, L.M., Härkönen, T.J. & Stewart, B.S. 1990. Abundance of Antarctic fur seals in the South Shetland Islands, Antarctica, during the 1986/87 austral summer. In: Kerry, K. and Hempel, G. (Eds). *Antarctic Ecosystems, Proceedings of the Fifth SCAR Symposium on Antarctic Biology.* Springer-Verlag, Berlin: 265-270.

Blank, O., Retamal, P., Torres D. & Abalos, P. 1999. First record of *Brucella* spp. antibodies in *Arctocephalus gazella* and *Leptonychotes weddelli* from Cape Shirreff, Livingston Island, Antarctica. (SC-CAMLR-XVIII/BG/17.) *CCAMLR Scientific Abstracts* 5.

Blank, O., Retamal, P., Abalos P. & Torres, D. 2001a. Additional data on anti-*Brucella* antibodies in *Arctocephalus gazella* from Cape Shirreff, Livingston Island, Antarctica. *CCAMLR Science* **8**: 147-154.

Blank, O., Montt, J.M., Celedón M. & Torres, D. 2001b. Herpes virus antobodies in *Arctocephalus gazella* from Cape Shirreff, Livingston Island, Antarctica. WG-EMM- 01/59.

Bonner, W.N. & Smith, R.I.L. (Eds) 1985. *Conservation areas in the Antarctic.* SCAR, Cambridge: 59-63.

Carten, T.M., Taft, M., Trivelpiece W.Z. & Holt, R.S. 2001. Seabird research at Cape Shirreff, Livingston Island, Antarctica, 1999/2000. In Lipsky, J. (ed) AMLR (Antarctic Marine Living Resources) 1999-2000 Field Season Report, Ch. 7. Antarctic Ecosystem Research Division, Southwest Fisheries Science Center, La Jolla, California.

Cattan, P., Yánez, J., Torres, D., Gajardo, M. & Cárdenas, J. 1982. Censo, marcaje y estructura poblacional del lobo fino antártico *Arctocephalus gazella* (Peters, 1875) en las islas Shetland del Sur, Chile. *Serie Científica Instituto Antártico Chileno* **29**: 31-38.

CCAMLR 1997. Management plan for the protection of Cape Shirreff and the San Telmo Islands, South Shetland Islands, as a site included in the CCAMLR Ecosystem Monitoring Program. In: *Schedule of Conservation Measures in Force 1996/97*: 51-64.

CCAMLR 2010. *CCAMLR Statistical Bulletin* **22** (2000–2009). CCAMLR, Hobart, Australia.

Chisholm, S.E., Pietrzak, K.W., Miller, A.K. & Trivelpiece, W.Z. 2008. Seabird research at Cape Shirreff, Livingston Island, Antarctica 2007-2008. In Van Cise, A.M. (ed) AMLR (Antarctic Marine Living Resources) 2007-2008 Field Season Report, Ch. 5. Antarctic Ecosystem Research Division, Southwest Fisheries Science Center, La Jolla, California.

Constantinescu, F. & Torres, D. 1995. Análisis bioantropológico de un cráneo humano hallado en cabo Shirreff, isla Livingston, Antártica. Ser. Cient. INACH **45**: 89-99.

Cox, M.J., Demer, D.A., Warren, J.D., Cutter, G.R. & Brierley, A.S. 2009. Multibeam echosounder observations reveal interactions between Antarctic krill and air-breathing predators. *Marine Ecology Progress Series* **378**: 199–209.

Croxall, J.P. & Kirkwood, E.D. 1979. *The distribution of penguins on the Antarctic Peninsula and the islands of the Scotia Sea.* British Antarctic Survey, Cambridge.

Everett, K.R. 1971. Observations on the glacial history of Livingston Island. *Arctic* **24** (1): 41-50.

Fildes, R. 1821. A journal of a voyage from Liverpool towards New South Shetland on a sealing and sea elephant adventure kept on board Brig Robert of Liverpool, Robert Fildes, 13 August - 26 December 1821. MS 101/1, Scott Polar Research Institute, Cambridge.

Goebel, M.E., Rutishauser, M., Parker, B., Banks, A., Costa, D.P., Gales, N. & Holt, R.S. 2001a. Pinniped research at Cape Shirreff, Livingston Island, Antarctica, 1999/2000. In Lipsky, J. (ed) AMLR (Antarctic Marine Living Resources) 1999-2000 Field Season Report, Ch. 8. Antarctic Ecosystem Research Division, Southwest Fisheries Science Center, La Jolla, California.

Goebel, M.E., Parker, B., Banks, A., Costa, D.P., Pister, B. & Holt, R.S. 2001b. Pinniped research at Cape Shirreff, Livingston Island, Antarctica, 2000/2001. In Lipsky, J. (ed) AMLR (Antarctic Marine Living Resources) 2000-01 Field Season Report, Ch. 8. Antarctic Ecosystem Research Division, Southwest Fisheries Science Center, La Jolla, California.

Goebel, M.E., McDonald, B.I., Freeman, S., Haner, R., Spear, N. & Sexton, S. 2008. Pinniped Research at Cape Shirreff, Livingston Island, 2008/09. In AMLR 2007-2008 field season report. Objectives, Accomplishments and Tentative Conclusions. Southwest Fisheries Science Center Antarctic Ecosystem Research Group. La Jolla, California.

Goebel, M.E., Krause, D., Freeman, S., Burner, R., Bonin, C., Vasquez del Mercado, R., Van Cise, A.M. & Gafney, J. 2009. Pinniped Research at Cape Shirreff, Livingston Island, Antarctica, 2008/09. In AMLR 2008-2009 field season report. Objectives, Accomplishments and Tentative Conclusions. Southwest Fisheries Science Center Antarctic Ecosystem Research Group. La Jolla, California.

Garcia, M., Aguayo, A. & Torres, D. 1995. Aspectos conductuales de los machos de lobo fino antártico, *Arctocephalus gazella* en Cabo Shirreff, isla Livingston, Antártica, durante la fase de apareamiento. *Serie Científica Instituto Antártico Chileno* **45**: 101-112.

Harris, C.M. 2001. Revision of management plans for Antarctic protected areas originally proposed by the United States of America and the United Kingdom: Field visit report. Internal report for the National Science Foundation, US, and the Foreign and Commonwealth Office, UK. *Environmental Research & Assessment*, Cambridge.

Headland, R. 1989. *Chronological list of Antarctic expeditions and related historical events.* Cambridge University Press, Cambridge.

Heap, J. (ed) 1994. *Handbook of the Antarctic Treaty System.* 8th Edn. U.S. Department of State, Washington.

Hobbs, G.J. 1968. The geology of the South Shetland Islands. IV. The geology of Livingston Island. *British Antarctic Survey Scientific Reports* **47**.

Henadez, J., Prado, V., Torres, D., Waldenström, J., Haemig, P.D. & Olsen, B. 2007. Enteropathogenic *Escherichia coli* (EPEC) in Antarctic fur seals *Arctocephalus gazella*. *Polar Biology* **30** (10):1227–29.

Hewitt, R.P., Kim, S., Naganobu, M., Gutierrez, M., Kang, D., Taka, Y., Quinones, J., Lee Y.-H., Shin, H.-C., Kawaguchi, S., Emery, J.H., Demer, D.A. & Loeb, V.J. 2004. Variation in the biomass density and demography of Antarctic krill in the vicinity ofthe South Shetland Islands during the 1999/2000 austral summer. *Deep-Sea Research* II **51** 1411–1419.

Hinke, J.T., Salwicka, K., Trivelpiece, S.G., Watters, S.G., & Trivelpiece, W.Z. 2007. Divergent responses of *Pygoscelis* penguins reveal a common environmental driver. *Oecologia* **153**:845–855.

Hucke-Gaete, R., Acevedo, J., Osman, L., Vargas, R., Blank, O. & Torres, D. 2001. Informe científico. ECA XXXVII (2000/2001). Proyecto 018 "Estudios ecológicos sobre el lobo fino antártico, Arctocephalus gazella", cabo Shirreff, isla Livingston, Shetland del Sur, Antártica.

Hucke-Gaete, R., Torres, D., Aguayo, A. & Vallejos, V. 1998. Decline of Arctocephalus gazella population at SSSI No. 32, South Shetlands, Antarctica (1997/98 season): a discussion of possible causes. WG-EMM-98/17. August 1998. Kochin. 10: 16–19

Hucke-Gaete, R, Torres, D. & Vallejos, V. 1997a. Population size and distribution of *Pygoscelis antarctica* and *P. papua* at Cape Shirreff, Livingston Island, Antarctica (1996/97 Season). CCAMLR WG-EMM-97/62.

Hucke-Gaete, R, Torres, D., Vallejos, V. & Aguayo, A. 1997b. Population size and distribution of *Arctocephalus gazella* at SSSI No. 32, Livingston Island, Antarctica (1996/97 Season). CCAMLR WG-EMM-97/62.

Hucke-Gaete, R, Torres, D. & Vallejos, V. 1997c. Entanglement of Antarctic fur seals, *Arctocephalus gazella*, by marine debris at Cape Shirreff and San Telmo Islets, Livingston Island, Antarctica:1998-1997. *Serie Científica Instituto Antártico Chileno* **47**: 123-135.

Hucke-Gaete, R., Osman, L.P., Moreno, C.A. & Torres, D. 2004. Examining natural population growth from near extinction: the case of the Antarctic fur seal at the South Shetlands, Antarctica. *Polar Biology* **27** (5): 304–311

Huckstadt, L., Costa, D. P., McDonald, B. I., Tremblay, Y., Crocker, D. E., Goebel, M. E. & Fedak, M. E. 2006. Habitat Selection and Foraging Behavior of Southern Elephant Seals in the Western Antarctic Peninsula. American Geophysical Union, Fall Meeting 2006, abstract #OS33A-1684.

INACH (Instituto Antártico Chileno) 2010. Chilean Antarctic Program of Scientific Research 2009-2010. Chilean Antarctic Institute Research Projects Department. Santiago, Chile.

Kawaguchi, S., Nicol, S., Taki, K. & Naganobu, M. 2006. Fishing ground selection in the Antarctic krill fishery: Trends in patterns across years, seasons and nations. *CCAMLR Science*, **13** : 117–141.

Leppe, M., Fernandoy, F., Palma-Heldt, S. & Moisan, P 2004. Flora mesozoica en los depósitos morrénicos de Cabo Shirreff, Isla Livingston, Shetland del Sur, Península Antártica, in Actas del 10° Congreso Geológico Chileno. CD-ROM. Resumen Expandido, 4pp. Universidad de Concepción. Concepción. Chile.

Leung, E.S.W., Orben, R.A. & Trivelpiece, W.Z. 2006. Seabird research at Cape Shirreff, Livingston Island, Antarctica 2005-2006. In Lipsky, J. (ed) AMLR (Antarctic Marine Living Resources) 2005-2006 Field Season Report, Ch. 9. Antarctic Ecosystem Research Division, Southwest Fisheries Science Center, La Jolla, California.

Miller, A.K., Leung, E.S.W. & Trivelpiece, W.Z. 2005. Seabird research at Cape Shirreff, Livingston Island, Antarctica 2004-2005. In Lipsky, J. (ed) AMLR (Antarctic Marine Living Resources) 2004-2005 Field Season Report, Ch. 7. Antarctic Ecosystem Research Division, Southwest Fisheries Science Center, La Jolla, California.

Miller, A.K. & Trivelpiece, W.Z. 2007. Cycles of *Euphausia superba* recruitment evident in the diet of Pygoscelid penguins and net trawls in the South Shetland Islands, Antarctica. *Polar Biology* **30** (12):1615–1623.

Miller, A.K. & Trivelpiece, W.Z. 2008. Chinstrap penguins alter foraging and diving behavior in response to the size of their principle prey, Antarctic krill. *Marine Biology* **154**: 201-208.

Miller, A.K., Karnovsky, N.J. & Trivelpiece, W.Z. 2008. Flexible foraging strategies of gentoo penguins *Pygoscelis papua* over 5 years in the South Shetland Islands, Antarctica. *Marine Biology* **156**: 2527-2537.

O'Gorman, F.A. 1961. Fur seals breeding in the Falkland Islands Dependencies. *Nature* **192**: 914-16.

O'Gorman, F.A. 1963. The return of the Antarctic fur seal. *New Scientist* **20**: 374-76.

Olavarría, C., Coria, N., Schlatter, R., Hucke-Gaete, R., Vallejos, V., Godoy, C., Torres D. & Aguayo, A. 1999. Cisnes de cuello negro, *Cygnus melanocoripha* (Molina, 1782) en el área de las islas Shetland del Sur y península Antártica. *Serie Científica Instituto Antártico Chileno* **49**: 79-87.

Oliva, D., Durán, R, Gajardo, M. & Torres, D. 1987. Numerical changes in the population of the Antarctic fur seal *Arctocephalus gazella* at two localities of the South Shetland Islands. *Serie Científica Instituto Antártico Chileno* **36**: 135-144.

Oliva, D., Durán, R, Gajardo, M. & Torres, D. 1988. Population structure and harem size groups of the Antarctic fur seal *Arctocephalus gazella* Cape Shirreff, Livingston Island, South Shetland Islands. Meeting of the SCAR Group of Specialists on Seals, Hobart, Tasmania, Australia. *Biomass Report Series* **59**: 39.

Orben, R.A., Chisholm, S.E., Miller, S.K. & Trivelpiece, W.Z. 2007. Seabird research at Cape Shirreff, Livingston Island, Antarctica 2006-2007. In Lipsky, J. (ed) AMLR (Antarctic Marine Living Resources) 2006-2007 Field Season Report, Ch. 7. Antarctic Ecosystem Research Division, Southwest Fisheries Science Center, La Jolla, California.

Osman, L.P., Hucke-Gaete, R., Moreno, C.A., & Torress, D. 2004. Feeding ecology of Antarctic fur seals at Cape Shirreff, South Shetlands,Antarctica. *Polar Biology* **27**(2): 92–98.

Palma-Heldt, S., Fernandoy, F., Quezada, I. & Leppe, M 2004. Registro Palinológico de Cabo Shirreff, Isla Livingston, nueva localidad para el Mesozoico de Las Shetland del Sur, in V Simposio Argentino y I Latinoamericano sobre Investigaciones Antárticas CD-ROM. Resumen Expandido N° 104GP. Buenos Aires, Argentina.

Palma-Heldt, S., Fernandoy, F., Henríquez, G. & Leppe, M 2007. Palynoflora of Livingston Island, South Shetland Islands : Contribution to the understanding of the evolution of the southern Pacific Gondwana margin. U.S. Geological Survey and The National Academies; USGS OF-2007-1047, Extended Abstract 100.

Pietrzak, K.W., Breeden, J.H, Miller, A.K. & Trivelpiece, W.Z. 2009. Seabird research at Cape Shirreff, Livingston Island, Antarctica 2008-2009. In Van Cise, A.M. (ed) AMLR (Antarctic Marine Living Resources) 2008-2008 Field Season Report, Ch. 6. Antarctic Ecosystem Research Division, Southwest Fisheries Science Center, La Jolla, California.

Pinochet de la Barra, O. 1991. El misterio del "San Telmo". ¿Náufragos españoles pisaron por primera vez la Antártida? *Revista Historia* (Madrid), **16** (18): 31-36.

Reid, K., Jessop, M.J., Barrett, M.S., Kawagucji, S., Siegel, V. & Goebel, M.E. 2004. Widening the net: spatio-temporal variability in the krill population structure across the Scotia Sea. *Deep-Sea Research* II **51**: 1275–1287

Reiss, C. S., Cossio, A. M., Loeb, V. & Demer, D. A. 2008. Variations in the biomass of Antarctic krill (Euphausia superba) around the South Shetland Islands, 1996–2006. *ICES Journal of Marine Science* **65**: 497–508.

Sallaberry, M. & Schlatter, R. 1983. Estimacíon del número de pingüinos en el Archipiélago de las Shetland del Sur. *Serie Científica Instituto Antártico Chileno* **30**: 87-91.

Saxer, I.M., Scheffler, D.A. & Trivelpiece, W.Z. 2003. Seabird research at Cape Shirreff, Livingston Island, Antarctica 2001-2002. In Lipsky, J. (ed) AMLR (Antarctic Marine Living Resources) 2001-2002 Field Season Report, Ch. 6. Antarctic Ecosystem Research Division, Southwest Fisheries Science Center, La Jolla, California.

Shill, L.F., Antolos, M. & Trivelpiece, W.Z. 2003. Seabird research at Cape Shirreff, Livingston Island, Antarctica 2002-2003. In Lipsky, J. (ed) AMLR (Antarctic Marine Living Resources) 2002-2003 Field Season Report, Ch. 8. Antarctic Ecosystem Research Division, Southwest Fisheries Science Center, La Jolla, California.

Smellie, J.L., Pallàs, R.M., Sàbata, F. & Zheng, X. 1996. Age and correlation of volcanism in central Livingston Island, South Shetland Islands: K-Ar and geochemical constraints. *Jounral of South American Earth Sciences* **9** (3/4): 265-272.

Smith, R.I.L. & Simpson, H.W. 1987. Early Nineteeth Century sealers' refuges on Livingston Island, South Shetland Islands. *British Antarctic Survey Bulletin* **74**: 49-72.

Stehberg, R. & V. Lucero, 1996. Excavaciones arqueológicas en playa Yámana, cabo Shirreff, isla Livingston, Shetland del Sur, Antártica. *Serie Científica Instituto Antártico Chileno* 46: 59-81.

Taft, M.R., Saxer, I.M. & Trivelpiece W.Z 2001. Seabird research at Cape Shirreff, Livingston Island, Antarctica, 2000/2001. In Lipsky, J. (ed) AMLR (Antarctic Marine Living Resources) 2000-01 Field Season Report, Ch. 7. Antarctic Ecosystem Research Division, Southwest Fisheries Science Center, La Jolla, California.

Torres, D. 1984. Síntesis de actividades, resultados y proyecciones de las investigaciones chilenas sobre pinípedos antarcticos. *Boletín Antártico Chileno* **4**(1): 33-34.

Torres, D. 1990. Collares plásticos en lobos finos antárticos: Otra evidencia de contaminación. *Boletín Antártico Chileno* **10** (1): 20-22 .

Torres, D. 1992. ¿Cráneo indígena en cabo Shirreff? Un estudio en desarrollo. *Boletín Antártico Chileno* **11** (2): 2-6.

Torres, D. 1994. Synthesis of CEMP activities carried out at Cape Shirreff. Report to CCAMLR WG-CEMP 94/28.

Torres, D. 1995. Antecedentes y proyecciones científicas de los estudios en el SEIC No. 32 y Sitio CEMP «Cabo Shirreff e islotes San Telmo», isla Livingston, Antártica. *Serie Científica Instituto Antártico Chileno* **45**: 143-169.

Torres, D. 1999. Observations on ca. 175-Year Old Human Remains from Antarctica (Cape Shirreff, Livingston Island, South Shetlands). *International Journal of Circumpolar Health* **58**: 72-83.

Torres, D. & Aguayo, A. 1993. Impacto antrópico en cabo Shirreff, isla Livingston, Antártica. *Serie Científica Instituto Antártico Chileno* **43**: 93-108.

Torres, D. & Gajardo, M. 1985. Información preliminar sobre desechos plásticos hallados en cabo Shirreff, isla Livingston, Shetland del Sur, Chile. *Boletín Antártico Chileno* **5**(2): 12-13.

Torres, D. & Jorquera, D. 1992. Analysis of Marine Debris found at Cape Shirreff, Livingston Island, South Shetlands, Antarctica. SC-CAMLR/BG/7, 12 pp. CCAMLR, Hobart, Australia.

Torres, D. & Jorquera, D. 1994. Marine Debris Collected at Cape Shirreff, Livinston Island, during the Antarctic Season 1993/94. CCMALR-XIII/BG/17, 10 pp. 18 October 1994. Hobart, Australia.

Torres, D. & Jorquera, D. 1995. Línea de base para el seguimiento de los desechos marinos en cabo Shirreff, isla Livingston, Antártica. *Serie Científica Instituto Antártico Chileno* **45**: 131-141.

Torres, D., Jaña, R., Encina, L. & Vicuña, P. 2001. Cartografía digital de cabo Shirreff, isla Livingston, Antártica: un avance importante. *Boletín Antártico Chileno* **20** (2): 4-6.

Torres, D.E. & Valdenegro V. 2004. Nuevos registros de mortalidad y necropsias de cachorros de lobo fino antártico, Arctocephalus gazella, en cabo Shirreff, sila Livingston, Antártica. *Boletín Antártico Chileno* **23** (1).

Torres, D., Vallejos, V., Acevedo, J., Hucke-Gaete, R. & Zarate, S. 1998. Registros biologicos atípico en cabo Shirreff, isla Livingston, Antártica. *Boletín Antártico Chileno* **17** (1): 17-19.

Torres, D., Vallejos, V., Acevedo, J., Blank, O., Hucke-Gaete, R. & Tirado, S. 1999. Actividades realizadas en cabo Shirreff, isla Livingston, en temporada 1998/99. *Boletín Antártico Chileno* **18** (1): 29-32.

Torres, T. 1993. Primer hallazgo de madera fósil en Cabo Shirreff, isla Livingston, Antártica. *Serie Científica Instituto Antártico Chileno* **43**: 31-39.

Tufft, R. 1958. Preliminary biology report Livingston Island summer survey. Unpublished British Antarctic Survey report, BAS Archives Ref. AD6/2D/1957/N2.

Vargas, R., Osman, L.P. & Torres, D. 2009. Inter-sexual diVerences in Antarctic fur seal pup growth rates: evidence of environmental regulation? Polar Biology **32** (8):1177–86

Vallejos, V., Acevedo, J., Blank, O., Osman, L. & Torres, D. 2000. Informe científico - logístico. ECA XXXVI (1999/2000). Proyecto 018 "Estudios ecológicos sobre el lobo fino antártico, Arctocephalus gazella", cabo Shirreff, archipiélago de las Shetland del Sur, Antártica. Ministerio de Relaciones Exteriores, Instituto Antártico Chileno. N° Ingreso 642/712, 19 ABR.2000.

Vallejos, V., Osman, L., Vargas, R., Vera, C. & Torres, D. 2003. Informe científico. ECA XXXIX (2002/2003). Proyecto INACH 018 "Estudios ecológicos sobre el lobo fino antártico, Arctocephalus gazella", cabo Shirreff, isla Livingston, Shetland del Sur, Antártica. Ministerio de Relaciones Exteriores, Instituto Antártico Chileno.

Vera, C., Vargas, R. & Torres, D. 2004. El impacto de la foca leopardo en la población de cachorros de lobo fino antártico en cabo Shirreff, Antártica, durante la temporada 2003/2004. *Boletín Antártico Chileno* **23** (1).

Warren, J., Sessions, S., Patterson, M. Jenkins, A., Needham, D. & Demer, D. 2005. Nearshore Survey. In AMLR 2004-2005 field season report. Objectives, Accomplishments and Tentative Conclusions. Southwest Fisheries Science Center Antarctic Ecosystem Research Group. La Jolla, California.

Warren, J., Cox, M., Sessions, S. Jenkins, A., Needham, D. & Demer, D. 2006. Nearshore acoustical survey near Cape Shirreff, Livingston Island. In AMLR 2005-2006 field season report. Objectives, Accomplishments and Tentative Conclusions. Southwest Fisheries Science Center Antarctic Ecosystem Research Group. La Jolla, California.

Warren, J., Cox, M., Sessions, S. Jenkins, A., Needham, D. & Demer, D. 2007. Nearshore acoustical survey near Cape Shirreff, Livingston Island. In AMLR 2006-2007 field season report. Objectives, Accomplishments and Tentative Conclusions. Southwest Fisheries Science Center Antarctic Ecosystem Research Group. La Jolla, California.

Woehler, E.J. (ed) 1993. *The distribution and abundance of Antarctic and sub-Antarctic penguins.* SCAR, Cambridge.

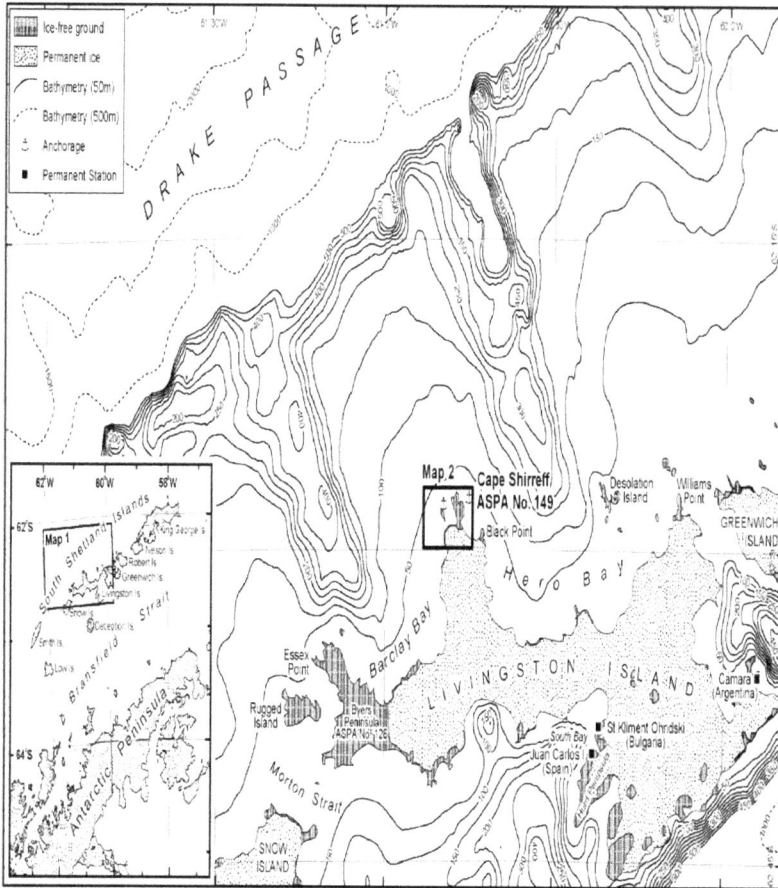

ASPA No. 149
Cape Shirreff & San Telmo Island
Map 1: Regional overview

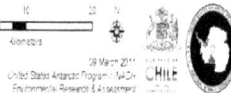

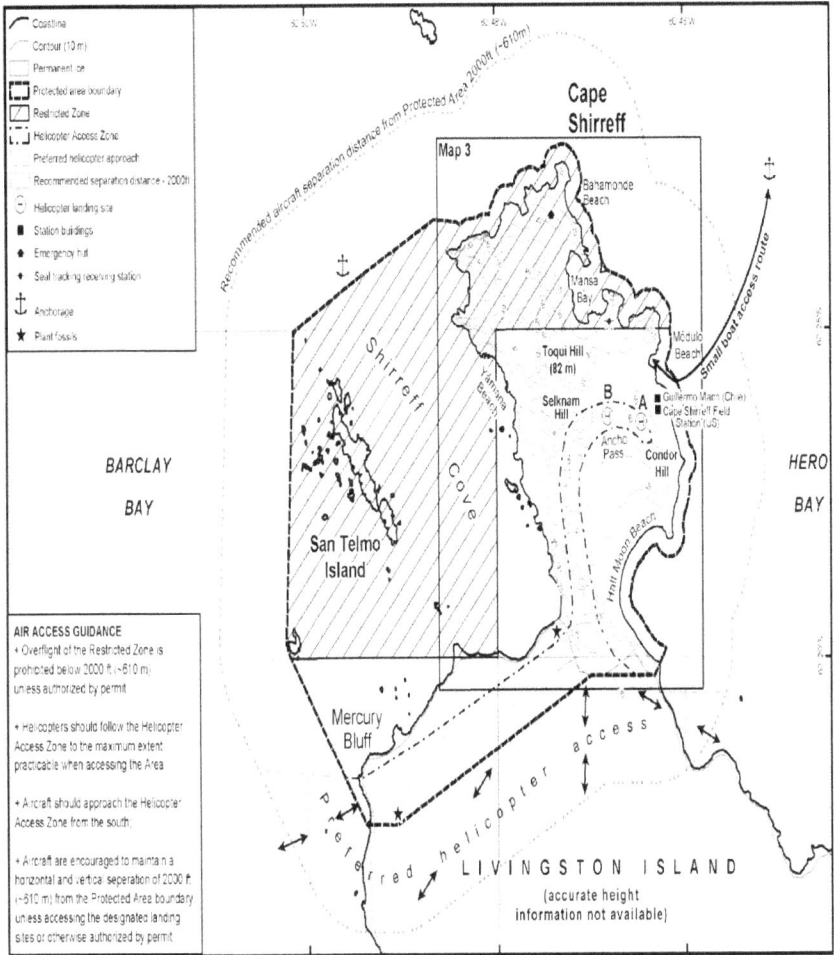

ASPA No. 149 Cape Shirreff & San Telmo Island
Map 2: Air access guidelines

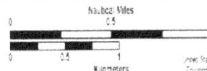

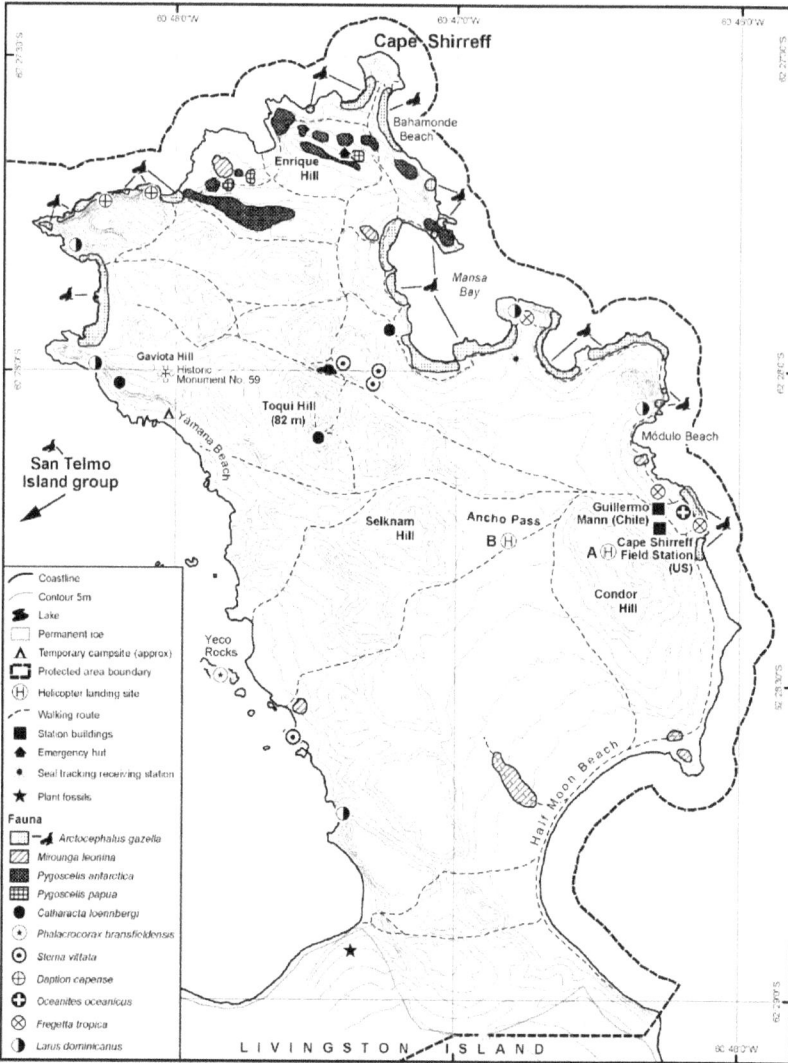

ASPA No. 149
Cape Shirreff & San Telmo Island
Map 3: Breeding colonies & human features

Plan de gestion pour la zone spécialement protégée de l'Antarctique nº 165

POINTE EDMONSON, BAIE WOOD, TERRE VICTORIA, MER DE ROSS

1. Description des valeurs à protéger

Si l'Italie propose que pointe Edmonson (74°20' S, 165°08' E, 5,49 km2), baie Wood, Terre Victoria, mer de Ross, soit désignée en tant que zone spécialement protégée de l'Antarctique (ZSPA), c'est parce que cette zone possède des valeurs écologiques et scientifiques exceptionnelles qui doivent être protégées d'une interférence que pourrait causer l'accès non réglementé dont elle fait actuellement l'objet. La zone consiste en un sol libre de glace et une petite aire marine adjacente au pied des pentes est du mont Melbourne (2 732 m), dont l'étendue est limitée et soumise à des travaux de recherche scientifique en cours et de longue durée.

L'écosystème terrestre et d'eau douce à pointe Edmonson est l'un des systèmes les plus remarquables qui existent dans la partie septentrionale de Terre Victoria du nord. On y trouve une diversité exceptionnelle d'habitats d'eau douce, avec de nombreux cours d'eau, lacs, étangs et aires de filtration, révélant des conditions de nutriments allant de l'eutrophique à l'oligotrophique. Un tel éventail d'habitats d'eau douce est rare à Terre Victoria. Par conséquent, ils entretiennent une grande diversité d'espèces d'algues et de cyanobactéries, plus de 120 espèces ayant déjà été répertoriées à ce jour tandis que le réseau de cours d'eau est le plus vaste et le plus important de la partie septentrionale de Terre Victoria. La lithologie volcanique et les substrats enrichis localement par des nutriments (d'oiseaux), conjugués à une abondance d'eau localisée, fournissent un habitat pour le développement relativement étendu de bryophytes. Les communautés végétales sont très sensibles aux variations du régime hydrologique et les gradients environnementaux produisent des lignes de démarcation communautaires très bien définies. En conséquence, variée est la gamme des plantes qui comprend des communautés de lichens épilithiques, dont quelques-uns dépendent de l'apport en azote élevé des oiseaux, des communautés associées aux bancs de neige persistants, et des communautés dominées par la mousse qui favorisent de manière continue des habitants humides. Le site est l'un des exemples les plus caractéristiques de ce dernier type de communauté à Terre Victoria. On y trouve des invertébrés en abondance inhabituelle et répartis sur de vastes étendues pour cette partie de l'Antarctique.

La nature et la diversité des habitats terrestres et d'eau douce offrent des possibilités scientifiques exceptionnelles, en particulier pour l'étude des variations et processus biologiques le long de gradients d'humidité et de nutriment. Le site est considéré comme l'un de ceux qui se prêtent le mieux dans l'Antarctique aux études de l'écologie des algues. Ces caractéristiques ont été au nombre de celles qui ont abouti à la sélection de pointe Edmonson comme l'un des sites clés du programme des études biologiques des systèmes antarctiques terrestres (BIOTAS) du Comité scientifique pour la recherche en Antarctique 1995-96. Un programme multinational coordonné de recherches connu sous le nom de BIOTEX-1 a établi des sites d'étude et procédé à de vastes prélèvements de sol, de roche, d'eau, de neige, de guano, de bactéries, de végétation (tapis de cyanobactéries, champignons, algues, lichens, bryophytes) et d'invertébrés terrestres.

La valeur scientifique de pointe Edmonson est également considérée comme exceptionnelle pour les études consacrées à l'impact des changements climatiques sur les écosystèmes terrestres. Son emplacement à mi-chemin environ d'un gradient de latitude nord-sud qui s'étend le long de Terre Victoria vient compléter d'autres sites qui sont protégés pour leurs valeurs écologiques terrestres importantes comme cap Hallett (ZSPA n° 106) et baie Botany, cap Géologie (ZSPA n° 154), qui sont situés à grosso modo 300 km au nord et au sud respectivement. Cet emplacement géographique est considéré comme important dans un réseau continental de recherche écologique (par exemple, le programme « RiSCC » du Comité scientifique pour la recherche en Antarctique). En outre, les lacs sont au nombre de ceux qui se prêtent le mieux, dans la partie septentrionale de Terre Victoria, à des études de processus biogéochimiques avec des variations de courte et longue durée. Combinées aux propriétés uniques en leur genre de la couche active de pergélisol, dont l'épaisseur est inhabituelle en cet endroit, ces caractéristiques sont considérées comme particulièrement utiles en tant qu'indicateurs sensibles d'un changement écologique provoqué par les niveaux de rayonnements UV et de changements climatiques.

Une colonie de quelque 2 000 couples de manchots Adélie (*Pygoscelis adeliae*) a fait l'objet de recherches depuis 1994-95, de même qu'une colonie d'environ 120 couples de labbes de l'Antarctique (*Catharacta maccormicki*). La colonie de manchots Adélie de pointe Edmonson fait partie du réseau de surveillance des écosystèmes de la Commission pour la conservation de la faune et de la flore marines de l'Antarctique (CCMLR). Le site est considéré comme un bon exemple de cet assemblage d'espèces qui est représentatif de ceux que l'on trouve ailleurs. Il est cependant inhabituel de par l'éventail très divers des habitats en territoire de reproduction dont disposent les labbes bruns mais aussi parce que le nombre de labbes par rapport à celui des manchots est extrêmement élevé (1/20). L'emplacement géographique, la taille des colonies, les caractéristiques de terrain et d'habitat du site ainsi que sa proximité avec la station Mario Zucchelli à la baie de Terra Nova (qui protègent la colonie contre les perturbations causées par la station de recherche mais permettent l'apport du soutien logistique nécessaire) font de la pointe Edmonson un endroit qui se prête particulièrement bien aux travaux de recherche sur ces oiseaux. Ces travaux ont contribué au programme de contrôle de l'écosystème de la Commission pour la conservation de la faune et de la flore marines de l'Antarctique (CCAMLR), axés qu'ils sont sur le contrôle de la population, le succès en matière de reproduction, les stratégies d'alimentation, les mouvements migratoires et le comportement. Ils sont importants pour des études plus vastes sur la manière dont les variations naturelles et humaines de l'écosystème antarctique peuvent influer sur le succès en matière de reproduction des manchots Adélie de même que pour la compréhension de l'impact potentiel de la capture de krill de l'Antarctique (*Euphausia superba*).

Le milieu marin proche du littoral est un bon exemple représentatif de l'habitat de glace de mer qu'utilisent les phoques de Weddell en phase de reproduction pour mettre au monde et sevrer leur progéniture au début de la saison d'été. Une seule autre ZSPA dans la région de la mer de Ross a été désignée pour protéger les phoques de Weddell (ZSPA n° 137, nord-ouest de l'île Blanche, détroit de McMurdo), mais si ce site est désigné, c'est parce que le petit groupe de phoques en phase de reproduction dans cette localité est totalement inhabituel ; par contre, son inclusion ici l'est à titre d'exemple représentatif similaire aux sites de reproduction d'un bout à l'autre de la région.

En dehors des valeurs biologiques exceptionnelles du site, on y trouve également diverses caractéristiques géomorphiques, y compris une série de moraines de tourbe qui renferment des dépôts marins, des plages surélevées, un sol bigarré, une saillie cuspidée et des colonies de manchots fossilisés. La saillie cuspidée dans le nord est une caractéristique rare à Terre Victoria et l'un des meilleurs exemples en son genre. Elle est rare en ce sens que ne l'occupe pas une colonie de manchots reproducteurs comme c'est le cas au cap Hallett et au cap

Adare. Les moraines de glace qui renferment des dépôts marins, y compris des os de phoque et des coquillages des bivalves *Laternula elliptica* et *Adamussium colbecki*, sont très utiles pour la datation des fluctuations régionales des glaciers. Les séquences sédimentaires dans le nord-ouest de pointe Edmonson contiennent des fossiles d'anciennes colonies de manchots. Elles sont utiles pour faire la datation de la persistance de reproduction d'oiseaux sur le site, ce qui contribue à la reconstruction des phases glaciaires et du paléoclimat de l'ère Holocène.

La large représentation et la qualité des phénomènes à pointe Edmonson ont suscité l'intérêt de diverses disciplines et des travaux de recherche ont été effectués au site pendant plus de 20 ans. Durant cette période, des bases de données scientifiques considérables ont été établies, renforçant la valeur qu'a pointe Edmonson pour les travaux de recherche actuels, en cours et futurs. Il est important que les pressions exercées par les activités humaines dans la zone soient gérées de telle sorte que rien ne vienne par inadvertance mettre en péril les investissements effectués dans ces séries de données à long terme. Ces facteurs font également de ce site un site d'une valeur scientifique exceptionnelle pour les études pluridisciplinaires.

Compte tenu de la durée et de l'éventail des activités qui y ont été menées dans le passé, pointe Edmonson ne peut pas être considérée comme une zone vierge. On y a constaté quelques impacts sur l'environnement tels que des dommages occasionnels causés aux sols et aux communautés de mousse par piétinement, la dispersion de matériaux issus de matériels scientifiques par le vent et l'altération de l'habitat par la construction d'installations. En revanche, la zone libre de glace de la colline Ippolito qui s'étend sur une superficie de 1,67 km^2, à quelque 1,5 km au nord-ouest, n'a guère été visitée et les perturbations humaines en cet endroit sont jugées minimes. En tant que telle, la colline Ippolito est considérée comme revêtant une importance toute particulière comme aire de référence possible pour des études comparatives jusqu'à la pointe et il est primordial que cette valeur scientifique potentielle soit préservée. Si les effets précis de la recherche scientifique et de la présence humaine sur les deux sites sont incertains car des études détaillées sur l'impact humain n'ont pas encore été entreprises, les polluants dans l'écosystème marin local demeurent d'un niveau très bas et les impacts humains sur l'écosystème dans son ensemble, en particulier dans la zone de la colline Ippolito, sont en général considérés comme mineurs.

Les valeurs biologiques et scientifiques à pointe Edmonson sont vulnérables aux perturbations humaines. La végétation, les sols regorgés d'eau et les habitats d'eau douce sont vulnérables aux dommages par piétinement, à l'échantillonnage et à la pollution. Les études scientifiques pourraient être mises en péril par des perturbations dues à des phénomènes ou au matériel installé. Il est important que les activités humaines soient gérées de telle sorte les risques d'impact sur les valeurs exceptionnelles de la zone soient réduits au maximum.

La superficie totale de 5,49 km^2 comprend l'aire libre de glace de pointe Edmonson (1,79 km^2), l'aire plus petite mais libre de glace similaire de la colline Ippolito (1,12 km^2) à environ 1,5 km au nord qui est désignée en tant que zone à accès limité et le milieu marin adjacent (2,58 km^2) s'étendant sur 200 m au large des côtes à partir de pointe Edmonson et de la colline Ippolito comprenant baia Siena (la baie de Sienne) (carte 1).

2. Buts et objectifs

La gestion à pointe Edmonson vise à :

• éviter toute détérioration ou tout risque de détérioration des valeurs de la zone en empêchant toute perturbation inutile de ladite zone ;

• permettre des recherches scientifiques tout en assurant la protection des valeurs de la zone, de tout interférence et/ou échantillonnage excessif mutuel ;

• permettre des recherches scientifiques, pour autant que ces recherches soient indispensables et ne puissent être menées ailleurs ;

• protéger les sites d'études scientifiques de longue durée d'éventuelles perturbations ;

• préserver une partie de l'écosystème naturel en tant que zone de référence potentielle aux fins de futures études comparatives ;

• minimiser les risques d'introduction de plantes, d'animaux ou de microbes endogènes dans la zone ; et

• permettre à l'appui des buts et objectifs du plan de gestion des visites à des fins de gestion.

3.   Activités de gestion

Les activités suivantes devront être entreprises pour protéger les valeurs de la zone :

• Des copies de ce plan de gestion, y compris des cartes de la zone, seront disponibles à la station Mario Zucchelli dans la baie de Terra Nova (Italie), à la station Gondwana (Allemagne) et à toute autre station permanente qui se trouve dans un rayon de 100 km de la zone.

• Les structures, bornes, panneaux, clôtures ou tout autre matériel mis en place dans la zone à des fins de gestion ou à des fins scientifiques devront être solidement fixés et soigneusement entretenus puis enlevés lorsqu'ils ne sont plus nécessaires.

• Des indicateurs durables de direction du vent devront être érigés à proximité des sites désignés d'atterrissage pour hélicoptères chaque fois qu'il est prévu qu'auront lieu plusieurs atterrissages pendant une saison donnée.

• Des balises, qui devront être clairement visibles de l'air et ne poser aucun risque majeur pour l'environnement, devront être placées pour indiquer les sites réservés à l'atterrissage des hélicoptères.

• Des bornes, comme une série de piquets définitifs, devront être placés pour indiquer les chemins recommandés que doivent emprunter à pied les visiteurs entre la colonie de manchots Adélie et les sites réservés à l'atterrissage des hélicoptères.

• Des visites seront organisées en fonction des besoins (une fois tous les cinq ans au moins) afin de déterminer si la zone répond toujours aux buts et objectifs pour lesquels elle a été désignée et de s'assurer que les mesures de gestion et d'entretien sont adéquates.

• Les programmes antarctiques nationaux qui opèrent dans la région se consulteront en vue de veiller à ce que ces mesures soient mises en œuvre.

4.   Durée de la désignation

La zone est désignée pour une période indéterminée.

5.   Cartes et photographies

• Carte 1. ZSPA n° 165, pointe Edmonson, baie Wood, Terre Victoria, mer de Ross. Spécifications de la carte : projection : UTM Zone 58S ; sphéroïde : WGS84 ; zones libres de glace et littoral dérivés d'un mappage par satellite Quickbird rectifié avec une résolution au sol de 70 pixels/cm, acquisition par le Programma Nazionale di

Ricerche in Antartide (PNRA) (Italie). Précision horizontale : approx. ± 10 m ; données d'élévation non disponibles. Encart 1 : emplacement de la baie Wood dans l'Antarctique. Encart 2 : emplacement de la carte 1 par rapport à la baie de Terra Nova. L'emplacement de la station Mario Zucchelli (Italie), de la station Gondwana (Allemagne) et des zones protégées les plus proches est indiqué.

• Carte 2. Pointe Edmonson, ZSPA n° 165, topographie, accès et caractéristiques importantes. Carte établie par orthophotographie numérique avec une résolution au sol de 25 pixels/cm, à partir de sondages GPS au sol, d'observations et d'une image satellite Quickbird (04/01/04). Spécifications de la carte : Projection : conique conforme de Lambert ; parallèles d'échelle conservée : 1er 72° 40' 00" de latitude sud; 2e 75° 20' 00" de latitude sud ; méridien central : 165° 07' 00" de longitude est ; latitude origine : 74° 20' 00" S ; sphéroïde : WGS84 ; datum vertical : niveau moyen de la mer. Equidistance des courbes de niveau : 10 m. Précision horizontale : ±1 m ; précision verticale censée être meilleure que ±1 m.

• Carte 3. ZSPA n° 165 zone à accès limité de la colline Ippolito, pointe Edmonson. Carte établie à partir d'une image satellite Quickbird (04/01/04). Même spécifications que la carte 2, à l'exception de la précision horizontale qui est d'environ ± 10 m ; pas d'information d'élévation. Niveau de la mer déterminé approximativement à partir du littoral visible sur l'image du satellite.

• Carte 4. Pointe Edmonson ZSPA n° 165, topographie, faune sauvage et végétation. Les spécifications de cette carte sont les mêmes que celles de la carte 2 à l'exception de l'équidistance des courbes de niveau qui est de 2 m.

Données cartographiques et préparation des cartes : PNRA, Dipartamento di Scienze Ambientali (Università di Siena), Environmental Research & Assessment (Cambridge), Gateway Antarctica (Christchurch).

6.   Description de la zone

6 i)   Coordonnées géographiques, bornage et caractéristiques du milieu naturel

DESCRIPTION GENERALE

Pointe Edmonson (74°20' de latitude sud, 165°08' de longitude est) est une zone côtière libre de glace d'une superficie de 1,79 km^2 située à la baie Wood, à 50 km au nord de la baie de Terra Nova, et à 13 km à l'est du sommet et au pied du mont Melbourne (2 732 m), Terre Victoria. La zone s'étend au total sur 5,49 km^2, y compris le sol entièrement libre de glace de pointe Edmonson (1,79 km^2), la zone séparée libre de glace de colline Ippolito (1,12 km^2) à environ 1,5 km au nord- ouest de pointe Edmonson, ainsi que le milieu marin proche du littoral et la mer de Baia Siena (la baie de Sienne) située entre ces zones libres de glace (2,58 km^2), qui se trouvent à l'est et au pied de la plate-forme de glace permanente s'étendant à partir du mont Melbourne (carte 1). Une partie du glacier du mont Melbourne sépare les deux zones libres de glace sur terre. Une grande plage de cailloux couvre la longueur du littoral de pointe Edmonson, au-dessus duquel s'élèvent des falaises qui peuvent atteindre 128 m vers le sud de la zone. La topographie de la zone est accidentée, avec plusieurs collines d'origine volcanique d'une hauteur maximale de 134 m et des pentes libres de glace s'élevant jusqu'à environ 300 m adjacentes à la plate-forme de glace, bien que l'on ne dispose pas à l'heure actuelle d'informations précises quant à l'élévation de ces secteurs. Des moraines de glace ondulantes, des champs de galets et des affleurements rocheux sont séparés par des petites plaines de cendre et des vallées peu profondes. La zone est découpée par de nombreuses vallées et des cours d'eau de fonte, avec de nombreux petits lacs ainsi que des zones de filtration qui représentent des particularités que l'on retrouve dans toute la zone. Dans la région centre de la zone se trouvent plusieurs bassins de faible profondeur, à environ 25 m d'altitude, qui sont couverts de fines scories et de sable épais, en conjonction avec de vastes couches de végétation et de zones striées. La côte septentrionale de pointe Edmonson forme une saillie cuspidée abritant plusieurs plages surélevées.

La nature environnementale de la colline Ippolito est similaire à celle de pointe Edmonson. Cette zone renferme une étroite plage de galets soutenue par une crête qui longe la côte. De petites rivières d'eau de fonte traversent des ravines peu profondes et des plans avant de déboucher dans deux lacs situés derrière la crête côtière dans le nord. Les crêtes et les cônelets s'élèvent à environ 200 m avant de fusionner avec des champs de neige et des glaciers du mont Melbourne dans le sud.

LIGNES DE DEMARCATION

Le bord de la plate-forme de glace permanente qui s'étend du mont Melbourne est défini comme étant la ligne de démarcation à l'ouest, au nord et au sud de la zone (cartes 1 à 3). La ligne de démarcation est marine, qui, dans la moitié sud de la zone, suit le littoral sur 200 m au large des côtes à partir des extrémités de sud en nord des zones libres de glace de pointe Edmonson. Partant de l'extrémité nord de pointe Edmonson, la ligne de démarcation est s'étend vers le nord-ouest à travers la baie de Sienne sur une distance de 2 km jusqu'à un endroit situé à 200 m plein est à partir de la côte de la colline Ippolito. La baie de Sienne qui se trouve entre les deux zones libres de glace est donc confinée l'intérieur de la zone. Des bornes n'y ont pas été installées car le bord de la plate- forme de glace et la côte sont des repères de démarcation évidents.

CLIMAT

On ne dispose pas pour pointe Edmonson de fichiers météorologiques sur le long terme mais les données annuelles pour la station McMurdo, la base Scott et le cap Hallett semblent indiquer que la température moyenne dans les environs de pointe Edmonson tournerait autour de -16 °C et que l'accumulation annuelle moyenne de neige atteint entre 20 et 50 cm, soit l'équivalent de 10 à 20 cm d'eau (Bargagli *et al.*, 1997). Des données de court terme sont disponibles pour la période qui va de décembre 1995 à janvier 1996, rassemblées qu'elles ont été durant l'expédition BIOTEX 1. Pendant cette période, les températures ont varié entre - 7 °C et 10 °C, dépassant le seuil de 0 °C tous les jours. L'humidité relative était basse (15 à 40 % le jour, 50 à 80 % la nuit), les précipitations occasionnelles avec de légères chutes de neige et des vents ne soufflant la plupart du temps que légèrement. A partir de la fin janvier, les conditions atmosphériques se sont détériorées, la température tombant fréquemment à moins de zéro durant la journée, le tout accompagné de chutes de neige et de vents violents. Les données disponibles pour les campagnes d'été en 1998-99 et 1999-00, recueillies qu'elles ont été auprès d'une station météorologique installée à proximité de la colonie de manchots semblent indiquer que les vents d'été à pointe Edmonson soufflent de l'est, du sud-est et du sud. Les vents atteignent en moyenne une vitesse quotidienne qui fluctue entre 3 et 6 nœuds, avec des maximums de 6 à 10 nœuds chaque jour, pour atteindre de temps à autre pas moins de 25 à 35 nœuds. Les températures moyennes quotidiennes de l'air étaient d'environ -15 °C en octobre, -6 °C en novembre, -2,5 °C en décembre et -1 °C en janvier pour ensuite tomber à -3,5 °C de nouveau en février (Olmastroni, communication personnelle, 2000). La température quotidienne la plus élevée durant les deux périodes estivales a été de 2,6 °C le 25 décembre 1998. La température moyenne de l'air enregistrée au cours des deux étés a été d'environ -4 °C, alors que la vitesse moyenne du vent était elle de 4,5 nœuds. Enfin, le taux quotidien d'humidité relative moyenne variait entre 40 et 60 %.

GEOLOGIE DES SOLS

La géologie de pointe Edmonson est issue de l'activité volcanique cénozoïque du mont Melbourne (province volcanique de Melbourne), qui fait partie du groupe volcanique de McMurdo (Kyle, 1990), et associée aux dépôts glaciaires de la calotte de glace marine qui couvrait la plus grande partie du littoral de Terre Victoria au cours de la dernière période glaciaire la plus intense (7500 à 25 000 ans avant le Paléocène) (Baroni et Orombelli, 1994). Le complexe volcanique à pointe Edmonson est constitué d'un grand anneau de tourbe phréatique, de cônelets de scories, de coulées de lave et de séquences de laves subaquatiques (mégapillow) (Wörner et Viereck). La composition de la roche est principalement basaltique et/ou trachytique, et inclut plusieurs produits volcaniques supplémentaires tels que les accumulations de tourbe, les ponces et les dépôts de débris (Simeoni *et al.*, 1989 ; Bargagli *et al.*, 1997). La surface du sol est principalement composée de matières volcaniques sèches à texture grossière avec une faible proportion de boue et d'argile (Bargagli et al., 1997). Ces surfaces exposées, ainsi que les faces non exposées de pierres et de galets, sont souvent recouvertes d'incrustations blanches ou d'efflorescences de sels solubles. La majeure partie du sol est de couleur foncée avec des nappes brunâtres et jaunâtres de scories et de tuffite. Des éboulis instables se rencontrent fréquemment sur les versants des collines qui sont secs et souvent dépourvus de végétation. Les lits des vallées et bassins sont recouverts de fines scories et de sable grossier.

GEOMORPHOLOGIE

On peut voir une série de dépôts marins sur la saillie cuspidée à l'extrémité nord de pointe Edmonson. Les plages surélevées de la saillie qui s'inclinent doucement se composent de différentes proportions de sable, de cailloux et de roches distribués au-dessus des coulées de lave (Simeoni *et al.*, 1989). On peut observer juste au-dessus de la ligne de niveau à marée haute en cet endroit de nombreux petits puits en forme de cratère dont un grand nombre contient de l'eau ou de la glace fondue encore qu'ils auraient été constitués par des marées extrêmes et la fonte d'accumulations de glace côtières. Au sud de la saillie cuspidée, on peut fréquemment apercevoir une roche mère volcanique sur la majeure partie du sol sur pas moins de 800 m à l'intérieur des terres, le plus en évidence dans les collines prééminentes d'environ 120 m de hauteur dans la partie centre-nord de la zone. Une série de moraines de la fin du Pléistocène et de tills connexes est située du côté ouest de ces affleurements, avec des bandes de moraine de glace du Holocène, des talus et pentes de débris adjacentes à la glace du glacier qui s'étend du mont Melbourne (Baroni et Orombelli, 1994).

COURS D'EAUX ET LACS

Il y a à pointe Edmonson six lacs dont la longueur peut atteindre pas moins de 350 m et dont la superficie s'étend de grosso modo 1 500 m^2 à 27 000 m^2 (carte 2). Deux autres lacs sont situés derrière la crête côtière à la colline Ippolito, dont le plus grand est de l'ordre de 12 500 m^2 (carte 3). En outre, il y a à pointe Edmonson près de 22 étangs plus petits dont le diamètre est inférieur à 30 m (Broady, 1987). Les étangs plus grands sont toujours couverts de glace, des douves périphériques se formant durant l'été. On trouvera dans Guilizzoni *et al.* (1991) le détail des caractéristiques physico-chimiques et la limnologie des lacs de pointe Edmonson. Il y a d'un bout à l'autre de la zone de nombreux cours d'eau dont certains sont alimentés en eau de fonte qui tire sa source de la plate-forme de glace adjacente tandis que d'autres sont alimentés par des lacs et de la neige/glace fondue. Plusieurs lits de cours d'eau ont des plaines d'inondation de sol fin que recouvrent des cailloux de type ponce d'un diamètre de 5 à 10 mm. Bon nombre des cours d'eau et des mares sont temporaires, se séchant peu après que les dernières concentrations de neige dans leurs bassins versants disparaissent.

BIOLOGIE VEGETALE

Si on la compare à plusieurs autres sites du centre de Terre Victoria, pointe Edmonson ne possède pas une flore particulièrement variée puisqu'il n'y existe que quelques grandes concentrations fermées de végétation. Six espèces de mousse, un hépatique et au moins 30 espèces de lichen ont été répertoriés dans la zone. (Broady, 1987; Lewis Smith, 1996, 1999; Lewis Smith commentaire personnel, 2004, Castello, 2004). Cavacini (commentaire personnel, 2003) a constaté que de récentes analyses avaient permis d'identifier au moins 120 espèces d'algues et de cyanobactéries à pointe Edmonson. Ces espèces sont présentes sous diverses formes comme par exemple des concentrations d'algues au sol et des concentrations épiphytes sur les mousses ainsi que dans de nombreux habitats tels que des lacs, des cours d'eau et le manteau neigeux, sans oublier l'humidité ornithogénique et les sols minéraux bruts. Au début de l'été, la fonte des neiges laisse apparaître de petites concentrations d'algues et de mousses dans les lits des vallées, même si la plupart sont enterrées sous une couche pouvant aller jusqu'à 5 cm de fines particules minérales balayées par les vents et nettoyées par les eaux de fonte. Cette communauté est capable d'afficher une croissance rapide au mois de décembre lorsque l'humidité est présente et que les températures au sol sont relativement élevées, ce qui entraîne des pointes jusqu'à un centimètre au-dessus de la surface alors que l'accumulation de sable en surface est nettoyée ou soufflée par les vents. Un débit plus élevé de l'eau ou des vents plus forts peuvent facilement enterrer ces concentrations sans toutefois empêcher la lumière de pénétrer de 1 à 2 cm sous la surface afin de permettre la croissance (Bargagli *et al.*, 1999). Les principales communautés de mousse se rencontrent sur des substrats plus stables qui ne risquent pas d'être enterrés par le sable, par exemple, dans des dépressions situées à l'abri ou le long des berges de lagunes et de cours d'eau de fonte, ainsi que dans les zones de filtration situées sous le manteau neigeux tardif où l'humidité perdure pendant plusieurs semaines. Certaines de ces concentrations comptent parmi les plus importantes de l'Antarctique continental puisqu'elles couvrent une superficie de 3000 m². Il s'agit notamment de concentrations de *Bryum subrotundifolium* (= *B. argenteum*) à plusieurs centaines de mètres à l'ouest de la principale colonie de manchots Adélie (carte 4). D'autres concentrations, moins importantes, se rencontrent près du lac situé à proximité de la colonie de manchots Adélie (carte 4) ainsi que de plus petites concentrations plus localisées de *Ceratodon purpureus* (avec des couches relativement épaisses de matières organiques mortes) dans une vallée au nord de pointe Edmonson et dans la partie supérieure du principal cours d'eau dans la zone septentrionale libre de glace. Greenfield *et. al.* (1985) a indiqué que, à l'exception du cap Hallett, aucune région de la mer de Ross n'abrite une telle abondance de plantes même si en 1996 une zone de même dimension, presque exclusivement colonisée par *Bryum subrotundifolium* (= *B. argenteum*) a été découverte sur l'île Beaufort (ASPA n° 105), à environ 280 km au sud de pointe Edmonson.

Les communautés dominées par les mousses comprennent jusqu'à sept espèces de bryophytes, plusieurs algues et cyanobactéries et, à l'extrémité la plus sèche du gradient humidité, plusieurs lichens logés dans la mousse moribonde (Lewis Smith, 1999; Bargagli *et al.*, 1999). Il existe des communautés ou zones de *Bryum subrotundifolium* (= *B. argenteum*), *B. pseudotriquetrum* et *Ceratodon purpureus*. Dans certains sites plus humides, l'hépatique *Cephaloziella varians* se retrouve parmi *C. purpureus*. Les communautés de mousse sèches et très ouvertes, souvent incrustées de lichens, contiennent en général *Hennediella heimii*, et se rencontrent souvent dans des cavités contenant de petites nappes de neige tardive. *Sarconeurum glaciale* a été observé sur un éboulis stable au-dessus du grand lac situé au sud de la zone (Lewis Smith, 1996). Les portions les plus élevées des colonies de mousses sont souvent recouvertes d'incrustations blanches de sels solubles (Bargagli *et al.*, 1999).

Les communautés de lichens sont relativement variées, puisque 24 espèces ont été identifiées et au moins six espèces crustacées restent à identifier, même si elles sont peu abondantes (Castello, 2004; Lewis Smith, commentaire personnel 2004). Les lichens épilithiques sont généralement rares et peu répandus ; il s'agit principalement d'espèces crustacées et microfeuillues qui se retrouvent uniquement sur les rochers utilisés par les labbes et, occasionnellement, sur les affleurements stables des éboulis, les ravines humides et les zones de filtration temporaire. Les macrolichens sont rares, *Umbilicaria aprina* et *Usnea sphacelata* se retrouvant à de très rares endroits. La première de ces deux espèces est plus abondante dans les dépôts d'épandage des canaux légèrement inclinés et inondés par intermittence de la colline Ippolito, en association avec *Physcia* spp. et des petites touffes de *Bryum subrotundifolium* (= *B. argenteum*) (Given, 1985, 1989), *B. pseudotriquetrum* et *Ceratodon purpureus* (Lewis Smith, commentaire personnel, 2004). *Buellia frigida* est le lichen crustacé le plus répandu sur les laves durcies mais une communauté d'espèces nitrophiles se rencontre sur les rochers utilisés comme perchoir par les labbes (*Caloplaca, Candelariella, Rhizoplaca, Xanthoria*). Dans les dépressions pierreuses, sous les manteaux neigeux tardifs, les tourbes de mousses sont souvent colonisées par des cyanobactéries croûteuses et des lichens ornithocoprophages (*Candelaria, Candelariella, Lecanora, Xanthoria*) et, lorsqu'il n'existe aucune influence aviaire, par *Leproloma cacuminum* blanc (Lewis Smith, 1996).

Les premiers travaux consacrés à la flore algale de pointe Edmonson ont permis de dénombrer 17 cyanophyta, 10 chrysophyta et 15 chlorophyta (Broady, 1987). Des analyses plus récentes (Cavacini, commentaire personnel, 2003) ont permis d'identifier 120 espèces d'algues et de cyanobactéries, un nombre nettement plus important que les cyanophyta (28), chlorophyta (27), bacillariophyta (25) et xanthophyta (5) répertoriées précédemment (Cavacini, 1997, 2001; Fumanti *et al*., 1993, 1994a, 1994b; Alfinito *et al*., 1998). Broady (1987) a observé peu d'endroits abritant de la végétation algale au niveau de sol ; la plus importante sont les couches oscillatoriales dans les dépressions humides dans les zones de sable de plage qui ont peut-être été des lagunes d'eau de fonte temporaire avant que l'étude ne soit réalisée. Des couches similaires ont été observées à proximité d'une zone de mousse dont *Gloeocapsa* sp. représentait un associé abondant. *Prasiococcus calcarius* a été observé dans les environs de la colonie de manchots Adélie, sous forme de petites zones de riches croûtes vertes au sol et de touffes de mousses moribondes. D'autres algues épiphytiques incluent l'oscillatoriale *Nostoc* sp., les chlorophytes unicellulaires y compris *Pseudococcomyxa simplex*, et le desmide *Actinotaenium cucurbita*. Une quantité importante d'algues d'eau douce a été observée, avec des couches oscillatoriales sur les lits des cours d'eau, des trames de filaments verts attachées à la surface de pierre (principalement *Binuclearia tectorum* et *Prasiola* spp.), des petits rubans de *Prasiola calophylla* sur la face inférieure des pierres et des croûtes épilithiques brunes foncé (dominées par *Chamaesiphon subglobosus* et *Nostoc* sp.) recouvrant les moraines. Les lagunes présentes dans le sable de plage contenaient *Chlamydomonas* sp. et cf. *Ulothrix* sp. tandis que les lagunes fertilisées par le guano de manchots et de labbes contenaient *Chlamydomonas* sp. et des couches oscillatoriales benthiques noires. D'autres lagunes abritaient également de riches communautés benthiques oscillatoriales fréquemment associées à *Nostoc sphaericum*. Parmi les autres algues en abondance, citons *Aphanothece castagnei, Binuclearia tectorum, Chamaesiphon subglobosus, Chroococcus minutus, C. turgidus, Luticola muticopsis, Pinnularia cymatopleura, Prasiola crispa* (notamment en association avec les colonies de manchots et autres habitats enrichis par l'azote), *Stauroneis anceps*, plusieurs chlorophytes unicellulaires et – dans la lagune à conductivité élevée – cf. *Ulothrix* sp.

On trouve en abondance des algues et des cyanobactéries dans les sols humides tandis qu'ont été recensés des filaments et des tapis feuillu de *Phormidium* spp. (surtout sur des parcelles de sol humide et au fond des lacs de faible profondeur), des agrégats de *Nostoc commune* et une population de diatomées (Wynn-Williams, 1996 ; Lewis Smith, communication personnelle, 2004). L'espèce fongique *Arthrobotrys ferox* a été isolée sur les espèces de mousse *Bryum pseudotriquetrum* (= *B. algens*) et *Ceratodon purpureus*. *A. ferox* produit une sécrétion adhésive qui, comme on a pu l'observer, capture des collemboles de l'espèce *Gressittacantha terranova* (1,2 mm de longueur environ) (Onofri et Tosi, 1992).

7. Valeurs scientifiques

7 i) Invertébrés

Par rapport à d'autres zones décrites de Terre Victoria, on trouve une vaste gamme de nématodes dans les sols humides à pointe Edmonson. Les nématodes découverts à pointe Edmonson comprennent *Eudorylaimus antarcticus*, *Monhysteridae* sp., *Panagrolaimus* sp., *Plectus antarcticus*, *P. frigophilus* et *Scottnema lyndsayea* (Frati, 1997 ; Wall, communication personnelle, 2000). Connue jadis pour exister uniquement dans les McMurdo Dry Valleys, cette espèce a été découverte à pointe Edmonson en 1995-96 (Frati, 1997). En quantités moins abondantes sont les collemboles, le plus souvent de l'espèce *Gressittacantha terranova*, qui ont été trouvés en dessous de roches et sur le sol et les mousses dans un certain nombre de micro-habitats humides (Frati, 1997). On trouve couramment.

7 ii) Oiseaux en phase de reproduction

Les manchots Adélie (*Pygoscelis adeliae*) se reproduisent en deux groupes près de la côte dans la partie la plus centrale et orientale de pointe Edmonson, occupant un territoire global de quelque 9000 m^2 (carte 4). On trouvera au tableau 1 un état récapitulatif du nombre des couples en phase de reproduction qui y ont été enregistrés entre 1981 et 1995, la moyenne durant cette période s'inscrivant à 2 080. En 1994-95, la plupart des oiseaux sont, d'après le recensement effectué, arrivés aux environs du 30-31 octobre tandis que la plupart des jeunes avaient pris leur envol dès le 12 février, cette période se terminant le 21 février (Franchi *et al.*, 1997). Un site de nidification abandonné (il avait été occupé il y a quelque 2 600 à 3 000 ans) se trouve à environ 1 km au nord-ouest de la colonie actuelle, sur une roche de fond adjacente à la saillie cuspidée (Baroni et Orombelli, 1994).

Tableau 1. Manchots Adélie (couples en phase de reproduction) à pointe Edmonson, 1981-2005 (Données de Woehler, 1993 ; Olmastroni, communication personnelle, 2005).

Année	Nombre de couples en phase de reproduction	Année	Nombre de couples en phase de reproduction
1981	1300	1995	1935
1984	1802	1996	1824
1987	2491	1997	1961
1989	1792	1999	2005
1991	1316	2001	1988
1994	1960	2003	2588
		2005	2385

Entre 2005 et 2010, et en conformité avec les procédures du programme de surveillance de l'écosystème de la CCAMLR, trois recensements de population ont eu lieu à la pointe Edmonson ; la colonie comptait 2385, 2303 et 2112 nids occupés en 2005, 2007 et 2010 respectivement.

Le nombre moyen de nids recensés depuis le début du programme de recherche est de 2112. La population semble donc se maintenir autour de la moyenne de 2080 nids estimée pour 1994-2005.

Le rapport entre les nombres de labbes et de manchots continue à être élevé (1:20), comme l'a déjà relevé Pezzo *et al.* (2001). La population de labbes de la pointe Edmonson à proximité de la colonie de manchots Adélie est restée stable au cours des années, comprenant quelque 130 couples en phase de reproduction pendant la saison d'été 2010. 55 et 61 couples en phase de reproduction ont aussi été recensés à la pointe Edmonson Nord et à la pointe Edmonson Sud, respectivement, pendant la saison d'été 2010.

Une colonie de labbes antarctiques (*Catharacta maccormicki*) en phase de reproduction dans la zone est l'une des plus nombreuses de Terre Victoria Land, avec plus de 120 couples, dont 36 occupent la colline Ippolito (CCAMLR, 1999 ; Pezzo *et al.*, 2001 ; Volpi, communication personnelle 2005). Qui plus est, la zone comprend deux sites de rassemblement, à proximité de vastes étangs d'eau douce, qui sont utilisés pendant toutes la saison de la reproduction par des groupes hors âge de 50 à 70 individus (Pezzo 2001; Volpi 2005, communication personnelle). Des troupes de pétrels des neiges (*Pagodroma nivea*) ont été observés survolant la zone, et des océanites de Wilson (*Oceanites oceanicus*) sont fréquemment visibles. Pour autant qu'on le sache, aucune de ces deux espèces ne se reproduit à l'intérieur de la zone.

7 iii) *Mammifères en phase de reproduction*

A pointe Edmonson, des phoques de Weddell (*Leptonychotes weddellii*) (>50) se reproduisent régulièrement dans le milieu marin proche de la côte (sur la banquise côtière) à l'intérieur de la zone. Les femelles viennent y mettre bas et élèvent leurs petits sur la banquise côtière. Plus tard en été, ces phoques viennent souvent s'établir sur des plages dans la zone.

8. Recherches scientifiques

8 i) *Etudes du programme de contrôle de l'écosystème de la CCAMLR*

1. La présence à pointe Edmonson de colonies de manchots en phase de reproduction est l'absence de pêcheries de krill dans leur zone d'alimentation renforcent l'importance de ce site pour les études comparatives et son inclusion parmi les autres sites CEMP du réseau de surveillance des écosystèmes mis sur pied pour atteindre les objectifs de la CCAMLR. La désignation de « zone protégée » a pour objet de permettre la poursuite des activités de recherche et de surveillance planifiées tout en évitant ou en éliminant dans toute la mesure du possible les activités susceptibles de perturber ou d'affecter les résultats des programmes de recherche et de surveillance, ou de modifier les caractéristiques naturelles du site.

2. Le manchot Adélie est une espèce qui revêt un intérêt particulier pour les activités de surveillance de routine et de recherche dirigée du CEMP sur ce site. C'est la raison pour laquelle le programme de surveillance des manchots Adélie (APMP), un projet de recherche que mènent conjointement des biologistes italiens et australiens, est en cours d'exécution à pointe Edmonson depuis 1994-95. Outre un système automatisé de surveillance des manchots (APMS), des clôtures ont été installées pour diriger les manchots vers un pont qui enregistre leur poids, leur identité et le sens de leurs déplacements alors qu'ils vont et viennent entre la

mer et leur colonie de reproduction. Ce système, de concert avec les observations sur place des chercheurs, constitue la base d'une étude de 500 à 600 nids dans le secteur nord de la colonie qui fait partie du programme de contrôle de l'écosystème de la CCAMLR (CCAMLR, 1999; Olmastroni *et al.*, 2000).

3. Parmi les paramètres observés sur une base régulière figurent les tendances d'évolution démographique (A3), la démographie (A4), la durée de l'alimentation (A5), le succès de la reproduction (A6), le poids des poussins à l'envol (A7), l'alimentation des poussins (A8) et la chronologie de la reproduction (A9).

4. Les études des manchots Adélie font également intervenir le contrôle de la population, des expériences avec des émetteurs satellitaires et des enregistreurs de température/profondeur installés sur des manchots pour en étudier l'emplacement et la durée de leur alimentation. Conjugué au lavage de l'estomac pour enregistrer le régime alimentaire des manchots soumis à un contrôle, ce programme permet de se faire une très bonne idée de l'écologie d'alimentation des manchots Adélie (Olmastroni, (2002)). Les données alimentaires (Olmastroni *et al.*, 2004) ont confirmé les résultats de la répartition du krill en mer de Ross (Azzali et Kalinowski, 2000 ; Azzali *et al.*, 2000) et indiquent que cette colonie se trouve à un point de transition de la disponibilité de *E. superba* entre des colonies au nord et d'autres plus au sud où cette espèce ne figure que rarement dans le régime alimentaire des manchots (Emison, 1968 ; Ainley, 2002). Par ailleurs, ces études ont mis en exergue l'importance du poisson dans l'alimentation du manchot Adélie qui, certaines années, a représenté jusqu'à 50 % du contenu de l'estomac.

Les données météorologiques et glaciaires locales permettent également de mieux comprendre les facteurs susceptibles d'affecter la biologie de la reproduction de l'espèce (Olmastroni *et al.*, 2004). Qui plus est, les études de comportement font également partie des activités de recherche (Pilastro *et al.*, 2001).

Les travaux de recherche consacrés à la colonie adjacente de labbes antarctiques portent sur la biologie de reproduction (Pezzo *et al.*, 2001), la dynamique de population, et les schémas de migration. Depuis 1998-1999, plus de 300 labbes antarctiques ont été bagués avec des bagues de métal de couleur pour faciliter les activités de recherche sur le terrain qui exigent le repérage d'oiseaux particuliers et permettront l'identification des oiseaux en migration de la zone.

8 ii)   Autres activités scientifiques après 2005

Ecologie des oiseaux marins et études menées par le programme de surveillance de l'écosystème de la CCAMLR (CEMP)

Les études des manchots Adélie ont examiné les paramètres démographiques estimés par rapport à des caractéristiques individuelles (sexe et âge), ainsi qu'à des variables environnementales à grande échelle (anomalies de l'étendue de glace de mer d'hiver de la mer de Ross et indice SOI) et à échelle locale (disponibilité de la nourriture). Alors que les facteurs environnementaux à grande échelle ont un impact sur la survie des adultes, le succès de reproduction varie surtout par rapport aux variables locales. Le succès de reproduction est particulièrement faible lorsque des évènements stochastiques locaux coïncident avec les périodes sensibles du cycle reproductif (immédiatement après l'éclosion des œufs) (Olmastroni *et al.* 2004; Pezzo *et al*, 2007; Ballerini *et al.*, 2009). D'autre part, des changements dans l'étendue de la banquise côtière située devant les zones de reproduction ont une influence sur la durée des vols entre la colonie et les aires d'alimentation des adultes en phase de reproduction ; la durée des excursions faites par les femelles en quête de nourriture, la durée et le nombre de leurs plongées étaient tous supérieurs à ceux des mâles. Le sexe et l'année n'avaient pas d'effet sur les paramètres de plongée, mais ceux-ci variaient en fonction des stages de reproduction (Nesti *et al*, 2010). La probabilité de survie annuelle adulte à la pointe Edmonson (0,85, éventail 0,76– 0,94) était proche de celle qui a été estimée pour les autre populations de manchots Adélie, où des individus avaient été identifiés par des transpondeurs passifs. Un taux de survie annuel moyen de 0,85 semble être typique pour l'espèce, et concorde avec la durée de vie moyenne attendue d'à peu près 11 ans (6,6 ans une fois l'age adulte atteint) (Ballerini *et al.*, 2009).

Certains des aspects de la biologie reproductive des labbes antarctiques ont été étudiés pendant cinq campagnes, et font l'objet d'une thèse doctorale en cours à l'université de Sienne (A. Franceschi, Aspetti della Biologia riproduttiva dello Stercorario di McCormick, *Stercorarius maccormicki*).

8 iii) *Autres activités scientifiques*

Les premières études de l'écologie terrestre à pointe Edmonson Point ont commencé dans les années 80 encore que des scientifiques italiens en particulier se soient livrés de façon plus intensive à ce type de recherche et d'autres formes d'activité scientifique dans les années 90. C'est à pointe Edmonson qu'en décembre 1995 et janvier 1996 s'est installé BIOTEX 1, la première expédition de recherche du SCAR sur les études biologiques et les écosystèmes terrestres antarctiques (BIOTAS). C'est ainsi que dix chercheurs de trois pays ont participé à plusieurs projets scientifiques qui comprenaient des études écologiques, physiologiques et biogéographiques taxonomiques sur les cyanobactéries, les algues, les bryophytes, les lichens (y compris les communautés chasmolithiques et endolithiques), les nématodes, les collemboles et les acariens, des études de la biogéochimie des sols et de l'eau douce, des études sur l'activité métabolique microbienne et la colonisation ainsi que des études sur les réactions photosynthétiques aux conditions ambiantes et contrôlées des mousses, des lichens et des pigments végétaux qui peuvent agir comme agent photoprotecteur (Bargagli, 1999). Le programme BIOTAS a pris officiellement fin mais on s'attend à ce que d'autres études de ce genre se poursuivent à pointe Edmonson.

9.   Activités et impacts humains

C'est vraisemblablement le 6 février 1990 que pointe Edmonson a reçu sa première visite lorsque Carsten Borchgrevink a débarqué juste au nord du mont Melbourne sur « un promontoire quasiment libre de neige.... d'une superficie d'environ 100 acres » et gravi les pentes sur environ 200 m (Borchgrevink, 1901: 261). La région de la baie Wood a rarement été mentionnée durant les 70 années suivantes et elle n'a sans doute été visitée qu'à des intervalles peu fréquents. Les activités dans la zone ont augmenté dans les années 80, tout d'abord avec les premières visites des expéditions GANOVEX (Allemagne). Des travaux de recherche botanique y ont été entrepris en décembre 1984 (Given, 1985; Greenfield *et al.*, 1985; Broady, 1987) ainsi qu'en janvier 1989, époque à laquelle les premières propositions portant protection spéciale du site ont été faites (Given, communication personnelle 2003). Avec l'installation en 1986-87 par l'Italie d'une station à proximité de la baie de Terra Nova, l'intérêt pour la recherche dans le site s'est intensifié.

L'ère moderne des activités humaines à pointe Edmonson s'est en grande partie limitée à la science. Leurs impacts n'ont pas été décrits mais ils sont considérés comme mineurs et limités à des questions telles que les campements, les traces de pas, les repères de diverses sortes, les déchets humains, l'échantillonnage scientifique, la gestion de nombres restreints d'oiseaux (par exemple, l'installation de dispositifs permettant de suivre les oiseaux, le lavage d'estomac et les mesures biométriques), et quelques impacts associés à l'accès par hélicoptère ainsi qu'à l'installation et au bon fonctionnement des installations de campement et de recherche à la colonie de manchots comme sur la saillie cuspidée nord. Un déversement au moins d'hydrocarbures d'environ 500 ml, et deux autres déversements de quantités moins élevées ont été déclarés en 1996 qui avaient été causés par des opérations de ravitaillement au générateur et d'entreposage du carburant à proximité des colonies de manchots (voir les sites perturbés qui sont indiqués sur la carte 4). En outre, des déchets marins viennent de temps à autre s'échouer sur des plages à l'intérieur de la zone. La zone à accès limité de la colline Ippolito a fait l'objet de moins d'activités humaines qu'à pointe Edmonson et les impacts dans cette zone sont censés être négligeables.

9 i)   Zones à accès limité et zones gérées à l'intérieur de la zone

Zone à accès limité

La zone libre de glace de la colline Ippolito (1,12 km^2) à environ 1,5 km au nord-ouest de pointe Edmonson est désignée en tant que zone à accès limité afin de préserver une partie de cette zone comme site de référence pour de futures études comparatives alors que le reste de la zone terrestre (qui a une biologie, des caractéristiques et un caractère similaires) est en règle plus générale disponible pour des programmes de recherche et le prélèvement d'échantillons. Les lignes de démarcation nord, ouest et sud de la zone à accès limité sont définies comme étant les marges de la glace permanente qui s'étendent du mont Melbourne et coïncident avec la ligne de démarcation de la zone (cartes 1 et 3). La ligne est de la zone à accès limité est l'étale de basse mer moyen le long du littoral de cette zone libre de glace.

L'accès à la zone à accès limité est autorisé uniquement pour des raisons scientifiques essentielles ou à des fins de gestion (comme une inspection ou un examen) auxquelles il n'est pas possible de satisfaire ailleurs dans la zone.

9 ii)   Structures à l'intérieur et à proximité de la zone

Site du CEMP : Une cabane en fibre de verre destinées à l'observation sur le terrain, équipée d'un appareillage scientifique et d'un panneau APMS, et deux cabanes du type Nunsen (capacité d'accueil : quatre personnes) ont été mises en place par le PNRA en 1994-1995 à l'appui des travaux de recherche du CEMP. Ces structures sont installées sur une colline rocheuse à une hauteur de 16 m, à 80 m de la côte et à 40 m au sud de la sous-colonie nord de manchots (cartes 2 et 4). Au début de chaque saison de travail sur le terrain, un générateur et un certain nombre de fûts de carburant sont entreposés temporairement à environ 20 m du camp, puis enlevés à la fin de la saison. Adjacente à la sous-colonie nord de manchots, des clôtures en mailles métalliques (30 à 50 cm) ont été installées pour diriger les manchots vers le pont bascule APMS.

Autres activités : En 1995-1996, quelque 50 cloches de plastique ont été installées en 10 endroits partout dans la zone au titre du programme BIOTEX-1 (cartes 2 et 4). Plusieurs cloches additionnelles avaient été installées l'année précédente en quatre endroits (Wynn-Williams, 1996). On ne sait pas exactement quel est le nombre de ces cloches qui se trouvent encore à l'intérieur de la zone. Des campements temporaires ont été installés pour la durée du programme BIOTEX-1 à l'endroit du site de campement désigné ; elles ont maintenant été enlevées.

Les stations permanentes les plus proches sont la station Mario Zucchelli à la baie de Terra Nova (Italie) et la station Gondwana (Allemagne), qui se trouvent à environ 50 km et 45 km au sud respectivement.

9 iii)   Emplacement des autres zones protégées à proximité directe de la zone

Les zones protégées les plus proches de pointe Edmonson sont les suivantes : mont Melbourne (ZSPA n° 118) située à 13 km à l'ouest ; et une zone marine à la baie de Terra Nova (ZSPA n° 161) située à environ 52 km au sud (carte 1, encart 2).

10. Critères de délivrance des permis

L'accès à la zone est interdit sauf si un permis a été délivré par les autorités nationales compétentes. Les critères de délivrance d'un permis pour entrer dans la zone sont les suivants :

• Un permis est délivré uniquement pour faire des travaux de recherche indispensables scientifiques dans la zone, ou pour des raisons scientifiques qui ne peuvent pas être appliquées ailleurs ; ou

• Un permis est délivré pour des raisons de gestion essentielles qui sont conformes aux objectifs du plan telles que des activités d'inspection, d'entretien ou de révision ;

• L'accès à la zone d'accès limité est autorisé uniquement pour des raisons scientifiques ou de gestion impératives (inspection ou évaluation) qui ne peuvent être effectuées ailleurs à l'intérieur de la zone ;

• Les actions autorisées ne viendront pas mettre en péril les valeurs écologiques ou scientifiques de la zone.

• Toutes les activités de gestion visent la réalisation des buts du plan de gestion.

• Les actions autorisées sont conformes au plan de gestion.

• La détention du permis ou d'une copie certifiée conforme est impérative dans la zone.

• Un rapport de visite devra être soumis à l'autorité nommée dans le permis.

• Tout permis sera délivré pour une durée donnée.

• L'autorité compétente devra être notifiée de toutes les activités et/ou mesures qui n'ont pas été inclues dans le permis autorisé.

10 i) Accès à la zone et déplacements à l'intérieur de la zone

L'accès à la zone sera autorisé en petite embarcation, à pied ou en hélicoptère. Les déplacements terrestres dans la zone se feront à pied ou en hélicoptère. L'accès à la zone en véhicule est limité aux conditions qui sont décrites ci-dessous.

Embarcations

L'accès à la partie de la zone où se trouve la pointe Edmonson est interdit partout où se trouve des colonies de pinnipèdes ou d'oiseaux de mer ou sur la plage. Tout accès pour des raisons autres que les activités de recherche au titre du CEMP doit être effectué de manière à ne pas perturber les pinnipèdes et les oiseaux de mer (cartes 1 et 2). Aucune restriction ne s'applique aux débarquements à partir de la mer mais, lorsqu'ils pénètrent dans la principale zone libre de glace de pointe Edmonson, les visiteurs devront de préférence débarquer à la saillie cuspidée septentrionale et éviter de le faire à proximité de colonies d'oiseaux reproducteurs (carte 2).

Accès limité des véhicules

L'utilisation de véhicules à l'intérieur de la zone est interdite sauf à la limite sud de la zone où ils peuvent être utilisés sur la glace de mer pour accéder à la côte d'où les visiteurs devront poursuivre leur chemin à pied. Par conséquent, elle doit éviter toute interférence avec les sentiers d'alimentation des animaux et la colonie de manchots Adélie. Dans l'utilisation de véhicules sur la glace de mer, il faut prendre soin d'éviter les phoques de Weddell en phase de reproduction qui pourraient s'y trouver ; les véhicules doivent rouler à basse vitesse et ne pas s'approcher à moins de 50 m. L'accès terrestre au site est autorisé jusqu'à la ligne de démarcation de la zone. La circulation devra être maintenue au minimum nécessaire pour la conduite des activités autorisées.

Accès en aéronef et survol

Toutes les restrictions imposées à l'accès en aéronef et au survol décrites dans ce plan devront être appliquées durant la période qui va du 15 octobre au 20 février compris. Le mouvement et l'atterrissage d'aéronefs dans la zone sont autorisés sous réserve que les conditions suivantes soient strictement réunies :

i) Tous les survols de la zone à des fins autres que l'accès à la zone seront réalisés en tenant compte des restrictions figurant dans le tableau ci-dessous en matière d'altitude :

Altitudes minimales de survol dans la zone en fonction du type d'aéronef

Type d'aéronef	Nombre de moteurs	Altitude minimale par rapport au sol	
		Pieds	Mètres
Hélicoptère	1	2461	750
Hélicoptère	2	3281	1000
Voilure fixe	1 or 2	1476	450
Voilure fixe	4	3281	1000

ii) L'atterrissage d'hélicoptères est autorisé en trois endroits spécifiques uniquement (cartes 1 à 4). Les sites d'atterrissage répondent aux coordonnées suivantes :

(A) Ils seront utilisés pour la plupart des buts recherchés, situés sur la saillie cuspidée septentrionale de pointe Edmonson (carte 2) (74°19'24"de latitude sud, 165°07'12"de longitude est) ;

(B) L'atterrissage est autorisé à l'appui du programme de surveillance des manchots lorsque l'hélicoptère est nécessaire pour le transport de matériel lourd et de fournitures (carte 2) (74°19'43"de latitude sud, 165°07'57"de longitude est) ; et

(C) L'atterrissage est autorisé pour accéder à la zone à accès limité qui est située dans l'aire nord libre de glace (colline Ippolito, carte 3) (74°18'50"de latitude sud, 165°04'29"de longitude est).

iii) Dans des circonstances exceptionnelles, l'accès par hélicoptère peut être spécifiquement autorisé ailleurs à l'intérieur de la zone pour appuyer des activités scientifiques ou des activités de gestion et ce, en fonction des conditions imposées par le permis aux sites et à la programmation d'accès. L'atterrissage des hélicoptères en des sites où la végétation est considérable devrait être interdit en tous temps (cartes 2 à 4) ;

iv)   L'itinéraire d'accès désigné des aéronefs suit une direction ouest et nord-ouest de la zone, à partir des pentes de glace est inférieures du mont Melbourne (cartes 1 à 3). Les aéronefs devront aborder le principal site d'atterrissage désigné (A) sur la saillie cuspidée en provenance du nord- ouest au-dessus et à proximité de la baie de Sienne. Le cas échéant, l'accès au site d'atterrissage (B) devrait suivre le même itinéraire et parcourir une distance additionnelle de 700 m vers le sud-est. L'itinéraire de départ est identique mais à l'envers ;

v)   S'il y a lieu, l'accès au site d'atterrissage (C) devra se faire à partir des pentes de glace est inférieures du mont Melbourne et les hélicoptères devront se diriger directement vers le site d'atterrissage depuis le sud en survolant la terre ou, lorsque cela est impossible, en survolant la baie de Sienne en évitant les sites de nidification des labbes qui se trouvent au nord du site d'atterrissage ;

vi)   L'utilisation de grenades fumigènes pour déterminer la direction des vents est interdite dans la zone sauf pour des raisons de sécurité impérieuses. Ces grenades doivent être récupérées.

Accès à pied et déplacements dans la zone

Tout déplacement sur la terre ferme dans la zone ne peut être effectué qu'à pied. Les visiteurs doivent prendre toutes les précautions d'usage pour minimiser les perturbations des oiseaux en phase de reproduction, les sols, les caractéristiques géomorphologiques et les surfaces de végétation et ils doivent, dans la mesure du possible, éviter d'endommager les plantes délicates et les sols souvent gorgés d'eau. Les déplacements à pied doivent être réduits au minimum en fonction des objectifs de toute activité autorisée et il convient à tout moment de veiller à minimiser tout effet nuisible du piétinement. Les piétons qui ne se livrent pas à des travaux de recherche ou à des activités de gestion portant sur les manchots n'entreront pas dans les colonies et devront rester en tout temps à une distance d'au moins 15 m des oiseaux en phase de reproduction. Il faudra veiller à ce que les dispositifs de surveillance, les clôtures et autres installations scientifiques ne soient pas perturbés.

Les piétons qui se déplacent entre les sites d'atterrissage (A) et (B) des hélicoptères jusqu'à la colonie de manchots Adélie devront suivre les itinéraires de marche privilégiés qui sont indiqués sur les cartes 2 et 4 ou suivre un itinéraire le long de la plage.

10 ii)   Activités qui sont ou peuvent être menées dans la zone, y compris les restrictions à la durée et à l'endroit

• Le programme de recherche associé au CEMP de la CCAMLR.

• Des études scientifiques qui ne portent pas atteinte aux valeurs scientifiques et à l'écosystème de la région.

• Des activités de gestion essentielles, y compris la surveillance.

10 iii)   Installation, modification ou enlèvement de structures

Aucune structure ne peut être installée dans la zone sauf autorisation stipulée dans le permis. Tout le matériel scientifique installé dans la zone doit être autorisé par un permis et identifier clairement le pays, le nom du principal chercheur et l'année de l'installation. Tous les articles doivent être fabriqués avec des matériaux qui posent un risque minimum de pollution de la zone. L'enlèvement de matériel spécifique pour lequel le permis est arrivé à expiration sera une des conditions de la délivrance de ce permis. Les structures permanentes sont interdites.

10 iv) Emplacement des camps

Des campements semi-permanents et temporaires sont autorisés dans la zone à l'endroit primaire désigné qui est situé sur la saillie cuspidée de pointe Edmonson (carte 2). Les campements au camp de recherche du CEMP (cartes 2 et 4) sont réservés exclusivement aux activités relevant du programme de surveillance des manchots Adélie. Selon les besoins, à l'intérieur de la zone à accès limité et à des fins décrites avec précision dans le permis, des campements temporaires sont autorisés sur le site désigné (C) (74°18'51" de latitude sud, 165°04'16" longitude est) à une centaine de mètres à l'ouest du site d'atterrissage des hélicoptères.

10 v) Restrictions sur les matériaux et organismes pouvant être introduits dans la zone

L'introduction délibérée d'animaux, de végétaux ou de micro-organismes est interdite et les précautions visées au point 10 ix) seront prises en cas d'introductions accidentelles. Compte tenu de la présence de colonies d'oiseaux reproducteurs à pointe Edmonson, aucun produit de la volaille, y compris les produits contenant des œufs en poudre ainsi que les déchets de tels produits, ne sera introduit dans la zone. Aucun herbicide ni pesticide ne doit être introduit dans la zone. Tout autre produit chimique, y compris les radionucléides ou isotopes stables, susceptibles d'être introduits à des fins scientifiques ou de gestion en vertu du permis, seront retirés de la zone au plus tard dès que prendront fin les activités prévues par le permis. Aucun combustible ne sera entreposé dans la zone sauf autorisation prévue par le permis pour les activités menées à des fins scientifiques ou de gestion. Des dispositifs de nettoyage des déversements d'hydrocarbures devront être placés en des endroits où du combustible est régulièrement utilisé. Tous les matériaux introduits dans la zone pour une période déterminée uniquement en seront enlevés au plus tard à la fin de ladite période, et ils seront entreposés et manipulés de manière à minimiser les risques pour l'environnement. En cas de déversement susceptible de porter préjudice aux valeurs de la zone, ils en seront retirés dans la mesure où ce retrait n'a pas des conséquences plus graves que de les laisser in situ. L'autorité compétente devra être notifiée de tout déversement ou non enlèvement qui n'a pas été inclus dans le permis autorisé.

10 vi) Prélèvement de végétaux et capture d'animaux ou perturbations nuisibles à la faune et la flore

Toute capture ou perturbation nuisible à la faune et la flore est interdite sauf avec un permis délivré conformément à l'annexe II du Protocole au Traité sur l'Antarctique relatif à la protection de l'environnement. Dans le cas de prélèvements ou de perturbations nuisibles d'animaux, le *SCAR Code of Conduct for Use of Animals for Scientific Purposes in Antarctica* (Code de conduite du SCAR pour l'utilisation d'animaux à des fins scientifiques dans l'Antarctique) devra être utilisé comme norme minimale.

10 vii) Ramassage ou enlèvement de toute chose qui n'a pas été apportée dans la zone par le détenteur du permis

Le ramassage ou l'enlèvement de toute chose qui n'a pas été apporté dans la zone par le détenteur du permis ne peut se faire qu'en conformité avec le permis, mais il doit se limiter au minimum requis pour les activités menées à des fins scientifiques ou de gestion. Un permis ne sera pas délivré si l'on craint à juste titre que l'échantillonnage proposé prélèverait, enlèverait ou endommagerait de telles quantités de roche, de sol, de flore ou de faune sauvages que leur distribution ou abondance sur pointe Edmonson serait sérieusement affectée. Tout matériau d'origine humaine susceptible de nuire aux valeurs de la zone, qui n'a pas été introduit par le titulaire du permis ou toute autre personne autorisée, doit être enlevé dans la mesure où cet enlèvement n'entraînera pas de conséquences plus graves que de le laisser in situ. Dans ce cas, les autorités compétentes devront en être informées.

10 viii) Elimination des déchets

Tous les déchets, à l'exception des déchets humains, seront retirés de la zone. Les déchets humains seront soit enlevés de la zone soit incinérés en recourant à des technologies conçues à cette fin comme une toilette au propane ou, dans le cas des déchets humains liquides, ils pourront être évacués en mer.

10 ix) Mesures nécessaires pour faire en sorte que les buts et objectifs du plan de gestion continuent à être atteints

1. Des permis peuvent être délivrés pour entrer dans la zone afin d'y réaliser des activités de surveillance et d'inspection du site qui peuvent impliquer le prélèvement de petits échantillons à des fins d'analyse, de révision ou de protection.

2. Tous les sites spécifiques dont le suivi sera de longue durée seront correctement balisés.

3. Les visiteurs devront prendre des précautions spéciales contre toute introduction afin de préserver les valeurs scientifiques et écologiques de pointe Edmonson. Il conviendra de ne pas introduire de plantes, de microbes et d'invertébrés issus d'autres sites antarctiques, y compris de stations, ou provenant d'autres régions hors de l'Antarctique. Les visiteurs devront veiller à ce que tout le matériel d'échantillonnage et de balisage introduit dans la zone soit propre. Les chaussures et autres équipements à utiliser dans la zone (sacs à dos, tentes, etc.) devront aussi, dans la mesure du possible, être soigneusement nettoyés avant de pénétrer dans la zone.

10 x) Rapports de visite

Les Parties doivent s'assurer que le principal détenteur de chaque permis délivré soumet aux autorités compétentes un rapport décrivant les activités menées dans la zone. Ces rapports doivent, le cas échéant, inclure les informations identifiées dans le Guide pour l'élaboration des plans de gestion des zones spécialement protégées de l'Antarctique. Les Parties doivent conserver une archive de ces activités et, lors de l'échange annuel d'informations, fournir une description synoptique des activités menées par les personnes relevant de leur juridiction, avec suffisamment de détails pour permettre une évaluation de l'efficacité du plan de gestion. Les Parties doivent, dans la mesure du possible, déposer les originaux ou les copies de ces rapports dans une archive à laquelle le public pourra avoir accès, et ce, afin de conserver une archive d'usage qui sera utilisée et dans l'examen du plan de gestion et dans l'organisation de l'utilisation scientifique de la zone.

8. Bibliographie

Ainley, D.G. 2002. *The Adélie Penguin. Bellwether of climate change.* Columbia University Press, New York.

Alfinito, S., Fumanti, B. and Cavacini, P. 1998. Epiphytic algae on mosses from northern Victoria Land (Antarctica). *Nova Hedwigia* **66** (3-4): 473-80.

Ancora, S., Volpi, V., Olmastroni, S., Leonzio, C. and Focardi, S. 2002. Assumption and elimination of trace elements in Adélie penguins from Antarctica: a preliminary study. *Marine Environmental Research* **54**: 341-44.

Azzali M. and J. Kalinowski. 2000. Spatial and temporal distribution of krill *Euphausia superba* biomass in the Ross Sea. In: Ianora A. (ed). *Ross Sea Ecology*. Springer, Berlin, 433-455.

Azzali M., J. Kalinowski, G. Lanciani and G. Cosimi. 2000. Characteristic Properties and dynamic aspects of krill swarms from the Ross Sea. In: Faranda F. G.L., Ianora A. (Ed). *Ross Sea Ecology*. Springer, Berlin, 413-431.

Bargagli, R., Martella, L. and Sanchez-Hernandez, J.C. 1997. The environment and biota at EdmonsonPoint (BIOTEX 1): preliminary results on environmental biogeochemistry. In di Prisco, G., Focardi, S. and Luporini, P. (eds) *Proceed. Third Meet. Antarctic Biology,* Santa Margherita Ligure, 13-15 December 1996. Camerino University Press: 261-71.

Bargagli, R. 1999. Report on Italian activities. *BIOTAS Newsletter* No. 13. Austral Summer 1998/99. A.H.L. Huiskes (ed) Netherlands Institute of Ecology: 16-17.

Bargagli, R., Sanchez-Hernandez, J.C., Martella, L. and Monaci, F. 1998. Mercury, cadmium and lead accumulation in Antarctic mosses growing along nutrient and moisture gradients. *Polar Biology* 19: 316-322.

Bargagli, R., Smith, R.I.L., Martella, L., Monaci, F., Sanchez-Hernandez, J.C. and Ugolini, F.C. 1999. Solution geochemistry and behaviour of major and trace elements during summer in a moss community at Edmonson Point, Victoria Land, Antarctica. *Antarctic Science* 11(1): 3-12.

Bargagli, R., Wynn-Williams, D., Bersan, F., Cavacini, P., Ertz, S., Freckman, D. Lewis Smith, R., Russell, N. and Smith, A. 1997. Field Report – BIOTEX 1: First BIOTAS Expedition (Edmonson Point – Baia Terra Nova, Dec 10 1995 – Feb 6 1996). *Newsletter of the Italian Biological Research in Antarctica* 1 (Austral summer 1995-96): 42-58.

Baroni, C. and Orombelli, G. 1994. Holocene glacier variations in the Terra Nova Bay area (Victoria Land, Antarctica). *Antarctic Science* 6(4):497-505.

Broady, P.A. 1987. A floristic survey of algae at four locations in northern Victoria Land. *New Zealand Antarctic Record* 7(3): 8-19.

Borchgrevink, C. 1901. *First on the Antarctic Continent: Being an Account of the British Antarctic Expedition 1898-1900*. G. Newnes. Ltd, London.

Cannone, N. and Guglielmin, M. 2003. Vegetation and permafrost: sensitive systems for the development of a monitoring program of climate change along an Antarctic transect. In: Huiskes, A.H.L., Gieskes, W.W.C., Rozema, J., Schorno, R.M.L., Van der Vies, S.M., Wolff, W.J. (Editors) *Antarctic biology in a global context*. Backhuys, Leiden: 31-36

Cannone, N., Guglielmin, M., Ellis Evans J.C., and Strachan R. in prep. Interactions between climate, vegetation and active layer in Maritime Antarctica. (submitted to *Journal of Applied Ecology*)

Cannone, N., Guglielmin, M., Gerdol, R., and Dramis, F. 2001. La vegetazione delle aree con permafrost per il monitoraggio del Global Change nelle regioni polari ed alpine. Abstract and Oral Presentation, 96à Congresso della Societa Botanica Italiana, Varese, 26-28 Settembre 2001.Castello, M. 2004. Lichens of the Terra Nova Bay area, northern Victoria Land (continental Antarctica). *Studia Geobotanica* **22**: 3-54.

Cavacini, P. 1997. La microflora algale non marina della northern Victoria Land (Antartide). Ph.D. Thesis. Università "La Sapienza" di Roma. 234 pp.

Cavacini, P. 2001. Soil algae from northern Victoria Land (Antarctica). *Polar Bioscience* **14**: 46-61.

CCAMLR. 1999. Report of member's activities in the Convention Area 1998/99: Italy. CCAMLR-XVIII/MA/14.

Clarke, J., Manly, B., Kerry, K., Gardner, H., Franchi, E. and Focardi, S. 1998. Sex differences in Adélie penguin foraging strategies. *Polar Biology* **20**: 248-58.

Corsolini, S. and Trémont, R. 1997. Australia-Italy cooperation in Antarctica: Adélie Penguin monitoring program, Edmonson Point, Ross Sea Region. *Newsletter of the Italian Biological Research in Antarctica* 1 (Austral summer 1995-96): 59-64.

Corsolini, S., Ademollo, N., Romeo, T., Olmastroni, S. and Focardi, S. 2003. Persistent organic pollutants in some species of a Ross Sea pelagic trophic web. *Antarctic Science* **15**(1): 95-104.

Corsolini, S., Kannan, K., Imagawa, T., Focardi, S. and Giesy J.P. 2002. Polychloronaphthalenes and other dioxin-like compounds in Arctic and Antarctic marine food webs. *Environmental Science and Technolology* **36**: 3490-96.

Corsolini, S., Olmastroni, S., Ademollo, N. and Focardi, S. 1999. Concentration and toxic evaluation of polychlorobiphenyls (PCBs) in Adélie Penguin (*Pygoscelis adeliae*) from Edmonson Point (Ross Sea, Antarctica). Tokyo 2-3 December 1999.

Emison, W. B. 1968. Feeding preferences of the Adélie penguin at Cape Crozier, Ross Island. Antarctic Research Series 12: 191-212.

Ertz, S. 1996. BIOTEX field report: December 1995 – February 1996. Strategies of Antarctic terrestrial organisms to protect against ultra-violet radiation. Unpublished field report in BAS Archives AD6/2/1995/NT3.

Fenice M., Selbmann L., Zucconi L. and Onofri S. 1997. Production of extracellular enzymes by Antarctic fungal strains. *Polar Biology* 17:275-280.

Franchi, E., Corsolini, S., Clarke, J.C., Lawless R. and Tremont, R. 1996. The three dimensional foraging patterns of Adélie penguins at Edmonson Point, Antarctica. Third International Penguin Conference, Cape Town, South Africa, 2-6 September 1996.

Franchi, E., Corsolini, S., Focardi, S., Clarke, J.C., Trémont, R. and Kerry, K.K. 1997. Biological research on Adélie penguin (*Pygoscelis adeliae*) associated with the CCAMLR Ecosystem Monitoring Program (CEMP). In di Prisco, G., Focardi, S. and Luporini, P. (eds) *Proceed. Third Meet. Antarctic Biology,* Santa Margherita Ligure, 13-15 December 1996. Camerino University Press: 209-19.

Frati, F. 1997. Collembola of the north Victoria Land: distribution, population structure and preliminary data for the reconstruction of a molecular phylogeny of Antarctic collembola. *Newsletter of the Italian Biological Research in Antarctica* 1 (Austral summer 1995-96): 30-38.

Frati F. 1999. Distribution and ecophysiology of terrestrial microarthropods in the Victoria Land. *Newsletter of the Italian Biological Research in Antarctica* 3: 13-19.

Frati F., Fanciulli P.P., Carapelli A. and Dallai R. 1997. The Collembola of northern Victoria Land (Antarctica): distribution and ecological remarks. *Pedobiologia* 41: 50-55.

Frati F., Fanciulli P.P., Carapelli A., De Carlo L. and Dallai R. 1996. Collembola of northern Victoria Land: distribution, population structure and preliminary molecular data to study origin and evolution of Antarctic Collembola. Proceedings of the 3rd Meeting on Antarctic Biology, G. di Prisco, S. Focardi and P. Luporini eds., Camerino Univ. Press: 321-330.

Fumanti, B., Alfinito, S. and Cavacini, P. 1993. Freshwater algae of Northern Victoria Land (Antarctica). *Giorn. Bot. Ital.,* **127** (3): 497.

Fumanti, B., Alfinito, S. and Cavacini, P. 1994a. Freshwater diatoms of Northern Victoria Land (Antarctica). 13th International Diatom Symposium, 1-7 September 1994, Acquafredda di Maratea (PZ), Italy, Abstract book: 226.

Fumanti, B., Alfinito, S. and Cavacini, P. 1994b. Floristic survey of the freshwater algae of Northern Victoria Land (Antarctica). Proceedings of the 2nd meeting on Antarctic Biology, Padova, 26-28 Feb. 1992. Edizioni Universitarie Patavine: 47-53.

Guilizzoni P., Libera V., Tartagli G., Mosello R., Ruggiu D., Manca M., Nocentini A, Contesini M., Panzani P., Beltrami M. 1991. Indagine per una caratterizzazione limnologica di ambienti lacustri antartici. Atti del 1° Convegno di Biologia Antartica. Roma CNR, 22-23 giu. 1989. Ed. Univ. Patavine: 377-408.Given, D.R. 1985. Fieldwork in Antarctica, November – December 1984. Report 511b. Botany Division, DSIR, New Zealand.

Given, D.R. 1989. A proposal for SSSI status for Edmonson Point, north Victoria Land. Unpublished paper held in PNRA Archives.

Greenfield, L.G., Broady, P.A., Given, D.R., Codley, E.G. and Thompson, K. 1985. Immediate science report of NZARP Expedition K053 to RDRC. Botanical and biological studies in Victoria Land and Ross Island, during 1984–85.

Harris, C.M. and Grant, S.M. 2003. Science and management at Edmonson Point, Wood Bay, Victoria Land, Ross Sea: Report of the Workshop held in Siena, 8 June 2003. Includes Science Reviews by R. Bargagli, N. Cannone & M. Guglielmin, and S. Focardi. Cambridge, *Environmental Research and Assessment.*

Keys, J.R., Dingwall, P.R. and Freegard, J. (eds) 1988. *Improving the Protected Area system in the Ross Sea region, Antarctica*: Central Office Technical Report Series No. 2. Wellington, NZ Department of Conservation.

Kyle, P.R. 1990. A.II. Melbourne Volcanic Province. In LeMasurier, W.E. and Thomson, J.W. (eds) Volcanoes of the Antarctic Plate and Southern Oceans. *Antarctic Research Series* 48: 48-52.

La Rocca N., Moro I. and Andreoli, C. 1996. Survey on a microalga collected from an Edmonson Point pond (Victoria Land, Antarctica). *Giornale Botanico Italiano,* 130:960-962.

Lewis Smith, R.I. 1996. BIOTEX 1 field report: December 1995 – January 1996: plant ecology, colonisation and diversity at Edmonson Point and in the surrounding region of Victoria Land, Antarctica. Unpublished field report in BAS Archives AD6/2/1995/NT1.

Lewis Smith, R.I. 1999. Biological and environmental characteristics of three cosmopolitan mosses dominant in continental Antarctica. *Journal of Vegetation Science* 10: 231-242.

Melick D.R. and Seppelt R.D. 1997. Vegetation patterns in relation to climatic and endogenous changes in Wilkes Land, continetal Antarctica. *Journal of Ecology* **85**: 43-56.

Meurk, C.D., Given, D.R. and Foggo, M. N. 1989. Botanical investigations at Terra Nova Bay and Wood Bay, north Victoria Land. 1988–89 NZARP Event K271 science report.

Olmastroni S, Pezzo F, Bisogno I., Focardi S, 2004b. Interannual variation in the summer diet of Adélie penguin *Pygoscelis adeliae* at Edmonson Point . WG-EMM04/ 38.

Olmastroni S, Pezzo F, Volpi V, Corsolini S, Focardi S, Kerry K. 2001b. Foraging ecology of chick rearing of Adélie penguins in two colonies of the Ross Sea; 27/8-1/9 2001; Amsterdam, The Netherlands. SCAR.

Olmastroni, S. 2002. Factors affecting the foraging strategies of Adélie penguin (*Pygoscelis adeliae*) at Edmonson Point, Ross Sea, Antarctica. PhD Thesis, Università di Siena.

Olmastroni, S., Corsolini, S., Franchi, E., Focardi, S., Clarke, J., Kerry, K., Lawless, R. and Tremont, R. 1998. Adélie penguin colony at Edmonson Point (Ross Sea, Antarctica): a long term monitoring study. 31 August-September 1998; Christchurch, New Zealand. SCAR. p 143.

Olmastroni, S., Corsolini, S., Pezzo, F., Focardi, S. and Kerry, K. 2000. The first five years of the Italian-Australian Joint Programme on the Adélie Penguin: an overview. *Italian Journal of Zoology Supplement* **1**: 141-45.

Onofri, S. and Tofi, S. 1992. *Arthrobotrys ferox* sp. nov., a springtail-capturing hyphomycete from continental Antarctica. *Mycotaxon* 44(2):445-451.Orombelli, G. 1988. Le spiagge emerse oloceniche di Baia Terra Nova (Terra Vittoria, Antartide). Rend. Acc. Naz. Lincei.

Pezzo, F., Olmastroni, S., Corsolini, S., and Focardi, S. 2001. Factors affecting the breeding success of the south polar skua *Catharacta maccormicki* at Edmonson Point, Victoria Land, Antarctica. *Polar Biology* **24**:389-93.

Pilastro, A., Pezzo, F., Olmastroni, S., Callegarin, C., Corsolini, S. and Focardi, S. 2001. Extrapair paternity in the Adélie penguin *Pygoscelis adeliae*. *Ibis* **143**: 681-84.

Ricelli A., Fabbri A.A., Fumanti B., Cavacini P., Fanelli C. 1997. Analyses of effects of ultraviolet radiation on fatty acids and α-tocopherol composition of some microalgae isolated from Antarctica. In di Prisco, G., Focardi, S., and Luporini P. (eds.), Proceedings of the 3rd meeting on "Antarctic Biology", S. Margherita Ligure, December 13-15, 1996. Camerino University Press: 239-247.

Simeoni, U., Baroni, C., Meccheri, M., Taviani, M. and Zanon, G. 1989. Coastal studies in northern Victoria Land (Antarctica): Holocene beaches of Inexpressible Island, Tethys Bay and Edmonson Point. *Bollettino di Oceanologia Teorica ed Applicata* 7(1-2): 5-17.

Taylor, R.H., Wilson, P.R. and Thomas, B.W. 1990. Status and trends of Adélie Penguin populations in the Ross Sea region. *Polar Record* 26:293-304.

Woehler, E.J. (ed) 1993. *The distribution and abundance of Antarctic and sub-Antarctic penguins.* SCAR, Cambridge.

Wörner, G. and Viereck, L. 1990. A.I0. Mount Melbourne. In Le Masurier, W.E. and Thomson, J.W. (eds) Volcanoes of the Antarctic Plate and Southern Oceans. *Antarctic Research Series* 48: 72-78.

Wynn-Williams, D.D. 1996. BIOTEX 1, first BIOTAS expedition: field report: Taylor Valley LTER Dec 1995, Terra Nova Bay Dec 1995 – Jan 1996: microbial colonisation, propagule banks and survival processes. Unpublished field report in BAS Archives AD6/2/1995/NT2.

Zucconi L., Pagano S., Fenice M., Selbmann L., Tosi S., and Onofri S. 1996. Growth temperature preference of fungal strains from Victoria Land. *Polar Biology* **16**: 53-61.

Appendix 1

Recent bibliography and other publications of interest for the research activity at Edmonson Point (Ross Sea)

D. Ainley, V. Toniolo, G. Ballard, K. Barton, J. Eastman, B. Karl, S. Focardi, G. Kooyman, P. Lyver, S. Olmastroni, B.S. Stewart, J. W. Testa, P. Wilson, 2006. Managing ecosystem uncertainty: critical habitat and dietary overlap of top-predators in the Ross Sea. WG-EMM 06/29

Tosca Ballerini, Giacomo Tavecchia, Silvia Olmastroni, Francesco Pezzo, Silvano Focardi 2009. Nonlinear effects of winter sea ice on the survival probabilities of Adélie penguins. *Oecologia* 161:253–265.

F. Borghini, A. Colacevich, S. Olmastroni 2010. Studi di ecologia e paleolimnologia nell'area protetta di Edmonson Point (Terra Vittoria, Antartide). *Etruria Natura* Anno VII: 77-86.

Cincinelli A., Martellini T. and Corsolini S., 2011. Hexachlorocyclohexanes in Arctic and Antarctic Marine Ecosystems, Pesticides - Formulations, Effects, Fate, Edited by: Margarita Stoytcheva, ISBN: 978-953-307-532-7, Publisher: InTech, Publishing, Janeza Trdine 9, 51000 Rijeka, Croatia, January 2011,453-476, available at http://www.intechopen.com/articles/show/title/hexachlorocyclohexanes-in-arctic-and-antarctic-marine-ecosystems.

Corsolini S., 2011. Contamination Profile and Temporal Trend of POPs in Antarctic Biota. In Global contamination trends of persistent organic chemicals. Ed. B. Loganathan, P.K.S. Lam, Taylor & Francis, Boca Raton, FL, USA, in press.

Corsolini S., 2011. Antarctic: Persistent Organic Pollutants and Environmental Health in the Region. In: Nriagu JO (ed.) *Encyclopedia of Environmental Health*, volume 1, pp. 83–96 Burlington: Elsevier, NVRN/978-0-444-52273-3.

Corsolini S., Ademollo N., Mariottini M., Focardi S., 2004. Poly-brominated diphenyl-ethers (PBDEs) and other Persistent Organic Pollutants in blood of penguins from the Ross Sea (Antarctica). *Organohalogen Compd.*, 66: 1695-1701.

Corsolini S, Covaci A, Ademollo N, Focardi S, Schepens P., 2005. Occurrence of organochlorine pesticides (OCPs) and their enantiomeric signatures, and concentrations of polybrominated diphenyl ethers (PBDEs) in the Adelie penguin food web, Antarctica. *Environ Pollut.*, 140(2): 371-382.

Corsolini S., Olmastroni S., Ademollo N., Minucci G., Focardi S., 2003. Persistent organic pollutants in stomach contents of Adélie penguins from Edmonson Point (Victoria Land, Antarctica).

In: Antarctic Biology in a global context, Ed. A.H.L. Huiskes, W.W.C. Gieskes, J. Rozema, R.M.L. Schorno, S.M. van der Vies, W.J. Wolff. Backhuys Publishers, Leiden, The Netherlands. pp. 296-300

Fuoco, R.; Bengtson Nash, S. M.; Corsolini, S.; Gambaro, A.; Cincinelli, A. *POPs in Antarctica; A Report to the Antarctic Treaty in Kiev 2-13 June, 2008*; Environmental Contamination in Antarctica (ECA) Pisa, 2008.

Sandra Lorenzini, Silvia Olmastroni, Francesco Pezzo, Maria Cristina Salvatore, Carlo Baroni 2009. Holocene Adélie penguin diet in Victoria Land, Antarctica. *Polar Biology* 32:1077–1086.

Irene Nesti, Yan Ropert-Coudert, Akiko Kato, Michael Beaulieu, Silvano Focardi, Silvia Olmastroni 2010. Diving behaviour of chick-rearing Adélie Penguins at Edmonson Point, Ross Sea. *Polar Biology* 33:969–978.

S. Olmastroni, F. Pezzo, V. Volpi, S. Focardi 2004a. Effects of weather and sea ice on Adélie penguin reproductive performance. *CCAMLR Science* 11:99-109

F. Pezzo, S. Olmastroni, V. Volpi, S. Focardi 2007. Annual variation in reproductive parameters of Adélie penguins at Edmonson Point, Victoria Land, Antarctica. *Polar Biology* **31**:39-45.

Annexe 2   Permis délivrés

Des permis délivrés à la campagne antarctique italienne 2006-2011 l'autorisent à mener les activités suivantes :

Interférence ou échantillonnage des organismes vivants suivants dans la ZSPA n° 165 Pointe Edmonson :

Saison 2006/2007

Organisme	Quantité, N° or Kg	Système d'échantillonnage
Pygoscelis adeliae	2000	recensement visuel
" " "	10	marquage
" " "	10	échantillons de plumes
Stercorarius maccormicki	200	recensement visuel

Des échantillons d'eau ont été prélevés dans les lacs. Le permis autorisant l'accès à la ZSPA 165 était valide pour un campement de 40 jours.

Saison 2007/2008

Organisme	Quantité N° ou Kg	Système d'échantillonnage

Les permis autorisant l'accès à la ZSPA 165 ont été délivrés uniquement pour accéder à la station météorologique deux fois, pour une durée de 3 heures

Saison 2008/2009

Organisme	Quantité, N° ou Kg	Système d'échantillonnage

Aucune activité n'a été menée à la ZSPA no 165 Pointe Edmonson au cours de la campagne 2007-2008.

Saison 2009/2010

Organisme	Quantité, N° ou Kg	Système d'échantillonnage
Pygoscelis adeliae	2000	recensement visuel
" " "	18	échantillons de plume et sanguins
Stercorarius maccormicki	120	recensement visuel
" " "	10	échantillons de plume et sanguins
Mousses	200 g	échantillonnage manuel

Algues	200 g	échantillonnage manuel

Des échantillons d'eau, de mousses et d'algues ont été prélevés dans les lacs.

Saison 2010/2011

Organisme	Quantité, N° ou Kg	Système d'échantillonnage
Mousses	600 g	échantillonnage manuel
Algues	400 g	échantillonnage manuel
Lichens, roches et sols	600 g	échantillonnage manuel
Roches et sols colonises par des microorganismes et des lichens	2 Kg	échantillonnage manuel

Les échantillonnages et les activités de recherche menées à l'intérieur de la ZSPA se sont etales sur douze fois, totalisant 28 heures de travail.

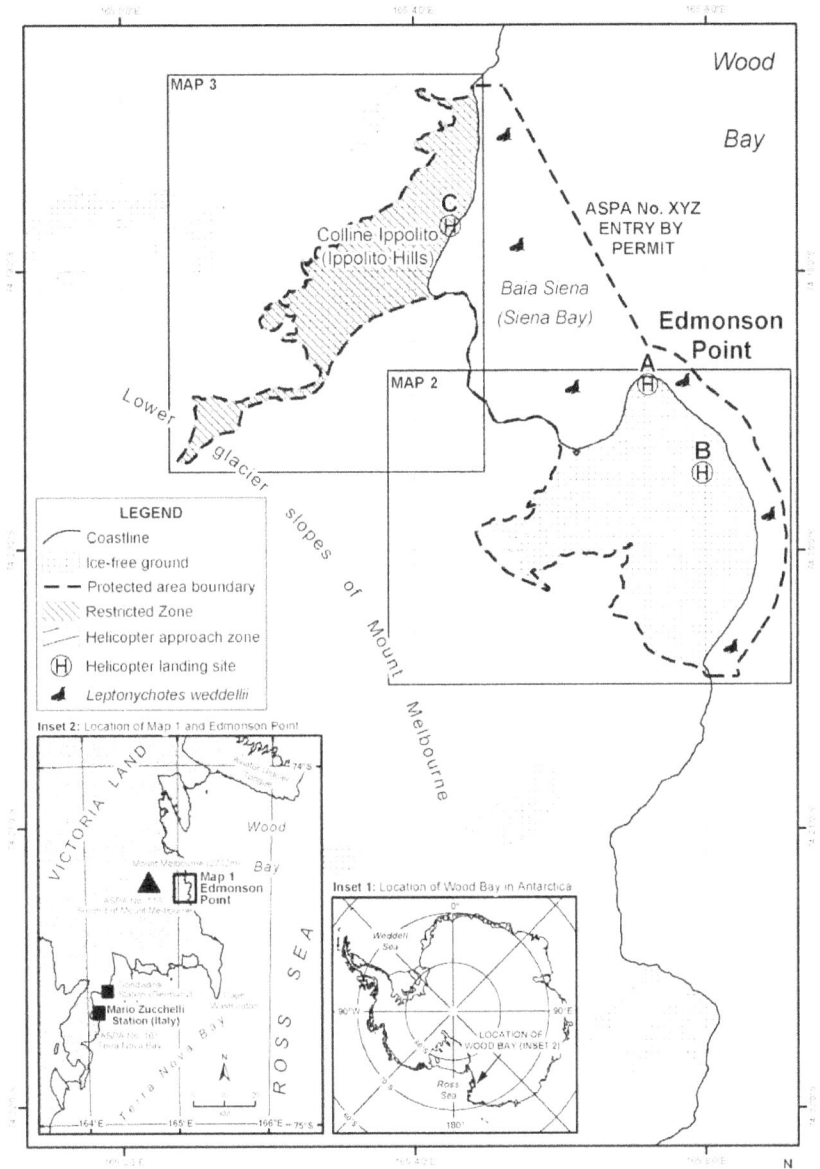

Map 1: Edmonson Point, ASPA No. 165

Wood Bay, Victoria Land, Ross Sea

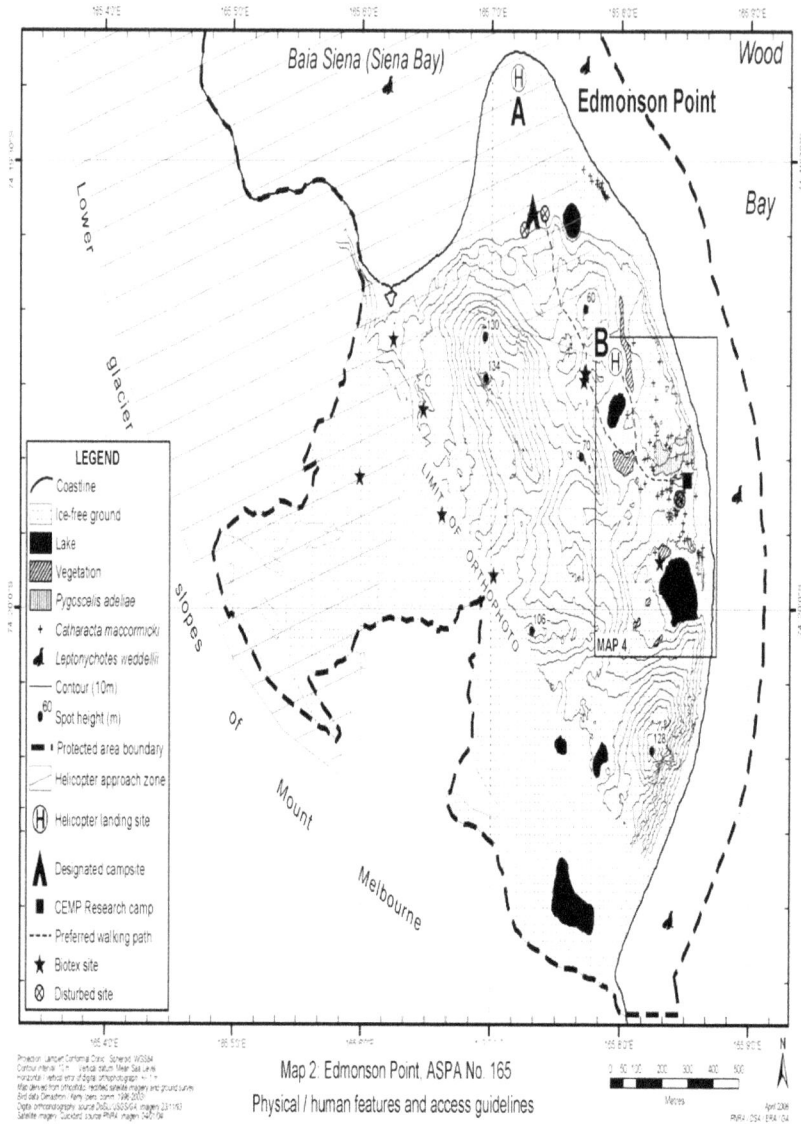

Map 2: Edmonson Point, ASPA No. 165
Physical / human features and access guidelines

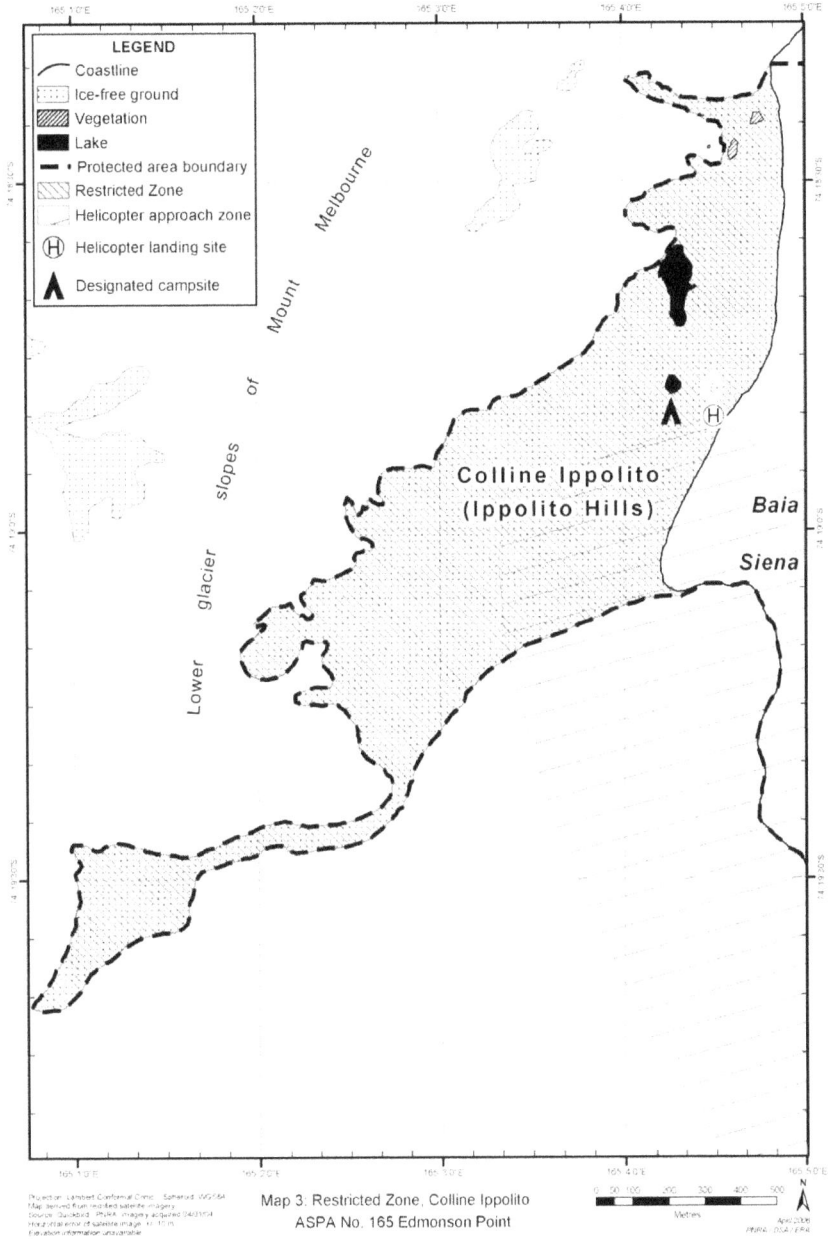

LEGEND

- Coastline
- Ice-free ground
- Vegetation
- Lake
- Protected area boundary
- Restricted Zone
- Helicopter approach zone
- (H) Helicopter landing site
- Designated campsite

Mount Melbourne

Lower glacier slopes of

Colline Ippolito (Ippolito Hills)

Baia Siena

Map 3: Restricted Zone, Colline Ippolito
ASPA No. 165 Edmonson Point

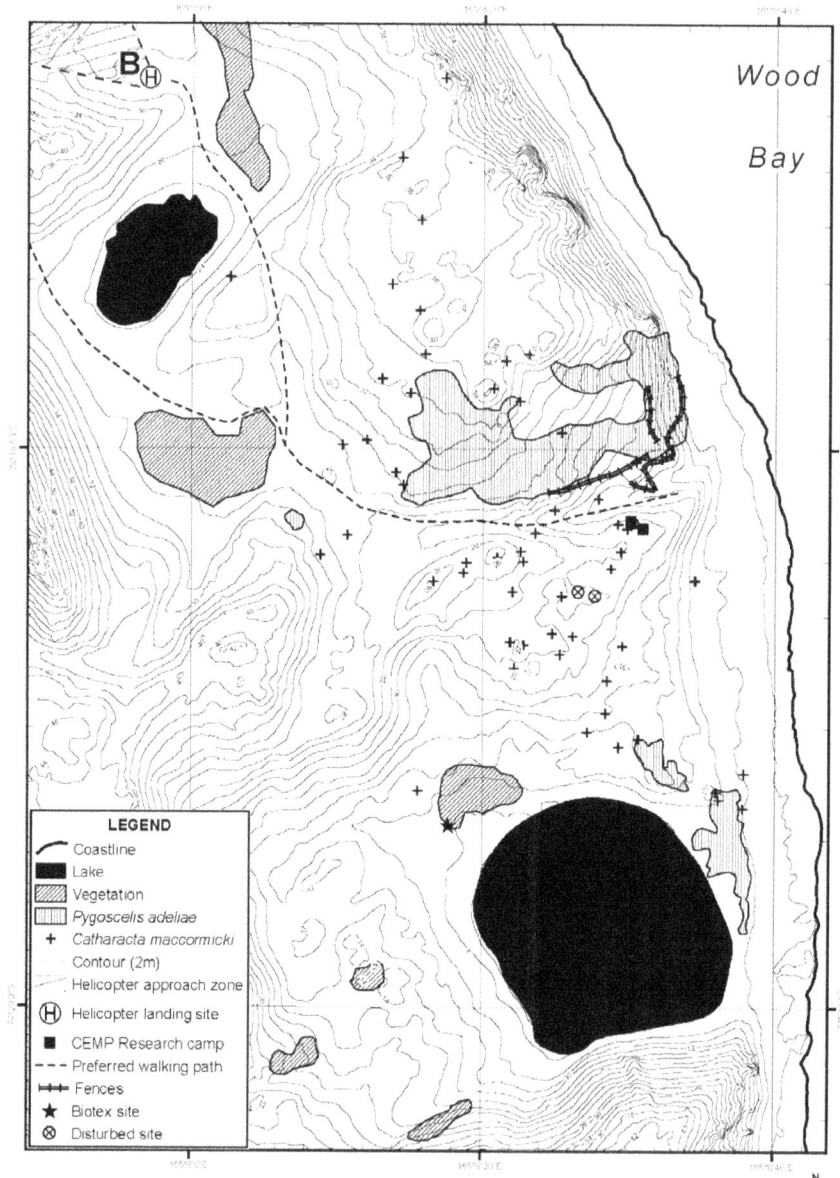

LEGEND
Coastline
Lake
Vegetation
Pygoscelis adeliae
+ Catharacta maccormicki
Contour (2m)
Helicopter approach zone
(H) Helicopter landing site
■ CEMP Research camp
- - - Preferred walking path
|-+-+-| Fences
★ Biotex site
⊗ Disturbed site

Map 4. Edmonson Point, ASPA No. 165
Topography, wildlife & vegetation

Plan de gestion pour
la zone spécialement protégée de l'Antarctique N° 167

Ile Hawker, Terre Princesse Elizabeth

Introduction

L'île Hawker (latitude 68°38' S, 77°51' E, carte A) se trouve à 7 km au sud-ouest de la station australienne Davis dans les collines Vestfold sur la côte Ingrid Christensen de la Terre Princesse Elizabeth, Antarctique oriental. L'île a été désignée en tant que ZSPA n° 167 en application de la mesure 1 (2006), sur proposition de l'Australie, le motif principal étant la protection de la colonie de nidification de pétrels géants (*Macronectes giganteus*) située la plus au sud (carte B). La zone est l'un des quatre sites de nidification connus pour les pétrels géants sur la côte de l'Antarctique oriental, qui ont tous été désignés zones spécialement protégées de l'Antarctique : la ZSPA n° 102, îles Rookery, baie Holme, Terre Mac Robertson (latitude 67°36' S, longitude 62°53' E) – près de la station Mawson ; la ZSPA n° 160, îles Frazier, Terre Wilkes (latitude 66°13' S, longitude 110°11' E) – près de la station Casey ; et la ZSPA n° 120, Pointe Géologie, Terre Adélie (latitude 66°40' S, longitude 140°01' E) – près de Dumont d'Urville. L'île Hawker abrite aussi des colonies nicheuses de manchots Adélie (*Pygocelis adeliae*), de labbes antarctiques (*Catharacta maccormicki*), de damiers du cap (*Daption capense*) et de temps à autre de phoques de Weddell (*Leptonychotes weddellii*).

1. Description des valeurs à protéger

La population totale de pétrels géants de l'Antarctique oriental représente moins de 1 % du total de la population d'oiseaux nicheurs. La population actuelle est estimée à environ 300 couples, dont 45 sur l'île Hawker (2010), 2-4 sur l'île Giganteus (qui fait partie du groupe des îles Rookery) (2007), environ 250 dans les îles Frazier (2001) et 8 à 9 à Pointe-Géologie (2005). Les pétrels géants se reproduisent également sur d'autres îles dans la partie sud des océans Indien et Atlantique ainsi qu'à proximité de la péninsule Antarctique.

La colonie de pétrels géants nichant sur l'île Hawker a été découverte en décembre 1963 ; elle comportait à l'époque quelque 40 ou 50 nids, « certains contenant des œufs », mais le nombre de nids occupés n'a pas été enregistré. De 1963 à 2007, des comptages d'adultes, d'œufs ou de poussins ont été réalisés de façon irrégulière à divers stages du cycle de reproduction. Il est impossible de dégager la tendance à long terme de cette population en raison de la variabilité des dates de comptage et du manque de cohérence des unités de comptage. Les nombres recueillis antérieurement pour cette colonie étaient peu élevés parce que seuls les poussins bagués lors d'une même année avaient été comptés, plutôt que le nombre total de poussins. La zone abrite aussi une colonie de manchots Adélie, quelques espèces d'oiseaux volants et des sites d'échouerie d'éléphants de mer du sud.

Les pétrels géants nichant dans l'Antarctique oriental sont particulièrement sensibles aux perturbations à proximité de leurs nids. Des restrictions aux activités autorisées sur les sites de reproduction ont été mises en place vers le milieu des années 1980, avec notamment une interdiction du baguage.

Dans les îles Shetland du Sud et les îles Orkney du Sud, les prises accessoires de pétrels géants par les chalutiers de pêche à la palangre opérant dans l'océan Austral sont sans doute en partie responsables de la réduction de population observée. De telles observations ont aussi été notées dans l'Antarctique oriental. Jusqu'à récemment, les pétrels géants étaient désignés comme vulnérables par l'Union internationale pour la conservation de la nature (UICN). Cependant, après une réévaluation des données disponibles relatives à la population globale, il semble que la meilleure estimation soit une augmentation de 17% de la population totale au cours de trois générations, soit sur 64 ans, et que le pire des scénarios soit un déclin de 7,2% de la population totale. Ces taux sont inférieurs au seuil de l'UICN pour les espèces classées comme « vulnérables ». Le statut des pétrels géants a donc été déclassé, et l'espèce est passée de « quasi menacée » à considérée « d'une préoccupation mineure ».L'île est également le site de colonies de manchots Adélie (*Pygocelis adeliae*), de labbes antarctiques (*Catharacta maccormicki*), de damiers du cap (*Daption capense*) et de temps à autre de phoques de Weddell (*Leptonychotes weddellii*).

2. Buts et objectifs

Les buts et objectifs du plan de gestion de l'île Hawker sont les suivants :

- protéger la colonie de pétrels géants nicheurs et les colonies d'autres espèces présentes dans la zone ;

- éviter les perturbations humaines ou tout autre impact négatif sur les valeurs de la zone, tout en permettant les activités de recherche ou autres activités en conformité avec le présent plan ;

- protéger les valeurs de l'île Hawker comme zone de référence pour la réalisation d'études comparatives ultérieures avec d'autres populations de pétrels géants nicheurs ; et

- réduire les risques d'introduction de plantes, d'animaux ou de microbes exotiques sur l'île Hawker.

3. Activités de gestion

Les activités de gestion suivantes seront entreprises pour protéger les valeurs de la zone :

- les visites de recherche pour assurer le recensement la population et évaluer les tendances démographiques de la colonie de pétrels géants et / ou les autres espèces présentes seront autorisées. Dans la mesure du possible, les activités et méthodologies privilégiées seront celles qui réduisent les perturbations à la colonie de nidification (en utilisant par exemple des caméras automatiques) ;

- les visites dans la zone seront organisées, selon que de besoin et dans la mesure du possible, en dehors de la saison de reproduction des pétrels géants (entre mi-avril et mi-septembre), pour évaluer si elle continue à servir les fins pour lesquelles elle a été désignée et s'assurer que les activités de gestion sont pertinentes ;

- des informations sur la ZSPA de l'île Hawker (détaillant les restrictions qui s'y appliquent) et des copies du présent plan de gestion seront disponibles dans les stations avoisinantes. Des documents informatifs ainsi que le présent plan de gestion seront mis à la disposition des bateaux visitant les environs ; et

- le plan de gestion sera réexaminé au moins une fois tous les cinq ans et modifié et/ou remis à jour le cas échéant.

4. Durée de désignation

La désignation est faite pour une période indéterminée.

5. Cartes

Carte A : Zone spécialement protégée de l'Antarctique de l'île Hawker, collines Vestfold, côte Ingrid Christensen, Terre Princesse Elizabeth, Antarctique oriental.

Carte B : Ile Hawker, zone spécialement protégée de l'Antarctique, collines Vestfold, côte Ingrid Christensen, Terre Princesse Elizabeth, Antarctique oriental, Biote, topographie et caractéristiques physiques.

Spécifications de la carte :

> Projection : UTM Zone 49
> Datum horizontal : WGS84

6. Description de la zone

6(i) Coordonnées géographiques, bornage et particularités naturelles

L'île Hawker (latitude 68°38' S, longitude 77°51' E) est située à environ 300 m des côtes des collines Vestfold. Ces dernières représentent une zone quasi-triangulaire libre de glace de quelque 512 km², composée de fonds rocheux, de débris glaciaires, de lacs et d'anses. Les collines Vestfold sont délimitées à l'est par le plateau glaciaire, au sud par le glacier Sørsdal et à l'ouest par la baie Prydz, et sont composées de collines de basse altitude (alt. maximum à la colline Boulder : 158 m) et de vallées, avec une pénétration profonde de fjords et de lacs. De nombreuses îles bordent la côte des collines Vestfold, et l'île Hawker se trouve au sud-ouest, entre l'île Mule et la péninsule Mule.

L'île Hawker est une île de forme irrégulière à faible élévation (élévation maximum : près de 40 m), comprenant deux chaînes parallèles de collines sur un axe nord-sud se terminant par deux petites péninsules australes. Une troisième péninsule se trouve directement à l'ouest et s'achève par une colline de 40 m composée de falaises abruptes sur la mer sur ses faces occidentale et septentrionale. Il existe plusieurs petits lacs d'eau douce entre les chaînes des falaises du côté nord de l'île, et divers petits lacs sur la partie plane du terrain dans la partie est de l'île. A ses points les plus distants, l'île fait 2 km du nord au sud et 1,7 km d'est en ouest.

La ZSPA de l'île Hawker est composée de l'intégralité de la masse terrestre de l'île Hawker, sa ligne de démarcation maritime se trouvant à la laisse de basse mer (carte B). La superficie totale de la ZSPA de l'île Hawker est d'environ 1,9 km². Il n'existe aucune marque de bornage.

Analyse des domaines environnementaux

Selon l'Analyse des domaines environnementaux du continent antarctique (Résolution 3 (2008)), l'île Hawker est située dans le domaine environnemental T Géologique de l'inlandsis continental.

Historique des contacts humains

La première notation enregistrée de la découverte des collines Vestfold est attribuée à Douglas Mawson lors de l'expédition BANZARE à bord du Discovery le 9 février 1931. Quatre ans plus tard, le 20 février 1935, le capitaine Klarius Mikkelsen du pétrolier Thorshavn de la compagnie Lars Christensen a aperçu et assuré l'atterrage de la zone. Il en a baptisé plusieurs caractéristiques géographiques et a donné à la zone le nom de collines Vestfold en hommage à sa province natale en Norvège. Les collines Vestfold ont de nouveau été visitées par Mikkelsen au début de 1937, à l'occasion d'un relevé aérien du littoral.

Les visiteurs suivants furent, en janvier 1939, l'explorateur américain Lincoln Ellsworth et son conseiller australien, Sir Hubert Wilkins, à bord du navire à moteur Wyatt Earp. Ellsworth a survolé quelque 400 km vers l'intérieur des terres. Au début de 1947, le navire USS Currituck a visité la côte Ingrid Christensen dans le cadre de l'Opération Highjump. Des vols ont été effectués pour assurer un relevé photographique aérien du littoral.

La première expédition australienne de l'ANARE (Australian National Antarctic Research Expeditions) dans la zone, sous le commandement de Phillip Law à bord du Kista Dan a atteint les collines Vestfold le 1er mars 1954. En janvier 1956, des membres de l'Expédition antarctique soviétique ont débarqué sur la côte Ingrid Christensen, en prévision de l'Année géophysique internationale, pour établir la station Mirny à 595 km à l'est. La station Davis, sous supervision australienne, a été installée dans les collines Vestfold en 1957. L'île Hawker a été nommée en hommage à A.C. Hawker, superviseur radio de la station Davis en 1957.

Climat

Les données météorologiques disponibles pour la zone proviennent quasi exclusivement d'observations effectuées à la station Davis, à 7 km au nord-ouest de l'île Hawker. La région des collines Vestfold a un climat maritime polaire qui est sec, froid et venteux. Les journées d'été sont généralement ensoleillées, avec des températures moyennes à la mi-journée allant de -1°C à +2,9°C et des maxima estivaux de +5°C, mais les températures demeurent en dessous de 0°C pour l'essentiel de l'année, et peuvent chuter jusqu'à -40,7°C en hiver. La température maximale enregistrée à la station Davis entre 1957 et 2001 était de +13°C. De longues périodes de conditions plaisantes et relativement calmes se produisent pendant l'année. Les vents sont généralement légers. La moyenne annuelle tourne autour de 20 km/h. Les vents violents et les blizzards peuvent se lever pratiquement sans préavis et des bourrasques de plus de 200 km/h ont été enregistrées. Les chutes de neige représentent en moyenne 78 mm/an, avec des accumulations annuelles supérieures attribuables au vent. Mises à part plusieurs zones de glace permanentes, les collines Vestfold sont pratiquement sans neige en été et légèrement couvertes en hiver. Les archives révèlent un climat saisonnier correspondant à celui des latitudes élevées, mais les températures à la station Davis sont en moyenne supérieures à celles des autres stations de l'Antarctique situées à des latitudes similaires. Ce phénomène est attribué à l'oasis rocheux résultant de l'albédo inférieur des surfaces rocheuses par rapport à la glace, qui permet l'absorption de davantage d'énergie solaire et sa réémission.

Géologie

Les collines Vestfold se composent de gneiss archéen dont les dépressions sont souvent occupées par de fines couches de sédiments fossilifères du Pliocène et du Quaternaire. Les strates cénozoïques les plus anciennes des collines Vestfold se trouvent dans la formation de Sørsdal du milieu du Pliocène, qui renferme une flore et une faune marines fossiles très diversifiées. D'autres strates cénozoïques plus jeunes témoignent des glaciations répétées, et de plusieurs transgressions et régressions marines. Les trois principales lithologies formant les collines Vestfold sont (en ordre chronologique) le paragneiss de Chelnock, le gneiss de Mossel et le gneiss du lac Crooked. Cette composition se répète par unités est-nord-est à ouest-sud-ouest interrompues par des groupes de fissures mafiques suivant une orientation approximative nord-sud. Les fissures sont une caractéristique importante des collines Vestfold. L'île Hawker comprend une extension du gneiss du lac Crooked dans la partie nord de la péninsule Mule au dessus du passage Laternula. Le gneiss du lac Crooked, tout comme les gneiss archéens des collines Vestfold, est interrompu par nombre de fissures de dolérite très caractéristiques du début au milieu du Protérozoïque.

Pétrels géants

La colonie de pétrels géants de l'île Hawker est située sur terrain plat à environ 20 m au-dessus du niveau de la mer à l'extrémité nord de l'île (carte B). La même zone sert d'aire de nidification depuis les premiers relevés, en 1963-64. La partie est de la zone de nidification forme une légère crête en à-pic au-dessus du sol, ce qui constitue une excellente zone d'envol dans les vents nord-est prédominants.

La saison de la reproduction des pétrels géants sur l'île Hawker commence en fin septembre/début octobre, et la ponte intervient pendant la deuxième moitié du mois d'octobre. Après une période d'incubation d'environ 60 jours, l'éclosion commence au cours de la deuxième moitié du mois de décembre et se poursuit pendant trois à quatre semaines jusqu'à la mi-janvier. Les jeunes oiseaux quittent la colonie à peu près 14 à 16 semaines après leur éclosion, entre la fin mars et le début mai. D'après l'analyse des données recueillies par les caméras automatiques tout au long de l'année et les visites réalisées au cours des hivers récents, on sait qu'un petit nombre d'oiseaux persistent dans la zone en-dehors de la saison reproductive ; par conséquent, les visites dans la zone doivent être menées de manière à causer le moins de perturbation possible.

Vers le milieu des années 1980, une stratégie de gestion a été mise en application pour les trois sites de nidification des pétrels géants à proximité des stations australiennes, afin de réduire autant que possible les perturbations causées par les êtres humains. La Division antarctique australienne avait auparavant limité les recensements à une fois tous les trois ou cinq ans et soumis toutes les autres visites à des contrôles administratifs rigoureux. Cet intervalle était considéré à l'époque comme un moyen terme acceptable entre les risques de perturber les oiseaux pour leur recensement et le besoin de se procurer des données démographiques significatives. Ce régime de gestion a contraint à des visites en nombre insuffisant pour estimer les niveaux de la population (et les tendances démographiques) et n'a visiblement pas eu d'effet bénéfique significatif sur le succès de reproduction des pétrels géants. Avec le développement de nouvelles technologies comme les caméras automatiques, il est maintenant possible d'obtenir des informations détaillées avec une présence humaine minime, voire sans présence humaine, pendant la période de reproduction.

En mars 2011, 23 poussins et 64 adultes ont été recensés dans la zone. Parmi eux, quatre oiseaux bagués ont été repérés, dont deux avaient été bagués à proximité de Casey (en 1985) et deux sur l'île Hawker (en 1986). On a observé que les deux oiseaux bagués à Casey restaient près des mêmes poussins et semblaient s'être reproduits.

Oiseaux divers

Les manchots Adélie se reproduisent le long de la côte des collines Vestfold et sur au moins 17 îles au large, y compris l'île Hawker. Le nombre total de manchots Adélie des collines Vestfold est estimé à 130 000 couples. La colonie de l'île Hawker se trouve à proximité d'une petite colline à mi-chemin du côté ouest de l'île et comporterait entre 2 500 et 7 500 couples. Tout porte à croire que la colonie ou certains de ses groupes nicheurs se déplacent régulièrement. Les zones abandonnées comportent des dépôts importants de guano, d'œufs gelés et de carcasses desséchées de poussins. Les premiers manchots Adélie apparaissent généralement dans la région vers le milieu du mois d'octobre, et la ponte commence environ quatre semaines plus tard. L'intervalle entre la ponte du premier et du deuxième œuf est de deux jours et demi à quatre jours et demi, et la période d'incubation varie entre 32 et 35 jours. Après la mue, les derniers adultes quittent l'île Hawker d'ici la fin du mois de mars.

La présence d'une colonie peu nombreuse de damiers du Cap a été enregistrée sur l'île Hawker, à la pointe sud de la péninsule sud-ouest. Les damiers du Cap ne sont pas présents dans la région en hiver. Ils regagnent les sites de nidification au cours du mois d'octobre, la ponte se produisant entre la fin novembre et le début décembre et le départ du nid fin février-début mars.

Phoques

Le phoque de Weddell (*Leptonychotes weddellii*) a choisi comme zone de reproduction les collines Vestfold et de temps à autre la partie sud-est de l'île Hawker. Les phoques font leur apparition sur les côtes vers la fin septembre et le début octobre, et les bébés phoques naissent entre la mi-octobre et la fin novembre. Pendant tout l'été, les phoques en mue continuent leur fréquentation de la glace marine et se hissent sur la côte. L'essentiel de la population locale demeure dans les collines Vestfold pendant tout l'été. Les groupes hors âge reproducteur d'éléphants de mer du sud (*Mirounga leonina*) vont à terre pendant les mois d'été à proximité de la péninsule sud-ouest de l'île Hawker. Leurs zones de mue contiennent des dépôts de poils et d'excréments accumulés depuis plusieurs milliers d'années, et pourraient être considérées comme des zones uniques et vulnérables.

Végétation

La flore des collines Vestfold comprend au moins 82 espèces d'algues terrestres, six espèces de mousse et au moins 23 espèces de lichens. Les lichens et les mousses se répartissent pour l'essentiel dans le secteur oriental ou à l'intérieur des terres, et leur schéma de répartition reflète la disponibilité de neige soufflée, le temps écoulé depuis la dernière exposition du substrat du plateau glaciaire, la durée écoulée depuis la dernière glaciation, l'élévation et la proximité de l'eau de mer. Dans de rares cas, la présence de lichens ou de mousses a été relevée à proximité des côtes halomorphes, notamment sur l'île Hawker où le terrain de faible élévation est recouvert de dépôts importants de sable et de moraine de forte densité.

Les algues terrestres, qui sont extrêmement répandues, sont le principal producteur primaire des collines Vestfold. La présence d'algues infralithiques (ou hypolithiques) a été enregistrée sur l'île Hawker, notamment sur la face cachée des blocs de quartz translucide qui sont partiellement enterrés. L'algue dominante, la cyanobactérie ou algue bleu-vert, notamment ses variétés oscillatoriacées, *Chroococidiopsis sp.*, et *Aphanothece sp.* sont celles les plus fréquemment rencontrées de concert avec les espèces de la famille des chlorophytae, *Desmococcus sp.A* et *Prasiococcus calcarius*. L'algue édaphique *Prasiola crispa* se présente comme une série de mèches vertes fripées dans les zones de fonte de glace, souvent en compagnie de la diatomée *Navicula muticopsis* et d'algues oscillatoriacées La présence du lichen ornithocophile *Candelariella flava* a également été enregistrée sur l'île Hawker, à proximité des sites de nidification.

Invertébrés

Une étude approfondie entreprise dans les collines Vestfold en 1981 a permis de recouvrer quatre genres et quatre espèces de tardigrades terrestres. Bien qu'aucun tardigrade n'ait été recouvré sur le site de prélèvement d'échantillons de l'île Hawker, il a été suggéré que, dans la mesure où deux espèces (*Hypsibius allisonii* et *Macrobiotus fuciger*?), ont été recueillies à Walkabout Rocks, il serait possible de les retrouver dans d'autres zones côtières à l'écologie similaire en compagnie de la *Prasiola crispa*. L'acarien *Tydeus erebus* se retrouve souvent sur les sites de nidification des manchots Adélie de l'île.

6(ii) Accès à la zone

Selon l'état de la glace de mer, on peut accéder à la zone au moyen d'un véhicule, d'une petite embarcation ou d'un aéronef ; ceux-ci doivent tous rester en dehors de la zone. Il n'y a pas d'aires d'atterrissage désignées.

6(iii) Structures à l'intérieur de la zone et à proximité

Il n'y a aucune structure permanente à l'intérieur ou à proximité de la zone. Au moment de la rédaction du présent document, plusieurs caméras automatiques avaient été placées temporairement à proximité de la colonie de pétrels géants pour une surveillance continue de la population.

6(iv) Emplacement d'autres zones protégées à proximité

La zone protégée suivante se trouve à proximité de l'île Hawker :

Plaine Marine, zone spécialement protégée de l'Antarctique n° 143 (latitude 68°36' S, longitude 78°07' E).

6(v) Zones spéciales à l'intérieur de la zone

Il n'y a pas de zones spéciales à l'intérieur de la zone.

7. Critères de délivrance des permis

7(i) Conditions générales

L'accès à la ZSPA de l'île Hawker est interdit sauf si un permis a été délivré par une autorité nationale compétente. Des permis d'accès à la zone ne peuvent être délivrés que pour la conduite de recherches scientifiques indispensables qu'il est impossible d'entreprendre ailleurs, ou pour des raisons de gestion essentielles qui sont conformes aux objectifs et aux disposition du plan de gestion. Les permis sont délivrés exclusivement pour les activités de recherche scientifique qui ne sont pas susceptibles de mettre en péril les valeurs écologiques ou scientifiques de la zone, ou de perturber des études scientifiques en cours.

Les permis incluront une condition précisant que le permis ou une photocopie doit être en la possession du détenteur à tout moment pendant sa présence à l'intérieur de la zone. D'autres conditions conformes aux objectifs et aux dispositions du plan de gestion peuvent être ajoutées par l'autorité responsable. Le principal détenteur de chaque permis ainsi délivré doit soumettre à l'autorité responsable un rapport sur sa visite expliquant de manière détaillée toutes les activités réalisées à l'intérieur de la zone et incluant toutes les données de recensement ainsi recueillies.

La collaboration avec d'autres programmes nationaux est encouragée afin de réduire la duplication des recherches et de minimiser la perturbation des pétrels géants. Les programmes nationaux de recherche envisageant de mener des recherches scientifiques dans cette zone sont encouragés à contacter la Division antarctique australienne, qui conduit un programme de surveillance régulière de la population de l'île, pour confirmer auprès d'elle tout autre projet devant être réalisé durant la saison.

7(ii) Accès à la zone et déplacements à l'intérieur de celle-ci

- Les véhicules sont interdits à l'intérieur de la zone.

- L'accès à l'île Hawker peut être effectué par bateau ou par véhicule, selon les conditions saisonnières. Les bateaux employés pour visiter les îles doivent être laissés le long de la côte. Les déplacements à l'intérieur de la zone se font exclusivement à pied. Seuls les membres du personnel chargés de réaliser des activités scientifiques ou de gestion à l'intérieur de la zone sont autorisés à quitter le site de débarquement ou de parking. Les quad-bikes et les véhicules utilisés pour visiter la zone ne seront pas introduits à l'intérieur de la zone. Les véhicules devront être garés sur la glace de mer à une distance de la colonie de pétrels géants d'au moins 150 m pour les quad-bikes et de 250 m pour tout autre véhicule (tableau 1) ;

- Les distances minimum d'approche (la proximité maximum) de la faune sauvage sont indiquées au tableau 1. Si l'on observe une perturbation de la faune, il faut augmenter la distance de séparation ou modifier l'activité en cours jusqu'à ce la perturbation cesse d'être évidente, à moins qu'un permis n'autorise une distance d'approche moindre.

- Les personnes autorisées par un permis à s'approcher des pétrels géants pour l'obtention de données de recensement ou de valeurs biologiques doivent maintenir la plus grande distance de séparation pratique ;

- Pour réduire les perturbations imposées à la faune, le bruit, y compris les communications verbales, doit être maintenu à un niveau minimum. L'utilisation d'outils à moteur et toute autre activité susceptible de produire du bruit et donc de gêner les pétrels géants et les autres oiseaux nicheurs est interdite à l'intérieur de la zone pendant la période de reproduction des pétrels géants (mi-septembre à mi-avril) ;

- Les survols de l'île pendant la saison de reproduction sont interdits, sauf lorsqu'ils sont essentiels aux fins de travaux de recherche ou de gestion et autorisés par un permis. Ces survols doivent se faire à une altitude minimale de 930 m (3050 pieds) pour les hélicoptères monomoteurs et les aéronefs à voilure fixe, et de 1500 m (5000 pieds) pour les hélicoptères bimoteurs ; et

- Les atterrissages à proximité d'une aire de concentration de la faune sont strictement interdits, sauf en cas d'urgence, dans un rayon de 930 m pour les hélicoptères monomoteurs et les aéronefs à voilure fixe et de 1500 m (5000 pieds) pour les hélicoptères bimoteurs.

Tableau 1. Distances minimum à maintenir en cas de contact avec la faune sauvage de l'île Hawker

Espèces	Distances (m)			
	Personnes à pied /à ski (a moins qu'une distance d'approche moindre soit autorisee par un permis)	**Quad/ motoneige**	**Hagglunds, etc.**	**Embarcation légère**
Pétrels géants	100 m	Interdits dans la zone. Devront être garés sur la glace de mer à une distance minimale de 150 m des colonies d'oiseaux.	Interdits dans la zone. Devront être garés sur la glace de mer à une distance minimale de 250 m des colonies d'oiseaux.	Les embarcations doivent débarquer à une distance minimale de 50 m des colonies ; ceci concerne particulièrement la colonie de manchots Adélie sur le littoral est. Il faut faire preuve de prudence à proximité immédiate de l'île.
Colonies de manchots Adélie Manchots en mue Phoques avec bébés phoques Bébés phoques isolés Labbe antarctique au nid	30 m			
Manchots sur la glace marine Phoques adultes hors âge reproducteur	5 m			

Activités menées ou pouvant être menées dans la zone, y compris les restrictions relatives à la durée et à l'endroit

Les activités suivantes peuvent être exécutées à l'intérieur de la zone entre le 15 avril et le 15 septembre (période pendant laquelle les pétrels géants ne se reproduisent pas) à condition de disposer d'un permis correspondant :

- Travaux de recherche scientifique conformes au présent plan de gestion qui ne peuvent être menés ailleurs et qui ne porteront pas préjudice aux valeurs pour la protection desquelles le site a été choisi ou aux écosystèmes voisins ;

- Activités de gestion essentielles, y compris la surveillance des sites ; et

- Prélèvement d'échantillons dans la plus petite quantité possible pour la réalisation des programmes de recherche approuvés.

Les activités menées pendant la période de reproduction des pétrels géants ne seront autorisées que si l'activité est non invasive et ne peut raisonnablement pas être menée en dehors de la période de reproduction.

7(iv) Installation, modification ou enlèvement de structures

- Aucune structure ou installations permanentes ne doivent être érigées à l'intérieur de la zone.

- Les structures temporaires ou les matériels, y compris les caméras, ne pourront être installés à l'intérieur de la zone qu'en conformité avec un permis.

- Les petits refuges temporaires, les affûts, les cachettes et les écrans peuvent être érigés à des fins de recherche scientifique.

- L'installation (incluant le choix de sites), le retrait, la modification ou l'enlèvement des structures et matériels doivent avoir lieu selon des modalités réduisant au minimum la perturbation des oiseaux en phase de reproduction et de leur environnement immédiat.

- Tout le matériel scientifique et les repères installés dans la zone doivent être clairement identifiés par pays, nom du principal chercheur et année d'installation.

- Les bornes, les panneaux et autres structures mis en place dans la zone à des fins scientifiques ou à des fins de gestion devront être solidement fixés et soigneusement entretenus et enlevés lorsqu'ils ne sont plus nécessaires. Tous ces éléments doivent être fabriqués à partir de matériaux posant un risque minimal de perturbation de la faune et de contamination de la zone.

7(v) Emplacement des camps

- Il est interdit de camper à l'intérieur de la zone sauf en cas d'urgence. Les camps d'urgence doivent éviter les zones de concentration de la faune dans la mesure du possible.

7 (vi) Restrictions sur les matériaux et organismes pouvant être introduits dans la zone

- Aucun carburant ou combustible ne sera stocké à l'intérieur de la zone. Le ravitaillement en carburant des embarcations peut être effectué en divers endroits le long de la côte. Une petite quantité de combustible peut être introduite à l'intérieur de la zone pour alimenter un poêle de secours.

- Aucun produit à base de volaille, y compris les aliments déshydratés contenant de la poudre d'œuf, ne sera introduit à l'intérieur de la zone.

- Aucun herbicide ou pesticide ne sera introduit à l'intérieur de la zone.

- Toute substance chimique introduite éventuellement pour des raisons scientifiques essentielles et précisées sur un permis sera retirée de la zone à la conclusion de l'activité pour laquelle un permis a été délivré ou avant. L'utilisation de radionucléides ou d'isotopes stables est interdite.

- Aucun animal, aucune matière végétale et aucun microorganisme ne seront introduits délibérément à l'intérieur de la zone et des mesures de précaution doivent être prises contre toute introduction accidentelle ; tous les équipements et vêtements (en particulier les chaussures) seront soigneusement nettoyés avant d'accéder à l'intérieur de la zone.

- Tous les matériaux sont introduits dans la zone pour une période déterminée. Ils en seront retirés au plus tard à la fin de cette période, et seront stockés et gérés de manière à réduire au maximum les risques d'introduction dans l'environnement

7 (vii) Prélèvement de végétaux et capture d'animaux ou perturbations nuisibles à la faune et à la flore

- Le prélèvement de végétaux et la capture d'animaux ou les perturbations nuisibles à la flore ou à la faune sont interdits, sauf avec un permis délivré conformément aux dispositions de l'article 3 de l'annexe II du Protocole au Traité sur l'Antarctique relatif à la protection de l'environnement. Ce permis déterminera clairement les limites et les conditions imposées à ces activités qui, à moins d'une situation d'urgence, ne pourront être menées qu'après avoir été approuvées par un comité d'éthique compétent.

- La recherche ornithologique est limitée à des activités non invasives et ne perturbant pas les oiseaux de mer en phase de reproduction présents dans la zone.

- La perturbation des pétrels géants et des autres espèces doit être systématiquement évitée ou réduite au minimum.

7(vii) Prélèvement ou enlèvement de tout ce qui n'a pas été introduit par le détenteur du permis dans la zone

- Des organismes peuvent être prélevés ou enlevés de la zone uniquement en conformité avec un permis et ils doivent être limités au minimum nécessaire pour répondre à des besoins scientifiques ou des besoins de gestion.

- Les organismes d'origine humaine susceptibles de porter atteinte aux valeurs de la zone, organismes qui n'ont pas été apportés dans la zone par le détenteur du permis ou dont l'introduction n'a pas été autorisée, peuvent être enlevés à moins que l'impact de leur retrait ne soit plus grand que celui qu'aurait la décision de les laisser *in situ*. Si tel est le cas, l'Autorité nationale compétente doit être notifiée.

7 (ix) Evacuation des déchets

- Tous les déchets, y compris les déchets d'origine humaine, seront évacués de la zone.

7 (x) Mesures nécessaires pour faire en sorte que les buts et objectifs du plan de gestion continuent à être atteints

- Il convient de se procurer les données GPS pour les sites spécifiques faisant l'objet d'un suivi de long terme pour l'enregistrement sur le Registre maître Antarctique par l'entremise de l'Autorité nationale pertinente.

- Des permis peuvent être délivrés pour entrer dans la zone afin d'y réaliser des activités de suivi de l'évolution biologique et de gestion pouvant impliquer le prélèvement d'échantillons à des fins d'analyse ou d'audit ; la construction ou l'entretien de matériel scientifique ou de structures temporaires, et des dispositifs de bornage ; et d'autres mesures de protection. Tout site dédié au suivi de long-terme doit être signalé par des bornes ou des panneaux et une position GPS doit être obtenue pour inclusion dans l'Annuaire des données antarctiques par l'autorité nationale appropriée.

- Pour aider au maintien des valeurs écologiques et scientifiques de la zone, les visiteurs prendront des précautions spéciales contre les introductions d'organismes non-indigènes. Les introductions microbiennes, animales ou végétales en provenance de sols d'autres sites antarctiques, y compris de stations, ou d'autres régions extérieures à l'Antarctique, suscitent une inquiétude particulière. Afin de réduire au minimum les risques d'introductions, les visiteurs veilleront à ce que leurs chaussures, leurs vêtements et tout matériel – en particulier le matériel d'échantillonnage et de balisage introduit dans la zone – soient parfaitement nettoyés avant d'accéder au site.

7(xi) Rapports de visite

Les Parties doivent s'assurer que le principal détenteur de chaque permis délivré soumet aux autorités nationales compétentes un rapport décrivant les activités menées. Ces rapports doivent, le cas échéant, inclure les informations identifiées dans le Guide pour l'élaboration des plans de gestion des zones spécialement protégées de l'Antarctique.

Les Parties doivent conserver une archive de ces activités et, dans l'échange annuel d'informations, fournir une description synoptique des activités menées par des personnes relevant de leur juridiction, avec suffisamment de détails pour permettre une évaluation de l'efficacité du plan de gestion.

Dans la mesure du possible, les Parties doivent déposer les originaux ou les copies de ces rapports dans une archive publique afin de garder trace de l'utilisation de la zone, tant pour l'examen du plan de gestion que pour la planification de l'utilisation scientifique de la zone.

Une copie de ce rapport doit être envoyée à la Partie nationale responsable de l'élaboration du plan de gestion pour contribuer à la gestion de la zone et au suivi des populations d'oiseaux. Qui plus est, les rapports de visite doivent fournir des informations détaillées sur les données de recensement, l'emplacement éventuel de nouvelles colonies ou de nids non recensés au préalable, un bref résumé des conclusions des travaux de recherche et des exemplaires des photographies prises à l'intérieur de la zone.

7(xii) Dispositions applicables en situations d'urgence

Des exceptions aux restrictions établies dans le plan de gestion peuvent être appliquées cas d'urgence, comme il l'est indiqué dans l'article 11 de l'annexe V du Protocole relatif à la protection de l'environnement

(Protocole de Madrid). Un rapport sur les actions menées dans ces cas sera adressé à l'autorité nationale compétente.

8. Bibliographie

Une partie ou l'ensemble des données citées dans ce document proviennent des bases de données de l'Australian Antarctic Data Centre (IDN Node AMD/AU)), qui fait partie de la Division antarctique australienne (Commonwealth d'Australie).

Adamson, D.A. and Pickard, J. (1986), Cainozoic history of the Vestfold Hills, In Pickard, J., ed. *Antarctic Oasis, Terrestrial environments and history of the Vestfold Hills*. Sydney, Academic Press, 63–97.

Adamson, D.A. and Pickard, J. (1986), Physiology and geomorphology of the Vestfold Hills, In Pickard, J., ed. *Antarctic oasis: terrestrial environments and history of the Vestfold Hills*. Sydney, Academic Press, 99–139.

Agreement on the Conservation of Albatrosses and Petrels (ACAP) (2010), ACAP Species assessment Southern Giant Petrels *Macronectes giganteus*.

ANARE (1968), Unpublished data.

Australian Antarctic Division (2010), Environmental Code of Conduct for Australian Field Activities, Territories, Environment and Treaties Section, Australian Antarctic Division.

Birdlife International (2000), *Threatened birds of the world*. Barcelona and Cambridge U. K, Lynx Edicions and Birdlife International.

BirdLife International (2011), *Macronectes giganteus*, In: IUCN 2011, 2011 IUCN Red List of Threatened Species, <http://www.iucnredlist.org/>, Downloaded on 17 January2011.

BirdLife International (2011), Species fact sheet: *Macronectes giganteus*, <http://www.birdlife.org/> Downloaded on 17 January 2011.

Cooper, J., Woehler, E., Belbin, L. (2000), Guest editorial, Selecting Antarctic Specially Protected Areas: Important Bird Areas can help, *Antarctic Science* 12: 129.

Environment Australia (2001), *Recovery Plan for Albatrosses and Giant Petrels*, Canberra.

Department of Sustainability, Environment, Water, Population and Communities (2011), *Draft National recovery plan for threatened albatrosses and giant petrels 2011-2016*, Commonwealth of Australia, Hobart.

Department of Sustainability, Environment, Water, Population and Communities (2011), *Background Paper, Population Status and Threats to Albatrosses and Giant Petrels Listed as Threatened under the* Environment Protection and Biodiversity Conservation Act 1999, Commonwealth of Australia, Hobart.

Fabel, D., Stone, J., Fifield, L.K. and Cresswell, R.G. (1997), Deglaciation of the Vestfold Hills, East Antarctica; preliminary evidence from exposure dating of three subglacial erratics. In RICCI, C.A., ed. *The Antarctic region: geological evolution and processes*, Siena: Museo Nazionale dell'Antartide, 829–834.

Garnett, S.T., Crowley, G.M. (2000), *The Action Plan for Australian Birds 2000*. Commonwealth of Australia, Environment Australia, Canberra

Gore, D.B. (1997), Last glaciation of Vestfold Hills; extension of the East Antarctic ice sheet or lateral expansion of Sørsdal Glacier. *Polar Record*, 33: 5–12.

Hirvas, H., Nenonen, K. and Quilty, P. (1993), Till stratigraphy and glacial history of the Vestfold Hills area, East Antarctica, *Quaternary International*, 18: 81–95.

IUCN (2001), *IUCN Red List Categories: Version 3.1*, IUCN Species Survival Commission, IUCN, Gland, Switzerland and Cambridge, UK.

Jouventin, P., Weimerskirch, H. (1991), Changes in the population size and demography of southern seabirds: management implications, in: Perrins, C.M., Lebreton, J.D. and Hirons, G.J.M. *Bird population studies: Relevance to conservation and management.* Oxford University Press: 297-314.

Johnstone, Gavin W.; Lugg, Desmond J., and Brown, D.A. (1973), The biology of the Vestfold Hills, Antarctica. Melbourne, Department of Science, Antarctic Division, *ANARE Scientific Reports*, Series B(1) Zoology, Publication No. 123.

Law P. (1958), Australian Coastal Exploration in Antarctica, *The Geographical Journal CXXIV*, 151-162.

Leishman, M.R. and Wild, C. (2001), Vegetation abundance and diversity in relation to soil nutrients and soil water content in Vestfold Hills, East, *Antarctic Science*, 13(2): 126-134

Micol, T., Jouventin, P. (2001), Long-term population trends in seven Antarctic seabirds at Point Géologie (Terre Adélie), Human impact compared with environmental change, *Polar Biology* 24: 175-185.

Miller, J.D. et al. (1984), A survey of the terrestrial Tardigrada of the Vestfold Hills, Antarctica, In Pickard, J., ed. *Antarctic Oasis, Terrestrial environments and history of the Vestfold Hills*. Sydney, Academic Press, 197-208.

Orton, M.N. (1963), Movements of young Giant Petrels bred in Antarctica, *Emu* 63: 260.

Patterson D.L., Woehler, E.J., Croxall, J.P., Cooper, J., Poncet, S., Fraser, W.R. (2008), Breeding distribution and population status of the Northern Giant Petrel *Macronectes halli* and the southern giant petrel *M. Giganteus, Marine Ornithology* 36: 115-124.

Pickard, J. ed., 1986, *Antarctic oasis: terrestrial environments and history of the Vestfold Hills*. Sydney, Academic Press.

Puddicombe, R.A.; and Johnstone, G.W. (1988), Breeding season diet of Adélie penguins at Vestfold Hills, East Antarctica, In *Biology of the Vestfold Hills*, Antarctica, edited by J.M. Ferris, H.R. Burton, G.W. Johnstone, and I.A.E. Bayly.

Rounsevell, D.E., and Horne, P.A. (1986), Terrestrial, parasitic and introduced invertebrates of the Vestfold Hills. *Antarctic oasis; terrestrial environments and history of the Vestfold Hills*, Sydney: Academic Press, 309-331.

Stattersfield, A.J., Capper, D.R. (2000), Threatened Birds of the World. *Birdlife International*, Lynx Publications.

Wienecke, B., Leaper, R., Hay, I., van den Hoff, J. (2009), Retrofitting historical data in population studies: southern giant petrels in the Australian Antarctic Territory, *Endangered Species Research* Vol. 8: 157-164.

Woehler, E.J., Cooper, J., Croxall, J.P., Fraser, W.R., Kooyman, G.L., Miller, G.D., Nel, D.C., Patterson, D.L., Peter, H-U, Ribic, C.A., Salwicka, K., Trivelpiece, W.Z., Wiemerskirch, H. (2001), *A Statistical Assessment of the Status and Trends of Antarctic and Subantarctic Seabirds*, SCAR/CCAMLR/NSF, 43 pp.

Woehler, E. (2001), Breeding populations of Southern Giant Petrels at Heard Island, the McDonald Islands and within the AAT, Australian Antarctic Data Centre, SnoWhite Metadata <http://aadc-maps.aad.gov.au/aadc/metadata/metadata_redirect.cfm?md=AMD/AU/SOE_seabird_candidate_sp_SGP>, Downloaded on 17 January 2011.

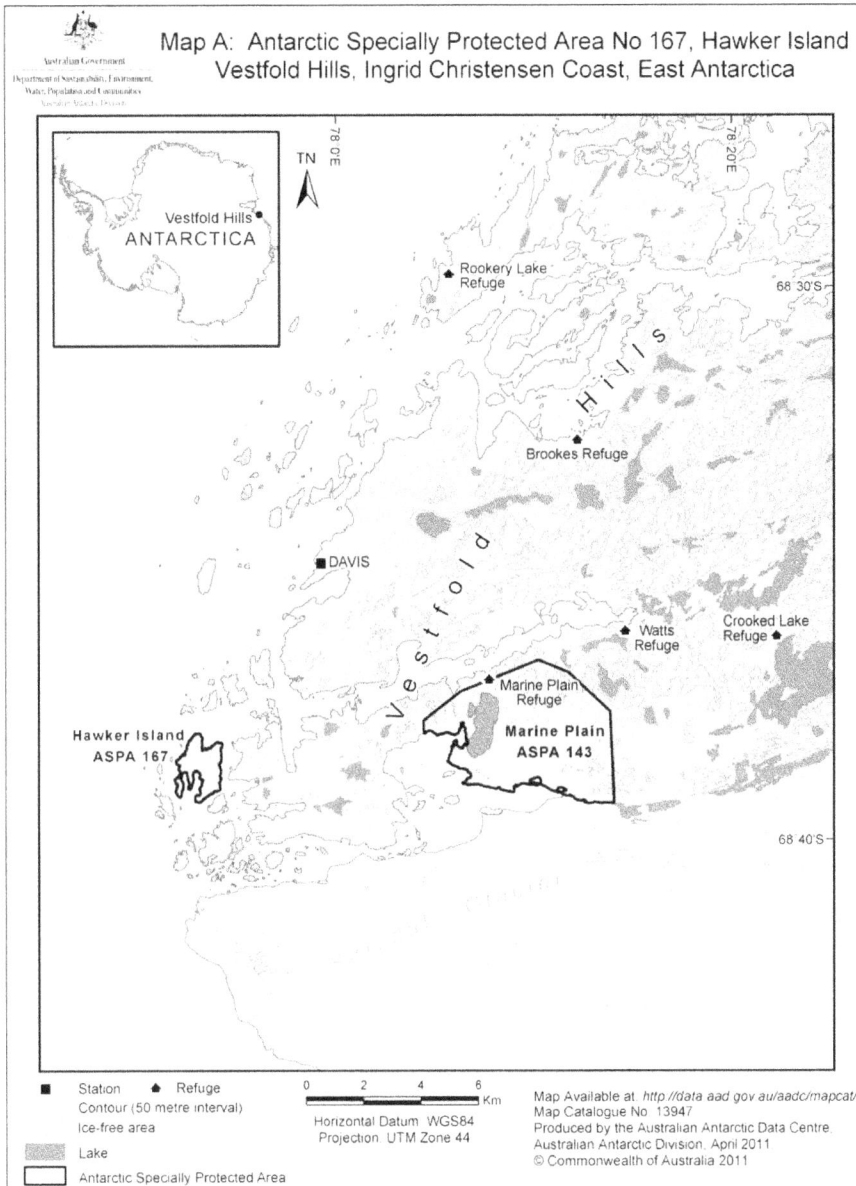

Map A: Antarctic Specially Protected Area No 167, Hawker Island Vestfold Hills, Ingrid Christensen Coast, East Antarctica

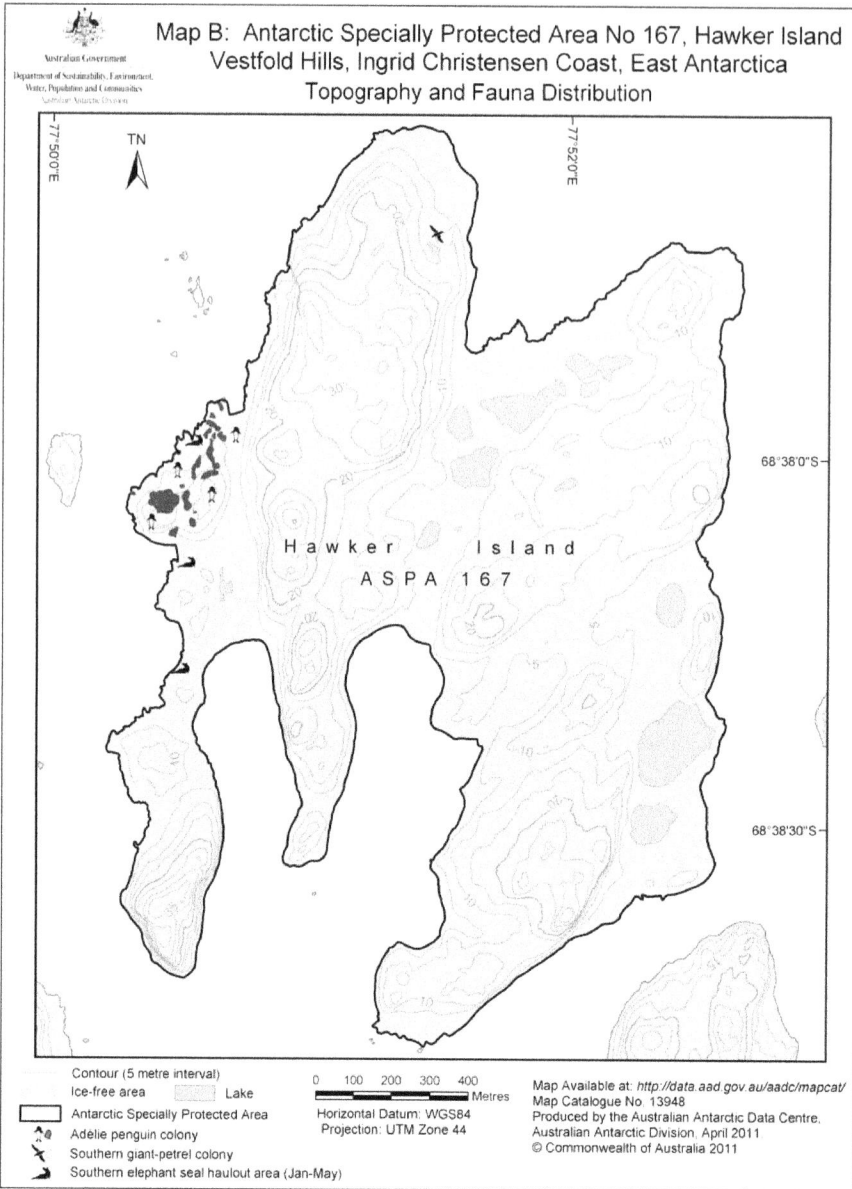

Map B: Antarctic Specially Protected Area No 167, Hawker Island Vestfold Hills, Ingrid Christensen Coast, East Antarctica Topography and Fauna Distribution

Plan de gestion pour
la zone gérée spéciale de l'Antarctique N° 2
MCMURDO DRY VALLEYS, TERRE SOUTHERN VICTORIA

Introduction

Les vallées sèches de McMurdo se distinguent comme la plus grande des régions relativement libres de glace de l'Antarctique, trente pour cent environ de sa surface étant en grande partie libre de neige et de glace. La région renferme un écosystème désertique dont le climat est froid, extrêmement aride (dans la vallée Wright, la température annuelle moyenne est de – 19,8°C et les précipitations sont inférieures à 100 mm d'équivalent eau par an) et en outre venté. Le paysage de la zone comporte des glaciers, des chaînes de montagne, des lacs couverts de glace, des torrents d'eau de fonte, des sols striés arides, du pergélisol, des dunes de sable et des systèmes de bassins versants interdépendants. Ces bassins ont une influence régionale sur l'écosystème marin du détroit de McMurdo. Du fait de son emplacement caractérisé par des variations saisonnières à grande échelle de la phase aqueuse, cette zone revêt une grande importance pour l'étude du changement climatique. En raison des variations temporelles de l'équilibre glace-eau qui déterminent une contraction et une expansion des caractéristiques hydrologiques et sont en outre enregistrées dans les accumulations de gaz à l'état de traces dans la neige ancienne, le terrain des vallées sèches de McMurdo recèle également le relevé des changements climatiques passés. Le climat extrême de la région fournit un précieux analogue des conditions anciennes sur la terre et des conditions prévalant actuellement sur Mars où de tels climats ont sans doute dominé l'évolution du paysage et du biote.

La zone a été proposée conjointement par les États-Unis d'Amérique et la Nouvelle-Zélande et adoptée en vertu de la Mesure 1 (2004). Le but de ce plan de gestion est d'assurer la protection à long terme de cet environnement unique, et de protéger ses valeurs à des fins de recherche scientifique, d'éducation ou pour une appréciation plus générale. Le plan de gestion présente les valeurs, les objectifs et les règles générales de conduite préconisées dans la région, et comprend plusieurs cartes et annexes offrant des lignes directrices s'appliquant à des activités particulières et des aires spécifiques désignées au sein de la zone. Il est ordonné comme suit :

Table des matières

ANNEXE A : Lignes directrices environnementales générales pour les vallées sèches de McMurdo

ANNEXE B : Lignes directrices environnementales pour la recherche scientifique

ANNEXE C : Liste des aires d'installation

ANNEXE D : Lignes directrices pour les aires scientifiques

ANNEXE E : Lignes directrices pour les aires à accès limité

ANNEXE F : Lignes directrices pour les aires réservées aux visiteurs

1. Valeurs à protéger et activités à gérer

Les vallées sèches de McMurdo sont caractérisées par des écosystèmes uniques présentant une faible diversité macrobiologique et une moindre complexité du réseau trophique. Des études récentes ont toutefois montré qu'il s'y trouve une grande diversité de communautés microbiennes dans des zones relativement restreintes, ainsi que dans les zones séparant les vallées. En revanche, comme elles constituent la plus vaste des régions libres de glace de l'Antarctique, les vallées sèches de McMurdo abritent aussi des habitats assez diversifiés comparés aux autres zones libres de glace. La zone comporte des microhabitats et des communautés biologiques inhabituels (tels que des systèmes endolithiques et cryoconites) ainsi que des caractéristiques glaciologiques et géologiques (comme un lac sous glaciaire riche en eau saumâtre, des lacs de surface hyper salins, des dépôts salins marins uniques et des pavages désertiques jamais perturbés). Ces caractéristiques glaciologiques et géologiques sont précieuses car elles recèlent des enregistrements extrêmement longs des événements naturels. Les vallées sèches de McMurdo renferment des indicateurs de changements climatiques régionaux, passé et présent, ainsi que des caractéristiques qui contribuent à influencer le changement climatique local. Un site d'études pour la recherche écologique à long terme (LTER) a été mis en place dans la vallée Taylor 1993, et pendant les campagnes des vingt dernières années ce programme a entrepris d'importantes recherches, dans la vallée Taylor et dans l'ensemble des vallées sèches de McMurdo. Les bases de données environnementales de longue durée recueillies grâce à ce programme et à toute une série d'initiatives de recherche dans les vallées de McMurdo sont parmi celles qui ont été menées le plus longtemps en Antarctique. Ces valeurs scientifiques revêtent par ailleurs une importance mondiale autant que régionale.

La zone est une précieuse ressource pour la compréhension des processus de formation des paysages et de la stabilité de la calotte de glace de l'Antarctique. On trouve dans les vallées sèches de McMurdo des couches de surface uniques, notamment des sédiments glaciaires déposés et modifiés, des dunes de sable, des pavages désertiques, des sédiments glacio-lacustres et des sédiments marins de fjord représentant de précieux enregistrements de l'évolution planétaire. Le sol, les roches, l'eau, la glace et les biotes qui leur sont associés ont une réelle valeur scientifique en tant qu'écosystèmes modèles offrant une vision approfondie des processus naturels à l'œuvre dans la biosphère tout entière. Enfin, les espèces vivant dans les vallées sèches de McMurdo constituent une ressource biologique permettant de comprendre l'adaptation aux milieux extrêmes et sont en outre d'authentiques termes extrêmes des continuums écologiques.

La situation isolée des vallées sèches de McMurdo et leur environnement extrême ont généralement prévenu les introductions anthropiques d'espèces provenant d'autres régions. De nombreuses parties de la zone ne sont que rarement visitées, et l'une d'elles (la zone protégée des vallées Barwick et Balham) a été réservé comme zone de référence. Les visites y ont été très strictement contrôlées depuis presque 40 ans, et les survols de cette zone sont interdits. L'état quasiment vierge et l'absence relative d'espèces introduites que l'on observe dans les vallées sèches de McMurdo ne se retrouvent que rarement dans le monde, et ces caractéristiques ont une forte valeur scientifique et écologique, en particulier pour les études comparatives.

On note aussi des sites historiques dont l'origine remonte aux premières explorations de la zone, par exemple 'Granite House' dans la baie Botany, Granite Harbor, construite par les membres de l'expédition antarctique britannique de 1910-1913, et qui a été désignée comme site historique n° 67.

Les vallées sèches McMurdo sont également jugées précieuses pour leurs qualités esthétiques et la qualité de leur milieu sauvage Elles présentent un environnement quasiment vierge qui, pour l'essentiel, n'a été ni perturbé, ni contaminé par les êtres humains. Leurs paysages spectaculaires formés de montagnes vertigineuses, de crêtes élevées et de vallées majestueuses, d'imposantes formations géologiques comprenant des complexes de dolérite sombre et de grès clairs en couches, et le contraste entre les sols libres de glace et les glaciers offrent des perspectives uniques d'une grande valeur esthétique.

Les activités conduites dans la zone comprennent divers travaux de recherche scientifique, des opérations à l'appui de la science, des médias, des arts et de l'éducation, d'autres visites officielles de programmes nationaux, ainsi que le tourisme.

Une gestion spéciale est nécessaire pour protéger les valeurs historiques, géologiques et esthétiques, l'état de la nature sauvage ou d'autres valeurs de la zone, ainsi que les bases de données recueillies au cours des 100 dernières années. Des activités humaines croissantes et des conflits d'intérêts potentiels exigent une gestion et une coordination des activités plus efficaces dans la zone.

2. Buts et objectifs

Le but de ce plan de gestion est la conservation et la protection de l'environnement unique et exceptionnel des vallées sèches de McMurdo par une gestion et une coordination des activités humaines dans la zone visant à protéger et à maintenir dans le long terme les valeurs des vallées sèches de McMurdo, en particulier la valeur des ensembles de données scientifiques exhaustives qui ont été recueillies.

Les objectifs spécifiques de la gestion de la zone sont :

- Faciliter la recherche scientifique tout en assurant la maîtrise de l'environnement ;
- Aider à planifier et coordonner toutes les activités dans les vallées sèches de McMurdo pour gérer les conflits réels ou potentiels entre différentes valeurs (y compris celles de différentes disciplines scientifiques), activités et opérateurs ;
- Assurer la protection à long terme des valeurs scientifiques, écologiques, esthétiques, l'état de la nature sauvage et autre valeurs de la zone en minimisant les perturbations ou la dégradation de ces valeurs, y compris la perturbation des caractéristiques naturelles et celle de la flore et de la faune, et en réduisant au minimum les impacts cumulés des activités humaines sur l'environnement ;
- Empêcher l'introduction involontaire dans la zone d'espèces non indigène, et limiter dans la plus grande mesure du possible le transport involontaire d'espèces indigènes d'une partie à l'autre de la zone ;

- Minimiser les traces des installations et des expériences scientifiques dans la zone, notamment la prolifération de camps ;

- Minimiser les perturbations physiques, la contamination et les déchets produits dans la zone, et prendre toutes les mesures possibles pour les contenir, les traiter, les enlever ou y remédier, qu'elles aient été produites dans le cours d'activités habituelles ou par accident ;

- Promouvoir l'utilisation dans la zone d'énergies et de modes de transport qui ont le moins d'impact sur l'environnement, et, autant faire que se peut, minimiser les combustibles fossiles utilisés pour les activités menées dans la zone ;

- Améliorer la connaissance des processus naturels et des impacts humains dans la zone, y compris ceux dus aux programmes de surveillance ; et

- Encourager la communication et la coopération entre les usagers de la zone, notamment par la diffusion d'informations concernant la zone et des dispositions en vigueur.

3. Activités de gestion

Les activités de gestion ci-après seront mises en œuvre pour réaliser les buts et les objectifs du présent plan de gestion :

- Les programmes nationaux opérant dans la zone doivent convoquer le cas échéant, et ce au moins une fois par an, un groupe de coordination de la gestion des vallées sèches de McMurdo (ci-après dénommé le groupe de coordination de la gestion) chargé de coordonner les activités menées dans la zone, et notamment de :

  - Favoriser et assurer la bonne communication entre les parties travaillant et visitant la zone ;
  - Offrir une enceinte pour la résolution d'éventuels conflits d'utilisation ;
  - minimiser le dédoublement des activités ;
  - conserver une archive de ces activités et, dans la mesure du possible, de leur impact sur la zone ;
  - Développer des stratégies pour détecter et remédier aux effets cumulés des impacts ;
  - Disséminer des informations concernant la zone, en particulier sur les activités menées dans la zone et sur les mesures de gestion en vigueur, notamment en maintenant à jour ces informations sous forme électronique sur le site http://www.mcmurdodryvalleys.aq/;
  - Passer en revue les activités passées, présentes et futures et évaluer l'efficacité des mesures de gestion ; et
  - Formuler des recommandations sur la mise en œuvre de ce plan de gestion.

- Les programmes nationaux opérant dans la zone devront fournir aux stations et cabanes de recherche appropriées des copies de ce plan de gestion accompagnées de la documentation pertinente, et les mettre à la disposition de toutes les personnes présentes dans la zone. Le plan sera aussi disponible sous forme électronique sur le site http://www.mcmurdodryvalleys.aq/;

- Les programmes nationaux opérant dans la zone et les opérateurs de tourisme organisant des visites devront veiller à ce que tout leur personnel (personnel, équipage, passager, chercheurs scientifiques et autres visiteurs) soit averti et informé des dispositions du présent plan de gestion, et en particulier des lignes directrices environnementales (annexe A) appliquées dans la zone ;

- Les opérateurs de tourisme ou tout autre groupe ou personne se chargeant d'organiser ou de mener des activités non-gouvernementales dans la zone devront coordonner d'avance leurs activités avec les programmes nationaux opérant dans la zone afin de ne pas porter atteinte aux valeurs de la zone et de respecter les exigences du plan de gestion ;

- Les programmes nationaux opérant dans la zone s'efforceront de développer les meilleures pratiques afin d'atteindre les objectifs du plan de gestion, et de partager les connaissances et les informations acquises.

- Les panneaux et / ou repères devront être érigés selon que de besoin et de manière à signaler l'emplacement du site ou les limites des zones, des sites de recherche, des sites d'atterrissage ou des campements à l'intérieur de la zone. Les panneaux et repères érigés devront être fixés solidement et maintenus en bon état, et enlevés lorsqu'ils ne sont plus nécessaires.

- Des visites seront faites selon que de besoin (une fois tous les cinq ans au moins) pour évaluer l'efficacité du plan de gestion et s'assurer que les mesures de gestion sont adéquates. Le plan de gestion, le code de conduite et les lignes directrices seront réexaminés et mis à jour selon que de besoin ; et

- Les programmes nationaux opérant dans la zone prendront toutes les mesures nécessaires et pratiques pour veiller à ce que les dispositions du plan de gestion soient appliquées.

4. Durée de désignation

La zone est désignée pour une durée indéterminée.

5. Cartes et photographies

Tableau 1 : Liste de cartes incluses dans le plan de gestion

Carte	Titre	Echelle de la source	Erreur d'estimation (+/- m)
Vues d'ensemble			
Carte 1	Vue d'ensemble - ZGSA N° 2 Vallées sèches de McMurdo : limites de démarcation et zones	1:900 000	200
Carte 2	Vue d'ensemble – Vallées sèches du centre	1:400 000	200
Aires d'installations			
Carte 3	Anse des explorateurs, New Harbor	1:25 000	2
Encadré :	Aire d'installations du camp New Harbor	1:3000	2
Carte 4	Lac Fryxell – Glacier Commonwealth	1:25 000	2
Encadré :	Aire d'installations du camp F-6	1:3000	2
Carte 5	Lac Fryxell – Glacier Canada	1:25 000	2
Encadré :	Aire d'installations du lac Fryxell	1:3000	2
Carte 6	Lac Hoare, Glacier Canada	1:25 000	2
Carte 7	Aire d'installations du lac Hoare	1:3000	2
Carte 8	Lac Bonney, Vallée Taylor	1:25 000	2
Encadré :	Aire d'installations du lac Bonney	1:3000	2
Carte 9	Mont Newall, Chaîne Asgard	1:25 000	50
Encadré :	Aire d'installations des relais radioélectriques de Mont Newall	1:3000	2
Carte 10	Pointe Marble, Détroit de McMurdo	1:35 000	5
Encadré :	Aire d'installations de la station de ravitaillement de carburant de la pointe Marble	1:5000	2
Carte 11	Vallée Lower Wright	1:25 000	50
Encadré :	Aire d'installations de la cabane Lower Wright	1:3000	2
Carte 12	Lac Vanda, Vallée Wright	1:25 000	50
Encadré 1 :	Aire d'installations de la cabane du lac Vanda	1:3000	2
Encadré 2 :	Aire d'installations de la cabane du col Bull	1:3000	2
Carte 13	Cap Roberts, Granite Harbor	1:10 000	10
Encadré :	Aire d'installations de la cabane du cap Roberts	1:3000	10
Aires scientifiques			
Carte 14	Aire scientifique de l'anse des explorateurs	1:3000	2
Carte 15	Pavage Boulder, Vallée Wright	1:30 000	50
Encadré :	Aire scientifique Pavage Boulder	1:10 000	50
Aires à accès limité			
	Aire à accès limité du bassin versant du lac		10
Carte 16	Trough	1:70 000	
Carte 17	Mont Feather – Vallée Beacon	1:130 000	50
Encadré :	Aire à accès limité du dépôt du mont Feather Sirius	1:25 000	50
Carte 18	Etang Don Juan, Vallée Wright	1:50 000	50
Encadré :	Aire à accès limité de l'étang Don Juan	1:12 500	50

Carte	Titre	Echelle de la source	Erreur d'estimation (+/- m)
Carte 19	Ravine Argo, Vallée Wright	1:30 000	50
Encadré :	Aire à accès limité de la ravine Argo	1:3000	15
Carte 20	Prospect Mesa, Vallée Wright	1:30 000	50
Encadré :	Aire à accès limité de Prospect Mesa	1:5000	50
Carte 21	Glacier Hart, Vallée Wright	1:25 000	50
Encadré :	Aire à accès limité	1:3000	50
Carte 22	Aire à accès limité des dunes de sable de la vallée Victoria	1:50 000	50
Carte 23	Aire à accès limité du promontoire Battleship	1:50 000	50
Aires réservées aux visiteurs			
Carte 24	Vallée Taylor, Lac Fryxell	1:25 000	2
Encadré :	Aire réservée aux visiteurs de la vallée Taylor	1:5000	2

6. Description de la zone

Les vallées sèches de McMurdo se trouvent dans la Terre Southern Victoria le long de la côte Ouest du détroit de McMurdo, dans la mer australe de Ross, à environ 77°30' de latitude sud et 162°00' de longitude est. Une superficie d'environ 17,500 km^2 est désignée en temps que zone gérée spéciale de l'Antarctique (ci-après dénommée la « zone ») afin de gérer les activités humaines dans la région et d'assurer la protection de ces valeurs scientifiques, environnementales, écologiques, historiques, esthétiques et l'état de la nature sauvage.

Selon l'Analyse des domaines environnementaux du continent antarctique (Résolution 3 (2008)), les vallées sèches de McMurdo sont situées dans le domaine environnemental S Géologique de McMurdo – Terre South Victoria.

6(i) Coordonnées géographiques, bornage et caractéristiques du milieu naturel

Toutes les coordonnées sont données dans ce plan de gestion en degré-minutes décimales (dd mm.mm).

Les limites de démarcation de la zone ont été principalement définies en fonction des bassins versants des vallées sèches de McMurdo et renferme l'ensemble des sols libres de glace et des zones adjacentes situées dans ces bassins, tout Convoy Range dans le nord, limité dans le sud par le glacier Koettlitz (carte 1). Les îles au large de la côte ne font pas partie de la zone, excepté l'île Tripp dans le nord et l'île Heald dans le sud. En partant du nord-est et en se déplaçant dans le sens des aiguilles d'une montre, la ligne de démarcation de la zone est définie comme suit :

À partir de la pointe nord-est de l'île Tripp (76°38.09' de latitude sud, 162°42.90' de longitude est) la limite s'étend au sud en suivant le littoral le long de la laisse de basse mer moyenne jusqu'à DeMaster Point (qui se situe à l'est de Marshall Valley, à 78°04.20' de latitude sud, 164°25.43' de longitude est), sur une distance d'environ 170 km. Puis la limite continue le long de la bordure nord-ouest du glacier Koettlitz dans une direction sud-ouest sur environ 25 km jusqu'à la baie et le lac Trough, contenant dans la zone tous les cours d'eau et lacs situés le long de la bordure du glacier (carte 16). De là, la limite suit à peu près la ligne d'ancrage sud de la marge du glacier Koettlitz dans la baie Walcott, allant jusqu'au Bulwark à l'est et contenant le lac Trough. La limite suit alors le ruisseau Bulwark à l'est sur environ 1,5 km jusqu'à l'extrémité nord du Bulwark. La limite s'étend ensuite sur 3 km en ligne droite, en direction nord-est jusqu'au littoral nord-ouest de l'île Heald, suivant le contour de la côte nord jusqu'à l'extrémité orientale de l'île (78°15.00' de latitude sud, 163°57.80' de longitude est).

La limite s'étend depuis l'île Heald en direction sud-ouest sur environ 14,8 km pour atteindre le sommet de Pyramid (854 m) (78°20.64' de latitude sud, 163°29.95' de longitude est). De là, elle continue sur 13,3 km au sud-ouest jusqu'au pied de la crête Highway (78°23.97' de latitude sud, 162°58.57' de longitude est), suivant ensuite la ligne de crête orientée au nord-ouest qui rejoint le sommet de Shark Fin à 3,8 km (2242 m) (78°22.11' de latitude sud, 162°54.66' de longitude est). Depuis Shark Fin, la limite continue en direction nord-ouest sur environ 6,7 km jusqu'au sommet du mont Kempe (3004 m) (78°19.35' de latitude sud, 162°43.18' de longitude est). Elle marque alors une ligne droite de 83 km allant du sommet du mont Kempe au sommet du mont Wisneski (2320 m) (77°57.65' de latitude sud, 159°33.73' de longitude est), qui est le pic le plus au sud des monts Lashley.

Depuis le mont Wisneski, la limite s'étend au nord sur environ 8,7 km jusqu'au mont Crean (2550 m) (77°53.00' de latitude sud, 159°30.66' de longitude est), le plus haut pic des monts Lashley. Elle se poursuit ensuite au nord sur 5,6 km pour rejoindre le sommet du mont Koger (2450 m) (77°50.05' de latitude sud, 159°33.09' de longitude est), le sommet le plus septentrional des monts Lashley.

La limite s'étend ensuite au nord-est jusqu'au nunatak Dépôt à une distance d'environ 15,3 km (1980 m) (77°44.88' de latitude sud, 160°03.19' de longitude est), puis en direction nord-ouest sur 19,6 km jusqu'a l'extrémité ouest du sol libre de glace à proximité de la chaîne du Fer à cheval (77°34.52' de latitude sud, 159°53.72 de longitude est). La limite se poursuit ensuite au nord sur environ 40 km jusqu'au sommet du mont DeWitt (2190 m) (77°13.05' de latitude sud, 159°50.30' de longitude est), puis s'étend au nord-ouest sur à peu près 38,4 km jusqu'au sommet du nunatak Carapace (2321 m) (76°53.31' de latitude sud, 159°23.76' de longitude est), continuant encore sur 39 km au nord jusqu'au sommet du nunatak Battlements (2128 m) (76°32.27' de latitude sud, 159°21.41' de longitude est).

La limite s'étend à l'est entre le nunatak Battllement et le sommet du mont Douglas (1750 m) (76°31.25' de latitude sud, 161°18.64' de longitude est) sur à peu près 51 km, puis sur quelque 18 km au sud-est pour rejoindre le sommet du mont Endeavour (1870 m) (76°32.49' de latitude sud, 161°59.97' de longitude est). A partir du mont Endeavour, la limite continue au sud-est sur une longueur d'environ 21,3 km jusqu'à la pointe nord-est de l'île Tripp.

Les coordonnées attribuées se basent principalement sur la carte numérique de référence USGS / LINZ 1:50 000 réalisée pour les vallées sèches de McMurdo, dont la marge d'erreur maximale est de +/- 50 m. Cette carte ne couvre pas la limite occidentale, et les coordonnées de ces zones ont donc été obtenues à partir de la carte USGS 1:250 000, dont la marge d'erreur maximale est de +/- 200 m. Seuls quelques uns des sites de la zone ont été cartographiés avec exactitude (marge d'erreur maximale +/- 2 m) (tableau 1), notamment dans la vallée Taylor ; des coordonnées GPS exactes ne sont disponibles que pour quelques sections de la limite de démarcation. La série 1:50 000 sert de base de cartes principale pour les coordonnées de la limite, qui reposent dès lors sur des données cartographiques cohérentes, du moins pour la plus grande partie de la zone. Les coordonnées GPS de la limite peuvent donc varier des coordonnées mentionnées ci-dessus jusqu'a 50 m, voire jusqu'à ~200 m a l'ouest.

6(ii) Aires à accès limité et aires gérées à l'intérieur de la zone

Ce plan de gestion définit quatre catégories d'aires à l'intérieur de la zone : les aires d'installations, les aires scientifiques, les aires à accès limité et les aires réservées aux visiteurs. Les objectifs de la gestion des différentes catégories d'aires se trouvent dans le tableau 2. Les cartes 1 et 2 situent ces différentes catégories d'aires, tandis que les cartes 3-24 (que l'on peut consulter dans les annexes pertinentes) présentent chaque zone dans son contexte géographique, avec le détail des caractéristiques et des infrastructures de chaque site en encadré. Une nouvelle aire ou une nouvelle catégorie d'aire peut être prise en considération par le groupe de coordination de la gestion selon que de besoin, et celles qui ne sont plus requises peuvent être enlevées de la liste. Les mises à jour des aires doivent être dûment considérées lors de la révision du plan de gestion.

Tableau 2. Zones de gestion désignées à l'intérieur de la zone et objectifs spécifiques

Zones de gestion	Objectifs spécifiques de la zone	Annexe
Aire d'installations	Pour veiller à ce que les installations scientifiques de la zone et les activités connexes soient contenues dans la zone et gérées à l'intérieur d'aires désignées.	C
Aire scientifique	Pour veiller à ce que les personnes planifiant les programmes scientifiques ou la logistique dans la zone et tous les visiteurs de la zone soient informés des secteurs de la zone représentant des sites d'études scientifiques en cours ou de longue date ou bien contenant des installations scientifiques vulnérables, afin qu'ils puissent être pris en considération durant la planification et la conduite des activités dans la zone.	D
Aire à accès limité	Pour restreindre l'accès à un certain secteur de la zone et/ou restreindre les activités dans la zone pour diverses raisons, par exemple en raison de valeurs spéciales scientifiques ou écologiques, en cas de vulnérabilité, de la présence de dangers, ou pour limiter les émissions ou les constructions sur un site spécifique. L'accès aux aires à accès limité devrait normalement se faire pour des raisons impérieuses qui ne peuvent être satisfaites autre part à l'intérieur de la zone	E
Aire réservées aux visiteurs	Pour fournir un moyen de gérer les activités des visiteurs, y compris le personnel des programmes d'activités et/ou les touristes, afin de restreindre leurs impacts et, le cas échéant, d'en faire le suivi et la gestion.	F

Les orientations qui s'appliquent à chaque zone sont présentées dans les sections ci-après; les lignes directrices qui régissent la conduite d'activités spécifiques de ces zones sont définies aux annexes D à F.

Aires d'installations

Les aires d'installations sont établies pour restreindre les installations temporaires et semi-temporaire à des zones prédéfinies et maîtriser ainsi leur répartition et leurs traces. Il peut s'agir de zones où l'on prévoit une présence humaine partiellement permanente ou limitée à des périodes définies au cours desquelles des activités importantes sont engagées Il peut aussi s'agir de zones où l'on escompte une présence humaine et régulière et/ou des activités répétitives, comme des campements. La création de nouvelles aires d'installations sera conçue de manière à minimiser les traces des installations et des matériels utilisés.

Les dispositions suivantes doivent être appliquées dans les zones d'installations :

- Les installations importantes et souvent utilisées, les campements, les héliports, et les entrepôts de matériel et d'approvisionnement seront situés à l'intérieur des limites des aires d'installations ;
- Les infrastructures, les campements et les aires d'entreposage existant à l'intérieur des aires d'installations seront réutilisés dans la mesure du possible ;
- Les dispositions pour le stockage et la manutention des combustibles à l'intérieur des aires d'installations devront tenir compte des conditions stipulées dans les *Lignes directrices*

environnementales générales des vallées sèches de McMurdo (annexe A) : confinement secondaire, matériel approprié pour les opérations de remplissage, de décantation et de maintenance, entreposage sécurisé et matériel approprié pour les interventions en cas de déversement ;

- Lors de la planification et de la poursuite d'activités dans les aires d'installations, on s'attachera à promouvoir les énergies de remplacement et l'optimisation du rendement énergétique ;
- Lors de la planification et de la poursuite d'activités dans les aires d'installations, on veillera à la réduction des déchets au minimum et à leur gestion, tous les déchets seront entreposés de manière sure puis évacués de la zone ; et
- En cas de besoin, des plans d'intervention d'urgence seront élaborés pour tenir compte des besoins particuliers des aires d'installations spécifiques.

Les aires d'installations ne doivent pas être implantées à l'intérieur d'aires à accès limité ou de zones spécialement protégées de l'Antarctique (ZSPA), ou à des endroits où elles pourraient porter atteinte aux valeurs de la zone.

Les aires d'installations sont énumérées à l'annexe C, accompagnées d'une description de leur emplacement, des lignes de démarcation et de l'infrastructure, de l'emplacement des aires d'atterrissage, et de cartes.

Aires scientifiques

Les aires scientifiques énumérées dans l'annexe D ont été désignées pour sensibiliser les visiteurs aux études scientifiques actuelles en cours et éviter que soient perturbées des valeurs ou des expériences scientifiques importantes. Il n'existe pas de restrictions générales concernant l'accès à l'intérieur des aires scientifiques, les visiteurs sont toutefois priés de prendre connaissance des dispositions contenues dans l'annexe D avants leur visite ou avant de planifier leur travail dans ces aires.

Aires à accès limité

Les aires à accès limité sont des aires désignées telles en raison de leur forte valeur scientifique et de leur grande vulnérabilité aux perturbations causées par les êtres humains. Les aires à accès limité sont énumérées à l'annexe E, accompagnées d'une brève description des lignes de démarcation, des caractéristiques du site, des impacts, et des lignes directrices qui s'y appliquent concernant l'accès et les activités. L'accès aux aires à accès limité doit se faire pour des raisons impérieuses qui ne peuvent être satisfaites autre part à l'intérieur de la zone, et toute mesure mise en place pour assurer leur protection spécifiée à l'annexe E doit être strictement respectée lors des visites.

Aires réservées aux visiteurs

L'aire réservée aux visiteurs de la vallée Taylor a été établie afin de gérer les visites touristiques et les expéditions non-gouvernementales dans la zone en les confinant à cette aire, d'où l'on peut apprécier les valeurs esthétiques exceptionnelles et l'état de la nature sauvage des vallées sèches de McMurdo, tout en minimisant l'impact potentiel des visites touristiques sur les autres valeurs de la zone, en particulier les valeurs scientifique et environnementale.

L'aire réservée aux visiteurs de la vallée Taylor se situe près du terminus du glacier Canada (carte 24), dans la vallée Taylor, où l'on peut raisonnablement garantir des déplacements et un accès aisés, en toute sécurité, avec un impact minime sur les activités scientifiques ou le milieu naturel. L'aire a été établie à l'issue de consultations avec les programmes nationaux opérant dans la zone, les opérateurs de tourisme et l'Association internationale des tour-opérateurs antarctiques (IAATO). Les lignes directrices régissant la conduite d'activités dans l'aire réservée aux visiteurs sont à l'annexe F : Traité sur l'Antarctique - Guide du visiteur : Vallée Taylor, Terre Southern Victoria Land, Mer de Ross.

6(iii) Structures à l'intérieur de la zone et à proximité

Les principales structures à l'intérieur de la zone se situent dans les aires d'installations désignées au centre des vallées sèches de McMurdo (cartes 2 et 13). Il y a cinq camps semi-permanents dans la vallée Taylor (cartes 3-8), et trois autres dans la vallée Wright (cartes 11 et 12). Les structures les plus solides se trouvent à la station de ravitaillement de carburant de Marble Point (carte 10), et il existe d'autres bâtiments au mont Newall (carte 9) et au cap Roberts (carte 13).

Il se trouve des sites d'instruments scientifiques et opérationnels un peu partout dans la zone en-dehors des aires d'installations ; les plus importants sont énumérés au tableau 3. Les autres structures ne figurant pas à la liste sont les stations météorologiques automatiques (SMA), les relais radioélectriques (mont Cerverus, mont JJ Thompson), les déversoirs de ruisseaux et les dispositifs de mesure du bilan de masse glaciaire.

Tableau 3. Structures dans la zone en-dehors des aires d'installations

Nom	Partie responsable de l'entretien du site	Emplacement géographique [1]	Description de l'emplacement	Structures
Relais radioélectrique du mont Coates	États-Unis d'Amérique	77° 47.16'S 161° 58.23'E	Près du sommet du mont Coates (1894 m), collines Kukri à ~14 km de l'aire d'installations du lac Bonney, vallée Taylor.	Le relais radioélectrique et les équipements connexes sont logés dans deux conteneurs en plastique orange. Le site comporte aussi une antenne.
Relais radioélectrique du mont Hjorth	États-Unis d'Amérique	77° 30.97'S 163° 37.22'E	Près du sommet du mont Hjorth (790 m) à ~ 6 km du Cap Bernacchi, au nord-est de l'anse des explorateurs et de la vallée Taylor.	Le relais radioélectrique et les équipements connexes sont dans une petite cabane (2,4m x 2,6m). L'antenne est montée sur la cabane.

1. Partie responsable de l'entretien
2. Coordonnées approximatives

Les vallées sèches de McMurdo contiennent aussi plusieurs sites où des camps semi-permanents ont été mis hors service et retirés de la zone (tableau 4).

Tableau 4 : Sites connus de camps semi-permanents mis hors service dans la zone

Sites mis hors service	PR[1]	Coordonnées géographiques [2]
Cabane Asgard	Nouvelle-Zélande	77° 35'S, 161° 36'E
Cabane Brownworth	Nouvelle-Zélande	77° 27'S, 162° 53'E
Cabane du col Bull (Des structures américaines érigées dans l'aire d'installations de la cabane du col Bull sont encore présentes)	Nouvelle-Zélande	77° 31.01'S, 161° 51.08'E
Camp du glacier Meserve	États-Unis d'Amérique	77° 30.8'S, 162° 17'E
Cabane de la vallée Miers	Nouvelle-Zélande	78° 08'S, 163° 50'E
Ancienne cabane du lac Bonney	États-Unis d'Amérique	77° 42.2'S, 162° 30.6'E
Cabane du lac Fryxell	Nouvelle-Zélande	77° 37'S, 163° 03'E
Station Vanda (certaines structures ont été resituées dans l'aire d'installations du lac Vanda)	Nouvelle-Zélande	77° 31.6'S, 161° 40.1'E

Sites mis hors service	PR[1]	Coordonnées géographiques [2]
Camp du glacier Commonwealth	Nouvelle-Zélande	77° 34.94'S, 163° 35.81'E
Ancien camp de New Harbor	États-Unis d'Amérique	77° 34.5'S, 163° 29.9'E
Camp du glacier Odell	États-Unis d'Amérique	76° 40.86'S, 159° 54.8'E

1. Partie responsable
2. Coordonnées approximatives

Entre 1971 et 1975, des forages ont été réalisés sur huit sites de la zone, avec plusieurs puits de forage dans certains cas, dans le cadre du programme de forage des vallées sèches de McMurdo (DVDP). Les sites de forage du projet se situent au lac Vanda (DVDP 4) (foré à 85,8 m sous la surface de la glace), à l'étang Don Juan (DVDP 5, 3,4 m; DVDP 13, 75 m), dans le bassin du chenal nord de la vallée Wright (DVDP 14, 78 m), au lac Vida (DVDP 6, 305, 8 m; celui-ci a été bouché et fermé par le programme américain en 2006-07 et se trouve maintenant à plusieurs mètres sous la surface du lac), au lac Fryxell (DVDP 7, 11,1 m), à New Harbor (DVDP 8, 157,5 m; DVDP 9, 38,3 m; DVDP 10, 187 m), au glacier Commonwealth (DVDP 11, 328 m), et au lac Hoare (DVDP 12, 185 m).

6 (iv) Emplacement des autres zones protégées dans la zone

Il est interdit de pénétrer dans la zone spécialement protégée de l'Antarctique (ZSPA) à moins d'être muni d'un permis délivré par une autorité nationale. Il existe quatre ZSPA dans la zone (cartes 1 et 2) :

ZSPA n° 123 Vallées Barwick et Balham, Terre Southern Victoria (cartes 1, 2);

ZSPA n° 131 Glacier Canada, Lac Fryxell, Vallée Taylor Valley, Victoria (cartes 2, 5, 24);

ZSPA n° 138 Terrace Linnaeus, Chaîne Asgard, Terre Victoria (cartes 2, 18);

ZSPA n° 154 Baie Botany, Pointe-Géologie, Terre Victoria (carte 1).

7. Code de conduite

Le code de conduite visé dans cette section est le principal instrument pour la gestion des activités menées dans la zone. Il énonce les principes généraux de gestion et d'opérations dans la zone.

Des conseils complémentaires sont formulés dans les *Lignes directrices environnementales générales des vallées sèches de McMurdo* (annexe A), les *Lignes directrices environnementales pour la recherche scientifique* (annexe B), et dans la liste des aires d'installations (annexe C), des aires scientifiques (annexe D), des aires à accès limité (annexe E), et des aires réservée aux visiteurs (annexe F). Toutes les personnes visitant les vallées sèches de McMurdo doivent être informées des *Lignes directrices environnementales générales* (annexe A), au tout minimum, avant de pénétrer dans la zone.

7(i) Accès à la zone et déplacements à l'intérieur de celle-ci

La zone est vaste et offre de nombreux points d'entrée. On y accède généralement par hélicoptère à partir de l'île de Ross ou par la glace de mer, via New Harbor ou pointe Marble. On utilisera dans toute la mesure possible les aires d'atterrissage connues : elles sont énumérées et indiquées sur les cartes aux annexes C-F qui décrivent les zones de gestion. Les aires d'atterrissage désignées des ZSPA sont définies et cartographiées dans les plans de gestion appropriés. Lorsqu'il n'en existe pas, on utilisera dans toute la mesure possible des aires d'atterrissage connues. Quand il est prévu que des hélicoptères se posent de manière répétée sur un site donné, il convient d'envisager de désigner un site d'atterrissage. Ces situations sont adressées au groupe de coordination de la gestion. Les interdictions de survol sont en vigueur dans la ZSPA n° 123, au-dessus des vallées Barwick et Balham, dans la ZSPA n° 131 au-dessus du glacier Canada, dans la ZSPA n° 154 à baie Botany, et au-dessus des aires à accès limité au-dessus de l'étang Don Juan et des dunes de sable de la vallée Victoria.

Tous les itinéraires d'accès piéton et les déplacements dans la zone doivent être établis de manière à minimiser les perturbations du sol et des surfaces de végétation. Il existe plusieurs routes piétonnes dans la zone. Dans la vallée Taylor, il y a des routes piétonnes entre le camp F-6 et le camp du lac Fryxell, entre le camp F-6 et celui du lac Hoare, entre les camps des lacs Hoare et Fryxell, et entre les camps des lacs Hoare et Bonney. Une autre route est tracée de la berge du lac Fryxell au déversoir du ruisseau Canada. Il existe aussi d'autres routes, plus éloignées des campements de F-6 et des lacs Fryxell, Bonney et Hoare. Une route est définie pour gérer les déplacements piétonniers dans l'aire réservée aux visiteurs de la vallée Taylor (annexe F). Dans la vallée Wright, on trouve une route entre le déversoir et les cabanes de Vanda. Il y a également une route au tracé mal défini qui longe l'Onyx, entre les lacs Vanda et Brownworth. Par endroits, les traces des véhicules terrestres qui ont emprunté cette route dans les années 70 sont encore visibles.

Des sentiers se sont développés dans les sols de moraines instables situés à proximité d'une activité intense, formant des routes bien définies, comme celles que l'on peut voir près des aires d'installations et des sites d'études, par exemple long de la marge de la partie inférieure du glacier Taylor. Dans ces cas, les piétons emprunteront de préférence les sentiers existants, à moins que de le faire ne soit dangereux ou ait un impact plus important que de suivre une autre route.

L'utilisation de véhicules dans la zone doit être limitée à la glace lacustre ou à la glace de mer, sauf si une autorisation spéciale leur permet d'emprunter les pistes actuellement empruntées par des véhicules à pointe Marble (carte 11), New Harbor(cartes 3 et 4), et au cap Roberts.

L'accès aux aires à accès limité doit être évité à moins de raisons impérieuses, et doit dans ce cas être coordonné avec les programmes nationaux opérant dans la zone.

Les touristes et les expéditions non-gouvernementales auront uniquement accès à l'aire réservée aux visiteurs de la vallée Taylor conformément aux lignes directrices adoptées à l'annexe F, et ce après l'avoir coordonné antérieurement avec les programmes nationaux opérant dans la zone.

7(ii) Activités pouvant être menées dans la zone

Les activités qui peuvent être menées dans la zone comprennent les travaux de recherche scientifique ; les opérations effectuées à l'appui de la science, des médias, des arts, de l'éducation, ou d'autres visites officiels de programmes nationaux ; les activités de gestion dans l'entretien et l'enlèvement d'installations ; et les visites touristiques dans l'aire réservée aux visiteurs, où ces activités ne posent pas de risque pour les valeurs de la zone.

Toutes les activités entreprises dans les vallées sèches de McMurdo doivent être conduites de manière à minimiser leur impact environnemental. Il convient de privilégier les énergies de remplacement (le solaire, l'énergie éolienne et les piles à combustible par exemple) pour limiter autant que faire se peut le recours aux combustibles fossiles. Des lignes directrices spécifiques sur la conduite d'activités dans la zone figurent dans les annexes A-E.

Les expéditions touristiques et non-gouvernementales devraient de plus veiller à minimiser l'impact de leurs activités sur les activités scientifiques menées dans la zone, et doivent être menées conformément au Guide du visiteur : Vallée Taylor (annexe F).

7 (iii) Installation, modification ou démantèlement des structures

Un grand soin doit être apporté à la localisation et à l'installation de structures afin de minimiser leur impact sur l'environnement. Les sites d'installations précédents doivent être utilisés au maximum ou partagés avec d'autres programmes plutôt que d'en établir de nouveaux, et les traces des installations doivent être aussi limitées que possibles. Les sites d'installations doivent être réutilisés dans toute la mesure du possible, le cas échéant. Des structures permanentes ou semi permanentes ne devraient généralement pas être érigées en dehors des aires d'installation, à moins qu'elles soient de petite taille et qu'elles ne portent pas atteinte aux valeurs de la zone (par ex. station météorologique automatique (SMA) ou petit relais radioélectrique alimenté par une batterie ou un accumulateur solaire sans infrastructure importante).

Toutes les installations seront entretenues tant qu'elles sont opérationnelles et enlevées dès qu'elles ne sont plus utiles. Les installations doivent être clairement identifiés par programme national responsable, nom du principal chercheur et année d'installation. Il faut tenir un registre des types d'installations et de leurs coordonnées, et cette information doit être communiquée aux responsables du programme national et transmise au groupe de coordination de la gestion.

Les programmes nationaux doivent échanger leurs informations sur les nouvelles installations proposées avant qu'elles ne soient construites, par l'intermédiaire du groupe de coordination de la gestion, afin de coordonner leurs activités et de limiter le nombre d'installations nouvelles ou de les dupliquer, réduisant ainsi les perturbations.

7(iv) Emplacement des camps

Dans les vallées sèches de McMurdo, les camps se limitent à de petites installations érigées de manière temporaire pour effectuer des recherches au cours d'une campagne, comprenant généralement quelque tentes et des abris temporaires pour les travaux de laboratoire ou la préparation alimentaire. En général, les campements doivent être établis uniquement pour répondre aux besoins de travaux qui ne peuvent être réalisés depuis les aires d'installation.

Les camps doivent être situés et installés avec soin afin de minimiser leur impact sur l'environnement. Les campements actuels ou précédents doivent être utilisés au maximum ou partagés avec d'autres programmes plutôt que d'en établir de nouveaux, et les traces des camps doivent être aussi limitées que possibles.

Les camps seront entretenus tant qu'ils sont opérationnels et enlevés dès qu'ils ne sont plus utiles. On veillera à ce que le matériel soit solidement arrimé pour éviter d'être emporté en cas de vent.

Les coordonnées des camps doivent être enregistrés, et cette information fournie aux responsables du programme national qui la transmettra au groupe de coordination de la gestion.

Les emplacements de camps désignés en dehors des aires d'installations ou des autres aires situées dans la zone sont énumérés dans le tableau 5.

Tableau 5 : Emplacements des camps désignés en dehors des aires d'installations ou des autres aires situées dans la zone.

Nom	Partie responsable de l'entretien	Emplacement	Description de l'emplacement	Description du camp
Camp de Blood Falls	États-Unis d'Amérique	77°43.24' S 162°16.29' E 1 aire d'atterrissage pour les hélicoptères à cet emplacement	Rive nord-ouest du lac Bonney à ~100 m du terminus du glacier Taylor et des Blood Falls.	Pente remontant sur ~100 m à partir de la rive du lac et s'étendant sur ~200 m en direction nord-ouest à partir de Lawson Creek jusqu'à un repère de relevé permanent (TP02) situé à ~20 m du bord du lac. Des cercles de pierre marquent les emplacements de tentes. L'aire d'atterrissage désigné est situé près d'un groupe d'emplacements de tentes dans la partie sud-ouest du camp.

1. Partie responsable de l'entretien

7(v) Prélèvement de végétaux et capture d'animaux ou perturbations nuisibles à la faune et la flore

Tout prélèvement ou perturbation nuisible à la faune et la flore est interdite sauf avec un permis délivré conformément à l'article 3 de l'annexe II du Protocole par l'autorité nationale compétente à cette fin spécifiquement. Dans le cas de prélèvements ou de perturbations nuisibles d'animaux, le SCAR Code of Conduct for Use of Animals for Scientific Purposes in

Antarctica (Code de conduite du SCAR pour l'utilisation d'animaux à des fins scientifiques dans l'Antarctique) devra être utilisé comme norme minimale.

Pour aider au maintien des valeurs écologiques et scientifiques de la zone, les visiteurs doient prendre des précautions spéciales contre les introductions d'organismes non-indigènes. Les introductions en provenance d'autres sites antarctiques, y compris d'autres stations, ou d'autres régions extérieures à l'Antarctique, suscitent une inquiétude particulière. Les visiteurs doivent veiller à ce que tout le matériel d'échantillonnage et de balisage introduit dans la zone soit propre. Les visiteurs doivent aussi veiller à ce que tout matériel (sacs à dos, sacs à provision et tentes), ainsi que leurs vêtements et leurs chaussures, soit soigneusement nettoyé avant de pénétrer dans la zone. Les visiteurs doivent aussi être informés du risque qui existe de transporter des espèces d'une partie à l'autre des vallées sèches, et qui pourrait aussi avoir un impact sur les valeurs de la zone. Les visiteurs doivent spécialement veiller à minimiser les mouvements de sols d'un site des vallées sèches à un autre, au minimum en nettoyant leur matériel (matériel de camping et d'échantillonnage, véhicules, chaussures) avant de se déplacer vers un autre site.

7(vi) Prélèvement ou enlèvement de matériel trouvé dans la zone

Les matériels qui ne sont pas couverts par la section 7(v) ci-dessus ne peuvent être collectés ou enlevés de la zone qu'à des fins scientifiques et pédagogiques connexes ou pour des besoins de la gestion essentiels, et ils doivent être limités au minimum nécessaire pour répondre à ces fins. Tous les météorites ramassés doivent être collectés et conservés en conformité avec des normes scientifiques agréées et ils sont rendus disponibles pour des fins scientifiques. Les matériels d'origine humaine susceptibles de porter atteinte aux valeurs de la zone peuvent être enlevés à moins que l'impact de leur enlèvement ne s'avère plus néfaste que leur présence sur le terrain. Si tel est le cas, il convient d'en informer l'autorité compétente.

7(vii) Élimination des déchets

Tous les matériels introduits dans la zone doivent être ramassés et enlevés dans toute la mesure du possible. L'eau utilisée par des êtres humains à de quelconques fins, y compris scientifiques, doit être évacuée et/ou traitée dans un évaporateur d'eaux usées (et les résidus doivent être évacués). Tous les déchets humains doivent être évacués de la zone, y compris les résidus d'incinération.

En vertu de l'article 4 de l'annexe III du Protocole relatif à la Protection de l'Environnement, les déchets ne sont pas éliminés dans les zones libres de glace, dans les systèmes d'eau douce ou sur de la neige ou de la glace, qui se terminent dans de telles zones ou dans des zones de forte ablation.

7(viii) Rapports de visite

Le groupe de coordination de la gestion devra, dans la mesure du possible, conserver une archive de ces rapports des activités dans la zone, et les mettre à la disposition de toutes les Parties.

Conformément à l'article 10 de l'Annexe V du Protocole relatif à la protection de l'environnement, des dispositions seront mises en place pour obtenir et échanger les rapports de visites d'inspection ainsi que les informations sur tout dommage ou changement important survenu dans la zone.

Les voyagistes doivent conserver des enregistrements des visites conduites dans la zone, notamment du nombre de visiteurs, des dates des visites et des incidents survenus dans la zone et communiquer ces renseignements conformément aux procédures de rapports des expéditions approuvées par les Parties au Traité sur l'Antarctique et par l'IAATO.

8. Dispositions relatives à l'échange d'informations préalablement aux activités proposées

Outre l'échange habituel d'informations au moyen des rapports nationaux annuels aux Parties signataires du Traité sur l'Antarctique, au SCAR et au Conseil des directeurs des programmes antarctiques nationaux (COMNAP), les parties opérant dans la zone doivent échanger des informations par l'intermédiaire du groupe de coordination de la gestion.

9. Bibliographie

Information électronique

Un site Internet mis en place par les programmes nationaux opérant dans la zone permet de consulter les informations et la bibliographie existant sur les vallées sèches de McMurdo, y compris les derniers documents de gestion, les plans de gestion des zones protégées, les cartes, les descriptions et les orientations. Ce site peut être consulté à http://www.mcmurdodryvalleys.aq

Plans de gestion

Plan de gestion de la zone spécialement protégée de l'Antarctique n° 123 Vallées Barwick et Balham, Terre South Victoria.

Plan de gestion de la zone spécialement protégée de l'Antarctique n° 131 Glacier Canada, Vallée Taylor, Terre Victoria.

Plan de gestion de la zone spécialement protégée de l'Antarctique n° 138 Terrace Linnaeus, Chaîne Asgard, Terre Victoria.

Plan de gestion de la zone spécialement protégée de l'Antarctique n° 154 Baie Botany Bay, Cap Géologie, Terre Victoria.

ANNEXE A :

Lignes directrices environnementales générales pour les vallées sèches de McMurdo

Pourquoi les vallées sèches de McMurdo sont-elles jugées si importantes ? Leur écosystème renferme des caractéristiques géologiques et biologiques remontant à des milliers, voire des millions d'années. Nombre de ces caractéristiques anciennes pourraient aisément être irrémédiablement dégradées par l'intervention humaine. Des communautés inhabituelles de formes de vie microscopiques, une faible diversité biologique, des réseaux alimentaires simples caractérisés par une faible concurrence trophique, des stress intenses de température, l'aridité et la pénurie de nutriments sont autant de caractéristiques qui font des vallées sèches de McMurdo un milieu unique. Ce paysage désertique ancien et ses communautés biologiques n'ont qu'une capacité naturelle très limitée pour se remettre d'éventuelles perturbations. La recherche sur ces systèmes doit se donner pour but de minimiser les impacts sur les terres, l'eau et la glace afin de les préserver au profit des générations futures.

Avant de se rendre dans la zone :

- On veillera à ce que les activités prévues soient conformes aux exigences du Code de conduite du plan de gestion, des lignes directrices environnementales aux annexes A et B, et de toutes les lignes directrices spécifiques s'appliquant aux zones de gestion (Annexes C - F).
- Toutes les activités, notamment les déplacements, l'organisation des campements, la manutention et le confinement secondaire des combustibles, et la gestion (et la minimisation) des déchets, seront planifiés de façon à minimiser leur impact environnemental. Les individus et les groupes doivent apporter avec eux dans la zone suffisamment de matériel - de survie ou autre - pour assurer leur sécurité, ou vérifier que les mêmes soient disponibles sur place.
- Afin d'éviter l'introduction involontaire d'espèces non indigènes dans la zone des vallées sèches de McMurdo, il faut nettoyer soigneusement tous les équipements (y compris sacs à dos, sacs à provisions et tentes), vêtements et chaussures avant d'accéder a la zone.

Déplacements et activités dans la zone :

- Afin de réduire le risque qui existe de transporter des espèces d'une partie a l'autre des vallées sèches, il faut nettoyer les équipements, les véhicules, les vêtements et les chaussures avant d'aller à un autre site.
- On doit s'informer des lignes directrices spécifiques aux sites aux annexes C - F, et éviter les aires à accès limité à moins que l'accès ne soit nécessaire pour des raisons impérieuses qui ne peuvent être satisfaites autre part à l'intérieur de la zone.
- Il faut éviter de franchir des cours d'eau ; quand cela s'avère nécessaire, on utilisera chaque fois que possible les points de passage désignés.
- On évitera de nager ou de plonger dans les lacs, sauf avec l'autorisation d'un programme national.
- Il faut s'abstenir de perturber les phoques et les oiseaux momifiés.
- Il est interdit d'ériger des cairns dans la zone.
- Le matériel de voyage ne sera pas abandonné sur place (comme les broches à visser et les pitons).

Déplacements à pied :

- Certaines communautés biologiques et formations géologiques sont particulièrement fragiles, même lorsqu'elles sont dissimulées sous la neige ; il faut être vigilant et les éviter lors des déplacements à l'intérieur de la zone. Il faut par exemple éviter de marcher sur les zones de végétation, dans les cours d'eau ou sur les berges des cours d'eau, sur les dunes, de traverser les sites d'études des sols, de marcher sur les sols des les deltas soulevés, les formations rocheuses délicates ou toute autre caractéristique vulnérable.
- Lors des déplacements à pied, il convient de rester dans toute la mesure du possible sur les pistes existantes. On doit se référer aux lignes directrices spécifiques aux aires (Annexes C - F)

Véhicules dans la zone :

- Les véhicules doivent être utilisés uniquement sur les surfaces de glace, à moins d'une autorisation spécifique au contraire, et à la pointe Marble, au cap Roberts, et à New Harbor.
- Les véhicules doivent rester dans toute la mesure du possible sur les pistes existantes.
- Les véhicules doivent toujours être garés sur des bacs de confinement secondaire ou des bacs collecteurs.
- Pendant la fonte des glaces d'été, les véhicules ne seront utilisés sur la glace lacustre qu'en cas de nécessité, et devront être garés sur la glace lacustre permanente, plutôt que sur la glace marginale.

Déplacements en hélicoptère :

- Les aires désignées doivent être utilisées pour l'atterrissage des hélicoptères lorsqu'elles existent. Sinon, il convient d'utiliser si possible les aires d'atterrissage connues. Les aires d'atterrissage désignées sont indiquées aux annexes C - F et signalées sur les cartes 3 - 24.
- Des dispositifs de bornage clairement visibles en vol doivent être utilisés pour signaler les aires d'atterrissage d'hélicoptères et ces dispositifs doivent être bien arrimés au sol et durables.
- Il faut éviter d'atterrir sur les lacs dans la mesure du possible.
- Les hélicoptères ne doivent pas utiliser de grenades fumigènes sauf pour des raisons impérieuses de sécurité.
- Les charges sous élingue doivent être arrimées avec soin. Les opérations d'élingage sont encadrées par des agents dûment formés.

Emplacement et installation des camps

- Les campements actuels ou précédents doivent être utilisés ou partagés avec d'autres programmes plutôt que d'en établir de nouveaux.
- Il faut minimiser les traces de tous les campements.
- Les campements doivent être situés le plus loin possible des berges des lacs, des cours d'eau, des caractéristiques spéciales et des sites d'expérimentation sur le long terme pour éviter les risques de dégradation ou de contamination. Il est interdit de camper dans le lit des cours d'eau, même s'ils sont à sec.
- Quand des roches sont déplacées pour installer un camp ou pour toute autre activité, elles doivent si possible être replacées dans leurs traces et, à tout le moins, la face incrustée de sel orientée vers le sol. Si le campement doit servir pendant plusieurs années, des orientations supplémentaires seront requises auprès du programme national compétent.
- L'emplacement des campements doit être enregistré et le programme national compétent doit en être informé.

- On veillera à ce que le matériel et les provisions soient en permanence solidement arrimés pour éviter d'être emportés en cas de vents forts.

Energie :

- On aura recours dans toute la mesure du possible aux énergies et aux modes de transport dans la zone ayant le moins d'impact sur l'environnement et minimisant l'utilisation d'hydrocarbures.

Matériels :

- Tout ce qui est introduit dans la zone doit en être évacué et rapporté à la station du programme national compétent pour y recevoir le traitement nécessaire.
- Toute activité qui provoquerait la dispersion de matériaux étrangers doit être évitée (comme marquer des rochers à la peinture) ou effectuée à l'intérieur d'une cabane ou d'une tente (par exemple les découpes, le sciage et le déballage).
- Les explosifs sont interdits dans la zone, à moins d'être autorisés par un programme national pour des raisons scientifiques ou des raisons de gestion impérieuses.
- Dans la mesure du possible, on veillera à ne rien laisser geler dans la glace de lac qui pourrait ultérieurement provoquer une ablation ou une contamination.

Carburant et produits chimiques :

- Il faut éviter tout déversement de carburant ou de produits chimiques dans la mesure du possible.
- Des mesures doivent être adoptées pour prévenir tout déversement accidentel de produits chimiques, notamment les réactifs et les isotopes (stables ou radioactifs). Les produits chimiques de toutes sortes doivent être utilisés sur des bacs collecteurs ou d'autres récipients. Quand l'utilisation de radio-isotopes est autorisée, les conseils de sécurité et de manutention doivent être strictement respectés.
- En cas d'utilisation de produits chimiques ou de carburant, on veillera à disposer d'équipements de lutte contre les déversements et de dispositifs de confinement secondaire adaptés aux volumes utilisés. Les personnes travaillant avec des produits chimiques et des carburants doivent en connaître le maniement et les procédures d'action applicables en cas de déversement.
- Les récipients de produits chimiques et de carburant doivent être bien calés au sol et bouchés, notamment sur la glace de lac.
- Tous les fûts de carburant doivent disposer d'un deuxième confinement.
- On utilisera des bidons à becs verseurs pour remplir la cuve des groupes électrogènes.
- Le ravitaillement des groupes électrogènes et des véhicules doit s'effectuer sur des bacs collecteurs à matelas absorbants.
- Les véhicules ne doivent être vidangés qu'au-dessus de bacs collecteurs.

Déchets et déversements accidentels :

- L'eau utilisée par les êtres humains à de quelconques fins doit être évacuée et/ou traitée dans un évaporateur d'eaux usées (et les résidus enlevés).
- Tous les déchets humains sont ramassés et évacués.
- Les individus et les groupes doivent apporter avec eux des conteneurs adaptés au transport et à l'évacuation des déchets d'origine humaine et des eaux usées.
- Les déversement et les rejets doivent être nettoyés le mieux possible et signalés au programme national compétent.

ANNEXE B :

Lignes directrices environnementales pour la recherche scientifique

Les travaux de recherche entrepris dans les vallées sèches de McMurdo portent sur le climat, les glaciers, les cours d'eau, les lacs, les sols ainsi que la géologie et la géomorphologie locales. Les Lignes Directrices ci-après visent à prévenir et à atténuer l'impact des activités de recherche engagées dans des environnements essentiels de la zone. Elles sont fondées sur le rapport intitulé McMurdo Dry Valley Lakes : Impacts of Research Activities (Wharton, R.A. and Doran, P.T., 1998), qui résulte d'un atelier international regroupant des scientifiques effectuant des travaux de recherche dans la zone.

Dispositions générales

- Il ne faut ni déplacer, ni collecter de quelconques spécimens, notamment des fossiles, sauf à des fins scientifiques et pédagogiques.
- Les emplacements des sites d'échantillonnage (y compris des transects biologiques), des sites de forage et d'excavation des sols et de toute autre installation (par exemple les ouvrages de maîtrise des cours d'eau et les instruments) doivent être enregistrés et le programme national compétent doit être informé de leurs coordonnées géographiques.
- Les installations et les équipements doivent présenter un risque minimal d'émissions nocives pour l'environnement (on utilisera par exemple des piles à électrolyte gélifiée ou d'autres types de piles hermétiques).
- Les installations, les matériels et les équipements doivent être entreposés dans un endroit sécurisé lorsqu'ils ne sont pas utilisés, et doivent être retirés dès qu'ils ne sont plus utiles.
- Toute borne érigée doit être durable et bien arrimée.
- Les métadonnées concernant les données recueillies devront être enregistrées auprès de l'autorité nationale pertinente et sur le Registre maître Antarctique.

Sites d'échantillonnage et d'expérimentation

- Le matériel scientifique, notamment le matériel d'échantillonnage et de forage, doit être nettoyé avant d'être introduit dans la zone, et nettoyé avant d'être transporté et utilisé à d'autres sites dans la zone.
- Le matériel d'échantillonnage doit être bien sécurisé dans les cas où il pourrait être irrémédiablement perdu.
- Les échantillonnages de biomasse et de matériaux non-biologiques seront limités aux quantités requises pour les analyses prévues et l'archivage.
- Les sites d'échantillonnage (par exemple dans la glace lacustre, les glaciers ou les sols) doivent rester propres.
- Les fluides de forage doivent être utilisés le moins souvent possible, voire ne pas être utilisés.
- Les sites d'expérimentation ou de surveillance au long terme qui serviront pendant plus d'une campagne doivent être clairement identifiés par pays, nom du principal chercheur et année d'installation.

Installations scientifiques

S'agissant des installations scientifiques, notamment les stations météorologiques, les monuments géographiques, les relais de communication, les systèmes de surveillance des lacs et les limnigraphes :

- Les installations doivent être érigées avec prudence, être facilement récupérables en cas de besoin, et toujours solidement arrimées pour éviter d'être emportées par vent fort.
- Toutes les installations présentes dans la zone doivent être clairement identifiées par pays, nom du chercheur principal et année d'installation.
- Un rendement énergétique optimal doit être recherché et il convient de privilégier dans toute la mesure du possible les énergies renouvelables.
- Les installations doivent présenter un risque minimal d'émissions nocives pour l'environnement (on utilisera par exemple des piles à électrolyte gélifiée ou d'autres types de piles hermétiques).
- Les installations devront être régulièrement examinées afin d'évaluer leur dégradation, leur utilité et le cas échéant leur enlèvement. La fréquence des examens dépendra des caractéristiques de l'installation et du site, mais devra généralement être faite au moins une fois tous les 3 à 5 ans.
- Les installations doivent être conçues et construites de façon telle qu'elles puissent être mises hors service et enlevées lorsqu'elles ne sont plus utiles.

Equipements scientifiques, carburant et matériaux

- L'utilisation de matériel alimenté par des combustibles fossiles sera minimisée ; autant que faire se peut on privilégiera les dispositifs solaires ou manuels.
- Les groupes électrogènes doivent être bien réglés pour réduire les émissions au minimum ; ils ne sont utilisés qu'en cas de nécessité. Les groupes électrogènes et les bidons de carburant sont toujours conservés sur des bacs collecteurs.
- Les déchets chimiques, le glycol et tous les autres déchets liquides (y compris les eaux usées provenant des lacs eux-mêmes) doivent être soigneusement manipulés pour prévenir les déversements accidentels.
- Des bacs collecteurs doivent toujours être utilisés pendant le ravitaillement en carburant.
- Des équipements de lutte contre les déversements doivent être disponibles sur tous les sites où se trouvent des combustibles ou des déchets liquides (y compris les produits chimiques et l'eau provenant du lac).
- Les matériaux susceptibles de se briser à basse température, comme nombre de plastiques à base de polyéthylène, doivent être évités. De même, les composants en bois et en tissu des structures semi-permanentes doivent être évités car ils s'usent sous l'effet de l'abrasion éolienne et sont une source de défaillance occasionnelle.

Cours d'eau

- On optera pour des canaux plutôt que des déversoirs.
- Pour la construction des canaux et des ouvrages de maîtrise, on utilisera des matériaux locaux.
- L'utilisation de traceurs et les manipulations seront limitées au minimum nécessaire. Dans la mesure du possible, on aura recours à la modélisation pour transposer les résultats d'expériences à d'autres cours d'eau et bassins lacustres.
- On se bornera à utiliser des traceurs naturels et on conservera des relevés de leur utilisation.
- Les expériences fondées sur l'utilisation de traceurs seront conçues de manière à limiter leur mouvement dans les lacs. L'augmentation des flux imputable à l'expérience doit rester mineure par rapport au total du flux moyen annuel dissous dans les cours d'eau.

On choisira des sites d'expérimentation présentant des tronçons suffisamment longs pour que ces réactions soient achevées avant la fin du tronçon.

- Des sites spécifiques seront établis aux fins d'échantillonnage de la biomasse ; leur emplacement géographique, l'ampleur de l'échantillonnage et sa fréquence seront consignés.
- Aux fins de quantification de l'évolution de la biomasse dans les cours d'eau, on définira et on appliquera des méthodes (comme l'analyse spectrale) ne reposant pas sur la collecte d'échantillons.

Lacs

- On s'attachera à limiter l'emprise et la durée des structures implantées sur la glace. Quand des structures sont installées à proximité du littoral, elles doivent être érigées sur la glace pérenne plutôt que sur la glace marginale qui est susceptible de fondre très rapidement. L'emplacement géographique des structures installées sur la glace doit être enregistré.
- Des moyens de confinement (comme des bacs collecteurs) seront installés entre le matériel (moteurs, outils, etc.) et la glace pour minimiser les risques d'infiltration d'hydrocarbures dans la glace et de fonte de la couche de surface.
- Des relevés de la zone doivent être effectués, notamment l'ampleur des déblais de glace et les coordonnées géographiques. Les zones d'accès au lac et celles où ont été effectués des échantillonnages doivent être réutilisées dans toute la mesure du possible.
- L'utilisation de véhicules à moteur sera réduite au minimum. Les véhicules tout-terrain à moteur à quatre temps sont préférables aux motoneiges à moteur deux temps (du fait de leur moindre rendement énergétique, les moteurs à deux temps augmentent les émissions dues aux hydrocarbures et les émissions de particules).
- Les véhicules motorisés doivent être conduits très prudemment pour éviter de capoter ou de traverser la couverture de glace.
- On évacuera les matériaux qui remontent de la glace. Il ne faut ni déverser, ni déposer de l'eau ou des échantillons de sédiments sur la glace lacustre.
- On réduira le nombre de survols en hélicoptère dès que la surface de glace commence à fondre et les atterrissages sur les lacs seront aussi peu fréquents que possible.
- On évitera d'entreposer du matériel sur la glace de lac.
- Dans la mesure du possible, on utilisera des instruments et du matériel d'échantillonnage différents (par exemple les collecteurs d'eau et les filets à plancton) pour chaque lac afin d'éviter les risques de contamination. Les instruments et le matériel d'échantillonnage doivent être parfaitement nettoyés et, si possible, stérilisés, avant d'être utilisés dans d'autres lacs.
- Les eaux usées provenant des lacs eux-mêmes doivent être soigneusement manipulés pour prévenir les déversements accidentels.
- Pour toute expérience utilisant des radio-isotopes, des isotopes stables ou d'autres traceurs, on cherchera à privilégier les travaux de laboratoire plutôt que les travaux *in situ* afin de préserver l'intégrité des propriétés biologiques et chimiques des lacs. Des calculs préliminaires seront effectués pour déterminer l'impact potentiel des expériences à base d'isotopes. Toute introduction sur le site doit être décrite et consignée par écrit.
- Les protocoles d'échantillonnage doivent prévoir l'utilisation de câbles sans métal et de récipients d'échantillonnage comme les flacons «go-flow» afin d'éviter toute contamination des lacs par les métaux.
- Pour faire fondre les trous d'accès, on utilisera de préférence des substituts du glycol sans danger pour l'environnement (comme les antigels biodégradables).

- On réduira le volume d'eaux usées au minimum en ne collectant que les quantités d'eau et de sédiments strictement nécessaires aux fins des travaux de recherche.
- Les personnes travaillant sur la glace lacustre doivent recevoir une formation sur les mesures à prendre pour réduire les pertes d'équipement dans les trous.
- Une formation appropriée sera dispensée aux plongeurs et aux équipes de soutien afin de minimiser les impacts de leurs activités sur l'environnement du lac.
- Avant d'effectuer des plongées ou d'utiliser des engins télécommandés dans un lac, on examinera l'historique des plongées effectuées sur le site de recherche envisagé, la proximité d'autres zones d'intérêt et la vulnérabilité de la colonne d'eau et du benthos aux perturbations. Ces mêmes considérations s'appliquent aux autres activités d'échantillonnage et de mesure.
- On décrira et on consignera toutes les informations relatives aux plongées et à l'utilisation d'engins télécommandés, notamment leur date, leur intensité et leur durée.
- Il faut avoir recours aux technologies de pointe (comme les dispositifs à circuit fermé et les systèmes 'push-pull') permettant d'atténuer les impacts de la plongée sur l'environnement.

Sols

- Il faut minimiser la perturbation des surfaces et des sous-surfaces dans la mesure du possible.
- A la fin des travaux, les surfaces perturbées seront remises dans un état aussi proche que possible de leur état d'origine. Dans le cas d'excavations de grande taille (de plus de 1 m^2), il faut prendre des photos avant de déblayer le sol afin d'avoir une base de référence pour la remise en état du site. On consignera l'emplacement du site restauré.
- Les déblais seront stockés sur des bâches ou des tapis pendant l'échantillonnage des sols.
- Tous les déblais seront remis en place pour ramener le terrain à son état préalable et les pavages désertiques seront reconstitués dans la mesure du possible. Avant de commencer à déblayer le sol, on peut ôter les pavages de la surface et les conserver de côté pour les remettre en place ultérieurement.
- Des évaluations environnementales exhaustives seront préalablement réalisées pour toutes les expériences provoquant une modification exogène.
- On utilisera aussi peu que possible de matériel mécanisé (comme les foreuses Cobra et les tarières).

Glaciers

- Il convient de minimiser l'utilisation d'eau sous forme liquide (comme les perforatrices à injection d'eau chaude).
- On évitera d'utiliser des produits et des solutions chimiques sur la glace.
- S'il faut installer des piquets ou d'autres dispositifs de bornage sur un glacier, leur nombre sera réduit aux stricts besoins des travaux de recherche ; dans la mesure du possible, on y enregistrera le numéro et la durée du projet.
- Dans la mesure du possible, on utilisera pour les opérations de sciage de grande envergure des tronçonneuses électriques alimentées par des groupes électrogènes à moteur à quatre temps (moins polluants que les moteurs à deux temps). On évitera de lubrifier la chaîne des tronçonneuses quand on découpe de la glace froide.
- A la fin des projets de recherche, il faut évacuer tous les matériaux – bois, métal et capteurs – pris dans la glace afin de minimiser les risques de contamination.

ANNEXE C :

Lignes directrices pour les aires d'installations

Les aires d'installations sont les zones désignées autour des installations suivantes qui sont administrées par les Programmes Nationaux opérant dans la zone :

- Camp New Harbor, vallée Taylor ;
- Camp F-6, vallée Taylor ;
- Camp du lac Fryxell , vallée Taylor ;
- Camp du lac Hoare, vallée Taylor ;
- Camp du lac Bonney, vallée Taylor ;
- Relais radioélectriques de mont Newall, chaîne Asgard ;
- Station de ravitaillement de la pointe Marble, pointe Marble ;
- Camp Lower Wright, vallée Wright ;
- Cabane du Lac Vanda, vallée Wright ;
- Cabane du col Bull, vallée Wright ;
- Camp du cap Roberts, Granite Harbor.

Les emplacements géographiques, les limites de démarcation, les aires d'atterrissage des hélicoptères, et les infrastructures des aires d'installations, de même que l'identité de la partie responsable de l'entretien, sont définis au tableau C-1, auquel font suite les cartes de chacune des aires d'installations et leur contexte géographique (cartes 3-13).

Rapport Final de la RCTA XXXIV

Tableau C-1 : Description des aires d'installations des McMurdo Dry Valleys

Aires d'installations	No de carte	Description des lignes de démarcation	Coordonnées des lignes de démarcation	Coordonnées des aires d'atterrissage	Partie responsable de l'entretien	Structures dans l'aire
Camp New Harbor	3	La ligne de démarcation commence en un point situé au nord-ouest de la remise du groupe électrogène (sur la berge), se poursuit au sud-ouest au-delà de la zone d'élingage, à l'est jusqu'à un point au sud de l'aire d'atterrissage des hélicoptères, au nord-est jusqu'à un point à l'est des principales cabanes Jamesway, au nord-ouest jusqu'à un point au nord du bâtiment abritant le laboratoire, au sud-ouest jusqu'à un point situé juste au nord de l'ancien trou de forage, et au sud-ouest le long de la berge jusqu'au point de départ près de la remise du groupe électrogène.	77° 34.66'S, 163° 31.05'E 77° 34.71'S, 163° 30.98'E 77° 34.70'S, 163° 31.19'E 77° 34.67'S, 163° 31.34'E 77° 34.63'S, 163° 31.19'E 77° 34.64'S, 163° 31.11'E	77° 34.692'S, 163° 31.165'E 1 aire d'atterrissage avec zone d'élingage.	Etats-Unis d'Amérique	La structure principale consiste de deux cabanes Jamesways reliées par un passage d'accès en bois, l'une de 42 m² et l'autre de 30 m². Une remise de rangement de 3 m² et des toilettes de 1,5 m² sont attenantes au bâtiment principal. Le camp comprend aussi une cabane Jamesways de 21 m² qui sert de laboratoire, une cabane pour le groupe électrogène, et une caisse de 1,5 m² servant à l'entreposage du matériel de plongée. Une cache d'urgence et une tour éolienne.
Camp F-6	4	La ligne de démarcation commence en un point situé au sud-ouest de l'aire d'atterrissage des hélicoptères, se poursuit en direction nord-est jusqu'à un point situé juste à l'est de la cache d'urgence (caisson de survie), puis au nord en contournant la tente la plus au nord-est, à l'ouest jusqu'à un	77° 36.53'S, 163° 15.32E 77° 36.50'S, 163° 15.43E 77° 36.46'S, 163° 15.46E 77° 36.46'S, 163° 15.40E	77° 6.514'S, 163° 15.343'E 1 aire d'atterrissage.	Etats-Unis d'Amérique	Un bâtiment principal de 42 m² avec toilettes adjacentes. Cache d'urgence.

Tableau C-1 : Description des aires d'installations des McMurdo Dry Valleys

Aires d'installations	No de carte	Description des lignes de démarcation	Coordonnées des lignes de démarcation	Coordonnées des aires d'atterrissage	Partie responsable de l'entretien	Structures dans l'aire
		point au nord-ouest des tentes (près du lac), au sud en contournant le déversoir, et au sud-est jusqu'au point de départ près de l'aire d'atterrissage des hélicoptères.	77° 36.46'S, 163° 15.21'E 77° 36.50'S, 163° 15.19'E			
Camp du lac Fryxell	5	Au coin sud-est, la ligne de démarcation suit la berge du lac jusqu'à un point au sud-ouest de l'aire d'atterrissage des hélicoptères, remonte jusqu'au petit plateau situé sous la colline, passe derrière la tente la plus éloignée au coin nord-ouest, puis à l'est du cours d'eau, au sud-est le long de la berge du cours d'eau jusqu'à la tente la plus à l'est, puis au sud jusqu'au point de départ près du lac.	77° 36.38'S, 163° 07.60'E 77° 36.40'S, 163° 07.37'E 77° 36.34'S, 163° 07.31'E 77° 36.34'S, 163° 07.26'E 77° 36.29'S, 163° 07.27'E 77° 36.29'S, 163° 07.51'E 77° 36.31'S, 163° 07.59'E 77° 36.38'S, 163° 07.60'E	77° 36.383'S, 163° 07.430'E 2 aires d'atterrissage avec zone d'élingage. L'aire d'atterrissage secondaire se situe à 32 m de l'aire principale.	Etats-Unis d'Amérique	Une cabane Jamesway (bâtiment principal) de 62,7 m^2, quatre laboratoires de 13,9 m^2, et un local de 13,9 m^2 abritant un groupe électrogène. Une tour éolienne, un panneau solaire et des toilettes. Cache d'urgence.
Camp du lac Hoare	6 & 7	La ligne de démarcation part d'un endroit pierreux au sud-est des	77° 37.40'S, 162° 53.87'E	77° 373.72'S, 162° 53.989'E	Etats-Unis d'Amérique	Un bâtiment principal de 55,7 m^2, trois laboratoires de 13,9

Tableau C-1 : Description des aires d'installations des McMurdo Dry Valleys

Aires d'installations	No de carte	Description des lignes de démarcation	Coordonnées des lignes de démarcation	Coordonnées des aires d'atterrissage	Partie responsable de l'entretien	Structures dans l'aire
		aires d'atterrissage des hélicoptères, se poursuit au nord en contournant la cache d'urgence, puis au nord-est jusqu'à un rocher au nord-ouest de la tente la plus à l'ouest, puis au nord-est jusqu'à un point au nord d'autres tentes, puis de nouveau au nord-est jusqu'à la tente la plus au nord-est, au sud le long du cours d'eau/glacier jusqu'à un point à l'est des anciennes installations du lac Hoare (salle de bains et remise de matériel de plongée), au sud-ouest jusqu'à la fin de la flèche, au nord-ouest jusqu'à la plage située sous le bâtiment principal, et au nord-ouest jusqu'au point de départ, proche des aires d'atterrissage des hélicoptères.	77° 37.39'S, 162° 53.86'E 77° 37.35'S, 162° 53.87'E 77° 37.31'S, 162° 53.96'E 77° 37.26'S, 162° 54.28'E 77° 37.26'S, 162° 54.35'E 77° 37.39'S, 162° 54.40'E 77° 37.47'S, 162° 54.34'E 77° 37.41'S, 162° 54.05'E	2 aires d'atterrissage avec zone d'élingage. L'aire d'atterrissage secondaire se situe a 46 m au sud-ouest de l'aire principale.		m², un local de 8.9 m² abritant un groupe électrogène, une resserre à outils de 8,9 m² et trois toilettes extérieures, dont deux de 2,2 m² et l'autre de 1,7 m². En dessous du camp actif se trouvent les anciens bâtiments du camp du lac Hoare qui sont toujours utilisés. Ils comprennent une cabane Jamesway de 37 m² principalement utilisée comme espace de rangement, un abri de groupe électrogène de 6 m², et un ancien laboratoire de 7,5 m² désormais utilisé comme salle de douche. Cache d'urgence.
Camp du lac Bonney	8	La ligne de démarcation commence en un point à l'ouest de la remise du groupe électrogène proche du lac, se poursuit au sud-est jusqu'à un rocher situé derrière une tente, puis au nord-est jusqu'à une colline surplombant une tente, au	77° 42.96'S, 162° 27.37'E 77° 42.99'S, 162° 27.56'E 77° 42.97'S, 162° 27.79'E 77° 42.95'S, 162°	77° 42.95'S, 162° 27.65'E 1 aire d'atterrissage.	Etats-Unis d'Amérique	Une cabane Jamesway de 55,7 m², des toilettes de 2,2 m², un local de 8,9 m² abritant un groupe électrogène et trois laboratoires de 8,9 m². Cache d'urgence. Pour 2010 - Deux toilettes (5,6

Tableau C-1 : Description des aires d'installations des McMurdo Dry Valleys

Aires d'installations	No de carte	Description des lignes de démarcation	Coordonnées des lignes de démarcation	Coordonnées des aires d'atterrissage	Partie responsable de l'entretien	Structures dans l'aire
		nord-est, puis au nord jusqu'à un point situé au nord-est de la tente la plus à l'est, à l'ouest jusqu'au littoral, au sud-ouest le long du littoral ; elle passe au nord de l'aire d'atterrissage des hélicoptères, se poursuit au sud-ouest le long de la berge du lac jusqu'à un point au nord-ouest de la station météorologique, pour revenir ensuite au point de départ en dessous de la remise du groupe électrogène.	27.93'E 77° 42.90'S, 162° 27.73'E 77° 42.92'S, 162° 27.61'E			m²).
Relais radioélectriques de mont Newall	9	La ligne de démarcation commence au point situé le plus au nord-est, au nord-est de la remise à matériel verte, puis se poursuit au sud-ouest le long du flanc sud-est de la crête en contournant la remise à matériel verte, le relais néo-zélandais, l'éolienne, la cabane AFTEC, l'antenne, la cabane de survie, la cache de survie, puis elle contourne l'aire d'atterrissage des hélicoptères, se poursuit au nord-est le long du flanc nord-ouest de la crête en contournant la cabane du camp, l'antenne, la cabane	77° 30.23'S, 162° 37.60'E 77° 30.25'S, 162° 37.60'E 77° 30.26'S, 162° 37.55'E 77° 30.27'S, 162° 37.52'E 77° 30.27'S, 162° 37.52'E 77° 30.29'S, 162° 37.46'E 77° 30.31'S, 162°	77° 30.295'S, 162° 37.340'E 1 aire d'atterrissage.	Etats-Unis d'Amérique / Nouvelle-Zélande	On trouve sur le site deux relais radioélectriques, l'un américain, l'autre néo-zélandais. Il y a trois cabanes sur mont Newall, dont un abri de survie de 8,9 m², une remise de 22,3 m² abritant un système énergétique hybride (américain), et une remise à matériel verte de 2,2 m² (24 m²) abritant le relais radioélectrique néo-zélandais. Le relais américain est logé dans deux conteneurs en plastique orange. Il y a aussi sur le site deux antennes (une

Rapport Final de la RCTA XXXIV

Tableau C-1 : Description des aires d'installations des McMurdo Dry Valleys

Aires d'installations	No de carte	Description des lignes de démarcation	Coordonnées des lignes de démarcation	Coordonnées des aires d'atterrissage	Partie responsable de l'entretien	Structures dans l'aire
		AFTEC, l'éolienne, le relais néo-zélandais et jusqu'au point de départ, la remise à matériel verte.	37.33'E 77° 30.29'S, 162° 37.28'E 77° 30.28'S, 162° 37.40'E 77° 30.26'S, 162° 37.49'E 77° 30.23'S, 162° 37.56'E			néo-zélandaise, l'autre américaine) et une éolienne (américaine).
Station de ravitaillement en carburant de la pointe Marble	10	La ligne de démarcation commence au point le plus à l'est (à l'est des puits creusés dans le sol), se poursuit au nord-ouest en contournant la principale aire d'installations, puis au nord-ouest en contournant la conduite et les réservoirs de carburant, au nord-ouest le long de la route, au sud-ouest en contournant l'extrémité de la route et la zone d'étape, au sud-est le long de la route puis en contournant les aires d'atterrissage des hélicoptères, au sud-est en contournant l'étang, et au nord-est jusqu'au point à l'est des puits creusés dans le sol.	77° 24.86'S, 163° 41.41'E 77° 24.82'S, 163° 41.22'E 77° 24.81'S, 163° 41.02'E 77° 24.80'S, 163° 40.81'E 77° 24.71'S, 163° 40.25'E 77° 24.74'S, 163° 40.15'E 77° 24.86'S, 163° 40.74'E	77° 24.82'S, 163° 40.76'E 4 aires d'atterrissage. Les quatre aires sont proches l'une de l'autre (à ~25 m – 30 m l'une de l'autre). Les coordonnées sont celles de l'aire d'atterrissage centrale (la 2e à partir des réservoirs de combustibles).	Etats-Unis d'Amerique	Un bâtiment principal de 69,7 m², un pavillon de 41,8 m², un autre pavillon de 55,7 m², une remise à carburant de 7,4 m², 6 réservoirs de stockage de combustibles (25 000 litres chacun), des toilettes de 2,2 m², un incinérateur de déchets solides, un remise de rangement de 1,9 m², un abri de groupe électrogène de 21 m², un bâtiment à usage d'atelier et d'entrepôt de 27 m² et une station météo ASOS de 7 m². Remise a carburant et toilettes a la station de ravitaillement en carburant.

Tableau C-1 : Description des aires d'installations des McMurdo Dry Valleys

Aires d'installations	No de carte	Description des lignes de démarcation	Coordonnées des lignes de démarcation	Coordonnées des aires d'atterrissage	Partie responsable de l'entretien	Structures dans l'aire
			77° 24.89'S, 163° 41.27'E			
Cabane de Lower Wright	11	La ligne de démarcation englobe la cabane, un site borné d'atterrissage pour hélicoptères et un caisson d'urgence. Elle est bornée par les pentes qui s'élèvent sur les versants ouest et est, une importante fissure dans le pavage à l'extrémité sud et des zones pierreuses à l'extrémité nord. Une station météorologique et un déversoir se trouvent hors de l'aire et sont accessibles à pied depuis le site.	77° 26.56'S, 162° 39.04'E 77° 26.53'S, 162° 39.02'E 77° 26.53'S, 162° 39.13'E 77° 26.55'S, 162° 39.15'E	77° 26.537'S, 161° 39.070'E 1 aire d'atterrissage.	Nouvelle-Zélande	Une petite cabane pouvant loger deux personnes pour une surface au sol de 6 m^2. Cache d'urgence.
Cabanes du lac Vanda	12 Encadré 1	La ligne de démarcation suit le bord de la zone basse sur laquelle sont installés les cabanes, la SMA, le site borné d'atterrissage des hélicoptères et les tentes.	77° 31.42'S, 161° 41.15'E 77° 31.40'S, 161° 41.17'E 77° 31.34'S, 161° 41.45'E 77° 31.34'S, 161° 41.51'E 77° 31.36'S, 161° 41.51'E 77° 31.41'S, 161°	77° 31.361'S, 161° 41.442'E 1 aire d'atterrissage.	Nouvelle-Zélande	Trois abris communicants, pour une surface au sol totale de 30 m^2. Une station météo (SMA).

Tableau C-1 : Description des aires d'installations des McMurdo Dry Valleys

Aires d'installations	No de carte	Description des lignes de démarcation	Coordonnées des lignes de démarcation	Coordonnées des aires d'atterrissage	Partie responsable de l'entretien	Structures dans l'aire
			41.25'E			
Cabane du col Bull	12 Encadré 2	La ligne de démarcation englobe le platier caillouteux sur lesquels se trouvent les cabanes et les tentes ; elle est bornée au nord par un gros rocher, à l'est et à l'ouest par de petites crêtes rocheuses, et au sud par une ligne entre les extrémités de la crête. Une SMA est implantée bien à l'ouest de la ligne de démarcation de la zone.	77° 31.09'S, 161° 51.23'E 77° 31.07'S, 161° 50.96'E 77° 30.98'S, 161° 51.11'E 77° 31.00'S, 161° 51.35'E	77° 31.056'S, 161° 51.048'E 1 aire d'atterrissage.	États-Unis d'Amérique	Deux abris sont érigés sur ce site, l'un pour le matériel, l'autre étant un abri environnemental d'environ 28,7 m² logeant un système énergétique mixte.
Camp de cap Roberts	13	La ligne de démarcation renferme toute la zone basse entre les plages nord et sud de cap Roberts, y compris les deux cabanes et l'entrepôt à carburant. La zone est bornée au sud par le littoral d'une petite baie. Le coin sud-est de la zone se situe à l'entrepôt de carburant, puis la ligne de démarcation se poursuit au nord le long d'une pente caillouteuse, puis à l'ouest en suivant le bord d'une zone de rochers, et au sud derrière les cabanes, en suivant le bord d'une autre pente pierreuse. La zone est	77° 2.08'S, 163° 10.73'E 77° 2.08'S, 163° 10.79'E 77° 2.09'S, 163° 10.84'E 77° 2.16'S, 163° 10.79'E	Aucune aire d'atterrissage.	Nouvelle-Zélande	Deux cabanes sur la zone libre de glace de cap Roberts pouvant abriter quatre personnes (environ 10 m²). Il y a aussi une cabane d'habitation de 19 m². Une structure de stockage de fûts de carburant se trouve également sur ce site.

Tableau C-1 : Description des aires d'installations des McMurdo Dry Valleys

Aires d'installations	No de carte	Description des lignes de démarcation	Coordonnées des lignes de démarcation	Coordonnées des aires d'atterrissage	Partie responsable de l'entretien	Structures dans l'aire
		bornée au sud par le littoral d'une petite baie.				

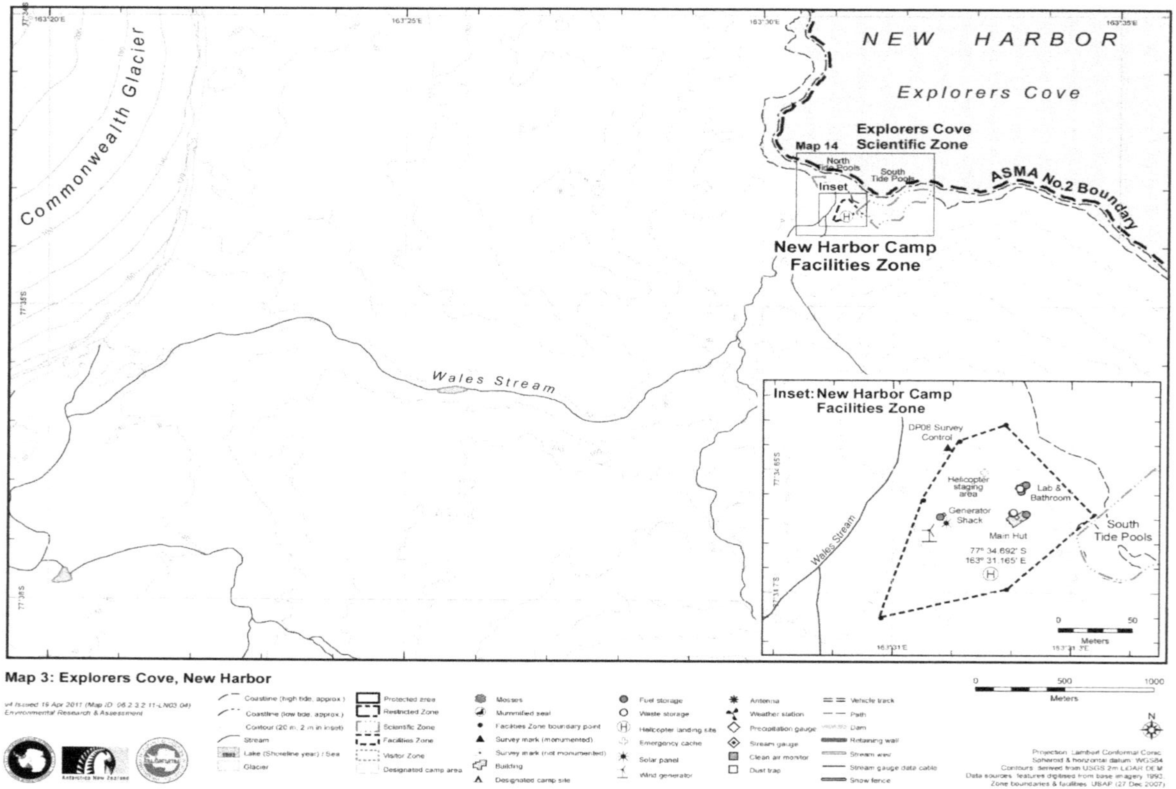

Map 3: Explorers Cove, New Harbor

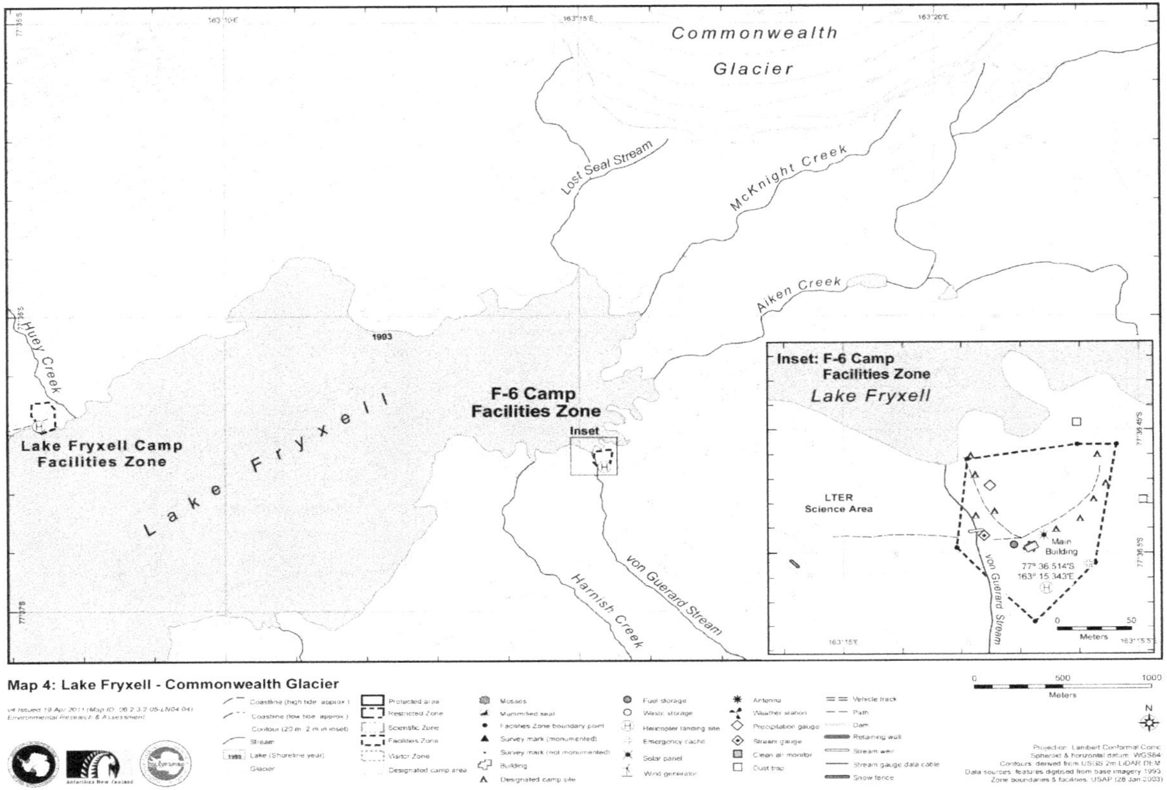

Map 4: Lake Fryxell - Commonwealth Glacier

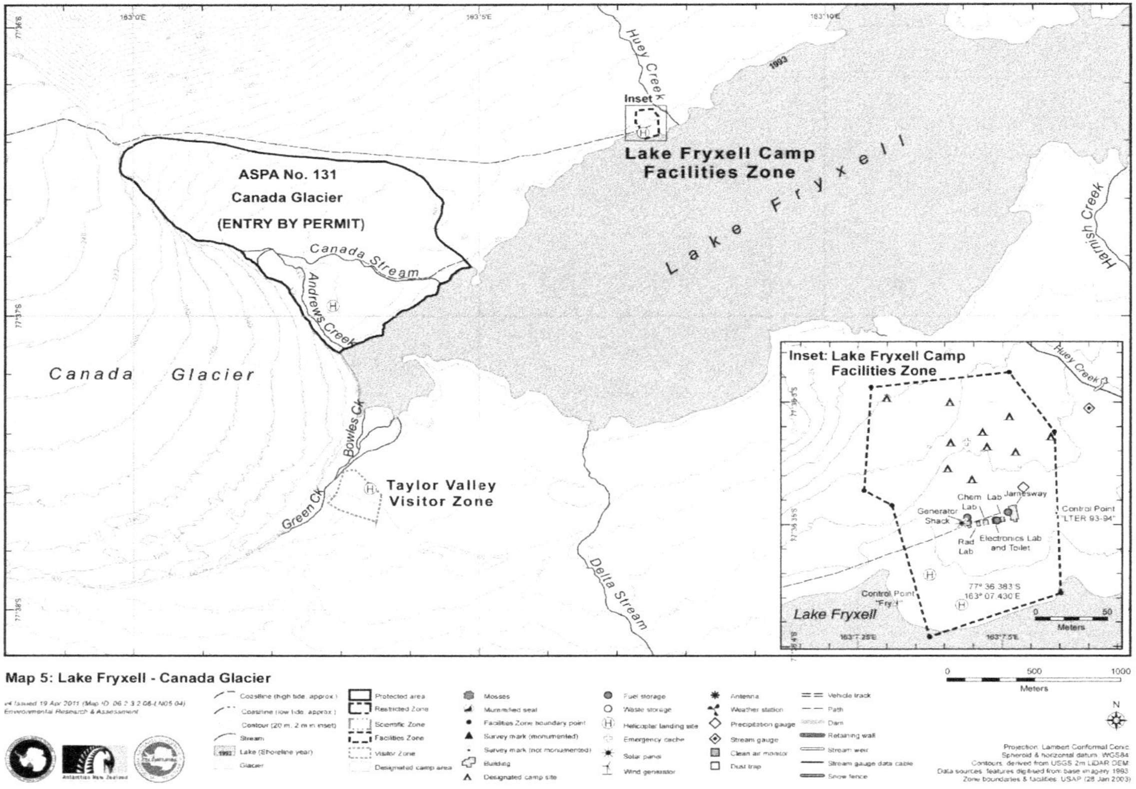

Map 5: Lake Fryxell - Canada Glacier

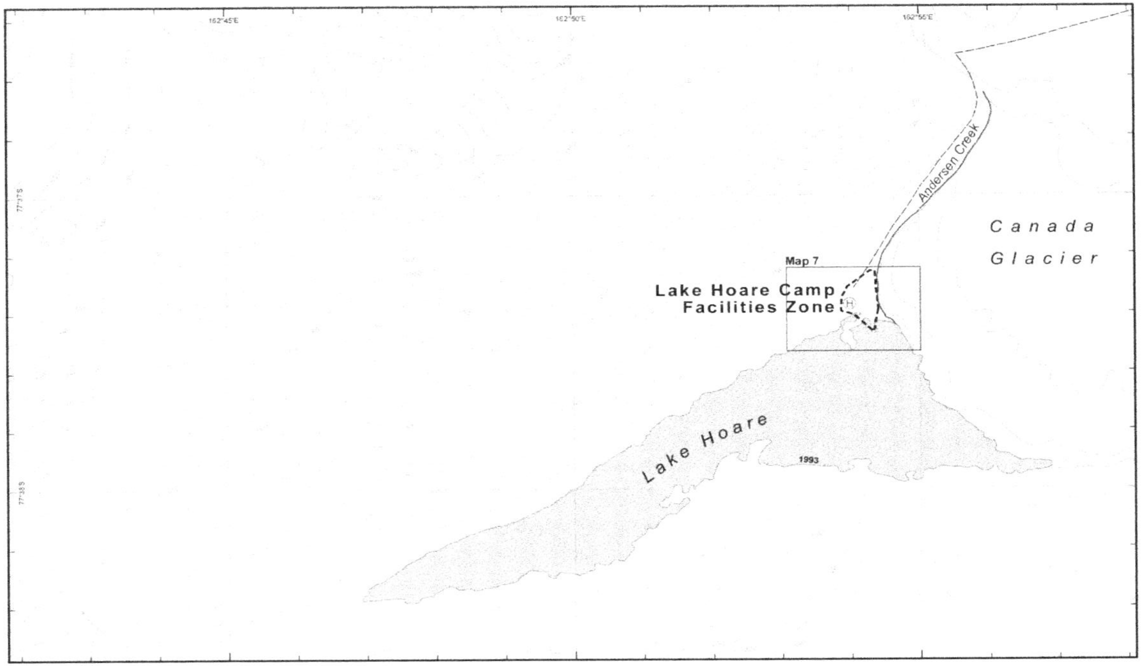

ZGSA No 2 - McMurdo Dry Valleys

Map 6: Lake Hoare, Canada Glacier

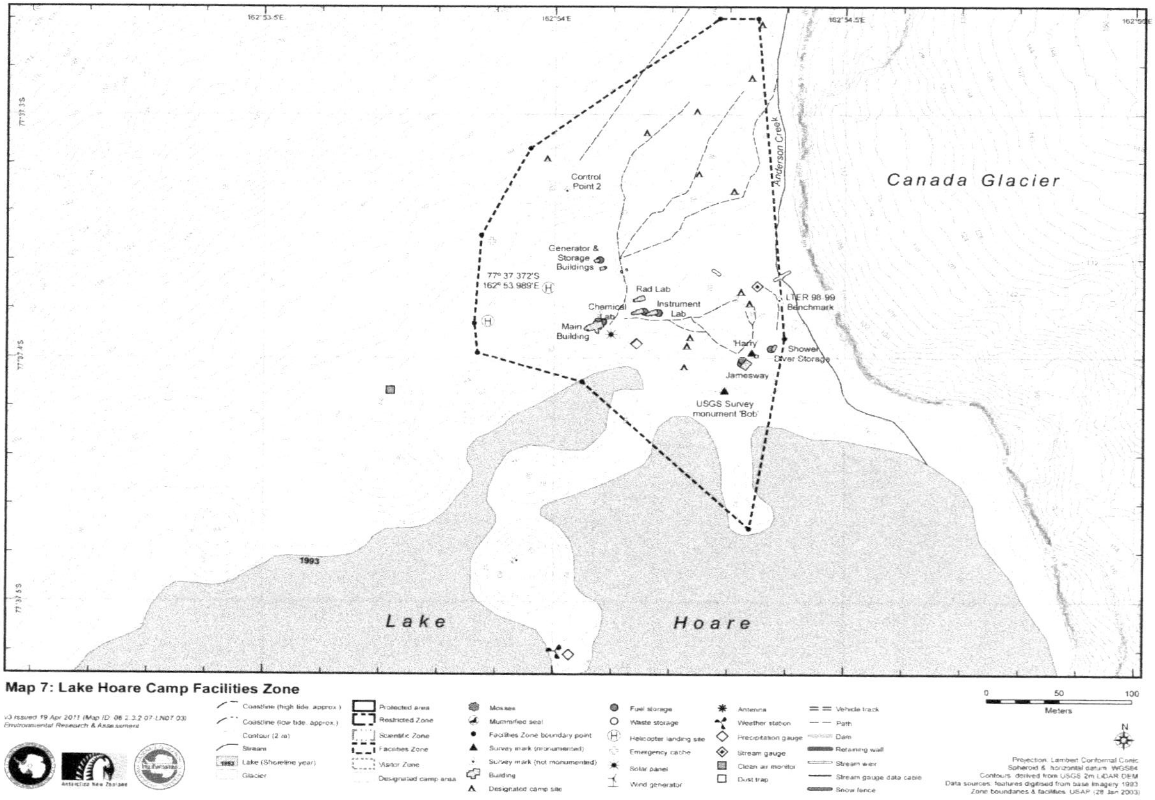

Rapport Final de la RCTA XXXIV

Map 7: Lake Hoare Camp Facilities Zone

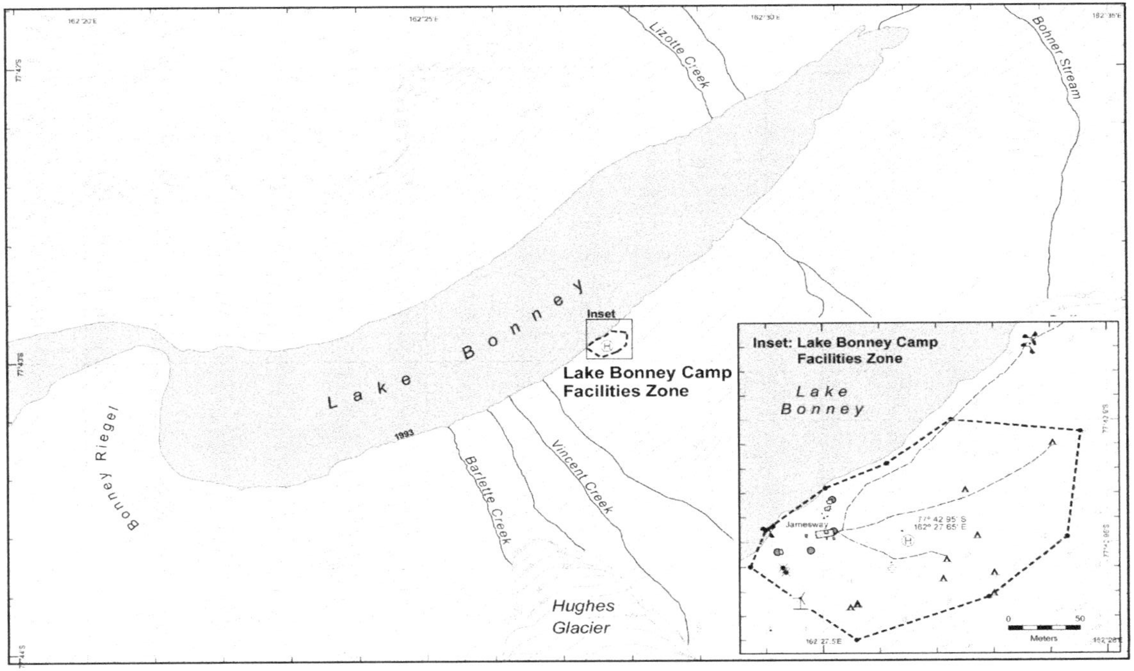

Map 8: Lake Bonney, Taylor Valley

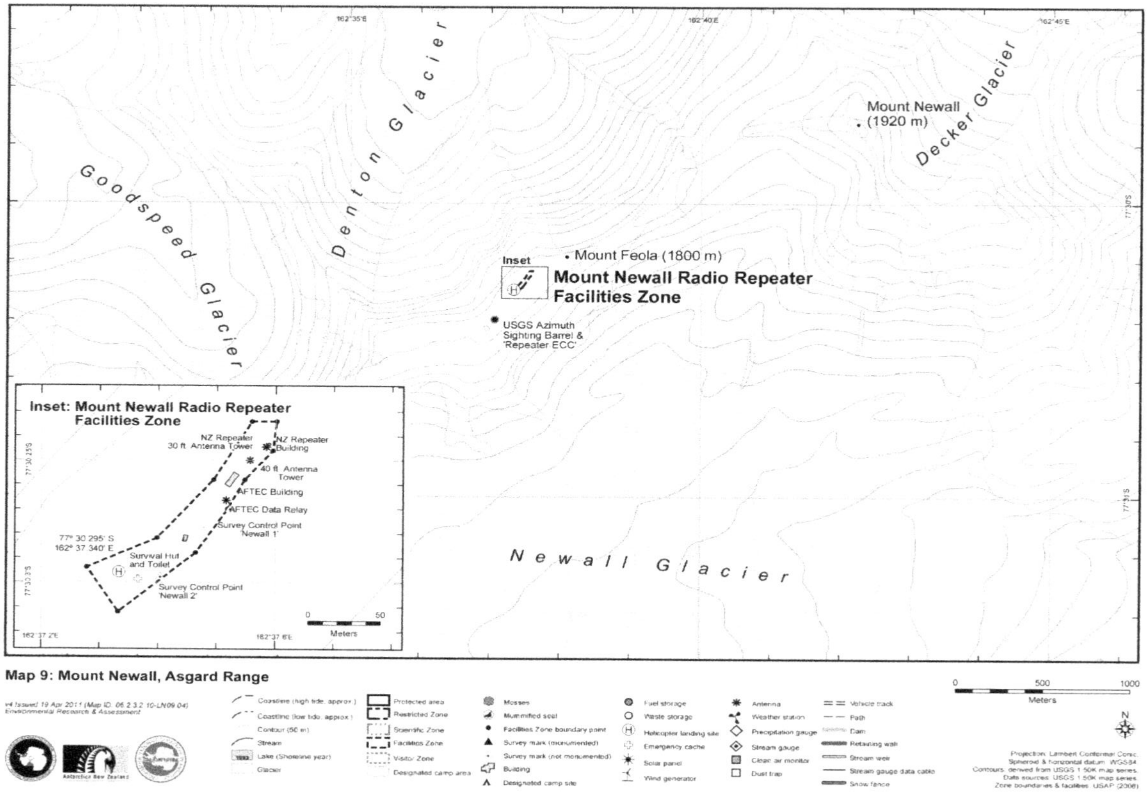

Rapport Final de la RCTA XXXIV

Map 9: Mount Newall, Asgard Range

ZGSA No 2 - McMurdo Dry Valleys

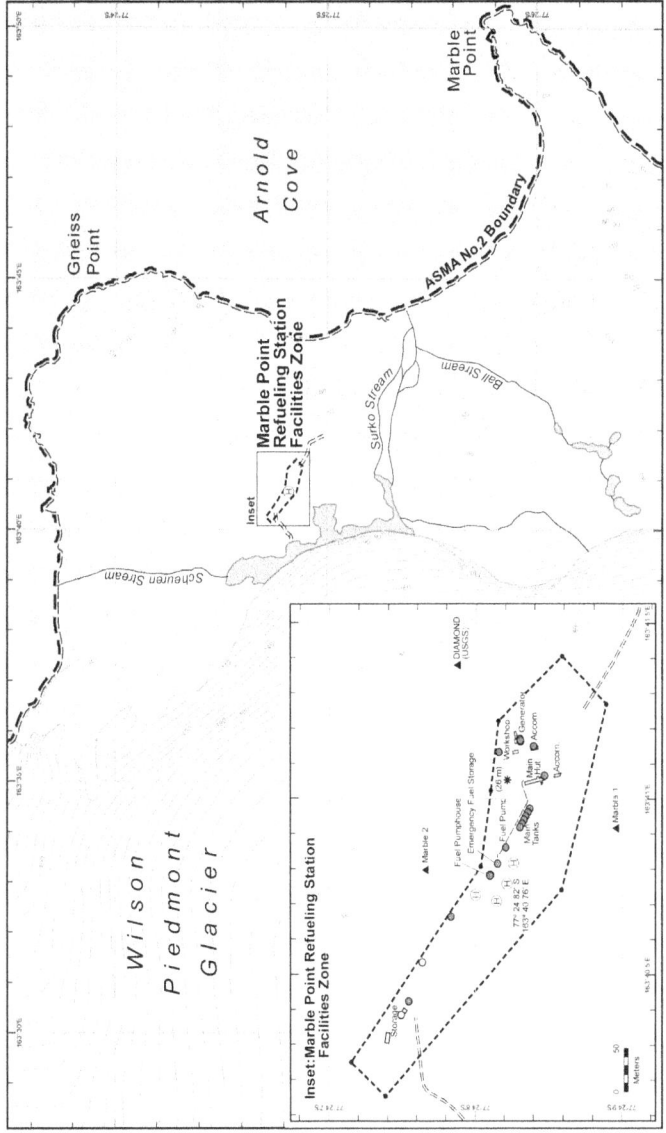

Wilson Piedmont Glacier

Gneiss Point

Arnold Cove

Marble Point

ASMA No.2 Boundary

Marble Point Refueling Station Facilities Zone

Inset

Scheuern Stream

Surko Stream

Bull Stream

N

0   500   1000
Meters

Projection: Lambert Conformal Conic
Spheroid & fractional datum: WGS84
Contours derived from WorldView imagery
Zone boundaries & facilities: USAP (27 Oct 2007)
Imagery: 2010 Digital Globe
Features digitized from WorldView imagery 2010
NGA Commercial Imagery Program aim)

Airframe
Weather station
Precipitation gauge
Stream gauge
Cairn/rock marker
Dead haul

Vehicle track
Path
Retaining wall
Storage area
Stream gauge data crane
Snow fence

Fuel storage
Waste storage
Helicopter landing site
Emergency caches
Solar panel
Wind generator

Moraine
Abandoned seal
Facilities Zone boundary point
Survey mark (iron-unnamed)
Building
Designated camp site

Inset: Marble Point Refueling Station Facilities Zone

DIAMOND (USGS)

Fuel Pumphouse
Emergency Fuel Storage
Workshop
Fuel Pump
Generator
Main Hut
Accom.
Accom.
Marble 2
Marble 1

77° 24.82 S
163° 40.76 E

Storage

0   50
Meters

Map 10: Marble Point, McMurdo Sound

Protected area
Restricted Zone
Scientific Zone
Facilities Zone
Vision Zone

Coastline (high tide approx.)
Classified (flow rate approx.)
Contour (10 m, 5 m at inset)
Stream
Lake (Otherwise precise) Sea
Glacier

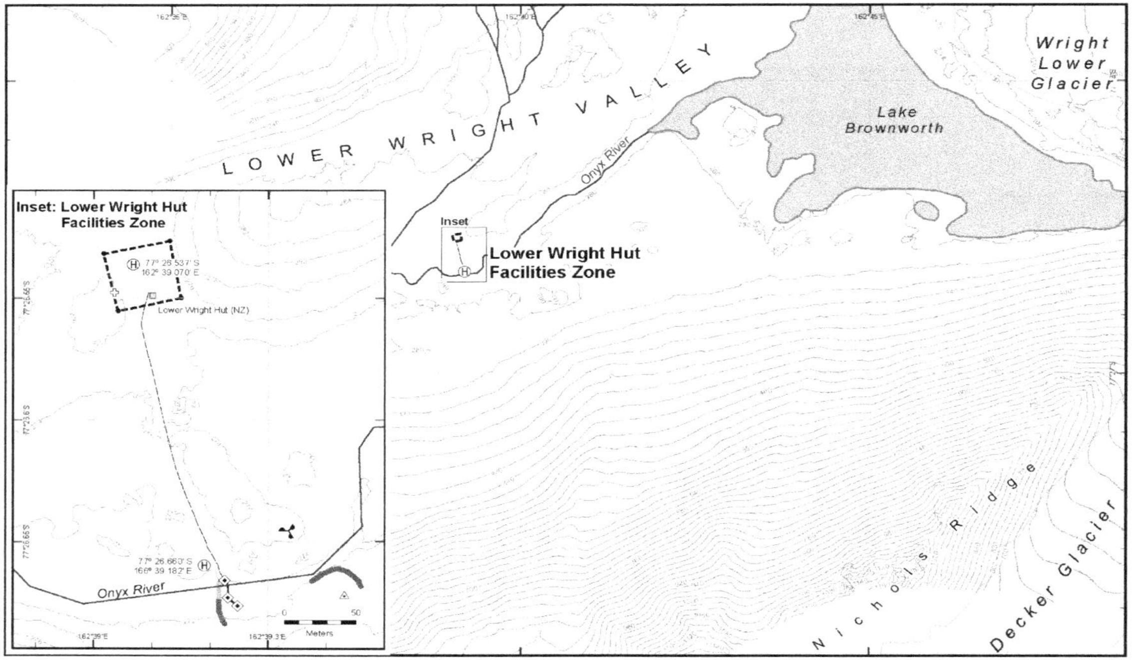

Map 11: Lower Wright Valley

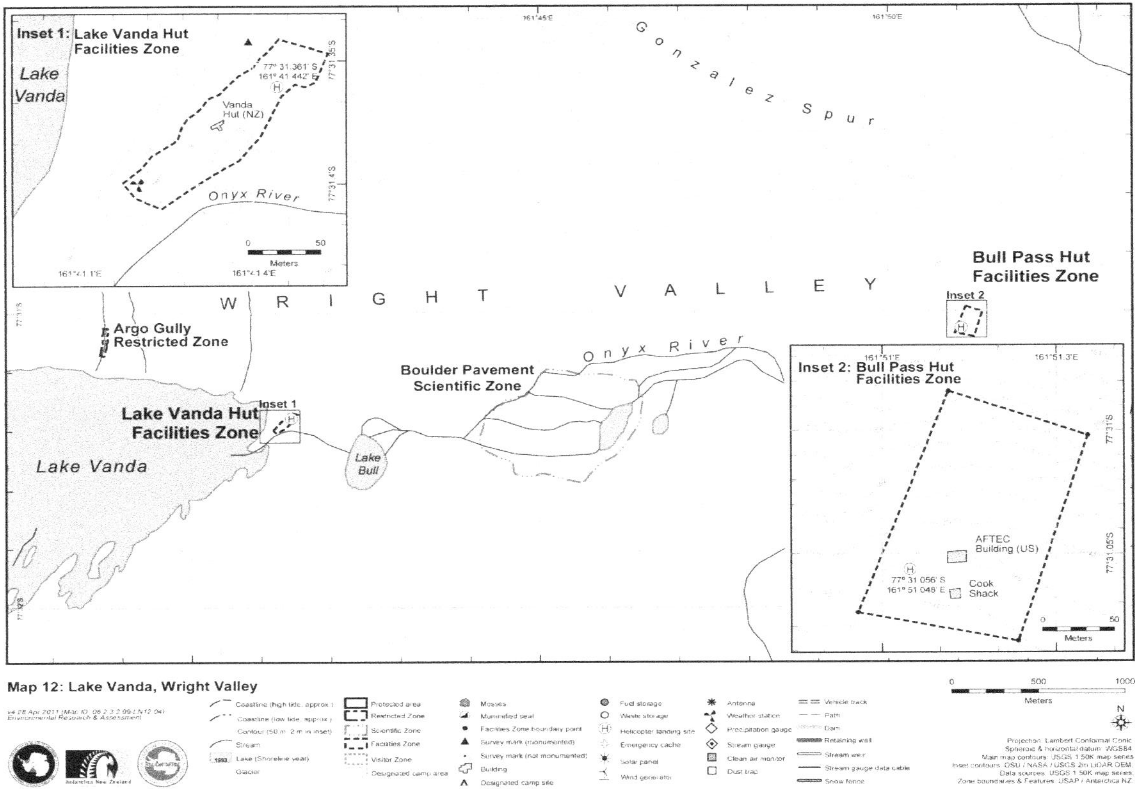

Map 12: Lake Vanda, Wright Valley

v4 28 Apr 2011 (Map ID: 06.2.3.2.09-LN12.04)
Environmental Research & Assessment

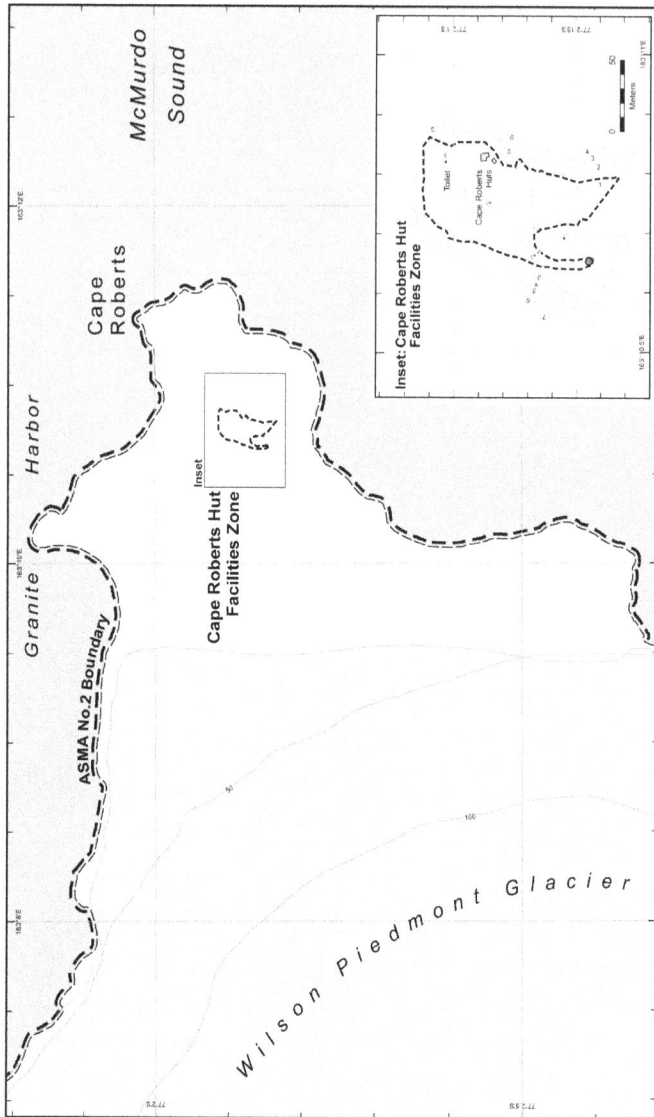

Map 13: Cape Roberts, Granite Harbor

ANNEXE D :

Lignes directrices pour les aires scientifiques

Les sites de la zone suivants ont été désignés comme aires scientifiques :

- Anse des explorateurs, New Harbor, Vallée Taylor ;
- Pavage Boulder, Vallée Wright

Sont jointes de brève descriptions des sites, les lignes directrices pour les activités menées dans chacune de ces aires scientifiques, ainsi que les cartes indiquant les lignes de démarcation des aires (carte 14 et 15).

Aire scientifique

Anse des explorateurs

Emplacement géographique : **New Harbor, vallée Taylor**

Cette aire comprend deux éléments :
les bâches du nord (490 m^2) :
77° 34.57' S, 163° 30.79' E; et
les bâches du sud (4360 m^2) :
77° 34.66' S, 163° 31.82' E.

Objectif

Eviter la perturbation de l'environnement marin et de l'écologie de ce site, qui font l'objet d'études scientifiques sur le long terme.

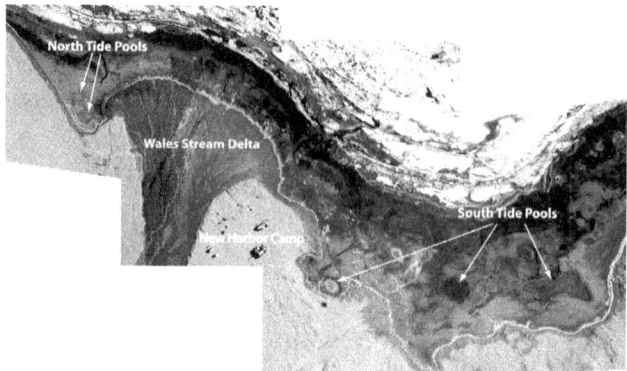

Description

Superficie : 4850 m^2 *Photo montage: S. Bowser, USAP (28 janvier 2005)*

L'aire scientifique comprend deux systèmes de bâches situés sur la côte de l'anse des explorateurs, tous deux à proximité de l'aire d'installations du camp new Harbor et se prolongeant vers la mer jusqu'à environ 75 – 100 m de la côte (carte 14). La section sud se situe directement à l'est du camp New Harbor, sur une longueur d'environ 500 m le long de la côte. La partie nord, moins étendue, se situe à environ 200 m au nord-ouest du camp New Harbor, juste à l'ouest du delta du Wales Stream, et s'étend le long de la côte sur environ 100 m. Ces platiers de sable recouverts par la marée se caractérisent par des bâches contenant des tapis benthiques de diatomées et de cynobactéries, qui forment une source importante de nutriments pour l'écosystème marin littoral de l'anse des Explorateurs.

Lignes de démarcation

La ligne de démarcation côtière des deux systèmes de bâches suit la laisse de haute mer moyenne, tandis que du côté de la mer elle est parallèle à la côte, suivant la ligne d'échouage imprécise des crêtes de pression de la glace de mer (lorsqu'elle est présente), à environ 75-100m de la côte (carte 14).

Cuvettes sud : La ligne de démarcation occidentale s'étend sur 100 m au nord-est depuis la côte située à l'angle nord-est de la zone d'installations du camp New Harbor. La limite orientale de l'aire scientifique est marquée par un petit cairn situé sur le rivage d'un petit promontoire côtier à environ 500 m à l'est de l'aire d'installations ; de là, la ligne de démarcation s'étend au nord vers la mer sur environ 30 m.

Cuvettes nord : La ligne de démarcation occidentale suit la côte sur 100 m depuis une petite baie à l'ouest du delta du Wales Stream. La ligne de démarcation au nord s'étend donc sur environ 80 m à l'est depuis la côte, tandis que la ligne de démarcation orientale s'étend au nord sur 70 m, depuis la côte attenant le delta du Wales Stream.

Impacts

IMPACTS CONNUS	Aucun.
IMPACTS POTENTIELS	Les sédiments côtiers sont mous et vulnérables à la perturbation lorsqu'ils ne sont pas gelés.

Critères d'accès

ACCÈS PAR HÉLICOPTÈRE	On utilisera l'aire d'atterrissage des hélicoptères désignée située à l'intérieur de l'aire d'installations de New Harbor : 77° 34.692' S, 163° 31.165' E
ACCÈS PAR VOIE TERRESTRE	L'accès à l'aire d'installations de New Harbor par la glace de mer pourra traverser la partie sud de l'aire scientifique.

Orientations spéciales pour le site

- On évitera de marcher dans cette zone sauf aux fins de recherches scientifiques, surtout après le dégel.

- Tout le matériel d'échantillonnage sera stérilisé avant de prélever des échantillons à ce site pour éviter d'introduire des espèces non indigènes.

Références clés

Gooday, A.J., Bowser, S.S. & Bernhard, J.M. 1996. Benthic foraminiferal assemblages in Explorers Cove, Antarctica: A shallow-water site with deep-sea characteristics. *Progress in Oceanography* **37**: 117-66.

Carte du site – Carte 14.

Rapport Final de la RCTA XXXIV

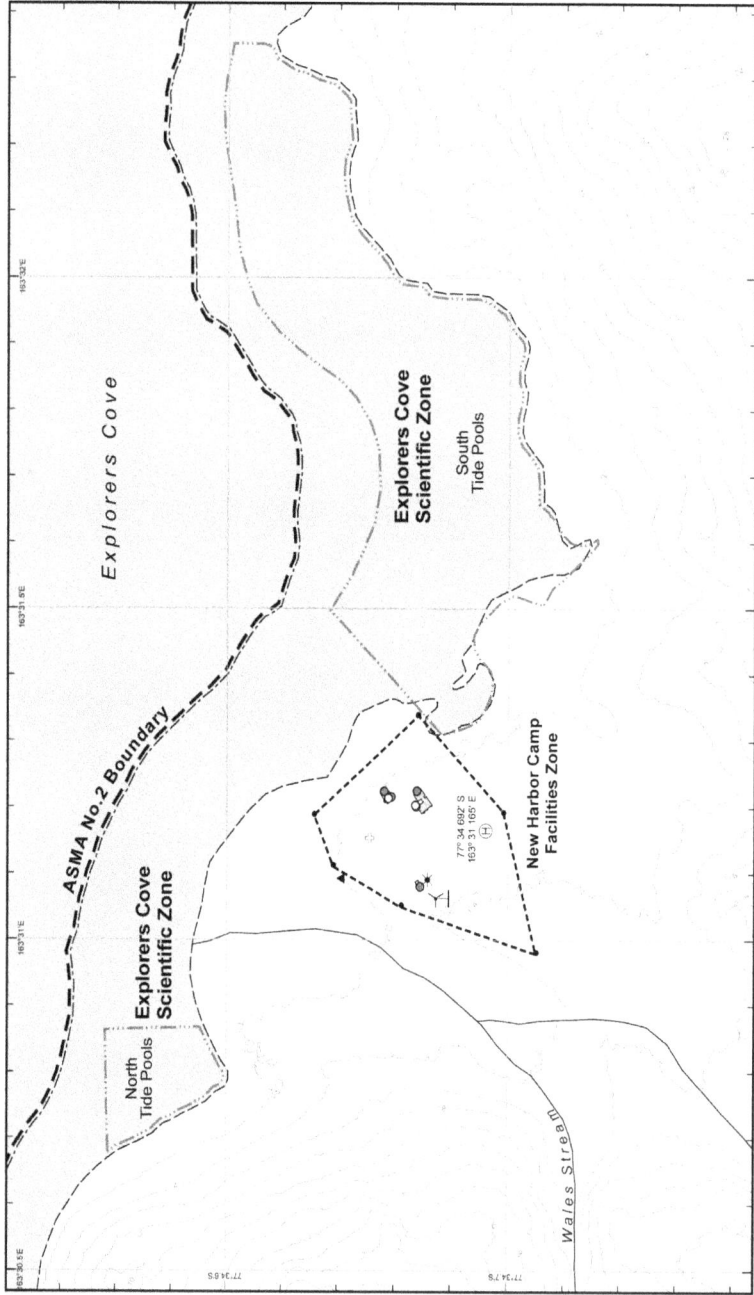

**Map 14: Explorers Cove
Scientific Zone**

v4 Issued 20 Apr 2011 (Map ID. 06.2.3.4 01-DH14.04)
Environmental Research & Assessment

Projection: Lambert Conformal Conic.
Spheroid & horizontal datum: WGS84
Contours derived from USGS 2m LIDAR DEM.
Data sources: features digitised from base imagery 1993.
Spatial feature extent digitised from base imagery 1993.

Aire scientifique

Pavage Boulder

Emplacement géographique : Sur l'Onyx, au centre de la vallée Wright, à 4 km à l'est et en amont du lac Vanda :

77° 31.33' S; 161° 54.58' E

Objectif
Eviter la perturbation des tapis microbiens extensifs et de leur écologie, qui font l'objet d'études scientifiques sur le long terme.

Description **Superficie :** 0,47 km^2

Pavage Boulder : N. Biletnikoff, USAP (29 janvier 2009)

L'aire scientifique comprend la partie de l'Onyx qui s'étale sur une vaste zone de rochers relativement plate où il coule lentement, donnant lieu à des conditions favorisant la croissance d'algues et de cyanobactéries, formant les tapis microbiens les plus étendus de la vallée Wright ; ils servent de filtre biologique pour le lac Vanda.

Lignes de démarcation
L'aire scientifique s'étend jusqu'à la limite du vaste pavage plat de rochers qui est habituellement sous les eaux de l'Onyx, et comprend une zone d'environ 0,8 km de large et 1,5 km de long (carte 15).

Impacts

IMPACTS CONNUS	Aucun.
IMPACTS POTENTIELS	Le piétinement risque d'endommager les tapis microbiens. Il peut être difficile de déceler les tapis lorsque le site est gelé. Les activités menées dans la zone augmentent le risque d'introduction d'espèces non indigènes.

Dispositions pour l'accès

ACCÈS PAR HÉLICOPTÈRE	Il faut éviter de poser les hélicoptères à l'intérieur de l'aire scientifique. Dans la mesure du possible, les visiteurs doivent utiliser les aires d'atterrissage des hélicoptères désignées dans l'aire d'installations de la cabane du lac Vanda (77° 31.361' de latitude sud; 161° 41.442' de longitude est) ou celle de l'aire d'installations de la cabane du col Bull (77° 31.056' de latitude sud, 161° 51.048' de longitude est) (cartes 12 & 15).
ACCÈS PAR VOIE TERRESTRE	L'accès à l'aire doit se faire à pied. Il faut éviter de marcher dans cette zone, sauf pour des raisons scientifiques ou des raisons de gestion.

Orientations spécifiques au site

- On évitera de traverser l'aire scientifique sauf pour des raisons scientifiques, par exemple pour y prélever des échantillons.
- On marchera sur les rochers pour éviter de piétiner le tapis microbien.
- Tout le matériel d'échantillonnage sera stérilisé avant d'être utilisé à ce site afin d'éviter l'introduction d'espèces non indigènes.

Références clés

Howard-Williams, C., Vincent, C.L., Broady, P.A. & Vincent, W.F. 1986. Antarctic stream ecosystems: variability in environmental properties and algal community structure. *International Revue der gesamten Hydrobiologie und Hydrographie* **71**(4): 511-44.

Howard-Williams, C., Hawes, I., Schwarz, A.M. & Hall, J.A. 1997. Sources and sinks of nutrients in a polar desert stream, the Onyx River, Antarctica. In: Lyons, W.B., Howard-Williams, C. & Hawes, I. (Eds) *Ecosystem processes in Antarctic ice-free landscapes*. Proceedings of an International Workshop on Polar Desert Ecosystems, Christchurch, New Zealand: 155-70.

Green, W.J., Stage, B.R., Preston, A., Wagers, S., Shacat, J. & Newell, S. 2005. Geochemical processes in the Onyx River, Wright Valley, Antarctica: major ions, nutrients, trace metals. *Geochimica et Cosmochimica Acta* **69**(4): 839-50.

Carte du site – Carte 15.

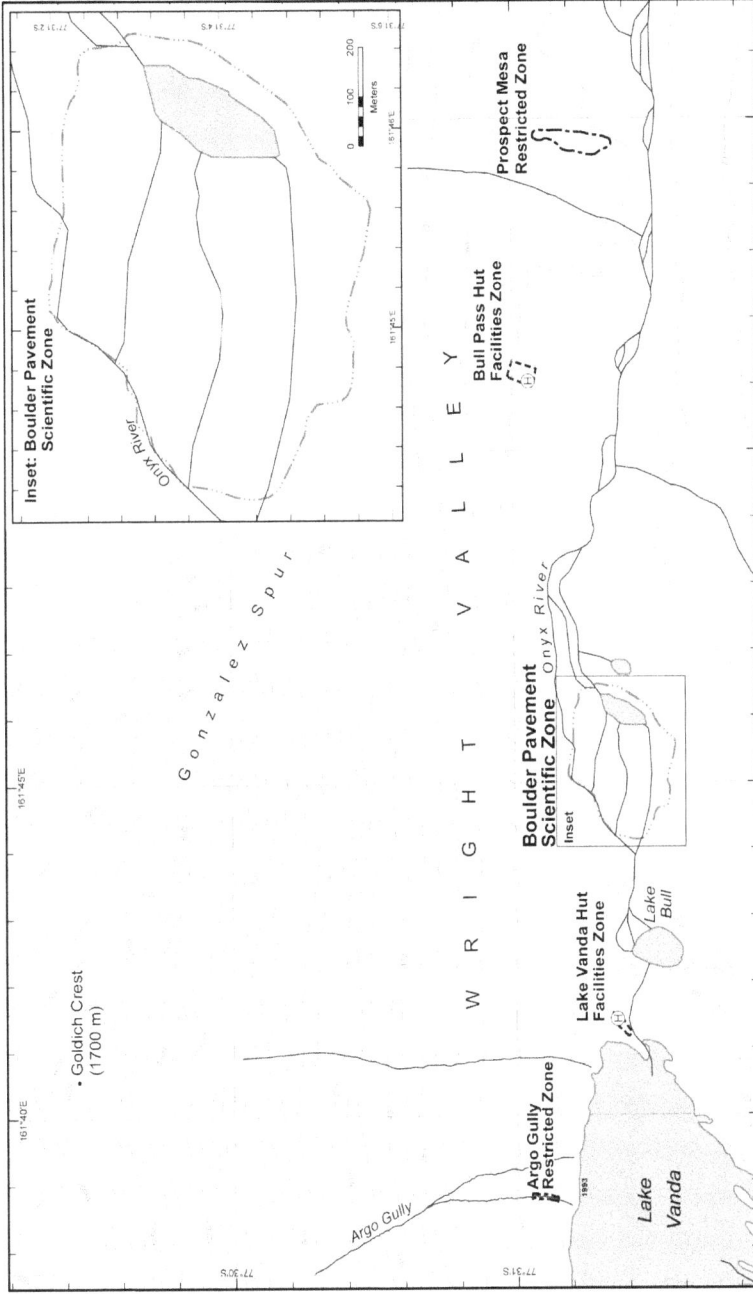

Inset: Boulder Pavement Scientific Zone

Onyx River

Goldich Crest
(1700 m)

Gonzalez Spur

W R I G H T V A L L E Y

Boulder Pavement Scientific Zone

Onyx River

Inset

Lake Vanda Hut Facilities Zone

Lake Bull

Bull Pass Hut Facilities Zone

Prospect Mesa Restricted Zone

Argo Gully Restricted Zone

Argo Gully

Lake Vanda

Map 15: Boulder Pavement, Wright Valley

ANNEXE E :

Lignes directrices pour les aires à accès limité

Les sites de la zone suivants ont été désignés comme aires à accès limité :

- Bassin versant du lac Trough, Pyramid Trough, chaîne Royal Society ;
- Sédiments Sirius du mont Feather, mont Feather ;
- Étang Don Juan, South Fork, vallée Wright
- Ravine Argo, lac Vanda, vallée Wright ;
- Mésa Prospect, vallée Wright ;
- Dépôts de cendre Hart, vallée Wright ;
- Dunes de sable de la vallée Victoria, vallée Victoria ;
- Promontoire Battleship, vallée Alatna, chaîne de Convoy.

Sont jointes de brèves descriptions sur les sites, les lignes directrices pour les activités menées dans chacune de ces aires à accès limité, ainsi que les cartes indiquant les lignes de démarcation des zones (Cartes 16 à 23).

Aire à accès limité

Bassin versant du lac Trough

Emplacement

Bassin versant du lac Trough, chaîne Royal Society, à quelques kilomètres au nord-ouest du glacier Koettlitz et au sud-ouest de la baie Walcott : 78° 18,17' S, 163° 20,57' E

Objectif

Éviter les perturbations d'un bassin versant hydrologique vierge et de son écologie, et veiller à maintenir les valeurs esthétiques et l'état de la nature sauvage de la zone.

Pyramid Trough : C. Harris, ERA / USAP (9 déc. 2009)

Description **Superficie de la zone : 79,8 km²**

Le bassin versant du lac Trough est enclavé par le mont Dromedary (2485 m), le Pyramid (854 m), le Bulwark (environ 600 m) et le Seahorse (1008 m), et comprend un réseau de quatre systèmes de drainage principaux alimentés par le lac Trough (Carte 16). Le sol de la vallée de Pyramid Trough contient des zones humides importantes, incluant divers habitats d'étang et de ruisseau, au sein d'une zone confinée abritant une riche diversité de communautés biologiques représentatives de la région. Des communautés éparses de bryophytes et de lichens sont également présentes. Le bassin versant offre en outre plusieurs caractéristiques uniques dont les plus remarquables incluent la présence de groupes de cyanobactéries qui sont rares dans les autres zones humides de la région. Plus précisément, en plus des cyanobactéries oscillatoires habituelles, les communautés microbiennes présentes dans les étangs et les ruisseaux contiennent des *Dichothrix* et des *Schizothrix*, ainsi qu'une variété de taxons cocciformes. Le bassin versant du lac Trough a été peu visité par comparaison avec les vallées sèches et son écosystème est considéré comme quasiment intact.

Lignes de démarcation

Les limites de l'aire à accès limité sont définies par le bassin versant du lac Trough. En suivant le sens des aiguilles d'une montre, à partir du Pyramid, la ligne de démarcation traverse une langue de petite taille du glacier Koettlitz qui s'étend jusqu'au bassin versant, suit ensuite la crête Backdrop jusqu'à un pic sans nom (1618 m), au sommet de la crête Aisle ouest, et continue, vers le nord-ouest, le long de la crête du mont Dromedary, à partir duquel elle emprunte la ligne de crête qui aboutit, au nord-est, à la chaîne du Fer à Cheval. La ligne de démarcation suit ainsi une crête qui s'étend vers l'est avant de descendre vers la baie Walcott. La ligne de démarcation se poursuit plein est, à environ 800 m du littoral de la baie Walcott, vers la ligne fondatrice approximative du glacier glacier Koettlitz, avant de suivre la ligne de démarcation de la ZGSA vers le ruisseau Bulwark, au pied de la crête nord-est du Bulwark. La ligne de démarcation se poursuit vers le sud, en suivant la crête Bulwark, avant de traverser la source de la rivière supérieure Alph et de suivre la bordure du glacier Koettlitz pour gravir la crête nord-est du Pyramid.

Impacts

IMPACTS CONNUS	Des pierres ont été déplacées sur le site du camp où est installée une borne d'étude en acier, sur un petit tertre à : 78° 17,17' S, 163° 27,83' E (18 m). Des échantillons ont été prélevés dans un certain nombre de lacs du bassin versant.
IMPACTS POTENTIELS	Perturbations dans les plans d'eau, l'écologie terrestre et les sols vulnérables en cas d'échantillonnages ou de piétinements. Introduction d'espèces non indigènes.

Critères d'accès

ACCÈS DES HÉLICOPTÈRES	Les hélicoptères se poseront dans le site désigné à : 78° 17,16' S, 163° 27,84' E (11 m).
ACCÈS PAR VOIE TERRESTRE	Les déplacements à l'intérieur de la zone devront, d'une manière générale, s'effectuer à pied. Les hélicoptères peuvent être utilisés pour les voyages importants vers le site lorsque son accès est impraticable à pied, depuis le site du camp.

Orientations spéciales pour le site

- Les visites au bassin versant devront être réduites au minimum et aucune structure semi-permanente ne sera installée à l'intérieur de la zone.
- On évitera l'introduction d'espèces non indigènes en stérilisant tout équipement d'échantillonnage avant de visiter le site.

- Le camping à l'intérieur de l'aire à accès limité devra avoir lieu sur le site précédemment utilisé (qui est adjacent à l'aire d'atterrissage des hélicoptères désignée) à : 78°17, 15' S, 163° 27, 79' E (11 m).

Références clés

T.J.H. Chinn 1993. Physical hydrology of Dry Valleys lakes. *Antarctic Research Series* **59** : p. 1 –51.

Hendy, C.H. & Hall, B.L. 2006. The radiocarbon reservoir effect in proglacial lakes: examples from Antarctica. *Earth and Planetary Science Letters* **241**: p. 413-21.

Hawes, I., Webster-Brown, J., Wood, S. & Jungblut, A. 2010. A brief survey of aquatic habitats in the Pyramid Trough region, Antarctica. Rapport non publié préparé pour l'USAP sur l'écologie aquatique du bassin versant du lac Trough.

Carte du site – Carte 16

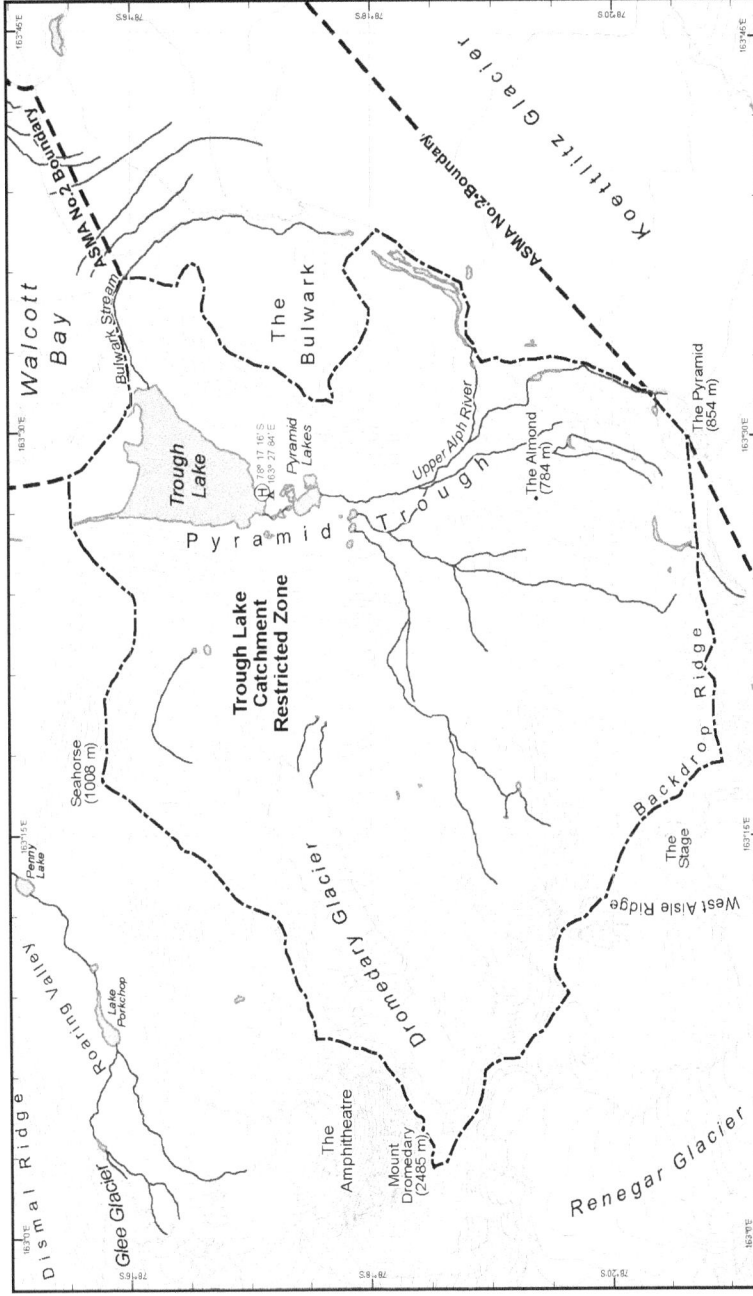

Map 16: Trough Lake Catchment Restricted Zone

Aire à accès limité

Sédiments Sirius du mont Feather
Emplacement
Sur le flanc nord-est du mont Feather (3011 m),
entre le glacier Lashley et le glacier supérieur
Ferrar :
77° 56,05' S, 160° 26,30' E

Objectif
Éviter les perturbations ou les dommages à une
zone de sédiments Sirius de haute valeur
scientifique.

Mont Feather : C. Harris, ERA / USAP (11 déc. 2009)

Description
Superficie de la zone :
0,57 km²

Le diamicton du mont Feather est une zone de sédiments glacigéniques semi-lithifiés qui ont été introduits au sein du groupe de Sirius au niveau du glacier supérieur Ferrar, à environ 3 km NE du mont Feather (3011 m) (Carte 17). Les sédiments sont présents à une altitude située entre 2400 et 2650 m environ, s'étendent sur le sol des pentes relativement douces qui se déploient près de l'arête de la crête, et affleurent également sur les pentes orientales escarpées du mont Feather, un massif qui surplombe la vallée Friedmann et le glacier Ferrar. La surface du diamicton comprend des rigoles d'eau de fonte près de son périmètre et sur ses pentes les plus escarpées. Les sédiments, qui s'étendent sur une superficie d'environ 1,5 km x 1 km, contiennent des microfossiles et d'autres éléments d'une importance scientifique élevée pour la compréhension de la période glaciaire cénozoïque des vallées sèches et de la calotte glaciaire de l'Antarctique oriental, dans son ensemble.

Lignes de démarcation
Les lignes de démarcation de l'aire à accès limité (Carte 17) sont définies d'après la superficie du diamicton du mont Feather cartographié par Wilson *et al.* (2002 : Fig.1). En raison du manque de précision des cartographies disponibles pour la région, la ligne de démarcation est considérée comme approximative, avec une précision estimée à +/- 100 m environ.

Impacts
IMPACTS CONNUS — Des échantillons rocheux ont été prélevés. Au moins quatre carottes peu profondes du site (de 3,2 m de profondeur ou moins) ont été valorisées sans qu'aucun fluide de forage n'ait été utilisé.

IMPACTS POTENTIELS — Opérations de forage, en particulier celles qui emploient des fluides de forage. Échantillonnages et perturbations affectant les séquences sédimentaires.

Critères d'accès
ACCÈS DES HÉLICOPTÈRES — Les opérations par hélicoptère peuvent être difficiles à cet endroit du fait de l'altitude et des vents. Aucun site d'atterrissage spécifique n'a encore été désigné.

ACCÈS À LA SUPERFICIE — Les déplacements à l'intérieur de l'aire à accès limité devraient s'effectuer à pied.

Orientations spéciales pour le site
- On ne déplacera pas de sédiments, de pierres ou de cailloux, à moins que ces déplacements ne soient nécessaires pour des raisons scientifiques, et on évitera les perturbations ou les altérations des séquences sédimentaires et des rigoles d'eau de fonte.
- Le camping aura lieu sur le site précédemment utilisé, sur les surfaces enneigées adjacentes, à : 77° 55,93' S, 160° 25,66' E.

Références clés
Wilson, G.S., Barron, J.A., Ashworth, A.C., Askin, R.A., Carter, J.A., Curren, M.G., Dalhuisen, D.H., Friedmann, E.I., Fyodorov-Davidov, D.G., Gilichinsky, D.A., Harper, M.A., Harwood, D.M., Hiemstra, J.F., Janecek, T.R, Licht, K.J., Ostroumov, V.E., Powell, R.D., Rivkina, E.M., Rose, S.A., Stroeven, A.P., Stroeven, P., van der Meer, J.J.M., et Wizevich M.C. 2002. The Mount Feather Diamicton of the Sirius Group: an accumulation of indicators of Neogene Antarctic glacial and climatic history. *Palaeogeography, Palaeoclimatology, Palaeoecology* **182** : p. 117-131.

Carte du site – Carte 17

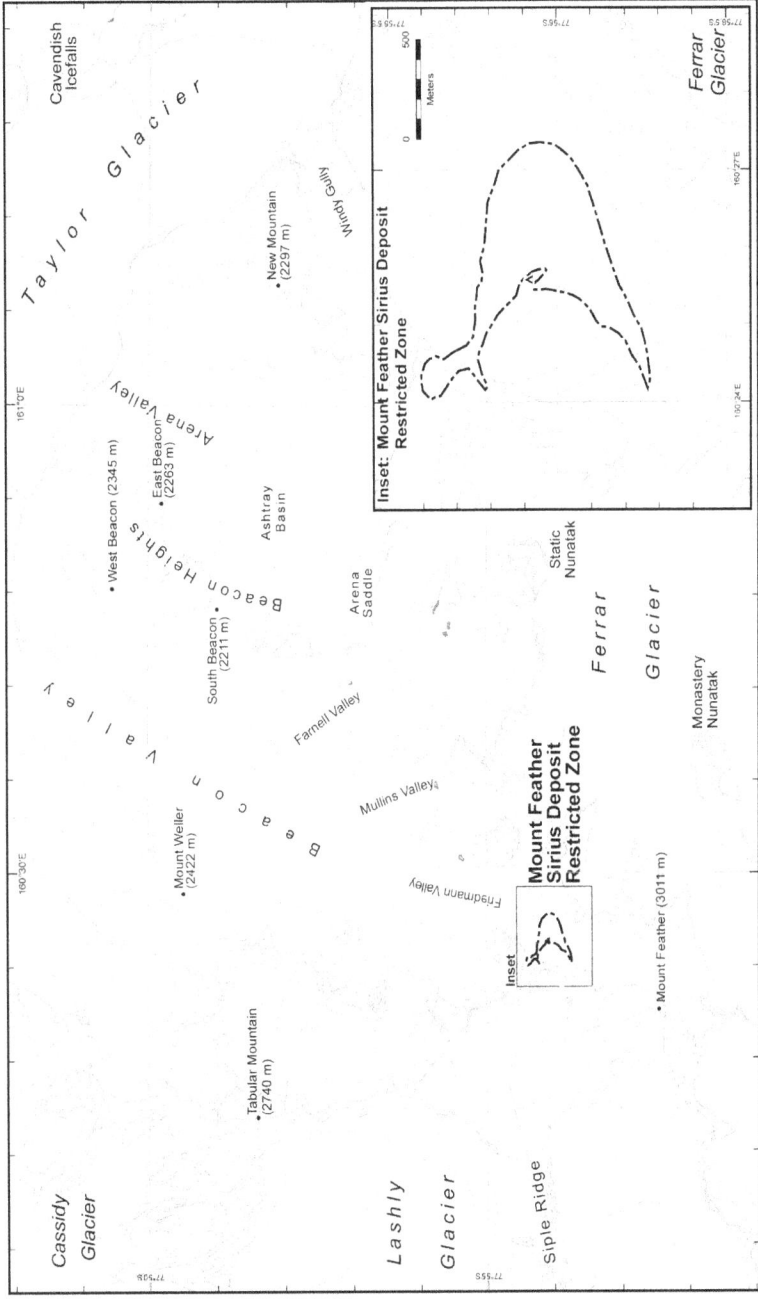

Map 17: Mount Feather - Beacon Valley

Cavendish Icefalls

Taylor Glacier

New Mountain (2297 m)

Winnau Gully

Arena Valley

West Beacon (2345 m)

East Beacon (2263 m)

Beacon Heights

South Beacon (2211 m)

Ashtray Basin

Arena Saddle

Farnell Valley

Static Nunatak

Ferrar Glacier

Mullins Valley

Monastery Nunatak

Mount Weller (2422 m)

Findmann Valley

B e a c o n   V a l l e y

Mount Feather Sirius Deposit Restricted Zone

Inset

Mount Feather (3011 m)

Tabular Mountain (2740 m)

Cassidy Glacier

Lashly Glacier

Siple Ridge

Inset: Mount Feather Sirius Deposit Restricted Zone

Ferrar Glacier

Meters

N

Kilometers

Protected area
Restricted Zone
Scientific Zone
Facilities Zone
Visitor Zone
Designated camp area

Coastline (high tide, approx.)
Coastline (low tide, approx.)
Contour (50 m)
Stream
Lake (Shoreline year)
Glacier

Moraine
Mummified seal
Facilities Zone boundary
Survey mark (monumented)
Survey mark (not monumented)
Building
Designated camp site

Fuel storage
Waste storage
Helicopter landing site
Emergency cache
Solar panel
Wind generator

Antenna
Weather station
Precipitation gauge
Stream gauge
Cleaner air monitor
Dust trap

Vehicle track
Path
Dam
Retaining wall
Stream weir
Stream gauge data cable
Sluice fence

Aire à accès limité
Étang Don Juan
Emplacement
Au pied d'un glacier rocheux situé à Fork Sud, vallée Wright, dans un bassin clos dont l'altitude est de 118 m en dessous du Dais, à environ 7,5 km du lac Vanda :
77° 33,77' S, 161° 11,32' E

Objectif
Protéger un écosystème hypersalin rare et sensible, d'une haute valeur scientifique, contre les perturbations et les dommages.

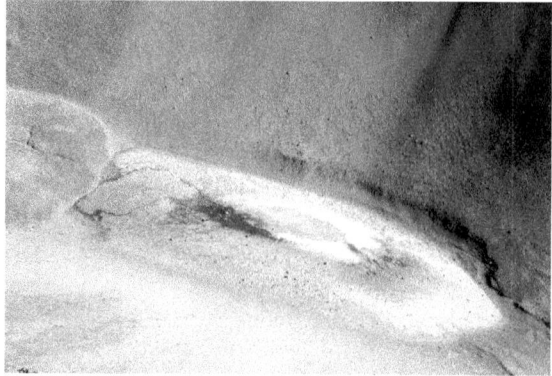

Étang Don Juan : C. Harris, ERA / USAP (14 déc. 2009)

Description | Superficie de la zone : 20 ha

L'étang Don Juan est un petit lac hypersalin qui mesure actuellement environ 400 x 150 m, contient une saumure riche en calcium et en chlorure, dont le degré de salinité est d'environ 40 %, ce qui le place au premier rang des plans d'eau naturels salins connus sur terre. Les niveaux de l'eau ont fluctué au fil du temps même si l'étang a eu une profondeur d'environ 10 cm récemment. Si les niveaux de l'eau varient, l'aire à accès limité s'étend jusqu'au périmètre formé parles dépôts de sel du sol de l'étang (Carte 18). L'étang accueille une vie microbienne qui inclut de nombreuses bactéries hétérotrophes et des levures. On trouve une communauté de minéraux et d'éléments détritiques amalgamés par des matières organiques, connue sous le nom de sédiments salins de l'étang Don Juan, sur les bords de l'étang, là où les concentrations de chlorure de calcium sont réduites. L'étang Don Juan est également le lieu où l'antarcticite ($CaCl_2$ $6H_2O$), un minéral incolore hygroscopique, a été identifié pour la première fois comme se formant naturellement.

Lignes de démarcation
La ligne de démarcation de l'aire à accès limité se définit par la limite externe des sédiments salins de l'étang Don Juan, qui s'étendent jusqu'au bord du sol de l'étang du bassin, en couvrant une superficie d'environ 720 x 300 m (Carte 18).

Impacts

IMPACTS CONNUS	Le projet de forage des vallées sèches a foré deux carottes glaciaires à l'étang Don Juan : le projet DVDP 5 (d'une profondeur de 3,5 m) et le projet DVDP 13 (d'une profondeur de 75 m), situés dans la zone des dépôts salins, à environ 60 m et 110 m, respectivement, à l'est du glacier rocheux. Le projet DVDP 13 reste visible sous la forme d'un tuyau en fonte (recouvert) saillant sur une longueur d'environ 1 m au-dessus du sol asséché de l'étang (Carte 18). Quelques déchets (ex. cannettes rouillées) ont été observés dans les sols, à environ 50 à 100 m au sud et à l'est de l'aire à accès limité, en décembre 2009, lesquels proviennent probablement des premiers camps établis près du site.
IMPACTS POTENTIELS	Perturbations dans les plans d'eau, les dépôts salins et les sols vulnérables en cas d'échantillonnages ou de piétinements.

Critères d'accès

ACCÈS DES HÉLICOPTÈRES	Les hélicoptères devraient éviter d'atterrir dans l'aire à accès limité, et ne pas survoler le site en-deçà d'une distance de 50m au-dessus du niveau du sol. Les hélicoptères devraient atterrir dans le site désigné, à environ 250 m à l'est de l'étang Don Juan, à : 77° 33.784' S, 161° 12.948' E.
ACCÈS PAR VOIE TERRESTRE	L'accès à l'aire et les déplacements à l'intérieur de l'aire devraient s'effectuer à pied.

Orientations spéciales pour le site
- On évitera de traverser l'étang et de marcher sur les dépôts salins adjacents, sauf pour des raisons scientifiques ou de gestion.
- Il faut marcher avec soin pour réduire au minimum les perturbations causées aux dépôts salins, aux sols fragiles environnants et aux inclinaisons sensibles.
- Il ne fauat bouger aucun caillou.
- Le camping n'est pas autorisé à l'intérieur de l'aire à accès limité.

Références clés

Harris, H.J.H. & Cartwright, K. 1981. Hydrology of the Don Juan Basin, Wright Valley, Antarctica. *Antarctic Research Series* **33** : p. 161-184.

Chinn, T.J. 1993. Physical hydrology of the Dry Valley lakes. *Antarctic Research Series* **59** : p. 1-51.

Samarkin, V.A., Madigan, M.T., Bowles, M.W., Casciotti, K.L., Priscu, J.C., McKay, C.P. & Joye, S.B. 2010. Abiotic nitrous oxide emission from the hypersaline Don Juan Pond in Antarctica. *Nature Geoscience* En ligne : 25 avril 2010 DOI : 10.1038/NGEO847.

Carte du site – Carte 18

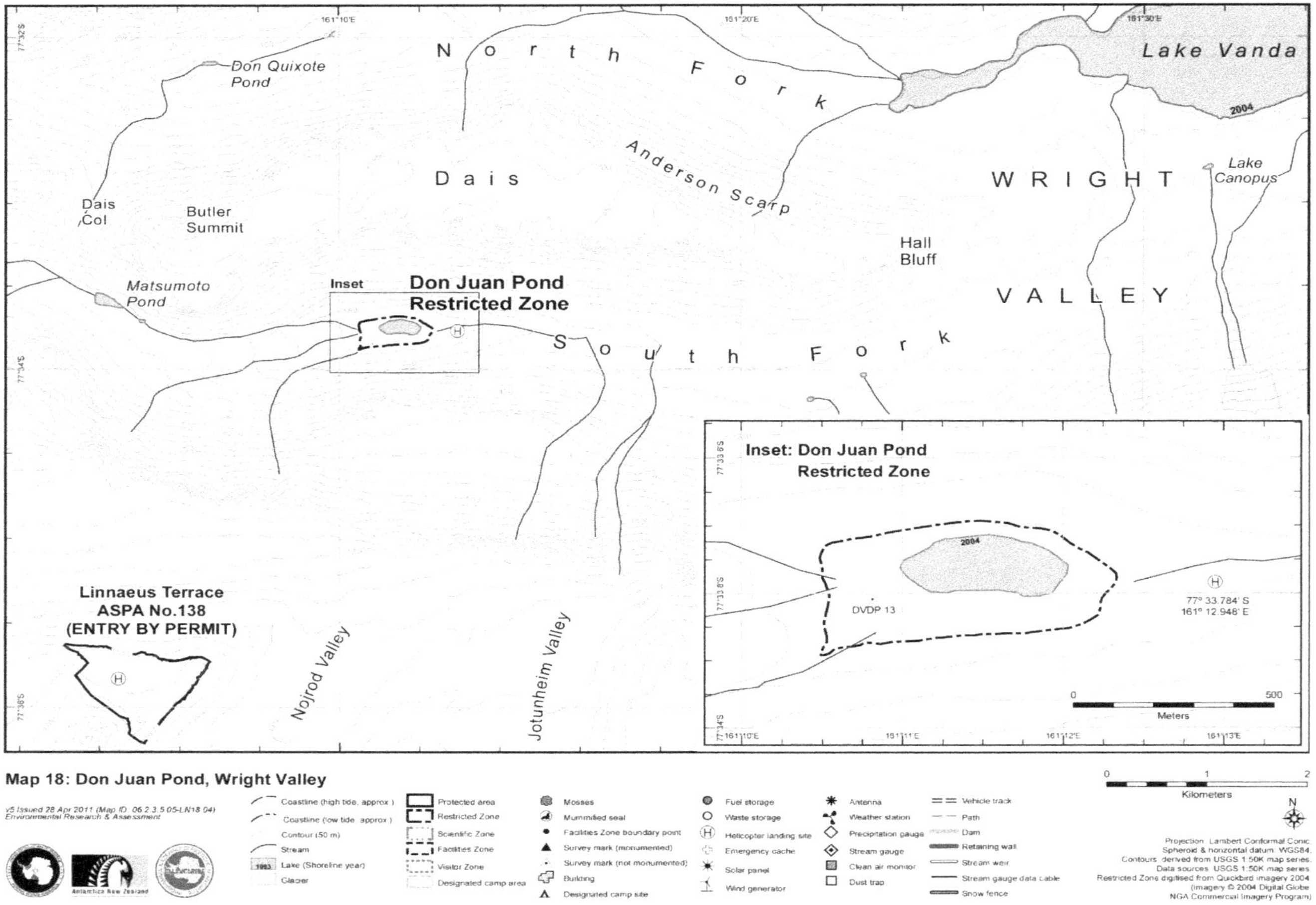

Map 18: Don Juan Pond, Wright Valley

Aire à accès limité

Ravine Argo

Emplacement

Sur la rive nord-est du lac Vanda, vallée Wright, en dessous du mont Jason, à une altitude située entre 104 m et 235 m :

77° 31,09' S, 161° 38,77' E

Objectif

Éviter les dommages aux dépôts fossilifères marins stratifiés situés à l'intérieur de la ravine et qui constituent une haute valeur scientifique.

Ravine Argo : K. Pettway, USAP (31 janv. 2011)

Description   **Superficie de la zone :** 4800 m^2

Partie intégrante du cours inférieur d'un chenal saillant de la ravine Argo, situé en dessous du mont Jason (1920 m), la chaîne Olympus (Carte 19) contient des bancs exposés (d'une épaisseur maximale de 2,8 mètres) de limons glaciaires massifs qui contiennent de nombreux éléments de diatomées et de silicoflagellés marins recouvrant les sédiments. Des fragments de coquilles de Pecten ont été trouvés, d'après des signalements, dans la couche supérieure des dépôts qui compte quelques centimètres. Les bancs sont horizontalement stratifiés, ce qui fait contraste avec les sédiments sous-jacents. Les dépôts sont recouverts par des sables deltaïques, des limons et des graviers déposés par le courant qui circule à l'intérieur de la ravine Argo. Ces dépôts, qui signalent que la vallée Wright était précédemment un fjord marin peu profond, ont été datés comme étant du Miocène moyen. L'étendue totale des dépôts situés en dessous des sédiments surjacents demeure inconnue, et les expositions intermittentes qui ont lieu le long du chenal évoluent avec le temps par suite de l'érosion naturelle.

Lignes de démarcation

L'aire à accès limité s'étend de la première plage surélevée (d'une hauteur de 104 m), au-dessus, et à environ 140 m des rivages du lac Vanda, et se poursuit le long des 175 mètres qui montent vers le chenal, à une hauteur d'environ 135 m. La zone s'étend sur 25 mètres des deux côtés du chenal (Carte 19).

Impacts

IMPACTS CONNUS	Aucun.
IMPACTS POTENTIELS	Les dépôts se trouvent à l'intérieur du pergélisol mais la surface baisse continûment au fur et à mesure qu'il fond. La surface des dépôts est friable lorsqu'on la touche.

Critères d'accès

ACCÈS DES HÉLICOPTÈRES	Les hélicoptères se poseront dans le site désigné de la zone des installations de cabanes du lac Vanda, à environ 1,2 km à l'est, à : 77° 31.361' S, 161° 41.442' E.
ACCÈS PAR VOIE TERRESTRE	L'accès à l'aire et les déplacements à l'intérieur de l'aire s'effectueront à pied.

Orientations spéciales pour le site

- IL faut éviter de marcher sur les bords de la ravine ou au-dessus des affleurements exposés.
- On réduira au minimum les perturbations aux sédiments qui entourent les dépôts.
- Il faut éviter de toucher les affleurements exposés, sauf dans le cadre de recherches scientifiques.

Références clés

Brady, H.T. 1980. Palaeoenvironmental and biostratigraphic studies in the McMurdo and Ross Sea regions, Antarctica. Thèse de doctorat non publiée, Université de Macquarie, Australie.

Brady, H.T. 1979. A diatom report on DVDP cores 3, 4a, 12, 14, 15 and other related surface sections. Dans : Nagatta, T. (Ed) *Proceedings of the Seminar III on Dry Valley Drilling Project, 1978*. Memoirs of National Institute of Polar Research, Special Issue 13: p. 165-175.

Carte du site – Carte 19

Rapport Final de la RCTA XXXIV

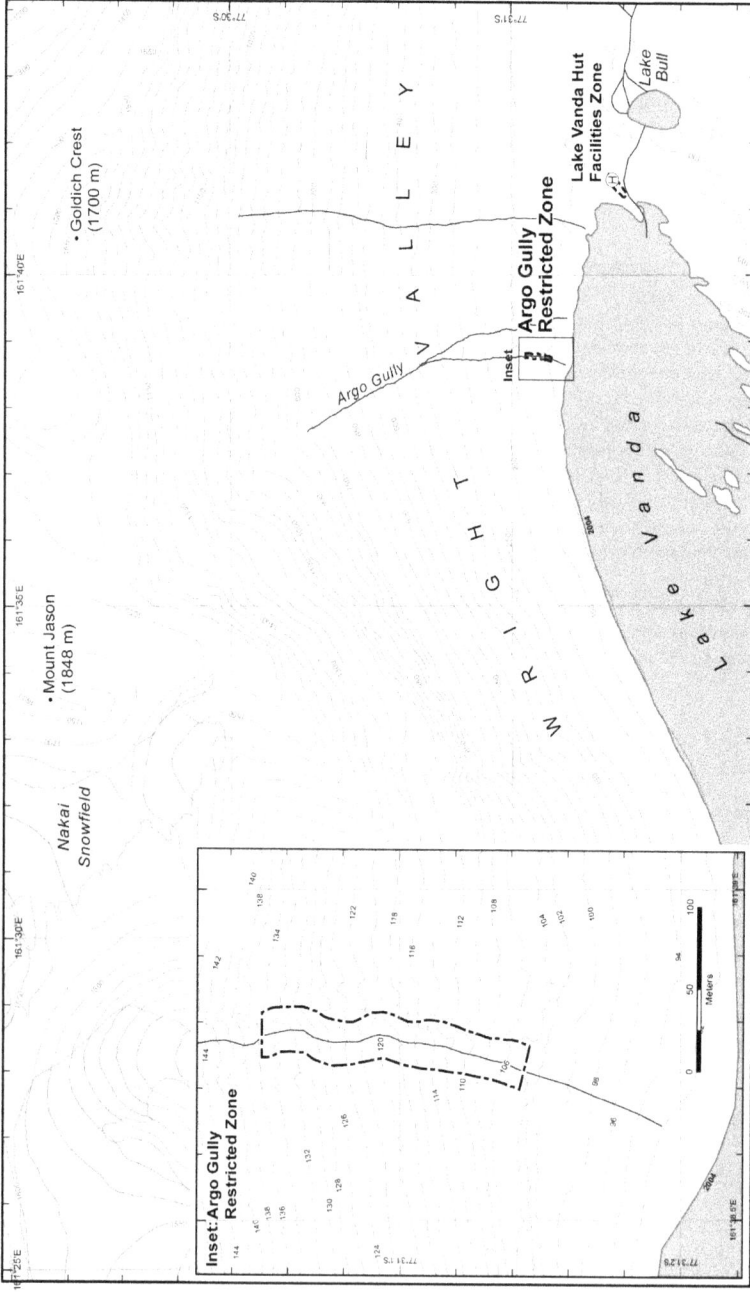

Map 19: Argo Gully, Wright Valley

Inset: Argo Gully Restricted Zone

Aire à accès limité

Mésa Prospect

Emplacement

Au-dessous du col Bull, à environ 250 m au
nord de la rivière Onyx, vallée Wright :
77° 31,33' S; 161° 54,58' E

Objectif

Éviter les dommages aux dépôts fragiles des
coquilles (de pétoncles) de Pecten marins
fossilisés et éteints qui appartiennent à une
espèce unique.

Mésa Prospect : C. Harris, ERA / USAP (15 déc. 2009)

Description   Superficie de la zone : 4,76 ha

La mésa Prospect est un dépôt de graviers fossilifères qui recouvre un till contenant une forte densité de coquilles
(de pétoncles) de Pecten marins éteints mais bien préservés appartenant à une espèce unique, les *Chlamys
(Zygochlamys)tuftsensi,* de la famille des pectinidés. C'est le seul site connu où l'on trouve ces espèces. Une couche
stratifiée de sable et de graviers recouvrant le till est exposée dans une ravine coupée par un ruisseau qui coule
depuis le col Bull, quelques centaines de mètres après sa jonction avec la rivière Onyx (Carte 20). L'âge précis des
dépôts est inconnu, bien que la présence de coquilles articulées, l'abondance des coquilles entières, l'absence
d'abrasion, la similarité des matrices internes et externes, l'absence d'une séparation de bonne dimension et la
pauvreté du triage des clastes laissent penser que les fossiles ont été déposés in situ dans un fjord marin. Des spicules
d'éponges, des radiolaires et des fragments d'ostracodes sont également présents mais ce sont les foraminifères qui
sont les plus abondants aux côtés d'un groupe de microfossiles divers.

Lignes de démarcation

La ligne de démarcation de l'aire à accès limité est définie autour des deux caractéristiques adjacentes de la mesa, la
plus petite des deux se situant à environ 100 m au nord de la caractéristique principale. La ligne de démarcation suit
la rive NE bien définie du ruisseau qui descend du col Bull, au SO de la zone, et s'arrondit ensuite le long des bases
des pentes qui constituent les deux caractéristiques (Carte 20).

Impacts

IMPACTS CONNUS	Une excavation creusée lors de recherches anciennes existe sur la pente sud-ouest de la mésa (voir la photo), laquelle est marquée par un poteau à sa base.
IMPACTS POTENTIELS	L'isolement de fragments de Pecten non fendus est extrêmement difficile. Les perturbations ou dommages aux sédiments peuvent être préjudiciables pour les fossiles.

Critères d'accès

ACCÈS DES HÉLICOPTÈRES	Les hélicoptères ne devraient pas atterrir à l'intérieur de l'aire à accès limité. Il faudra utiliser l'aire d'atterrissage des hélicoptères désignée sur la zone des installations de cabanes du col Bull : 77° 31.056'S, 161° 51.048'E
ACCÈS PAR VOIE TERRESTRE	L'accès à l'aire et les déplacements à l'intérieur de l'aire s'effectueront à pied.

Orientations spéciales pour le site

- Il faut éviter de marcher sur le sommet de la mésa.
- Les marcheurs devront avancer avec soin pour réduire au minimum les perturbations causées aux structures sédimentaires fragiles, aux dépôts et aux inclinaisons.
- Le camping n'est pas autorisé à l'intérieur de l'aire à accès limité.

Références clés

Turner, R.D. 1967. A new species of fossil Chlamys from Wright Valley, McMurdo Sound, Antarctica. *New Zealand
Journal of Geology and Geophysics* **10** : p. 446-455.

Vucetich, C.G. & Topping, W.W. 1972. A fjord origin for the pecten deposits, Wright Valley, Antarctica. *New Zealand
Journal of Geology and Geophysics* **15**(4) : p. 660-673.

Webb, P.N. 1972. Wright fjord, Pliocene marine invasion of an Antarctic Dry Valley. *Antarctic Journal of the United
States* **7**: p. 227-234.

Prentice, M.L., Bockheim, J.G., Wilson, S.C., Burckle, L.H., Jodell, D.A., Schluchter, C. & Kellogg, D.E. 1993. Late
Neogene Antarctic glacial history: evidence from central Wright Valley. *Antarctic Research Series* **60** : p. 207-250.

Rapport Final de la RCTA XXXIV

Carte du site – Carte 20

Inset: Prospect Mesa Restricted Zone

161°54.5'E

Prospect Mesa Restricted Zone

Inset

Bull Pass Hut Facilities Zone

Bull Pass

G o n z a l e z   S p u r

Onyx River

W R I G H T   V A L L E Y

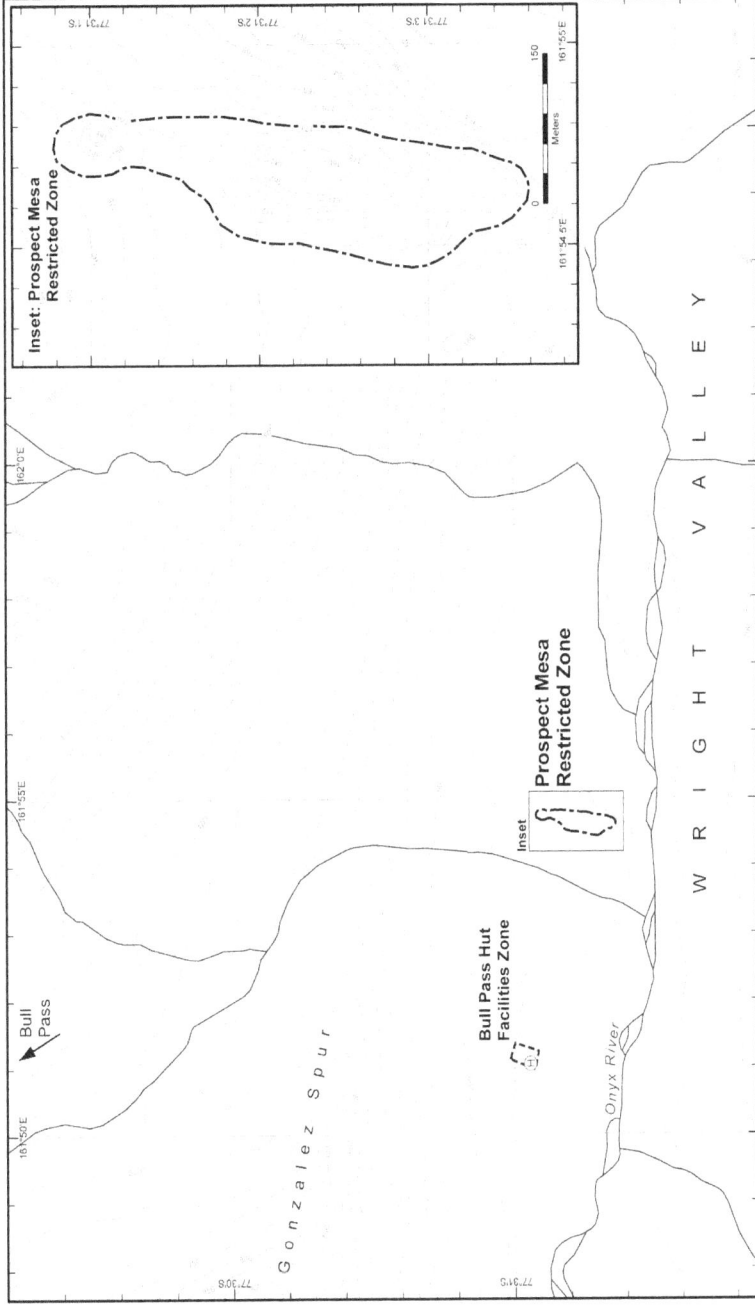

Map 20: Prospect Mesa, Wright Valley

Aire à accès limité
Dépôts de cendre Hart
Emplacement
Sur une inclinaison relativement anonyme, entre les glaciers Goodspeed et Hart, dans la vallée Wright, à une altitude d'environ 400 m.
77° 29,76' S, 162° 22,35' E
Objectif
Éviter les dommages aux dépôts de cendre volcanique aérienne de téphra in situ qui sont d'une haute valeur scientifique.

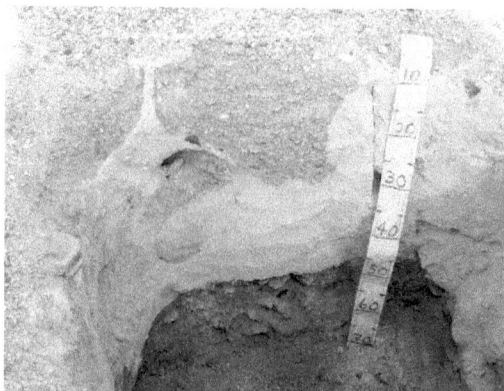

Dépôts de cendre Hart : J. Aislabie
Antarctica NZ Pictorial Collection (2005)

Description
Superficie de la zone : 1,8 ha

Les dépôts de cendre Hart constitue un dépôt préservé in situ de cendres volcaniques aériennes de téphra protégé par une couche de surface de graviers. Les graviers de surface protégeant la couche de cendre ont une portée spatiale étendue et la cendre Hart n'est pas immédiatement visible si les graviers de surface ne sont pas écartés, ce qui rend difficile l'identification du terrain. L'étendue complète des dépôts de cendre Hart est donc inconnue bien que sa taille maximale ait été estimée à environ 100 x 100 m (Carte 21). L'âge des dépôts de cendre Hart se situe entre 3,9 et ± 0,3 millions d'années, ce qui leur confère une importance scientifique élevée pour la compréhension de la paléoclimatologie des vallées sèches de McMurdo.

Lignes de démarcation
En l'absence de repères de surface saillants, la ligne de démarcation de l'aire à accès limité est définie comme représentant une superficie de 150 x 120 m, suivant les lignes de latitude et de longitude (Carte 21) qui s'étendent selon les coordonnées :
En haut à gauche : 77°29,72' S, 162°22.2' E
En bas à droite : 77 29.8' S, 162 22.5' E

Impacts
IMPACTS CONNUS	Aucun.
IMPACTS POTENTIELS	Les dépôts sont couverts par de minces pavages désertiques de graviers qui sont facilement perturbés si l'on marche sur eux. L'érosion des dépôts de cendre due au vent serait rapide si les pavages désertiques étaient perturbés.

Critères d'accès
ACCÈS DES HÉLICOPTÈRES	Les hélicoptères éviteront d'atterrir et de survoler le site en-deçà d'une altitude de 50m au-dessus du niveau du sol à l'intérieur de l'aire à accès limité. Les atterrissages d'hélicoptères interviendront à 100 m minimum de la ligne de démarcation.
ACCÈS PAR VOIE TERRESTRE	L'accès à l'aire et les déplacements à l'intérieur de l'aire s'effectueront à pied.

Orientations spéciales pour le site
- On évitera de marcher sur les pavages désertiques qui recouvrent les dépôts de cendre, sauf en cas de nécessité, pour des raisons scientifiques ou de gestion essentielles, et il faudra alors marcher avec soin pour réduire au minimum les perturbations causées.
- Si les pavages désertiques doivent être enlevés pour des raisons scientifiques essentielles, il faut veiller à ce que les matériaux soient remplacés pour protéger les caractéristiques.
- Le camping n'est pas autorisé à l'intérieur de l'aire à accès limité.

Références clés
Hall, B.L., Denton, G.H., Lux, D.R. & Bockheim, J. 1993. Late tertiary Antarctic paleoclimate and ice-sheet dynamics inferred from surficial deposits in Wright Valley. *Geografiska Annaler* **75A**(4) : p. 239-267.

Morgan, D.J., Putkonen, J., Balco, G. & Stone, J. 2008. Colluvium erosion rates in the McMurdo Dry Valleys, Antarctica. Proceedings of the American Geophysical Union, Réunion d'automne, 2008.

Schiller, M., Dickinson, W., Ditchburn, R.G., Graham, I.J. & Zondervan, A. 2009. Atmospheric 10Be in an Antarctic soil: implications for climate change. *Journal of Geophysical Research* **114**, FO1033.

Carte du site – Carte 21

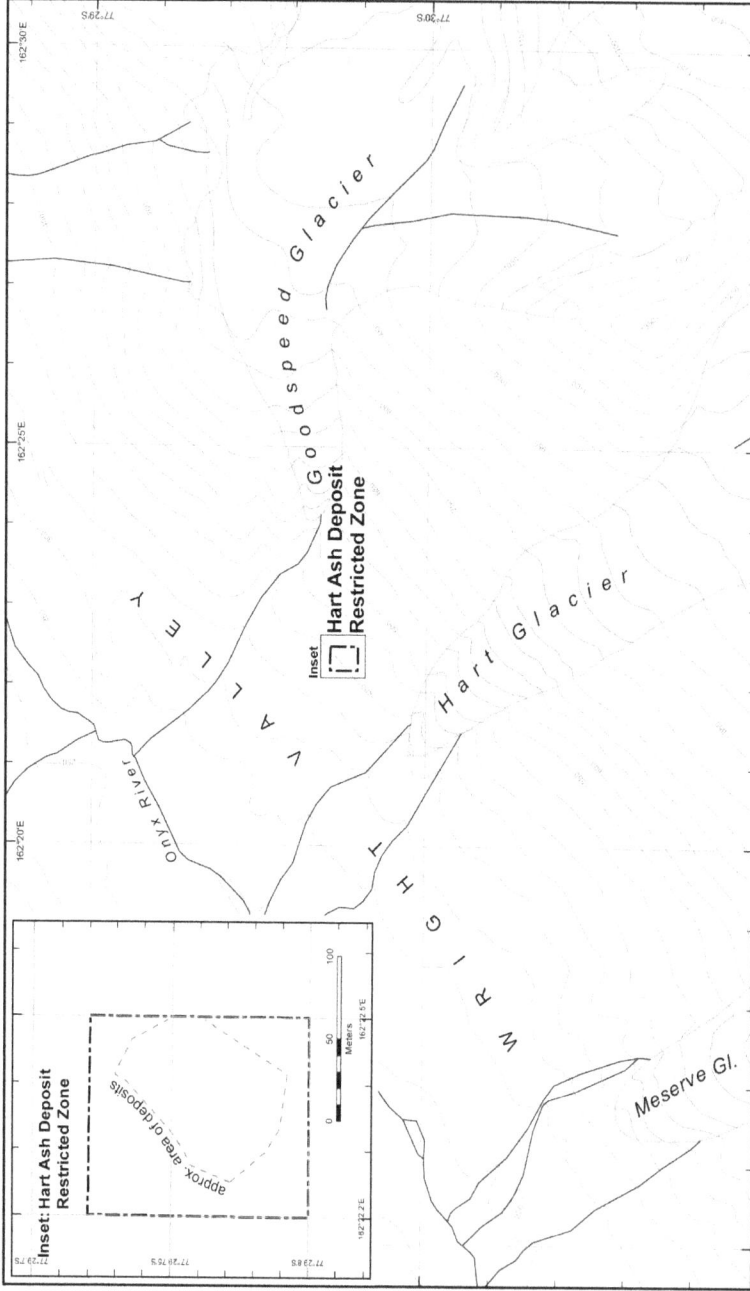

Inset: Hart Ash Deposit Restricted Zone

approx. area of deposits

Map 21: Hart Glacier, Wright Valley

Goodspeed Glacier

Hart Ash Deposit Restricted Zone

Inset

Onyx River

VALLEY

Hart Glacier

WRIGHT

Meserve Gl.

162°30'E
162°25'E
162°20'E

77°29'S
77°30'S

N

0   500   1 000
Meters

Projection: Lambert Conformal Conic
Sphere & horizontal datum: WGS84
Contours: USGS 1:50 000 map series
Data sources: USGS 1:50 000 map series
Hart Ash digital extent: M. Schiller pers. comm. 2011

Protected area
Restricted Zone
Scientific Zone
Facilities Zone
Visitor Zone
Designated camp area

Coastline (high tide: approx.)
Coastline (low tide: approx.)
Contour (50 m)
Stream
Lake (Shoreline year)
Glacier

Fuel storage
Waste storage
Helicopter landing site
Emergency cache
Solar panel
Wind generator

Mooring
Munumented seal
Facilities Zone boundary point
Survey mark (monumented)
Survey mark (not monumented)
Building
Designated camp site

Antenna
Weather station
Precipitation gauge
Stream gauge
Clean air monitor
Dust trap

Vehicle track
Path
Dam
Retaining wall
Stream weir
Stream gauge data cable
Snow fence

Aire à accès limité

Dune de sable de la vallée Victoria

Emplacement

En deux groupes principaux, entre le lac Vida et le glacier inférieur Victoria, à environ 1 km au sud du terminus du glacier Packard, vallée Victoria :
77° 22,19' S, 162° 12,45' E

Dune de sable de la vallée Victoria (groupe à l'est, en dessous du glacier Packard)
H. McGowan, Antarctica NZ Pictorial Collection (déc. 2004).

Objectif

Éviter les perturbations au système des dunes de sable qui est fragile et d'une haute valeur scientifique.

Description

Superficie de la zone : 3,16 km²

Le système étendu des dunes de sable de la vallée Victoria comprend deux zones distinctes composées de dunes en formes de croissant, de losange et de dos de baleine, ainsi qu'une multitude de monticules de sable (Carte 22). Le plus grand groupe de dunes, situé à l'ouest, s'étend sur plus de 6 km environ et sa largeur atteint 200 à 800 m, pour une superficie totale d'1,9 km² environ. Le plus petit groupe de dunes, situé à l'est, qui est traversé par le ruisseau Packard, et limité, au sud, par le ruisseau Kite, s'étend sur plus de 3 km environ et sa largeur atteint 300 à 600 m, pour une superficie totale d'1,3 km2 environ. La source des sédiments provient de la surface et des bords du glacier inférieur Victoria, ainsi que d'une moraine, lesquels ont été transportés à l'ouest, vers le lac Vida, par le vent d'est dominant et les courants d'eau de fonte. C'est la seule région de l'Antarctique où l'on trouve des formes majeures de dépôts sableux dus au vent. Les dunes diffèrent du désert et des formations côtières habituelles car leur sable est mêlé à de la neige compacte et contient du permafrost.

Lignes de démarcation

La ligne de démarcation de l'aire à accès limité se définit par la limite externe du principal système des dunes de sable, dans la vallée Victoria, laquelle s'étend sur deux groupes, sur une distance d'environ 9 km, et sur une largeur variant de 200 à 800 m (Carte 22).

Impacts

IMPACTS CONNUS	Aucun.
IMPACTS POTENTIELS	La fine couche de surface des dunes de sable est mobile et dynamique. Les dommages et perturbations au permafrost interne des dunes peut affecter l'intégrité de la structure des dunes de sable.

Critères d'accès

ACCÈS DES HÉLICOPTÈRES	Les hélicoptères éviteront d'atterrir à l'intérieur de l'aire à accès limité, et de survoler le site en-deçà d'une altitude de 50m au-dessus du niveau du sol.
ACCÈS PAR VOIE TERRESTRE	L'accès à l'aire et les déplacements à l'intérieur de l'aire s'effectueront à pied.

Orientations spéciales pour le site

- On évitera de marcher à travers les dunes, sauf en cas de raisons scientifiques ou de gestion nécessaires.
- Il faudra marcher avec soin pour réduire au minimum les perturbations aux surfaces et inclinaisons sensibles des dunes. Éviter de perturber le pergélisol interne et la structure des dunes de sable.
- Le camping n'est pas autorisé à l'intérieur de l'aire à accès limité.

Références clés

Lindsay, J.F. 1973. Reversing barchans dunes in Lower Victoria Valley, Antarctica. *Geological Society of America Bulletin* **84** : p. 1799-1806.

Calkin, P.E. & Rutford, R.H. 1974. The sand dunes of Victoria Valley, Antarctica. *The Geographical Review* **64**(2) : p. 189-216.

Selby, M.J., Rains, R.B. & Palmer, R.W.P. 1974. Eolian deposits of the ice-free Victoria Valley, Southern Victoria Land, Antarctica. *New Zealand Journal of Geology and Geophysics* **17**(3) : p. 543-562.

Speirs, H.C., McGowan, J.A. & Neil, D.T. 2008. Meteorological controls on sand transport and dune morphology in a polar-desert: Victoria Valley, Antarctica. *Earth Surface Processes and Landforms* **33** : p. 1875-1891.

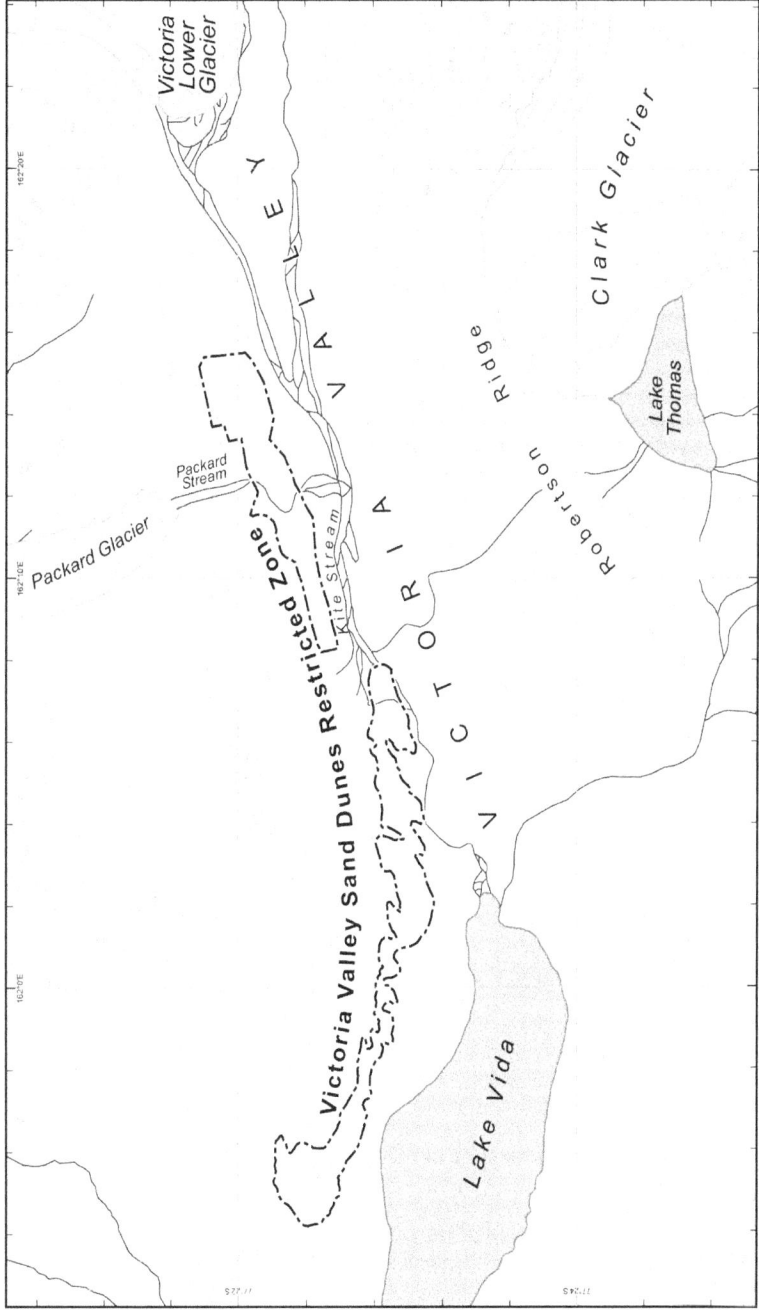

Map 22: Victoria Valley Sand Dunes Restricted Zone

v5 Issued 28 Apr 2011 (Map ID: 06.2.3.5.074.A/22.05)
Environmental Research & Assessment

Victoria Valley Sand Dunes Restricted Zone

Victoria Valley

Packard Glacier

Packard Stream

Kite Stream

Lake Vida

VICTORIA

Robertson Ridge

Lake Thomas

Clark Glacier

Victoria Lower Glacier

Projection: Lambert Conformal Conic
Spheroid & horizontal datum: WGS84
Contours derived from USGS 1:50K map series
Data source: USGS 1:50K map series
Restricted Zone derived from Quickbird imagery 2004
Imagery: © 2004 Digital Globe
NGA Commercial Imagery Program

Kilometers

Legend:
- Coastline (high tide; approx.)
- Coastline (low tide; approx.)
- Contour (50 m)
- Stream
- Lake (Shoreline year)
- Glacier
- Protected area
- Restricted Zone
- Scientific Zone
- Facilities Zone
- Visitor Zone
- Designated camp area
- Mosses
- Mummified seal
- Facilities Zone boundary point
- Survey mark (non-unmented)
- Survey mark (not monumented)
- Building
- Designated camp site
- Fuel storage
- Waste storage
- Helicopter landing site
- Emergency cache
- Solar panel
- Wind generator
- Antenna
- Weather station
- Precipitation gauge
- Stream gauge
- Clean air monitor
- Dust trap
- Vehicle track
- Path
- Dams
- Retaining wall
- Stream weir
- Stream gauge (data cable)
- Snow fence

Aire à accès limité
Promontoire Battleship

Emplacement
Au sud-ouest de la vallée Alatna, chaîne de Convoy, à environ 1 km à l'ouest du glacier Benson :
76° 55,17' S, 161° 02,77' E

Objectif
Éviter les perturbations aux formations rocheuses fragiles de grès qui accueillent des communautés microbiennes, et veiller à maintenir les valeurs esthétiques et l'état de la nature sauvage de la zone.

a)Vue aérienne de la vallée Alatna. b)Vue de l'étang Cargo
C. Harris, ERA / USAP (16 déc. 2009)

Description   Superficie de la zone : 4,31 km²

Le promontoire Battleship est une zone phare d'affleurements de grès spectaculaires qui se dresse à partir du sud-ouest de la vallée Alatna, près de l'étang Cargo (Carte 23). La formation des falaises s'étend sur une longueur d'environ 5 km, pour une superficie totale de 0,4 à 1,2 km de large. Le promontoire se dresse à environ 300 m de hauteur, pour une altitude entre 900 et 1200 m environ, à l'ouest, et entre 1050 et 1350 m environ, à l'est. Les affleurements de grès roux et blanc ont fortement subi les effets des cimes spectaculaires, des replats et des formations de ravine érodées, sur lesquels les rochers sombres et les sédiments se sont accumulés à partir des dolérites surjacentes lorsqu'ils ont été arrachés des hauteurs. L'environnement accueille de riches communautés microbiennes incluant les lichens, les cyanobactéries, les bactéries non photosynthétiques et les champignons, et offre la plus grande biodiversité microbienne jamais enregistrée dans les vallées sèches. Les communautés microbiennes cryptoendolithiques vivent dans des espaces lacunaires situés à l'intérieur des rochers de grès, et comprennent des lichens et des cyanobactéries qui peuvent atteindre une profondeur de 10 mm en dessous de la surface. Ces communautés ont une croissance extrêmement lente et les rochers dans lesquels elles vivent sont susceptibles de se fendre.

Lignes de démarcation
Les lignes de démarcation de l'aire à accès limité englobent la principale zone des affleurements de grès du promontoire Battleship, et s'étendent ainsi de plusieurs lacs présents au pied de la formation, en les incluant, jusqu'à son niveau supérieur maximal (Carte 23).

Impacts

IMPACTS CONNUS	Des instruments de petite taille ont été précédemment installés dans les rochers pour des mesurages in situ et une faible quantité d'échantillons rocheux ont été collectés. L'aire d'atterrissage des hélicoptères désignée est marquée par des drapeaux de tissu qui ont été alourdis par des pierres, certaines d'entre elles ayant été choisies pour éviter qu'elles ne soient utilisées ultérieurement par des scientifiques du fait de leur modification due à une expérience antérieure (E. Friedmann, comm. pers. 1994). Les absorbeurs de fumée de la sécurité aérienne ont été déployés sur le site, causant une contamination localisée, et la cessation de cette pratique dans les années 1990.
IMPACTS POTENTIELS	Rupture des formations rocheuses fragiles, suréchantillonnage, introduction d'espèces non indigènes.

Critères d'accès

ACCÈS	DES	Les hélicoptères se poseront dans le site désigné à : 76° 55,35' S, 161° 04,80' E (1296 m). Si l'accès est requis au pied des falaises, ou dans les parties de la zone dont l'accès à pied est peu pratique, les hélicoptères éviteront d'atterrir sur les surfaces de grès, sur les lacs ou sur les étangs.
HÉLICOPTÈRES		
ACCÈS PAR	VOIE	Les déplacements à l'intérieur de l'aire à accès limité s'effectueront à pied.
TERRESTRE		

Orientations spéciales pour le site

- Il faut marcher avec soin pour réduire au minimum les perturbations, éviter de déplacer des pierres et des cailloux, et ne pas casser les formations rocheuses de grès qui sont fragiles.

- Le camping à l'intérieur de l'aire à accès limité aura lieu sur le site précédemment utilisé, qui est adjacent à l'aire d'atterrissage des hélicoptères désignée à 76° 55,31' S, 161° 04,80' E (1294 m).

Références clés

Friedmann, E.I., Hua, M.S., Ocampo-Friedmann, R. 1988. Cryptoendolithic lichen and cyanobacterial communities of the Ross Desert, Antarctica. *Polarforschung* **58** : p. 251-259.

Johnston, C.G. & Vestal, J.R. 1991. Photosynthetic carbon incorporation and turnover in Antarctic cryptoendolithic microbial communities: are they the slowest-growing communities on Earth? *Applied & Environmental Microbiology* **57**(8) : p. 2308-2311.

Carte du site – Carte 23

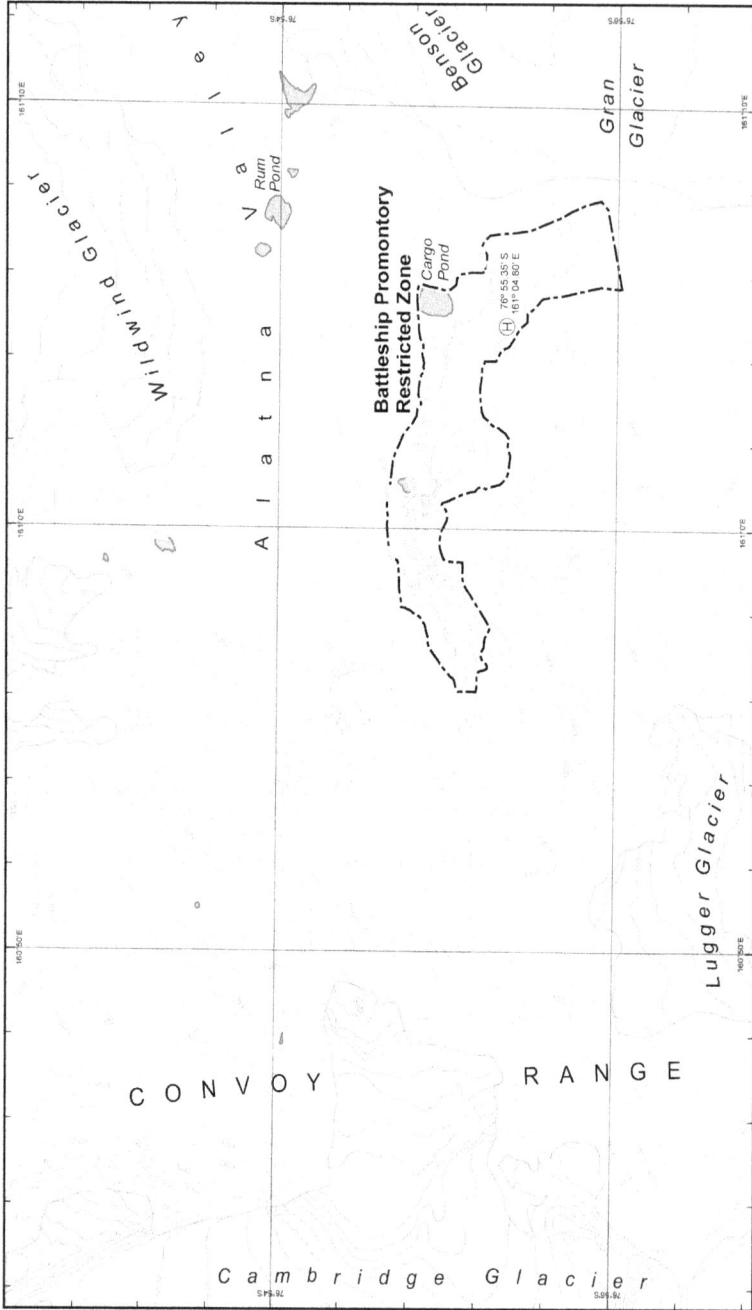

Map 23: Battleship Promontory, Restricted Zone

ANNEXE F :

LIGNES DIRECTRICES POUR LES AIRES RESERVEES AUX VISITEURS

Le site de la zone suivant a été désigné comme aire réservée aux visiteurs :

- la vallée Taylor

L'aire réservée aux visiteurs se situe dans la partie inférieure de la vallée Taylor, à proximité du glacier Canada. L'emplacement, les lignes de démarcation, l'aire d'atterrissage des hélicoptères, et les caractéristiques de l'aire réservée aux visiteurs sont signalés sur la carte 24.

La ligne de démarcation de l'aire réservée aux visiteurs est définie comme suit : en suivant le sens des aiguilles d'une montre depuis le point le plus au nord au sommet d'une petite colline (77° 37.523' de latitude sud, 163° 03.189' de longitude est), la ligne de démarcation s'étend sur 225 m au sud-est, longeant l'aire d'atterrissage désignée, jusqu'à un point situé sur des sols de moraine (77° 37.609' de latitude sud, 163° 03.585' de longitude est), puis se poursuit au sud sur 175 m pour remonter jusqu'au sommet d'une petite colline (altitude 60 m) (77° 37.702' de latitude sud, 163° 03.512' de longitude est). Depuis cette petite colline, la ligne de démarcation s'étend au nord-ouest sur 305 m en direction et au-delà d'une seconde petite colline (altitude au sommet 56 m, signalé par un cairn situé à proximité et une ancienne borne de surveillance), le long d'une ligne située à environ 30 m au sud de la crête principale joignant les deux collines et allant jusqu'à un point situé sur la crête occidentale de la seconde petite colline (77° 37.637' de latitude sud, 163° 02.808' de longitude est). A partir de cette crête, la ligne de démarcation continue directement au nord-est sur 80 m jusqu'à la face ouest d'un gros rocher saillant (77° 37.603' de latitude sud, 163° 02.933' de longitude est), et qui se trouve à environ 70 m au nord-ouest du cairn au sommet de la colline. De là, la ligne de démarcation continue au nord-est sur 130 m, descendant en parallèle à la piste piétonne désignée (qui suit une crête de moraine peu élevée), jusqu'à un point situé près de Bowles Creek (77° 37.531' de latitude sud, 163° 03.031' de longitude est). On y trouve un phoque momifié, près d'une petite zone recouverte de mousse. La ligne de démarcation se poursuit ensuite à l'est sur 65 m et rejoint la limite septentrionale de l'aire (77° 37.523' de latitude sud, 163° 03.189' de longitude est).

Lignes Directrices spéciales pour les activités conduites au sein de l'aire réservée aux visiteurs :

- Les voyagistes veillent à ce que les visiteurs de la zone dont ils ont la responsabilité nettoient soigneusement leurs bottes et leur matériel avant de se rendre dans l'aire ;

- Les tours posent leurs hélicoptères sur l'aire d'atterrissage désignée située à 77° 37.588' de latitude sud et 163° 03.419' de longitude est (altitude 34 m) ;

- Les voyagistes veillent à ce que les sentiers situés dans l'aire réservée aux visiteurs soient clairement balisés et que les visiteurs s'y tiennent. Les bornes utilisées pour délimiter les routes touristiques et les sites remarquables doivent être enlevées à la fin de chaque visite ;

- Les tentes ne doivent être érigées à l'emplacement désigné pour les tentes que pour des raisons de survie et de sécurité, et les groupes de touristes ne peuvent camper dans l'aire réservée aux visiteurs sauf pour des raisons de sécurité ;

- Les déplacements de touristes dans cette aire se font en petits groupes guidés ;

- Il faut éviter les lits des cours d'eau et des étangs ; et

- Les activités envisagées et conduites dans la zone doivent avoir lieu en conformité avec la recommandation XVIII-1 de la RCTA.

Des lignes directrices supplémentaires spécifiques au site pour la conduite des activités dans l'aire réservée aux visiteurs se trouvent en pièce jointe intitulée Traité de l'Antarctique - Guide du visiteur : Vallée Taylor, Terre Southern Victoria, Mer de Ross (document soumis : ATCM XXXIV WPXX).

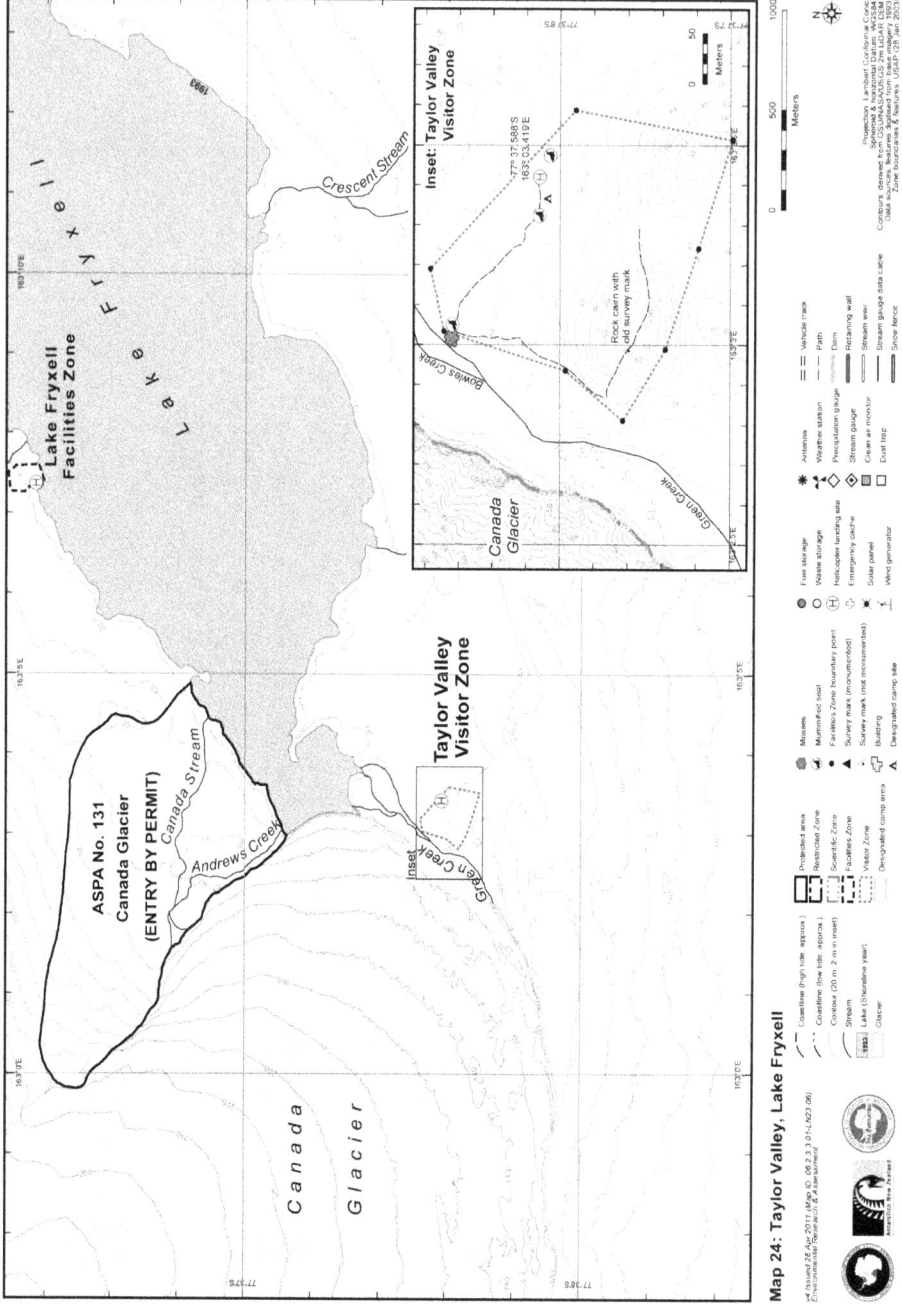

Map 24: Taylor Valley, Lake Fryxell

Lake Fryxell Facilities Zone

Lake Fryxell

Crescent Stream

ASPA No. 131
Canada Glacier
(ENTRY BY PERMIT)

Canada Stream

Andrews Creek

Canada Glacier

Taylor Valley Visitor Zone

Inset

Green Creek

Inset: Taylor Valley Visitor Zone

-77° 37.588'S
163° 03.419'E

Rock cabin with old survey mark

Canada Glacier

Bowles Creek

Green Creek

Legend:
- Protected area
- Restricted Zone
- Scientific Zone
- Facilities Zone
- Visitor Zone
- Designated camp area

- Coastline (high tide approx.)
- Coastline (low tide approx.)
- Contour (20 m / 2 m in inset)
- Stream
- Lake (Shoreline year)
- Glacier

- Mosses
- Mummified seal
- Fariklella Zone boundary point
- Survey mark (monumented)
- Survey mark (not monumented)
- Building
- Designated camp site

- Fuel storage
- Waste storage
- Helicopter landing site
- Emergency cache

- Antenna
- Weather station
- Precipitation gauge
- Stream gauge
- Clean air monitor
- Dust trap

- Vehicle track
- Path
- Retaining wall
- Dam
- Stream gauge data cable
- Snow fence

- Solar panel
- Wind generator

Meters
0   500   1000
0   50   100
Meters

N

Projection: Lambert Conformal Conic
Spheroid & horizontal Datum: WGS84
Contours derived from OSU/NASA/USGS 2m LiDAR DEM
Data sources, features & imagery 1993
Zone boundaries & features USAP (28 Jan 2011)

v4 Issued 28 Apr 2011 (Map ID 08.2.3.3 01-LN23.06)
Environmental Research & Assessment

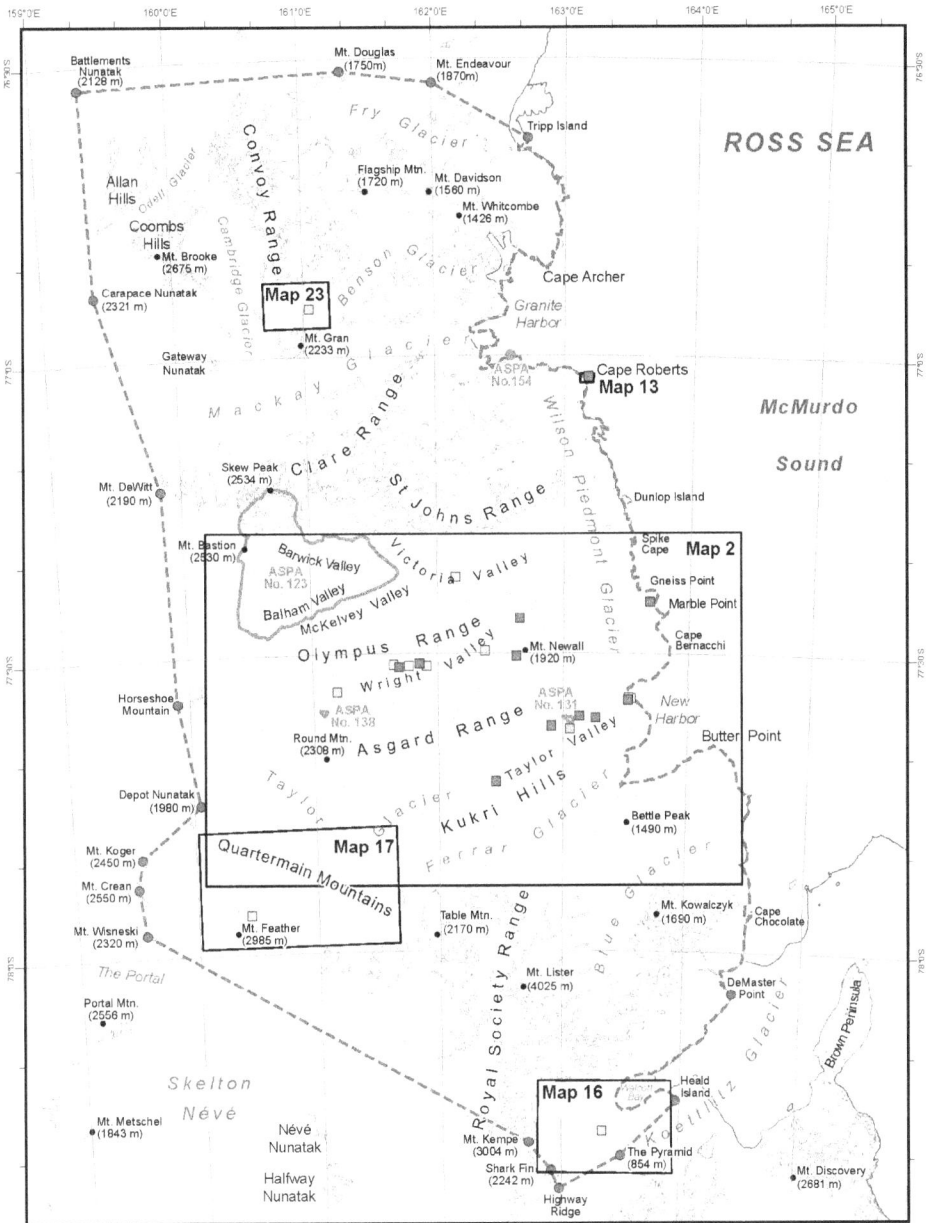

Map 1: Overview
ASMA No. 2 McMurdo Dry Valleys: boundary & zones

v5 Issued 28 Apr 2011 (Map ID 06.2.01-LN01 08)
Environmental Research & Assessment

Coastline	● Mountain peak	▨ Facilities Zone
Lake	◉ ASMA boundary point	☐ Restricted Zone
Glacier	⌐ ASMA boundary	☐ Scientific Zone
Ice free ground	☐ ASPA boundary	☐ Visitor Zone

0   10   20
Kilometers

N

Projection: Lambert Conformal Conic
Spheroid & horizontal datum WGS84
Contours derived from SCAR ADD v5 ST 57-60 (2007)
Land features: SCAR ADD v5 ST 57-60 (2007)
Boundaries & zones: USAP / Antarctica NZ

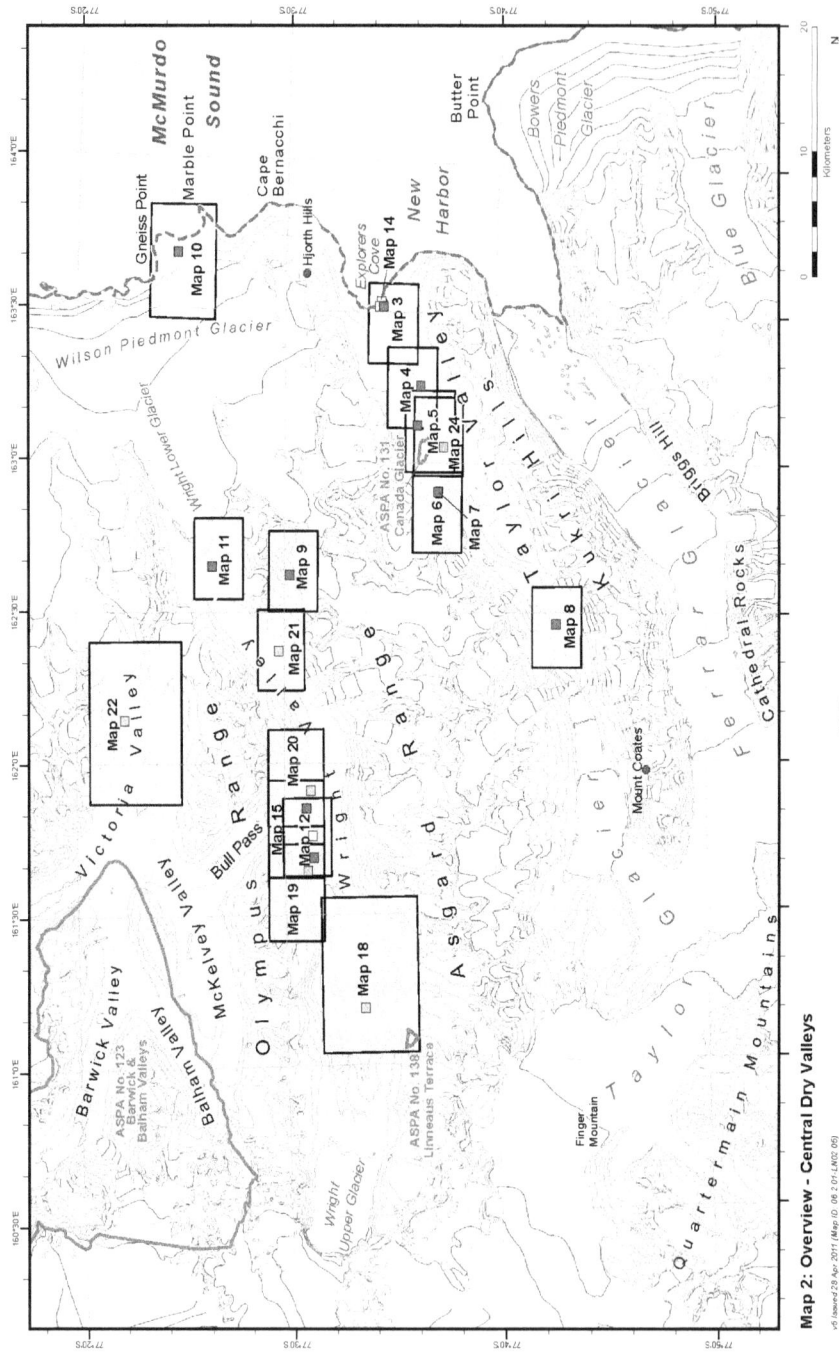

Map 2: Overview - Central Dry Valleys

v5 issued 29 Apr 2011 (Map ID_06 2 01-LN02 06)
Environmental Research & IA assessment

TROISIÈME PARTIE

Discours d'ouverture et de clôture et rapports de la la XXXIVe RCTA

1. Déclarations des Parties à l'occasion de la commémoration du 50e anniversaire de l'entrée en vigueur du Traité sur l'Antarctique

Déclaration de M. Hector Timerman, Ministre des Affaires Etrangères, du Commerce International et des Cultes de l'Argentine

Ministres des Affaires étrangères de la République du Chili et de la République Orientale de l'Uruguay, Représentants spéciaux et Délégués de la XXXIVe Réunion consultative du Traité sur l'Antarctique :

L'Argentine a accueilli la Réunion consultative du Traité sur l'Antarctique en 1962 et en 1981. Aujourd'hui, pour la troisième fois depuis son entrée en vigueur le 23 juin 1961, nous avons une fois de plus le plaisir de ce privilège.

L'Argentine est l'un des 12 Etats signataires originaux du Traité sur l'Antarctique. Se servant à la fois de créativité et d'imagination, cet instrument a permis d'établir un cadre juridique favorisant le développement de la recherche scientifique et la protection du vaste continent antarctique, dans un climat de paix et de coopération internationale.

Jusqu'à présent cette coopération s'est toujours fondée sur un grand respect du principe de consensus comme base pour le mécanisme décisionnel gouvernant les Réunions consultatives.

C'est un honneur pour moi que de partager cet événement important avec vous tous lors de la célébration du Cinquantenaire de l'entrée en vigueur du Traité sur l'Antarctique. La permanence et l'efficacité de cet instrument juridique international demandent que nous exprimions notre gratitude à l'égard de tous ceux qui ont participé à son élaboration, et de ceux qui ont œuvré au cours du demi-siècle passé pour affirmer son succès.

Conformément à ses principes et à ses objectifs, le Traité sur l'Antarctique a permis de transformer le continent entier en une zone de paix, de science et de coopération, et illustre parfaitement comment les Etats, unis par un objectif commun, peuvent joindre leurs efforts et coopérer au développement de la science et à la protection de l'environnement sur un continent dont la préservation est essentielle à tous les habitants de la planète.

Permettez-moi de réaffirmer que la République argentine s'engage pleinement à promouvoir ces principes et ces objectifs.

En favorisant l'étude et la connaissance scientifique de l'Antarctique, l'Argentine s'engage à protéger le continent, confiante que la meilleure façon de le faire est d'être pleinement sensibilisé aux conditions uniques et aux particularités de cette région.

Au cours des 107 dernières années, mon pays a eu le privilège d'exploiter de façon continue la plus vieille station de recherche en Antarctique, la base Orcada. Etablie en 1904, elle a été la seule station permanente de l'Antarctique pendant des décennies. Et depuis lors, elle a fourni des données météorologiques essentielles aux travaux menés actuellement relatifs au changement climatique et au réchauffement global.

De même, l'Institut Antarctique de l'Argentine, fondé le 17 avril 1951, a été le premier organisme au monde à se consacrer entièrement à la recherche en Antarctique. Depuis, il a entrepris des recherches scientifiques en Antarctique par l'intermédiaire de ses chercheurs hautement spécialisés, en collaboration avec les institutions scientifiques et académiques les plus réputées, restant fidèle aux principaux objectifs de la connaissance et de la protection de l'Antarctique et de ses ressources pour le bien de l'humanité toute entière.

La République argentine a maintenu une vision historique cohérente, la science ayant toujours joué un rôle central dans nos activités en Antarctique, tout autant que nos actions pour la préservation de l'environnement et des ressources de ce continent.

Au cours des années récentes, le gouvernement national a endossé ces politiques par des actions matérielles, comme une augmentation importante du nombre de chercheurs et de techniciens en Antarctique, des améliorations et des nouvelles installations pour moderniser les infrastructures existant en Antarctique, la mise en place de sources d'énergie alternatives permettant de réduire l'utilisation des énergies fossiles, et le strict respect des mesures de protection environnementale.

La politique nationale prévoit la modernisation continue des bases et l'amélioration de la logistique, pour assurer une meilleure coopération internationale dans la recherche scientifique, la technologie et les projets artistiques. A cet égard, les projets impliquant la participation active de chercheurs étrangers représentent à peu près 60% des travaux menés pendant la dernière campagne antarctique, et les stations scientifiques argentines ont fourni une plateforme excellente pour le travail que nous espérons améliorer à l'avenir.

Le réaménagement et la modernisation du brise-glace Almirante Irizar dans les chantiers nationaux fourniront une plateforme moderne, convenant à la recherche dans des domaines tels que l'océanographie, la biologie et la géologie marine entre autres, assurant ainsi une meilleure rationalisation des mesures de conservation de l'Antarctique.

La création et la mise en vigueur du Traité sur l'Antarctique et le développement ultérieur des instruments qui constituent le système entier furent caractérisés par un esprit de paix et de coopération internationale. Ceux-ci continuent à être le fondement de l'efficacité actuelle. Ces 50 premières années ont clairement démontré la valeur indéniable de ces instruments, réalisés grâce au consensus obtenu à une certaine époque, pour le bien de la communauté internationale tout comme pour les générations à venir.

L'Antarctique exige de nous un respect total. Nous devons préserver son environnement, sa faune et sa flore, arriver à en obtenir une connaissance approfondie, tout en sensibilisant le monde à ses valeurs esthétiques. Les Parties ont fourni suffisamment de preuves de l'importance de ces objectifs au cours des cinquante premières années de la vie du Traité. Nous célébrons aujourd'hui cet anniversaire dans une atmosphère de paix et de coopération internationale. Ceci constitue le meilleur point de départ pour assurer une augmentation de nos efforts scientifiques et la protection de l'environnement antarctique, nous permettant ainsi de confronter les défis qui nous attendent au cours des prochaines décennies et d'y faire face ensemble comme nous l'avons fait jusqu'à présent.

Je vous remercie beaucoup.

Déclaration de M. Alfredo Moreno Charme, Ministre des Affaires Etrangères du Chili

Ministres des Affaires étrangères de l'Argentine et de l'Uruguay

M. Ariel Manzi, Président de la Réunion

M. Manfred Reinke, Secrétaire exécutif du Traité sur l'Antarctique

Les délégués et les participants à cette réunion

C'est un grand honneur pour moi que d'avoir l'occasion d'être présent à la 34e Réunion consultative du Traité sur l'Antarctique. Nous célébrons aujourd'hui la réunion annuelle des 48 États Parties rassemblés pour considérer ensemble les problèmes de l'Antarctique, mais nous sommes aussi réunis pour commémorer le cinquantenaire de l'entrée en vigueur du Traité sur l'Antarctique. Le 23 juin 1961, l'Argentine, l'Australie et le Chili se sont joints au Royaume-Uni, à l'Afrique du Sud, à la Belgique, au Japon, aux États-Unis d'Amérique, à la Norvège, à la France, à la Nouvelle-Zélande et à la Russie pour ratifier le Traité, marquant ainsi son entrée en vigueur.

Les négociations qui ont précédé la signature du Traité à Washington représentaient bien plus que 45 jours de discussions. Cette mission, au cours de laquelle des intérêts politiques clairement divergents s'étaient faits face, avait été difficile. Et pourtant, chacun des pays signataires du Traité sur l'Antarctique est parvenu à un compromis, et a contribué à la création d'un équilibre délicat, tout autant politique que juridique. La signature du Traité sur l'Antarctique nous a montré comment il était possible de confronter et de surmonter ensemble les difficultés, puisque nous avons réussi a le faire face à une situation internationale des plus défavorables, au beau milieu de la guerre froide.

En tant que pays signataire, le Chili a joué un rôle important dans l'élaboration de cet accord, tout comme elle l'avait fait lors des discussions préliminaires et du projet d'élaboration. L'ambassadeur Oscar Pinochet de la Barra, qui a aujourd'hui 91 ans, et qui assista à la signature du Traité, fait forme de figure exceptionnelle à cet égard. Il continue à nous faire part de ses souvenirs et de son expérience des principes et des objectifs guidant les accords conclus au sein de cet instrument international.

Le Traité sur l'Antarctique exigeait l'évolution des paradigmes en cours à l'époque. Le climat de compétition si propre à la première moitié du 20e siècle a dû céder la place à une atmosphère privilégiant la collaboration entre les pays. De nos jours, l'Antarctique est un continent exclusivement utilisé à des fins pacifiques. C'est la seule zone libre d'armes nucléaires au monde.

À de nombreux égards, il ne fait aucun doute que ce Traité a été un accord historique. Le système a permis aux Parties contractantes d'élaborer une gestion commune de l'Antarctique, sans avoir recours à l'arbitrage international, mais sans toutefois renoncer aux différends existants, fondant toutes leurs décisions sur le principe fondamental du consensus. Ce concept est la clé de voûte du système. Bien qu'il ne nous permette pas toujours d'avancer à la vitesse désirée, il confère une légitimité toute particulière aux recommandations, mesures et décisions qui en procèdent.

C'est grâce aux intérêts nationaux et internationaux que nous partageons que le système de l'Antarctique a pu se développer tout au long des cinq dernières décennies. Cette évolution a permis d'allier les intérêts nationaux de tout un chacun à la coopération scientifique et à la paix qui sont le cœur du Traité. La stabilité du système a été démontrée, puisque pas une fois depuis son entrée en vigueur n'a un seul état pris une position qui aurait pu mettre en péril le régime de l'Antarctique. Ceci ne lui garantit pas pour autant une stabilité permanente. Pendant les années 80, la question de l'exploitation des ressources minières dans l'Antarctique fut à l'origine de nombreux débats, à l'intérieur comme à l'extérieur du système. La solution à ce problème fut d'interdire toute prospection ou exploitation des ressources minières dans l'Antarctique. L'adoption du Protocole relatif à la protection de l'environnement au Traité sur l'Antarctique marqua un important succès diplomatique pour le Chili, qui joua un rôle important dans les négociations de la 11e Réunion consultative spéciale de Viña del Mar, ainsi qu'un rôle majeur lors des négociations de Madrid. Dans un monde dominé par une interdépendance complexe et des ressources insuffisantes, la préservation de l'Antarctique en tant que réserve naturelle consacrée à la paix et à la recherche scientifique, dépositaire des valeurs et des intérêts communs à toutes les Parties, doit renforcer l'engagement de toutes les Parties envers le système, et privilégier l'intérêt de tous les États avant celui de chacun.

Un demi-siècle après la signature du Traité sur l'Antarctique, il est clair que le système qui a émergé de cet instrument juridique est digne de toutes nos félicitations. Les principes et les objectifs qui ont inspiré les diplomates présents aux négociations du Traité sur l'Antarctique nous inspirent toujours. Ils ont fait du continent antarctique une région consacrée à la paix et aux sciences, sans renoncer à aucun droit de souveraineté.

Aux yeux du Chili, le Traité sur l'Antarctique et son système doivent être élargis et renforcés, comme le propose notre plan stratégique pour l'Antarctique 2011-2014, récemment approuvé. Face à la pollution globale et aux changements climatiques, il faut sauvegarder l'Antarctique, et le préserver pour en faire don aux générations futures.

La recherche scientifique a été la principale activité dans l'Antarctique et doit le rester. Au cours des dernières décennies, on a pu voir les projets de recherche se multiplier, donnant lieu à une plus grande coopération internationale et engendrant des progrès dans des domaines tels que la biotechnologie. Notre pays fait de même. Les projets menés par l'Institut antarctique du Chili se sont développés, en qualité comme en quantité, et leur succès sera dû en grande part à une collaboration avec de nombreux autres pays. De nos jours, grâce aux capacités qu'il a dans l'Antarctique, le Chili est en mesure de proposer son aide logistique aux autres membres du Traité sur l'Antarctique, tout particulièrement à ceux qui organisent des projets dans la zone de la péninsule antarctique.

Permettez-moi de terminer en exprimant ma sincère gratitude pour l'hommage qui a été rendu par cette réunion à l'ambassadeur Jorge Berguño, qui est décédé récemment. Beaucoup d'entre vous l'ont connu, et c'est avec affection que nous le garderons dans nos souvenirs. M. Jorge a joué un rôle éminent dans le système du Traité sur l'Antarctique, non seulement en tant que chef de délégation du Chili, mais aussi en contribuant inlassablement à l'élaboration de plus d'un des instruments du système, et en particulier au Protocole relatif à la protection de l'environnement. Son départ marque une grande perte pour le Chili, mais aussi pour tous ceux qui ont consacré une partie de leur vie à l'Antarctique.

Merci beaucoup.

Déclaration de M. Luis Almagro Lemes, Ministre des Affaires Etrangères de l'Uruguay

Je vous remercie, Monsieur le Président

Monsieur le Président de la trente-quatrième Réunion consultative du Traité sur l'Antarctique, ambassadeur ARIEL MANZI

Monsieur le Ministre des Affaires étrangères, du Commerce extérieur et du Culte de la République argentine, HECTOR TIMERMAN

Monsieur le Ministre des Affaires étrangères de la République du Chili, M. LUIS MORENO

Monsieur le Secrétaire exécutif du Traité sur l'Antarctique, MANFRED REINKE

Monsieur le Secrétaire du pays hôte, Ministre JORGE ROBALLO

Messieurs les représentants spéciaux, Mesdames et Messieurs les Délégués, représentants d'organismes internationaux.

Permettez-moi en premier lieu de remercier et de féliciter le gouvernement argentin, hôte de cet évènement qui réunit chaque année ce groupe unique de pays investis de la mission de protéger le continent antarctique et garantir son exploitation à des fins pacifiques, évènement qui cette année revêt une importance toute particulière.

J'aimerais aussi saluer le Secrétariat du Traité sur l'Antarctique qui bien que fonctionnant depuis plusieurs années à Buenos Aires, est officiellement inauguré à l'occasion de cette Réunion. Cette inauguration clôt un long processus de négociation achevé l'an dernier lors de la trente-troisième Réunion consultative que mon pays a eu l'honneur d'organiser.

Messieurs les Ministres, Mesdames et Messieurs les Délégués,

Cette trente-quatrième Réunion consultative du Traité sur l'Antarctique se déroule dans un contexte particulier dont j'aimerais souligner quelques aspects clés qui d'une certaine manière, ont marqué l'histoire de l'Antarctique.

Tout d'abord, je rappelle qu'aujourd'hui, nous célébrons le cinquantième anniversaire de l'entrée en vigueur du Traité sur l'Antarctique. De douze membres fondateurs qui ont amorcé cet effort de coopération et de compréhension entre les hommes dans un monde de méfiance et de confrontation, nous sommes passés à près de cinquante pays membres, unis dans leur engagement pour la protection de l'environnement antarctique et désireux de faire de ce continent un lieu d'activités scientifiques et non le théâtre de conflits armés. Mon pays soutient entièrement cette approche fondée sur des principes fondamentaux de la Charte des Nations Unies : la défense de la paix et de la sécurité internationale.

Au fil des cinquante dernières années, le monde a mué au point de devenir méconnaissable : nous sommes face à de nouvelles menaces et comptons de nouveaux alliés. Face aux effets dévastateurs des changements climatiques, l'appauvrissement de la couche d'ozone et le réchauffement de la planète, l'évolution de la science nous ouvre les portes de la recherche scientifique et de sa structure complexe. Les avancées en matière de biotechnologie, océanographie ou sciences de l'atmosphère, accompagnées de l'étonnant boom technologique qui a bouleversé le monde scientifique dernièrement permettent de nourrir l'espoir que les activités qui s'y déroulent contribuent à la protection et à la conservation de la planète pour les générations à venir.

Ensuite, j'aimerais souligner que cette année, nous célébrons également le vingtième anniversaire de la signature du Protocole au Traité sur l'Antarctique relatif à la protection de l'environnement. Le protocole de Madrid a fait ses preuves dans la consolidation des objectifs environnementaux du Traité sur l'Antarctique, permettant de limiter l'éventuel impact négatif des activités humaines sur le milieu antarctique et les écosystèmes qui en dépendent ou qui y sont liés.

Mon pays encourage vivement les mesures de protection de l'environnement antarctique, et à cet égard, nous invitons instamment tous les membres du Traité qui n'ont pas encore ratifié ce protocole à le faire, car c'est indispensable pour atteindre les objectifs du Traité.

Au cours des dernières décennies, nous avons approfondi nos connaissances sur les effets nocifs des activités humaines sur l'environnement. Si nous agissons de manière responsable et engagée en Antarctique, nous avons la possibilité de mitiger ces effets et de les éviter à l'avenir. Rappelons que notre action aujourd'hui a des conséquences sur notre devenir dans cet écosystème dont la protection est notre responsabilité.

Messieurs les Ministres, Mesdames et Messieurs les Délégués,

Cette réunion a aussi pour toile de fond des évènements importants dans l'histoire de mon pays. L'Uruguay écrit, depuis 25 ans, l'histoire du Traité en tant que Partie consultative. Ce vingt-cinquième anniversaire a été célébré lors de la trente-troisième Réunion consultative.

Pour le pays qui est le mien, ce chemin parcouru a une grande importance. C'est pour cette raison que nous devons aujourd'hui revenir sur cette histoire et réfléchir à notre action dans les années à venir.

L'Uruguay doit aujourd'hui renforcer et étendre sa participation aux activités antarctiques, avec pour clé de voûte la recherche scientifique et la protection de l'environnement antarctique.

En ce sens, mon pays travaille actuellement à l'adéquation de ses institutions nationales afin de poursuivre la dotation de l'Institut antarctique de l'Uruguay, organe chargé de mettre en œuvre la politique nationale en la matière, en ressources humaines et financières, afin qu'il conduise plus efficacement les activités de recherche prévues.

L'Uruguay estime que l'engagement des membres est indispensable pour approfondir la coopération bilatérale et multilatérale dans les nombreux domaines de recherche en Antarctique, et pour échanger des informations sur la protection et la conservation de l'environnement antarctique. L'Uruguay continuera de promouvoir des accords de coopération avec d'autres pays membres dans l'esprit du Traité et conformément à ses dispositions.

J'aimerais aussi rappeler d'autres faits remarquables qui traduisent la vocation antarctique de l'Uruguay et sont des exemples parlants de la solidarité et du courage de ses hommes. En effet, précisément ce mois-ci, cela fait 95 ans qu'un navire uruguayen a navigué pour la première fois en eaux antarctiques. Le 9 juin 1916, un petit vaisseau à coque de fer commandé par le capitaine de corvette Ruperto Elichiribehety a levé l'ancre pour tenter de secourir les marins du vaisseau britannique « Endurance », attrapés par les glaces à l'île Éléphant. Ils furent finalement secourus par leur capitaine, Ernest Schackleton, après trois tentatives infructueuses. Bien que l'expédition uruguayenne ne parvint pas à atteindre son objectif, elle donna à un navire uruguayen la possibilité de naviguer pour la première fois à 60 degrés de latitude sud.

Messieurs les Ministres, Mesdames et Messieurs les Délégués,

Les défis que nous devrons relever d'ici à cinquante ans ne seront pas les mêmes que ceux qui ont donné lieu à sa signature. Cependant, nous devons nous y atteler de la même manière, et dans le même esprit. Gardons à l'esprit le mandat que nous a confié l'histoire, celui de conserver le continent antarctique à l'abri de tout conflit, le destinant uniquement à des fins pacifiques sur la base de la coopération, de la liberté de recherche scientifique, et de la protection de ses écosystèmes.

Merci beaucoup.

Déclaration de S. E. l' Ambassadeur Luiz Alberto Figueiredo Machado, Sous-secrétaire d'Etat pour l'environnement, l'Energie, la Science et la Technologie au Ministère des Affaires Etrangères du Brésil

Monsieur le Ministre des Affaires étrangères, Héctor Timerman, Messieurs les Ministres,

Monsieur le Président de la XXXIVe Réunion consultative des Parties du Traité sur l'Antarctique,

Mesdames et Messieurs les Délégués,

C'est avec un immense plaisir que je représente Monsieur le Ministre des Affaires étrangères, M. l'Ambassadeur Antonio Patriota, en cette charmante ville de Buenos Aires, à la cérémonie de commémoration du cinquantième anniversaire de l'entrée en vigueur du Traité sur l'Antarctique.

Je félicite le gouvernement argentin, notre voisin, ami, partenaire et allié dans la construction du MERCOSUR, et le Secrétariat du Traité sur l'Antarctique pour l'excellent travail effectué en amont de cette Réunion pour en assurer le succès.

Mesdames et Messieurs,

Le Brésil a adhéré au Traité sur l'Antarctique en 1975 et c'est en 1982 que la première expédition brésilienne foulait le sol antarctique. Cette expédition a porté ses fruits : en 1983, le Brésil a été accepté au sein des Parties consultatives du Traité sur l'Antarctique. Depuis, le Brésil participe à part entière aux processus décisionnels du Traité et à la conception d'un régime juridique réglant les activités humaines dans la région. La décision du Brésil de participer aux activités scientifiques et d'exploration constituait pour notre pays un véritable défi. À l'occasion de l'Opération antarctique XXX qui débutera en octobre prochain, le Brésil fêtera 30 ans de présence ininterrompue en Antarctique, ce qui témoigne de la consolidation du Programme antarctique brésilien. Célébrer le 50ème anniversaire du Traité et fêter 30 ans de présence brésilienne en Antarctique sont autant d'occasions de renforcer notre responsabilité et notre engagement vis-à-vis des principes du Système du Traité sur l'Antarctique.

Les instruments logistiques requis pour conduire des activités de recherche en Antarctique se sont perfectionnés. Au cours des dernières années, le Brésil a acquis le navire antarctique « Amiral Maximiliano », équipé d'installations scientifiques de pointe, et la flotte brésilienne comprend toujours le navire de soutien océanographique « Ary Rongel ». Le Brésil a également rénové et agrandi la station antarctique Comandante Ferraz et y installe actuellement un système de gestion environnementale très moderne, conformément aux dispositions du Protocole de Madrid pour minimiser l'impact des activités humaines.

La région antarctique est un élément clé du climat et de l'environnement de la planète. En effet, elle influence fortement le climat mondial, et dès lors, a une incidence sur les écosystèmes et la vie sur terre. La partie occidentale du continent antarctique, où se situe la base brésilienne, est la région qui pâtit le plus des changements climatiques. Les processus atmosphériques, océaniques et cryosphériques qui s'y déroulent influencent directement le climat en Amérique du Sud. Les activités de recherche envisagées par le Brésil en Antarctique visent justement à mieux comprendre ces processus et leur interaction avec des phénomènes observés au Brésil, et mettent l'accent sur l'observation de l'environnement antarctique, unique sur terre. Au cours des dernières années, le gouvernement brésilien a augmenté les ressources allouées à la recherche, ce qui a permis de multiplier les activités scientifiques brésiliennes en Antarctique. La IVe année polaire internationale a d'ailleurs témoigné de la participation active des scientifiques brésiliens.

Mesdames et Messieurs,

À l'heure où nous célébrons le cinquantième anniversaire de l'entrée en vigueur du Traité sur l'Antarctique, il convient de rappeler l'importance des discussions et négociations qui, non sans quelques difficultés, ont abouti à la signature du Traité. L'adoption de ce régime n'a été rendue possible que par la démilitarisation du continent et par la solution ingénieuse trouvée pour résoudre les questions territoriales et inscrite à l'article IV du Traité.

D'un accord fondamentalement nourri par des questions stratégiques et sécuritaires, nous sommes passés à un réseau de normes et de conventions internationales destinées à bénéficier des ressources naturelles et à mieux les préserver. En outre, le Protocole de Madrid a permis de mettre sur pied un régime de protection environnementale faisant de l'Antarctique une « réserve naturelle, consacrée à la paix et à la science ».

Le Brésil applaudit l'ensemble de la Déclaration sur la coopération antarctique que nous approuvons aujourd'hui. Cette déclaration fait état des avancées considérables obtenues pendant 50 ans depuis l'entrée en vigueur du Traité sur l'Antarctique.

Pour finir, j'aimerais souligner un aspect qui reflète bien l'importance historique du Traité : le Traité sur l'Antarctique a créé un espace de paix et de coopération voué à la recherche scientifique, devenant ainsi un exemple unique d'échange positif entre les États, et c'est là sa plus grande richesse.

Merci beaucoup.

Déclaration de M. Michel Rocard, Représentant Spécial de la France

La signature du Traité sur l'Antarctique ne fut pas considérée comme un événement significatif à l'époque et n'intéressa que peu de gens. Et pourtant le temps qui passe fait apparaître de manière croissante l'importance majeure de ce qui a commencé là.

Au moment où nous célébrons avec une certaine fierté ce cinquantième anniversaire de la mise en oeuvre du Traité, regardons autour de nous. Au cours du XXIe siècle, c'est-à-dire en 11 ans, toutes les grandes négociations internationales ont échoué, et c'est aussi vrai de celles qui avaient commencé au XXe siècle, le processus de paix d'Oslo, le cycle de Doha, ou le réchauffement climatique.

Au milieu de tout cela, l'Antarctique tient bon. Nous vivons la 34e Réunion des parties Consultatives du Traité sur l'Antarctique (RCTA XXXIV) composé des 28 Parties consultatives dudit Traité. Nous allons dans beaucoup de calme et un peu de routine, dégager et voter un certain nombre de résolutions. Le monde gère tranquillement son unique bien commun, mais au fur et à mesure que rien d'autre ne se passe, que les nations échouent dans leur effort pour trouver une nouvelle règlementation bancaire et financière, ou pour entreprendre une lutte efficace contre l'effet de serre, cette gestion commune de l'Antarctique apparaît d'autant plus comme absolument exemplaire.

Car le Traité fait tâche d'huile et se développe. L'heure est sur la planète à l'inquiétude écologique. Notre biodiversité est menacée, les pollutions saturent la nature et détruisent bien des lieux de vie.

Dans l'Antarctique, la seule signature du Traité a facilité beaucoup plus qu'ailleurs l'accord général sur des précautions majeures. En 1972, est signé un accord sur la protection des phoques et en 1980, un accord sur la protection de la faune et de la flore marines. Je ne sais pas s'il aurait été possible de signer ces accords sans le traité-cadre de 1959.

L'Antarctique est donc devenu un objet de parole paisible. Mais les esprits n'évoluent et les méfiances ne s'estompent que lentement. Le Traité qui démilitarise l'Antarctique a changé l'état d'esprit des diplomaties qui en parlent mais petit à petit seulement. Il a fallu 13 ans entre le Traité et le premier protocole et celui-ci ne parle que des phoques, ce qui est stratégiquement peu compromettant. Il a fallu encore 8 ans pour le deuxième protocole, qui ne concerne que la faune et la flore marines. C'est toujours stratégiquement négligeable. Il a donc fallu 21 ans pour qu'on ose parler de choses plus importantes.

L'initiative dite de Wellington visait les richesses minières, fer, gaz, pétrole et autres. Comment préserver l'environnement si on se met à les exploiter ? Un bon texte est produit, on signe en 1988.

Mais le monde avait changé. Des courants politiques écologistes étaient apparus partout, les exigences avaient grandi. Deux Premiers ministres liés d'amitié, Robert Hawke d'Australie et moi-même, annoncent qu'ils refusent d'envoyer la convention à leurs Parlements pour ratification et demandent l'ouverture de négociations beaucoup plus ambitieuses. L'Italie et la Belgique suivirent immédiatement, la Norvège un peu plus tard. Le Sénat américain fait pression sur son Président.

Surprise, un troisième protocole au Traité est signé à Madrid en octobre 1991. Il déclare l'Antarctique «patrimoine commun de l'humanité », « terre de paix et de science» et le classe réserve naturelle interdite à toute activité minière. En de nombreuses pages, il formule le code de conduite écologique et ajoute à la gestion du Traité un comité pour la protection de l'environnement qui siège en même temps que le conseil du Traité, et à la Présidence duquel vous venez d'élire mon ami Yves Frenot.

C'est une innovation énorme. La planète gère en commun quelque chose, qui est son environnement pour un morceau des terres émergées. Et cela marche. Les tours opérateurs regroupées dans l'IAATO sont de vigilants gardiens du Protocole.

Cette première amorce d'un système juridique mondial qui se renforce, resplendit et fête son cinquantième anniversaire au moment où tout ce que le reste du monde essaie échoue, devient un fait majeur. Car le système a une vocation évidente à grandir et à s'étendre.

Premier exemple. Toute petite cause, effet potentiellement immense. Deux touristes hélas français, venus en voilier, font la fête et sombrent dans l'ivresse. Ils cassent et font des dégâts dans la cabane dite de Wordie House, classé « patrimoine de l'Antarctique ». Depuis cet incident, on cherche comment établir des procès-verbaux.

Deuxième exemple, beaucoup plus grave. Des nations, des opérateurs pour le moment publics vont dans peu d'années rapporter sur terre, depuis la Lune ou Mars des échantillons minéraux pour analyses. A qui appartiendront-ils? Qui sera propriétaire, et donc responsables des accidents, nuisances ou pollutions qui pourraient en résulter? Un droit de l'espace est à créer d'urgence. Des juristes en sont chargés. Quel premier travail font-ils? Celui de scruter dans le détail le droit de l'Antarctique.

Mesdames, Messieurs, célébrer cet anniversaire n'est pas seulement commémoratif. C'est saluer la création d'un outil juridique majeur pour l'espèce humaine dans les temps qui viennent.

Alors il nous reste une dernière question. Comment cela s'est-il vraiment fait? Pour ceux qui connaissent bien les relations internationales, il est clair que l'incroyable système de l'Antarctique est né de deux miracles.

Premier miracle, le Traité. On est en 1959, avant la crise des fusées de Cuba. Tout le monde est persuadé que la guerre froide finira en guerre chaude. On est au temps où les Etats Majors civils et militaires, bombardent partout, notamment aux Etats-Unis et en Russie, leurs grands patrons de recommandations de méfiance, d'exigence stratégique et de contrôle et de pression sur l'autre.

Et voilà, qu'Eisenhower et Khrouchtchev signent la démilitarisation de l'Antarctique et l'interdiction d'y installer des armes. C'est stupéfiant, et je trouve que l'histoire du Traité, telle qu'on la raconte brièvement est incomplète. Que s'est-il passé dans les cervelles des deux grands chefs? Quelle conversation a pu les amener à envoyer à la corbeille à papier toutes les notes de méfiance et de combat de leurs généraux et diplomates pour signer une renonciation militaire, une déclaration de paix et un accord pour gérer cette paix?

Le Troisième protocole est lui aussi un miracle. Dans un monde affamé de pêche sans limite, et plus encore de gaz et de pétrole, sachant qu'ils seront rares, l'accord se fait pour geler toutes ces activités en Antarctique et pour les protéger!

Mes amis, les délégués que nous sommes ne devons pas gérer l'exécution du Traité et de ses protocoles dans la routine discrète et le silence gêné. L'Antarctique est l'endroit où le monde se donne à lui-même le grand exemple de responsabilité collective qu'il n'est pas encore capable de se donner ailleurs.

Proclamons-le et du fond du coeur, bon anniversaire l'Antarctique.

Déclaration de M. Ingo Winkermann, Représentant de l'Allemagne

M. le Président, Vos Excellences, chers délégués et collègues,

Nous avons d'excellentes raisons de célébrer le cinquantenaire de l'entrée en vigueur du Traité sur l'Antarctique durant cette XXXIVᵉ réunion consultative. Nous remercions notre hôte, le gouvernement de la République argentine, d'avoir préparé cet événement dont l'importance est soulignée par les célébrations de ce jour et par la déclaration solennelle adoptée par les États parties au Traité.

Le Traité sur l'Antarctique de 1959 a permis d'agir avec efficacité, grâce à la coopération internationale qu'il a encouragée. 50 ans après son entrée en vigueur, le Traité, qu'est venu suppléer le Protocole de 1991 sur la protection de l'environnement, continue à être un modèle de gouvernance transnationale unique en son genre. La capitale de l'Argentine, Buenos Aires, où nous sommes réunis, accueille maintenant le siège du Secrétariat du Traité.

En Allemagne, tout comme dans le reste du monde, les changements dramatiques qui affectent les conditions climatiques au pôle Nord ont attiré les regards vers l'Antarctique. La recherche scientifique climatique menée dans le sixième continent est plus importante que jamais. Les changements affectant le climat polaire ont des conséquences pour le climat de la planète. La recherche polaire éclaire fondamentalement notre connaissance des changements climatiques du passé, et les conclusions de cette recherche nous permettent de prédire de façon plus sûre les changements climatiques futurs. Les activités humaines ont également un effet irréversible sur l'environnement antarctique, qui est resté jusqu'à présent largement intact. Il faut donc les réduire au minimum.

Cette année, l'Allemagne se félicite de 30 années durant lesquelles elle a pris sa part de responsabilité au sein du système du Traité sur l'Antarctique, de par son siège et sa voix. Il y a deux ans à peine, l'Allemagne a construit une nouvelle station de recherche en Antarctique. Cette nouvelle station, « Neumayer III », est une station d'avant-garde construite avec des méthodes respectueuses de l'environnement. Elle est ouverte aux chercheurs et aux projets de toutes les pays.

L'Allemagne restera constante dans son engagement envers le Traité et la protection de l'Antarctique, aujourd'hui comme demain.

Déclaration de M. Richard Rowe, Représentant de l'Australie

Monsieur le Président, Ministres, chers collègues,

Les gouvernements australiens successifs ont exprimé leur profond engagement envers le Traité sur l'Antarctique, et c'est ce que nous réaffirmons aujourd'hui.

L'Australie est extrêmement fière du rôle qu'elle joue dans les affaires de l'Antarctique - sur place en Antarctique tout comme dans les réunions consultatives du Traité sur l'Antarctique. La délégation australienne est ravie d'être à Buenos Aires, le siège du Secrétariat du Traité, et de se joindre à nos partenaires pour célébrer le cinquantenaire de l'entrée en vigueur du Traité sur l'Antarctique.

En tant que nation de l'hémisphère sud, les Australiens sont très conscients de leur proximité à l'Antarctique. En hiver, l'air froid qui souffle de l'Antarctique sur nos régions méridionales vient nous rappeler la présence de ce grand continent qui s'étend au-delà de l'océan, et combien celui-ci diffère de notre pays généralement chaud et sec. Nos liens avec l'Antarctique tiennent du climat, par l'intermédiaire de la dynamique de l'atmosphère et de l'océan Austral, de la migration des espèces sauvages, et d'une continuité géologique qui trouve ses origines dans le Gondwana.

Notre lien avec l'Antarctique existe aussi depuis les débuts de son exploration. Le premier Australien à passer l'hiver en Antarctique au XIXe siècle était un scientifique venant de Tasmanie. Cette année, l'Australie célèbre le centenaire de l'expédition australasienne antarctique de Douglas Mawson, qui eut lieu de 1911 à 1914 et qui représente une expédition scientifique emblématique de cette époque héroïque. Les intérêts de l'Australie en Antarctique se sont affermis lorsque Mawson est retourné en Antarctique en 1929-31. Après l'élaboration d'un programme australien antarctique permanent en 1947, l'Australie établit en 1954 la station qui doit son nom à Mawson ; elle est maintenant la plus vieille station continuellement en opération au sud du cercle Antarctique. Nous avons trois stations permanentes dans le territoire australien Antarctique, un grand nombre de campements, et la capacité de faire des recherches soutenues dans l'océan Austral.

Nos connaissances se sont approfondies au fur et à mesure que nos capacités ont augmenté. Nos chercheurs découvrent de plus en plus d'informations essentielles pour comprendre le climat passé et présent de l'Antarctique, et l'influence qu'il a sur l'Australie et le reste du monde. Ces importantes recherches doivent être menées dans un environnement qui n'est pas des plus accueillants pour l'être humain. Et pourtant nous continuons à nous rendre en Antarctique, comme nous l'avons fait pendant plus d'un siècle, parce qu'il nous offre une perspective unique sur le monde naturel. Ces recherches vont nous aider à prédire le climat du futur. Pendant 50 ans, le Traité sur l'Antarctique nous a donné la liberté de poursuivre ces recherches là où bon semblait, et il a favorisé la coopération entre les pays qui poursuivent des recherches scientifiques en Antarctique. Sans la sécurité du Traité, il ne fait aucun doute que les travaux menés par les Australiens en Antarctique seraient infiniment plus difficiles.

Notre engagement dans les affaires de l'Antarctique va bien au-delà de la science. L'Australie a participé avec enthousiasme aux négociations qui ont abouti au Traité sur l'Antarctique en 1959. En tant qu'un des premiers États signataires, l'Australie est fière du rôle qu'elle a joué dans l'élaboration du Traité et du système qui l'accompagne. Le système est fondé sur le Traité, qui brille par sa simplicité, l'élégance de son langage et la richesse de son contenu. Les principes du Traité ont perduré, et l'Australie célèbre la liberté scientifique qu'il garantit et son engagement envers l'utilisation de l'Antarctique à des fins pacifiques. Le Traité sur l'Antarctique illustre la qualité que peuvent avoir les relations internationales lorsqu'elles sont gouvernées par la coopération et le consensus. Dans ce contexte, et en tant qu'Australiens, nous considérons que c'est un privilège de travailler avec toutes les Parties au Traité.

Nous avons aujourd'hui l'occasion de considérer l'importance du Traité pendant les 50 dernières années et de célébrer ce que nous avons accompli collectivement ensemble pendant cette période -l'élargissement du nombre des États membres du Traité sur l'Antarctique, ainsi que l'élaboration du système du Traité sur l'Antarctique. Nous avons maintenant une famille de nations qui travaillent de façon coopérative au sein d'un système visant à assurer l'utilisation de la région à des fins pacifiques. L'Australie est fière d'avoir participé au développement des instruments du système du Traité et du rôle qu'elle a joué dans leur mise en œuvre. Il faut rappeler que 2011 marque aussi le 20e anniversaire de l'adoption du Protocole au Traité sur l'Antarctique relatif à la protection de l'environnement. Ceci fut une étape décisive dans l'évolution du système du Traité, et c'est le Protocole qui demande le plus gros de nos efforts lors des réunions. Les valeurs naturelles de la zone du Traité sur l'Antarctique, son rôle pivotal dans les processus atmosphériques et océanographiques globaux, et la contribution qu'il fait à la connaissance scientifique de notre planète donne une signification moderne à l'obligation du Traité qui demande de travailler conformément aux intérêts de l'humanité.

Il y a 50 ans, en 1961, l'Australie s'était réjouie d'accueillir la première réunion consultative du Traité sur l'Antarctique à Canberra. Lors de l'ouverture de la réunion, le chef de la délégation australienne a déclaré :

> *Nous voici prêts à partir pour un nouveau voyage d'exploration, une aventure vers les nouveaux territoires de la coopération internationale. Je suis sûr que cette expédition nous offrira autant de camaraderie que si nous partions pour l'Antarctique. Si notre chemin se heurte à des crevasses dues à des questions de procédures ou de fond, nous saurons les traverser, ou bien, s'il nous advient d'y tomber, nous réussirons à en sortir sans séquelles.*

Je peux affirmer en toute confiance que pendant ces cinq décennies nous n'avons croisé que peu de crevasses procédurales, et que les relations chaleureuses que nous avons eues ont fait fondre nos différends de fond. Après des débuts modestes, nous avons réussi ensemble à établir un système de gestion de l'Antarctique très efficace, et ceci grâce au consensus. Nous avons mis en place une façon de travailler ensemble remarquablement efficace qui persistera certainement, j'en suis sûr, au cours des prochaines 50 années de coopération sous les auspices du Traité de l'Antarctique.

C'est avec impatience que nous attendons de renouer notre collaboration avec toutes les Parties au Traité l'année prochaine, lors de la XXXVe réunion consultative du Traité sur l'Antarctique, que l'Australie accueillera à Hobart.

M. le Président, je vous remercie.

Déclaration de la Belgique

La Belgique, en tant que l'un des premiers États signataires du Traité sur l'Antarctique et Partie au Protocole sur l'environnement, souhaite réaffirmer son engagement à la coopération en Antarctique et à la protection de son environnement.

Depuis 1961, les dispositions qui s'appliquent à l'Antarctique ont évolué pour devenir le système du Traité sur l'Antarctique, qui inclut notamment la Convention sur la conservation de la faune et de la flore marines de l'Antarctique (CCAAMLR), entré en vigueur en 1982, suivi en 1998 par le Protocole au Traité sur l'Antarctique relatif à la protection de l'environnement.

Depuis lors, l'élément marin de l'écosystème antarctique a fait l'objet d'un nombre croissant d'études scientifiques, et a attiré l'attention de plusieurs secteurs industriels. Le krill, qui représente un élément essentiel de l'écosystème marin antarctique, et les ressources biologiques marines suscitent un intérêt croissant en vue de leur potentiel économique et commercial. Le sommet de Johannesburg a convenu de mettre en place un réseau représentatif mondial d'aires marines protégées d'ici 2012.

Nous avons d'un côté une région antarctique menacée par la prospection biologique marine, et des communautés de prédateurs qui font l'objet de pressions croissantes dues à l'exploitation commerciale du krill. De l'autre, il existe un processus qui a débuté en 2005 visant à mettre en place des aires marine protégées dans l'océan Austral; la première de ces aires fut désignée en 2010. La collaboration qui existe entre le Comité pour la protection de l'environnement du Traité sur l'Antarctique et la CCAMLR a commencé en 2009, en vue d'établir un réseau représentatif d'aires marines protégées.

La Belgique plaide fortement pour la mise en place d'un programme de surveillance étroite des principaux indicateurs des changements environnementaux de l'océan Austral, et pour la mise au point de mécanismes visant à préserver les caractéristiques essentielles du plus grand océan au monde.

Déclaration de Prof. Christo Pimpirev, Représentant de la Bulgarie

La République de Bulgarie a confirmé son engagement à contribuer au système du Traité sur l'Antarctique. Le Traité reconnaît l'Antarctique comme une région réservée exclusivement à des fins pacifiques, à la liberté de recherche scientifique, à l'échange d'informations et à la coopération internationale. Le Traité sur l'Antarctique « prouve au monde entier qu'il est possible à des nations de faire en commun un travail fructueux pour préserver, dans l'intérêt de l'humanité tout entière, une partie importante de notre planète ».

La Bulgarie commença ses activités polaires en Antarctique pendant l'été austral 1987-1988, lorsque six chercheurs bulgares participèrent à des projets menés conjointement avec le British Antarctic Survey et l'Institut russe de recherche sur l'Arctique et l'Antarctique. Entre 1993 et 2011, nous avons organisé 19 campagnes successives en Antarctique et établi une base d'été surnommée « St. Kliment Ohridski » sur l'île Livingston, îles Shetland du Sud.

La Bulgarie a adhéré au Traité sur l'Atlantique en 1978, ratifié le Protocole de Madrid sur la protection de l'environnement en 1998, et elle est devenue un membre consultatif du Traité cette même année.

La plupart des problèmes touchant l'Antarctique sont des problèmes à l'échelle mondiale, et les explorateurs polaires bulgares travaillent en étroite collaboration avec des chercheurs scientifiques du monde entier sur la protection de l'environnement antarctique et des écosystèmes associés dans le contexte du changement climatique global, en particulier dans la péninsule Antarctique.

Au cours des cinquante dernières années, le Traité sur l'Antarctique est devenu un système incluant la protection de l'environnement. Le Protocole de Madrid adopté en 1991 est essentiel pour maintenir l'harmonie internationale qui existe dans l'Antarctique. Le Protocole fait de l'Antarctique une réserve naturelle consacrée à la paix et à la science. Le 20e anniversaire de l'adoption du Protocole est l'occasion d'inviter toutes les Parties au Traité sur l'Antarctique qui ne sont pas Parties au Protocole de le ratifier dès que possible.

Cette année est une année importante pour la République de Bulgarie, car elle marquera la 20e expédition antarctique bulgare, ainsi que 80 ans de relations diplomatiques entre l'Argentine et la Bulgarie. Nous souhaitons présenter au gouvernement argentin et au Secrétariat du Traité sur l'Antarctique nos chaleureuses félicitations pour l'excellente organisation de cette réunion, et en particulier pour la cérémonie spectaculaire l'occasion du cinquantenaire de l'entrée en vigueur du Traité sur l'Antarctique.

Déclaration de S. E. l' Ambassadeur de Chine, M. Yin Hengmin

Vos Excellences,

Mesdames et Messieurs,

Cette année marque le cinquantenaire de l'entrée en vigueur du Traité sur l'Antarctique. C'est un grand honneur pour moi que d'être ici, entouré d'amis nouveaux et anciens, pour refléter sur notre histoire et réfléchir à notre avenir. Je voudrais tout d'abord féliciter chaleureusement le gouvernement argentin et le Secrétariat du Traité sur l'Antarctique d'avoir organisé cette cérémonie avec tant de gentillesse.

Au cours des cinquante dernières années, le Traité sur l'Antarctique a évolué pour devenir un système recouvrant la protection de l'environnement, la faune et la flore marine ainsi que d'autres éléments. La recherche scientifique est en plein essor en Antarctique. L'exploitation des ressources biologiques marines de l'Antarctique se fait sans problème. Le système du Traité sur l'Antarctique a accompli beaucoup de choses. À nos yeux, la coopération et la consultation jouent un rôle fondamental dans le succès du système du Traité sur l'Antarctique. C'est dans cet esprit de coopération et de consultation que le Traité sur l'Antarctique a pu être signé, que les revendications territoriales qui auraient pu être une source de tension en Antarctique ont été mises de côté, et que les principes de base ont été établis, à savoir que l'Antarctique ne peut être utilisé qu'à des fins pacifiques, que chaque pays a le droit de mener des recherches scientifiques en Antarctique, et que les décisions des Parties consultatives seront prises par consensus. Tous ces principes permettent une plus grande coopération en Antarctique. Cet esprit a été au cœur de l'évolution du système du Traité sur l'Antarctique, avec l'élargissement du nombre des Parties au Traité et une compréhension croissante entre les Parties au Traité et les autres Parties. Le Traité a contribué de façon importante à la paix et à la stabilité qui règnent dans la région antarctique, ainsi qu'à la protection de son environnement, et il fait figure d'exemple de coopération internationale.

La région antarctique doit maintenant faire face à des défis importants. Le changement climatique ainsi que d'autres problèmes de l'environnement à l'échelle mondiale ont des impacts de plus en plus importants sur la région. Le tourisme en Antarctique et la protection de l'environnement sont des problèmes qui vont mettre à l'épreuve les Parties consultatives au Traité sur l'Antarctique. La plupart des problèmes qui touchent l'Antarctique sont des phénomènes globaux. Un pays ne peut les résoudre à lui seul. Les pays concernés doivent s'unir pour affirmer le rôle fondamental que joue la recherche dans le but d'améliorer la coopération entre les chercheurs scientifiques et l'interaction entre chercheurs et décideurs. Il nous faut renforcer la coopération au sein des cadres du système du Traité sur l'Antarctique, de la Convention des Nations Unies sur le droit de la mer et des conventions maritimes internationales. Il nous faut faire preuve de sagesse politique et parvenir à des compromis pour le bénéfice des intérêts communs. La Chine continuera, comme toujours, à travailler de pair avec les chercheurs scientifiques et les décideurs du monde entier, et à contribuer à la paix et à la stabilité de la région antarctique ainsi qu'à son développement durable.

Déclaration de l'Equateur

La XXXIVe Réunion consultative tenue à Buenos Aires nous donne l'occasion de célébrer un évènement marquant : le cinquantième anniversaire de l'entrée en vigueur du Traité sur l'Antarctique. La délégation de l'Équateur souhaite féliciter chaleureusement tous les pays qui par les règlementations adoptées au travers le Système du Traité sur l'Antarctique se sont engagés vis-à-vis de la recherche scientifique et de la protection de ce merveilleux continent aux glaces permanentes.

Il revient à l'Équateur, pays situé au milieu du monde et à l'étonnante biodiversité, de prendre soin et de protéger par des politiques nationales responsables ses îles Galapagos, une des merveilles du monde. Forts de cette expérience, nous voyons l'Antarctique comme une région sensible dont il faut préserver et protéger les écosystèmes fragiles. En ce sens, l'Équateur a toujours veillé à ce que les activités conduites en Antarctique soient avalisées par des évaluations d'impact sur l'environnement qui garantissent non seulement la conservation de ces écosystèmes, mais aussi que les activités menées sur le continent blanc causent le moindre impact possible.

Dans le cadre de son engagement pour l'Antarctique, l'Équateur a conduit une évaluation d'impact sur l'environnement de la station scientifique Pedro Vicente Maldonado, en conformité à la règlementation stricte en vigueur dans notre pays. Sans l'ombre d'un doute, une fois que les recommandations de cette évaluation seront intégralement appliquées, les activités logistiques et de recherche menées par l'Équateur rempliront les objectifs de responsabilité, de protection et de conservation de l'environnement antarctique.

Depuis l'entrée en vigueur du Traité sur l'Antarctique, il y a cinquante ans, nous avons été témoins des efforts déployés par les États parties pour prendre soin de cette région de la planète, et notre pays, ami de la vie et de la nature, se joint à ces efforts en y apportant toutes ses compétences pour que l'Antarctique reste un havre de recherche, de paix et de protection de l'environnement.

Déclaration de la Fédération de Russie

M. le ministre,

Messieurs et Mesdames,

C'est dans l'une des plus belles villes de l'Amérique du Sud, la capitale de l'Argentine, que nous célébrons aujourd'hui le cinquantenaire de la signature du Traité sur l'Atlantique à Washington, le 1er décembre 1959.

Ce traité a été élaboré et adopté en pleine guerre froide, alors que les pays se regardaient avec méfiance et prudence. C'est au beau milieu de ces tensions qu'un instrument international exceptionnel a cependant été créé, qui nous a permis de trouver une solution à l'une des questions les plus difficiles et les plus importantes pour le développement de l'humanité.

Au cours des 50 dernières années, les efforts de la communauté antarctique ont réussi à transformer le Traité ; celui-ci consiste maintenant en un système juridique et organisationnel simplifié et élargi visant à appliquer des dispositions gouvernant les divers aspects pratiques des activités menées dans la région polaire australe.

La viabilité du système du Traité sur l'Antarctique repose sur l'intégrité de l'application de ses principes, mais aussi sur une souplesse suffisante pour pouvoir s'adapter aux nouveaux défis et menaces auxquels se confronte la communauté internationale : changements climatiques, augmentation du nombre de désastres naturels, problèmes liés à la mondialisation. L'efficacité du Traité peut se mesurer par le nombre de pays qui continuent à adhérer au Traité, leur nombre total étant maintenant quatre fois supérieur au nombre initial. Presque tous les pays qui occupent des positions dominantes dans les domaines politique, économique, scientifique et technique, et qui représentent tous les continents ainsi que plus de 65 % de la population mondiale, ont une présence en Antarctique par leur participation au travail, à la recherche et à la coopération pacifique dans le sixième continent.

Les activités menées pendant l'année polaire internationale 2007-2008 en témoignent, notamment lorsque les expéditions antarctiques nationales des Parties consultatives ont mis leurs efforts en commun, de même que leurs capacités scientifique, logistique et technique, en vue de réaliser des objectifs et des travaux ensemble. La Fédération de Russie a pris une part active dans ces activités, et maintient une étroite collaboration avec de nombreux États membres qui appuient le principe fondamental de la coopération internationale établi par le Traité sur l'Antarctique.

En tant qu'initiateur du Traité sur l'Antarctique, notre pays tient à maintenir et à renforcer le régime du Traité, à continuer la mise en œuvre de ses principaux objectifs, à maintenir la paix et la stabilité dans la région et à veiller à ce que l'Antarctique continue à être une réserve naturelle pour la recherche scientifique. Ceci a été et continue à être une priorité pour la politique de la Russie dans la région polaire australe.

Ces orientations sont déterminées par la stratégie de développement de l'Antarctique de la Fédération de Russie jusqu'en 2020, une nouvelle stratégie ayant aussi été adoptée par le gouvernement russe à la fin de 2010 visant un horizon encore plus lointain. Ce document définit les orientations politiques de notre pays par rapport au Traité sur l'Antarctique et aux dispositions législatives internationales qui lui sont associées. L'adoption de cette stratégie et sa mise en œuvre permettront un engagement plus important de la part de la Russie dans la recherche en Antarctique, la création de meilleures conditions pour les activités menées dans cette région, et une utilisation plus rationnelle des ressources matérielles disponibles. Ce document permettra aussi la création de fondations solides pour développer une coopération plus variée et mutuellement bénéfique entre la Fédération de Russie et tous les autres acteurs présents en Antarctique.

Il ne fait pour nous aucun doute que le Traité sur l'Antarctique continuera, en dépit des nouveaux problèmes auxquels la communauté internationale doit faire face, à être un excellent exemple sur la façon de trouver et de mettre en œuvre des solutions objectives permettant de concilier différents intérêts, objectifs et buts nationaux. Pendant les 50 dernières années, notre tâche a été de vérifier que les principes et les approches inspirant les divers instruments du Traité sur l'Antarctique et basés sur l'esprit de coopération puissent nous aider à trouver des solutions aux plus grands problèmes actuels, tout en étant mutuellement bénéfiques.

Je félicite tous les membres du Traité sur l'Antarctique à l'occasion de ce merveilleux anniversaire !

Déclaration de l'Inde

As the world celebrates 50th Anniversary of the Antarctic Treaty regime coming into force this day 50 years back, India as one of the consultative Party nations to the Antarctic Treaty, joins the world community in appreciating the visionary approach of the Treaty in visualizing the contribution of the icy continent and its associated ecosystem towards upholding the harmony among the nations and peaceful cooperation in the field of science for preservation, conservation and maintenance of the pristine environment and associated eco- system of the area. The Antarctic Treaty has withstood the test of the time and has become stronger with each passing year.

India reiterates its commitment to support the principles of Antarctic Treaty and the associated Protocols, such as the Protocol on the Environment protection to the Antarctic Treaty and its Annexes etc.

Déclaration de l'Ambassadeur d'Italie, Guido Walter La Tella

Je vous transmets tout d'abord les salutations de M. Franco Frattini, ministre des Affaires étrangères de l'Italie, qui ne peut être présent parmi nous aujourd'hui en raison d'engagements antérieurs.

L'Italie prend part aujourd'hui aux célébrations du cinquantenaire de l'entrée en vigueur du Traité sur l'Antarctique dans la fierté d'avoir œuvré dans l'intérêt de l'humanité afin de transmettre aux générations futures un précieux héritage.

Ce traité, et le système juridique qui en découle, est une des réussites de l'utilisation de l'Antarctique à des fins exclusivement pacifiques, notamment dans les domaines de la recherche scientifique et de la protection de l'environnement.

Au cours des années, l'esprit de coopération qu'incarne le Traité sur l'Antarctique a permis de privilégier l'intérêt général sur l'intérêt national de chaque État.

Guidée par ces principes, l'Italie a créé des liens de coopération avec les autres États membres du Traité, d'abord scientifiques, puis politiques, avant de devenir Partie consultative au Traité en 1987.

Dans le domaine de la coopération scientifique, l'Italie s'est distinguée non seulement par l'hospitalité et le soutien logistique qu'elle a fournis aux chercheurs étrangers à sa base « Mario Zucchelli » dans la Baie Terra Nova, mais aussi par l'établissement en 1995, conjointement avec la France, de la première base gérée par deux états, Concordia Dome C. Dans ce contexte, il ne faut pas oublier le projet EPICA, qui s'est terminé en 2003 et mérite un hommage tout particulier.

En 1989, l'Italie est aussi devenue partie à la <u>Convention sur la conservation de la faune et la flore marines de l'Antarctique</u>. Reconnaissant le caractère unique de l'ensemble de la région antarctique, l'Italie réaffirme aujourd'hui son engagement à maintenir la protection de l'environnement antarctique et des ressources du continent antarctique et des eaux qui l'entourent.

Dans le domaine de la coopération politique, l'Italie est déterminée à garantir la protection spéciale accordée à l'Antarctique. A cette fin, et conjointement avec d'autres États, elle a appuyé l'adoption du Protocole de Madrid qui désigne l'Antarctique comme « réserve naturelle, consacrée à la paix et à la science. »

Cette année nous célébrons également le 20e anniversaire de la signature du Protocole. Grâce aux principes fondamentaux sur lesquels il est fondé, le Protocole continue à être un instrument essentiel. L'Italie est donc convaincue que les États membres doivent participer au mieux possible, ce qu'elle essaye d'encourager.

En ce qui concerne le développement institutionnel du système du Traité sur l'Antarctique, l'Italie a joué une part active dans la création du Secrétariat du Traité sur l'Antarctique, puisqu'elle a présidé pendant deux ans au groupe de travail chargé d'élaborer la Charte du Secrétariat. Depuis le début de ses travaux il y a sept ans, le Secrétariat, établi ici-même à Buenos Aires, a acquis la reconnaissance de la communauté internationale et s'est vu félicité par toutes les Parties consultatives. Son rôle est d'une importance inestimable quant à l'organisation des réunions, l'échange des informations entre les parties, et surtout l'élaboration des documents juridiques soumis aux réunions. C'est grâce au Secrétariat que le système du Traité sur l'Antarctique a atteint le niveau de transparence que la communauté internationale exigeait depuis des dizaines d'années, ce qui a d'autre part investi le système international que nous avons d'une plus grande crédibilité et d'une meilleure efficacité face aux États tiers.

C'est dans cet esprit de coopération, et déterminée à protéger l'intérêt général avant de répondre aux besoins spécifiques des États, que l'Italie est déterminée à affronter tout nouveau défi politique ou juridique auquel le système du Traite sur l'Antarctique pourrait être confronté. Parmi les tâches à accomplir, et ceci le plus tôt possible, il nous faudra soumettre les activités de tourisme à une meilleure discipline et introduire un système réglementaire pour la bioprospection en Antarctique.

Le bilan de ce cinquantenaire est très positif, et nous sommes confiants que les succès scientifiques et diplomatiques du système du Traité sur l'Antarctique déjà obtenus seront confirmés et iront s'amplifiant dans les décennies à venir.

Ambassadeur Guido Walter La Tella

Ambassadeur d'Italie a Buenos Aires

Déclaration du Chef de la délégation du Japon

1. Introduction

C'est un grand plaisir pour moi que de participer à la célébration du cinquantenaire de l'entrée en vigueur du Traité sur l'Antarctique a Buenos Aires, le siege du Secrétariat du Traité sur l'Antarctique. J'aimerais adresser mes sincères remerciements au gouvernement de l'Argentine et au Secrétariat pour leurs efforts inlassables. Permettez-moi aussi de saisir cette occasion pour exprimer ma profonde reconnaissance, au nom du peuple japonais, pour tous les messages de soutien et d'encouragement venus du monde entier la suite du grand séisme de l'Est du Japon qui a dévasté mon pays au mois de mars.

2. Observations en Antarctique et utilisation de l'Antarctique à des fins pacifiques

L'Antarctique est un continent inconnu qui a attiré de nombreux explorateurs pendant près de deux siècles, notamment le lieutenant japonais Nobu Shirase. L'Antarctique a aussi fait l'objet d'un grand nombre d'observations, tel un laboratoire naturel peu soumis à l'influence des activités humaines.

Le Japon commença ses observations de l'ozone atmosphérique total en 1961. En 1982, au cours de ces observations régulières, un membre de la 23e expédition de recherche antarctique japonaise fit la découverte de l'appauvrissement de l'ozone stratosphérique, qu'on nommera par la suite le trou d'ozone. Nous continuons à observer la couche d'ozone, et les résultats que nous avons obtenus ont beaucoup contribué aux travaux de la communauté internationale dans le cadre du Protocole de Montréal relatif à des substances qui appauvrissent la couche d'ozone.

À la station Dome Fuji, les scientifiques recueillent des données sur les changements de température et les gaz à effet de serre produits durant les 720 000 dernières années. Il est clair que ces données nous aideront à mieux comprendre l'histoire de l'environnement de la planète, et qu'elles seront utiles dans des domaines tels que le changement climatique.

Les résultats obtenus par le Japon ont été possibles grâce aux principes fondamentaux du Traité sur l'Antarctique, nommément l'utilisation del'Antarctique « à des fins pacifiques » et la liberté de la recherche scientifique et la « coopération scientifique internationale ». Le Japon, qui fut l'un des premiers pays signataires du Traité en 1959, a depuis agi avec responsabilité en tant que Partie consultative. Le Japon s'engage à continuer à maintenir les principes fondamentaux du Traité, et à participer pleinement aux discussions sur l'Antarctique.

3. Inspections

Le Japon s'est acquitté de l'une de ses responsabilités en tant que Partie consultative en menant sa première inspection, en vertu des dispositions du Traité sur l'Antarctique et du Protocole au Traité sur la protection de l'environnement. L'inspection a eu lieu en janvier 2010 et a duré environ deux semaines ; six stations ont été inspectées. Cette inspection nous a demandé deux ans de préparations, durant lesquels les ministères et les experts impliqués ont discuté des procédures à suivre et des éventuelles conclusions.

Ces inspections nous ont montré que toutes les stations inspectées opèrent dans la conformité avec le principe enjoignant l'utilisation de l'Antarctique à des fins pacifiques, et s'efforcent de promouvoir la recherche scientifique et la coopération internationale en dépit de contraintes physiques aussi bien que budgétaires, tout en veillant à réduire leur impact sur l'environnement de l'Antarctique. Ces inspections ont été une excellente occasion pour le Japon d'apprendre à connaître comment les autres stations fonctionnent, notamment celles qui utilisent les énergies renouvelables grâce à des technologies sophistiquées.

Le système d'inspection deviendra plus important au fur et à mesure que les activités humaines en Antarctique augmentent. Le Japon espère que ce système aidera à assurer une meilleure conformité au Traité sur l'Antarctique et au Protocole sur l'environnement, tout en renforçant la coopération internationale en Antarctique.

4. Le tourisme en Antarctique

Lorsque nous essayons de trouver une solution pour réduire la pression qu'exercent les activités humaines sur l'environnement antarctique, il nous faut examiner le tourisme en Antarctique. Il y vient plus de 30 000 touristes par an, souvent à bord de grands bateaux de croisière. Certes le tourisme en Antarctique peut être une activité pouvant servir à l'éducation et à la sensibilisation envers l'environnement, mais les activités de tourisme doivent faire preuve de responsabilité afin de ne pas compromettre la valeur de l'Antarctique en tant que lieu de recherche scientifique ou de ne pas avoir d'impact néfaste sur l'environnement Antarctique.

Le Japon a encouragé la protection de l'environnement antarctique par la promulgation d'une loi relative à la protection de l'environnement en Antarctique, conformément aux dispositions du Protocole. Le Japon continuera à participer pleinement aux discussions concernant les actions qui s'avéreront nécessaires dans le domaine du tourisme en Antarctique.

5. Conclusion

L'Antarctique se situe loin des autres pays habités. C'est cet aspect unique de l'Antarctique qui nous permet d'observer l'impact sur l'environnement dû essentiellement aux activités humaines. L'Antarctique est en sorte un miroir reflétant l'état de santé de notre planète.

C'est à nous qu'il incombe de protéger ce lieu spécial. A l'occasion du cinquantenaire de l'entrée en vigueur du Traité sur l'Antarctique, le Japon tient à réaffirmer sa détermination de continuer à encourager la recherche scientifique et les observations et de protéger l'environnement antarctique, en accord avec les principes contenus dans ce Traité historique.

Je vous remercie beaucoup.

Déclaration du Pérou

Monsieur le Président,

En cette XXXIVe Réunion consultative du Traité sur l'Antarctique, la délégation du Pérou a l'immense plaisir de participer aux actes de commémoration du Traité sur l'Antarctique, entré en vigueur il y a précisément cinquante ans.

Monsieur le Président,

La délégation du Pérou estime que cette commémoration donnera aux Parties consultatives l'occasion de réitérer leur engagement vis-à-vis des buts et objectifs du Traité sur l'Antarctique. Elle nous invite aussi à redoubler d'efforts pour que cette Réunion consultative porte ses fruits et permette de renforcer le système instauré par le Traité sur l'Antarctique. La vocation du Pérou pour l'Antarctique est sincère et inébranlable. En effet, le territoire péruvien a des côtes qui font face à la région antarctique. En outre, notre pays est sous l'influence du système polaire austral et cette influence se traduit par des facteurs clés tels que, entre autres, les conditions climatiques, les courants marins et notamment le courant de Humboldt, les espèces hydrobiologiques que développent les pêcheries et dont la chaîne biologique nait précisément dans les mers australes. Ces facteurs soulignent le sens et l'importance que revêt la région antarctique, non seulement à l'échelon planétaire, mais aussi et tout particulièrement pour les pays de l'hémisphère Sud. À l'heure où nous célébrons le cinquantième anniversaire de l'entrée en vigueur du Traité sur l'Antarctique, nous devons réfléchir à ce que nous avons accompli jusqu'à présent et ce que nous envisageons de faire à l'avenir par notre présence dans cette région clé de la planète. Le Traité sur l'Antarctique a donné aux Parties consultatives la tâche aussi importante que délicate de diriger la gestion internationale de la région antarctique. Par conséquent, en tant que Parties consultatives au Traité, il nous incombe d'honorer ce devoir.

Le Pérou est d'avis que dans notre vision de la région antarctique, nous devons garder un aspect fondamental à l'esprit : l'Antarctique doit rester une région de paix et d'harmonie, où la coopération internationale sera toujours l'instrument prioritaire pour orienter nos actions communes dans la région. La coopération, et notamment les actions concertées visant la protection de l'environnement antarctique, est aujourd'hui plus que jamais un de nos objectifs principaux en tant que membres du système antarctique. La protection de l'Antarctique permettra de léguer aux générations futures une planète plus sûre, digne de notre confiance et agréable à vivre pour l'ensemble de la population. Notre planète est notre toit commun, le seul où peut s'abriter la civilisation humaine. Conserver l'Antarctique, c'est conserver l'avenir de notre planète et la présence de l'homme dans l'univers.

Monsieur le Président,

La délégation du Pérou se réjouit de partager avec toutes les délégations participant à cette réunion à Buenos Aires le privilège d'être témoin – et de pouvoir témoigner –, par cette cérémonie de commémoration, d'un évènement qui a marqué l'histoire il y a cinquante ans : l'entrée en vigueur du Traité sur l'Antarctique. Le Traité sur l'Antarctique est devenu l'instrument international le mieux à même de garantir que la région antarctique soit uniquement exploitée à des fins pacifiques, et qu'elle ne soit jamais le théâtre ou l'objet de différends internationaux. La délégation du Pérou profite de cette occasion pour renouveler son engagement vis-à-vis des buts et objectifs du Traité sur l'Antarctique.

Merci beaucoup.

Déclaration de M. Andrzej Misztal, Représentant de la Pologne

M. le Président,

Messieurs et Mesdames,

J'aimerais tout d'abord d'exprimer le plaisir et la satisfaction que j'ai de représenter le Ministre des affaires étrangères de la République de Pologne lors de cet événement historique très spécial. M. le Ministre Sikorski n'étant pas en mesure de participer à cette réunion, permettez-moi de lire la lettre personnelle qu'il a envoyée à l'hôte de cette réunion, S.E.M. Hector Timerman :

M. le ministre,

J'ai le plaisir de vous écrire pour vous remercier de votre invitation du 9 février 2011 à prendre part à la commémoration du cinquantenaire de l'entrée en vigueur du Traité sur l'Antarctique, signé à Washington le 1er décembre 1959, qui aura lieu dans le cadre de la XXXIVe réunion consultative des États membres de ce Traité. Il ne me sera malheureusement pas possible d'assister personnellement à cet important événement en raison d'engagements antérieurs.

L'importance du rôle que joue le Traité sur l'Antarctique dans le droit international moderne est incontournable, voire même historique. Depuis son entrée en vigueur, le Traité a subi une évolution considérable, avec le développement d'un système d'instruments législatifs, pour devenir un régime régional unique en son genre constamment amélioré et enrichi, le système du Traité sur l'Antarctique.

Lorsque que la Pologne est devenue la première Partie consultative non-signataire du Traité en 1977, c'était là un signe clair de l'importance du Traité sur l'Antarctique pour la Pologne. L'utilisation de l'Antarctique à des fins pacifiques et l'interdiction d'essais d'armes de toutes sortes sont des aspects très important pour la Pologne, de même que la liberté de recherche scientifique dans tout le territoire. La base permanente polonaise, la station de recherche Henryk Arctowski située sur l'île du Roi George, a commencé à être opérationnel en Antarctique occidental il y a maintenant plus de 30 ans.

Je n'ai aucun doute que les célébrations du 23 juin 1011 et l'adoption d'une déclaration par les Parties présentes à la réunion seront très importantes pour le dialogue global sur l'Antarctique, et poursuivront l'élan imprimé par l'année polaire internationale.

Permettez-moi aussi de vous informer que des consultations légales entre nos ministres auront lieu dans le courant de la visite de la délégation polonaise, et ceci pour la première fois de l'histoire des relations diplomatiques entre la Pologne et l'Argentine.

Je vous envoie mes meilleurs vœux pour cette occasion.

Je vous remercie.

Déclaration de S. E. l'Ambassadeur du Royaume-Uni

Ministres, Ambassadeurs, chers collègues et chefs de délégation,

Le Royaume-Uni souhaite se joindre à tous ceux qui ont remercié le gouvernement de l'Argentine d'avoir organisé cet anniversaire. Il semble tout à fait approprié que nous voulions célébrer les succès du Traité sur l'Antarctique durant les cinquante dernières années, et que nous cherchions à mieux faire connaître le travail accompli par l'entremise du système du Traité sur l'Antarctique à un public plus large.

Le Royaume-Uni souhaite aussi confirmer son engagement continu et inconditionnel au système du Traité sur l'Antarctique. Nous espérons que le cadre établi par le Traité permettra de renforcer la collaboration entre tous les Gouvernements afin qu'ils puissent faire face aux défis actuels et inévitables qui se présentent en Antarctique.

Le Traité sur l'Antarctique est incontestablement l'un des meilleurs instruments internationaux du XXe siècle, et témoigne de ce que peut engendrer la coopération internationale. Nous célébrons aussi cette année le 20e anniversaire de la signature du Protocole au Traité sur l'Antarctique relatif à la protection de l'environnement. La protection que l'ensemble de ces instruments continue à pourvoir à un environnement parmi les plus uniques et vulnérables au monde est d'autant plus importante que nous faisons face à des changements environnementaux rapides qui se font déjà ressentir dans une grande partie du continent et dans l'océan Austral qui l'entoure. Nous devons veiller à ce que nos efforts collectifs continuent à garantir et à améliorer la protection intégrale et permanente de l'Antarctique.

Le Traité sur l'Antarctique offre un cadre durable favorisant la collaboration scientifique internationale et, alors même que les résultats provenant des programmes de recherche menés à l'occasion de l'Année polaire internationale 2007-2008 continuent à voir le jour, nous voici prêts à réfléchir aux connaissances sur l'Antarctique que nous avons acquises, mais aussi à nous émerveiller sur l'ampleur de ce qui nous reste à découvrir. En accord avec les engagements de la Déclaration d'Édimbourg en 2006, nous espérons que la préservation de l'héritage de l'Année polaire internationale favorisera une plus grande collaboration scientifique durant les prochaines décennies.

Cette année est particulièrement importante pour le Royaume-Uni, puisqu'elle marque le centenaire des expéditions au pôle Sud menées par le Capitaine Robert Falcon Scott et par son homologue norvégien Roald Amundsen. Les premiers pionniers scientifiques de l'expédition du Capitaine Scott ont laissé un héritage scientifique qui continue à inspirer les chercheurs britanniques de nos jours. En préservant le continent à des fins pacifiques et scientifiques, le Traité sur l'Antarctique se fait porteur de l'héritage qu'ont laissé ces premiers chercheurs. C'est eux qui ont les premiers reconnu l'importance de l'Antarctique : il est un laboratoire exceptionnel, mais joue aussi un rôle unique dans les changements climatiques et environnementaux futurs au niveau de la planète. Depuis ces premières explorations jusqu'à la découverte du trou d'ozone et à la proposition d'exploration du lac sous-glaciaire Ellsworth, nos chercheurs scientifiques considèrent toujours l'Antarctique comme un immense laboratoire mondial qui a le potentiel de nous aider à dévoiler les secrets de notre planète.

Les changements climatiques, en particulier ceux qui se produisent dans la péninsule antarctique, risquent cependant d'exposer l'environnement antarctique à de nouvelles menaces, soit par des migrations naturelles de la faune et de la flore provenant de latitudes plus basses ou par sa plus grande accessibilité aux humains. Les Parties au Traité sur l'Antarctique doivent continuer à travailler ensemble pour veiller à ce que ceux qui ont la chance de pouvoir se rendre dans cette région, à quelque titre que ce soit, puissent le faire en toute sécurité et de manière à respecter l'environnement. Nous devons redoubler nos efforts pour veiller à ce que le cadre réglementaire et gestionnaire des activités menées en Antarctique réduise toute pression humaine supplémentaire qui n'est pas nécessaire dans cet environnement fragile qui commence déjà à changer.

Au nom du Royaume-Uni, permettez-moi une fois de plus de remercier le gouvernement argentin d'avoir accueilli la réunion consultative du Traité sur l'Antarctique. Cette réunion, qui nous donne à nouveau l'occasion de réfléchir aux efforts scientifiques et diplomatiques de tous ceux qui ont contribué au système du

Traité sur l'Antarctique au cours des cinquante dernières années, nous rappelle une fois de plus ce qui a été accompli et combien la poursuite de ce travail est essentiel pour la planète.

Déclaration de S. E. l'Ambassadeur de l'Afrique du Sud, M. Tony Leon

Ministres, Monsieur le président, délégués et chers invités,

Au nom du gouvernement de l'Afrique du Sud et de la délégation sud-africaine présente à cette importante occasion, permettez-moi de remercier le gouvernement de l'Argentine d'avoir organisé cet événement marquant la commémoration du cinquantenaire de la mise en place du Traité sur l'Antarctique en 1959. En tant que l'un des 12 premiers États signataires de cet accord historique, cet événement est particulièrement important pour l'Afrique du Sud.

Le Traité sur l'Antarctique est tout à fait remarquable. Si vous imaginez toutes les choses sur lesquelles le monde et les 12 pays fondateurs du Traité se trompaient à l'époque en 1959 (et j'inclus mon pays, l'Afrique du Sud), ce Traité, par son efficacité, sa souplesse, sa persistance et sa qualité visionnaire, représentait alors l'un des succès de la communauté internationale, ou du moins de certains de ses États membres : il réussit à soustraire l'Antarctique à la course aux armements et à le protéger contre les revendications territoriales. Avec l'addition en 1991 du Protocole relatif à la protection de l'environnement de Madrid, le Traité a souligné le rôle central que joue l'écosystème vierge de l'Antarctique dans le climat de la planète. L'objectif du Traité d'assurer une gérance responsable du continent antarctique allait s'avérer primordial dans la bataille contre l'ennemi auquel on n'avait pas encore donné le nom de changement climatique.

Le Traité sur l'Antarctique est un instrument précieux pour une coopération internationale fondée sur la science. Mais le Traité a aussi permis au continent antarctique, qui est encore inhabité, d'éviter d'être exploité aux mains des autres continents. Les dispositions du Traité ont en outre permis à l'Antarctique de devenir le lieu de travail de personnes de races, cultures et nationalités différentes venues du monde entier pour s'unir et travailler ensemble, dans l'harmonie, afin de faire face et d'atténuer les effets du changement climatique.

En tant qu'État signataire, l'Afrique du Sud, ayant fait preuve d'un engagement continu et d'une gérance responsable de l'Antarctique, se réjouit de poursuivre sa coopération internationale avec les Parties au Traité, et de partager les connaissances et les données scientifiques pour le bénéfice des générations actuelles, et pour la survie de l'humanité.

L'Afrique du Sud est toujours le seul État africain étant Partie au Traité sur l'Antarctique. Et pourtant, ironiquement, nous savons que les changements climatiques globaux auront peut-être un impact disproportionné sur l'Afrique plus que sur aucun autre continent. Il est donc approprié que dans le courant de l'année où nous commémorons le cinquantenaire du Traité mon pays accueille en novembre et décembre la 17e conférence des Parties de la Convention des Nations Unies sur la lutte contre la désertification (Conférence des Nations Unies sur le Changement Climatique) à Durban. Le Ministre des relations internationales et de la coopération de l'Afrique du Sud souhaite sincèrement que le monde puisse s'unir au cours de cette réunion afin de faire face aux défis que pose les changements globaux, avec une sagesse et un courage pareils à ceux dont avaient fait preuve les Parties au Traité il y a de cela 52 ans afin de protéger l'Antarctique.

Nous souhaitons aussi exprimer notre gratitude envers le Gouvernement argentin pour avoir accueilli la XXXIVe RCTA, qu'elle a parfaitement organisée. Notre délégation attend avec intérêt à participer à des débats fructueux donnant lieu à des résultats positifs au cours des deux semaines à venir.

Déclaration de S. E. l'Ambassadeur de Suède, Mme Charlotte Wrangberg

Monsieur le Président, chers délégués,

C'est un honneur pour moi que de représenter le Ministre des affaires étrangères de la Suède, M. Carl Bildt, lors de cette importante réunion de la XXXIVe RCTA où nous célébrons le cinquantenaire de l'entrée en vigueur du Traité sur l'Antarctique

Le Traité sur l'Antarctique et les autres éléments du système du Traité sur l'Antarctique forment un cadre législatif et institutionnel unique pour la gestion des activités humaines menées sur le continent antarctique et dans l'océan Austral.

La Suède est fière de faire partie des 28 Parties consultatives au Traité sur l'Antarctique. C'est à elles qu'il revient, collectivement et individuellement, de maintenir la force du système du Traité sur l'Antarctique. Nous devons continuellement le renforcer et l'adapter face aux nouveaux défis qui se présentent, comme par exemple celui de la prospection biologique.

Nous devons aussi veiller à ce que tous les éléments du système du Traité sur l'Antarctique soient appliqués de façon efficace et dans leur intégralité par l'entremise de réglementations nationales adéquates.

Le Protocole sur l'environnement assure la pérennité de la protection de l'environnement antarctique. La Convention sur la conservation de la faune et la flore marines de l'Antarctique (CCAMLR) fait intégralement partie du système du Traité sur l'Antarctique. Le CPE et la CCAMLR ont besoin de mieux coordonner leurs travaux afin d'assurer la protection efficace de l'environnement antarctique et des écosystèmes dépendants et associés.

Les chercheurs suédois mènent des recherches scientifiques avancées et participent aux efforts de surveillance en étroite collaboration avec des chercheurs d'autres pays. L'année polaire internationale 2007-2008 a donné une grande impulsion à la collaboration scientifique internationale sur les questions polaires. Son héritage suscite maintenant de nouveaux progrès scientifiques, ainsi que des nouveaux formats de collaboration en Antarctique. L'année polaire internationale a par-dessus tout fait ressortir que les observations et la surveillance à long terme dans toute la région du Traité sur l'Antarctique nécessitent des efforts concertés.

Les données provenant de la recherche scientifique et de la surveillance seront librement disponibles et aisément accessibles. Le système d'information électronique de la RCTA est un outil utile, et son expansion pourrait faciliter la diffusion des données et d'autres informations pertinentes.

Le changement climatique global présente de nouveaux défis à l'Antarctique et aux activités humaines qui y prennent place. Tous les organismes vivants de l'Antarctique risquent d'être affectés par les effets du changement climatique. Il semble que les écosystèmes marins soient particulièrement vulnérables. On ne connaît pas encore suffisamment les effets de l'acidification des océans et du réchauffement des eaux dans l'océan Austral.

Il est vital que nous essayions de réduire l'empreinte totale de toutes les activités humaines en Antarctique - recherche scientifique, tourisme et pêche.

La sûreté et la sécurité des opérations en Antarctique devraient aussi être réexaminées au vu du changement climatique.

Toutes nos décisions gestionnaires doivent être éclairées par l'approche de précaution. Ceci est particulièrement urgent et critique en ce qui concerne la pêche et les activités liées à la pêche.

Je vous remercie de votre attention.

Déclaration de S. E. l'Ambassadeur de l' Ukraine, M. Oleksandr Taranenko

Monsieur le Président,

Honorables Chefs de délégation,

Messieurs et Mesdames,

Au nom de l'Ukraine, je voudrais remercier le gouvernement de l'Argentine pour son accueil chaleureux et sa parfaite organisation de la XXXIVe Réunion consultative du Traité sur l'Antarctique, l'année même du cinquantenaire de l'entrée en vigueur du Traité sur l'Antarctique et trente ans après la précédente réunion tenue à Buenos Aires.

Cette coïncidence symbolique se produit non seulement à l'âge moderne de l'Argentine, mais également à celui de l'Ukraine, qui célèbre le vingtième anniversaire de son indépendance cette année. Ce n'est qu'après cette indépendance obtenue il y a 15 ans, le 6 février 1996, que mon pays a pu planter son drapeau sur le sol de l'Antarctique, s'impliquer dans les efforts de la communauté internationale visant l'utilisation de l'Antarctique à des fins exclusivement pacifiques, et apporter sa propre contribution à la connaissance scientifique en participant à une collaboration internationale pour la recherche scientifique en Antarctique. La participation active de l'Ukraine au système du Traité sur l'Antarctique a pu être mise en évidence lorsqu'elle a accueilli dans sa capitale la XXXIe Réunion consultative du Traité sur l'Antarctique en 2008, et ce quatre ans après avoir accédé au statut de Partie consultative.

Il me faut aussi rappeler un autre fait important. Le premier Ukrainien à poser pied en Antarctique avait fait partie de l'expédition de Robert Scott au pôle Sud en 1911-1912. La communauté antarctique s'apprête à célébrer le centenaire de cet événement remarquable dans le contexte de la recherche antarctique. Pendant longtemps, l'Ukraine avait activement participé à des programmes de recherche à grande échelle en prenant part aux expéditions antarctiques soviétiques. A l'aide de motoneiges à remorque, il y eut une série d'expéditions transcontinentales couronnées de succès au cœur de l'Antarctique entre 1957 et 1967, y compris au pôle Sud et au pôle de l'Inaccessibilité

L'Ukraine a rejoint le Traité sur l'Antarctique en 1992, et la première expédition ukrainienne antarctique commença à travailler à la station de recherche britannique Faraday en 1995. Des négociations entre les gouvernements britannique et ukrainien aboutirent au transfert de la station Faraday à l'Ukraine ; elle fut renommée en l'honneur de l'académicien Volodymyr Vernadsky, premier président de l'académie des sciences de l'Ukraine, et penseur qui développa les concepts de biosphère et noosphère de la Terre.

La station de recherche Vernadsky est un observatoire géophysique unique, qui bénéficie de données météorologiques continues de la péninsule antarctique. C'est précisément à cette station que le trou d'ozone fut découvert dans les années 80, donnant lieu à des recherches sur ce phénomène. Il existe depuis un réseau de points d'échantillonnage autour de la base qui fournit des données sur les changements environnementaux. C'est ainsi que le passé scientifique de cette base lui ouvre des perspectives exceptionnelles.

A l'heure actuelle, il n'existe aucun problème scientifique d'ordre global que l'on puisse résoudre sans une connaissance des phénomènes ou des processus à une échelle équivalente à celle de l'Antarctique. Les changements climatiques observés, et les risques qui y sont liés ainsi qu'une augmentation rapide des catastrophes imprévues, sont des exemples de problèmes que l'on pourrait mieux comprendre grâce à des projets de recherche cohérents. Ce genre de recherche multidisciplinaire nécessaire dans la région polaire du sud exige aussi une collaboration permanente entre les programmes antarctiques nationaux et les autorités compétentes.

En novembre 2010, le gouvernement ukrainien a adopté un programme de recherche antarctique national recouvrant la période 2011-2020. Les objectifs principaux de ce programme sont de poursuivre la recherche fondamentale et appliquée en Antarctique, de procéder à une évaluation scientifique du potentiel biologique et minéral de la région, d'entretenir efficacement la station Vernadsky, qui accueille la 16e expédition antarctique ukrainienne, et de remplir les engagements internationaux de l'Ukraine en accord avec le Traité sur l'Antarctique. L'Ukraine a donc défini ses priorités dans la région pour la prochaine décennie.

L'un des sujets qui sera discuté lors de la réunion consultative sera l'application de l'annexe VI au Protocole au Traité sur l'Antarctique relatif à la protection de l'environnement. Dans ce contexte, j'aimerais souligner que l'Ukraine a la ferme intention de ratifier ce document par l'adoption d'une loi ukrainienne sur les activités antarctiques, qui est actuellement en cours d'examen.

Permettez-moi aussi de signaler, à l'occasion du vingtième anniversaire de la signature du Protocole au Traité sur l'Antarctique relatif à la protection de l'environnement (ou Protocole de Madrid), que l'Ukraine soutient la proposition faite conjointement par les gouvernements australien, français et espagnol visant à encourager l'accession au Protocole des Parties qui ne l'ont pas encore fait. Nous sommes d'avis que cela permettra d'adopter une diplomatie multilatérale plus efficace, traditionnellement la voie pour établir une collaboration internationale dans les domaines de la recherche scientifique et de la protection de l'environnement, qui sont autant de moyens et d'outils servant à consolider la paix.

Enfin, la délégation soutient la Déclaration sur la coopération antarctique dans la mesure où elle honore les obligations liées au Traité sur l'Antarctique qui ont évolué depuis son entrée en vigueur.

Pour conclure, je voudrais à nouveau remercier notre pays hôte, ainsi que le Secrétariat, et exprimer tous nos espoirs pour une collaboration fructueuse et mutuellement bénéfique.

Je vous remercie!

2. Remarques de Clôture du Président de la XXXIVe RCTA

Remarques de clôture de S. E. l'Ambassadeur Ariel Mansi, Président de la XXXIVe RCTA

Mesdames et Messieurs les délégués : nous voici à la fin de la XXXIVe Réunion consultative du Traité sur l'Antarctique, que j'ai eu l'honneur de présider. Cette réunion nous a permis d'accomplir des progrès en ce qui concerne l'adoption de dispositions visant à assurer une meilleure gestion et protection de l'Antarctique. Parmi les étapes les plus marquantes, je voudrais souligner la Déclaration de Buenos Aires sur la coopération antarctique à l'occasion du cinquantenaire de l'entrée en vigueur du Traité sur l'Antarctique, qui a été adoptée le 23 juin. Je ne peux clore cette réunion sans mentionner les précieuses contributions que l'ambassadeur Juan Carlos Beltramino a apportées aux projets qui serviront de base aux négociations sur le texte de la Déclaration. Il a assisté à notre séance d'ouverture et avait aussi fait partie des délégués présents à la conférence de Washington, au cours de laquelle fut signé le Traité sur l'Antarctique en 1959. C'est avec regret que nous avons dû constater l'absence, et ce pour des raisons personnelles, d'un de nos très chers collègues et expert renommé sur l'Antarctique, le Dr Roberto Puceiro Ripoll, qui avait présidé la réunion consultative de Punta del Este l'an dernier.

Le travail du Comité pour la protection de l'environnement a été tout à fait productif, et il me revient de féliciter M. Yves Frenot de l'efficacité dont il a fait preuve en tant que président, et des résultats accomplis par le Comité sous sa présidence. Une part importante des recommandations émanant de la présente réunion provient du travail effectué par le Comité. On compte parmi les questions importantes examinées par le CPE l'évaluation globale d'impact sur l'environnement de l'exploration proposée du lac sous-glaciaire Ellsworth, ainsi que celle de la construction de la nouvelle station de recherche coréenne Jang Bogo. Dix plans de gestion de zones spécialement protégées de l'Antarctique ont été révisés et un nouveau monument historique a été désigné. Des nouvelles lignes directrices pour les visites de site ont été adoptées pour certains sites, tandis que d'autres ont été révisées. Le CPE continue d'autre part à réaliser des progrès dans ses efforts visant à réduire l'introduction d'espèces non indigènes en Antarctique.

Je tiens aussi à féliciter et à exprimer mes remerciements à M. Jose Retamales, président du groupe de travail sur les questions opérationnelles, à l'ambassadeur Don McKay, président du groupe de travail sur le tourisme et les activités non gouvernementales, et à l'ambassadeur Richard Rowe, qui a présidé le groupe de travail sur les questions juridiques et institutionnelles.

Les inspections effectuées par le Japon et l'Australie ont révélé les efforts mis en œuvre par les Parties concernées pour devenir conformes aux dispositions du Traité et du Protocole. Nous avons aussi commencé à examiner les risques que posent les tsunamis. C'est une question qui soulève d'importantes inquiétudes en ce qui concerne les stations côtières de l'Antarctique, et la réunion m'a chargé de demander à l'Organisation hydrographique internationale de présenter un dossier sur le rôle de la cartographie bathymétrique dans la prévision des tsunamis à la prochaine RCTA.

Dans le domaine des activités de tourisme et des activités non gouvernementales, les trois thèmes principaux discutés concernaient les questions stratégiques sur le tourisme en Antarctique, qui firent l'objet d'un débat important, les questions liées aux mécanismes de surveillance du tourisme, et certains aspects des opérations de bateaux de plaisance et de voiliers en Antarctique. Nous avons aussi réfléchi aux moyens qui pourraient empêcher les entrées non autorisées dans l'Antarctique, en incluant dans cette réflexion les problèmes liés à l'identification des visiteurs qui pénètrent sans les permis requis ainsi que certaines questions que peuvent soulever les poursuites judiciaires menées à la suite d'activités illégales. Il a d'autre part été décidé d'examiner les dispositions législatives en place concernant la réglementation du tourisme, afin d'évaluer à la prochaine réunion la nécessité d'introduire des mesures supplémentaires. La Réunion a continué à mettre l'accent sur le besoin d'une meilleure collaboration par un partage des informations et des technologies plus proactif afin que la gestion soit des meilleures à l'avenir.

Nous avons fini d'examiner le statut des recommandations de la RCTA sur les sites et monuments et sur les zones protégées, ainsi que sur les questions environnementales autres que la protection et la gestion des zones, en adoptant une décision indiquant les mesures maintenant caduques et en demandant au Secrétariat qu'il prenne en charge le travail en cours concernant les recommandations sur les questions opérationnelles.

Nous avons également adopté les règlements intérieurs révisés de la RCTA et du CPE, ainsi que les procédures relatives à la soumission, la traduction et la distribution des documents. Nous avons intégré à ces règlements des dispositions concernant le traitement des demandes d'information sur les activités de la RCTA provenant d'organisations internationales. Afin de renforcer le Protocole de Madrid, un appel a été lancé aux Parties du Traité sur l'Antarctique qui ne sont pas encore Parties au Protocole de le devenir, et l'Australie, l'Espagne et la France collaboreront avec les autres Parties consultatives afin de faciliter cette démarche.

La Réunion a adopté les propositions du Secrétariat pour l'exercice 2011-2012 ainsi que les prévisions budgétaires pour la période 2012-2013. Nous avons initié une réflexion sur les moyens qui nous permettraient de travailler plus efficacement ; elle s'est conclue par un débat sur les plans de travail stratégiques pluriannuels et sur un écourtement des futures réunions, qui ne devrait s'effectuer qu'à condition de retenir les éléments essentiels nécessaires à leur succès. C'est dans cette perspective qu'a été adopté un plan de travail pour une réunion sur huit jours à Hobart.

Je souhaite remercier le Président du SCAR pour sa contribution à nos travaux, et pour son excellente présentation aux délégués mercredi dernier; je souhaite aussi remercier le COMNAP et la CCAMLR pour leurs importantes contributions.

De la part de tous les membres de la réunion, je tiens à remercier M. Manfred Reinke et son équipe au Secrétariat du Traité sur l'Antarctique pour l'efficacité de leur travail, ainsi que les rapporteurs, les interprètes et les traducteurs. Je suis infiniment reconnaissant à tous les membres du Secrétariat du pays hôte ; cette réunion n'aurait pas pu se dérouler convenablement sans les efforts inlassables qu'ils ont fournis pendant les derniers mois.

Finalement, je remercie toutes les délégations pour une participation positive, ce qui nous a permis de produire des résultats satisfaisants dans un véritable esprit de collaboration.
C'est au tour de l'Australie d'accueillir la XXXVe RCTA l'année prochaine, et nous souhaitons le meilleur des succès aux organisateurs. Suivant presque les traces de l'expédition norvégienne d'Amundsen qui partit de Buenos Aires pour l'Australie, allant vers les plus basses latitudes avant d'atteindre le pôle Sud en décembre 1911, les réunions consultatives se fondent sur une collaboration qui transparaît dans tous les aspects de l'Antarctique tout comme dans nos réunions.

En n'ayant plus rien d'autre à ajouter, et dans l'attente de vous revoir à Hobart en juin 2012, il ne nous reste qu'à conclure et à clôturer cette XXXIVe réunion consultative du Traité sur l'Antarctique.

La réunion est donc close.

Je souhaite à tous et a toutes un bon retour dans vos pays respectifs.

3. Rapports des gouvernements dépositaires et des observateurs

Rapport du Gouvernement dépositaire du Traité sur l'Antarctique et de son Protocole au titre de la Recommandation XIII-2

Document d'information présenté par les États-Unis

Le présent rapport couvre les évènements liés au Traité sur l'Antarctique et à son Protocole relatif à la protection de l'environnement.

Au cours de l'année écoulée, aucune adhésion n'a été enregistrée pour le Traité sur l'Antarctique ni pour son Protocole relatif à la protection de l'environnement. Il y a quarante-huit (48) Parties au Traité et trente-quatre (34) Parties au Protocole.

Les pays suivants ont fourni une notification afin d'informer qu'ils avaient nommé comme arbitres les personnes indiquées ci-après, conformément à l'article 2 (1) de l'appendice du Protocole relatif à la protection de l'environnement :

Bulgarie	Mme Guenka Beleva	30 juillet 2004
Chili	Ambassadeur María Teresa Infante	Juin 2005
	Ambassadeur Jorge Berguño	Juin 2005
	Dr Francisco Orrego	Juin 2005
Finlande	Ambassadeur Holger Bertil Rotkirch	14 juin 2006
Inde	Professeur Upendra Baxi	6 octobre 2004
	M. Ajai Saxena	6 octobre 2004
	Dr N. Khare	6 octobre 2004
Japon	Juge Shunji Yanai	18 juillet 2008
République de Corée	Professeur Park Ki Gab	21 octobre 2008
États-Unis	Professeur Daniel Bodansky	1er mai 2008
	M. David Colson	1er mai 2008

La liste des Parties au Traité et au Protocole et des Recommandations et Mesures, et leur adoption, accompagne le présent document.

Date de l'action la plus récente : 29 janvier 2010

Traité sur l'Antarctique

Fait : à Washington, le 1er décembre 1959

Entrée en vigueur : le 23 juin 1961

Conformément à l'article XIII, le Traité a été soumis à la ratification des États signataires et il est ouvert à l'adhésion de tout État membre des Nations Unies, ou de tout autre État qui pourrait être invité à adhérer au Traité avec le consentement de toutes les Parties contractantes, dont les représentants sont habilités à participer aux réunions mentionnées à l'article IX du Traité ; les instruments de ratification et les instruments d'adhésion seront déposés près le gouvernement des États-Unis d'Amérique. À l'issue du dépôt des instruments de ratification par tous les États signataires, le Traité est entré en vigueur pour ces États et pour les États qui avaient déposé des instruments d'adhésion au Traité. Le Traité est ensuite entré en vigueur pour tout État adhérent au dépôt de ses instruments d'adhésion.

Légende : (aucune marque) = ratification ; a = accession ; d = succession; w = retrait ou action équivalente

Participant	Signature	Consentement à être lié		Autre action	Notes
Afrique du Sud	1er décembre 1959	21 juin 1960			
Allemagne		5 février 1979	a		1
Argentine	1er décembre 1959	23 juin 1961			
Australie	1er décembre 1959	23 juin 1961			
Autriche		25 août 1987	a		
Bélarus		27 décembre 2006	a		
Belgique	1er décembre 1959	26 juillet 1960			
Brésil		16 mai 1975	a		
Bulgarie		11 septembre 1978	a		
Canada		4 mai 1988	a		
Chili	1er décembre 1959	23 juin 1961			
Chine		8 juin 1983	a		
Colombie		31 janvier 1989	a		
Corée (République de Corée)		28 novembre 1986	a		
Corée (RDPC)		21 janvier 1987	a		
Cuba		16 août 1984	a		
Danemark		20 mai 1965	a		
Équateur		15 septembre 1987	a		
Espagne		31 mars 1982	a		
Estonie		17 mai 2001	a		
États-Unis	1er décembre 1959	18 août 1960			
Finlande		15 mai 1984	a		
France	1er décembre 1959	16 septembre 1960			
Grèce		8 janvier 1987	a		
Guatemala		31 juillet 1991	a		
Hongrie		27 janvier 1984	a		
Inde		19 août 1983	a		
Italie		18 mars 1981	a		

Japon	1er décembre 1959	4 août 1960			
Monaco		31 mai 2008	a		
Norvège	1er décembre 1959	24 août 1960			
Nouvelle-Zélande	1er décembre 1959	1er novembre 1960			
Papouasie-Nouvelle-Guinée		16 mars 1981	d		ii
Pays-Bas		30 mars 1967	a		iii
Pérou		10 avril 10 1981	a		
Pologne		8 juin 1961	a		
Portugal		29 janvier 2010	a		
Roumanie		15 septembre 1971	a		iv
Fédération de Russie	1er décembre 1959	2 novembre 1960			v
République slovaque		1er janvier 1993	d		vi
Royaume-Uni	1er décembre 1959	31 mai 1960			
Suède		24 avril 1984	a		
Suisse		15 novembre 1990	a		
République tchèque		1er janvier 1993	d		vii
Turquie		24 janvier 1996	a		
Ukraine		28 octobre 1992	a		
Uruguay		11 janvier 1980	a		viii
Venezuela		24 mars 1999	a		

---

[i] L'ambassade de la République fédérale d'Allemagne à Washington a transmis au Département d'État une note diplomatique en date du 2 octobre 1990 libellée comme suit :

« L'ambassade de la République fédérale d'Allemagne présente ses compliments au Département d'État et a l'honneur d'informer le gouvernement des États-Unis d'Amérique, en sa qualité de Gouvernement dépositaire du Traité sur l'Antarctique, que, suite à l'accession de la République démocratique allemande à la République fédérale d'Allemagne, qui a pris effet à compter du 3 octobre 1990, les deux États allemands s'uniront pour former un seul État souverain qui, en sa qualité de Partie contractante au Traité sur l'Antarctique, demeurera lié par les dispositions du Traité, et soumis aux recommandations adoptées lors des 15 réunions consultatives que la République fédérale d'Allemagne a approuvées. À compter de la date de réunification de l'Allemagne, la République fédérale d'Allemagne agira sous la désignation de « Allemagne » dans le cadre du Système de l'Antarctique.
« L'ambassade serait reconnaissante au gouvernement des États-Unis d'Amérique de bien vouloir informer toutes les Parties contractantes au Traité sur l'Antarctique du contenu de la présente note.
« L'ambassade de la République fédérale d'Allemagne saisit cette occasion pour renouveler au Département d'État l'assurance de sa plus haute considération. »

Avant l'unification, la République démocratique allemande avait déposé un instrument d'accession au Traité, en l'accompagnant d'une déclaration, le 19 novembre 1974, et la République fédérale d'Allemagne avait, elle aussi, déposé un instrument d'accession au Traité, en l'accompagnant d'une déclaration, le 5 février 1979.

[ii] Date du dépôt de la notification de succession par la Papouasie-Nouvelle-Guinée ; entrée en vigueur le 16 septembre 1975, à la date de son indépendance.

[iii] L'instrument d'accession des Pays-Bas au Traité indique que son accession vaut pour le Royaume des Pays-Bas en Europe, le Suriname et les Antilles néerlandaises ; à compter du 1er janvier 1986, Aruba est une entité séparée.

[iv] L'instrument d'accession de la Roumanie au Traité s'est accompagné d'une note signée de l'Ambassadeur de la République socialiste de Roumanie aux États-Unis d'Amérique, en date du 15 septembre 1971, libellée comme suit :
« Monsieur le Secrétaire,
« En soumettant l'instrument d'adhésion de la République socialiste de Roumanie au Traité sur l'Antarctique, signé à Washington le 1er décembre 1959, j'ai l'honneur de vous informer des faits suivants :

3. Rapports des gouvernements dépositaires et des observateurs

« Le Conseil d'État de la République socialiste de Roumanie indique que les dispositions du premier paragraphe de l'article XIII du Traité sur l'Antarctique ne sont pas conformes au principe selon lequel les traités multilatéraux dont l'objet et les objectifs concernent la communauté internationale, dans son ensemble, devraient être ouverts à la participation universelle. »

« Je vous demande cordialement, Monsieur le Secrétaire, de transmettre à toutes les Parties concernées le texte de l'instrument d'adhésion de la Roumanie au Traité sur l'Antarctique, ainsi que le texte de cette lettre contenant la déclaration du gouvernement roumain mentionnée ci-dessus.

« Je saisis cette occasion pour vous renouveler, Monsieur le Secrétaire, l'assurance de ma plus haute considération. »

Des exemplaires de la lettre de l'Ambassadeur et de l'instrument d'accession de la Roumanie au Traité furent transmis aux Parties au Traité sur l'Antarctique par le Secrétaire d'État, dans sa note circulaire en date du 1er octobre 1971.

ᵛ Le Traité a été signé et ratifié par l'ancienne Union des républiques socialistes soviétiques. Dans une note en date du 13 janvier 1992, la Fédération de Russie a informé le gouvernement américain qu'elle « continuait à exercer les droits et à exécuter les obligations émanant des accords internationaux signés par l'Union des républiques socialistes soviétiques. »

ᵛⁱ Date effective de la succession assumée par la République slovaque. La Tchécoslovaquie a déposé un instrument d'accession au Traité le 14 juin 1962. Le 31 décembre 1992, à minuit, la Tchécoslovaquie a cessé d'exister et a été scindée en deux États séparés et indépendants, la République tchèque et la République slovaque.

ᵛⁱⁱ Date effective de la succession assumée par la République tchèque. La Tchécoslovaquie a déposé un instrument d'accession au Traité le 14 juin 1962. Le 31 décembre 1992, à minuit, la Tchécoslovaquie a cessé d'exister et a été scindée en deux États séparés et indépendants, la République tchèque et la République slovaque.

ᵛⁱⁱⁱ L'instrument d'accession de l'Uruguay au Traité s'est accompagné d'une déclaration traduite en anglais par le Département d'État américain, libellée comme suit :

« Le gouvernement de la République orientale de l'Uruguay considère que, par son accession au Traité sur l'Antarctique signé à Washington (États-Unis d'Amérique) le 1er décembre 1959, il contribue à affirmer les principes en faveur de l'utilisation exclusive de l'Antarctique à des fins pacifiques, de l'interdiction de toute explosion nucléaire ou déchet radioactif dans cette région, de la liberté de recherche scientifique en Antarctique au service de l'humanité, et de la coopération internationale dans la réalisation des objectifs qui sont fixés dans ledit Traité.

« Dans le contexte de ces principes, l'Uruguay propose, par le biais d'une procédure fondée sur le principe d'égalité juridique, l'établissement d'un statut général et définitif sur l'Antarctique dans lequel, tout en respectant les droits des États tels que reconnus dans le droit international, les intérêts de tous les États engagés dans, et appartenant à la communauté internationale, prise dans son ensemble, seraient considérés équitablement.

« La décision du gouvernement uruguayen d'adhérer au Traité sur l'Antarctique se fonde non seulement sur l'intérêt que l'Uruguay, à l'instar des membres de la communauté internationale, porte à l'Antarctique, mais également sur l'intérêt spécial, direct et substantiel qui provient de son emplacement géographique, du fait que sa ligne côtière atlantique s'ouvre sur le continent de l'Antarctique, de son influence qui en résulte sur le climat, l'écologie et la inclut une parte du territoire antarctique dans la zone décrite à l'article 4, en vertu duquel l'Uruguay partage la responsabilité de la défense de la région.

« En communiquant sa décision d'adhérer au Traité sur l'Antarctique, le gouvernement de la République orientale de l'Uruguay déclare qu'il réserve ses droits en Antarctique, conformément au droit international. »

3. Rapports des gouvernements dépositaires et des observateurs

PROTOCOLE AU TRAITÉ SUR L'ANTARCTIQUE RELATIF À LA PROTECTION DE L'ENVIRONNEMENT

Signé à Madrid le 4 octobre 1991*

PARTIES CONSULTATIVES

État	Date de signature	Date de dépôt de la ratification, de l'acceptation (A) ou de l'approbation (AA)	Date de dépôt de l'accession	Date d'entrée en vigueur	Date de l'acceptation de l'annexe V**	Date d'entrée en vigueur de l'annexe V
Afrique du Sud	4 octobre 1991	3 août 1995		14 janvier 1998	14 juin 1995 (B)	24 mai 2002
Allemagne	4 octobre 1991	25 nov. 1994		14 janvier 1998	25 nov. 1994 (A) 1er sept. 1998 (B)	24 mai 2002 24 mai 2002
Argentine	4 octobre 1991	28 octobre 1993[3]		14 juin 1998	8 sept. 2000 (A) 4 août 1995 (B)	24 mai 2002
Australie	4 octobre 1991	6 avril 1994		14 juin 1998	6 avril 1994 (A) 7 juin 1995	24 mai 2002
Belgique	4 octobre 1991	26 avril 1996		14 juin 1998	26 avril 1996 (A) 23 octobre 2000 (B)	24 mai 2002
Brésil	4 octobre 1991	15 août 1995		14 juin 1998	20 mai 1998 (B)	24 mai 2002
Bulgarie	4 octobre 1991		21 avril 1998	21 mai 1998	5 mai 1999 (AB)	24 mai 2002
Chili	4 octobre 1991	11 juin 1995		14 juin 1998	25 mai 1998 (B)	24 mai 2002
Chine	4 octobre 1991	2 août 1994		14 juin 1998	26 juin 1995 (AB)	24 mai 2002
Rép. de Corée	2 juillet 1992	2 juillet 1996		14 janvier 1998	5 juin 1996 (B)	24 mai 2002
Équateur	4 octobre 1991	4 janvier 1993		14 janvier 1998	11 mai 2001 (A) 15 nov. 2001 (B)	24 mai 2002
Espagne	4 octobre 1991	1er juillet 1992		14 janvier 1998	8 déc. 1993 (A) 18 fév. 2000 (B)	24 mai 2002
États-Unis	4 octobre 1991	17 avril 1997		14 janvier 1998	17 avr. 1997 (A) 6 mai 1998 (B)	24 mai 2002
Finlande	4 octobre 1991	1er nov. 1996 (A)		14 janvier 1998	1er nov. 1996 (A) 2 avril 1997 (B)	24 mai 2002
France	4 octobre 1991	5 fév. 1993 (AA)		14 janvier 1998	26 avril 1995 (B) 18 nov. 1998 (A)	24 mai 2002
Inde	2 juillet 1992	26 avril 1996		14 janvier 1998	24 mai 2002 (B)	24 mai 2002
Italie	4 octobre 1991	31 mai 1995		14 janvier 1998	31 mai 1995 (A) 11 fév. 1998 (B)	24 mai 2002 24 mai 2002
Japon	29 sept. 1992	15 déc. 1997 (A)		14 janvier 1998	15 déc. 1997 (AB)	24 mai 2002
Nouvelle-Zélande	4 octobre 1991	22 déc. 1994		14 janvier 1998	21 octobre 1992 (B)	24 mai 2002
Norvège	4 octobre 1991	16 juin 1993		14 janvier 1998	13 octobre 1993 (B)	24 mai 2002
Pays-Bas	4 octobre 1991	14 avril 1994 (A)[6]		14 janvier 1998	18 mai 1998 (B)	24 mai 2002
Pérou	4 octobre 1991	8 mars 1993		14 janvier 1998	8 mars 1993 (A) 17 mai 1999 (B)	24 mai 2002
Pologne	4 octobre 1991	1er nov. 1995		14 janvier 1998	20 sept. 1995 (B)	24 mai 2002
Royaume-Uni	4 octobre 1991	25 avril 1995[5]		14 janvier 1998	21 mai 1996 (B)	24 mai 2002
Fédération de Russie	4 octobre 1991	6 août 1997		14 janvier 1998	19 juin 2001 (B)	24 mai 2002
Suède	4 octobre 1991	30 mars 1994		14 janvier 1998	30 mars 1994 (A)	24 mai 2002

Rapport final de la RCTA XXXIV

Pays					
Ukraine			25 mai 2001	7 avril 1994 (B) 25 mai 2001 (A)	24 mai 2002
Uruguay	4 octobre 1991	11 janvier 1995	14 janvier 1998 24 juin 2001	15 mai 1995 (B)	24 mai 2002

** L'indication suivante désigne la date relative soit
à l'acceptation de l'annexe V, soit à l'approbation de la Recommandation XVI-10
(A) Acceptation de l'annexe V, (B) Approbation de la Recommandation XVI-10

État	Date de Signature	Ratification de l'acceptation ou de l'approbation	Date de dépôt de l'accession	Date d'entrée en vigueur	Date de l'acceptation de l'annexe V**	Date d'entrée en vigueur de l'annexe V
PARTIES NON CONSULTATIVES						
Autriche	4 octobre 1991					
Bélarus			16 juillet 2008	15 août 2008		
Canada	4 octobre 1991	13 nov. 2003		13 déc. 2003		
Colombie	4 octobre 1991					
RDP de Corée	4 octobre 1991					
Cuba						
Danemark	2 juillet 1992					
Estonie						
Grèce	4 octobre 1991	23 mai 1995		14 janvier 1998		
Guatemala						
Hongrie	4 octobre 1991					
Monaco			1er juillet 2009	31 juillet 2009		
Papouasie-Nouvelle-Guinée						
Roumanie	4 octobre 1991	3 fév. 2003		5 mars 2003	3 fév. 2003	5 mars 2003
Rép. slovaque [1,2]	1er janvier 1993					
Suisse	4 octobre 1991					
Rép. tchèque [1,2]	1er janvier 1993	25 août 2004 [4]		24 sept. 2004		
Turquie						
Venezuela						

• Signé à Madrid le 4 octobre 1991 ; puis à Washington jusqu'au 3 octobre 1992.

Le Protocole entrera en vigueur initialement au trentième jour après la date de dépôt des instruments de ratification, d'acceptation, d'approbation ou d'accession par tous les États qui étaient Parties consultatives au Traité sur l'Antarctique à la date où le Protocole a été adopté. (Article 23)

** Adopté à Bonn le 17 octobre 1991 lors de la XVIème Réunion consultative sur l'Antarctique.

1. Signé pour les Républiques tchèque et slovaque le 2 octobre 1992 – la Tchécoslovaquie accepte la juridiction de la Cour internationale de justice et du Tribunal arbitral pour la résolution des litiges selon l'article 19, paragraphe premier. Le 31 décembre 1992, à minuit, la Tchécoslovaquie a cessé d'exister et a été scindée en deux États séparés et indépendants, la République tchèque et la République slovaque.

2. La date effective de succession, conformément à la signature de la Tchécoslovaquie, qui est soumise à ratification par la République tchèque et la République slovaque.

3. Elle s'est accompagnée d'une déclaration dont la traduction informelle en anglais a été fournie par l'ambassade d'Argentine, libellée comme suit : « Le République argentine déclare que, dans la mesure où le Protocole au Traité sur l'Antarctique sur la protection de l'environnement constitue un accord complémentaire du Traité sur l'Antarctique, et que son article 4 respecte pleinement ce qui a été stipulé à l'article IV du paragraphe A dudit Traité, aucune de ses clauses ne devrait être interprétée ou mise en application comme affectant ses droits, fondés sur des titres juridiques, ses actes de possession, sa contiguïté et sa continuité géologique dans la région située au sud du 60ème parallèle, dans laquelle elle a proclamé et maintenu sa souveraineté. »

4. Elle s'est accompagnée d'une déclaration dont la traduction informelle en anglais a été fournie par l'ambassade de la République tchèque, libellée comme suit : « La République tchèque accepte la juridiction de la Cour internationale de justice et du Tribunal arbitral au titre de l'article 19, paragraphe premier du Protocole au Traité sur l'Antarctique relatif à la protection de l'environnement, fait à Madrid, le 4 octobre 1991. »

5. La ratification effectuée au nom du Royaume-Uni de Grande-Bretagne et d'Irlande du Nord, du bailliage de Jersey, du bailliage de Guernesey, de l'île de Man, d'Anguilla, des Bermudes, de la Terre antarctique britannique, des Îles Caïman, des Îles Malouines, de Montserrat, Sainte-Hélène et Dépendances, des Îles de la Géorgie du Sud et Sandwich du Sud, des Îles Turques et Caïques et des Îles Vierges britanniques.

Rapport final de la RCTA XXXIV

6. L'acceptation prévaut pour le Royaume en Europe. Au moment de l'acceptation, le Royaume des Pays-Bas a déclaré qu'il choisissait les deux recours possibles pour la résolution des litiges mentionnés à l'article 19, paragraphe premier du Protocole, à savoir la Cour internationale de justice et le tribunal arbitral. Une déclaration du Royaume des Pays-Bas acceptant le Protocole pour les Antilles néerlandaises a été déposée le 27 octobre 2004, accompagnée d'une déclaration confirmant qu'il choisissait les deux recours possibles pour la résolution des litiges mentionnés à l'article 19, paragraphe premier du Protocole.

Département d'État,
    Washington, le 9 mai 2011.

3. Rapports des gouvernements dépositaires et des observateurs

Approbation, telle que notifiée au gouvernement des États-Unis d'Amérique, des mesures relatives à la poursuite des principes et objectifs du Traité sur l'Antarctique

	16 Recommandations adoptées lors de la première réunion (Canberra, 1961) — Approuvées	10 Recommandations adoptées lors de la seconde réunion (Buenos Aires, 1962) — Approuvées	11 Recommandations adoptées lors de la troisième réunion (Bruxelles, 1964) — Approuvées	28 Recommandations adoptées lors de la quatrième réunion (Santiago, 1966) — Approuvées	9 Recommandations adoptées lors de la cinquième réunion (Paris, 1968) — Approuvées	15 Recommandations adoptées lors de la sixième réunion (Tokyo, 1970) — Approuvées
Afrique du Sud	TOUTES	TOUTES	TOUTES	TOUTES	TOUTES	TOUTES
Allemagne (1981) +	TOUTES	TOUTES	TOUTES (exc. la 8)	TOUTES (exc. la 16-19)	TOUTES (exc. la 6)	TOUTES (exc. la 9)
Argentine	TOUTES	TOUTES	TOUTES	TOUTES	TOUTES	TOUTES
Australie	TOUTES	TOUTES	TOUTES	TOUTES	TOUTES	TOUTES
Belgique	TOUTES	TOUTES	TOUTES	TOUTES	TOUTES	TOUTES
Brésil (1983) +	TOUTES	TOUTES	TOUTES	TOUTES	TOUTES	TOUTES (exc. la 10)
Bulgarie (1998) +						
Chili	TOUTES	TOUTES	TOUTES	TOUTES	TOUTES	TOUTES
Chine (1985) +	TOUTES	TOUTES	TOUTES	TOUTES	TOUTES	TOUTES (exc. la 10)
République de Corée (1989) +	TOUTES	TOUTES	TOUTES	TOUTES	TOUTES	TOUTES
Équateur (1990) +						
Espagne (1988) +	TOUTES	TOUTES	TOUTES	TOUTES	TOUTES	TOUTES
États-Unis	TOUTES	TOUTES	TOUTES	TOUTES	TOUTES	TOUTES
Finlande (1989) +						
France	TOUTES	TOUTES	TOUTES	TOUTES	TOUTES	TOUTES
Inde (1983) +	TOUTES	TOUTES	TOUTES (exc. la 8***)	TOUTES (exc. la 18)	TOUTES	TOUTES (exc. la 9 et 10)
Italie (1987) +	TOUTES	TOUTES	TOUTES	TOUTES	TOUTES	TOUTES
Japon	TOUTES	TOUTES	TOUTES	TOUTES	TOUTES	TOUTES
Norvège	TOUTES	TOUTES	TOUTES	TOUTES	TOUTES	TOUTES
Nouvelle-Zélande	TOUTES	TOUTES	TOUTES	TOUTES	TOUTES	TOUTES
Pays-Bas (1990) +	TOUTES (exc. la 11 et 15)	TOUTES (exc. la 3, 5, 8 et 10)	TOUTES (exc. la 3, 4, 6 et 9)	TOUTES (exc. la 20, 25, 26 et 28)	TOUTES (exc. la 1, 8 et 9)	TOUTES (exc. la 15)
Pérou (1989) +	TOUTES	TOUTES	TOUTES	TOUTES	TOUTES	TOUTES
Pologne (1977) +	TOUTES	TOUTES	TOUTES	TOUTES	TOUTES	TOUTES
Royaume-Uni	TOUTES	TOUTES	TOUTES	TOUTES	TOUTES	TOUTES
Russie	TOUTES	TOUTES	TOUTES	TOUTES	TOUTES	TOUTES
Suède (1988) +						
Uruguay (1985) +	TOUTES	TOUTES	TOUTES	TOUTES	TOUTES	TOUTES

Rapport final de la RCTA XXXIV

* IV-6, IV-10, IV-12, et V-5 résiliée par VIII-2

*** Acceptée en tant que ligne directrice de transition

+ Année d'obtention du statut consultatif. Acceptation par cet État de mettre en application les Recommandations ou Mesures des réunions tenues à partir de cette année- là.

3. Rapports des gouvernements dépositaires et des observateurs

Approbation, telle que notifiée au gouvernement des États-Unis d'Amérique, des mesures relatives à la poursuite des principes et objectifs du Traité sur l'Antarctique

	9 Recommandations adoptées lors de la septième réunion (Wellington, 1972)	14 Recommandations adoptées lors de la huitième réunion (Oslo, 1975)	6 Recommandations adoptées lors de la neuvième réunion (Londres, 1977)	9 Recommandations adoptées lors de la dixième réunion (Washington, 1979)	3 Recommandations adoptées lors de la onzième réunion (Buenos Aires, 1981)	8 Recommandations adoptées lors de la douzième réunion (Canberra, 1983)
	Approuvées	Approuvées	Approuvées	Approuvées	Approuvées	Approuvées
Argentine	TOUTES	TOUTES	TOUTES	TOUTES	TOUTES	TOUTES
Australie	TOUTES	TOUTES	TOUTES	TOUTES	TOUTES	TOUTES
Belgique	TOUTES	TOUTES	TOUTES	TOUTES	TOUTES	TOUTES
Brésil (1983) +	TOUTES (exc. la 5)	TOUTES	TOUTES	TOUTES	TOUTES	
Bulgarie (1998) +						
Chili	TOUTES	TOUTES	TOUTES	TOUTES	TOUTES	TOUTES
Chine (1985) +	TOUTES (exc. la 5)	TOUTES	TOUTES	TOUTES	TOUTES	TOUTES
Équateur (1990) +						
Finlande (1989) +						
France	TOUTES	TOUTES	TOUTES	TOUTES	TOUTES	TOUTES
Allemagne (1981) +	TOUTES (exc. la 5)	TOUTES (exc. la 2 et 5)	TOUTES	TOUTES (exc. la 1 et 9)	TOUTES	TOUTES
Inde (1983) +	TOUTES	TOUTES	TOUTES	TOUTES (exc. la 1 et 9)	TOUTES	TOUTES
Italie (1987) +	TOUTES (exc. la 5)	TOUTES	TOUTES	TOUTES	TOUTES	TOUTES
Japon	TOUTES	TOUTES	TOUTES	TOUTES	TOUTES	TOUTES
République de Corée (1989)+	TOUTES	TOUTES	TOUTES	TOUTES	TOUTES	TOUTES
Pays-Bas (1990) +	TOUTES	TOUTES	TOUTES (exc. la 3)	TOUTES (exc. la 9)	TOUTES (exc. la 2)	TOUTES
Nouvelle-Zélande	TOUTES	TOUTES	TOUTES	TOUTES	TOUTES	TOUTES
Norvège	TOUTES	TOUTES	TOUTES	TOUTES	TOUTES	TOUTES
Pérou (1989) +	TOUTES	TOUTES	TOUTES	TOUTES	TOUTES	TOUTES
Pologne (1977) +	TOUTES	TOUTES	TOUTES	TOUTES	TOUTES	TOUTES
Russie	TOUTES	TOUTES	TOUTES	TOUTES	TOUTES	TOUTES
Afrique du Sud	TOUTES	TOUTES	TOUTES	TOUTES (exc. la 1 et 9)	TOUTES (exc. la 1)	TOUTES
Espagne (1988) +						
Suède (1988) +						
Royaume-Uni	TOUTES	TOUTES	TOUTES	TOUTES	TOUTES	TOUTES
Uruguay (1985) +	TOUTES	TOUTES	TOUTES	TOUTES	TOUTES	TOUTES
États-Unis	TOUTES	TOUTES	TOUTES	TOUTES	TOUTES	TOUTES

* IV-6, IV-10, IV-12, et V-5 résiliée par VIII-2

*** Acceptée en tant que ligne directrice de transition

+ Année d'obtention du statut consultatif. Acceptation par cet État de mettre en application les Recommandations ou Mesures des réunions tenues à partir de cette année-là.

Rapport final de la RCTA XXXIV

Approbation, telle que notifiée au gouvernement des États-Unis d'Amérique, des mesures relatives à la poursuite des principes et objectifs du Traité sur l'Antarctique

	9 Recommandations adoptées lors de la septième réunion (Wellington, 1972) Approuvées	14 Recommandations adoptées lors de la huitième réunion (Oslo, 1975) Approuvées	6 Recommandations adoptées lors de la neuvième réunion (Londres, 1977) Approuvées	9 Recommandations adoptées lors de la dixième réunion (Washington, 1979) Approuvées	3 Recommandations adoptées lors de la onzième réunion (Buenos Aires, 1981) Approuvées	8 Recommandations adoptées lors de la douzième réunion (Canberra, 1983) Approuvées
Argentine	TOUTES	TOUTES	TOUTES	TOUTES	TOUTES	TOUTES
Australie	TOUTES	TOUTES	TOUTES	TOUTES	TOUTES	TOUTES
Belgique	TOUTES	TOUTES	TOUTES	TOUTES	TOUTES	TOUTES
Brésil (1983) +	TOUTES (exc. la 5)	TOUTES	TOUTES	TOUTES	TOUTES	TOUTES
Bulgarie (1998) +						
Chili	TOUTES	TOUTES	TOUTES	TOUTES	TOUTES	TOUTES
Chine (1985) +	TOUTES (exc. la 5)	TOUTES	TOUTES	TOUTES	TOUTES	TOUTES
Équateur (1990) +						
Finlande (1989) +						
France	TOUTES	TOUTES	TOUTES	TOUTES	TOUTES	TOUTES
Allemagne (1981) +	TOUTES (exc. la 5)	TOUTES (exc. la 2 et 5)	TOUTES	TOUTES (exc. la 1 et 9)	TOUTES	TOUTES
Inde (1983) +	TOUTES	TOUTES	TOUTES	TOUTES (exc. la 1 et 9)	TOUTES	TOUTES
Italie (1987) +	TOUTES (exc. la 5)	TOUTES	TOUTES	TOUTES	TOUTES	
Japon	TOUTES	TOUTES	TOUTES	TOUTES	TOUTES	TOUTES
République de Corée (1989)+						
Pays-Bas (1990) +	TOUTES	TOUTES	TOUTES (exc. la 3)	TOUTES (exc. la 9)	TOUTES (exc. la 2)	TOUTES
Nouvelle-Zélande	TOUTES	TOUTES	TOUTES	TOUTES	TOUTES	TOUTES
Norvège	TOUTES	TOUTES	TOUTES	TOUTES	TOUTES	TOUTES
Pérou (1989) +	TOUTES	TOUTES	TOUTES	TOUTES	TOUTES	TOUTES
Pologne (1977) +	TOUTES	TOUTES	TOUTES	TOUTES	TOUTES	TOUTES
Russie	TOUTES	TOUTES	TOUTES	TOUTES	TOUTES	TOUTES
Afrique du Sud	TOUTES	TOUTES	TOUTES	TOUTES (exc. la 1 et 9)	TOUTES	TOUTES
Espagne (1988) +	TOUTES	TOUTES	TOUTES	TOUTES	TOUTES (exc. la 1)	TOUTES
Suède (1988) +						
Royaume-Uni	TOUTES	TOUTES	TOUTES	TOUTES	TOUTES	TOUTES
Uruguay (1985) +	TOUTES	TOUTES	TOUTES	TOUTES	TOUTES	TOUTES
États-Unis	TOUTES	TOUTES	TOUTES	TOUTES	TOUTES	TOUTES

* IV-6, IV-10, IV-12, et V-5 résiliée par VIII-2

*** Acceptée en tant que ligne directrice de transition

+ Année d'obtention du statut consultatif. Acceptation par cet État de mettre en application les Recommandations ou Mesures des réunions tenues à partir de cette année-là.

Approbation, telle que notifiée au gouvernement des États-Unis d'Amérique, des mesures relatives à la poursuite des principes et objectifs du Traité sur l'Antarctique

	16 Recommandations adoptées lors de la treizième réunion (Bruxelles, 1985) — Approuvées	10 Recommandations adoptées lors de la quatorzième réunion (Rio de Janeiro, 1987) — Approuvées	22 Recommandations adoptées lors de la quinzième réunion (Paris, 1989) — Approuvées	13 Recommandations adoptées lors de la seizième réunion (Bonn, 1991) — Approuvées	4 Recommandations adoptées lors de la dix-septième réunion (Venise, 1992) — Approuvées	1 Recommandation adoptée lors de la dix-huitième réunion (Kyoto, 1994) — Approuvée
Argentine	TOUTES	TOUTES	TOUTES	TOUTES	TOUTES	TOUTES
Australie	TOUTES	TOUTES	TOUTES	TOUTES	TOUTES	TOUTES
Belgique	TOUTES	TOUTES	TOUTES	TOUTES	TOUTES	TOUTES
Brésil (1983) +	TOUTES	TOUTES	TOUTES	TOUTES	TOUTES	TOUTES
Bulgarie (1998) +				XVI-10		
Chili	TOUTES	TOUTES	TOUTES	TOUTES	TOUTES	TOUTES
Chine (1985) +	TOUTES	TOUTES	TOUTES	TOUTES	TOUTES	TOUTES
Équateur (1990) +				XVI-10		
Finlande (1989) +			TOUTES	TOUTES	TOUTES	TOUTES
France	TOUTES	TOUTES	TOUTES (exc. la 3, 8, 10, 11 et 22)	TOUTES	TOUTES	TOUTES
Allemagne (1981) +	TOUTES	TOUTES	TOUTES	TOUTES	TOUTES	TOUTES
Inde (1983) +	TOUTES	TOUTES	TOUTES	TOUTES	TOUTES	TOUTES
Italie (1987) +		TOUTES	TOUTES	TOUTES	TOUTES	TOUTES
Japon	TOUTES	TOUTES	TOUTES (exc. la 1-11, 16, 18 et 19)	XVI-10	TOUTES (exc. la 1)	TOUTES
République de Corée (1989) +	TOUTES	TOUTES (exc. la 9)	TOUTES (exc. la 22)	TOUTES (exc. la 12)	TOUTES	TOUTES
Pays-Bas (1990) +	TOUTES	TOUTES	TOUTES	TOUTES	TOUTES	TOUTES
Nouvelle-Zélande	TOUTES	TOUTES	TOUTES	TOUTES	TOUTES	TOUTES
Norvège	TOUTES	TOUTES	TOUTES	TOUTES	TOUTES	TOUTES
Pérou (1989) +	TOUTES	TOUTES	TOUTES (exc. la 22)	TOUTES (exc. la 13)	TOUTES	TOUTES
Pologne (1977) +	TOUTES	TOUTES	TOUTES	TOUTES	TOUTES	TOUTES
Russie	TOUTES	TOUTES	TOUTES	TOUTES	TOUTES	TOUTES
Afrique du Sud	TOUTES	TOUTES	TOUTES	TOUTES	TOUTES	TOUTES
Espagne (1988) +	TOUTES	TOUTES	TOUTES	TOUTES	TOUTES	TOUTES
Suède (1988) +	TOUTES	TOUTES	TOUTES	TOUTES	TOUTES	TOUTES
Royaume-Uni	TOUTES (exc. la 2)	TOUTES	TOUTES (exc. la 3, 4, 8, 10 et 9)	TOUTES (exc. la 4, 6, 8 et 9)	TOUTES	TOUTES
Uruguay (1985) +	TOUTES	TOUTES	TOUTES	TOUTES	TOUTES	TOUTES
États-Unis	TOUTES	TOUTES	TOUTES (exc. la 1-4, 10 et 11)	TOUTES	TOUTES	TOUTES
Suède (1988) +	TOUTES	TOUTES	TOUTES	TOUTES	TOUTES	TOUTES

* IV-6, IV-10, IV-12, et V-5 résiliée par VIII-2

*** Acceptée en tant que ligne directrice de transition

+ Année d'obtention du statut consultatif. Acceptation par cet État de mettre en application les Recommandations ou Mesures des réunions tenues à partir de cette année-là.

Rapport final de la RCTA XXXIV

Approbation, telle que notifiée au gouvernement des États-Unis d'Amérique, des mesures relatives à la poursuite des principes et objectifs du Traité sur l'Antarctique

	5 Mesures adoptées lors de la 19e réunion (Séoul, 1995)	2 Mesures adoptées lors de la 20e réunion (Utrecht, 1996)	5 Mesures adoptées lors de la 21e réunion (Christchurch, 1997)	2 Mesures adoptées lors de la 22e réunion (Tromso, 1998)	1 Mesure adoptée lors de la 23e réunion (Lima, 1999)
	Approuvées	**Approuvées**	**Approuvées**	**Approuvées**	**Approuvées**
Argentine	TOUTES	TOUTES	TOUTES	TOUTES	TOUTES
Australie	TOUTES	TOUTES	TOUTES	TOUTES	TOUTES
Belgique	TOUTES	TOUTES	TOUTES	TOUTES	TOUTES
Brésil (1983) +	TOUTES	TOUTES	TOUTES	TOUTES	TOUTES
Bulgarie (1998) +					
Chili	TOUTES	TOUTES	TOUTES	TOUTES	TOUTES
Chine (1985) +	TOUTES	TOUTES	TOUTES	TOUTES	TOUTES
Équateur (1990) +					
Finlande (1989) +	TOUTES	TOUTES	TOUTES	TOUTES	TOUTES
France	TOUTES	TOUTES	TOUTES	TOUTES	TOUTES
Allemagne (1981) +	TOUTES	TOUTES	TOUTES	TOUTES	TOUTES
Inde (1983) +	TOUTES	TOUTES	TOUTES	TOUTES	TOUTES
Italie (1987) +	TOUTES	TOUTES	TOUTES	TOUTES	TOUTES
Japon					
République de Corée (1989)+	TOUTES	TOUTES	TOUTES	TOUTES	TOUTES
Pays-Bas (1990) +	TOUTES	TOUTES	TOUTES	TOUTES	TOUTES
Nouvelle-Zélande	TOUTES	TOUTES	TOUTES	TOUTES	TOUTES
Norvège	TOUTES	TOUTES	TOUTES	TOUTES	TOUTES
Pérou (1989) +	TOUTES	TOUTES	TOUTES	TOUTES	TOUTES
Pologne (1977) +	TOUTES	TOUTES	TOUTES	TOUTES	TOUTES
Russie	TOUTES	TOUTES	TOUTES	TOUTES	TOUTES
Afrique du Sud	TOUTES	TOUTES	TOUTES	TOUTES	TOUTES
Espagne (1988) +	TOUTES	TOUTES	TOUTES	TOUTES	TOUTES
Suède (1988) +	TOUTES	TOUTES	TOUTES	TOUTES	TOUTES
Royaume-Uni	TOUTES	TOUTES	TOUTES	TOUTES	TOUTES
Uruguay (1985) +	TOUTES (exc. la 2, 3, 4, et 5)	TOUTES (exc. la 2)	TOUTES (exc. la 3, 4, et 5)	TOUTES (exc. la 2)	TOUTES
États-Unis	TOUTES	TOUTES	TOUTES	TOUTES	TOUTES

+ Année d'obtention du statut consultatif. Acceptation par cet État de mettre en application les Recommandations ou Mesures des réunions tenues à partir de cette année-là.

3. Rapports des gouvernements dépositaires et des observateurs

Approbation, telle que notifiée au gouvernement des États-Unis d'Amérique, des mesures relatives à la poursuite des principes et objectifs du Traité sur l'Antarctique

	2 Mesures adoptées lors de la douzième réunion spéciale (La Haye, 2000) — Approuvées	3 Mesures adoptées lors de la vingt-quatrième réunion (St. Pétersbourg, 2001) — Approuvées	1 Mesure adoptée lors de la vingt-cinquième réunion (Varsovie, 2002) — Approuvées	3 Mesures adoptées lors de la vingt-sixième réunion (Madrid, 2003) — Approuvées	4 Mesures adoptées lors de la vingt-septième réunion (Cape Town, 2004) — Approuvées
Argentine	TOUTES	TOUTES	*	XXVI-1, XXVI-2*, XXVI-3**	XXVII-1*, XXVII-2*, XXVII-3**
Australie	TOUTES	TOUTES	TOUTES	XXVI-1, XXVI-2*, XXVI-3**	XXVII-1*, XXVII-2*, XXVII-3**
Belgique	TOUTES	TOUTES	TOUTES	TOUTES	TOUTES
Brésil (1983) +			*	TOUTES	XXVII-1, XXVII-2, XXVII-3
Bulgarie (1998) +	TOUTES	TOUTES		XXVI-1, XXVI-2*, XXVI-3**	XXVII-1*, XXVII-2*, XXVII-3**
Chili	TOUTES	TOUTES	TOUTES	TOUTES	TOUTES
Chine (1985) +			TOUTES	TOUTES	XXVII-1*, XXVII-2*, XXVII-3**
Équateur (1990) +				XXVI-1, XXVI-2*, XXVI-3**	XXVII-1*, XXVII-2*, XXVII-3**
Finlande (1989) +	TOUTES (exc. la 2 de la RCTA XII)	TOUTES	*	XXVI-1, XXVI-2*, XXVI-3**	XXVII-1*, XXVII-2*, XXVII-3**, XXVII-4
France	TOUTES	TOUTES	*	XXVI-1, XXVI-2*, XXVI-3**	XXVII-1, XXVII-2*, XXVII-3, XXVII-4
Allemagne (1981) +	TOUTES	TOUTES	TOUTES	TOUTES	XXVII-1*, XXVII-2*, XXVII-3**
Inde (1983) +	TOUTES	TOUTES	TOUTES	TOUTES	XXVII-1*, XXVII-2*, XXVII-3**
Italie (1987) +		TOUTES	*	XXVI-1, XXVI-2*, XXVI-3**	XXVII-1*, XXVII-2*, XXVII-3**
Japon		TOUTES		TOUTES	XXVII-1*, XXVII-2*, XXVII-3**, XXVII-4
République de Corée (1989) +	TOUTES	TOUTES	*	XXVI-1, XXVI-2*, XXVI-3**	XXVII-1*, XXVII-2*, XXVII-3**
Pays-Bas (1990) +	TOUTES	TOUTES	TOUTES	TOUTES	TOUTES
Nouvelle-Zélande	TOUTES	TOUTES	TOUTES	TOUTES	XXVII-1*, XXVII-2*, XXVII-3**, XXVII-4
Norvège		TOUTES		XXVI-1, XXVI-2*, XXVI-3**	XXVII-1*, XXVII-2*, XXVII-3**
Pérou (1989) +	TOUTES	TOUTES	TOUTES	XXVI-1, XXVI-2*, XXVI-3**	TOUTES
Pologne (1977) +		TOUTES	TOUTES	TOUTES	XXVII-1*, XXVII-2*, XXVII-3**
Russie	TOUTES	TOUTES	TOUTES	XXVI-1, XXVI-2, XXVI-3**	TOUTES
Afrique du Sud	TOUTES	TOUTES		TOUTES	XXVII-1*, XXVII-2*, XXVII-3**
Espagne (1988) +		TOUTES	*	XXVI-1, XXVI-2*, XXVI-3**	XXVII-1*, XXVII-2*, XXVII-3**
Suède (1988) +	TOUTES	TOUTES	TOUTES	TOUTES	XXVII-1*, XXVII-2*, XXVII-3**
Ukraine (2004) +		TOUTES		XXVI-1, XXVI-2*, XXVI-3**	XXVII-1*, XXVII-2*, XXVII-3**
Royaume-Uni	TOUTES (exc. la 2 de la RCTA XII)	TOUTES (exc. la XXIV-3) / TOUTES (exc. XXIV-1 et XXIV-2) / TOUTES	TOUTES	TOUTES	XXVII-1*, XXVII-2*, XXVII-3**, XXVII-4
Uruguay (1985) +	TOUTES	TOUTES	*	XXVI-1, XXVI-2*, XXVI-3	XXVII-1*, XXVII-2*, XXVII-3**
États-Unis	TOUTES	TOUTES	*	XXVI-1, XXVI-2*, XXVI-3**	XXVII-1*, XXVII-2*, XXVII-3**

+ Année d'obtention du statut consultatif. Acceptation par cet État de mettre en application les Recommandations ou Mesures des réunions tenues à partir de cette année-là.

*Les plans de gestion annexés à cette Mesure étaient estimés approuvés conformément à l'article 6 (1) de l'annexe V du Protocole au Traité sur l'Antarctique relatif à la protection de l'environnement et à la Mesure ne précisant pas de méthode d'approbation alternative.

**La Liste des sites et monuments historiques révisée et mise à jour, annexée à cette Mesure, était estimé approuvée conformément à l'article 8 (2) de l'annexe V au Protocole au Traité sur l'Antarctique relatif à la protection de l'environnement et à la Mesure ne précisant pas de méthode d'approbation alternative.

Rapport final de la RCTA XXXIV

Approbation, telle que notifiée au gouvernement des États-Unis d'Amérique, des mesures relatives à la poursuite des principes et objectifs du Traité sur l'Antarctique

	5 Mesures adoptées lors de la vingt-huitième réunion (Stockholm, 2005) Approuvées	4 Mesures adoptées lors de la vingt-neuvième réunion (Edimbourg, 2006) Approuvées	3 Mesures adoptées lors de la trentième réunion (New Delhi, 2007) Approuvées	14 Mesures adoptées lors de la trente-et-unième réunion (Kiev, 2008) Approuvées	16 Mesures adoptées lors de la trente-deuxième réunion (Baltimore, 2009) Approuvées
Argentine	XXVIII-2 *, XXVIII-3 *, XXVIII-4 *, XXVIII-5 **	XXIX-1 *, XXIX-2 *, XXIX-3 **, XXIX-4 ***	XXX-1 *, XXX-2 *, XXX-3 **	XXXI-1 *, XXXI-2 *, ... XXXI-14 *	XXXII-1*, XXXII-2* .. XXXII-14**
Australie	XXVIII-2 *, XXVIII-3 *, XXVIII-4 *, XXVIII-5 **	XXIX-1 *, XXIX-2 *, XXIX-3 **, XXIX-4 ***	XXX-1 *, XXX-2 *, XXX-3 **	XXXI-1 *, XXXI-2 *, ... XXXI-14 *	XXXII-1*, XXXII-2* ... XXXII-14**
Belgique	TOUTES exc. la Mesure 1	XXIX-1 *, XXIX-2 *, XXIX-3 **, XXIX-4 ***	TOUTES	XXXI-1 *, XXXI-2 *, ... XXXI-14 *	XXXII-1*, XXXII-2* ... XXXII-14**
Brésil (1983) +	TOUTES exc. la Mesure 1	XXIX-1 *, XXIX-2 *, XXIX-3 **, XXIX-4 ***	XXX-1 *, XXX-2 *, XXX-3 **	XXXI-1 *, XXXI-2 *, ... XXXI-14 *	XXXII-1*, XXXII-2* .. XXXII-14**
Bulgarie (1998) +	XXVIII-2 *, XXVIII-3 *, XXVIII-4 *, XXVIII-5 **	XXIX-1 *, XXIX-2 *, XXIX-3 **, XXIX-4 ***	XXX-1 *, XXX-2 *, XXX-3 **	XXXI-1 *, XXXI-2 *, ... XXXI-14 *	XXXII-1*, XXXII-2* .. XXXII-14**
Chili	TOUTES exc. la Mesure 1	XXIX-1 *, XXIX-2 *, XXIX-3 **, XXIX-4 ***	XXX-1 *, XXX-2 *, XXX-3 **	XXXI-1 *, XXXI-2 *, ... XXXI-14 *	XXXII-1*, XXXII-2* ... XXXII-14**
Chine (1985) +	XXVIII-2 *, XXVIII-3 *, XXVIII-4 *, XXVIII-5 **	XXIX-1 *, XXIX-2 *, XXIX-3 **, XXIX-4 ***	XXX-1 *, XXX-2 *, XXX-3 **	XXXI-1 *, XXXI-2 *, ... XXXI-14 *	XXXII-1*, XXXII-2* ... XXXII-14**
Équateur (1990) +	XXVIII-1, XXVIII-2 *, XXVIII-3 *, XXVIII-4 *, XXVIII-5 **	XXIX-1 *, XXIX-2 *, XXIX-3 **, XXIX-4 ***	XXX-1 *, XXX-2 *, XXX-3 **	XXXI-1 *, XXXI-2 *, ... XXXI-14 *	XXXII-1*, XXXII-2* ... XXXII-14**
Finlande (1989) +	XXVIII-1, XXVIII-2 *, XXVIII-3 *, XXVIII-4 *, XXVIII-5 **	XXIX-1 *, XXIX-2 *, XXIX-3 **, XXIX-4 ***	XXX-1 *, XXX-2 *, XXX-3 **	XXXI-1 *, XXXI-2 *, ... XXXI-14 *	XXXII-1*, XXXII-2* ... XXXII-14**, XXXII-16
France	XXVIII-2 *, XXVIII-3 *, XXVIII-4 *, XXVIII-5 **	XXIX-1 *, XXIX-2 *, XXIX-3 **, XXIX-4 ***	XXX-1 *, XXX-2 *, XXX-3 **	XXXI-1 *, XXXI-2 *, ... XXXI-14 *	XXXII-1*, XXXII-2* ... XXXII-14**, XXXII-15
Allemagne (1981) +	XXVIII-2 *, XXVIII-3 *, XXVIII-4 *, XXVIII-5 **	XXIX-1 *, XXIX-2 *, XXIX-3 **, XXIX-4 ***	XXX-1 *, XXX-2 *, XXX-3 **	XXXI-1 *, XXXI-2 *, ... XXXI-14 *	XXXII-1*, XXXII-2* ... XXXII-14**
Inde (1983) +	XXVIII-2 *, XXVIII-3 *, XXVIII-4 *, XXVIII-5 **	XXIX-1 *, XXIX-2 *, XXIX-3 **, XXIX-4 ***	XXX-1 *, XXX-2 *, XXX-3 **	XXXI-1 *, XXXI-2 *, ... XXXI-14 *	XXXII-1*, XXXII-2* ... XXXII-14**
Italie (1987) +	XXVIII-2 *, XXVIII-3 *, XXVIII-4 *, XXVIII-5 **	XXIX-1 *, XXIX-2 *, XXIX-3 **, XXIX-4 ***	XXX-1 *, XXX-2 *, XXX-3 **	XXXI-1 *, XXXI-2 *, ... XXXI-14 *	XXXII-1*, XXXII-2* ... XXXII-14**, XXXII-15
Japon	XXVIII-2 *, XXVIII-3 *, XXVIII-4 *, XXVIII-5 **	XXIX-1 *, XXIX-2 *, XXIX-3 **, XXIX-4 ***	XXX-1 *, XXX-2 *, XXX-3 **	XXXI-1 *, XXXI-2 *, ... XXXI-14 *	XXXII-1*, XXXII-2* ... XXXII-14**, XXXII-15
République de Corée (1989) +	TOUTES exc. la Mesure 1	XXIX-1 *, XXIX-2 *, XXIX-3 **, XXIX-4 ***	XXX-1 *, XXX-2 *, XXX-3 **	XXXI-1 *, XXXI-2 *, ... XXXI-14 *	XXXII-1*, XXXII-2* ... XXXII-14**
Pays-Bas (1990) +	TOUTES exc. la Mesure 1	TOUTES	TOUTES	TOUTES	XXXII-1, XXXII-2, ... XXXII-14
Nouvelle-Zélande	XXVIII-2 *, XXVIII-3 *, XXVIII-4 *, XXVIII-5 **	XXIX-1 *, XXIX-2 *, XXIX-3 **, XXIX-4 ***	XXX-1 *, XXX-2 *, XXX-3 **	XXXI-1 *, XXXI-2 *, ... XXXI-14 *	XXXII-1*, XXXII-2* ... XXXII-14**
Norvège	XXVIII-5 **, TOUTES	XXIX-1 *, XXIX-2 *, XXIX-3 **, XXIX-4 ***	XXX-1 *, XXX-2 *, XXX-3 **	XXXI-1 *, XXXI-2 *, ... XXXI-14 *	XXXII-1*, XXXII-2* ... XXXII-14**
Pérou (1989) +	TOUTES	TOUTES	XXX-1 *, XXX-2 *, XXX-3 **	XXXI-1 *, XXXI-2 *, ... XXXI-14 *	XXXII-1*, XXXII-2* ... XXXII-14**
Pologne (1977) +	XXVIII-2 *, XXVIII-3 *,	TOUTES	TOUTES	XXXI-1 *, XXXI-2 *, ... XXXI-14 *	XXXII-1*, XXXII-2* ... XXXII-14**
Russie	XXVIII-2 *, XXVIII-3 *,	XXIX-1 *, XXIX-2 *, XXIX-3 **, XXIX-4 ***	XXX-1 *, XXX-2 *, XXX-3 **	XXXI-1 *, XXXI-2 *, ... XXXI-14 *	XXXII-1*, XXXII-2* ... XXXII-14**

3. Rapports des gouvernements dépositaires et des observateurs

Afrique du Sud	XXVIII-4 *, XXVIII-5 **, XXVIII-2 *, XXVIII-3 *, XXVIII-4 *, XXVIII-5 **, XXVIII-1, XXVIII-2 *, XXVIII-3 *, XXVIII-4 *,	XXIX-4 ***		XXXI-1*, XXXI-2*, … XXXI-14 *	XXXII-1*, XXXII-2*, … XXXII-14**
Espagne (1988) +	XXVIII-3 *, XXVIII-4 *, XXVIII-5 **	TOUTES XXIX-1*, XXIX-2 *, XXIX-3 **, XXIX-4 ***	XXX-1 *, XXX-2 *, XXX-3 **	XXXI-1*, XXXI-2*, … XXXI-14 *	XXXII-1*, XXXII-2*, … XXXII-14**
Suède (1988) +	XXVIII-3 *, XXVIII-4 *, XXVIII-5 **	XXIX-1*, XXIX-2 *, XXIX-3 **, XXIX-4 ***	XXX-1 *, XXX-2 *, XXX-3 **	XXXI-1*, XXXI-2*, … XXXI-14 *	XXXII-1*, XXXII-2*, … XXXII-14**
Ukraine (2004) +	XXVIII-2 *, XXVIII-3 *, XXVIII-4 *, XXVIII-5 **	XXIX-1*, XXIX-2 *, XXIX-3 **, XXIX-4 ***	XXX-1 *, XXX-2 *, XXX-3 **	XXXI-1*, XXXI-2*, … XXXI-14 *	XXXII-1*, XXXII-2*, … XXXII-14**
Royaume-Uni	XXVIII-2 *, XXVIII-3 *, XXVIII-4 *, XXVIII-5 **	XXIX-1*, XXIX-2 *, XXIX-3 **, XXIX-4 ***	XXX-1 *, XXX-2 *, XXX-3 **	XXXI-1*, XXXI-2*, … XXXI-14 *	XXXII-1*, XXXII-2*, … XXXII-14**
Uruguay (1985) +	XXVIII-2 *, XXVIII-3 *, XXVIII-4 *, XXVIII-5 **	XXIX-1 *, XXIX-2 *, XXIX-3 **, XXIX-4 ***	XXX-1 *, XXX-2 *, XXX-3 **	XXXI-1*, XXXI-2*, … XXXI-14 *	XXXII-1*, XXXII-2*, … XXXII-14**
États-Unis	XXVIII-4 *, XXVIII-5 **	XXIX-1 *, XXIX-2 *, XXIX-3 **, XXIX-4 ***	XXX-1 *, XXX-2 *, XXX-3 **	XXXI-1*, XXXI-2*, … XXXI-14 *	XXXII-1*, XXXII-2*, … XXXII-14**

+ Année d'obtention du statut consultatif. Acceptation par cet État de mettre en application les Recommandations ou Mesures des réunions tenues à partir de cette année-là.

* Les plans de gestion annexés à cette Mesure étaient estimés approuvés conformément à l'article 6 (1) de l'annexe V du Protocole au Traité sur l'Antarctique relatif à la protection de l'environnement et à la Mesure ne précisant pas de méthode d'approbation alternative.

** La Liste des sites et monuments historiques révisée et mise à jour, annexée à cette Mesure, était estimée approuvée conformément à l'article 8 (2) de l'annexe V du Protocole au Traité sur l'Antarctique relatif à la protection de l'environnement et à la Mesure ne précisant pas de méthode d'approbation alternative.

***Modification de l'appendice A à l'annexe II du Protocole au Traité sur l'Antarctique relatif à la protection de l'environnement estimée approuvée conformément à l'article 9(1) de l'annexe II du Protocole au Traité sur l'Antarctique relatif à la protection de l'environnement et à la Mesure ne précisant pas de méthode d'approbation alternative.

Approbation, telle que notifiée au gouvernement des États-Unis d'Amérique, des mesures relatives à la poursuite des principes et objectifs du Traité sur l'Antarctique

15 Mesures
adoptées lors de la trente-troisième réunion
(Punta del Este, 2010)
Approuvées

Afrique du Sud	XXXIII-1 - XXXIII-14* et XXXIII-15**
Allemagne (1981) +	XXXIII-1 - XXXIII-14* et XXXIII-15**
Argentine	XXXIII-1 - XXXIII-14* et XXXIII-15**
Australie	XXXIII-1 - XXXIII-14* et XXXIII-15**
Belgique	XXXIII-1 - XXXIII-14* et XXXIII-15**
Brésil (1983) +	XXXIII-1 - XXXIII-14* et XXXIII-15**
Bulgarie (1998) +	XXXIII-1 - XXXIII-14* et XXXIII-15**
Chili	XXXIII-1 - XXXIII-14* et XXXIII-15**
Chine (1985) +	XXXIII-1 - XXXIII-14* et XXXIII-15**
République de Corée (1989)+	XXXIII-1 - XXXIII-14* et XXXIII-15**
Équateur (1990) +	XXXIII-1 - XXXIII-14* et XXXIII-15**
Espagne (1988) +	XXXIII-1 - XXXIII-14* et XXXIII-15**
États-Unis	XXXIII-1 - XXXIII-14* et XXXIII-15**
Finlande (1989) +	XXXIII-1 - XXXIII-14* et XXXIII-15**
France	XXXIII-1 - XXXIII-14* et XXXIII-15**
Inde (1983) +	XXXIII-1 - XXXIII-14* et XXXIII-15**
Italie (1987) +	XXXIII-1 - XXXIII-14* et XXXIII-15**
Japon	XXXIII-1 - XXXIII-14* et XXXIII-15**
Nouvelle-Zélande	XXXIII-1 - XXXIII-14* et XXXIII-15**
Norvège	XXXIII-1 - XXXIII-14* et XXXIII-15**
	TOUTES
Pays-Bas (1990) +	XXXIII-1 - XXXIII-14* et XXXIII-15**
Pérou (1989) +	XXXIII-1 - XXXIII-14* et XXXIII-15**
Pologne (1977) +	XXXIII-1 - XXXIII-14* et XXXIII-15**
Royaume-Uni	XXXIII-1 - XXXIII-14* et XXXIII-15**
Russie	XXXIII-1 - XXXIII-14* et XXXIII-15**
Suède (1988) +	XXXIII-1 - XXXIII-14* et XXXIII-15**
Ukraine (2004) +	XXXIII-1 - XXXIII-14* et XXXIII-15**
Uruguay (1985) +	XXXIII-1 - XXXIII-14* et XXXIII-15**

+ Année d'obtention du statut consultatif. Acceptation par cet État de mettre en application les Recommandations ou Mesures des réunions tenues à partir de cette année-là.

*Les plans de gestion annexés à ces Mesures estimés approuvés conformément à l'article 6 (1) de l'annexe V du Protocole au Traité sur l'Antarctique relatif à la protection de l'environnement et à la Mesure ne précisant pas de méthode d'approbation alternative.

**Addition à la Liste des sites et monuments historiques estimée approuvée conformément à l'article 8 (2) de l'annexe V du Protocole au Traité sur l'Antarctique relatif à la protection de l'environnement et à la Mesure ne précisant pas de méthode d'approbation alternative.

Bureau du Conseiller juridique adjoint pour les questions relatives au Traité
Département d'État,
Washington, le 9 mai 2011.

Rapport présenté à la XXXIVe Réunion consultative du Traité sur l'Antarctique par le Gouvernement dépositaire de la Convention pour la protection des phoques de l'Antarctique conformément à l'alinéa d) du paragraphe 2 de la recommandation XIII-2

Document soumis par le Royaume-Uni

Le présent rapport document couvre les faits nouveaux dont a été l'objet la Convention pour la protection des phoques de l'Antarctique pour l'année de référence qui va du 1er mars 2009 au 28 février 2010.

On trouvera à l'annexe A une liste de tous les phoques de l'Antarctique qui ont été capturés et tués durant la période de référence par les Parties contractantes à la Convention pour la protection des phoques de l'Antarctique. Un rapport sur les faits survenus pendant l'année 2010-2011 sera présenté à la XXXVe Réunion consultative du Traité sur l'Antarctique dès que la date limite fixée au mois de juin 2011 pour l'échange d'informations aura été dépassée.

Le Royaume-Uni souhaite rappeler aux Parties contractantes à la Convention que la période de référence relative à l'échange d'informations s'étend du 1er mars à la fin du mois de février de chaque année. La période de référence a en effet été modifiée à la réunion de septembre 1988, qui avait été convoquée pour examiner le fonctionnement de la Convention. Pour de plus amples informations, voir à l'alinéa a) du paragraphe 19 du rapport de cette réunion.

L'échange d'informations, dont il est fait mention à l'alinéa a) du paragraphe 6 de l'annexe de la Convention, doit être soumis à d'autres Parties contractantes et au Comité scientifique pour la recherche en Antarctique pour le **30 juin** au plus tard de chaque année, y compris les chiffres zéro. Le Royaume-Uni tient à remercier toutes les Parties contractantes à la Convention d'avoir fourni ces information à temps pour permettre au Royaume-Uni de soumettre un rapport complet à la XXXIVe Réunion consultative du Traité sur l'Antarctique. Le Royaume-Uni voudrait cependant continuer à encourager toutes les Parties contractantes à la Convention à soumettre les renseignements demandés avant la date limite du 30 juin de telle sorte que tous les renseignements pertinents aient été fournis.

Depuis la XXXIIIe Réunion consultative du Traité sur l'Antarctique, aucun autre pays n'a adhéré à la Convention pour la protection des phoques de l'Antarctique. On trouvera à l'annexe B du présent rapport une liste des pays qui ont été les premiers à signer la Convention et de ceux qui y ont adhéré ultérieurement.

Mars 2011

CONVENTION POUR LA PROTECTION DES PHOQUES DE L'ANTARCTIQUE (CCAS)

Résumé des rapports présentés conformément à l'article 5 et à l'annexe de la Convention : phoques capturés et tués durant la période allant du 1er mars 2009 au 28 février 2010

Partie contractante	Phoques de l'Antarctique capturés	Phoques de l'Antarctique tués
Afrique du Sud	Aucun	Aucun
Allemagne	Aucun	Aucun
Argentine	34[a]	Aucun
Australie	Aucun	Aucun
Belgique	Aucun	Aucun
Brésil	103[b]	Aucun
Canada	Aucun	Aucun
Chili	Aucun	Aucun
États-Unis d'Amérique	1210[d]	1[e]
Fédération de Russie	Aucun	Aucun
France	150[c]	Aucun
Italie	Aucun	Aucun
Japon	Aucun	Aucun
Norvège	Aucun	Aucun
Pologne	Aucun	Aucun
Royaume-Uni	Aucun	Aucun

[a] 34 éléphants de mer
[b] 103 éléphants de mer
[c] 150 phoques de Weddell
[d] 630 otaries à fourrure de l'Antarctique, 460 phoques de Weddell, 50 éléphants de mer, 30 léopards de mer, 35 phoques crabiers, 5 phoques de Ross
[e] 1 phoque de Weddell

Toutes les captures déclarées l'ont été à des fins de recherche scientifique.

CONVENTION POUR LA PROTECTION DES PHOQUES DE L'ANTARCTIQUE (CCAS)

Londres, 1er juin – 31 décembre 1972

(La Convention est entrée en vigueur le 11 mars 1978)

État	Date de la signature	Date du dépôt (ratification ou acceptation)
Afrique du Sud	9 juin 1972	15 août 1972
Argentine[1]	9 juin 1972	7 mars 1978
Australie	5 octobre 1972	1er juillet 1987
Belgique	9 juin 1972	9 février 1978
Chili[1]	28 décembre 1972	7 février 1980
États-Unis d'Amérique[2]	28 juin 1972	19 janvier 1977
Fédération de Russie[1,2,4]	9 juin 1972	8 février 1978
France[2]	19 décembre 1972	19 février 1975
Japon	28 décembre 1972	28 août 1980
Norvège	9 juin 1972	10 décembre 1973
Royaume-Uni[2]	9 juin 1972	10 septembre 1974[3]

ACCESSIONS

État	Date du dépôt de l'instrument d'adhésion
Allemagne, République fédérale d'	30 septembre 1987
Brésil	11 février 1991
Canada	4 octobre 1990
Italie	2 avril 1992
Pologne	15 août 1980

[1] Déclaration ou réserve
[2] Objection
[3] L'instrument de ratification comprenait les îles de la Manche et l'île du Man.
[4] Ancienne Union des Républiques socialistes soviétiques

Rapport du Gouvernement dépositaire de la Convention sur la conservation de la faune et de la flore marines de l'Antarctique (CCAMLR)

Résumé

L'Australie, en sa qualité de dépositaire de la Convention de 1980 sur la conservation de la faune et de la flore marines de l'Antarctique, soumet un rapport sur le statut de la convention.

Rapport du dépositaire

L'Australie, en sa qualité de dépositaire de la Convention de 1980 sur la conservation de la faune et de la flore marines de l'Antarctique (ci-après dénommée la « Convention »), a le plaisir de faire rapport à la trente-quatrième Réunion consultative du Traité sur l'Antarctique sur le statut de cette convention.

Elle informe les Parties au Traité sur l'Antarctique que, depuis la trente-troisième Réunion consultative du Traité sur l'Antarctique, aucun État n'a accédé à la convention.

Un exemplaire de la liste des membres de la Convention est disponible, par l'Internet, sur la base de données australienne des traités, à l'adresse suivante :
http://www.austlii.edu.au/au/other/dfat/treaty_list/depository/CCAMLR.html

Cette liste est également disponible, sur demande, auprès du Secrétariat chargé des traités du Ministère australien des Affaires étrangères et du Commerce extérieur. Les demandes peuvent être transmises par le truchement des missions diplomatiques australiennes.

Rapport du Gouvernement dépositaire de l'Accord sur la conservation des albatros et des pétrels (ACAP)

Résumé

L'Australie, en sa qualité de dépositaire de l'Accord de 2001 sur la conservation des albatros et des pétrels, soumet un rapport sur le statut de cet accord.

Rapport du dépositaire

En sa qualité de dépositaire de l'Accord de 2001 sur la conservation des albatros et des pétrels (ci-après dénommé l' « Accord »), l'Australie a le plaisir de faire rapport à la trente-quatrième Réunion consultative du Traité sur l'Antarctique sur le statut de cet accord.

Elle informe les Parties au Traité sur l'Antarctique que, depuis la trente-troisième Réunion consultative du Traité sur l'Antarctique, aucun État n'a accédé à cet Accord.

Un exemplaire de la liste des membres de l'Accord est disponible, par l'Internet, sur la base de données australienne des traités, à l'adresse suivante :

http://www.austlii.edu.au/au/other/dfat/treaty_list/depository/consalbnpet.html

Cette liste est également disponible, sur demande, auprès du Secrétariat chargé des traités du Ministère australien des Affaires étrangères et du Commerce extérieur. Les demandes peuvent être transmises par le truchement des missions diplomatiques australiennes.

Rapport de l'observateur de la CCAMLR à la trente-quatrième réunion consultative du Traité sur l'Antarctique

Introduction

1. La vingt-neuvième réunion annuelle de la Commission pour la conservation de la faune et la flore marines de l'Antarctique s'est tenue à Hobart (Tasmanie, Australie), du 25 octobre au 5 novembre 2010, sous la présidence de son Excellence Monsieur l'Ambassadeur Don Mackay (Nouvelle-Zélande).

2. Les 25 membres de la Commission étaient représentés.

Comité permanent sur l'administration et les finances

3. La Commission a pris note de l'avis du SCAF sur la proposition du secrétaire exécutif d'effectuer une évaluation du plan stratégique de 2002 et d'en présenter les conclusions à CCAMLR-XXX.

4. De plus, la Commission a approuvé les recommandations du SCAF selon lesquelles un groupe informel à composition non limitée envisagera, entre autres, de mener un examen exhaustif du règlement financier de la CCAMLR et, le cas échéant, de préparer des projets d'amendements, notamment en ébauchant des principes d'investissement.

Comité scientifique

Espèces exploitées

Ressources de krill

5. En 2009/10, six Membres ont mené des opérations de pêche au krill dans les sous-zones 48.1, 48.2 et 48.3 ; la capture provenait principalement de la sous-zone 48.1. La capture totale déclarée au 24 octobre s'élevait à 211 180 tonnes[1].

6. La pêcherie de krill de la sous-zone 48.1 a fermé quand la capture a atteint 99% du niveau de déclenchement pour la sous-zone (155 000 tonnes). La capture dans la sous-zone 48.1 est la plus importante jamais enregistrée dans cette sous-zone. Pour la première fois, une sous-zone a fermé en raison de l'atteinte d'un des niveaux de déclenchement proportionnel mis en place en 2009 (mesure de conservation (MC) 51-07).

7. Sept Membres ont adressé, pour un total de 15 navires et une capture prévue de 410 000 tonnes, des notifications de projets de pêche au krill pour 2010/11 ; aucune notification de projet de pêche exploratoire de krill n'a été soumise.

8. La Commission a approuvé la recommandation du Comité scientifique sur le calcul des estimations de B_0 pour le krill. L'estimation révisée de B_0 pour les sous-zones 48.1, 48.2, 48.3 et 48.4 s'élevait à 60,3 millions de tonnes avec un CV d'échantillonnage de 12,8%, ce qui représente la meilleure estimation de la biomasse du krill calculée à partir de la campagne CCAMLR-2000.

9. La Commission a pris note de la limite de précaution de la capture de krill, révisée par le Comité scientifique à 5,61 millions de tonnes pour les sous-zones 48.1 à 48.4, et décidé que cette valeur serait appropriée pour une révision de la MC 51-01. Elle a noté que le niveau actuel du déclenchement n'est pas lié à l'évaluation de B_0 et qu'il resterait fixé à 620 000 tonnes pour les sous-zones 48.1 à 48.4.

10. La Commission a également pris note de la nécessité d'étudier l'impact potentiel du changement climatique sur la variabilité du recrutement et décidé qu'un examen exhaustif de l'influence de la variabilité du recrutement sur le calcul d'un rendement admissible devait être réalisé.

---

[1] Le total des captures de krill déclaré pour la zone de la Convention en 2009/10 était de 211 974 tonnes (Chine 1 946 tonnes ; Japon 29 919 tonnes ; République de Corée 45 648 tonnes ; Norvège 119 401 tonnes ; Pologne 6 995 tonnes ; et Russie 8 065 tonnes) (*Bulletin statistique de la CCAMLR*, Volume 23, 2011).

Ressource de légine

11.   En 2009/10, 11 Membres ont pêché de la légine dans les sous-zones 48.3, 48.4, 48.6, 58.6, 58.7, 88.1 et 88.2 et les divisions 58.4.1, 58.4.2, 58.4.3b, 58.5.1 et 58.5.2 ; le Japon a également mené des activités de pêche de recherche dans les divisions 58.4.4a et 58.4.4b. La capture totale déclarée au 24 septembre s'élevait à 11 860 tonnes[2].

Ressource de poisson des glaces

12.   En 2009/10, trois Membres ont pêché le poisson des glaces dans la sous-zone 48.3 et la division 58.5.2 et la capture déclarée au 24 septembre était de 378 tonnes[3].

Changement climatique

13.   La Commission a pris note des conclusions du rapport du SCAR intitulé Changement climatique en Antarctique et environnement (ACCE) ainsi que des recommandations du Comité scientifique sur des interventions possibles de la CCAMLR en vue de la protection de sites et d'espèces qui risquent d'être particulièrement vulnérables au changement climatique.

14.   Le président du Comité scientifique fait observer que, alors qu'aucun avis stratégique sur la question du changement climatique n'a été émis à la présente réunion, ce point n'en demeure pas moins un élément important de l'ordre du jour du Comité.

Activités du Comité scientifique

15.   La Commission a pris note des discussions importantes menées au sein du Comité scientifique sur les travaux qu'il prévoyait pour les 2 ou 3 prochaines années et en a approuvé les trois priorités : i) la gestion par retour d'informations de la pêcherie de krill, ii) l'évaluation des pêcheries de légine (principalement des pêcheries exploratoires), et iii) les AMP et l'affectation des tâches à ses groupes de travail.

16.   La Commission a approuvé les termes du programme de bourse scientifique de la CCAMLR. Alors que ce programme devrait être financé par le Fonds spécial de renforcement des capacités scientifiques générales, à long terme, il dépendrait des fonds supplémentaires que pourraient y apporter la Commission et les Membres.

Pêche de fond

17.   La Commission a pris note des discussions et des avis sur la pêche de fond et les VME, qui ont été offerts par le Comité scientifique, tels que :

i)   la création d'un glossaire terminologique et d'un schéma conceptuel ;

ii)   l'examen de deux approches alternatives pour définir le terme « écosystème marin vulnérable » ;

iii)   l'estimation de l'impact cumulatif de la pêche à la palangre de fond sur les communautés benthiques et sur les taxons de VME ;

iv)   l'examen des évaluations préliminaires d'impact présentées par les Membres qui ont notifié leur intention de participer aux pêcheries exploratoires en 2010/11 ;

v)   l'examen des VME notifiés conformément à la MC 22-06 et des découvertes possibles de VME notifiées conformément à la MC 22-07 ;

vi)   la production par le WG-FSA d'un compte rendu sur les pêcheries de fond et écosystèmes marins vulnérables.

18.   La Commission a approuvé les aspects ci-dessous des travaux du Comité scientifique :

---

[2] Le total des captures de légine déclaré pour la zone de la Convention en 2009/10 était de 14 518 tonnes (*Bulletin statistique de la CCAMLR*, Volume 23, 2011).

[3] Le total des captures de poisson des glaces déclaré pour la zone de la Convention en 2009/10 était de 364 tonnes (*Bulletin statistique de la CCAMLR*, Volume 23, 2011).

i)   un glossaire des termes et un schéma conceptuel liés à l'examen et à la gestion des VME dans la zone de la CCAMLR ;

ii)   l'élaboration d'avis sur des mesures de gestion de précaution qui pourraient être prises pour atténuer les risques immédiats pour les VME sans définition d'un VME ;

iii)   la révision de l'annexe A de la MC 22-06, pour faciliter les travaux d'estimation de l'empreinte écologique spatiale et l'impact potentiel des activités de pêche notifiées pour les saisons de pêche à venir ;

iv)   l'inclusion dans le registre des VME de deux nouveaux sites ayant été identifiés pendant une campagne d'évaluation par chalutage indépendante de la pêcherie dans la sous-zone 48.2.

19.   La Commission a noté le plan de travail du Comité scientifique sur les VME et sur d'autres questions s'y rapportant, qui, pour la plupart, sont à l'ordre du jour de 2012 et de 2013 et a décidé de réviser la MC 22-07 en 2012.

Mortalité accidentelle des oiseaux et des mammifères marins dans les activités de pêche

20.   La Commission a noté que, bien que le groupe de travail sur la mortalité accidentelle liée à la pêche (WG-IMAF) ne se soit pas réuni cette année, il est important de continuer à examiner les informations liées à l'IMAF.

Aires marines protégées

21.   La Commission a approuvé les attributions et les objectifs fixés par un atelier sur les AMP qui aura lieu en France en août 2011. Il est proposé, au cours de cet atelier, d'évaluer les progrès réalisés, de partager l'expérience acquise sur différentes méthodes de sélection des sites de protection proposés, d'évaluer les projets d'AMP proposés pour la zone de la Convention CAMLR et d'établir un programme de travail pour identifier les AMP dans le plus grand nombre possible de régions.

22.   La Commission a approuvé le plan de gestion révisé de la ZSPA N°149, du cap Shirreff et des îles San Telmo.

23.   La Commission a souscrit à la recommandation selon laquelle dans le cadre de la procédure d'établissement d'une AMP, il conviendrait d'élaborer un programme de recherche et de suivis qui serait mis en œuvre en fonction d'un calendrier donné (disons 3 à 5 années) et que la mise en place de cette procédure et du programme de suivis pourrait se faire soit par étapes, soit simultanément.

Pêche INN dans la zone de la Convention

24.   Sept navires ont été observés en activité de pêche INN dans la zone de la Convention en 2009/10 ; tous auraient utilisé des filets maillants.

Pêcheries nouvelles ou exploratoires

25.   La Commission a noté que le WG-FSA et le Comité scientifique avaient dressé le bilan de l'évaluation des pêcheries exploratoires de *Dissostichus* spp. Nombre de ces pêcheries sont considérées comme des « pêcheries exploratoires pauvres en données », comme celles des sous-zones 48.6 et 58.4, car les données sont actuellement en nombre insuffisant pour permettre l'évaluation des stocks et ce, dans certains cas, malgré plusieurs années consacrées à un programme structuré de recherche et de marquage.

Mesures de conservation

26.   Les mesures de conservation et les résolutions adoptées lors de la XXIXe réunion de la CCAMLR ont été publiées dans la *Liste des mesures de conservation en vigueur 2010/11* (www.ccamlr.org/pu/f/f_pubs/cm/drt.htm).

Coopération avec d'autres éléments du Système du Traité sur l'Antarctique

Coopération avec les Parties consultatives au Traité sur l'Antarctique

27.   La Commission a pris note de la discussion de la RCTA sur l'élaboration des Directives de l'OMI pour les navires exploités dans les eaux polaires et encouragé les Membres à s'engager pleinement dans cette procédure, ainsi que dans les travaux de la Commission hydrographique sur l'Antarctique (CHA) de l'Organisation hydrographique internationale (OHI), mais elle a constaté que plusieurs secteurs de la zone de la Convention CAMLR n'avaient pas fait l'objet d'une étude hydrographique conformément à des normes modernes.

28.   Aucune des résolutions ou décisions prises lors de la XXXIIIe RCTA et de la XIIIe CPE ne dépendait d'une décision de la XXIXe réunion de la CCAMLR, mais la Commission a pris note de l'adoption de la Résolution 5 (2010) « Coordination entre les Parties au Traité sur l'Antarctique sur les propositions antarctiques en cours d'examen à l'OMI » et de la Décision 1 « Recueil des principaux documents du système du Traité sur l'Antarctique ».

Coopération avec le SCAR

29.   La Commission a accepté les attributions d'un groupe d'action conjoint CCAMLR–SCAR dont l'objectif sera d'améliorer l'alliance stratégique entre les deux organisations et a fait remarquer que cela servira les objectifs de la Commission ainsi que ceux du Comité scientifique.

Mise en œuvre des objectifs de la Convention

Évaluation de la performance

30.   La Commission a déterminé que l'évaluation de la performance devrait rester une question prioritaire à laquelle la Commission devrait prêter attention lors de ses prochaines réunions. L'état d'avancement de l'examen par la Commission des recommandations émises suite à l'évaluation peut être consulté à l'adresse www.ccamlr.org/pu/F/revpanrep.htm.

Élection du président

31.   La Commission a élu la Norvège à la présidence de la Commission pour la période comprise entre la fin de la réunion de 2010 et la fin de la réunion de 2012.

Date et lieu de la prochaine réunion

32.   La Commission est convenue que sa trentième réunion se tiendra du 24 octobre au 4 novembre 2011 à Hobart (Australie).

30e anniversaire de la Convention CAMLR

33.   Le 7 avril 2012 marquera le 30e anniversaire de l'entrée en vigueur de la Convention pour la conservation de la faune et la flore marines de l'Antarctique.

Références à CCAMLR-XXIX : sujets de discussion et décisions

Le rapport de CCAMLR-XXIX peut être téléchargé à partir de :
www.ccamlr.org/pu/f/f_pubs/cr/drt.htm

Sujets de discussion et décisions	Paragraphes de CCAMLR-XXIX
1. Finances et administration	3.1-3.33
1. Questions générales liées à la pêche	
1.1 Capture des pêcheries en 2009/10	4.5-4.58
1.2 Mesures de réglementation des pêcheries	12.1–12.78
1.3 Pêche de fond + VME	5.1–5.7, 12.12–12.13
1.4 Mesures d'atténuation	6.1, 6.3–6.7
1.5 Système international d'observation scientifique	4.75, 10.1–10.6
1.6 Changement climatique	4.31, 4.59–4.61, 13.8
1.7 Pêcheries nouvelles ou exploratoires	11.1–11.27
2. Pêche INN dans la zone de la Convention	
2.1 Niveaux actuels	9.1–9.9
2.2 Listes des navires INN	9.16–9.35
3. Respect général de la réglementation	
3.1 Respect des mesures de conservation	8.2–8.8
3.2 Mesures commerciales	8.1–8.22
3.3 Procédure d'évaluation de la conformité	8.9–8.10
4. Approche écosystémique de la gestion des pêcheries	
4.1 Gestion de l'écosystème centré sur le krill	4.7–4.32
4.2 Mortalité accidentelle des oiseaux/ mammifères marins	6.3–6.7
4.3 Débris marins	6.2
5. Aires marines protégées	
5.1 Zones protégées	7.1–7.20
6. Collaboration avec le Système du Traité sur l'Antarctique	
6.1 RCTA	13.1–13.6
6.2 SCAR	13.7–13.8
7. Coopération avec d'autres organisations internationales	
7.1 ACAP	14.1
7.2 Autres	14.2–14.5
8. Évaluation de la performance de la CCAMLR	
7.1 Généralités	15.1–15.9

Synthèse du rapport annuel 2010 du Comité scientifique pour les recherches antarctiques (SCAR)

1. Contexte

Le Comité scientifique pour les recherches antarctiques (SCAR) est un organe scientifique interdisciplinaire et non-gouvernemental du Conseil international pour la science (CIUS) et il participe au Traité sur l'Antarctique et à la Convention-cadre des Nations unies sur les changements climatiques en qualité d'observateur.

Le SCAR joue le rôle de principal facilitateur et coordinateur indépendant et non-gouvernemental, et sa mission est d'encourager l'excellence dans la recherche et la science relatives à l'Antarctique et à l'océan austral. Deuxièmement, il incombe au SCAR de fournir au système du Traité sur l'Antarctique et à d'autres décideurs politiques des conseils de bonne qualité axés sur la science et indépendants, y compris concernant l'utilisation de la science en vue d'identifier les tendances émergentes et de sensibiliser les décideurs à ces questions.

2. Introduction

Les recherches scientifiques du SCAR renforcent les efforts nationaux en permettant aux chercheurs de chaque pays de collaborer dans le cadre de programmes scientifiques à grande échelle afin d'atteindre des objectifs difficilement réalisables par un seul pays. Les membres du SCAR comptent actuellement les académies scientifiques issues de 36 nations et 9 unions scientifiques du CIUS.

Le SCAR fournit des conseils scientifiques indépendants en faveur de la gestion sage de l'environnement antarctique, en partenariat avec les Parties du Traité sur l'Antarctique et d'autres organes tels que le CPE, la CCAMLR, le COMNAP et l'ACAP.

La réussite du SCAR dépend de la qualité et des délais de ses résultats scientifiques, qui sont pour la plupart examinés par un processus externe d'évaluation par les pairs. Une description des programmes de recherche et des résultats scientifiques du SCAR est disponible sur le site www.scar.org et résumée dans le présent document.

Le SCAR présente dans un bulletin électronique trimestriel les questions scientifiques ou autres pertinentes au SCAR (http://www.scar.org/news/newsletters/issues2011/SCARnewsletter26_Mar2011.pdf). Veuillez écrire à l'adresse électronique info@scar.org pour faire partie de la liste d'envoi.

3. Faits saillants passés et futurs du SCAR

(i) Faits saillants 2010 du SCAR :

1. Le SCAR a publié son nouveau plan stratégique 2011-2016 (http://www.scar.org/strategicplan2011/) intitulé « La science antarctique et conseils sur les politiques dans un monde en mutation ». Le nouveau plan stratégique du SCAR 2011-2016 vise à stimuler un sentiment de dévouement et d'engagement parmi les membres du SCAR et la communauté pour laquelle il œuvre afin de s'assurer que la vision, la mission et les objectifs de l'organisation se réalisent. Le plan stratégique donne une orientation à la prise de décisions collective quant aux priorités à établir et à l'affectation des ressources.

2. Les séances de travail, la conférence scientifique publique (« *Open Science Conference* ») ainsi que la réunion des délégués du SCAR se sont tenues en août 2010 à Buenos Aires, Argentine. Plus de 800 participants ont assisté à la conférence scientifique publique et le nombre considérable d'étudiants et de jeunes chercheurs a été particulièrement apprécié.

3. Plusieurs nouveaux groupes de recherche du SCAR ont obtenu l'approbation officielle lors de la réunion des délégués de Buenos Aires, y compris le Programme de recherche scientifique sur l'astronomie et l'astrophysique antarctique (AAA-SRP), des groupes d'action dont les travaux sont consacrés à l'acidification de l'océan austral, l'acquisition de données multifaisceaux et les aérosols

et nuages antarctiques. De nouveaux groupes d'experts sur l'évolution de l'intendance technologique et environnementale pour l'exploration sous-glaciaire en Antarctique (ATHENA - *Advancing TecHnological and ENvironmental stewardship for subglacial exploration in Antarctica*) et sur la météorologie opérationnelle dans l'Antarctique (OPMet) ont également été créés. Pour plus de renseignements, veuillez consulter le rapport complet du SCAR, disponible sur le site Web : www.scar.org.

4. La planification de la prochaine génération de programmes de recherche scientifique a été concrétisée par l'approbation de quatre nouveaux groupes de planification (État de l'écosystème antarctique - AntEco ; Écosystèmes antarctiques : adaptations, seuils et résilience - AntETR ; Évolutions passées et futures de l'environnement antarctique - PACE ; et Réactions terrestres et influences solides sur l'évolution de la cryosphère - SERCE). Veuillez consulter le rapport complet ou le site Web du SCAR (www.scar.org) pour plus de détails.

5. La candidature de Monaco a été retenue et la Principauté, désormais membre associé du SCAR, est devenue en 2010 le dernier pays en date à se joindre à la famille du SCAR.

6. Professeur Helen Fricker, lauréate 2010 du Prix Martha T Muse pour ses activités scientifiques et politiques en Antarctique, est largement reconnue pour sa découverte de lacs sous-glaciaires actifs. Ses études ont démontré que ces lacs forment des systèmes hydrologiques dynamiques liés entre eux et qu'un un lac peut rapidement se déverser dans un autre. Elle est également reconnue pour sa recherche innovante sur les processus du bilan de masse de la banquise antarctique tels que le vêlage des icebergs ou la fusion et le gel basaux.

7. La création d'un Bureau international des projets du Système d'observation de l'océan austral (SOOS) en Australie a reçu l'appui du nouvel Institut des études marines et antarctiques de l'université de Tasmanie à Hobart (www.imas.utas.edu.au). Ceci représente une étape déterminante dans la mise en œuvre du SOOS.

8. Le Conseil international pour la science (CIUS) a octroyé au SCAR, en collaboration avec l'Association des scientifiques spécialistes des régions polaires en début de carrière (*Association of Polar Early Career Scientists* - APECS) et le Comité international pour les sciences de l'Arctique (IASC) des fonds visant à financer le projet « *Education and Outreach Lessons from the International Polar Year* ».

9. Le rapport « *Ice Sheet Mass Balance and Sea Level: A Science Plan* » (ISMASS, http://www.scar.org/publications/reports/Report_38.pdf) a été finalisé. Désormais l'ISMASS est également coparrainé par le Comité international pour les sciences de l'Arctique (IASC).

10. Le Recensement de la vie marine antarctique (CAML, www.caml.aq), qui a identifié plus de 1 000 nouvelles espèces, s'est officiellement achevé en 2010. Le résultat final du CAML est en cours d'examen et un atelier de suivi se tiendra à Aberdeen, Écosse, en 2011.

11. Dr Renuka Badhe a été nommée nouveau Chef du service administratif du SCAR. Dr Badhe est originaire de l'Inde et possède la double nationalité britannique et indienne (citoyenne indienne d'outre-mer). Dr Badhe est biologiste marin (doctorat des Services antarctiques britanniques - *British Antarctic Survey*) ; elle a étudié les politiques (maîtrise de l'université de Cambridge en politiques environnementales) et a effectué un stage de formation auprès de l'UICN.

12. Plusieurs publications clés ont été achevées en 2010, y compris l'*International Polar Year Summary Report* (Rapport de synthèse de l'année polaire internationale) (http://www.arcticportal.org/ipy-joint-committee) ; un nouveau livre sur l'histoire des années polaires internationales (*History of the International Polar Years*) (http://www.springer.com/earth+sciences+and+geography/oceanography/book/978-3-642-12401-3) et un ouvrage traitant de la diplomatie scientifique : « *Antarctica, Science and the Governance of International Spaces* » (http://www.scholarlypress.si.edu/index.cfm), rédigé au terme du Sommet du Traité sur l'Antarctique (www.atsummit50.aq). Des exemplaires imprimés du rapport intitulé « *Antarctic Climate Change and the Environment* » sont disponibles en ligne. Veuillez écrire à l'adresse suivante pour de plus amples renseignements : info@scar.org.

SCAR : Faits saillants futurs

En 2011, le SCAR participera à plusieurs réunions importantes (http://www.scar.org/events/), dont :

- Atelier sur la conservation en Antarctique au 21ème siècle (31 mai au 2 juin 2011) à Nelspruit, Afrique du Sud – S. Chown présentera aux Parties les résultats préliminaires de cet atelier dans un « document officieux » adressé au CPE.
- ISAES XI - 11ème Symposium international sur les sciences de la terre en Antarctique, 10-15 juillet 2011, Édimbourg, Écosse, Royaume-Uni (http://www.isaes2011.org.uk/)
- Réunion du Comité exécutif du SCAR, 18-19 juillet 2011, Édimbourg, Royaume-Uni
- « *Symposium on Research Urgencies in the Polar Regions* » (Symposium : urgences en matière de recherche sur les régions polaires), 23-24 septembre 2011, Sienne, Italie (http://www.mna.it/english/News/ICSU_symposium/)

La prochaine conférence scientifique du SCAR, intitulée « La science antarctique et conseils sur les politiques dans un monde en mutation », se tiendra à Portland, USA (16-19 juillet 2012) après la conférence de l'année polaire internationale (API), « De la connaissance à l'action », qui se déroulera à Montréal, Canada (http://www.mna.it/english/News/ICSU_symposium) (http://www.ipy2012montreal.ca/001_welcome_e.shtml).

Plusieurs autres ateliers sont en cours de planification, portant notamment sur le rapport entre le bilan massique de l'inlandsis et le niveau de la mer ou les systèmes d'observation dans l'Antarctique et la région de l'océan austral.

Pour en savoir plus sur les activités du SCAR, veuillez consulter le rapport complet sur le site Web www.scar.org ou écrire à info@scar.org.

Rapport annuel 2010 du Conseil des directeurs des programmes antarctiques nationaux (COMNAP)

Le COMNAP est l'organisation en charge des programmes antarctiques nationaux. Il réunit en particulier les directeurs de ces programmes, c'est-à-dire les responsables nationaux qui programment, dirigent et gèrent les soutiens apportés à la recherche scientifique en Antarctique, au nom de leur gouvernement respectif, lesquels sont tous des Parties consultatives au Traité sur l'Antarctique.

Le COMNAP est devenu une association internationale avec, pour membres, les programmes antarctiques nationaux des 28 Parties au Traité sur l'Antarctique, lesquelles se situent en Afrique (1), aux Amériques (7), en Asie (4), en Australasie (2) et en Europe (14).

La constitution du COMNAP définit sa finalité : élaborer et promouvoir les meilleures pratiques dans la gestion des soutiens à la recherche scientifique dans l'Antarctique. En tant qu'organisation, le COMNAP agit pour apporter une valeur ajoutée aux efforts déployés par les programmes antarctiques nationaux, en servant de forum à l'élaboration des pratiques qui améliorent, d'une manière écologiquement responsable, l'efficacité des activités, en facilitant et promouvant les partenariats internationaux, et en fournissant des occasions et des systèmes d'échange d'informations.

Le COMNAP s'efforce également de donner au Système du Traité sur l'Antarctique des avis objectifs, pratiques, techniques et apolitiques, lesquels s'appuient sur le vaste vivier de compétences des programmes antarctiques nationaux, et de leurs connaissances directes de l'Antarctique.

Les questions scientifiques émergentes sont de plus en plus complexes et ne peuvent être résolues que par des équipes scientifiques pluridisciplinaires, et, le plus souvent, multinationales. La complexité de ces questions, qui va de pair avec des normes environnementales plus exigeantes et, dans certains cas, des financements réduits, contribue à accroître les pressions pesant sur les programmes antarctiques nationaux, et rend plus impérieuse la nécessité des collaborations internationales. Le COMNAP s'efforce d'accroître la collaboration entre les programmes antarctiques nationaux et reconnaît la nécessité de créer de solides partenariats avec les organisations ayant des objectifs similaires. Le COMNAP a, en outre, assumé des responsabilités plus nombreuses en matière de production d'un certain nombre d'outils pratiques pour la sécurité et l'échange d'informations.

Pour en savoir plus sur le COMNAP, merci de consulter le document ATCM XXXII IP078 *COMNAP's 20 years : a New Constitution and a New Way of Working to Continue Supporting Science and the Antarctic Treaty System.*

Points saillants et réalisations de 2010

Groupe de travail COMNAP/SCAR

Ce Groupe de travail a été constitué lors de la réunion conjointe du comité exécutif d'août 2009, à Punta Arenas. Il s'est officiellement réuni en mars 2010 et a élaboré la liste des domaines de collaboration. Ces domaines incluent l'éducation, les activités d'animation et de communication, la pérennisation, les espèces non indigènes et le projet de l'île du Roi George, pour ne citer que ces exemples.

Bourses de recherche inaugurales du COMNAP

Notant que l'éducation et le renforcement des capacités constituent un domaine mutuellement avantageux pour le SCAR et le COMNAP, et reconnaissant l'étendue des talents existant parmi les programmes antarctiques nationaux, le COMNAP a créé, conjointement avec le SCAR, les bourses de recherche du COMNAP. Ces bourses ont été lancées en même temps que les bourses scientifiques annuelles du SCAR. Elles sont ainsi promues conjointement, et les dossiers de candidatures sont, eux aussi, examinés par un jury de sélection mixte. Ces bourses inaugurales ont vu le jour grâce à une subvention d'Antarctica New Zealand au COMNAP. La date limite des candidatures était le 15 mai 2011. Il est souhaité que le COMNAP puisse offrir ces bourses de recherche annuellement.

Symposium du COMNAP

Un symposium intitulé « Responding to Change through New Approaches » s'est tenu le 11 août à Buenos Aires. Il a réuni plus de 120 participants et c'est le comité d'examen du symposium qui a sélectionné les 12 présentations et les 15 affiches de l'évènement. Les débats ont été publiés et distribués à tous les membres du COMNAP en novembre 2010 (ISBN 978-0-473-17888-8). Des exemplaires supplémentaires on été apportés à la présente RCTA pour être distribués à ceux qui le souhaiteraient.

Atelier sur les espèces non indigènes et listes de vérification pour les gestionnaires de la chaîne d'approvisionnement

L'atelier du COMNAP/SCAR sur les espèces non indigènes a été organisé, en marge de la réunion générale annuelle 2010 du COMNAP (8 août 2010, à Buenos Aires, en Argentine), par le Dr Yves Frenot, afin d'accroître la sensibilisation sur les risques liés à l'introduction d'espèces non indigènes par des vecteurs humains. Les résultats préliminaires du projet API « Aliens in Antarctica » ont été discutés à cette occasion. Le COMNAP a pris très au sérieux les discussions tenues lors de l'atelier et a, en particulier, pris note de la nécessité d'élaborer des outils de sensibilisation simples et économiques à l'attention des gestionnaires de la chaîne d'approvisionnement des programmes antarctiques nationaux (voir le document de travail du COMNAP ATCM XXXIV intitulé « *Accroître la sensibilisation sur l' introduction des espèces non indigènes : Résultats de l'atelier et listes de vérification pour les gestionnaires de la chaîne d'approvisionnement).* Les listes de vérification ont été transmises à tous les programmes antarctiques nationaux en novembre. Elles sont présentées sous divers formats, pour en faciliter l'utilisation, en anglais et en espagnol, et sont disponibles à l'adressewww.comnap.aq/nnsenvironment. Des exemplaires en version papier sont également disponibles pour la présente réunion à l'attention des participants. Lors de la réunion générale annuelle du COMNAP, en août 2010 à Buenos Aires, le modérateur du groupe d'experts sur l'environnement a fait remarquer que la question environnementale la plus importante actuellement concernait la coopération avec le CPE sur l'introduction des espèces non indigènes dans l'Antarctique. Il a également indiqué que l'engagement en faveur du programme de travail du CPE sur les espèces non indigènes était considéré comme une priorité absolue. À travers ce groupe d'experts sur l'environnement, le COMNAP continue de concentrer son attention sur l'éducation liée aux espèces non indigènes et de partager les meilleures pratiques existant en matière de prévention contre l'introduction de ces espèces dans la région antarctique.

Atelier sur la gestion de l'énergie

Au vu des discussions tenues lors de la RCTA XXXIII et des débats et recommandations de la RETA, il a été convenu qu'un atelier du COMNAP sur la gestion de l'énergie serait organisé le 8 août 2010 à Buenos Aires. Cet atelier, réuni par le modérateur du groupe d'experts sur l'énergie et les technologies, David Blake, sous la supervision du Vice-président du Comité exécutif du COMNAP, Kazuyuki Shiraishi, a donné lieu à des présentations et permis des discussions visant à partager les meilleures pratiques sur la gestion de l'énergie en Antarctique (voir le document d'information IP008 de la RCTA XXXIV du COMNAP relative à *L'atelier du COMNAP sur la gestion de l'énergie*).

Atelier sur les activités d'animation de l'API

Les membres du groupe d'experts du COMNAP sur les animations se sont réunis à Tromso et Oslo en juin 2010, en marge de la conférence scientifique sur l'API. Le groupe a tenu plusieurs réunions d'atelier, assuré des sessions de formation auprès de plusieurs collègues de l'Association des scientifiques polaires en début de carrière (APECS), et travaillé au sein du Centre de presse de l'API en vue de promouvoir la recherche scientifique et les opérations menées par les organisations des divers membres. Ces activités combinées ont permis au groupe d'experts d'avoir le temps de partager les meilleures pratiques professionnelles, d'échanger des exemples de communication conjointe et de projets d'animations ayant réussi dans le passé, et d'examiner en profondeur les perspectives d'avenir de ce réseau pour la période d'après-API.

Groupe d'experts médicaux – Atelier et restructuration

Le groupe d'experts médicaux s'est réuni en marge de la réunion générale annuelle, le 8 août, à Buenos Aires, pour discuter de la gestion des pandémies en Antarctique. Le groupe d'experts sur la biologie humaine et la médecine, le groupe scientifique permanent du SCAR sur les sciences du vivant, et le groupe des experts médicaux du COMNAP ont proposé de combiner les deux groupes pour accroître leur efficacité et réduire la duplication des efforts. Cette proposition a été initialement discutée par les comités exécutifs conjoints et le Comité exécutif du COMNAP l'a définitivement acceptée en novembre 2010. Le groupe ainsi combiné prendra le nom de Groupe consultatif commun sur les sciences humaines et la médecine antarctiques. Il continuera à répondre aux besoins du SCAR et du COMNAP mais il relèvera directement et seulement du COMNAP.

Produits et outils du COMNAP

Système de report des positions de navire (SPRS) du COMNAP

Le SPRS (www.comnap.aq/sprs) est un système optionnel et volontaire d'échange d'informations sur les opérations des navires engagés dans les programmes antarctiques nationaux. Son principal objectif est de faciliter la collaboration entre les programmes antarctiques nationaux mais il peut également contribuer utilement à la sécurité, par le biais de la transmission de ses informations aux centres de coordination et de sauvetage (RCC), lesquels couvrent la région antarctique, en tant que source d'informations complémentaire aux systèmes nationaux et internationaux déjà en place.

Manuel d'information de vol en Antarctique (AFIM)

L'AFIM est un manuel d'informations aéronautiques publié par le COMNAP en tant qu'outil de sécurité pour les opérations aériennes en Antarctique, comme préconisé par la recommandation XV-20 de la RCTA intitulée *Sécurité aérienne en Antarctique*. Un examen approfondi de l'AFIM est en cours. Le manuel est continûment mis à jour grâce aux informations reçues des programmes antarctiques nationaux et ces révisions sont préparées et diffusées annuellement auprès de tous ces programmes et de ses abonnés.

Manuel des opérateurs de télécommunications dans l'Antarctique (ATOM)

L'ATOM émane du manuel de télécommunications mentionné par la Recommandation X-3 de la RCTA intitulée *Amélioration des télécommunications dans l'Antarctique et collecte et distribution des données météorologiques antarctiques*. Les membres du COMNAP et les autorités de recherche et de sauvetage ont accès à la dernière version (mars 2011) à www.comnap.aq/membersonly/atom (sur identifiant).

Déclaration d'accidents, d'incidents et de quasi-accidents (AINMR)

L'échange d'informations sur les problèmes rencontrés en Antarctique a toujours eu lieu. La toute première RCTA a préconisé, dans sa recommandation I-VII sur l'*Échange d'informations sur les problèmes logistiques*, qu'il en soit ainsi (à compter du 30 avril 1962). Les réunions générales annuelles du COMNAP offrent à ses membres l'occasion d'échanger ces informations et un nouveau système complet AINMIR est en cours d'élaboration, en tant que projet du COMNAP. L'objectif principal de l'AINMR est de : recueillir les informations générales sur les évènements qui ont eu, ou auraient pu avoir, de graves conséquences ; et/ou divulguer les enseignements à tirer ; et/ou diffuser les informations sur les évènements rares ou inédits. L'idée est que les programmes antarctiques nationaux puissent apprendre les uns des autres et réduire les risques de conséquence grave au cours de leurs activités.

————

Pour en savoir plus, merci de consulter le site web du COMNAP à www.comnap.aq ou de nous adresser un courriel à info@comnap.aq.

Appendix1. COMNAP officers, projects and expert groups

Executive Committee (EXCOM)

The COMNAP Chair and Vice-Chairs are elected officers of COMNAP. The elected officers plus the Executive Secretary, compose the COMNAP Executive Committee as follows:

Position	Officer	Term expires
Chair	José Retamales (INACH) jretamales@inach.cl	Aug-2011
Vice-Chair	Kazuyuki Shiraishi (NPRI) kshiraishi@nipr.ac.jp	Aug-2011
	Maaike Vancauwenberghe (BELSPO) maaike.vancauwenberghe@belspo.be	AGM 2012
	Yuansheng Li (PRIC) lysh@pric.gov.cn	AGM 2013
	Mariano Memolli (DNA) drmemolli@gmail.com	AGM 2013
Executive Secretary	Michelle Rogan-Finnemore michelle.finnemore@comnap.aq	30 Sept 2015

Table 1 – COMNAP Executive Committee.

Projects

Project	Project Manager	EXCOM officer (oversight)
Antarctic glossary	Valerie Lukin	Mariano Memolli
AFIM – Consideration of the results of the review	Brian Stone & Giuseppe De Rossi	Maaike Vancauwenberghe
AINMR Reporting System & implementation	Robert Culshaw	Kazuyuki Shiraishi
King George Island project (APASI)	Michelle Rogan-Finnemore	Jose Retamales
Energy standard terminology development	David Blake	Kazuyuki Shiraishi
Review of equipment available at Antarctic stations for oil spill response	To be determined	Mariano Memolli

Table 2 – COMNAP Projects currently in progress.

Expert Groups

Expert Group (topic)	Expert Group leader	EXCOM officer (oversight)
Science	Heinz Miller	Jose Retamales
Outreach	Linda Capper	Michelle Rogan-Finnemore
Air	Giuseppe De Rossi	Maaike Vancauwenberghe
Environment	Sandra Potter	Maaike Vancauwenberghe
Training	Veronica Vlasich	Mariano Memolli
Medical	Iain Grant	Mariano Memolli
Shipping	Juan Jose Danobeitia	Jose Retamales
Safety	Robert Culshaw	Kazuyuki Shiraishi
Energy & Technology	David Blake	Yuansheng Li
Data Management	Michelle Rogan-Finnemore	Jose Retamales
External Relationships	Michelle Rogan-Finnemore	EXCOM All
Strategic Framework	Michelle Rogan-Finnemore	Jose Retamales

Table 3 – COMNAP Expert Groups.

Appendix 2. Meetings

Previous 12 months

9 - 12 August, 2010, COMNAP Annual General Meeting (COMNAP XXII) & IX Symposium, Buenos Aires, Argentina hosted by the COMNAP member for Argentina, Direccion Nacional del Antartico (DNA).

17 – 19 November, 2010, COMNAP Executive Committee (EXCOM) Meeting, Shanghai, China hosted by COMNAP Vice Chair, Yuansheng Li of the Polar Research Institute of China (PRIC).

Upcoming 12 months

1 – 3 August, 2011, COMNAP Annual General Meeting (COMNAP XXIII), Stockholm, Sweden, hosted by the Swedish Polar Research Secretariat. In conjunction with COMNAP XXIV, two workshops will be held on the margins of the AGM. These are "The Management Implications of a Changing Antarctica" and "Inland Traversing".

2012 COMNAP Annual General Meeting (COMNAP XXIV), Portland, Oregon, USA (dates to be confirmed) in conjunction with the SCAR Open Science Conference and associated meetings.

4. Rapports d'experts

Rapport de l'Association Antarctique et océan Austral (ASOC)

1. Introduction

L'ASOC se réjouit d'être en République argentine à l'occasion de la réunion consultative annuelle du Traité sur l'Antarctique. Le présent rapport décrit brièvement les travaux effectués par l'ASOC au cours de l'année passée et il soulève certaines questions clés pertinentes à cette RCTA.

L'ASOC à travers le monde

Le Secrétariat de l'ASOC se trouve à Washington DC, USA. Notre site Web (http://www.asoc.org) offre des détails sur l'organisation et ses activités.

L'ASOC est composée de 27 groupes à part entière dans 11 pays. Les campagnes de l'ASOC sont coordonnées par des équipes d'experts qui se trouvent en Argentine, en Australie, au Brésil, au Chili, en France, au Japon, aux Pays-Bas, en Nouvelle-Zélande, en Norvège, en Afrique du Sud, en Corée du Sud, en Espagne, en Russie, en Ukraine, au Royaume-Uni et aux Etats-Unis d'Amérique.

2. Activités intersessions de l'ASOC depuis la XXXIIIᵉ RCTA

Depuis la XXXIIIᵉ RCTA, l'ASOC a participé aux débats intersessions des forums de la RCTA et du CPE et a contribué activement aux discussions portant sur les thèmes suivants : tourisme ; espèces non indigènes ; révision des EGIE ; groupes subsidiaires sur les plans de gestion ; développement du Code polaire obligatoire de l'OMI ; sites et monuments historiques ; et préparation du prochain atelier sur les ZGSA.

Les représentants de l'ASOC ont assisté aux manifestations suivantes :

- 29ᵉ réunion de la CCAMLR en octobre-novembre 2010, où des articles sur la gestion du krill en Antarctique, les zones marines protégées, la mer de Ross, les navires de pêche, la pêche INN et les conséquences des changements climatiques ont été présentés.
- Réunions de l'Organisation maritime internationale (OMI), y compris la 61ᵉ session du Comité de la protection du milieu marin (CPMM), ainsi que les 54ᵉ et 55ᵉ sessions du sous-comité de la conception et de l'équipement du navire se rapportant à l'élaboration d'un Code polaire obligatoire à l'égard des navires qui exploitent les eaux polaires.
- Séminaire scientifique intitulé « Krill in a Changing Ocean » portant sur les conséquences des évolutions de l'environnement sur le krill antarctique et les répercussions de la gestion basée sur les écosystèmes, avril 2011, Texel, Pays-Bas.
- Atelier du SCAR sur la conservation en Antarctique au 21ᵉ siècle, qui s'est tenu en juin 2011 au Kruger National Park, Afrique du Sud.

3. Documents d'information pour la XXXIVᵉ RCTA

L'ASOC a présenté douze documents d'information portant sur de nombreux thèmes qui revêtent pour l'ASOC une importance particulière quant à la gestion et la conservation de l'environnement. Ces documents d'information incluent des recommandations à l'égard de la RCTA et du CPE qui amélioreront l'efficacité de la protection de l'Antarctique.

Plan de communication des changements climatiques en Antarctique (IP 83) (*An Antarctic Climate Change Communication Plan*) – La RETA sur l'impact du changement climatique sur la gestion et la gouvernance de la région antarctique a recommandé que la RCTA envisage d'élaborer un plan de communication sur le changement climatique en Antarctique en vue de faire part des résultats conclus dans le rapport du SCAR intitulé « Changement climatique en Antarctique et environnement » à d'autres décideurs, au grand public et aux médias [Recommandation 2]. Dans ce document, l'ASOC présente également un projet de plan de communication visant à faciliter la mise en œuvre de cette recommandation.

Acidification de l'océan et océan Austral (IP 88) (*Ocean Acidification and the Southern Ocean*) – Ce document offre un aperçu du problème de plus en plus important de l'acidification de l'océan, qui représente des menaces potentielles graves envers les environnements marins. Les particularités propres à l'océan

Austral suggèrent que les premiers effets importants de l'acidification de l'océan se ressentiront dans les eaux antarctiques si les émissions de gaz à effet de serre sont maintenues aux niveaux actuels. Il est nécessaire de mener des recherches supplémentaires afin de combler les lacunes actuelles dans les connaissances concernant l'acidification de l'océan Austral et ses conséquences.

Mer de Ross : zone de référence précieuse pour évaluer les effets du changement climatique (IP 92) (*The Ross Sea: A Valuable Reference Area to Assess the Effects of Climate Change*) – Ce document examine les prévisions des modèles du Groupe d'experts intergouvernemental sur l'évolution du climat selon lesquelles la mer de Ross sera la dernière région de l'océan Austral à posséder de la glace de mer toute l'année. La mer de Ross constitue une zone de référence importante qui permet d'évaluer les effets du changement climatique sur l'écosystème et de distinguer ces effets des activités humaines ailleurs. Ceci, de concert avec une variété d'autres raisons scientifiques et biologiques, renforce l'idée selon laquelle la mer de Ross devrait être l'un des éléments clés d'un réseau regroupant les zones marines protégées de l'océan Austral.

Programme des ZMP de l'océan Austral – traduire les termes et l'état d'esprit en actions concrètes (IP 90) (*The Southern Ocean MPA Agenda – Matching words and spirit with action*) – Les membres de la CCAMLR et les PCTA doivent allouer davantage de ressources à un système représentatif des zones marines protégées (ZMP) à l'horizon 2012. L'ASOC demande instamment aux PCTA de tirer profit de l'atelier sur les ZMP qui se tiendra en août prochain à Brest, France. Cela garantira que les termes et l'état d'esprit des accords et conventions qui forment le STA mais aussi des débats récents sur les ZMP se traduisent en actions concrètes. L'ASOC attend avec impatience de prendre connaissance des propositions ZMP dûment justifiées des participants qui assisteront à l'atelier.

Tourisme en Antarctique – et ensuite ? Questions clés à traiter avec règles contraignantes (IP 84) (*Key Issues to Address with Binding Rules*) – Ce document aborde les questions qui demandent l'attention particulière des organismes de règlementation. Les tendances actuelles suggèrent que le tourisme continuera de s'amplifier et de se diversifier, qu'il adoptera de nouvelles modalités et qu'il s'enfoncera de plus en plus sur le continent antarctique et sur ses côtes. Il est important que les PCTA adoptent une démarche proactive visant à imposer au tourisme des limites écologiquement durables. Il serait utile de commencer par une meilleure utilisation des mécanismes de réglementation existants.

Tourisme sur le territoire antarctique (IP 87) (*Land-Based Tourism in Antarctica*) – Ce document examine l'interface qui existe entre le tourisme commercial du territoire et l'utilisation des infrastructures de programmes nationales, de même que les projets récents concernant le tourisme du territoire. Les améliorations qui ont été apportées aux installations terrestres (p. ex. pistes d'atterrissage et camps) ajoutées à la palette d'activités terrestres désormais proposées aux touristes indiquent une augmentation du tourisme sur le territoire. Si l'on n'agit pas rapidement, le tourisme du territoire pourrait bien être en passe de devenir une activité majeure.

Système de suivi et d'information sur le trafic maritime en Antarctique (IP82) (*An Antarctic Vessel Traffic Monitoring and Information System*) – Ce document explique comment le suivi et les systèmes d'information sur le trafic maritime peuvent aider à améliorer la sûreté et la protection de l'environnement. Il prend comme exemple la mise au point d'un projet de suivi et de système d'information sur le trafic maritime européen qui fait écho aux catastrophes qui ont lieu dans les eaux européennes. Il passe en revue les outils et les initiatives existants par rapport au repérage et au suivi des navires, qui pourraient bénéficier à la sûreté et améliorer la protection de l'environnement en Antarctique. L'ASOC demande à la RCTA d'adopter une résolution ou décision relative au développement d'un système de suivi et d'information sur le trafic maritime en Antarctique.

Élaboration d'un Code polaire obligatoire – progrès et lacunes (IP 85) (*Developing a Mandatory Polar Code – Progress and Gaps*) – Ce document présente des informations sur l'élaboration d'un Code polaire obligatoire et identifie les questions nécessitant une plus grande attention (il est notamment question de n'autoriser que les navires de classe polaire à opérer dans les eaux où la glace représente un danger) ainsi qu'un chapitre dédié à la protection de l'environnement. L'ASOC demande à la RCTA d'adopter une résolution visant à agir collectivement pour veiller à ce que le Code polaire obligatoire fournisse des normes appropriées concernant la sûreté et la protection de l'environnement à l'égard de l'ensemble des opérations des navires en Antarctique.

Protection et itinéraires des navires – options disponibles pour réduire les risques et améliorer la protection de l'environnement (IP 91) (*Vessel Protection and Routeing – Options Available to Reduce*)

Risk and Provide Enhanced Environmental Protection) – Les mesures concernant l'itinéraire des navires et la protection de l'environnement, formulées en vue de réduire les risques et d'empêcher la pollution marine, ne sont pas suffisamment employées en Antarctique. Ce document fournit des informations sur les diverses mesures de l'OMI disponibles. Il conviendrait d'envisager une révision des possibilités de réduction des risques de collision et d'échouement, et de protection des zones les plus vulnérables grâce aux mesures de l'OMI. L'ASOC demande à la RCTA d'adopter une résolution sur la révision des mesures liées à ces questions.

Protocole sur l'environnement de l'Antarctique, 1991-2011 (IP 89) (*The Antarctic Environmental Protocol, 1991-2011***) – Ce document se concentre sur la protection de l'environnement en Antarctique depuis la signature du Protocole sur la protection de l'environnement. Des résultats considérables ont été réalisés, certaines questions restent ouvertes et certaines manifestations semblent incompatibles avec les engagements initiaux. Bien que la région antarctique soit généralement protégée, celle-ci subit également des pressions environnementales accrues. Les PCTA doivent relever le défi, réagir efficacement face aux pressions émergentes et empêcher que les intérêts nationaux ne l'emportent sur les obligations internationales et les avantages qui découlent de la protection de l'Antarctique à échelle mondiale.

Révision de la mise en œuvre du protocole de Madrid : rapports annuels des Parties (Article 17) (IP 113) (*Review of the Implementation of the Madrid Protocol: Annual reports by Parties***) – Ce document répond à l'obligation de rendre compte telle qu'elle est définie dans l'Article 17 du Protocole. Bien que la tendance soit à la hausse, le niveau de conformité des Parties depuis l'entrée en vigueur du Protocole reste relativement bas. La soumission de documents d'information au CPE et le système électronique d'échange d'informations (SEEI) représentent les moyens les plus efficaces dont disposent les Parties pour se conformer aux obligations relatives aux échanges d'informations annuels.

Évolution de l'empreinte : dimensions spatio-temporelles des activités humaines (IP 86) (*Evolution of Footprint: Spatial and Temporal Dimensions of Human Activities***) – Ce document évoque le concept d'empreinte et explique pourquoi il tient une place centrale dans la mesure des impacts des activités humaines sur l'Antarctique. Ce concept a fait l'objet de nombreux débats depuis la première réunion du CPE et il convient de l'appliquer plus rigoureusement afin de traiter des aspects complexes relatifs à une présence humaine grandissante en Antarctique. L'ASOC a également préparé un poster qui illustre l'empreinte humaine en Antarctique.

4. Autres questions importantes pour la XXXIVe RCTA

- La rapide entrée en vigueur de l'**Annexe VI relative à la Responsabilité découlant de situations critiques pour l'environnement** devrait être une priorité forte pour l'ensemble des PCTA. L'ASOC demande instamment à toutes les Parties de redoubler d'efforts durant l'année à venir pour venir à bout des problèmes de mise en œuvre qui perdurent, de façon à ce que l'Annexe VI puisse être ratifiée et entrer en vigueur en 2012.

- **La prospection biologique** n'est toujours pas convenablement réglementée. L'ASOC appuie un cadre de gestion à ce propos, y compris un partage bien plus transparent des données et informations entre les Parties. Conformément à la Résolution 9 (2009), l'ASOC demande instamment à l'ensemble des Parties d'entamer à nouveau les débats axés sur la prospection biologique.

5. Conclusions

L'Antarctique subit de nombreuses pressions provenant du changement climatique mondial et de diverses activités. L'ASOC attend avec impatience de découvrir les actions concrètes des PCTA à Buenos Aires qui aideront à protéger l'Antarctique sur le long terme.

Rapport 2010-11 de l'Association internationale des organisateurs de voyages dans l'Antarctique

Conformément à l'Article III (2) du Traité sur l'Antarctique

Introduction

L'Association internationale des organisateurs de voyages (IAATO) se félicite de faire rapport sur ses activités à la XXXIVᵉ RCTA, conformément à l'Article III (2) du Traité sur l'Antarctique.

A l'occasion de l'année marquant son 20ᵉ anniversaire, l'IAATO continue de concentrer ses activités pour étayer sa mission visant à garantir :

- Une gestion quotidienne efficace des activités de ses membres dans l'Antarctique ;
- Une diffusion pédagogique, y compris une coopération scientifique ; et
- Le développement et la promotion des meilleures pratiques dans le secteur touristique dans l'Antarctique.

Pour obtenir de plus amples renseignements concernant la mission, les activités principales et les développements récents de l'IAATO, veuillez consulter la fiche de synthèse *2010-11 Fact Sheet* et le site Internet de l'IAATO : www.iaato.org.

Les membres et les activités de l'IAATO en 2010-11

L'IAATO comprend 108 membres, associés ou affiliés. Il existe des bureaux des membres de l'IAATO partout dans le monde, représentant 57% des Parties consultatives du Traité sur l'Antarctique et transportant chaque année vers l'Antarctique des ressortissants de la quasi-totalité des Parties au Traité.

Concernant les visites en 2010-11 pour la saison touristique en Antarctique, le nombre total de visiteurs a enregistré une baisse de 8,3% par rapport à la saison précédente avec 33 824 visites contre 36 875 en 2009-10. Ces chiffres reflètent uniquement les visiteurs voyageant avec les entreprises membres de l'IAATO. Pour obtenir de plus amples renseignements sur les statistiques touristiques, consulter le document ATCM XXXIV IP106 intitulé *IAATO Overview of Antarctic Tourism: 2010-11 Season and Preliminary Estimates for 2011-12.* Pour voir la liste des membres de l'IAATO et d'autres statistiques sur leurs activités, consulter **www.iaato.org**.

Réunion annuelle et participation de l'IAATO à d'autres réunions en 2010-11

Les membres du Secrétariat et les représentants des membres de l'IAATO ont participé à des réunions internes et externes, en créant des liens avec les Programmes antarctiques nationaux et les organisations gouvernementales, scientifiques et environnementales.

- La 22ᵉ Réunion annuelle de l'IAATO (qui a eu lieu du 9 au 12 mai 2011, à Hobart, Tasmanie, Australie) a réuni plus de 80 participants. Des représentants des Parties au Traité de l'Australie et du Chili ont participé, ainsi que des représentants de la CCAMLR, du CONMAP, de l'OHI/CHA et les représentants des autres Parties prenantes de l'Antarctique. Parmi les résultats saillants de la réunion il convient de mentionner les suivants :

    - Accord pour faire avancer le programme d'observateur de l'IAATO (*IAATO Enhanced Observer Scheme*). Pour plus de renseignements, consulter le document ATCM XXXIV IP106 intitulé *Towards an IAATO Enhanced Observer Scheme.*

    - Un engagement soutenu pour des efforts étendus d'éducation s'adressant aux yachts non-IAATO faisant route vers l'Antarctique. Pour plus de renseignements, consulter le document ATCM XXXIV IP014 intitulé *IAATO Yacht Outreach Campaign.*

- ▪ Rapport sur le succès de l'évaluation en ligne du personnel de terrain de l'IAATO. Plus de 70 chefs d'expédition et assistants chefs d'expédition travaillant au service de compagnies membres de l'IAATO ont déjà fait l'évaluation, qui vise à compléter la formation du personnel de terrain et leur connaissance du contenu du manuel *IAATO Field Operations Manual* (FOM). Presque tous les opérateurs de navires de l'IAATO ont soutenu et participé à cette évaluation, et l'une des compagnies membres de l'Association exige comme condition d'emploi de ses chefs d'expédition et assistants chef d'expédition qu'ils la fassent. En 2011-2012, le champ des connaissances évaluées sera élargi au-delà des opérations de navires menées dans la péninsule, et inclura la mer de Ross et la région antarctique est. Une évaluation pour les opérateurs de tourisme terrestre est en cours d'élaboration. Le personnel de terrain peut maintenant faire cette évaluation en ligne.

- ▪ Le point sur le groupe de travail sur les changements climatiques de l'IAATO. Pour plus de renseignements, consulter le document ATCM XXXIV IP0103 intitulé *IAATO Climate Change Working Group: Report of Progress IAATO's Climate Change Working Group.*

Des membres de l'IAATO, des représentants de la Division australienne de l'Antarctique (AAD) et d'autres Parties prenantes de l'Antarctique ont participé à une table ronde informelle qui eut lieu le 12 mai 2011 aux bureaux de l'AAD à Kingston, Tasmanie, pour discuter des problèmes concernant le tourisme dans l'Antarctique. Un rapport résumant la discussion sera disponible prochainement et mis à la disposition des Parties au Traité.

- Un représentant de l'IAATO a participé à la XXIIe session du COMNAP à Buenos Aires, Argentine, notamment à l'atelier sur les espèces non indigènes. Lors de l'atelier, les membres de l'IAATO ont été félicités de leurs efforts pour éliminer l'introduction d'espèces non indigènes, et des recommandations de prévention supplémentaires ont été faites et transmises aux opérateurs de l'IAATO. L'IAATO a présenté un exposé sur son approche d'évaluation des risques lors des débats de l'OMI sur le Code polaire, et a exprimé son intérêt à participer à l'élaboration d'une base de données sur les accidents, les incidents et les quasi-accidents pour aider à mieux en tirer les leçons et à assurer une meilleure sécurité. L'IAATO tient à continuer la coopération et la collaboration entre ses membres et les programmes antarctiques nationaux.

- Quatre représentants de l'IAATO ont participé à la 10ᵉ réunion de l'Organisation hydrographique internationale / Commission hydrographique sur l'Antarctique (OHI/CHA) à Cambridge, au Royaume-Uni. Les options pour que les navires de l'association puissent contribuer utilement à la collecte de données hydrographiques en faisant office de navires banalisés ont été discutées, notamment en ce qui concerne les rendus de cartes Mud et de cartes marines annotées ; le déploiement de simples enregistreurs de données ; les relevés et l'étalonnage des capteurs de navigation déployés sur les navires de l'IAATO par les bureaux hydrographiques (OH) ; et le transport des équipes d'études de l'OH. Un représentant de l'IAATO a aussi convenu de soumettre à la CHA des commentaires sur le plan actuel de l'ordre de priorité des relevés. L'IAATO continuera de recommander que les navires de l'association fassent office de navires banalisés pour la collecte de données hydrographiques.

- L'IAATO a envoyé un représentant aux 54ᵉ et 55ᵉ réunions du Sous-comité de la conception et de l'équipement du navire de l'Organisation maritime internationale (OMI), en qualité de conseiller auprès de la Cruise Lines International Association (CLIA). Consciente de l'importance du développement d'un Code polaire obligatoire, l'IAATO a participé aux groupes de travail lors des deux réunions, et prendra une part active au groupe de correspondance inter-sessions actuellement en cours. L'IAATO continue de travailler de pair avec un conseiller de sécurité maritime indépendant sur la préparation d'une étude d'évaluation approfondie des risques.

- Un représentant de l'IAATO a assisté à l'atelier sur la conservation de l'Antarctique qui s'est tenu en mai 2011 en Afrique du Sud, accueilli par le Comité scientifique pour la recherche en Antarctique (SCAR). L'atelier a examiné les défis actuels et futurs pour la conservation de l'Antarctique, et les moyens possibles pour leur faire face.

- L'IAATO a été invitée à participer à la conférence sur le tourisme dans l'Antarctique qui a eu lieu le 6 novembre 2010 à Punta Arenas, Chili. Quelques-uns des grands moments de la conférence ont été les présentations du président du Chili Sébastian Piñera et du président de l'Ecuador Rafael Correa. L'IAATO s'est réjouie de présenter son rôle et sa mission en Antarctique.

- Il est prévu que la 23ᵉ réunion annuelle de l'IAATO se tienne du 1er au 3 mai 2012, à Providence, Rhode Island, USA. Les parties au Traité souhaitant y participer sont invitées à envoyer un courrier à l'IAATO à l'adresse suivante iaato@iaato.org.

Surveillance de l'environnement

L'IAATO continue a fournir des renseignements détaillés sur les activités de ses membres en Antarctique à la RCTA et au CPE. Pour plus de renseignements, consulter les documents ATCM XXXIV IP106 intitulé *IAATO Overview of Antarctic Tourism: 2010-11 Season and Preliminary Estimates for 2011-12 Antarctic Season* et ATCM XXXIV IP105 intitulé *Report on IAATO Operator use of Antarctic Peninsula Landing Sites and ATCM Visitor Site Guidelines, 2009-10 & 2010-11 Seasons*. L'IAATO continue à se féliciter des opportunités qui lui sont offertes de travailler en coopération avec des institutions scientifiques sur des questions spécifiques concernant la surveillance de l'environnement, notamment avec Oceanites, l'Antarctic Site Inventory, l'Université du Maryland et l'Université de Stellenbosch ; ces travaux sont présentés dans les documents ATCM XXXIII IP112 intitulé *Report of the International Association of Antarctica Tour Operators* et ATCM XXXIII IP2 intitulé *Spatial Patterns of Tour Ship Traffic in the Antarctic Peninsula Region..*

Les incidents touristiques en 2010-11 et le point sur les incidents touristiques en 2008-09 et en 2009-10

Trois incidents sont survenus pendant la saison 2010-11 :

- Arctic Trucks, un sous-traitant du membre de l'IAATO TAC, n'a pas suivi les lignes directrices pour les ONG de la ZGSA n° 5 Station Amundsen-Scott South Pole, pôle Sud. L'IAATO a discuté de cet incident avec la NSF en février 2011, et l'association elle-même a débattu de cette question générale, à savoir le besoin de veiller à ce que les sous-traitants soient informés de leurs obligations.

- Il est possible qu'un éléphant de mer du sud ait fait l'objet d'une perturbation nuisible. Pour plus de renseignements, consulter le document ATCM XXXIV IP104 intitulé *Proposed Amendment to Antarctic Treaty Site Guidelines for Hannah Point.*

- Le *MV Clelia II* a vu un de ses hublots de pont cassé et a encouru un mauvais fonctionnement électrique ou de communications après avoir été frappé par une forte vague en grosse mer dans le passage de Drake le 7 décembre 2010. Le navire est rentré sain et sauf à Ushuaia sans aucun passager blessé signalé et avec seulement un membre d'équipage légèrement blessé.

- Le *MV Polar Star* a touché un rocher qui n'avait pas été cartographié lorsqu'il a posé l'ancre juste au nord de l'île Detaille le 31 janvier 2011. Après une inspection sous-marine de la coque à la station Arctowski, l'Etat du pavillon (Barbade) a recommandé que les passagers soient transférés sur d'autres navires afin de rentrer à Ushuaia. Ce transfert eut lieu le 3 février, et tous les passagers furent transportés à Ushuaia a bord d'autres navires de l'IAATO, le *MV Marina Svetaeva*, le *MV Expedition* et le *MV Ushuaia*, le 6 février. Il n'y eut aucun passager ou membre d'équipage blessé signalé, et le *MV Polar Star* a aussi regagné Ushuaia sans incident.

Le point sur les incidents des saisons précédentes:

- Le comité maritime de l'IAATO a examiné un projet de rapport du Panama sur l'échouement du *MV Ushuaia* en 2008 et les mesures d'atténuation ultérieurement adoptées par l'opérateur, et note que les mesures mises en place par l'operateur offrent un bon exemple de leçons tirées.

- L'IAATO a fait la requête et est en attente d'un rapport de l'Etat du pavillon du *MV Ocean Nova* (Bahamas) concernant son échouement le 17 février 2009.

- Malte a informé l'IAATO que l'endommagement d'une hélice et d'un essieu survenu lorsque le *MV Clelia II* a heurté un rocher sur l'île Petermann le 6 décembre 2009 ne justifie pas un rapport de l'Etat du pavillon.

Soutien aux activités scientifiques et de conservation

Pendant la saison 2010-11, les membres de l'IAATO ont transporté, à des coûts préférentiels, plus de 100 membres du personnel scientifique et du personnel de soutien et du Heritage Trust, ainsi que les équipements utilisés par ceux-ci, à destination et en provenance de stations, de sites de terrain et de ports d'accès.

De plus, les membres de l'IAATO et leurs passagers ont fait des contributions financières d'un montant s'élevant à $316 500 à de nombreuses organisations travaillant activement dans le domaine des sciences et de la conservation dans l'Antarctique et la région sub-antarctique, notamment Save the Albatross, South Georgia Heritage Trust, UK Antarctic Heritage Trust, Last Ocean, Mawson Huts Foundation, NZ Antarctic Heritage Trust, Oceanites et le World Wildlife Fund.

Remerciements – coopération avec les Programmes antarctiques nationaux, les Parties au Traité sur l'Antarctique et toutes les Parties prenantes

L'IAATO se félicite de l'opportunité de travailler en coopération avec les Parties au Traité sur l'Antarctique, le COMNAP, le SCAR, la CCAMLR, l'OHI/CHA, l'ASOC et d'autres en vue de protéger, à long terme, l'Antarctique.

Rapport de l'Organisation Hydrographique Internationale (OHI) sur la « cooperation en matiere de leves hydrographiques et de cartographie dans les eaux Antarctiques »

Introduction

L'Organisation hydrographique internationale (OHI) est l'Organisation internationale compétente, ainsi que l'indique la Convention des Nations Unies sur le Droit de la mer, qui coordonne sur une base mondiale l'établissement de normes pour la production de données hydrographiques et la fourniture de services hydrographiques à l'appui de la sécurité de la navigation ainsi que de la protection et de l'utilisation durable de l'environnement marin. La mission de l'OHI consiste à créer un environnement global au sein duquel les Etats fournissent des données, produits et services hydrographiques appropriés et en temps voulu pour assurer leur plus large utilisation possible.

Afin de faire converger ses efforts, l'OHI a plusieurs Commissions hydrographiques régionales et a établi une Commission hydrographique sur l'Antarctique (CHA) dédiée à la promotion de la coopération technique dans les domaines des levés hydrographiques, de la cartographie marine et des informations nautiques au sein de la région Antarctique. Ce rapport fournit un court résumé des principales activités de coordination depuis la dernière réunion de la RCTA.

L'OHI travaille en étroite relation avec différentes organisations concernées et intéressées par l'Antarctique, avec pour objectif de renforcer la coopération pour améliorer la sauvegarde de la vie humaine en mer, la sécurité de la navigation, la protection de l'environnement marin et pour contribuer à la recherche marine scientifique dans l'Antarctique.

1.- Principales activités de coordination (dans l'ordre chronologique)

1.1. Participation OHI/ACI à la 21ème réunion annuelle de l'IAATO

Lors de la 21ème réunion annuelle de l'IAATO qui s'est déroulée à Turin, Italie, du 21 au 24 juin 2010, les présidents de la CHA et du groupe de travail de la CHA chargé de l'établissement des priorités en matière de levés hydrographiques ont fait une série de présentations regroupées sous le titre « l'importance des activités hydrographiques dans l'Antarctique ».

L'objectif de ces présentations était d'accroître la prise de conscience, au niveau opérationnel, de l'importance des activités hydrographiques en Antarctique, de parvenir à une meilleure compréhension au sein de l'IAATO des risques existants liés à l'état actuel de la cartographie dans la région, d'exposer les actions de l'OHI et de la CHA pour pallier les manques et, finalement d'examiner conjointement ce que peut faire l'IAATO, et de quelle manière, pour contribuer aux efforts de la CHA de l'OHI en vue d'améliorer cette situation.

La première présentation traitait de l'engagement de l'OHI et de la CHA/OHI dans l'Antarctique, du rôle, des priorités et des accomplissements de la CHA, de la Règle 9 du Chapitre V de la Convention SOLAS ainsi que de la relation entre l'Antarctique et l'OHI/IAATO. Une deuxième présentation a compris une description des routes de navigation maritime (MSR) et une approche des priorités en matière de cartographies, ainsi que les travaux effectués et les plans de travail futurs. Plusieurs études de cas ont été présentées ainsi que la manière dont les connaissances hydrographiques permettent de réduire les risques. Enfin, certaines propositions ont été examinées, dans la mesure où elles pourraient être mises en pratique par l'IAATO pour contribuer à améliorer la disponibilité de cartes marines fiables des eaux antarctiques. Les directives pour la collecte et la restitution des données hydrographiques obtenues par les navires d'opportunité dans les eaux antarctiques ont notamment été expliquées.

Les participants ont été satisfaits de pouvoir discuter en détail des questions relatives à la sécurité de la navigation et à leur participation potentielle pour contribuer à améliorer les connaissances hydrographiques des eaux antarctiques. Un intérêt particulier a été manifesté envers les technologies à introduire sur les navires de croisière étant donné que les données recueillies ont été considérées comme une contribution potentielle concrète de l'IAATO à la CHA de l'OHI, si ces données sont collectées en conformité avec les normes. L'IAATO a confirmé qu'elle est prête à poursuivre sa coopération et sa participation aux réunions CHA de l'OHI. En conclusion, la participation des représentants CHA/OHI à la réunion annuelle de l'IAATO a ouvert de nouvelles opportunités de coopération et de collaboration mutuelles visant à améliorer la sécurité de la navigation et la protection de l'environnement marin dans les eaux antarctiques.

1.2. 10ᵉᵐᵉ réunion de la Commission hydrographique de l'OHI sur l'Antarctique.

La 10ᵉᵐᵉ réunion de la Commission hydrographique sur l'Antarctique (CHA) qui s'est déroulée à Cambridge, Royaume-Uni, du 20 au 22 septembre 2010, était organisée par le SH du RU, avec le soutien du British Antarctic Survey (BAS).

Le Dr. Nick OWENS, directeur du BAS, a accueilli les participants et a souligné l'importance des travaux de la CHA. Le président, le capitaine de vaisseau GORZIGLIA (directeur du BHI), l'a remercié pour ses mots aimables et a également accueilli les 16 Etats membres de l'OHI qui étaient présents, sur les 23 (voir **Annexe A**),(Argentine, Australie, Brésil, Chili, Equateur, France, Allemagne, Inde, Corée (Rép. de), Nouvelle-Zélande, Norvège, Pérou, Afrique du Sud, Espagne, Royaume-Uni et USA), les 5 organisations et projets internationaux (COMNAP, IAATO, AISM, GEBCO, IBCSO) et le représentant du ministère des Affaires étrangères et du Commonwealth qui ont participé de manière active à la réunion.

La Commission a élu le Commodore Rod NAIRN (Australie) en tant que vice-président de la CHA, a examiné le statut des actions décidées lors de la dernière réunion, a discuté des progrès réalisés et a noté que pratiquement toutes les tâches ont été menées à bien. Les rapports fournis par l'IAATO, l'AISM, la GEBCO et l'IBCSO ainsi que ceux fournis par les Etats membres de l'OHI ont fait l'objet de commentaires. Les rapports sur la progression du programme de cartes INT, du plan et de la production des ENC, du statut de la C-55 en ce qui concerne l'Antarctique et les SIG antarctiques en cours de développement au BHI, ont également été examinés et discutés. Plusieurs actions ont été identifiées pour faire progresser davantage les tâches. La Commission a regretté qu'il n'y ait pas de représentation ou de rapports de l'OMI, de la COI et du secrétariat du Traité sur l'Antarctique.

La Commission a noté avec satisfaction le soutien et la contribution constants qui sont apportés par l'IAATO. A cette réunion, la délégation de l'IAATO était composée de quatre membres qui ont clairement démontré l'intérêt de l'IAATO pour les travaux de la CHA. La Commission a longuement discuté de l'issue du séminaire organisé par la CHA lors de la dernière réunion annuelle de l'IAATO, en juin 2010, ainsi que des visites techniques faites aux navires de l'IAATO, en tant que navires d'opportunité, avant leur départ pour l'Antarctique, en informant les commandants de la procédure de collecte et de restitution des données hydrographiques collectées. En ce qui concerne ce dernier point, l'IAATO a proposé de collationner et de mettre à disposition toutes les anciennes données bathymétriques collectées par les navires de l'IAATO; il a été décidé de continuer à effectuer les visites des navires et un groupe a été créer afin d'étudier de futures actions complémentaires pour appliquer la procédure existante.

Des discussions spécifiques ont porté sur la disponibilité des ENC couvrant les eaux antarctiques. Il a été décidé d'inclure des informations dans le rapport de l'OHI à la prochaine RCTA concernant l'état de la production des ENC et un appel visant à améliorer la disponibilité des ENC en tant que mécanisme visant à améliorer la sécurité de la navigation et la protection de l'environnement maritime dans la région. Il a également été convenu de préparer un article à soumettre à l'OMI pour rendre compte de la couverture réelle en ENC des eaux antarctiques avant 2012 en raison d'un manque de données bathymétriques, d'un mauvais ajustement des systèmes de référence ainsi que d'autres facteurs pertinents. Il a été demandé au BHI- en tant que coordinateur des cartes INT de l'Antarctique- de développer et de proposer un programme d'ENC à grandes échelles pour examen par la CHA.

Le groupe de travail sur l'établissement des priorités en matière de levés hydrographiques continue d'analyser les besoins et ses travaux seront quelque peu améliorés avec les données d'une nouvelle évaluation sur les routes de navigation maritimes et les besoins en levés qui sera faite par les membres de la CHA. Des données sont également attendues de l'IAATO qui a également décidé de revoir les plans de levés de la CHA.

Suite à l'aimable invitation du Service hydrographique australien, la Commission a décidé d'organiser la 11ème réunion de la CHA à Hobart, Tasmanie, Australie, du 5 au 7 octobre 2011.

1.3 Participation OHI/CHA à la réunion sur la cartographie des fonds marins dans l'Arctique – l'Antarctique

Une réunion intitulée « Arctic-Antarctic Seafloor Mapping Meeting 2011 »– visant à réunir les principaux experts responsables de la cartographie bathymétrique dans les eaux arctiques et antarctiques – a été organisée par le Prof. Martin JAKOBSSON (IBCAO) de l'Université de Stockholm, Suède et par le Dr. Hans-Werner SCHENKE (IBCSO) de l'Institut Alfred Wegener pour la recherche polaire et marine, Allemagne. Cette réunion qui s'est déroulée à Stockholm, du 3 au 5 mai, était abritée par le Département des sciences géologiques de l'Université de Stockholm.

La carte bathymétrique internationale de l'Océan arctique (IBCAO) et la carte bathymétrique internationale de l'Océan austral (IBCSO) sont deux projets qui visent à compiler les représentations bathymétriques les plus à jour de ces deux régions. La réunion a été identifiée en tant que mécanisme de coordination permettant d'améliorer l'IBCAO et l'IBCSO et de discuter des utilisations et des besoins techniques des compilations bathymétriques régionales.

Le discours d'ouverture qui a été prononcé par le Secrétaire général de la COI portait sur la question de savoir pourquoi il nous est nécessaire d'en apprendre davantage sur l'océan Arctique et Austral et le président de la CHA de l'OHI a rendu compte de l'état des levés hydrographiques et de la cartographie marine dans l'Antarctique. Approximativement 50 personnes venues de 15 pays différents y ont participé et plus de 11 présentations orales ont été faites sur la cartographie des fonds marins de l'Arctique et 7 sur celle de l'Antarctique. Par ailleurs, 5 présentations ont porté sur les nouvelles méthodes de compilation des données et sur la situation de l'IBCAO et de l'IBCSO, et ont été suivies de réunions de petits groupes sur l'Arctique et l'Antarctique. De plus, une session de poster a été organisée.

Les deux projets IBC ont été planifiés et ont identifié des membres de leurs comités d'édition respectifs. La coordination entre ces deux CBI, la Commission hydrographique régionale de l'Arctique (CHRA) et la Commission hydrographique régionale de l'Antarctique (CHA), respectivement, a été considérée comme vitale pour l'amélioration de la cartographie des fonds marins de ces régions. Les détails techniques et les objectifs ont également été identifiés et leur réalisation coordonnée. Les organisations parentes de la GEBCO, la COI et en particulier l'OHI, ont été saluées pour les efforts qu'elles fournissent en vue de soutenir le développement de ces projets. Le projet GEBCO de la Nippon Foundation a été identifié comme un soutien potentiel au développement d'un projet antarctique, visant à maintenir les travaux de compilation bathymétrique à ce jour conduits par l'IBCSO. Afin d'assurer un suivi et de progresser plus rapidement sur ces questions, il a été décidé que la prochaine réunion de coordination conjointe aura lieu en mai 2012; le lieu doit encore être fixé.

1.4 Participation CHA/OHI à la 22ème réunion annuelle de l'IAATO.

Le vice-président de la CHA a représenté la CHA/OHI à la 22ème réunion annuelle de l'IAATO qui s'est déroulée à Hobart, Australie, le 10 mai 2011. La CHA/OHI a eu l'opportunité de fournir aux participants un suivi des actions et des résultats obtenus depuis la dernière réunion de la CHA (à Cambridge) qui concernent l'IAATO.

Action 10/1 : Inviter l'IAATO à mettre à disposition les données hydrographiques passées, en vue d'améliorer le processus de prise de décision concernant l'attribution de priorités en matière de levés hydrographiques. Les données peuvent être fournies au BHI ou directement au président du HSPWG. Résultat - la contribution de l'IAATO a débuté et les données ont été reçues au BHI, ce qui a permis au Bureau de contacter les pays producteurs et de les informer de l'existence de des informations dans l'intérêt des séries de cartes INT. Cette action est en cours. En réalité, les données ont été communiquées au SH du RU. Il s'agit d'un signe positif qui doit être reconnu et encouragé afin de favoriser davantage de soumissions de données.

Action 10/2 : Développer d'autres futures actions complémentaires pour implémenter des visites de navires et des directives sur les procédures pour les visites de navires de l'IAATO. Le BHI doit diffuser ces procédures aux parties intéressées.
Résultat – le développement des procédures est en cours.

Action 10/3 : Coordonner la visite des hydrographes d'Argentine, d'Australie, du Brésil, du Chili, de la Nouvelle-Zélande et du RU via le HMS Scott aux navires de l'IAATO, pendant les escales dans les ports sur leur route vers l'Antarctique, ou en Antarctique, afin de fournir des conseils sur la collecte et la restitution des données hydrographiques, et de rendre compte de leur expérience à la 11ème réunion de la CHA.

Résultat – inviter l'IAATO à envisager de contacter directement les Etats membres concernés de la CHA lors de toutes les escales portuaires possibles sur leur route aller ou retour de l'Antarctique, afin d'assurer un échange d'information fluide pour que la collecte des données hydrographiques soit effectuée conformément aux protocoles en place et pour faciliter la fourniture des données et informations collectées en temps opportuns. Les navires de l'IAATO et les SH concernés implémentent conjointement cette action.

La présentation faite mentionnait également la préoccupation de l'IAATO quant au fait que certaines des cartes internationales ne contenaient pas les informations les plus complètes. Pour résoudre ce problème, les actions suivantes ont été entreprises :

a) des actions spécifiques ont été confiées aux Etats membres pour qu'ils fournissent leurs données hydrographiques supplémentaires au pays producteur de CARTES INT.

b) Un Catalogue des cartes nationales dans l'Antarctique a été compilé et publié en février 2011 sur le site web de la CHA.

En ce qui concerne la disponibilité des ENC, il a été signalé que les Services hydrographiques nationaux ont fourni un travail considérable pour réaliser la couverture en ENC de leurs eaux côtières et de leurs ZEE, dans le but de respecter les dates limites de l'OHI avant que les prescriptions de l'OMI sur l'emport obligatoire de l'ECDIS ne deviennent obligatoires. Maintenant que la date limite initiale de couverture en ENC est dépassée et que la plupart des Etats côtiers ont terminé la couverture en ENC de leurs propres ZEE, on peut s'attendre à une amélioration rapide de la couverture en ENC dans l'Antarctique. Cependant, il faut considérer que toute ENC n'aura que la valeur des données à partir de laquelle elle est établie, et si la carte papier existante n'est pas appropriée (zones non hydrographiées, etc.), alors l'ENC qui en est dérivée sera également inadéquate.

Le représentant CHA/OHI recherche une coopération continue avec l'IAATO, notamment aux fins :

(i) D'encourager les pays des programmes antarctiques à collecter autant d'informations hydrographiques que possible et à les partager avec le pays producteur de la carte internationale (et/ou le BHI).

(ii) De maintenir la pression sur les gouvernements/Services hydrographiques nationaux en vue d'accroître la priorité accordée à la production des cartes dans l'Antarctique.

(iii) D'encourager tous les bâtiments qui naviguent dans l'Antarctique à collecter régulièrement les informations hydrographiques et à les fournir à l'OHI/l'autorité cartographique.

(iv)   De rechercher des méthodes et des systèmes pour automatiser la collecte des données et pour simplifier la restitution des informations tout en conservant les métadonnées nécessaires pour les rendre estimables et utiles.

2.- Etat des levés hydrographiques et de la production de cartes marines

2.1 Levés hydrographiques

Sur les 13 rapports nationaux soumis à la dernière réunion de la CHA, seuls 6 indiquaient que des levés hydrographiques systématiques ont été exécutés pendant la saison 2009/2010. Parmi ces derniers, deux correspondent aux levés exécutés par des bâtiments scientifiques participant à des projets de plus grande envergure, où la bathymétrie a été recueillie et, à notre connaissance, rendue aux Services hydrographiques nationaux en vue de servir à l'amélioration des cartes marines. Il n'y a pas encore d'évaluation pour la saison 2010/2011.

Il est prévu qu'avec la mise en service de nouveaux bâtiments hydrographiques et d'équipements modernes installés à bord des bâtiments hydrographiques, dans un futur proche, les capacités d'exécution de levés dans l'Antarctique s'amélioreront.

La contribution apportée par les navires de l'IAATO et par d'autres navires d'opportunité est appréciée et les données collectées fournissent des informations utiles aux autorités cartographiques.

Le groupe de travail de la CHA chargé de l'établissement des priorités en matière de levés, avec la coopération du COMNAP et de l'IAATO, continue d'exécuter son mandat et de préparer des graphiques qui reflètent l'état des atouts des levés hydrographiques, dans la courte liste des domaines de priorité et des cartes INT associées.

2.2 Production de cartes marines

Jusqu'au début des années 1990, la couverture de cartes marines dans l'Antarctique était limitée à celle produite par un certain nombre de Services hydrographiques des Etats membres de l'OHI pour les zones qui les intéressaient. La couverture était incohérente et comportait de nombreuses répétitions.

Afin d'harmoniser la couverture en cartes, d'optimiser les coûts de production et de mieux servir le navigateur, l'OHI a adopté un plan de cartes internationales (INT) pour les eaux antarctiques, avec les critères suivants :

- Couverture adéquate pour la navigation internationale.
- Conformité avec les spécifications de l'OHI pour les cartes marines.
- Nombre de cartes maintenu au minimum.
- Couverture spécifique pour un accès aux bases scientifiques permanentes et aux zones les plus fréquemment visitées par les navires de croisière.
- Responsabilité de la production cartographique partagée par les Etats membres de l'OHI, sur une base volontaire.
- Adoption du WGS-84 en tant que système géodésique commun.

Le résultat global est un plan de cartes INT cohérent d'approximativement 108 cartes dont environ la moitié couvrent la péninsule Antarctique. Le plan inclut une série côtière continue à petite échelle (1:10 000 000 et 1: 2 000 000), des cartes à moyennes échelles (1:150 000 à 1:500 000) dans les approches des bases scientifiques, ainsi que des cartes à grandes échelles (1:10 000 à 1:50 000) autour de ces bases et dans les passages critiques.

La production de ces cartes INT est partagée entre les 17 Etats membres suivants de l'OHI : Argentine, Australie, Brésil, Chili, France, Allemagne, Inde, Italie, Japon, Nouvelle-Zélande, Norvège, Pérou, Fédération de Russie, Afrique du Sud, Espagne, Royaume-Uni et USA. Depuis mars 2011, quelque 65 cartes INT ont été publiées ; voir **Annexe B**.

La force motrice qui sous-tend la progression de la production de cartes INT est la disponibilité de données de bonne qualité en matière de levés hydrographiques pour les zones concernées. Dans de nombreuses zones non encore couvertes, soit il n'existe pas de données soit on détient des données anciennes de qualité non satisfaisante. Toute progression significative en vue de mener à bien la production du programme complet dépendra donc de la capacité d'exécuter des levés hydrographiques en fonction des normes modernes.

A cause de l'éloignement et de l'environnement hostile de la zone, les coûts des levés sont importants. Ceci ajouté à la priorité accordée par les Etats membres de l'OHI pour hydrographier leurs propres eaux nationales sont autant de facteurs de limitation à la progression de la production de cartes INT pour l'Antarctique.

Des efforts substantiels sont entrepris pour préparer les cartes électroniques de navigation (ENC) de l'Antarctique.

A ce jour, il a été établi que les Services hydrographiques volontaires qui ont assumé la responsabilité de produire des cartes INT papier couvertes dans le programme de cartes INT,

seront également chargés de la production des ENC correspondantes couvrant cette zone.

La CHA/OHI a déjà convenu d'un programme à petites et moyennes échelles pour les ENC couvrant les eaux antarctiques et travaille sur la préparation d'un programme à grande échelle, basé sur les cartes papier existantes et sur d'autres exigences.

Plusieurs Services hydrographiques ont commencé à produire des ENC couvrant les eaux antarctiques. A ce jour, 48 cellules ENC sont disponibles (voir **Annexe C**) et le programme de production du futur proche semble prometteur. Néanmoins, les zones pour lesquelles on ne dispose pas de données et d'informations fiables pour la production de cartes INT au format papier seront vraisemblablement confrontées au même problème dans leur version ENC, aussi nous ne devons pas nous attendre à ce que les manques existants soient couverts par les ENC à court ou moyen terme, étant donné que les progrès ne seront possibles qu'après l'exécution de nouveaux levés hydrographiques.

3.- *Conclusion*

13. La CHA de l'OHI est toujours préoccupée par les progrès extrêmement lents qui sont accomplis en ce qui concerne le recueil de données bathymétriques pour la période 2009/2010, étant donné que peu de levés hydrographiques ont été exécutés.

14. Plusieurs Services hydrographiques progressent dans la production des ENC couvrant les eaux antarctiques, conformément au programme d'ENC convenu par la CHA de l'OHI. Toutefois, il faut garder présent à l'esprit qu'une ENC pourra uniquement être aussi adéquate que les données à partir desquelles elle est établie.

15. La CHA de l'OHI reconnait et apprécie la coopération et la contribution de plusieurs organisations internationales, notamment de l'IAATO et d'instituts de recherche, qui ont mis d'anciennes séries de données bathymétriques à disposition, ainsi que de nouvelles données normalisées sur les levés hydrographiques. Cet effort collectif vient directement à l'appui de la production des cartes INT et des ENC qui couvrent les eaux antarctiques.

4.- Recommandations

Il est recommandé que la XXXIVème RCTA :

1. Prenne bonne note du rapport de l'OHI.

2. Envisage d'encourager les Services hydrographiques des pays qui font partie du système du TA à accélérer la production d'ENC à partir des informations existantes et à exécuter des levés hydrographiques des parties manquantes des zones de priorité identifiées par la CHA de l'OHI, afin que les cartes INT puissent être produites et mises à disposition dans les meilleurs délais.

Monaco, Mai 2011.

ANNEXES : (En anglais uniquement)

A : Membres de la CHA.

B : Etat de la production actuelle des cartes INT (mai 2011).

C : Production d'ENC (mai 2011)

Annex A

<u>HCA MEMBERSHIP</u>

(May 2011)

MEMBERS:

Argentina

Australia

Brazil

Chile

China

Ecuador

France

Germany

Greece

India

Italy

Japan

Korea, Republic of

New Zealand

Norway

Peru

Russian Federation

South Africa

Spain

United Kingdom

Uruguay

USA

Venezuela

OBSERVER ORGANIZATIONS:

Antarctic Treaty Secretariat (ATS)

Council of Managers of National Antarctic Programmes (COMNAP)

Standing Committee on Antarctic Logistics and Operations (SCALOP)

International Association of Antarctic Tour Operators (IAATO)

Scientific Committee on Antarctic Research (SCAR)

International Maritime Organization (IMO)

Intergovernmental Oceanographic Commission (IOC)

General Bathymetric Chart of the Oceans (GEBCO)

International Bathymetric Chart of the Southern Ocean (IBCSO)

IHO Data Center for Digital Bathymetry (DCDB)

Australian Antarctic Division

Antarctica New Zealand

Annex B

INT Chart Present Production Status (May 2011)

STATUS OF INTERNATIONAL CHART PRODUCTION IN ANTARCTICA
(1 of 2)

Not published

Published

In preparation

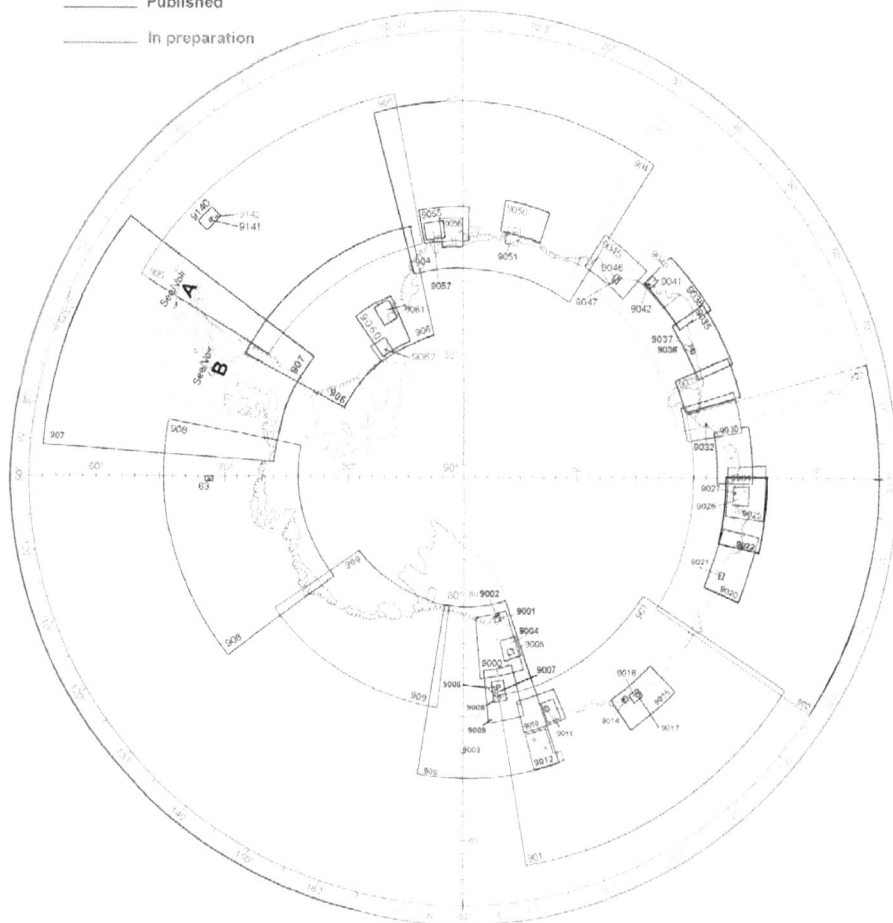

STATUS OF INTERNATIONAL CHART PRODUCTION IN ANTARCTICA
(2 of 2)

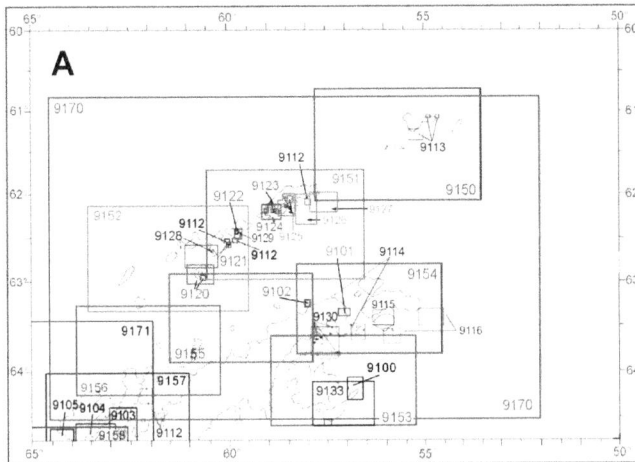

Not published
Published
In preparation

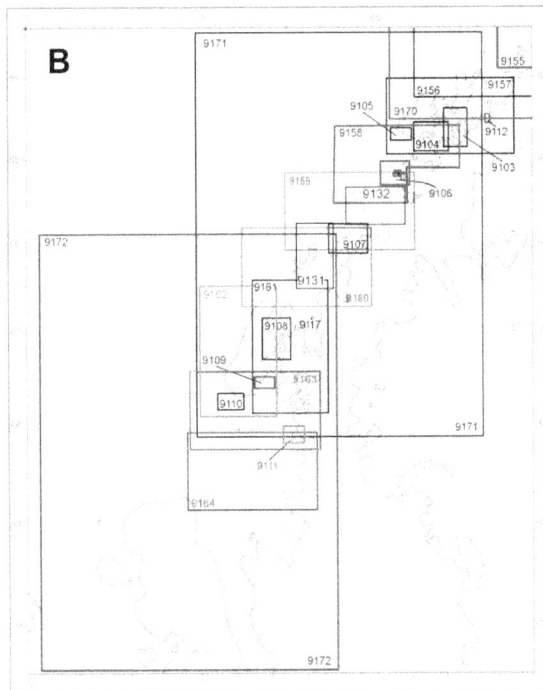

Annex C

ENC Production (May 2011)

STATUS OF ENC PRODUCTION IN ANTARCTICA (1 of 3)
SMALL-SCALE «OVERVIEW» ENCs
(based on the 1: 10M and 1: 2M INT Chart Series)

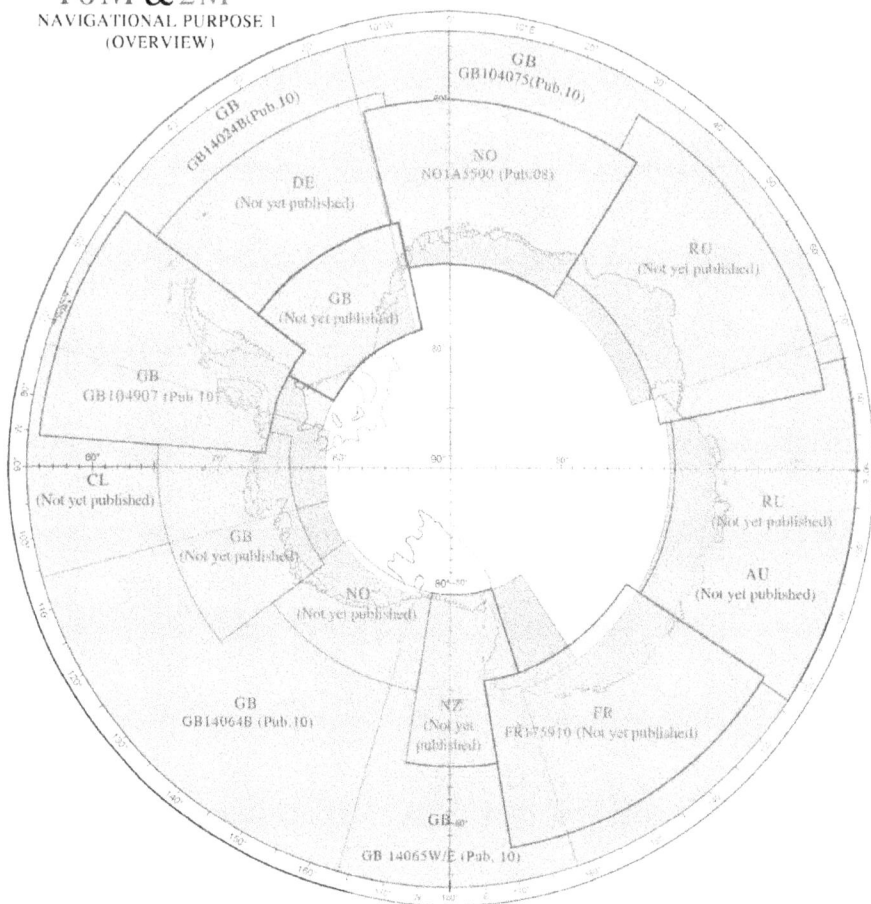

10M & 2M
NAVIGATIONAL PURPOSE 1
(OVERVIEW)

STATUS OF ENC PRODUCTION IN ANTARCTICA (2 of 3)
MEDIUM-SCALE « GENERAL» and «COASTAL» ENCs

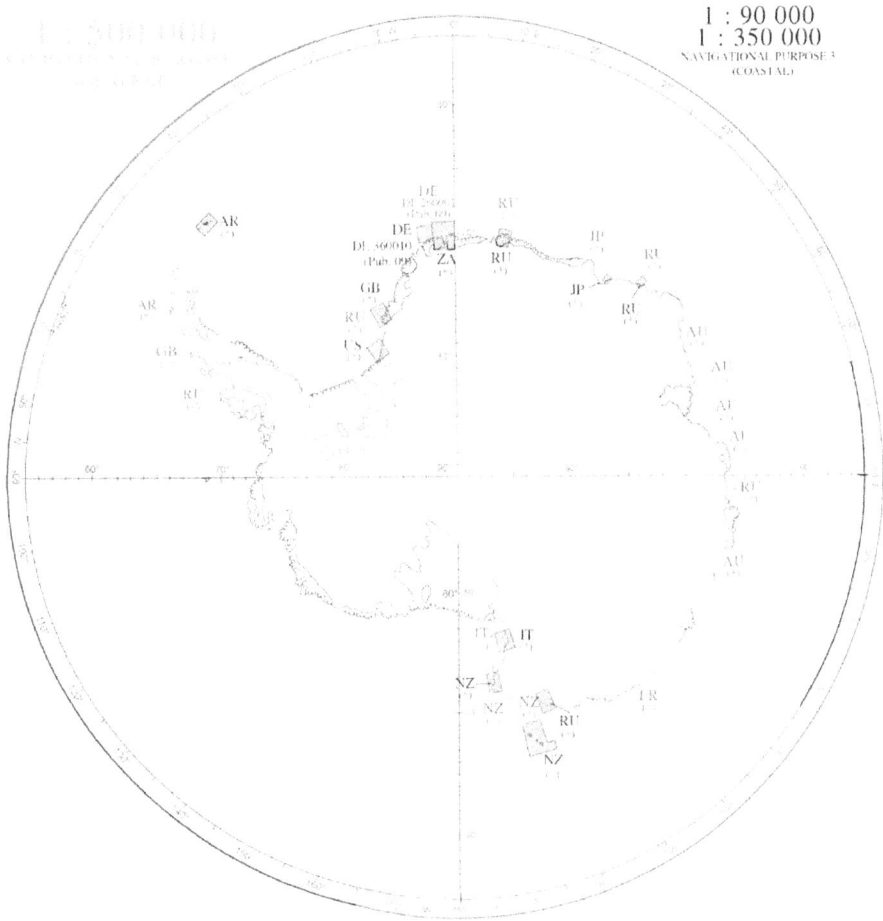

1 : 90 000
1 : 350 000
NAVIGATIONAL PURPOSE 3
(COASTAL)

( ) Not yet published

STATUS OF ENC PRODUCTION IN ANTARCTICA (3 of 3)
MEDIUM-SCALE «COASTAL» ENCs
(based on the medium-scale INT Chart Series)

Antarctic Peninsula

1 : 90 000
1 : 350 000
NAVIGATIONAL PURPOSE 3
(COASTAL)

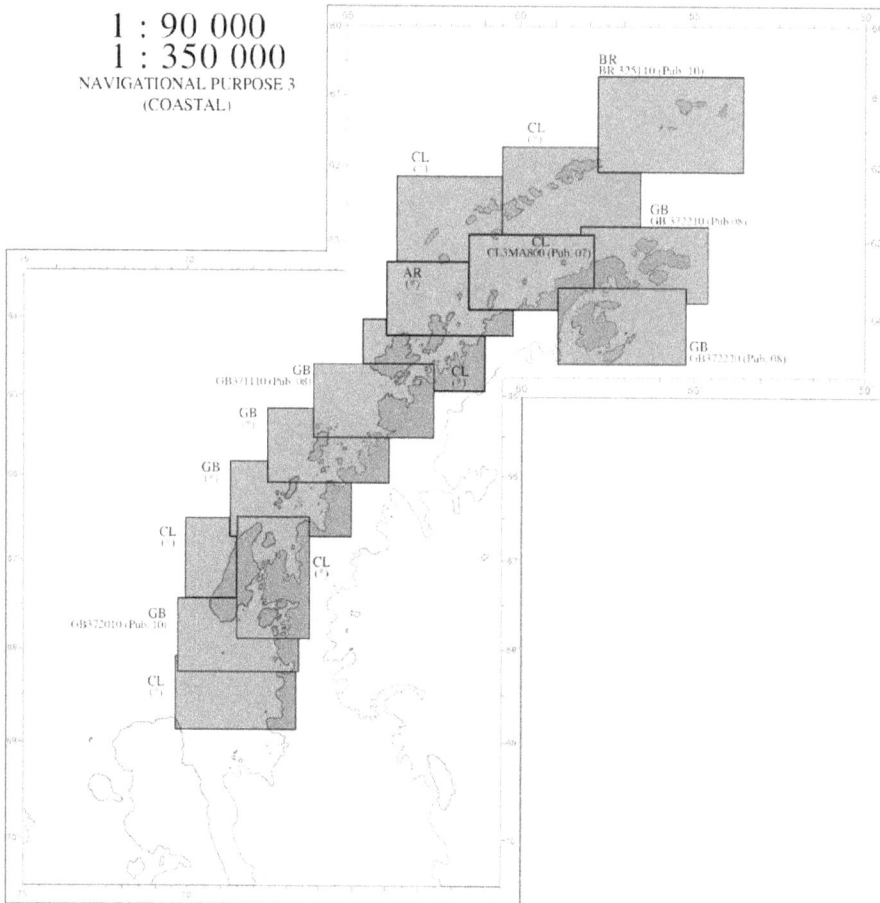

(*) Not yet published

Note: Additionally, 12 large-scale ENCs have been published by Brazil (2 ENCs), Chile (3 ENCs), France (2 ENCs), Italy (1 ENC) and United Kingdom (4 ENCs), including 9 ENCs in the Antarctic Peninsula.

QUATRIÈME PARTIE

DOCUMENTS ADDITIONNELS DE LA XXXIVe RCTA

1. Documents Additionnels

Résumé de la conférence du SCAR

À la recherché de l'empreinte humaine en Antarctique : une étude de cas

Par Mahlon Kennicutt II

La conference du SCAR pour 2011 s'intitule « À la recherche de l'empreinte humaine en Antarctique : une étude de cas » et a été délivrée par le Président du SCAR M. Mahlon « Chuck » Kennicutt II. La Fondation Nationale des Sciences des États-Unis d'Amérique a financé un programme de contrôle et de surveillance en Antarctique pour examiner les impacts des installations scientifiques et logistiques à la station McMurdo, la plus grande station scientifique de l'Antarctique. La conférence est basée sur deux documents d'information, IP 1 et IP 2.

Le premier de ces documents (IP1) présente des analyses d'échantillons du sol qui démontrent que les contaminants de la terre les plus communs sont les hydrocarbures produits par la combustion de carburants. Cependant la contamination par ces hydrocarbures est d'un niveau si faible que leur impact est négligeable, ni adverse ni chronique. C'est aussi le cas pour la contamination métallique, qui ne cause aucun impact significatif en termes d'effets biologiques. En vertu des efforts déployés pour la réhabilitation des sites, il n'existe pas de correlation évidente entre les lieux où des déversements d'hydrocarbures ont été effectués et le niveau de contamination des sols. Toutefois, les niveaux d'hydrocarbures sont nettement plus élevés dans des emplacements où les carburants ont été soit emmagasinés soit transférés à des véhicules, ou bien là où il existe une forte circulation de véhicules ou des aires de stationnement de véhicules.

Les sédiments marins ont été contaminés en fonction de pratiques et de procédures d'élimination des déchets datant du passé et d'avant les années 80. Des BPC (biphenyls polychlorinés) tout comme des hydrocarbures de pétrole et des résidus métalliques ont été détectés dans l'entourage de la station à des concentrations qui suscitent des effets biologiques. Les concentrations de BPC sont nettement plus élevés dans l'entourage du système de voierie et des bouches d'égout.

Il est à noter que les échantillons d'hydrocarbures terrestres comme marins sont biologiquement dégradés, ce qui indique la présence autour de la Station McMurdo d'une population locale de bactéries qui dégradent les hydrocarbures. Par contre les BPC sont restés intacts, ce qui indique que les microbes *in situ* ont une capacité limitée de dégrader les produits chimiques synthétiques.

Ces données sont utiles pour s'orienter vers une meilleure gestion de l'empreinte humaine en Antarctique, et en particulier elles peuvent permettre :

- une identification précise des indicateurs de contrôle et de surveillance particuliers qui fonctionnent le mieux dans l'environnement de l'Antarctique ;
- une évaluation plus fiable des éléments de conception du programme de surveillance ; et
- l'obtention d'informations utiles pour d'autres programmes de surveillance en Antarctique.

Le deuxième document d'information (IP 2) vise à démontrer comment avec l'utilisation de photographies aériennes prises entre 1956 et 2005 des chercheurs scientifiques ont réussi à identifier les lieux de la surface terrestre qui auraient été sujets à des activités anthropogéniques - par exemple la construction de routes ou de bâtiments, ou bien la disparition de la structure originelle de polygones periglaciares. Des photos anciennes ainsi que contemporaines ont été analysées avec l'aide d'un Système d'informations géographiques (SIG). Les analyses ont permis de conclure que les perturbations les plus fréquentes de la surface terrestre (autrement dit, la création de l'empreinte physique de la station) se sont produites surtout pendant les phases initiales de l'histoire de la station pendant les années 70, et que l'empreinte n'a pas évolué de manière conséquente depuis cette période.

Ces données sont utiles pour s'orienter vers une meilleure gestion de l'empreinte humaine en Antarctique, et en particulier elles peuvent assurer :

- une optique historique quant aux impacts observés sur l'environnement ;
- une meilleure compréhension de l'état actuel de l'environnement autour de la station ;

- une évaluation plus fiable des éléments de conception du programme de surveillance ; et
- l'obtention d'informations utiles pour d'autres programmes de surveillance en Antarctique.

La présentation est disponible en format pdf. Veuillez consulter le lien suivant:

http://www.scar.org/communications/ATCM%202011%20SCAR%20Lecture/Kennicutt_ATCM.pdf

2. Liste des documents

2. Liste des documents

Documents de travail								
No.	Points de l'ordre du jour	Titre	Soumis par	A	F	R	E	Pièces jointes
WP001	RCTA 11 CPE 10	Inspection effectuée par le Japon en application de l'article VII du Traité sur l'Antarctique et de l'article XIV du Protocole au Traité sur l'Antarctique relatif à la protection de l'environnement	Japon	X	X	X	X	
WP002 rev.1	RCTA 9	Système d'alerte précoce aux tsunamis pour l'Antarctique	Argentine	X	X	X	X	
WP003	CPE 7a	Plan de gestion révisé pour la ZSPA no120, Archipel de Pointe-Géologie, Terre Adélie	France	X	X	X	X	ZSPA No. 120. Plan de gestion révisé
WP004	CPE 7a	Plan de gestion pour la ZSPA No166, Port-Martin, Terre Adélie. Proposition de prorogation du plan existant	France	X	X	X	X	
WP005	CPE 7b	Proposition d'inscription du Bâtiment n°1, commémorant l'expédition antarctique chinoise à la station de la Grande Muraille, à la Liste des sites et monuments historiques	Chine	X	X	X	X	
WP006	CPE 7a	Plan de gestion révisé pour la zone spécialement protégée de l'Antarctique no 149 Cap Shirreff et Ile San Telmo, Ile Livingston, Shetland du Sud	Etats-Unis d'Amérique Chili	X	X	X	X	ASPA 149 Map 1 ASPA 149 Map 2 ASPA 149 Map 3 ZSPA 149 Plan de gestion révisé
WP007	CPE 6a	Rapport du groupe de contact intersessions ouvert afin de considérer le projet d'EEC pour la « Construction et l'opération de la station Jang Bogo, baie Terra Nova, Antarctique »	Australie	X	X	X	X	
WP008	RCTA 20 CPE 14	Calendrier proposé pour la 35e Réunion Consultative du Traité sur l'Antarctique, Hobart, 2012	Australie	X	X	X	X	
WP009	CPE 7a	Plan de gestion révisé pour la zone spécialement protégée de l'Antarctique N° 122 Arrival Heights, péninsule de Hut Point, île de Ross	Etats-Unis d'Amérique	X	X	X	X	ASPA 122 Map 1 ASPA 122 Map 2 ZSPA 122 Plan de gestion révisé
WP010	CPE 7a	Élaboration d'un plan de protection spéciale du Glacier Taylor et des Blood Falls, Vallée Taylor, Vallées Sèches McMurdo, Terre Victoria	Etats-Unis d'Amérique	X	X	X	X	Appendix A – Protected Area Boundary Options
WP011	RCTA 10	Suites données à la présence non autorisée de voiliers français dans la zone du Traité et aux dégradations commises dans la cabane dite de	France	X	X	X	X	

	**Documents de travail**
No.	**Points de l'ordre du jour**	**Titre**	**Soumis par**	**A**	**F**	**R**	**E**	**Pièces jointes**
		Wordie House. Observations sur les conséquences de l'affaire						
WP012	CPE 8a	Accroître la sensibilisation sur l'introduction des espèces non indigènes : Résultats de l'atelier et listes de vérification pour les gestionnaires de la chaîne d'approvisionnement	COMNAP SCAR	X	X	X	X	COMNAP/SCAR Checklists for Supply Chain Managers COMNAP/SCAR NNS Workshop Report
WP013	CPE 7a	Groupe subsidiaire sur les plans de gestion – Rapport sur les objectifs #4 et #5 : amélioration des plans de gestion et procédure d'examen intersessions	Australie	X	X	X	X	Résolution 2 (2011) - Annexe
WP014	CPE 6a	Rapport du Groupe de contact intersessions ouvert afin de considérer le projet d'EEC pour l'« Exploration proposée du lac Ellsworth sous-glaciaire en Antarctique »	Norvège	X	X	X	X	
WP015 rev.1	CPE 9	Techniques de télédétection pour une surveillance améliorée de l'environnement et des changements climatiques en Antarctique	Royaume-Uni	X	X	X	X	
WP016	CPE 6a	Projet d'évaluation environnementale complète (EEC) pour l'exploration proposée du lac sous-glaciaire Ellsworth en Antarctique	Royaume-Uni	X	X	X	X	Résumé non technique
WP017	CPE 7c	Révision des lignes directrices du site pour la baie Whalers, l'île de la Déception, les îles Shetland du Sud	Royaume-Uni Argentine Chili Norvège Espagne Etats-Unis d'Amérique	X	X	X	X	Lignes directrices pour la Baie Whalers
WP018	CPE 7a	Activités de surveillance proposées au sein de la zone spécialement protégée de l'Antarctique (ZSPA) N° 107 île Emperor, îles Dion, baie Marguerite, péninsule antarctique	Royaume-Uni	X	X	X	X	
WP019	RCTA 10	Évaluation des activités terrestres en Antarctique	Royaume-Uni	X	X	X	X	
WP020	RCTA 10	Collecte de données et établissement de rapports sur les activités de navigation en Antarctique pour 2010/2011	Royaume-Uni	X	X	X	X	
WP021	RCTA 10	Tourisme en Antarctique : Viser une approche stratégique et proactive par un inventaire sur les questions en suspens	Pays-Bas Royaume-Uni	X	X	X	X	
WP022	RCTA 5	Procédure complémentaire pour les consultations intersessions entre les PCTA	Pays-Bas Allemagne	X	X	X	X	

No.	Points de l'ordre du jour	Titre	Soumis par	A	F	R	E	Pièces jointes
		Documents de travail						
WP023	CPE 7a	Plan de gestion révisé pour la zone spécialement protégée (ZSPA) N° 140 Parties de l'île de la Déception, Iles Shetland du Sud	Royaume-Uni	X	X	X	X	ZSPA 140 - Plan de gestion révisé
WP024	RCTA 5	Rapport intérimaire du Groupe de contact intersessions sur l'examen des recommandations de la RCTA	Argentine	X	X	X	X	
WP025	RCTA 5 CPE 4	Soumission de documents dans les délais avant les RCTA	Allemagne Etats-Unis d'Amérique	X	X	X	X	
WP026	RCTA 10	Révision de la RCTA des règles et réglementations en matière de tourisme	Etats-Unis d'Amérique France Allemagne Pays-Bas Nouvelle-Zélande	X	X	X	X	
WP027	CPE 7b	Rapport sur les discussions informelles concernant les sites et monuments historiques	Argentine	X	X	X	X	
WP028	CPE 12	Problèmes environnementaux liés à l'aspect pratique de la réparation des dégâts causés à l'environnement ou de la réhabilitation de l'environnement	Australie	X	X	X	X	
WP029	CPE 7a	Plan de gestion révisé pour la zone spécialement protégée de l'Antarctique no 167, Ile Hawker, Terre Princesse Elizabeth	Australie	X	X	X	X	ASPA 167 Map A ASPA 167 Map B ZSPA 167 Plan de gestion révisé
WP030	CPE 7c	Lignes directrices de sites pour l'aire réservée aux visiteurs de Vallée Taylor en Terre Southern Victoria	Nouvelle-Zélande Etats-Unis d'Amérique	X	X	X	X	Lignes directrices pour Vallée Taylor Site Guidelines Taylor Valley Image 1 Site Guidelines Taylor Valley Map 1 Site Guidelines Taylor Valley Map 2 Site Guidelines Taylor Valley Overview
WP031	CPE 7a	Révision du plan de gestion de la zone spécialement protégée de l'Antarctique no 116 Vallée New College, plage Caughley, cap Bird, île de Ross	Nouvelle-Zélande	X	X	X	X	ASPA 116 Map A ASPA 116 Map B ZSPA 116 Plan de gestion révisé
WP032	CPE 7f	Améliorer la base de données des zones protégées de l'Antarctique pour faciliter l'évaluation et le développement du système des zones protégées	Australie	X	X	X	X	
WP033	CPE 7a	Révision du Plan de gestion pour la Zone spécialement protégée de l'antarctique N° 131 : Glacier Canada, lac Fryxell, Vallée Taylor, Terre Victoria	Nouvelle-Zélande	X	X	X	X	ASPA 131 Map A ASPA 131 Map B ZSPA 131 Plan de gestion révisé

								Documents de travail
No.	Points de l'ordre du jour	Titre	Soumis par	A	F	R	E	Pièces jointes
WP034	CPE 8a	Rapport 2010-2011 du Groupe de contact intersessions sur les espèces exotiques	Nouvelle-Zélande	X	X	X	X	Résolution 6 (2011) - Annexe
WP035	CPE 7d	Comprendre les concepts d'empreinte et de nature sauvage par rapport à la protection de l'environnement en Antarctique	Nouvelle-Zélande	X	X	X	X	
WP036	RCTA 5 CPE 4	Une nouvelle approche proposée pour le traitement des Documents d'information	Australie France Nouvelle-Zélande	X	X	X	X	
WP037	RCTA 10	Lignes directrices relatives aux yachts pour compléter les normes de sécurité du trafic maritime autour de l'Antarctique	Allemagne Australie Norvège Royaume-Uni Etats-Unis d'Amérique	X	X	X	X	
WP038	CPE 8c	Forum de discussion des autorités compétentes sur l'Antarctique (DFCA) – Impacts des sons émis sous les eaux de l'Antarctique -	Allemagne	X	X	X	X	
WP039	CPE 7a	Plan de gestion révisé pour la zone gérée spéciale de l'Antarctique no 2 McMurdo Dry Valleys, Terre Southern Victoria	Nouvelle-Zélande Etats-Unis d'Amérique	X	X	X	X	ASMA 2 Map 1 ASMA 2 Map 2 Plan de gestion de la ZGSA 2 McMurdo Dry Valleys ZGSA 2 Annexe A ZGSA Annexe B ZGSA Annexe C ZGSA Annexe D ZGSA Annexe E ZGSA Annexe F
WP040	RCTA 5	Renforcement du soutien au Protocole de Madrid	France Australie Espagne	X	X	X	X	Appel à une relance de la ratification du Protocole de Madrid
WP041	CPE 7f	Quatrième rapport intérimaire sur les délibérations du groupe de travail international relatives aux possibilités de gestion de l'environnement de la péninsule Fildes et de l'île Ardley	Chili Allemagne	X	X	X	X	
WP042	CPE 6a	Le projet d'évaluation environnementale complète pour la construction et l'opération de la station de recherche d'Antarctique Jang Bogo, Baie de Terra Nova, en Antarctique	Corée République de	X	X	X	X	Annex A. Non-technical summary
WP043	CPE 5	Développement d'une méthodologie simple pour classer les Zones spécialement protégées de l'Antarctique selon leur vulnérabilité au changement climatique	Royaume-Uni Norvège	X	X	X	X	
WP044	RCTA 13 CPE 5	Rapport d'avancement sur la RETA sur le changement climatique	Royaume-Uni Norvège	X	X	X	X	
WP045	CPE 7c	Rapport du groupe de contact intersessions à composition non limitée	Australie	X	X	X	X	Résolution X (2011) Lignes directrices pour les visiteurs de l'Antarctique

No.	Points de l'ordre du jour	Titre	Soumis par	A	F	R	E	Pièces jointes
		sur la révision des éléments environnementaux de la Recommandation XVIII-1						
WP046	RCTA 10	Limitation des activités touristiques et non-gouvernementales aux seuls sites soumis à des Lignes directrices pour les visites de site	France	X	X	X	X	
WP047	CPE 7a	Groupe subsidiaire sur les Plans de gestion – Rapport sur les Mandats n°1 à n°3: Revue des projets de Plans de gestion	Australie	X	X	X	X	ZSPA No. 126 Péninsule de Byers
WP048	RCTA 10	Rapport du groupe de contact intersessions sur la surveillance du tourisme en Antarctique	Argentine	X	X	X	X	DRAFT MODULE OF QUESTIONS FOR VISITORS' IN-FIELD ACTIVITIES
WP049	RCTA 10 CPE 7c	Lignes directrices portant sur la plage nord-ouest de la péninsule Ardley, île Ardley (île du roi Georges ou Isla 25 de mayo), îles Shetland du Sud	Chili Argentine	X	X	X	X	Lignes directrices peninsula Ardley Visitor site guidelines Ardley Island
WP050	CPE 7a	Plan de gestion révisé pour la zone spécialement protégée de l'Antarctique (ZSPA) no 165 Edmonson Point, Ross Sea	Italie	X	X	X	X	ASPA 165 Map 1 ASPA 165 Map 2 ASPA 165 Map 3 ASPA 165 Map 4 Plan de gestion révisé ZSPA 165
WP051	RCTA 11 CPE 10	Inspections effectuées en vertu du Traité sur l'Antarctique et du Protocole sur l'environnement par l'Australie : Janvier 2010 et janvier 2011	Australie	X	X	X	X	
WP052 rev.1	CPE 7c	Guide du visiteur des cabanes Mawson et du cap Denison, Antarctique de l'Est	Australie	X	X	X	X	
WP053	CPE 8a	Mesures pour réduire le risque d'introduction d'espèces non indigènes dans la région de l'Antarctique par les aliments frais	SCAR	X	X	X	X	
WP054	CPE 6b	Dispositif technologique pour enquêter sur les strates d'eau sous-glaciaire du lac Vostok	Fédération de Russie	X	X	X	X	
WP055	RCTA 5	À propos de la stratégie pour le développement des activités de la Fédération de Russie dans l'Antarctique pour l'horizon 2020 et a plus long terme	Fédération de Russie	X	X	X	X	
WP056	RCTA 9	Adoption de propositions pour assurer la sécurité de la navigation dans les eaux antarctiques – Fédération de Russie	Fédération de Russie	X	X	X	X	
WP057	CPE 7f	De la nécessité constante d'un système de suivi pour assurer le maintien des	Fédération de Russie	X	X	X	X	

Documents de travail

Documents de travail								
No.	Points de l'ordre du jour	Titre	Soumis par	A	F	R	E	Pièces jointes
		valeurs des zones spécialement protégées et des zones gérées spéciales de l'Antarctique						
WP058	CPE 7a	Plan de gestion révisé pour la zone spécialement protégée de l'Antarctique no 127 ILE HASWELL (Ile Haswell et colonie adjacente de manchots empereurs sur des glaces de formation rapide)	Fédération de Russie	X	X	X	X	ZSPA 127 Plan de gestion révisé
WP059	CPE 7b	Proposition de modification du monument historique n° 82. Installation de plaques commémoratives sur le monument au Traité sur l'Antarctique	Chili	X	X	X	X	
WP060	RCTA 18	Proposition pour raccourcir les réunions consultatives du Traité sur l'Antarctique	Norvège	X	X	X	X	
WP061 rev.1	CPE 7f	Rapport de l'atelier du CPE sur les zones marines et terrestres spécialement protégées de l'Antarctique. Montevideo, Uruguay, 16-17 juin 2011	Australie Uruguay	X	X	X	X	

Documents d'information								
No.	Points de l'ordre du jour	Titre	Soumis par	A	F	R	E	Pièces jointes
IP001	CPE 7d	Temporal and spatial patterns of anthropogenic disturbance at McMurdo Station, Antarctica	Etats-Unis d´Amérique	X				Kennicutt et al. 2010 Temporal and spatial patterns of anthropogenic disturbance at McMurdo Station, Antarctica
IP002	CPE 7d	The historical development of McMurdo Station, Antarctica, An environmental perspective.	Etats-Unis d´Amérique	X				Klein et al. 2008 The historical development of McMurdo station, Antarctica, an environmental perspective.
IP003	RCTA 4	Rapport présenté à la XXXIVe Réunion consultative du Traité sur l'Antarctique par le Gouvernement dépositaire de la Convention pour la protection des phoques de l'Antarctique conformément à l'alinéa d) du paragraphe 2 de la recommandation XIII-2	Royaume-Uni	X	X	X	X	
IP004	RCTA 11 CPE 10	Japanese Inspection Report 2010	Japon	X				
IP005	RCTA 12	60th Anniversary of the Argentine Antarctic Institute	Argentine	X		X		
IP006	RCTA 9	Report on the Evacuation of an Altitude Sickness-suffered Expeditioner at the Kunlun Station in Dome A	Chine	X				
IP007	RCTA 12	Brief Introduction of the Fourth Chinese National Arctic Expedition	Chine	X				
IP008	RCTA 13 CPE 5	COMNAP Energy Management Workshop	COMNAP	X				
IP009	RCTA 10 CPE 7c	Antarctic Site Inventory: 1994-2011	Etats-Unis d´Amérique	X				
IP010	RCTA 4 CPE 11	Rapport annuel 2010 du Conseil des directeurs des programmes antarctiques nationaux (COMNAP)	COMNAP	X	X	X	X	
IP011	RCTA 13	Permafrost and climate change in the maritime Antarctic. 5 Years of permafrost research at the St Kliment Ohridski Station in Livingston Island	Bulgarie Portugal	X				
IP012	CPE 7c	Guidelines of environmental behavior of the expedition participants and visitors to the Bulgarian Base in Antarctica	Bulgarie	X				
IP013	CPE 6a	The Draft Comprehensive Environmental Evaluation (CEE) for the Proposed Exploration of Subglacial Lake Ellsworth, Antarctica	Royaume-Uni	X				Draft CEE for the Proposed Exploration of Subglacial Lake Ellsworth
IP014	RCTA 10	IAATO Yacht Outreach Campaign	IAATO	X				Yacht Outreach Pamphlet Yacht Outreach Poster
IP015	RCTA 10	Training Course for Yachts intending to visit Antarctica	Royaume-Uni	X				
IP016	RCTA 17	Report on the recent bioprospecting activities carried out by Argentina	Argentine	X		X		

Documents d'information								
No.	Points de l'ordre du jour	Titre	Soumis par	A	F	R	E	Pièces jointes
		during the period 2010-2011						
IP017	RCTA 12	Bioremediation of Antarctic soils contaminated with hydrocarbons. Rational design of bioremediation strategies	Argentine	X			X	
IP018	RCTA 10 RCTA 9	L'incident du Berserk, mer de Ross, février 2011	Nouvelle-Zélande Norvège Etats-Unis d'Amérique	X	X	X	X	
IP019	RCTA 14 CPE 6a	The Draft Comprehensive Environmental Evaluation for the construction and operation of the Jang Bogo Antarctic Research Station, Terra Nova Bay, Antarctica	Corée République de	X				Full Draft CEE of Korean Jang Bogo Station in Antarctica
IP020	RCTA 10	Report on Antarctic tourist flows and cruise ships operating in Ushuaia during the 2010/2011 austral summer season	Argentine	X			X	
IP021 rev.1	RCTA 10	Non-commercial pleasure and/or sport vessels which travelled to Antarctica through Ushuaia during the 2010/2011 season	Argentine	X			X	
IP022	RCTA 4	Rapport du Gouvernement dépositaire du Traité sur l'Antarctique et de son Protocole au titre de la Recommandation XIII-2	Etats-Unis d'Amérique	X	X	X	X	Liste des Recommandations/Mesures et leur adoption Tableau relatif au statut concernant le Protocole Tableau relatif au statut concernant le Traité sur l'Antarctique
IP023	RCTA 10 CPE 7c	Antarctic Peninsula Compendium, 3rd Edition	Etats-Unis d'Amérique Royaume-Uni	X				Appendix A - Antarctic Peninsula Compendium Maps and Tables
IP024	CPE 7f	Progress Report on the Research Project "Current Environmental Situation and Management Proposals for the Fildes Region (Antarctic)"	Allemagne	X				
IP025	RCTA 10	Notice on environmental impacts by small tourist groups within the overall frame of Antarctic tourism	Allemagne	X				
IP026	CPE 8a	Progress Report on the Research Project "The role of human activities in the introduction of non-native species into Antarctica and in the distribution of organisms within the Antarctic"	Allemagne	X				
IP027	CPE 8c	Progress Report on the Research Project 'Whale Monitoring Antarctica'	Allemagne	X				
IP028	RCTA 10	Technical safety standards and international law affecting yachts with destination Antarctica	Allemagne	X				
IP029	CPE 8c	Potential of Technical	Allemagne	X				Evaluation of the Potential of

No.	Points de l'ordre du jour	Titre	Soumis par	A	F	R	E	Pièces jointes
		Measures to Reduce the Acoustical Effects of Airguns						Technical Measures to Reduce the Acoustical Effects of Airguns
IP030 rev.1	RCTA 10	Areas of tourist interest in the Antártica Peninsula (Antarctic Peninsula) and Orcadas del Sur Islands (South Orkney Islands) region. 2010/2011 austral summer season	Argentine	X			X	
IP031	CPE 11	Rapport de l'observateur du SC-CAMLR à la quatorzième réunion du Comité pour la protection de l'environnement	CCAMLR	X	X	X	X	
IP032	CPE 8a	Report on IPY Oslo Science Conference Session on Non-Native Species	France	X				
IP033	CPE 8c	SCAR's code of conduct for the exploration and research of subglacial aquatic environments	SCAR	X				
IP034	RCTA 8	Implementation of Annex II and VI of the Protocol on Environmental Protection to the Antarctic Treaty and Measure 4(2004)	Finlande	X				
IP035	CPE 9	Environmental Monitoring and Ecological Activities in Antarctica, 2010-2012	Roumanie	X				
IP036	RCTA 12	ERICON AB Icebreaker FP7 Project. A new era in the polar research	Roumanie	X				
IP037	RCTA 12	Law- Racovita Base. An example of cooperation in Antarctica	Roumanie	X				
IP038	RCTA 19	Statement of the Romanian delegation at the celebration of the 50th anniversary of the entry into force of the Antarctic Treaty	Roumanie	X				
IP039	RCTA 11 CPE 10	Australian Antarctic Treaty and Environmental Protocol inspections January 2010	Australie	X				
IP040	RCTA 11 CPE 10	Australian Antarctic Treaty and Environmental Protocol inspections January 2011	Australie	X				
IP041	RCTA 12	Japan's Antarctic research highlights in 2010–2011 including those related to climate change	Japon	X				
IP042	RCTA 12	Legacy of IPY 2007–2008 for Japan	Japon	X				
IP043	CPE 7d	Discovery of human activity remains, pre-1958 in the north coast of the King George Island / 25 de Mayo.	Uruguay	X			X	Caracterización de la zona y descripción de los hallazgos
IP044	RCTA 9	Exploration, search and rescue training activities in support of the scientific,	Uruguay	X			X	

Documents d'information								
No.	Points de l'ordre du jour	Titre	Soumis par	A	F	R	E	Pièces jointes
		technical and logistical operational tasks						
IP045	RCTA 15	Publication of the book "The Elephant Island. The Adventure of the Uruguayan Pioneers in Antarctica"	Uruguay	X			X	
IP046	RCTA 15	Publication of the book "Antarctic Verses" in occasion of the 25th anniversary of "Uruguay Consultative Member of the Antarctic Treaty"	Uruguay	X			X	
IP047	RCTA 15	Commemorative postage stamp issue: "25th anniversary of Uruguay consultative member of the Antarctic Treaty"	Uruguay	X			X	
IP048	CPE 12	Thala Valley Waste Removal	Australie	X				
IP049	RCTA 14 CPE 12	Renewable Energy and Energy Efficiency Initiatives at Australia's Antarctic Stations	Australie	X				
IP050	CPE 8a	Colonisation status of known non-native species in the Antarctic terrestrial environment (updated 2011)	Royaume-Uni Uruguay	X				
IP051	RCTA 12 CPE 9	The Southern Ocean Observing System (SOOS): An update	SCAR Australie	X				
IP052	RCTA 13 CPE 5	Antarctic Climate Change and the Environment – 2011 Update	SCAR	X				
IP053	CPE 8c	SCAR's Code of Conduct for the Use of Animals for Scientific Purposes in Antarctica	SCAR	X				
IP054	RCTA 18 RCTA 4 CPE 11 CPE 3	Summary of SCAR's Strategic Plan 2011-2016	SCAR	X				
IP055	RCTA 12	Summary Report on IPY 2007–2008 by the ICSU-WMO Joint Committee	SCAR	X				IPY Summary Contents Table IPY Summary Cover
IP056	RCTA 13 CPE 5 CPE 7e	Marine spatial protection and management under the Antarctic Treaty System: new opportunities for implementation and coordination	UICN	X				
IP057	CPE 11	Rapport de l'observateur du CPE au Groupe de travail sur le contrôle et la gestion de l'écosystème du CS-CAMLR (WG-EMM)	CCAMLR	X	X	X	X	
IP058	RCTA 12	IPY Legacy Workshop	Norvège	X				IPY Legacy Report
IP059	RCTA 9	The grounding of the Polar Star	Norvège	X				
IP060	RCTA 9	Working group on the development of a mandatory code for ships operating in polar waters, IMO	Norvège	X				IMO Report DE 55/WP.4

Documents d'information								
No.	Points de l'ordre du jour	Titre	Soumis par	A	F	R	E	Pièces jointes
IP061	RCTA 12 CPE 12	The SCAR Antarctic Climate Evolution (ACE) Programme	SCAR	X				
IP062	RCTA 17	A case of Biological Prospecting	Pays-Bas	X				
IP063	RCTA 14	Renovación del Parque de Tanques de combustible de la Base Científica Antártica Artigas (BCAA)	Uruguay				X	Fotografías del Parque de Tanques
IP064	CPE 6b	Final Comprehensive Environmental Evaluation (CEE) of New Indian Research Station at Larsemann Hills, Antarctica and Update on Construction Activity	Inde	X				
IP065	CPE 5	Frontiers in Understanding Climate Change and Polar Ecosystems Workshop Report	Etats-Unis d'Amérique	X				Frontiers in Understanding Climate Change
IP066	RCTA 4	Rapport du Gouvernement dépositaire de l'Accord sur la conservation des albatros et des pétrels (ACAP)	Australie	X	X	X	X	
IP067	RCTA 4	Rapport du Gouvernement dépositaire de la Convention sur la conservation de la faune et de la flore marines de l'Antarctique (CCAMLR)	Australie	X	X	X	X	
IP068	CPE 8a	Alien Species Database	Australie SCAR	X				
IP069	CPE 7f	Summary of key features of Antarctic Specially Managed Areas	Australie	X				
IP070	RCTA 12	The Dutch Science Facility at the UK's Rothera Research Station	Pays-Bas Royaume-Uni	X				
IP071	CPE 4	Annual Report pursuant to Article 17 of the Protocol on Environmental Protection to the Antarctic Treaty. 2009-2010	Italie	X				
IP072	CPE 6b	Methodology for clean access to the subglacial environment associated with the Whillans Ice Stream	Etats-Unis d'Amérique	X				
IP073	CPE 7a	Amundsen-Scott South Pole Station, South Pole Antarctica Specially Managed Area (ASMA No. 5) 2011 Management Report	Etats-Unis d'Amérique	X				ASMA 5 South Pole - Revised Map 3 ASMA 5 South Pole - Revised Map 4 Guideline for NGO Visitors to South Pole Station 2011 2012 Revised Appendix A Additional Guidelines for Non-Governmental Organizations at the South Pole
IP074	RCTA 13	Assessment of wind energy potential at the Norwegian research station Troll	Norvège	X				
IP075	RCTA 10	The legal aspects of the Berserk Expedition	Norvège	X				
IP076	CPE 6a	The Initial Responses to the Comments on the Draft	Corée République de	X				

No.	Points de l'ordre du jour	Titre	Soumis par	A	F	R	E	Pièces jointes
								Documents d'information
		CEE for Construction and Operation of the Jang Bogo Antarctic Research Station, Terra Nova Bay, Antarctica						
IP077	RCTA 12	Scientific & Science-related Collaborations with Other Parties During 2010-2011	Corée République de	X				
IP078	RCTA 14	The First Antarctic Expedition of Araon (2010/2011)	Corée République de	X				
IP079	CPE 7a	Report of the Larsemann Hills Antarctic Specially Managed Area (ASMA) Management Group	Australie Chine Inde Roumanie Fédération de Russie	X				
IP080	RCTA 4	Rapport de l'observateur de la CCAMLR à la trente-quatrième réunion consultative du Traité sur l'Antarctique	CCAMLR	X	X	X	X	
IP081	RCTA 4	Synthèse du rapport annuel 2010 du Comité scientifique pour les recherches antarctiques (SCAR)	SCAR	X	X	X	X	
IP082	RCTA 14	An Antarctic Vessel Traffic Monitoring and Information System	ASOC	X				
IP083	RCTA 13 CPE 5	An Antarctic Climate Change Communication Plan	ASOC	X				
IP084	RCTA 10 CPE 6b	Antarctic Tourism – What Next? Key Issues to Address with Binding Rules	ASOC	X				
IP085	RCTA 9	Developing a Mandatory Polar Code – Progress and Gaps	ASOC	X				
IP086	CPE 7d	Evolution of Footprint: Spatial and Temporal Dimensions of Human Activities	ASOC	X				
IP087	RCTA 10 CPE 6b	Land-Based Tourism in Antarctica	ASOC	X				
IP088	RCTA 13 CPE 5	Ocean Acidification and the Southern Ocean	ASOC	X				
IP089 rev.1	RCTA 18 RCTA 5 CPE 3	The Antarctic Environmental Protocol, 1991-2011	ASOC	X				
IP090	CPE 7e	The Southern Ocean MPA Agenda – Matching words and spirit with action	ASOC	X				
IP091	RCTA 9	Vessel Protection and Routeing – Options Available to Reduce Risk and Provide Enhanced Environmental Protection	ASOC	X				
IP092	RCTA 13 CPE 7e	The Ross Sea: A Valuable Reference Area to Assess the Effects of Climate Change	ASOC	X				
IP093	CPE 4 CPE 7a	Annual Report Pursuant to Article 17 of the Protocol	Ukraine	X				

\multicolumn{8}{c}{**Documents d'information**}							
No.	**Points de l'ordre du jour**	**Titre**	**Soumis par**	**A**	**F**	**R**	**E**	**Pièces jointes**
		on Environmental Protection to the Antarctic Treaty						
IP094	RCTA 10 CPE 8c	Use of dogs in the context of a commemorative centennial expedition	Norvège	X				
IP095	RCTA 5 CPE 12	Paying for Ecosystem Services of Antarctica?	Pays-Bas	X				
IP096	RCTA 12	Scientific workshop on Antarctic krill in the Netherlands	Pays-Bas	X				
IP097	RCTA 12	Current status of the Russian drilling project at Vostok station	Fédération de Russie	X		X		
IP098	RCTA 13	New approach to study of climate change based on global albedo monitoring	Fédération de Russie	X		X		
IP099	RCTA 17	Microbiological monitoring of coastal Antarctic stations and bases as a factor of study of anthropogenic impact on the Antarctic environment and the human organism	Fédération de Russie	X		X		
IP100	RCTA 12	Preliminary results of Russian scientific studies in the Antarctic in 2010	Fédération de Russie	X		X		
IP101 rev.1	RCTA 12	Russian proposals on the International Polar Decade Initiative	Fédération de Russie	X		X		Nuuk Declaration
IP102	CPE 7f	Present zoological study at Mirny station area and at ASPA No 127 "Haswell Island"	Fédération de Russie	X		X		
IP103	RCTA 13 CPE 5	IAATO Climate Change Working Group: Report of Progress	IAATO	X				
IP104	CPE 7c	Proposed Amendment to Antarctic Treaty Site Guidelines for Hannah Point	IAATO	X				
IP105	RCTA 10 CPE 7c	Report on IAATO Operator use of Antarctic Peninsula Landing Sites and ATCM Visitor Site Guidelines, 2009-10 & 2010-11 Seasons	IAATO	X				
IP106 rev.1	RCTA 10	IAATO Overview of Antarctic Tourism: 2010-11 Season and Preliminary Estimates for 2011-12 Season	IAATO	X				
IP107	RCTA 10	Towards an IAATO Enhanced Observer Scheme	IAATO	X				Appendix 1 IAATO Member Internal Review Scheme Appendix 2 IAATO Member External Review Mechanism Appendix 3 IAATO Observer Report Form ship based w landings 2011 Appendix 4 IAATO Observer Report Form Cruise Only 2011 Appendix 5 IAATO Observer Report Form Land 2011
IP108	RCTA 4	Rapport 2010-11 de l'Association internationale	IAATO	X	X	X	X	

Documents d'information								
No.	Points de l'ordre du jour	Titre	Soumis par	A	F	R	E	Pièces jointes
		des organisateurs de voyages dans l'Antarctique						
IP109	CPE 7f	Cooperation Management Activities at ASPAs in 25 de Mayo (King George) Island, South Shetland Islands	Corée République de Argentine	X			X	
IP110	CPE 7c	Ukraine policy regarding visits by tourists to Vernadsky station	Ukraine	X		X		Site Guidelines for Vernadsky Station
IP111	RCTA 13	Installation of new meteorological equipment at Vernadsky Station	Ukraine	X		X		
IP112	RCTA 12	Ukrainian research in Antarctica, 2002-2011	Ukraine	X		X		
IP113	RCTA 16 CPE 4	Review of the Implementation of the Madrid Protocol: Annual report by Parties (Article 17)	PNUE ASOC	X				
IP114	RCTA 4	Rapport de l'Organisation Hydrographique Internationale (OHI) sur la « Cooperation en matiere de leves hydrographiques et de cartographie dans les eaux antarctiques »	OHI	X	X	X	X	Annexes A, B and C
IP115	CPE 7a	Fauna Survey of the ASPA 171 Narębski Point, ASPA 150 Ardley Island and ASPA 132 Potter Peninsula in 2010-11	Corée République de	X				
IP116	RCTA 19	Statement by the Head of Japanese Delegation on the occasion of the 50th Anniversary of the entry into force of the Antarctic Treaty	Japon	X				
IP117	CPE 7b	Inauguración de la instalación de Placas Conmemorativas en el Monumento al Tratado Antártico	Chili				X	
IP118	RCTA 12	Contribuciones chilenas al conocimiento científico de la Antártica: Expedición 2010/11	Chili				X	
IP119	RCTA 12	Programa Chileno de Ciencia Antártica PROCIEN: Un Programa Abierto Al Mundo	Chili				X	
IP120 rev.1	RCTA 9	Navegación Aérea Segura, hacia la Base Antártica Presidente Eduardo Frei, en la isla Rey Jorge	Chili				X	
IP121	RCTA 14	Rapport d'évacuation médicale effectuée par la Patrouille Antarctique Navale Combinée	Argentine Chili	X	X		X	
IP122	RCTA 10	Perceptions of Antarctica from the modern travellers' perspective	Argentine	X			X	
IP123	CPE 6b	Estudio de Impacto Ambiental Ex-post de la Estación Científica	Equateur				X	

Documents d'information								
No.	Points de l'ordre du jour	Titre	Soumis par	A	F	R	E	Pièces jointes
		Ecuatoriana "Pedro Vicente Maldonado". Isla Greenwich-Shetland del Sur-Antártida, 2010-2011.						
IP124	RCTA 15	I Concurso Intercolegial sobre Temas Antárticos (CITA, 2010)	Equateur				X	
IP125	RCTA 12	Cooperación en Investigación Científica entre Ecuador y Venezuela	Equateur Venezuela				X	
IP126	RCTA 10 CPE 7c	Manejo turístico para la isla Barrientos	Equateur				X	
IP127	CPE 12	The Construction of an Orthodox Chapel at Vernadsky Station	Ukraine	X		X		
IP128	RCTA 15	The excitement "Antarctica" distance in itself invisible	Bulgarie	X				
IP129	RCTA 4	Rapport de l'Association Antarctique et océan Austral (ASOC)	ASOC	X	X	X	X	
IP130	CPE 7b	Update on enhancement activities for HSM 38 "Snow Hill"	Argentine	X			X	
IP131	CPE 7a	Deception Island Specially Managed Area (ASMA) Management Group Report	Argentine Chili Norvège Espagne Royaume-Uni Etats-Unis d´Amérique	X				
IP132	RCTA 12	Report on the Research Activities: Czech Research Station J. G. Mendel, James Ross Island, and Antarctic Peninsula, Season 2010/11	République tchèque	X				
IP133	RCTA 12 CPE 7d	Report on all-terrain vehicles impact on deglaciated area of James Ross Island, Antarctica	République tchèque	X				
IP134	RCTA 9	Situación SAR en los últimos 5 años en el área de la Antártica de responsabilidad de Chile	Chili				X	
IP135	RCTA 9	Patrulla de rescate terrestre Argentina-Chilena PARACACH (Bases Antárticas "Esperanza" y "O'Higgins")	Argentine Chili				X	
IP136	CPE 7f	Report of the CEP Workshop on Marine and Terrestrial Antarctic Specially Managed Areas Montevideo, Uruguay, 16-17 June 2011	Australie Uruguay	X				
IP137	RCTA 19	Declaración del Perú en conmemoración del 50 Aniversario de la entrada en vigencia del Tratado Antártico	Pérou				X	

Documents du Secrétariat								
No.	Points de l'ordre du jour	Titre	Soumis par	A	F	R	E	Pièces jointes
SP001 rev.1	RCTA 1 CPE 1	XXXIVe RCTA - CPE XIV Ordre du jour et calendrier des travaux	STA	X	X	X	X	
SP002 rev.2	RCTA 6	Rapport du Secrétariat 2010-2011	STA	X	X	X	X	Contributions reçues par le Secrétariat du Traité sur l'Antarctique 2010-2011 Décision 3 (2011) Annexe 1 Décision 3 (2011) Annexe 2 Lettre de Jan Hubert concernant le Fonds de licenciement du personnel Rapport financier vérifié 2009-2010
SP003	RCTA 6	Programme du Secrétariat 2011/12	STA	X	X	X	X	échelle des contributions 2012/13 échelle des salaires Profil du budget prévisionnel quinquennal 2011 à 2016 Rapport provisoire 2010/11, Budget 2011/12, Budget prévisionnel 2012/13
SP004 rev.1	RCTA 6	Contributions reçues en 2008-12 par le Secrétariat du Traité sur l'Antarctique	STA	X	X	X	X	
SP005 rev.1	CPE 6b	Liste annuelle des évaluations préliminaires (EPIE) et globales (EGIE) d'impact sur l'environnement établis entre le 1er avril 2010 et le 31 mars 2011	STA	X	X	X	X	
SP006	CPE 7c	Sommaire des travaux du CPE sur les zones marines protégées	STA	X	X	X	X	
SP007	CPE 7a	Registre de l'état des plans de gestion pour les Zones Spécialement Protégées de l'Antarctique et les Zones Gérées Spéciales de l'Antarctique	STA	X	X	X	X	

3. Liste des participants

3. Liste des participants

Participants : Parties consultatives				
Partie	Titre	Contact	Poste	Messagerie électronique
Afrique du Sud	Mme	Jacobs, Carol	Représentant CPE	cjacobs@deat.gov.za
Afrique du Sud	M.	Mphepya, Jonas	Délégué	jmphepya@environment.gov.za
Afrique du Sud	M.	Siko, Gilbert	Conseiller	Gilbert.Siko@dst.gov.za
Afrique du Sud	M.	Smit, Danie	Représentant CPE	dsmit@deat.gov.za
Afrique du Sud	M.	Stemmet, Andre	Délégué	StemmetA@dirco.gov.za
Afrique du Sud	M.	Valentine, Henry	Chef de délégation	hvalentine@environment.gov.za
Allemagne	M.	Gaedicke, Christoph	Conseiller	
Allemagne	M.	Herata, Heike	Conseiller	heike.herata@uba.de
Allemagne	M.	Läufer, Andreas	Conseiller	andreas.laeufer@bgr.de
Allemagne		Lehmann, Harry	Conseiller	
Allemagne		Liebschner, Alexander	Conseiller	alexander.liebschner@bfn-vilm.de
Allemagne		Lindemann, Christian	Conseiller	christian.lindemann@bmu.bund.de
Allemagne	Prof.	Miller, Heinrich	Conseiller	heinrich.miller@awi.de
Allemagne	M.	Ney, Martin	Chef de délégation	
Allemagne	M.	Nixdorf, Uwe	Conseiller	Uwe.Nixdorf@awi.de
Allemagne	Mme	Vöneky, Silja	Conseillère	svoeneky@mpil.de
Allemagne	M.	Winkelmann, Ingo	Suppléant	504-RL@diplo.de
Argentine	Mme	Balsalobre, Silvina	Conseillère	
Argentine	M.	Barreto, Juan	Délégué	bat@mrecic.gov.ar
Argentine	M.	Bunge, Carlos	Conseiller	carlosbunge73@yahoo.com.ar
Argentine	M.	Casela, Hugo	Conseiller	
Argentine	M.	Coria, Néstor	Conseiller	
Argentine	M.	Correa, Manuel	Conseiller	
Argentine	Mme	Daverio, María Elena	Conseillère	medaverio@arnet.com.ar
Argentine	M.	del Valle, Rodolfo	Conseiller	
Argentine	Mme	del Valle, Verónica	Conseillère	
Argentine	M.	Di Vincenzo, Andrés	Conseiller	
Argentine	M.	Figueroa, Victor Hugo	Conseiller	
Argentine	M.	Gowland, Máximo	Suppléant	gme@mrecic.gov.ar
Argentine	M.	Graziano, Pablo	Délégué	zgp@mrecic.gov.ar
Argentine	Mme	Gucioni, Paola	Déléguée	
Argentine	Mme	Hourcade, Odile	Conseillère	
Argentine	M.	Irusta, Adolfo Guillermo	Conseiller	
Argentine	Min.	López Crozet, Fausto	Chef de délégation	flc@mrecic.gov.ar
Argentine	M.	Lusky, Jorge	Conseiller	
Argentine	M.	MacCormack, Walter	Délégué	
Argentine		Maldonado, Gabriel	Conseiller	gfmaldo@live.com.ar
Argentine	Amb.	Mansi, Ariel	Président de la RCTA	rpc@mrecic.gov.ar
Argentine	M.	Marenssi, Sergio	Délégué	smarenssi@dna.gov.ar
Argentine	M.	Marschoff, Enrique	Délégué	marschoff@dna.gov.ar
Argentine	M.	Memolli, Mariano A.	Représentant CPE	mmemolli@dna.gov.ar
Argentine		Molina Carranza, Maria Isabel	Conseillère	mmcarr@minagri.gob.ar
Argentine	Mme	Motta, Luciana	Conseillère	
Argentine	Mme	Nuviala, Victoria	Conseillère	
Argentine	Mme	Ortúzar, Patricia	Conseillère	portuzar@dna.gov.ar
Argentine	M.	Palet, Guillermo	Conseiller	clamos41@yahoo.com.ar
Argentine	M.	Perlini, Gabriel	Conseiller	
Argentine	Mme	Quartino, Liliana	Conseillère	
Argentine	M.	Sala, Hérnan	Conseiller	
Argentine	M.	Sánchez, Rodolfo	Délégué	rsanchez@dna.gov.ar
Argentine	M.	Santillana, Sergio	Conseiller	
Argentine	Mme	Vereda, Marisol	Conseillère	
Argentine	Mme	Vlasich, Verónica	Déléguée	veronicavlasich@hotmail.com
Australie	Mme	Davidson, Lisa	Déléguée	
Australie	M.	Davis, Robert (Bob)	Délégué	Bob.Davis@dfat.gov.au

Participants : Parties consultatives

Partie	Titre	Contact	Poste	Messagerie électronique
Australie	M.	Gunn, John	Délégué	john.gunn@aad.gov.au
Australie	M.	Jackson, Andrew	Délégué	andrew.jackson@aad.gov.au
Australie	M.	McIvor, Ewan	Représentant CPE	ewan.mcivor@aad.gov.au
Australie	M.	Mundy, Jason	Délégué	Jason.Mundy@dfat.gov.au
Australie	M.	Nicoll, Rob	Conseiller	RNicoll@wwf.org.au
Australie	Mme	Ralston, Kim	Déléguée	Kim.Ralston@dfat.gov.au
Australie	S.E.M.	Richardson, John	Suppléant	John.Richardson@dfat.gov.au
Australie	M.	Riddle, Martin	Délégué	martin.riddle@aad.gov.au
Australie	M.	Rowe, Richard	Chef de délégation	Richard.Rowe@dfat.gov.au
Australie	M.	Tracey, Phillip	Délégué	phil.tracey@aad.gov.au
Australie	Mme	Trousselot, Chrissie	Conseillère	chrissie.trousselot@development.tas.gov.au
Belgique	M.	de Lichtervelde, Alexandre	Représentant CPE	alexandre.delichtervelde@health.fgov.be
Belgique	Mme	Vancauwenberghe, Maaike	Déléguée	maaike.vancauwenberghe@belspo.be
Belgique	M.	Vanden Bilcke, Christian	Chef de délégation	christian.vandenbilcke@diplobel.fed.be
Belgique	Mme	Wilmotte, Annick	Conseillère	awilmotte@ulg.ac.be
Brésil	Contre-amiral	de Carvalho Ferreira, Marcos José	Suppléant	proantar@secirm.mar.mil.br
Brésil	Capitaine de frégate	do Amaral Silva, Marco Antonio	Délégué	amaral.silva@secirm.mar.mil.br
Brésil	Mme	Leal Madruga, Jaqueline	Déléguée	jaqueline.madruga@mma.gov.br
Brésil	Capitaine de frégate	Leite, Márcio	Délégué	marcio.leite@secirm.mar.mil.br
Brésil	M.	Moesch, Ricardo	Conseiller	ricardo.moesch@turismo.gov
Brésil	M.	Polejack, Andrei	Délégué	andrei.polejack@mct.gov.br
Brésil	M.	Rosa da Silveira, Carlos	Délégué	carlos.rosa@itamaraty.gov.br
Brésil	Mme	Soares Leite, Patricia	Déléguée	pleite@brasil.org.ar
Brésil	Ministre	Vaz Pitaluga, Fábio	Chef de délégation	dmae@itamaraty.gov.br
Bulgarie	Prof.	Pimpirev, Christo	Chef de délégation	polar@gea.uni-sofia.bg
Bulgarie	M.	Ivchev, Encho	Délégué	embular@uolsinectis.com.ar
Chili	M.	Cariceo Yutronic, Yanko Jesús	Conseiller	ycariceo.12@mma.gob.cl
Chili	Mme	Carvallo, María Luisa	Déléguée	mlcarvallo@minrel.gov.cl
Chili	Colonel	Castillo, Rafael	Délégué	castillo.antartica@gmail.com
Chili	Mme	Concha, Andrea	Conseillère	aconcha@minrel.gov.cl
Chili	Capitaine de vaisseau	Lubascher, Pablo	Conseiller	
Chili	Colonel	Madrid, Santiago	Délégué	smadrid@fach.cl
Chili	M.	Marin, Juan Cristobal	Délégué	jmarin@minrel.gov.cl
Chili	M.	Olguin, Carlos	Conseiller	colguin@minrel.gov.cl
Chili	M.	Retamales, José	Suppléant	jretamales@inach.cl
Chili	M.	Riquelme, Hernan	Délégué	hriquelme@emdn.cl
Chili	M.	Sanhueza, Camilo	Chef de délégation	csanhueza@minrel.gov.cl
Chili	Mme	Sardiña, Jimena	Déléguée	jsardina@inach.cl
Chili	Capitaine de vaisseau	Sepúlveda, Víctor	Délégué	vsepulveda@armada.cl
Chili	Mme	Tellez Rubina, Andrea	Conseillère	cruiz@sernatur.cl
Chili	Mme	Vallejos, Verónica	Représentante CPE	vvallejos@inach.cl
Chili	Capitaine de corvette	Velásquez, Ricardo	Délégué	mcabrerad@directemar.cl
Chili	Mme	Verdugo, Manola	Déléguée	mverdugo@minrel.gov.cl
Chine	Mlle	Fang, Lijun	Conseillère	
Chine	M.	Liu, Shaoqing	Conseiller	
Chine	M.	Wang, Chen	Délégué	wang_chen@mfa.gov.cn
Chine	M.	Wei, Long	Représentant CPE	Chinere@263.net.cn
Chine	M.	WU, Jun	Délégué	
Chine	M.	Zhang, Xia	Conseiller	
Chine	Mme	Zhao, Wenting	Conseillère	zhao_wenting@mfa.gov.cn
Chine	M.	Zhou, Jian	Chef de délégation	zhou_jian@mfa.gov.cn
Corée (RDC)	Mme	Cho, Ji I	Déléguée	jicho07@mofat.go.kr
Corée (RDC)	M.	Choi, Jaeyong	Délégué	jaychoi@cnu.ac.kr
Corée (RDC)	M.	Hwang, Jun Gu	Conseiller	hwangjg@kiMmet.re.kr
Corée (RDC)	M.	Kang, Myong-il	Suppléant	mikang94@mofat.go.kr
Corée (RDC)	M.	Kim, Ji Hee	Délégué	jhalgae@kopri.re.kr
Corée (RDC)	M.	Kim, Yeadong	Représentant CPE	ydkim@kopri.re.kr
Corée (RDC)	M.	Lee, Yoo Kyung	Délégué	yklee@kopri.re.kr
Corée (RDC)	M.	Lee, Key Cheol	Chef de délégation	kclee85@mofat.go.kr

Participants : Parties consultatives				
Partie	Titre	Contact	Poste	Messagerie électronique
Corée (RDC)	M.	Lee, Young-joon	Conseiller	yjlee@kei.re.kr
Corée (RDC)	M.	Lim, Hyun Taek	Délégué	pado21@korea.kr
Corée (RDC)	M.	Seo, Hyun kyo	Délégué	shkshk@kopri.re.kr
Corée (RDC)	M.	Yang, Jae-gook	Délégué	jgyang91@mofat.go.kr
Équateur	Mme	Borbor, Mercy	Chef de délégation	mborbor@ambiente.gob.ec
Équateur	Mme	Cajiao, Daniela	Déléguée	danicajiao@gmail.com
Équateur	M.	Mieles, Jose Luis	Chef de délégation	jmieles@midena.gob.ec
Équateur	M.	Olmedo Morán, José	Délégué	inae@gye.satnet.net
Équateur	Mme	Proaño, Pilar	Déléguée	
Équateur	Ambassadeur	Suarez, Alejandro	Délégué	cartografia@ mmrree.gob.ec
Espagne	Ambassadeur	Martinez-Cattaneo, Juan Antonio	Chef de délégation	juan.mcattaneo@maec.es
Espagne	Mme	Ramos, Sonia	Déléguée	cpe@micinn.es
États-Unis	M.	Bloom, Evan T.	Chef de délégation	bloomet@state.gov
États-Unis	Mme	Cohun, Kelly	Déléguée	cohunka@state.gov
États-Unis	M.	Dahood-Fritz, Adrian	Délégué	adahood@nsf.gov
États-Unis	M.	Edwards, David	Délégué	
États-Unis	M.	Foster, Harold D.	Suppléant	fosterhd@state.gov
États-Unis	M.	Gilanshah, Bijan	Délégué	bgilansh@nsf.gov
États-Unis	Mme	Hessert, Aimee	Déléguée	
États-Unis	Mme	Karentz, Deneb	Conseillère	karentzd@usfca.edu
États-Unis		LaFratta, Susanne	Déléguée	slafratt@nsf.gov
États-Unis	M.	McDonald, Samuel	Délégué	
États-Unis	M.	Naveen, Ron	Conseiller	
États-Unis	Mme	Penhale, Polly A.	Représentant CPE	ppenhale@nsf.gov
États-Unis	Mme	Perrault, Michele	Conseillère	
États-Unis	M.	Rudolph, Lawrence	Déléguée	lrudolph@nsf.gov
États-Unis	M.	Spangler, Bryson	Délégué	Bryson.T.Spangler@uscg.mil
États-Unis	Mme	Toschik, Pamela	Déléguée	
États-Unis	M.	Watters, George	Délégué	George.Watters@noaa.gov
États-Unis	Mme	Wheatley, Victoria	Conseillère	
Fédération de Russie	Mme	Bystramovich, Anna	Déléguée	antarc@mcc.mecom.ru
Fédération de Russie	M.	Gevorgyan, Kirill	Chef de délégation	dp@mid.ru
Fédération de Russie	M.	Lukin, Valery	Délégué	lukin@aari.nw.ru
Fédération de Russie	M.	Makoedov, Anatoly	Délégué	
Fédération de Russie	M.	Masolov, Valery	Délégué	
Fédération de Russie	M.	Pomelov, Victor	Délégué	pom@aari.nw.ru
Fédération de Russie	M.	Timokhin, Konstantin	Délégué	dp@mid.ru
Fédération de Russie	M.	Titushkin, Vassily	Suppléant	tvj2000@mail.ru
Fédération de Russie	Mme	Varigina, Tatiana	Personnel	dp@mid.ru
Finlande	M.	Kalakoski, Mika	Délégué	mika.kalakoski@fimr.fi
Finlande	Mme	Mähönen, Outi	Représentante CPE	outi.mahonen@ely-keskus.fi
Finlande	Ambassadeur	Meres-Wuori, Ora	Chef de délégation	ora.meres-wuori@formin.fi
Finlande	Mme	Pohjanpalo, Maria	Suppléante	maria.pohjanpalo@formin.fi
France	Ambassadeur	Asvazadourian, Jean-Pierre	Conseiller	jean-pierre.asvazadourian@diplomatie.gouv.fr
France	Mme	Belna, Stéphanie	Représentante CPE	stephanie.belna@developpement-durable.gouv.fr
France	Mme	Choquet, Anne	Déléguée	anne.choquet@univ-brest.fr
France		Dalmas, Dominique	Représentant au CPE	dominique.dalmas@interieur.gouv.fr
France	M.	Frenot, Yves	Représentant CPE	yves.frenot@ipev.fr
France	M.	Lebouvier, Marc	Représentant CPE	marc.lebouvier@univ-rennes1.fr
France	M.	Maxime, Reynaud	Délégué	maxime.reynaud@diplomatie.gouv.fr
France	M.	Mayet, Laurent	Conseiller	lmayet@lecerclepolaire.com
France	M.	Pottier, Stanislas	Conseiller	stanislas.pottier@dgtresor.gouv.fr
France	M.	Reuillard, Emmanuel	Délégué	emmanuel.reuillard@taaf.fr
France	Ambassadeur	Rocard, Michel	Chef de délégation	stanislas.pottier@dgtresor.gouv.fr
France	M.	Segura, Serge	Chef de délégation	serge.segura@diplomatie.gouv.fr
Inde	M.	Chaturvedi, Sanjai	Délégué	
Inde	M.	Rangreji, Luther	Délégué	rangreji@yahoo.com
Inde	M.	Ravindra, Rasik	Chef de délégation	rasik@ncaor.org
Inde	M.	Tiwari, Anoop	Délégué	anooptiwari@ncaor.org
Italie	Amb.	Fornara, Arduino	Chef de délégation	arduino.fornara@esteri.it

Participants : Parties consultatives

Partie	Titre	Contact	Poste	Messagerie électronique
Italie	Mme	Mecozzi, Roberta	Personnel	roberta.mecozzi@enea.it
Italie	M.	Paparo, Gabriele	Délégué	scient.buenosaires@esteri.it
Italie	M.	Tamburelli, Gianfranco	Personnel	gtamburelli@pelagus.it
Italie	Mme	Tomaselli, Maria Stefania	Personnel	tomaselli.stefania@minambiente.it
Italie	M.	Torcini, SanM.o	Personnel	sanM.o.torcini@casaccia.enea.it
Italie	Mme	Vigni, Patrizia	Suppléante	vigni@unisi.it
Japon	Mme	Fujimoto, Masami	Déléguée	masami.fujimoto@mofa.go.jp
Japon	M.	Hasegawa, Shuichi	Délégué	SHUICHI_HASEGAWA@env.go.jp
Japon	S.E.M.	Ishida, Hitohiro	Chef de délégation	masami.fujimoto@mofa.go.jp
Japon	M.	Kawashima, Tetsuya	Délégué	tetsuya_kawashima@nm.maff.go.jp
Japon	Mme	Konagaya, Yuki	Déléguée	yuki.konagaya@mofa.go.jp
Japon	M.	Suginaka, STAushi	Chef de délégation	STAushi.suginaka@mofa.go.jp
Japon	M.	Uno, Kenya	Délégué	kenya.uno@mofa.go.jp
Japon	Prof.	Watanabe, Kentaro	Délégué	
Japon	Prof.	Yamanouchi, Takashi	Délégué	
Norvège	Mme	Askholt, Kjerstin	Suppléante	kjerstin.askholt@jd.dep.no
Norvège	M.	Halvorsen, Svein Tore	Délégué	sth@md.dep.no
Norvège	S.E.M.	Haugstveit, Nils	Délégué	nils.haugstveit@mfa.no
Norvège	Mme	Holten, Inger	Déléguée	iho@mfa.no
Norvège	Mme	Ingebrigtsen, Hanne Margrethe	Déléguée	hanne.margrethe.ingebrigtsen@jd.dep.no
Norvège	M.	Klepsvik, Karsten	Chef de délégation	karsten.klepsvik@mfa.no
Norvège	Mme	Njaastad, Birgit	Représentante CPE	njaastad@npolar.no
Norvège	M.	Pettersen, Terje Hernes	Délégué	terje-hernes.pettersn@nhd.dep.no
Norvège	M.	Rognhaug, Magnus H.	Délégué	mar@md.dep.no
Norvège	M.	Rosenberg, Stein Paul	Suppléant	
Norvège	Mme	Tapia, Eugenia	Déléguée	
Norvège	M.	Winther, Jan-Gunnar	Délégué	
Nouvelle-Zélande	M.	Gaston, David	Conseiller	david.gaston@mfat.govt.nz
Nouvelle-Zélande	M.	Keys, Harry	Conseiller	hkeys@doc.govt.nz
Nouvelle-Zélande	Mme	Leslie, Nicola	Conseillère	nicola.leslie@mfat.govt.nz
Nouvelle-Zélande	M.	MacKay, Don	Conseiller	don_maria_mackay@Mmen.com
Nouvelle-Zélande	M.	Martin, Peter	Conseiller	peter.martin@mfat.govt.nz
Nouvelle-Zélande	Mme	Newman, Jana	Conseillère	j.newman@antarcticanz.govt.nz
Nouvelle-Zélande	M.	Sanson, Lou	Conseiller	l.sanson@antarcticanz.govt.nz
Nouvelle-Zélande	Mme	Schwalger, Carolyn	Chef de délégation	carolyn.schwalger@mfat.govt.nz
Nouvelle-Zélande	M.	Sharp, Ben	Conseiller	Ben.Sharp@fish.govt.nz
Pays-Bas	Prof.	Bastmeijer, Kees	Conseiller	c.j.bastmeijer@uvt.nl
Pays-Bas		Elstgeest, Marlynda	Conseillère	
Pays-Bas	M.	Hernaus, Reginald	Représentant CPE	Reggie.hernaus@minvrom.nl
Pays-Bas	M.	Lefeber, René J.M.	Suppléant	rene.lefeber@minbuza.nl
Pays-Bas	M.	Martijn, Peijs	Conseiller	w.f.peijs@minlnv.nl
Pays-Bas	M.	van der Kroef, Dick A.	Conseiller	d.vanderkroef@nwo.nl
Pays-Bas	M.	van Zeijst, Vincent	Chef de délégation	vincent-van.zeijst@minbuza.nl
Pays-Bas	Mme	Willems, Gerrie	Conseillère	gerrie.willems@minbuza.nl
Pérou		Farje Orna, Alberto Alejandro	Conseiller	
Pérou	Amb.	Isasi-Cayo, Fortunato	Délégué	fisasi@rree.gob.pe
Pérou	M.	Sandiga Cabrera, Luis	Chef de délégation	lsandiga@rree.gob.pe
Pologne	M.	Misztal, Andrzej	Chef de délégation	
Pologne	Ambassador	Wolski, Jakub T.	Chef de délégation	jakub.wolski@Mmez.gov.pl
Royaume-Uni	M.	Bowman, Rob	Représentant CPE	rob.bowman@fco.gov.uk
Royaume-Uni	Mme	Clarke, Rachel	Déléguée	racl@bas.ac.uk
Royaume-Uni	M.	Culshaw, Robert	Délégué	rocl@bas.ac.uk
Royaume-Uni	Mme	Dickson, Susan	Déléguée	susan.dickson@fco.gov.uk
Royaume-Uni	M.	Downie, Rod	Délégué	rhd@bas.ac.uk
Royaume-Uni	Mme	Durham, Anna	Déléguée	anna.durham@fco.gov.uk
Royaume-Uni	M.	Hughes, Kevin	Délégué	kehu@bas.ac.uk
Royaume-Uni	Ambassadrice	Morgan, Shan	Déléguée	
Royaume-Uni	Mme	Rumble, Jane	Chef de délégation	Jane.Rumble@fco.gov.uk
Royaume-Uni	M.	Shears, John	Délégué	jrs@bas.ac.uk
Royaume-Uni	M.	Siegert, Martin	Délégué	M.J.Siegert@ed.ac.uk
Royaume-Uni	Mlle	Whitehouse, Natasha	Déléguée	
Suède	M.	Jonsell, Ulf	Délégué	ulf.jonsell@polar.se

Participants : Parties consultatives

Partie	Titre	Contact	Poste	Messagerie électronique
Suède	M.	Melander, Olle	Suppléant	olle.melander@polar.se
Suède	Ambassadeur	Ödmark, Helena	Chef de délégation	helena.odmark@foreign.ministry.se
Suède	Mme	Selberg, Cecilia	Représentante CPE	cecilia.selberg@polar.se
Ukraine	M.	Boietskyi, Taras	Suppléant	embucra@embucra.com.ar
Ukraine	M.	Fedchuk, Andrii	Délégué	andriyf@gmail.com
Ukraine	Ambassadeur	Taranenko, Oleksandr	Chef de délégation	embucra@embucra.com.ar
Uruguay	M.	Abdala, Juan	Représentant CPE	jabdala@iau.gub.uy
Uruguay	Contre-amiral	Burgos, Manuel	Chef de délégation	presidente@iau.gub.uy
Uruguay	Mme	Caula, Nicole	Représentante CPE	ambiente@iau.gub.uy
Uruguay	M.	Escayola, Carlos	Délégué	secretaria@atcm2010.gub.uy
Uruguay	M.	Fontes, Waldemar	Délégué	dirsecretaria@iau.gub.uy
Uruguay	M.	Grillo, Bartolome	Conseiller	cakrill@redfacil.com.uy
Uruguay	M.	Lluberas, Albert	Conseiller	alexllub@iau.gub.uy
Uruguay	M.	Pollack, Raúl	Délégué	urubaires@embajadadeluruguay.com.ar
Uruguay	M.	Schunk, Ricardo	Conseiller	rschunk@iau.gub.uy
Uruguay	M.	Somma, Gustavo	Suppléant	

Participants : Parties non consultatives

Partie	Titre	Contact	Poste	Messagerie électronique
Colombie		Lozano Pinilla, Mery	Conseiller	mery.lozano@cancilleria.gov.co
Colombie	M.	Restrepo Hurtado, Alvaro	Conseiller	
Grèce	M.	Konstantinou, Konstantinos	Chef de délégation	grembsecr.bay@mfa.gr
République tchèque	M.	Bartak, Milos	Conseiller	mbartak@sci.muni.cz
République tchèque	M.	Venera, Zdenek	Représentant CPE	zdenek.venera@geology.cz
Roumanie		Iftimescu, Daniel	Chef de délégation	dvifti@yahoo.com
Roumanie		Iftimescu, Adrian	Délégué	dvifti@yahoo.com
Suisse	Mme	Gerber, Evelyne	Chef de délégation	evelyne.gerber@eda.admin.ch
Venezuela	M.	Alfonso, Juan A.	Conseiller	jalfonso@ivic.gob.ve
Venezuela	Capitaine	Leon Fajardo, Reinaldo	Délégué	operacionesdhn@gmail.com
Venezuela	Amiral	Ortega Hernandez, Jesus	Chef de délégation	dihn@dhn.mil.ve
Venezuela	Capitaine	Pereira, Adolfo	Délégué	adolfojosepereira@hotmail.com
Venezuela	M.	Quintero, Alberto	Conseiller	ajquinte@ivic.gob.ve
Venezuela	Capitaine	Rodriguez, Hector	Délégué	hrodriguezp63@yahoo.com

Participants: Observateurs

Partie	Titre	Contact	Poste	Messagerie électronique
CCAMLR	M.	Agnew, David	Représentant au CPE	d.agnew@M.ag.co.uk
CCAMLR	M.	Reid, Keith	Conseiller	keith@ccamlr.org
CCAMLR	M.	Wright, Andrew	Chef de délégation	andrew_wright@ccamlr.org
COMNAP	Mme	Rogan-Finnemore, Michelle	Chef de délégation	michelle.finnemore@comnap.aq
SCAR	M.	Badhe, Renuka	Délégué	rb302@cam.ac.uk
SCAR	Prof.	Kennicutt, Mahlon (Chuck)	Délégué	m-kennicutt@tamu.edu
SCAR	M.	Sparrow, Mike	Chef de délégation	mds68@cam.ac.uk

Participants: Experts

Partie	Titre	Contact	Poste	Messagerie électronique
ASOC	M.	Barnes, James	Chef de délégation	jimbo0628@mac.com
ASOC	Mme	Barrett, Jill	Conseillère	j.barrett@BIICL.ORG
ASOC	Mme	Christian, Claire	Conseillère	Claire.Christian@asoc.org
ASOC	Mme	Cirelli, Verónica	Conseillère	oceanosaustrales@vidasilvestre.org.ar
ASOC	Mme	Di Pangracio, Ana	Conseillère	adipangracio@farn.org.ar
ASOC	M.	Leiva, Sam	Conseiller	
ASOC	Mme	Park, Jie-Hyun	Conseillère	sophile@gmail.com
ASOC	Mme	Prior, Judith Sian	Conseillère	Karen.Sack@wdc.greenpeace.org
ASOC	M.	Roura, Ricardo	Représentant CPE	ricardo.roura@worldonline.nl
ASOC	M.	Weller, John	Conseiller	jweller@inM.a.com
ASOC	M.	Werner Kinkelin, Rodolfo	Conseiller	rodolfo.antarctica@gmail.com
IAATO	Mme	Crosbie, Kim	Représentante CPE	kimcrosbie@iaato.org

IAATO	Mme	Hohn-Bowen, Ute	Déléguée	ute@antarpply.com
IAATO	Mme	Machado-D'Oliveira, Suzana	Déléguée	Oisuzana@yahoo.com
IAATO	M.	Rootes, David	Délégué	david.rootes@antarctic-logistics.com
IAATO	Mme	Schillat, Monika	Déléguée	Monika@antarpply.com
IAATO	M.	Wellmeier, Steve	Chef de délégation	swellmeier@iaato.org
OHI	Capitaine	Gorziglia, Hugo	Chef de délégation	hgorziglia@ihb.mc

Participants : Secrétariats				
Partie	Titre	Contact	Poste	Messagerie électronique
HCS	M.	Acosta, Adolf	Conseiller	gringo19145@hotmail.com
HCS		Aguirre, Aldana Rocío	Personnel	
HCS	Mme	Alsina, Andrea Isabel	Personnel	andreaalsin@yahoo.com.ar
HCS		Alvarez, Miguel	Conseiller	paisaje34@hotmail.com
HCS	Mme	Ameri, Carolina	Personnel	info@atcm2011.gov.ar
HCS	M.	Arzani, LeanM.o	Personnel	info@atcm2011.gov.ar
HCS		Ayala, Nicolas Pablo	Personnel	ayalanp@gmail.com
HCS		Barrandeguy, Martin Horacio	Personnel	
HCS	Mme	Bazterrica Benson, Victoria	Personnel	vicky.bazte@hotmail.com
HCS	M.	Bizzozero, Andres	Personnel	info@atcm2011.gov.ar
HCS	Mme	Bovone, Silvana M.	Personnel	sbo@mrecic.gov.ar
HCS	M.	Briloni, Fernando Ruben	Personnel	info@atcm2011.gov.ar
HCS		Cabrera, Hugo Sebastián	Personnel	
HCS	M.	Canio, Alejandro	Personnel	info@atcm2011.gov.ar
HCS	Mme	Casanovas, Paula	Personnel	paulacasanovas@gmail.com
HCS	Mme	Castelanelli, Adriana	Personnel	info@atcm2011.gov.ar
HCS	Mme	Caviglia, Lucila	Personnel	lucaviglia@hotmail.com
HCS	M.	Conde Garrido, Rodrigo	Personnel	xgr@mrecic.gov.ar
HCS	M.	Crilchuk, Guido	Personnel	info@atcm2011.gov.ar
HCS	Mme	Deimundo Roura, Lucila	Personnel	info@atcm2011.gov.ar
HCS	Mme	Erceg, Diane	Conseillère	
HCS	M.	Flesia, Carlos Felix	Personnel	
HCS	M.	Gomez, Gonzalo	Personnel	ggomez@cancilleria.gov.ar
HCS	M.	Gonzalez Vaillant, Joaquín	Personnel	joacogv@hotmail.com
HCS	Mme	Graziani, Maria	Personnel	maria@mariagraziani.com
HCS	M.	Hirsch, Federico Gabriel	Personnel	info@atcm2011.gov.ar
HCS	Mme.	Idiens, Melissa	Personnel	melissa.idiens@canterbury.ac.nz
HCS	M.	Jimenez, Nicanor	Personnel	info@atcm2011.gov.ar
HCS	M.	JULIA, Gustavo	Personnel	gusjulia@gmail.com
HCS		Kestelboim, Juan Cesar	Conseiller	juankestel@gmail.com
HCS	M.	Lopez Crozet, Martiniano	Personnel	sirmartiniano@gmail.com
HCS	Mme	Mallmann, Heidi	Personnel	heidi.mallmann@gmail.com
HCS	M.	Massa, Gustavo	Personnel	gustavo.massa@gmail.com
HCS	M.	Massuh, Carlos	Personnel	muh@mrecic.gov.ar
HCS	M.	Meli, Facundo	Personnel	facundo.meli@gmail.com
HCS	M.	Molinari, Angel Ernesto	Personnel	iae@M.ecic.gov.ar
HCS	M.	Munafo, Oscar	Personnel	info@atcm2011.gov.ar
HCS	Mme	Oberti, Tamara	Personnel	info@atcm2011.gov.ar
HCS	M.	Ortea Sabitay, Maximiliano	Personnel	info@atcm2011.gov.ar
HCS	M.	Otegui, Jose	Personnel	info@atcm2011.gov.ar
HCS	M.	Palermo, Blas Alberto	Personnel	info@atcm2011.gov.ar
HCS	M.	Quiroga, Ariel Fernando	Personnel	
HCS	M.	Rabinstein, Mariano	Conseiller	mrabinstein@hotmail.com
HCS	Min.	Roballo, Jorge	Secrétaire exécutif	jjr@atcm2011.gov.ar
HCS	M.	Sakamoto, Leonardo Martin	Personnel	martinsakamoto@hotmail.com
HCS	Mme	Salkin, Paula Daniela	Personnel	info@atcm2011.gov.ar
HCS	Mme	Sanchez Acosta, Sofia	Personnel	info@atcm2011.gov.ar
HCS	Mlle	Sulikowski, Chavelli	Personnel	csulik@gmail.com
HCS	Mlle	Tuttle, Robin	Personnel	robltut@yahoo.com

Participants : Secrétariats				
Partie	Titre	Contact	Poste	Messagerie électronique
HCS	Mme	Urdaniz, Belen	Personnel	belenurdaniz@gmail.com
HCS	M.	Vega, Rodrigo	Conseiller	rodrigo_vega@live.com.ar
HCS	Mme	Vicente Lago, Emilia	Personnel	evl@mrecic.gov.ar
STA	M.	Acero, José Maria	Suppléant	tito.acero@STA.aq
STA	M.	Agraz, José Luis	Personnel	pepe.agraz@STA.aq
STA	Mme	Balok, Anna	Personnel	annabalok@live.com
STA	M.	Davies, Paul	Personnel	littlewest2@googlemail.com
STA	M.	Fennell, Alan	Personnel	alan.fennell@STA.aq
STA	Mme	Fontan, Gloria	Personnel	gloria.fontan@STA.org.ar
STA	Mme	Guretskaya, Anastasia	Personnel	a.guretskaya@googlemail.com
STA	M.	Reinke, Manfred	Chef de délégation	manfred.reinke@STA.aq
STA	M.	Reinke, Friederike	Personnel	friederike.reinke@uni-bremen.de
STA	M.	Wainschenker, Pablo	Personnel	pablo.wainschenker@STA.aq
STA	M.	Walton, David W H	Personnel	dwhw@bas.ac.uk
STA	M.	Wydler, Diego	Personnel	diego.wydler@STA.aq
Traduction & interprétation	Ms	Alal, Cecilia	Staff	conference@oncallinterpreters.com
Traduction & interprétation	Mr	Aroustian, Aramais	Staff	conference@oncallinterpreters.com
Traduction & interprétation	Mr	Avella, Alex	Staff	conference@oncallinterpreters.com
Traduction & interprétation	Mme	Bouladon, Sabine	Personnel	conference@oncallinterpreters.com
Traduction & interprétation	Mme	Christopher, Vera	Personnel	conference@oncallinterpreters.com
Traduction & interprétation	Mme	Coussaert, Joelle	Personnel	conference@oncallinterpreters.com
Traduction & interprétation	Mme	de Bassi, Teresa	Personnel	conference@oncallinterpreters.com
Traduction & interprétation	Mme	de Choch Asseo, Ana	Personnel	conference@oncallinterpreters.com
Traduction & interprétation	M.	Doubine, Vadim	Personnel	conference@oncallinterpreters.com
Traduction & interprétation	Mme	Hale, Sandra	Personnel	conference@oncallinterpreters.com
Traduction & interprétation	M.	ISTAenko, Viktor	Personnel	conference@oncallinterpreters.com
Traduction & interprétation	M.	Ivacheff, Alexey	Personnel	conference@oncallinterpreters.com
Traduction & interprétation	Mme	Lacey, Roslyn	Personnel	conference@oncallinterpreters.com
Traduction & interprétation	Mme	Lieve, Marisol	Personnel	conference@oncallinterpreters.com
Traduction & interprétation	Mme	Lira, Isabel	Personnel	conference@oncallinterpreters.com
Traduction & interprétation	Mme	McGrath, Peps	Personnel	peps.mcgrath@oncallinterpreters.com
Traduction & interprétation	M.	Orlando, Marc	Personnel	conference@oncallinterpreters.com
Traduction & interprétation	Mme	Poblete, Verónica	Personnel	conference@oncallinterpreters.com
Traduction & interprétation	Mme	Rosenstein, Cecilia	Personnel	conference@oncallinterpreters.com
Traduction & interprétation	Mme	Stern, Ludmila	Personnel	conference@oncallinterpreters.com
Traduction & interprétation	M.	Tanguy, Philippe	Personnel	conference@oncallinterpreters.com
Traduction & interprétation	Mme	Ulman, Irene	Personnel	conference@oncallinterpreters.com
Traduction & interprétation	Mme	Weschler, Doralia	Personnel	conference@oncallinterpreters.com
Traduction & interprétation	Mme	Wilson, Hilary	Personnel	conference@oncallinterpreters.com

Participants : Invités				
Partie	Titre	Contact	Poste	Messagerie électronique
Malaisie	M.	Othman, Mohd Hafiz	Conseiller	hafizwp@kln.gov.my
Malaisie	S.E.M.	Yaacob, Dato´Zulkifli	Chef de délégation	aizzaty@kln.gov.my